新注釈民法

(17)

親 族 (1)

§§ 725〜791

二 宮 周 平
編 集

大村敦志・道垣内弘人・山本敬三
編集代表

有斐閣コンメンタール

本書のコピー，スキャン，デジタル化等の無断複製は著作権法上での例外を除き禁じられています。本書を代行業者等の第三者に依頼してスキャンやデジタル化することは，たとえ個人や家庭内での利用でも著作権法違反です。

『新注釈民法』の刊行にあたって

　『新注釈民法』の編集委員会が発足したのは，2010年秋のことであった。『注釈民法』（全26巻），『新版注釈民法』（全28巻）は，民法学界の総力を結集して企画され，前者は1964年に，後者は1988年に刊行が始まった。その後の立法・判例・学説の変遷を考えるならば，第三の注釈書が登場してよい時期が到来していると言えるだろう。

　編集にあたっては次の3点に留意した。

　第一に，『新版注釈民法』が『注釈民法』の改訂版であったのに対して，『新注釈民法』はこれらとは独立の新しい書物として企画した。形式的に見れば，この点は編集代表の交代に表れているが（『注釈民法』の編集代表は，中川善之助，柚木馨，谷口知平，於保不二雄，川島武宜，加藤一郎の6名，これを引き継いだ『新版注釈民法』の編集代表は，谷口知平，於保不二雄，川島武宜，林良平，加藤一郎，幾代通の6名であった），各巻の編集委員も新たにお願いし，各執筆者には『新版注釈民法』の再度の改訂ではなく新たな原稿の執筆をお願いした。もっとも，『注釈民法』『新版注釈民法』が存在することを踏まえて，これらを参照すれば足りる点については，重複を避けてこれらに委ねることとした。

　第二に，『新注釈民法』もまた，「判例に重きをおき，学説についてもその客観的状況を示して，現行の民法の姿を明らかにする」という基本方針を踏襲している。もっとも，判例に関しては，最高裁判例を中心としつつ必要に応じて下級審裁判例にも言及するが，必ずしも網羅的であることを求めないこととした。また，『注釈民法』『新版注釈民法』においては詳細な比較法的説明も散見されたが，『新注釈民法』では，現行の日本民法の注釈を行うという観点に立ち，外国法への言及は必要な限度に限ることとした。法情報が飛躍的に増加するとともに，かつてに比べると調査そのものは容易になったことに鑑み，情報の選別に意を用いることにした次第である。

　第三に，『新注釈民法』は，民法（債権関係）改正と法科大学院の発足を

強く意識している。一方で，民法（債権関係）改正との関係では，全20巻を三つのグループに分け，民法（債権関係）改正と関係の少ないグループから刊行を始めることとした。また，改正の対象となっていない部分についても，変動しつつある日本民法の注釈という観点から，立法論の現況や可能性を客観的に示すことに意を用いた。他方，実務との連携という観点から，要件事実への言及が不可欠な条文を選び出し，各所に項目を設けて実務家に執筆してもらうこととした。

　刊行にあたっては，多くの研究者のご協力をいただいているが，この十数年，大学をめぐる環境は厳しさを増しているのに加えて，民法（債権関係）改正法案の成立時期がはっきりしなかったこともあり，執筆者の方々はスケジュール調整に苦心されたことであろう。この場を借りて厚く御礼を申し上げる。

　冒頭に述べたように，注釈民法の刊行は1964年に始まったが，実は，これに先立ち，有斐閣からは註釈民法全書として，1950年に中川善之助編集代表『註釈親族法（上下）』，1954年に同『註釈相続法（上下）』が刊行されていた。有斐閣は2017年に創業140周年を迎えるが，民法のコンメンタールはその後半70年を通じて，歩みをともにしてきたことになる。熱意を持ってこの企画に取り組んで来られた歴代の関係各位に改めて敬意と謝意を表する次第である。

　　　2016年10月

『新注釈民法』編集代表

大 村 敦 志

道 垣 内 弘 人

山 本 敬 三

本巻はしがき

最初の注釈民法シリーズでは，親族は5巻編成だった。青山道夫編『注釈民法(20)親族総則・婚姻の成立・効果』，島津一郎編『注釈民法(21)離婚』，中川善之助編『注釈民法(22)のⅠ親子(1)実子』，中川善之助編『注釈民法(22)のⅡ親子(2)養子』，於保不二雄編『注釈民法(23)親権・後見・扶養』である。新版注釈民法シリーズもこれを踏襲し5巻編成である。

読者は，注釈民法，新版注釈民法から，条文の知識を超えて，日本の家族に関する歴史的，社会学的記述，詳細な外国法との比較対照，判例・学説の展開の丹念な分析など，多くを読み取られてきたことと思う。また，注釈自体が高度な研究内容を含み，学界，実務に大きな刺激，影響を与えたものもある。

今回の新注釈民法シリーズでは，親族は2巻編成である。親族1が本巻で，総則・婚姻・離婚・実親子を扱う。これまでの3巻編成を1巻に再編するために，条文ごとに割り当てる分量，主として何を記述するかなど，執筆者・編集者の会議を積み重ねて今の内容に落ち着いた。本シリーズは，現時点で，実務家・研究者・学習者等にとって必要な内容を過不足なく伝えることに重点を置くこととした。旧シリーズも学問的価値を有するものとして存続する。

次に本巻の特徴である。本巻では，民法親族編・相続編の成立過程やその後の改正動向，戸籍法や家族紛争の解決手法などを含む序説，親族総則，婚姻の成立と効果（内縁・事実婚を含む），離婚の成立と効果，実親子関係の成立と否定（生殖補助医療を含む），渉外婚姻・離婚・親子を扱う。

それぞれの箇所で，条文の制度趣旨，解釈上の問題に関する判例・実務・学説の現況の提示，今後の検討課題，必要な場合には，制度構築に当たっての歴史的考察，現況と課題を分析するに当たっての比較法的考察も行った。この領域では，家事審判事項が多く，家裁や高裁の審判・決定例が法の解釈，運用に大きな影響を与えていることから，重要なものを紹介することにした。

他方，各執筆者にも，自身の研究の過程で得た問題意識，知見がある。客観的な記述の中にそれらが反映されることもある。読者には，それを1つの問題提起として受け止めていただければと思う。

最後に本巻の役割である。本巻は，主として夫婦と親子の法律を対象とする。この分野では，2013年以降，重要な最高裁判例が続いた。①婚外子の法定相続分差別を違憲とする，②女性から男性に性別の取扱いを変更した性別違和当事者（性同一性障害者）が女性と婚姻し，妻が人工授精（第三者の提供精子）によって出産した子を，当該夫婦の嫡出子とする，③女性のみの再婚禁止期間について100日を超える部分を違憲とする，④夫婦同氏制度が人格的不利益を生じさせていることを認識しながら，違憲ではないとする，などである。司法が立法や実務の改革を促したり，逆に停滞させる実情がある。一方で，離婚後の親子の交流や養育費の確保，嫡出推定の及ぶ範囲と嫡出否認権の行使，生殖補助医療の利用，同性カップルの共同生活保障など法的対応や規律が不十分であるために，当事者が苦慮する事態も生じている。

こうした現状で，個別の紛争解決を行うとすれば，さらに実務の改革や法改正などを考えるとすれば，まず求められるのは，現行規定を正確に理解し，法解釈の可能性と限界を認識することである。さらに，家族に関する立法（憲法24条）も，民法の解釈（民法2条）も，「個人の尊厳と両性の本質的平等」を旨とすべきことが規定されている。条文の意義も解釈も判例・実務も，常にこの視点から見直し，検証することが求められる。

本巻は，こうした課題に応える基礎資料として参照されることを目指したものである。多くの読者にご活用いただければ，これほど嬉しいことはない。

2017年8月

二 宮 周 平

目　　次

第 4 編　親　　族

序説 ……………………………………………………（二宮周平）… 1

第 1 章　総　　則

第 725 条（親族の範囲）…………………………………（床谷文雄）… 41

第 726 条（親等の計算）…………………………………（　同　）… 50

第 727 条（縁組による親族関係の発生）………………（　同　）… 52

第 728 条（離婚等による姻族関係の終了）……………（　同　）… 57

第 729 条（離縁による親族関係の終了）………………（　同　）… 60

第 730 条（親族間の扶け合い）…………………………（　同　）… 62

第 2 章　婚　　姻

前注（§§ 731-771〔婚姻〕）……………………………（二宮周平）… 65

第 1 節　婚姻の成立

前注（§§ 731-749〔婚姻の成立〕）……………………（二宮周平）… 80

第 1 款　婚姻の要件

第 731 条（婚姻適齢）……………………………………（高橋朋子）…105

第 732 条（重婚の禁止）…………………………………（　同　）…109

第 733 条（再婚禁止期間）………………………………（　同　）…113

第 734 条（近親者間の婚姻の禁止）……………………（　同　）…118

第 735 条（直系姻族間の婚姻の禁止）…………………（　同　）…122

第 736 条（養親子等の間の婚姻の禁止）………………（　同　）…124

第 737 条（未成年者の婚姻についての父母の同意）…（　同　）…126

第 738 条（成年被後見人の婚姻）………………………（　同　）…131

第 739 条（婚姻の届出）…………………………………（　同　）…132

第 740 条（婚姻の届出の受理）…………………………（　同　）…135

v

目　次

　　第741条（外国に在る日本人間の婚姻の方式）………（　同　）…137

　第2款　婚姻の無効及び取消し
　　第742条（婚姻の無効）………………………………（高橋朋子）…140
　　第743条（婚姻の取消し）……………………………（　同　）…147
　　第744条（不適法な婚姻の取消し）…………………（　同　）…149
　　第745条（不適齢者の婚姻の取消し）………………（　同　）…151
　　第746条（再婚禁止期間内にした婚姻の取消し）……（　同　）…152
　　第747条（詐欺又は強迫による婚姻の取消し）………（　同　）…155
　　第748条（婚姻の取消しの効力）……………………（　同　）…157
　　第749条（離婚の規定の準用）………………………（　同　）…161

　第2節　婚姻の効力
　　第750条（夫婦の氏）…………………………………（床谷文雄）…165
　　第751条（生存配偶者の復氏等）……………………（　同　）…183
　　第752条（同居，協力及び扶助の義務）……………（神谷　遊）…187
　　第753条（婚姻による成年擬制）……………………（　同　）…207
　　第754条（夫婦間の契約の取消権）…………………（　同　）…210

　第3節　夫婦財産制
　　前注（§§755-762〔夫婦財産制〕）………………………（犬伏由子）…215

　第1款　総　　則
　　第755条（夫婦の財産関係）…………………………（犬伏由子）…225
　　第756条（夫婦財産契約の対抗要件）………………（　同　）…229
　　第757条　削除
　　第758条（夫婦の財産関係の変更の制限等）………（犬伏由子）…233
　　第759条（財産の管理者の変更及び共有財産の分割の
　　　　対抗要件）…………………………………………（　同　）…235

　第2款　法定財産制
　　第760条（婚姻費用の分担）…………………………（犬伏由子）…238
　　第761条（日常の家事に関する債務の連帯責任）……（　同　）…248

目　次

第762条（夫婦間における財産の帰属）………………（　同　）…257

渉外婚姻 ………………………………………………（長田真里）…266

第4節　離　　婚

離婚手続 ………………………………………………（松原正明）…279

第1款　協議上の離婚

第763条（協議上の離婚）………………………………（高橋朋子）…296

第764条（婚姻の規定の準用）………………………（　同　）…312

第765条（離婚の届出の受理）………………………（　同　）…317

第766条（離婚後の子の監護に関する事項の定め等）

………………………………………………（棚村政行）…319

第767条（離婚による復氏等）………………………（床谷文雄）…383

第768条（財産分与）…………………………………（犬伏由子）…392

第769条（離婚による復氏の際の権利の承継）……（床谷文雄）…431

第2款　裁判上の離婚

第770条（裁判上の離婚）……………………………（神谷　遊）…434

第771条（協議上の離婚の規定の準用）………………（　同　）…485

渉外離婚 ………………………………………………（長田真里）…491

第3章　親　　子

第1節　実　　子

前注（§§772-791〔実子〕）………………（二宮周平・前田泰）…499

第772条（嫡出の推定）………………………………（野沢紀雅）…533

第773条（父を定めることを目的とする訴え）………（　同　）…566

第774条（嫡出の否認）………………………………（　同　）…571

第775条（嫡出否認の訴え）…………………………（　同　）…576

第776条（嫡出の承認）………………………………（　同　）…585

第777条（嫡出否認の訴えの出訴期間）………………（　同　）…589

第778条 …………………………………………………（　同　）…595

第779条（認知）………………………………………（前田　泰）…596

vii

目　次

第 780 条（認知能力）……………………………………（　同　）…606

第 781 条（認知の方式）……………………………………（　同　）…609

第 782 条（成年の子の認知）……………………………（　同　）…615

第 783 条（胎児又は死亡した子の認知）………………（　同　）…618

第 784 条（認知の効力）……………………………………（　同　）…621

第 785 条（認知の取消しの禁止）………………………（　同　）…625

第 786 条（認知に対する反対の事実の主張）…………（　同　）…630

第 787 条（認知の訴え）……………………………………（　同　）…637

第 788 条（認知後の子の監護に関する事項の定め等）

　　　　……………………………………………………（　同　）…657

第 789 条（準正）……………………………………………（　同　）…659

生殖補助医療 ………………………………………………（石井美智子）…666

第 790 条（子の氏）………………………………………（床谷文雄）…703

第 791 条（子の氏の変更）………………………………（　同　）…719

渉外親子関係 ………………………………………………（織田有基子）…734

事項索引 ……………………………………………………………763

判例索引 ……………………………………………………………773

凡　　例

1　関係法令

関係法令は，2017 年 7 月 1 日現在によった。

2　条　　文

条文は原文どおりとした。ただし，数字はアラビア数字に改めた。

3　比較条文

各条文のつぎに，〔対照〕欄をもうけ，フランス民法，ドイツ民法など当該条文の理解に資する外国法・条約等の条項を掲げた。

4　改正履歴

各条文のつぎに，〔改正〕欄をもうけ，当該条文の改正・追加・削除があった場合の改正法令の公布年と法令番号を掲げた。最初に民法旧規定（明治 31 年法律 9 号〔明治民法〕）の対応条文を示した。（　）は形式的な改正の場合，〔　〕は実質的な改正がされた場合の旧規定の条数である。なお，表記の現代語化のための平成 16 年法律 147 号による改正は，実質的改正がある場合を除き省略した。

5　法令の表記

民法は，単に条数のみをもって示した。その他の法令名の略記については，特別なものを除いて，原則として有斐閣版六法全書巻末の「法令名略語」によった。ただし，民法第 4 編（親族）・第 5 編（相続）の旧規定（明治民法）は，例えば，民旧 1060 条として示した。

なお，旧民法（明治 23 年法律 28 号・法律 98 号）については，以下の略記例に従う。

旧財	民法財産編	旧財取	民法財産取得編
旧担	民法債権担保編	旧証	民法証拠編
旧人	民法人事編		

6　判例の表記

① 判例の引用にあたっては，つぎの略記法を用いた。なお，判決文の引用は原文通りとしたが，濁点・句読点の付加，平仮名化は執筆者の判断で適宜行った。

最判平 12・9・22 民集 54 巻 7 号 2574 頁＝最高裁判所平成 12 年 9 月 22 日判決，最高裁判所民事判例集 54 巻 7 号 2574 頁

凡　例

② 判例略語

最大	最高裁判所大法廷	簡	簡易裁判所
最	最高裁判所	大	大審院
高	高等裁判所	大連判	大審院連合部判決
知財高	知的財産高等裁判所	大刑連決	大審院刑事連合部決定
知財高大	知的財産高等裁判所特別部	大刑判	大審院刑事部付帯私訴判決
	（大合議部）	控	控訴院
支（○○高	○○高等裁判所△△支部	判	判決
△△支）		中間判	中間判決
地	地方裁判所	決	決定
支（○○地	○○地方裁判所△△支部	命	命令
△△支）		審	家事審判
家	家庭裁判所		

③ 判例出典略語

家　月	家庭裁判月報	判　時	判例時報
下民集	下級裁判所民事裁判例集	判　自	判例地方自治
行　集	行政事件裁判例集	判　タ	判例タイムズ
刑　集	〔大審院または最高裁判所〕	評　論	法律〔学説・判例〕評論全
	刑事判例集		集
刑　録	大審院刑事判決録	不法下民	不法行為に関する下級裁判
金　判	金融・商事判例		所民事裁判例集
金　法	金融法務事情	民　集	〔大審院または最高裁判所〕
交　民	交通事故民事裁判例集		民事判例集
高民集	高等裁判所民事判例集	民　録	大審院民事判決録
裁　時	裁判所時報	労　判	労働判例
裁判集民	最高裁判所裁判集民事	労民集	労働関係民事裁判例集
訟　月	訟務月報	LEX/DB	TKC ローライブラリーに
新　聞	法律新聞		収録されている LEX/DB
税　資	税務訴訟資料		インターネットの文献番
東高民時報	東京高等裁判所民事判決時		号
	報	WLJP	Westlaw Japan の判例デー
判決全集	大審院判決全集		タベースの判例 ID 番号

7　文献の表記

① 文献を引用する際には，後掲の文献略語に掲げるものを除き，著者（執筆者）・書名（「論文名」掲載誌とその巻・号数）〔刊行年〕参照頁を掲記した。

② 判例評釈・解説は，研究者等による評釈を〔判批〕，最高裁調査官による解説を

x

〔判解〕として，表題は省略した。

③　文献の略記

　ⓐ　体系書・論文集

青山・家族Ⅰ・Ⅱ	青山道夫・改訂家族法論Ⅰ・Ⅱ〔1971〕（法律文化社）
秋武＝岡編	秋武憲一＝岡健太郎編著・離婚調停・離婚訴訟〔改訂版〕〔2013〕（青林書院）
有泉	有泉亨・新版親族法・相続法（法律学講座双書）〔補正第2版〕〔1988〕（弘文堂）
有地	有地亨・家族法概論〔新版補訂版〕〔2005〕（法律文化社）
有地編・諸問題	有地亨編・現代家族法の諸問題〔1990〕（弘文堂）
石川ほか編	石川稔＝中川淳＝米倉明編・家族法改正への課題〔1993〕（日本加除出版）
石黒	石黒一憲・国際私法〔第2版〕〔2007〕（新世社）
泉	泉久雄・親族法〔1997〕（有斐閣）
犬伏ほか	犬伏由子＝石井美智子＝常岡史子＝松尾知子・親族・相続法〔第2版〕〔2016〕（弘文堂）
内田Ⅳ	内田貴・民法Ⅳ〔補訂版〕　親族・相続〔2004〕（東京大学出版会）
梅	梅謙次郎・民法要義巻之四親族編（訂正増補20版）〔1910〕（有斐閣）
近江Ⅶ	近江幸治・民法講義Ⅶ　親族法・相続法〔2010〕（成文堂）
大江	大江忠・要件事実民法(7)親族〔第4版〕〔2014〕（第一法規）
太田	太田武男・親族法概説〔1990〕（有斐閣）
大村	大村敦志・家族法〔第3版〕〔2010〕（有斐閣）
大村・読解	大村敦志・民法読解　親族編〔2015〕（有斐閣）
大村ほか編著	大村敦志＝河上正二＝窪田充見＝水野紀子編著・比較家族法研究〔2012〕（商事法務）
奥田	奥田義人・民法親族法論〔1898〕（有斐閣）
梶村＝徳田編著	梶村太市＝徳田和幸編著・家事事件手続法〔第3版〕〔2016〕（有斐閣）
梶村ほか	梶村太市＝岩志和一郎＝大塚正之＝榊原富士子＝棚村政行・家族法実務講義〔2013〕（有斐閣）
加藤・図説	加藤一郎・図説家族法〔1963〕（有斐閣）
金子・一問一答	金子修編著・一問一答　家事事件手続法〔2012〕（商事法

凡　　例

	務)
金子・逐条解説	金子修編著・逐条解説 家事事件手続法〔2013〕(商事法務)
川島	川島武宜・民法(三)(有斐閣全書)〔改訂増補〕〔1964〕(有斐閣)
神前ほか	神前禎=早川吉尚=元永和彦・国際私法〔第3版〕〔2012〕(有斐閣)
北川	北川善太郎・親族・相続(民法講要V)〔第2版〕〔2001〕(有斐閣)
久貴	久貴忠彦・親族法〔1984〕(日本評論社)
久貴ほか	久貴忠彦=右近健男=浦本寛雄=中川良延=山崎賢一=阿部徹=泉久雄・民法講義7親族〔1977〕(有斐閣)
窪田	窪田充見・家族法〔第3版〕〔2017〕(有斐閣)
櫻田	櫻田嘉章・国際私法〔第6版〕〔2012〕(有斐閣)
澤木=道垣内	澤木敬郎=道垣内正人・双書・国際私法入門〔第7版〕〔2012〕(有斐閣)
島津・入門	島津一郎・家族法入門〔1964〕(有斐閣)
末川	末川博・新版民法下ノ一〔1951〕(千倉書房)
鈴木	鈴木禄弥・親族法講義〔1988〕(創文社)
鈴木=唄I	鈴木禄弥=唄孝一・人事法I親族法〔1980〕(有斐閣)
高橋ほか	高橋朋子=床谷文雄=棚村政行・民法7親族・相続〔第4版〕〔2014〕(有斐閣)
棚村=小川編	棚村政行=小川富之編集代表・家族法の理論と実務〔2011〕(日本加除出版)
谷口	谷口知平・親族法(新法学全書)〔1953〕(評論社)
谷口・日本親族法	谷口知平・日本親族法〔1935〕(弘文堂)
溜池	溜池良夫・国際私法講義〔第3版〕〔2005〕(有斐閣)
道垣内・各論	道垣内正人・ポイント国際私法 各論〔第2版〕〔2014〕(有斐閣)
道垣内・総論	道垣内正人・ポイント国際私法 総論〔第2版〕〔2007〕(有斐閣)
東京家事事件研究会編	東京家事事件研究会編・家事事件・人事訴訟事件の実務〔2015〕(法曹会)
中川(高)	中川高男・新版親族・相続法講義〔1995〕(ミネルヴァ書房)
中川(淳)	中川淳・改訂親族法逐条解説〔1990〕(日本加除出版)
中川(善)	中川善之助・新訂親族法〔1965〕(青林書院)

凡　例

中川・日本親族法	中川善之助・日本親族法〔1942〕（日本評論社）
中川・判例総評Ⅰ～Ⅲ	中川善之助・親族相続判例総評Ⅰ〔1935〕，Ⅱ〔1937〕，Ⅲ〔1940〕（岩波書店）
中田編	中田裕康編・家族法改正〔2010〕（有斐閣）
中西ほか	中西康＝北澤安紀＝横溝大＝林貴美・国際私法〔2014〕（有斐閣）
仁井田	仁井田益太郎・改訂増補親族法相続法論〔1919〕（有斐閣）
二宮	二宮周平・家族法〔第4版〕〔2013〕（新世社）
二宮＝榊原	二宮周平＝榊原富士子・離婚判例ガイド〔第3版〕〔2015〕（有斐閣）
二宮・改正	二宮周平・家族法改正を考える〔1993〕（日本評論社）
沼	沼正也・親族法準コンメンタール〔1963〕（中央大学出版部）
野上	野上久幸・親族法（コンメンタール叢書）〔1928〕（三省堂）
野田	野田愛子・家族法実務研究〔1988〕（判例タイムズ社）
林＝佐藤編	林良平＝佐藤義彦編・ハンドブック民法Ⅲ〔1989〕（有信堂高文社）
深谷	深谷松男・現代家族法〔第4版〕〔2001〕（青林書院）
穂積	穂積重遠・親族法〔1933〕（岩波書店）
穂積追悼	末川博＝中川善之助＝舟橋諄一＝我妻栄編・穂積重遠先生追悼・家族法の諸問題〔1952〕（有斐閣）
牧野	牧野菊之助・日本親族法論〔1908〕（巌松堂）
松岡編	松岡博編・国際関係私法入門〔第3版〕〔2012〕（有斐閣）
松川	松川正毅・民法 親族・相続〔2014〕（有斐閣）
松原＝道垣内編Ⅰ～Ⅲ	松原正明＝道垣内弘人編・家事事件の理論と実務 第1巻～第3巻〔2016〕（勁草書房）
本沢	本沢巳代子・離婚給付の研究〔1998〕（一粒社）
薬師寺・法論上，下	薬師寺志光・日本親族法論上〔1939〕，下〔1942〕（南郊社）
山田	山田鐐一・国際私法〔第3版〕〔2004〕（有斐閣）
柚木	柚木馨・親族法〔1950〕（有斐閣）
横山	横山潤・国際私法〔2012〕（三省堂）
我妻	我妻栄・親族法（法律学全集）〔1961〕（有斐閣）
我妻＝立石	我妻栄＝立石芳枝・親族法・相続法〔1954〕（日本評論

xiii

凡　例

	社）
我妻・解説	我妻栄・改正親族・相続法解説〔1949〕（日本評論社）

ⓑ　その他

注民	注釈民法〔1964～1987〕（有斐閣）
新版注民	新版注釈民法〔1988～2015〕（有斐閣）
基本法コメ	島津一郎＝松川正毅編・基本法コンメンタール親族〔第5版〕〔2008〕（日本評論社）
新基本法コメ	松川正毅＝窪田充見編・新基本法コンメンタール親族〔2015〕（日本評論社）
新判例コメ	島津一郎＝久貴忠彦編・新・判例コンメンタール民法(10)～(15)〔1992・1994〕（三省堂）
注解判例	林良平＝大森政輔編・親族法・相続法（注解 判例民法）〔1992〕（青林書院）
民コメ	川井健＝西原道雄＝吉野衛＝山田卓生＝淡路剛久編・民法コンメンタール〔1991〕（ぎょうせい）
斎藤＝菊池編・注解	斎藤秀夫＝菊池信男編・注解家事審判法〔改訂〕〔1992〕（青林書院）
中川監修・注解	中川善之助監修・註解親族法〔1950〕（法文社）
中川編・註釈上，下	中川善之助編・註釈親族法上，下〔1950・1952〕（有斐閣）
中川ほか・注釈	中川善之助＝千種達夫＝市川四郎＝平賀健太・親族・相続法（ポケット註釈全書）〔1953〕（有斐閣）
我妻・判コメ	我妻栄＝立石芳枝＝唄孝一・判例コンメンタール第7親族法〔1970〕（コンメンタール刊行会）
注釈国際私法Ⅰ・Ⅱ	櫻田嘉章＝道垣内正人・注釈国際私法第1巻・第2巻〔2011〕（有斐閣）
奥田ほか編・民法学1～7	奥田昌道＝玉田弘毅＝米倉明＝中井美雄＝川井健＝西原道雄＝有地亨編・民法学1～7〔1973～1976〕（有斐閣）
家族制度全集・史論Ⅰ～Ⅴ	穂積重遠＝中川善之助編・家族制度全集第1部史論篇Ⅰ～Ⅴ〔1937・1938〕（河出書房）
家族制度全集・法律Ⅰ～Ⅴ	穂積重遠＝中川善之助編・家族制度全集第2部法律篇Ⅰ～Ⅴ〔1937・1938〕（河出書房）
家族法大系Ⅰ～Ⅶ	中川善之助教授還暦記念・家族法大系Ⅰ～Ⅶ〔1959・1960〕（有斐閣）
家族問題と家族法Ⅰ～Ⅶ	中川善之助ほか編・家族問題と家族法Ⅰ～Ⅶ〔1957～1961〕（酒井書店）

凡　例

現代家族法大系Ⅰ～Ⅴ	谷口知平＝川島武宜＝加藤一郎＝太田武男＝島津一郎編集代表・現代家族法大系Ⅰ～Ⅴ〔1979・1980〕（有斐閣）
講座・現代家族法Ⅰ～Ⅵ	島津一郎教授古稀記念・講座・現代家族法Ⅰ～Ⅵ〔1991・1992〕（日本評論社）
新家族法実務大系Ⅰ～Ⅴ	野田愛子＝梶村太市総編集・新家族法実務大系第1巻～第5巻〔2008〕（新日本法規出版）
民法講座	星野英一編集代表・民法講座1～7〔1984・1985〕，別冊1・2〔1990〕（有斐閣）
百年Ⅰ～Ⅳ	広中俊雄・星野英一編・民法典の百年Ⅰ～Ⅳ〔1998〕（有斐閣）
争点Ⅰ・Ⅱ	加藤一郎＝米倉明編・民法の争点Ⅰ・Ⅱ（法律学の争点）〔1985〕（有斐閣）
新争点	内田貴＝大村敦志編・民法の争点（新・法律学の争点）〔2007〕（有斐閣）
総判民	谷口知平＝有泉亨編・総合判例研究叢書・民法（有斐閣）
判民	東京大学民事法判例研究会・判例民事法（有斐閣）
判例民法Ⅰ～Ⅹ	能見善久＝加藤新太郎編・論点体系判例民法〔第2版〕Ⅰ～Ⅹ〔2013〕（第一法規）
家族百選○版	家族法判例百選初版〔1967〕，新版〔1973〕，新版・増補〔1975〕，第3版〔1980〕，第4版〔1988〕，第5版〔1995〕，第6版〔2002〕，第7版〔2008〕（有斐閣）
民百選Ⅲ	民法判例百選Ⅲ親族・相続〔2015〕（有斐閣）
国際私法百選○版	国際私法判例百選〔2004〕，新法対応補正版〔2007〕，第2版〔2012〕（有斐閣）
登記百選	不動産登記先例百選〔1970〕，第2版〔1982〕（有斐閣）
不動産百選○版	不動産取引判例百選〔1966〕，増補版〔1977〕，第2版〔1991〕，第3版〔2008〕（有斐閣）
平（昭）○重判解	平成（昭和）○年度重要判例解説（ジュリスト臨時増刊）（有斐閣）
最判解平（昭）○年	最高裁判所判例解説 民事篇 平成（昭和）○年度（法曹会）
法典調査会主査会議事	法典調査会民法主査会議事速記録（学術振興会）
法典調査会整理会議事	法典調査会民法整理会総会議事速記録（学術振興会）
法典調査会総会議事	法典調査会民法総会議事速記録（学術振興会）
法典調査会民法議事	法典調査会民法議事速記録〔学振版〕（学術振興会）

xv

凡　例

法典調査会民法議事〔近代立法資料〕	日本近代立法資料叢書・法典調査会民法議事速記録（商事法務）
理由書	広中俊雄編著・民法修正案（前3編）の理由書〔1987〕（有斐閣）

④　雑誌略語

青　法	青山法学論集	ひろば	法律のひろば
金　沢	金沢法学	法　協	法学協会雑誌（東京大学）
関　法	法学論集（関西大学）	法　教	法学教室
戸　時	戸籍時報	法　研	法学研究（慶應義塾大学）
国　家	国家学会雑誌	法　時	法律時報
ジュリ	ジュリスト	法　セ	法学セミナー
専　法	専修法学論集	法　政	法政研究（九州大学）
曹　時	法曹時報	法　論	法律論叢（明治大学）
早　法	早稲田法学	北　法	北大法学論集
速判解	速報判例解説，新・判例解説 Watch	民　商	民商法雑誌
		立　教	立教法学
同　法	同志社法学	立　命	立命館法学
東北学院	東北学院大学論集	リマークス	私法判例リマークス
判　評	判例評論（判例時報に添付）	論ジュリ	論究ジュリスト
		論　叢	法学論叢（京都大学）
阪　法	阪大法学		

8　他の注釈の参照指示

　　他の注釈箇所を参照するよう指示する場合には，→印を用いて，参照先の見出し番号で示した。すなわち，

同一箇条内の場合	例：→Ⅰ 1 (1)(ア)
他の条文注釈の場合	例：→§ 175 Ⅱ 1 (2)(イ)
他巻の条文注釈の場合	例：→第1巻§9 Ⅱ 3 (2)(イ)

編者紹介

二宮周平（にのみや・しゅうへい）　立命館大学法学部教授

執筆者紹介 （執筆順）

床谷文雄（とこたに・ふみお）　大阪大学大学院国際公共政策研究科教授

高橋朋子（たかはし・ともこ）　成蹊大学法学部教授

神谷　遊（かみたに・ゆう）　同志社大学法学部教授

犬伏由子（いぬぶし・ゆきこ）　慶應義塾大学法学部教授

長田真里（ながた・まり）　大阪大学大学院法学研究科教授

松原正明（まつばら・まさあき）　早稲田大学大学院法務研究科教授

棚村政行（たなむら・まさゆき）　早稲田大学法学学術院教授

前田　泰（まえだ・やすし）　群馬大学社会情報学部教授

野沢紀雅（のざわ・のりまさ）　中央大学大学院法務研究科教授

石井美智子（いしい・みちこ）　明治大学法学部教授

織田有基子（おだ・ゆきこ）　日本大学大学院法務研究科教授

序　説　I

第4編　親　族

序　説

細　目　次

Ⅰ　家族法の意義 ……………………………1
Ⅱ　明治民法と家制度 ………………………3
　1　戸籍と氏 ………………………………3
　　(1)　戸籍と家族のあり方 ………………3
　　(2)　家の呼称としての氏 ………………5
　2　家制度の確立 …………………………6
　　(1)　明治民法制定過程 …………………6
　　(2)　家制度の骨格と機能 ………………7
　　(3)　明治民法修正の試み ………………8
Ⅲ　1947年改正親族・相続法の特徴 ………9
　1　改正親族・相続法の特徴 ……………9
　　(1)　家制度の廃止と家庭の民主化 ……9
　　(2)　妥協的な規定 ……………………11
　　(3)　協議優先規定の問題性 …………11
　2　氏と戸籍による家族の団体的把握 …12
　　(1)　氏に関する議論 …………………12
　　(2)　戸籍に関する議論 ………………13
　　(3)　家族の団体的把握 ………………13
Ⅳ　その後の親族・相続法の改正と現在の課
　　題 …………………………………………14
　1　家制度との対峙と婚姻家族尊重論 …14
　　(1)　法制審議会民法部会身分法小委員会
　　　仮決定・留保事項 …………………14

　　(2)　議論に現れた家族観 ………………15
　　(3)　家族法の体系論と解釈論の方向性
　　　……………………………………………15
　2　部分的改正の進展 …………………17
　3　民法改正案要綱と家族法改正の課題 …19
　　(1)　法制審議会答申の内容と意義 ……19
　　(2)　その後の動向 ……………………20
　　(3)　最高裁判例の対応 ………………21
　　(4)　家族法改正の方向性 ……………23
Ⅴ　家族関係の公示と家族紛争の解決手法
　　……………………………………………25
　1　家族関係の公示（戸籍）………………25
　　(1)　戸籍の意義と特徴 ………………25
　　(2)　戸籍の仕組み ……………………25
　　(3)　公証とプライバシーの保護 ………28
　　(4)　電子情報処理組織による戸籍事務
　　　……………………………………………29
　　(5)　戸籍制度改革の課題 ………………30
　2　家族紛争の解決手法 …………………30
　　(1)　解決手法の特徴 …………………30
　　(2)　家庭裁判所 ………………………31
　　(3)　家事事件手続 ……………………32
　　(4)　人事訴訟 …………………………38

Ⅰ　家族法の意義

　家族法は，法の有する性質として行為規範であり，紛争解決の規範である。

〔二宮〕　1

序　説　I

第4編　親　族

さらに家族を制度として確立するものでもある。

家族の制度としての歴史について，エンゲルス（1820〜1895）は，私有財産制度との関係を指摘した。彼は，モルガン（1818〜1881）の『古代社会』（1877）を素材に家族の発展段階を分析し，文明期以降の一夫一婦を基本とする単婚家族は，生産の蓄積である富を男性が所有し，父として自己の子に相続させるために発生したと説く（エンゲルス・家族，私有財産および国家の起源〔初版，1884〕第2章「家族」参照）。生まれた子が自分の子であることを保障するために，妻に厳格な貞操義務を課すとともに，婚姻中に妻が懐胎した子を夫の子としたのである。

自由・平等・友愛を国家の基本原理とする近代フランスにおいても，民法には詳細な相続の規定や婚姻による父性推定の規定があり，刑法では妻の姦通に厳罰を規定していた。一方で，民法は妻を無能力者とし，夫に家族を統率する権限を認めていた。富の私的所有を維持するためには，法が家族関係を規律し相続関係を安定させなければならない。しかし，それが男性の私的所有を保障するものである限り，男性が家族を支配する原理が働いたといえる。

さらに近代市民社会の法原理そのものが家族の制度化を必然的なものとしていた。市民社会では理念として人間は独立・平等・自由とされたが，子ども・病者・高齢者など自立しえず保護を必要とする人々が必ず存在する。近代民法は，このような人々を扶助する役割を家族に求めた。そのためには，誰が誰と家族関係にあり，どのような保護をするのかを規定する必要がある。家族法は財産法の裏側で，人々を独立・平等・自由なものとするために存在していると分析する説がある（沼正也「理論親族法学」沼正也著作集 16 巻〔1972〕125-144 頁参照）。

今日においても家族には多様な機能がある。家族の構成員に対しては，性愛の充足，生殖・保育，共同的生活保障，教育，保護・休息・情緒安定，社会に対しては，性関係のコントロール，種の保存，労働力の再生産，文化の伝承・保持，社会の安定化などである（深谷5頁）。どれも人間や社会にとって必要で不可欠のものであり，家族がこうしたさまざまな機能を発揮しなければ，私たちの社会は成り立たない。したがって，今なお国家は社会を統治するにあたって家族に重大な関心を寄せる。例えば，家族が共同的生活保

序　説　II

障，つまり自立できない人（子ども・高齢者・病者・障がい者など）を扶養し世話をすることができなくなれば，国家がこれを担い，生活費を出したり，施設を設けなければならなくなる。しかし，誰が誰のめんどうをみるべきか家族の枠組みを確立し，扶養や世話を義務づけておけば，国家はこの責任を縮減したり免れることができる。

　かつてソ連（ソビエト社会主義共和国連邦）は社会主義革命を成功させた後，1926年に，結婚に法的な手続を必要としない事実婚主義を採用したことがある。現実に男女が夫婦として暮らしていれば，婚姻として認めるのである。社会主義の下では，国家が自立できない人の生活を保障するのだから，扶養を家族に強制させなくてもよい。したがって，結婚を制度化する必要がない。結婚は全くプライベートなことになるので，法的な登録の手続もいらないことになった。しかし，この事実婚主義はわずか18年で廃止されてしまう。当時のソ連には，要保護者を全部扶養するだけの力はなかった。むしろ国家の基礎単位としての家族の安定化や人口政策のために家族を強化する必要があった（森下敏男・社会主義と婚姻形態〔1988〕234-242頁，252-258頁）。

　このように国家が家族に一定の役割を担わせる限り，法は家族を制度化せざるをえないのである。家制度もその1つである。

II　明治民法と家制度

1　戸籍と氏

(1)　戸籍と家族のあり方

　明治時代，民法制定前は，太政官布告，太政官達や各省達による個別の対応がなされていた（新版注民(21)16頁〔熊谷開作＝山脇貞司〕）。特に注目されるのは，1871（明治4）年4月4日の戸籍法である（太政官布告170号，翌年の施行年が壬申に当たることから「壬申戸籍」といわれる）。同法の前文には，「戸数人員ヲ詳ニシテ猥ナラサシムルハ政務ノ最先シ重スル所ナリ」と規定されており，徴税，徴兵，治安等のために国民の現況を把握することを目的とし，出生死去出入等を必ず戸長（当時の最小単位の行政区の長。荘屋名主等でも別人でもよいとされた〔同法第2則但書〕）に届け出ることとしていた（同法第5則）。届出をなすべき者は規定されていないが，戸主であることは常識として明文を待たぬ

〔二宮〕　3

序　説　Ⅱ　　　　　　　　　　　　　　　　　　　　第4編　親族

公理だったと指摘されている（福島正夫編・「家」制度の研究資料篇一〔1959〕40-41頁）。壬申戸籍は，戸主を基準に「戸籍同戸列次ノ順」に従って家族を記載した。尊属・卑属，直系・傍系，男・女の順序である。戸籍は単なる国民の現況把握の手段ではなく，そこには家族に関する一定の価値基準が込められていた。

　一方，明治初期から近代的な民法典の制定作業が開始され，1871（明治4）年7月頃まとめられた「民法決議」では，フランス民法を基礎にしたことから，身分証書が規定されていた。国民を家＝戸単位においてではなく，個人としての地位において識別し登録しようとするものである（川島武宜＝利谷信義「民法（上）（法体制準備期）」講座日本近代法発達史5巻〔1958〕6頁）。1873（明治6）年2月の「民法仮規則」，1878（明治11）年の「民法草案」でも身分証書が維持されていた。

　1882年7月，戸籍規則に関する元老院会議（福島正夫編・「家」制度の研究資料篇二〔1962〕160-161頁，163頁）において，フランス法学派の箕作麟祥は，「戸籍法ハ……東洋一種ノ固有物ニシテ昔時封建ノ時代ニアッテハ要用ナルヘキモ，今日ノ政体ニテハ無益ノ者タルヲ信ス。……欧米各国ニ此ノ如キ戸籍法アルヲ聞カス……。民法頒布ノ日モ遠キニアラサルヘシ。此ノ民法中ニハ身分証書ナルモノアッテ人民ノ権利判然タリ」と述べ，民法が制定され，身分証書が施行されると，戸籍法は無益になると主張した。これに対して，行政官の渡辺清は，「戸籍ノ要タルヤ，一家アレハ則主アリ，其戸主タルモノハ一家ノ責任ヲ負ヒ，老幼ヲ扶持シ，倫理ヲ破ラシメス。又貧院ノ設ナキモ衣食スルヲ得ルハ，慣習ノ善良ナルモノトス。誰カ一朝ニシテ之ヲ廃スルヲ惜マサランヤ」と反論し（句読点は引用者），戸籍に体現されている家族のあり方が，治安政策と社会保障の代替を成すことを明らかにした。

　1898（明治31）年，明治民法（民法旧規定）で確立した家制度とは，このような戸籍に体現されている家族のあり方を「家」として民法上の制度としたものであると指摘されている（利谷信義「家族法の実験」〔シリーズ変貌する家族1〕家族の社会史〔1991〕101頁）。

　ところで1898年に制定された戸籍法は，戸籍簿と身分登記簿の双方を定めていたが，後者は1914（大正3）年に廃止された。その理由は，戸籍には法定推定家督相続人の順序が記載され，かつ同一戸籍に記載されていること

4　〔二宮〕

が戸主と家族の権利義務と密接に関連しており，戸籍に記載されている者が家族であるという戸籍の観念化現象があったことから，家族関係の公証手段としても戸籍謄本・抄本の交付が求められ，夫婦や親子の身分関係のみを証明する身分登記は，ほとんど利用されなかったからである（福島正夫＝利谷信義「明治以後の戸籍制度の発達」家族問題と家族法Ⅶ 344-346 頁）。日本独自の戸籍感情，戸籍意識である。後に，「民衆の生活においては，戸籍簿の記載という形式が，家族的共同生活の実体に対して重要な意味をもっている。戸籍簿の記載は，彼らにとっては，単なる形式ではない」と分析された（川島武宜・日本社会の家族的構成〔1950〕72 頁）。

(2) 家の呼称としての氏

戸籍と並んで家制度に大きな影響を与えたのが，氏である。明治政府は，1870（明治 3）年 9 月 19 日，「自今平民苗字被差許候事」として，苗字帯刀の許可権を否定し，平民に苗字を自由に公称することを認めた（太政官布告608 号）。この布告を建議した細川潤次郎は，その経緯について，「天賦固有の権利を同等に持ち居りながら，人為の階級に拠りて，平民ばかりには名前のみを呼ばせて，苗字をいはせぬ。苗字を呼ぶことは相ならぬと申すのでありますから，随分圧制な訳です。又一方から考へると，随分窮屈な理由です。元来，人の姓名といふものは，自他の区別を相立てて，相乱れざる様にするものであって見れば，……姓氏を其の名前の上に加えて，一層之が区別を容易ならしむるやうにせねばならぬ」（増本敏子ほか・氏と家族〔1999〕9 頁〔井戸田博史〕）と述べていた。苗字公称の自由は，それまでの苗字が持っていた身分特権性，権力付与性，公称許可性を否定したものであり，苗字の質的変化があったことを意味している（増本ほか・前掲書 9 頁〔井戸田〕）。

しかし，苗字や名前を勝手に変更するなどの混乱もあったため，明治政府は，1872（明治 5）年 8 月 24 日，「華族ヨリ平民ニ至ル迄，自今苗字名並屋号共改称不相成候事」（句読点は引用者，以下同じ）として，苗字名屋号の不可変更性を明示した（太政官布告 235 号）。それでもなお苗字の必要性を認識せず，苗字を名乗ろうとしない人々もいた。1875（明治 8）年 1 月 14 日，陸軍省は，「僻遠ノ小民ニ至リ候テハ，現今尚苗字無之者モ有之，兵籍上取調方ニ於テ甚差支候」と問題を指摘し，「右等ノモノ無之様御達相成度……此段相伺候也」として，苗字を名乗ることの徹底を求めた（陸軍省伺）。同年 2 月

〔二宮〕　5

序　説　Ⅱ　　　　　　　　　　　　　　　　　　第4編　親族

13 日，明治政府は，陸軍省の要請に応える形で，「平民苗字被差許候旨明治3 年9 月布告候処，自今必苗字相唱可申」として，苗字強制を明示した（太政官布告22 号）。後者の布告は，「平民苗字必唱令」であり，国民すべてに苗字を名乗ることを義務づけ，まだ苗字のない人には，新たに苗字を設けることを強制し（「尤祖先以来苗字不分明ノ向ハ，新タニ苗字ヲ設ケ候様可致」），いったん決めた以上は，前者の不可変更令により，変更できないこととなった。

　以上のように，苗字は，封建的身分制からの解放と個人の識別機能を高めるという近代的な正確を有していたが，その後の民法典編纂過程で，「苗字」や「姓」は使用されず，「氏」に統一されていく。1890（明治23）年に成立・公布された「民法」（旧民法）では，「戸主トハ一家ノ長ヲ謂ヒ家族トハ戸主ノ配偶者及ヒ其家ニ在ル親族，姻族ヲ謂フ」とされ，「戸主及ヒ家族ハ其家ノ氏ヲ称ス」と規定され（旧人243 条），ここに「家ノ氏」という観念が登場した。1898（明治31）年制定された「明治民法」も，旧民法を承継し，「戸主及ヒ家族ハ其家ノ氏ヲ称ス」（746 条）とされた。

　明治民法上の氏は，法律上の「家」の名，家名である。子は父の血を受け継いでいるから，父と同じ氏を名乗るのではなく，子は生まれることにより父の「家」に属する結果，父と同じ氏を名乗ることになる。氏は家と家を識別する標識であり，氏と名を合わせて個人の識別機能は有するものの，個人を家に帰属させる原理として機能することとなった。民法施行から間もない頃の学説では，「氏ハ家ニ属スル名称ニシテ，以テ他ノ家ト区別スル所以ナリ。……本法ハ氏ヲ以テ専ラ家ニ属スル名称トナシ，同一ノ家ニ在ルモノハ皆同一ノ氏ヲ称スルヲ要セシメタリ」と述べられていた（奥田義人・民法親族法論全〔1898〕62-63 頁）。

2　家制度の確立

(1)　明治民法制定過程

　近代的な民法典の制定は，1870（明治3）年頃から始められ，「民法決議」（1871 年），「民法仮規則」（1873 年），「民法草案」（1878 年），「民法第一草案」（1888 年）などを経て，「民法」（1890（明治23）年）に結実し，公布され，1893 年から施行されることになっていた。同法では，すでに家制度が規定されていたが，フランスの法学者ボワソナードの影響が強かったこと，戸主および家族の規定上の位置づけが婚姻に劣後していたこと（旧民法人事編の第1章は私

6　〔二宮〕

序　説　II

権の享有および行使，婚姻は第4章，戸主および家族は第13章），夫婦・親子・親族間の権利義務を明記したことなどから，自由主義・個人主義の色彩が強く，この民法が実施されると日本古来の家族制度が破壊されると強く非難された。穂積八束の「民法出デテ忠孝亡ブ」という言辞がこれを象徴しており，1892年，その施行は無期延期となり，実施されないまま，翌年，政府は改めて民法を編纂することになった（新版注民(21)19-27頁〔熊谷＝山脇〕）。

(2) 家制度の骨格と機能

以上の経緯を経て1898年に公布，施行された明治民法（明31・6・21公布〔法律9号〕，7・16施行）における家制度は次のような内容である。民法親族編の冒頭に家と戸主が規定される。家族の長である戸主が強い権限，例えば，家族の婚姻や縁組に対する同意権（民旧750条），家族に対する居所指定権（民旧749条，命令違反の家族は離籍される）などをもって家族を統率し，他の家族は戸主の命令・監督に服し，その家の財産と戸主としての地位は，家督相続として長男子が優先的に後を継ぐ（民旧970条）。婚姻・離婚・縁組・離縁・認知の届出主義は（→前注(§§731-749)II(2)(3)），戸主による届出を通じて家族の統率をより可能にした。

家制度は多くの役割を果たした。第1に明治政府の政治権力を安定させた。明治維新後，自由民権運動や没落士族あるいは農民による反政府運動が全国に広がっていた。政府は，これらの運動を弾圧する一方で，儒教的な家族道徳による教育政策を採用した。つまり，「君につかえる忠」と「親につかえる孝」という忠と孝を道徳教育の基本原理とした（教育勅語〔明治23〔1890〕・10・30発布〕）。ここでいう「君」とは天皇を指している。このような教育にとって，家制度は大きな力を発揮した。戸主の権限に家族はみな服従しているのであるから，戸主と家族の関係を，天皇制国家における天皇と国民の支配服従の関係になぞらえることができる。つまり，万世一系の天皇は「大日本国」の家長であり，国民はその家族にあたるのであるから，それぞれの家族の戸主に対する従順と忠実は，天皇の命令に対する従順と忠実に置き換えることができた。幼い頃から，国民の心情，パーソナリティーの基礎に忠孝の倫理を定着させた。

第2に，疾病，失業，貧困などを救済する社会政策の代替作用である。政府が本来なすべきことを家による相互扶助体制にゆだねた。

〔二宮〕　7

序　説　II　　　　　　　　　　　　　　　　　　　第4編　親　族

　第3に，戸主が家族労働力を統制し，戸主に家産を集中することによって，農業，商工業における家族的経営を可能にし，資本不足の当時の日本経済を支える役割を果たした。

　このような家制度の下では，男は一家の主人として働き，家族を養い，女は良妻賢母として夫や夫の両親につかえ，家の後継ぎを生み育てることが天職とされた。家族法は，こうした実態を反映している。夫婦の関係においては，原則として夫が婚姻生活に必要な費用を負担し（民旧797条，例外は妻が女戸主の場合），夫婦財産を管理し（民旧801条），妻の財産の使用，収益権を有し（民旧799条，例外は妻が女戸主の場合），親子の関係においては，未成年の子および独立の生計を立てることのできない成年の子はその家に在る父の親権に服した（民旧877条，例外は父が親権を行使できない場合）。妻は行為能力を制限され（民旧14条），例外的な場合を除いて，上記の権限を有しなかった。

　他方，夫は妻を優先的に扶養したわけではない。扶養には法定の順序があり，尊属の扶養が最優先された（民旧957条）。妻は原則として家督相続の権利を有さず，戸主以外の家族の相続である遺産相続について，直系卑属がいない場合にのみ相続権を有したにすぎない（民旧996条）。妻には厳格な貞操義務が課され，不貞行為（姦通）は離婚原因となり（民旧813条2号），姦通罪として刑事処罰を受け（民旧183条），姦通による離婚または姦通罪で処罰を受けた場合は，相姦者（姦通の相手方）と婚姻することができない（民旧768条）。これに対して，夫は強姦など姦淫罪で処罰されたときにのみ離婚原因となる（民旧813条3号）だけで，他人の妻と関係を持たない限り姦通罪にも当たらない（民旧183条）。貞操の二重基準といわれている。

(3)　明治民法修正の試み

　1917（大正6）年9月，内閣直属の機関として臨時教育会議が設けられ，同会議は，1919年1月，「教育ノ効果ヲ完カラシムベキ一般施設ニ関スル建議」を可決した。これを受けて同年7月，内閣に臨時法制審議会が設けられた。政府から諮問1号として「政府ハ民法ノ規定中我邦古来ノ淳風美俗ニ副ハサルモノアリト認ム。之カ改正ノ要綱如何」が発せられた。審議会はこの諮問について審議を続け，1925（大正14）年5月，「民法親族編中改正ノ要綱」を決議した。この改正要綱では，戸主の権限を弱めたり，妻の行為能力制限や夫婦財産制について明治民法の規定を削除し，これに代わる相当の規

序　説　Ⅲ

定を設ける提案，家督相続の場合に長男以外の子や生存配偶者にも一部を分ける提案など，諮問とは異なる内容もあった。諮問どおり家父長制を強化しようとする者と，多少とも個人主義的，近代的なものに変えようとする者との間の論争と妥協があったとされる（磯野誠一「明治民法の変遷」家族問題と家族法Ⅰ 361-364 頁）。都市部での家族生活は家制度の実体から乖離し始めており，家族の実情に合わせた法制度への要請が底流にあった。

　これらの審議を受けて，司法省は，1928（昭和 3）年 10 月，民法改正調査委員会を設置，1939（昭和 14）年 7 月，「人事法案（仮称）親族編」，8 月，「同相続編」を整理したが，戦局激化の影響から，公表もされず，国会にも提出されなかった。他方で，「道義ニ基ヅキ温情ヲ以テ事件ヲ解決スルコトヲ以テ其ノ本旨」とする人事調停法が成立した（→Ⅴ 2 (2)(ア)）。

Ⅲ　1947 年改正親族・相続法の特徴

1　改正親族・相続法の特徴

(1)　家制度の廃止と家庭の民主化

　1946 年に成立した日本国憲法（1946〔昭和 21〕年 11・3 公布，1947〔昭 22〕年 5・3 施行）で，「配偶者の選択，財産権，相続，住居の選定，離婚並びに婚姻及び家族に関するその他の事項に関しては，法律は，個人の尊厳と両性の本質的平等に立脚して，制定されなければならない」ことが示された（憲 24 条 2 項）。一方，1946 年 7 月 11 日から 1947 年 7 月 7 日にかけて民法改正案が作成，審議され，同年 7 月 23 日から 12 月 22 日にかけて国会審議がなされ，12 月 22 日に改正民法が成立し（法律 222 号），1948 年 1 月 1 日から施行された。この間，日本国憲法の施行に伴う民法の応急的措置に関する法律（1947〔昭 22〕年 4・19 公布。5 月 3 日から 12 月 31 日まで効力を持つ）が制定され，妻の無能力規定，家に関する規定，家督相続の規定，夫婦関係規定で両性の本質的平等に反する規定の不適用や成年者の婚姻について父母の同意の不要，親権の父母共同行使，配偶者相続権の確立等が定められた。改正民法は，この応急的措置法の方針・骨格を明文化したものである。

　改正民法の大きな特徴は，明治時代以来の家制度を廃止したことであり，家族を，夫と妻，親と子，親族相互の個人と個人の権利義務関係として規定

〔二宮〕　9

序　説　III

し，個人を基礎に置いたことである。また民法解釈の基準として「個人の尊厳と両性の本質的平等」があげられた（1条ノ2〔現2条〕）。

　民法改正を担った我妻栄は，1947年2月，憲法普及会での講演「家族制度と婦人」において，「民主主義は各人の人格の尊厳を尊重する。各人の本質的平等を立脚点とする。そうした上で，共同生活を理想として進んでゆく。平等な者，人格の尊厳を認めあつた者，の間の結合団体であるということが，民主主義のまさに要求するところであります。そうだとすると，家，あるいは戸主という制度はこれをどうしても廃止しなければならない」と述べていた（我妻栄・家の制度――その倫理と法理〔1948〕81頁）

　しかも民法は，男女・夫婦の平等を前提に，当事者の合意によって家族に関するさまざまな事柄を決定し，協議が調わない場合には，家庭裁判所が調停や審判で処理する仕組みを採用した。例えば，同居・協力・扶助義務（752条），婚姻費用分担義務の履行（760条），子に対する共同親権の行使（818条3項），親の扶養（877条～879条），離婚（763条），財産分与（768条），離婚の場合や婚外子の親権者の指定（819条1項・4項），遺産分割（907条）などである。

　我妻は，「例えば，夫婦関係の冒頭には『婚姻は夫婦の平等の権利を基礎とし，相互の協力によつて維持されなければならない』というような，又親子関係の冒頭には『両親が協力して子を養育し，これを肉体的・精神的に完成させることは，その崇高な権利であるとともに義務である。』というような，いわば教育的な大原則を掲げ，細かな問題はこの大精神を指導原理として常識的に解決してゆくことにする，という態度が必要であろう。……めつたに生じない場合を予想して正確な法律を作ることは，法律家の自己満足になるだけで，実際の効果は案外少ないものである。身分関係などについては，『法三章』で満足する位の度胸がなくては，法律形式の民主化は望みえない」とする（我妻・前掲書40-41頁〔初出は，東京新聞1946年6月12日〕）。協議優先の諸規定は，家庭の民主化の象徴でもあった（二宮周平「近代家族の確立とその揺らぎ」比較家族史研究23号〔2008〕32-35頁）。

　また法律の上ではともかく平等が規定されていたがゆえに，今日に至るまで大規模な法改正の必要がなかったし，改正民法は，家族の自治を保障するものであると同時に，家族紛争に対する国家の柔軟な対応を可能にし，紛争

の表面化を回避する道を開いたとして評価する指摘もある（利谷信義「家族観の変遷と家族法」法時 65 巻 12 号〔1993〕38 頁）。

(2) 妥協的な規定

1946 年当時，家制度を維持しようとする保守派が相当な勢力を持っており，彼らを説得するために，改正民法はなお家意識や家父長意識を温存する規定を残すこととなった（我妻栄編・戦後における民法改正の経過〔1956〕75 頁，126 頁，175 頁，289 頁）。例えば，6 親等内の血族，配偶者，3 親等内の姻族までを親族と定義する規定（725 条），直系血族および同居の親族は互いに扶け合わなければならないとする規定（730 条），墓や位牌などの祭祀財産を相続財産から除外し，同じ氏の者が承継することを前提とする規定（897 条・769条・817 条），家督相続の廃止により，子の間では均分相続が原則となったが，農地や自営業の承継を円滑にするための遺留分の事前放棄を可能とする規定（1043 条）などである。

現在でも，長男が後を継ぐという意識，長男の家族が老親を世話をすべきだとする意識が残っている。制度としての「家」は存在しなくても，社会の中に家意識，家父長意識は存続しており，こうした民法の規定が影響を与えている面がある。

(3) 協議優先規定の問題性

協議優先の構造では，実際には社会規範と当事者の力関係が大きな影響を与える。つまり，当事者間に経済的，社会的格差がある場合には，これらの面で優位な立場にある側が事実上，決定権を握る。我妻は，「資本主義の発達は，労働者や小作人の夫婦結合体から，人格向上の時間を剝ぎ，生活の糧さえも奪わんとする。国家が，夫婦をもつて真に自由であり平等である男女の結合協力体となし，国家発展の基礎とするつもりなら，そのために進んで経済的，文化的施策を講じなければならない」（我妻・前掲家の制度 34 頁〔初出は，毎日新聞 1946 年 4 月 22 日〕）と指摘していたが，戦後の日本社会は，この方向には進まなかった。

その結果，例えば，婚姻した夫婦の圧倒的多数が夫の氏を夫婦の氏に選択した（2015 年でも 96.0％になる）。夫・妻の得た収入・財産は夫・妻それぞれの固有の財産とする夫婦別産制（762 条）も形式的には中立的な規定だが，性別役割分業型の家族では，夫の得た財産はすべて夫に帰属し，妻が夫に経済

序　説　III

的に依存する関係を作り出す。夫が結婚生活に必要な費用を負担し，妻が現実の家事労働を負担するという合意も，婚姻費用分担義務の履行として正当化され，性別役割分業が維持される。こうして実質的な不平等が協議を媒介として，あるいは形式的には中立な規定によって隠蔽されてしまうという欠陥があった。

2　氏と戸籍による家族の団体的把握

(1)　氏に関する議論

　1946 年から 47 年にかけて民法改正案の審議過程において，家制度の廃止に抵抗する保守派を説得するため，我妻栄は，法律上は家制度をなくすが，現実の家族制度＝共同生活まで否定するわけではないことを強調する。それを氏との関係で説明する。夫婦は氏を同じくし，共に夫の氏を称する，養子は養家の氏を称する，離婚をすれば氏を異にする，妻が夫に死別して実家に帰ることになれば，元の氏に帰るといったように，家族共同生活が集まり，分かれるというのを，氏を変更するという観念で現していく，「氏を同じうするか，しないかということが現実の共同生活が一緒になる，ならぬという所を抑える一つの拠り所にしよう」と考えたとする（我妻栄編・戦後における民法改正の経過〔1956〕251 頁）。それが夫婦同氏と親子同氏を原則とし，子の氏の変更（791 条）も共同生活と氏が一致する手段として位置づけることにつながった。

　これに対して，宮沢俊義は，氏が家と同じ作用を果たすことを見抜き，「家破れて氏あり」と批判した（宮沢俊義「家破れて氏あり」法律タイムズ 1 巻 6＝7号〔1947〕25頁）。また当時の新進気鋭の民法学者で組織された民法改正案研究会は，「民主化の不徹底」，「氏は『家』と異ならぬ」と鋭く批判した。「民主的親族相続法では氏は唯各個人の符号であり，それ以上の内容をもつべきではない。その意味から，氏というような『家』の観念のつきまとつた文字を捨てて『姓』と改めることが望ましい」とした（民法改正案研究会「民法改正案に対する意見書」法時 19 巻 8 号〔1947〕5 頁）。

　この批判について，我妻と共に改正作業を担った中川善之助は，「親子が同じ氏を称したいと願ったり，結婚や離婚や養子縁組などに関連して，或る氏をもつことを欲したり，別の氏に変わることを嫌ったりする」国民的感情を余りにも無視し過ぎる感があると反論した（中川善之助「『民法改正案意見書』異見」法律タイムズ 1 巻 6＝7 号〔1947〕13 頁）。

序　説　III

(2)　戸籍に関する議論

　戸籍の編製原理に関して，GHQ（連合国軍総司令部）は，個人単位にすることを提案したが，司法省は，「民法改正案によって，『家』はなくなった。そこで戸籍は一人一人別にして作るのがよかろうが，それは非常に手数がかかり面倒である」とし，「今度は婚姻を重視しているから，婚姻を主にし，婚姻をすれば戸籍を別にし，子供ができれば，その戸籍内に記載する。即ち，夫婦と子供とを一つのグループにしたまでで，『家』の温存などは勿論考えていない」（1947 年 8 月 20 日の会談より（「現行戸籍法立法関係資料Ⅲ」戸籍 458 号〔1982〕46 頁）として，GHQ の了解をとりつけ，一組の夫婦と氏を同じくする子を単位に戸籍を編製し，戸籍筆頭者の氏を基準に入籍・除籍を繰り返す仕組みを維持した。

　これに対して，前述の民法改正案研究会は，戸籍制度が家意識に直結していた過去の現実を直視し，家族の民主化のためには，一人一用紙の「市民名簿」とすべきだと主張した。憲法の「個人の尊厳」，「両性の平等」の思想は「各人が独立の市民であることの自覚をもつべきことをいい現したものにほかなら」ず，「法律はこのような自覚をもつことを促進するような規定をなすべきで，自分の個人的身分の変動が常に家族全体の戸籍の変動として現れるというようなやり方では従来の家族的観念にまだつよく捉われている一般民衆の市民的自覚を促すことは出来ないどころか，かえつてこれを阻害する原因となるであろう。それ故われわれはむしろ徹底した個人単位の身分登録制度の採用を提案する」とした（民法改正案研究会・前掲論文 6 頁）。

　中川は，「夫婦を一枚の用紙に書いておくということには便利な点もある」とし，新戸籍法案の戸籍は，「従来のような戸の籍ではなく，夫婦が作る家庭の籍である。その間に生まれた子供は，成長して結婚するまでその父母の家庭の籍の中へ書き込まれており，結婚すれば自分の新しい家庭の籍が作られる」と反論した（中川・前掲論文 14 頁）。

(3)　家族の団体的把握

　以上のように，我妻も中川も，夫婦と子によって作られる家庭を中心に家族を考えていることがわかる。家制度的な家族から，夫婦と子を中心とする家族への転換こそ，家族法学の課題であると認識され，夫婦同氏・親子同氏の原則と戸籍の編製原理が肯定された。家制度廃止を家族の解体と受け止め

序　説　IV　　　　　　　　　　　　　　　　　　　第4編　親　族

る層もあったことから，国民の不安を緩和するためにも，上記のような夫婦
と子を単位とする家族および戸籍編製原理は有用だったといえる。一方で，
男女が婚姻し夫婦として新戸籍を編製することは，家からの夫婦の独立性を
象徴するものであり，夫婦と子から成る婚姻家族を標準とする意識を浸透さ
せる役割を果たした。それは，高度経済成長の家族モデル（性別役割分業型家
族）に合致した。

　その反面，標準からはずれる家族（離婚，婚外子など）への偏見や蔑視も生
み，また戸籍筆頭者を定め，その者の氏との異同で入籍・除籍を繰り返す仕
組みは，小型の家の戸籍であり，外で働く夫の氏を夫婦の氏にする慣行とと
もに，家族の団体的把握を可能にし，家意識を温存する作用もあった。「晴
れて入籍」，「嫁」は死語にならず，「長男」「長女」意識はなお維持され続け
ている。

　我妻は，戦後改革における守旧派との妥協について，後に「制度というも
のは，長く続いてまいりますと，それ自体としての生命を取得し，存在を続
けるようになり，その基盤であった社会生活が変わってもなお存在を続け，
逆に社会生活に影響を及ぼすようになるのです。このことはどんな法律制度
についてもそうです。……戸籍というものが，逆に社会生活と人々の心理の
上に影響を及ぼす，私が言っているのは，そういう意味なのです」と述懐し
た（我妻栄「戸籍制度創設百周年にあたって」全国連合戸籍事務協議会編・日本戸籍の特
質〔1972〕17-18頁）。

IV　その後の親族・相続法の改正と現在の課題

1　家制度との対峙と婚姻家族尊重論

(1)　法制審議会民法部会身分法小委員会仮決定・留保事項

　1955年，民法改正に関する諮問に対して，法制審議会民法部会身分法小
委員会は仮決定・留保事項を公表したが（青山道夫＝我妻栄ほか「研究会　民法
改正に関する問題点(上)(下)」ジュリ97号14頁以下，98号15頁以下〔1956〕），一致
した事項は，親族の範囲（725条），親族間の互助（730条）の削除であり，こ
こでもなお残存する家制度的なものの克服が問題認識としてあった。1959
年の仮決定・留保事項（その2）になると（我妻栄＝中川善之助ほか「座談会・親

14　〔二宮〕

族法の改正(一)～(三)」法時31巻10号18頁以下，11号65頁以下，12号122頁以下
〔1959〕)，内縁保護，協議離婚制度の検討，実親子関係の成立と事実主義の検討，養子制度・親権制度から家的な色彩や権力的要素を払拭する，扶養法では公的扶助との関係を深め，義務を軽減するなど，家族の現実を尊重する方向もあるものの，家制度的側面のさらなる払拭が課題として認識されている。

(2) 議論に現れた家族観

1959年，前述の仮決定・留保事項をめぐる議論の中で，唄孝一は，民法改正時において，我妻が氏で共同生活を把握しようとしたことについて，「ただあの案を通すためのタクティックだというだけではみのがせない，何かそこで対決する問題があるのじゃないか」と指摘し，それが対決し切れていないと，家制度復活論等に対して十分に対決し切れないのではないかと疑問を呈した（我妻＝中川ほか・前掲法時12号135頁）。これに対して，我妻は，「親族共同生活という非常に大きな団体であったものが，だんだん割れてきて，最後に夫婦と未成熟の子供だけは割れない最後のものだというふうにもいえる」のではないかと反論する（同・前掲法時12号136頁）。中川も，夫婦と未成熟の子から成る家族を典型として位置づけ，無償労働という家族生活の普遍性を説き，家族の共同生活性を肯定する。中川は「核心家族」という言葉を用い，「核心家族の実態というものを法的にどう把握するか。やはり核心家族というものはもう団体ではなくて，個人の集まりだとみてしまうか，あるいはやはりそれは一体になっているものとしてみるべきか」と整理する（同・前掲法時12号137頁）。共同生活，家族の団体性を超歴史的に肯定する視点こそ，家制度的なものの復活につながる危険性があり，唄の批判はここにあったと思われるが，我妻＝中川は，夫婦と未成熟子から成る家族を基礎的単位として肯定し，唄の主張を「個人々々がばらばらになってしまう」と捉えたのである（同・前掲法時12号136頁）。こうした我妻＝中川の認識が家族法学の主流となっていく。

(3) 家族法の体系論と解釈論の方向性

1950年代，家族法学は家族の民主化，近代化へ向けて，理論的な検討を開始した。1940年代までに，中川善之助は，経済生活（ゲゼルシャフト）と保族生活（ゲマインシャフト）の比較から，身分関係と身分法の特質を提示し，身分法独自の理論化を試みた。それは，家制度の下で現実には多数を占めつ

〔二宮〕 15

つあった夫婦と未成熟子を中心とする家族の生活を確保するという実践的意図に基づくものでもあり，家族の現実を重視し，子ども・高齢者・弱者の生活保障のために，家族生活の共同性を保障しようとする理論である（中川善之助・身分法の基礎理論〔1939〕，同・身分法の総則的課題〔1941〕，同・親族法〔1959〕等）。戦後においても，家族の共同性を媒介に個人の権利を擁護するという積極的な要素を見逃すべきでないと指摘されている（二宮孝富「家族法理論史の総括と今後の課題」家族史研究編集委員会編・家族史研究第4集〔1981〕162頁）。

　川島武宜は，家族法について，市民法秩序の不可分の一部をなすものと捉える。独立・自由な法的主体者である個人の意思に基づく市民的契約としての婚姻が成立し，ついで未成年の子と親の監護教育関係が成立する。家族法は，私的所有に基礎を置く共同生活体としての婚姻と，私的所有に基づくところの未成年の子に対する親の扶養・保護・監督の個人法的関係によって成り立つ。川島理論では，近代家族法の重点は，家族関係における財産的権利義務におかれるため，家族秩序は愛情に基礎づけられた内面的自発性が基本となることから，家族に対して法の機能する余地は極めて小さくなる。具体的には，家族関係の成立・変更・消滅と家族関係解体の場合の財産関係の調整以外は，当事者の自発的形成に委ねられることになる（川島武宜・民法（三）〔1951〕，同・イデオロギーとしての家族制度〔1957〕等。分析として，二宮・前掲論文163頁参照）。ここには，法が家族に介入することを最小限にすることによって，家族を権力関係から守るという実践的な意図があるが，一方で，公的な世界と私的な世界の分離という近代法的原理の貫徹を見ることができる。

　沼正也は，家族法を私的保護法として位置づける。市民法は，独立・平等・自由な存在である人と人の関係を規律する財産法と，こうした属性を欠く人を独立・平等・自由な存在たらしめる装置である家族法から構成されるという体系論に立つ。私的保護の内容は，行為的監護（法律行為の代理など），事実的監護（身の回りの世話），経済的監護（扶養）であり，人の相互扶助本能に基づき家族に分配されるとし，私的保護を担う家族関係の発生・変更・消滅にかかわる関係法と，私的保護の内容にかかわる保護法に分類する（沼正也・親族法の総論的構造〔初版, 1955〕，同・財産法の原理と家族法の原理〔1960〕等。紹介と位置づけにつき，二宮周平「家族の個人主義化と法理論」法時74巻9号〔2002〕30-31頁）。人は私的保護を合意によって排除できない反面，私的保護さえ確

序　説　Ⅳ

保できれば，自由な意思に基づく家族関係形成の自由があることを認めるものであり，沼理論にも，権力の介入の限界を画す実践的意図を読み取ることができる。

　家族法の体系論は，家族法学のイデオロギー性，啓蒙性を乗り越えた研究の深まりを示すものであるが，その底流には，民主的な家族の確立への志向がある。家に代わる家族秩序の近代化への配慮は，公権力の家族への介入を最小限にとどめることにつながり，家の復活を原理的に否定しようとしたともいえる。

　しかし，そこで家族の基本とされたのは，夫婦と子から成る婚姻家族だった。有地亨は，現代家族の特質が人的要素の優越（家産という物質的基礎を欠くこと）にあることを指摘した。家族法の中心は，財産法関係を取り去って残る人倫秩序であり，この人倫秩序を中心とする家族法の基本原理は，個人の尊厳と両性の本質的平等に従い，個々の家族構成員の独立・平等・自由な人格者であることを承認した上で，夫婦の自由な合意による婚姻関係と，親の未成熟子に対する義務を中心とする親子関係からなる近代家族秩序を法制度化し，家族の安定と保護を図ろうとするところに求めた（有地亨・家族制度研究序説〔1966〕，同「家族法秩序における論理構成」法政33巻3〜6号〔1967〕等）。ここにおいて，明示的に婚姻家族がモデルとして提示されるに至った。

　家族法解釈学もこのモデルを前提に，性別役割分業が支配的な実情の下で，家事労働を法的に評価して実質的な男女平等の実現につなげる一方，有責配偶者の離婚請求の制限，不貞行為の相手方の不法行為責任の肯定，婚外子差別の維持など，妻（内縁の妻も含む）の座権を守るという婚姻尊重の解釈論が展開されていった。

2　部分的改正の進展

　親族・相続法および関連領域において改正が実現した主要な規定は，下記である（詳細は各条文の注釈参照）。

　①1962（昭和37）年，同時死亡の推定（32条の2），代襲相続（887条・888条）など

　②1976（昭和51）年，離婚の際の婚氏続称制度（767条2項）

　③1980（昭和55）年，配偶者相続分の引上げ（900条1号〜3号），寄与分の創設（904条の2），遺産分割の基準の考慮事由の追加（906条，年齢，心身の状態，

〔二宮〕　17

序　説　Ⅳ　　　　　　　　　　　　　　　　　第4編　親　族

生活の状況）

　④ 1987（昭和62）年，特別養子制度の導入（817条の2〜817条の11）

　⑤ 1999（平成11）年，成年後見制度の導入（7条〜20条・843条〜875条等）

　⑥ 2011（平成23）年，親権停止制度の導入，監護教育の権利義務規定・親権喪失規定・財産管理権喪失規定・未成年後見規定の修正，面会交流および監護費用分担の明記（766条・820条・834条・834条の2・835条・840条，842条削除等）

　⑦ 2013（平成25）年，婚外子の法定相続分差別規定の削除（900条4号ただし書前段削除）

　⑧ 2016（平成28）年，女性のみの再婚禁止期間を100日に短縮（733条）

　婚外子差別については，当事者からの訴訟提起を契機にいくつかの法制が改正された。第1に，住民票の世帯主との続柄記載について，かつては，婚内子は「長男」「長女」「二男」「二女」型，婚外子は単に「子」と記載とされていたが，「子」に統一された（平6自治振231号「住民基本台帳事務処理要領の一部改正について（通知）」，平7・3・1施行）。第2に，婚外子の父が子を認知すると，児童扶養手当の支給を打切り，1年以上，父から遺棄されている場合に，手当を支給するという扱いがあったが，当該規定は削除された（平10政令224号「児童扶養手当法施行令及び母子及び寡婦福祉法施行令の一部を改正する政令」，平10・8・1施行）。第3に，戸籍の父母との続柄記載について，かつては，婚内子は「長男」「長女」「二男」「二女」型，婚外子は何人いても，「男」「女」と記載されていたが，婚外子は，母の何番目の婚外子であるかを基準に「長男」「長女」型に統一された（平16法務省令76号「戸籍法施行規則の一部を改正する省令」，平16・11・1施行），第4に，日本人父と外国人母の婚外子を子の出生後に父が認知しても，国籍法では，認知の効果は出生時に遡及しない扱いをしていたため，出生時に日本人の父がいないことから，日本国籍を取得できないとされていたが，父の認知があれば，国籍取得届をすることによって，認知の時から日本国籍を取得することができるようになった（平20法88号「国籍法の一部を改正する法律」，2008〔平20〕・12・12公布，2009〔平21〕・1・1施行，最大判平20・6・4民集62巻6号1367頁参照）。

　なお特別法では，家庭内暴力に対応するものとして，①児童虐待の防止等に関する法律（2000〔平12〕・5・24公布〔法律82号〕，11・20施行），②配偶者か

18　〔二宮〕

らの暴力の防止及び被害者の保護等に関する法律（2001〔平13〕・4・13公布
〔法律31号〕，10・13施行），人のセクシュアリティに対応するものとして，③
性同一性障害者の性別の取扱いの特例に関する法律（2003〔平15〕・7・16公布
〔法律111号〕，2004〔平16〕・7・16施行）などが制定された（いずれも必要に応じた
一部改正が続いた）。

3 民法改正案要綱と家族法改正の課題

(1) 法制審議会答申の内容と意義

1991（平成3）年1月，法制審議会は，「民法の婚姻・離婚制度の見直し審
議」を開始し，1992年12月，同見直し審議に関する中間報告（論点整理）
（問題の所在と考えられる意見を列記したもの）を公表して意見を求めた。寄せら
れたパブリックコメントを踏まえた上で，1994年7月，「婚姻制度等に関す
る民法改正要綱試案」が公表された。

法務省民事局参事官室の背景説明では，①国民の人生観・価値観の変化・
多様化，②政府の方針（「女性差別撤廃条約」批准に関連して策定された国内行動計
画），③夫婦別氏導入の動き，④有責配偶者の離婚請求に関する最高裁判決
（判例の変更），⑤諸外国の法制の整備，⑥婚外子の相続分差別を違憲とする
東京高裁決定（東京高決平5・6・23家月45巻6号104頁），⑦日本政府に対して
婚外子差別を廃止するよう求めた国連規約人権委員会の改善勧告（1993・
11・5）があげられている。なお婚外子の相続分差別については，中間報告
（論点整理）には含まれていなかったが，パブリックコメントには改正の課題
として取り上げるべきとする意見が多数あり，⑥⑦の事情が加わって改正の
課題としたと説明されている（以上につき，法務省民事局参事官室「婚姻制度等に
関する民法改正要綱試案の説明」ジュリ1050号〔1994〕219頁以下参照）。

ここで背景説明の順番に注意したい。まず①があげられ，続いて②，そし
て③社会的な動向であり，少数の選択でも対応しようとする姿勢が明示され
た上で，④〜⑦判例・国際的な動向・条約に配慮していることである。要綱
試案に関しても多数の意見が寄せられ，それらを踏まえた上で，1996年2
月，法制審議会は「民法の一部を改正する法律案要綱」を答申した。

その中心となる内容は，ⓐ婚姻適齢の男女平等化（18歳に統一），ⓑ再婚禁
止期間の短縮（6か月を100日に），ⓒ選択的夫婦別氏制度の導入，ⓓ5年程度
以上の婚姻の本旨に反する別居を裁判離婚原因とする，ⓔ離婚に関して，離

序　説　Ⅳ

婚の際の財産分与規定の詳細化，子の養育費分担と親子の面会交流の明文化，
⑥婚外子の相続分差別の廃止である。

1947年の民法改正において，なお残されていた男女の別扱い（ⓐ，ⓑ）を
改め，夫婦別氏を求める市民の声に対応し（ⓒ），婚姻が破綻している場合
には離婚を肯定すると同時に，経済的に自立できない配偶者や子の利益を確
保し（ⓓ，ⓔ），個人の尊重と子の平等の視点から差別をなくそうとする（ⓕ）。
女性の自立化の傾向をふまえた上で，個人の尊厳と両性の本質的平等にでき
るだけ近づこうとしたものであり，2度のパブリックコメントを踏まえて練
り上げられたこの答申は，内発的なものと評価することができる。

（2）　その後の動向

しかし，上記の内容のうち，とりわけⓒに対して，例えば，選択的であっ
ても夫婦別氏を認めることは，「家族の崩壊を招く」，「家族の一体感が損な
われる」などといった反対論が根強く，法制審議会の答申であるにもかかわ
らず，政府案として国会に上程されてこなかった。

他方，1999年12月に制定された男女共同参画社会基本法に基づいて策定
された政府の「男女共同参画基本計画」（2000年12月）では，「男女共同参画
の視点に立った社会制度・慣行の見直し，意識の改革」の章で，具体的施策
として，「家族に関する法制の整備」があげられ，「男女平等等の見地から，
選択的夫婦別氏制度の導入や，再婚禁止期間の短縮を含む婚姻及び離婚制度
の改正について，国民の意識の動向を踏まえつつ，引き続き検討を進める」
とされ，第2次（2005・12），第3次（2010・12），第4次（2015・12）でも踏襲
されている。しかし，具体的な検討はなされていない。

また国連女性差別撤廃委員会は，2003年7月18日，2009年8月7日，
2016年3月7日，日本政府報告書の審議を行い，総括所見として，政府に
対して上記ⓐ・ⓑ（ただし全廃）・ⓒに関する民法改正を直ちに行うこととい
う勧告を行っている（婚外子とその母への差別を撤廃し，保護することも含まれてい
る）。2009年，2016年は，勧告の履行のためにとった措置を2年以内に文書
で提供することというフォローアップの対象ともなっている。しかし，政府
は2003年，2009年の勧告，フォローアップに対して具体的な対応を何もし
ていない。

2017年8月現在，成人年齢の18歳への引下げとあわせて，婚姻適齢を男

女とも 18 歳に統一する内容を民法改正案に盛り込む方向で検討されている。

(3) **最高裁判例の対応**

(ア) **婚外子差別**　最高裁大法廷は，上記 f 婚外子の相続分差別（900 条 4 号ただし書）については，裁判官全員一致で憲法 14 条 1 項違反と判断した（最大決平 25・9・4 民集 67 巻 6 号 1320 頁）。1947 年の民法改正時から現在に至るまでの間の社会の動向，家族形態の多様化やこれに伴う国民の意識の変化，諸外国の立法のすう勢および日本が批准した条約の内容と国連各権利委員会からの懸念の表明や改善勧告，婚内子と婚外子の平等化を進めた法制，大法廷および小法廷における度重なる問題の指摘などを総合的に考察し，「父母が婚姻関係になかったという，子にとっては自ら選択ないし修正する余地のない事柄を理由としてその子に不利益を及ぼすことは許されず，子を個人として尊重し，その権利を保障すべきであるという考えが確立されてきているものということができる」ことを理由とする。これを受けて，2013 年 12 月，「嫡出でない子の相続分を嫡出である子の 2 分の 1 とする部分を削る」との民法改正が実現した（2013〔平 25〕・12・11 公布〔法律 94 号〕，同日施行）。

しかし，出生届書の記載事項に「嫡出子又は嫡出でない子の別」を設ける根拠となる戸籍法 49 条 2 項 1 号については，実務上の便宜に合理性がないとはいえないとして憲法 14 条 1 項に違反しないと判断した（最判平 25・9・26 民集 67 巻 6 号 1384 頁）。相続分が平等になり，子の父母との続柄記載も「長男」「長女」型に改正され（→2），出生届の記載で子の区別をする必要性がないにもかかわらず，これを残すことは，子の差別によって法律婚主義を維持しようとする象徴的な意味を持つ（山本龍彦〔判批〕平 25 重判解 18 頁）。相続分差別を廃止した「子を個人として尊重する」という考え方は，この判決には生かされていない。

なお上記の民法改正を契機として，配偶者の居住権の保護，配偶者の貢献に応じた遺産分割の実現等の相続法制について，法制審議会民法（相続関係）部会で検討されている。2016 年 6 月，中間試案が公表され，意見聴取手続（パブコメ）がなされた（法務省ウェブサイト参照）。

(イ) **女性のみの再婚禁止期間**　最高裁大法廷は，上記 b について，100 日の再婚禁止期間は，父性の推定の重複を回避し，父子関係を早期に定めて子の身分関係の法的安定を図る趣旨から，立法裁量の範囲内であり，合憲と

しつつ，100日を超える期間は，父性の推定の重複を回避するために必要な期間とはいえないこと，医療や科学技術の発達からみて，一定の期間の幅を設けることを正当化することは困難であること，再婚件数の増加から再婚の制約はできる限り少なくするという要請があること，各国で廃止し，再婚禁止期間を設けない国が多くなっていることから，合理性を欠いた過剰な制約であり，合理的な立法裁量の範囲を超え，立法目的との関連において合理性を欠くとして，憲法14条1項，24条2項違反と判断した（最大判平27・12・16民集69巻8号2427頁）。2016年6月，再婚禁止期間を100日に短縮し，離婚時に懐胎していないことの証明があれば，再婚を可能にする改正がなされた（2016〔平28〕・6・7公布（法律71号），同日施行。→§733）。

(ウ) 夫婦同氏強制制度　最高裁大法廷は，氏名について，「人が個人として尊重される基礎であり，その個人の人格の象徴であって，人格権の一内容を構成する」（最判昭63・2・16民集42巻2号27頁）との法理を認めながら，①氏を名と切り離し，氏は婚姻および家族に関する法制度の一部として法律がその具体的な内容を規律していること，家族は社会の自然かつ基礎的な集団単位であるから，氏をその個人の属する集団を想起させるものとして1つに定めることにも合理性があること，氏が，親子関係など一定の身分関係を反映し，婚姻を含めた身分関係の変動に伴って改められることがあり得ることは，その性質上予定されていることから，婚姻の際に「氏の変更を強制されない自由」が憲法上の権利として保障される人格権の一内容であるとはいえないとして，憲法13条に違反しないとする。②民法750条は文言上性別に基づく法的な差別的取扱いを定めていないことから，憲法14条1項に違反しないとする。③同条は婚姻の効力の定めであり，婚姻をすることについての直接の制約を定めたものではないことから，憲法24条1項に違反しないとする。④婚姻の重要な効果として夫婦間の子が夫婦の共同親権に服する嫡出子となるということがあり，嫡出子であることを示すために子が両親双方と同氏である仕組みを確保することにも一定の意義があること，婚姻に伴う改姓による不利益は，氏の通称使用が広まることにより一定程度は緩和され得るものであることなどを総合的に考慮すると，同条は憲法24条2項に違反しないとする（最大判平27・12・16民集69巻8号2586頁）。

本判決には，違憲とする5名の裁判官の意見・反対意見が付されており，

多数意見も同条について，婚姻に伴う改姓により不利益を被る者が増加してきていること，夫の氏を選択する夫婦が圧倒的多数である現状には社会に存する差別的な意識や慣習による影響があること，改姓が婚姻を事実上制約する場合もあることを指摘し，選択的夫婦別氏制度に合理性がないと断ずるものではないとした上で，氏に関する制度の在り方は，「国会で論ぜられ，判断されるべき事柄」であるとする。したがって，本判決は，本件規定を合憲として肯定したものではない。大法廷は見解の多様性を示し，立法府との対話を通じて，速やかな法改正を促しているとも読める（二宮周平〔判批〕リマークス 2016 下 60 頁）。

　他方で，多数意見は，家族が同じ氏を称することを合理性があると断じ，法律婚と嫡出子にとっての意義を強調する。法律婚主義の強調は，性同一性障害者の性別の取扱いの特例に関する法律によって性別を女性から男性に変更した者が女性と婚姻し，第三者の精子提供を受けて妻が懐胎・出産した子について，民法 772 条の嫡出推定を婚姻の主要な効果であるとして，当該夫婦の嫡出子と推定されることを肯定することを可能にしたが（最決平 25・12・10 民集 67 巻 9 号 1847 頁），前述したように 1970 年代までに形成された婚姻家族尊重論の再現であり，婚外子の相続分差別を違憲とした「個人の尊重」の考え方は踏襲されなかった。個人の尊重（憲 13 条），個人の尊厳と両性の本質的平等（憲 24 条 2 項）という憲法的価値は，法制度においても最高裁判例においてもなお実現されていない。

(4)　家族法改正の方向性

　1980 年代後半から，女性の雇用が進み，90 年代後半には，共稼ぎ世帯が専業主婦世帯を上回るようになり，他方で，少子高齢化が進行し，家族だけで育児や介護を担うことが困難な事態が生じている。また女性差別撤廃条約の批准や男女共同参画社会基本法の制定・基本計画の策定により，性別役割分業型家族を標準とする家族政策は見直しを迫られている。さらに選択的夫婦別氏制度導入や婚外子差別の撤廃を求める市民運動，個々人の性自認や性的指向を尊重する社会へ向けての取組み，卵子提供や代理懐胎・出産も視野に入れた生殖補助医療の利用拡大，別居・離婚後の親子の交流を子のために保障しようとする取組みなど，家族のあり方について多様な希望，主張が社会的に広がっている。家族法は，こうした多様な家族生活やライフスタイル

序　説　IV
第4編　親族

の多様なニーズに応えるとともに，国際人権規約，女性差別撤廃条約，子ど
もの権利条約など国際的な人権保障の動向を踏まえ，個人の尊重，個人の尊
厳と両性の本質的平等という憲法的価値を実現する方向で改革されていく必
要がある。

　まずは，1996年2月の法制審議会答申「民法の一部を改正する法律案要
綱」を今日の視点で再点検しながら，実現していくことが考えられる。

　その後，上記答申を踏まえた上で，学会を中心に家族法改正が取り上げら
れている。2009年10月の日本私法学会シンポジウムでは，民法改正委員会
家族法作業部会が「家族法改正 —— 婚姻・親子法を中心に」を報告し（中田
裕康編・家族法改正 —— 婚姻・親子関係を中心に〔2010〕に収録），2009年11月の家
族〈社会と法〉学会シンポジウムでは，「家族法改正 —— 子の利益を中心に」
が（家族〈社会と法〉26号〔2010〕に収録），2009年12月のジェンダー法学会で
は，「家族法改正とジェンダー」が（ジェンダーと法7号〔2010〕に収録）開催さ
れた。また2010年6月に発足した家族法改正研究会は，婚姻，離婚，親子，
親権・扶養の4部会に分かれて検討を続け（シンポジウム「家族法改正を考える」
戸時659号〔2010〕2頁以下，以降，戸籍時報に10回連載），2016年11月の日本家
族〈社会と法〉学会でシンポジウム「家族法改正 —— その課題と立法提案」
が開催された（家族〈社会と法〉33号〔2017〕に収録）。

　これらの改正提案に共通することは，個人の尊重，個人の尊厳と両性の本
質的平等を基本理念にして（子の平等，嫡出否認権を妻・子にも付与，認知無効の制
限など），当事者の選択肢を広げ（婚姻の性中立化〔異性または同性の2人の者は婚
姻をすることができる。一前注（§§731-771）III(4)(オ)），夫婦の氏，夫婦財産制，離婚後や婚
外子の共同親権など），当事者の合意形成と権利義務規範による支援を確実に
して（夫婦の居住財産の保護，夫婦財産の清算や財産分与基準の精緻化，子に対する親
の養育責任など），家族の多様化に対応しようとするものである。本書各条文
の注釈で検討事項が紹介される。

24　〔二宮〕

序　説　V

V　家族関係の公示と家族紛争の解決手法

1　家族関係の公示（戸籍）

(1)　戸籍の意義と特徴

　婚姻や縁組をするに際してその要件を備えているかどうかを確かめたり，遺産分割や相続財産の取引に際して相続人を確認したり，取引にあたって行為能力や法定代理人を確かめるなど個人の家族関係や属性にかかわる事実を登録し公証する制度が必要である。日本では戸籍がこの役割を果たしている。

　欧米諸国は，個人単位で，かつ出生・婚姻・死亡といった事件別に登録し，公証する制度であるが（利谷信義ほか編・戸籍と身分登録〔2005〕第2部参照），戸籍は，1組の夫婦およびこれと氏を同じくする子ごとに編製するという家族単位の登録制度である（沿革につき，二宮周平「近代戸籍制度の確立と家族の統制」利谷ほか編・前掲書146頁以下）。戸籍には，個人の出生から死亡にいたるあらゆる家族関係事項が順次記載される。したがって，プライバシーへの配慮が不可欠である。

(2)　戸籍の仕組み

　(ｱ)　戸籍の編製　　戸籍は，その市町村の区域内に本籍を定める1組の夫婦およびこれと氏を同じくする子ごとに編製され，日本人でない者と婚姻をした者または配偶者がない者について新たに戸籍を編製するときは，その者およびこれと氏を同じくする子ごとに，編製する（戸6条）。1夫婦1戸籍であり，家制度時代のように親・子・孫など3世代以上にわたる者が同一の戸籍に記載されることはない。例えば，女性が未婚で子を産むと，その女性は親の戸籍から除かれ，自分と産まれた子（婚外子は母の氏を称する）から成る新戸籍が編製される。戸籍は，その筆頭に記載した者（戸籍筆頭者）の氏名・本籍で表示される（戸9条）。本籍は戸籍の所在地であり，日本国内であればどこでも選ぶことができる。

　例えば，婚姻の届出があれば，夫婦が本籍地とした所で新戸籍が編製される（戸16条）。夫の氏を夫婦の氏にすると，夫が戸籍筆頭者となり，夫，妻，夫婦の子・養子縁組をした子など夫婦と同じ氏の子が順次記載される。

　成年に達した者は，戸籍筆頭者およびその配偶者でない限り，自らを筆頭者として新戸籍を編製することができる（戸21条）。分籍という。またいつ

〔二宮〕　　25

序　説　V　　　　　　　　　　　　　　　　　　　第4編　親族

でも自由に本籍地を変えることができる。転籍という（戸108条）。分籍も転籍も個人の自由である。

　性同一性障害者の性別の取扱いの特例に関する法律により，性別の変更をした者は，従来の戸籍から除籍され，その者単独の新戸籍を編製する（戸20条の4）。現行戸籍には，性別の記載欄がなく，父母との続柄で，長男・長女などと記載されることによって性別が示されるため，性別を変更した者の新戸籍において，性別を男から女へ変更した場合は，その者が長男であれば「長女」，二男であれば「二女」と，逆の場合は「長男」「二男」などと記載される（平16・6・23民一1813号民事局長通達）。なお性別変更の要件が現に未成年の子がいないことに改正されたことから（2008〔平20〕年法70号，特例法3条1項3号），性別を変更した者につき新戸籍が編製された後，その者の従前の戸籍に在籍している成年に達した子が当該新戸籍に入籍することを希望する場合は，入籍の届出をすることができる（平20・12・12民一3217号民事第一課長通知）。

　(イ)　届出　　家族関係の変動は，原則として当事者からの届出に基づいて戸籍に記載される（戸15条）。届出には，創設的届出と報告的届出がある。前者は，婚姻・協議離婚・縁組・協議離縁・任意認知・姻族関係終了などのように，一定の家族関係の発生・変更・消滅という効果を発生させる行為としてなされる届出である。後者は，出生・死亡・裁判離婚・調停離婚・裁判離縁・調停離縁・遺言による認知・強制認知など，すでに事実の発生その他によって法律関係に変動を生じている事項を報告する届出である。戸籍に事実を忠実に反映させるために，後者については，届出期間内に正当な理由なく届出をしない者を5万円以下の過料に処する（戸135条）。

　(ウ)　記載事項　　本籍のほか，戸籍内の各人について，氏名，出生年月日，当該戸籍に記載される原因・年月日，実父母の氏名および実父母との続柄（長男，長女，二男，二女など），養子であるときは，養親の氏名および養親との続柄（男性は養子，女性は養女），夫婦については夫または妻である旨，他の戸籍から入った者については，その戸籍の表示などが記載される（戸13条）。特に元の戸籍（本籍と戸籍筆頭者名）が記載されることから，これを順次にたどっていけば，祖父母・おじおば・いとこなど家族関係をすべて明らかにすることができる（追跡機能）。身分事項欄には，出生・婚姻・離婚・縁組・離

26　〔二宮〕

縁・認知・親権喪失・親権停止・未成年後見人就任・相続廃除などが順次記載されるので，その人の家族関係事項を一覧することができる（一覧性）。これらの記載事項に基づいて，家族関係，出生年月日，国籍（戸籍は日本国民についてのみ編製される）などが証明される。

　婚外子の続柄に関して法改正があった（→Ⅳ2）。これまで「男」「女」と記載されている婚外子については，当事者の申し出によって更正する。また更正したことの履歴をなくすためには，戸籍の再製を申し出なければならない。こうした情報提供がないため，申し出ない当事者がいる結果，現在も，差別記載が残っている。他方，世帯主との続柄記載で婚外子の差別記載があった住民票については，実子・養子，婚内子・婚外子すべて続柄を「子」に統一したことから，行政の責任で記載が更正された。相続分差別が廃止されたことから，民法上，子は権利において平等になったのであるから，公証制度である戸籍において「長男」「長女」型の記載をする必要はない。続柄欄を性別欄に変更する法改正（戸13条4号・5号の法改正）が実現すれば，婚外子の続柄に関する過去の記載を法務省の責任で更正すること，出生届書の記載事項の「嫡出子又は嫡出でない子の別」欄（戸49条2項1号）を廃止することが可能となる（最判平25・9・26民集67巻6号1384頁は記載区別を合憲とする。なお上記子の別を記載しない出生届について，届出当事者が補正に応じない場合には，届書の付せんまたは余白に「出生子は母の氏を称する」または「出生子は母の戸籍に入籍する」等の例により，出生届を受理し，母の戸籍に記載する扱いがなされている〔平22・3・24民一729号民事第一課長通知〕）。

　転籍があると，その戸籍に記載される者も，身分事項欄の記載も，現在の家族関係に関するものに限定されるので，婚姻・離婚・死亡・分籍などで除籍された者は記載されず，身分事項欄の離婚歴なども記載されない。性同一性障害者で性別の取扱いの変更を受けた者も，転籍することによって，続柄の更正は移記されないが，名の変更と性別の取扱いの変更に関する事項（身分事項欄に，特例法による裁判発効の旨が記載される）は，転籍しても新戸籍に移記される（戸則39条）。性別を変更した者であることは常に戸籍上明らかになる。プライバシー保護の視点からは，こうした移記は疑問である。

　㈑　訂正　　戸籍の記載が不適法または真実に反する場合には，当事者の申請（戸113条・114条・116条）または職権によって（戸24条）訂正する。名

序　説　Ⅴ　　　　　　　　　　　　　　　　　　　　　　　第 4 編　親　族

前の誤記，死亡時刻の訂正など，訂正の対象事項が戸籍の記載自体から明白
な場合（明白性の要件），または上記のように明白でないにしても，関係者の
同意があるなど，その事項が軽微で，訂正が法律上重大な影響を及ぼすおそ
れのない場合（軽微性の要件）に，戸籍法 113 条の手続によって訂正され（名
古屋高決平 21・4・14 家月 62 巻 5 号 70 頁，大審院判例を確認したもの），訂正事項が
家族関係に重大な影響を与える場合には，戸籍法 116 条が適用され，確定判
決または審判によらなければならない（仙台高決平 2・5・11 家月 42 巻 10 号 63
頁）。したがって，虚偽の出生年月日が記載された出生届に基づく戸籍の訂
正でも，それが単なる日付の訂正にとどまらず，子の国籍や家族関係の変動
にまで影響が及ぶ重大な訂正となる場合には，出生年月日のみの戸籍訂正は
許されない（浦和家越谷支審平 8・6・7 家月 49 巻 1 号 138 頁）。

(3)　公証とプライバシーの保護

　家族関係などを公証するために，かつては戸籍の公開を原則とし，手数料
を納めれば，戸籍簿の閲覧や戸籍謄本・抄本の交付を求めることができた。
しかし，個人の人権とプライバシーを侵害する事例が後を断たないため，
1976 年（閲覧制度廃止等，1976〔昭 51〕・6・15 公布（法律 66 号），同日施行），2007
年の法改正（下記①〜④等，2007〔平 19〕・5・11 公布（法律 35 号），2008〔平 20〕・
5・1 施行）によって抜本的に改革された。

　①戸籍に記載されている者（本人），その配偶者，直系尊属，直系卑属は，
戸籍の謄抄本の交付を請求することができる（戸 10 条 1 項）。実務では請求事
由を明記させ，不当な目的の場合によることが明らかであるときは，市町村
長は請求を拒むことができる（同 2 項）。

　②第三者が戸籍の謄抄本の交付請求をすることができる場合を，ⓐ自己の
権利を行使しまたは義務を履行するために戸籍の記載事項を確認する必要が
ある場合，ⓑ国または地方公共団体の機関に提出する必要がある場合，ⓒそ
の他の戸籍の記載事項を利用する正当な理由がある場合に限定する（戸 10 条
の 2 第 1 項）。

　③弁護士・司法書士・行政書士などの有資格者が職務上請求する場合につ
いても，受任事件の依頼者について，上記ⓐ〜ⓒのいずれかの必要があるこ
とおよび依頼者の氏名を明らかにしなければならない（戸 10 条の 2 第 3 項）。
紛争解決手続の代理業務については，上記の例外とされるが，それでも資格，

当該事件の種類，代理しようとする手続，戸籍の記載事項の利用目的を明らかにしなければならない（同条4項）。

④戸籍謄抄本の不正取得者に対する制裁として，30万円以下の罰金に処する（戸133条）。有資格者は罰金でも有罪として刑罰を受けると，所属する会から除名を含む厳しい懲戒処分を受ける。また刑法犯となることから，有資格者に依頼した興信所や知人，興信所への依頼者までも，共犯者あるいは教唆犯として，処罰の可能性が出てくる。有資格者の交付請求には，依頼者の氏名も明記するから，共犯者などの特定もできる。検察当局が不正請求について厳正に対処するようになれば，興信所への身元調査依頼それ自体を抑制する効果も出てくる。

個人情報保護の視点からは，戸籍抄本あるいは記載事項証明書の交付を原則とすること，第三者や有資格者による戸籍謄抄本の交付請求があったときは，本人に通知し，請求者が誰でどのような理由によるのかを開示して，不正に利用されたかどうかを本人がチェックできるようにすることなどが，なお課題として残されている（事前に登録した人に対して，本人の代理人と称する者や第三者に戸籍謄抄本，住民票の写しなどを交付した事実を通知する制度（事前登録型本人通知制度）を導入する基礎自治体が増加している）。

(4) 電子情報処理組織による戸籍事務

1994年6月の戸籍法の一部改正により，戸籍事務を電子情報処理組織によって取り扱うことが可能となった（戸118条）。行政サービスの向上，戸籍事務処理・関連事務処理の迅速性・正確性の向上を目的とする。2016年5月1日現在，全国1896の市区町村の99.4％でコンピュータ化が完了している。戸籍に記載された個人情報はプライバシーの程度がきわめて高いものであるから，個人情報の保護を図ることが最大の課題となる。現在，全国のネットワーク化を図るオンライン・システムは導入しておらず，市区町村の他の事務システムから戸籍データベースには直接アクセスできないこととし，戸籍情報システムの方であらかじめ関連事務に必要なデータを別のファイルにまとめておき，このファイルから住民基本台帳事務や人口動態調査に対して必要な情報を提供するという形になっている。ただし，2014年度から戸籍を電算化した市区町村の副本データを国が一括しており，社会保障・税番号制度（マイナンバー制度）とのリンク付けなどの検討も始まっている。

〔二宮〕　29

(5) 戸籍制度改革の課題

戸籍は家族の追跡機能と一覧性に富む便利なものである。しかし，元の戸籍をたどることによって，その人の出自を明らかにしようとするなど，人権侵害を起こしてきた。また家族の団体的把握に伴う弊害がある（→Ⅲ2⑶）。これらをなくし，戸籍にも個人の尊重という理念を反映し，真に国民の利益になるような制度にするためには，戸籍の編製方法を個人単位にし，本人が自分にとって必要な事項のみ証明を求めることができる制度に転換する必要がある（利谷信義「戸籍制度の役割と問題点」ジュリ1059号〔1995〕12頁，清水誠「市民社会における市民登録制度に関する覚書」湯沢雍彦＝宇都木伸編・人の法と医の倫理〔2004〕93頁，二宮周平「戸籍制度について」月報司法書士534号〔2016〕7-8頁など）。

韓国は，2005年に戸主制を廃止したことから，2008年に戸籍制度を個人単位の家族関係登録制度に改正した。個人別に，父母，配偶者，子を記載するもので，戸籍謄本は存在しない。①家族関係証明書（登録基準地，本人・父母・配偶者・子の氏名・生年月日・住民登録番号・性別を記載），②基本証明書（個人の登録基準地，出生・国籍・改名等事項を記載），③婚姻関係証明書，④養親子関係証明書が交付される（柳淵馨「大韓民国における新しい家族関係登録制度の概要」戸時640号〔2009〕参照）。

2 家族紛争の解決手法

(1) 解決手法の特徴

夫婦の別居や離婚，子をめぐる父母の対立や子の遺棄，老親の介護や扶養，親族間の相続問題など家族の紛争は，継続的な家庭生活や人間関係と密接に関連しているため，当事者で冷静で客観的な解決をしたり，法的基準に基づき合理的に割り切った解決をすることが難しい。紛争の長期化はお互いの憎しみや不信感を増し，人間関係を破壊してしまうおそれがある。そこで財産法的な紛争解決とは違った，家事事件にふさわしい紛争処理手続を設ける必要がある。

しかし，家族紛争で辛い目に遭う者，自立の困難な者にとっては，紛争を解決するだけではなく，お互いの信頼や愛情を回復し，円滑な人間関係を再び築き上げることが，何よりも求められる。したがって，公的機関が介入して解決するだけでは不十分であり，関係当事者が自発的に解決へ努力するこ

とも必要である。その意味で，家族紛争の解決方法には，紛争を司法的に解決する機能と人間関係を調整する機能の両面を備えておく必要がある。

(2) 家庭裁判所

(ア) 沿革　　家庭裁判所構想は，大正時代の臨時法制審議会の審議（→Ⅱ2(3)）に遡る。1921（大正10）年9月，審議会は，訴訟の形式によらず，「温情ヲ本トシ道義ノ観念ニ基キ家庭ニ関スル事件ノ調停及審判ヲ為サシムル為家事審判所ヲ設クルコト」という家事審判所に関する綱領を議決し，1924年11月，司法省に「家事審判所ニ関スル法律調査委員会」が設置され，検討を開始した。また1939（昭和14）年7月，8月の人事法案親族編，相続編（→Ⅱ2(3)）では，家事審判所の権限事項を定めた。しかし，日中戦争から第2次世界大戦へと戦局が激化していく中で，人事法案も家事審判所制度も成案として国会に提案するに至らなかった。他方で，1939年1月，非常時局の下，家庭に関する紛争の円満解決を調停の方法によって解決することが「焦眉ノ急務」となったとして，人事調停法が制定され，同年7月から施行された。人事調停は区裁判所の管轄とされた。

第2次大戦後の民法改正に合わせて，1947（昭和22）年12月，家事審判法が制定され，翌年1月1日から施行され，人事調停法は廃止された。家事審判法1条は，「個人の尊厳と両性の本質的平等を基本として，家庭の平和と健全な親族共同生活の維持を図ることを目的とする」と規定し，臨時法制審議会における家事審判所構想や人事調停法とは異なる理念，すなわち，日本国憲法24条2項に根拠を持つ制度となった。そして家事調停，家事審判を行う家事審判所が，地方裁判所の支部として，全国各地方裁判所の本庁所在地49か所，支部所在地27か所に設けられた。

他方，1922（大正11）年4月旧少年法が公布され，翌年1月1日施行され，これに基づき少年審判所が設けられた。1942年までに全国7か所に設置され，戦後の1948年には18か所に増設されたところ，1947年から48年にかけて，GHQ関係者の強い要請から，少年裁判所構想が持ち上がり，さらに家事審判所と少年裁判所を併合して家庭裁判所を設置する構想へと展開し，1948（昭和23）年12月，家庭裁判所を設置するための裁判所法改正案が公布され，1949年1月1日から施行された。同時に最高裁判所事務総局内に家庭局を設け，家庭裁判所に関する事務の運営に当たることになった（以上に

〔二宮〕　31

序　説　Ⅴ　　　　　　　　　　　　　第4編　親族

つき，内藤頼博「家庭裁判所の沿革」家族問題と家族法Ⅶ 78-106 頁）。

　(イ)　機能の充実　　家庭裁判所には旧少年審判所における少年保護司を踏
襲した少年保護司が，1950 年 5 月，少年調査官に改められ，調査官補の制
度も導入された。一方，1951 年 4 月，家事審判・調停の事件について，家
事調査官，調査官補の制度が導入され，1954 年 6 月，両者の名称を統一し
て家庭裁判所調査官，調査官補に改められた。1956 年 7 月，家事審判規則
の改正により，その職務について新たに規定が設けられた。家事審判・調停
事件について事実調査をするに当たって，必要に応じ，事件関係人の性格・
経歴・生活状況・財産状況および家庭その他の環境等について，医学・心理
学・社会学・経済学その他の専門的知識を活用して行うように努めるべく，
必要があると認められるときは，調査官も審判または調停の期日に出席し，
意見を述べ，また事件の関係人の家庭その他の環境を調整するために社会福
祉機関との連携その他の措置をとり，さらに，後見の事務または被後見人の
財産の調査にも当たるものとされた（1956 年最高裁判所規則 8 号による家事審判規
則 7 条の 3 ないし 7 条の 5，137 条の 3 の新設，内藤・前掲論文 109 頁）。今日の調査
官機能の基礎である。

　上記と並行して医務室の設置（1951 年），家事債務の履行確保制度（1956
年），審判前の保全処分制度（1980 年），家事調停委員制度の任期制（2 年）と
年齢制限（40 歳以上 70 歳未満）および任用資格等の改正（1974 年），人事訴訟
の家庭裁判所への移管（人訴 4 条。2003〔平 15〕・7・16 公布（法律 109 号），2004
〔平 16〕・4・1 施行），家事審判法と家事審判規則を改めた家事事件手続法の制
定（2011〔平 23〕・5・25 公布（法律 52 号），2013〔平 25〕・1・1 施行）など，家事紛
争の解決に向けた家庭裁判所の機能の充実と役割の拡大が進められている。

　(3)　家事事件手続

　(ア)　家　事　審　判

　(a)　審判の意義　　審判は，家事事件について，通常の訴訟手続ではな
く，合目的的な裁量に基づき具体的に妥当な解決をめざす，非訟的手続によ
る裁判である。プライバシー保護のために非公開であり，原告と被告の対立
構造をとらず，職権調査主義がとられる（家事 33 条・56 条）。また裁判官は，
当事者の申立て内容に拘束されない。

　家事審判は，当事者の申立て，調停からの移行または職権によって開始さ

32　〔二宮〕

れ，裁判官が，参与員を立ち合わせ，またはその意見を聴いて行うが，相当と認める場合は，裁判官だけで審判を行うことができる（家事40条）。審判に不服があれば，当事者は即時抗告をすることができる（家事85条）。こうして確定した審判は，執行力ある債務名義と同じ効力を持つ（家事75条）。

家事審判は非公開であり，対審ではないことから，憲法32条，82条に違反しないかが争われた。最高裁は，①同居命令，②婚姻費用分担，③遺産分割，④推定相続人の廃除，⑤寄与分の審判について，裁判をa実体的権利義務の確定と，b権利義務を前提として具体的な内容を形成する処分に二分し，bは非訟事件であり，具体的な同居命令等の審判がなされても，別途，同居義務等を訴訟手続で争うことができることから，審判手続は合憲とだとする（①に関する最大決昭40・6・30民集19巻4号1089頁，②〜⑤についても同旨）。

この論理では，当事者が同居義務不存在確認請求や同居請求を権利濫用として争う場合には，訴訟となり，義務の不存在や権利濫用の主張が認められたときには，同居命令審判が覆り（審判による判断には既判力がないから，後の訴訟における判断と矛盾・抵触したときは，その限度において効力を失う〔遺産分割審判に関する最大決昭41・3・2民集20巻3号360頁〕），審判した意味がなくなる。そこで，公開・対審の手続によらずに権利義務の存否を含めて終局的解決を図っても違憲ではないような事件の存在を積極的に認めるとともに，手続態様についても，憲法32条の要請は，個々の紛争の性質・内容に適合した審理方式による裁判を求める権利を国民に保障するところにあるとみるのが多数説である（中野貞一郎「民事裁判と憲法」講座民事訴訟①〔1984〕2頁）。家事事件でも，夫婦の同居，離婚後の子の監護（面会交流，養育費の分担）等の場合，プライバシーの尊重や，任意の履行を促すためには，当事者の話し合いを保障して合意による解決を目指すべきこと等を考慮すると，要件事実を定めて主張・立証を尽くし，証明責任で決着をつける訴訟手続よりも，非訟事件とすることに合理性がある。こうした視点から合憲と判断するのである。

(b) 審判事項　　家事審判の対象となる事項は，家事事件手続法39条に列挙されている別表第一・第二の事項（旧家事審判法9条1項では，甲類・乙類とされていた）と，同法第2編に定める事項（家事117条〜243条）である。

別表第一事項とは，成年後見の開始や未成年養子縁組の許可，子の氏の変更の許可など，家庭裁判所が公的立場から後見的に判断する事項である。

〔二宮〕　33

序　説　V　　　　　　　　　　　　　　　　　　第4編　親　族

　別表第二事項は，婚姻費用分担請求，財産分与，子の監護に関する事項（面会交流や養育費の分担等），老親扶養など当事者間に対立があり，当事者の協議で解決できなかった場合に，最終的に家庭裁判所の判断によって解決されるべき事項である。家事調停を行うことができる事件について，訴訟または家事審判事件が係属している場合には，裁判所は，当事者の意見を聴いて，いつでも調停に付することができる（家事274条）。

　（c）審判前の保全処分　　審判が下される前に一方が財産を処分したり，子を拉致したり，親権者が子を虐待するなどの事態を防ぐためには，民事訴訟の仮差押えや仮処分と同様の制度が必要である。家事事件においても，家事事件手続法39条の審判の申立てがあった場合に，家庭裁判所は必要に応じて仮差押え，仮処分（処分禁止，金銭の仮払い，物の引渡し，監護者の指定，子の引渡し等），財産管理者の選任，親権者の職務執行の停止と職務代行者の選任その他必要な保全処分を命ずることができる（家事105条）。この保全処分には強制力がある。同様に，調停委員会も調停の前に必要と認められる保全措置を講ずることができる（家事266条）。

　（イ）家　事　調　停

　（a）調停の意義　　調停とは，家庭裁判所が関与して当事者による合意の形成を促し，紛争を自主的に解決させる手続である。調停は，当事者の申立て（家事255条）または裁判所からの付調停（家事274条）によって始まり，裁判官1人と家事調停委員2人以上から成る調停委員会で行われる（家事248条）。事件当事者本人が出頭することが原則であるが，当事者が遠隔の地に居住している場合には，当事者の意見を聴いて，電話会議またはテレビ会議で行うこともできる（家事54条・258条1項）。非公開であり（家事33条），職権調査主義に基づいて行われる（家事261条）。当事者間に合意が成立し，これを調書に記載したときに，調停が成立したものとし，その記載は確定判決・確定審判と同一の効力を有する（家事268条1項）。

　日本の家事調停では，同種の制度のある韓国や台湾とは異なり，申立人と相手方が別々に調停委員会に出席する別席調停が行われているが，申立人・相手方の了解を得た上で，双方同席の上で調停ないし聴き取りを行うこともある（小田耕治「同席聴き取りの試み」二宮周平＝渡辺惺之編・子どもと離婚——合意解決と履行の支援〔2016〕198頁以下）。家事事件手続法の施行以降，双方当事者

34　〔二宮〕

序　説　Ⅴ

立会いの下で手続説明をしたり，各調停期日の開始時に進行予定などを，終了時には争点など次回期日に向けた課題を整理する家庭裁判所も出てきている。手続の透明化，情報の共有化であり，当事者の合意による解決を志向するものと位置づけることができる。

　(b)　調停事項　　①別表第二事項。調停不成立の場合は，審判手続が進行する（家事272条4項）。②婚姻の無効・取消し，離婚，嫡出否認，認知，親子関係存否確認，離縁等，本来人事訴訟事件となるものについては，訴えを提起する前に調停の申立てをしなければならない（調停前置主義，家事244条・257条）。③上記の事項以外で家庭に関する事件，例えば，内縁や婚約の解消，相続回復請求，遺留分減殺請求等の民事訴訟事件についても調停前置主義がとられている（家事244条）。②③の場合において調停が不成立のときには，改めて②は家庭裁判所に，③は地方裁判所に訴えを提起することになる（家事272条3項）。

　(c)　特殊家事調停

　(ⅰ)　合意に相当する審判　　上記調停事項②のうち，離婚・離縁以外の事項については，当事者間に申立ての趣旨のとおりの審判を受けることについて合意が成立し，その原因について争いがない場合には，家庭裁判所は必要な事実を調査し，家事調停委員の意見を聴いた上で，その合意を正当と認めるときは，その事件について当該合意に相当する審判をすることができる（家事277条）。親子関係の存否などを当事者の合意だけで決めることはできない。調停合意と事実が一致していることを確認する必要がある（→§775Ⅲおよび§772Ⅳ(2)(オ)）。そのために常に人事訴訟によるとするのも不経済であるから，人事訴訟の簡易手続として認められた審判である。しかし，利害関係人の訴権を当事者の合意だけで奪うことは許されないから，この審判に対して2週間以内に利害関係人から異議を申し立てることができ（家事279条），それが適法な異議の申立てである場合には，合意に相当する審判は，その効力を失う（家事280条4項）。

　(ⅱ)　調停に代わる審判　　上記②③の事項で調停が不成立の場合において，家庭裁判所は相当と認めるときは，調停委員の意見を聴いた上で，当事者双方のため衡平に考慮し，一切の事情を考慮して，職権で，事件の解決のために必要な審判をすることができる（家事284条）。感情的な行きちがいや

〔二宮〕　35

序　説　Ⅴ　　　　　　　　　　　　　　　　　　　　　　　第4編　親　族

わずかな意見の相違により調停が成立しない場合や一方当事者が手続追行の意欲を失っているような場合に，裁判所がそれまで収集した資料に基づき，合理的かつ具体的な解決案を示して紛争の解決を促すための制度である（金子・逐条解説859頁）。しかし，当事者の合意を強制するものであってはならないから，調停に代わる審判も(i)同様，利害関係人からの適法な異議申立てにより，効力を失う（家事286条1項・5項）。

　(ウ)　家事事件手続における子の意思の尊重　　家事事件手続法の制定により，家庭裁判所は，子がその結果により影響を受ける事件については，子の陳述の聴取，家庭裁判所調査官による調査その他適切な方法により，子の意思を把握するように努め，審判をするに当たり，子の年齢および発達の程度に応じて，その意思を考慮しなければならない（家事65条）。この規定は調停にも適用される（家事258条）。また一定の家事事件（養子縁組の許可，親権者・監護者の指定，子の監護についての処分（面会交流，養育費の分担），親権の停止・喪失，財産管理権の喪失，未成年後見人の選任・解任等）の場合には，15歳以上の子の陳述聴取が義務づけられている。

　子の意思の把握・考慮には，①父母の子への配慮を促すため（配慮の対象としての子），②手続の当事者としての位置づけ（権利主体としての子）と2つの側面がある（二宮周平「子どもの意思の尊重と子どもの自己決定」二宮周平＝渡辺惺之編・離婚紛争の合意による解決と子の意思の尊重〔2014〕7-9頁）。②からは，子が家事事件手続の中で意見を述べ，あるいは意思を考慮されるのは，当然の権利（意見表明権）であるが，それと同時に①の意義が紛争解決にとっては重要である。そのためには父母の側に子の意見・意思を受け止める力がなければならず，家裁調査官が高い専門性を発揮し，子との信頼関係を築きながら，意思を把握し，これを裁判官や家事調停委員に伝え，共に父母へ働きかけることが必須となる。

　上記の家事事件において，子に手続行為能力（自己の身分に関わる事項を判断するだけの精神能力，小学校高学年が目安）があれば，子は家裁の許可を得て調停・審判手続に利害関係人として参加することができ，家裁が相当と認めるときは，職権で子を利害関係参加させることもできる（家事42条2項・3項・258条1項）。また親権の停止や喪失等については，子自身が申し立てることができる（834条・834条の2）。

36　〔二宮〕

序　説　Ｖ

　こうして子自ら事件に対応して，申立てや手続参加ができるとしても，年齢や発達の程度によっては現実に手続行為をすることが難しい場合も多いことから，法定代理人が子を代理して手続を行うこと（家事18条）および裁判長が申立てまたは職権によって弁護士を「手続代理人」に選任することができる（家事23条1項・2項）。ただし，任意参加について，参加許可の申立てがなされた場合に，家裁は，子の年齢および発達の程度その他一切の事情を考慮して，手続に利害関係参加することが子の利益を害すると認めるときは，申立てを却下しなければならない（家事42条5項）。

　この制度の積極的な活用に向けて，民事司法改革に関する日弁連と最高裁の協議の1つとして，「子どもの手続代理人制度」の充実があげられ，2015年7月31日，「子どもの手続代理人の役割と同制度の利用が有用な事案」が公表された。それによれば，役割として，①子のための主張および立証活動，②情報提供や相談に乗ることを通じて，子の手続に関する意思形成を援助すること，③子の利益に適う合意による解決の促進，④不適切な養育等に関する対応，があげられている。

　また有用な事案の類型として，①事件を申し立て，または手続に参加した子が，自ら手続行為をすることが実質的に困難であり，その手続追行上の利益を実効的なものとする必要がある事案，②子の言動が対応者や場面によって異なると思われる事案，③家裁調査官による調査の実施ができない事案，④子の意思に反した結論が見込まれるなど，子に対する踏み込んだ情報提供や相談に乗ることが必要と思われる事案，⑤子の利益に適う合意による解決を促進するために，子の立場からの提案が有益であると思われる事案，⑥その他「子どもの手続代理人」を選任しなければ手続に関連した子の利益が十分に確保されないおそれがある事案，があげられている。有用な事案の類型化は，利害関係参加の相当性，必要性の判断に際して参考となる。こうした協議を通じて，家裁実務の中に手続代理人制度が定着していくことが期待される（二宮周平「日本の家裁調査官と子どもの手続代理人」二宮周平＝渡辺惺之編・子どもと離婚〔2016〕270-279頁）。

　㈋　履行確保制度　　婚姻費用分担，財産分与，扶養などの給付義務を簡易，迅速に履行させる方法として，家庭裁判所は，権利者の申出により，義務の履行状況を調査し，義務者に対して義務の履行を勧告し，その際に，家

序　説　V

裁調査官に社会福祉機関との連携などの措置をとらせたり，必要な調査を官庁等に嘱託し，銀行・使用者等に必要な報告を求めることができる（家事289条）。また不履行者に対して義務の履行を命じることもでき，命令違反に対しては10万円以下の過料に処する（家事290条）。履行勧告は，子の引渡し，別居親と子の面会交流にも利用することができる。

2015年では，16,599件の履行勧告が出され，金銭債務・その他については，全部履行34.4%，一部履行18.8%，人間関係調整については，目的を達した25.5%，一部達した11.5%である。人間関係調整の履行率は低い。しかし，家裁調査官が一種のカウンセラーとして当事者に履行を働きかける中で，一定の成果をあげることができる。なお履行命令は36件である。

(4)　人 事 訴 訟

(ア)　対象と人事訴訟の特性　　人事訴訟事件は，婚姻の無効および取消しの訴え，離婚の訴え，離婚の無効および取消しの訴え，嫡出否認の訴え，認知の訴え，認知無効の訴え，実親子関係の存否確認の訴え，縁組の無効および取消しの訴え，離縁の訴えなど，夫婦・親子・親族関係の形成や存否の確認（人訴2条）という社会の基本的秩序にかかわる事項をめぐる紛争である。そのために，実体的真実主義をとり，擬制自白や文書提出命令に従わない場合の効果など弁論主義と結びつく規定の適用除外（人訴19条1項），離婚訴訟・離縁訴訟を除いて，請求の放棄・認諾・訴訟上の和解ができない（同条2項），職権探知主義（人訴20条），当事者本人の出頭命令（人訴21条），検察官の関与（人訴23条），確定判決の第三者に対する効力の付与（人訴24条1項）など民事訴訟とは異なる特性がある。

(イ)　管轄と手続　　人事訴訟事件の第1審の管轄は家庭裁判所である（人訴4条）。離婚訴訟に附帯して，親権者の指定，子の監護に関する処分や財産分与などについて申し立てた場合には，これらの事件についても家庭裁判所が行い（人訴32条），家裁調査官の利用も可能である（人訴34条）。調停前置主義であるが，調停不成立の場合に，当然に訴訟に移行することはせず，調停に提起された資料は訴訟手続に引き継がれない。なお訴訟を集中させるために，人事訴訟にかかる請求の原因である事実によって生じた損害賠償請求事件，例えば，離婚原因が夫の不貞である場合に，不貞の相手方へ慰謝料請求するなどは，家裁で裁判をすることができる（人訴17条・8条）。

序　説　V

　人事訴訟は家庭に関する事件であり，その審理や裁判に一般国民の良識を反映するのが望ましいことから，家事審判制度における参与員の制度を人事訴訟にも導入した。家裁は，必要があると認めるときは，参与員を審理または和解の試みに立ち会わせ，その意見を聴くことができる（人訴9条）。主に離婚・離縁原因に争いがある場合，慰謝料が問題となる場合，親権者の指定に争いがある場合などに利用される。

　また検察官を被告とする人事訴訟事件，例えば，死後認知訴訟などの場合，訴訟の結果により相続権を侵害される第三者（利害関係人）に対して，必要である場合には，訴訟への参加を命令することができる（人訴15条）。

　(ウ)　審理における配慮

　(a)　附帯処分等に関する事実の調査　　親権者の指定，子の監護に関する処分，財産分与などについて，裁判所は事実の調査をすることができ（人訴33条1項），家裁調査官に事実の調査をさせることができる（人訴34条）。裁判所が直接当事者の陳述を聴く場合には，他方当事者の立会いが認められ，非公開が原則とされる（人訴33条4項・5項）。調査官の調査の場合にも，当事者には，原則として，事実調査部分の閲覧等，記録の開示が保障される（人訴35条2項）。

　(b)　当事者尋問等の公開停止　　当事者，法定代理人，証人の私生活上の重大な秘密にかかる尋問を受ける場合には，裁判官全員一致の決定により，尋問を公開しないで行うことができる（人訴22条）。出生の秘密，性生活上の秘密など，公開の場で証言することが明らかにはばかられるような場合には，陳述がなされなかったり，事実と異なる陳述がなされるなどにより，誤った裁判がなされるおそれがあるからである。

　(c)　未成年者の利益への配慮　　親権者や監護者の指定，子の監護に関する処分について裁判をする場合には，子が15歳以上であるときは，子の陳述を聴かなければならない（人訴32条4項）。事実の調査部分についての記録の閲覧等の許否を判断する場合には，未成年者の利益を考慮する（人訴35条2項）。

〔二宮周平〕

〔二宮〕　39

第1章 総 則

（親族の範囲）
第725条　次に掲げる者は，親族とする。
一　6親等内の血族
二　配偶者
三　3親等内の姻族

〔改正〕（725）

I　本条の趣旨

(1)　本条の沿革

　本条は，法律上の「親族」の範囲について規定している。法律上の親族と社会的にいう親戚とは，必ずしも一致しない。親族の概念およびその範囲については，歴史的にも変化が見られる（親族概念の沿革の詳細は，新版注民(21)82頁以下〔中川高男〕）。

　旧民法（明治23〔1890〕年）では，「親属トハ血統ノ相聯結スル者ノ関係ヲ謂フ」と定義したうえで，「6親等ノ外ハ親属ノ関係アルモ民法上ノ効力ヲ生セス」と規定していた（旧人19条）。いわば，親属は観念的には無限のものとして国民感情に沿いつつ，民法的に権利義務の基礎としては現実的な一定範囲をもって画するという折衷的な立法態度であった。なお，旧民法でいう「親属」は現行法の血族を指し，現行法でいう姻族を姻属と称していたが（旧人24条1項），両者を包括して「親族」という概念を用いることはなかった。

　明治民法（民旧725条）は，旧民法の「親属」概念を「血族」に改め，新たに「親族」概念を設けて，これに包摂される血族を「6親等内ノ血族」に限

〔床谷〕　41

§ *725* Ⅰ   第4編　第1章　総　則

定するとともに,「配偶者」および「3親等内ノ姻族」を親族とした。明治
民法では, 妻は, 婚姻により夫の家に入り (民旧788条), 夫の親族となり
(民旧725条), その家の戸主の家族となる (民旧732条) ことで, 婚姻 (夫婦)
関係は, 家族・親族集団の中に埋没していた。

　明治民法の見直しを図った臨時法制審議会の民法親族編中改正ノ要綱
(1925年) では, 親族の範囲を国民の意識における親類に一致させるべく,
その範囲を, ①直系血族, ②6親等内の傍系血族, ③配偶者, ④直系血族の
配偶者, ⑤3親等内の姻族およびその配偶者, ⑥子の配偶者の父母, ⑦養子
の父母および子の養父母, とすることを提案した。このような慣習上の「親
類」概念への妥協は, 親族が国家法的概念であることを看過するものである
と批判されている (新版注民(21)88頁〔中川高男〕)。

　戦後の民法改正にあたり, 本条については「あまりにも根本的な大問題」
であるとの認識から, 修正を加えることができず, そのまま継承されたもの
である (講座・現代家族法Ⅰ71頁〔石川利夫〕, 新基本法コメ13頁〔常岡史子〕)。
2004 (平成16) 年の改正で, 文言の修正がなされた (「左に」を「次に」に改め,
「これを」を削る)。

(2)　本条の意義

　本条は, 親族法上 (ならびに親族関係に基づく相続法上) の法的効果 (権利義務)
が帰属する身分として, 血族, 配偶者, 姻族の3種を包摂する親族という概
念を設け, これに含まれる者の範囲を規定している。

　「血族」は, 本来的な生物学的血縁関係に基づく「自然血族」とこれに擬
した養子縁組による擬制的血縁関係に基づく「法定血族」に分けられる。
「姻族」は, ある者と婚姻を媒介として身分関係が成立する親族であり, 配
偶者は, 血族と姻族の連結点である。

　本条では, 本人を基点として, 血族は6親等, 姻族は3親等を親族に含め
る限度としている。旧民法の場合と異なり, この範囲を超える者は親族とは
ならない。親族関係の濃淡は相対的であり, 父の6親等内の血族と子の6親
等内の血族は, その範囲がずれる。しかし, 社会生活上では, 例えば, 4親
等の血族 (従兄弟姉妹) を親族と意識する場合, その配偶者について非親族と
いう意識を持つことは考えにくいように, 6親等内の血族および3親等内の
姻族とその範囲外の者との差を意識することなく, 親類縁者ないし親戚 (姻

§725 I

戚）として交際することはある。これは社会的慣行ではあっても，法的権利義務の根拠とはならない。

「親族」にかかわる民法の各規定においては，問題となる親等の範囲を個別に規定しており，本条の包括的限定的な親族の範囲を定める規定の存在意義については，疑問が提起されている。特に，血族・姻族に配偶者をも加えて，それらを包摂する概念として親族関係を法定することは，婚姻家族の未分化——夫婦関係や親子関係を，親族を構成する一要素としてみる——を示すものであり，家族の現状に適合しないという批判がある（新判例コメ（10）1頁以下〔上野雅和〕）。

本条については，かねて法規定としての存在意義に疑問が持たれていることから（我妻396頁），1959（昭和34）年の法制審議会民法部会小委員会における仮決定および留保事項（その1）では，本条を削除することが仮決定されている。

(3) **親族と家族**

明治民法では，戸主の親族にしてその家に在る者およびその配偶者を「家族」と称し（民旧732条1項），戸主と家族から「家」が構成されていた。ここでの「家族」は家の構成員である個々の人を指し，団体としての家族を意味するものではない。現行法では，家制度の廃止に伴い，戸主も家族も法制度上からはなくなった。しかし，本条が一定範囲の血族・配偶者・姻族を親族と定義づけることで，団体としての「親族」が親族編の基本要素として想定される。

戦前から戦後にかけて，家族の実態は大家族から小家族へと変遷してきたといわれるが，現代でも，なお夫婦と子からなる核家族を家族の典型とする見方が有力である。しかし，少子高齢化の進展により，夫婦のみの世帯，高齢者夫婦と成年子の世帯，高齢者単身世帯も増加し，近年は，継親家庭（ステップ・ファミリー），拡大家族，複合家族あるいは再構成家族（再編家族），さらには，老親介護同居，パートナーシップ（非親族）家庭など多様な新しい家族形態が生まれていることから，団体としての「家族」を民法において定義づけることは困難であり，その法的意義もない。

〔床谷〕　43

II 親族の種別と範囲

⑴ 血　族

⑺　血族の意義　　血族には，自然血族と法定血族がある。自然血族は，基本的に出生という事実により発生する実親子関係が基礎となるもので（実親子関係の発生については，→§772以下の解説），生物学上の血縁関係，いわゆる相互に「血のつながり」（血統）があると認められた者である。他方，法定血族は，法律上で血縁関係があると擬制された者であって，擬制的血族関係とも呼ぶ。現行法上は，養子縁組により発生する養親子関係（→§727）のみがこれに該当する。

　明治民法では，継親子（父の後妻または母の後夫と家を同じくする先妻または先夫の子の間に成立する関係）および嫡母庶子（父に認知され父の家に入った嫡出でない子と父の妻との間に成立する関係）の間にも法定血族関係が成立するものとされていたが（民旧728条），これらは旧法の柱であった家制度を基盤とするものであったため，戦後改正の際に家制度とともに廃止された。現行法では，これらは姻族（1親等）にすぎない。

　法律上の親子関係が発生していれば，戸籍上にそれが記載されていなくとも，親族関係は存在する。逆に，戸籍上の記載からは親族であっても，法律上の親子関係が存在しない場合は，親族関係も存在しない。

　本条1号は，6親等内の血族を親族とする。「内」となっているが6親等を含む。個人にとって6親等の直系血族と同時代を生きることは考えにくい（年齢差の少ない養子縁組による法定血族関係を重ねる場合は別である）。また，傍系血族6親等の者（例えば，兄弟姉妹の孫の孫，従兄弟姉妹の孫，再従兄弟）は，同時代に生存していても，子どもの頃は別としても，成人してもなお生活関係を共同にすることはまれであると思われ，親族としての交流も限られ，相互に親族としての認識を有しないこともありうる。こうしたことから，本条の定める6親等という範囲は広すぎるという批判がある。

⑷　血族関係の終了　　自然血族の場合は，当事者の死亡により，死者との間の親族関係は消滅するが，死者以外の者の間の血族関係には影響しない。他方，法定血族の場合は，養親子関係の消滅（離縁，縁組の取消し）によって終了する（→§729）。原則として6歳未満の子（実子〔嫡出でない子〕であれ養子

§725 Ⅱ

であれ）に限られるが，子につき特別養子縁組が成立したときは，子と実方
の父母および血族との親族関係は終了する（817条の9）。

(2) **姻　　族**

(ア) **姻族の意義**　　本条3号は，3親等内の姻族を親族としている。姻族
とは，夫婦の一方と他の一方の血族との結びつきを指称する法律用語である。
旧民法では，「姻属トハ婚姻ニ因リテ夫婦ノ一方ト其配偶者ノ親属トノ間ニ
生スル関係ヲ謂フ」（旧人24条1項），「夫婦ノ一方ノ親属ハ其親系及ヒ親等ニ
於テ配偶者ノ姻属トス」（旧人25条1項）と規定していた。明治民法はこの定
義規定を継承していないが，同様に解されている。すなわち，自己の配偶者
の血族または自己の血族の配偶者を姻族という。例えば，本人の父母と配偶
者の父母とは，親族関係がない。また，本人の配偶者と本人の兄弟姉妹の配
偶者の関係を考えると，姉夫婦と弟夫婦の間柄であって，社会生活上は親戚
づきあいしていることが多いが，姉の夫と弟の妻とは，姻族の定義には該当
せず，親族関係はない。これらも社会生活上の親類（縁者）と法的な意味で
の親族とが一致しない例である。

　これらも親族に含めるべきであるという立法論もかつてあったが（前掲
1925年民法親族編中改正ノ要綱），現在では，法的に親族関係を拡張すること
には批判的な見解が有力であり（新基本法コメ15頁〔常岡史子〕），逆に，法的に
姻族を親族として位置づけることに反対する見解もみられる（婚姻法改正を考
える会編・ゼミナール婚姻法〔1995〕260頁〔千藤洋三〕参照）。

(イ) **姻族関係の終了**　　姻族関係は，夫婦が離婚したとき，または夫婦の
一方が死亡した場合において生存配偶者が姻族関係を終了させる意思を表示
したときには，終了する（728条）。また，養子および養子の直系血族と養方
血族の配偶者との姻族関係ならびに養子の配偶者および養子の直系卑属の配
偶者と養方血族との姻族関係は，離縁によって終了する（729条）。

(3) **配　偶　者**

(ア) **意義**　　本条2号は配偶者（法律婚配偶者）を親族としている。これは
比較法的にも珍しいとされる。配偶者を親族に含めたのは，わが国の慣行が
基礎になっているとされるが，本条の構成に見られるように，配偶者を間に
挟んで，配偶者の血族と本人の間に姻族関係を発生させることから，親族関
係の結節点としての配偶関係を親族関係としたものと考えられる。しかし，

〔床谷〕　45

§725 II

配偶者を親族とする現行法には，婚姻関係を親子関係と同様に，親族の一構成要素とみる考え方が潜在しており，民法の後進性を示すものとして批判されている。

配偶者には親等はない。これをもって，最も近い親族であることを示すという考え方もあるが，現行の世数親等制は血統の親疎ないし世代間隔を示すものなので（→§726），親等になじまないにすぎない。

(イ)　終了　婚姻の解消（配偶者の死亡，離婚，婚姻取消し）により，配偶者間に存在していた親族関係は当然に終了する。実質的に夫婦関係が破綻し，長期間別居していても（いわゆる外縁），親族関係は終了しない。

(4)　**親族関係の重複**

(ア)　重複が生じる場合　血族関係はその発生原因別に形成されることから，同一の二者間の間に複数の親族関係が発生することがある。血族関係と配偶関係の重複の例としては，従兄弟と従姉妹同士の婚姻，養子と実子の婚姻などがあり，自然血族関係と法定血族関係の重複の例としては，自己の嫡出でない子や孫・弟妹・甥姪を養子にする場合などがある。親等関係も重複する親族関係それぞれについて存在し，より近い親等がより遠い親等を排斥することはない。

(イ)　効果　親族関係が重複する場合，原則として，それぞれの親族関係に基づいて法律上の効力が発生する。例えば，配偶者としての相続権と血族としての相続権の重複の場合がそうである。ただし，重複する親族関係相互において効力における優劣がある場合，あるいは両者が異なる性格を有し，一方が他方を排除する場合には，一方のみが効果を生じることもある。例えば，養子としての相続権は弟としての相続権に順位において優先する。また，成年の兄が未成年の弟を養子にした場合，父としての子に対する扶養義務は生活保持義務であり，兄としての弟に対する扶養義務は生活扶助義務であるから，前者が後者に優先し，後者の効力は生じないものと考えられる。

(5)　**親系による区別**

(ア)　直系と傍系　親族（血族）はその血統連絡の関係（親系）により，種々の区別がなされる。現行法で基本的な区別は，直系親族と傍系親族の区別である。直系の血族は，親と子，祖父母と孫のように，一方と他方が「出生」を連結点（結節点）としてタテにつながっている関係にある者である。

§ *725* **Ⅱ**

他方，傍系の血族は，同一の者（始祖ないし祖先）から出生し，分岐した親系に属する者相互の関係であり，兄弟姉妹，伯叔父母と甥姪，従兄弟姉妹などがこれに該当する。旧民法では，「親等ノ連続スルヲ親系ト為ス彼ヨリ此ニ直下スル者ノ親系ヲ直系ト謂ヒ其直下セスシテ同始祖ニ出ツル者ノ親系ヲ傍系ト謂フ」（旧人20条2項）と規定していたところ，明治民法はこの定義規定を継承しなかったが，同様に解釈され，現行法においてもこれを引き継いでいる。

血族と同様に，姻族にも直系と傍系が考えられる。本人の直系血族は本人の配偶者の直系姻族であり，本人の傍系血族は，配偶者の傍系姻族である。民法では，直系姻族に関する規定（735条）が見られるが，傍系姻族という表現は見られない。

（イ）父系・母系など　親系は，父系（父およびその血族）と母系（母およびその血族）に区分することができる。例えば，韓国では，父系血統を重視する考え方が現在でも強いが（身分法的にも父系祖先の本貫と姓を受け継ぐのを基本とする），わが国では，父系優先の考え方（1984〔昭和59〕年法改正前の国籍法旧2条）は法的にも，国民の意識の上でも，ほぼなくなっていると思われる。男系と女系の区別もあり得るが，皇位継承は皇統に属する男系の男子によること（皇室典範1条）を除いては，法的に意味を有しない。

（6）**尊属と卑属**

親族を，自己より前の世代と後の世代に分けることができる。本条の規定には現れていないが，民法では，この観点から親族を「尊属」と「卑属」に分けている。旧民法では「直系ニ於テ自己ノ出ツル所ノ親族ヲ尊属親ト謂ヒ自己ヨリ出ツル所ノ親族ヲ卑属親ト謂フ」（旧人20条3項）と規定されていた。明治民法は，この定義規定を継承していないが，同様に解釈され，現行法にも受け継がれている。尊属と卑属の区別は，親族編総則では，729条（離縁による親族関係の終了）において「直系卑属」が用いられているのみであって，「直系尊属」の語は婚姻の要件に関する736条（養親子等の間の婚姻の禁止）において直系卑属とともに初めて登場する。

尊属と卑属の区別は，世代による区別であるため，傍系親についても考えられ，単に「尊属」とだけ規定されている場合（793条のみ）は傍系尊属もこれに含まれると解されている（新版注民(24)162頁〔中川高男〕）。しかし，民法

〔床谷〕　47

§725 II   第4編 第1章 総 則

には「傍系尊属」・「傍系卑属」の用語例はなく，傍系親につき尊属・卑属の区別を論じることには批判的な見解がある（新版注民(21)104頁〔中川高男〕）。

　観念的には，姻族についても尊属と卑属の別が考えられるが，民法上は，尊属・卑属の概念は血族に限られ，姻族にはこの区別はないと解されている（新版注民(21)105頁〔中川高男〕）。民法の条文で直系尊属（例えば889条1項1号〔相続権〕）または直系卑属（例えば887条2項〔代襲相続権〕）とある場合は，血族を意味し，姻族を含まない。民法では，養子の直系卑属の配偶者（729条・736条），配偶者の直系卑属（798条）という表記をしている（民旧813条7号では，「配偶者ノ直系尊属」が用いられていた）。

　男尊女卑とともに長幼の序の思想を根幹に置いた旧法とは異なり，現行法では，「尊属は尊い者で，卑属は卑しい者」という意味を有するものではない。しかし，尊属・卑属という用語に対しては，法の下の平等の観点から不適切ではないかという指摘がかねてある（久貴30頁）。これに代わる適切な用語がないという消極的な理由で，現行法でもそのまま使用されていると説明されるが（基本法コメ18頁〔千藤洋三〕），日本国憲法施行から70年が経とうとする現在においてなお尊卑の用語を存続させることは憲法違反のそしりを免れないであろう。

　フランスでは自分よりも上の世代（祖先）を ascendant と称し，下の世代（子孫）を descendant と称する。この両語には優劣としての上下関係の意義もあるが，血脈における上から下への客観的な表現であるといえなくもない。またドイツ法では，子孫を示す用語として Abkömmlinge という語が使用されているが，これは出自関係を意味するものである。日常用語としては上の世代につき Vorfahren，下の世代につき Nachfahren という語が用いられるが，これは自分より先にあるか後にあるか，その先後関係を示すものである。わが国の尊属・卑属の区別は中国古来の輩行制度に由来するものとされるが，輩行制では先輩・後輩と称される。これらの表現を参考にして，昇属・降属，先属・後属と称する案もあるが（婚姻法改正を考える会編・ゼミナール婚姻法〔1995〕264頁〔千藤洋三〕参照），大方の支持を得るには至っていない。

III　親族関係の効果

(1)　民法上の効果

　本条は，親族の範囲を定めているが，民法では，親族の中の一定の範囲の者に限定して権利義務を規定する場合も多く，親族一般として権利義務の主体となることは比較的少ない。

　まず，一定の親族関係にある者・あった者の間に生ずる法的効果として，婚姻障害（近親婚の禁止）がある（734条〜736条）。また，尊属養子の禁止（793条）は尊属・卑属間の一方方向での養子縁組の制限である。親族間の扶け合い義務（730条）は直系血族および同居の親族に限定されるが，その法的拘束力については疑問がある。扶養義務（877条〜881条）は，親族間に常に発生するものとは限らない。相続権（887条・889条）は，血族の一部と配偶者に限定されている。被相続人・受遺者・公証人等との関係で遺言の承認・立会人欠格となることもある（974条）。

　次に，一定の親族に，他の親族の身分関係ないし法的地位について，家庭裁判所に対し請求する権限を認める場合がある。そのようなものとして，成年後見等の開始・取消し（7条・10条・11条・14条・15条・18条。4親等内の親族に限定），婚姻の取消し（744条），縁組の取消し（805条），親権者の変更，親権喪失・親権停止・管理権喪失と取消し（834条〜836条），後見人等・後見監督人等の選任と解任（840条・843条・846条・849条・852条・876条の2・876条の3・876条の7・876条の8），相続人廃除審判確定前の遺産管理（895条）などの請求権がある。もっとも，これらについては他の利害関係人や検察官にも請求権が認められている場合が多く，親族も利害関係がある者として，裁判所の活動を促すだけの権限が認められているにすぎず（我妻398頁），一般的に親族としての効果とするほどの重要性もなく，包括的な「親族」規定を置いたことへの無用な正当化というほかはないと批判されている（新版注民(21)100頁〔中川高男〕）。

　法定相続権はないが本条に規定する親族関係にある事実をもって，被相続人の特別縁故者（958条の3）であるとの主張がなされることもあるが，本条の親族に含まれるというだけでは，特別縁故者として認められるかについては，消極的に捉えられている。

〔床谷〕　　49

§726

第4編 第1章 総則

(2) 他の法律上の効果

一定の親族間の犯罪につき刑事責任を加重する場合として，尊属殺人罪等の重罰規定が存在したが，尊属殺人罪（刑旧200条）を違憲とする判決（最大判昭48・4・4刑集27巻3号265頁）を受けて廃止されている。他方，親族による犯罪（財産犯罪）につき親族間の自律に委ねる方が望ましいという政策的考慮から，刑事責任を軽減するものとして，いわゆる親族相盗例（刑244条），犯人蔵匿・証拠隠滅等（刑105条）などがある。例えば，窃盗（刑235条）および不動産侵奪（刑235条の2）の罪については，配偶者，直系血族または同居の親族による罪は免除され，それ以外の親族による場合は，告訴がなければ公訴を提起することができない（刑244条）。横領の罪（刑252条）も同様である（刑法255条による同244条の準用）。ただし，家庭裁判所に選任された後見人である親族が被後見人の財産を横領した場合，この業務上横領の罪（刑253条）については，刑法244条は準用されず（最決平20・2・18刑集62巻2号37頁〔未成年後見人〕），刑法上の処罰を免除することができないことはもとより，量刑に当たりその親族関係を酌むべき事情として考慮するのも相当ではないとされている（最決平24・10・9刑集66巻10号981頁〔成年後見人〕）。成年後見人に加担して成年被後見人の財産を横領した親族についても，刑法244条は準用されない（東京高判平25・10・18東高刑時報64巻1〜12号202頁）。

訴訟法では，一定の親族関係があるときに証言拒絶権（民訴196条1号，刑訴147条1号）が認められている。また，裁判手続における裁判官等の除斥の理由ともなる（民訴23条1項2号・27条，家事10条・13条〜16条，刑訴20条2号・26条など）。

〔床谷文雄〕

（親等の計算）

第726条① 親等は，親族間の世代数を数えて，これを定める。

② 傍系親族の親等を定めるには，その1人又はその配偶者から同一の祖先にさかのぼり，その祖先から他の1人に下るまでの世代数による。

〔対照〕 ド民1589, 1590

50 〔床谷〕

§ *726* Ⅰ

〔改正〕（726）

Ⅰ　本条の趣旨

(1)　沿　　革

　本条は，親等の意義とその計算方法について規定している。親等は，血縁関係の親疎・遠近をあらわす指標であり，旧民法（1890〔明治23〕年）では，「親属ノ遠近ハ世数ヲ以テ之ヲ定メ1世ヲ以テ1親等トス」（旧人20条1項）と規定されていた。明治民法およびそれと同内容の現行法には，この部分は承継されていないが，同様に解される。親等は明治初期に見られた親族の等親制とは異なる。等親制は，親族関係の遠近だけではなく，親族間の関係性を考慮した等級（尊卑）を示すものであり，家制度を骨格とする明治民法においても採用されていない（基本法コメ21頁〔千藤洋三〕）。

　親等の計算方法について，旧民法では，「直系ニ於テハ親族ノ世数ヲ算シテ親等ヲ定ム」（旧人21条1項），「傍系ニ於テハ親族ノ1人ヨリ同始祖ニ遡リ又其始祖ヨリ他ノ1人ニ下タル其間ノ世数ヲ算シテ親等ヲ定ム」（同21条2項）としていた。明治民法および現行法はこれを基本的に承継するが，姻族の親等に関する基準として「配偶者」が挿入されている。また2004（平成16）年改正で，「世数」を「世代数」に改め，「始祖」となっていたのを「祖先」に改めている。

(2)　世数親等制

　親等の計算方法には，ローマ法式とカノン法式がある。

　(ア)　ローマ法式　　ローマ法式は，直系親族では両者の間にある世代数をもって親等数とし，傍系親族では同一の先祖までの世代数を合計して親等数とするもので，本条は，この計算方法を採用している。

　(イ)　カノン法式　　教会法（カトリック）に由来する親等の計算方法であるカノン法式では，直系親族についてはローマ法式と同様であるが，傍系親族については違いがある。すなわち，カノン法式では，傍系親族のそれぞれから同一の祖先に至るまでの世代数を数え，その多い方を傍系親族間の親等とする。この計算方法の場合の親等数は，ローマ法式の場合の1.5倍以上になる。例えば，兄弟姉妹は1親等（ローマ法式では2親等），伯叔父母と甥姪は2

〔床谷〕　51

§726 Ⅱ, §727 Ⅰ　　　　　　　　　　　第4編　第1章　総　則

親等（ローマ法式では3親等），従兄弟姉妹は2親等（ローマ法式では4親等）となる。

　教会法では婚姻非解消主義が採られていたため，法的に離婚が認められない代わりに，近親者間の婚姻を無効とする取扱いがなされており，カノン法式による近親関係の定めは，近親婚とすることで，実質的な離婚を認める機能も有していたと考えられている。

Ⅱ　親等の計算

　血族については，直系親族については自己と相手との世代数によって親等を算出し，傍系親族については，自己から同一の祖先に遡り，そこから相手までの世代数を合算して親等を算出する。姻族の場合は，自己の配偶者を基点として，同様に世代数を算出する。

　配偶者については，親系関係にないことから親等は問題とならないと考えられる。配偶者は，親等のない最も近い親族であるという見方もある。同一世代として零親等と解することもできるが，配偶者間に親等を観念する実益もない。法文では，親等に意味がある場合は，「配偶者，4親等内の親族」（7条・11条・15条など）というように，書き分けられている。

〔床谷文雄〕

（縁組による親族関係の発生）

第727条　養子と養親及びその血族との間においては，養子縁組の日から，血族間におけるのと同一の親族関係を生ずる。

　　　〔対照〕　フ民366 Ⅰ
　　　〔改正〕　（727条）

Ⅰ　本条の趣旨

　本条は，養子縁組による親族関係（養親族関係）の発生について規定している。養親族関係は人為的な親族関係であり，法定血族関係と称される。本条

52　〔床谷〕

§ 727 I

の規定する内容は，養子縁組の効力に関係するものであるから，「親子」の章の「養子」の節（第4編第3章第2節）に規定することも考えられるものである。しかし民法は，養親と養子間の嫡出親子関係の発生自体は養子縁組の直接の効力として規定し（809条），それを基盤として生ずる法定血族関係に関しては，実親子に基づく自然血族関係と同様に，第4編第1章「総則」において，その発生（本条）および終了（729条）につき規定している（その意義につき，新版注民(21)109頁〔中川高男〕，大村・読解15頁参照）。

養子縁組の効力に関しては，養親と養子の間の養親子関係の発生が基本であるが，これとの組み合わせとして，養子は養親の父母兄弟等の養方親族とも親族関係を創設するかどうか，養子と実親その他実方親族との親族関係が存続するか終了するかによって，類型化することができる。近代養子法では，養子のみが実方親族から切り離されて，養方親族に組み込まれるものを完全養子と称し，それ以外の類型，すなわち養子が実方親族との関係を維持したまま養親との親子関係を創設する類型などを不完全養子（単純養子，断絶養子など）と称する。明治民法以降のわが国の養子縁組は，養子のみが実方親族関係を維持しながら養親族関係に取り込まれるもので不完全養子類型であったが（法制史的には完全養子型のものも存在していたとされる。新版注民(24)94頁以下〔山畠正男〕），1987（昭和62）年の養子制度改正により，完全養子類型の特別養子縁組（817条の2～817条の11）が追加的に導入された（従前からのものは普通養子縁組と称される）。なお，法制史的には，養親が養子の実親と縁を結ぶための養子縁組も存在するし，明治民法施行後も，「養子ノ父母及ビ子ノ養父母」を親族の範囲に加える考え方（1925年民法親族編中改正ノ要綱）が見られたが，養子を家と家の結合の具とするもので，近代養子法の観念にそぐわない。

本条は，養子と養親およびその血族との親族関係の発生について規定するのみであるが，養親の配偶者および養親の血族の配偶者との間に姻族関係も生ずる。

養子縁組は，原則として，養子と実方親族との親族関係には直接の影響を与えない。本条が規定する養親族関係の発生は特別養子縁組にも適用されるが，特別養子縁組の場合には，縁組の成立により，養子と実方との親族関係は終了する旨の特則が置かれている（817条の9）。

〔床谷〕　53

II 養親族関係の範囲

(1) 養親子関係

養子は，縁組の日から，養親の嫡出子の身分を取得する（809条）。養子が養親の嫡出子の身分を得るのは，養子縁組の効力の生ずる日からであって，出生の時にさかのぼらない。1987（昭和62）年改正前は夫婦共同縁組の原則があったので，夫婦が養親となる場合であれ，養子となる場合であれ，夫婦そろって養親子関係が成立する。現行法でも，配偶者のある者が未成年者を養子とする場合は，原則として，配偶者とともに縁組をしなければならないので（795条），夫婦がともに養親となる。しかし，養子が成年に達しているとき，または養子に配偶者がいるときは，配偶者の同意を得て（796条），夫婦の一方のみが養子縁組をすることができるので，この場合の養親または養子の配偶者は，縁組当事者にとっては，姻族にとどまる。

(2) 養子と養親の親族との関係

明治民法では，養子は，縁組の日より養親の嫡出子の身分を取得する（民旧860条）とともに，縁組によって養親の家に入り（民旧861条），そして，養親およびその血族との間に血族間におけると同一の親族関係を生ずるものとされた（民旧727条）。つまり，養子縁組により，養子が養方親族に取り込まれる制度であったので，養親およびその血族との間に親族関係が生ずるのは当然であった。しかし，現行法では，家制度が廃止され，養子は養親の家に入る（養子の入家）という基本観念も失われたのであるから，養子と養親との間に嫡出親子関係を創設するにとどめることも立法政策としてはあり得たところであるが，明治民法の規律を踏襲している（本条の立法態度に対する学説の批判につき，新版注民(21)110頁〔中川高男〕）。養親の血族の側には，養子との親族関係の発生につき，承諾その他のかたちで意思を問われることはない。

(3) 養親と養子の親族との関係

(ア) 養子の縁組前の親族との関係　　養子縁組の日より前からすでに存在していた養子の直系卑属その他血族と養親およびその血族との間には，養子縁組によって親族関係は成立しない（大判昭7・5・11民集11巻1062頁など）。養子縁組前に存在していた養子の子は，原則として，養子の子として，養子に代わり，養親の代襲相続人となることはできない。これについては若干の

疑義があったため，1962（昭和37）年法改正で，養親（被相続人）の直系卑属でない者は代襲相続をすることができないことを明確にした（887条2項ただし書）。

養親族関係の発生が「養子縁組の日から」となっていることから，養親と養子の縁組の届出がなされるのと同日に出生した（養子縁組をした）養子の子については，養親との間に親族関係が発生する。例えば，BがAの養子となる縁組の届出と同時に，BがCを養子にする縁組の届出を出した場合，CはAの孫となる。Cの出生がABの養子縁組の届出よりも先であっても，同日であれば，CはAの孫となると解されている（大塚正之・臨床実務家のための家族法コンメンタール〔民法親族編〕〔2016〕8頁）。

本条により，養子の血族と養親およびその血族との間には親族関係が生じないが，夫婦の一方のみが養子となったときは，養親と養子の配偶者との間には，姻族1親等の関係が成立するかどうかが問題となる。これを肯定する見解もあるが（新基本法コメ18頁〔常岡史子〕），本条が養子のみをその血族関係から引き離して，養親族に取り込むものとしていること，自己の配偶者が養子となることに同意した他方配偶者には養親との親族関係を発生させる意思はないと思われることから，否定すべきであろう。学説は，縁組後に婚姻した養子の配偶者との間に姻族関係が発生することを当然視している（新版注民(21)125頁〔中川高男〕。大村・読解15頁も同旨と解される。新基本法コメ30頁〔宮本誠子〕は佐藤義彦「養子の縁組前の配偶者と養親との法的関係について」同法60巻1号〔2008〕15頁を引用してこの立場を採る。→§736 Ⅱ(1)）。

(イ) 養子の縁組後の親族との関係　　縁組後に養子に直系卑属（実子または養子）ができたときは，その直系卑属と養親およびその血族との間には，自然血族と同様に，親族関係が生ずる。縁組後に養子と婚姻した者と養親およびその血族の間には，直系姻族関係が生ずる。

Ⅲ　養親族関係の効果

(1)　親族一般の効果

養子と養親およびその血族との間には，自然血族間におけるのと同一の親族関係が生ずるので，親族関係を基盤として成立する扶養・相続等の権利義

§727 III 　　　　　　　　　　　　　　　　　　　　　第4編　第1章　総則

務（→§725 III）は，原則として，養子と養親および養親族間にも成立する。ただし，権利等の性質上，個別規定では，自然血族とは別異の取扱いがされているものがある。

　養子と養親およびその血族間には，相続関係（相続権）が発生する。養子は養親の第1順位の血族相続人となり，養親の父母の代襲相続人ともなり得る（887条）。養子は，養親の兄弟姉妹の代襲相続人ともなり得る（889条2項）。養親は，養子の第2順位の血族相続人となるが（889条1項1号），実父母がいる場合は共同相続人となる（特別養子縁組の場合は除く）。

　養子と養親およびその血族との間には，抽象的には実方親族と同じ扶養関係が生ずる（877条）。養子は，養親の実子と同様に養親を扶養する義務を負い，養親は，実親と同様に，養子を扶養する義務を負う。ただし，未成年養子の場合は，養親が親権者として子の監護および教育をする義務を負うことから（820条），養親の扶養義務が実親の扶養義務に優先するという考え方が一般的である。

(2)　婚　姻　障　害

　近親婚の規制などは，原則として，養子と養親および養親族間にも成立する。ただし，近親婚の設けられている理由に鑑みて，法定血族間については自然血族とは別異の取扱いがされているものがある。

　直系血族間の婚姻障害に関しては，自然血族と法定血族とで，禁止の範囲に変わりはない（734条1項本文）。ただし，離縁により親族関係が終了した後でも，婚姻をすることができないことが付加されている（736条）。他方，自然血族で禁止されている3親等内の間柄であっても，養子と養方の傍系血族との間では，婚姻をすることが許される（734条1項ただし書）。典型的には，養子と養親の実子との婚姻が想起されるが，養子と養親の兄弟姉妹（伯叔父母），養子と養親の実子の子（甥姪），養子縁組後に出生した（または養子とした）養子の子と養親の子などもこれに該当する。

　直系姻族の間では，離婚等による親族関係の終了後も，婚姻をすることができない（735条）。これに加えて，養子縁組による親族関係の場合には，養親または養親の直系尊属と養子の配偶者または養子の直系卑属の配偶者との間では，離縁により親族関係が終了した後でも，婚姻をすることができないことが明定されている（736条）。これに対して，養子または養子の直系卑属

§*727* Ⅳ，§*728* Ⅰ

と養親の配偶者または養親の直系尊属の配偶者との間については，離縁後の婚姻禁止の規律が及ぶか否か明文の規定がないため見解が分かれる（→§736 Ⅱ(2)）。

Ⅳ　養親族関係の終了

養子縁組によって生じた養子と養親およびその血族との間の親族関係は，離縁によって終了する。その際，縁組後に生じた養子の配偶者，養子の直系卑属，養子の直系卑属の配偶者と養親およびその血族との間の養親族関係も，当然に終了する（729条）。

養子縁組当事者の一方が死亡した場合には，当事者間の養親子関係・養親族関係は終了するが，他の者の間の親族関係は，当然には終了しない。民法では，このような残存する養親族関係の終了方法として，生存当事者の単独の意思による離縁を認めているが（死後離縁），養親族との利害を調整するため家庭裁判所の許可を要件とする（811条6項）。

〔床谷文雄〕

（離婚等による姻族関係の終了）
第728条①　姻族関係は，離婚によって終了する。
②　夫婦の一方が死亡した場合において，生存配偶者が姻族関係を終
**　了させる意思を表示したときも，前項と同様とする。**

〔対照〕　ド民 1590 Ⅱ
〔改正〕　(729)

Ⅰ　本条の趣旨

本条は，姻族関係の終了原因について規定する。婚姻によって成立する「姻族関係」は，婚姻の解消である離婚によって当然に終了する（本条1項）。他方，配偶者の死亡により婚姻が消滅しても，姻族関係は当然には終了せず，姻族関係の終了を生存配偶者の意思にかからしめている（本条2項）。

〔床谷〕　57

§728 II 　　　　　　　　　　　　　　第4編　第1章　総　則

旧民法（明治23年）では，「姻属ノ関係ハ婚姻無効ノ判決又ハ離婚ニ因リテ止ム又生存配偶者其家ヲ去ルニ因リテ止ム」（旧人25条2項）となっていた。明治民法は，「姻族関係及ヒ前条ノ親族関係ハ離婚ニ因リテ止ム」（民旧729条1項），「夫婦ノ一方カ死亡シタル場合ニ於テ生存配偶者カ其家ヲ去リタルトキ亦同シ」（同条2項）と規定し，本条は，基本的に明治民法729条を受け継ぐ。ただし，第1項では，明治民法728条に定められていた継父母・継子関係および嫡母庶子関係が廃止されたことに伴い該当部分が削除され，第2項では，明治民法で「家ヲ去リタルトキ」となっていたのを，「姻族関係を終了させる意思を表示したとき」と修正されている。明治民法では，婚姻により夫の家に入った妻が，夫の死後に夫の家を去ることで姻族関係は終了したが（民旧729条2項），去家のためには，戸主の同意を必要としていたため（民旧741条1項），また嫁の立場にあった妻が亡夫の家を去ることは婦道にもとるという考え方もあって，実際上は困難な場合が少なくなかったが，家制度の廃止を受けて，妻と亡夫の血族との姻族関係の終了を妻の自由意思に委ねたものである。

民法改正の過程では，配偶者の死亡による姻族関係の当然終了案もあったことからすれば，現行法は後退しているという批判もある（千藤洋三「姻族関係はなお必要か」婚姻法改正を考える会編・ゼミナール婚姻法改正〔1995〕261頁）。他に，生存配偶者が復氏する場合に姻族関係が終了するとする案，死亡解消の場合には姻族関係は終了しないものとする案なども検討された（我妻栄編・戦後における民法改正の経過〔1956〕118頁以下，新版注民(21)117頁以下〔中川高男〕参照）。

本条とは逆に，死亡配偶者の血族からの生存配偶者に対する姻族関係終了の手続は認められていないが，これを立法の不備とする批判もある（新版注民(21)121頁〔中川高男〕）。

II　姻族関係の終了原因

(1)　離　　婚

離婚は，当事者双方の合意により（協議離婚，調停離婚，和解離婚），または一方の意思に基づき（審判離婚，裁判離婚），夫婦の関係を終了させるものであ

58　〔床谷〕

るが, これにより婚姻を媒介とする姻族関係も当然に終了することになる (本条1項)。例えば, すでに他女と同棲している夫とは離婚するが, 夫の父母とは婚姻中と同様に仲良くしたいという気持ちがある場合でも, 例外なく妻と夫の血族との姻族関係は終了する。

(2) 婚姻の無効・取消し

婚姻が無効となった場合は, はじめから婚姻は効力を生じなかったことになるので, 婚姻に基づく姻族関係も同様に成立しなかったことになる。

婚姻が取り消されたときは (743条以下), 将来に向かってのみ婚姻解消の効力を生ずるので (748条1項), それまで存在していた姻族関係は, 離婚の場合と同様に当然に終了する (749条・本条1項)。

(3) 夫婦の一方の死亡

夫婦の一方が死亡した場合には, 死亡配偶者の血族と生存配偶者との親族関係は, 当然には終了せず, 生存配偶者 (主に妻) からの姻族関係を終了させる意思の表示による (本条2項)。姻族関係終了の意思表示は, 姻族関係終了の届出 (戸96条) によって行う。旧法では, 去家による復氏復籍と姻族関係の終了が同時に生じた (民旧729条・739条) が, 現行法では, 姻族関係終了の届出は, 生存配偶者の復氏の届出 (751条1項) とはかかわりなくすることができる。氏を変更しないで姻族関係を終了させることもできるし, 生存配偶者が婚姻前の氏に復し, あるいは復氏しないまま再婚して氏を改めたとしても, 姻族関係終了の意思表示がない限り, 前婚による姻族関係は存続する。

姻族関係終了届が生存配偶者の意思に基づかない場合は, 無効である。この場合, 姻族関係の終了は身分関係上の権利義務に重大な変動を生ぜしめるものであるから, 生存配偶者は, 右届出の無効を理由として戸籍記載の訂正を求めるためには, 戸籍法116条の規定により, 姻族関係存在確認の確定判決または審判を得たうえで, 戸籍訂正の申請をしなければならない (大阪高決昭55・4・3家月32巻7号56頁)。

(4) 離縁および縁組の取消し

本条が定める場合のほか, 姻族関係は, 離縁により, 終了する。すなわち, 養子縁組によって発生した養子と養親およびその血族との間の親族 (法定血族) 関係が終了することにより, 養子と養親およびその血族の配偶者との間の姻族関係も終了し, 養親と養子の配偶者および養子の直系卑属の配偶者と

〔床谷〕 59

§728 Ⅲ，§729　　　　　　　　　　　　　　　　第4編　第1章　総則

の間の姻族関係も終了する（→§729 Ⅱ）。

　縁組の取消しの場合も，取消しの効力は遡及しないので（808条1項・748条1項），離縁の場合と同様に，将来に向けて養親族関係が終了し，養子と養親およびその血族の配偶者との間の姻族関係，養親と養子の配偶者および養子の直系卑属の配偶者との間の姻族関係も終了する。

Ⅲ　姻族関係終了の効果

(1)　一般的効果

　姻族関係の終了により，親族に付与されている権利義務は消滅する。特に，3親等内の親族間には扶養義務を負担する可能性があることが（877条2項），立法過程においても重視されている。姻族関係終了後も存続するものとしては，直系姻族間の婚姻障害（735条），証言拒絶権（民訴196条1号，刑訴147条1号）などがある。

(2)　祭祀に関する権利の承継者の指定

　婚姻によって氏を改めた夫または妻が祭祀に関する権利を承継し（897条），その後に離婚したとき（769条），または本条2項により姻族関係終了の意思表示をしたときは（751条2項），その権利を承継すべき者を定めなければならない。氏の変更に伴う祭祀財産の承継者の定めについては，立法論的に批判がある（→§769 Ⅰ）。

〔床谷文雄〕

（離縁による親族関係の終了）

**第729条　養子及びその配偶者並びに養子の直系卑属及びその配偶者
　と養親及びその血族との親族関係は，離縁によって終了する。**

　　　〔対照〕　フ民370-2，ド民1764
　　　〔改正〕　（730）

§729 I・II

I 本条の趣旨

本条は，養子縁組によって生じた養子と養親およびその血族との間の親族関係（727条）は離縁によって終了すること，それと同時に，養子縁組以後に生じた養子の配偶者，養子の直系卑属，養子の直系卑属の配偶者と養親およびその血族との間の養親族関係も，当然に終了する旨を規定している。明治民法では，養子が離縁した場合でも，養子の配偶者，直系卑属，直系卑属の配偶者等が養家に残るときは，養親およびその血族との親族関係は終了しないものとしていたが（民旧730条3項），これは家制度に基礎付けられたものと考えられて，戦後改正の際に改められたものである。

II 養親族関係の終了原因

(1) 離 縁

離縁（811条・814条・817条の10）によって養親子関係は終了し，養親子関係を基礎とする養子と養親およびその血族との親族関係も終了する。これにより，それぞれの配偶者との間の姻族関係も終了する。また，養子縁組後に生じた養子の配偶者，養子の直系卑属およびその配偶者と養親およびその血族との親族関係も終了する（本条）。

養子縁組当事者の一方が死亡した場合には，当事者間の養親子関係および養親族関係は終了するが（明治民法下では，養親子関係は消滅しないとするのが多数説であった。新版注民(21)127頁〔中川高男〕），それ以外の者の間の親族関係は，当然には終了しない。民法では，このような残存する養親族関係の終了方法として，生存当事者の単独の意思による離縁（単意離縁）を認めており（いわゆる死後離縁），死亡当事者の意思に代わり，明治民法では戸主の同意が必要とされていたが，現行法では，家庭裁判所の許可を要件としている（811条6項）。

死亡した養親の血族またはその配偶者から，あるいは，死亡した養子の配偶者，養子の直系親族，その配偶者から，親族関係の終了を求めることはできない。ただし，死亡養親の配偶者または死亡養子の配偶者からは，姻族関係終了の意思表示（728条2項）により，他方当事者との姻族関係を終了させ

〔床谷〕　61

§729 III, §730 I　　　　　　　　第4編　第1章　総則

ることができる。

(2)　縁組の無効・取消し

縁組の取消しの場合も，取消しの効力は遡及しないので（808条1項・748条1項），離縁の場合と同様に，将来に向かって親族関係が終了する。

III　養親族関係終了の効果

親族関係の終了により，親族間に存在していた権利義務およびある者の親族として有していた申立権限など（→§725条III，§727III）は失われる。ただし，親族関係が終了した後も，養親子等の間に存在していた婚姻禁止の規制は残る（736条）。また，親族の証言拒絶権は，親族であった者にもある（民訴196条1号，刑訴147条1号）。裁判手続における裁判官等の除斥の理由ともなる（民訴23条1項2号・27条など）。

〔床谷文雄〕

（親族間の扶け合い）

第730条　直系血族及び同居の親族は，互いに扶け合わなければならない。

I　本条の趣旨

本条は，戦後の改正民法（1947〔昭和22〕年）に際して挿入された規定である。日本国憲法の施行に伴う家制度の廃止という急激な変化に対抗して，家制度的考え方の存続を望む勢力との妥協の産物として規定されたものと捉えられている（我妻栄編・戦後における民法改正の経過〔1956〕126頁以下）。

本条については「有害無益」（我妻399頁，新版注民(21)147頁〔青山道夫＝浦本寛雄〕）といわれるなど学説の批判が強く（新版注民(21)90頁〔中川高男〕），1959年の法制審議会民法部会身分法小委員会の「仮決定及び留保事項」では，本条を削除すべきものとされている。その後，本条についての見直し論も有力となっているが（→II），実務上，本条に裁判規範としての積極的な意義をも

62　〔床谷〕

§*730* II

たせるまでには至っていない（新基本法コメ 22 頁〔常岡史子〕）。

II 「扶け合い」の意義

　本条にいう「扶け合い」は，精神的にだけでなく，経済的にも互いに力に
なり合う意味と解してよいとされるが（我妻 399 頁），夫婦間の協力扶助義務
（752 条），親族間の扶養義務（877 条）とは異なり，法的な意義を持つもので
はなく，道徳的・倫理的な規定（訓示規定）にすぎないというのが通説であ
る。そのため，学説では早くから，無用論，削除論が主張され，支持されて
きた。

　しかし，1970 年代から「家族の崩壊」，「家族の危機」という社会の状況
の中で，本条を否定するのではなく，むしろ積極的に活用すべきとする見解
が現れた。それらには，家事調停の民法上の根拠としての本条の活用，老人
養護義務の法的根拠とすべきであるとする見解，また，本条に「家族生活の
あり方」を見いだす見解，本条を手がかりとして憲法改正を論じるもの，な
どがある（佐藤隆夫教授ほかの学説につき，新版注民(21)140 頁以下〔青山＝浦本〕）。
より実践的な意義として，本条が行為規範性を有するものとして，生活保護
行政の論理の形成において重要な機能を有していたことも指摘されている。
最近においても，「内縁よりも希薄な『家族』的関係に何らかの法的な保護
を与えるための手がかりとして，本条を活用する途はないだろうか」という
指摘がなされている（大村・読解 21 頁）。

〔床谷文雄〕

前注（§§*731-771*）I

第2章　婚　　姻

前注（§§731-771〔婚姻〕）

細　目　次

I　婚姻法の意義‥‥‥‥‥‥‥‥‥‥65
　(1)　欧米型の近代的婚姻法（民事婚）‥65
　(2)　婚姻成立の方式‥‥‥‥‥‥‥67
II　近代的婚姻法の変容‥‥‥‥‥‥‥67
　(1)　近代的婚姻法の制度としての制約‥67
　(2)　社会の変容‥‥‥‥‥‥‥‥‥68

III　日本の婚姻制度‥‥‥‥‥‥‥‥‥69
　(1)　婚姻の自由の確立‥‥‥‥‥‥69
　(2)　協議中心の権利義務と離婚‥‥‥71
　(3)　一夫一婦制‥‥‥‥‥‥‥‥72
　(4)　婚姻の性中立化（同性間の婚姻の
　　　承認）‥‥‥‥‥‥‥‥‥‥73

I　婚姻法の意義

(1)　欧米型の近代的婚姻法（民事婚）

　人間は男女の性的結合関係を営み，種の保存を図ってきた。この関係を規範によって統制しようとするところに婚姻制度が生まれる。それぞれの時代，社会には，それぞれの要請を実現するための婚姻制度があった。日本が明治期以降，法制度として摂取しようとしたのは主としてヨーロッパの法制度だった。家族法もその例外ではない。ただし，序章で指摘したように家制度が確立され，個人よりも家に重きを置く家族法が制定された。しかし，第2次大戦後は，家制度の否定，集団的，共同体的な拘束からの解放という視点から，婚姻当事者の自由な合意によって婚姻が成立する欧米の近代的婚姻法制度が参照される（松本暉男「近代フランスにおける婚姻思想の系譜」，菊池綾子「アメリカにおける婚姻思想の展開」，加藤一郎「ドイツにおける婚姻思想の発展」〔家族問題と家族法II 103-173頁所収〕など）。

〔二宮〕　65

前注（§§ 731-771） I

第 4 編　第 2 章　婚　姻

　欧米の婚姻制度の前提には聖書の婚姻観がある。イエスは，「人は其の父母を離れて，其妻に好合い（めあい）二人一体となるべき」（創世記 2 の 24）と説き，父母との関係を超えるものとして夫婦関係の人倫的意義を強調した（青山道夫「キリスト教の婚姻思想」講座・家族 3〔1973〕166 頁）。人 = 男性という限界はあるものの，人が妻に好合うことは，①夫と妻との合意を前提とし，二人一体となることは，②厳格な一夫一婦制と③離婚禁止の原則を導くものである。キリスト教では，①②③は婚姻の基本的な原則となる。

　ヨーロッパでは，10 世紀以降王権の衰退に伴い，教会が婚姻に関する立法権を掌握するようになり，婚姻 = サクラメント（秘蹟）の教義を確立した。サクラメントとは，カトリック教会による神の恩寵の伝達行為であり，現在，洗礼・堅振・聖体・悔悛・終油・叙品・婚姻の 7 種類がある。キリスト教者の婚姻は神によって祝福された神聖なものであり，教会での挙式において神の前で，双方が婚姻に入る意思を表示するとき，その合意は神の恩寵を表象するものとなる（青山・前掲論文 171-172 頁）。教義上の位置づけはともかく，重要なことは，婚姻が当事者の合意に基づいて成立することである。

　やがて宗教改革によって，婚姻をサクラメントとすることは，聖書上根拠のないものとして否定され，絶対王権の整備に伴い，宗教上の婚姻から分離し，国家が婚姻の成立を把握する民事婚思想が台頭し，近代市民社会以降，各国の民法において法律として認める婚姻は民事婚であると規定されるようになり，民事婚が婚姻の方式の中核を占めるようになった（新版注民(21)150-151 頁〔青山道夫 = 有地亨〕）。

　市民社会では，すべての人は抽象的・観念的な法的人格者として平等な資格が与えられ，人間の社会的関係は，自由な意思主体者間の契約的関係となる。婚姻もまた平等な意思主体間の自由な婚姻意思の合致，契約として構成される。こうして成立した婚姻関係は，平等で独立した主体者間の権利義務関係として捉えられ，前近代社会の家父長的な家族共同体の支配関係からの離脱を意味し，婚姻の契約的把握は，近代的婚姻を象徴的に表現するものとなった（新版注民(21)152 頁〔青山道夫 = 有地亨〕）。

　ただし，ここでいう契約的把握とは，当事者の合意による婚姻の成立と，個人と個人の権利義務関係と捉えることであり，当事者の意思によって婚姻から生じる権利義務を自由に定めることを意味するものでもなく，契約の解

前注（§§731-771）　II

消＝離婚を当然に認めるものでもない。婚姻の内容はあらかじめ法によって定められており，当事者が婚姻をすれば，婚姻として定められた権利義務が全面的に発生し，その解消は許されず，婚姻は永続的に存続するものと捉えられていた。制度としての婚姻であり，契約的把握は貫徹されなかった（フランス革命からナポレオン法典までの過程について，有地亨「民事婚」講座・家族3〔1973〕109-116頁）。

(2) 婚姻成立の方式

婚姻の契約的把握と制度的な側面とから，婚姻の成立要件と方式が重要となる。前者は，当事者の合意と婚姻障害事由が存在しないこと（婚姻適齢，重婚禁止，近親婚禁止など）である。後者の目的はこれらの要件の確認と，婚姻関係を公示して人の家族関係を明らかにすることにある。そのために各国とも法律婚主義を採用する。しかし，ヨーロッパ型の民事婚の場合は，「新しい家族を創設する契約は厳粛に結ばれなければならない」（ナポレオンの言，有地・前掲論文115頁）ことから，行政の係官の面前で，当事者双方が婚姻の意思を誓約することが重視された。日本の届出主義とは異なり，婚姻をする当事者2人が婚姻登録機関に出向き，係官の面前において一定の手続に従い，婚姻の意思を表明する方式をとる。キリスト教教会における挙式の伝統が承継されており，婚姻意思の表明を婚姻成立の基本とする。

ただし，婚姻当事者の意思の合致，合意といっても，それは抽象的なものであり，現実に当事者が自由に配偶者を選択し，真に自由な意思で婚姻することができたかは，階層によって異なる。例えば，17〜18世紀のイギリスでは，生活の基礎を家産におく有産階級では，婚姻は取引の問題であり，財産・収入および親族関係が重要な考慮の対象とされ，婚姻関係の本質は人格的な関係ではなく，経済的，財産的な関係だった（上野雅和「市民的婚姻観の成立と展開」講座・家族3〔1973〕192-193頁）。

II　近代的婚姻法の変容

(1) 近代的婚姻法の制度としての制約

当事者の婚姻意思の尊重という理念的，原則的な意義はあるものの，実際の近代的婚姻法の制度としての内容は，次のような制約を伴うものだった。

〔二宮〕　67

前注（§§ 731-771） II　　　　　　　第4編　第2章　婚姻

①家族は男と女のカップルで作られなければならない（異性愛規範）。②その
カップルは結婚という社会的承認をふまえたものでなければならない（婚姻
規範）。③こうしたカップルから生まれた子が正統な子であり，婚姻は親子
関係を証明する基準となり，婚姻で生まれた子を嫡出子と推定する（嫡出性
規範）。④家族の制度的永続性を求めるために，離婚は限定的にしか認めて
はならない（永続性規範）。この制度的な特徴に，⑤男性による女性の支配と
いう性的支配関係（家父長制）と，⑥性別役割分業が重なり，男女の不平等
が個別の家族関係だけではなく，社会全体に広く浸透し，経済，人々の意識，
言語構造まで規定した（丸山茂「家族の変容と国家」慶應大経済学部編・市民的共生
の経済学3──家族へのまなざし〔2001〕201-202頁参照）。

(2)　社会の変容

　概括的にみると，近代社会以降の歴史は，工業，農林漁業の近代化によっ
て，家族が生産機能を喪失し，もっぱら消費と労働力の再生産に収斂してい
く過程でもあった。その結果，家族は必然的に夫と妻，親と子の私的な個人
的な関係に還元されていく。学校教育や社会保障の展開，さらには家事・育
児労働の商品化によって，家族はますます経済的，社会的機能を縮小させ，
人格的な結合，情愛の関係に純化される。子の成育を保障する場として，ま
た家事・育児・介護労働を担う妻の生活を保障する場としての家族の役割も，
制度的なものから，家族を構成する個々のメンバーの私的なニーズに応える
ものとして位置づけられていく。

　こうした家族や社会の変化から，欧米諸国においては前述の①〜⑥が崩壊
しつつある。①（異性愛規範）については，後述のように同性カップルのパー
トナー登録や法律婚を可能とする法制度が導入されつつある。②（婚姻規範）
については，事実婚の比率が増加し，その結果，③（嫡出性規範）の婚外子の
出生率が大幅に増え，相続分を始めとする婚外子差別が撤廃されている。離
婚後の子も婚外子も父母の共同責任（配慮，監護）が原則となる。法律上の親
子関係について嫡出否認権を妻や子に認め，婚外子の父子関係の成立につい
て母や子の承諾を要件にしたり，婚外子の父子関係の否定を婚内子と同様に
出訴権者，出訴期間を制限するなど，夫・父の意思で父子関係が定められる
という構造は改められている。さらに生殖医療技術の進歩と利用によって，
血縁上の親と育ての親が分離する可能性が生まれ，婚姻が親子関係の証明と

68　〔二宮〕

はなりえない場合も生じている。④（永続性規範）については，離婚数の増加，それに対応した破綻主義に基づき，一定の別居期間の経過や当事者の合意による離婚を可能とする法改正がなされ，婚姻解消の自由が承認され，ひとり親家庭や再婚家庭が増加している。女性の職場進出によって⑥（性別役割分業）は見直しが始まり，女性の経済的自立に伴って⑤（家父長制）も意味をなくしている。

　以上のように，嫡出推定，共同親権，婚外子差別，離婚の制限など婚姻に認められていたさまざまな特権が消滅している。婚姻の脱特権化である（二宮周平「家族法改革の展望」辻村みよ子編・ジェンダー社会科学の可能性1かけがえのない個から──人権と家族をめぐる法と制度〔2011〕218頁以下）。家族機能の人格化，個人化の視点から考察すると，婚姻の意義，目的は，出産や子の養育などではなく，パートナーとの人格的結びつきの安定化に見い出されるようになる（新版注民(21)179頁〔上野雅和〕）。もともと婚姻の契約的把握は，当事者の意思を重視するものであり，婚姻を制度的なものから私的なものへと転換することを肯定する要素を内包していたともいえる（上野・前掲論文186頁参照）。婚姻の脱特権化は来るべくして来た現象でもあり，婚姻は個人の幸福追求の場の一つとなる。

III　日本の婚姻制度

(1)　婚姻の自由の確立

　日本も社会の変容に対応して婚姻制度の改革が求められるが，家制度の時代には，婚姻は戸主の同意権の下，家に従属しており，当事者の合意という点で近代的な婚姻制度とはいえなかったことから，まず真に自由な意思による配偶者選択と自由な合意による婚姻の成立，すなわち婚姻の自由を確立する必要があった。

　1947（昭和22）年7月28日，30日，第1国会，衆議院および参議院の司法委員会における提案理由の説明は，「日本国憲法は，その第13条及び第14条で，すべて国民は，個人として尊重せられ，法の下に平等であって，性別その他により経済的又は社会的関係において差別されないことを明らかにし，その第24条では，婚姻は両性の合意のみにもとづいて成立し，夫婦

前注（§§ 731-771）Ⅲ　　　　　　　第4編　第2章　婚　姻

が同等の権利を有することを基本として，相互の協力により，維持されなければならないこと，及び配偶者の選択，財産権，相続，住居の選定，離婚並びに婚姻及び家族に関するその他の事項に関しては，法律は個人の尊厳と両性の本質的平等に立脚して制定されなければならないことを宣言しております。然るに現行民法特にその親族編相続編には，この新憲法の基本原則に抵触する幾多の規定がありますのでこれを改正する必要があります」だった（最高裁事務総局・民法改正に関する国会関係資料〔1953〕107頁）。

　婚姻との関係では，何よりも重要な規定は，憲法24条1項である。1946（昭和21）年2月4日～12日に，日本政府案への対案として，GHQ草案が作成され，その人権条項が，ベアテ・シロタによって起草された（辻村みよ子・憲法と家族〔2016〕80～81頁）。その23条では，「婚姻は，……親の強制ではなく相互の合意に基づき」という文言がある。彼女は，戦前，約10年間，日本で暮らし，親の決めた相手と渋々お見合いをさせられる，子どもが生まれないというだけで離婚させられるなど女性たちの悩みや辛さを感じており，このような事態をなくしたいという熱意を持っていた（ベアテ・シロタ・ゴードン〔平岡磨紀子構成・文〕・1945年のクリスマス〔1995〕153頁）。それが，現在の24条1項前半の「婚姻は両性の合意のみにもとづいて成立し」となって実現した。家制度の拘束からの解放を象徴するとともに，当事者の合意のみによって婚姻が成立するという婚姻の自由を保障する規定であり，婚姻は，自由な独立した人格を有する者の合意を基礎とする契約であるという婚姻観を表明しているものである。

　また草案23条の「婚姻は，両性が法律的にも社会的にも平等であることは争うべからざるものである〔との考え〕に基礎を置き，……かつ男性の支配ではなく〔両性の〕協力により，維持されなければならない」が，現在の24条1項後半の「夫婦が同等の権利を有することを基本として，相互の協力により，維持されなければならない」になった。性による差別を否定し，夫婦の法的地位の平等と同権を保障し，相互の協力を義務づけるものであり，婚姻の自由と表裏一体の規定となっている。

　それから約70年後，最高裁大法廷は，2015（平成27）年12月16日，再婚禁止期間に関する事案において，憲法24条1項について，「婚姻をするかどうか，いつ誰と婚姻をするかについては，当事者間の自由かつ平等な意思決

70　〔二宮〕

定に委ねられるべきであるという趣旨を明らかにしたものと解される」とし，婚姻の重要な法律上の効果（相続権や夫婦間の子が嫡出子となることなど），法律婚を尊重する意識の幅広い浸透を併せ考慮すると，「婚姻をするについての自由は，憲法24条1項の規定の趣旨に照らし，十分尊重に値するものと解することができる」とする。前半部分は，同日の夫婦同氏制度に関する事案においても繰り返されたが，自己の氏を変更したくない者同士が婚姻しようとすれば，どちらかが氏をあきらめるか，氏を保持するために婚姻をあきらめるかの二者択一を，民法750条が強いていることについて，婚姻の自由を侵害するものではないとしており，また再婚禁止期間の100日以内の部分については，父性推定の重複を避ける趣旨が重視され，憲法に違反しないとされている（一序説Ⅳ3(3)）。1960年代に，企業の結婚退職制を婚姻の自由の侵害として公序良俗違反で無効とした判決（東京地判昭41・12・20労民集17巻6号1407頁）はあるが，民法の規定自体を婚姻の自由の侵害として違憲とする判決は，再婚禁止期間の100日を超える部分を違憲とした上記最判を除いて，まだ現れていない。

(2) 協議中心の権利義務と離婚

序説Ⅲ1(3)で述べたように日本の婚姻法は共同生活に関わる権利義務について，当事者の協議で定める旨の規定が多い。夫婦は，その協議で離婚をすることができ，その際に財産分与，離婚後の子の養育費の分担や面会交流について取り決めておく必要はない。こうした面に着目すると，日本の婚姻は事実婚に限りなく近い。別居・離婚など婚姻関係が破綻し，経済的に弱い方，自立できていない子の利益を守るために法規範を発動すべきところで，協議を優先したのでは，法的保護に欠ける結果となる。

家の拘束から当事者を解放するために，婚姻の自由の保障に注力することと，婚姻の破綻や離婚に際し，法規範が介入して当事者の対等な協議を保障し，権利義務を確保することとは両立すべきである。

例えば，日本と同じ協議離婚制度であり，かつ婚姻・離婚法において権利義務の内容を具体的に定めることが乏しかった韓国では，1977年12月31日，一方的離婚を防止するために，家庭法院または地方法院において当事者の離婚意思を確認する制度を導入し（1979・1・1施行），2007年12月21日には，協議離婚に3か月（養育すべき子がいる場合）または1か月（そうでない場

前注（§§ 731-771）III　　　　　　　　　　第 4 編　第 2 章　婚　姻

合）の熟慮期間を設定し，上記の意思確認申請に合わせて離婚案内（離婚の法的問題，離婚の子に与える影響などの親教育〔ガイダンス〕，最近は子女養育案内といわれる）を必ず受け，親権者および養育者の決定，養育費の負担，面接交渉権（韓国では離婚後の親子の交流を面接交渉という）行使の有無およびその方法を具体的に定めた協議書を提出することを義務づけた（2008・6・22 施行）。

協議書作成要領の配付や離婚案内で説明を受けても，協議が難しい当事者には，家庭法院が専門家による相談を受けることを勧告することができる。家庭法院は地域の専門相談機関と連携しており，紹介を受けた当事者は 3 か月 10 回まで無料で相談を受けることができる。このようにして当事者の合意による解決を家庭裁判所が支援する（二宮周平「韓国における協議離婚制度改革――離婚案内，協議書作成，相談勧告，養育手帳」二宮周平＝渡辺惺之編・離婚紛争の合意による解決と子の意思の尊重〔2014〕266 頁）。他方，財産分割や養育費請求のために，当事者に財産状態を具体的に明らかにした財産目録の提出を命令したり（韓国家事訴訟法 48 条の 2），担保の提供を命じたり（同 63 条の 2），さらには養育費履行管理院を設置して，養育費の合意形成支援，取立代行，原則 6 か月間の緊急支援をする（二宮周平＝金成恩「義務面談，面会交流センターと養育費履行管理院――離婚紛争解決の入口と出口に関する韓国の新展開」戸時 741 号〔2016〕11 頁以下）。

日本では，協議離婚届書と併せて，養育費・面会交流等離婚の際に協議すべき事項についての情報提供パンフレットや合意書の書式を交付し，相談対応等をすることに取り組む基礎自治体がある（兵庫県明石市が 2014 年 4 月から実施，福市航介「養育支援のための制度設計」二宮周平＝渡辺惺之編・子どもと離婚――合意解決と履行の支援〔2016〕81-84 頁，88-94 頁）。婚姻の自由と婚姻破綻および離婚の公平な解決は表裏の関係にある。後者について，行政の窓口対応にとどまらず，協議離婚の仕組みの中で設計することが求められる（→§ 763 V）。

(3)　一夫一婦制

日本の婚姻法制度は憲法の下にある。憲法 24 条 1 項は，第 1 に，婚姻が両性の合意のみに基づいて成立すること，第 2 に，夫婦が同等の権利を有することを基本として，相互の協力により，維持されなければならないことを定める。これと表裏の関係にあるのが，一夫一婦制である。欧米型の近代的婚姻制度の本質とされている。パートナー関係の独占排他性である。日本で

は，過去には一夫多妻制や妻妾制度なども存在したが，現行制度の下では，重婚禁止（732条）や不貞行為が離婚原因となること（770条1項1号）も相まって，同時に複数の者と婚姻関係をもつことは公認されていない。

　例えば，男性A，女性B・Cが3人で共同生活を始め，生活費の負担について取り決めていたが，Cが負担せず，共同生活から離脱したため，A・BがCに立て替えた分の支払などを求めた事案について，裁判所は，「婚姻や内縁といった男女間の共同生活は，本来，相互の愛情と信頼に基づき，相手方の人格を尊重することにより形成されるべきものであり……このような人間相互の愛情と信頼及び人格の尊重は，その本質からして，複数の異性との間に同時に成立しうることはありえないものである」とし，3人の同棲生活は，「単に好奇心と性愛の赴くままに任せた場当たり的で，刹那的，享楽的な生活」であり，「健全な性道徳に悖り，善良の風俗に反する反社会的な行為といわざるを得ず，社会的にも法的にも到底容認されるものではない」から，生活費負担の合意も公序良俗違反で無効だとして，支払請求を棄却した（東京高判平12・11・30判タ1107号232頁）。

　本件とは異なり，高齢の男女3人以上が，あるいは3人以上の同性が生活費の節約と話し相手が欲しいとして共同生活をしている場合でも同じ判断になるだろうか。これまで一夫一婦制は，性的な関係における排他性を前提に，1人の男に1人の女を，1人の女に1人の男を配置することによって，より多くの人にパートナー関係を保障し，社会の性的秩序を守る役割を果たしてきた。またそれによって家族の機能を発揮させることもできた。婚姻における1対1のパートナー制は，人格的結合の安定性の視点から，これからも維持されるだろうが，事実上の関係として，複数当事者による，性的な関係を前提としない，親密な共同生活について，当事者の合意の有効性を前提にした法的処理も，家族の多様性の保障の中に位置づけられる可能性はある。

(4)　**婚姻の性中立化**（同性間の婚姻の承認）

(ア)　日本社会の変化　　同性カップルの親密な関係，共同生活について，欧米を中心に，法律によってパートナー登録を認めたり，婚姻を認める国々が登場している。日本においても，動きがある。2015年7月，同性婚人権救済弁護団が，当事者455名の署名を以て，日弁連に対して同性に婚姻が認められないことは人権侵害に当たるとして，人権救済を申し立てた（同性婚

人権救済弁護団編・同性婚 だれもが自由に結婚する権利〔2016〕参照）。同年 11 月 5 日，渋谷区はパートナーシップに関する証明書を交付し（山下純司「渋谷区条例の意義——パートナーシップから同性婚へ」ジュリ 1485 号〔2015〕66 頁），世田谷区は当事者のパートナーシップ宣誓書の受領証を交付し，2016 年 7 月，沖縄県那覇市はパートナーシップ登録制度を導入した上で，登録証明書を交付するなど，同性カップルの社会的な承認，生活保障に向けた取組が始まっている（棚村政行＝中川重徳編・同性パートナーシップ制度〔2016〕，二宮周平「同性パートナーシップの公的承認」二宮周平編・性のあり方の多様性〔2017〕6 頁以下参照）。

　他方，2015 年 4 月，文科省初等中等教育局児童生徒課は，「性同一性障害に係る児童生徒に対するきめ細やかな対応の実施等について」（27 文科初児生 3 号）において「性的マイノリティ」とされる児童生徒に対する相談体制等の充実について通知を出し，16 年 4 月には，「性同一性障害や性的指向・性自認に係る，児童生徒に対するきめ細やかな対応等の実施について（教職員向け）」という周知資料を作成するなど，教育現場での変化の兆しも見られる（三成美保編・教育と LGBTI をつなぐ——学校・大学の現場から考える〔2017〕参照）。

　（イ）　生活保障の類型　　欧米を中心として同性カップルの生活保障と婚姻の承認が進んでいる。同性カップルの生活保障として，3 つの類型が考えられる（渡邉泰彦「同性パートナーシップの法的課題と立法モデル」家族〈社会と法〉27 号〔2011〕34 頁以下，鳥澤孝之「諸外国の同性婚等の動向」調査と情報 798 号〔2013〕1 頁以下）。①事実婚としての法的保障を同性カップルにも適用すること，②ⓐ婚姻とは別の生活パートナーとしての登録（登録パートナーシップ），あるいは②ⓑ共同生活のための契約の登録（パートナーシップ契約）を認め，婚姻に近似した法的権利義務を保障すること，③同性間の婚姻を認めることである。

　比較法的には，②の例が増加している。ⓐパートナーシップ登録型で，同性・異性共に認める例（オランダ，ポルトガル，米国の一部の州等），同性に限る例（デンマーク，ノルウェー，スウェーデン，アイスランド，フィンランド，ドイツ，スイス，オーストリア，チェコ，スロベニア，ハンガリー，イギリス，アイルランド，南アフリカ，ニュージーランド等），ⓑ契約登録型として，同性，異性共に登録を認める例（フランス，ベルギー，ルクセンブルク）がある。

　③を認めるのは，オランダ（2001 年），ベルギー（2003 年），スペイン，カナダ（2005 年），南アフリカ，ノルウェー，スウェーデン（2006 年），アルゼ

前注（§§ *731-771*）　III

ンチン，ポルトガル，アイスランド（2010年），メキシコ（2011年），デンマ
ーク（2012年），ウルグアイ，ニュージーランド，イギリス，フランス，ブ
ラジル（2013年），アイルランド，ルクセンブルク，米国（2015年），フィン
ランド，コロンビア，グリーンランド（2016年）などである（2017年6月30日，
ドイツ連邦議会は同性間の婚姻を認める法案を可決した。同年5月24日，台湾の司法院
大法官会議は，同性間の婚姻を認めない現行民法を違憲とし，2年以内の法改正を命じ
た）。スペイン，カナダのようにいきなり③を実現した国もあるが，自治体
の条例で当事者の契約の有効性を保障したり，パートナーとしての登録を認
めることから始まり（棚村政行「LGBT の法的保護とパートナーシップ制度」棚村＝
中川編・前掲書7-14頁），やがて②から③へ展開する国が多い。

　③の導入に際して②を廃止し，婚姻へ一元化する国は，ノルウェー，スウ
ェーデン，アイスランド，デンマークである。他方，当事者のニーズに合わ
せて，③を制度化し，かつ②も維持し，①も可とする多元化の国がある。オ
ランダ，ベルギー，フランスなどである。②では，当初は婚姻との差別化が
図られ，パートナー相互に保障される権利にも限界があったが，改正を重ね，
婚姻に近似していく。例えば，フランスで1999年に導入されたパックス
（民事連帯契約〔le pacte civil de solidarité〕）は，2人の成年者間でそのカップルの
生活を組織するために締結される契約であり，財産的な結合だったが，2006
年の改正により，共同生活義務，相互扶助義務といった人格的義務を生じさ
せ，パックスであることが出生証書の欄外に記載されることになった（ジャ
ン・ガリーグ（羽生香織＝大島梨沙訳）「フランスにおける多様性の尊重——道半ばの現
状」立命351号〔2013〕216頁）。ドイツで2001年に導入された生活パートナー
シップ法は，2005年の法改正により，財産関係やパートナー間の相互扶養
関係等について同権化が進められ，連邦憲法裁判所は，2009年7月7日，
遺族年金について，2010年7月21日，相続税と贈与税について，法律婚夫
婦と同性カップルとの取扱いの違いは平等原則違反に当たるとした（倉田賀
世「ドイツにおける規範的『婚姻』『家族』概念の変容可能性」古橋エツ子ほか編・本澤
巳代子還暦・家族法と社会保障法の交錯〔2014〕49頁，62頁）。こうして婚姻と近似
していくと，行き着くところは③になる。

　(ウ)　同性間の婚姻導入のプロセス　　同性間の婚姻を法的に認めた国々の
経過，その内容の詳細は関連する文献に委ね（オランダにつき，谷口洋幸「同性

〔二宮〕　75

前注（§§ 731-771） III 　　　　　　　　第4編　第2章　婚　姻

婚・パートナーシップ法の可能性」法時86巻12号〔2014〕104頁，ジャン＝ルイ・ラン
ション（大島梨沙訳）「ベルギーにおけるカップルの地位の法的三元構造の発展」立命
351号〔2013〕225頁，齊藤笑美子「すべての人のための婚姻」論ジュリ8号〔2014〕94
頁，佐藤美和「クィア法理論からみる『婚姻』の意味をめぐる交渉── カナダ『市民婚姻
法（Civil Marriage Act）』の制定過程を素材として」ジェンダーと法9号〔2012〕154頁，
小竹聡「アメリカ合衆国憲法と同性婚── Obergefell 判決をめぐって」拓殖大学論集18
巻2号〔2016〕55頁，駒村圭吾「同性婚訴訟と憲法解釈── Obergefell v. Hodges 事件判
決をめぐって」アメリカ法 2016-2号〔2017〕209頁，紙谷雅子「Obergefell v. Hodges に
ついて── アメリカ法の立場から」同235頁，棚村＝中川編・前掲書第1章所収の諸論文
等参照），ここでは，同性間の婚姻の導入を可能にした背景や論理について，
共通する要因を抽出する。

　まず婚姻の意義が，生殖・保育の場から私的な個人の幸福追求の場へと変
化したことを背景に（→ II(2)），以下のような要素が作用している（二宮周平
「家族法── 同性婚への道のりと課題」三成美保編・同性愛をめぐる歴史と法── 尊厳と
してのセクシュアリティ〔2015〕128-138頁）。

　第1に，同性間の婚姻を認めるかどうかが政治的スタンスの象徴となるこ
とである。性的指向の尊重，マイノリティの人権擁護，多様なライフスタイ
ルなど，肯定派はリベラルと受け止められる。実際に同性愛，同性カップル，
同性間の婚姻を選択する人は少数でも，その姿勢が象徴的意味を持ち，重要
な政治的論点となることから，当選＝推進となる政治的動向が生まれる。

　第2に，欧米社会に共通する平等原則である。平等原則は，公権力に対し
て，根拠のない差別を根絶することを課している。処遇を区別する正当な理
由がない限り，平等に扱われるべき，という理念である。前述の婚姻の人格
的結合性の重視，脱特権化は平等原則を下支えする。また性的指向を人権の
問題として捉える国際的な潮流は，平等原則にさらに重みを与える。

　第3に，第2とも関連するが，その社会のアイデンティティである。カナ
ダがその典型例である。多文化・共生主義というナショナル・アイデンティ
ティが伝統的な婚姻観よりも優先する。自分たちの社会は社会を構成する各自
のアイデンティティを尊重し，共存共栄を目指すとの認識が共有されている
ことから，性的アイデンティティもその1つとして位置づけられた。

　第4に，登録パートナーシップ法の制定によって社会的な承認がある程度

76　〔二宮〕

前注（§§ 731-771） III

進み，段階的に同性間の婚姻の受け入れが可能になったことである。登録パートナーシップ法というステップを経ない国もあるが，最初の導入国であるオランダでは，同性間の婚姻が社会的な脅威ではないことの確認のプロセスが必要だった。同性間の婚姻への反発の強い所では，段階的な展開が必要である。

第5に，宗教婚と民事婚の区別である。オランダやカナダのように，民法上の婚姻は，共同生活にかかわる権利義務の保障であり，平等原則に服するが，宗教上の婚姻およびその儀式においては，同性間の婚姻を認めるかどうかは，その宗教の教義に委ねられる。両者の住み分けが可能となる。

(エ) 親子関係へのアクセス　　同性カップルの生活保障がある程度進んだ国々での課題は，親子関係へのアクセスである。①すでに子のいる当事者が同性パートナーと暮らしている場合に，ⓐ同性パートナーに子の養育権が認められるか，ⓑ子と同性パートナーとの間で養子縁組を結ぶことができるか，②子のいない同性カップルが，ⓒ未成年の子を共同で養子縁組をすることができるか，ⓓ生殖補助医療を用いて子をもうけることができるかである。

同性間の婚姻を導入し，かつ生殖補助医療の利用を広く認めている場合には，これらはすべて肯定される。ベルギーやオランダである。フランスでは，ⓐ～ⓒが認められている。また1990年法以降，生殖補助医療の利用が独身者や同性カップルにも認められていたイギリスでは，シビル・パートナーシップ（2004）や同性間の婚姻（2013）の導入前，2002年にⓒが認められた。また2008年，生殖補助医療実施規定が改められ，「父の必要性」条項が「支援する親役割（supportive parenting）の必要性」に置き換えられた結果，ⓓが容易になった。女性同士のカップルの場合，一方が生殖補助医療によって懐胎した場合，他方パートナーも子の親となり，男性同士のカップルが代理懐胎によって子をもうけた場合，親決定手続によってカップル双方が法律上の親となる（石井美智子「生殖補助医療における子の福祉——父は必要ないのか」法時83巻12号〔2011〕49頁，田巻帝子「英国の同性カップルの子育てと養子」民商138巻4＝5号〔2008〕447頁，ドイツにおける女性カップルの生殖補助医療利用につき，渡邉泰彦「同性の両親と子——ドイツ，オーストリア，スイスの状況」産大法学49巻4号〔2016〕12頁等）。子の法的保護者は「父と母」から「親」へ展開している。親子関係にとって必要なことは子の福祉・保護であり，同性カップルの家族関係が

〔二宮〕　77

前注（§§ 731-771） III   第4編　第2章　婚　姻

安定し，そこでの子の養育を保障することが子の福祉につながるという考え方である。親と子の相互的な関係性が適切に形成されることが重要なのであり，父＝男と母＝女というペアである必然性はないという結論を導くものである。

　㈗　日本法の可能性　　2008 年 10 月，国際人権規約 B 規約に関する規約人権委員会は，日本の定期レポートに対する総括所見 29 において，同性カップルが公営住宅を賃借することを事実上妨げていた 2011（平成 23）年改正前の公営住宅法 23 条 1 号や，DV 防止法による保護から同性カップルの一方が排除されていることを指摘し，LGBT（レズビアン，ゲイ，バイセクシュアル，トランスジェンダー）の人々に対して，「雇用，居住，社会保険，健康保険，教育および法によって規制されたその他の領域における差別があることに，懸念を有する」とし，「締約国は，差別禁止の根拠に性的指向を含めるよう法律を改正することを検討し，委員会の規約 26 条についての解釈 1 に沿って，婚姻していない同居している異性カップルに付与されている便益が，婚姻していない同居している同性カップルに対しても同等に付与されることを確保すべきである」とした。この勧告に対応して，日本政府は公営住宅法を改正したが，2014 年 7 月の総括所見では，なお地方自治体による入居制限の撤廃と DV 防止法の同性への適用が勧告されている（谷口・前掲論文 109-110 頁）。

　また国連人権理事会の普遍的定期審査では第 1 回（2008 年），第 2 回（2012年）ともに，性的指向と性自認に基づく差別の撤廃のための措置を講じるよう勧告がなされており，日本は無条件でこれらの勧告の履行を誓約しており，さらに 2008 年，国連総会において「性的指向と性自認の人権」共同声明が提出された際，日本は声明の共同提案国の 1 つであり，2011 年には，国連人権理事会議に始まる一連の取組の中で日本は LGBT コアグループ 11 か国の 1 つとして名を連ねている（谷口・前掲論文 110 頁）。

　国連における人権保障の視点からは，日本政府は性的指向による差別をせず，同性カップルとしての生活保障を検討する責務があり，国外と国内で対応を使い分けることはできない。

　上野雅和は，1989 年にすでに次のように指摘している。個人が，婚姻が当事者に与える法的・経済的，心理的・社会的利益享受のために婚姻関係の形成の承認を求めてきたときに，「男女の結合であれば，生殖や性関係の可

78　〔二宮〕

前注（§§ *731-771*）**III**

能性がなくても，さらに臨終婚のように，共同生活の可能性すらなくても，婚姻法的利益を付与しながら，同性間の結合であれば，生殖能力の点を除けば夫婦の実質を伴っていても，婚姻法的利益の付与を拒否する合理的根拠があるのかという形で，問題が提起されることになる」(新版注民(21)179頁〔上野雅和〕) と。

解釈論として，憲法24条1項の「婚姻は，両性の合意のみに基いて成立し」との文言は，前述のように，明治民法時代，婚姻が戸主や親の意向のままに決められることが慣例となっていた事実をふまえ，これをなくし，女性の権利を確立することにあった (→(1))。同性愛が米国精神医学会において精神障害とされていた当時，同性間の婚姻は想定されていなかった。したがって，異性カップルのみに婚姻を保障する規定とはいえず，民法で同性カップルにも婚姻を認めたり，パートナー登録制度を設けることは，憲法には違反しないと考えられる (中里見博「『同性愛』と憲法」三成編・前掲書85頁，辻村みよ子・憲法と家族〔2016〕128-129頁参照)。

2016年11月，日本家族〈社会と法〉学会シンポジウム「家族法改正──その課題と立法提案」は，婚姻関係の多様性を認め，性中立的な規定を目指すこと，すなわち，婚姻の自由を尊重し，ひとりひとりを平等に扱うという観点から，婚姻の当事者を異性に限定する必要はなく，同性同士にも婚姻を認めることを明確にした。「婚姻の性中立化」である。家族生活を形成するにあたり，人は性別にとらわれずに相手を選択する自由があり，その自由は可能な限り保障されるべきであること，したがって，相手として，異性，同性，異性か同性かわからないが共同生活を営む意思のある者を選択するなど，選択の自由が保障されるべきであることから，「異性又は同性の二人の者は，婚姻をすることができる」という規定の新設を提案している (家族〈社会と法〉33号〔2017〕に収録)。

〔二宮周平〕

前注（§§*731-749*）I　　　　　　　　　　　　第4編　第2章　婚　姻

第1節　婚姻の成立

前注（§§731-749〔婚姻の成立〕）

細　目　次

I　婚姻の成立方式の意義……………………80
II　届出婚主義の確立と定着………………81
　(1)　明治民法制定前……………………81
　(2)　明治民法制定過程での検討状況……81
　(3)　明治民法制定とその後の推移………82
　(4)　現行民法への継承……………………83
III　内縁問題の発生と解決の方向…………84
　(1)　内縁問題の発生……………………84
　(2)　社会立法と婚姻予約有効判決………86
　(3)　内縁準婚理論………………………87
　(4)　婚外関係の多様化…………………88
　(5)　法的保護の論理……………………89
IV　内縁・事実婚…………………………90
　1　内縁の成立………………………90

　(1)　婚外関係を示す概念の整理…………90
　(2)　成立要件……………………………90
　(3)　近親婚的内縁………………………91
　(4)　重婚的内縁…………………………92
　(5)　相対的効果説………………………93
　2　内縁の効果…………………………94
　(1)　婚姻法の類推適用…………………94
　(2)　一方的な関係の解消………………95
　(3)　死亡による解消……………………96
　3　特別法による保護…………………101
V　婚　約…………………………………101
　(1)　婚約の成立…………………………101
　(2)　婚約の解消…………………………102
　(3)　結　納……………………………104

I　婚姻の成立方式の意義

　社会に存在するさまざまな共同生活関係の中から，ある関係を婚姻として
承認するためには，一定の婚姻の成立要件と婚姻の成立方式が必要になる。
成立方式の目的は，当事者に婚姻の意思があることを確認すること，重婚や
近親婚の禁止など婚姻障害事由が存在していないかどうかを確認すること，
さらに婚姻関係を公示して人の家族関係を明らかにすることにある。したが
って，国家法上の手続をとることを必要とする法律婚主義を採用する国が多
い。欧米では，行政の係官の面前において一定の手続で婚姻の意思を表明す
る民事婚主義をとる（→前注（§§731-771）I(2)）。しかし，日本では，戸籍事務

80　〔二宮〕

第1節　婚姻の成立　　　　　　　　　　　　　**前注**（§§ *731-749*）　**II**

管掌者へ婚姻の届出をすることによって婚姻が成立する（届出婚主義）。明治民法によって確立した日本独特の制度である。

II　届出婚主義の確立と定着

(1)　明治民法制定前

明治民法制定前に，婚姻について戸長（一序説II 1 (1)）への届出を命ずる仕組みが作られた。①太政官布告 437 号（1871〔明治4〕・8・23）は，「華族ヨリ平民ニ至ル迄，互婚姻被差許候條，双方願ニ不及。其時々戸長へ可届出事」（句読点は引用者）とした。届出をなすべき者は規定されていないが，戸主がなすべきものとされていた（一序説II 1 (1)）。さらに婚姻・縁組・離婚等について届出のないものは無効とする方針が出された。②太政官達 209 号（1875〔明治8〕・12・9）の表題は，「婚姻養子女若クハ離縁等戸籍ニ登記セサル内ハ其効ナキモノトス」である。しかし，この届出制は，仲人を立て近隣・親族への公示で縁組が成立すると考えていた一般の婚姻の風習になじまないものだった（新版注民(21)16 頁〔熊谷開作＝山脇貞司〕）。犯罪の成否に関して上記の登記をしない婚姻養子女への対応に関する伺いに対して，③司法省達丁 46 号（1877〔明治10〕・6・19）は，登記がなくても「親族近隣ノ者モ夫婦若シクハ養父子ト認メ裁判官ニ於テモ其実アリト認ムル者ハ夫婦若シクハ養父子ヲ以テ論ス可キ儀ト相心得ヘシ」としたが，大審院は，③を民事事件にも適用していた（新版注民(21)185-186 頁〔上野雅和〕）。

(2)　明治民法制定過程での検討状況

1871（明治4）年7月の「民法決議」は，フランス民法を基礎としていたため，婚姻の成立について，①婚姻の予告，②必要書類の提出と官吏の面前における本人の意思確認，③婚姻証書への記載という民事婚の方式を定めていた。1873（明治6）年2月の「民法仮規則」，「明治 11 年民法草案」，1888（明治21）年10月の「民法人事編第 1 草案」は，この流れにある。第 1 草案の理由書では，②について「双方ノ自由ヲ確保スルノ目的」とされていたが，諮問を受けた全国の司法官及び地方官等からの意見書では，民事婚の方式は日本の古来の習慣に反し国民の人情に適しない，手続が鄭重煩雑に過ぎると批判された。

〔二宮〕　81

前注（§§ *731-749*）II　　　　　　　　　　　　第4編　第2章　婚姻

　1889年暮れから翌年1月にかけて成立したとされる「民法草案人事編再調査案」では，①が廃止され，②に代えて，慣習上の婚姻の儀式によって婚姻が成立する慣習的儀式婚主義が採用された。1890（明治23）年に公布された「民法人事編」（旧民法）はこれを維持した。「婚姻ハ証人2人ノ立会ヲ得テ慣習ニ従ヒ其儀式ヲ行フニ因リテ成ル」（旧人47条1項）である。当事者は，ⓐ儀式の前に身分取扱吏に「婚姻ヲ為サントスルノ申出」を行い，必要書類を提出する。ⓑ儀式をあげてから10日内に身分取扱吏に儀式を行った旨の届出をする。戸主の婚姻許諾書は，ⓐの段階で提出するが，さらにⓑの届出は代理人でもよいとされたことから，戸主が家族の婚姻を統率することを可能にした（これらについては，西村信雄・戦後日本家族法の民主化（上）〔1978〕266-318頁参照）。

(3)　明治民法制定とその後の推移

　明治民法親族編（1898〔明治31〕年法律9号）は届出婚主義を採用した（民旧775条）（制定過程の分析について，西村・前掲書319-342頁）。法典調査会において，梅謙次郎起草委員は，その理由を次のように述べた。旧民法の規定した儀式婚主義は，手続が煩わしいこと，これまでの慣習にもなく国情に適しないこと，家の内でなされる儀式では，いつ婚姻が成立したか不明確であること，「届出ト云フモノハ公ケノ官庁ニ届出ルノデアリマスカラ先ヅ此位ガ婚姻ヲ世ノ中ニ公ケニスルト云フニ付テ宜カラウト思ヒマス」とし，前述の明治8年太政官達が現行法であることにも言及し，親戚近隣が事実上夫婦と認めた場合を法律上も夫婦と認めるということでは，「婚姻ト私通ト云フモノヽ区別ガ法律上殆ンド出来ヌ」，「法律上明カニ夫婦ト為リタイ者ト区別」ができなくなってしまうことをあげた（法典調査会民法議事〔近代立法資料6〕181-183頁）。また当事者が婚姻の届出をしない場合には，婚姻を無効として（同778条2号），婚姻の届出を基準に婚姻と非婚姻を明確に区別しようとする立場を示していた。「届出ト云フモノガ婚姻成立ノ要素ニナツタ以上ハ其要素ヲ欠イテ居ルモノハ最早私通デアツテ婚姻デハナイ然ウシナイト云フト私通ト婚姻ノ境界ト云フモノガ少シモ立タナイノデス」とする（同212-213頁）。

　こうして本人の意思確認を不要とし，戸主が届け出ることを可能にする日本独自の届出婚主義が確立した。明治民法の届出婚主義は，旧民法の慣習的儀式婚主義への批判として生まれたが，家的結合を基本とする婚姻方式とい

82　〔二宮〕

第1節　婚姻の成立　　　　　　　　　前注（§§ *731-749*）　**Ⅱ**

う家制度的性格においては同一の線上に在ると指摘されている（西村・前掲書
338頁）。

しかし，後述のように内縁問題が発生した。内縁問題の背景には，国民が
意図的にせよ，無意識にせよ届出婚主義になじまないという実態があったこ
とから，婚姻の成立方式を改正することが検討された。臨時法制審議会の答
申「民法改正要綱」（1927〔昭和2〕年12月），「民法親族編改正案」（1936〔昭和
11〕年2月整理），「人事法案」（1941〔昭和16〕年8月整理）は，届出主義と並ん
で，慣習上の儀式による婚姻の成立を認めようとするものだったが，戦局の
激化に伴い，立法されないままに終わった。

(4)　現行民法への継承

第2次大戦後，家制度廃止を中核とする民法改正において，当初，婚姻の
成立についていくつかの案が検討されたが，届出婚主義を維持することとな
った。奥野健一政府委員は，第1国会（1947〔昭和22〕年8月28日参議院司法委
員会）において，立法理由を次のように説明した（最高裁判所事務総局・民法改
正に関する国会関係資料〔1953〕482-483頁）。①届出という形式を備えた自由な
意思の合致によって婚姻をするので，憲法24条1項には違反しない。②
一々戸籍吏の前で婚姻意思があることを発表させるのは余りに煩雑であり，
書面による婚姻届出で十分ではないか。③婚姻届出ができなくて意思に反し
て事実婚をするという制限は，改正法によって全部撤廃され，自由に婚姻で
きるようになったこと，日本は段々文化国家として法律的な思想も発達し，
届出なければ婚姻なしということが一般常識として大体認められるようにな
ったことから，事実婚を婚姻として認めていくことは法律の逆行である。

この説明には，明治民法制定当時と同じく，②の重視がある。戸籍制度を
前提に，戸籍吏ないし戸籍事務管掌者に婚姻・離婚等を届け出ることによっ
て婚姻・離婚等が成立するという届出主義が，煩雑か否かの便宜性で論じら
れ，肯定されていく。届出主義の背景には家制度の確立があった（一序説Ⅱ
1⑴）。その家制度が廃止されたにもかかわらず，婚姻の成立方式に関する
理念的な検討（一前注（§§731-771）Ⅰ⑵）がなされなかったことは，戸籍制度の
維持とともに，日本の家族の民主化の不徹底を招いた可能性もある。

その後，1954（昭和29）年7月，法制審議会は，法務大臣から民法改正に
関する諮問を受け，民法部会身分法小委員会で議論が重ねられ，1955（昭和

〔二宮〕　83

前注（§§ *731-749*）Ⅲ　　　　　　　　第4編　第2章　婚　姻

30）年，仮決定及び留保事項（1）において，届出婚主義それ自体は現行法ど
おりでよいことになり，内縁関係について何らかの立法的措置を講じるかが
議論されたにとどまる（平賀健太「民法改正——法制審議会における審議経過」ジュ
リ 97 号〔1956〕39 頁）。もはや婚姻の成立方法として届出婚主義が議論される
ことはなくなった。法律上の婚姻として登録するかどうか，市民の自由意思
に委ねられ，それを欲するときは，単に届書の提出で足りるという，私的自
治優先の便宜的な制度として位置づけられるのか，あるいは戸籍制度の下，
なお家意識，家父長制の名残を温存する仕組みの1つとして批判されるのか，
その評価は今後に委ねられている。

Ⅲ　内縁問題の発生と解決の方向

(1)　内縁問題の発生

　明治民法の起草者は，国民は段々儀式を挙げる日に届出をするようになる
と推測していたが，現実は違った。例えば，1918 年までの人口静態統計と
1920 年，1925 年の国勢調査から推計した数値では，内縁率（有配偶者総数に
占める内縁配偶者の割合）は，男約 17%，女約 16% 前後である（戸田貞三・家族
と婚姻〔1934〕54 頁）。1920 年代，なおこのように内縁関係が多かった理由と
して次のようなことが指摘された。

　第1に，伝統的な婚姻慣行である。家制度の下では，婚姻は家と家の結び
つきであり，新たに迎えた嫁が家風に合うかどうか，あるいは後継ぎの子を
出産できるかどうかがわかるまで，婚姻の届出を控えていた。届出がない限
り，法律上は婚姻ではないから，試してみてだめな嫁を離婚手続によらずに
一方的に離別でき，しかも戸籍も汚れない。離別された女性にとっても，入
籍前の「不縁」と入籍後の「離縁」ではその評価が異なっていた。婚姻の届
出は，入籍という家の一員としての地位を取得する意義をも合わせもったた
め，慎重に嫁を試してから届出を判断するというのが，当時の慣行だった
（「婚姻ハ届入籍ノ期限定ナシ。家内和熟ノ様子ヲ見届テ取計フ慣習ナリ」〔三河國渥美郡〕，
「婚姻後一両年ヲ経，子生レシ上ニテ送籍シ届ヲ為ス例ナリ」〔陸中國膽澤郡〕等の慣行が
あった（全國民事慣例類集〈司法省蔵版・明治 13 年 7 月刊〉〔1989〕59 頁，63 頁））。た
だし，このような理由から生じる内縁は，やがて届出をして婚姻に至るか，

84　〔二宮〕

第1節　婚姻の成立　　　　　　　　　　　　　**前注（§§ 731-749）　III**

不縁になって解消されるか，経過的なものだった。

　第2に，法律上の婚姻障害である。明治民法では，妻は婚姻によって夫の家に入り，婿養子の場合は夫が妻の家に入るが（民旧788条），法定推定家督相続人は，他家に入ることができず（民旧744条），戸主は，隠居をしない限り，婚姻をして他家に入ることができない（民旧754条）。そのため法定推定家督相続人や戸主は，婚姻によって相手方の家に入ることが難しいため，内縁にとどまらざるをえなかった。また家族が婚姻をするには戸主の同意が必要であり（民旧750条），さらに男は30歳，女は25歳まで父母の同意が必要だった（民旧772条）。これらの同意が得られないため内縁になったり，父母の同意を必要としない年齢になっても，子の方で穏やかな解決を望んで，父母の同意を待ちながら内縁で暮らす事例も多かった（京都市西陣地区で172組の内縁夫婦について行った調査は，このことを実証していた。中島玉吉「内縁の夫婦に就て」論叢10巻3号〔1923〕1頁以下）。

　第3に，内縁問題を一層深刻にしたのは，工場・鉱山・土木建築等の労働者層に内縁の夫婦が多いことだった。例えば，工場法改正に際して1925年4月，5月に実施された社会局の実態調査では，内縁率は，調査された全国3417工場（有配偶者総数142,777人）の内，男20.2％，女30.3％，全国231鉱山（有配偶者総数173,408人）の内，男29.6％，女40.2％だった（北岡寿逸「工場法の改正に就いて(4)」国家41巻1号〔1927〕121頁）。1936年8月に社会局が行った内縁関係の期間別統計によれば，3年以上の内縁関係が，工場の場合27.4％，鉱山の場合42.1％となっており，経過的でない内縁の存在を示していた（山本高雄「労働者扶助法に於ける内縁関係の考察」産業福利12巻9号〔1937〕110頁）。

　この理由として，法律知識の欠乏や関心がないことがあげられたが（穂積重遠「法律婚と事実婚」親族法大意初版付録〔1917〕186頁，中島・前掲論文7頁），それよりも当時の届出制度が庶民にとって利用しにくいものだったことに原因がある。遠隔地にある役所へ，勤務時間内に仕事を休んで届出に行かなければならない。今日のような記入式の届出書がないので，自分で書式を整えなければならない。代書を頼めば手数料がかかる。日々の生活に負われる経済的に厳しい階層では，届出をしなくても自分たちの家庭生活に変わりはないのであるから，そのまま放置する結果となった。一定の財産を有することを

〔二宮〕　85

前提とする婚姻制度・家制度に利害を持たないという階級問題的な事情が存在した。

(2) 社会立法と婚姻予約有効判決

以上のように内縁問題は，社会の家意識や明治民法の家制度から，あるいは階級的な事情から必然的に生じていたため，何らかの解決を迫られることとなった。婚姻の成立方式の改正も検討されたが，実現に至らず（一Ⅱ(3)），実際に生じている内縁の保護が工夫された。その1つは，社会政策上とられた立法において，内縁を婚姻と同じように扱うという解決である。工場法施行令（1926〔大正15〕・6・5）などの特別法は，遺族給付の受給権を内縁の妻にも認めた。もっとも当初は「職工死亡当時其ノ収入ニ依リ生計ヲ維持シタル者」として受給資格が認められたにすぎず，しかも受給権者としての順位も，直系卑属・直系尊属の次であり，かつ家督相続人・戸主・同一の家に在る兄弟姉妹と同列で，工場主の選択にまかされるという補充的権利者としてであった。しかし，1940年代には，「配偶者（届出ヲ為サザルモ事実上婚姻関係ト同様ノ事情ニ在ル者ヲ含ム）」という表現で受給権などが認められた（二宮周平「日本民法の展開(3)判例の法形成——内縁」百年Ⅰ 370-372頁）。

1つは，判例によって個別的に内縁の保護を図ることである。起草者の梅は，届出のない結果，無効な婚姻外の関係であっても，下等社会に多い，真に婚姻をするつもりではなくずるずるべったりに夫婦として暮らす関係と，慣習で多くあるところの，儀式をし試した後で届出をする関係（試婚）とでは，取扱いに違いを見いだしている。後者については「不都合」だと捉え，一方に詐欺的な要素があれば，損害賠償ぐらいはできると考えていた（法典調査会民法議事〔近代立法資料6〕185-186頁）。また婚姻予約の規定を設けるべきか否かの論議の際にも，式を挙げない内に同棲して，一方的に解消するのは名誉権の侵害として不法行為になるとの見解を表明していた（同24頁，29頁）。少なくとも梅は，試婚的な関係について法的な救済を一切否定する趣旨ではなかった。

判例は，女性が挙式，同居後3日目に実家に戻り，そのまま関係を解消された事案に関して，「婚姻ノ予約ハ，将来ニ於テ適法ナル婚姻ヲ為スヘキコトヲ目的トスル契約ニシテ，其契約ハ亦適法ニシテ有効ナリトス。……当事者ノ一方カ正当ノ理由ナクシテ其約ニ違反シ，婚姻ヲ為スコトヲ拒絶シタル

第1節 婚姻の成立　　　　　　　　　　前注 (§§ *731-749*) **III**

場合ニ於テハ，其一方ハ相手方カ其約ヲ信シタルカ為メニ被ムリタル有形無形ノ損害ヲ賠償スル責ニ任スヘキモノトス」として，正当な理由なく婚姻予約を履行しなかった者に対して，債務不履行による損害賠償責任を認めた（大連判大4・1・26民録21輯49頁。ただし，原告は不法行為を理由として損害賠償を請求していたため，請求は棄却された）。こうした法的構成をとった背景には，次のような事情がある。民法は婚姻のみを正当な男女関係とするため，婚姻外の関係を正面から認めることは建前上許されない。しかし，正当な婚姻に至る過程であり，正当な婚姻の予約違反という形であれば，この建前に反しない。また婚姻予約は民法が規定していないことであり，法の欠けている所を補充することは裁判所の権限内のことであり，立法を直接侵害する行為にはならないと認識された（広中俊雄・民法解釈方法に関する十二講〔1997〕31頁参照）。

　重要なことは，この婚姻予約有効判決は，「婚姻予約」という概念で捉えようとする男女関係について明確に定義しておらず，婚約・準備行為・挙式・同居までの婚姻成立過程すべてを正当な婚姻に至る過程として正当なものと評価しており，それらの各段階にある関係がすべて「婚姻予約」として保護される可能性を含んでいたことである。以後，判例は，純粋な婚約，事実上の夫婦としての内縁，経過的な内縁，継続的な婚外性関係まで幅広く不当破棄救済の対象とした（その後の判例の定着過程とその限界および婚姻予約有効判決の社会的背景と判決が社会へ与えた影響などについては，二宮・前掲論文357-364頁参照）。

(3)　内縁準婚理論

　大審院判例の「婚姻予約」概念は，内縁の一方的な解消に対する救済を考えたものだったが，他方で，実際の夫婦共同生活そのものから様々な問題が生じたため，これへの対応も迫られた。大審院判例は，内縁について包括的な概念規定や効果を論じるという方法ではなく，個別具体的に実際の夫婦共同生活に法的効果を認めることを前提とするような解決をした。これに対して，学説は，内縁が事実上の婚姻であることを正面から法的に構成しようと努めた。中川善之助は，内縁を届出のない実質的な婚姻と捉え，届出のない婚姻も，届出の如き確証を絶対必要とする種類の効果を除いては，婚姻的効果を付与されるべきだ主張し（中川善之助「婚姻の儀式(5)」法協44巻6号〔1926〕1116頁，1120頁），内縁の法的性質を，婚姻に準ずるもの，すなわち準婚と表

〔二宮〕　87

現するようになった（中川善之助「内縁の法律的意義」中央公論50巻4号〔1935〕78頁）。準婚理論は多くの学説から支持を受け，第2次大戦後も通説として内縁保護を進める根拠となっていった（我妻195頁等）。

　大審院判例から1950年代の下級審判例が内縁を実質的には準婚的に扱ってきたこと，特別法における内縁と婚姻の同等扱いが確立したことなどの流れの中で，判例も準婚理論を肯定した。「いわゆる内縁は，婚姻の届出を欠くがゆえに，法律上の婚姻ということはできないが，男女が相協力して夫婦としての生活を営む結合であるという点においては，婚姻関係と異るものではなく，これを婚姻に準ずる関係というを妨げない」とし，内縁の妻の病気療養費を婚姻費用と捉え，民法760条を準用して，内縁の夫に費用を分担させたのである（最判昭33・4・11民集12巻5号789頁）。

(4)　婚外関係の多様化

　1980年代後半から，自分たちの意思で婚姻届を出さない共同生活を選択するカップルが社会的に広がり始めた。夫婦別姓の実践，家意識や嫁扱いへの抵抗，戸籍を通じて家族関係を把握・管理されることへの疑問，婚外子差別への反対などである。当事者が主体的に選択した関係であり，これまでの内縁とは実情が異なるので，事実婚と表現されるようになった（二宮周平・事実婚を考える〔1991〕2-26頁）。また同性カップル，重婚的内縁，近親婚的内縁，DVから逃れており離婚手続がとれない等婚姻の届出が不可能な場合，高齢者カップルが，相続など先妻の子への配慮や，子らから反対されて婚姻の届出をあきらめる場合などもある。届出をしない理由は多様である。

　これまでの判例・学説は，こうした理由のいかんを問わず，夫婦としての共同生活という生活実体に着目して法的保護をしてきた。これが可能だったのは，社会の中に，男女の共同生活について定型が存在しており，生活実体の把握が容易だったからである。その定型とは，男女が夫婦として同居し，夫が生計を維持し，妻が家事・育児・介護などケアを担うというものである。しかし，女性の経済的自立化は，カップルの共同生活を多様化させ，事実婚の場合には，選択の理由が多様であるだけに，共同生活のスタイルも一層，多様化する。

　事実婚であっても，これを一方的に解消することが他方に損害を与えることもあるし，共同生活が長く続けば財産関係を規律する必要も出てくる。法

第1節　婚姻の成立　　　　　　　　前注（§§*731-749*）　**III**

律外の関係であることを理由に一方が財産を独占することは，やはり不公平
である。事実婚カップルがすべて財産関係などにつき契約を結んでいるとは
限らない。またカップル双方が自立していても，病気，事故や失業などで要
保護状態に陥る可能性はある。自ら婚姻の外で生活すること選択したことは，
法的解決を一切拒否することを意味してはいない。そこで，伝統的な内縁準
婚理論ではなく，共同生活や継続的で安定的な協力扶助の関係の実情に対応
して，法的保護を検討する説も登場してきた。

(5)　**法的保護の論理**

　これまでの内縁保護は，婚姻届を出したくても出せない，やむをえない事
情があること，しかも社会的弱者を救済する必要があることに基づいていた
が，婚外関係の実態の変化を踏まえると，こうした捉え方は一面的である。
特に自分たちの主体的な意思で婚姻届を出さない共同生活を選択するカップ
ルを，準婚として扱うことへの批判がある。

　1990年代以降，婚外関係の法的処理に関して，次のような考え方が提唱
されている。①準婚的保護を否定し，当事者の合意・契約に委ねる説（水野
紀子「事実婚の法的保護」石川ほか編83頁），②従来型の内縁について，準婚理論
の有用性を指摘する説（野沢紀雅「事実婚の法的規整」ジュリ1059号〔1995〕90頁），
③関係の多様性に応じて多元的な処理を支持する説（丸山茂「事実婚の法的取り
扱い」婚姻法改正を考える会編・ゼミナール婚姻法改正〔1995〕62頁），④結合の深い
関係，浅い関係という基準で，婚姻・内縁と自由結合（事実婚）を区別し，
後者については，法的拘束の少ない共同生活方式の定立を考える説（大村
241頁），⑤憲法13条の幸福追求権に基づくライフスタイルの自己決定権を
根拠に，関係解消時の財産関係の規律（768条の類推適用）と，要保護者の補
完（扶養・ケアの視点）に限って法的保護を考える説（二宮周平「事実婚の多様性
と法的保護の根拠」家族〈社会と法〉27号〔2011〕24-27頁，30頁）などである（これ
らの学説の再分析・検討として，森山浩江「非婚夫婦と準婚法理」新家族法実務大系I
221頁以下参照）。

　①や④の考え方の背景には，今日，婚姻障害事由に当たらない限り，婚姻
の届出に制約はなく，特に事実婚の場合には，当事者の主体的意思で届出を
しないのであるから，婚姻に準じた法的保護をする必要性はないという発想
がある。③や⑤は，法は，特定の家庭生活，例えば，婚姻だけを保護するの

〔二宮〕　89

前注（§§731-749）Ⅳ 第4編 第2章 婚姻

ではなく，どのようなライフスタイルであれ，営まれる家庭生活の実体に即した価値中立的な法的処理，生活保障をしなければならないと考える。この立場では，同性カップルも対象に入ってくる（二宮周平「同性パートナーシップの公的承認」二宮周平編・性のあり方の多様性〔2017〕21-24頁。なお同性パートナーシップ，同性間の婚姻については，→前注（§§731-771）Ⅲ(4)参照）。

以下では，婚外関係の法的処理の問題として，共同生活関係が形成されている内縁・事実婚（→Ⅳ）と共同生活関係がまだ安定的に形成されていない婚約（→Ⅴ）について，判例・学説を紹介する。

Ⅳ 内縁・事実婚

1 内縁の成立

(1) 婚外関係を示す概念の整理

従来は，婚姻の届出をしていないが事実上夫婦として共同生活を営む関係を「内縁」，将来婚姻をする合意はあるが，共同生活には至っていない関係を「婚約」と区別してきた。これに対して，当事者の主体的な意思で婚姻の届出をしないカップルを「事実婚」と表現することが多くなった。事実婚も共同生活を営む関係である点では「内縁」と異ならない。判例は「内縁」と規定することが多い。

(2) 成 立 要 件

内縁を準婚関係として法的に保護する以上，法的保護に値する内縁とは何か，その成立要件が問題になる。まず婚姻意思と夫婦共同生活の実体があることが必要であり，これらを欠く関係は内縁から除外される（詳細は二宮周平・事実婚の判例総合解説〔2006〕17-27頁参照）。

(ア) 婚姻意思　　婚姻意思とは，社会通念上の夫婦になる意思で足りる。婚姻の届出意思ではないので，男性が婚姻の届出を拒んでいても，内縁の成立が認められる（高松高決平11・3・12判タ1019号227頁，岐阜家審昭57・9・14家月36巻4号78頁等）。こうした意思は，住民票で同一世帯になっていたり，ある程度の期間，共同生活が継続していれば，認定されやすい。

(イ) 共同生活　　継続的な同居がなくても，内縁の成立が認められることがある。例えば，男性の死亡まで約9年間，互いに相手のマンションを行き

90 〔二宮〕

第1節　婚姻の成立　　　　　　　　　　　前注（§§ *731-749*）　**IV**

来し，男性が女性のマンションに寝泊まりしたり，夫婦として宿泊旅行をしたり，男性の入院中は女性が看護をしていた事案で，「精神的にも日常の生活においても相互に協力し合った一種の共同生活形態を形成していたものと認められるので，……事実上の夫婦と認めるのが相当」とした判決がある（大阪地判平3・8・29家月44巻12号95頁）。法律婚夫婦の生活スタイル自体が多様化している現在，同居は不可欠の要素とはいえない。継続的な協力扶助の関係が築かれていれば，内縁の成立を認めることができる。同居はこうした関係性を証明する有力な事実である。他方，約16年間「特別の他人として親交を深め」ていたものの，同居や共有する財産，子育ての協力もなく，関係存続の合意もない事案において，男性による一方的な関係解消に対する女性からの損害賠償請求を否定した判決もある（最判平16・11・18判タ1169号144頁）。

（ウ）　**婚姻障害事由**　　判例は，婚姻適齢に達していない場合（大判大8・4・23民録25輯693頁），未成年で父母の同意を得ていない場合（大判大8・6・11民録25輯1010頁），女性が再婚禁止期間にあった場合（大判昭6・11・27新聞3345号15頁）でも，内縁の成立を認める。内縁は事実上の夫婦共同生活であり，婚姻とは違うこと，どれも時の経過によって，障害事由はなくなることによる。公序良俗との関係で問題になるのは，近親婚禁止と重婚禁止である。

（3）　**近親婚的内縁**

　最高裁は，直系姻族1親等にあたる事例（後妻と亡夫の子）について，反倫理的な内縁であるとして，遺族年金の受給権を否定したが（最判昭60・2・14訟月31巻9号2204頁，理由づけは東京地判昭59・1・30行集35巻1号39頁参照），叔父と姪という傍系血族3親等の関係について，「厚生年金保険の被保険者であった叔父と姪との内縁関係が，叔父と先妻との子の養育を主たる動機として形成され，当初から反倫理的，反社会的な側面を有していたものとはいい難く，親戚間では抵抗感なく承認され，地域社会等においても公然と受け容れられ，叔父の死亡まで約42年間にわたり円満かつ安定的に継続したなど判示の事情の下では，近親者間における婚姻を禁止すべき公益的要請よりも遺族の生活の安定と福祉の向上に寄与するという厚生年金保険法の目的を優先させるべき特段の事情が認められ，上記姪は同法に基づき遺族年金の支給を受けることのできる配偶者に当たる」（民集掲載の判決要旨）として，遺族年

〔二宮〕　　91

前注（§§ 731-749）Ⅳ　　　　　　　　　第4編　第2章　婚姻

金の受給権を認めた（最判平 19・3・8 民集 61 巻 2 号 518 頁）。

　上記最判は，判決要旨から明らかなように，①社会保障の権利，②叔父と姪の関係という前提の下に，③個別具体的な事情（a 内縁関係に入った動機，b 家族・地域社会における夫婦としての受容，c 長期間安定的に継続）を総合的に考慮して，公序良俗に反しないと法的に評価しているものであり，近親婚的内縁一般について，民法上の権利まで含めて，保護の対象にするものではない。他方，上記最判は，農業後継者の確保など地域性や慣習に基づき叔父姪間で内縁関係に入る例が少なくなかったことを判決文の理由づけの中にあげていたが，その後の下級審判決には，そうでない事案で，内縁の妻として遺族年金受給権を認めたものがあり（東京地判平 21・1・30 判例集未登載），上記最判の射程は，判決要旨に記載された事情と考えられる。

　これを受けて社会保険庁社会保険審査会の裁決は，上記③ abc を考慮して，叔父と姪の関係を内縁と認定し，遺族年金受給権を認め（平 21・9・30 裁決〔平 21（厚）72 号〕，平 22・1・29 裁決〔平 22（国）77 号〕，社会保険庁は，上記最判の判決要旨に相当する事案については，日本年金機構本部および厚生労働省年金局に対し，その取扱いについて協議を行うものとする旨の通達も出した（平 23・3・23 年発 323001）。

(4)　重婚的内縁

　法律上の配偶者のある者が他の者と事実上の夫婦共同生活を営む場合を，重婚的内縁という。1960 年代後半から 1980 年代にかけて数多く公表された下級審判決は，重婚的内縁の保護を法律婚の破綻の状況との関係で考える。つまり，法律婚が実体を失い事実上の離婚状態にあると認められるときには，内縁配偶者の方を保護する（東京地判昭 43・12・10 判時 544 号 3 頁等）。最高裁も，私学共済組合の遺族年金の給付につき，同旨の判断を下した（最判平 17・4・21 判タ 1180 号 171 頁）。他方，当事者の一方または双方に法律上の配偶者がいることから，「内縁」としての認定は厳しくなる（東京高判平 19・7・11 判時 1991 号 67 頁等）。

　問題は，法律婚の破綻の認定である。法律婚主義の下では法律婚の保護を優先する必要あることから，判例の法律婚破綻の認定基準も厳しい。わずかでも法律上の妻子との音信や交流，生活費の支給などがあれば，破綻を認定しない傾向がある。内縁の妻との同居が 28 年，内縁の妻の稼ぎの中から内

92　〔二宮〕

第1節　婚姻の成立　　　　　　前注（§§ *731-749*）　Ⅳ

縁の夫が法律上の妻に送金していた事案でも，法律婚の破綻は認められない
（東京地判平 7・10・19 判タ 915 号 90 頁。名古屋地判平 18・11・16 判タ 1272 号 79 頁で
は，36 年の同居）。一方で，別居中の夫婦の間の経済的給付が事実上の離婚給
付と認定される場合もあり（最判昭 58・4・14 民集 37 巻 3 号 270 頁，東京地判昭
63・3・28 判時 1275 号 46 頁等），実体喪失の認定は，具体的な事案の中で総合
的に判断されている。これに対して，内閣法制局は国家公務員共済組合法の
配偶者の意義について，重婚的内縁でも法律婚が「実体を失ったものになっ
ている」ときには，受給の対象となることを示し，かつ実体喪失の認定基準
として法律婚当事者に離婚意思があり，かつ夫婦共同生活が廃止されている
場合をあげていた（大蔵省主計局長照会昭 38・9・28 決裁）。社会保険庁も同様の
見解を示し，10 年程度以上の別居が継続している場合には，法律婚の実体
喪失を認めるという基準を示した（昭 55・5・16 庁保発 15 号，庁保険発 13 号）。

　判例・実務・通説によれば，別居がかなり長期化していても，経済的給付
や音信がある限り，法律婚は実体を失っていないと判定され，法律上の妻に
権利が認められるが，実際にこの男性と生活を共にしていた事実上の妻には
何の権利も認められない。逆にある程度の別居期間が経過すれば法律婚の破
綻を認定するということになると，継続的に生活費の支給を受け，別居中の
夫に生活を依存していた法律上の妻は，相続権以外何も保障されないことに
なる。つまり法律婚破綻の認定基準が厳しければ，重婚的内縁は保護されな
いに等しいし，これが緩ければ，法律婚の規範的な意義は何もないことにな
る。こうした二者択一のジレンマに陥っていることを指摘して，事故死の損
害賠償や遺族年金などについては，生活の実質や保護を必要とする度合いに
応じて，法律婚と内縁に権利を分配することができるという説がある（二宮
周平・事実婚の現代的課題〔1990〕182 頁以下）。年金のような実務の現場では具体
的な配分は難しいが，裁判所や社会保険審査会など第三者機関が審理する場
合には，当事者の主張・立証に委ねることができるので，処理は可能である。

　なお重婚的内縁当事者の法律婚を破綻に導いた責任は，遺族年金の受給や
一方的な関係解消の損害賠償などの権利については，問題にされていない
（前掲東京地判昭 63・3・28，東京地判昭 62・3・25 判タ 646 号 161 頁等）。

(5)　相対的効果説

　相対的効果説とは，内縁の成立要件について，当該内縁に与えられる効果

〔二宮〕　93

前注（§§ 731-749） IV

第4編 第2章 婚姻

の如何によって相対的に定めるべきだとする考え方である（我妻200-201頁，久貴151-152頁，中川良延「内縁の成立」家族法大系II 303頁）。例えば，内縁関係を存続維持させるような効果（婚姻費用分担や同居協力扶助義務等）は，公序良俗に反する関係として近親婚や重婚禁止に違反する場合には認められないが，当該内縁関係が解消する場合の効果（関係解消の損害賠償，財産分与や事故死の損害賠償等）や第三者との間に生じる効果（日常家事債務の連帯責任等）は，事後処理の問題あるいは第三者の信頼を保護する問題だとして，こうした場合でも認められるとする。

相対的効果説では，婚姻意思や夫婦共同生活の実体についても，問題となる法的効果や誰との間で問題になっているかなどによって要件の緩和がありうる。事故死の損害賠償や遺族年金などであれば，加害者や給付機関という第三者に対して内縁が成立していたことを主張するのだから，意思と生活実体が明確に存在していたことが必要になるが，不当破棄の損害賠償や財産分与の類推適用などであれば，当事者間の公平な問題解決が問われているのだから，緩和することも可能である。また年金などの権利でも，誰との間で争われているかで認定は緩和されることもありうる（前掲大阪地判平3・8・29は，共同生活を欠く関係について，女性に死亡退職手当の受給権を認めたが，これを争っていたのは死亡した男性の母，母の死後は男性の兄弟姉妹だった）。

2　内縁の効果

(1)　婚姻法の類推適用

内縁準婚理論では，内縁の効果として婚姻の効果がどこまで類推適用されるかが問題になる。内縁は婚姻の届出はないが，現実の夫婦共同生活が存在することから，例えば，同居協力扶助義務，貞操義務，婚姻費用分担義務，日常家事債務の連帯責任，帰属不分明の財産の共有推定，財産分与などが類推適用される。また生活関係が一体的である場合には，内縁の夫の車に同乗していた内縁の妻が夫の過失で衝突事故に遭い重傷を負ったときに，夫の過失について被害者側の過失として考慮されたり（最判平19・4・24判タ1240号118頁），日本人女性と内縁関係にあることを重要な考慮要素として，外国人男性に在留特別許可を認める（東京地判平20・2・29判時2013号61頁）など，婚姻と同様の扱いを受けることがある。

これに対して，夫婦同氏，姻族関係の発生，配偶者相続権，子の嫡出性は，

94　〔二宮〕

第1節　婚姻の成立　　　　　　　　**前注**（§§*731-749*）　**IV**

婚姻固有の効果とされ，内縁には認められない。

(2)　一方的な関係の解消

　婚姻予約有効判決以降，内縁の法的問題の多くは，当事者の一方から，正当な理由もなく，内縁を解消された事案である。

　(ア)　**解消とは何か**　　内縁は，婚姻の届出を欠くが事実上夫婦共同生活を営む関係である。婚姻であれば，離婚手続をとらなければ，婚姻は解消されない。他方，離婚の届出さえすれば，共同生活を継続していても，法律上は婚姻は解消されたことになる。これに対して，内縁は共同生活という事実に基づいてその成立が認められる関係であるから，当事者の一方が解消に反対していても，共同生活が終了してしまうと，内縁は解消されたことになる。事実に基づく以上，単なる解消の意思表示では足りず，共同生活という事実を廃止する必要がある。他方，共同生活の廃止は，本人の解消の意思に基づいている必要がある。例えば，高齢の内縁の夫を実子らが病院に強制的に入院させたような場合では，本人の解消の意思が伴わないので，共同生活の終了とはいえず，内縁は解消されていないことになる。

　共同生活の廃止に当たっては，離婚原因は不要である。その意味で解消の自由があるといえるが，内縁として成立が認められた以上，法的な関係であり，共同生活という事実を継続したことに伴う法的責任を免れることはできない。

　(イ)　**解消に伴う不利益の救済**　　準婚理論は，不当な内縁関係の解消について，内縁配偶者の地位の侵害として不法行為による損害賠償を認める。判例もこれを認めるが（前掲最判昭33・4・11），婚姻予約法理も適用しており，実態に応じて柔軟に婚外関係を処理している。例えば，男性から結婚の申込みを受けて性的関係をもち，9年間交際を続け，その間，2回妊娠中絶をした事案（最判昭38・9・5民集17巻8号942頁），高校3年の時から性的関係を持ち，卒業後約1年近く同棲していた事案（東京地判平6・1・28判タ873号180頁）などで，婚姻予約不履行あるいは婚約破棄として女性からの慰謝料請求を認めている。

　不法行為構成では，内縁は届出を欠く事実上の婚姻なのであるから，当事者間に夫婦共同生活の実体があったこと，および解消に不法行為といえるほど明白な違法性があったことが，賠償を認める要件となる。これに対して，婚姻予約構成では，当事者間に婚姻の意思さえあればよく，しかも予約の不

〔二宮〕　95

前注（§§ *731-749*）IV　　　　　　　　　　　　　　　第4編　第2章　婚　姻

履行なのだから，不履行をした側が不履行に正当性があることを立証しなけ
ればならない。婚姻予約構成は不当な解消に関してはなお有用である。

　また女性が男性に妻のあることを知りながら関係を持った事案で，男性が
妻と離婚すると言っては女性に近づき性的関係を持った後，別れることを繰
り返していたことから，男性側の不法性が著しく大きいとして女性からの貞
操侵害による慰謝料請求を認める（最判昭 44・9・26 民集 23 巻 9 号 1727 頁）。さ
らに内縁が準婚であることから，財産分与を類推適用することも認める（リ
ーディングケースは，東京家審昭 31・7・25 家月 9 巻 10 号 38 頁）。通常，男女関係の
解消は当事者双方のさまざまな行為が重なっていることから，一方の有責性
を証明することが難しいことがある。財産分与であれば，有責性を問わず，
協力によって築いた財産を清算させ，かつ自立の困難な方への援助（離婚後
扶養）も可能であるので，公平な解決を導くことができる。

　判例は，婚姻予約不履行，内縁配偶者の地位の侵害，貞操の侵害，財産分
与規定の類推適用などを，当該婚外関係の状況に応じて使い分け，公平な解
決を志向しているといえる。

　(3)　**死亡による解消**

　内縁当事者の死亡によって生じる法的問題もまた多様である（詳細は，二
宮・前掲〔判例総合解説〕134 頁以下参照）。

　(ア)　祭祀財産の承継　　祭祀財産は祭祀主宰者が承継する。祭祀主宰者は，
被相続人の指定，指定がない場合には慣習，慣習が明らかでない場合は，家
庭裁判所が定める（897 条）。被相続人が内縁配偶者を祭祀主宰者に指定して
いれば，指定が優先する。指定がない場合において，慣習とは，明治民法下
の慣習ではなく，新民法施行後新たに育成される慣習に従うものであるとし
て，被相続人の弟や妹ではなく，25 年間，被相続人と共同生活をしてきた
内縁の妻を祭祀主宰者に指定した高裁決定がある（大阪高決昭 24・10・29 家月
2 巻 2 号 15 頁。その後の祭祀主宰者判断のリーディングケース）。

　(イ)　贈与・遺贈　　内縁の死亡解消の場合，内縁配偶者には相続権が認め
られないため（広島高決昭 38・6・19 家月 15 巻 10 号 130 頁。財産分与請求権を肯定し，
配偶者相続権を否定），内縁当事者が協力して築いた財産でも，死亡当事者の
相続人に帰属してしまう。相続人が内縁夫婦の子でない場合には，共同生活
とは無関係の相続人に財産が移転する結果，生存当事者に財産が確保されず，

96　〔二宮〕

第1節　婚姻の成立　　　　　　　　前注（§§ *731-749*）　IV

生活に困る事態が生じるおそれがある。このような事態に対処するために，生前贈与や遺贈をして，当事者の一方に財産を保障しようとすることがある。通常の内縁の場合，重婚的内縁の場合でも，前述の基準（→1⑷）により内縁として認められる場合には，こうした贈与や遺贈は有効である。

　ただし，約19年同棲している女性に全財産を包括遺贈した事案では，当該関係が婚姻破綻の原因となったこと，本件建物は婚姻生活を維持するために購入されたこと，法律上の妻は高齢で財産も，稼働能力もなく，この建物の賃料収入で生活していることなどから，当該遺贈を公序良俗違反で無効と判断する判決がある（東京地判昭63・11・14判時1318号78頁）。これに対して，同じく婚外関係にある女性へ全財産を包括遺贈した事案で，当該財産が法律上の妻との別居後，この女性との共同生活のために購入されていたこと，すでに法律上の妻には，別途生前贈与をしていることなどから，当該遺贈を有効とする判決もある（仙台高判平4・9・11判タ813号257頁）。

　ところで，相続人の方から財産を確保するために，当該贈与が書面によらないことを理由に，贈与の取消し（550条〔平成29年改正後は「解除」〕）を主張することがある。判例には，入院中の内縁の夫が内縁の妻に，所有家屋の契約書や実印を交付するなどしていたことから，簡易の引渡しによる占有移転があったものとみて，贈与の履行が終わったと解したり（最判昭39・5・26民集18巻4号667頁），同じく履行ずみとの認定に加えて，相続人のなす贈与の取消しは信義則に反することをあげ，贈与取消しの主張を認めず，内縁の妻に家屋・土地などに対する権利を確保させる判決がある（東京高判昭46・2・26判時623号79頁）。

　㈦　財産の分配　　贈与や遺贈等の事前の手当がなされていない場合への対処として，内縁の死亡解消の場合にも財産分与を類推適用し，内縁の夫の相続人に対して財産分与を請求することができるとする審判がある（大阪家審昭58・3・23家月36巻6号51頁）。しかし，判例は，民法は，法律上の夫婦の婚姻解消時における財産関係の清算および婚姻解消後の扶養について，離婚の場合には財産分与，死亡解消の場合には相続により処理するものとしているから，内縁の夫婦について，離別による解消の場合に財産分与を類推適用することの合理性を承認し得るとしても，死亡解消のときに，「相続の開始した遺産につき財産分与の法理による遺産清算の道を開くことは，相続によ

〔二宮〕　　97

前注（§§731-749）Ⅳ 第4編 第2章 婚姻

る財産承継の構造の中に異質の契機を持ち込むもので，法の予定しないところである」として，財産分与の類推適用を否定する（最決平12・3・10民集54巻3号1040頁）。この立場では，当該財産を内縁当事者の共有財産として共有持分を認め共有物分割をする，一種の組合財産が形成されているとみて残余財産の分割（688条3項）を考える（内田Ⅳ40頁），不当利得返還請求を認めるなど財産法一般の法理で解決することになる。

学説には，財産分与の類推適用を肯定する説がある。例えば，内縁の死亡解消に財産分与を類推適用するのは，相続権がないことによって生じる不合理な結果を防ぎ，共同生活者の利益を守るための方法としてであって，これを認めたからといって，法律婚の死亡解消にも財産分与を考慮し，その上で相続による承継を認める解釈が必然化するわけではないとする（岩志和一郎〔判批〕リマークス2001下73頁，有地58頁等）。

また判例は，抽象的な財産分与請求権は離婚によって当然に発生し，具体的な財産分与請求権は，当事者の協議または審判によって初めて形成されるとするのであるから（最判昭55・7・11民集34巻4号628頁），権利に対応して義務も発生するとすれば，内縁の死亡解消によって，死亡内縁配偶者には死亡と同時に抽象的財産分与義務が発生し，その義務が相続人に相続されると解することができる。これは一般の債務の承継と同じことなのだから，「相続による財産承継の構造の中に異質の契機を持ち込むもの」とはいえない。内縁解消後，財産分与の審判手続中に分与義務者である内縁の夫が死亡した事案で，大阪高裁は，内縁解消によって財産分与請求権は発生し，内縁の妻が請求の意思表示をしたことにより，その具体的内容が審判において形成されるのだから，財産分与義務は相続の対象になるとした（大阪高決平23・11・15家月65巻4号40頁）。内縁を解消しない間に，分与義務者になり得る内縁の夫の死亡によって内縁が解消した場合には，前掲判例により財産分与が適用されない。解消が先か，死亡が先かという偶然の事実によって，内縁の妻の財産的地位に大きな違いが生じる。

実質論から見ても，内縁の生前解消であれば，財産分与の類推適用で一定の財産が保障されるのに，終生協力関係にあった死亡解消の場合には，適用が否定され保護がないということに，不公平観が伴う。否定説は財産法の一般的法理で解決しようとするが，下級審で財産の共有が認められるのは，内

第1節　婚姻の成立　　　　　　　前注（§§ 731-749）　IV

縁夫婦が家業を共同経営したり（大阪高判昭57・11・30家月36巻1号139頁），双方の収入を合わせて生計を維持していたり（名古屋高判昭58・6・15判タ508号112頁），建築費用を一部拠出しているような場合（東京地判平4・1・31判タ793号223頁）に限定される。

　財産分与であれば，専業主婦型の内縁の妻にも夫婦財産の清算として包括的に財産の分与が認められ，高齢・病気などで財産形成に寄与がない場合でも，扶養の必要性を考慮して分与が認められるので，生存内縁配偶者を適切に保護できる。さらに簡便で迅速な家事審判手続を利用でき，そこでは審判前の保全処分や遺産分割事件と併合した審理が可能になる（ただし財産分与申立ての除斥期間（768条2項ただし書）も類推適用されるので，財産分与の申立ては内縁解消後2年以内にしなければならない〔大阪家審平元・7・31家月42巻7号45頁〕）。亡くなった当事者に債務がある場合には，積極財産から債務を控除した財産額について分与の対象とすれば，相続人が債務の弁済で困ることはない（以上の論点につき，二宮周平・事実婚の判例総合解説〔2006〕153-155頁）。

　肯定説・否定説の根底には，婚外関係にどのような法的保護を認めるべきか，婚姻の届出をしない当事者の責任をどの程度考慮するかという価値観上の対立がある。しかし，ジェンダー格差の是正という視点が大切である。国連女性差別撤廃委員会の一般勧告21号〔1994〕33は，「多くの国で，事実上の関係の継続中に蓄積された財産は，法律上，婚姻中に取得された財産と同じには扱われない。関係が解消されるときには，女性は，常にそのパートナーよりも相当に少ない持分を得ることしかできない」と指摘し，同29号〔2013〕30は，パートナーの死亡または関係解消など一定の時点で事実婚を認める法的枠組みがない場合は，「両者が家計の維持やその他資産形成に貢献した場合を含む同居関係が終了すると，女性は経済的リスクに晒されることがある」と指摘し，31において「経済的権利の保護を保障するために必要な施策を講じるよう勧告する」としている。この視点からは，内縁の妻に配偶者相続権を否定する結果生じる格差を，財産分与の類推適用によって是正することが求められる。

　なお前掲判例の事案は，妻子のいる男性との関係が，妻の病死後，10年近く内縁的な関係に転化したもので，男性の入退院の繰返しに際し療養看護に尽くしていたが，継続的な同居がなかった。内縁の妻に積極的な財産形成

〔二宮〕　99

前注（§§ *731-749*） IV　　　　　　　　　　　　第4編　第2章　婚　姻

への寄与が乏しく，月20万円の生活費と300万円の贈与によって，看護労働などはある程度保障されていると判断されたのかもしれない。見合い挙式の上，共同生活が26年継続し，内縁の妻が夫の医院の手伝いや夫の療養中に献身的な世話をしたような事案（前掲大阪家審昭58・3・23）で，最高裁が同様の結論を下すかどうかは不明である（二宮周平・事例演習家族法〔2013〕7頁）。

　㈏　居住権　　内縁夫婦が借家で生活をしていたが，賃借人である内縁配偶者が死亡した場合，賃貸人からの明渡請求に対して，内縁配偶者は，相続人の相続した借家権を援用して明渡しを拒むことができる（最判昭42・2・21民集21巻1号155頁）。内縁夫婦の住居が死亡した当事者の所有家族の場合，相続人からの明渡請求に対しては，権利濫用のとして明渡しを拒むことができる（最判昭39・10・13民集18巻8号1578頁）。

　また内縁夫婦が共有不動産に居住して共同事業を営んでいた場合，相続人との共有関係が解消されるまでは，残された内縁配偶者に共有不動産を単独で使用する旨の合意が成立していたものと推認して，相続人からの不当利得返還請求を否定する（最判平10・2・26民集52巻1号255頁）。この判例の法的な論理は使用貸借の擬制である。その内容は個別事案によって異なる。下級審では，共有関係になかった内縁夫婦間でも生前に使用貸借の合意があったと認定し（黙示の使用貸借契約の成立），相続人からの明渡請求を否定する事例が続いている（大阪高判平22・10・21判時2108号72頁〔原審は権利濫用論〕，名古屋地判平23・2・25判時2118号66頁〔重婚的内縁の事例，権利濫用論も肯定〕）。

　問題は，明渡請求や不当利得返還請求が否定されるのにとどまり，内縁夫婦の協力によって築いた住居について，内縁の妻の権利が確保されていないことにある。内縁の死亡解消に財産分与の適用を認めれば，内縁の妻に財産分与として住居の所有権を付与することもでき，所有権の付与が財産分与として過大であれば，新たに内縁の妻死亡までの賃借権や使用借権を財産分与として設定する（二宮＝榊原107-109頁）など，状況に応じた柔軟な解決ができる。

　なお相続人不存在の場合には，内縁配偶者に借家権を承継させることができ（借地借家36条），死亡した者の所有家屋について，内縁配偶者に特別縁故者として相続財産の分与をすることができる（958条の3）。

　㈐　事故死の損害賠償　　内縁当事者間には夫婦間の扶助義務が類推適用

100　〔二宮〕

第1節　婚姻の成立　　　　　　　　　　前注（§§*731-749*）　Ⅴ

されるから（→2(1)），内縁当事者の一方の事故死などについては，扶養請求権の侵害あるいは扶養利益の喪失として損害賠償請求権や保険金受給権が認められている。また配偶者に準じる者として，生命侵害の慰謝料（711条）も認められる。死亡した者に相続人がいる場合には，内縁配偶者の扶助にあてられるべき部分（つまり扶養利益喪失分）を控除した残額が相続人に帰属するという扱いになる（札幌高判昭56・2・25判タ452号156頁）。

3　特別法による保護

労働者の災害補償や年金保障など数多くの社会保障に関する立法においては，内縁配偶者は，「婚姻の届出をしていないが，事実上婚姻関係と同様の事情にある者」として，法律上の配偶者と同じ扱いを受ける。例えば，厚生年金保険の遺族年金，離婚時の年金分割などの権利（厚年3条2項），健康保険の各種給付（健保3条7項1号），労働者災害補償保険の遺族補償手当の受給権（労災16条の2第1項），育児介護休業の取得（育介2条4号）などである。これらの法の目的は，現実の共同生活を保護しようとするものであるから，婚姻届の有無で区別することは，立法趣旨に反する。また親密な関係における暴力の防止という立法趣旨から，DV防止法も内縁に適用される（配偶者暴力1条3項）。

しかし，法文・約款・就業規則などで「配偶者」「相続人」と規定している場合において，内縁配偶者も配偶者とみなす定義規定がないときには，配偶者として扱われない。例えば，所得税法の扶養親族（現在の配偶者控除）（大阪地判昭36・9・19行集12巻9号1801頁），恩給法の遺族扶助料受給者（最判平7・3・24判タ875号68頁）などであり，立法目的と内縁の生活実態を重視して柔軟に解釈する姿勢はみられない。法律婚主義を維持するために，具体的妥当性が後退することがある。

Ⅴ　婚　　約

(1)　婚約の成立

(ア)　成立要件　　婚約は，男女間に将来結婚しようという合意があれば，成立する（婚約法理の歴史的総括として，岡本詔治・婚約・婚姻予約法の理論と裁判〔2013〕がある）。結納や婚約指輪の交換などの儀式は，当事者間の婚姻の意思

〔二宮〕　　101

前注（§§ 731-749）　Ⅴ　　　　　　　　　　　　　第4編　第2章　婚姻

を外形的に示すものとして，婚約の成立を証明する1つの事実になる。

　婚約は将来婚姻しようという約束なのだから，婚姻とは別のものであり，婚姻適齢に達していない場合，未成年で父母の同意を得ていない場合，女性が再婚禁止期間内にあった場合でも，婚約の成立は認められる。これらの要件は婚姻のときに備えればよいからである。したがって，近親婚の禁止に違反する婚約は無効である。他方，法律上の配偶者のいる者との婚約については，大審院判例は，離婚を前提とするものであり，公序良俗に反するものとして無効としたが（大判大9・5・28民録26輯773頁），法律婚が事実上の離婚状態にあるときに結ばれた婚約であれば，実質的にみて一夫一婦制に反しないこと，前述の重婚的内縁に関する判例法理（→Ⅳ1(4)）から，有効と解することもできる。

　(イ)　婚約の法的な意義　　婚約により当事者は婚姻の成立を期待し，それに向けた準備を進めたり，婚約をきっかけに性的な関係を持つこともある。それにもかかわらず，一方的に婚約を解消されると，他方は精神的に傷つくし，準備のためにかかった費用や，婚約を機会に退職する女性もいることなどから，財産的な損害も発生する。婚姻の本質から見て，婚姻の届出を強制することはできないが，正当な理由のない不履行については，生じた損害について婚約不履行の責任として賠償を認めるところに法的な意義がある。

　(2)　**婚約の解消**

　(ア)　正当理由の判断基準　　正当な理由もなく婚約を履行しない者に対しては，債務不履行を理由として，あるいは婚約者としての地位を侵害した不法行為として損害賠償請求をすることができる。判例は両方の法的構成を認めている。婚約解消の法的責任は，婚約によって当事者間に形成された関係とその期間，解消に至った双方の行為態様，最初の合意成立の事情など総合的に考慮して判断されるのであるから，どちらが解消の申し出をしたかは重要なことではない。総合的にみて解消に正当理由がなければ，賠償責任は生じる。相手方の責任で婚約を解消せざるをえなかった場合に，解消した者から相手方に対する損害賠償を認める（最判昭27・10・21民集6巻9号849頁）。また第三者が婚約の履行に不当に干渉，妨害して解消に至らせた場合は，その第三者も婚約解消の共同不法行為者として損害賠償責任を負う（最判昭38・2・1民集17巻1号160頁）。

第1節　婚姻の成立　　　　　　　　**前注（§§ *731-749*）　V**

　婚約解消の正当な理由について，判例は，性格の不一致，容姿に対する不満，年回り，親の反対などでは不十分とする。判例が婚約の成立を認めるのは，ある程度婚姻への準備がなされている場合や，性的関係を伴う結果，一方的に遺棄された女性を保護する必要性の高い場合であるから，解消の正当性についても慎重に判断する傾向がみられた。最近でも，男性が婚約者以外の女性と交際を始めて婚約を解消する事例（東京地判平26・3・28 LEX/DB 25518965 等），妻の存在を隠して婚約し性的関係を持ち，それが露見して婚約を解消する事例（東京地判平24・6・5 LEX/DB25494837 等）などでは，正当な理由がないとして，損害賠償請求が認められている。

　学説は，婚約は夫婦生活の実体を備えるまでに至っていない関係だから，その実体のある内縁関係の解消の場合よりも，正当理由について緩やかに認定すべきだとする。婚約後，結婚を前提に交際してみて初めて分かること，不安に思っていたことがますます明らかになってくることがある。婚約後に，性格の不一致や，家族も含めた生き方・価値観の相違がはっきりしてきた場合には，やはり自由に婚約を解消できるようにして，婚姻の自由を保障すべきである。下級審には，婚約解消を理由として精神的苦痛を賠償すべき義務が発生するのは，婚約解消の動機や方法などが公序良俗に反し，著しく不当性を帯びている場合に限られるとする判決がある（東京地判平5・3・31判タ 857 号 248 頁）。この問題と，婚姻準備過程でかかった費用の公平な清算とを区別する必要がある。

　(イ)　損害賠償の範囲　　精神的損害（慰謝料）については，婚姻していることを隠していたり（前掲東京地判平24・6・5 は 330 万円），妊娠中絶（前掲東京地判平26・3・28 は約 279 万円）や妊娠出産（東京地判平25・3・7 LEX/DB25511636 は 350 万円）をさせたり，挙式の翌日に婚姻の届出を拒否し，数日後に別居（大津地判平25・2・20 LEX/DB25500414 は 200 万円），婚約の履行に向けて退職して転居（東京地判平25・6・7 LEX/DB25513375 は 200 万円）などの事情があれば，ある程度，高額になる傾向がある。

　婚約から婚姻に至るまでの準備にかかった費用（財産的損害），例えば，結婚式場や新婚旅行などの申込金・キャンセル料，ウェディングドレスの購入，披露宴招待状の発送費用，挙式・披露宴費用（東京地判平26・3・27 LEX/DB 25518928，前掲大津地判平25・2・20），家庭用品の購入費用と婚約解消に伴う転

〔二宮〕　　103

前注（§§ 731-749） V   第4編　第2章　婚　姻

居費用（前掲東京地判平 25・6・7），新居用のマンションの敷金・手数料・解約
金などの損害賠償を認める事例もある。婚礼家具については，転売が限定さ
れることから，減額して賠償を認める事例（広島地判平 23・9・6 LEX/DB25472601
は購入価格 52 万円につき 40 万円を損害と認定），女性の側が道具類を処分した事
案で，購入費用から処分額を差し引いた額を損害として認める事例（大阪地
判昭 58・3・8 判タ 494 号 167 頁）がある。婚姻への準備行為が相当程度進んで
いたり，解消した側の有責性が強い事案では，婚礼家具の代金の相当部分の
みならず，勤務先退職による逸失利益も損害として賠償を認める事例（徳島
地判昭 57・6・21 判時 1065 号 170 頁）があったが，近時は，婚約不履行と退職に
よる逸失利益との間に相当因果関係がないとして賠償を否定する一方で，結
婚を期待して退職したことを慰謝料算定の考慮要素とする事例がある（前掲
広島地判平 23・9・6，前掲東京地判平 25・6・7，東京地判平 26・5・14 LEX/DB25519760
等）。

(3)　結　　納

慣習では，婚約が調ったとき，そのしるしとして，まためでたく婚姻が成
立することを願って結納が交わされることがある。判例は，結納の性質を，
「婚約の成立を確証し，あわせて，婚姻が成立した場合に当事者ないし当事
者両家間の情誼を厚くする目的で授与される一種の贈与である」とする（最
判昭 39・9・4 民集 18 巻 7 号 1395 頁）。したがって，婚姻が成立しなかった場合
には，目的不到達なのであるから，結納の授与者は不当利得としてその返還
を求めることができる。結納の性質から見て，婚姻とは社会的意味での婚姻
を意味するから，事実上の婚姻が成立すれば，結納の返還請求は認められず
（大判昭 3・11・24 新聞 2938 号 9 頁），逆に法律上の婚姻が成立しても，実質的な
夫婦共同生活が営まれていない場合には，婚姻が成立したとはいえず，事情
によっては結納の返還が認められる（太田武男・結納の研究〔1985〕182 頁）。婚
約解消について責任のある者は，信義則上，結納金の返還を請求することは
できない（東京高判昭 57・4・27 判時 1047 号 84 頁）。

〔二宮周平〕

第1節　婚姻の成立　第1款　婚姻の要件　　　　　　　§*731*　I・II

第1款　婚姻の要件

（婚姻適齢）
第731条　男は，18歳に，女は，16歳にならなければ，婚姻をすることができない。

〔対照〕フ民144・145，ド民1303，ス民94

〔改正〕〔765〕

I　本条の趣旨

　本条は，有効に婚姻をなしうる最低年齢として，男性満18歳，女性満16歳を定めている。婚姻最低年齢を法定する理由としてあげられるのは，肉体的・精神的・経済的な観点からみて不適当な早婚を防止することである。また，婚姻最低年齢が男女によって異なるのは，男女の成熟度の差異にもとづくと説明されてきた。

　婚姻最低年齢に相当する者は未成年であるため，737条は婚姻をするには父母の同意を得なければならないとする。憲法24条が「婚姻は，両性の合意のみに基いて成立し」と定めていることからすると，婚姻適齢の原則は当事者の合意のみによって婚姻が成立する満20歳ということになり，民法が父母の同意を要求する本条の婚姻最低年齢は，例外を定めたものであると解することができよう。

II　わが国の婚姻年齢の現状

　婚姻年齢の現状を見ると，初婚年齢は年々高くなっていき，2014年の人口動態統計では，夫が31.1歳，妻が29.4歳である。そのような中，未成年者の婚姻件数は大きな流れとしては減少傾向にある。婚姻生活に入った時の年齢別に見た未成年の男性の婚姻件数は，1947年では12,726件であったが，

〔高橋〕　105

§*731* III   第4編　第2章　婚　姻

2014年にはその約42%（5,360件）に減じている。未成年の女性の婚姻件数
は，1947年には72,076件であったのが，2014年にはその15%程度（10,150
件）になっている。1947年では未成年女性の婚姻率は未成年男性の6倍程度
もあったが，2014年には未成年男性の2倍程度に落ちてきている。2014年
の婚姻届出時の年齢を見ると，男性18歳が2,163人，19歳が3,605人，女
性16歳が343人，17歳が1,196人，18歳が3,321人，19歳が6,402人であ
る。男女合わせて17,030人の未成年者が婚姻をしている。女性の場合，18
歳未満の婚姻数は1,539人であり，未成年女性の婚姻全体の14%程度であ
る。婚姻最低年齢を何歳に設定するかという問題に関わってくる数字である。
　未成年女性の出産についてみると，2014年には，16歳未満の女性の産ん
だ子の数は232人（嫡出子2人，嫡出でない子230人）であり，16歳以上の未成
年女性が産んだ子の数は12,779人（嫡出子9,014人，嫡出でない子3,765人）であ
る。年齢別にみると，16歳で721人（嫡出子206人，嫡出でない子513人），17
歳で1,915人（嫡出子927人，嫡出でない子988人），18歳で3,427人（嫡出子
2,364人，嫡出でない子1,063人），19歳で6,716人（嫡出子5,515人，嫡出でない子
1,201人）である。18歳未満の女性の出産数は2,868人であり，未成年女性の
出産数全体の22%程度である。婚姻最低年齢の例外規定を設けるかどうか
の議論に関わってくる数字である。

III　婚姻最低年齢を満たさない婚姻

(1)　婚姻最低年齢の計算

　出生の日より起算して，暦に従って計算をし，男性は18回目の誕生日の
前日，女性は16回目の誕生日の前日の終了をもって婚姻最低年齢に達する
（年齢計算ニ関スル法律，民143条）。

(2)　婚姻最低年齢を満たさない婚姻の生じる場合

　婚姻最低年齢に達していない者の婚姻届は，戸籍事務担当者の審査によっ
て受理が拒まれるべきものである（740条）が，まれに，戸籍事務担当者が
誤って受理する場合や，後日生年月日が訂正された結果，婚姻最低年齢を満
たさない婚姻が成立する場合が起こりえないわけでもない。

第1節　婚姻の成立　第1款　婚姻の要件　　　　　　§*731*　Ⅳ

(3)　婚姻最低年齢を満たさない婚姻の効果

　婚姻最低年齢を満たさない婚姻は無効とはならず，単に取り消しうるものとされている（744条）ので，取り消されるまでは有効に成立した婚姻として取り扱われる。取消しは，各当事者，その親族，検察官から請求することができ（744条），取り消されるとその時から将来に向かって婚姻不存在の効果が生じる（748条1項）。婚姻最低年齢を満たさない者が婚姻最低年齢に達した場合，その者は追認をしない限り，なお3か月間，取消しの請求をなしうるが，その他の者は取り消すことができない（745条2項）。

　検察官が不適齢婚の取消しを請求した後に，当事者の一方が死亡した場合，検察官の取消権は消滅する（744条1項ただし書）。では，当事者が離婚をした場合はどうであろうか。判例は，当事者の一方の死亡と同様に，検察官の取消権は消滅するとしている（大判明33・11・17民録6輯10巻82頁）。

Ⅳ　改　正　論

(1)　婚姻最低年齢の男女差について

　婚姻最低年齢に男女差を設けることは，性による分業を理由として合理化されてきたばかりでなく，性による分業を固定化するものであるので，男女の婚姻最低年齢を同じにすべきであるという主張が見られる（例えば，金城清子・法女性学のすすめ〔4版，1997〕80頁以下）。

　ヨーロッパでも男女の婚姻最低年齢をそろえる例がほとんどである。1979年に国連総会によって採択された女性差別撤廃条約にもとづき設置された女性差別撤廃委員会は，1994年，わが国に対して，男女間での異なる婚姻最低年齢を設定する規定は，女性の知的発達の度合いが男性とは異なり，もしくは，婚姻に際して女性の身体的および知的発達の段階は無関係であるという誤った前提にたつものであるから，廃止されるべきであるという勧告をなした（一般勧告21号「婚姻及び家族関係における平等」）。1996年の「民法の一部を改正する法律案要綱」でも，男女の婚姻最低年齢を同じ年齢としている。

(2)　適切な婚姻最低年齢

　婚姻最低年齢は何歳が適切かについて議論がある。前述のごとく，婚姻最低年齢を法定する理由としては，肉体的・精神的・経済的な観点からみて不

〔高橋〕　　107

§*731* IV

第4編 第2章 婚 姻

適当な早婚を防止することにあると説明されているが，何が不適当な早婚かは一般的婚姻動向等の社会的状況や経済状況に影響される。適切な婚姻最低年齢につき，学説には，①生まれてくる子を嫡出でない子にさせることなどのないよう，低年齢者の婚姻を保護するため，医学上・優生学上からみて不都合のない限度で，低い婚姻最低年齢を定めようとする説（我妻＝立石48頁），②高卒後で自立できる年齢と思われる18歳が望ましいという説（野田愛子ほか「座談会『婚姻及び離婚制度の見直し審議に関する中間報告（論点整理）』をめぐって」判タ807号〔1993〕13頁〔若林発言〕），③婚姻最低年齢と成年年齢を一致させるべきであるという説との対立がある。③説の理由としては，(a)現在の社会における健全な婚姻をなしうる精神的・経済的条件から見て一致させることが妥当であること（新版注民(21)195頁〔上野雅和〕），(b)婚姻は当事者の意思のみにもとづくべきであるから一致させることが必要であること（青山・家族Ⅰ78頁）等が見られる。

前述の女性差別撤廃委員会勧告は，男女が完全な成熟度および行為能力を取得するまで，婚姻は認められるべきでなく，婚姻最低年齢は男女ともに18歳とすべきであると述べている。同年出された「婚姻制度等に関する民法改正要綱試案」には，成年年齢に達しない者にも婚姻により成年擬制が行われることに鑑みて，肉体的，精神的，社会的に成熟していると見られる18歳を婚姻最低年齢とするという解説が加えられている（法務省民事局参事官室「婚姻制度等に関する民法改正要綱試案の説明」ジュリ1050号〔1994〕222頁）。前述の「民法の一部を改正する法律案要綱」では，「最近における国民の価値観の多様化及び女性の地位の向上，これらを反映した世論の動向等にかんがみ，婚姻制度に関しては，個人の尊重と男女の対等な関係の構築等の観点から」，18歳を婚姻最低年齢とする案が公表された。

2007年に成立したいわゆる国民投票法の附則において，民法等の年齢条項の見直しを検討することが定められた。これを受けて，成年年齢の引き下げに関しては，2009年に法制審議会が「民法の成年年齢の引下げについての意見」において，18歳に引き下げるのが適当であるという答申を行っており，これとともに，女性の婚姻最低年齢を18歳に引き上げることが検討されてきた。2017年8月には，成年年齢を18歳に引き下げ，それに伴い，婚姻最低年齢を男女ともに18歳に統一するという改正案が近く国会に提出

第1節　婚姻の成立　第1款　婚姻の要件　　　　　　　　　　　§*732*

される可能性があるとの報道があった。（→第1巻§4）。

ヨーロッパでは，成年年齢を18歳として，これに婚姻最低年齢を一致させるところがほとんどである。

(3)　**婚姻最低年齢に達しない者の婚姻**

婚姻最低年齢に達しない者の婚姻をさらに認めるかどうかについても，議論がある。肯定説は，16歳以上18歳未満の女子の婚姻件数が相当あること（2014年度で1539人。富岡恵美子「法務省民事局参事官室『婚姻及び離婚制度の見直し審議に関する中間報告（論点整理）』を読んで」判タ813号〔1993〕44頁など），未成年の婚姻の自由の尊重の観点から婚姻に適した成熟度を個別具体的に判断すべきであること（門広乃里子「婚姻適齢」戸時688号〔2012〕15頁）などを理由とするものである。一方，婚姻最低年齢を定めておきながら例外規定を設けるのは論理矛盾であるなどの主張もある（二宮周平・家族法改正を考える〔1993〕82頁，1996年「民法の一部を改正する法律案要綱」など。この点の議論については，法務省民事局参事官室・前掲ジュリ1050号223頁に詳しい）。先に述べたように，成年年齢が婚姻適齢の原則ととらえれば，婚姻最低年齢に達しない者の婚姻を認めるという考え方は，婚姻最低年齢という例外のさらなる例外を認めるかどうかの議論ということになる。

ヨーロッパでは，成年年齢が婚姻適齢の原則である国が多いが，18歳未満の者にも例外的に，父母の同意，裁判所の同意，あるいは，両方がある場合に，婚姻を認める国が多く見られる。その際に，妊娠等の重大な理由の存在を求める国もある。婚姻最低年齢としては16歳を定める国が多い。

〔高橋朋子〕

（重婚の禁止）

第732条　配偶者のある者は，重ねて婚姻をすることができない。

　　　〔対照〕　フ民147，ド民1306，ス民96

　　　〔改正〕　(766)

I 本条の趣旨

本条は，婚姻が一夫一婦の結合をその本質とすることを定めるものである。これに反して重婚が生じると，後婚は取り消されうるものになる（744条）。重婚禁止の規定は婚姻の届出がなされたものについて判断されるものであるが，重婚的内縁の問題にも影響をおよぼす（→前注(§§731-749)IV）。

II 重婚の生じる場合

すでに婚姻をしている者が重ねて他の者との婚姻届を提出した場合，戸籍の記載によって通常は重婚になることが明白であり，戸籍事務担当者により受理は拒まれることになる。にもかかわらず重婚が生じる場合としては，次の5つが考えられる。

①戸籍事務担当者が誤って二重に婚姻届を受理した場合。本来ならば，婚姻の届出は婚姻の要件に違反しないことを確認したうえでなければ，受理されない（740条）。戸籍事務担当者は，戸籍謄本等の必要な書類の提出を求めることができる（戸則63条）のであるから，誤って二重に受理する事態は，通常，戸籍の記載に誤り（前婚の戸籍記載の遅滞・遺漏）があった場合にしか起こりえないといわれている。

②離婚後再婚したところ，前婚の離婚が無効であったか，または取り消された場合。前婚の離婚が無効な場合とは，相手方が不知の間に離婚届を出し，再婚したような場合が考えられる（宮崎地都城支判昭29・8・4下民集5巻8号1241頁）。離婚届の不受理申出制度（戸27条の2第3項・4項・5項）の活用によって一方的な離婚届出を防ぐことができれば，このような類型の重婚を減少させることができるであろう（→§765 IV, §740 VI）。

③配偶者が失踪宣告を受けたので再婚したところ，前配偶者が生還して失踪宣告が取り消された場合。失踪宣告により前配偶者は死亡したものとみなされ（31条），前婚は解消するが，失踪宣告が取り消されると，失踪宣告ははじめからなかったことになり，前婚が復活し重婚関係になる。しかし，32条1項後段を適用して，後婚が当事者双方の善意によってなされた場合には，例外的に前婚は復活せず，重婚関係にならないという考え方がある（昭25・

第1節　婚姻の成立　第1款　婚姻の要件　　　　　　　　　　§732　III

2・21民甲520号回答，我妻23頁，中川（善）252頁）。これに対して，32条1項後段は財産行為にのみ適用されるものなので，身分行為には適用されないという考え方がある。これには，（i）再婚の善意・悪意を問わず，前婚は復活し，重婚になるという考え方（北川46頁，同・民法総則〔1993〕57頁）と，（ii）一律に前婚の復活を認めず，後婚を維持させる考え方（四宮和夫＝能見善久・民法総則〔8版，2010〕74頁，内田IV 72頁。立法論として，我妻23頁，1996年「民法の一部を改正する法律案要綱」）がある。

　④配偶者の認定死亡（あるいは戦死公報）によって婚姻が解消したので再婚したところ，前配偶者が生還した場合。実務では，つねに重婚関係になるとされている（昭21・3・20民甲164号回答）が，学説は失踪宣告と区別する必要性に疑問を提起している。

　⑤国内と国外で重ねて婚姻をした場合（大韓民国の国籍を有しているAが，同国国籍を有しているBとの婚姻届を大韓民国に提出しているにもかかわらず，日本人Cとの婚姻届を日本に提出したような場合。東京高判平18・4・13判時1934号42頁，新潟家高田支審昭50・2・21家月28巻7号63頁等）。

III　本条に違反する婚姻の効果

　重婚は取消原因となり，前婚・後婚の各当事者，その親族または検察官は，後婚の取消しを請求することができる（744条）。取り消されるまでは両婚姻はともに有効であり（大判昭17・7・21新聞4787号15頁），また，取り消された後も，取消しの効果は遡及しない（748条）。したがって，後婚から生まれた子は嫡出子の身分を保持する。このように重婚に一定の効果を認めることに対しては，一夫一婦制の尊重という重婚禁止の趣旨に反することになるので，後婚は無効とすべきであるという考え方もある（フ民184条・189条）。

　重婚者は相手方とともに重婚罪に問われることがありうる（2年以下の懲役。刑184条）。

　なお，後婚の取消しの場合は，後婚の当事者は後婚の継続を望むことが多いと思われるので，内縁という形での事実上の重婚関係が続くことが推測される。

〔高橋〕　111

§732 IV

第4編 第2章 婚姻

IV 重婚関係の解消方法

重婚関係が解消されるのは，後婚の取消し以外に，(ア)前婚の離婚，(イ)後婚の離婚，(ウ)当事者の死亡による婚姻の解消といった場合が考えられる。このような場合にも，後婚を取り消しうるものだろうか。

(ア) 前婚の協議離婚または離婚請求による解消　　重婚者が悪意である場合には後婚は不貞行為として前婚の離婚原因となりえ（770条1項1号），善意の場合にも，後婚の存在は，婚姻を継続しがたい重大な事由として前婚の離婚原因となりうる（770条1項5号）ので，前婚の配偶者は離婚請求ができると解されている（我妻22頁）。前婚が協議離婚または離婚請求によって解消された場合，重婚状態はなくなるので，後婚を取り消すことはできないと解されている（我妻22頁）。

(イ) 後婚の離婚による解消　　後婚の離婚による解消の場合，婚姻取消しの効果は離婚の効果に準ずるので，取消しの法律上の利益がなく，特段の事情がない限り後婚を取り消すことはできないというのが判例の立場である（最判昭57・9・28民集36巻8号1642頁）。特段の事情の意味するところについては，後婚当事者間で民法748条2項・3項による不当利得・損害賠償の請求を認めなければ不衡平な結果が生ずる場合を指すという説（神谷遊〔判批〕民百選Ⅲ11頁）が見られる。そうであれば，特段の事情は後婚当事者間での問題であり，前婚の配偶者は，後婚を取り消しても，後婚当事者に対して当然に不当利得の返還を請求できる立場にはなく，特段の事情が認められるのは極めて例外的なケースに限られるとの指摘がなされている（神谷・前掲〔判批〕）。

(ウ) 死亡解消後の取消請求の可否　　重婚の当事者の死亡の場合であるが，(i)前婚配偶者が死亡して前婚が解消した場合には，後婚は瑕疵のないものとなるので，取り消す必要はないと解されている（我妻24頁，東京地判昭36・12・20下民集12巻12号3067頁，新潟地判昭62・9・2判タ658号205頁）。これに対して，(ii)重婚者が死亡して前婚・後婚ともに解消した場合や後婚配偶者が死亡して後婚が解消した場合には，後婚を取り消すことができる。このことは法文上も明らかである（744条1項ただし書の反対解釈）と同時に，後婚を取り消さないと後婚当事者に相続権が残ってしまうということから取り消す必要

第 1 節　婚姻の成立　第 1 款　婚姻の要件　　　　　　　　　　　　　　§733　I

性があるからである（東京地判昭 31・10・16 下民集 7 巻 10 号 2913 頁，東京家審昭
48・11・24 家月 26 巻 6 号 33 頁，我妻 24 頁，新版注民(21)203 頁〔上野雅和〕）。

〔高橋朋子〕

　　（再婚禁止期間）
　第 733 条①　女は，前婚の解消又は取消しの日から起算して 100 日を
　　経過した後でなければ，再婚をすることができない。
　②　前項の規定は，次に掲げる場合には，適用しない。
　　一　女が前婚の解消又は取消しの時に懐胎していなかった場合
　　二　女が前婚の解消又は取消しの後に出産した場合
　　　　〔対照〕　フ民旧 228（2004 年廃止），ド婚 8（1998 年廃止），ス民旧 103（1998 年
　　　　廃止）
　　　　〔改正〕　（767）　①＝平 28 法 71 改正　②＝平 28 法 71 全部改正

I　本条 1 項の趣旨

　本条 1 項は，女性に対してのみ，原則として前婚の解消または取消しの日
から 100 日を過ぎるまで再婚を禁じるものである。この期間は待婚期間とも
呼ばれる。再婚禁止期間が定められた理由は，772 条に定められる父性推定
の衝突を避けるためであるとされている（詳しくは，新版注民(21)205 頁以下〔上
野雅和〕）。

　再婚禁止期間は，従来 6 か月とされていたが，772 条による父性の衝突を
避けるためであれば，再婚禁止期間は 100 日で足りる（我妻 31 頁，1996〔平成
8〕年「民法の一部を改正する法律案要綱」）という説が主張されていた。772 条は，
婚姻成立の日から 200 日後，または，婚姻の解消もしくは取消しの日から
300 日以内に生まれた子は妻が婚姻中に懐胎したものと推定し，この子を夫
の子と推定する。よって，前婚と後婚の間に 100 日が空いていれば，父性の
衝突はなく，子の父は一義的に定まる。この説を採用したのが，平成 27 年
12 月 16 日に出された最高裁判所大法廷判決である。最高裁は，①733 条 1
項のうち 100 日の再婚禁止期間を設ける部分は憲法 14 条 1 項，同 24 条 2 項

〔高橋〕　113

§733 II 第4編 第2章 婚 姻

に違反するものではないこと，②733条1項のうち100日を超える部分は父性の推定の重複を回避するために必要な期間とはいえず，遅くとも当該事件において前婚が解消された2008（平成20）年3月から100日を経過した時点までには，違憲状態に至っていたこと等を判示した。これを受けて，2016（平成28）年に本条の改正がなされた。

II 本条2項の解釈

父性推定の衝突を避けるためであれば，その衝突が生じえない場合には再婚禁止期間を課する必要はない。例えば，婚姻無効の場合には父性推定の衝突がないため，再婚禁止期間の適用はない。これ以外にも再婚禁止期間の適用除外が認められている。

(1) 本条2項による適用除外

本条2項は，再婚禁止期間の適用が除外される場合を定めている。

(ア) 女性が前婚の解消または取消しの時に懐胎していなかった場合には，父性推定の衝突がないため，再婚禁止期間の適用はない（本条2項1号）。本号は，2016年改正によって新設されたものであり，これによって適用除外の範囲が広がった。

以前は，懐胎していない旨の医師の診断書が再婚届に添付された場合でも再婚禁止期間の適用除外例に当たらないとされていた（昭8・5・11民甲668号回答）が，学説からは，再婚禁止期間内であっても実質上父性推定の衝突がない場合には除外例を広く定めるべきであるという考え方が主張されていた（我妻31頁等）。平成27年12月16日最高裁大法廷判決における6名の裁判官の共同補足意見も，女性が前婚の解消または取消しの時に懐胎していなかった場合には，再婚禁止期間の適用除外の事由があることを主張していた（これに対して，上記最高裁大法廷判決における反対意見は，女性が産婦人科に行って検査を受け，妊娠していない旨の証明書の交付を受けるという事実上の負担を生じさせることにつき懸念を表明し，再婚禁止期間の廃止を唱えた）。

(イ) 婚姻解消または取消後に出産した場合　女性が前婚の解消または取消しの前から懐胎していた場合には，その出産の日から再婚禁止期間は適用されない（本条2項2号）。出産（流産・死産等も含むと解されている）後にはもはや

114 〔高橋〕

第1節　婚姻の成立　第1款　婚姻の要件　　　　　　　　　§733 II

父性推定の衝突が起こらないからである。

　本条2項に該当するかどうかを証明することができるのは，医学の専門的知見を有する医師に限られる。そこで，市区町村は，婚姻の届書および医師の作成した「民法第733条第2項に該当する旨の証明書」によって，本条2項に該当するかどうかを審査するものとされた（平28・6・7民一584号通達）。具体的には，本証明書によって，女性が，①前婚の解消または取消しの日であるとする日より後に懐胎している，②前婚の解消または取消しの日であるとする日以後の一定の時期において懐胎していない，③前婚の解消または取消しの日であるとする日以後に出産した，のいずれかに当たると診断されている場合には，その他証明書の内容に疑義があるなどの特段の事情がない限り，本条2項に規定する場合に該当するものと判断して差し支えないとされた（北村治樹＝金田充弘「前婚の解消又は取消しの日から起算して100日を経過していない女性を当事者とする婚姻の届出の取扱いに関する通達等の解説」戸籍929号〔2016〕1頁以下）。なお，再婚時に本項の要件を満たすことを証明する資料が添付されていなかった場合でも，婚姻取消しの訴えが提起された後にその訴訟においてそれが証明されたときは，その婚姻は本項の要件を満たしていたことになる（法務省大臣官房参事官堂薗幹一郎『『民法の一部を改正する法律（再婚禁止期間の短縮等）』の概要」家庭の法と裁判8号〔2017〕122頁）。

　(ｱ)(ｲ)を総合すると，改正後に再婚禁止期間の規定が適用されるのは，女性が前婚の解消または取消しの時に懐胎しており，かつ，再婚時にも懐胎している場合（いずれもその可能性を否定することができない場合を含む）に限られることになる（堂薗・前掲解説122頁）。

　(2)　戸籍先例による適用除外例

　(a)　女が前婚の夫と再婚する場合　　前婚の夫との再婚の場合，戸籍先例によって本条の適用除外が認められている（大元・11・25民708号回答）。ただし，この先例によれば，本条にいう「再婚」は前夫以外の男との婚姻を意味するものであるから，適用除外ではなく，そもそも1項に当てはまらない場合とされている。

　(b)　夫の生死不明・悪意の遺棄を理由とする離婚判決後に再婚する場合　夫の3年以上の生死不明を理由とする離婚判決によって前婚が解消した場合，戸籍先例は本条の適用除外を認めている（大7・9・13民1735号回答，昭

〔高橋〕　115

§*733* III   第4編　第2章　婚　姻

25・1・6民甲2号回答）。また，3年以上音信不通状態にあったために悪意の遺
棄を理由として離婚判決が下された場合も，戸籍先例は同旨を認める（昭
40・3・16民甲540号回答）。

　　(c)　懐胎可能年齢を超えている場合　　戸籍先例は，懐胎可能年齢（67
歳）を超えている場合も本条の適用除外としている（昭39・5・27民甲1951回
答）。

　以上の先例により受理することが相当とされていた届出については，本条
2項に該当する旨の証明書を提出する必要はない（平28・6・7民一585号通知
3）。

　なお，優生手術を受けたという医師の証明書が添付された場合につき，か
つては適用除外が認められていた（昭29・3・23民甲607号回答）が，現在では
認められていない（昭40・12・24民甲3689号回答）。しかし，平成27年12月
16日最高裁大法廷判決における6名の裁判官の共同補足意見は，手術によ
って女性に子が生まれないことが生物学上確実であるときは，適用除外例と
して取り扱って差し支えないと述べている。

　(3)　その他の適用除外例――失踪宣告による婚姻解消後に再婚する場合

　失踪宣告による前婚の解消の場合，3か月の公示催告がなされ（家事148条
3項），死亡（婚姻解消）とみなされる日は7年間という失踪期間満了時（31
条）であるから，失踪宣告後の再婚は本条の問題とならない。ただ，失踪期
間中に誤って再婚届が受理され，その後に失踪宣告が下されたとき，再婚が
宣告の審判において失踪の始期から6か月以後であれば，本条違反にならな
い（我妻32頁）。

III　本条に違反する婚姻の効果

　婚姻届は，戸籍事務担当者によって婚姻の要件に違反しないかどうかが確
認される（740条）ので，再婚禁止期間に反していた場合，通常は受理が拒
まれる。しかし，何らかの事情（離婚後に転籍した場合，新たに編製される戸籍に
は前婚とその離婚に関する事項は移記されない等）で受理された場合（→§773 I (1)），
前婚・後婚の各当事者，その親族または検察官は，後婚の取消しを請求する
ことができる（744条）。

116　〔高橋〕

第1節　婚姻の成立　第1款　婚姻の要件　　　　　　　§*733*　IV

　ただし，前婚の解消または取消しの日から100日が経過した場合や，女性が再婚後に出産したときは，取り消すことができない（746条）。

　また，子が生まれて，父性推定の重複が生じた場合には，「父を定める訴え」によって，裁判所が子の父を定める（773条）。

IV　改　正　論

　再婚禁止期間の制度に対しては，従来から制度を廃止すべきであるとする説が唱えられていた。廃止案は，女性にのみ再婚禁止期間を定めていること自体が，法の下の平等を定める憲法14条1項や1979年に国連総会によって採択された女性差別撤廃条約16条1項(a)等に違反するという。女性差別撤廃条約にもとづき設置された女性差別撤廃委員会は，日本の報告に対する2003年7月の最終コメント36，2009年8月最終見解17，18，2016年3月総括所見12(b)，13(a)において，再婚禁止期間を廃止すべきであるとしていた。前述の平成27年最高裁大法廷判決においても，廃止の立場を採る反対意見が見られた。諸外国では，再婚禁止期間規定廃止の動きが加速化している（1968年以降，スウェーデンなどの北欧諸国，スペイン，ドイツ，フランス，スイス，韓国，他多数。千藤洋三「再婚期間について」戸時688号〔2012〕22頁，藤戸敬貴「再婚禁止期間」調査と情報894号〔2016〕5頁以下）。

　廃止案を採る場合，父性の衝突の可能性をどう解決するかが重要となる。①772条を維持したまま，裁判所が決定する案（中川編・註釈上126頁〔谷口知平〕。平成27年最高裁大法廷判決における反対意見は，事後的，個別的に，科学的技術を活用して真実の父を定めることこそが子の利益にかなうと論じる），②772条を維持したまま，再婚の夫を父と推定する案（床谷文雄「再婚禁止期間」石川ほか編65頁，犬伏由子〔判批〕判評391号（判時1388号）〔1991〕30頁），③772条1項を，「妻が婚姻後に出産した子は，夫の子と推定する」と改めることによって，再婚後に生まれた子には後婚の夫の子の推定を及ばせようという案（二宮45頁）等が見られる（これらの案に対する批判については，千藤・前掲論文23頁以下参照）。

〔高橋朋子〕

§*734* Ⅰ・Ⅱ   第4編　第2章　婚姻

（近親者間の婚姻の禁止）

第734条①　直系血族又は3親等内の傍系血族の間では，婚姻をする
　　ことができない。ただし，養子と養方の傍系血族との間では，この
　　限りでない。

②　第817条の9の規定により親族関係が終了した後も，前項と同様
　　とする。

　　　　〔対照〕　フ民 161〜164・364，ド民 1307，ス民 95
　　　　〔改正〕　（769）　②＝昭62法101新設

Ⅰ　本条の趣旨

　民法は，近親者間（本条），直系姻族間（735条），養親子等の間（736条）の
婚姻禁止を定めている。一定の近親者間の婚姻を禁じる規範は，古くから，
多くの国に見られるものである。その範囲や形態は各国の文化や伝統により
異なり，多様性に富んでいる。現代のわが国における近親婚禁止の趣旨は，
優生学的な配慮と倫理観念に基づくものであると解されているが，家族形態
の変化により，一方では禁止の範囲が広すぎ，他方では狭すぎるといわれる
ようになってきている（新版注民(21)214頁〔上野雅和〕）。

Ⅱ　禁止の範囲

　直系血族または3親等内の傍系血族の間では婚姻をすることができない
（本条1項本文）。ここでいう血族には，自然血族と法定血族（養子縁組の効果と
して生じる血族関係）が含まれる。法定血族間の婚姻禁止は倫理観念によるも
のである。そのため，後述のように養子と養方の傍系血族との間の婚姻につ
いて例外が認められている。

（1）　直系血族間の婚姻

　直系血族間の婚姻が禁止されるのは普遍的現象といわれている（新版注民
(21)210頁〔上野雅和〕）。

（ア）　未認知の非嫡出親子間の婚姻　　法律上の直系血族関係にある者の間
では婚姻は禁止されているが，自然的直系血族関係はあるものの法律上の直

118　〔高橋〕

第1節　婚姻の成立　第1款　婚姻の要件　　　　　　　　§*734*　II

系血族関係が発生していない者の間での婚姻，例えば，父とその認知されていない娘との婚姻が禁止されるかどうかについては議論がある。近親婚禁止は実質的関係にもとづくべきであり，婚姻禁止は適用されるとする説（中川編・註釈上 128 頁〔薬師寺志光〕，有地亨「近親婚」家族法大系 II 58 頁）と法律上の親子関係は認知によってはじめて発生するものであるから，婚姻禁止は適用されないとする説（我妻 29 頁以下）が見られる。

　この対立は，父のみを同じくする認知されていない嫡出でない子同士の婚姻，あるいは，父のみを同じくする嫡出子と認知されていない嫡出でない子との間の婚姻等の場合にも，同じく問題になりうる。

　一方，母の嫡出でない子についても自然血族間の婚姻禁止が適用されるかどうかについては，母子関係が原則として分娩の事実により当然発生すると解されている（最判昭 37・4・27 民集 16 巻 7 号 1247 頁）ことから，婚姻禁止規定が適用されることはいうまでもないという学説がある（我妻 29 頁，248 頁）。ただ，判例が例外を認めているように，例えば，母に捨てられた子のように，分娩の事実が明確ではない場合には認知が必要であると解する可能性があるため，父の場合と同じ問題が起こりうる。

　(イ)　養子縁組前に生まれた養子の子と養親間の婚姻　　養子が養子縁組をする前に生まれた養子の子と養親の婚姻に関しては，養子縁組前に生まれた養子の子は養親と親族関係を持たない（大判昭 7・5・11 民集 11 巻 1062 頁）ので，本条の禁止の対象にはならない。

　(ウ)　特別養子とその実方血族間の婚姻　　特別養子縁組によって特別養子と実方の父母およびその血族との親族関係は終了する（817 条の 9）が，その後も，特別養子と実方血族との婚姻は禁じられる（本条 2 項）。法的な親族関係が終了しても，生物学的な血縁関係が存在することに変わりはないからであると説明されている。一方，特別養子縁組が転縁組であった場合，「実方の父母」とは縁組前のすべての父母を意味するので，特別養子縁組前の養父母もこれに含まれると解されている（新版注民(24)629 頁〔大森政輔〕）。この場合，特別養子と前養父母・その血族との婚姻は，血縁関係が存在しないにもかかわらず，禁止されることになる。

　特別養子縁組が離縁になった場合，離縁の日から，養子と実父母およびその血族との間には，特別養子縁組によって終了した親族関係と「同一」の親

〔高橋〕　　119

§734 II

族関係が生じる（817条の11）。これは，特別養子縁組の成立によって終了した親族関係とは必ずしも同一範囲ではない（新版注民(24)640頁〔大森〕）。「同一」の親族関係とは，性質において同一という意味なので，特別養子縁組後の事情の変更も影響を及ぼす。したがって，特別縁組後に実方の血族関係に変化が生じた場合，新たに血縁者となった者との間でも親族関係が生じ，婚姻は禁止される（本条1項）。これに対して，特別養子縁組が転縁組であった場合，特別養子縁組が離縁になっても前縁組による親族関係は回復しない（817条の11）（新版注民(21)219頁〔上野雅和〕）。

(2) 傍系血族間の婚姻

(ｱ) 自然血族の場合　　3親等内の傍系血族である兄弟姉妹，おじと姪，おばと甥の間では婚姻が禁止される（本条1項本文）。いとこ同士は4親等なので禁止の範囲外である。ヨーロッパでは，禁止を兄弟姉妹間に留める国も見られる（ドイツ，スイス，オーストリア，オランダ，スウェーデン等）。

婚姻が禁止されるために内縁関係に入るカップルもいる。判例は，おじと姪の内縁関係に関して，親族間の結婚が比較的多く行われ，おじと姪との間の内縁も散見されたという地域的特性が存在するとき，3親等の傍系血族間の内縁関係が形成されるに至った経緯，周囲や地域社会の受け止め方，共同生活期間の長短，子の有無，夫婦生活の安定性等に照らし，その反倫理性，反公益性が，婚姻法秩序維持等の観点から問題とする必要がない程度に著しく低いものである場合には，公益的要請よりも遺族の生活の安定と福祉の向上に寄与するという厚生年金保険法の目的を優先させるべき特段の事情が認められるとして，遺族厚生年金の支給を受けうる配偶者に当たるとした（最判平19・3・8民集61巻2号518頁）（一前注(§§731-749)Ⅳ(3)）。

(ｲ) 法定血族の場合　　養子と養方（養親側）の3親等内の傍系親族との間では，婚姻は禁止されない。「家」制度のもと，養方の家を継がせる目的で，養子である男子と養方の傍系女子とを婚姻させる慣習があったために，このような例外が認められた。戦後の民法改正により「家」制度が廃止された今日では，この例外を認める理由は，婚姻の自由をできるだけ広く認めるということに求められることになろう。

縁組後に生まれた養子の実子と養親の実子は3親等内の傍系血族であるものの，本条ただし書の趣旨を類推するかどうかについては見解が分かれてい

第1節　婚姻の成立　第1款　婚姻の要件　　　　　　§*734*　Ⅲ

る。ただし書は「家」的根拠から特に認められた例外であり，傍系血族間の婚姻を禁じる社会的要因は変わらないとして，婚姻を認めない立場（新版注民(21)217頁以下〔上野雅和〕）と，自然血族ではないことを理由にただし書と同一であるとして婚姻を認めようとする立場（中川編・註釈上130頁〔薬師寺志光〕）とが対立している。

(3)　生殖補助医療により生まれた子の婚姻

　生殖補助医療によって生まれた子については，法律上の血族と生物学上の血縁者とが食い違う場合がままある。法律上は婚姻が可能であっても，実質的には近親者間の婚姻である場合が生じうるが，規制は困難である（→生殖補助医療）。

Ⅲ　本条に違反する婚姻の効果

(1)　婚姻届の受理拒否

　近親者間の婚姻禁止に該当する場合，婚姻届は受理されない（740条）。戸籍事務担当者が法令違反の有無を確認するが，戸籍事務担当者には実質的審査権がないので，禁止規定に違反しているかどうかはあくまで戸籍簿の記載によって判断される。

(2)　取消しの効果

　近親者間の婚姻禁止規定に反する婚姻届が，戸籍の記載に誤りがあるなどの何らかの事情で受理された場合，各当事者，その親族または検察官は，婚姻の取消しを請求することができる（744条）。この取消しには遡及効がない（748条）。

　本条に違反した婚姻が取り消しうるものとされたのは，優生学的配慮と倫理上の要請とに基づくものであって，その要請は，時の経過等により消滅するものではないため，当事者の一方の死亡後も取消権は消滅しない（東京高判平3・4・16判タ768号218頁）。

〔高橋朋子〕

§ *735* I 　　　　　　　　　　　　　第4編　第2章　婚　姻

（直系姻族間の婚姻の禁止）
第735条　直系姻族の間では，婚姻をすることができない。第728条
　　又は第817条の9の規定により姻族関係が終了した後も，同様とす
　　る。

〔対照〕　フ民161，ド婚4Ⅲ（1998年廃止），ス民旧95（2004年廃止）
〔改正〕　（770）　本条＝昭62法101改正

I　本条の趣旨

　直系姻族間およびかつて直系姻族であった者の間では婚姻は禁止される。
その趣旨は，直系姻族が親族関係上も自己の直系血族と似た関係にあると考
えられているため，それらの者との婚姻は親子秩序を乱し，倫理観念に反す
ると判断されたからである。これに対して，傍系姻族との婚姻は禁止されな
い。わが国の古くからの慣行として，亡くなった配偶者の兄弟姉妹との再婚
（妻と亡夫の兄弟の間の逆縁婚や夫と亡妻の姉妹の間の順縁婚）が行われてきたから
であろう。

　優生学上の問題がない姻族間の婚姻の禁止に関しては，家族観の変化とと
もに変わっていく可能性は否定できない。諸外国を見ると，姻族間の婚姻を
禁止する国（例えば，フランス，韓国，台湾等）と認める国（例えば，イギリス，ド
イツ，スウェーデン等）に分れている。イギリスでは，かつて姻族間の婚姻は
禁止されていた。2005年9月13日，欧州人権裁判所はその禁止規定を欧州
人権条約12条（婚姻の自由）違反であるとした（B. and L. v UK ECHR〔36536/02,
〔2005〕ECHR 584（13 September 2005）〕。南方暁「近親婚規制に関する再検討」戸時688
号〔2012〕35頁）。これを受けて，2007年にイギリスは，1949年婚姻法（救
済）命令をだし，直系姻族間の婚姻を認めた。フランスでは，姻族関係を創
設した者が死亡した場合における直系姻族間の婚姻は禁止されている（フ民
161条）。ただし，大統領による禁止の免除の対象となる場合も認められてい
る（フ民164条1号）。

122　〔高橋〕

第1節　婚姻の成立　第1款　婚姻の要件　**§735　II〜IV**

II　禁止の範囲

　本条が適用されるのは，①死別による婚姻解消後に生存配偶者が姻族関係終了の意思表示（728条2項）をするまでの間（本条前段），②死別による婚姻解消後に生存配偶者が姻族関係終了の意思表示をした後（本条後段），また，③離婚による婚姻解消後（728条1項。姻族関係は当然に終了する）（本条後段），④特別養子縁組により実方との親族関係が終了（817条の9）した後（本条後段）である。

　婚姻の取消しの場合，離婚と同様に，姻族関係は当然に終了する（749条）が，本条の適用があるかどうかについては説が分かれている。①離婚との類似性から適用を肯定する説が多い（中川(善)165頁，新版注民(21)332頁以下〔中尾英俊〕等）が，②直系姻族との親子関係意識が希薄になっていることから，婚姻障害の存続を認めない説（新版注民(21)225頁〔上野雅和〕等）なども見られる。

III　本条に違反する婚姻の効果

　直系姻族間の婚姻禁止に該当する場合，婚姻届は受理されない（740条）。戸籍事務担当者が法令違反の有無を確認する。直系姻族間の婚姻禁止に該当する婚姻届が何らかの事情で受理された場合，各当事者，その親族または検察官は，婚姻の取消しを請求することができる（744条）（→§734 III）。

IV　直系姻族関係にある内縁者

　夫死亡後に，夫と別の女性との間に生まれた夫の長男（厚生年金保険の被保険者）と内縁関係に入った者が，厚生年金保険法3条2項の規定にいう「婚姻の届出をしていないが，事実上婚姻関係と同様の事情にある者」に当たるかどうか争われた事件で，最高裁はこれを否定し，直系姻族関係にある内縁者の遺族年金受給資格を認めなかった（最判昭60・2・14訟月31巻9号2204頁）（→前注(§§731-749)IV 1(3)）。

〔高橋朋子〕

〔高橋〕　123

§736 I・II　　　　　　　　　　　　　　　　　　第4編　第2章　婚姻

（養親子等の間の婚姻の禁止）

第736条　養子若しくはその配偶者又は養子の直系卑属若しくはその
　　配偶者と養親又はその直系尊属との間では，第729条の規定により
　　親族関係が終了した後でも，婚姻をすることができない。

〔対照〕　フ民366，ド民1307・1308，ス民95

〔改正〕　（771）

I　本条の趣旨

　養子縁組継続中は，養子およびその直系卑属と，養親およびその直系尊属との間（直系血族間）の婚姻は734条によって禁じられており，養子の配偶者および養子の直系卑属の配偶者と養親およびその直系尊属との間（直系姻族間）の婚姻も，735条前段により禁止されている。本条は，養子縁組によって生じた直系血族・姻族の関係が離縁によって終了した後も，それらの者の間では婚姻が許されないことを明らかにしたものである。その趣旨は，親子秩序の維持にある。

II　本条による婚姻禁止の範囲

　本条で婚姻が禁止されるのは，①養子，その配偶者，直系卑属またはその配偶者と，②養親またはその直系尊属，との間である。

(1)　養子，その配偶者，直系卑属またはその配偶者の範囲

　本条にいう直系卑属は，養親の直系卑属であることを要するので，縁組前・離縁後に生まれた養子の直系卑属はこれに含まれない。また，養子や直系卑属の配偶者には，離縁後に配偶者となった者は含まれない。養子の養子縁組前の配偶者に関しては，その者と養親との間に姻族関係が発生しないという立場からは，婚姻禁止の範囲に含まれないとされる（佐藤義彦「養子の縁組前の配偶者と養親との法的関係について」同法60巻1号〔2008〕15頁）。

(2)　養親の配偶者または養親の直系尊属の配偶者

　本条により婚姻が禁止されている一方当事者が「養親又はその直系尊属」であるため，養親の配偶者または養親の直系尊属の配偶者がそこに含まれる

124　〔高橋〕

第1節　婚姻の成立　第1款　婚姻の要件　　　　　　　　　　§*736*　Ⅲ

かどうかについては議論がある。養親の配偶者または養親の直系尊属の配偶者は，養子およびその直系卑属にとって直系姻族に当たるので，縁組継続中も，離婚または死別後の姻族関係終了の意思表示によって直系姻族関係が終了した後も（728条），735条により婚姻は禁じられる。しかし，離縁によって直系姻族関係が終了した後にも本条が類推適用されるかどうかについては見解が分かれている。①類推適用肯定説は，直系姻族関係が養親の配偶者の離婚または姻族関係終了の意思表示によって終了した後にも婚姻が禁止されるのに，離縁によって終了した場合には婚姻が禁止されないのは均衡を失するという（我妻28頁等）。これに対して，②類推適用否定説は，婚姻の自由を認めた憲法の精神からは近親婚禁止の規定は制限的に解釈するのが妥当であり，婚姻を許しても良いという（中川編・註釈上134頁〔薬師寺志光〕，有地亨「近親婚」家族法大系Ⅱ58頁，新版注民(21)229頁〔上野雅和〕，昭28・12・25民事甲2461号回答）。

(3)　養子縁組取消しの場合

縁組の取消しの場合に本条が類推適用されるかどうかについては説が分かれている。将来に向かって親族関係を終了させる点では離縁と同様である（808条）として類推適用を肯定する説（中川(善)168頁，久貴53頁）と，取り消しうべき縁組は違法秩序であり，取消しによって適法秩序が回復された後までも違法秩序を尊重する必要はないなどとして類推適用を否定する説（中川編・註釈上135頁〔薬師寺志光〕，新版注民(21)230頁，225頁〔上野雅和〕）とが見られる。

Ⅲ　本条に違反する婚姻の効果

養親子等の間の婚姻禁止に該当する場合，婚姻届は受理されない（740条）。戸籍事務担当者が法令違反の有無を確認する。養親子等の間の婚姻禁止に該当する婚姻届が何らかの事情で受理された場合，各当事者，その親族または検察官は，婚姻の取消しを請求することができる（744条）（→§734Ⅲ）。

〔高橋〕　　125

§*736* IV, §*737* I   第4編　第2章　婚　姻

IV　本条の問題点

　本条に対しては，婚姻の自由や配偶者選択の自由を尊重する観点から，離縁によって直系親族関係が終了した後にも形式的に親子関係におけるタブーを強制することを疑問視する説が見られる（中川編・註釈上133頁〔薬師寺志光〕，有地亨「近親婚」家族法大系II 58頁。これに対して，養親子関係を実親子関係に引きよせて考える大阪高判昭51・9・7家月29巻11号83頁は，本条を合理的な規定であるとした）。ドイツでは，縁組解消後には婚姻禁止規定は適用されない（ド民1308条1項）。

〔高橋朋子〕

（未成年者の婚姻についての父母の同意）

第737条①　未成年の子が婚姻をするには，父母の同意を得なければ
　　ならない。

②　父母の一方が同意しないときは，他の一方の同意だけで足りる。
　　父母の一方が知れないとき，死亡したとき，又はその意思を表示す
　　ることができないときも，同様とする。

　　　〔対照〕　フ民148・149，ド婚3（1998年廃止），ス民94 II（2008年廃止）
　　　〔改正〕　〔772〕

I　本条の趣旨

　731条は，有効に婚姻をなしうる最低年齢として，男性満18歳，女性満16歳を定めている。婚姻最低年齢が成年年齢よりも低く設定されていることから，婚姻最低年齢を満たす未成年者が婚姻をするときには，父母の同意を得ることとされている（本条）。憲法24条1項は婚姻が両性の合意のみに基づいて成立すると定めているが，本条は，未成年者の保護の観点から，未成年者の婚姻にその父母の同意を要求したものである。

126　　〔高橋〕

第1節　婚姻の成立　第1款　婚姻の要件　　**§ *737*　II〜IV**

II　父母の同意権の性質

　明治民法では，子が成年年齢に達していても，30歳未満の男子，25歳未満の女子の婚姻には「其家ニ在ル」父母の同意が要求されていた（民旧772条）。そこでの父母の婚姻同意権の目的は，父母の意思の尊重，親族共同体の秩序維持ということにあったと考えられている（小出廉二「父母の婚姻同意権」家族法大系II 67頁）。

　これに対して，現行法での父母の婚姻同意権の目的は未成年者の保護にあるといわれている。しかし，父母であっても子と離れて生活している場合や父母のいない場合などにおいて，本条が十分に未成年者の保護を図ることができているかどうかについては議論がある。

III　同意の方式

　民法は，父母の同意の方式について定めを有していないため，父母の同意は要式行為でない。戸籍法は，届書に同意または承諾を証する書面を添付しなければならないが，届書にその旨を附記させて，署名させ，印を押させるだけでも足りると定めている（戸38条）。判例は，この戸籍法の定め（事案は明治31年法律12号戸籍法103条に関するもの）についても，遵守すべき手続として規定しているにすぎず，その手続の遵守を婚姻届書の有効要件としたものではないと判示している（大判大5・3・24民録22輯370頁）。

IV　同意をなすべき父母

(1)　同意権者としての父母

　本条は同意権者としての父母に限定を設けておらず，氏や生活を同一にすることや親権者であることなどは要件としていない。親権喪失後の父母（834）や親権を辞任した父母（837条）であっても同意権者となりうる。戸籍実務は，父母の同意権は親権の作用とは別であるから，父母が親権を有しない場合でもその同意を得なければならないとしている（昭24・11・11民甲2641号回答）。しかし，子と無関係に生活して実質的に子の監護に関わっていない

〔高橋〕　127

§*737* IV   第4編　第2章　婚　姻

父母や，親権を剝奪された父母に同意権を認めることは，未成年者の保護に
欠けるので，同意権者を法定代理人に改めるべきではないかという立法論が
見られる（我妻34頁，中川（善）178頁，新版注民(21)240頁〔大原長和〕。中川編・註
釈上140頁〔青山道夫〕139頁は，親権者または監護権者とする）。

(2)　子が養子である場合

　子が普通養子縁組を結んでいるとき，同意権者は養父母のみで足りるのか，
それとも実父母も含まれるのであろうか。戸籍実務は，養子制度の趣旨に鑑
み，養父母のみの同意で足りるとし，養父母が同意をしないとき，または，
意思を表示できないときでも，実父母の同意を要しないとしている（昭24・
11・11民甲2641号回答）。学説は，親権を有する養父母のみの同意で足りると
する説（中川編・註釈上140頁〔青山道夫〕，小出廉二「父母の婚姻同意権」家族法大系
Ⅱ71頁，新版注民(21)237頁〔大原長和〕），子を監督・保護する養父母のみの同
意で足りるとする説（中川（淳）58頁），すべての父母の同意を要するとする説
（我妻33頁）等に分かれている。

(3)　父母の一方の同意で足りる場合

　本条2項は，父母の一方が，同意しないとき，知れないとき，死亡したと
き，または，その意思を表示できないとき，他の一方の同意で足りることを
定めている。

　(ア)　「知れないとき」とは，法律上，親子関係が定まっていない場合（例
えば，嫡出でない子が父の認知を得られていない場合等）を指し，また，「死亡した
とき」には，失踪宣告が含まれる（中川編・註釈上141頁〔青山道夫〕，新版注民
(21)238頁〔大原長和〕）。

　(イ)　父母の一方がその意思を表示することができないときも，他の一方の
同意で足りる（本条2項後段）。「その意思を表示することができないとき」と
は，行方不明の場合や心神喪失の場合である（中川・註釈上141頁〔青山道夫〕，
新版注民(21)238頁〔大原長和〕）。父母が成年被後見人になった場合（7条～9条）
は原則としてこれに該当するとされている（基本法コメ46頁〔奥山恭子〕）。た
だ，平成12年に施行された成年後見制度は，被後見人に残された能力の活
用，自己決定の尊重をうたっているため，学説には，この成年後見制度の趣
旨に鑑み，成年被後見人については事理弁識能力が回復している限りにおい
て，婚姻に同意することができ，被保佐人（12条），被補助人（16条）につい

128　〔高橋〕

第1節　婚姻の成立　第1款　婚姻の要件　　　§*737*　V・VI

ては，なおさら個別に判断すべきであるが，原則として意思表示可能と解する説が見られる（基本法コメ47頁〔奥山恭子〕）。

(ウ)　父母ともに，正当の理由なく同意しないとき，知れないとき，死亡したとき，または，その意思を表示できないときに関して，民法は救済方法を定めていない。父母のいない子の場合に関しては，後見人や家裁の許可を要しないとする先例がある（昭23・5・8民甲977号回答）。しかし，それ以外の場合には，戸籍事務担当者には実質的審査権がないため，婚姻届は受理されないことになる（中川(淳)59頁）。

V　本条に違反する婚姻の効果

父母の同意のない未成年者の婚姻届は，戸籍事務担当者によって婚姻の要件に反しないかどうかが確認される（740条）ので，通常は受理が拒まれるが，何らかの事情で受理された場合，婚姻の取消原因に父母の同意が含まれない（743条に本条が挙げられていない）ため，婚姻は有効に成立し，取り消すことができない。明治民法では，父母が婚姻の取消しを請求できた（民旧783条前段）が，現行法ではこの点を改めた。

本条に違反した婚姻は取り消しうるものにすべきであろうか。立法論として，違反する婚姻は取り消しうるものとすべしという説（我妻34頁）が見られる一方で，後述のごとく，そもそも婚姻同意権を削除したほうがよいとする説も出されている。

VI　改　正　論

婚姻最低年齢を満たす未成年者が婚姻をするときに，父母の同意は必要であろうか。従来の通説は，未成年者の保護を重視して，法定代理人の同意は必要であるという（我妻33頁等）。

これに対して，父母が不当に同意しない場合には，本条が子の保護を目的とする以上，家庭裁判所における同意に代わる審判のような適切な措置が必要であるとの部分的改正論（中川(淳)59頁）が見られる。部分的改正論に対しては，未成年者は家庭裁判所に救いを求めるよりも内縁に入ることが多いで

〔高橋〕　129

§737 VI   第4編 第2章 婚 姻

あろうこと，家庭裁判所は何を基準に判断するのか難しいこと，あるいは，成年になるまで待てば婚姻できるのであるからそのような措置を講じる必要はないという反対論が見られる（久貴56頁，野田愛子ほか「座談会『婚姻及び離婚制度の見直し審議に関する中間報告（論点整理）』をめぐって」判タ807号〔1993〕13頁〔野田発言〕，新版注民(21)240頁〔大原長和〕）。

　一方，本条は廃止すべきであるという改正論も見られる。本条廃止論の理由としては，①婚姻の自由を尊重するため（門広乃里子「婚姻適齢」戸時688号〔2012〕15頁），②婚姻を営む年齢的成熟を認めて婚姻最低年齢を定めた以上，父母の同意を必要とするのは筋が通らないため（久貴56頁，二宮・改正84頁），③いまや親のコントロールの正当性が見出しがたくなったため（鍛冶良堅「『中間報告』に対する私見」ジュリ1019号〔1993〕71頁），などが挙げられている。

　父母の同意廃止論の中には，婚姻適齢を18歳としたうえで，家庭裁判所の許可があれば，16歳から18歳未満の者にも婚姻を認めるという説があり，そこでは，18歳以上は当事者の合意のみでよいが，16歳から18歳未満については，家庭裁判所が婚姻に適した成熟度を個別具体的に判断したり，親子間の意見調整や専門的アドバイスを行うなど，家族支援をするべきであると説かれている（門広・前掲論文15頁）。

　1996年に婚姻法の改正が議論された際には，①父母の同意が必要であるという意見（1992年「婚姻及び離婚制度の見直し審議に関する中間報告（論点整理）」（以下，1992年論点整理と略称する）第一，一，2㈡a意見，1994年「婚姻制度等に関する民法改正要綱試案」（以下，1994年要綱試案と略称する）第一，一，1（注）2），②法定代理人の同意が必要であり，得られずになされた婚姻は取消しの対象となるという意見（1992年論点整理第一，一，2㈡b意見），③父母の同意権は廃止するという意見（1992年論点整理第一，一，2㈡c意見）等が提起されたが，最終案としては，現行法を維持する①の意見が採用された（1996年「民法の一部を改正する法律案要綱」）。法制審議会民法部会身分法小委員の審議では，②の意見に対して，親権者のいない場合に後見人を選任することになるが，婚姻すれば成年擬制によって後見が終了するので，婚姻同意のためだけに後見人を選任することになり，手続が煩瑣であること，また，今日の家族・社会状況では適当な後見人を見つけることが困難であること等から，妥当性，実効性に問題があるとされた（民事局参事官室「婚姻制度等に関する民法改正要綱試案の説明」

130　〔高橋〕

第1節　婚姻の成立　第1款　婚姻の要件　　　　　　　　§ *738* Ⅰ・Ⅱ

ジュリ1050号〔1994〕224頁）。また，③の意見に対しては，子の成熟の度合い
によっては子を監護養育する父母に判断させる実益・必要性はなお存すると
された。今後に議論は残されている。

〔高橋朋子〕

　（成年被後見人の婚姻）
　第738条　成年被後見人が婚姻をするには，その成年後見人の同意を
　　要しない。
　　　〔対照〕　フ民146・460 Ⅱ，ド民1304，ス民94 Ⅱ（2008年廃止）
　　　〔改正〕　（774）　本条＝平11法149改正

Ⅰ　本条の趣旨

　本条は，成年後見人の同意を必要とせずに成年被後見人が婚姻できること
を規定したものである。明治民法774条においても同趣旨が定められていた。
旧法において，禁治産者が後見人の同意なしに婚姻することは取消原因にな
らなかったが，総則では禁治産者が単独でした法律行為は取り消しうるもの
とされていた（旧9条）ことから，身分行為である婚姻についても取り消し
うるものと解される恐れがあった。そこで，意思能力を回復した禁治産者が
単独で有効な婚姻をした場合には婚姻が有効であることを明らかにすべく設
けられたのが旧法774条であった（日本近代立法資料叢書14第16回民法整理会議
事速記録〔1988〕380-381頁〔梅謙次郎発言〕）。戦後本条に引き継がれ，1999（平
成11）年の成年後見制度の改正にともなって改正された。成年後見制度では
本人の意思の尊重がうたわれていることから（858条），理念上，意思能力の
回復した成年被後見人が成年後見人の同意なく婚姻できることはいっそう当
然のこととなった（基本法コメ47頁〔奥山恭子〕）。

Ⅱ　能力に関する問題

　かつて禁治産者が届出をする場合，意思能力が回復していることの証明は，

〔高橋〕　131

§*739* I 第4編 第2章 婚 姻

婚姻の届出をする際に，意思能力を有する旨の医師等の診断書を添付することによってなされていた（1999〔平11〕年改正前戸32条2項）。禁治産宣告に関する事項については戸籍に記載されることによって公示されることになっていたため，戸籍事務担当者が戸籍を通じて婚姻本人が禁治産者であるかどうかを確認することができたからである。しかし，現行法では成年被後見人であることは後見登記ファイルに記録されることになっており（後見登記4条），戸籍事務担当者が戸籍を通じて婚姻本人が成年被後見人であるかどうかを確認することができなくなった。そこで，現行法では診断書の添付を求めないことになった（平12・3・15民二600号通達）。

ただ，成年被後見人となる可能性の高い高齢者の場合，婚姻が介護や相続と密接に関連するため，被後見人の死後，相続に期待を有していた者と生存配偶者との間で，婚姻の有効性をめぐって紛争が生じることが見受けられ，身上監護の一環として，本人の意思の確認と尊重のための方法が検討されるべきであるとの意見が出されている（基本法コメ48頁〔奥山恭子〕）。

〔高橋朋子〕

（婚姻の届出）

第739条① 婚姻は，戸籍法（昭和22年法律第224号）の定めるところにより届け出ることによって，その効力を生ずる。

② 前項の届出は，当事者双方及び成年の証人2人以上が署名した書面で，又はこれらの者から口頭で，しなければならない。

〔対照〕 フ民165〜169，ド民1310〜1312，ス民97〜103

〔改正〕 （775）

I 本条の趣旨

民法上婚姻は実質的要件（731条〜738条・742条1号）と形式的要件とを満たすことによって成立する。この形式的要件とは婚姻の届出を指し，本条はこれについて定めるものである。婚姻の成立方式には多様なものが存在する（それぞれの呼称は，方式の分類の仕方によって複雑に変わる。大島梨沙「『法律上の婚

第1節　婚姻の成立　第1款　婚姻の要件　　　§*739* II

姻』とは何か(1)」北法62巻1号〔2011〕29頁参照）。近代では，婚姻が国家法の
もとに置かれ，国家の定めた一定の法律上の手続に従うことによって婚姻を
成立させる法律婚主義が採られるようになる。法律婚主義には，身分吏の面
前での合意を必要とする民事婚（例えば，フランス法），婚姻届の提出による届
出婚等が見られる。わが国は法律婚主義の中の届出婚主義を採用している
（→前注(§§731-749) II）。

II　婚姻の届出の方式

　婚姻は，当事者双方および成年の証人2人以上が，口頭または署名した書
面で，届け出なければならない（739条2項，戸27条・29条・33条・37条・74
条）。虚偽の届出を防止するために，市役所・町村役場に届け出た者が本人
であるかどうかの確認がなされており（戸27条の2第1項），本人が届け出た
ことが確認できない場合には，市町村長から，届出を受理したことを本人に
通知すべきことが定められている（戸27条の2第2項）。

(1)　書面による婚姻の届出の場合

　署名を代署に代えることができるかどうかにつき，学説と実務・判例には
対立がある。通説によれば，当事者の意思確認の意味から自署が受理要件で
あり，代署は許されず，戸籍法施行規則62条が代書事由の記載を条件に代
署を許したのは報告的届出に関してのみであり，婚姻の届出のような創設的
届出には適用されないとされる（我妻42頁，新版注民(21)251頁〔大原長和＝二宮
孝富〕等。もっとも，自署は受理要件にすぎないため，かりにいったん受理されれば，こ
れを理由に婚姻の効力は妨げられることはない〔742条2号ただし書〕）。これに対して，
判例は，創設的届出にも代署規定の適用を認めている（養子縁組につき，大判
昭7・4・20新聞3400号4頁，大判昭9・5・4新聞3703号7頁。最判昭31・7・19民集
10巻7号908頁は，第三者による調印も認めている）。届の受理には代署の事由の
記載が必要になる（戸則62条2項）が，判例によれば，かりに事由の記載が
なくても，いったん受理されれば有効になるとしている（離婚届につき，最判
昭44・1・31家月21巻7号67頁，養子縁組につき，前掲最判昭31・7・19）。戸籍実務
は，当初，戸籍法施行規則62条の婚姻・離婚への適用を否定していたが，
これを認める判例の流れを受けて，適用を認める扱いに変更した（昭14・

〔高橋〕　　133

§739 III

第4編 第2章 婚姻

10・9民甲1100号通牒）。さらに，代署が明らかであるが，代署事由が付記されていない届出についても受理を拒否できない扱いにしている（昭31・2・3民甲194号回答）。

(2) 口頭による婚姻の届出の場合

届出人本人が市役所・町村役場の窓口に出頭し，届書に記載すべき事項を陳述しなければならない（戸37条1項）。代理人による口頭での届出はできない（戸37条3項）。当事者および証人の1人が書面で，他の者は口頭で届け出ることは認められない（大5・6・7民465号回答）。

(3) 委託または郵送による婚姻の届出の場合

婚姻届は創設的届出であり，当事者の婚姻の意思を確認するためにも，本来，本人が出頭すべきものであろう（同旨，新版注民(21)286頁〔大原長和〕）。しかし，婚姻届の提出は，本人や代理人が窓口に出頭することを要しない（明31・7・26民刑569号回答）。他人が使者として本人に代わって提出することも（明31・8・3民刑624号回答），郵送によることも（戸47条），認められている。

届出が婚姻成立の要件であると考える場合（一Ⅲ），婚姻届の作成後に当事者の一方または双方が死亡したときには，その後届書が提出され，受理されたとしても，届出時には当事者が不存在であるため，婚姻は成立しないことになる。また，婚姻届の作成後に意識喪失状態に陥り，届出時に意思能力をなくしていた場合も同様に解されるべきであろう。しかし，判例は，このような場合にも，翻意したなど特段の事情がない限り，婚姻は有効に成立するものとした（最判昭44・4・3民集23巻4号709頁）。

また，婚姻届が郵送または信書便によって発送された場合には，特例として，本人の死亡後であっても受理しなければならないと定められている（戸47条1項）。その場合，死亡時に受理があったものとみなされる（戸47条2項）。

Ⅲ　婚姻の届出の法的性質

届出の法的性質をめぐっては，効力要件説と成立要件説との対立がみられる。本条が，届け出ることによって婚姻は「その効力を生ずる」と定めるので，婚姻は届出前にすでに成立していて，届出は効力を発生させるための要件であると解する効力発生要件説（加藤一郎「身分行為と届出」穂積追悼531頁）

134　〔高橋〕

第1節　婚姻の成立　第1款　婚姻の要件　　　　　　　　　　§*740*　I・II

と，合意そのものについて届出という方式を必要とする民法の趣旨に鑑みれ
ば，届出という方式に従って婚姻意思を表示し，これを合致させることによ
って婚姻が成立すると解すべきであるとする成立要件説とがある（我妻41頁，
深谷松男「身分行為に関する二，三の考察」金沢19巻1・2合併号〔1976〕38頁）。後
者が通説的見解である（→§742 II）。

〔高橋朋子〕

　（婚姻の届出の受理）
　第740条　婚姻の届出は，その婚姻が第731条から第737条まで及び
　　前条第2項の規定その他の法令の規定に違反しないことを認めた後
　　でなければ，受理することができない。
　　　　〔対照〕　フ民63〜75・172〜179，ド民1310〜1312，ス民99
　　　　〔改正〕　（776）

I　本条の趣旨

　本条は，婚姻届出の受理要件を定めたものである。受理要件は，①婚姻成
立の実質的要件（731条〜737条）を満たしていること，②739条2項（届出の
方法）やその他の法令の規定（戸籍法や戸籍法施行規則など。例えば，届出地に関す
る戸籍法25条，本人確認等に関する戸籍法27条の2，等）に違反していないこと
（形式的要件）である。受理要件を満たしていることを審査した後でなければ，
戸籍事務担当者は婚姻届出を受理できない。単なる書類の受領である受付と
は区別しなければならない（松江家西郷支審昭34・1・16家月11巻4号117頁）。

II　受理の手続

(1)　届出受理手続

　戸籍事務担当者は，婚姻届出を受け付けたのち，遅滞なく本条に定める審
査をしたうえで，受理しなければならない。受付日と受理日が異なった場合，
実務からは，受理により受付日にさかのぼって成立し，効力も発生するとい

§740 Ⅲ・Ⅳ   第4編　第2章　婚　姻

う見解が示されている（大4・1・11民1800号回答，注解判例66頁〔大森政輔〕）。
口頭による届出の場合は，届出人に署名・捺印させたときに受理されたもの
と解されている（我妻44頁）。

(2)　審　査

受理の審査の際，戸籍事務担当者には実質的審査権はなく形式的審査権を
行使するにすぎない（福岡高決昭36・10・4家月14巻3号114頁）。ただし，戸籍
先例には，知られている事実を考慮に入れて届出を受理しなかったことを認
めたものがある（全日空松山沖墜落事故により婚姻当事者の死亡の事実が戸籍事務担
当者に推認されていた事案に関する昭41・12・13民甲3623号回答）。

(3)　受理後の手続

受理後戸籍事務担当者は，届書等の書類および戸籍に受付の番号および年
月日を記載し（戸則20条1項），受付帳に件名，婚姻当事者の氏名，本籍また
は国籍（他人が届け出たときはその資格・氏名），受付番号・年月日等を記載し
（戸則21条1項），その後遅滞なく戸籍の記載をしなければならない（戸則24
条）。もっとも，婚姻届が受理されていれば婚姻は有効に成立しているので，
たとえ戸籍に記載されなくても効力に影響は及ばない（大判昭16・7・29民集
20巻1019頁）。また，受理後戸籍記載前に，婚姻をしない合意が成立したと
して届出の取下げの申し出があっても，受理がなされた以上，実務は取下げ
を認めない（昭23・12・1民甲1998号回答）。

Ⅲ　本条に違反する受理の効果

婚姻届が婚姻成立の形式的要件（→Ⅰ②）を満たしていないにもかかわら
ず，戸籍事務担当者が誤って受理した場合でも，当事者双方に婚姻意思のあ
る限り，婚姻は有効に成立する（742条2号ただし書）。婚姻届が実質的要件
（→Ⅰ①）を満たしていない場合には取消事由となる（744条1項）が，取消し
の効果は遡及しない（748条1項）。

Ⅳ　不服の申立て

戸籍事務担当者が正当な理由なく受理を拒んだ場合，当事者は家庭裁判所

136　〔高橋〕

第1節　婚姻の成立　第1款　婚姻の要件　　§740　V・VI, §741

に不服の申立てをすることができる（戸121条）。申立てに理由があると認めるとき，家庭裁判所は市町村長に受理を命じる（家事230条2項）。これに対して市町村長に不服があるときは，即時抗告をすることができる（家事別表第一125項）。

V　戸 籍 編 製

婚姻届出が受理された場合，夫婦について新戸籍が編製される（戸16条1項）。自己の氏を夫婦の氏とした者が戸籍の筆頭者になる（750条，戸74条）。その者がすでに戸籍の筆頭者として記載されている場合には，他方がその戸籍に入る（戸16条2項）。外国人と婚姻した者については，その者に新戸籍を編製する（戸6条・16条3項）。

VI　不受理申出制度

相手方配偶者が婚姻届等を提出する前に，届不受理の申出（戸27条の2第3項）をしておくと，相手方からなされた婚姻届出等が受理されず（戸27条の2第4項），市町村長から不受理申出書を提出した者に対して，届出があった旨の通知がなされる（戸27条の2第5項）という仕組みである。申出の有効期間は，従来の実務では半年間とされていたが，2007（平成19）年改正により廃止された（→§765 IV）。

なお，虚偽の届出により不実の記載がなされた場合，後にその記載につき訂正がなされても訂正の痕跡は残る。これを避けるために，本人から戸籍の再製を申し出ることが認められている（戸11条の2）。

〔高橋朋子〕

（外国に在る日本人間の婚姻の方式）
第741条　外国に在る日本人間で婚姻をしようとするときは，その国に駐在する日本の大使，公使又は領事にその届出をすることができる。この場合においては，前2条の規定を準用する。

〔高橋〕　137

§*741*　I～III

第4編　第2章　婚　姻

〔対照〕　フ民 48・171-1～171-9
〔改正〕〔777〕

I　本条の趣旨

　本条は，外国において日本人同士が婚姻をする場合の婚姻の方式に関する
規定であり，日本人が外国人と結婚する場合に関するものではない。
　一般に渉外婚の方式には法の適用に関する通則法（法適用24条）が適用さ
れ，(1)挙行地の法（法適用24条2項），または，(2)当事者の一方の本国法（法
適用24条3項本文）によるものとされている。本条の方式は，外国において
日本人同士が婚姻をする場合に限定された，(2)の方式の特例といえる（→渉
外婚姻II(3)）。

II　本条による婚姻の届出

　外国において日本人同士が婚姻をする場合，当該国に駐在する日本の大使，
公使または領事に婚姻届を出すことができる（本条，戸40条）。大使，公使ま
たは領事は，婚姻が方式上適法になされているかどうかを審査し，婚姻届出
の受理または不受理の処分をする（本条後段・739条・740条）。これを受理した
ときには，大使，公使または領事は，遅滞なく，外務大臣を経由して本人の
本籍地の市町村長に送付しなければならない（戸42条）。婚姻成立の要件に
ついては日本法における婚姻の要件の規定が準用され，届出は書面または口
頭によってなされる（本条後段・739条・740条）。婚姻は，大使，公使または領
事が婚姻届出を受理した時に成立する。
　この方法は，大使，公使または領事が駐在していないときには取ることが
できない。そのような場合には，以下の方式によることになる。

III　本条によらない在外日本人間の婚姻

(1)　挙行地法による場合
　挙行地法による婚姻の場合（法適用24条2項），挙行地の国で作成された婚

138　〔高橋〕

第1節　婚姻の成立　第1款　婚姻の要件　　§*741*　**III**

姻証書の謄本を，3か月以内にその国に駐在する大使，公使または領事に提出しなければならない（戸41条1項）。大使，公使または領事は，遅滞なく外務大臣を経由してこれを本人の本籍地の市町村長に送付しなければならない（戸42条）。

大使，公使または領事は，婚姻が実質的要件を欠いて当然無効をきたすときや挙行地の方式上違法であるとき，証書を受理してはならない（昭44・5・17民甲1091号回答）。

大使，公使または領事が駐在しないときには，3か月以内に本籍地の市町村長に婚姻証書の謄本を発送しなければならない（戸41条2項）。婚姻の成立時期は外国の方式による婚姻証書に記載された年月日である（昭45・5・20＝25熊本決議〔戸籍297号〔1971〕71頁〕，新基本法コメ37頁〔宮本誠子〕）。

(2) 本国法による場合

当事者いずれか一方の本籍地に婚姻届書を送付することにより，本国法（日本の法律）による婚姻が有効に成立する（法適用24条3項本文。平元・10・2民（二）3900号通達〔木村三男＝竹澤雅二郎編著・処理基準としての戸籍先例解説〔2008〕109頁〕，新基本法コメ37頁〔宮本〕）。婚姻届出が本籍地で受理された時に婚姻は成立する。

〔高橋朋子〕

§*742* Ⅰ・Ⅱ　　　　　　　　　　　　　　第4編　第2章　婚　姻

第2款　婚姻の無効及び取消し

（婚姻の無効）
第742条　婚姻は，次に掲げる場合に限り，無効とする。
　一　人違いその他の事由によって当事者間に婚姻をする意思がない
　　とき。
　二　当事者が婚姻の届出をしないとき。ただし，その届出が第739
　　条第2項に定める方式を欠くだけであるときは，婚姻は，そのた
　　めにその効力を妨げられない。
　　　〔対照〕　フ民180〜191，ド民1310・1313〜1318，ス民104〜106
　　　〔改正〕　（778）

Ⅰ　本条の趣旨

　婚姻は，成立要件を充足していない場合，無効や取消しの対象となる。本
条は，婚姻が無効となる場合について定めるものである。婚姻の効力を否定
することは，当事者にも第三者にも大きな影響を与えることになるので，無
効は意思の欠缺・届出の欠缺の場合に制限し，その他の婚姻の実質的要件を
欠く場合や詐欺・強迫による婚姻については取り消しうるものとした。

Ⅱ　婚姻の無効原因

　婚姻の無効原因には，婚姻意思の欠缺（1号）と婚姻届の欠缺（2号）があ
る。
(1)　婚姻意思の欠缺
(ア)　婚姻意思の意味
　(a)　人違いその他の事由によって当事者間に婚姻をする意思がないとき，
婚姻は無効になる（本条1号）。この婚姻をする意思とは何を意味するのであ

140　〔高橋〕

第1節　婚姻の成立　第2款　婚姻の無効及び取消し　　　§742　II

ろうか。

　通説は夫婦としての実体（婚姻共同生活）を重視する実体的（実質的）意思説であり，この説によれば，婚姻意思とはその時代の社会観念に従って婚姻であると見られる関係を形成しようとする意思を指す（中川編・註釈上162頁〔山中康雄〕等。実体的意思説に立ちながらも，身分行為の種類等によって修正を試みる多元的類型説も唱えられている。深谷松男「身分行為に関する二，三の考察」金沢19巻1＝2合併号〔1976〕60頁）。これに対して，婚姻の届出をする意思の合致があれば足りるとする形式的意思説が対立している（谷口・日本親族法47頁）が，近年は，それ以外の多くの説が主張されている。例えば，①婚姻や養子縁組のような創設的身分行為には，その効果のうちの基本的部分を意欲する積極的意思（実質的意思）が必要であるが，離婚や離縁等の解消的身分行為には，すでになされている創設行為の機能の一部を失うことを意欲する消極的意思（形式的意思）で足りるとする法的意思説（髙橋忠次郎・婚姻法における意思と事実の交錯〔1993。初出1970〕129頁。なお，二宮37頁は，「法的意思説」の名称を，以下の③④説を例示しつつ，婚姻から生じる法的効果を欲する意思〔法的意思〕があればよいとする説に与えている），②同居，協力扶助，相続のような，婚姻にとって定型的な法律効果に向けられた意思が婚姻意思であるとする説（法律的定型説）（中川高男「身分行為意思の一考察」家月17巻2号〔1965〕12頁，佐藤義彦「身分行為論管見」太田武男還暦・現代家族法の課題と展望〔1982〕27頁，前田陽一「いわゆる「仮装の『身分行為』」の効力に関する一考察」立教34号〔1990〕128頁等），③同居義務・貞操義務のような婚姻の基本的部分にかかわる効果を享受しようとする意思が欠けている場合には婚姻意思は存在しないが，通常は届出意思があれば婚姻意思は存在するという説（大村127頁以下），④婚姻意思とは法的婚姻に伴う法的効果を全面的に享受するという意思であるが，たとえ一部の効果のみを目的とした婚姻届がなされた場合でも，結果的には婚姻の法的効果を全面的に生ぜしめて当事者間に問題が生じない場合には，有効な婚姻と認めてよいとする説（内田Ⅳ55頁以下），⑤今日の家族関係の多様化を前提とすれば，夫婦関係のあり様を定型化することは困難であり，当事者が何を婚姻の効果として求めているかも多様であることから，婚姻の意思を法律上の婚姻関係の設定意思とする説（二宮37頁）などが主張されている。

　判例は，基本的には実質的意思説を採用している。最高裁で問題になった

〔髙橋〕　141

§742 II   第4編 第2章 婚 姻

事案は以下のようなものである。すなわち，婚姻を約束した男女の間に子が生まれたものの，男は他の女性と婚姻をするために関係の解消を持ちかけた。しかし，女性が子を入籍したいと希望したため，いったん婚姻届を出したのちに，離婚届を出すという便宜的手続を認めざるを得なくなった。婚姻届を出した後に離婚が成立しなかったため，男が婚姻無効の訴えを提起したという事案である。この訴えに対して最高裁は，当事者間に婚姻をする意思がないときとは，当事者間に真に社会観念上夫婦であると認められる関係の設定を欲する効果意思を有しない場合を指すものであり，たとえ婚姻の届出自体について当事者間に意思の合致があり，法律上の夫婦という身分関係を設定する意思はあったと認めうる場合であっても，それが，単に他の目的を達するための便法として仮託されたものにすぎないものであり，真に夫婦関係の設定を欲する効果意思がなかった場合には，婚姻はその効力を生じないと判示した（最判昭 44・10・31 民集 23 巻 10 号 1894 頁）。

(b)　本条 1 号に例示されている「人違い」とは，「同一性の錯誤」を意味し，相手の地位，性格，品性等についての錯誤はここにいう「人違い」には当たらないと考えられている（我妻・判コメ 49 頁〔佐藤良雄〕）。

(イ)　意思の不存在と婚姻の無効

(a)　意思の不存在　　本条は，届出はなされたが一方当事者に婚姻をする意思がないとき（当事者の一方の不知の間に第三者あるいは他方当事者が届出をなしたような場合），これを無効と定める。

(b)　届出時に婚姻意思が失われていた場合の婚姻の効力　　いったん当事者に婚姻意思はあったが，届出時に失われていた場合，婚姻の効力はどうなるのであろうか。

婚姻の届出は効力を発生させるための要件であると解釈する効力要件説（加藤一郎「身分行為と届出」穂積追悼 531 頁）によれば，届書作成時に婚姻意思があればよく，届出時に意思能力あるいは婚姻意思を失っていても婚姻の効力に影響はないことになる。これに対して，通説的見解は，合意そのものについて届出という方式を必要とする民法の趣旨に鑑みて，届出という方式に従って婚姻意思を表示してこれを合致させることによって婚姻が成立すると解すべきであるという（成立要件説。我妻 41 頁）。ここから，届書作成時に婚姻の意思があっても，届出時に意思能力と婚姻意思を有していなければ婚姻

142　〔高橋〕

第1節　婚姻の成立　第2款　婚姻の無効及び取消し　　§742　II

は無効となる。

　問題となるのは，届書作成時には婚姻の意思が存在したが，その後に一方
が，①翻意した場合，②死亡した場合，③意思能力を喪失した場合である。
いずれも届出時には婚姻意思の存在が認められず，本来ならば無効となるは
ずであるが，社会的妥当性から有効性が問題となる。

　①届書作成後の撤回（翻意）

　効力要件説によれば，届書作成時に婚姻意思があればよく，その後翻意し
て届出時に婚姻意思を失っていても，婚姻の効力に影響はないことになる。
これに対して，成立要件説によれば，届書作成時に婚姻の意思があっても，
届出までに翻意した場合，婚姻は無効となる。

　②届書作成後に，当事者が死亡した場合

　婚姻届が(i)郵便または信書便によって発送された場合と，(ii)役所へ直接提
出された場合に分けて考えなければならない。

　　(i)　届書を郵便または信書便によって発送した後に，当事者の一方が死
亡したときには，戸籍法47条によって，死亡時に届出があったものとみな
され，届書が受理される。これは，戦時中の出征軍人のための特別法に由来
する解決である。

　　(ii)　届書を作成後，届出を当事者の一方あるいは第三者に委託したとこ
ろ，届出時に他方当事者がすでに死亡していた場合，成立要件説によれば，
婚姻は無効となる（我妻43頁等）。効力要件説には，戸籍法47条が郵送の場
合に限られるので，委託の場合には無効になると解する説（加藤・前掲論文
532頁）がある一方で，同条の趣旨を拡大して有効と解する説（鈴木19頁）や
合意があった以上届出が受理されれば有効と解する説（星野英一〔判批〕法協
88巻4号〔1971〕500頁）等がある。

　③届書作成後に意思能力を喪失した場合

　事実上の夫婦関係にあった者，あるいは継続的な性関係があった者が，死
期を悟って婚姻届書を作成し，届出を他人に委託したところ，届出時には当
事者の一方が意識不明状態になっており，間もなく死亡したような場合が問
題となる。旧法下の養子縁組に関する判決では，養子縁組の儀式を挙げ，縁
組の披露をし，同居した事実があったとしても，縁組の届出当日に意識不明
で言語すら発しえなかった場合には，縁組意思がなく，縁組は有効でないと

〔高橋〕　143

§742 Ⅱ   第4編　第2章　婚　姻

判示されていた（大判昭7・2・16法律新報285号10頁）。しかし，今日の判例は，翻意する等，婚姻の意思を失う特段の事情がないかぎり，届出の受理により，婚姻は有効に成立するとする（約18年間事実上の夫婦関係にあった者に関する最判昭44・4・3民集23巻4号709頁，同棲はしていなかったが将来婚姻することを目的に性的交渉を続けてきた者に関する最判昭45・4・21判時596号43頁，約13年間事実上の夫婦関係にあった者に関する東京地判平11・2・25判タ1030号247頁）。判例は，特段の事情がない限り，届書作成時の意思が受理時まで継続していたと構成していることから，成立要件説に立っていると考えられている。しかし，届出時＝意思表示時に意思無能力である以上，身分行為意思の存在を推定あるいは擬制するといっても，その基礎を欠くことになる等の理由から，判例のように婚姻を有効とする結論を承認しようとするならば，効力要件説に立つほかないという批判が加えられている（佐藤義彦「身分行為の構造」林良平＝佐藤義彦編・ハンドブック民法Ⅲ〔1989〕25頁）。

　　(c)　届出時に合意を欠く婚姻の追認　　当事者の不知の間に婚姻届書が提出・受理されたが，後日これを知った後に認めるような言動をした場合，受理時には婚姻意思の存在が認められないので，本来ならば無効となるはずである（119条）。しかし，無効な身分行為の追認の問題として，かつてよりその有効性が議論されてきた。中川善之助は，形成的身分行為が3つの要素，すなわち心素（身分的効果意思，表示意思），体素（身分的生活事実），形式（方式）から成り立っているとしたうえで，①届出（方式）時に当事者に表示意思は欠缺していたが，届出に相応する身分的効果意思と身分的生活事実が存在しており，届出を知った後にこれを承認して身分的事実を継続した場合や，②届出（方式）時には当事者に表示意思も身分的効果意思も欠缺していたが，後に身分的効果意思をもって身分的生活事実に入った場合には，いずれの場合も無効な行為が追認され，遡及的に有効となるとした（中川善之助・身分法の総則的課題〔1941〕194頁以下）。これは，事実が先行して法規がこれを追認するという「事実の先行性」という身分行為の特殊性から説明されている。この考え方が従来通説とされてきた（①については，当事者が届出をしないことの明瞭な合意をしている場合を除いて，当然に婚姻は有効となるという説もある〔我妻17頁，19頁注8，52頁〕）。判例も，①の事案に関して，婚姻は追認により婚姻届出の意思は補完され，届出の当初に遡って有効になることを認めている。この事

144　〔高橋〕

第1節　婚姻の成立　第2款　婚姻の無効及び取消し　　　§742 II

例は，3人の子をもうけた後，離婚した夫婦が，子の養育の便宜上，再び同居をはじめ，2年後に妻が勝手に婚姻届を提出したものの，夫はそれを知った後も苦情をいわず，夫婦同様の生活を送っていたが，その後別居し，婚姻届出の12年後に夫が婚姻無効確認の訴えを提起したというものである。判決は，夫が区民税の申告書に妻と記載したこと，長女の結婚披露宴に共に出席したこと，私立学校教職員共済組合から妻として認定されながら夫は異議を唱えず，医療のため妻という記載のある組合員証を同人に使用させたこと等の認定事実から，夫による婚姻届の追認を認めた（最判昭47・7・25民集26巻6号1263頁。この判決の参照する先例としては，無効な養子縁組に関する最判昭27・10・3民集6巻9号753頁や財産上の法律行為に関する最判昭37・8・10民集16巻8号1700頁が挙げられている）。この追認は無方式または黙示であってもよいとする。追認を認める理由として判決は，これが当事者の意思に沿い，実質的生活関係を重視する身分関係の本質に適合し，第三者の利益が害されるおそれも乏しいことを挙げている。

　これに対して，昨今の学説には，追認は認めるものの，①その理由を身分行為の特殊性ではなく，財産法と同じく，追認可能な種類の無効の一場合として処理するという立場（平井宜雄〔判批〕法協91巻2号〔1974〕356頁。平井説は，届出自体に身分的効果意思を読み取る立場にあるため，第三者による届出の場合は追認を認めない）や②届出意思があったと確実に同視できるような特別事情を要するという，厳しい追認の要件を求める学説も唱えられている（水野紀子〔判批〕リマークス1997下86頁）。一方，身分的生活事実の存在のみを理由として遡及的追認を認めることに否定的な学説も見られる（内田IV 84頁，二宮39頁）。

(2)　婚姻届の欠缺

　通説は，婚姻の届出をしないときには婚姻は成立せず（不成立），無効かどうかを争う余地もないという（本条2号）（中川（善）193頁，中川編・註釈上161頁〔山中康雄〕，我妻50頁）。この立場からは，本条2号本文はただし書を引き出すために置かれたにすぎないものと解されている（中川（善）193頁，我妻51頁）。すなわち，本条2号は，ただし書によって，届出が739条2項の条件を欠く場合，例えば，証人が成年でなかったり，届書が代署であったというような瑕疵がある場合にも，婚姻を無効とみないということに意味があるだけであり，無用な規定と評されている（養子縁組につき，最判昭31・7・19民集10巻7号

〔高橋〕　145

§*742* Ⅲ   第4編　第2章　婚　姻

908頁参照）。

Ⅲ　婚姻無効の性質と主張方法

(1)　婚姻無効の性質

　婚姻無効についての規定は，人事訴訟法に置かれている（人訴2条1号。家事277条〔合意に相当する審判〕）が，婚姻無効の主張が訴えによらなければならないのか，それとも，当然に無効であるのかについて，学説は分れている。判例・通説は，たとえ無効確認の判決や審判がなくても婚姻は当然無効であり，利害関係者は他の訴訟の前提問題として無効を主張することができるという当然無効説を採る（我妻54頁等）。この説によれば，婚姻無効の訴えは無効確認の訴えとなる（最判昭34・7・3民集13巻7号905頁）。これに対して，訴訟法学者の多数は，無効を宣言する判決や審判がなければ何人も婚姻の無効を主張することはできないという形成無効説を採っている（兼子一・新修民事訴訟法体系〔増訂版，1965〕146頁）。この説によれば，離婚無効の訴えは形成の訴えとなる。いずれの説においても，婚姻に伴う効力ははじめから生じなかったことになる。

(2)　手　　続

　婚姻無効の訴えは人事に関する訴訟事件（人訴2条）であるから，調停前置主義の適用を受け（家事257条），調停がまず申し立てられる。調停手続において合意が成立し，無効の原因があることに争いがない等，一定要件を満たす場合には，家庭裁判所は「合意に相当する審判」をすることができる（家事277条）。

(3)　訴えの当事者

　夫婦の一方が提起する婚姻無効の訴えは，他の一方を被告とし（人訴12条1項），原告が死亡した場合には当然終了する（最判平元・10・13家月42巻2号159頁）。当事者以外の者（確認を求める利益を有する第三者。最判昭34・7・3民集13巻7号905頁）が婚姻無効の訴えを提起する場合には，当事者の双方を被告とし，その一方が死亡したときは，他の一方を被告とする（人訴12条2項）。被告とすべき者の死亡によって被告とすべき者がないときは，検察官を被告とする（人訴12条3項）。

146　〔高橋〕

第1節　婚姻の成立　第2款　婚姻の無効及び取消し　§742　Ⅳ, §743　Ⅰ

Ⅳ　婚姻無効と戸籍訂正

婚姻無効の判決が確定すると，対世効が生じる（人訴24条）。訴訟提起者は判決が確定した日から1か月以内に，判決の謄本を添附して，戸籍の訂正を申請しなければならない（戸116条1項）。審判によって無効が確定したときも同じく解されている。

確定判決による以外に，家庭裁判所の許可（戸114条）によっても，婚姻無効を原因とする戸籍の訂正は可能であろうか。判例・学説は，利害関係人に異議がない場合に，これを認める（隠居無効に関する大決大6・3・5民録23輯93頁）。戸籍実務は，異議の有無にかかわらず，婚姻の無効が戸籍の記載のみによって明らかな場合に限り，家庭裁判所の許可による戸籍訂正を認めている（昭26・2・10民甲209号回答）。

〔高橋朋子〕

（婚姻の取消し）
第743条　婚姻は，次条から第747条までの規定によらなければ，取り消すことができない。

　　　〔対照〕　フ民180〜182，ド民1313〜1318，ス民104・107〜108
　　　〔改正〕　（779）

Ⅰ　本条の趣旨

本条は，婚姻の取消原因についての規定である。すなわち，①婚姻の実質的成立要件のうち，731条ないし736条までの規定に違反した婚姻届が受理されたことと，②詐欺または強迫によって婚姻届をし，受理されたこと（747条）が取消原因である。

婚姻の実質的成立要件のうち，未成年者の婚姻への父母の同意（737条）に違反することは取消原因に含まれないため，同意を欠いた婚姻届も受理されれば有効な婚姻となる。

また，婚姻の取消原因が限定的であるため，民法総則における取消規定は，

〔高橋〕　147

§743 II～IV
第4編 第2章 婚 姻

婚姻の取消しについては排除されると解されている。

II 婚姻取消原因

婚姻の取消原因のうち，不適法な婚姻（不適齢者の婚姻，重婚，再婚禁止期間内の婚姻，近親婚）については，優生学的または社会倫理的な要請に基づく婚姻の要件に違反するものであるから，公益的立場からの取消しとされる。これに対して，詐欺または強迫を原因とする取消しの場合は，詐欺・強迫を受けた者を保護する目的のものであるから，私益的取消しとされる。

III 取消権者・相手方

公益的立場からの取消権者には，婚姻当事者以外に，親族，公益の代表者である検察官も含まれる（744条。ただし，当事者の一方が死亡した後は，検察官は取消請求をすることができない。744条1項ただし書）。原則として，追認等による取消権の消滅は認められない（ただし，例外として745条2項）。

これに対して，詐欺・強迫を受けた者を保護するという私益的理由からの取消権者は，詐欺・強迫を受けた者に限られ，追認も許される（747条2項）。

婚姻取消の訴えは，当事者の一方が提起するときは他の配偶者を，第三者が提起するときは当事者双方（一方が死亡した後は他の一方）を被告とし，被告とすべき者が死亡したときは検察官を被告とする（人訴12条）。

IV 婚姻取消しの方法

婚姻の取消しは，意思表示によって（123条）ではなく，家庭裁判所に対する訴えによってなされる（744条1項）。

婚姻取消しの訴えは人事に関する訴訟事件（人訴2条）であるから，調停前置主義の適用を受け（家事257条），調停がまず申し立てられる。調停手続において合意が成立し，取消しの原因があることに争いがない等の一定要件を満たす場合には，家庭裁判所は「合意に相当する審判」をすることができる（家事277条）（一序説IV2）。

148 〔髙橋〕

第1節　婚姻の成立　第2款　婚姻の無効及び取消し　　　　　§*744*　I

　婚姻取消しの訴えの性質は形成訴訟であるので，取消しの判決が確定する
まで婚姻は有効であり，判決が確定してはじめて，将来に向かって効力のな
いものとなる（748条1項）。死後の取消しの場合は，死亡時に取消しによっ
て婚姻関係が解消したと解される（我妻67頁）。

　審判または判決が確定したときは，確定した日から10日以内にその謄本
を添えて，戸籍事務担当者にその旨を届け出なければならない（戸75条・63
条）。

〔高橋朋子〕

　　（不適法な婚姻の取消し）
　第744条①　第731条から第736条までの規定に違反した婚姻は，各
　　当事者，その親族又は検察官から，その取消しを家庭裁判所に請求
　　することができる。ただし，検察官は，当事者の一方が死亡した後
　　は，これを請求することができない。
　②　第732条又は第733条の規定に違反した婚姻については，当事者
　　の配偶者又は前配偶者も，その取消しを請求することができる。
　　　〔対照〕　フ民180～184・187～191，ド民1313～1318，ス民107～108
　　　〔改正〕　〔780〕　①＝平15法109改正

I　本条の趣旨

　本条は，婚姻障害に抵触する婚姻の取消手続を定めるものである。本条に
よって取り消しうる婚姻は，不適齢者の婚姻（731条），重婚（732条），再婚
禁止期間内の婚姻（733条），近親婚（734条～736条）である。このような婚姻
は，公益的理由に基づく取消しとされる（743条参照。私益的理由による取消しに
ついては747条参照）。

　取消原因のうち再婚禁止期間違反の婚姻については，取消しに遡及効がな
い（748条1項）以上，取り消しても父性推定（772条）の衝突を避けることが
できないことを理由に，削除論が強い（我妻31頁等）。

　また，本条が737条違反を取り消しうるものとして挙げていないことから，

〔高橋〕　　149

§744 II・III   第4編 第2章 婚姻

父母の同意を欠く未成年者の婚姻は，婚姻届が受理されれば取り消されることはない。

II　取消権者

　婚姻の取消しは意思表示によって（123条）ではなく，家庭裁判所に対する請求によってなされる（本条1項）。請求権者は，本条が公益的立場からの婚姻取消を定めるものであることから，婚姻当事者（重婚や再婚禁止期間違反の場合には，前婚・後婚両方の当事者を含む），親族，公益の代表者である検察官である（本条1項）。

　また，当事者の一方が死亡した後には，検察官は取消請求をすることができない（本条1項ただし書）。この点に対しては，婚姻取消しの公益的理由に徹していないという批判が強い（我妻64頁，新版注民(21)320頁〔中尾英俊〕等）が，一方の死亡により婚姻が解消され，直接に公益を害する事実がなくなっていることから，必ずしも不当な立法とはいい切れないという考え方も提起されている（新基本法コメ57頁〔前田陽一〕）。

III　死亡・離婚による婚姻解消と不適法婚の取消し

　取消しの対象となる不適法婚が当事者の一方の死亡や離婚により解消したときには，反社会的な婚姻も消滅するが，その場合にも，婚姻を取り消すことはできるのであろうか。

　(1)　**検察官の取消権**

　(ア)　前述のように，当事者の一方が死亡した場合には，検察官は取消権を行使することができないと定められている（本条1項ただし書）。

　(イ)　検察官が不適齢婚の取消訴訟を提起した後に当事者が離婚をした場合には，当事者の一方が死亡した場合と同様に，検察官の取消権は消滅するという判例がある（大判明33・11・17民録6輯10巻82頁）。

　(2)　**他の取消権者の取消権**

　(ア)　当事者の一方が死亡した場合，検察官以外の取消権者は不適法婚を取り消すことができるように解釈されている（本条1項ただし書の反対解釈）が，

150　〔高橋〕

第1節　婚姻の成立　第2款　婚姻の無効及び取消し　**§745 I**

無制限にいかなる場合にも認められるかについては疑問が呈されている。

　不適齢婚や再婚禁止期間内の婚姻は，当事者の生存中であっても一定期間の経過によって取消権が消滅する性質のものであるため，当事者の死後にまで取消しを認める必要はなく，また，死後に複雑な身分関係を残すこともないから，取り消し得ないと解する説がある（新版注民(21)324頁〔中尾〕）（重婚の当事者の死亡→§732 IV(ウ)）。

　(イ)　不適法婚の当事者が離婚した場合，婚姻は取り消し得ないと解されている。取消しの効果は離婚の効果に準じる（749条）ので，離婚後の取消しには実益があまりないからである（新版注民(21)321頁〔中尾〕）（重婚における離婚→§732 IV(ア)(イ)）。

〔高橋朋子〕

　　　（不適齢者の婚姻の取消し）
　第745条①　第731条の規定に違反した婚姻は，不適齢者が適齢に達したときは，その取消しを請求することができない。
　②　不適齢者は，適齢に達した後，なお3箇月間は，その婚姻の取消しを請求することができる。ただし，適齢に達した後に追認をしたときは，この限りでない。

〔対照〕　フ民旧185・186（2007年廃止），ド民1314〜1318，ス民104・105
〔改正〕　(781)

I　本条の趣旨

　本条は，不適齢婚（731条）の場合の取消権の行使期間を定めたものである。不適齢婚をした者が婚姻最低年齢（男性満18歳，女性満16歳）に達した後は，その婚姻は婚姻の成立要件に合致した婚姻となり，反社会性は消滅するため，取消権が消滅する。

〔高橋〕　　151

§745 II, §746 I   第4編　第2章　婚姻

II　不適齢者の取消権と追認権

　不適齢の当事者自身は，婚姻最低年齢到達後も3か月間の期間内に取消請求をすることが認められている（本条2項）。猶予期間として与えられたものである。期間内に手続が完了することは必要ない。

　不適齢婚の当事者は，自ら取消権を行使できる。人事訴訟手続における訴訟行為については，未成年者も法定代理人の同意なくして行うことができるとされている（人訴13条1項）が，婚姻届が受理された以上，取り消されるまで婚姻は有効に成立するから，成年擬制（753条）は生じると考えられるので，婚姻当事者は単独で訴訟行為をすることができる（新版注民(21)326頁〔中尾英俊〕，新基本法コメ58頁〔前田陽一〕）。この場合にも，調停前置主義が妥当であるとされている（中川(淳)81頁）。

　婚姻当事者が婚姻最低年齢到達後3か月内に追認をした場合，取消権は消滅する（本条2項ただし書）。追認は要式行為ではなく，相手方に対する意思表示によってなされる（122条・123条。我妻・判コメ58頁〔佐藤良雄〕，新版注民(21)325頁〔中尾英俊〕）。

〔高橋朋子〕

　（再婚禁止期間内にした婚姻の取消し）
　第746条　第733条の規定に違反した婚姻は，前婚の解消若しくは取消しの日から起算して100日を経過し，又は女が再婚後に出産したときは，その取消しを請求することができない。

　　　〔改正〕（782）　本条＝平28法71改正

I　本条の趣旨

　772条による父性の衝突を避けるために設けられた再婚禁止期間（733条）に違反する婚姻は取り消しうるものとされている（744条）。しかし婚姻の取消しの必要がない場合には取消権が消滅することを本条は定めている。

152　〔高橋〕

第1節　婚姻の成立　第2款　婚姻の無効及び取消し　　　　§*746*　II

II　取消権の消滅

　取消権の消滅事由としては，①前婚の解消もしくは取消しの日から100日を経過したこと（本条前段），②女性が再婚後に出産したこと（本条後段），の2つが定められている。

　①前婚の解消もしくは取消しの日から100日を経過した場合，もはや違反した婚姻を取り消すことはできない（本条前段）。2016（平成28）年の改正前には，前婚の解消もしくは取消しの日から6か月を経過したこととなっていたが，再婚禁止期間を6か月から100日に短縮した733条1項の改正（2016〔平成28〕年）に伴って，本条の取消権の消滅期間も6か月から100日に短縮された（法務省大臣官房参事官堂薗幹一郎『『民法の一部を改正する法律（再婚禁止期間の短縮等)』の概要」家庭の法と裁判8号〔2017〕122頁）。

　留意すべきは，改正前の本条の趣旨につき，再婚後も「懐胎することなく」6か月を経過した場合には取り消すことができないものであるという解釈が多く見られたことである（新版注民(21)326頁〔中尾英俊〕，中川(淳)82頁，我妻・判コメ59頁〔佐藤良雄〕など。我妻65頁は，禁止期間経過による取消権消滅の理由として，「父性確定の困難が解消したから」と表現しているので，これも恐らく懐胎をせずに期間を経過した場合という意味であるように思われる）。すなわち，前婚の解消または取消しの時に懐胎しておらず，再婚後も懐胎しないまま6か月が経過した場合，父性の不明という事態は生じないので，後婚は取り消される必要がないという趣旨である。改正後の733条2項1号は，前婚の解消または取消しの時に懐胎していない場合にはそもそも再婚禁止の適用除外となることを明らかにしていることから，改正前の本条の趣旨を維持することはできないことになる。それでは，どのような趣旨でこの消滅事由は残されたのであろうか。

　この点につき，参事官解説は，改正前の条文の説明において，かりに再婚禁止期間に違反した婚姻が成立し，父性の推定が重複する子が出生した場合でも，婚姻の取消しには遡及効がないため，取消しの実益がないと述べている（堂薗・前掲解説121頁）。すなわち，学説とは異なり，改正前の本条は，「懐胎することなく」という限定を付さない，単なる期間の経過のみを取消権消滅原因としたものと解しているように思われる。改正後の本条の趣旨も，

〔高橋〕　153

§746 Ⅲ   第4編　第2章　婚　姻

同じものと見てよいであろう。②の消滅事由に関する後述の参事官解説と合わせ考えるならば，本条前段は，取消しの対象となるいかなる婚姻も，再婚禁止期間である100日を経過した場合には取消しの対象でなくなることを意味する条項と思われる。これにより，取消権消滅が認められる範囲は，改正前よりも広くなったといえる。

　②女性が再婚後に出産したときは，もはや違反した婚姻を取り消すことができない（本条後段）。本条は，2016（平成28）年の改正前には，「女が再婚後に懐胎したときは」となっていた。しかし，733条1項の改正によって，再婚後の懐胎は同条2項1号に該当することになり，そもそも再婚が禁止されなくなった。この改正により，再婚禁止期間の規定が適用されるのは，女性が前婚の解消または取消しの時に懐胎しており，かつ，再婚時にも懐胎している場合（いずれもその可能性を否定することができない場合を含む）に限られることになった（堂薗・前掲解説122頁）。そこで，②の取消権消滅事由の立法理由としては，前婚の解消または取消しの時に懐胎しており，かつ，再婚時にも懐胎している場合であっても，「前婚の解消または取消しの日から100日が経過する前に子が出生したときは，その後に父性の推定の重複が生ずる子が生まれることはなくなるから，もはや後婚を取り消す必要がない」ことが挙げられている（堂薗・前掲解説122頁）。

　ただ，再婚禁止期間の規定に違反して婚姻した場合において，懐胎していた子が出生した後にはおよそ父性の推定の重複が生じる子の生まれる可能性はなく，「前婚の解消または取消しの日から100日が経過する前に子が出生したとき」に限る必要はない。あえて参事官解説が100日経過前に限定したのは，再婚禁止期間である100日経過以後に子が生まれた場合は，一律に①により取消権を消滅させるためであると思われる。

Ⅲ　取消しの手続

　再婚禁止期間内に成立した再婚を取り消すには，100日の再婚禁止期間内で，かつ，女性の出産前に取消請求をしなければならない。

　改正前には，取消しの訴えが期間内に提起されても，判決の言渡前に（懐胎することなく）再婚禁止期間が経過し，あるいは，女性が懐胎した場合，取

第1節　婚姻の成立　第2款　婚姻の無効及び取消し　　**§747 I**

消権は消滅すべきであると解する説が見られた。なぜなら，子の父が不明に
なる恐れがなくなった，あるいは，子の父の不明が生じたのちにおいて婚姻
取消しの判決を言い渡すことは不必要であり，無意味であるからというもの
であった（新版注民(21)327頁〔中尾英俊〕）。さらに，訴訟が6か月で完結する
ことは通常期待できないので，そもそも婚姻の取消しは実現が困難であると
もいわれていた（中川(淳)82頁）。

　改正後においても，判決の言渡前に100日が経過し，あるいは，女性が出
産した場合には取消権が消滅すると解するならば，再婚禁止期間がいっそう
短くなっていることもあり，取消しの実現はますます困難となろう。そうな
れば，再婚禁止期間違反を取消原因とする意味はなくなったも同然である。
再婚禁止期間の廃止が求められるゆえんである。

〔高橋朋子〕

　（詐欺又は強迫による婚姻の取消し）
　**第747条①　詐欺又は強迫によって婚姻をした者は，その婚姻の取消
　　しを家庭裁判所に請求することができる。**
　**②　前項の規定による取消権は，当事者が，詐欺を発見し，若しくは
　　強迫を免れた後3箇月を経過し，又は追認をしたときは，消滅する。**
　　　　〔対照〕　フ民180〜181，ド民1314・1315・1317，ス民105
　　　　〔改正〕　（785）　①＝平15法109改正

I　本条の趣旨

　本条は，詐欺または強迫によって婚姻がなされた場合，婚姻意思に瑕疵が
あることを理由として婚姻取消しを認めたものである。744条が婚姻の実質
的要件を充足しない場合に公益的理由から婚姻の取消しを認めたのに対して，
本条は，詐欺または強迫を受けた婚姻当事者を保護するための私益的理由に
よるものである。とはいえ，両者は，婚姻の取消しが意思表示によらず，家
庭裁判所に対する請求によってなされる点（744条）や取消しの効果に対世
効が認められる（人訴24条1項）点においては共通する。

〔高橋〕　155

§747 II・III 第4編 第2章 婚姻

II 詐欺・強迫の定義

詐欺または強迫とは，違法な手段によって，婚姻当事者の一方または双方を欺いて錯誤に陥れ，または威圧を与えて畏怖させ，婚姻の合意をさせることである（我妻65頁）。第三者による詐欺・強迫も含まれる。

詐欺における欺罔行為の違法性は相当強度でなければならず，詐欺における欺罔行為によって生じた錯誤はいわゆる要素の錯誤であって，一般人にとっても相当重要とされる程度のものでなければならない（新版注民(21)329頁〔中尾英俊〕）。

強迫においても，強迫行為の違法性は相当強度でなければならず，強迫行為によって畏怖を生じたことが婚姻意思を決定する主要な動機でなければならない（我妻65頁，新版注民(21)330頁〔中尾〕）。

III 取消権者と相手方

本条における取消しは，詐欺または強迫を受けた婚姻当事者を保護するための私益的理由によるものであるので，取消権者は詐欺・強迫を受けた当事者に限られる。取消しの相手方は，第三者による詐欺または強迫の場合であっても，相手方配偶者である（人訴12条1項）。

相手方配偶者が死亡した場合に検察官を相手方として訴訟を行うことができるかどうかにつき，否定説と肯定説が対立している。否定説は，婚姻からの拘束を免れたのであるから，さらに取消しを要求する必要がないことを理由に挙げる（我妻65頁等）。これに対して，肯定説は，人事訴訟法の規定に制限がないこと（人訴12条3項），死亡による解消と取消しでは効果に差があり，取消しの利益があるから当然に認められることを理由に挙げる（久貴69頁，新版注民(21)328頁〔中尾英俊〕等）。

離婚後の取消しについては，離婚と取消しの効果とが異ならないので訴えの利益がないということを理由にして否定する見解が見られる（新版注民(21)328頁〔中尾〕）。

第1節　婚姻の成立　第2款　婚姻の無効及び取消し §*747* Ⅳ・Ⅴ, §*748*

Ⅳ　取消権の消滅

本条の取消権は，当事者が詐欺を発見し，もしくは強迫を免れた後3か月を経過し，または追認をしたときは，消滅する（本条2項）。

Ⅴ　民法総則との関係

民法総則における詐欺または強迫の規定（96条）が婚姻に適用されるかについては議論がある。通説・判例は，一般的に身分行為には民法総則の規定は適用されないとし，詐欺または強迫による婚姻については本条があること，96条の取消権に関する121条・126条は婚姻の取消しに適用されるべきではないことを理由としている（中川（善）34頁。大判大11・2・25民集1巻72頁）。これに対して，婚姻もまた一種の法律行為で，詐欺または強迫によりなされた婚姻の意思表示は瑕疵ある意思表示の一種であり，96条の1つの特殊な場合であるという考え方も存在する（鈴木22頁，平井宜雄「いわゆる『身分法』および『身分行為』の概念に関する一考察」四宮和夫古稀・民法・信託法理論の展開〔1986〕268頁，273頁）。後者の説においては，婚姻の特殊性から，効果が遡及しないなどの特則が適用されると説明している。

〔高橋朋子〕

（婚姻の取消しの効力）
第748条① 婚姻の取消しは，将来に向かってのみその効力を生ずる。
② 婚姻の時においてその取消しの原因があることを知らなかった当事者が，婚姻によって財産を得たときは，現に利益を受けている限度において，その返還をしなければならない。
③ 婚姻の時においてその取消しの原因があることを知っていた当事者は，婚姻によって得た利益の全部を返還しなければならない。この場合において，相手方が善意であったときは，これに対して損害を賠償する責任を負う。

〔対照〕　フ民201・202，ド民1318，ス民109

〔高橋〕　157

§*748* Ⅰ・Ⅱ

第4編 第2章 婚姻

〔改正〕（787）

Ⅰ　本条の趣旨

　本条は，婚姻取消しの効果を定めたものである。一般の法律行為の取消しには遡及効があり（121条），はじめからその法律行為が存在しなかったのと同じ効果が生じるが，婚姻の取消しには遡及効がなく，将来に向かって婚姻がなかったという効果を生むにすぎない（本条1項）。これは，かりに婚姻の取消しに遡及効を認めると，婚姻から生まれた子の身分が嫡出子から嫡出でない子になるなど，当事者・子・第三者に不都合をもたらすことになるということを理由とする。取消しの効果が既往に及ぼされない点は離婚の効果に似ているため，離婚の規定が準用されている（749条）。ただし，財産関係については，一定の場合，婚姻によって得た財産上の利益を返還すべきものとしており，取消しの効果を既往に遡らせているといえよう（本条2項・3項）。

Ⅱ　婚姻の取消しと身分関係（夫婦・親子）

　婚姻の取消しは，婚姻によって生じた身分関係を将来に向かってのみ消滅させるので，取り消されるまでに形成された身分関係に変動は生じない（本条1項）。取消しの審判・判決が確定すると，それ以後夫婦関係が消滅する。婚姻によって氏を改めた配偶者は婚姻前の氏に復し（749条・767条），系譜・祭具・墳墓の所有権を承継していた場合には，当事者その他の関係人の協議で，その権利を承継すべき者を定めなければならない（749条・769条）。

　子の嫡出子としての地位も失われない（東京地判平9・10・31判タ1008号230頁）。準正嫡出子の地位も同様である（名古屋高決昭37・10・3家月15巻3号121頁）。取消しの審判・判決前に妻が懐胎した子は，夫の子と推定される（772条）。婚姻取消し後の親権者・監護権者の決定については，離婚に準じる（749条・766条）。

　婚姻の取消しによって姻族関係は終了する（749条・728条1項）（婚姻障害→§749）。

158　〔高橋〕

第1節　婚姻の成立　第2款　婚姻の無効及び取消し　　　§*748*　**III**

III　婚姻の取消しと財産関係

(1)　婚姻の取消しと財産・利益の返還

　婚姻が取り消された場合，婚姻によって生じた財産関係は一定の範囲で遡及する（本条2項・3項）。婚姻の取消しと財産関係について，本条は不当利得の法理（703条・704条）に準じて定めている。すなわち，取消原因があることについて婚姻の当時善意であった当事者は，婚姻によって得た財産につき，現に利益を受けている限度において返還しなければならない（本条2項）。一方，悪意であった当事者は，婚姻によって得た利益の全部を返還しなければならず（本条3項前段），この場合に相手方が善意であったときは，損害賠償責任を負わなければならない（本条3項後段）。一般的な不当利得と異なり，婚姻の取消しでは相手方の善意を要件とすることにつき，取消原因のあることを両当事者が知っている場合は，一種の過失相殺の理論により，双方ともに損賠賠償の責任を負わないとすることが公平に適するからであると解されている（我妻70頁，新版注民(21)336頁〔中尾英俊〕）。

(2)　当事者の善意・悪意

　(ア)　当事者の善意・悪意の判断基準時は，条文上は「婚姻の時」となっているが，婚姻後に取消原因のあることを知るに至った場合につき，通説は公平の観念から，悪意になった時以降は悪意の者として取り扱うべきであると解している（我妻69頁等）。

　(イ)　強迫されて婚姻した者についても悪意者として考えるかどうかについては議論がある。強迫されて婚姻した者はたしかに取消原因のあることを知ってはいるが，これを悪意者として扱うことについては，公平の観点から疑問が出されている。あくまで悪意者として扱うべきであるとする論者は，そのほうが論理的であるといい，そのことによって生じる不公平（損害賠償請求を認めないこと）は財産分与（749条・768条）によって救済すればよいとする（久貴72頁，新版注民(21)337頁〔中尾〕）。これに反対するものとしては，①本条にいう悪意は，自由な意思状態の下において知ることをいい，強迫された状態で知ることは悪意とはならないという説（我妻70頁），②本条の善意・悪意の区別は帰責性を比較・衡量した実質的な判断に基づくべきであり，強迫された者は善意者として扱うべきものとする説（鈴木23頁など），③悪意者と

〔高橋〕　159

§748 Ⅳ

第4編 第2章 婚姻

して全部利益の返還義務は認めるが，損害賠償請求については，詐欺による婚姻の場合に準じて善意者として取り扱うべきものとする説（中川(善)209頁）などがある。

(3) 婚姻によって得た財産・利益

返還の対象に関して，本条2項は，善意の当事者については婚姻によって得た「財産」といい，3項では，悪意の当事者が婚姻によって得た「利益」といい，「財産」と「利益」と書き分けている。「財産」を得たときとは，配偶者ゆえに取得した（贈与，相続，遺贈等による）特定の財産的権利の取得を意味し，得た「利益」とは，これに加えて，相手方の下に居住したこと，食事を供されたこと，旅行をしたこと等，婚姻によって享受した財産的利益すべてを意味するとして，「財産」よりも「利益」を広く解する説がある（我妻69頁，中川(善)207頁）。これに対して，居住や食事等，婚姻費用分担にあたることは婚姻の本質上当然のこと（760条・752条）であって，「利益」を得たことにはならないので，「利益」と「財産」とを区別することにはあまり意味がなく，両者を同じ範囲にとどめるべきであると解する説（深谷松男「婚姻の取消しと不当利得の返還」家族法体系Ⅱ156頁，新版注民(21)334頁〔中尾〕等）も見られる。

(4) 削 除 論

本条2項・3項に対しては，749条により離婚の際の財産分与の規定が準用されることから，削除論が出されている。法律が取消しの時点まで婚姻関係が継続することを認めていることや，要件違反の善意・悪意がすこぶる微妙なものであることを理由とする（我妻70頁）。しかし，財産分与ではカバーしえないものを不当利得の返還によって補う必要性を認める見解もある（深谷・前掲論文154頁）。

Ⅳ 婚姻の死後取消しと配偶者相続権

婚姻当事者の一方が死亡した後に婚姻が取り消された場合，婚姻取消しの効果は，取消時でなく，遡及して死亡時に発生し（我妻67頁），その結果，相続権は消滅すると解する学説・下級審裁判例が見られる（新版注民(26)282頁〔中川良延〕，東京高判平3・4・16判タ768号218頁，東京地判平9・10・31判タ

160 〔高橋〕

第1節　婚姻の成立　第2款　婚姻の無効及び取消し　　§749　Ⅰ・Ⅱ

1008 号 230 頁）。配偶者として相続した財産がある場合には，これは婚姻によって得た財産にあたるので，返還すべきであるというのが多数説である（中川編・註釈上 169 頁〔戒能通孝〕，新版注民(21)334 頁〔中尾〕等）。

〔高橋朋子〕

　　（離婚の規定の準用）
　第 749 条　第 728 条第 1 項，第 766 条から第 769 条まで，第 790 条第 1
　　　項ただし書並びに第 819 条第 2 項，第 3 項，第 5 項及び第 6 項の規
　　　定は，婚姻の取消しについて準用する。
　　　　〔対照〕　ド民 1318，ス民 109
　　　　〔改正〕　本条＝平 15 法 109 改正

Ⅰ　本条の趣旨

　本条は，婚姻の取消しに離婚の効果に関する規定を準用するものである。離婚は適法に成立した婚姻の解消であるのに対して，婚姻の取消しは成立に瑕疵のある婚姻の解消であるという点で，本質的に異なるものであるが，原則として効果に遡及効がなく，将来に向かって婚姻の効果を消滅させるという点で両者は類似することから，本条は婚姻の取消しに離婚の規定を準用したものである。

Ⅱ　準用規定

　離婚の効果のうち婚姻の取消しに準用されるのは，姻族関係の終了（728
条 1 項），子の監護者の決定（766 条），婚姻によって氏を改めた者の復氏（767
条），財産分与（768 条），復氏の際の祭祀に関する権利の承継（769 条），子の
氏（790 条 1 項ただし書），離婚または認知の場合の子の親権者の決定（819 条 2
項・3 項・5 項・6 項）である。

〔高橋〕　　161

Ⅲ　財産分与の準用

　婚姻取消しの財産的効果が，婚姻を原因として生じた財産的利益の移動を不当利得として復元しようとするもの（748条2項・3項）であるにもかかわらず，財産分与の規定を準用することは矛盾しないのかが問題となる。財産分与と不当利得の返還を同時に請求することも可能であり，場合によっては不当利得の請求権と財産分与の請求権とが相殺されるようなことが起こりうる（深谷松男「婚姻の取消と不当利得の返還」家族法体系Ⅱ146頁）。しかし，財産分与に含まれるとされる清算的要素は，748条2項・3項と，また，離婚慰謝料が含まれると解される場合も，同条3項の損害賠償と重複することになり，したがって，本条の財産分与の準用が意味を持つのは，離婚後扶養の要素ということになると解する説も見られる（我妻70頁）。

Ⅳ　成年擬制・婚姻障害の準用

　本条で準用される規定のうち，姻族関係の終了，子の親権者の決定，子の氏に関するものは，2003（平成15）年の改正で加えられたものである。婚姻による成年擬制（753条）および直系姻族間の婚姻障害（735条）の効果について，離婚と同様に考えるべきか否かが問題とされている。

(1)　成　年　擬　制

　未成年者は婚姻によっていったんは成年者とみなされ，完全な能力を認められているので，離婚しても成年擬制の効果は失われないと解されている。婚姻当事者が未成年者であるときに婚姻が取り消された場合も離婚に準じて考えるべきであるというのが通説である（奥野健一政府委員発言・家裁資料34号557頁，新版注民(21)338頁〔中尾英俊〕，380頁〔中川高男〕）。ただし，不適齢婚を原因とする取消しの場合については，本来婚姻能力を欠いているので，離婚と異なり，成年擬制の効力は失われると解する説も多い（中川編・註釈上172頁〔戒能通孝〕，同書184頁〔於保不二雄〕，松本暉男「婚姻による成年」家族法大系Ⅱ195頁，新版注民(21)332頁〔中尾〕）。

(2)　婚　姻　障　害

　婚姻の取消しの場合，離婚の場合の姻族関係終了の規定（728条1項）が準

第1節 婚姻の成立 第2款 婚姻の無効及び取消し **§749 V**

用されているが，婚姻障害（735条）も存続するかどうかについては説が分かれている。離婚との類似性から婚姻障害の存続を肯定する説が多い（中川（善）165頁，新版注民(21)332頁〔中尾〕等）が，反対説としては，①取り消しうべき婚姻は違法状態であり，取消しによって適法状態が回復された後までも違法状態を尊重する必要がないことから婚姻障害の存続を認めないという説（中川編・註釈上131頁〔薬師寺志光〕），②直系姻族との親子関係意識が希薄になっていることから，婚姻障害の存続を認めないという説（新版注民(21)225頁〔上野雅和〕等），③直系姻族の関係が終了後も婚姻障害となるのは，姻族関係の基礎となる婚姻が当事者の自由な意思に基づく場合に限られるとして，詐欺・強迫以外の理由で取り消された場合にだけ婚姻障害になるという説（我妻68頁）等が見られる。

V 婚姻の死後取消しと準用される離婚の効果との関係

婚姻当事者の一方が死亡した場合，生存配偶者は相続をするほか，姻族関係存続や婚氏続称の選択等をすることができる。しかし，その後，婚姻が取り消される（744条1項ただし書）と，取消しの効果は遡って死亡時に発生するとされ，死亡に伴って行われた上記の諸効果は消滅し（→§748 IV），その代わりに，離婚の効果が準用されることになる。その結果，生存配偶者は財産分与を受け，姻族関係は消滅し，復氏が強制され，復氏に伴う祭祀に関する権利の承継が行われうる等のことが生じる。財産分与の準用に関しては，婚姻取消しの効果が死亡時に発生すると解すると，財産分与請求権が発生したと同時に，義務の帰属主体が死亡することになり，財産分与義務が相続人に承継されるかどうかが理論的に疑問になるという問題提起がなされている（新基本法コメ48頁〔前田陽一〕）。これが認められないとすると，内縁配偶者が死亡した場合と同様に，財産法の一般法理による解決がなされるほかないという提案がなされている（新基本法コメ48頁〔前田〕）。この「財産法の一般法理による解決」の意味するところは明示されていないが，おそらく内縁配偶者が死亡した場合における財産分与規定の類推適用否定説が指摘するところの，共有持分の清算や不当利得返還等による解決を指しているのではないかと考えることができる。この点について一言するならば，IIIで述べたように，

〔高橋〕 163

§*749* Ⅴ　　　　　　　　　　　　　　　　　　第4編　第2章　婚　姻

共有持分の清算や不当利得返還は本条2項・3項により行われうるものであり，あえて財産法の一般法理による必要はないということになりはしないか。また，財産分与規定の準用の意味が離婚後扶養にあると解する前述の立場に立てば，財産分与が認められないことによる問題は，死亡後の扶養が行われないことになると思われるが，これを財産法の一般法理で補うことは難しいように思われる。

〔高橋朋子〕

第2節　婚姻の効力　　　　　　　　　　　　　　　　　　　§ *750*　Ⅰ

第2節　婚姻の効力

（夫婦の氏）

第750条　夫婦は，婚姻の際に定めるところに従い，夫又は妻の氏を称する。

　　〔対照〕　フ民225-1，ド民1355

　　〔改正〕　〔788〕

細　目　次

Ⅰ　本条の趣旨 ·······················165	（3）　オーストリア ················179
（1）　夫婦の氏の沿革 ···············165	（4）　スイス ·····················179
（2）　氏の法的性格 ·················167	（5）　フランス ···················180
Ⅱ　現行法における夫婦の氏 ···········168	（6）　イタリア ···················180
（1）　夫婦同氏の原則 ···············168	（7）　オランダ ···················180
（2）　婚姻後に夫婦の一方が養子となっ	（8）　スウェーデン ···············180
た場合など ·····················170	（9）　スペイン ···················181
（3）　外国人との婚姻の場合 ·········170	（10）　ポルトガル ·················181
（4）　本条の憲法適合性 ·············171	（11）　ブラジル ···················181
Ⅲ　立法論（選択的夫婦別氏制）·········172	（12）　ジャマイカ ·················181
（1）　夫婦別氏制をめぐる動き ·······172	（13）　トルコ ·····················182
（2）　選択的夫婦別氏制の論拠 ·······175	（14）　韓　国 ·····················182
（3）　夫婦別氏制の課題 ·············176	（15）　中　国 ·····················182
Ⅳ　外国法における夫婦の氏 ···········178	（16）　台　湾 ·····················182
（1）　コモン・ロー諸国 ·············178	（17）　タ　イ ·····················182
（2）　ドイツ ·····················178	

Ⅰ　本条の趣旨

(1)　夫婦の氏の沿革

　本条は，いわゆる「夫婦同氏の原則」について定めている。明治民法（1898〔明治31〕年）以来，夫婦は同じ氏を称しているが，その歴史的意義には変遷が見られる。「氏」の法制度上の意義・沿革の詳細は本書「序説」に

〔床谷〕　　165

譲り，ここでは本条が規定する「夫婦の氏」の沿革に限定して述べることにする。

(ア) **明治民法**　明治初年には，妻は「所生の氏」を称すべきものとされた時期があるが（1876〔明治9〕年太政官指令），1878（明治11）年からの民法編纂過程で，夫婦が同じ氏を称するという流れが生まれた。1890（明治23）年に公布されたが未施行に終わった旧民法では，「戸主トハ一家ノ長ヲ謂ヒ家族トハ戸主ノ配偶者及ヒ其家ニ在ル親族，姻族ヲ謂フ」（旧人243条1項），「戸主及ヒ家族ハ其家ノ氏ヲ称ス」（同条2項）と規定され，妻は，戸主の家族として「家の氏」を称すべきものとされていた。

明治民法では，「妻ハ婚姻ニ因リテ夫ノ家ニ入ル」（民旧788条1項）と定め，旧民法と同じく，「戸主及ヒ家族ハ其家ノ氏ヲ称ス」る（民旧746条）ものとした。氏は「家名」であり，個人が属する「家」の異動と「氏」の異動が表裏一体となって，「家」は戸籍に具現化された。戸籍編製の基準は「家」であり，それを裏付けるものが「氏」であった。婚姻により，原則として妻は夫の家に入り，夫婦は，戸主の家族として同じ氏を称したのである。

(イ) **現行夫婦同氏制の成立**　日本国憲法の制定に伴う民法の変革のため，夫婦の氏と戸籍を媒介していた「家」制度が廃止されたことを受けて，本条では，自らの意思で，夫婦が共同で称する氏（婚氏）を定める形に変更され，民法と同時に改正された戸籍法においても，夫婦およびこれと氏を同じくする子をもって，戸籍を編製する方式に改められた（夫婦親子同氏同籍の原則）。もっとも，民法改正法案第1次案（1946年8月11日）では，「夫婦ハ共ニ夫ノ氏ヲ称ス但当事者カ婚姻ト同時ニ反対ノ意思ヲ表示シタルトキハ妻ノ氏ヲ称ス」とされていたが，これでは，妻は夫の家の氏を称するが，入夫と婿養子は妻の家に入る（民旧788条2項）ことで妻の家の氏を称するという明治民法の関係と変わりがなく，GHQからの批判を受けて，第7次案（1947年6月24日）で現行法の形に修正された（我妻栄編・戦後における民法改正の経過〔1956〕131頁以下）。

(ウ) **離婚復氏と婚氏続称**　本条が定める婚姻による夫婦同氏の反面として，767条では，「婚姻によって氏を改めた夫又は妻は，協議上の離婚によって婚姻前の氏に復する」（離婚復氏の原則）と規定し，婚姻前の氏に復した者は，婚姻前の戸籍に復するか，新戸籍を編製するものとされた。離婚復氏

第2節　婚姻の効力　　　　　　　　　　　　§*750*　I

の強制に対しては，婚姻の際に主として改氏することになる女性が離婚により再び氏の変更を強いられないようにすべきであるとの批判があった。とりわけ婚姻後の氏で長年にわたり社会的活動をしていた女性が被る社会的不利益や，子の氏と離婚後の親権者（1966年頃からは父よりも母が親権者となることが多くなった）の氏が異なることによる不利益を回避するために，氏の継続使用の利益を保護する必要性が唱えられていた。そして，国際女性年（1975年）および国連女性の10年という国際的な女性の権利保障の潮流の中で，1976（昭和51）年に民法改正（昭和51年法律66号）が実現し，婚氏続称を簡易に認める規定（767条2項）が設けられた。

　(ｴ)　外国人との婚姻　　戸籍先例では，本条は日本人と外国人を当事者とする婚姻には適用されず，外国人との婚姻によっても日本人の氏は変動しないという法解釈（昭40・4・12民甲838号民事局長回答）が採られている。これを前提とした上で，外国人との婚姻を機に配偶者である外国人の称する氏（呼称）に変更することを望む者のために，1984（昭和59）年の戸籍法改正で，外国人配偶者の氏への変更を簡易に認める規定（戸107条2項）が置かれ，その婚姻が解消された場合の元の氏への変更（同条3項），およびこれに関連して外国人である父母の一方の氏への子の氏の変更に関する規定（同条4項）が設けられた。

　(ｵ)　夫婦別氏への動き　　1996（平成8）年の民法（婚姻法）改正案要綱は，選択的に夫婦別氏を認める案を採用したが，立法化されることなく現在に至っている（→Ⅲ(1)(ｳ)）。

　(2)　氏の法的性格

　「氏」は元来，同じ家族・親族団体に属する者が共通に持つもの（血縁集団の呼称）として，広く社会に認識されている。しかし，氏の法的性格については，明治民法以来の沿革も関わり多様な見解がある（唄孝一「『氏』をどう考えるかということ――わが現行法上の存在として」私法17号〔1957〕96頁以下〔同・戦後改革と家族法――家・氏・戸籍〔1992〕125頁〕参照。主な学説につき新版注民(21)346頁以下〔黒木三郎〕参照）。個人の氏名のうち，「氏」は夫婦・親子など一定の身分関係にある者が共通に称する法律上の呼称であり，「名」と合わさって個人を識別・同定するための標識であるとともに，他者との関係性を示す機能も有する。氏は，戦前の「家の氏」（家名）から，戦後改正民法の下で家

〔床谷〕　167

§750 II　　　　　　　　　　　　　　　　　　第4編　第2章　婚姻

制度の廃止に伴い「個人の呼称」へと変じたとの理解が一般的である（新版注民(21)347頁〔黒木〕，新基本法コメ52頁〔窪田充見〕）。他方，現行法の基調である婚姻により形成される核家族の具象化として「夫婦と未成熟子からなる家族共同体ないし家庭の名」であるという見方もある。また，現在でもなお「家名」であるとの認識を持つ市民も少なくないし，「血統」（特に父系）を示すものという理解，あるいは戸籍との関係性を強調して「同籍者集団の名称」であるという理解もある。裁判例では，「氏名は，社会的にみれば，個人を他人から識別し特定する機能を有するものであるが，同時に，その個人からみれば，人が個人として尊重される基礎であり，その個人の人格の象徴であって，人格権の一内容を構成する」という理解が示されている（最判昭63・2・16民集42巻2号27頁）。

　これに対し「名」は個人性が強く，基本的に家族内で同一名を用いることは人の混同を生じさせることから，出生の届出の段階で認められないことが多い。例えば，子に「伸子（しんこ）」と命名することは母「伸子」と識別・特定することが困難となるとして認められなかった（名古屋高決昭38・11・9高民集16巻8号664頁）。しかし，先祖代々，共通の字を子孫が継ぐことで名の系統性を示すもの（毛利家の「元」，徳川家の「家」など），あるいは支配者の名の一字を賜ることで主従関係を示すなど，他人との関連性を帯有する名もある。

II　現行法における夫婦の氏

(1)　夫婦同氏の原則

(ア)　夫婦同氏の意義　　現行法において，婚姻の際に夫婦が同じ氏を称するものとされているのは，明治民法以来の社会慣行が国民意識に根付いているということを基礎として，夫婦と子からなる家族の一体性を実現し，家族の客観的，精神的なきずなを形成するのに役立つこと，社会的に夫婦となったことを自覚させること，夫婦であることの社会的公示手段となることなどがその意義としてあげられる（床谷文雄「夫婦の氏」講座・現代家族法II88頁）。また，選択的であれ夫婦別氏に反対する論拠として，父母の一方と子の氏が異なることで，子と親との同一化を妨げ，周囲から父母が離婚した子である

168　〔床谷〕

第2節　婚姻の効力　　　　　　　　　　　　　　　§*750*　II

かのように受け取られ，いじめを受けるなど子に悪影響をもたらすおそれが
あること，父母の氏が異なれば子の氏を決めるのが困難となる場合があるこ
となどが指摘されている。後掲最高裁平成27年大法廷判決も，夫婦の子
（嫡出子）が父母双方と同じ氏を称することを子（嫡出子）の利益に適うもの
と理解している（最大判平27・12・16民集69巻8号2586頁）。

　夫または妻の氏のいずれかを夫婦の氏として選択すべきことから，夫婦双
方は，いずれも自己の氏を夫婦の氏としうる（氏を保持する）にせよ（形式的平
等），他方は，必ず従前の氏を放棄しなければならない。外国法に見られる
いわゆる結合氏（複合氏）の形で，従前の氏を氏の一部に残すこともできな
い（配偶者が外国人である場合の戸籍法107条による結合氏の可能性については，→ II
⑶）。ただし，呼称が同じ氏（佐藤，鈴木，伊藤等）であっても，夫の氏の佐藤
か妻の氏の佐藤かを選択する。養子と実子が婚姻する場合のように，民法上
の氏を同一とし，同一戸籍にある者同士でも同様である。

　(イ)　**夫婦の氏の届出と戸籍編製**　　婚姻の届出の際に決められた「夫婦の
称する氏」を基に戸籍が編製される。婚姻によって氏が変更されない夫婦の
一方を戸籍筆頭者とする戸籍が既にあれば，その戸籍に配偶者欄が設けられ
る（入籍される）ことになる。それがなければ新戸籍を編製する。戸籍の所在
地である本籍は，日本国内であれば現に居住しているか否かに関わりなく，
どこにでも置くことができる。「1の夫婦及びこれと氏を同じくする子」ご
とに戸籍を編製することで（戸6条），1つの家族が示されることになるが，
戸籍は必ずしも，現実の家族共同生活を反映するものではない。

　婚姻をしようとする者は，夫婦が称する氏を届書に記載して届け出なけれ
ばならない（戸74条1号）。民法では，本条は「婚姻の効力」の節に規定され
ているが，婚姻の届出の記載事項となっているため届出の受理要件の一部を
構成する（739条・740条）。婚姻後の氏の選択をしていない婚姻届は受理され
ないので，これは実質的に婚姻の要件（婚姻障害）と化しているという批判
が夫婦別姓論者からなされてきた（星野澄子・夫婦別姓時代〔1987〕81頁ほか）。
もっとも，外国において，その国の方式に則り婚氏を定めずに婚姻すること
は国際私法上可能であると解され（法適用24条2項。ただし，婚姻の報告的届出
は夫婦の氏を定めない限り受け付けられないであろう），また夫婦が称すべき氏を定
めない婚姻届が過誤で受理されてしまえば（戸籍実務の現状からは非現実的想定

〔床谷〕　169

§ *750* Ⅱ   第4編　第2章　婚　姻

だが），夫婦の氏の定めのない婚姻が有効に成立する。この場合，戸籍事務
管掌者は，夫婦の氏に不備があるとして追完を求めることができるが，当事
者が応じなければ，夫婦の氏は職権で訂正しうる事項ではないため，戸籍の
ない婚姻となる（常岡史子「戸籍制度と氏をめぐる問題」法時88巻11号〔2016〕47
頁は，追完がなされなければ結局当該婚姻届出は不受理となる外ないという）。

(2)　**婚姻後に夫婦の一方が養子となった場合など**

　夫婦同氏の原則は，婚姻する際に夫婦の一方が氏を変更して夫婦同氏にな
るだけではなく，婚姻が継続している間は，夫婦は常に同氏であることを意
味する。夫婦の一方が他人の養子となったときは，養子となったのが婚姻の
際に氏を改めなかった者であるときは，その者が養親の氏を称することにな
る（810条本文）のに伴い，婚姻の際に氏を改めた配偶者も，配偶者の称する
養親の氏を称することになる。他方，婚姻によって氏を改めた者のみが養子
となったときは，婚姻の際に定めた氏を称すべき間は，養親の氏を称しない
（810条ただし書）。離縁の場合についても，同様のことがある。

　婚姻の際に氏を改めなかった夫婦の一方が父から認知され，父の氏に変更
したとき（791条），あるいは婚姻の際に氏を改めなかった夫婦の一方の父母
が離婚し，その夫婦の一方が，復氏した父または母の氏に変更したときは，
同様に夫婦の他方の氏の変更が生ずる。

(3)　**外国人との婚姻の場合**

　(ア)　**外国人配偶者の氏への変更**　　前述のとおり（→Ⅰ(1)(エ)），本条は日本
人と外国人との婚姻には適用されないと解されている。それでも，夫婦同氏
を志向する立法者は，配偶者である外国人の称する氏に変更することを望む
者に対し，婚姻から6か月以内に限り，戸籍法による届出をすることで，外
国人配偶者の氏への変更を認めている（戸107条2項）。ただし，ここでいう
外国人配偶者の氏とは，その者の本国法上の法的な氏を指しており，外国人
配偶者が使用する通称への変更を希望する場合は，原則に戻り，「やむを得
ない事由」を要件とする家庭裁判所の許可（戸107条1項）が必要である。例
えば，在日韓国人である夫の通称氏への変更につき，外国人配偶者が通称と
して日本名を永年使用し，社会生活で通称が定着しているときには（外国人
登録証明書〔現行外国人住民票〕への通称記載があり現に使用），「やむを得ない事
由」があるとしたものがある（福岡高決平22・10・25家月63巻8号64頁）。

170　〔床谷〕

第2節　婚姻の効力　　　　　　　　　　　　§*750*　Ⅱ

　また，日本人配偶者の称する氏と外国人配偶者の称する氏を併記した新た
な氏（結合氏）に変更する場合も，家庭裁判所の許可を得なければならない。
国際結婚が増加している中では，各国における氏の制度の相違も反映し，外
国人と婚姻した日本人について，単に外国人配偶者の氏に変更するのでは足
らず，妻の氏と夫の氏を併記した新たな氏を使用する必要性が高い場合が出
てくることは当然考えられる（東京家審平2・6・20家月42巻12号56頁）。外国
人配偶者の氏が結合氏の場合は，その結合氏の一部の氏への変更や，当該結
合氏の一部と自己の氏を結合させる新しい結合氏に変更することもありうる。

　(イ)　婚姻後に配偶者が帰化した場合　　日本人である夫婦の一方が外国人
の称している氏に変更した後に，当該外国人配偶者が帰化した場合，外国人
の氏を称している日本人配偶者の戸籍に入籍するか，帰化した配偶者を筆頭
者とする新戸籍を編製して，日本人配偶者がこれに入籍する。帰化した者の
称する氏は原始取得と解されるが，配偶者が日本人であることから，配偶者
と同一の氏を取得した者と解して夫婦の戸籍を編製するのが自然である。

(4)　本条の憲法適合性

　夫婦の一方に氏の変更を強いることになる民法750条は，憲法および女性
差別撤廃条約に違反するものであり，国会が同条を改正しなかった立法不作
為は違法であるとして，国家賠償法1条1項に基づき国に損害賠償を求めた
訴訟において，最高裁判所は，口頭弁論を経た上で，本条は憲法に違反しな
いと結論づけた（最大判平27・12・16民集69巻8号2586頁）。

　最高裁判所の多数意見は，①婚姻の際に「氏の変更を強制されない自由」
が憲法上の権利として保障される人格権の一内容とはいえない（憲法13条に
違反しない），②民法750条の規定は夫婦がいずれの氏を称するかを夫婦とな
る者の間の協議に委ねており，夫婦同氏制それ自体に男女間の形式的な不平
等が存在するわけではない（憲法14条1項に違反しない）とした上で，③憲法
24条適合性について，つぎのように判示した。すなわち，夫婦同氏制は，
わが国の社会に定着してきたものであり，社会の自然かつ基礎的な集団単位
である家族の呼称を1つに定めることには合理性が認められること，夫婦同
氏は，家族という1つの集団を構成する一員であることを対外的に公示し，
識別する機能を有しており，嫡出子が両親双方と同氏である仕組みを確保す
ることにも一定の意義があること，他方で，夫婦同氏制の下，婚姻によって

〔床谷〕　171

§750 III

第4編 第2章 婚姻

氏を改める者にとって，アイデンティティの喪失感を抱くなどの不利益を受ける場合があることは否定できず，妻となる女性が不利益を受ける場合が多いことが推認できるが，これらの不利益は，氏の通称使用が広まることにより一定程度は緩和されうるものであること，これらを総合的に考慮すると，夫婦同氏制が直ちに個人の尊厳と両性の本質的平等の要請に照らして合理性を欠く制度であると認めることはできず，民法750条の規定は，憲法24条に違反するものではない，と。この多数意見は，選択的夫婦別氏制に合理性がないと断ずるものではないが，夫婦同氏制の採用は，嫡出子の仕組みなどの婚姻制度や氏の在り方に対する社会の受け止め方に依拠するところが少なくなく，この種の制度の在り方は，国会で論ぜられ，判断されるべき事柄であると付言している。

本判決には，本件規定は憲法24条に違反するが，国家賠償法1条1項の違法性があるとはいえないとする意見（岡部，櫻井，鬼丸，木内各裁判官）および社会構造の変化は法制審議会が選択的夫婦別氏制を提案した1996（平成8）年以降更に進んだとみられ，海外でも例外を許さない夫婦同氏制はわが国以外にほとんど見当たらないこと，女子差別撤廃委員会からは2003（平成15）年以降繰り返し夫婦の氏に関する差別的規定について懸念が表明され廃止が要請されていることなどを指摘して，1996（平成8）年以降相当期間を経過した時点で本件規定が憲法に違反することが国会にとっても明白になっていたといえ，国家賠償請求を認容すべきであるという反対意見（山浦裁判官）が付けられており，将来の方向性をうかがわせる。

III 立法論（選択的夫婦別氏制）

(1) 夫婦別氏制をめぐる動き

(ア) 初期（戦後改正〜1960年代） 夫婦の氏のあり方については，戦後の民法改正時においても，立法に関与した学者間に議論があった。1954（昭和29）年7月以降の法制審議会でも，婚姻による氏の変更を不利益とする人々がある以上，夫婦の異姓を認める社会的必要があるとの考え方が述べられたが，疑問を呈する意見もあり，結局，1955（昭和30）年の法制審民法部会小委員会「仮決定及び留保事項（その1）」では，「夫婦異姓を認むべきか否か

172 〔床谷〕

第2節　婚姻の効力　§*750*　III

等の問題につき，なお検討の必要がある」と留保された。

当時の裁判例でも，「夫婦同氏の制度は，夫婦の一方に対し，その者の生来の表象であり同一性の標識であった氏の放棄および他方の氏への改氏を強いることとなり，その者に対しただに精神的苦痛を与えるに止まらず，改氏によって社会生活上の，なかんずく取引関係での混乱を惹起し，もって氏の不可変更性の根本理由である法的安定性を害するに至るばかりでなく，婚姻による改氏を強いられるのが多く女性の側にある現実をみれば，憲法上保障される両性の本質的平等が実質的に冒される結果を招来するおそれさえあるうえ，本来婚姻と夫婦同氏制が必然的に連繋するものとは解せられず，むしろ氏は婚姻から解放さるべきであるとする思潮を併せ考えると，離婚に伴い氏を同じくするか別氏とするかの選択の余地のない夫婦同氏制は根本的に再考されなければならないであろう」（東京家審昭 34・6・15 家月 11 巻 8 号 119 頁）という夫婦別氏制の先駆的見解が示されていた。

　(イ)　1970 年代〜1990 年代　　1970 年代になると，国際的な女性の権利伸張の潮流とともに，社会における別姓結婚のひろがりが見られるようになった（通称使用または事実婚）。「結婚改姓に反対する会」の発足（1974〔昭和 49〕年），婚氏続称の制度化（1976〔昭和 51〕年），国籍法・戸籍法改正（1984〔昭和 59〕年，1985 年〔昭和 60〕1 月施行），夫婦別姓選択制をすすめる会（東京）による夫婦の姓に関するアンケートで専業主婦の 7 割以上が別姓選択制に賛成したこと，1985（昭和 60）年の東京弁護士会・女性弁護士に対するアンケートで別姓導入に賛成が 73.5％ あったこと，女子差別撤廃条約批准（1985〔昭和 60〕年），通称使用裁判（関口訴訟）提訴（1988〔昭和 63〕年），選択的夫婦別氏制導入に関する東京弁護士会意見書（1989〔平成元〕年），夫婦別氏制採用に関する大阪弁護士会意見書（1990〔平成 2〕年）など，社会的な要請が目立つようになった。

他方で，この頃の裁判例では，「親族共同生活の中心となる夫婦が，同じ氏を称することは，主観的には夫婦の一体感を高めるのに役立ち，客観的には利害関係を有する第三者に対し夫婦であることを示すのを容易にするものといえる。したがって，国民感情または国民感情及び社会的慣習を根拠として制定されたといわれる民法 750 条は，現在においてもなお合理性を有するものであって，何ら憲法 13 条，24 条 1 項に違反するものではない」（岐阜家

〔床谷〕　173

§750 III
第4編 第2章 婚姻

審平元・6・23家月41巻9号116頁）とされていた。また，婚姻前の氏名を通称として用いてきた国立大学の女性教授が，大学側による戸籍上の氏名の使用の差止め，通称使用の妨害排除等を求めた訴訟でも，夫婦同氏制は，主観的には夫婦の一体感を高める場合があり，客観的には利害関係を有する第三者に対し夫婦である事実を示すことを容易にするものであるから，民法750条は合理性を有し憲法に反せず，また通称（婚姻前の氏名）を使用する権利が憲法13条によって保護されているとは断定できないとして，訴えが退けられている（東京地判平5・11・19判タ835号58頁。後に東京高裁で和解）。

　(ウ)　1996（平成8）年民法改正要綱　　1996（平成8）年2月，法制審議会は，「婚姻の際に定めるところに従い，夫若しくは妻の氏を称し，又は各自の婚姻前の氏を称するものとする」という選択的夫婦別氏制導入を含む「民法の一部を改正する法律案要綱」を公表した。これによれば，夫婦は共通の氏を定めることも定めないこともできるが，別氏夫婦から出生した子は，婚姻の届出の際に夫婦が子の称すべき氏として定めていた，父または母の氏を称する。また，子の出生時において兄弟姉妹の氏は同一とするものとされていた。しかし，政府はこの婚姻法改正案を全体として留め置き，法律案は国会に提出されなかった。その後，散発的に野党案・議員団案が国会に上程されたりもしたが改正は実現していない。

　(エ)　世論の動向　　選択的夫婦別氏（姓）に関する世論調査が数年おきに内閣府（旧総理府）で行われている。2001（平成13）年調査では，選択的別姓支持42.1%（男性40.9%，女性43.2%），同姓支持29.9%（男性33.7%，女性26.5%），同姓通称使用支持23.0%（男性20.9%，女性24.9%）と別姓賛成意見が強くなったが，その後の調査結果からみれば，なお世論は大きく分かれている。

　世代で賛否が大きく異なっており，若い世代には賛成が多い。2012（平成24）年12月調査（20代から70代以上の日本国籍の男女3041人が回答）では，選択的夫婦別氏賛成35.5%，反対36.4%であったが，賛成は20代で47.1%（女性では53.3%），30代で44.4%（女性では48.1%），40代で43.9%，50代で40.1%，60代で33.9%，70代では20.1%と減少する。反対の割合が多い60歳以上の者が回答者の約47%を占めることが，全体の賛否の比率に影響を与えている。夫婦同氏とすべきだが，「旧姓を通称として自由に使える」ものとする法改正に賛成する者も24%ある。これを法律で夫婦別氏を認めることに

174　〔床谷〕

第2節　婚姻の効力　　　　　　　　　　　　　§*750*　Ⅲ

選択的夫婦別氏制度に関する世論調査結果（総数比較）

年	法律を改めてもかまわない	夫婦は必ず同じ名字（姓）を名乗るべきだが，婚姻前の氏を通称として使えるように法律を改めることはかまわない	夫婦は必ず，おなじ名字（姓）を名乗るべきであり，法律を改める必要はない	わからない
昭和51年	20.3%	62.1%		17.6%
昭和59年	19.4%	57.4%		23.2%
昭和62年	13.0%	66.2%		20.8%
平成2年	29.8%	52.1%		18.1%
平成6年	27.4%	53.4%		19.2%
平成8年	32.5%	22.5%	39.8%	5.1%
平成13年	42.1%	23.0%	29.9%	5.0%
平成18年	36.6%	25.1%	35.0%	3.3%
平成24年	35.5%	24.0%	36.4%	4.1%

■ 法律を改めてもかまわない
□ 夫婦は必ず同じ名字（姓）を名乗るべきだが，婚姻前の氏を通称として使えるように法律を改めることはかまわない
■ 夫婦は必ず，おなじ名字（姓）を名乗るべきであり，法律を改める必要はない
■ わからない

反対するものと捉えるか，夫婦別氏（各自の呼称保持）の必要性を認めるものと捉えるかによって，世論の読み方が異なってくる（坂本洋子「『世論』は，本当に選択的夫婦別氏制度に反対なのか」時の法令1928号〔2013〕38頁）。

(2)　選択的夫婦別氏制の論拠

　現行の夫婦同氏制は，形式的には，夫婦のいずれにも従前の氏を保つ可能性を認めているが，実質的には，ほとんどの場合に女性に改氏の不利益を強いるものであって，婚姻をあきらめるか氏を捨てるかの選択を迫られることになる。夫婦同氏の正当化根拠として夫婦・家族の一体感が挙げられるが，氏が同じであることよりも夫婦関係の実態を重視すべきである。また，子の氏が父母の一方と異なることを特別視すべきではなく，子の福祉に反することはない。通称使用により不利益は減少している面はあっても，通称を許容しない職場も少なくないし，戸籍上の氏と通称の使い分けは不便であって，アイデンティティを表象する個人の氏名を保持する権利を尊重すべきである。現行戸籍は同氏制を前提とするが，夫婦別氏に即した戸籍編製もありうるし，戸籍を廃止して個人登録制にすることも考えられる（→Ⅲ(3)(イ)）。

　これらの夫婦別氏賛成論は，個人が婚姻後も氏を保持することに個人とし

〔床谷〕　175

§750 Ⅲ 第4編 第2章 婚姻

ての利益を見いだすものであるが，他方で，異なる論拠による夫婦別氏待望論もある。すなわち，夫婦同氏は一人息子・一人娘が増えてくる時代にそぐわない，夫婦別氏により，婚姻しても子ども本人が，あるいはその子が家の氏を継ぐ可能性を残したいという，旧来の家意識に近い親の意思・利益から来る別氏賛成論があることにも注意しなければならない。

(3) 夫婦別氏制の課題

(ア) **子の氏の定め方**　選択的であっても夫婦別氏を認めた場合，子の氏の定め方をどうするか。まず，子の氏を婚姻の届出の際に定めるのか，出生の届出をする際に定めるかが問題となる。婚姻の届出時とすれば，子の氏につき合意がなければ婚姻することができなくなる。出生の届出時とすると，出生前に父が死亡し，または行方不明であるとき，分娩の際に母が死亡したとき，父母が別居しているなどの理由で父母の協議ができない場合，または協議がまとまらない場合に，子の氏をいかに定めるかが問題となる。兄弟姉妹は同じ氏とすべきかどうかについても，見解の分かれるところである。婚姻の際に定めておく場合は，兄弟姉妹は皆，同氏になる。他方，出生時に定める場合は，第一子のみそのようにし，第二子以降は第一子と同じにすることも考えられるが，兄弟姉妹でも異なることを認めるのが自然である。

　子の意思の尊重という視点からすれば，成長後に本人の意思で氏を変更することを認めるかどうかも問題となる。現行規定を類推するならば，15歳に達した後は（あるいは成年到達後一定の期間），自己の意思による氏の変更を認めることが考えられる。

(イ) **戸籍制度のあり方**　戸籍制度と氏をめぐる問題は様々な論議を呼んできたが（常岡史子「戸籍制度と氏をめぐる問題」法時88巻11号〔2016〕45頁），選択的夫婦別氏制の採用に踏み切る場合，戸籍の編製をどのようにするかが直接的な問題となる。これは戸籍編製という技術的な問題であるとともに，その基盤となる人の身分把握にかかる思想的課題でもある。現行法のような同氏夫婦親子を一体的に登録する戸籍制度ではなく，個人登録制度に変更すべきであるという意見も少なくない（二宮周平・戸籍と人権〔新版，2006〕58頁以下に具体的提案がある）。戸籍制度を維持しながら夫婦別氏を導入する案も，種々考えられる。1996（平成8）年に法制審議会が選択的夫婦別氏制を提案した際，民事行政審議会からは，同氏・別氏を問わず一の夫婦およびその双

176　〔床谷〕

第2節　婚姻の効力　　　　　　　　　　　　　§*750*　**III**

方または一方と氏を同じくする子ごとに戸籍を編製し，別氏夫婦の場合は子
が称する氏として定めた氏を称する者を戸籍筆頭者とする案が示された（原
優「選択的夫婦別氏制度の導入と戸籍制度について」現行戸籍制度50年の歩みと展望
〔1999〕793頁以下）。これは夫婦「同氏同籍」の原則をくずしながら，親子に
ついては「同氏同籍」を維持する考え方である。これに対して，同氏夫婦同
籍を維持して，別氏夫婦は別戸籍とし，夫婦の子は氏を同じくする父母の一
方の戸籍に登載する案，夫婦の共通の子（嫡出である実子または養子）を夫婦と
同籍させる案，未成年者は親権者と同籍させる案なども考えられる（床谷文
雄「氏と戸籍」谷口知平追悼第1巻・家族法〔1992〕17頁以下など参照）。

　1994（平成6）年に開始された戸籍のコンピュータ化は，2017（平成29）年
4月現在，全国市区町村の99.8%に達する。マイナンバーの戸籍事務への導
入も予定されているが，こうした方向が進めば，夫婦同氏か夫婦別氏かにか
かわらず，個人籍化して父母と子に関する事項（家族事項）を付記する方式
への変更も視野に入ってこよう。

　(ウ)　通称使用の意義　　前掲最高裁平成27年12月16日大法廷判決は，
婚姻改氏による不利益を認めながらも，通称使用の普及により不利益は緩和
されている面があると指摘している。確かに，外資系その他大手企業では通
称を認める職場が増えており（民間調査機関である労務行政研究所の調査では，通
称を認める企業は2013年には64.5%），国の行政機関でも2001年に通称使用に対
する配慮が申し合わされ，地方自治体でも対応が進められている。政府も，
パスポート，住民票，マイナンバーカードに旧姓併記を認める方向で検討し
ている（「女性活躍加速のための重点方針2017」）。

　しかし前掲最高裁大法廷判決後も，某私立高校が女性教師の教育業務にお
ける婚姻前の氏の使用（旧姓使用）を認めないことに対して，憲法13条違反
を根拠とする氏名権侵害妨害排除・損害賠償請求の訴えが提起されたが，東
京地方裁判所は，戸籍上の氏の持つ個人の識別特定機能を強調して請求を棄
却した（東京地判平28・10・11判時2329号60頁。本判決に対する批判として，二宮周
平「婚姻前の氏の使用と人格的利益の保護」戸時748号〔2016〕9頁）。そこには，い
まだに戸籍上の氏こそが合法的に社会に遍く通用するものであり，個人を完
全に表象するものと捉える考え方がある。最高裁が説くほどに通称使用が一
般的に理解されているとはいえない状況の一端を示した判決である（結局，

〔床谷〕　177

§ *750* IV 第4編 第2章 婚姻

2017年3月に，東京高裁で，税金など一部の事務手続を除いて旧姓使用を認める和解が成立）。最高裁は2017（平成29）年9月から，判決や決定などの裁判関係文書で裁判官や書記官が旧姓を使用することを認めることとした。そもそも，戸籍名と通称（旧姓）を使い分けさせること自体に対し，氏名の人格権性を侵害するという批判も有力である。

IV 外国法における夫婦の氏

諸外国においても，社会を構成する個人を氏名で識別し特定することは，一般的である。民法の中に氏名に関する規定を持つ国，氏名に関する特別法を持つ国，成文法に規定はなく，慣習法による国など多様である。一定の範囲の者が共通に称する氏（ファミリー・ネーム）と各人固有の名（パーソナル・ネーム，ファースト・ネーム）の組合せとなっている国が多いが，氏と名が区別されず，一体として1つの個人名と考えられている国もある。以下では，英米欧アジアの夫婦の氏に関する法制を概観する（各国法制につきドイツ語で解説・条文訳を提供する資料として，Bergmann/Ferid/Henrich, Internationales Ehe- und Kindschaftsrecht を参照）。

(1) コモン・ロー諸国

英国，米国，ニュージーランド，カナダ（ただし，ケベック州は婚姻しても氏は不変とする）などのコモン・ロー諸国では，一般的に，氏は慣習法により定められる（一部の法域には制定法もある）。コモン・ローの伝統により，氏は基本的に，詐害の意図がない限り自由に変更することができる。夫婦の氏の定めも自由であるが，実際上，妻は夫の氏を名のることが多いとされる。離婚後も，夫の氏を使用することができるし，婚姻前の氏に復することも可能である（新版注民(21)350頁〔黒木三郎〕）。

(2) ド イ ツ

妻が夫の氏を取得することは近代前に慣習法として確立しており，民法典はこれを明文化した（ド民旧1355条）。男女同権法（1957年）後，妻に結合氏が認められ，さらに1976年法では，夫または妻の氏のいずれを共通の家族名（氏）にするかにつき合意がなければ夫の氏としていたが，この夫優位は憲法裁判所で違憲とされ，1993年に法改正された（ドイツ法の詳細は富田哲・

178 〔床谷〕

第2節　婚姻の効力　　　　　　　　　　　　　　　　　§750　Ⅳ

夫婦別姓の法的変遷──ドイツにおける立法化〔1998〕）。現行法では，なお同氏を原則とするが（共通の家族名を定めるものとする），定めがなければ別氏となる（ド民1355条1項）。夫婦の一方の氏を共通の氏とした場合，他方は，自己の氏を共通氏に前置または後置して結合氏とすることもできる（同条4項）。伝統的に，夫婦の氏は出生氏（生来氏ともいう。新版注民(21)349頁〔黒木〕），すなわち出生証書に記載された氏から選択するものとされていたが，2005年法改正で，前婚で得た氏（前婚の配偶者の氏）を後婚の婚氏とすることも可能となった（ド民1355条2項）。婚姻が解消しても氏は変わらないが，身分登録官に届け出ることにより，出生氏または婚姻の際に称していた氏に復することができるし，共通氏に出生氏または婚姻の際に称していた氏を結合させることもできる（同条5項）。

(3)　オーストリア

当初は（1811年一般民法），妻は婚姻により夫の氏を称するものとされていたが，1975年法では妻の氏を共通とすることもできることになり，1995年改正法では，夫婦いずれかの氏を共通氏と定めるが（他方は旧氏を結合可），合意により別氏も可能となった。しかし，定めがなければ夫の氏が共通氏とされた（オーストリア民法旧93条）。2013年法改正（2013年4月1日以降の婚姻）では，夫婦は定めた共通氏を称するが（双方の氏の結合氏を共通氏とすることも可能），定めがないときは従前の各自の氏を称するものとした。夫婦の一方の氏を共通としたときは，他方は，自己の氏を付加（ハイフンで結合）することができる（オーストリア民法93条）。婚姻解消後は，以前の氏に復することができる（同法93a条）。

(4)　ス　イ　ス

旧法（1984年法）では，夫の氏を夫婦の家族名（氏）とする旨定めていたが（ス民旧160条1項），妻は，自己の氏（二重氏のときは最初の部分）を夫の氏の前に置くこと（ハイフンはなし）も可能であった（同条2項・3項）。ただし，考慮に値すべき理由があれば，住所地のカントン政府の許可により，妻の氏を夫婦共通の氏とすることもできた（一種の氏の変更。ス民旧30条2項）。離婚したときも氏は原則として変わらないが，1年以内に申し立てることにより出生氏または婚姻前の氏に復することができた（ス民旧119条1項）。2011年改正（2013年1月1日施行）では，夫婦は，原則として各自の氏を保持するが（ス民

〔床谷〕　　179

§*750* Ⅳ   第4編 第2章 婚 姻

160条1項），一方の氏（出生氏）を共通の氏とすることもできるものとした（同条2項）。離婚後の復氏には期限がなくなっている（ス民119条）。

(5) フ ラ ン ス

　伝統的には婚姻に伴う氏の法的な規制はなく，婚姻しても人の出生時に得た氏は不変と考えられているが，慣習として，妻は夫の氏を使用することが一般的であった（使用上の氏。nom d'usage）。ただし，地域的に夫が妻の氏を自己の氏に付加して二重氏として使用することもできた（滝沢聿代・選択的夫婦別氏制——これまでとこれから〔2016〕246頁）。使用上の氏については法規定が変遷しているが，近時の法改正では（2013年5月19日施行），妻が夫の氏を使用するだけではなく，夫が妻の氏を使うことも認められている（フ民225-1条）。また，配偶者の氏をそのまま使うだけではなく，自己の氏に配偶者の氏を結合（前置または後置）させることも認められている。離婚したときは（2005年1月1日施行），原則として，この氏の使用権は失われるが，継続使用することに前配偶者の同意があるとき，または自己のもしくは子の特別の利益により正当とされるときは，裁判官の許可を得て，続称することができる（フ民264条）。この裁判官の許可は，再婚しても失効しない（田中通裕「注釈・フランス家族法(8)」法と政治63巻4号〔2013〕140頁）。

(6) イ タ リ ア

　婚姻しても夫の氏は変わらないが，1975年民法改正後は，妻は，自分の氏の後に夫の氏を結合させることが一般的である（イタリア民法143条の2）。ただし，結合させる義務はないとされるので，自己の従前の氏をそのまま使うことも少なくない。結合氏を使用する妻は，離婚後も婚姻前の氏に復するかどうかは自由である。

(7) オ ラ ン ダ

　婚姻による氏の変更はない。夫婦の一方は，他方の氏を使うこともできるし，自己の氏に他方の氏を前置または後置して結合氏とすることもできる。婚姻解消後も，婚姻中に称していた氏をそのまま使うことができる。

(8) ス ウ ェ ー デ ン

　同氏または別氏の選択が可能である（スウェーデン氏名法9条）。共通氏は夫婦の一方の氏であり，前婚で得た氏を共通の氏とすることはできない。いったん定めた共通氏を他方の氏に変更することも可能である（同法10条）。か

180　〔床谷〕

第 2 節 婚姻の効力 　　　　　　　　　　　　　　　§750　IV

つては結合氏（ハイフンでつなぐ）が使われていたが，現在は認められていない。

(9)　スペイン

夫婦の氏に関する規定は，民法にはない。婚姻は個人の氏（出生の際に父の氏の一部と母の氏の一部で構成される）に影響せず，夫婦は別氏である。ただし，慣習的に，妻は，社会生活で夫の氏も使うことができる。公的関係以外では，自己の氏（またはその一部）と夫の氏を列記した結合氏（de を挟む）を使用することもある。離婚後は，婚姻前の氏に復する。スペイン法の影響によりメキシコ，ペルー，コスタリカなどでも，妻の氏は不変であるが，夫の氏を結合させて使うこともできる。

(10)　ポルトガル

伝統に従って，夫婦は，それぞれ自己の氏を保持する（ポルトガル民法 1677 条）。ただし，自己の氏に配偶者の氏（結合氏から 2 つまで選択可能）を付加することができる（個人の氏は，通常，母の氏と父の氏が列記される〔de 等の接続詞やハイフンの有無は考慮せず 4 個まで〕ので，配偶者の氏を追加すると 6 個までの列記となりうる）。夫婦の一方が自己の氏を放棄して配偶者の氏と同氏にすることは，ポルトガルの公序に反するという見方もある。婚姻解消後も，原則として，婚姻中の氏が保持される。

(11)　ブラジル

1916 年民法では，妻は，自己の氏に夫の氏を付加して結合氏とすることが義務となっていた（ブラジル民法旧 240 条）。1977 年改正により，結合氏は妻の義務ではなくなり，妻の意思に委ねられた（自己の氏と夫の氏の間に de〔dos あるいは do 等〕を挟む例と挟まない例がある）。2002 年改正後，妻だけではなく，夫も妻の氏を付加して結合氏とすることができるものとされた。夫婦の一方の氏による同氏とすることも（通常は夫の氏），別々の氏のままとすることもできる。有責者として離婚した者は，配偶者の氏を使用する権利を失う。無責配偶者は，配偶者の氏を使用することも，婚姻前の氏に復することもできる。

(12)　ジャマイカ

英連邦加盟国であるが，夫婦は，共通の氏（慣習法上，夫の氏）を称するものとされている。ただし，妻は，自己の氏を共通氏の前に置くことができる。

〔床谷〕　181

§750 IV

第4編 第2章 婚姻

⒀ ト ル コ

妻は夫の氏を称すると規定されるが（1926年トルコ民法153条，1997年改正187条），2001年新民法（2002年11月1日施行）では，妻は，自己の氏に夫の氏を付加することも可能とした（トルコ民法187条）。この夫優位の規定につき，ヨーロッパ人権裁判所では人権条約違反との判断が下され（2004年11月16日），さらに憲法裁判所も違憲と判断した（2013年12月19日）。その後も，民法の規定は廃止されていないようであるが，事実上の廃止であり，申出により妻は自己の氏を保持することができると解する見解が有力である（StAZ Nr. 2/2017, S. 42）。妻は，離婚後は原則として復氏するが，裁判所の許可により，婚姻中の氏を統称することも可能とされる（トルコ民法173条）。

⒁ 韓 国

父系出自の観念が強く，妻の姓は，父の姓のままで変わらない。日本とは逆に，別姓強制国であるが，子の姓は，婚姻の際に定めれば，母の姓とすることができる。

⒂ 中 国

法制上は，夫婦平等の権利として別姓を原則とする。ただし，同姓および冠姓（自己の姓に配偶者の姓を冠するもの）も可能である。

⒃ 台 湾

夫婦は，各自の本姓を保有するが，合意により，夫婦の一方が自己の本姓に配偶者の姓を冠すること（冠姓）も可能である。冠姓とした者は，婚姻中，1度に限り随時，その本姓を回復することができる（台湾民法1000条）。

⒄ タ イ

1962年法では，1つの家族名を定めるものとされていたが，常に夫の氏とすることは憲法違反とされた（憲法裁判所2003年5月5日判決）。2005年法では，夫婦は，夫または妻の氏を家族共通氏とすることができるが，定めなくてもよいものとされ，また妻は，自己の氏と夫の氏の結合氏を使うことも認められた。離婚後は，復氏する。

〔床谷文雄〕

第 2 節　婚姻の効力　　　　　　　　　　　　　　　　**§751　I**

（生存配偶者の復氏等）

第 751 条①　夫婦の一方が死亡したときは，生存配偶者は，婚姻前の
　氏に復することができる。

②　第 769 条の規定は，前項及び第 728 条第 2 項の場合について準用
　する。

　　　　〔対照〕　ド民 1355 V

I　本条の趣旨

　本条 1 項は，夫婦の一方の死亡によって婚姻が解消された場合につき，生
存配偶者（婚姻の際に配偶者の氏に改めた者）に対し，その自由意思により，婚
姻中の氏を称し続けるか，婚姻前の氏に復するかの選択を認めるもので，
1947（昭和 22）年民法改正で創設された制度である。本条は，婚姻の効果と
いうよりも，死亡による婚姻解消に伴う問題に関するものであるが，夫婦の
氏に関わるものとして，夫婦の氏を定める 750 条の次に置かれたものである
（新判例コメ(10)158 頁〔犬伏由子〕）。ただ，750 条に定める夫婦同氏の効力は，
夫婦の一方の死亡解消によって，当然には消滅しないことを明らかにしてい
ることから，夫婦同氏という婚姻の効力の及ぶ範囲を規定するという性格も
ある。死亡解消の場合とは対照的に，離婚による婚姻の解消の場合は，婚姻
の効力の消滅と同時に夫婦同氏の効力も当然に失われるので，婚姻によって
氏を改めた夫または妻は，当然に婚姻前の氏に復する（767 条 1 項）。

　本条 2 項は，生存配偶者が婚姻前の氏に復したとき，および生存配偶者が
姻族関係を終了させる意思を表示したとき（728 条 2 項）につき，協議離婚に
よる復氏の際の祭祀に関する権利（祭祀財産所有権）の承継に関する 769 条を
準用するものである。姻族関係終了の手続（姻族関係終了届）をした場合の祭
祀財産所有権に関して本条に規定することは，夫婦の一方の死亡に関する事
項として同一条にそろえて規定した方が分かりやすいという面もあるが，明
治民法では，夫婦の一方が死亡した場合において，婚家・実家の戸主の同意
を得て，生存配偶者が婚家を去って，実家に入るときは，姻族関係が終了し
（民旧 729 条 2 項），実家に復籍することで，当然に実家の氏を称することにな
ったわけであり，家制度の廃止により，明治民法の去家による復氏と姻族関

〔床谷〕　183

§*751* Ⅱ 第4編　第2章　婚　姻

係終了の一体的発生に代えて，復氏届と姻族関係終了届に分けて規定し，両者は連動しないものとされたものを，祭祀財産所有権の承継の場面で，再び結びつけているともいえる。2項については，氏の異同と祭祀財産所有権の承継を結びつけ，単なる呼称としての氏とは相容れない氏の特性をもたらす規定であって，家族制度的思想を法律に温存する結果となるとの批判がかねてなされている（新版注民(21)358頁〔黒木三郎〕）。

Ⅱ　夫婦の一方の死亡と復氏

(1)　生存配偶者の復氏

　夫婦の一方が死亡した場合，他方（生存配偶者）は，婚姻前の氏に復することができる。婚姻前の氏に復することができる生存配偶者は，当然ながら，婚姻の際に氏を変更した配偶者であり，婚姻の際に氏を変更しなかった配偶者は，婚姻前の氏に変更することはできない。例えば，婚姻の際に氏を変更しなかった者が，婚姻後に父から認知され，父の氏に変更した場合，配偶者が死亡しても，生存配偶者として復氏をすることができるわけではない。

　「婚姻前の氏」とは，死亡した配偶者と婚姻する際に称していた氏であり，婚姻前に称していた氏が複数ある場合に，複数の氏を自由に選べるわけではない。例えば，初婚時に配偶者の氏に変更し，その配偶者が死亡した後に復氏しないままに再婚し，再婚の配偶者の氏を称した者の場合，再婚の配偶者が死亡したときは，生存配偶者が本条の規定により復することができるのは，再婚の際に称していた初婚の氏であって，これを初婚時に称していた生来の氏（実方の氏）に変更するためには，別途，復氏届が必要であると解するのが論理的である。しかし，戸籍先例は，配偶者死亡後に復氏することなく転婚して氏を改めた後に離婚する場合には，その者の意思により前婚または実方いずれの氏にも復することができるとするので（昭23・1・13民甲17号民事局長通達），再婚の配偶者が死亡した場合の復氏届についても，復氏する氏は，前婚の氏または生来の氏のいずれかを選ぶことができることになる。本条の復氏手続には，時的制限はなく，再婚の解消後に，死亡解消した初婚について復氏の手続をすることもできるものと解されることから，2度行うべき復氏の届出を1度で済ませるということであろう。

184　〔床谷〕

第2節　婚姻の効力　　　　　　　　　　　　　　　　§*751*　II

　これに対して，初婚の配偶者と離婚した際に婚氏続称（767条2項）をした場合において，続称したまま再婚配偶者の氏に変更した者は，その再婚配偶者が死亡したときは，婚姻前に称していた初婚氏の続称に復氏する。これ（呼称）を生来の氏に変更するためには，家庭裁判所の許可を得て，氏の変更の届出をしなければならない（戸107条1項）。

　婚姻後に，夫婦が共同で養子となった場合には，当該夫婦の一方が死亡したからといって，生存配偶者が婚姻前の氏に復することができるわけではない。この場合は，養子縁組が続いている限り，養親子同氏の原則（810条）によって氏の変更は制限される。しかし，婚姻の際に氏を改めなかった夫婦の一方（96％は夫）のみが養子となったために，夫婦の他方（妻）も養親の氏に変更になった場合においては，夫が死亡したときは，妻は，婚姻前の氏に復することができる。ただし，養子縁組により変更される前の夫婦の氏に復することはできない（戸籍法107条の規定による氏の変更の可能性はある。また，亡夫と養親との死後離縁が成立したときは，縁組前の夫の氏に復し，生存配偶者としての復氏をすることができる）。

　外国人が帰化により配偶者の氏を称した場合において，配偶者が死亡したとき，生存配偶者から復氏届をした場合は，受理して差し支えないとされている（昭63・3・29民二2020号民事局長通達）。当該生存配偶者が帰化前に称していたのは外国人の氏であって，わが国民法上の氏ではないが，生存配偶者の復氏の届出により新編製される戸籍の関係では，本条のいう婚姻前の氏に準じて取り扱うことを認めるものである。

(2)　復氏届と復籍

　生存配偶者の復氏は，戸籍上の届出（生存配偶者の復氏の届出）をすることによって効力を生ずる（戸95条）。この届出はいわゆる創設的届出の一種である。ただし，本人確認の手続を必要とする創設的届出（戸27条の2）には含まれない。

　復氏届の効力により婚姻前の氏に復した者は，婚姻前の戸籍に入る。ただし，その戸籍が既に除かれているとき，またはその者が新戸籍編製の申出をしたときは，新戸籍を編製する（戸19条2項による同条1項の準用）。復氏届が本人の意思に基づかない場合，例えば，死亡した配偶者の親族が無断で提出したような場合は，無効であり，届出による戸籍記載がなされているときは，

〔床谷〕　185

§751 Ⅲ

第4編 第2章 婚姻

戸籍法114条の定める家庭裁判所の許可を得て，戸籍訂正の申請をすることができる（大阪高決昭55・4・3家月32巻7号56頁）。これに対して，無効な姻族関係終了届による戸籍記載については，戸籍法116条により姻族関係存在確認の確定判決または審判を必要とする（前掲大阪高決昭55・4・3）。

(3) 配偶者が外国人であるとき

750条と同じく，本条は，配偶者が外国人であるときには適用されないと解されている。婚姻の際に外国人配偶者の称する氏を称する手続（戸107条2項）をとっていた場合，配偶者の死亡の日から3か月以内に限り，戸籍法の定める届出をすることにより，生存配偶者が変更の際に称していた氏に変更することができる（戸107条3項）。この期間を経過した後は，やむを得ない事由を要件とする家庭裁判所の許可を得なければならない（戸107条1項）。

Ⅲ 祭祀財産所有権の承継者の指定

本条2項では，生存配偶者が復氏した場合および姻族関係を終了させた場合につき，769条を準用する。769条は，離婚復氏した者が，祖先の系譜・祭具・墳墓などのいわゆる祭祀財産の所有権を承継していた場合は，当事者その他の関係人の協議で，その権利を承継すべき者を定めなければならないものとし，協議が調わないとき，または協議をすることができないときは，家庭裁判所が定めるものと規定する。祭具等の所有権の承継は相続法理によらず，祖先の祭祀を主宰すべき者が承継するものとされており（897条），姻族を含む親族関係の存在および祀られる祖先との氏の異同は，祭祀承継者の決定に当たっての重要な考慮要素となることを考慮した規定である。

祖先の祭祀に関する祭具の権利とは別個に，死亡した配偶者の遺体ないし遺骨の所有権（その実体は祭祀のためにこれを排他的に支配し，管理する権利）は，死亡配偶者の祭祀を主宰する生存配偶者に原始的に帰属するとした事例がある（東京高判昭62・10・8家月40巻3号45頁）。

〔床谷文雄〕

第2節　婚姻の効力　　　　　　　　　　　　　　　　　§*752*　I

（同居，協力及び扶助の義務）
第752条　夫婦は同居し，互いに協力し扶助しなければならない。

〔対照〕　フ民212・214・215，ド民1353・1360・1360a・1361，ス民159・162-
　　　　　165・167・169-179

〔改正〕　〔789・790〕

細　目　次

I　本条の意義 …………………………187
　(1)　夫婦の同居・協力・扶助 ………187
　(2)　本条の対外的効力 ………………190
　(3)　規定改正の動き …………………192
II　同居義務 ……………………………193
　(1)　同居の意義と同居請求 …………193
　(2)　夫婦の居住権と建物の明渡請求 …195
　(3)　外国法 ……………………………196
III　協力義務 ……………………………197
IV　扶助義務 ……………………………199

　(1)　扶助義務の意義 …………………199
　(2)　扶助義務（本条）と婚姻費用分担
　　　義務（760条）との関係 …………200
　(3)　外国法 ……………………………202
V　貞操義務 ……………………………202
　(1)　貞操義務の意義 …………………202
　(2)　不貞の相手方に対する慰謝料請求
　　　 ………………………………………204
　(3)　外国法 ……………………………206

I　本条の意義

(1)　夫婦の同居・協力・扶助

　(ア)　沿革　　本条は，夫婦には同居し，相互に協力し，扶助する義務があるとする。夫婦は精神的・肉体的・経済的な共同体を形成することになるから，一般に法制度としての婚姻制度には，夫婦に共同体の維持・継続に努める義務があるとの規定が用意されることになる。

　明治民法（1898〔明治31〕年）においては，婚姻の効力として夫婦間の同居義務および扶養義務の規定が置かれていた。

　まず同居義務について，旧789条1項は「妻ハ夫ト同居スル義務ヲ負フ」とし，同条2項が「夫ハ妻ヲシテ同居ヲ為サシムルコトヲ要ス」としていたから，住居の選定権は夫にあり，夫はその住居に妻が居住することを要求できる一方，妻はその住居で夫と同居することを求めることができるという構造をとっていた。したがって，明治民法においては，夫婦の一体性が認識されつつも，夫と妻は対等ではなく，むしろ主従の関係と位置づけられていたことになる。

〔神谷〕　　187

§752 I   第4編 第2章 婚 姻

夫婦の一方が同居義務を履行しない場合には，明治民法下においても，他
方からの損害賠償請求の可能性が肯定され，また「悪意の遺棄」として離婚
の請求ができるものと解されていた。他方，同居の履行強制については，民
法制定当初は可能と解されており，旧人事訴訟手続法1条1項も「夫婦ノ同
居ヲ目的トスル訴」を認め，また同法16条が同居義務の仮処分を規定して
いた。もっとも，学説はこれに反対しており，判例も，大審院昭和5年9月
30日決定（民集9巻926頁）が「同居義務ノ履行ノ如キハ債務者カ任意ニ履行
ヲ為スニ非サレハ債権ノ目的ヲ達スルコト能ハサルコト」と判示し，同居義
務は強制履行になじまないとした。こうした考え方は今日まで受け継がれて
いる。

つぎに夫婦間の扶養義務について，明治民法においては，「婚姻ノ効力」
の規定として，旧790条が「夫婦ハ互ニ扶養ヲ為ス義務ヲ負フ」と定める一
方，「法定財産制」の規定として，「夫ハ婚姻ヨリ生スル一切ノ費用ヲ負担
ス」（民旧798条1項本文）と規定していた。しかし同時に，婚姻費用の負担に
ついては，親族間での扶養の規定の適用を妨げないものとされていたから
（民旧798条2項），家制度のもとで，夫婦間の扶養も親族間の扶養の規定（民
旧954条以下）に組み込まれていた。これによると，扶養を求める権利は，扶
養を受ける者が自己の資産または労務によって生活できない場合に発生し
（民旧959条1項），扶養の程度は，扶養義務者が自己のための相当な生活費を
控除してなお余裕があるときに，扶養権利者の需要と扶養義務者の身分およ
び資力に応じて定められた（民旧960条）。また，1人の扶養権利者に対して
配偶者を含む数人の扶養義務者がいる場合，配偶者は第一順位の扶養義務者
とされる一方（民旧955条1項第一），1人の扶養義務者に対して配偶者を含む
数人の扶養権利者がいる場合，配偶者は，直系尊属および直系卑属に次ぐ第
3順位の扶養権利者とされていた（民旧957条1項第三）。その結果，法文上は，
例えば妻が自己の資産や収入で自活できない場合，妻は，まずもって夫に扶
養義務の履行を求めることになるが，夫に扶養を要する父母や子がいるとき，
夫は，その父母や子の扶養を優先したうえで，なお余力があれば，妻からの
扶養請求に応ずべきものとされていた。

要するに，明治民法においては，夫婦の同居は，夫婦関係の本質的要素と
位置づけられていたものの夫中心の権利義務で構成され，また，夫婦間の扶

188 〔神谷〕

第2節　婚姻の効力　　　　　　　　　　　　　　　§752 Ⅰ

養は，家制度の下で複雑に親族間扶養に取り込まれており，必ずしも夫婦の扶養が優先するものとして位置づけられてはいなかった。

　(イ)　本条の生成　　日本国憲法24条1項は，「婚姻は，両性の合意のみに基づいて成立し，夫婦が同等の権利を有することを基本として，相互の協力により，維持されなければならない。」と定めた。家制度は廃止され，本条が，日本国憲法にいう婚姻の基本理念を実現する具体的な義務を規定した。また，夫婦間の扶養についても，親族間の扶養とは切り離され，本条がその直接の根拠とされることになった。婚姻は，それ自体が独立した家族関係と位置づけられ，夫婦はそれぞれ対等な当事者として相互に本条の義務を負う。

　本条にいう同居・協力・扶助義務は，婚姻の本質的義務とされており，したがって，本条は強行法規と解されている（新版注民(21)358頁〔黒木三郎〕，新基本法コメ56頁〔犬伏由子〕）。そこで問題となるのは，例えば「同居はしない」，あるいは「扶助しない」といった夫婦間での合意は法的な拘束力を有するかである。こうした合意が婚姻の届出と密接不可分に結びついている場合は，婚姻自体が無効とされる可能性もあるが（仮装婚における実質的意思説），一般的には，合意のみが無効と解され，夫婦がいったん「同居しない」あるいは「扶助しない」との合意をしても，その後に一方が翻意し，同居あるいは扶助を求めた場合，他方は同居義務や扶助義務を免れることはできないとされている。その意味で，本条は婚姻の定型を定め，これによって夫婦の個別の合意を規格化・平準化する働きをもっているといえる（大村129頁）。

　いずれにしても，本条は，同居・協力・扶助を法律上の義務としているから，義務違反がある場合には，明治民法下におけるのと同様，離婚原因（770条1項2号）や慰謝料等の損害賠償請求の原因になりうると解されている。また，本条に関する処分は，家庭裁判所の審判事項とされているから（家事別表第二1項），義務の履行を求めて審判の申立てをすることができる。もっとも，義務の履行を命じる審判があっても，前述のように同居義務および協力義務については法的強制にはなじまないから（前掲大決昭5・9・30），直接強制も間接強制も許されない。

　(ウ)　審判の合憲性　　同居の審判を求める家庭裁判所の手続をめぐって，公開の法廷において対審および判決を求める権利（憲32条・82条1項）が侵害されているとして争われた事案があった。これにつき，最高裁大法廷昭和

〔神谷〕　　189

40年6月30日決定（民集19巻4号1089頁）は，裁判官の全員一致で合憲と判断した。その多数意見は，理由づけとして，「〔夫婦の同居等に関する〕審判は夫婦同居の義務等の実体的権利義務自体を確定する趣旨のものではなく，これら実体的権利義務の存することを前提として，例えば夫婦の同居についていえば，その同居の時期，場所，態様等について具体的内容を定める処分であり，また必要に応じてこれに基づき給付を命ずる処分であると解するのが相当である」，「審判確定後は，審判の形成的効力については争いえないところであるが，その前提たる同居義務等自体については公開の法廷における対審及び判決を求める途が閉ざされているわけではない」とし，その意味で，裁判の対審公開の原則は保障されているとした。

　もっとも，この決定には7名の裁判官の少数意見が付けられている。これを要約すると，裁判の対審公開の原則は，憲法上例外を絶対に認めない趣旨ではなく，夫婦の同居に関する争いは，その事件の特殊性（夫婦共同生活体内部の倫理的・道義的な要素を多分にもった，むしろプライバシーの尊重確保の必要性が大きいといった特殊性）からすると，公開対審の原則にはなじまない例外にあたり，家庭裁判所が後見的立場から合目的的見地に立ち，同居の時期・場所・態様等について終局的に形成的処分をすべきものであって，これとは別に同居義務等自体の存否につき，公開の法廷で対審および判決を求める途は閉ざされていると解すべきで，そのように解しても憲法違反にはならない，とする。学説は，むしろ少数意見を支持するものが多いが（高橋宏志〔判批〕家族百選〔7版〕14頁等参照），とりわけ同居義務をめぐる裁判例では，上記の多数意見を意識して，同居義務の存在を前提としてその具体的内容を形成するものである旨を判示するものが見られるようになった（高松高決昭43・11・5家月21巻2号168頁，札幌高決昭51・11・12家月29巻5号65頁）。

　なお，本条の意義を検討するには外国法との比較研究も有用である。欧米諸国の家族法においても，おしなべて夫婦の対等，平等を基礎として，夫婦に婚姻共同体を維持する義務があるとする規定が置かれている。後述のⅡ以下で，フランス法およびドイツ法を中心に適宜紹介する。

　(2)　本条の対外的効力

　本条によって夫婦が同居・協力・扶助義務を負うことが対外的に何らかの意味を持ちうるかが問題となる。

第2節　婚姻の効力　　　　　　　　　　　　　§752　I

　ひとつは，夫婦の一方が，その勤務先の企業等から単身赴任を強いられる
ような配転命令を受けた場合に，本条を根拠に拒絶できるかが問われる。判
例は，個々の労働契約の解釈によって使用者の配転命令権の存否や範囲を判
断したうえで，個別の配転命令が権利濫用（人事権濫用）にあたるかどうかを
判断している。その際には，配転に関する業務上の必要性と配転によって労
働者が被る不利益が比較衡量されるが，配転命令が「労働者に対し通常甘受
すべき程度を著しく超える不利益を負わせるものであるとき等，特段の事情
の存する場合でない限りは」権利の濫用にあたらないとする（最判昭61・7・
14判タ606号30頁）。現状では，本人や家族の病気で転勤が困難であるような
事案になると，労働者に対し「通常甘受すべき程度を著しく超える不利益」
を負わせるものと評価され，人事権濫用が認められているが（札幌地決平9・
7・23労判723号62頁，大阪高判平18・4・14労判915号60頁等），単身赴任を強い
られるというだけでは，労働者が通常甘受すべき程度の不利益にとどまると
評価されており（前掲最判昭61・7・14，最判平11・9・17労判768号16頁），本条
の同居義務が，配転命令を拒絶する根拠とまではされていない。学説として
は，単身赴任をともなう転勤が労働者本人のみならず，その家族に大きな影
響を及ぼすことから，業務上の必要性をより厳しく解釈するとともに，使用
者には，単身赴任が及ぼす不利益を回避・軽減するための措置を求めるべき
との見解があるが（土田道夫・労働契約法〔2版，2016〕426頁），さらに踏み込ん
で，本条の同居協力義務を権利的に構成し，企業の転勤命令は，夫婦相互の
同居協力請求権を侵害するものととらえ，転勤を拒否したり，不法行為とし
て損害賠償を認めるべきとする見解も登場している（二宮50頁）。

　今ひとつの問題は，夫婦の一方が責任無能力の状態で他人に損害を加えた
場合，他の一方が本条を根拠として714条の監督義務者とされ，損害賠償義
務を負うとすべきかである。責任能力のない重度の認知症の高齢者が徘徊中
に，鉄道の駅構内で列車に轢かれて死亡したという場合において，鉄道会社
が列車の遅延により被った損害の賠償を当該高齢者の妻と長男に請求した事
案で，名古屋高裁平成26年4月24日判決（判時2223号25頁）は，精神保健
福祉法20条の保護者制度（平成25年法改正前）を援用しつつ，夫婦の一方が
精神保健福祉法上の精神障害者となった場合の他方配偶者は，「夫婦として
の協力扶助義務の履行が法的に期待できないとする特段の事情のない限りは，

〔神谷〕　191

配偶者の同居義務及び協力扶助義務に基づき，精神障害者となった配偶者に対する監督義務を負う」とし，妻に714条1項に基づく損害賠償責任を認めた。この判決に対しては，学説上も批判が少なくなかったが（犬伏由子〔判批〕リマークス2015上34頁，冷水登紀代〔判批〕民事判例IX（2014年前期）108頁，前田陽一「認知症高齢者による鉄道事故と近親者の責任（JR東海事件）」論ジュリ16号〔2016〕17頁など），上告審判決である最高裁平成28年3月1日判決（民集70巻3号681頁）は，「〔本条の同居協力扶助義務は〕夫婦間において相互に相手方に対して負う義務であって，第三者との関係で夫婦の一方に何らかの作為義務を課するものではなく，しかも，同居の義務についてはその性質上履行を強制することができないものであり，協力の義務についてはそれ自体抽象的なものである。また，扶助の義務はこれを相手方の生活を自分自身の生活として保障する義務であると解したとしても，そのことから直ちに第三者との関係で相手方を監督する義務を基礎付けることはできない」とし，精神障害者の配偶者だからといって，それだけで714条1項の法定監督義務者にはあたらないことを明らかにした（なお，本判決は，成年後見人についても，法定監督義務者にはあたらないと明言した点で大きな意義を有する）。責任無能力者制度の体系的な解釈や被害者救済への配慮から本判決には否定的な見解も有力であるが（窪田充見「最判平成28年3月1日――JR東海事件上告審判決が投げかけるわが国の制度の問題」ジュリ1491号〔2016〕62頁，米村滋人〔判批〕法教429号〔2016〕50頁），本条を根拠として配偶者を法定監督義務者とすることは，本条の趣旨を大きく逸脱することになろう。

(3) 規定改正の動き

　戦後の民法改正によって本条が登場して以降，長らくの間，本条について改正が議論されたことはなく，1996年の「民法の一部を改正する法律案要綱」でも本条にかかわる改正提案はなかった。しかし，この法律案要綱が取りまとめられる前後から，いくつかの立法提案が明らかにされるようになった。夫婦の在り方がますます多様化し，定型的な婚姻モデルを標準とした義務規定を置くことに限界が感じられるようになったためである。

　立法提案のひとつは，本条の廃止を主張する意見であり（榊原富士子ほか・結婚が変わる，家族が変わる〔1993〕72頁），婚姻の定型を否定し，夫婦のあり方については，その自律的な決定に委ねようとするものである。また，同様に，

第2節　婚姻の効力　　　　　　　　　　　　　§*752*　II

個人の独立性ないし自立性を尊重する立場から，同居協力義務を権利的に構成し，同居するかどうかも含め，夫婦の住居は，その協議により定められるべきものとする提案もある（鈴木博人「同居・協力義務の権利的構成——単身赴任問題を含む」婚姻法改正を考える会編・ゼミナール婚姻法改正〔1995〕85頁）。この提案は，さらに進んで「夫婦は，互いに他の一方及び子の福祉を配慮する権利を有し，義務を負う」との新規定を設け，そこでいう権利に対世的効力を認めることをも提案しており，社会的にも家庭生活が保護されるべきことを強調する。

　他方，婚姻の在り方の多様化を前提としつつ，婚姻に共通の側面・標準の要素を抽出しようとする提案が明らかにされている（大村敦志「家族法改正——婚姻・親子法を中心に　婚姻法・離婚法」ジュリ1384号〔2009〕10頁）。これによると，夫婦の同居については，相互に「権利を有し義務を負う。」と改め，これとは別項で，夫婦の協力・扶助義務を定めるとともに，そこに新たに，夫婦間でのDVを念頭に置いて夫婦の相互尊重義務を加えることを提案している。また，さらに別項で貞操義務をも規定する一方，これらの諸義務が履行されない場合でも，強制履行はできないこと，さらに義務違反のみを理由とする損害賠償請求もできないことを規定すべきとしている。夫婦間での義務を条文上明らかにすると同時に，実際に法が介入すべき場面を限定しようとする提案といえる。

II　同居義務

(1)　同居の意義と同居請求

　本条にいう「同居」は，夫婦としての同居を指し，単に場所的な同居を意味するわけではない。その結果，同じ家に住んでいても障壁を設けて生活を別にするのは同居ではないとされる一方，場所的に隔たっていても同居は成立しうるとされ（我妻81頁ほか），単身赴任や入院加療など正当な事由による別居は同居義務違反にはならないとされる（久貴76頁）。

　夫婦の居住形態や居住場所については，夫婦が協議して定めることになるが，協議が成立しないときは，家庭裁判所に審判を求めることができる（家事別表第二1項）。また，夫婦の一方が同居を拒否しているときは，家庭裁判

〔神谷〕　193

§752 II   第4編 第2章 婚姻

所に同居義務の履行を求めて審判の申立てをすることができる（→Ⅰ(1)(イ)）。

実際に夫婦間で同居義務の履行が問題となるのは，夫婦が円満を欠く状態にある場合である。家庭裁判所の同居を命ずる審判は直接強制も間接強制も認められないが（→Ⅰ(1)(イ)），それでも同居を命ずべき場合とはいかなる場合を指すかが問題となる。学説は，同居義務が婚姻の本質的義務であることから，婚姻の解消にいたるまで存続するのが原則としながら，婚姻関係が完全に破綻している場合は同居義務を負わないと解したり（中川(淳)97頁），同居拒否に正当事由（請求者の有責性，別居の合理的必要性，婚姻関係の破綻など）があれば，同居義務違反にはならないとし，さらに同居を命じるのは，夫婦が協力義務を果たす（婚姻関係維持）に必要な場合に限定すべきであるとする（犬伏ほか54頁）。

裁判例としては，古くは，夫婦である以上，当然同居義務があるとして同居請求を認容した事例もみられるが（前橋家審昭32・7・17家月10巻1号28頁），多くの裁判例は，同居の拒否に正当事由があるか，諸般の事情から具体的な同居義務の形成が可能かといった観点から，同居を命じるべきかどうかを判断しており（山名学「同居をめぐる紛争の処理」判タ747号〔1991〕41頁），具体的には，別居についての当事者の有責性，離婚意思の有無・強弱，婚姻の破綻状況などが考慮されている（請求肯定例として，大阪高決昭62・11・19家月40巻4号115頁，東京高決平9・9・29判時1633号90頁，東京高決平12・5・22家月52巻12号67頁，請求否定例として，東京高決昭40・7・16家月17巻12号121頁，札幌高決昭51・11・12家月29巻5号65頁，札幌家審平10・11・18家月51巻5号57頁）。また，近時の裁判例には，婚姻の維持継続の見込みがあるかどうかに加え，同居を命ずることが公平の観念や互いの人格を傷つけるような結果を招来しないかどうかを重視するものが目に付くようになっている。すなわち，家を出て不貞な関係を継続している夫に対して妻が同居請求をした事案で，東京高裁平成13年4月6日決定（家月54巻3号66頁）は，「夫婦間の愛情と信頼関係が失われ，裁判所による後見的機能をもってしても円満な同居生活をすることが期待できないため，仮に，同居の審判がされ，当事者がこれに従い同じ居所ですごすとしても，夫婦が互いの人格を傷つけ又は個人の尊厳を損なうような結果を招来する可能性が高いと認められる場合には，同居を命じるのは相当でない」として，請求を否定した（大阪高決平21・8・13家月62巻1号97頁

第2節　婚姻の効力　　　　　　　　　　　　　　　§752　II

も同旨の判断で請求否定）。他方，不貞を繰り返す夫に対して妻が同居請求をした事案で，大阪高裁平成17年1月14日決定（家月57巻6号154頁）は，前掲東京高裁平成13年4月6日決定と同様の視点に立ちながら，婚姻の維持継続の見込みが完全に否定される状況にあるとは断定できないとして，同居請求を認めている。

　なお，妻からの同居請求を否定した前掲東京高裁平成13年4月6日決定は，請求を否定すると，相手方である夫の責めに帰すべき事由によって別居を余儀なくされた妻には酷な結果になるが，この点は，このような事態について責任のある夫に，生活保持義務に基づいた婚姻費用を負担させるなどして解決するほかないとしており，全体として本条の義務が尽くされるように配慮されている（片山登志子「夫婦の同居協力扶助の義務」新家族法実務大系I 262頁）。

(2)　夫婦の居住権と建物の明渡請求

　夫婦の一方が所有している住居に他の一方が居住するという場合，その居住の権限の根拠をどこに求めるかが問題となる。学説においては，使用貸借の関係が成立するとしつつ，扶養の法理（夫婦間においては本条の法理）によって使用貸借の規定が修正または否定されるとする見解も有力であるが（新版注民(15)91頁〔山中康雄〕），多くは，本条の同居義務から直接的に非所有配偶者の居住権を導いており（新基本法コメ57頁〔犬伏由子〕），裁判例も同様である。実際に夫婦間で居住権について争われるのは，夫婦の生活の本拠とされていた居住建物を所有する夫婦の一方が，その建物から転出した後に，居住を続ける非所有配偶者に対して，建物の明渡しを請求する場合である。

　裁判例は，明渡しを求められた非所有配偶者に，本条に基づいて居住権を認め（東京地判昭45・9・8判時618号73頁），婚姻が破綻している場合であっても，本条の法意に照らして明渡請求は認めないとし（東京地判昭47・9・21判時693号51頁，東京地判平元・6・13判時1347号58頁），あるいは夫婦間で共同生活の場とすることを廃止する合意がある等の特段の事情のない限り，非所有配偶者には居住権があるとする（東京地判昭62・2・24判タ650号191頁）。

　他方，明渡請求を認容した事例も，前記の裁判例と同様の考え方に依拠してその延長線上にあるといえる。具体的には，夫からの執拗な心理的・肉体的な圧迫・脅迫によって別居にいたった妻が夫に対して自己所有の建物の明

〔神谷〕　195

渡しを請求したという事案で，妻には同居拒絶の正当な理由があり，その場合，夫には建物の占有権限が認められないとした事例（東京地判昭 61・12・11 判時 1253 号 80 頁），夫からの金員の要求や暴行が原因で別居にいたった妻が自己所有の建物の明渡しを請求した事案で，法律上の婚姻関係が存続している以上，明渡請求を正当とすべき特段の事情がない限り，非所有配偶者は明渡請求を拒むことができるとしたうえで，本件では，別居後も夫からの嫌がらせが続いているとし，明渡請求を正当とすべき特段の事情があるとした事例（徳島地判昭 62・6・23 判タ 653 号 156 頁），夫の暴力や不倫が原因で別居にいたった妻が自己所有のマンションの明渡しを請求した事案で，非所有配偶者は，権利の濫用に該当するような事情のない限り，居住権を主張することができるとしたうえで，本件の場合，夫に婚姻破綻についての責任があるとし，夫の居住権の主張は権利の濫用にあたり許されないとした事例（東京地判平 3・3・6 判タ 768 号 224 頁）がある。いずれの裁判例も，婚姻関係が破綻しているだけでは，明渡請求は許されないとしており，別居についての原因や有責性，別居後の状況も勘案して請求の許否が判断されている。

(3) **外　国　法**

　フランス民法は，婚姻の一般的効力の 1 つとして，夫婦の同居に関する規定を置いている（フ民 215 条）。1970 年の改正までは，妻は夫と同居する義務を負うとされ，家族の居所は夫が選択するものとされていたが，現行規定は，夫婦は生活共同の義務を負うとされ（同条 1 項），家族の居所は夫婦の協議で定めるものとされている（同条 2 項）。夫婦の一方に生活共同の義務違反がある場合，その者に対して義務の履行は強制できないが，損害賠償請求は可能とされ，その者からの婚姻費用の分担請求は否定されることがある。もっとも，別居が相手方からの虐待や扶養義務の不履行に起因している場合は，生活共同の義務はなくなるとされているほか，離婚訴訟が提起された場合や夫婦の一方による暴力がある場合は，裁判所は別居を命じることができる（フ民 220 条の 1）。また，家族の住宅については夫婦の共同管理に服するものとされ，処分が制限されており（フ 215 条 3 項），居住の保護がはかられている（田中通裕「注釈・フランス家族法(4)」法と政治 62 巻 3 号〔2011〕255 頁以下，271 頁参照）。

　ドイツ民法も，1957 年の男女同権法，1976 年の第一婚姻法改正法をはじ

第2節　婚姻の効力　　　　　　　　　　　　　　　　　§752　Ⅲ

めとする大規模な法改正を経て現在に至っており，現行法は，婚姻の一般的効力として，夫婦は互いに婚姻生活共同体を維持する義務を負うとする（ド民1353条1項）。それ以上に具体的な義務を定めていないのが大きな特徴といえるが，共同生活義務や婚姻住居の共同使用を保障する義務も，婚姻生活共同体の維持義務に当然に含まれると解されている。もっとも，夫婦の一方が義務の履行を請求しても，それが権利の濫用にあたる場合や婚姻が破綻している場合には，他方は，もはやその請求に応じる義務はない（ド民1353条2項）。さらに，かりに同居義務の履行請求が認められる場合でも，法的強制はできないと解されているうえ，不法行為法上の保護法益の侵害も認められないとして，損害賠償請求もできない。他方，夫婦が別居している場合を想定して，夫婦の一方は，他方が所有する住居につき，単独使用を請求することができ，これが認められると，他方の処分権は制限されることになる（ド民1361b条）。

　フランス法においても，ドイツ法においても，程度の差こそあれ，同居義務を絶対のものとはせず，むしろ夫婦が別居する場合を想定して，その場合の権利義務を明確にしようとしている点に注目する必要があろう。

Ⅲ　協 力 義 務

　婚姻生活は，夫婦のそれぞれが協力することによって維持されるべきものである。明治民法には，夫婦の協力に関する規定はなかったが，本条は，憲法24条1項の要請に応えて，夫婦の協力義務を婚姻の本質的義務として規定した。ここでいう協力義務とは，広く一般的には，夫婦が婚姻生活を維持・発展させるために互いに誠実に協力し，努力する義務であり，夫婦の共同関係を支える権利義務（同居義務，扶助義務，婚姻費用分担義務，日常家事債務の連帯責任など）の基礎になっている（新基本法コメ57頁〔犬伏由子〕）。なお，協力義務の内容理解として，家族に関する事項について夫婦が共同して決定することに狭義の協力義務があるとする見解もある（大村58頁）。

　協力義務違反がある場合には，同居義務違反の場合と同様，離婚原因（770条1項2号）や慰謝料等の損害賠償請求の原因になりうること，また，義務の履行を求めて審判の申立てをすることができるものの（家事別表第二1

〔神谷〕　197

§752 III

第4編　第2章　婚姻

項），義務の履行を命じる審判があっても法的強制にはなじまないとするのが一般的な理解である。もっとも，協力義務自体は，抽象的・観念的色彩の強いものであるから，具体的な協力の内容は，夫婦それぞれの職業，資産，社会的立場など一切の事情を考慮して個別に決定するほかない。また，求められる協力の程度や方法についても法定されているわけではないから，協力義務違反といえるかどうかは，極めて相対的に判断せざるを得ない。さらに，協力義務の具体的な履行態様によっては，一概に法的強制になじまないともいえない（例えば物の引渡しが求められる場合）。

　裁判例として協力義務違反を問題とするものは極めて少ないが，別居し，離婚訴訟係属中の夫婦間で家財・日用品の引渡しについて審判前の保全処分が求められた事案で，夫婦である限り協力扶助の義務があり，その一態様として，生活上必要な衣類や日用品等の物件の引渡しが求められた場合は，自己の生活に必要でない限り，これに応じる義務がある，とした事例がある（大阪高決平元・11・30判タ732号263頁）。また，離婚に関しては，夫婦の一方の宗教活動によって婚姻関係が破綻したという事案で，協力義務違反があったとして離婚請求（770条1項5号）を認容した事例がある（名古屋地判昭50・10・31判タ334号333頁，大阪高判平2・12・14家月43巻11号73頁）。さらに，損害賠償請求に関して，妻が婚姻中に出産した子について，それが他男の子であることを夫に告知しなかったという事案で，協力義務違反があるとして不法行為の成立を認めた事例がある（甲府地判昭55・12・23判時1023号107頁）。

　なお，夫婦間の協力は，それが過当なものであったとしても，報酬請求権や不当利得返還請求権は生じない（我妻84頁，新版注民(21)363頁〔黒木三郎〕）。もっとも，夫婦の一方の協力が他の一方の財産の維持・形成に寄与した場合は，離婚の際の財産分与（768条）や相続の際の寄与分（904条の2）として考慮される余地がある。

　なお，比較法的にみた場合，本条に相当する規定として，フランス民法であれば，夫婦相互の尊重義務，貞操義務，救護・扶助義務を定めた規定（フ民212条）があげられようし，ドイツ民法であれば，前述（一Ⅱ(2)）の婚姻生活共同体の維持義務を定めた規定（ド民1353条）があげられよう。ちなみに，婚姻生活共同体の維持義務には，共同生活義務以外にも，共通の事務を処理する義務，相互に尊重する義務なども含まれる。また，スイス民法は，一般

第 2 節　婚姻の効力　　　　　　　　　　　　　　　　§752　Ⅳ

的な夫婦の共同義務（ス民 159 条）のほかに，夫婦相互に資産や収入について
の情報提供義務を定める（ス民 170 条）。

Ⅳ　扶　助　義　務

(1)　扶助義務の意義

　本条は，夫婦は互いに扶助しなければならないとする。ここにいう扶助義
務は，夫婦の共同生活に必要な衣食住の資を供与しあう義務である。明治民
法においても，夫婦は互いに扶養義務を負うとの規定があったが（民旧 790
条），前述のように（→Ⅰ(1)(ア)），夫婦間の扶養は家制度の下で複雑に親族間扶
養に取り込まれており，必ずしも夫婦間の扶養が優先するものとして位置づ
けられてはいなかった。この点，現行法は，夫婦間の扶養を親族間の扶養
（877 条以下）とは切り離し，婚姻の本質的な義務と位置づけて，これを「扶
助義務」として規定した。

　もっとも，伝統的な通説によると，本条にいう扶助は，未成熟子を含む夫
婦の共同生活に必要な資を供与することとされ，夫婦間の扶養に限定されて
いるわけではない（我妻 84 頁）。未成熟子とは，経済的に独立して自己の生
計を立てることのできない子を意味し，未成年子とは一致しないが，親の未
成熟子に対する扶養義務も本条に取り込まれて理解されていることには注意
を要しよう。これに対して，子の扶養という側面からみると，子の父母は必
ずしも婚姻関係にあるわけではないから，立法論としては，むしろ子の扶養
を本条の扶助からは切り離し，子の扶養請求権の明確化と強化が説かれるこ
とになる（野沢紀雅「扶養法改正の課題」戸時 705 号〔2013〕3 頁以下，10 頁は母子家
庭の貧困を指摘する）。加えて，扶助の対象を夫婦の共同生活とすると，その
範囲が曖昧なものとなることは避けられず，配偶者の連れ子の養育費も扶助
に含まれると解する余地も出てくる（連れ子の養育費が婚姻費用に含まれるかにつ
き，→§760 Ⅲ 2）。

　さらに注意を要するのは，本条の扶助義務として求められる扶助の程度は，
通説によると，相手の生活を自分の生活と同一の内容・程度のものとして保
障する義務（生活保持義務）とされ，親族間の扶養義務（877 条以下）とは性質
を異にすると理解されている点である。一般に親族間の扶養義務に関しては，

〔神谷〕　　199

§752 IV　　　　　　　　　　　　　　　　　　　　　　第4編　第2章　婚姻

自分の収入・資産等によって生活費を賄うことができない者（要扶養者）が
いることを前提として，自分の生活に余裕のある場合に，その限りで相手方
の窮乏を支援する義務（生活扶助義務）と解されているから，通説は，夫婦間
およびその未成熟子に対する扶養を親族間の扶養とは異質なものとして位置
づけることになる。こうした扶養の二元論（二分説）は，すでに明治民法下
の学説として登場し（中川善之助「親族的扶養義務の本質(一)(二・完)」法学新報38
巻6号1頁，同7号48頁〔1928〕），当時としては家制度を基盤とした扶養法に
対するアンチテーゼとしての意味も持っていたが（深谷松男「生活保持義務と生
活扶助義務」講座・現代家族法Ⅳ 187頁），現行法が一組の夫婦とその間の子から
なる家庭を家族の基本形態として承認し，それが家族の実態にも整合的であ
ったことから，今日においても通説として学説・裁判実務に浸透している。
　もっとも，本条の扶助義務が生活保持義務であるとの通説的理解に対しては，
後述する本条と760条との関係をめぐる議論において反対説も有力となって
いる。
　なお，扶助義務違反がある場合には，同居義務，協力義務違反の場合と同
様，離婚原因（770条1項2号）や慰謝料等の損害賠償請求の原因になりうる
し，義務の履行を求めて審判の申立てをすることもできる（家事別表第二1
項）。また，同居義務や協力義務とは異なり，扶助義務の履行を命じる審判
があった場合，その内容が財産的な給付である限り，法的強制は可能である。
もっとも，実務上は，夫婦間での生活費の請求は本条ではなく，760条の婚
姻費用の分担請求として処理されている（→§760）。

(2) 扶助義務（本条）と婚姻費用分担義務（760条）との関係

　760条は，婚姻費用の分担義務を定める。すなわち，夫婦は，その共同生
活に必要な一切の費用をそれぞれの資産，収入等に応じて分担しなければな
らない。もっとも，この規定は，法定財産制の規定であるから，これに反す
る合意（例えば，双方ともに十分な資力があるのに，一方のみが婚姻費用を負担する旨
の夫婦財産契約）も可能と解される一方，本条は強行規定であるから，扶助義
務自体を否定する合意までは許されないことになる。通説は，こうした両条
文の違いを踏まえつつ，本条は，夫婦共同生活の本質として夫婦間の生活保
持義務を示したものであり，760条は，それに必要な費用の負担者を定めた
ものと解し，本質的には同じであるとする（中川(善)230頁，我妻84頁）。要す

200　〔神谷〕

第2節　婚姻の効力　　　　　　　　　　　　　　　　　　　§*752*　IV

るに，婚姻費用の分担割合や負担者をいかように定めようとも，夫婦の一方は，他の一方および未成熟子に対する生活保持義務を免れないことになる。この点がもっとも問題となるのは夫婦が別居中の扶養のあり方である。通説は，夫婦が別居中であっても，夫婦の協力扶助義務はなくならないとし，婚姻費用の分担者は他方に対して生活保持義務を負うとする。ただし，本条は同居義務をも規定しているから，同居義務違反に責任のある夫または妻が婚姻費用の分担を請求する場合は，未成熟子の養育費は別としても，その者が自ら生活できない場合に限って請求を認めるべきとし，あるいは請求自体を否定すべきとする。

　判例実務も，概ね通説によっており，本条の扶助義務と婚姻費用分担義務は同一とし（大阪高決昭42・4・14家月19巻9号47頁，大阪高決昭42・7・10家月20巻1号84頁，福岡高決昭43・6・14家月21巻5号56頁など），別居中の夫婦についても婚姻費用分担義務を認めるが，請求する側の有責性や婚姻破綻の状況を考慮して，請求を最低限の生活費に縮減したり（札幌高決昭50・6・30判タ328号282頁，札幌高決平3・2・25家月43巻12号65頁），否定する事例（東京家審平20・7・31家月61巻2号257頁）が見られる（→§760 II 2(2)）。

　もっとも，以上のような判例・通説に対しては，学説上は種々の見解が見られる。その1つは，親族間での扶養義務とは異なり，夫婦間での扶助義務が生活保持義務とされるのは，夫婦の関係が，日常的生活共同関係を維持すべしとの法規範による規範的生活共同体であるからと理解したうえで，夫婦関係が破綻して別居しているときは，こうした規範的生活共同体が崩壊しているから，夫婦間での扶養も親族間の扶養と同様に生活扶助義務（相手方が自ら生活できない場合に自分の生活に余裕がある限りで援助する義務）になるとする見解がある（深谷・前掲論文187頁以下，198頁。ただし，扶養義務者側が破綻に有責である場合は，なお生活保持義務を負うとする）。さらに，本条の扶助義務と婚姻費用分担義務を区別し，両者は異なるとする見解も有力である。すなわち，本条の扶助義務（夫婦間の扶養義務）は一般親族間の扶養と同様に生活扶助義務を規定したものにすぎないが，婚姻費用分担義務は，一体的な婚姻生活共同体を維持するための費用を負担する義務（生活保持義務）であるとし，その結果，もはや婚姻生活共同体が失われ，その回復も期待できないときは，一般親族間扶養と同様の生活扶助義務の問題になるとする（注民(20)〔有地亨〕

〔神谷〕　201

§752 Ⅴ

第4編　第2章　婚　姻

384頁，大村59頁）。後者の見解が破綻別居中の夫婦の分担額を定めるのに，夫婦の有責性をどの程度考慮するかは明らかではないが，扶助義務を前提として扶養の論理に従い，権利者の要扶養状態と義務者の扶養可能状態があれば，原則として有責性とは関係なく扶養を求めることができると解したうえで，義務者が有責である場合は，破綻別居を強いられた権利者は生活保持義務程度の請求ができると解するのが合理的であろう（二宮65頁）。

(3) 外　国　法

　フランス民法は，婚姻の一般的効力を定めた規定の中に，救護および扶助義務を定めた規定（フ民212条）と婚姻費用の分担に関する規定（フ民214条）を置いている。ここでいう救護義務は，夫婦の一方が要扶養状態にある場合にその生存に必要な資を供する義務であり，扶助義務は見守りや世話を内容とする非財産的義務である。他方，婚姻費用分担義務は，家庭の維持に必要な一切の費用（子の養育費も含む）の分担義務であり，家事労働による義務履行も認められる。そのうえで，夫婦が同居している場合は，婚姻費用分担義務に救護義務が吸収されているが，別居する場合には，原則として救護義務の問題となる。また，扶養定期金の支払については強制履行の制度が用意されている（田中・前掲論文255頁以下，260頁参照）。

　ドイツ民法も，婚姻の一般的効力として，家族に対する扶養義務を規定するが（ド民1360条），あわせて別居中の扶養義務も規定する（ド民1361条）。前者は，家庭生活の維持に必要な一切の費用（子の養育費も含む）を内容とし（ド民1361a条），家事労働による義務履行も認められている。これに対して，後者は，夫婦の自立を前提として，夫婦の生活関係や資産，収入に応じた相応の扶養とされ，しかも扶養の権利者に義務者に対する明らかに重大な過誤があった場合などは，請求が否定され，または縮減される（ド民1361条3項による1579条2号ないし8号の準用）。また，ドイツ法においても，扶養義務の履行が財産給付を内容とする限り，履行の強制が可能である。

Ⅴ　貞　操　義　務

(1) 貞操義務の意義

　夫婦は，互いに貞操義務を負う。現行法にはこれを定めた明文規定はない

202　〔神谷〕

第2節　婚姻の効力　　　　　　　　　　　　　　§752　V

が，本条の同居・協力・扶助義務と同様，婚姻の本質的義務とされ，さらに
配偶者の不貞が裁判上の離婚原因（770条1項1号）とされていることからも
明らかなことと解されている。

　明治民法においては，妻の姦通が裁判上の離婚原因（民旧813条2号）とさ
れ，かつ妻の姦通のみが姦通罪として犯罪とされた（刑旧183条）から，妻に
貞操義務があることは明らかであった。夫については，夫が姦淫罪によって
刑に処せられたときに限って離婚原因とされるにすぎなかった（民旧813条3
号）から，夫にも貞操義務があるかについては議論があったが（穂積317頁，
谷口・日本親族法269頁），大審院大正15年7月20日決定（刑集5巻318頁）が
夫にも貞操義務があることを宣言した。戦後の法改正で，民法上は夫の不貞
も妻の不貞と同様に裁判上の離婚原因とされ，刑法から妻の姦通罪も削除さ
れたため，貞操に関連して夫と妻との間の差は解消されている。

　そこで，夫婦の一方に不貞行為（配偶者以外の者との性的交渉）があったとき
は，他の一方は離婚の訴えを提起できるほか，不法行為を理由として損害賠
償を請求することができる。この場合，不貞行為があれば不法行為の成立を
認めるのが基本であり，不貞行為によって婚姻が破綻しているまでの必要は
ない。婚姻破綻に至っていない場合は，慰謝料が減額されるにとどまる（最
近のものとして，不貞の相手方に対する請求を扱った事例であるが，東京地判平27・
12・24 LEX/DB25532290）。もっとも，夫がクラブのママとその「枕営業」とし
て性的交渉を持った場合や風俗店の従業員とその顧客として対価を支払って
性的交渉を持った場合は，その限りで法益侵害はない（「婚姻共同生活の平和」
を害するものではない）として不法行為の成立を否定した事例がある（東京地判
平26・4・14判タ1411号312頁，東京地判平27・7・27 LEX/DB25530917。結論はともか
く，こうした考え方には批判も強い。二宮周平「家族裁判例の動向（2015年前期）」民事
判例XI 45頁）。

　なお，判例・通説は，夫婦が離婚する際にも，離婚の原因が一方の有責行
為であった場合は慰謝料請求を認めており（最判昭31・2・21民集10巻2号124
頁），不貞行為を理由とする慰謝料請求との異同が問題となる。前者は，一
方の有責行為によって離婚をやむなくされたことによる精神的苦痛の慰謝
（離婚自体慰謝料と呼ばれる）であり，後者は個別の有責行為により被った精神
的苦痛の慰謝（離婚原因慰謝料と呼ばれる）であって，両者は区別される。実務

〔神谷〕　203

上，離婚の際に慰謝料が請求される場合には，個別の有責行為から離婚に至るまでの経過を全体的にみて両者は一体的に判断されるが（大津千明・離婚給付に関する実証的研究〔1981〕64頁），夫の不貞行為を理由に慰謝料請求訴訟を提起した妻が300万円の支払を命ずる判決を得たところ，その半年後に離婚の訴えとともに再度慰謝料を請求した事案で，離婚原因慰謝料と離婚自体慰謝料は訴訟物が異なるから，前訴の既判力は本訴に及ばないとしつつ，前訴以降に新たな精神的損害は生じていないとして請求を棄却した事例がある（広島高判平19・4・17家月59巻11号162頁）。

(2) **不貞の相手方に対する慰謝料請求**

夫婦の一方に不貞行為があった場合，その相手方に対しても慰謝料請求できることは，大審院時代からの一貫した判例であり（大刑判明36・10・1刑録9輯1425頁，最判昭34・11・26民集13巻12号1562頁ほか），通説も当然のこととして肯定してきた（我妻99頁，加藤一郎・不法行為〔増補版，1974〕130頁など）。不貞行為は共同不法行為と理解されており，不貞の相手方のみを被告とすることも可能である（最判平6・11・24判タ867号165頁は，この場合の損害賠償債務は不真正連帯債務になるから，不貞をした配偶者の債務を免除しても，その効力は不貞の相手方には及ばないとした）。

不貞行為を不法行為と構成する場合の被侵害法益は，従来，「夫又は妻としての権利」あるいは「貞操を求める権利」とされてきた。最高裁昭和54年3月30日判決（民集33巻2号303頁）は，これを踏まえて，妻から夫の不貞の相手方に対する慰謝料請求を認めたが，子からの慰謝料請求については，父（夫）から監護・教育を受けることは，不貞の相手方の行為とは関係なく可能として（相当因果関係がないことを理由に）否定した。この判決がひとつの契機となって，学説上は，従来の判例・通説に批判的な見解が多く登場するようになった。現在では，不貞行為には，それを行った配偶者の自由意思が介在しているから，不貞の相手方が責任を負うのは，その者が「害意」をもって不貞行為に及んだ場合（前田達明・愛と家庭と〔1985〕300頁，國井和郎〔判批〕家族百選〔6版〕23頁），あるいは暴力や詐欺・脅迫によって不貞行為を実行させた場合に限る（島津一郎「不貞行為と損害賠償——配偶者の場合と子の場合」判タ385号〔1979〕123頁）とする見解（原則的否定説）のほか，種々の弊害を踏まえて，夫婦間での私的な事柄については当事者の自主性を尊重すべきで，

第 2 節　婚姻の効力　　　　　　　　　　　　　　　　　　　§752　V

少なくとも不法行為法の問題とすべきでないとして，不貞の相手方への請求を全面的に否定する見解（否定説）が有力となっている（水野紀子〔判批〕法協 98 巻 2 号〔1981〕291 頁，二宮 57 頁，潮見佳男・不法行為法 I〔2 版, 2009〕228 頁）。

　その後，最高裁は，不貞行為を理由とする慰謝料請求を制限する方向で機能する 2 つの判決を下している。ひとつは，慰謝料請求権の消滅時効（724 条）にかかわる最高裁平成 6 年 1 月 20 日判決（家月 47 巻 1 号 122 頁）であり，不貞行為が継続的なものである場合，夫婦の一方が配偶者の不貞を知った時から，それまでの間の慰謝料請求権の消滅時効が進行するとした。したがって，不貞を知った時から 3 年が経過すると，それまでの不貞の慰謝料は請求できなくなる。いまひとつは，不貞行為の被侵害法益にかかわる最高裁平成 8 年 3 月 26 日判決（民集 50 巻 4 号 993 頁）である。事案は，婚姻関係が破綻した後に夫婦の一方が不貞に及んだというものであるが，不貞行為が不法行為となるのは，それが「婚姻共同生活の平和の維持という権利又は法的保護に値する利益」が侵害されるからであり，婚姻関係がすでに破綻した場合は，婚姻共同生活の平和も失われているから，その後に不貞があっても法益侵害はなく，不法行為にはならないとした。この判決以降，裁判実務においては，婚姻関係の破綻の有無，その時期が重要な争点となっている。

　また，不貞行為が継続的な事案では，上記の 2 判決の法理を組み合わせて，慰謝料請求を否定する事例も見られるようになった。すなわち，妻が不貞に及び，その相手方と家を出て夫とは別居しているという事案で，別居後 1 年余りの時点で不貞の相手方との間にもうけた子につき，夫との親子関係不存在確認判決が確定したことから，その時点で婚姻が破綻したと認定し，それ以降の不貞関係は不法行為にならないことを前提に，破綻の時点から 3 年以上経過したことで夫からの慰謝料請求権は時効消滅したとする事例がある（東京高判平 17・6・22 判タ 1202 号 280 頁，同旨・東京地判平 24・3・22 LEX/DB 25512203）。こうした事例では，破綻の時期の認定が極めて大きな意味を持つが，明確で客観的な基準があるわけではないから，裁判の結論は極めて不透明なものとならざるをえない。

　不貞の相手方への慰謝料請求を認めることによる弊害については，すでに否定説の立場から多くの点が指摘されている（二宮 56 頁参照）。婚姻は夫婦の全人格的な結合といわれる。しかし，それは相互の人格的支配を意味するも

〔神谷〕　205

§752 V   第4編 第2章 婚 姻

のではない。これを踏まえると，婚姻の本質的義務あるいは人格的義務と呼
ばれるもののうち，履行強制ができないとされているものについては（同居
義務や協力義務も含め），義務違反があっても不法行為の問題とすべきではなく，
婚姻費用の分担や離婚の際の財産分与の枠内で対応すべきであろう。ちなみ
に，今後の法改正に向けて，貞操義務を明文で規定する一方，義務違反のみ
を理由とする損害賠償請求はできないこととする案も提示されている（大村
敦志「婚姻法・離婚法」ジュリ 1384 号〔2009〕6 頁）。

(3) 外 国 法

　不貞行為に基づく損害賠償請求の可否については，西欧諸国において，そ
の対応には違いがみられるものの，総じて否定する方向にあるといえる（前
田・前掲書のほか，水野紀子〔判批〕民商 116 巻 6 号〔1997〕916 頁，Dieter Schwab,
Familienrecht, 17. Aufl. 2009, Rn. 141 参照）。

　フランス法は，貞操義務を明文で規定しており（フ民 212 条），伝統的に判
例によって，不貞行為をした配偶者に対しても，その相手方に対しても損害
賠償請求を認めている。その意味では，日本法と近似するが，1975 年に姦
通罪が廃止され，離婚法上も姦通が絶対的離婚原因ではなくなったこととも
呼応して，賠償額も抑制される傾向にある。また，夫婦間での和解や宥恕，
それに該当する刑事告訴（かつての姦通罪など）の取下げがあって，不貞をし
た配偶者が免責されると，不貞の相手方も免責される。さらに，妻が姦通し
ている場合に，夫も同時に姦通していると，夫は妻にもその相手方にも賠償
請求はできないとされているほか，夫婦で共謀して第三者を「姦通」の
「罠」にかけた場合（いわゆる「美人局」）も，第三者への賠償請求はできない
と解されている。いずれにしても，フランスの判例は損害賠償請求を肯定し
てはいるものの，これが活発に用いられている状況にはないようである。

　ドイツ法は，判例・通説ともに，婚姻に基づく人格的義務については，扶
養のように財産的給付が内容となっていない限り，義務違反があっても損害
賠償請求を認めない。例外とされているのは，夫婦の空間的領域（der räum-
lich-gegenständliche Bereich der Ehe）が侵害された場合である。これは人格権侵
害と捉えられ，例えば夫が愛人を夫婦の住居に連れ込んでいる場合，妻は，
夫に対しても愛人に対しても，愛人の住居からの退去を求めることができ，
損害が発生していれば（例えば妻がホテル住まいを余儀なくされ宿泊費用が発生した

第2節　婚姻の効力　　　　　　　　　　　　　　　§*753*　I

場合）は，その賠償を請求することができる。これとは別に，婚姻関係の破
壊を理由に不貞の相手方に対する損害賠償請求が認められるかについては議
論があり，学説中には，夫婦それぞれに婚姻共同体の維持を妨害されない権
利があるとし，これを絶対権と構成して損害賠償請求を肯定する見解もあっ
た。しかし，判例は，婚姻関係の破壊に夫婦の一方が関与していることを重
視し，本質的には夫婦内部の事情にすぎないとして，損害賠償請求を認めな
い。離婚法における破綻主義の導入の影響も受けて，現在では，学説もこう
した判例を肯定する傾向にあるようである。

　イギリス法では，伝統的に夫に妻の姦通の相手方に対する損害賠償請求が
認められていた。しかし，この訴権は，1970年の法律によって廃止される
ことになった。そもそもこの訴権は，妻は夫の動産であるといった法思想に
由来するもので，夫にのみ認められ，妻には認められなかったことから，時
代感覚には適合しないものとなっていたし，実務上も，ほとんど問題となっ
ていなかったようである。姦通を理由に離婚や裁判別居に至るときは，離婚
給付の問題となる。

〔神谷　遊〕

（婚姻による成年擬制）
　第753条　未成年者が婚姻をしたときは，これによって成年に達した
　ものとみなす。

　〔対照〕　フ民413-1

I　本条の意義

　未成年者であっても婚姻適齢（731条）に達していれば，父母の同意を要
件として（737条1項）婚姻をすることができる。この場合に，夫婦の独立性
を尊重して，未成年者であっても，それまで服していた親権や未成年後見か
ら解放され，夫婦の共同生活を自立的に維持していけるようにしたのが本条
である。

　明治民法は，成年擬制の規定を持たなかったから，婚姻後も未成年である

〔神谷〕　207

§753 II

第4編 第2章 婚姻

限り，親権・後見に服することになった。妻が未成年であるときは，夫が「後見人ノ職務ヲ行フ」との規定（民旧791条）があったが，他方で明治民法は，婚姻によって妻は無能力者になるものとし，妻が財産法上の一定の行為をする場合等には夫の許可を要し，許可のない行為は，夫または妻から取り消すことができるとしていたため（民旧14条〜17条・120条），夫婦の一方または双方が未成年である場合は，複雑な法律関係が生じることになった。すなわち，妻が未成年であるときは，それまでの妻の親権者や後見人に代わって夫が後見人の職務を行うことになったが，夫が未成年であるときには，夫は従前の親権・後見に服するとともに，夫は親権者や後見人の同意を得て妻の行為を許可し，夫に代わって親権者や後見人が妻の財産を管理するものと解されていた（民旧885条・921条）。また，夫婦の双方が未成年であるときは，それぞれに親権者や後見人が付くものとされた。

戦後の民法改正（昭22法222）では，こうした事態を解消し，夫婦の独立性と相互の本質的平等を実現するために，妻の無能力者制度が廃止され，当時のフランス民法476条，スイス民法14条2項が参照されて，本条が新設されることになった（なお，フランス民法476条は，現在，413-1条となっているほか，スイス民法においては，成年年齢と婚姻適齢がともに18歳とされたため，成年擬制の規定は削除されている）。

II　本条の適用

(1)　成年擬制の効果

成年擬制の効果は，未成年者が婚姻をした時，すなわち，婚姻の届出が受理された時に発生する。したがって，内縁には適用されないとするのが通説である。

本条により，未成年者が婚姻をすると，私法上，成年者と同様に取り扱われる。すなわち，行為能力の制限は受けなくなり，法律行為をするのに親権者や後見人の同意を要せず，単独で有効な法律行為をすることができるし，親権者や後見人の法定代理権も失われる。また，身分上も，それまでの親権や未成年後見から解放されるから，婚姻をした未成年者にすでに子がいる場合でも，みずから親権を行使することができる（818条1項・833条・867条1項

第2節　婚姻の効力　　　　　　　　　　　　　　　　　　§753　II

の不適用）。さらに，民事訴訟における訴訟能力についても，成年者と同様に
扱われる（民訴31条の不適用）。なお，親権や未成年後見の終了にともなって，
親権者や未成年後見人は未成年者の財産について管理の計算をしなければな
らない（828条・870条以下）。ちなみに，未成年者についても，成年後見や保
佐，補助が開始していることはあるが，その場合は，その未成年者が婚姻を
しても，成年後見等を理由とする能力制限や成年後見人等の法定代理権は存
続することになる。

　その他，成年者であることが要件とされる規定も適用されるから，他人の
後見人や後見監督人等になることができるし（847条・852条・876条の2第2
項・876条の3第2項・876条の7第2項・876条の8第2項），婚姻等の届出の証人
（739条2項・764条・799条・812条）になることもできる。他方，遺言の証人ま
たは立会人（974条），遺言執行者になることができるかについては，これら
の者には実質的に成熟した精神能力が求められるとして否定する見解もある
が（松本暉男「婚姻による成年」家族法大系II 195頁），一般的には肯定されている。

　なお，普通養子縁組の養親になることができるかどうか（792条）につい
ては説が分かれる。否定説は，養子制度の趣旨から養親は20歳に達するこ
とを要するとし，これを充たさない縁組届が受理されたときは，不適齢縁組
として取り消すことができる（804条）とする（中川(善)231頁，我妻95頁）。
これに対して肯定説は，格別年齢が要件とされていない以上，成年擬制に私法
上その例外を設けることは画一性を欠くとしたうえ，婚姻前にもうけた自ら
の非嫡出子を嫡出子化できる実益もあると説く（松本・前掲論文194頁，中川
(淳)102頁，新版注民(21)379頁〔中川高男〕）。戸籍実務は肯定説をとる（民事局長
回答昭23・10・23民甲1994号）。なお，未成年者が養子となる場合には，家庭
裁判所の許可が必要とされるが（798条），成年擬制によって不要となる。ま
た，成年の子を認知するにはその承諾を要するが（782），婚姻をした未成年
者の認知については，成年の子として承諾を要する。

(2)　本条適用の制限

　本条の成年擬制の効果は，私法関係にのみ及ぶ。私法関係以外の法律の適
用については，それぞれの立法趣旨によって判断されることになるが，原則
として成年擬制の適用はないとするのが通説である。例えば，未成年者飲酒
禁止法1条や未成年者喫煙禁止法1条などは，画一的な年齢（満20歳）を法

§754 I

第4編　第2章　婚姻

文上の要件としているうえ，立法の趣旨からしても，本条の適用はない。また，公職選挙法9条の選挙権の取得年齢は，平成27年の改正法（平成27年法律43号）により満18歳に引き下げられたが，もとより本条とは無関係である。

(3) 婚姻解消後の効果

　未成年者が婚姻をした後，満20歳になる前に婚姻が解消または取り消された場合に，成年擬制の効果が消滅するかについては，説が分かれる。通説は，成年擬制の効果は消滅しないとするが（消極説），消滅するという見解（積極説）もあり，この見解は，本条の趣旨が家庭の自主性や夫婦の独立性を実現するための規定であることを強調し，婚姻の解消とともに，成年擬制も終了させるべきとする（末川83頁，柚木119頁，松本・前掲論文195頁など）。これに対して通説（消極説）は，婚姻経験の重視，取引の安全，未成年に戻すことによる法律関係の複雑化を理由として，婚姻解消後も成年擬制の効果は持続するとする（我妻＝立石754頁，青山道夫・家族法論〔1958〕91頁，新版注民(21)381頁〔中川高男〕など）。なお，戸籍実務は，消極説にたちながら，婚姻適齢（731条）違反を理由として婚姻が取り消された場合にのみ未成年者に戻るとする立場をとっており（昭31・2・18民二60号回答），これと同旨の学説も有力である（我妻95頁，中川(淳)103頁）。

〔神谷　遊〕

（夫婦間の契約の取消権）

第754条　夫婦間でした契約は，婚姻中，いつでも，夫婦の一方からこれを取り消すことができる。ただし，第三者の権利を害することはできない。

　　　〔対照〕　フ民 1096
　　　〔改正〕　〔792〕

I　本条の意義

　本条は，いわゆる夫婦間での契約取消権を規定しており，夫婦間での契約

第2節　婚姻の効力　　　　　　　　　　　　　　　**§754　I**

は，婚姻中いつでも取り消すことができるとする。本条は，フランス民法に
ならって起草された旧民法に由来するものであり，旧民法財産取得編35条
は，夫婦間での売買を禁止し（当時のフ民1595条），同367条は，夫婦間での
贈与はいつでも「廃罷スル」ことができるとしていた（当時のフ民1096条）。
しかし，明治民法の制定にあたり，売買・贈与と他の契約との間に差異を設
けることには理由がないとされ，その結果，旧792条は，取消しの対象を契
約一般に拡張し，それがそのまま本条に受け継がれることになった。

　本条の立法理由として説かれるのは，第1に，妻は夫に威圧され，あるい
は夫は妻への愛におぼれて自由な意思にも基づかずに契約が締結されやすい
ことから，その真意の確保を保障する必要があること，第2に，夫婦間での
契約の履行は，当事者の愛情や道義によるべきであって，これに法的拘束力
を認めて訴訟の対象とすることは家庭の平和を害することになることである
（新版注民(21)384頁〔中川高男〕）。もっとも，本条に対しては，すでに明治民法
下においても批判があり，本条は弱い妻が夫のために契約を強制されること
を救うかのように見えるけれども，その取消しは婚姻継続中に限られている
から，契約を強制されるほどの妻ならば取消しもできないであろうとされた
り（中川・日本親族法231頁），夫婦間での契約の履行強制が家庭の平和を害す
るというのであれば，夫婦間ではすべての訴えを提起できないとしなければ
ならないはずであるが，それは到底許されず，一貫しないと指摘されていた
（谷口・日本親族法274頁）。

　戦後の民法改正にあたって，旧792条が見直しの対象とならず，そのまま
本条に受け継がれたのは，少なくとも形式的にみて，夫婦の平等に反するも
のではなかったからであるが，戦後の学説もおしなべて本条には批判的であ
り（例えば我妻97頁など），多くは，夫婦間の契約も民法総則の詐欺・強迫に
よる取消し（96条）の規定を適用すれば足りるとし（新版注民(21)385頁〔中
川〕），削除論が支配的である。また，昭和30（1955）年の法制審議会民法部
会身分法小委員会の仮決定第9も，本条の削除を提案していたし，平成8
（1996）年の法制審議会の民法改正要綱案第5でも，本条の削除が提案されて
いる。なお，本条の母法とされたフランス民法も，その後改正され，現在で
は，夫婦間での売買の禁止規定は削除されているほか，贈与の取消しは，将
来財産の贈与のみに限定されており（新基本法コメ59頁〔犬伏由子〕参照），本

〔神谷〕　　211

§*754* **Ⅱ**

条は，比較法的にみても特異な規定となっている。

Ⅱ　本条の適用

(1)　契約の取消し

　本条の取消権の対象となるのは，婚姻中に夫婦間で締結された契約であって，その種類や内容には制限がない。婚姻前に締結された契約は本条の対象には含まれない。夫婦財産契約は婚姻前に締結することが求められているから（755条），本条による取消しはできない。婚姻後に締結された契約であれば，夫婦の一方は，婚姻中いつでも，何らの取消原因も必要とせずに取り消すことができる。また，本条による取消しは，契約の履行前だけでなく，一部または全部の履行後であっても可能である。取消権の行使には特別な方式の定めはないから，配偶者に対する意思表示をもって足りる。

　本条の取消権については，取消権の消滅時効に関する126条の適用はないと解されている。その結果，契約締結の時から20年が経過しても婚姻中である限り取り消すことができる。また，159条は，夫婦間の権利は，婚姻解消後も6か月が経過するまでは，時効の完成を猶予する旨を定めるが，夫婦間の契約取消権は，婚姻解消によって消滅するのであり，時効によって消滅するのではないから，159条は適用されない（中川（善）232頁）。もっとも，夫婦間で締結された契約が詐欺または強迫によるものであった場合は，96条による取消しは可能なのであり，その取消権については126条や159条が適用されることになる。

　なお，本条が内縁にも類推適用されるべきかについては，検討を要する。内縁を準婚として位置づけるのであれば類推適用するべきとの見解もある（新版注民(21)386頁〔中川高男〕）。しかし，高松高裁平成6年4月19日判決（判タ854号261頁）は，内縁の夫から妻に不動産の贈与がなされていた場合において，妻が所有権の移転登記を求めたところ，夫が本条を類推適用して贈与の取消しを主張したという事案で，内縁の妻には相続権がない等，婚姻関係に比べて財産的保護に薄いので，本条を類推適用すると贈与を受けた内縁の妻の法的地位が不安定なものとなり，ますます保護に欠けるとして類推適用を否定した。そもそも本条の合理性には疑いがあり，かえって夫婦の対

第2節　婚姻の効力　　　　　　　　　　　　　　　§754　II

等性，個人の独立性を損ねる結果ともなっているから，本条の適用対象を内縁にまで拡張する必要はないであろう。

(2)　取消権行使の制限

実際に本条の取消権が行使されるのは，夫婦の関係が円満ではなくなった状態においてであり，取消権の行使を容認することが，夫の横暴を助勢する結果ともなっていた。初期の判例は，離婚を条件とする財産の分与契約について，離婚の届出前になされた夫の取消しを有効と判断していた（大判昭7・10・13法学2巻703頁）。しかし，その後は，判例も，本条の適用に厳格な制限を加える傾向にあり，学説もこれを支持する。

まず，大審院昭和19年10月5日判決（民集23巻579頁）は，妻の将来の生活を保障するための財産分与として，親族の協議も経て夫から妻へ家屋を譲渡し，登記名義も移転したところ，夫がこの譲渡契約を取り消したという事案で，本件の取消権の行使は，妻に損害を加えることのみを目的とした権利の濫用であり，しかも，この契約は，夫婦関係が円満を欠き，破綻に瀕した状態で親族の協議を経てなされたものであるから，取り消すことはできないとした。戦後も，最高裁昭和33年3月6日判決（民集12巻3号414頁）は，大審院判例を確認しつつ，権利濫用には言及せずに，より直接的に「夫婦関係が破綻に瀕しているような場合になされた夫婦間の贈与はこれを取り消し得ない」と判示した。さらに，これに加えて，最高裁昭和42年2月2日判決（民集21巻1号88頁）は，夫婦関係の円満をはかる目的で夫から妻になされた不動産の贈与について，夫婦関係の破綻後に夫から取消しの意思表示があったという事案で，「民法754条にいう『婚姻中』とは，単に形式的に婚姻が継続していることではなく，形式的にも，実質的にもそれが継続していることをいうものと解すべきであるから，婚姻が実質的に破綻している場合には，それが形式的に継続しているとしても，同条の規定により，夫婦間の契約を取り消すことは許されない」と判示した。要するに，婚姻関係が破綻した状態で締結された契約だけではなく，円満な状態で締結された契約であっても，破綻した後に取り消すことはできないというのが，判例法理の現状である。結局，本条による取消しが認められるのは，婚姻関係が円満な状態にある場合に限られる。しかし，本条は，そもそも婚姻関係が円満な状態では無用の規定であるから，事実上，その存在意義は失われているといえる。

〔神谷〕　213

§*754* Ⅱ 　　　　　　　　　　　　　　第4編　第2章　婚　姻

(3)　取消しの効果と第三者の権利

　本条による取消しの効果は，一般の法律行為の取消しと同じであるから，取消権の行使により，契約は初めから無効となる（121条）。その結果，契約がすでに履行された後に取り消されると，第三者に不測の損害が及ぶ可能性もある。そこで本条ただし書は，取消権を行使しても第三者の権利を害することはできないとした。なお，ここでの取消しには，何らの取消原因も必要とされないから，第三者の善意・悪意は問題にならない。もっとも，ここでいう第三者は，取消権が行使される以前に利害関係を生じた者に限られる（大判大3・12・25民録20輯1178頁）。したがって，例えば夫から妻に不動産が贈与されたものの，夫がこれを取り消したという場合，その後に妻が不動産を第三者に譲渡したときは，本条ただし書の問題ではなく，一般原則によることになり，物権変動の対抗問題となる。

〔神谷　遊〕

第3節　夫婦財産制

第3節　夫婦財産制

前注（§§755-762〔夫婦財産制〕）

細　目　次

I　夫婦財産関係法（広義の夫婦財産制）
　の構造………………………………215
II　立法の経緯………………………………216
　1　明治民法制定まで……………………216
　2　明治民法………………………………217

3　現行法の成立…………………………218
4　法制審議会における検討作業…………218
III　比較法（狭義の夫婦財産制）…………219
　1　夫婦財産制の類型……………………220
　2　夫婦財産契約と法定財産制…………223

I　夫婦財産関係法（広義の夫婦財産制）の構造

　夫婦財産制は，婚姻によって夫婦間，あるいは，第三者との間で生じる財産上の法的効果を指し，広い意味ではすべての夫婦に共通する財産的効力（＝「基礎的財産制」）の規定，および，個々の夫婦に関して財産の帰属・管理・清算を規律する体系的規定（＝「（狭義の）夫婦財産制」）を含む。夫婦財産制の構造および内容は国によって異なり，例えば，フランス法では，「婚姻の効力」規定の中に一定の財産的効果（例えば，夫婦間救護〔扶養〕義務〔フ民212条〕，婚姻費用の分担〔フ民214条〕，家族の住居の保護〔フ民215条3項〕，夫婦間での委任〔フ民218条〕，家事債務の連帯責任〔フ民220条〕等）を定め，さらに，詳細な「夫婦財産制」の条文（フ民1387条～1581条）をおいて手厚く規定している。また，「夫婦財産制」の規定の中で，夫婦財産固有の契約類型＝「夫婦財産契約」を定め，夫婦財産契約の締結がない場合，いわばデフォルトルールとして適用される「法定財産制」の規定を置いている。
　わが国は，フランス法と比較すると，夫婦財産制の内容が極めて薄い。婚

〔犬伏〕　215

前注（§§ 755-762）II　　　　　　　　　　　　第4編　第2章　婚　姻

姻の財産的効力である夫婦間扶助義務（752条）の機能は婚姻費用分担義務（760条）に吸収され，さらに，夫婦間の契約取消権の規定（754条）は空文化されており，いずれも裁判実務上はほとんど適用を見ない規定となっている。また，夫婦財産契約の利用は極めて少数で，ほとんどの夫婦は法定財産制である別産制（762条）の適用を受け，夫婦の財産関係（財産の帰属・管理）にも財産法の原理が支配することになる。その結果，現行法の中で夫婦の財産関係に固有の意味は，本来は任意規定であった760条・761条の2か条に残れたにすぎず，わが国の夫婦財産関係法は，夫婦間での婚姻費用の分担，および，第三者に対する日常家事債務についての責任財産の拡張の点にのみ意味がある。

　ただし，婚姻解消時の夫婦財産の分配（清算）は，法定別産制の下での夫婦財産の帰属関係とは別個に，離婚時の財産分与制度（768条）および死亡解消時の配偶者相続権（890条・900条）において考慮されている。

II　立法の経緯

1　明治民法制定まで

　1888（明治21）年の身分法第1草案（人事編および財産獲得編第2部）では，夫権を中心として妻の行為能力制限規定（草案104条）がおかれ，夫婦財産制については，獲得編第3章「夫婦財産契約」（草案1837条～1968条）に，フランス民法同様に詳細な規定が置かれた。具体的には，夫婦財産契約締結の自由と約定財産制のモデル（約定共通制，別産制，婚資）が規定され，法定財産制には所得共通制が採用されている（明治民法編纂過程での夫婦財産関係に関しては，近藤佳代子「民法典編纂過程における夫婦財産関係」法制史研究39号〔1989〕151頁以下が詳しい）。

　所得共通制採用の理由は，所得共通制が，夫婦各自に原資（特有財産となる）を保存し，他方で所得を婚姻費用に充てた上で余剰を夫婦の共通財産とする制度であり，夫婦各自の所得を共通財産とすることにより，公平な配分（帰属）を実現できることである。また，配分割合の点も，妻の家事育児が定量できない労働であることを挙げて，夫の有償労働による金銭的寄与にのみ基づいて決定することは不公正であるから，共通制による平等な配分を規定

216　〔犬伏〕

第3節　夫婦財産制　　　　　　　　　前注（§§ 755-762）Ⅱ

したとする（石井良助編「民法草案獲得編第2部理由書」石井良助編・明治文化資料叢書第3巻法律編下〔1960〕160条以下。ただし，共通財産および妻の特有財産の管理権は夫に与えられた点では夫婦間に不平等がある）。

身分法第1草案は，その後大きく変更され，1890（明治23）年の旧民法・財産取得編第15章「夫婦財産契約」では，夫婦財産契約締結の自由は認められたが，約定モデルは規定されず，さらに法定財産制として管理共通制（別産・夫管理制）が採用された。

2　明治民法

1898（明治31）年の明治民法（親族編・相続編）では，妻の行為能力制限規定（民旧14条）は総則編に移され，夫婦の財産関係については，まず，婚姻の効力規定の中で，夫婦相互の扶養義務（民旧790条）と夫婦間の契約取消権（民旧792条）が定められた。

次いで，「夫婦財産制」の節（夫婦財産契約の利用は非常に稀で，契約という文字は穏当ではないとして，旧民法からの表題変更があった）では，夫婦財産契約に関して契約締結の自由を認める規定を含む5か条（民旧793条〜797条）が定められた。旧民法からの変更点は，夫婦財産契約を公正証書による要式行為としていた点の削除，および，対抗要件として夫婦財産契約登記を定めた点である。

法定財産制（民旧798条〜807条）については，管理共通制が維持され，この点，梅謙次郎は，管理共通制がわが国の慣習に適する，また，夫婦の関係上も適当であるとし，今日では幾ら夫婦でも各自の財産を認めることが必要であるが，別々に財産を扱うことは面白くないので管理は一緒にして良いと説明した（法典調査会民法議事〔近代立法資料6〕327頁）。妻（または入夫）の特有財産の規定が明文化され（民旧807条），妻の「婚姻中自己ノ名」で得た財産は，婚姻前所有財産とともに特有財産とされた。この点は，妻の個人財産権の拡張であるが，妻のみならず妻の債権者の利益保護が考えられたことによる（近藤・前掲論文171頁）。なお，旧民法には明示規定がなかった婚姻費用（民旧798条），および，日常家事債務（民旧804条）に関して明文化が図られた（法典調査会民法議事〔近代立法資料6〕328-331頁，355-356頁）。

大正期に入り，明治民法改正の動きが臨時法制審議会において始まり，1925（大正14）年に決議された「民法親族編中改正要綱」の「第14　妻ノ無

〔犬伏〕　217

前注 (§§ 755-762) II

能力及ヒ夫婦財産制」において，妻の行為能力制限規定および夫婦財産制に関する規定を削除し，これに代わる規定を「婚姻ノ効力」の下に定めることを提案している（人事法案（仮称）〔1941（昭和16）年8月整理〕では，「婚姻の効力」の中に，日常家事債務の連帯責任，および夫婦のいずれに帰属するか不分明な財産を夫〔または女戸主〕の財産と推定する規定が移されたが，婚姻費用の規定は削除となった〔堀内節編著・家事審判制度の研究〔1970〕945頁〕）。

3 現行法の成立

1947（昭和22）年の民法改正は，夫婦の財産関係については，夫婦の平等の観点から，妻の行為能力制限の廃止と妻の独立した財産上の権限の承認にとどまった。夫婦財産契約については，利用がほとんどないことから削除論もあったが，今後夫婦が平等になれば，利用されるようになるかもしれないことや，いずれ抜本的な改正の際に再検討を加えるとの理由で，ほぼそのまま存置された。

法定財産制に関しては，管理共通制から別産制（762条）に変更され，夫婦の財産関係にも個人的財産帰属の原理が貫徹したが，婚姻費用（760条）や日常家事債務（761条）については，夫婦の共同性が考慮され，夫婦双方による負担と連帯責任が規定された。

別産制の採用に対しては，民法制定過程において，特に女性委員等から，夫婦が協力して形成した財産を共有財産とすべきとの意見が繰り返し主張されたが，立法者からは，夫婦の財産が2人の協力によりできたものであるとの趣旨は，婚姻解消時である離婚の際の財産分与の新設（768条）や配偶者相続権（890条・900条）により示されていると説明された（最高裁判所事務総局編「民法改正に関する国会関係資料」家庭裁判資料34号〔1953〕269-270頁）。したがって，夫婦の協力により取得・形成された財産の分配・清算は，夫婦財産制の枠外ではかられることとなった（犬伏由子「婚姻中取得財産の分配と夫婦財産制——夫婦の共同成果物の公平・公正な分配の実現に向けて」法研88巻3号〔2015〕6頁以下。→§768）。

4 法制審議会における検討作業

現行法成立後，法制審議会民法部会身分法小委員会において「夫婦財産制」に関して，以下のように3度検討の機会があったが，いずれも改正には結びついていない。

第3節　夫婦財産制　　　　　　　　前注（§§ *755-762*）　III

　まず，1955（昭和 30）年に公表された「法制審議会民法部会身分法小委員会における仮決定および留保事項（その 1）」において，夫婦財産契約登記はほとんど利用されておらず，規定を置く必要性は乏しいとして，①夫婦財産契約の規定を削除する（仮決定 10），これと合わせて，② 760 条から 762 条までを「婚姻の効力」として規定する（仮決定 11）との結論を見た（法務省民事局「民法親族編の改正について」戸籍 130 号〔1959〕12 頁）。

　次に，1980（昭和 55）年の相続法改正に至る過程で，「夫婦財産制」についても検討されていたが，1975（昭和 50）年に公表された「法制審議会民法部会身分法小委員会中間報告」（法務省民事局参事官室「法制審議会民法部会身分法小委員会中間報告について」ジュリ 596 号〔1975〕83 頁）では，法定財産制の変更に関しては，共有制を採用すべきとする意見と別産制を維持すべきとする意見の両論併記にとどまり，さらに，別産制を維持するとした場合に検討すべき問題点の指摘もなされた。なお，夫婦財産契約を維持した上で，利用を容易にする方向性も検討されていた。

　1991（平成 3）年には，婚姻および離婚制度の見直しに関する審議が開始し，1992（平成 4）年に公表された「婚姻及び離婚制度の見直し審議に関する中間報告（論点整理）」の中には，「夫婦財産制」に関して，夫婦財産契約の締結時期を婚姻前に限定している点の見直しや，夫婦の居住用不動産の処分制限についての審議結果が含まれていた（ジュリ 1015 号〔1993〕305 頁）。

III　比較法（狭義の夫婦財産制）

　比較法的には，夫婦財産制に関する制度設計のあり方は多様である（ヨーロッパ家族法委員会〔CEFL〕が作成した夫婦財産制に関する 26 の法域〔国および地域〕についての国別報告書参照〔Katharina Boele-Woelki, Bente Braat, Ian Curry-Sumner (eds.), European Family Law in Action. Vol. IV: Property relations between spouses (2009)〕。なお，これに基づき，2013 年に「夫婦の財産に関するヨーロッパ家族法原則」が提案されている〔Katharina Boele-Woelki, Frédérique Ferrand, Cristina González Beilfuss, Maarit Jänterä-Jareborg, Nigel Lowe, Dieter Martiny, Walter Pintens, Principles of European Family Law Regarding Property Relations Between Spouses (2013)。松久和彦「ヨーロッパにおける夫婦財産制の動向について──ヨーロッパ家族法委員会（CEFL）の

〔犬伏〕　219

前注（§§ 755-762）　III　　　　　　　　　　　　第4編　第2章　婚姻

活動の紹介」田井義信編・民法学の現在と近未来〔2012〕272頁，同「比較夫婦財産法——ヨーロッパを中心に」戸時709号〔2014〕17頁参照）。なお，夫婦財産制の中で，夫婦財産契約に関する規定を設ける国も多い）が，法定財産制との関係の点は国により異なる。

　夫婦財産制の枠組みの多様性にもかかわらず，国際的な視野において夫婦財産関係法は「夫婦の平等」という共通の価値の実現に向けられている。とりわけ，女性差別撤廃条約（16条1項(h)が夫婦の財産関係における権利の平等を規定する）との関連では，2013年2月に，女性差別撤廃委員会が，一般勧告29号「婚姻，家族関係およびそれらの解消の経済的影響」を採択している（http://www.gender.go.jp/international/int_kaigi/int_teppai/pdf/kankoku29.pdf）。この中で，夫婦財産契約については，交渉力の不平等によって女性が法定財産制の場合よりも不利にならないようにすべきこと（パラグラフ34），法定財産制に関しては，婚姻中の夫婦財産に関する平等な法的能力を規定すべきであり，固有財産（または非婚姻財産）に対する平等な権利を女性に保障すること（パラグラフ38），また，とりわけ，婚姻解消（別居あるいは離婚）時においては，婚姻中蓄積された全財産の分配に関する平等を規定すべきであり，その際，婚姻中の財産取得に関する非金銭的なものを含む間接的な寄与の価値を承認すべきであること（パラグラフ45〜47）を締約国に義務づけている。

　したがって，国際的には，多様な夫婦財産制の枠組みの中にあっても，夫婦各自に夫婦財産の取得・所有・管理権限に関する平等を保障し，婚姻解消時において夫婦財産の平等な分配を実現する方向に向かうべき必要があり，比較法的にみても，夫婦財産制に関する夫婦の平等（妻の独立性と富の分配の承認）という共通の方向性が窺える。

1　夫婦財産制の類型

　夫婦財産制の規律のあり方は国ごとに多様であるが，夫婦財産制を構成する基本的要素に着目して，夫婦財産制の類型化をはかることは可能である（Boele-Woelki, Braat, Curry-Sumner（eds.）, op. cit., pp. 245-248）。すなわち，夫婦財産制の基本的枠組みには，婚姻継続中の①夫婦財産の帰属（婚姻前あるいは婚姻中に取得された財産が夫婦にどのように帰属するか），②管理権限（夫婦財産の管理・処分権），および，③債務に対する責任と負担（債権者に対する責任財産の範囲や夫婦間での負担）に関する規律，さらに，これらと関連して婚姻解消（夫婦

220　〔犬伏〕

第3節　夫婦財産制　　　　　　　　　前注（§§755-762）　III

財産制の解消）の際の④夫婦財産の分配の規律が含まれる。近時，各国の夫婦
財産制において①③に関する差異にもかかわらず，④が共通の方向性として
目指され，夫婦財産制を規定する重要なファクターとなっている。

　これら①～④に関する規律をどのように定めるかによって，次のような類
型に分けることができる。まず，①夫婦財産の帰属の点を基準に，(ア)共通財
産制と(イ)別産制に大別できる。さらに，④夫婦財産の分配の観点から，別産
制の原則を維持しつつ，婚姻解消時に夫婦財産の分配を実現する，(ウ)複合財
産制が区別される。

　(ア)　共通財産制　　共通財産制の特徴は，①の点で，夫婦間に共通（積極）
財産（体）の存在を認める点である。夫婦各自が取得した個々の財産（不動
産・動産・債権等）の帰属（共通財産か，各自の固有財産か）は財産法のルールで
はなく夫婦財産制のルールによって決定され，したがって，取得名義にかか
わらず一定範囲に属するものが共通財産となる。さらに，④夫婦財産の分配
が，共通財産の清算・分割という，夫婦各自の財産に対する権原（帰属）レ
ベルで根拠づけられる点にも共通財産制の特徴がある。共通財産の範囲には
広狭があり，最も共通財産の範囲を広く認めるのが，ⓐ包括共通財産制であ
り，取得の時期（婚姻の前後）を問わず，また，有償・無償取得にかかわらず，
（個人の専用品を除く）すべての財産を共通財産としている（オランダが法定制と
して採用）。しかし，共通財産の範囲を婚姻中の夫婦の協力により取得した財
産に限定する，ⓑ所得（後得財産）共通制を法定制とする国（フランス，ベルギ
ー，イタリア，ポルトガル，ロシア，中華人民共和国等）が多く，婚姻前取得財産や
婚姻中に相続・贈与等により無償取得した財産は取得した配偶者の固有財産
（特有財産）とする方向にある。

　さらに，②管理権限に関しても，夫婦の平等および独立性を尊重し，共通
財産の管理について，夫婦共同管理を必要とする範囲を限定し，各自の独立
した管理を一定範囲で認める方向にある（フランス，ベルギー，イタリア，オラ
ンダ等）。③債務に関しては，①の積極財産の帰属とパラレルに夫婦の共通債
務と各自の固有債務に区別されるが，債権者に対する責任および夫婦間での
負担に関しては，共通財産制を採用する国でも多様な規定を持ち，債権者に
対する責任財産の点で，共通債務と共通積極財産の完全なる対応関係がある
わけではない（例えば，フランスの所得共通制では，共通債務について共通積極財産だ

〔犬伏〕　221

前注（§§ 755-762）Ⅲ

第4編 第2章 婚姻

けではなく，債務者の固有財産も責任財産となる一方で，他方配偶者の収入〔サラリー，稼ぎ〕は責任財産とならないし，夫婦一方が単独で行った借財・保証債務は債務者の固有財産と収入のみが責任財産となる）。

　(イ)　別産制　　夫婦の財産関係も財産法の規律に従うとするのが別産制であり，婚姻継続中も財産関係における夫婦の独立性の原則に基づき，夫婦財産は個人帰属，個人管理となり，債務についても個人責任を負う。したがって，別産制を採用するイギリス法等では，上記①②③に関する規定を持たず，いわゆる夫婦財産制は存在しない。このため，婚姻解消時における④夫婦財産の分配が夫婦財産の清算という観点から規定されることはない。ただし，イギリス法でも，離婚の際には，夫婦の一方から他方に対する離婚給付の規定において衡平な財産分配の制度が定められている（イギリス法による離婚給付に関する詳細な紹介として，鈴木眞次・離婚給付の決定基準〔1992〕89頁以下）から，裁判官による財産の分配を伴う別産制である（→§768）。

　　しかし，離婚時の衡平財産分配法の問題点としては，衡平の基準が明確にされず，裁判官の裁量や離婚当事者間の交渉に委ねられる結果，平等な財産の分与を妻に保障しないことが指摘されている（女性差別撤廃条約のコンメンタール第16条参照〔Marsha A. Freeman, Christine Chinkin and Beate Rudolf, The UN Convention on The Elimination of All Forms of Discrimination Against Women: A Commentary,〔M. A. Freeman〕, O. U. P., 2012, p. 434〕）。

　(ウ)　複合財産制　　婚姻継続中は別産制の原則に立ちながら，夫婦財産制の枠内で，婚姻解消時における，④夫婦財産の分配を規律する，複合財産制が登場している。別産制の原則は，②管理権限，および，③債務に対する責任と負担に関して，夫婦各自の独立性を前提とする規律に現れる。他方，④夫婦財産の分配の点では，共通制と同じ方向性を持つため，複合財産制を採用する国の中には，①夫婦財産の帰属について，婚姻継続中は潜在化しているものの共通制と類似の財産範疇により規律しているものもある。そこで，複合財産制にも，別産制と共通制のいずれに近づけて制度設計を行うかの差異があり，共通制とは異なり金銭によって債権的に夫婦財産の分配を保障するドイツの付加利得共通制（剰余共同制 Zugewinngemeinschaft），スイスの所得参与制（participation aux acquêts, 中華民国の剰余財産分配制もスイス法を参照している），フランスの約定財産制である後得財産分配参加制（所得参与制

222　〔犬伏〕

第3節　夫婦財産制　　　　　　　　前注（§§755-762）　III

participation aux acquêts）と，共通制と類似して物権的に夫婦財産の分配を行う繰り延べ共通制（デンマーク，ノルウェー，スウェーデンなど）がある。

2　夫婦財産契約と法定財産制

諸外国において，夫婦財産の帰属（消極財産を含む）・管理・分配に関する合意，すなわち夫婦財産契約の自由を認めるか否か，また，夫婦財産契約による法定財産制の修正をどの程度認めるかには差異がある（Boele-Woelki, Braat, Curry-Sumner（eds.), op. cit., pp. 237-244, 1131-1141, 1189-1197）。

夫婦財産契約と法定財産制の関係に着目すると，3つのタイプに分類することができる。第1類型は，夫婦財産契約を認めず，法定財産制（所得共通制）のみを認め，すべての夫婦に単一の夫婦財産制を適用するもの（ブルガリア）。逆に，第2類型は，夫婦財産契約による夫婦財産制（約定財産制）のみを認めるものである（メキシコは選択的約定財産制〔夫婦組合あるいは別産制のいずれかの選択〕のみを規定し，法定財産制の規定を有しない〔中川和彦「メキシコ国1928年連邦民法典(2)」成城法学14号〔1983〕134頁以下〕）。これに対し，第3類型は，夫婦財産契約を認め，夫婦財産契約が締結されない場合のために，法定財産制を規定するものであり，これに属する国がほとんどである。

第3類型では，夫婦財産契約は法定財産制を排斥・修正する内容の合意となり，この類型を採用する国が最も多い。第3類型に属する国の中にも，夫婦財産契約の自由をどの程度認めるかの点には広狭がある。(a)夫婦財産契約の自由を原則とし，法定財産制に対する夫婦財産契約の優位を認め，夫婦財産契約により法定財産制を修正あるいは排斥してオリジナルな夫婦財産制の採用することを認める法制度がある。これにもフランス・ベルギー等のように，約定財産制モデルを例示する国と，日本のように約定財産制モデルの例示を行わない国がある。当事者にどのような合意をしたら良いかのモデルが明示されていなければ，夫婦財産契約の自由も行使しにくいものとなる。(b)法定制と異なる約定財産制のモデルを定め，夫婦財産契約の自由を約定モデルからの選択に限定して承認する法制度がある。ドイツ・スイス・中華民国（共通制・別産制を約定モデルとする），イタリア（約定共通制・別産制を約定モデルとする），スペイン（所得参与制・別産制を約定モデルとする）などの国がこれに属する。(c)法定財産制に優位を認め，これを修正する夫婦財産契約のみ認める制限的法制度がある。繰り延べ共通制を法定制とするデンマーク・スウェー

〔犬伏〕　223

前注（§§755-762） III　　　　　　　　　　第4編　第2章　婚　姻

デン等では，夫婦財産契約による共通財産の範囲の決定（縮小あるいはゼロと
する〔別産制を約定したことになる〕）のみを認めている。

〔犬伏由子〕

224　〔犬伏〕

第3節　夫婦財産制　第1款　総則　　　　　　　　　　　　　§755　I

第1款　総　　則

（夫婦の財産関係）

第755条　夫婦が，婚姻の届出前に，その財産について別段の契約を
　しなかったときは，その財産関係は，次款に定めるところによる。

　　〔対照〕　ド民1408〜1411，フ民1387〜1395・1398・1497，ス民182〜184
　　〔改正〕　(793)

I　本条の趣旨

1　本条の意義

　本条は，「第3節　夫婦財産制」の総則規定として，夫婦財産契約による
約定財産制の法定財産制に対する優位を定めている。すなわち，締結時期の
限定はあるものの，夫婦財産契約の自由を認め，法定財産制の規定は夫婦財
産契約による別段の定めがない場合の補充的なものとして位置づけている。

　本条は，明治民法793条と同様の規定であり，法定財産制との関係での夫
婦財産契約の位置づけは，明治民法制定に至る立法の経緯においても一貫し
て維持されていた（→前注(§§755-762) II，新版注民(21)399頁〔依田精一〕）。しか
し，明治民法起草者も夫婦財産契約をそれほど重視していたわけではなく，
日本では夫婦財産契約の利用は極めて稀であろうとして，むしろ，「我邦現
今ノ慣習ヲ基礎トシ最モ便利ニシテ且多数ノ当事者ノ意思ニ適合」する制度
を法定財産制に選んだとする（梅160頁以下）。現行法制定当時の立法者の認
識もほとんど同様であり，管理共通制から別産制へと法定財産制は改正され
たものの，本条を含む「第1款総則」の規定はほとんど改正されずに残され
た（→前注(§§755-762) II 3）。

　本条以下の夫婦財産契約に関する規定は極めて簡素であり，夫婦財産契約
がいかなる制度であるかの点は明確ではない（川淳一「夫婦財産契約」戸時709
号〔2014〕27頁）。本条は，「夫婦の財産について別段の契約」をしなかった

　　　　　　　　　　　　　　　　　　　　　　　　　　　　〔犬伏〕　225

§755 I　　　　　　　　　　　　　第4編　第2章　婚　姻

ときは，法定財産制の定めに従うと規定していることから，夫婦財産契約による規律対象は，法定財産制の規定である婚姻費用の分担（760条），日常家事債務の連帯責任（761条），夫婦財産の帰属（762条）にかかわる事項ということにはなるが，それ以上のことは明確にされていない。

　当事者にとって夫婦財産契約によって婚姻後の夫婦財産関係についてのどのような合意が可能か，それによってどのような効果が生じるのか，ほとんど手がかりがない状況では，夫婦財産契約の利用も進まない。比較法的にみて諸外国の方が夫婦財産契約の利用が進んでいるのは，具体的な合意内容に関する規定を有することも一因であろう（Boele-Woelki, Braat, Curry-Sumner (eds.), op. cit., pp. 1183-1188，一前注（§§755-762）Ⅲ2）。今後の法定財産制の見直しと並んで，約定財産制モデルを定めることも提案されている（川・前掲論文29頁以下）。

2　夫婦財産契約利用の実情

　明治民法起草者梅謙次郎は，わが国では，従来，家の財産のほとんどは戸主に属し，妻が独立した財産を有することは稀であり，夫婦財産制に対する関心も少なく，重視されていないことから，夫婦財産契約の自由を認めても「多数ノ婚姻ニ在リテハ特ニ財産契約ヲ結フコトアラサルヘシ」と考えていた（梅156-157頁，160-161頁）。民法典制定後の実情に関して，実際の夫婦財産契約締結数を把握することは困難であるが，対抗要件とされている夫婦財産契約登記の件数から大まかな傾向は推測できる。確かに，明治民法下の1898（明治31）年から1945（昭和20）年の48年間の夫婦財産契約の登記件数は，全国で368件であり，決して夫婦財産契約の利用が多いとは言えない（登記件数は，佐藤良雄・夫婦財産契約論〔1984〕86頁以下参照）。なお，明治民法下で締結された夫婦財産契約の内容としては，法定財産制である管理共通制の下で，妻の特有財産を明確化し，同時に夫の管理権限を排除・制限するものが多く，また，共通制（共有制）を採用するものがあることが紹介されている（佐藤・前掲書33頁以下，山田俊一・夫婦財産契約の理論と実務〔2012〕83頁以下参照）。

　現行法のもとで，夫婦財産契約の登記件数はさらに少なく，1946（昭和21）年から2016（平成28）年までの間に246件を数えるのみである（法務省編『民事・訟務・人権統計年報』によれば，2010年以降は10件を超えるようになり，微増

第3節　夫婦財産制　第1款　総則　　　　　　　　§755　II

傾向も見られる。なお，1979〔昭和54〕年までの登記件数は，佐藤・前掲書91頁以下参照）。

　夫婦財産契約は，本来法定財産制（760条〜762条）の規律内容に修正をもたらすものであり，実際の夫婦財産契約の締結例には，所得共通制の採用を意図したものも含まれているが，法定財産制の確認的内容にすぎないものも含まれていると紹介されている（佐藤・前掲書64頁以下，山田・前掲書93頁以下）。既に触れた現行法の不備や，夫婦財産契約締結について専門的立場からの当事者支援が欠けていることの問題性が表れている。

II　夫婦財産契約の締結と要件

1　締結時期および効力の発生・終了

　本条は，夫婦財産契約の締結時期を婚姻届出前に限定しており，婚姻成立後の夫婦財産契約の締結は，758条の婚姻継続中の夫婦財産制の変更にあたり，不可変更性の原則により認められない。

　夫婦財産契約は婚姻届出前に締結・登記されなければならないから，契約当事者は（夫婦になる前の）締結後に婚姻を予定している者である。夫婦財産契約は当事者の合意によって成立するが，夫婦財産契約は夫婦の財産関係を規律する契約であるから，婚姻の成立により効力が生じ（婚姻の成立を停止条件とする），その効力は婚姻の継続中は存続し，婚姻解消（離婚・婚姻取消し・配偶者の死亡）によって終了する。婚姻解消によって夫婦財産契約が終了したときは，夫婦財産契約締結（設定）登記について，抹消登記がなされることになる（夫婦一方死亡の際の抹消登記手続については，夫婦財産契約登記規則9条）。

2　夫婦財産契約の要件

　夫婦財産契約の方式について規定がなく，書面によることが要件とはされていない。しかし，756条により対抗要件として要求されている登記の際には，夫婦財産契約をしたことを証する情報の提供義務があり（外法夫婦登7条），夫婦財産契約の内容が登記事項とされていることから（夫婦財産契約登記規則6条1項4号），登記申請の前提として，夫婦財産契約書が必要と考えられる。実際上も，婚姻期間中の継続的契約である夫婦財産契約の内容を書面にしておく必要性は高い。

〔犬伏〕　227

§755 Ⅲ 第4編 第2章 婚姻

立法経緯を振り返ると，旧民法では公正証書による要式行為とされていた点が，明治民法において削除された（削除理由は，日本では公証人の関与による契約の慣習が少なく，特に夫婦関係に公証人の関与を求める事は好まれないことが挙げられている（梅161頁）。一前注(§§755-762)Ⅱ）。今後の改正を視野に入れると書面によることを明記する必要もあろう。

夫婦財産契約の当事者は婚姻の締結を予定している者であり，なお，婚姻適齢は男性は18歳，女性は16歳とされている（731条）から，未成年者でも父母の同意を得て婚姻することができる（737条）。そこで，夫婦財産契約の締結能力に関して，行為能力の要否が問題となる。この点の明示規定は存在しないが，夫婦財産契約は，婚姻の全期間中の夫婦財産における権利義務を規定するものであり，通常の財産契約と同様，行為能力を必要とするというのが，多数説である（新版注民(21)408頁〔依田精一〕）。夫婦財産登記実務の見解としても，婚姻を予定した未成年者により，父母の同意なく締結した夫婦財産契約の登記申請があった場合，これを受理しないとする扱いが示されている（「質疑・応答・法務省民事局第5課回答」登記研究133号〔1958〕42頁）。

Ⅲ　夫婦財産契約の自由と制限

夫婦財産契約は法定財産制（760条～762条）を全部あるいは一部修正する合意であり，条文上は760条，および，761条を修正する内容も含まれるが，主として法定夫婦財産制（762条）である別産制（別帰属・別管理制）の修正を目的とした合意である。そこで，夫婦財産契約は，主に婚姻中の財産の帰属・管理，債務に対する責任，夫婦財産の清算を規律対象とする合意となるが，具体的内容は当事者の自由に委ねられたままである。

夫婦財産契約締結の際には当事者間の対等性や，合理的判断可能性が担保されなければならないが，例えば，専門家のアドバイスや当事者に対する財産開示義務といった手当てはなされていない。この点，事後的に不公正な契約の効力を否定することで対処せざるを得ないが，立法論として，財産開示義務を定める等，契約の公正を担保する必要があろう。

契約内容決定の自由に対する制限は明示されていないが，契約一般と同様に公序良俗に違反する内容は無効となる（90条）。例えば，妻の特有財産の

第3節　夫婦財産制　第1款　総則　　§*756*　I

管理処分権が夫に帰属するといった夫婦の平等に反する内容，一方に著しく不利な内容の合意は無効と考えられる。強行法規に違反する場合，例えば，物権法の原則に反し，所有者の処分禁止の合意をすること（梅158頁），また，相続法における遺留分規定に反する，例えば，死亡解消の際に生存配偶者への共有財産全部帰属条項を伴う包括共通制を合意することも制限される（川淳一「夫婦財産契約」戸時709号〔2014〕29頁以下）。さらに，夫婦間の扶養義務も婚姻法上の強行法規であり，婚姻費用の分担に関する合意はこれに違反することはできない。婚姻解消時の夫婦財産の清算にかかわる合意として，配偶者相続権を放棄することは相続の事前放棄が認められないことから，死亡配偶者の承継人（相続人）が合意の効力を主張する事は認められない。離婚の際の財産分与請求権の放棄の合意も，離婚時に不公正な結果を生じる場合は，効力を否定すべきであろう。

〔犬伏由子〕

　　　（夫婦財産契約の対抗要件）
　　第756条　夫婦が法定財産制と異なる契約をしたときは，婚姻の届出までにその登記をしなければ，これを夫婦の承継人及び第三者に対抗することができない。

　　　　〔対照〕　フ民1394，ド民1412・1558〜1563
　　　　〔改正〕　（794）

I　本条の趣旨

　本条は，法定財産制と（全部あるいは一部）異なる夫婦財産契約を締結した場合，婚姻締結前に夫婦財産契約登記を行わなければ，夫婦の包括承継人や第三者に対抗することができないことを定めている。旧民法では，フランス民法と同様，公正証書によるとの規定があった（→§755 II 2）が，明治民法は，これを削除し，第三者や夫婦の承継人を確実に保護するため登記を要求したとされる（梅163頁）。夫婦間では登記がなくとも夫婦財産契約の効力を主張しうるのに，夫婦の包括承継人である相続人や包括受遺者への対抗要件

〔犬伏〕　229

§756 II　　　　　　　　　　　　　　　　　　第4編　第2章　婚姻

として登記を要求した理由は，夫婦の一方死亡後，その相続人らと生存配偶者との間での無用の紛争の発生を防止するためとされている（鈴木禄弥「夫婦財産契約の対抗力」民事研修359号〔1987〕158頁）。

不動産その他の取引関係の実情も異なろうから，単純に諸外国の法制度を比較することはできないが，第三者への対抗力を持つために，夫婦財産契約登記を必要とする国が多く（ドイツ，デンマーク，フィンランド，スウェーデン等），婚姻証書への記載を必要とする国もある（ベルギー，フランス）。他方，夫婦財産契約の方式として公正証書によることのみ規定し，公示方法を要求していない国もある（スイスは，1998年に夫婦財産契約登記制度を廃止し，悪意の第三者には対抗しうると定めた。Boele-Woelki, Ferrand, Beilfuss, Jänterä-Jareborg, Lowe. Martiny, Pintens, op. cit., pp. 131-134，→前注（§§755-762）III）。

II　夫婦財産契約登記手続

1　登記申請当事者

婚姻前に締結された夫婦財産契約について，契約当事者は，共同申請により，婚姻届出前に，原則として婚姻の際に夫の氏を選択するときは夫となるべき者，妻の氏を選択するときは妻となるべき者の住所地を管轄する法務局等（管轄登記所）に夫婦財産契約登記を行う必要がある（外法夫婦登5条1項・7条）。管轄登記所には夫婦財産契約登記簿が備えられている（外法夫婦登6条）。夫婦一方の死亡により夫婦財産契約が終了した場合については，生存配偶者の単独申請による登記抹消手続が定められている（夫婦財産契約登記規則9条）。

2　登記申請手続

夫婦財産契約登記は，本条に基づく夫婦財産契約締結（設定登記）だけではなく，759条に基づく財産管理者の変更・共有財産の分割，および，夫婦一方の死亡による夫婦財産契約の終了（抹消登記）（夫婦財産契約登記規則9条，離婚・婚姻取消しによる夫婦財産契約の終了に関する規定はない）も対象となる。　夫婦財産契約締結に関する登記事項は，「各契約者の氏名及び住所」，「登記の目的〔設定〕」，「登記原因〔締結〕及びその日付」，「夫婦財産契約の内容」である（夫婦財産契約登記規則6条，別表（第1条関係）第2欄）。登記申請の際には，申請情報（夫婦財産契約登記規則7条〔申請者の氏名および住所，代理申請の場合の代

230　〔犬伏〕

理人氏名・住所など〕），および，添付情報（夫婦財産契約登記規則8条〔各契約者の住所を証する情報，各契約者が婚姻の届出をしていないことを証する情報〕）を提供するとともに，夫婦財産契約をしたことを証する情報（外法夫婦登7条）を提供しなければならず，また，「夫婦財産契約の内容」は登記事項となっていることから，夫婦財産契約書の提出が必要になる。

III　夫婦財産契約登記による対抗力

1　登記による対抗

　夫婦財産の帰属・管理，さらには，清算の問題は，夫婦間のみならず，夫婦一方死亡の際の包括承継人（相続人・包括受遺者）や第三者にとっても利害関係が生ずる。そこで，法定財産制を全部あるいは一部修正する内容の夫婦財産契約を締結した場合は，夫婦財産契約登記によってその存在や内容を公示することにより，第三者との取引の安全を図り，相続人らとの無用の紛争を回避することとした。例えば，夫婦財産契約を締結し，いわゆる所得共通制を採用して，婚姻中に有償取得した財産を夫婦共有（共通）財産とし，夫婦共有財産の処分行為については夫婦共同で行うことを定めたという場合に，夫婦財産契約の内容を登記していれば，当該夫婦の夫婦財産制は所得共通制であることを，第三者や相続人などにも対抗できることになる。ただし，夫婦財産契約登記の対抗力が，婚姻中に個別の法律行為により取得した不動産等の財産の帰属・管理権限に関しても及ぶかには議論がある。

2　不動産登記との関係

　夫婦財産契約登記と不動産登記は，管轄官署と登記簿を異にするため，上記のように所得共通制を採用する夫婦財産契約登記がなされていても，夫が売買契約の買主となって取得した不動産について，不動産登記上は夫の所有名義となっているというように，夫婦財産契約により生じる夫婦財産上の権利関係が，不動産登記に現れてこないことがありうる。そこで，第三者に対する対抗の問題について，夫婦財産契約登記と不動産登記との間の優劣が問題となる。学説の多数は，不動産取引の安全という点から，夫婦財産契約登記がなされていても，各不動産について登記がなければ，不動産登記上の名義人と取引をした第三者に対抗できないと解している。

〔犬伏〕　231

§ 757   第4編　第2章　婚　姻

　しかし，夫婦財産契約により夫婦財産上の効力が生じる以上，所得共通制
の採用によって婚姻中に夫が購入した不動産について，夫の単独所有名義と
された登記は，妻の持分については虚偽のものであり，夫から不動産を譲り
受けた第三者は妻の持分については無権利となり，94条2項類推によって
保護を受けるにすぎないと解する説もある（大村75頁）。この見解によって
も，夫婦財産契約の実情として，締結数が極めて少数であり，その存在も十
分周知されていない状況や，不動産登記情報と比べて夫婦財産契約締結情報
を知ることも容易でない状況から，第三者の善意無過失は容易に認められる
であろう。

3　判例──税法上の扱い

　夫婦財産契約は，締結数自体が少ないこともあって，公表裁判例はほとん
どないが，所得税の課税をめぐって夫婦財産契約の効力が争われた事案があ
る。本件では，夫婦財産契約により，婚姻後に取得する財産を夫婦の共有財
産（持分2分の1）と定め，夫婦財産契約登記も了していた夫が，婚姻中の事
業所得等の2分の1を妻の所得として申告を行ったところ，税務署により全
額夫の所得としての更正処分を受けたため，更正処分の取消しを求めた。一
審（東京地判昭63・5・16判時1281号87頁）および原審（東京高判平2・12・12税資
181号867頁）は，収入の帰属は雇用契約・委任契約・請負契約などの相手方
との関係において決定されるものであり，夫婦間の合意はこれを当然に変更
するものではないことを前提に，所得税の課税は，収入に関する権利発生の
時点での帰属を基準とするとして，夫の所得と判断して行われた更正処分は
相当とし，最高裁平成3年12月3日判決（税資187号231頁）もこれを認め，
夫の上告を棄却した。課税方法が問題となった事案であるが，実体法上は，
本件の夫婦財産契約により，法定財産制の規定（762条）は排斥され，夫の
収入は取得の当初から夫婦の共有に属すると考えられるべきである。

〔犬伏由子〕

第757条　削除

　〔改正〕　本条＝平元法27削除

第3節 夫婦財産制 第1款 総則 §*758* Ⅰ

（夫婦の財産関係の変更の制限等）

第758条① 夫婦の財産関係は，婚姻の届出後は，変更することがで
きない。

② 夫婦の一方が，他の一方の財産を管理する場合において，管理が
失当であったことによってその財産を危うくしたときは，他の一方
は，自らその管理をすることを家庭裁判所に請求することができる。

③ 共有財産については，前項の請求とともに，その分割を請求する
ことができる。

〔対照〕 フ民 1396〜1397-6・1443〜1449，ド民 1408

〔改正〕 （796） ②＝昭 23 法 260 改正

Ⅰ 本条の趣旨

755 条が夫婦財産契約の締結時期を婚姻届出前に限定すると共に，本条は，
夫婦財産契約の締結がなく，法定財産制が適用される場合を含め，婚姻成立
時に定まった夫婦財産制を，婚姻後に変更することを認めない，夫婦財産制
の不可変更性の原則を定めた。その上で，例外的に家庭裁判所に対し，夫婦
の一方が他方に委ねていた財産管理について，失当があった場合には，管理
権を自己に取り戻すことや，共有財産の管理に関する場合は，その分割を請
求することを認めている。なお，本条に基づく，管理者の変更，共有財産の
分割の請求については，当事者間の協議の余地がなく，家庭裁判所の審判に
よって決せられることが前提となっているとして，家事事件手続法により，
調停の対象とならない別表第一審判事件となった（旧家審9条1項乙類2号参照。
梶村＝徳田編著321頁〔若林昌子〕）。

婚姻継続中の夫婦財産制の変更を認めない理由について，明治民法起草者
であった梅謙次郎は，夫婦の一方が，他方を威圧して自己の利益を図る恐れ
があることを挙げていた（梅169頁）。この点は，754条の夫婦間の契約取消
権の立法理由と同じであり，また，754条の存在が，婚姻中の夫婦財産契約
の締結を認めない理由にも挙げられる。さらに，第三者や承継人（相続人・
包括受遺者）の保護の観点で，すなわち，婚姻中の夫婦財産制の変更は，第
三者，とりわけ，夫婦一方の債権者にとっては責任財産の変更，また，死亡

〔犬伏〕 233

§758 II 第4編 第2章 婚姻

した配偶者の承継人にとっては相続財産の変更をもたらし，第三者および承継人に損害を与える恐れがあることも指摘される（岩澤哲「フランス法における夫婦財産制の変更(1)」民商130巻2号〔2004〕327頁）。

しかし，夫婦間の契約取消権自体，1996年民法改正案要綱でも削除の提案があり，さらに，第三者・承継人の保護の観点は，立法的な手立ても含めて別途対応する事が可能で，今後，婚姻中の変更を認める方向での検討が必要となろう（新版注民(21)421頁〔依田精一〕）。

比較法的に見れば，多くの国が婚姻後の夫婦財産制の変更を認めている（Boele-Woelki, Ferrand, Beilfuss, Jänterä-Jareborg, Lowe, Martiny, Pintens, op. cit., pp. 108-109, 一前注(§§ 755-762) III）。ドイツ法は，婚姻前の夫婦財産契約の締結と婚姻後の夫婦財産制の変更とを同様に扱っているが（ド民1408条），フランス法は，婚姻前の夫婦財産契約の締結とは別に，夫婦財産制の変更に関して，約定・法定財産制の適用後2年経過している場合に，家族の利益を考慮し，また，債権者の権利を詐害しないという条件の下で，認める規定を置いている（フ民1396・1397条）。

II 管理失当と例外的変更

1 管 理 失 当

夫婦間においても，財産管理についての委任・準委任契約は有効であり，委任契約はいつでも解除することができる（651条）。しかし，夫婦財産契約において，一方が自己の財産の管理を他方に委任した場合，不可変更性の原則によって，委任の解除が認められないとすると，財産管理を委任した一方に不利益が生じることになる。すなわち，他方には受任者として善管注意義務が課されているにもかかわらず（644条，新版注民(21)422頁〔依田精一〕），適切な財産管理がなされないことによって，一方が財産を失う恐れが生じうる。本条2項は，このような不利益を救済するため，例外的に夫婦財産契約の変更を認めたものである。

自己の財産の管理を他方に委ねた者は，他方の管理失当によって，自己の財産所有権を失う恐れが生じた場合，自己の財産を保全するために，管理権を取り戻すことを家庭裁判所に請求することができる（家事別表第一58項，給

第3節　夫婦財産制　第1款　総則　　§759

付命令〔金銭の支払，物の引渡し，登記義務の履行〕が可能である〔家事154条2項〕）。

2　共有財産の分割請求

　夫婦財産契約において，一方が他方に共有財産の管理を委ねた場合，他方の管理失当によって，共有財産を失う恐れが生じた場合にも，本条3項は，不可変更性の原則の例外を認めた。すなわち，共有財産の管理を委任した一方は，本条2項に基づいて，他方から共有財産の管理権限を取り戻すことを請求することだけではなく，自己の共有持分権を保全するため，共有財産の分割を家庭裁判所に請求することができるとされた（家事別表第一58項，共有財産分割方法については，家事155条）。

　本条3項による共有財産の分割請求は，夫婦財産契約の例外的変更にあたるものであって，個別の共有財産についての管理失当に対する，共有持分保全方法として定められたものではない。主として，夫婦財産契約が夫婦財産共通制を採用する内容を持つ場合を前提に，共有財産全体について管理権限を委ねられた他方の管理失当に対する，共有持分保全の手段として認められたものであり，家庭裁判所の審判により，別産制へと夫婦財産制が変更されることになる。そこで，法定財産制の下での，夫婦間の実質的共有財産を保全する目的で，本条を準用して共有財産分割請求をすることは認められないとする裁判例がある（福岡高判昭39・9・17家月17巻1号79頁，これに反対する見解もある〔新版注民(21)424頁〔依田〕〕）。

〔犬伏由子〕

（財産の管理者の変更及び共有財産の分割の対抗要件）

　第759条　前条の規定又は第755条の契約の結果により，財産の管理者を変更し，又は共有財産の分割をしたときは，その登記をしなければ，これを夫婦の承継人及び第三者に対抗することができない。

　　　〔対照〕　フ民1445，ド民1412
　　　〔改正〕　（797）

〔犬伏〕　　235

§ *759* Ⅰ・Ⅱ   第4編　第2章　婚　姻

Ⅰ　本条の趣旨

　本条は，夫婦財産制の不可変更性の原則に対する，758条に基づく例外の他に，夫婦財産契約締結の際に，あらかじめ婚姻後の変更について合意することを，第2の例外として認めている。この両者による例外的夫婦財産制の変更が生じた場合には，756条による夫婦財産契約登記と同様に，夫婦の承継人および第三者に対抗するためには，登記を必要とすることを定めた。

Ⅱ　登記すべき事項と登記手続

1　登記すべき変更事項

　本条は，夫婦財産契約の締結自体を，夫婦の承継人（相続人・包括受遺者）および第三者に対抗するために登記を要求した以上，758条に基づく例外的夫婦財産契約変更として，家庭裁判所において管理者変更や共有財産分割が認められた場合にも，対抗要件として登記を要求した。

　さらに，夫婦財産契約自体に，財産管理者の変更や共有財産の分割（夫婦共通財産制から別産制への変更となる）を認める特約が含まれていた場合，この特約に従って，財産管理者の変更や共有財産の分割を行うことも認められる（新版注民(21)425頁〔依田精一〕は，特約は財産管理者の変更および共有財産の分割に関してのみ認められるとする）。あらかじめ予定されていた夫婦財産契約の変更であるため，758条の場合と異なり，家庭裁判所に請求する必要はない。当初の夫婦財産契約内容が登記されていれば，特約についても登記されていることになるから，「夫婦財産契約の結果」にすぎない財産管理者の変更や共有財産の分割について，登記の必要はないようにも思えるが，特約による変更が生じたかどうかについては，夫婦の承継人や第三者が容易に知りうるとは限らないため，「夫婦財産契約の結果」による変更についても，登記を対抗要件として要求した。

2　登　記　手　続

　夫婦財産契約に関する登記事項は夫婦財産契約登記規則6条により定められているが，そのうち，本条に基づく登記の場合は，①「各契約者の氏名及び住所」，②「登記の目的」として，管理者の変更または共有財産分割の旨

236　〔犬伏〕

第3節　夫婦財産制　第1款　総則　　　　　　　　　　§*759*　II

を，③「登記原因及びその日付」として「平成何年何月何日何家庭裁判所の
審判」または「平成何年何月何日〔変更の原因年月日〕契約」の旨を，④「変
更後の夫婦財産契約の内容」をそれぞれ登記簿に記載されることになる（平
17・3・4民商612号通達「夫婦財産契約登記規則等の施行に伴う夫婦財産契約に関する
登記事務の取扱いについて」曹時58巻5号〔2006〕142頁）。そこで，登記申請にあ
たっては，「管理者の変更若しくは共有財産の分割に関する処分の審判があ
ったこと」，あるいは，「これ〔管理者の変更若しくは共有財産の分割〕に関する
契約をしたこと」を証する情報を提供しなければならない（外法夫婦登7条）。

〔犬伏由子〕

§760 I　　　　　　　　　　　　　　　第4編　第2章　婚　姻

第2款　法定財産制

（婚姻費用の分担）
第760条　夫婦は，その資産，収入その他一切の事情を考慮して，婚
　姻から生ずる費用を分担する。

　　〔対照〕　ド民1360〜1361，ス民163〜165，フ民214
　　〔改正〕　〔798〕

細　目　次

I　本条の趣旨 ……………………………238
II　個別的扶養義務，特に夫婦間扶養義務
　（752条）との関係 ……………………240
　1　明治民法 ……………………………240
　2　現行法 ………………………………240
　　(1)　学　説 …………………………240
　　(2)　裁判例 …………………………241
III　婚姻費用の内容と分担方法 …………242
　1　婚姻費用の内容 ……………………242
　2　子の養育費 …………………………242
　3　分担方法 ……………………………243

IV　婚姻費用分担額の決定と履行の強制 …243
　1　婚姻費用分担請求 …………………243
　2　婚姻費用分担の程度 ………………244
　3　婚姻費用分担額の決定——算定基準 …245
　4　事情変更による増額・減額請求 ………246
　5　履行の強制 …………………………246
V　婚姻費用分担義務の始期および終期
　——過去の婚姻費用分担請求との関係 ……247
　1　始　期 ………………………………247
　2　終　期 ………………………………248

I　本条の趣旨

　本条は，婚姻共同生活の維持費用である婚姻費用について，夫婦が平等に
分担すべきと定めている。本条は，夫婦財産契約による特別の定めがない場
合（＝法定財産制の適用）の任意規定であるが，夫婦財産契約の締結が極めて
少ない実情から，ほとんどの夫婦に適用される生活費の分担規定となってお
り，実務上も利用されることが多い（家事別表第二2項）。

　夫婦財産の帰属・管理に関する法定財産制の規定（762条）は，個人主義
的別産制を採用したものと解されるが，現実の婚姻共同生活を円満に維持す
るために，夫婦の共同性に配慮して，本条および日常家事債務の連帯責任

238　〔犬伏〕

第3節　夫婦財産制　第2款　法定財産制　　§*760*　I

(761条) が規定された。すなわち，本条は，夫婦間の義務として，平等な協力の下，夫婦生活を経済的に支えるべきことを規定し，他方，761条は，第三者との関係で，家政執行により生じる債務の夫婦共同責任を規定している。

　婚姻費用に関しては，明治民法が法定財産制の規定の冒頭に初めて明文化し，夫（または女戸主）による配偶者の財産の使用収益権（民旧799条。当初の原案816条1項には，「婚姻ヨリ生スル需用ノ為メ」との文言があった）と表裏の関係で，婚姻費用を夫（または女戸主）の負担としていた（民旧798条。→前注(§§755-762) II 2)。現行法は，法定財産制に関する夫婦の平等を実現するため，夫（または女戸主）による使用収益権を廃止し，「婚姻費用」の規定を存続させた上で，負担の平等化をはかり，本条において，夫婦双方による分担に変更した。

　比較法的には，「婚姻費用」の位置付け，特に夫婦間扶養義務との関係については様々である。例えば，ドイツ法（1360条以下。ドイツ民法は，日本と同様，管理共通制のもとで夫による婚姻費用の負担規定〔旧ド民1389条1項〕を有していたが，男女同権法による改正の際に，婚姻費用の規定を廃止した），スイス法（163条以下）では，婚姻の効力として，夫婦間に（子の扶養を含む）家族扶養義務を規定するのみで婚姻費用に関する規定を定めていない（椿寿夫「婚姻費用の分担と夫婦の扶助義務」家族法大系 II 221頁）。他方，フランス法は，婚姻の効力において，夫婦相互の救護（扶養）義務（212条）と婚姻費用分担義務（214条）を規定している（有力説は，214条は夫婦間で同一生活レベルを保障すべき義務であり，212条は相手の要扶養状態を前提とする扶養義務であり，子の養育費は含んでいないとして，214条と212条を区別する〔Bernard Beignier, Régimes matrimoniaux Pacs Concubinage, 2014 (LGDJ), pp. 13-14〕)。さらに，中華民国法は，「婚姻の効力」として，家庭生活費用の分担を定め（1003条の1），夫婦間の扶養義務（1016条の1）は，親族扶養義務規定の中で定めている。わが国の立法論としては，本条を婚姻の効力規定の中に位置づけるか，さらに，夫婦間扶養義務（752条）・子に対する扶養義務との一本化を図るかも問題となる（我妻85頁）。

〔犬伏〕　　239

II 個別的扶養義務，特に夫婦間扶養義務（752条）との関係

1 明治民法

　婚姻費用の負担と個別的扶養義務の関係について，明治民法798条2項が，夫婦相互の扶養義務（民旧790条）およびその他の親族扶養義務（民旧954条以下）の適用を妨げないとしていた。そこで，まず婚姻費用負担義務が優先し，負担者たる夫が無資力の場合，資力のある妻が夫や子の扶養義務を負い，妻にも資力がなければ，子が父母に対する扶養義務を負うものと解された（梅175頁，145頁）。なお，夫婦間の扶養義務の程度は一般親族間扶養義務と同様であり（民旧959条），扶養請求権の順位について，配偶者は直系尊属・直系卑属に劣後していた（民旧957条）。明治民法では，法定財産制の規定である婚姻費用負担義務と個別的扶養義務は独立した関係にあった。

2 現 行 法

　本条は，婚姻費用負担の平等化を図ったものの，扶養義務との関係を規定せず，他方，扶養に関する規定（877条以下）自体も，扶養の順序・程度・方法をすべて協議あるいは審判に委ねる白地規定となったことから（野沢紀雅「扶養法改正の課題（総論的問題）」戸時705号〔2013〕5頁），婚姻費用分担と個別的扶養義務，特に夫婦間扶養（扶助）義務（752条）との関係について議論が生じている（新版注民(21)427頁〔伊藤昌司〕，犬伏由子「夫婦間の生活保障の法的構成について」山形大学紀要（社会科学）15巻1号〔1984〕13頁。→§752）。さらに，手続上，婚姻費用分担請求（家事別表第二2項）と夫婦間扶助（扶養）請求（家事別表第二1項）は別個であり，生活費の請求をいずれの審判手続によるかも問題となる。

(1) 学　説

　本条と752条（夫婦間扶養義務）の関係を議論する前提として，確認しておくべき点がある。第1に，扶養の二元論（中川(善)説）の存在であり，夫婦間および親の未成熟子に対する扶養義務はその他の親族扶養義務と異なるとして，前者を生活保持義務，後者を生活扶助義務とするのが通説的見解となっている（野沢・前掲論文7頁）。これとも関連するが，第2に，親の未成熟子に対する扶養義務との関係では，752条の夫婦間扶養義務は，未成熟子を含む婚姻共同体の存在を前提とし，子の養育費を含むと解するのが通説的見解で

第3節　夫婦財産制　第2款　法定財産制　**§760　II**

ある（判例民法IX 78頁〔高橋朋子〕。しかし，立法経緯や，ドイツ民法・スイス民法の「夫婦間の家族扶養義務」規定との比較では，夫婦間扶養義務に子の扶養義務を含む解釈には無理がある）。

　そこで，通説は，本条と752条の夫婦間扶養義務は，前者が法定財産制における婚姻費用の分担，後者が扶養というように概念的観念的には一応区別できるとしても，本質的には同じであるとする（中川（善）230頁，我妻84頁，泉96頁）。また，機能としても同一で，両者とも夫婦間扶養および未成熟子扶養がいわゆる生活保持義務（自己と同一水準の生活を相手に保障すべき義務）であることを前提とし，いずれによっても，夫婦の一方は未成熟子の養育料を含めて自己の生活費を他方に請求することができるとする（ただし，通説でも，常に生活保持義務となるとは限らないとする。→IV 2）。

　これに対して，両者を区別する見解が存在する。なかでも，婚姻費用分担義務＝生活保持義務は婚姻共同生活の存在が前提であり，夫婦関係が破綻し，もはや婚姻共同生活の回復が期待できない場合は，婚姻費用の分担の問題ではなく，夫婦一方が生活に困窮しているならば，752条の夫婦間扶養（一般親族扶養義務である生活扶助義務＝最低生活費を援助すべき義務）の問題となるとの見解（注民(20)384頁〔有地亨〕，大村59-60頁，63-64頁は，夫婦間・親子間扶養の独立性を認め，通常は婚姻費用分担義務に包摂されているが，婚姻費用分担義務が存在しない別居等の場合に，夫婦間扶養〔＝一般親族扶養義務〕の問題となるとする）が有力である。

(2)　裁　判　例

　裁判例も，通説と同様，夫婦は同居協力扶助義務を負い（752条），「扶助義務の履行として相手方の生活に要する費用を婚姻から生ずる費用として各自の資産や収入の程度に応じて分担し，支払うべきである（民法760条）が，右扶助義務の程度は，特段の事情のないかぎり相手方に対し，自己と同一程度の生活を保持させることを要する」として，752条と760条は同じく生活保持義務を定めたものであり，扶養義務は婚姻費用の分担の形で履行されると解していた（札幌高決昭50・6・30判タ328号282頁。同旨のもの，大阪高決昭42・4・14家月19巻9号47頁，福岡高決昭43・6・14家月21巻5号56頁，大阪高決昭44・5・23家月22巻2号45頁）。

　裁判例は，婚姻継続中の生活費の請求について，752条あるいは本条のい

〔犬伏〕　241

§760 III
第4編 第2章 婚姻

ずれによることもできるとするが，家裁実務は，本条に基づく請求として手続の統一を図っている。

III 婚姻費用の内容と分担方法

1 婚姻費用の内容

婚姻費用は，夫婦および未成熟子を含む婚姻共同生活を営むうえで必要な一切の費用を指し，衣食住の費用はもとより，医療費，娯楽費，交際費，老後の準備（預金や保険），さらには未成熟子の養育費と教育費などが含まれ（泉111頁），当該夫婦の合意によって定まる暮らしぶりに応じて広い内容を持ちうる（なお，浦和地川越支判平元・9・13判時1348号124頁は，婚姻費用として拠出された財産の余剰を夫婦共有財産と解する。→§762）。ただし，現実に婚姻費用の分担請求が行われる場合には，個別の費用が問題となるより，総額としての分担額の問題になる。

2 子の養育費

婚姻共同生活の維持費用である婚姻費用には，親の子に対する扶養料（養育費）も含まれるとされる（早野俊明「子の扶養」戸時705号26頁〔2013〕は，本条にこの点を明示すべきとする）。子に対する親の扶養義務は，経済的に独立して自己の生活費を獲得することが期待できない未成熟子（成年に達した子も含まれ，東京家審平27・6・26判時2274号100頁は，「長女は，20歳を超えているものの，大学生であり，算定表の利用に当たっては15歳以上の未成熟子として考慮するのが相当である」とした）に対する生活保持義務とされ，本条は，婚姻中の父母間での未成熟子の生活費の分担義務を含むと解される（大阪家審平26・7・18判タ1416号385頁は，既に25歳となった無職無収入の子の扶養義務は本条ではなく，877条の親族扶養義務の問題とした）。

本条を，子に対する親の扶養義務との関連で捉えると，夫婦双方の実子や養子については問題がないが，夫婦一方の連れ子の養育費を含めるかには議論がある。裁判例には，夫の連れ子を養育している妻がその養育費を他女と同棲中の夫に請求することを認めたものがある（東京家審昭35・1・18家月12巻5号153頁）。学説は連れ子が共同生活をしている場合には，義務者の子でない場合でも，その養育費を婚姻費用に含めるべきだと解するものが多い

242 〔犬伏〕

第3節　夫婦財産制　第2款　法定財産制　　　　　　　§*760*　Ⅳ

（新判例コメ(10)197頁〔有地亨〕，新版注民(21)432頁〔伊藤昌司〕。反対説として，松川
正毅「婚姻費用と再婚家族の連れ子」判タ1100号〔2002〕42頁，早野・前掲論文27頁）。
本条を，子に対する扶養義務との直接の関係で捉えれば，婚姻費用の外縁は
明確になるが，共同生活費用としての婚姻費用の外縁は多少広く捉えること
も可能であろう。

3　分担方法

　具体的に婚姻費用をどのように分担するかは，まずは夫婦間の合意（ある
いは夫婦財産契約）により決められる。婚姻費用の分担は，夫婦相互の協力義
務（752条）に基づいて，金銭あるいは現物による分担だけではなく，非金
銭的分担（家事育児等の無償労働による分担）も含まれる（ド民1360条はこれを明示
する）。ただし，金銭による分担額が問題となる婚姻費用分担請求において，
非金銭的分担を考慮すべきかは明確ではない（子の監護の負担を分担額において
考慮する可能性について，野沢・前掲論文10頁，早野・前掲論文27頁）。なお，現物
による分担，例えば，夫婦一方所有（共有持分の場合を含む）の不動産を住居
に提供する場合は，分担額算定において考慮される（東京家審平22・11・24家
月63巻10号59頁）。

Ⅳ　婚姻費用分担額の決定と履行の強制

1　婚姻費用分担請求

　婚姻費用の具体的分担について，夫婦間の協議が調わない場合は，家庭裁
判所の調停・審判によって分担額が決定される（家事別表第二2項）。

　婚姻費用分担審判の性質は，「夫婦の一方が婚姻から生ずる費用を負担す
べき義務あることを前提として，その分担額を形成決定するもの」と解され
（最大決昭40・6・30民集19巻4号1114頁），また，婚姻費用分担額の決定は，家
庭裁判所の専属的審判事項であって，通常裁判所の判決手続によることはで
きない（最判昭43・9・20民集22巻9号1938頁）。

　家庭裁判所への審判申立ては，通常，分担を請求する側が行うが，本条は
夫婦間での分担を定めているのみであり，義務者からの申立てを認めた事例
もある（東京家審平22・11・24家月63巻10号59頁）。

〔犬伏〕　243

§*760* Ⅳ

第4編　第2章　婚　姻

2　婚姻費用分担の程度

　婚姻費用の分担は生活保持義務の履行であるから，配偶者および子に自己と同一水準の生活を保障しなければならないとされる。ただし，実際に婚姻費用分担請求が行われるのは，共同生活の存在しない別居中であることが多いことから，このような場合の分担の程度が問題となる（新基本法コメ65頁〔犬伏〕）。

　通説は，本条と752条の同一性を説き，婚姻費用分担義務は婚姻が継続する限り存続すると解するが，分担の程度を判断する際に，請求者側の有責性や破綻別居状況を考慮すべきとしている（ただし，子の養育費に関しては，常に生活保持義務を負うべきと考えられている）。特に，婚姻費用分担義務は，752条同居協力義務に基づくと考えれば，主たる別居責任が請求者側にある場合は，請求が認められないとする見解がある（中川(善)230頁）。裁判例にも，例えば，不貞行為があった妻からの婚姻費用分担請求を信義則違反あるいは権利濫用として認めないものもある（福岡高宮崎支決平17・3・15家月58巻3号98頁，東京家審平20・7・31家月61巻2号257頁，大阪高決平28・3・17判タ1433号126頁。松谷佳樹「婚姻費用・養育費の調停・審判事件の実務」東京家事事件研究会編90頁は，証拠などにより明らかに請求者側が有責である場合に場合を除いて有責性を基本的に考慮すべきではないとする）。

　しかし，婚姻費用分担請求において，別居についての責任の有無・程度を考慮することになれば，紛争の激化，審理の長期化を招くことになる。有責性を考慮するより，むしろ，婚姻費用が752条の協力義務に基づくものであれば，夫婦間の協力が期待できない破綻状態にある場合には，それに応じ分担の程度を軽減し，最低限生活扶助義務になるとの見解が有力である（我妻92頁注(13)，新版注民(21)436-437頁〔松嶋道夫〕。札幌高決昭50・6・30判タ328号282頁は，有責者側からの請求でも最低生活を維持する程度の分担は認められるとした）。破綻の程度については，別居期間の長さや離婚合意，あるいは離婚調停・裁判の経過等が判断基準となる。裁判例にも，「婚姻が破綻状態になり，当事者双方に円満な夫婦の協同関係の回復への期待と努力が欠如している場合には，その分担額もある程度軽減される」としたものがある（東京家審昭47・9・14家月25巻11号98頁）。ただし，いわゆる算定表の公表後は，審理が長期化するとして破綻の程度を考慮する裁判例は少ないとされる（二宮＝榊原14

244　〔犬伏〕

第3節　夫婦財産制　第2款　法定財産制　　§*760*　Ⅳ

頁，松本哲泓「婚姻費用分担事件の審理」家月 62 巻 11 号〔2010〕15 頁）。

3　婚姻費用分担額の決定——算定基準

具体的分担額は，夫婦の「資産，収入その他一切の事情」を考慮して決定されるが，恒常的生活費であるから，主に収入（月給等）を基礎として分担額が算定されることになる。

従来の裁判例では，いくつかの方式（実費方式，生活保護基準方式，標準生計費方式，労研方式等がある。なお，分担額算定方式の変遷については，中山直子・判例先例親族法——扶養〔2012〕242 頁以下）を利用して，個別に具体的分担額を算定していた。しかし，婚姻費用の請求者は日々の生活が困難な状況に置かれているわけであるから，分担額の決定が迅速に行われ，かつ，それが確実に履行されることが必要である。そのためには義務者側も納得し得るように客観性・合理性をもって分担額が算定されなければならず，2003（平成 15）年に，生活保持義務を負うことを前提とする場合の養育費・婚姻費用について標準的算定方式およびこれに基づく簡易算定表（「養育費・婚姻費用算定表」，以下算定表とする）が公表され（東京大阪養育費等研究会「簡易迅速な養育費等の算定を目指して——養育費・婚姻費用の算定方式と算定表の提案」判タ 1111 号〔2003〕285 頁），実務上これを基準とした婚姻費用等の決定が定着している（最決平 18・4・26 家月 58 巻 9 号 31 頁参照。なお，算定表では，婚姻費用に充てるべき基礎収入が，給与所得者の場合は，概ね総収入額の 34%〜42%（高額所得者の方が割合が小さい）とされている結果，控えめな分担額となっている反面，義務者の収入が低い場合にも分担すべきことを前提としている点で批判もある。日本弁護士連合会により，新算定表の提案がなされている〔日本弁護士連合会両性の平等に関する委員会編・養育費・婚姻費用の新算定表マニュアル〔2017〕〕）。

算定表を用いた婚姻費用分担額の決定の際に，裁判例では，義務者が無職の場合でも，潜在的稼得能力がある限り，従前の収入等を考慮して一定の収入を得る蓋然性を認めている（大阪家審平 26・7・18 判タ 1416 号 385 頁）。権利者（特に妻）が無職の場合も，潜在的稼得能力があれば，賃金センサスにより収入を認定する場合もあるが，監護している子の状況によっては，稼得能力を認めない裁判例もある（子が幼少である場合——大阪高決平 20・10・8 家月 61 巻 4 号 98 頁，子に障害がある場合——前掲大阪家審平 26・7・18）。

算定表は標準的な場合を前提としており，裁判例には特別な事情により算

〔犬伏〕　245

§760 IV 第4編 第2章 婚姻

定表の金額の修正を認めるものがある。特別な事情としては，住居費に関して，義務者が住宅ローンを支払っている自宅不動産に権利者が居住する場合には，裁判実務では義務者の婚姻費用分担額について減額を認める場合が多い（東京家審平22・11・24家月63巻10号59頁，東京家審平27・6・17判タ1424号346頁，東京家審平27・8・13判タ1431号248頁，松本・前掲論文64頁，二宮＝榊原10頁）。教育費に関して，算定表で考慮されている教育費を超える私立学校の学費等については，適切な額の加算を認める裁判例がある（東京家審平27・6・26判時2274号100頁は，未成年の子の私立大学の学費を考慮した）。

4 事情変更による増額・減額請求

婚姻費用分担義務のような継続的な給付義務については，事後的な事情変更が予想され，当事者間の合意，あるいは，調停・審判によって決定された分担額についても，事情変更による取消しまたは変更が認められる（家事154条1項）。元々，算定表は子の年齢によって（15歳を区切りとする）算定基準を変えていることから，子の成長によって分担額の変更は予定されている。ただし，当事者双方は，一定の分担額を前提に生活を維持しており，事情変更の都度，逐次分担額を変更することは，生活の不安定をもたらすことになる。

そこで，事情変更による分担額の変更は，調停・審判等による分担額決定当時には予見できなかった事情の発生により，先の決定内容をそのまま維持することが「一方の当事者に著しく酷であって，客観的に当事者間の衡平を害する結果になると認められるような例外的場合に限って」認められると解されている（東京高決平26・11・26判タ1415号177頁，名古屋高決平28・2・19判タ1427号116頁。なお，事情変更が認められなかった事例として，大阪高決平22・3・3家月62巻11号96頁。新版注民(25)〔改訂版〕805-806頁〔松尾知子〕）。

5 履行の強制

婚姻費用分担義務は，日々の生活を支えるためのものであって，確実に継続的に履行される必要がある。そこで，公正証書による合意や，調停・審判によって，婚姻費用の分担額が定められたにもかかわらず，支払が滞った場合には，履行を強制するための手続が必要となる（現行法の枠内での婚姻費用・養育費の履行確保の方法は十分とはいえない。債務者が職業・住所を変更したような場合の情報を得ることも困難であり，履行確保に関して，今後の検討が必要とされる。一

246 〔犬伏〕

第3節　夫婦財産制　第2款　法定財産制　　§*760*　V

§766）。家庭裁判所の調停・審判によって婚姻費用が定められた場合には，権利者は家庭裁判所における履行勧告（家事289条）・履行命令（家事290条）の制度を利用することができる（二宮＝榊原18-19頁）。

　婚姻費用分担・扶養の権利者が有する定期金債権については，不履行があった場合の強制執行に関する特則が設けられている。これによれば，婚姻費用分担義務の一部について不履行があった場合，給料その他の継続的収入がある義務者に対して，給料債権等に対する債権執行の方法により，過去の不履行分の差押えと同時に期限未到来の分についても差押えを申し立てることができる（民執151条の2。民執152条3項は，扶養義務などの定期金債権に関しては，給料債権等の差押禁止の範囲を4分の3から2分の1に縮小している）。したがって，1回の差押えによって，毎月の給料等から，将来分の婚姻費用について継続的に取立てが可能となる。

　また，婚姻費用・扶養料などに関する金銭債権については，直接強制以外にも間接強制が認められている（民執167条の15。なお，1項は，債務者に資力がないか，乏しい場合には認められないとする）。間接強制は，過去の未払分について（東京高決平26・2・13金法1997号118頁は，1日3000円の間接強制金を命じた），さらには，6か月以内に確定期限が到来する将来分についても認められる（民執167条の16。旭川家決平17・9・27家月58巻2号172頁〔1日3000円〕，横浜家川崎支決平19・1・10家月60巻4号82頁〔1日2000円〕）。

V　婚姻費用分担義務の始期および終期──過去の婚姻費用分担請求との関係

1　始　　　期

　婚姻費用は夫婦共同生活の維持費用であるから，分担義務は婚姻とともに生じる（→前注（§§731-749）Ⅳ）が，婚姻費用分担義務の始期は，過去の婚姻費用の分担請求は認められるかという問題に関連する（→第18巻§879）。判例は，最高裁大法廷昭和40年6月30日決定（民集19巻4号1114頁）が，「家庭裁判所が婚姻費用の分担額を決定するに当り，過去に遡って，その額を形成決定することが許されない理由は」ないと判示したことから，裁判実務上，過去の婚姻費用の分担請求が認められているが，いつまで遡ることができる

〔犬伏〕　247

§761 第4編 第2章 婚姻

かという始期に関しては請求時や別居時など多様である。学説では，扶養義務全般の問題として議論されており，見解は多岐に分かれている（新版注釈(21)439頁〔松嶋道夫〕）。生活保持義務である婚姻費用分担義務は婚姻共同体を前提とするものであり，夫婦の一方は他方の扶養必要状態を容易に知り得る関係にあるのであるから，原則として扶養必要状態の発生時（通常，別居時）以降の分担を請求することができると解すべきだろう（二宮＝榊原13頁は，実務上は請求時説が採用されているとする。前掲東京家審平27・8・13は，内容証明郵便により請求の意思表示をした時期を始期とした）。

2 終 期

婚姻費用分担義務は，婚姻が終了するとともに消滅するから，婚姻費用分担義務の終期は婚姻の終了時である。婚姻解消後すなわち離婚後も過去の婚姻費用分担請求が可能かについては，特に財産分与請求との関連で議論がある（新版注釈(21)442頁〔松嶋〕）。最高裁昭和53年11月14日判決（民集32巻8号1529頁）は，財産分与の決定において未払いの過去の婚姻費用の清算を含めることができると判示した（→§768Ⅳ2）。これにより，離婚後は，過去の婚姻費用の分担請求は財産分与に含めて行うことができることになるが，財産分与の決定において過去の婚姻費用の分担が考慮されなかった場合は，別個に婚姻費用分担審判の申立てを行うことは妨げられないと解し得る（和歌山家妙寺支審昭62・3・30家月39巻10号94頁）。

〔犬伏由子〕

（日常の家事に関する債務の連帯責任）

第761条 夫婦の一方が日常の家事に関して第三者と法律行為をしたときは，他の一方は，これによって生じた債務について，連帯してその責任を負う。ただし，第三者に対し責任を負わない旨を予告した場合は，この限りでない。

〔対照〕ド民1357，ス民166，フ民220
〔改正〕〔804〕

第3節　夫婦財産制　第2款　法定財産制　§*761*　I

細　目　次

I　本条の趣旨 ……………………249
　1　本条の意義………………………249
　2　本条をめぐる論点………………250
II　連帯責任の性質 ………………250
　1　学　説…………………………251
　2　判　例…………………………251
III　日常家事の範囲 ………………252
　1　日常家事該当性の基準…………252
　(1)　学　説 ………………………252

　(2)　判　例 ………………………253
　2　具体的な事例……………………254
　(1)　クレジット契約 ……………254
　(2)　借　財 ………………………255
IV　日常家事の範囲外の行為と表見代理 …256
　1　学　説…………………………256
　2　判　例…………………………257
V　連帯責任の免除——免責の予告 …257

I　本条の趣旨

1　本条の意義

　本条は，760条・762条と同様，法定財産制に属する任意規定であるが，現実には，夫婦財産契約の締結が稀であることから，ほとんどの夫婦に適用され，強行法規化している（本条を強行法規と解する説もある〔我妻109頁〕）。762条が，個人主義的別産制の採用により，夫婦であっても各自の個人責任にとどめる（→§762）のに対し，本条は日常家事に関する債務であることを要件として連帯責任を定め，例外的に責任財産の拡張を認めたものである。

　本条の基礎には，日常家事の範囲での夫婦の共同性の承認があり，日常の家政処理は夫婦共同の事務であるから夫婦間では共同（連帯）して責任を負うべきであり，また，夫婦の一方と取引を行った第三者も夫婦双方が負担してくれるであろうと期待するのが通常と考えられることによる（三島宗彦「日常家事債務の連帯責任」家族法大系 II 235頁，新版注民(21)444頁〔伊藤昌司〕）。これによって，本条は，経済力の乏しい妻に，取引上の信用を与え，日常的経済活動の独立性を保障することにもつながっていた。ただし，妻の経済的独立が進み，性別役割分業が改まれば，本条の存在意義が薄れることも考えられる（二宮67頁，新基本法コメ66頁以下〔犬伏〕）。

　立法経緯を振り返ると，明治民法では，妻の行為能力制限と，これを前提とした別産・夫管理制が法定財産制である以上，妻の家事管理から生じた債務について，夫に責任を負わせるためには，妻に家事処理の権限（いわゆる「鍵の権限」と呼ばれた）を認め，夫の代理人とする必要があるとして，日常家

〔犬伏〕　249

§761 II

第4編　第2章　婚姻

事については妻を夫の代理人と看做すこととした（民旧804条1項，法典調査会民法議事〔近代立法資料6〕355-356頁）。これを，現行法成立の際に，夫婦の本質的平等の観点から，日常家事債務の連帯責任と改めたものである（→前注（§§755-762）II 2・3）。

ヨーロッパを中心とした外国法制を見ると，婚姻の効果として，日常家事債務の連帯責任を定めている国が多く見られるが，その中で日常家事代理権を明示に定めている国（スイス，デンマーク，ポルトガルなど）は多くはない。他方で，スウェーデン，ギリシャのように日常家事債務の連帯責任自体を規定しない国もある（松久和彦「ヨーロッパ共通原則（CEFL報告）」戸時723号〔2015〕8頁，Boele-Woelki, Ferrand, Beilfuss, Jänterä-Jareborg, Lowe., Martiny, Pintens, op. cit., pp. 55-62, →前注（§§755-762）III）。さらに，フランス（フ民220条2項3項）のように連帯責任の例外（明らかに過大な債務，他方の同意のない〔一定の〕借財・クレジット購入）を明示する国もある。

2　本条をめぐる論点

本条に関しては，以下の3点が論点となっている。①日常家事代理権の存否。本条の規定する日常家事債務の連帯責任発生の基礎として，代理権の存否が問題となる。②日常家事債務の範囲。連帯責任発生の要件である，日常家事の範囲を本条が明確にしていないため，判断基準が分かれる。③表見代理（110条）の適用の有無。日常家事代理権を前提として，日常家事の範囲外の行為について，表見代理の適用があるかが議論される。

II　連帯責任の性質

本条は，妻に夫の代理権を認めていた旧法と異なり，代理権自体について明記せず（最高裁判所事務総局編「民法改正に関する国会関係資料」〔奥野政府委員説明〕家庭裁判資料34号〔1953〕486頁），連帯責任のみの規定となったため，連帯責任発生の根拠として，日常家事代理権の存在を前提とするかの点が最も議論された（新基本法コメ67頁〔犬伏〕）。すなわち，本条は，法律行為を夫婦の一方である夫または妻が，自己，あるいは，他方のいずれの名で行ったかを問わず，取引の相手方第三者側から，日常家事債務であることを理由に，他方の妻あるいは夫に対して，履行請求がなされる際に利用される規定であ

250　〔犬伏〕

第3節　夫婦財産制　第2款　法定財産制　　　　　　　　　　§*761*　II

る。そこで，法律行為を行っていない他方配偶者の責任の根拠が問われることとなった。

1　学　説

夫婦の一方の法律行為に対し，他方にも連帯責任が発生する基礎として，日常家事代理権の存在を肯定する立場が通説である（三島・前掲論文246頁，我妻108頁，新版注民(21)448頁〔伊藤昌司〕）。夫婦一方が他方の名で契約を行う，特に，日常的に家事を担当している妻が，夫の名で契約を行うことが実際に多いであろうから，このような場合にも本条の適用が問題となりうる。そこで，旧法と同様に，引き続き妻に夫の代理権を認める必要があるが，夫婦平等の観点から，本条は夫婦相互に他方を代理する権限を認めたものであるとする（山本敬三「日常家事債務の連帯責任と表見代理」棚村政行ほか編・Law Pracitice 民法Ⅲ〔2015〕44頁は，代理形式で行われた日常家事行為に，代理権を認める必要性を指摘する）。

日常家事代理権を認める場合，通常の代理のように必ずしも顕名（99条）を必要とせず，また，本人への効果帰属だけではなく，代理人自身も責任を負う点で特殊性がある。この点の説明として，部分的代理権説，代表権説，管理権説などがある（新版注民(21)449頁〔伊藤〕，高森八四郎＝高森哉子「夫婦の日常家事行為と表見代理」名城法学38号〔1989〕24頁）。

代理権肯定説に対して，本条の連帯責任を法定効果とする説も有力に存在する（右近健男「金銭借用と日常家事債務」金法1051号〔1984〕6頁，北川57頁，大村67頁）。法定効果説は，立法経緯から，旧法のような代理権の存在が本条では明記されなかったこと，夫婦間の独立性の尊重，比較法的に見れば，連帯責任の基礎に代理権を認めていない立法例もあることなどを理由とする。

2　判　例

当初，日常家事代理権を肯定するか否かについて，下級審裁判例が分かれていたところ，本条について明示的に判断した，最高裁昭和44年12月18日判決（民集23巻12号2476頁。以下，昭和44年判決とする）は日常家事代理権を肯定した。すなわち，761条は「その明文上は，単に夫婦の日常の家事に関する法律行為の効果，とくにその責任のみについて規定しているにすぎないけれども，同条は，その実質においては，さらに，右のような効果の生じる前提として，夫婦は相互に日常の家事に関する法律行為につき他方を代理

〔犬伏〕　　251

§761 III

第4編 第2章 婚 姻

する権限を有することをも規定しているものと解するのが相当である」と判示した。これにより，判例の立場は代理権肯定説に確定したとされる。

III　日常家事の範囲

法定財産制である別産制のもとでは，夫婦の一方と法律行為を行った第三者は，その者にのみ履行を請求することができるのであって，例外的に，本条に基づき，第三者が他方配偶者に連帯責任を追及するためには，当該法律行為が日常家事に属することを主張立証する必要がある。そこで，どのような行為が日常家事に属するのかについて，具体的判断基準が問題となる。

1　日常家事該当性の基準

「日常の家事」とは，未成熟子を含む夫婦の共同生活に通常必要とされる一切の事項を含み，家族の食料・光熱・衣料などの買い入れ，保健・娯楽・医療，子どもの養育・教育などに関する行為，家具・調度品の購入などが含まれるとされており（我妻106頁），一般論としては異論はない。しかし，具体的に当該法律行為が日常家事に含まれるかの判断において，各夫婦の共同生活の個別的事情を考慮する必要があるかについて見解が分かれる（佐久間毅ほか・事例から民法を考える〔2014〕328頁〔久保野恵美子〕は，3つの見解があるとする）。この点は，本条の趣旨を，夫婦にとって共同事務であることを重視したものか，第三者による期待の保護に着目したものかというとらえ方にもかかわる。

(1)　学　説

日常家事該当性の判断において，当該夫婦の個別的事情，主観的目的を基準とする立場と，相手方の客観的判断を基準とする立場に分かれている（新基本法コメ67頁〔犬伏〕）。

多数説は主観説とされ（右近健男〔批判〕判タ635号〔1987〕78頁），夫婦の個別的事情を考慮する見解に立っており，「日常家事の範囲は，各夫婦の生活様式によって異なり，結局，当該夫婦の職業，資産，収入，社会的地位および地域社会の平均的生活慣行からみて，夫婦の行為がその夫婦に相応の行為といえるか否かによって判断する」とし，さらに行為の目的や動機といった主観的意思も考慮している（我妻106頁，泉118頁）。この見解によれば，本条

252　〔犬伏〕

は，夫婦にとって共同事務に該当すれば共同責任を発生させるものと理解される。ただし，夫婦の内部事情を基準にすると，第三者を害する虞があることから，表見法理によって，第三者として日常家事に属すると信ずべき正当理由があれば，本条が適用されるとして，第三者による判断を日常家事の範囲に取り込んでいる（三島・前掲論文244頁，我妻107頁。→Ⅳ）。

　他方，761条が第三者との関係で生じる責任に関する規定であることから，相手方の客観的判断を基準とすべきとする客観説も有力である（佐久間ほか・前掲書328頁〔久保野〕，二宮68頁）。この見解によれば，本条は，第三者が夫婦一方のみを相手にしても，どこの家庭でも通常共同生活に必要であろうと思われるような定型的な行為であれば，夫婦ともに責任を引き受けることを期待して良いと考えたものと理解される（梅191頁は，「衣食住ニ関シ何レノ家ニ於テモ通常必要トスル法律行為ヲ謂フ」としていた）。

(2)　判　　例

　昭和44年判決は，日常家事の範囲について，「問題になる具体的な法律行為が当該夫婦の日常の家事に関する法律行為の範囲内に属するか否かを決するにあたっては，同条が夫婦の一方と取引関係に立つ第三者の保護を目的とする規定であることに鑑み，単にその法律行為をした夫婦の共同生活の内部的な事情やその行為の個別的な目的のみを重視して判断すべきではなく，さらに客観的に，その法律行為の種類，性質等をも充分に考慮して判断すべきである」と判示し，①夫婦の内部的事情や主観的意思だけではなく，②客観的事情を考慮して判断すべきだとしている点では，折衷説（総合的判断説）といえる。

　ただし，本件は，夫が自己の債務の弁済のため，債権者に対し，妻の特有財産（不動産）を売却処分した事案であり，②によって，さらに①を考慮しても，日常家事性が認められるような事案ではなく，当然に日常家事該当性が否定されている。そこで，判例の判断基準が具体的事案において，どのように適用されるかが問題となる（齊木敏文「日常家事代理権と表見代理」判タ650号〔1988〕62頁は，まず，②によって判断されるが，②によって日常家事性が必ずしも明らかではない場合には，①が考慮されることになるとする）。近時の下級審裁判例では，当該行為が「一般的，客観的に見て，夫婦共同生活を営む上で通常必要な法律行為」であれば，日常家事の範囲内と判断し（NHK受信料契約に関して──

§761 III
第4編 第2章 婚姻

札幌高判平 22・11・5 判タ 1349 号 170 頁），②を重視するものが多く見られる。

2 具体的な事例

　本条は，夫婦一方と法律行為を行った第三者が，他方配偶者に対して債務の履行を請求するために利用され，その際，原告第三者は当該行為の日常家事該当性を主張・立証する必要がある。日常家事該当性が争われる具体的事例には，法律行為の表意者が，夫の場合も妻の場合も含まれ，また，いずれの名義を使うとも限らないが，役務や物品購入契約に関しては妻が法律行為の表意者であることが多い。

(1) クレジット契約

　現金後払いの物品・役務の購入契約，特に，クレジットカードやローンを利用し，代金の分割払いを可能とする方法での契約締結の場合に，本条の適用が問題となる。裁判例の多くは，訪問販売によって行われた個品割賦購入あっせんによる立替払契約の場合である。この場合，夫婦の一方（多くは妻）は事業者との間で，商品（役務）の購入契約を行うと同時に，信販会社との間で立替払契約を締結することになる。この立替払契約に基づく債務について，夫婦の一方に不履行があった場合，信販会社が他方配偶者に対し，日常家事債務であることを理由に，残債務の一括払い（期限の利益喪失による）を請求することになる。

　学説には，日常家事該当性の判断においては，購入契約と立替払契約を区別すべきであり，立替払契約の手数料や支払方法が相当でない場合は，購入契約の対象となった商品（役務）が，例えば，学習教材のように，子の養育に関するものであったり，日常生活に便益を与えるものであっても，日常家事の範囲外と考えるべきとするもの（齊木・前掲論文 65 頁），購入契約自体について代金価額が高額であれば，日常家事の範囲外と考えるべきとするものがある（右近健男〔判批〕判タ 1091 号〔2002〕67 頁）。

　裁判例は，主に商品（役務）の購入契約自体が日常家事の範囲内か否かを中心に判断し，これが日常家事の範囲内であれば，立替払契約も日常家事の範囲内と判断している。日常家事該当性の肯定例には，武蔵野簡裁昭和 51 年 9 月 17 日判決（判時 852 号 105 頁。大都市生活者にとって電子レンジ〔代金約 15 万円〕は日常家事に入る），札幌地裁昭和 58 年 12 月 5 日判決（判タ 523 号 181 頁。子どもの学習教材〔立替払価格約 23 万円〕であり，夫の収入〔月収約 30 万円〕等にてら

254　〔犬伏〕

第3節　夫婦財産制　第2款　法定財産制　　　　　　　　§*761*　**III**

し不相当に高額とはいえない），東京地裁平成 10 年 12 月 2 日判決（判タ 1030 号
257 頁。幼児英語学習教材〔立替払価格約 60 万円，一回の分割金が概ね 7000 円〕であり，
夫の収入〔年収約 550 万円〕等にてらし不相当に高額とはいえない）がある。否定例
には，門司簡裁昭和 61 年 3 月 28 日判決（判タ 612 号 57 頁。太陽熱温水器〔立替
払価格約 42 万円〕は生活必需品でもないし，一般に普及してもいない，生活に与えた便
益と比較して立替代金の負担が大きい〔夫の月収約 7 万円〕），大阪簡裁昭和 61 年 8
月 26 日判決（判タ 626 号 173 頁。夫〔失業中〕による布団〔立替払価格約 22 万円〕の
購入であり，高額である），八女簡裁平成 12 年 10 月 12 日判決（判タ 1073 号 192
頁。学習教材〔立替払価格約 53 万円，および，手数料約 20 万円〕の購入は，夫婦の生活
水準〔夫の月収約 12 万円＋アルバイト収入月約 5 万円，妻のパート収入 7〜8 万円〕から
見て高額）がある。

（2）　借　　財
　金銭消費貸借契約による借財は，法律行為の性質自体による日常家事性の
判断は難しく，借財の金額や動機・目的などが問題とされる。
　学説は，資金の調達目的（家族生活に必要な資金の調達を目的としたか否か）を
考慮して日常家事の範囲に入るか否かを判断すべきだとするものが多い（我
妻 106 頁）が，行為者の目的や動機を考慮することに批判的な見解もある（高
森哉子「借財と日常家事行為」関法 40 巻 1 号〔1990〕45 頁）。
　判例においては，金額が一番重要な判断要素となっている。したがって，
一般的に高額・高利の場合は，日常家事の範囲外とされる（22 回にわたって
520 万円の借財を行った場合について東京高判昭 55・6・26 判タ 424 号 97 頁）。さらに，
当該夫婦の収入からみて，日常の生活費として妥当な金額であれば，借財の
目的や実際の使途を重視しているとされる（高松高判昭 56・12・22 金法 997 号
42 頁は，借財の一部〔37 万円〕につき子の医療費や台所改造分に使われたことを理由に
日常家事の範囲内と判断した。横浜地判昭 57・12・22 判タ 492 号 109 頁は，約 12 万の借
財について，使途不明として日常家事の範囲外とした）。しかし，近時の裁判例には，
端的に日常家事該当性の判断基準は，「法律行為の本質的内容である貸付金
額と返済方法であって，法律行為の本質的内容ではない借入の目的は重要な
意味を持たない」とするものもある（東京地判平 24・10・19/2012WLJPCA
10198009）。結果として，借財が日常家事の範囲内と判断された事例は多くは
ない。

〔犬伏〕　　255

§*761* Ⅳ   第4編　第2章　婚　姻

Ⅳ　日常家事の範囲外の行為と表見代理

　本条について，昭和44年判決のように代理権肯定説に立った場合，当該行為が日常家事の範囲外と判断されたときであっても，さらに，第三者保護の観点から，日常家事代理権を基本代理権とする表見代理（110条）の適用によって，連帯責任の発生を認めるべきかについて議論されてきた（山口純夫「日常家事債務の連帯責任」民法講座(7)131頁）。

　この問題は，そもそも当該行為の日常家事性の判断がなされた後の問題であるから，日常家事該当性の判断基準自体に第三者保護を取り込んでいる場合，それでもなお，第三者の誤信を正当として保護する必要はあるかということにもなる。

1　学　　説

　夫婦の一方と法律行為を行った第三者の保護について，日常家事該当性の判断を先行させた上で，日常家事の範囲外の行為について，表見代理（110条）に関して，①適用否定説と②適用肯定説があり，昭和44年判決により③110条趣旨類推適用説が採用されるまでは，適用肯定説が有力であったとされる（三島・前掲論文248頁，高森八四郎＝高森哉子・前掲論文38頁）。

　①適用否定説は，本条の日常家事の範囲が客観的に判断される以上，さらに，第三者のために，表見代理を適用する必要はないとする（山口・前掲論文139頁）。

　②適用肯定説は，本条で日常家事代理権の存在が認められる以上，これを基本代理権とする表見代理（110条）の適用も認められるとする（本条が法定代理の規定であっても，これに表見代理の適用があるとする）。なお，110条の適用は，第三者が取引相手である夫婦一方に，「当該行為についても代理権が存在する」と信ずるにつき，正当事由があることが必要となる。

　③110条趣旨類推適用説は，表見代理の規定を直接適用することは夫婦の財産的独立を侵害するとして，表見代理の適用を否定し，日常家事の範囲についてのみ，表見代理の規定である110条の趣旨を類推適用すべしとする（我妻109頁）。この見解を主張した我妻説は，日常家事該当性の判断基準について主観説に立ったことから（→Ⅲ1(1)），内部的事情に従って日常家事の範囲を限定することは，第三者を害するおそれが生じるとして，「表見代理

256　〔犬伏〕

第3節　夫婦財産制　第2款　法定財産制　　§761 V, §762

の趣旨を類推適用して，日常家事の範囲内と信ずるについて正当な理由がある場合には，第三者は保護されると解すべきである」とする（我妻107頁）。結局，110条趣旨類推適用説は，第三者の正当な信頼によって日常家事の範囲を拡張することになる。

2　判　　例

昭和44年判決は，夫婦の一方が日常家事の範囲外の行為を行った場合，表見代理の直接適用は否定し，「第三者においてその行為が当該夫婦の日常の家事に関する法律行為の範囲内に属すると信ずるにつき正当の理由のあるときにかぎり，民法110条の趣旨を類推適用して」，第三者の保護をはかれば良いと判示し，110条趣旨類推適用説に立つことを明示した。その後の下級審判決も同様である。ただし，すでに，判例は，日常家事該当性の判断基準に，第三者保護の観点を入れているため，110条趣旨類推適用の論旨は必ずしも明確ではない。裁判例で，日常家事の範囲内と信ずるにつき正当事由があるとして，110条の趣旨の類推適用が認められた事例は少ない（名古屋地判昭55・11・11判時1015号107頁）。

V　連帯責任の免除——免責の予告

本条ただし書によれば，あらかじめ第三者に対し予告をすることにより，夫婦の連帯責任を免除することができる。本条が，第三者の期待の保護にあるとすれば，夫婦の一方と取引行為を行う相手方第三者に，予告がなされていれば，免責されるのは当然とされる。本条が夫婦共同の事務であることを根拠とすると解する立場からは，夫婦財産契約によって日常家事債務の連帯責任を排除する事は認められないとの見解もある（新版注釈(21)457頁〔伊藤昌司〕，大村62頁は，夫婦財産制に関する条文の構造からはこのような解釈は無理だとする）。

〔犬伏由子〕

（夫婦間における財産の帰属）

第762条①　夫婦の一方が婚姻前から有する財産及び婚姻中自己の名
　　で得た財産は，その特有財産（夫婦の一方が単独で有する財産をい

〔犬伏〕　257

§762 I　　　　　　　　　　　　　　　　　　第4編　第2章　婚姻

う。）とする。

② 夫婦のいずれに属するか明らかでない財産は，その共有に属する
ものと推定する。

〔対照〕 フ民 1400～1491，ド民 1363～1390，ス民 181・196～220

〔改正〕〔807〕

細　目　次

I　本条の趣旨 …………………………258	……………………………………261
II　本条の解釈論 ………………………259	3　別産制と所得共通制の複合形態と考
1　別産制説 ……………………………260	える説 ……………………………262
2　共有財産の範囲拡大説………………260	III　裁判例 ………………………………262
(1)　実質的共有説（種類別帰属説）……260	1　判　例 ………………………………262
(2)　婚姻費用としての拠出財産共有説	2　下級審裁判例………………………263

I　本条の趣旨

　本条は，婚姻中の夫婦財産の帰属・管理および解消時の清算を規律する夫
婦財産制の規定であり，さらに，夫婦財産契約による特約がない場合に適用
される法定財産制の規定である（755条）。本条は任意規定であるものの，実
際には，夫婦財産契約を締結している夫婦が極めて少数であることから（→
§755 I 2），ほとんどの夫婦に適用される夫婦財産制の原則規定となってい
る。

　本条は，婚姻中の財産帰属に関して，1項で特有財産（単独帰属財産），2項
で帰属不明財産の共有推定を定めるのみであり，夫婦財産の管理権限，さら
には，解消時の夫婦財産の清算に関して何ら明示していない。本条は，2項
による，夫婦間での財産帰属が不明の場合の共有推定以外は，夫婦財産に固
有の規定を定めてはいない。このことは，夫婦の財産といえども個人主義的
財産法のルールによって規律されることを意味し，その限りで管理権限も，
解消時の夫婦財産の清算に関しても，特別なルールを定める必要はなかった。
したがって，本条は法定財産制として，いわゆる別産制を採用したものとい
える（夫婦財産制の諸類型について→前注（§§755-762）III 1）。

　本条は，明治民法の管理共通制（別帰属夫管理制）から，夫婦の平等と独立

258　〔犬伏〕

第3節　夫婦財産制　第2款　法定財産制　　　§762　Ⅱ

を実現する目的で，別産制（別帰属別管理制）を採用する規定となった（立法経緯について→前注(§§755–762)Ⅱ）。ただし，現行法の成立過程においては，婚姻中取得財産の個人帰属に基づく別産制の採用に対して，婚姻中の夫婦間の協力，とりわけ，家事育児といった妻の無償労働による協力が，財産帰属に結びつかないことが問題とされ，夫婦の協力により取得した財産を，共有財産とすべきとの意見が，特に女性委員から繰り返し主張されていた。これに対して，立法者からは，共有財産制を採った場合，共有財産の管理者の問題や，夫の事業の債務について，妻にも責任が生じれば，妻の保護にはならないとして，別産制の採用が最も良い，夫婦の財産は2人の協力によってできたものであるとの趣旨は，婚姻解消時である離婚の際の財産分与の新設（768条）や配偶者相続権（890条・900条）により示されていると説明された（最高裁判所事務総局編「民法改正に関する国会関係資料」家庭裁判資料34号〔1953〕269–270頁，犬伏由子「婚姻中取得財産の分配と夫婦財産制」法研88巻3号〔2015〕11頁。→前注(§§755–762)Ⅱ3）。

　立法経緯からは，婚姻中の夫婦の協力による取得財産の清算は，本条の夫婦財産制の枠外で，婚姻解消時に，財産分与あるいは配偶者相続権によって果たされることになる。さらには，夫婦財産の清算を含む夫婦財産制の全体は，本条だけではなく財産分与（768条）・配偶者相続権（890条）から構成されるとの見方もあり得る。しかし，財産分与制度は複合的要素からなり（→§768），また，配偶者相続権は遺産全体の一定割合として保障されており，両者ともに夫婦財産の清算制度として純化されてはいない。さらに，婚姻中の個人帰属を定める本条の夫婦財産制の枠組みと，婚姻解消時の768条・890条による夫婦財産の清算との接合関係も明確ではなく，議論は残されたままで，本条をめぐって，多岐にわたる解釈論が展開されるゆえんともなった。

Ⅱ　本条の解釈論

　本条1項は特有財産の範囲を定め，2項は共有推定規定となっている。この特有財産の範囲，特に，「婚姻中自己の名で得た財産」の解釈，および，これとも関連して，夫婦財産について，特に共有推定規定がおかれた意味をめぐって議論が存在し，ひいては，わが国の夫婦財産制の類型を別産制と理

〔犬伏〕　259

§*762* Ⅱ 第4編 第2章 婚 姻

解する通説・判例に対する疑問も生じている（議論の背景については，新版注民
(21)463頁以下〔有地亨〕参照。学説の状況は，犬伏・前掲論文13頁以下）。

1 別 産 制 説

立法者は国会審議の際にも，本条が別産制の規定であることを明確にして
おり（最高裁判所事務総局編・前掲194頁），通説（中川編・註釈上221頁〔有泉亨〕，
中川(善)241頁，鍛冶良堅『『婚姻中自己の名で得た財産』の意義」現代家族法大系Ⅱ47
頁）・判例（最大判昭36・9・6民集15巻8号2047頁）も，本条は別産制を採用し
たものと理解している（1975〔昭和50〕年に公表された「法制審議会民法部会身分法
小委員会中間報告」の中で，夫婦財産制の改正が検討された際も，本条が別産制の規定で
あることは前提とされた。→前注(§§755-762)Ⅱ4）。

別産制説によれば，本条1項の特有財産に含まれる，婚姻中に「自己の名
で得た財産」とは，一般財産法上の主体名義人として取得した財産を指し，
積極財産だけではなく消極財産（債務）も含まれる。したがって，夫や妻が
契約あるいは不法行為等の当事者となって取得した権利義務が，夫あるいは
妻の特有財産（個人所有財産）ということになる。婚姻生活が経過する中では，
このような取得の経緯が曖昧になり，いずれの特有財産であるかを明らかに
できない場合に備えて，2項が，夫婦の共有財産と推定したものと理解する。
そこで，2項は，夫婦の財産ではあるが，夫または妻のいずれの特有財産か
を証明できないという場合に，夫婦の共有財産と推定する証拠法上の規定と
いうことになる。別産制説によれば，2項は，実体法上の権利帰属の根拠規
定となるとは考えられない。

2 共有財産の範囲拡大説

別産制の原則を前提とするものの，婚姻関係が，個人的財産法の原理に一
定の修正をもたらすと考え，夫婦財産についてのみ，本条2項という共有推
定規定が置かれたことに，実体法上の意味を認める見解がある。これにも2
つのアプローチがあり，第1は，財産取得のレベルで捉える見解であり，第
2は，財産の充当・蓄積のレベルで捉える見解である。

(1) 実質的共有説（種類別帰属説）

登記や占有による一般的な権利推定の他に，本条2項の共有推定が認めら
れているのは，婚姻共同生活に伴う財産関係に，特別な効力を認めたものと
解する見解がある（我妻102頁，加藤永一「夫婦の財産関係について(1)」民商46巻

260 〔犬伏〕

第3節　夫婦財産制　第2款　法定財産制　　§762　II

1号〔1962〕7頁)。すなわち，夫婦間の財産の帰属については，夫婦の協力の成果の分配をはからねばならず，夫婦の協力があって得られた財産は，特別の事情がない限り，2項による共有財産の推定を受けるとし，財産取得の実質＝「夫婦の協力による取得」を介して，婚姻関係を財産帰属に反映させようとする立場である。

　この見解によれば，2項の共有推定は単なる証拠法上の規定ではなく，実体法上の意味を持ち，婚姻中に夫婦の協力により取得した財産を，実質的には夫婦の共有に属する＝実質的共有財産と推定する規定と解される。そこで，夫婦財産は，以下の3種類，すなわち，第1種の名義実質ともに各自の個人財産（婚姻前からの所有財産，婚姻中無償取得した財産が含まれる），第2種の名義実質ともに夫婦共有財産（共同生活に必要な家財・家具などを含む），第3種の名義は夫婦一方にあるが，実質的には共有に属する財産（婚姻中に夫婦が協力して取得した不動産や預金・株券などが含まれる）に区別される。

　実質的共有説は，離婚および死亡による婚姻解消の際に，第2種財産だけではなく，第3種財産についても，共有持分権を認めることを意図したものであり，下級審裁判例には一定の影響を与えた。しかし，実質的共有説では，2項の共有推定は，第三者との関係では，取引の安全が優先され，名義によって破れるとする。別産制の枠内で，婚姻中に取得された個々の財産についての共有拡大という法解釈によっても，第三者との関係では名義人に管理権限があり，また，名義人の責任財産として扱わざるを得ないから，財産の管理や債務に対する責任まで含めた，トータルな夫婦財産制の理論としては限界があり，清算的財産分与の根拠を説明する際の論理として，支持されるにとどまっている（→§768 II 1)。

(2)　**婚姻費用としての拠出財産共有説**

　760条に基づき，婚姻費用として拠出された財産は，本条2項により，共有と推定されると解する見解がある（深谷松男「夫婦の協力と夫婦財産関係」金沢12巻1＝2号〔1966〕220頁以下)。これによれば，本条1項に基づく夫婦各自の個人財産も，婚姻費用の分担（760条）に基づいて，婚姻的消費共同生活に拠出されることにより，拠出した配偶者との帰属関係を断ち切られ，一種の目的財産＝充当財産として，本条2項による，共有財産と推定されると解する（人見康子・現代夫婦財産法の展開〔1970〕214頁は，拠出された財産を組合法理に基

〔犬伏〕　261

§762 III

第4編　第2章　婚　姻

づいて共有と解する）。ただし，この見解も，第三者との関係では，名義により，2項の推定は破られるとする点では，実質的共有説と同じく限界がある。

3　別産制と所得共通制の複合形態と考える説

本条の立法的系譜からみて，婚姻継続中の別産制は，婚姻解消時の共通財産の清算と合わせて理解される必要があるとして，離婚時の財産分与の規定である768条を，夫婦財産制の中に位置づける見解がある（有地亨「夫婦財産制に関する一考察」法政32巻2～6号〔1966〕607頁以下，新版注民(21)464頁〔有地〕）。これによれば，わが国の夫婦財産制に関して，本条が，夫婦財産の帰属と第三者との関係を規定するのに対し，768条によって，夫婦間の婚姻中の所得の帰属が規定されるという点では，完全別産制ではなく，別産制と所得共通制との複合形態を採用しているとする（一前注(§§755-762)Ⅲ1(ウ)）。

この見解は，確かに，768条の清算的財産分与と本条の接合関係を直截的に説明する利点はあるが，768条の財産分与には，清算的要素以外も含まれており，また，立法経緯によれば，夫婦の財産は2人の協力により取得したものであるという趣旨は，離婚の際の財産分与だけではなく，死亡による婚姻解消の際の配偶者相続権によっても示されており，いずれにしても768条を夫婦財産制の枠内に位置づけることには無理がある。

Ⅲ　裁　判　例

1　判　例

判例は，本条が別産制を採用した規定であると解している（犬伏由子「法定財産制」石川ほか編140頁，棚村政行ほか編・Law Pracitice 民法Ⅲ〔2015〕52頁〔犬伏由子〕）。この点を明らかにしたのが，最高裁大法廷昭和36年9月6日判決（民集15巻8号2047頁）である。本件は，直接的には，婚姻中に，夫名義で取得された給与所得および事業所得についての，課税方法をめぐる争いであるが，原告（夫）は，妻の協力によって得た所得であるから，その各2分の1を，夫婦各自の所得として課税すべきと主張したが，すべてが夫の所得と認定されて，所得税の課税が行われたため，所得税法による所得の認定および課税方法，さらに，これらが依拠したとされる本条1項が，別産制を採用していることの違憲性（憲法24条違反）を争った。本判決は次のように判示し，

第3節　夫婦財産制　第2款　法定財産制　　　　　　　§762　Ⅲ

別産制の合憲性を認めている。

「民法762条1項の規定をみると，夫婦の一方が婚姻中の自己の名で得た財産はその特有財産とすると定められ，この規定は夫と妻の双方に平等に適用されるものであるばかりでなく，所論のいうように夫婦は一心同体であり一の協力体であつて，配偶者の一方の財産取得に対しては他方が常に協力寄与するものであるとしても，民法には，別に財産分与請求権，相続権ないし扶養請求権等の権利が規定されており，右夫婦相互の協力，寄与に対しては，これらの権利を行使することにより，結局において夫婦間に実質上の不平等が生じないよう立法上の配慮がなされて」おり，本条1項は，憲法24条に違反しない。

　なお，本判決では，別産制の下での，第三者との対外関係における財産帰属についての判断が示されている。すなわち，本件において，婚姻中に夫が取得した給与は，その取得に妻の協力があったとしても，夫が雇用者との間の雇用契約の結果として取得した財産であるから，夫の個人財産であると判断されている。

　同様に別産制説に立った財産帰属の判断は，最高裁昭和34年7月14日判決（民集13巻7号1023頁）においても前提として示されていた。本件は，夫婦間の対内関係における財産帰属の争いであり，婚姻中に夫が経営していた旅館業の収益金で国から払下げを受け（買受け名義人は妻としていた），妻名義で登記を行っていた土地について，夫が所有権を主張した事案である。本判決は，原審が本条は別産制の規定であり，夫婦がその一方の財産を合意の上で登記簿上他方の所有名義とした場合にまで，所有名義人の特有財産とする趣旨と解することはできないとした判断を相当と是認している。別産制は財産法上の帰属原理に従うものであるが，本件売買契約によって取得された土地の帰属に関しては，妻が売買契約上の買主となり，登記名義人であった点は形式的な便宜上のものにすぎず，夫が売買契約締結の交渉を行い，対価の出所も夫からであるとして実質的買主を夫と判断している（本件では，妻も旅館の共同経営者であって，夫に帰属するとの判断に疑問もだされているが，離婚の際に妻に一定額の財産分与がなされていることが考慮されたものと言える）。

2　下級審裁判例

　下級審裁判例にも，夫婦財産の帰属が争われる場合，判例の別産制説に従

〔犬伏〕　263

§762 III   第4編 第2章 婚姻

って判断するものが多い（第三者との対外関係——国税不服審判所裁決平 20・2・19 裁決事例集 75 巻 779 頁，夫婦間の対内関係——大阪高判昭 48・4・10 判時 710 号 61 頁）。

　ただし，財産法上の原則に従うとしても，誰が法律行為の主体であるかは，形式（名義）面だけで決まるものではなく，実質的（ただし，無償労働による協力の評価は含まない）に判断する必要がある。特に婚姻中に取得された夫婦財産に関しては，夫婦の一方が，便宜的に契約上の買主や登記名義人となることもあるため（前掲最判昭 34・7・14 参照），権利主体の判断に当たっては，「売買契約の当事者（買主），売買代金の出捐者（原資の負担者），登記名義人その他の所有名義人などの諸般の事情を総合的に考慮」する必要があるとされる（対外関係——東京地判平 21・2・27 税務関係行政・民事判決集平成 21 年 1 月～12 月順号 21-8〔前掲国税不服審判所裁決平 20・2・19 と同一事案に関するもの〕）。妻が購入代金の共同負担者と認められた場合には，夫が買主となって，夫名義で登記を行った不動産について，離婚後に，財産分与とは別個に，共有持分権に基づく移転登記請求を認めた裁判例がある（東京地判昭 35・8・6 LEX/DB27450720，東京地判平 22・9・27/2010WLJPCA09278014）。なお，財産分与との関係では，財産分与と別個に，離婚後の共有持分権確認を認めることに批判もある（窪田充見ほか編著・民法演習ノートⅢ家族法 21 問〔2013〕62-64 頁〔沖野眞已〕参照）。ただし，購入資金の単なる援助（贈与あるいは貸借）と見られる場合には，代金の出所は考慮されない場合がある（東京地判昭 50・2・18 判時 796 号 67 頁，対外関係——東京高判昭 52・10・26 判タ 366 号 224 頁）。

　他方，夫婦間での財産帰属に関して，婚姻中の財産取得に対する，無償労働による寄与（専業主婦の場合）を認める下級審裁判例も若干存在する。例えば，実質的共有説に立ち，「夫婦の一方が婚姻中の他方の協力の下に稼働して得た収入で取得した財産は，実質的には夫婦の共有財産」であるとして，婚姻中購入した妻名義のゴルフ会員権について，夫への名義変更を認めなかった事例がある（東京地判平 4・8・26 家月 45 巻 12 号 102 頁——最終的帰属は離婚財産分与において決定すべきとした。なお，水戸地判昭 51・2・25 判タ 342 号 250 頁——婚姻中取得不動産について，妻も一部対価の支払をしていた事案につき，妻に 2 分の 1 の共有持分を認めた）。また，家計余剰金による取得財産（預金，国債など）ついて，婚姻費用として拠出財産共有説に立ち，契約者や名義人が夫であったとしても，財産取得の資金の出所が，婚姻費用として拠出された金銭の余剰金によ

264 〔犬伏〕

第3節　夫婦財産制　第2款　法定財産制　　　　　　　　§*762*　**III**

るものであった場合は，夫婦の共有財産と判断する事例がある（東京地判昭
59・7・12 判タ 542 号 243 頁。夫婦共働きの事案ではあるが，横浜地判昭 52・3・24 判時
867 号 87 頁，浦和地川越支判平元・9・13 判時 1348 号 124 頁がある）。

〔犬伏由子〕

渉外婚姻　I　　　　　　　　　　　　　　　　　　第4編　第2章　婚　姻

渉 外 婚 姻

細 目 次

I 国際家族法の基本的な考え方 …………266
  (1) 概　説 ……………………………266
  (2) 「本国法」……………………………267
II 婚姻の成立 ……………………………268
  (1) 婚姻の実質的成立要件 …………268
  (2) 双方的要件と一方的要件 ………269
  (3) 婚姻の形式的成立要件（方式)……270
  (4) 婚姻の無効・取消し ……………271
  (5) 同性婚・パートナーシップの国際
    私法上の取扱い …………………271
III 婚姻の効力 ……………………………271
  (1) 婚姻の効力の準拠法 ……………271
  (2) 法適用通則法25条の適用範囲……273
  (3) 日常家事債務の責任 ……………273

  (4) 婚姻費用の分担 …………………273
  (5) 婚姻による成年擬制・行為能力の
    制限 ……………………………273
  (6) 婚姻と夫婦の氏 …………………274
IV 夫婦財産制（婚姻の財産的効力)……275
  (1) 概　説 ……………………………275
  (2) 原則 —— 婚姻の効力の準拠法の準
    用 ………………………………275
  (3) 例外 —— 当事者自治 ……………275
  (4) 内国取引の保護 …………………276
  (5) 夫婦財産制の準拠法選択の方式と
    夫婦財産契約の方式 ……………277
  (6) 夫婦財産制と他の準拠法との関係
    ………………………………………277

I　国際家族法の基本的な考え方

(1) 概　　説

　社会の国際化に伴い，日本に住む外国籍を有する者や，外国に住む日本国籍を有する者が増え，渉外的な要素を有する家族関係が増加しつつある。渉外家族関係においては，日本の民法が常に基準とされる訳ではないことに注意が必要である。特に日本の国際私法である「法の適用に関する通則法」（以下「法適用通則法」とする）においては，当事者の属人法として「住所地法」ではなく「本国法」を基準としているため，日本に長らく生活の拠点がある者についても，その者の国籍が日本国籍でない場合には，多くの身分関係が国籍国である外国の法律によって規律されることになる。結果として，たとえ当事者全員が日本に居住していようと，日本国内でなされた身分関係の変動であろうとも，一定の場合には，外国法を基準とする身分関係の変動も有効となるのである。本稿では，渉外的な要素を有する家族関係のうち，特に婚姻について解説するが，具体的な内容に入る前に，ここで用いられる「本国法」という概念について特に注記しておきたい。

266　〔長田〕

渉外婚姻　Ⅰ

(2)「本国法」

　上述したように，法適用通則法が，国際的な家族関係を規律する法として原則「本国法」を用いているため，当事者が重国籍である場合や無国籍である場合，あるいは，当事者の「本国」に複数の法秩序が存在している場合については特別な配慮が必要となる。

　重国籍である場合については，法適用通則法38条1項が定めをおいている。まず，重国籍の1つが，日本国籍の場合には，常に日本法が本国法となる（内国国籍優先の原則）。重国籍のいずれもが外国国籍でかつその外国のいずれかに当事者が常居所（常居所地とは，人が相当期間居住することが明らかな地のことである。この概念は，ハーグ国際私法会議の作成する条約において，法律概念である「住所」に代えて用いられるようになったものであり，事実概念であるのでその決定について議論が生じる余地はないとされる。また，日本の戸籍実務においては，平成元年10月2日法務省民二第3900号民事局長通達（基本通達）で示されている基準が利用されている。同通達や常居所地について詳細は注釈国際私法Ⅱ275頁以下〔国友明彦〕を参照）を有するときには，その常居所を有する国の法律が本国法となる。重国籍のいずれもが外国国籍であり，かつ，その外国のいずれにも当事者が常居所を有しないときには，その中で当事者に最も密接な関係のある国の法律が本国法となる。他方，無国籍者については，同条2項が原則として本国法に代えて常居所地法を適用するとする。

　当事者の「本国」に複数の法域や法律が存在している場合についても法適用通則法は定めをおく。まず，複数の法域が存在している国を地域的不統一法国（アメリカ合衆国などが典型例である）と呼ぶが，同条3項はそのような国の国籍を有する者についてその国の規則に従い本国法を決定する旨を定めている（間接指定主義）。当該国に法域間の抵触を解決する規則がなければ，当事者に最も密接な関係がある地域の法を日本の国際私法が直接指定することになる。

　また，1つの国の中に，人の属するコミュニティ（人種，民族，宗教など）に応じて複数の法律が存在している場合もある。これを人的不統一法国と称するが，このような国（インドなどが典型例とされる）に属する者の本国法の決定については，法適用通則法40条1項が，地域的不統一法国におけると同様に間接指定主義を採用し，本国にそのような場合についてどの法を適用すべ

〔長田〕　267

渉外婚姻　Ⅱ

きか定める規定があればそれによる旨定めている。当該国に人的な法抵触を解決する規則が存在しない場合には，その国に存在する法のうち当事者に最も密接な関係がある法を日本の国際私法が直接指定することになる（ただし，私法における人的抵触については，いわゆる抵触法の問題ではなく，その国内での実質私法秩序のいずれを選択するかの問題であり，国際私法の問題ではないとする見解もある。詳細は注釈国際私法Ⅱ300頁以下〔佐野寛〕参照）。

Ⅱ　婚姻の成立

(1)　婚姻の実質的成立要件

国際私法上，婚姻の実質的成立要件とは，婚姻の成立要件のうち形式的な要件（＝方式）を除くものをさすとされる（注釈国際私法Ⅱ11頁〔横溝大〕，溜池421頁，中西ほか292頁）。この婚姻の実質的成立要件に適用されるべき法について，法適用通則法24条1項は各当事者それぞれについて自ら国籍を有している国の法（本国法）を適用するよう定める。

比較法的には，婚姻の実質的成立要件の準拠法について①婚姻挙行地法主義と②属人法主義の2つの立場がある。婚姻挙行地法主義とは，婚姻の実質的成立要件の問題は，婚姻という身分的法律行為を行った場所である婚姻挙行地の法律により規律されるべきであるとする主義である。それに対して属人法主義とは，婚姻の実質的成立要件の問題は人の身分に関する問題であるから，一般に人の身分の問題を規律するその者の属する国の法，すなわち属人法によるべきであるとする主義である。属人法主義は，さらに，属人法決定の基準として，国籍をとるか，住所をとるかにより，本国法主義と住所地法主義に分かれる。

法適用通則法24条1項は，このうち属人法主義（本国法主義）を採用している。その理由は，婚姻挙行地は当事者と必ずしも密接な関連性を有しているとは限らないこと（例えば旅行先で結婚するような場合），婚姻は人の身分を大きく変更するため，一般的に人の身分関係を規律する法と同じである方が好ましいことなどが挙げられる（中西ほか291頁）。属人法主義を採用した結果，当事者の国籍が異なる場合についての処理が必要となる。法適用通則法24条1項は，当事者の属人法を対等に考慮するために，各当事者の婚姻の実質

渉外婚姻　II

的成立要件をそれぞれの属人法により判断し，それぞれの属人法上の婚姻の実質的要件がみたされていれば婚姻が成立するという方法（配分的適用）を採用している。

(2)　双方的要件と一方的要件

婚姻の実質的成立要件には，自ら満たしていなければならない要件と，相手方との関係で満たすことが必要とされる要件の2種類の要件が存在している。前者を一方の当事者についてのみ問題となる要件として一方的要件あるいは一方的婚姻障害と呼び，後者を双方の当事者について問題となる要件として双方的要件あるいは双方的婚姻障害と呼ぶ。ある要件が一方的である場合には，当事者本人がその要件を満たしているか否かを検討すれば足りるため，確かに配分的適用は機能する。他方，双方的な要件である場合には当事者が互いに相手との関係で要件を満たしているか否かを考えなければならないため，結果的に本人の本国法と相手方の本国法を二重に適用しなければならなくなる（累積的適用）。この点で法適用通則法 24 条 1 項の定める配分的適用は機能しなくなるといえる。

このため，ある要件が一方的とされるか双方的とされるかによって，結果が大きく異なる可能性もあり，国際私法上この区別はきわめて重要な意味を有する。その判断基準を巡り，学説は対立している。まず，通説とされる見解によると，ある要件が一方的であるか双方的であるかは，国際私法上独自に判断すれば足りるとされる（溜池 422 頁）。これに対して，婚姻要件が一方的であるか双方的であるかの判断は，準拠実質法の解釈問題として解決すべきであるとする近時の有力説がある（木棚照一「婚姻成立の準拠法」戸時 688 号〔2012〕41 頁，横山 237 頁，注釈国際私法 II 14 頁〔横溝〕）。さらに，そもそも法適用通則法 24 条 1 項の解釈として，一方的要件と双方的要件とを区別することは不可能であり，準拠法は常に累積的にのみしか適用されないと説く見解も存在する（澤木＝道垣内 97 頁，道垣内・各論 78 頁以下）。

このうち，有力説や配分的適用否定説からは各要件について類型的な判断はできないため，以下は通説の立場から各要件について説明することとする。

婚姻年齢については一方当事者の状態をみれば判断可能であるため，一方的要件であるとされる。日本民法 733 条に相当する再婚禁止期間あるいは待婚期間について，現在の通説は，その目的が出生子の法律上の父親の推定に

〔長田〕　269

渉外婚姻　Ⅱ　　　　　　　　　　　　　　　第4編　第2章　婚　姻

関わることである点に注目し，子の法律上の父親確定の利益は，夫，妻の双方に関わる問題であるとして，これを双方的要件とする（溜池 426 頁，櫻田 274 頁）。近親婚に関する要件は相手との関係を見ないでは決定できない問題であることから，また重婚の禁止は一夫一婦制を前提とした婚姻制度を目的とすると考えられることから，それぞれ双方的要件とされる（溜池 425-427 頁）。

(3)　婚姻の形式的成立要件（方式）

　法適用通則法 24 条は，婚姻の形式的要件（方式）の準拠法を 1 つに定めず，原則として，婚姻挙行地法と各当事者の本国法のいずれかで有効となる方式であれば有効との規定をおく（法適用 24 条 2 項・3 項：選択的適用）。ただし，日本で婚姻が挙行された場合で当事者の一方が日本人のときには，必ず日本法が準拠法となる（法適用 24 条 3 項ただし書：日本人条項）。この日本人条項については，日本人の身分関係の公示・公証という観点から有用とする見解がある（横山 241 頁）一方で，日本人条項は内外法平等の原則に反し，また外国人が日本で婚姻しようとする場合に相手方が日本人であるか否かで適用される準拠法の幅が狭まりうるとして立法論上妥当でないとの批判もある（注釈国際私法 Ⅱ 21 頁〔横溝〕，神前ほか 169 頁，中西ほか 294 頁）。

　婚姻挙行地については，何をもって「挙行地」というのか，が問題となる。この点は，法適用通則法の前身である法例が平成元年に改正される前には，婚姻の方式について婚姻挙行地のみを連結点としていたため，特に議論が多かったところである。しかし，平成元年改正により選択的適用が採用された結果，複数ある連結点のうちの 1 つにすぎなくなってしまったため，議論する意義は大きく減じた。とはいえ現在でも，連結点の 1 つであることには変わりなく，また，特に日本人条項を判断する際には重要な意義を有することから，その判断基準が問題となる。例えば日本で日本法の定める婚姻届を役所に提出する場合，日本が「婚姻挙行地」となることには疑いがない。他方，外国で外国人と日本人とが結婚をしようとしており，日本の役場にあてて日本法の定める婚姻届を郵送で提出しようとしている場合については，学説上，発送地を婚姻挙行地と考える見解（南敏文・改正法例の解説〔1992〕60 頁）と届出を受理する行政機関の所在地を挙行地と考える見解（澤木 = 道垣内 102 頁）とが対立している。前者が通説的見解である（注釈国際私法 Ⅱ 20 頁〔横溝〕）。

270　〔長田〕

渉外婚姻　III

　また，双方とも日本人である場合には，いわゆる領事婚を在外国日本大使館・領事館において行うことも可能である（領事婚についての詳細は，→§741）。この点注意が必要なのは，外国人と日本人とが当該外国人の在日本本国大使館・領事館で行おうとする外国人本国法に従った領事婚の有効性である。この場合には，日本で挙行される一方配偶者を日本人とする婚姻であるため，法適用通則法24条3項ただし書の日本人条項から当該領事婚は無効となる。

(4)　婚姻の無効・取消し

　婚姻の実質的成立要件を欠いた結果，婚姻が無効となるのか，取り消されうるのかの決定は，その要件の欠缺が問題となっている一方当事者の本国法による。当事者双方について要件の欠缺が生じている場合には，要件の欠缺について，より厳格な効果を発生させる法による。また，婚姻の方式を欠く場合には，各当事者の本国法，婚姻挙行地法のすべてで婚姻が無効となる場合に無効とされる（注釈国際私法II 24頁〔横溝〕，溜池435頁）。

(5)　同性婚・パートナーシップの国際私法上の取扱い

　近時欧米を中心として，婚姻類似の効果を発生させる登録パートナーシップ（異性間・同性間を含む）や同性間での婚姻を認める法制が増えてきている。このような法制度のもとで登録されたパートナーシップや，締結された同性婚について，国際私法上どのように取り扱うべきか問題となる。この点，婚姻と同様の制度であるとして，法適用通則法24条・25条によりその成立や効力を考えるべきとする見解（注釈国際私法II 10頁〔横溝〕）や，原則としてこれらの制度が認められている外国で有効に締結された場合にはその有効性を認めるべきとの立場から登録地法によらしめるべき（林貴美「日本国際私法における同性カップルの法的保護の可能性」国際私法年報14号〔2012〕22頁以下）とする見解などが主張されている。

III　婚姻の効力

(1)　婚姻の効力の準拠法

　法適用通則法25条は，婚姻の効力について，まず「夫婦の本国法が同一であるときはその法」により（第1段階），それがない場合，「夫婦の常居所地法が同一であるときはその法」（第2段階），それもない場合「夫婦に最も

〔長田〕　271

渉外婚姻　III

密接な関係がある地の法」を準拠法と定める（段階的適用）。

このうち，本国法が同一であるか，常居所地が同一であるかについては，上述した本国法の決定基準や常居所地の決定基準にてらし，判断することになる（この点，扶養義務の準拠法に関する法律2条1項で用いられている共通本国法との使い分けに注意が必要である。扶養義務の準拠法に関する法律には法適用通則法38条の適用はない（法適用43条）。そのため，重国籍者について同法適用上は国籍を有するすべての国の法が本国法となりうる）。なお，この同一本国法決定の際には，無国籍者であっても，本国法を常居所地法と読み替えず，同一本国法がないとして第2段階に進まなければならない（法適用38条2項ただし書）。また，地域的不統一法国の国籍を有する者については，同じ国籍であっても同じ法域の法が適用されることがなければ同一本国法があるとはいえないとする見解が通説である（注釈国際私法II 30頁〔植松真生〕・264頁〔国友明彦〕，ただし，木棚照一「婚姻の効力(1)」戸時692号〔2013〕77頁のように，この場合でも各地域の規定の内容をみて，当該争点につき同一内容であれば同一本国法があるとすべきと主張する見解もある）。これに対して，人的不統一法国の国籍を有する者については，その国の中に存在する複数の法秩序のうち同じ法秩序に属する場合にのみ同一本国法ありとすべきとする見解（溜池443頁，横山250頁）が多数説とされていたが，むしろ近時は人的不統一法国には通常その国の内部で異なる法秩序に属する者の間の関係について適用される法やそのような場合について規律する規則が存在しており，その国の内部の法秩序に委ねるべきであるとして，同一本国法があるとすべきとの見解がより多数説と言えよう（注釈国際私法II 31頁〔植松真生〕・304頁〔佐野〕，中西ほか298頁，ただし南敏文編著・全訂Q&A渉外戸籍と国際私法48頁〔南〕はそのような異法秩序間の法律関係を定める共通法がない場合には同一本国法がないとする点で若干見解が異なる）。

また，第3段階の最密接関連法の判断基準についても見解は分かれる。他の段階の準拠法が，同一本国法，同一常居所地法として，婚姻の効力に関するすべての問題について統一的に適用すべきものとされることから，最密接関連法についても統一的・画一的に判断すべきとする有力説がある（溜池443頁）。それに対して，通説は，統一的・画一的な準拠法の指定は同一本国法，同一常居所地法までにとどめるべきであり，それらがない場合には具体的な事件ごとに最密接関連法を判断するのが具体的正義の実現に資するため，

渉外婚姻　Ⅲ

個別具体的に処理をすべきとする（注釈国際私法Ⅱ33頁〔植松〕，横山250頁）。

(2) 法適用通則法25条の適用範囲

法適用通則法25条が異論なく適用されるのは夫婦間の同居義務や貞操義務についてのみであり，国内法上婚姻の効力と考えられている問題についても，その多くは国際私法上婚姻の効力の問題とされていない。以下，特に議論が多いものについて概観する。

(3) 日常家事債務の責任

日常家事債務に対する夫婦の連帯責任については，夫婦の共同生活の円滑な運営のために強行的に認められるものであり，婚姻関係そのものの効果と考えられるから婚姻の効力の問題と解すべきとするのが従前の通説的見解（溜池446頁）とされていた。しかし，むしろ夫婦間の財産関係の問題として夫婦財産制の準拠法を規律する法適用通則法26条によるとする見解（横山251頁，澤木＝道垣内103頁，中西ほか299頁，注釈国際私法Ⅱ29頁〔植松〕）が近時の通説といえる。

(4) 婚姻費用の分担

婚姻費用の分担に関して，有力説は，扶養義務の準拠法の適用範囲に属するものとする（注釈国際私法Ⅱ38頁〔青木〕，櫻田283頁，木棚・前掲論文78頁）。扶養義務の準拠法に関するハーグ条約が，各国の法制上用いられている名称のいかんにかかわらず，人の生活に必要なあらゆるカテゴリーの財産給付を同条約の対象とする扶養義務としていることから，扶養義務の準拠法に関する法律に定める扶養義務も広く解するべき，との理由からである。他方，婚姻生活維持のための財産的出捐についての問題は，婚姻生活費用負担の問題であるから夫婦財産制の準拠法によらしめるべきとする見解（神前ほか173頁）も有力である。

(5) 婚姻による成年擬制・行為能力の制限

国によっては婚姻により未成年者が成年と擬制される制度（民753条）や，逆に婚姻により行為能力に制限を受ける制度が存在している。このように婚姻を理由として行為能力が影響を受ける場合につき，いずれも婚姻の身分的効果と考える見解（櫻田281-283頁），いずれも行為能力の問題と考える見解（神前ほか108頁・171頁，横山251頁，注釈国際私法Ⅱ28頁〔植松〕），成年擬制については行為能力の問題と考え，能力制限については婚姻の効力の問題と考え

〔長田〕　273

渉外婚姻　III　　　　　　　　　　　　　　　　　　第4編　第2章　婚姻

る見解（溜池445-446頁，山田424-425頁，木棚・前掲論文78-79頁）などがある。
例えば，成年擬制について，これを行為能力の問題と考えると，法適用通則
法25条ではなく4条が適用される。その結果，同一法域内取引に関する第
三者保護規定が適用され，当事者の本国法により行為能力が制限される場合
でも，同一法域内での取引については善意の第三者には行為能力の制限につ
き主張することができなくなる。この第三者保護規定をどこまで及ぼすべき
かについて見解が異なっているといえよう（ただし，例えば溜池446頁では，婚
姻による妻の行為能力制限につき婚姻の効力の準拠法によるとしつつ，同一法域内取引に
関する第三者保護規定の類推適用を主張する）。

(6)　婚姻と夫婦の氏

　婚姻による氏の変動の問題をどのように法性決定するかについては，非常
に議論が多い。まず，この問題を氏名権という夫婦それぞれの人格権に関す
る問題ととらえながらも，婚姻という身分変動の効果として生ずる問題であ
ることを重視し，婚姻にともなう夫婦の氏の問題は，婚姻の身分的効力の問
題として法適用通則法25条によるべきとする見解（山田427頁）がある。従
前の多数説とされる。

　これに対して，氏の問題は，1つの独立の人格権たる氏名権の問題である
から，夫婦の氏の問題も夫婦各自の属人法によるべきとする見解（溜池444
頁，横山251頁，神前ほか112頁，櫻田282頁）も有力に唱えられている。

　他方，戸籍実務上は，準拠法とは関わりなく，外国人と婚姻した日本人に
ついては新戸籍を編成し（戸16条3項），外国人配偶者の氏に変更を望む日本
人については，婚姻の日から6か月以内に届出のみによって変更することが
可能とされている（戸107条2項）。このような戸籍実務上の取扱いから，日
本民法上の氏の規定は，公法としての戸籍法体系の一部であって，外国人を
含む婚姻の身分的効力の準拠法が日本法となっても当然には適用されるわけ
ではない，すなわち，氏の問題は私権の問題ではなく，公法の問題ととらえ
るべきとする見解（澤木＝道垣内152頁）もみられる。

274　〔長田〕

渉外婚姻　IV

IV　夫婦財産制（婚姻の財産的効力）

(1)　概　　説

　夫婦財産制とは，婚姻によって生ずる夫婦間の財産関係を規律する制度であり，そこには身分法的な側面と財産法的な側面がある。比較法的にはそのいずれを重視するかによって，属人法主義，意思主義と動産不動産異則主義という3つの立場がみられる。すなわち，夫婦財産制の身分法的側面を重視する属人法主義では，夫婦財産制も婚姻の効力の問題であるとして，婚姻の効力の準拠法それ自体，または婚姻の効力の準拠法に準じて決定される準拠法を適用する。これに対して，夫婦財産制の財産法的側面を重視する意思主義では，当事者自治の原則が夫婦財産制にも妥当するとして，当事者による準拠法の選択を認める。また，動産不動産異則主義では動産に関して夫婦の住所地法，不動産に関して不動産所在地法を適用する。法適用通則法は，原則として属人法主義に立ちつつ，例外的に意思主義を採用している。

(2)　原則——婚姻の効力の準拠法の準用（客観的連結）

　法適用通則法26条1項は，属人法主義に基づき，夫婦財産制について婚姻の効力に関する法適用通則法25条を準用している。なお，最密接関連法の決定については，夫婦の財産関係という視点を考慮に入れるべきであるとされる。そのため法適用通則法25条における婚姻の身分的効力の夫婦の最密接関連法とは異なる場合もある（溜池449頁，注釈国際私法II 40頁〔青木〕）。

　準拠法決定の基準時は当該夫婦財産制が問題となる時点である（変更主義）。したがって，例えば婚姻時に同一本国法（例えば甲国）を有していた夫婦が，その後一方当事者が国籍を変更することによって同一本国法がなくなり，同一常居所地法（例えば乙国）へと準拠法が変わる場合も生じうる。このように，準拠法が変更になった場合，その効力は将来に向かってのみ生じると考えるべきか（注釈国際私法II 40頁〔青木〕，横山253頁，中西ほか300頁），それとも変更以前に有する財産にも遡及的に適用されるべきとするのか（澤木＝道垣内107頁）について学説はわかれるが，前者が通説と言える。

(3)　例外——当事者自治

　他方，法適用通則法26条2項は，意思主義を採用し，夫婦による準拠法の選択を例外的に認めている。この場合の準拠法選択は，日付および両当事

〔長田〕　275

渉外婚姻　Ⅳ　　　　　　　　　　　　　　　　　　第4編　第2章　婚姻

者の署名のある書面という方式によってなされなければならず，また，2項に挙げられている選択肢（夫婦の一方の国籍国法，夫婦の一方の常居所地法，不動産については不動産所在地法）の中から選ばなければならない。

このように法適用通則法が，夫婦財産制の準拠法決定について，例外的にではあるにせよ，当事者自治を認めたのは，夫婦財産制の財産法的側面にも配慮し，また段階的連結を採用すること，とりわけ最密接関係地を連結点として採用したことによって生じる準拠法の不明確性を避けるためである。夫婦財産制の準拠法に関する1978年ハーグ条約などの国際的な立法例を考慮し，国際私法の統一を図ることも理由の1つといわれる（溜池450頁，中西ほか301頁）。

その一方で選択の対象となる準拠法を制限しているのは，夫婦財産制の婚姻共同体との関連性の強さゆえである（中西ほか301頁）。なお，法適用通則法25条（およびそれを準用する26条1項）と異なり，26条2項では，選択当事者の「本国法」ではなく，当事者の国籍国法を選択可能としている点に注意が必要である。

また，法適用通則法26条2項は，準拠法選択の時点を特に限定しておらず，変更に関する規定もない。そのため，選択は，いつの時点でも可能であり，一旦選択した準拠法の変更も可能とするのが通説である（注釈国際私法Ⅱ41頁〔青木〕，中西ほか302頁）。準拠法の選択は将来に向かってのみ効力を生じ，遡及的効果を有しない（同条同項柱書第2文）。

夫婦財産の一部について異なった準拠法を指定すること（分割指定または部分指定）の可否についても，明文の規定がないため問題となる。当事者自治を採用した趣旨に鑑みてこれを認める見解（注釈国際私法Ⅱ41頁〔青木〕，松岡＝高杉197頁）と，不動産の場合を例外として，これを一般的に否定する見解（南敏文・改正法例の解説〔1992〕77頁，横山256頁）がある。

(4)　内国取引の保護

夫婦財産制の準拠法が外国法となる場合，その外国法の規定する夫婦財産制の効力をそのまま認めると，内国取引の安全を害するおそれがある。また，法適用通則法26条1項2項の規定から導かれる準拠法は，必ずしも第三者にとって明確ではない。そのため，法適用通則法では，原則として，外国法による夫婦財産制（1項で決定される準拠法が外国法となる場合であっても，2項で当

276　　〔長田〕

渉外婚姻　IV

事者が選択した準拠法が外国法である場合であっても）は，善意の第三者に対抗できないとしている（3項）。その上で，例外的に，外国法に基づく夫婦財産契約を日本で登記したときに限り，第三者に対抗できると規定し，夫婦の意思を尊重した（4項）。これにより，外国法上の法定財産制についても，その内容を夫婦財産契約として登記すれば，対抗可能となる（なおこの登記は民法756条の登記と異なり，婚姻締結後であっても認められる）。

　善意の第三者に対抗できない場合，その第三者との関係では，日本の法定財産制が適用されることになる（法適用26条3項後段）。この場合の善意とは，夫婦の国籍，常居所，法選択があったことなど，連結点に関する事実を知らないことであり，当該外国法の中味についての不知は問題とならない（澤木＝道垣内110頁）。

　もちろん，善意の第三者に対抗することができない外国法に基づく法定財産制や夫婦財産契約についても夫婦間では効力を有することは当然である。

(5)　夫婦財産制の準拠法選択の方式と夫婦財産契約の方式

　夫婦財産制の準拠法合意の方式は，法適用通則法26条2項によるため日付および両当事者の署名ある書面によるものでなければ有効ではない。それに対して，夫婦財産契約の方式に関しては，身分行為の方式に関する法適用通則法34条によることとなり，その契約に適用される夫婦財産制の準拠法の方式か，夫婦財産契約締結地法上の方式かいずれかの方式に則っていればよい。

(6)　夫婦財産制と他の準拠法との関係

　離婚や一方配偶者の死亡など，夫婦関係が消滅する際，夫婦財産の帰属や確定が問題となる。この場合の法性決定については議論が多い。まず，離婚が夫婦財産制に及ぼす効果の問題は，夫婦財産制の消滅に関する問題であるから，夫婦財産制の準拠法によるべきとするのが通説である（中西ほか304頁，横山265頁）。他方，夫婦財産制の準拠法により夫婦財産の帰属が確定した後に，どのように清算すべきかとの問題については，学説がわかれる。離婚の準拠法のもとで一括して判断されるべきとする見解（横山265頁，櫻田296頁，注釈国際私法II 61頁〔青木〕）が通説とされる。これに対して，夫婦財産制の問題として法適用通則法26条によるとする見解（溜池455頁）も有力である。

　夫婦財産制と相続の関係も問題となり得る。夫婦財産制は婚姻存続中にお

〔長田〕　277

渉外婚姻　IV

ける夫婦の財産関係を定めるものであるのに対し，相続は死亡した配偶者に帰属する財産の分配を規律する制度である。したがって，一方配偶者が死亡した場合には，まず夫婦財産制の準拠法によって死亡した配偶者の財産の範囲を確定した後，相続の準拠法によりその相続財産の管理，清算，分配がされるべきである（注釈国際私法Ⅱ 209 頁〔林貴美〕，溜池 455 頁以下）。しかし，このような処理では生存配偶者の保護に欠ける事態も生じえ（例えば，夫婦財産制の準拠法によれば生存配偶者の財産は相続分の配分で手当てされ，相続の準拠法によれば生存配偶者の財産は夫婦財産制において手当てされるような場合である。国際私法上このような問題を適応問題と呼ぶ），また，実質法上相続と夫婦財産制との切り分けが困難な場合もあり，特別な調整が必要とされることもある。

〔長田真里〕

第4節　離　婚　　　　　　　　　　　　　　　　　　　　　　離婚手続　I

第4節　離　　婚

離 婚 手 続

細 目 次

I　離婚手続の概観 ……………………279
II　家事手続における離婚 ……………281
　1　家事手続の特色………………………281
　2　調停離婚………………………………281
　　(1)　手　続 …………………………281
　　(2)　調停の成立 …………………283
　　(3)　調停調書の効力 …………284
　　(4)　履行の確保 …………………285
　3　審判離婚………………………………285
　　(1)　趣　旨 …………………………285
　　(2)　法的性質 ……………………286
　　(3)　相当性 …………………………286
　　(4)　特　則 …………………………286
III　人事訴訟手続における離婚 …………287
　1　判決離婚………………………………287
　　(1)　調停前置主義 …………287
　　(2)　管　轄 …………………………287
　　(3)　当事者適格 …………………288
　　(4)　当事者能力 …………………288
　　(5)　訴訟物 …………………………288
　　(6)　再訴の禁止 …………………289
　　(7)　訴えの変更および反訴 ……289

　　(8)　判決の効力 …………………290
　2　和解離婚………………………………290
　　(1)　原則的許容 …………………290
　　(2)　手　続 …………………………291
　　(3)　効　果 …………………………291
　　(4)　履行の確保 …………………292
　3　認諾離婚………………………………292
　　(1)　原則的許容 …………………292
　　(2)　要　件 …………………………292
　　(3)　手　続 …………………………292
IV　離婚訴訟における附帯処分等の処理 …292
　1　附帯処分等の審理および裁判………292
　　(1)　同時解決の保障 …………292
　　(2)　附帯処分等の範囲 …………293
　　(3)　審理のあり方 …………293
　　(4)　不服申立て …………………293
　2　事実の調査……………………………294
　　(1)　原　則 …………………………294
　　(2)　対象事項 ……………………294
　　(3)　方　法 …………………………294
　3　離婚訴訟が裁判によらずに終了した
　　場合の処理………………………………295

I　離婚手続の概観

　わが国の離婚手続は，協議離婚のほか，家庭裁判所の家事手続（非訟手続）における(1)調停離婚および(2)審判離婚，家庭裁判所の判決手続（訴訟手続）における(3)判決離婚，(4)和解離婚および(5)認諾離婚がある。

〔松原〕　279

離婚手続　Ⅰ　　　　　　　　　　　　　　　　第4編　第2章　婚　姻

(1)　調停離婚
(2)　審判離婚
(3)　判決離婚
(4)　和解離婚
(5)　認諾離婚

(3)を除いて，ADR（代替的紛争解決方法）と呼ばれ，ADR は講学上以下のように分類することができる。

① 　当事者間の交渉（negotiation）
　　a　当事者間の交渉
　　b　代理人間の交渉
② 　第三者の介在する交渉 ── 調停（mediation）
③ 　第三者による裁定 ── 仲裁（arbitration）
　　a　裁定の結果が当事者を拘束しない仲裁（nonbinding arbitration）
　　b　裁定の結果が当事者を拘束する仲裁（binding arbitration）
④ 　強制力を有する裁定 ── 訴訟（adjudication）手続における
　　a　和解（裁判所の介在する交渉）
　　b　認諾（当事者の一方による他方の主張の認容）

　紛争の深刻度は，①から④へと増大し，これに伴って，解決方法における強制の程度も強くなっている。何らかの紛争がおこると，まず，当事者間で解決に向けて話し合い（①a），その後は順次，弁護士等の代理人を介在させて話し合い（①b），調停者等の第三者を介在させて話し合い（②），第三者による裁定（③）をし，これには裁定結果が当事者を拘束しないもの（③a）と拘束するもの（③b）があり，その後訴訟が提起されるが，その手続において裁判所を介在させて話し合い（④a），一方が他方の主張を認めて（④b），紛争が解決される。以上の ADR が尽きたときには，判決によって紛争解決がなされる。

　協議離婚は①，調停離婚は②，審判離婚（調停に代わる審判，家事284条）は③，和解離婚は④a，認諾離婚は④bにあたる。後二者は訴訟手続という強制的契機の下にあるが，当事者による自主的紛争解決といってよいであろう。

280　〔松原〕

第4節　離　婚　　　　　　　　　　　　　　　　　　　離婚手続　Ⅱ

Ⅱ　家事手続における離婚

1　家事手続の特色

　家庭裁判所は，公益的・合目的見地から，行動科学などの科学的・専門的知見を活用して，調停および審判手続により紛争を解決する。とりわけ，離婚紛争は当事者間に情緒的葛藤が少なくなく，合理性を欠く複雑な感情があることから心理的調整が必要であり，また，未成年子の適切な養育環境の整備のためには子の意思の確認など客観的な事実の把握が欠かせない。そのため，心理学社会学等の専門的知識を有する家庭裁判所調査官が事実を調査し，あるいは当事者間の審理調整をはかり，医師（多くは精神科医）である医務室技官が精神医学的見地から当事者に援助するべく裁判所職員として配置されている。

2　調　停　離　婚

　調停離婚とは，家事事件手続法244条により，家庭裁判所における当事者間の合意の成立によって離婚の効果が発生する手続である。離婚は同条の「人事に関する訴訟事件」にあたる。調停の本質については，家事調停制度一般の問題として，合意斡旋説（家事調停は当事者による自主的解決を図る制度であり，当事者間に任意の合意を斡旋する手続であるとする説）と調停裁判説（調停機関は，紛争解決のために妥当な調停判断を示して紛争解決を図る制度であるとする説）とがある。実務では合意斡旋説にしたがった調停活動をする例が多いと思われる。調停に代わる審判（家事284条）の存在も合意斡旋説に親和的である（合意に相当する審判は判断的であるが，調停不成立の場合になされるものであるから，不成立に至る調停活動は当然これと異なる性質を有すると考えられ，合意斡旋的と解すべきであろう）。

(1)　手　　　続

(ア)　調停機関　　通常は裁判官および2名以上の家事調停委員によって構成される調停委員会（家事248条1項）により調停が行われるが，家庭裁判所が相当と認めるときは裁判官によって行うこともできる（家事247条1項ただし書）。当事者の申立てがあれば調停委員会で調停を行わなければならないので（家事247条2項），調停委員会が原則的調停機関である。離婚調停は人間関係の調整をともなうものであり，調停委員会による調停が相当である。

〔松原〕　　281

離婚手続　Ⅱ　　　　　　　　　　　　　　第4編　第2章　婚姻

　(イ)　当事者　　離婚調停の当事者は夫と妻である。離婚は身分事項であり，代理に親しまないから，夫または妻本人が当事者となる必要がある。親権者，後見人等の法定代理人が離婚調停を行うことはできない。

　(ウ)　申立て　　調停は申立てによって開始される。申立ては家庭裁判所に対する申立書の提出によってなされるが（家事255条1項），裁判所は原則として申立書の写しを相手方に送付しなければならない（家事256条1項本文）。旧家事審判法では明文の規定がなく，裁判所の裁量に委ねられていた（財産的紛争である遺産分割事件では送付がなされていた例が多い）が，相手方が申立書の内容を了知した上で調停活動を進めることが家事調停の手続の充実および早期解決の観点から重要であることが考慮されたものである（金子・一問一答232頁）。

　(エ)　期日　　調停期日において，調停機関が調停手続を主宰するが，調停委員会が行う場合は，調停委員会を組織する裁判官が指揮する（家事259条）。

　調停期日に当事者が出頭して調停手続が行われる。当事者本人は調停手続に出頭する義務があり，正当な理由なく出頭しないときは5万円以下の過料に処せられる（家事258条1項が準用する同51条3項）。調停期日において当事者出頭主義が貫かれるのは，実体的真実の探知が必要になることに加え，調停機関が調停を進める上で当事者本人から事情を聴取することが不可欠であることが多いため本人の出頭が前提となるほか，調停を成立させる場面でも，調停機関が合意する本人の真意を確認する必要がある場合が多いこと等が考慮されたためである（金子・逐条解説779頁）。離婚調停ではとりわけ当事者の意向や感情が調停進行に重要であり，離婚自体の成否の面などでは，実務上当事者本人の出頭が欠かせない。もっとも，過料の制裁が科される事例は少ない。

　(オ)　事実の調査および証拠調べ

　(a)　家庭裁判所による事実の調査および証拠調べ　　家事事件手続法258条1項は，家事審判手続における同法56条の事実の調査および証拠調べの規定を調停手続に準用している。同法56条1項は，職権探知主義を採用することを明らかにしたうえで，家庭裁判所による調停資料の収集方法として事実の調査および証拠調べを規定している。証拠調べとは民事訴訟における証拠調べに準じて行われるものであり（家事64条1項），証人尋問，当事

第4節　離婚　　　　　　　　　　　　　　　　　　　　　　離婚手続　**II**

者尋問，鑑定，検証などが含まれる。事実の調査とは証拠調べ以外の無方式の資料収集方法をいい，裁判官による事件関係人の審問，調査の嘱託および報告の請求（家事62条）などがその例である。離婚調停では通常事実の調査が行われ，証拠調べが行われることは極めてまれである。厳格な手続による証拠調べは話合いによる解決を目指す調停にそぐわないからである。

　事実の調査は，「事件の関係人の性格，経歴，生活状況，財産状態及び家庭環境その他の環境等について，医学，心理学，社会学，経済学その他の専門的知識を活用して行うように努めなければならない」とされ（家事規44条1項），事実の調査は，証拠調べと異なって，科学性・専門性を有すべきことが規定されている。家庭裁判所における科学性・専門性のあらわれである。

　（b）　家庭裁判所調査官による事実の調査　　家庭裁判所は，家庭裁判所調査官に，事実の調査および子の意思の把握等（家事58条1項・65条・258条1項，なお家事65条も事実の調査の1つである）をさせることができる。離婚紛争は相当期間にわたる複雑な人間関係，情緒的葛藤が存在し，紛争解決のためには，的確な事案の把握および分析，客観的資料の収集，子の意思の把握など，裁判官にない専門的知見を活用することが必要であり，専門家である家庭裁判所調査官が事実の調査をなし得ることとされた。科学性・専門性を有すべき事実の調査には家庭裁判所調査官がふさわしいからである。

　家庭裁判所調査官の専門性は主として心理学・社会学・教育学等の人間関係諸科学にあり，親権者の指定，面会交流など子の監護紛争の処理に家庭裁判所調査官による調査が実施される。婚姻費用の分担，養育費，財産分与および年金分割（標準報酬等の按分割合に関する処分，家事別表第二15項）などの経済紛争においては，家庭裁判所調査官による調査が活用される状況にはない。このうち，婚姻費用の分担及び養育費については，東京・大阪養育費等研究会「簡易迅速な養育費等の算定を目指して――養育費・婚姻費用の算定方式と算定表の提案」（判タ1111号〔2003〕285頁以下）の算定表に基づいた紛争解決がなされている。

　（2）　**調停の成立**

　調停手続において当事者間に合意が成立し，これを調書に記載したときに調停が成立する（家事268条1項）。合意の成立と調停の成立とは別の概念であるから，調停機関は，合意が成立しても，合意が相当でないと認められる

〔松原〕　　283

離婚手続　II　　　　　　　　　　　　　　　　　　第4編　第2章　婚姻

ときには，調停が成立しないものとして，調停事件を終了させることができる（家事272条）。当事者の収入に比して著しく低額な養育費の合意，養育費を一切請求しない旨の合意（881条）などは合意が相当でないといえよう。

離婚調停の成立時には当事者本人の出頭が必要である。離婚は代理に親しまないからである。離婚調停においては，電話会議システムおよびテレビ会議システムの方法によって調停を成立させることはできない（家事268条3項，離縁調停についても同様である。また，人事訴訟においても，離婚および離縁について和解をする場合には電話会議システム等を利用することは認められていない〔人訴37条3項・44条〕）。離婚調停は，調停の成立によって身分関係の変動という重大な結果が生ずることから調停成立時における当事者の離婚意思の確認を行う必要があるが，電話会議システムおよびテレビ会議システムの方法によるときは，当事者の置かれている状況，顔色，態度等を直接確認し難い面があることを考慮したものである（金子・逐条解説806頁）。調停においては，当事者が遠隔の地に居住していることその他の理由により出頭することが困難な場合には，当事者があらかじめ調停機関から提出された調停条項案を受諾する旨の書面を提出し，他の当事者が調停期日に出頭して当該調停案を受諾したときは合意が成立したとみなされるが，離婚調停ではこの方法によって調停を成立させることはできない。前同様の理由のほか，調停案を受諾するのは調停成立時より前であるから，受諾書面の提出があったとしても，調停成立時における離婚意思の存在を確認することはできないからである（金子・逐条解説810頁）。

(3)　調停調書の効力

調停手続において当事者間に合意が成立し，これを調書に記載したときに調停が成立するが，その記載は，確定判決と同一の効力を有し，合意の内容が家事事件手続法別表第二に掲げる事項についてであれば，確定した同法39条の規定による審判と同一の効力を有する（家事268条1項）。すなわち，離婚の合意は確定判決と，財産分与，養育費，面会交流の合意は別表第二の確定審判とそれぞれ同一の効力を有することになる。

離婚の合意は調書に記載されて確定判決と同一の効力を有するので，直ちに離婚の効果が発生する。調停の申立人は，調停成立のときから10日以内に離婚の届出をしなければならないが（戸77条1項・63条），この届出は報告

284　〔松原〕

第4節　離　婚　　　　　　　　　　　　　　　　離婚手続　**II**

的届出である。調停の相手方が，婚氏続称（767条2項，戸77条の2）を希望する場合は，相手方が届出をすることが便利であり，そのためには届出義務者となる必要があるので，調停条項として「申立人と相手方は，相手方の申し出により離婚する」あるいは「届出は相手方がなすものとする」などの記載がなされる。

(4) 履行の確保

履行確保制度は当事者による円滑な義務の履行を実現するために，強制執行とは別に設けられた制度であり，履行状況の調査および勧告，履行命令がある。

(ア)　履行状況の調査および勧告　　対象となる義務は，家事事件手続法39条の審判によって定められた義務，および審判事項について家事調停によって定められた義務である。養育費の支払義務，財産分与として定められた金銭の支払その他の財産上の給付義務，子の引渡義務，面会交流を定めた義務が対象となる。離婚に伴う慰謝料の支払義務などは審判事項ではないので，離婚調停において定められたとしても対象とはならない。

(イ)　履行命令　　履行命令は義務を履行しない者に対し，一定の期間内に履行しなければその債務とは別に間接強制金を課すことを警告した内容の決定をすることで，義務者に対し心理的な強制を加え，自発的な履行を促す制度であり，履行勧告と異なって強制力を有する。対象となる義務は，履行状況の調査及び勧告の対象となる義務と異なり，金銭の支払その他の財産上の給付を目的とする義務のみである。

3　審　判　離　婚

(1) 趣　　旨

家庭裁判所は，調停が成立しない場合においても，相当と認めるときは，職権で，事件の解決のために必要な審判（以下「調停に代わる審判」という）をすることができる（家事284条）。この審判に対し，当事者は2週間以内に異議の申立てをすることができ（家事286条），適法な異議の申立てがあったときは，審判は効力を失う（家事286条5項）。異議の申立てをしないとき，または異議の申立てが却下されたときは，家事事件手続法別表第二に掲げる事項についての調停に代わる審判は確定した家事事件手続法39条の規定による審判と同一の効力を，その余の調停に代わる審判は確定判決と同一の効力

〔松原〕　285

離婚手続　Ⅱ

第4編　第2章　婚　姻

を有する（家事287条）。

調停は当事者間の自主的紛争解決方法であり，当事者間の意見の食い違いが埋まらず，合意が成立しない場合には調停事件は終了することなり（家事272条1項），離婚を望む当事者は離婚訴訟を提起しなければならない。しかし，それでは，自主的紛争解決を図るべく真摯に調停活動をしてきた当事者の努力が徒労に帰し，期待に反することにもなるので，家庭裁判所は，調停中に収集された資料に基づいて合理的な解決案を当事者に提示し，当事者双方がこの案を受け入れることによって紛争の解決を図るものである。

(2) 法 的 性 質

調停に代わる審判は，調停の成立が見込めない場合に審判の形式で仲裁案を提示するものである。当事者がこれに異議を申し立てると，審判は効力を失うのであるから，裁定の結果が当事者を拘束しない仲裁にあたる（離婚および離縁の調停事件を除き，当事者が調停に代わる審判に服する旨の共同の申出をしたときは異議を申し立てることはできないのであるから，この場合は裁定の結果が当事者を拘束する仲裁にあたる）。調停に代わる審判は，仲裁というADRであって，ADRとしては調停および審判の中間に位置付けられる。もっとも，家事事件手続法では，第3編家事調停に関する手続第3章に規定され，調停手続としての規律を受けている。

(3) 相 当 性

調停に代わる審判は，家庭裁判所が相当と認めるときにすることができるが，この「相当」とは，離婚には合意しているが，親権者として他方当事者が適当であることは認めるものの，当事者への感情から親権者についての合意は拒否しているなど，一方の当事者の頑固な恣意により又は僅かな意見の相違により調停が成立しない場合などであるとされるのが一般である（斎藤秀夫＝菊池信男編・注解家事審判法〔改訂版，1992〕800頁〔島田充子〕，金子・一問一答245頁）。しかし，家事事件手続法284条にはそのような制限はなく，事件の解決のために必要があれば審判をなすべきであろう。

(4) 特 　 則

当事者が，家事調停の手続中に調停に代わる審判に服する旨の共同の申出をしたときは異議を申し立てることはできないが（家事286条8項），離婚または離縁の調停事件についてはこの規定は適用されない（同項，人訴37条2項

286　〔松原〕

第4節 離婚　　　　　　　　　　　　　　　　　　　　　離婚手続　**III**

および44条による民訴264条の規定の適用の排除と同趣旨である）。離婚及び離縁は身分行為であって，身分行為の成立時における当事者の意思の確認が必要であるが，この方法によるときは，その意思を確認することができないからである。

III　人事訴訟手続における離婚

1　判 決 離 婚

(1)　調停前置主義

　離婚訴訟を提起しようとする者は，まず家庭裁判所に家事調停の申立てをしなければならない（家事257条1項）。いわゆる調停前置主義であり，その趣旨は離婚など家庭に関する紛争を対審，公開の訴訟手続によって争わせるのは家庭の平和と親族共同生活を阻害すること，法の画一的適用によらず，当事者の紛争解決能力に信頼して事案に即した適切妥当な解決策を図ることが将来の円満な親族関係の形成に資することなどにある。

　離婚調停の申立てをすることなく，訴えを提起した場合には，裁判所は，職権で，事件を家事調停に付さなければならず（家事257条2項本文），裁判所が調停に付することが相当でないと認めるときには，付さないことができる（家事257条2項ただし書）。調停前置主義を担保する制度である。調停前置主義は訴訟要件ではなく，これを満たしていなくとも，訴えが却下されることはなく，調停に付されるだけである。調停前置主義を満たした調停とは，その事件名に関わらず，離婚紛争を主題とした調停であれば足り，「婚姻費用分担の調停」や「夫婦同居の調停」であっても実質的に離婚紛争について調停による話合いがなされたのであればよい。また，調停の申立てが取り下げられた場合には，申立ての効果が遡及的に消滅することになるが（家事273条の準用による民訴262条1項），これにより当然に調停前置主義の要請を満たさなくなるわけでなく，実質的に調停手続を経たと認められれば足りる。

(2)　管　　　轄

(ア)　職分管轄　　家庭裁判所は離婚訴訟を含む人事訴訟の職分管轄を有し，併せて，人事訴訟の原因たる事実と請求の原因である事実によって生じた損害賠償請求訴訟についても職分管轄を有する（人訴17条）。ここでいう損害

〔松原〕　　287

離婚手続 III

第4編 第2章 婚姻

賠償請求とは，離婚の原因たる事実，例えば被告の不貞によって婚姻関係が破綻した場合における離婚に伴う慰謝料請求（関連損害賠償事件という）などである。所有権に基づく返還請求や不当利得返還請求は関連損害賠償事件ではないから，離婚訴訟と併合審理することはできず，別訴によるべきこととなる。

(イ) 土地管轄　当事者が普通裁判籍（民訴4条参照）を有する地の管轄に専属し（人訴4条1項），合意管轄（民訴11条）および応訴管轄（民訴12条）は認められない。裁判所が離婚訴訟の管轄を有しない場合であっても，調停前置主義の結果，当該訴訟に前置する調停事件がその家庭裁判所に係属していて，調停の経過，当事者の意見その他の事情を考慮して特に必要があると認めるときは，申立てによりまたは職権で，当該離婚訴訟を自ら審理および裁判をすることができる（人訴6条）。これを自庁処理という。ただし，未成年者の子がいるときに自庁処理をする場合には，その子の住所または居所を考慮しなければならない（人訴31条）。

(3)　**当事者適格**

夫婦の一方は離婚の訴えを提起でき（770条），人事訴訟法12条1項によれば，他方が被告とされるから，当事者適格を有するのは，身分関係の当事者のみであって，第三者は当事者適格を有しない。

(4)　**当事者能力**

離婚事件など人事訴訟における訴訟行為については，民法5条1項及び2項，9条，13条並びに17条並びに民事訴訟法31条並びに32条1項及び2項の規定は適用されない（人訴13条1項）。人事訴訟の審理の対象となる事項は身分行為であって本人の意思が尊重されるところ，身分関係に関する紛争の処理手続である人事訴訟においても身分関係の当事者本人の意思をできるだけ尊重するため，通常の民事訴訟においては訴訟行為能力を制限される者であっても，意思能力を有する限り，完全な訴訟能力を有するとされたものである。

(5)　**訴　訟　物**

離婚訴訟の訴訟物は離婚請求権である。訴訟物たる離婚請求権の個数については，民法770条1項各号の離婚原因ごとに離婚請求権が成立するとする説と，同条に基づいて1つの離婚請求権が発生するという説に分かれる。最

288　〔松原〕

第4節　離婚　　　　　　　　　　　　　　　　　　　　　離婚手続　**III**

高裁（最判昭36・4・25民集15巻4号891頁）は前者の立場に立っているとされる。裁判実務も前者の立場にしたがっており，複数の離婚原因が主張されるのが一般であって，770条1項5号の包括的離婚原因たる「婚姻を継続し難い重大な事由」はほぼすべての離婚訴訟において主張される。

　前者の立場に立ったとしても，人事訴訟法25条により，ある離婚原因に基づく離婚請求が認められずに敗訴した場合，口頭弁論終結前に存在した他の離婚原因によって再訴することはできないので，原告としては訴訟提起時に考えられる離婚原因をすべて主張しておく必要がある。

(6)　再訴の禁止

　人事訴訟は身分関係を訴訟の対象とするところ，身分関係は社会の基礎をなすことからその安定を図る必要があり，そのためには，同一の身分関係についての争いは一度の訴訟によって解決すべきであるとされる。婚姻関係を解消する訴えとしては，離婚，婚姻無効，婚姻取消しなどの訴訟があるが，これらのうち1つの判決が確定した後，他の訴訟を次々と提起することができるとすれば，身分関係はいつまでの不安定なものとなる。そこで，人事訴訟の判決が確定した後は，原告は，請求または請求の原因を変更することにより，被告は，反訴を提起することにより，それぞれ主張することができた事実に基づいて同一の身分関係についての人事訴訟を提起することができない（人訴25条）。判決の失権的効果である。これは本案判決についての効果であるから，訴えを不適法として却下した訴訟判決にはこの効果は生じない（人訴25条1項括弧書）。

　同一の身分関係に関する請求について及ぶ効果であるから，離婚判決が確定しても，離婚原因に基づく損害賠償請求などの関連請求や財産分与等の附帯処分については，失権的効果は及ばない。

(7)　訴えの変更および反訴

　民事訴訟では，相手方の早期紛争解決の利益や審級の利益の保護の観点から，訴えの変更については，請求の基礎に変更がないこと，これにより著しく訴訟手続を遅延させないこと，裁判所がそれを不当と認めるときは変更を許さないことができる（民訴143条）。また，反訴の提起については，本訴の目的である請求または防御の方法と関連する請求を目的する場合に限られ，反訴の提起により著しく訴訟手続を遅延させることとなるときは許されず

〔松原〕　289

離婚手続　III

第4編　第2章　婚姻

（民訴146条1項），控訴審における反訴の提起には相手方の同意が必要とされる（民訴300条1項）。しかし，人事訴訟では，相手方の利益保護もさることながら，身分関係の早期安定の観点から，一回の訴訟において解決することが要請されるため，前記民事訴訟における訴えの変更および反訴提起の要件を著しく緩和している。すなわち，原告は，第一審または控訴審の口頭弁論終結時まで，請求の基礎の同一性を欠いても，請求または請求の原因の変更により著しく訴訟手続を遅延させることになっても，請求または請求の原因を変更することができ，裁判所は変更の不当性の判断をすることができない（人訴18条）。反訴についても，事実審の口頭弁論終結時まで，本訴の目的である請求または防御の方法と関連する請求を目的とする場合に限ることなく，反訴の提起により著しく訴訟手続を遅滞させることとなるときでも，また，控訴審においても，相手方の同意を要せず，反訴を提起することができる（人訴18条）。

(8)　判決の効力

離婚請求を認容した確定判決は，離婚という身分関係を変動させる効力すなわち形成力が生ずる。通常の民事訴訟においては，確定判決は相対的効力しか有しない（民訴115条）のに対し，人事訴訟における確定判決の形成力は第三者に対しても拡張される（人訴24条）。身分関係の画一的確定の要請からである。人事訴訟における判決が既判力を有するか否かは争いがある。

2　和　解　離　婚

(1)　原則的許容

離婚訴訟では訴訟上の和解が許され，和解による離婚が認められる。人事訴訟では，民事訴訟法266条（請求の放棄または認諾）および267条（和解または請求の放棄もしくは認諾の各調書の効力）の規定は適用されないが（人訴19条2項），離婚訴訟については，人事訴訟法19条2項の規定にかかわらず，民事訴訟法266条および267条が適用され（人訴37条1項），訴訟上の和解，請求の放棄または認諾が許される。

人事訴訟において，訴訟上の和解等が許されないのは，人事訴訟における訴訟物である身分関係については，当事者の任意処分が許されないことに求められる。旧人事訴訟手続法下の実務では，請求の放棄は許容されていたが，訴訟上の和解及び請求の認諾は認められないと解されていた。そのため，旧

第4節 離 婚　　　　　　　　　　　　　　　　　　　　離婚手続　III

法時には，当事者間に離婚の合意ができた場合には，協議離婚をする旨の合意をして訴訟を取り下げる方法，あるいは家事調停に付して離婚調停を成立させる方法がとられていた。しかし，前者では，協議離婚届の提出・受理まで離婚が成立しないため，当事者が翻意して協議離婚届を提出しない場合や離婚届の不受理届（戸27条の2第3項・4項参照）が提出されていた場合には離婚が成立しないこととなり，後者には，訴訟経済上問題があり，当事者の負担も軽視できない。人事訴訟法は，旧法への批判から，訴訟上の和解を認めることとしたものである。当事者の意思に基づく協議離婚制度の存在がその根拠である。なお，旧法時から認められていた，協議離婚をする旨の合意をして訴えを取り下げる方法は現在でも許されるが，協議離婚が成立しない場合の不都合が想定されることは前述のとおりである。

(2)　手　　続

和解離婚が成立するためには，期日に当事者本人が出頭して，合意をしなければならない。離婚は身分行為であって，代理に親しまないとされており，当事者本人の出頭が必要とされる。また，和解離婚が許される根拠として協議離婚制度の存在が挙げられるが，離婚成立のためには戸籍法による届出が必要とされており（戸76条），当事者の意思の他に公的機関によるその確認が要求されている。したがって，和解条項案の書面による受諾（民訴264条）および裁判所等が定める和解条項（民訴265条）の方法による和解離婚は認められない（人訴37条2項）。また，電話会議システムを利用する方法による和解離婚も認められない（人訴37条3項）。いずれも離婚調停における規律と同様である。

親権者の指定を除外した和解離婚は，離婚調停の場合と同様に許されないと解される。また，人事訴訟法36条によって継続して審理および裁判がされる事項は附帯処分事項のみであり，親権者の指定はこれに含まれないことから，同条は，親権者の指定をしないまま和解離婚ができるとする考えに否定的な制度であるとの指摘がある（髙橋宏志（司会）「〈研究会〉人事訴訟法の基本構造」髙橋宏志＝高田裕成編・新しい人事訴訟法と家庭裁判所実務（ジュリ臨増1259号）〔2003〕における木内弁護士の発言〔同号102頁，103頁〕）。

(3)　効　　果

離婚を内容とする和解が成立し，これを調書に記載したときは，その記載

〔松原〕　291

離婚手続　IV　　　　　　　　　　　　　　　　　　　　第4編　第2章　婚　姻

は，確定判決と同一の効力を有する（民訴267条）。和解調書の効力は調停調
書のそれと同一である。

(4) 履行の確保

履行の確保は，離婚調停の場合と同様である（人訴38条・39条）。

3　認 諾 離 婚

(1) 原則的許容

協議離婚制度の存在を理論的根拠にして，和解離婚の場合と同様に，請求
の認諾により離婚が認められる（人訴37条1項本文）。原告の離離婚請求と，
これに対する被告の請求の認諾により離婚意思の合致が認められ，これを裁
判所が確認することによって，認諾による離婚が認められる。

(2) 要　件

請求の認諾により離婚が認められるのは，附帯処分等（→IV）の不存在の
場合である（人訴37条1項ただし書）。これは，附帯処分等を離婚と同時に解
決することを保障される原告の利益を被告の一方的行為によって奪うのは適
当でないとの配慮によるものである（金子・一問一答168頁）。

(3) 手　続

認諾をする被告の離婚意思を確認する必要があるのは，和解離婚の場合と
同様であり，書面による認諾（人訴37条2項）および電話会議システムを利
用する方法による認諾（人訴37条3項）は認められない。

IV　離婚訴訟における附帯処分等の処理

1　附帯処分等の審理および裁判

(1) 同時解決の保障

家庭裁判所は，離婚の訴えにかかる請求を認容する判決において，当事者
の申立てにより，子の監護者の指定その他子の監護に関する処分，財産の分
与に関する処分または標準報酬等の按分割合に関する処分（以下「附帯処分」
と総称する）をしなければならず（人訴32条1項），また，夫婦間に未成年の子
がいる場合には，職権で，親権者の指定をしなければならない（同条3項，民
819条2項，併せて「附帯処分等」と呼ぶ）。子の監護者の指定その他子の監護に
関する処分などの附帯処分はいずれも実質的には家事審判事項であるが，婚

292　〔松原〕

第 4 節　離　婚　　　　　　　　　　　　　　　**離婚手続　IV**

姻関係解消に付随する重大な身分的・財産的事項であるうえ，婚姻解消の原因の審理と密接に関係する問題である。婚姻関係訴訟によって婚姻関係の解消が求められる場合に，その手続にこの附帯処分を併合審理して包括的に解決することは，当事者にとって便宜であり，訴訟経済の要請にも合致し，また，同時に非訟事件たる性質を有するこれらの処分について国家が後見的立場からの責務を適時適切に果たすことを可能にする。そこで，この附帯処分に該当する事項については，婚姻関係を解消する判決と同時に裁判することとされている。

(2)　附帯処分等の範囲

婚姻解消の判決と同時に判断される附帯処分等に該当する事項のうち，子の監護に関する処分とは，子の監護者の指定，子の監護費用（養育費）の支払，非監護親と子との面会交流などである。婚姻から生ずる費用の分担に関する処分は同時解決が保障される附帯処分事項ではない。婚姻の継続を前提にしているからである。もっとも，当事者の一方が過当に負担した婚姻費用の清算を附帯処分としての財産分与で請求することができる（最判昭 53・11・14 民集 32 巻 8 号 1529 頁）。

(3)　審理のあり方

人事訴訟事項は訴訟事項であり，附帯処分等事項は実質的には非訟事項たる家事審判事項であるから，同時に審理する場合には，その審理手続のあり方が問題となる。

訴訟手続と非訟手続という 2 つの手続が存在するわけではなく，基本的には訴訟手続のみが存在し，ただ，実質的に家事審判事項に該当する審理対象については，それに最もふさわしい資料収集手続として事実の調査方法を認めたに止まると解されている（阿部判事および法務省民事局小野瀬厚参事官の見解，岡健太郎＝上拂大作「人事訴訟規則の概要及び附帯処分等の裁判についての審理」高橋宏志＝高田裕成編・新しい人事訴訟法と家庭裁判所実務（ジュリ臨増 1259 号）〔2003〕131 頁）。人事訴訟法 36 条によれば，判決によらないで婚姻が終了した場合，附帯処分については，なお，訴訟手続により審理裁判するとされているが，これは訴訟手続のみが存在することを前提としているといえよう。

(4)　不服申立て

人事訴訟においては訴訟手続のみが存在することから，判決のうち附帯処

〔松原〕　　293

離婚手続　Ⅳ　　　　　　　　　　　　　第4編　第2章　婚　姻

分のみに対して不服があった場合にも，不服申立ては即時抗告ではなく，控訴である。また，離婚の訴えまたは附帯処分のいずれか一方の判決部分に対してのみ上訴がされた場合には，確定遮断効のほか上級審への移審効は全部の事項について認められる。

2　事実の調査

(1)　原　　　則

人事訴訟事件における証拠資料の収集は証拠調手続による。しかし，婚姻関係訴訟における附帯処分等事項は，裁判所の裁量により抽象的な権利義務から具体的な権利義務を形成する家事審判事項であって，家事審判手続では厳格な証拠調べの方式によらない，柔軟な裁判資料収集手続としての事実の調査手続が認められている。そこで，人事訴訟手続においても，実質的な家事審判事項である附帯処分等事項に限定して事実の調査が認められる（人訴33条）。

附帯処分等事項についての事実の調査が科学性・専門性をもってなされなければならないことは家事審判手続におけるのと同様であるから，家事事件手続規則44条と同趣旨の人事訴訟規則20条1項がおかれている。ただ，人事訴訟手続は争訟の裁断を目的とするから，証拠調べを原則とし，事実の調査は補充的に行われるべきであるとされる。事実の調査をなし得る場合につき，家事事件手続規則44条1項は，「必要に応じ」としているのに対し，人事訴訟規則20条1項は，「審理の経過，証拠調べの結果その他の事情を考慮して必要があると認められるときは」に限定している。

(2)　対　象　事　項

事実の調査の対象とされる事項は，親権者の指定ならびに附帯処分事項に限定される（人訴33条1項）。したがって，事実の調査の結果は，離婚訴訟の訴訟資料または証拠資料とならない。もっとも，事実の調査の結果を当事者が閲覧謄写して，それを書証として提出すれば，訴訟手続において証拠となりうる。

(3)　方　　　法

事実の調査は家事審判手続におけるそれと同様に無方式なものと解されている。具体的には，裁判官による審問（人訴33条4項），調査の嘱託（人訴規21条1項前段・2項），報告の請求（人訴規21条1項後段・2項）などである。

294　〔松原〕

第4節 離婚　　　　　　　　　　　　　　　　　　　　　　　離婚手続　IV

　家庭裁判所調査官による事実の調査も許されるが，これについては，人事
訴訟法34条が規定するところ，家事事件手続法58条1項と同じ文言であっ
て，調査の内容は同一であると解される。また，事実の調査一般についての
人事訴訟規則20条1項の規定は家庭裁判所調査官による事実の調査にも適
用され，人間関係諸科学に基づくものであることが明確にされている。

　家庭裁判所調査官による事実の調査以外に家事事件手続法で認められてい
る家庭裁判所調査官による調整のための措置は，非訟事件たる家事調停ない
し家事審判手続を前提にしており，厳格な手続の下で対立する当事者間の争
訟を裁断することを目的とする訴訟手続とは相容れず，この趣旨での調査命
令は許されない。同様な趣旨から，人事訴訟手続において，医師たる技官の
診断命令も許されない。

3　離婚訴訟が裁判によらずに終了した場合の処理

　離婚訴訟において，判決によらないで婚姻が終了した場合で，附帯処分の
申立てがされ，かつ，その附帯処分事項が婚姻の終了に際し定められていな
いときは，受訴裁判所は，その附帯処分についての審理および裁判をしなけ
ればならない（人訴36条）。受訴裁判所による審理の手続について，判決手
続かそれとも審判手続かという問題がある。人事訴訟法36条は，「審理及び
裁判」と規定するのみであるが，ここでいう裁判の形式は判決であると解さ
れている（高橋（司会）・前掲研究会における，法務省民事局小野瀬厚参事官の発言
〔ジュリ臨増1259号102頁〕）。

〔松原正明〕

§763 I　　　　　　　　　　　　　　　　　　第4編　第2章　婚姻

第1款　協議上の離婚

（協議上の離婚）
第763条　夫婦は，その協議で，離婚をすることができる。

〔対照〕フ民229・230・232〜234，ス民111
〔改正〕（808）

細　目　次

I　本条の趣旨 …………………………296
II　協議上の離婚の比較法的位置づけ ……297
III　わが国の離婚法の沿革・協議上の離婚
　の歴史的位置づけ …………………298
IV　改革の議論 …………………………300
V　離婚意思 ……………………………300
VI　意思の不存在と協議離婚の無効 ………302
　(1)　意思の不存在 …………………302
　(2)　届出時に離婚意思が失われていた
　　場合の協議離婚の効力 ……………302
　(3)　届出時に合意を欠く協議離婚の追
　　認 ………………………………303

VII　協議離婚無効の性質と主張方法 ………304
　(1)　協議離婚無効の性質 ……………304
　(2)　手　続 ………………………305
　(3)　訴えの当事者 …………………305
　(4)　協議離婚無効と戸籍訂正 ………305
VIII　協議離婚の予約 ……………………306
　(1)　協議離婚の予約（将来における離
　　婚の予約）………………………306
　(2)　離婚届出をする旨の調停条項 ……306
IX　事実上の離婚 ………………………306
　(1)　要　件 ………………………307
　(2)　効　果 ………………………307

I　本条の趣旨

　民法上の離婚制度には，裁判離婚と協議離婚とがある（裁判離婚→§770，離婚手続全般→離婚手続）が，本条は，後者について規定するものである。協議離婚制度は，当事者の離婚意思の合致（実質的要件）と離婚届書の提出（形式的要件。764条・739条）によって成立する簡便な離婚制度であり，比較法的にはあまり例を見ない制度である。今日，協議離婚は離婚全体の9割前後を占めている。

296　〔高橋〕

第4節　離婚　第1款　協議上の離婚　　　　　　　　　　　　　§763　II

II　協議上の離婚の比較法的位置づけ

西欧では，中世にキリスト教（カトリック）の影響が強まり，離婚が認められなかった（婚姻非解消主義）。神の恩恵を授けられて成立した婚姻は人間の意思では解消できないものとされたのである。しかし，16世紀の宗教改革を通じて生まれたプロテスタントの影響を受けた地域において，また，婚姻の管轄が国家に移行した近代になると，離婚制度が認められていった。合意による離婚が認められることもあったが，裁判離婚制度が一般的であった。

現代では，破綻主義の採用や裁判手続の簡易化が図られ，裁判離婚において，離婚への合意を離婚原因とする例（例えば，フ民230条・233条）や，比較的短期間の別居を要件とする例（例えば，ドイツでは1年以上〔ド民1565条〕，フランスでは2年以上〔フ民237条・238条1項〕，イギリスでは2年以上〔イギリス婚姻事件法1条2項(d)〕，カナダでは1年以上〔離婚法8条(2)(a)〕，オーストラリアでは1年以上〔家族法48条〕）が見られる（新版注民(22)41頁以下〔岩志和一郎〕，森山浩江「離婚の成立」大村ほか編著57頁以下）。

アジア諸国では，台湾がわが国に似た離婚制度を有している。台湾の離婚制度は，合意離婚制度（中華民国民法1049条）と裁判離婚制度（同法1052条）等からなっている。合意離婚制度では，2人以上の証人の署名を得て，書面により戸籍機関に届け出て，離婚の登記を行う（同法1050条）（二宮周平「家事紛争の合意解決の促進と台湾家事事件法」立命354号〔2014〕161頁以下）。

これに対して，韓国，中国では，国家による事前チェックが制度化されている。韓国の離婚制度は，協議離婚制度（大韓民国民法836条）と裁判離婚制度（同法840条）からなっている。協議離婚制度では，当事者は家庭法院が提供する離婚に関する案内を受けた日から，一定の熟慮期間（養育すべき未成年の子がいる場合には，3か月，その他は1か月）が経過した後，家庭法院から離婚意思の確認を受けなければ離婚することができない（同法836条の2〔2007年法〕）。養育すべき未成年の子がいる場合，確認を受ける前に，当事者は，養育に関する事項（養育者，養育費および面会交流）（同法837条）や，親権者の決定（同法909条4項）に関する協議書を作成し，家庭法院に提出しなければならない（同法836条の2第4項）（関口晃治「韓国家族法の現在」東洋法学56巻2号〔2013〕275頁，犬伏由子＝宋賢鍾「韓国法における親の離婚と子の養育について」法研

〔高橋〕　297

§*763* Ⅲ   第4編　第2章　婚　姻

86巻1号〔2013〕182頁，金亮完「協議離婚制度の改革試案」戸時737号〔2016〕12頁）。
中国の離婚制度は，自由意思による離婚制度（中華人民共和国婚姻法31条）と
裁判離婚制度（同法32条）からなっている。自由意思による離婚制度では，
当事者は婚姻登記機関に出頭し，機関により離婚の意思が確認され，かつ，
子や財産問題に関してすでに適切な処理が行われていることが調査により明
らかなとき，離婚証が発給される。

　以上のような西欧・アジアの諸国における合意離婚制度あるいは協議離婚
制度は，日本のそれに近いものであるようにも見えるが，離婚の真意確認の
手続を有していたり，離婚後の財産や子についての取決めがなされていなけ
ればならないなど，国家による当事者の保護的側面が強い。簡便ではあるが，
保護的な手続が用意されていないわが国の協議離婚は比較法的には特殊な制
度ということができよう。

Ⅲ　わが国の離婚法の沿革・協議上の離婚の歴史的位置づけ

　わが国では，江戸時代から離婚は珍しいものではなかった。庶民が離婚す
るとき，夫が三下り半と呼ばれる離縁状を妻に差し出すことにより離婚が行
われた。この授受によって夫婦ともに再婚することができた。もっとも，妻
から離婚したいときには，縁切寺に駆け込むしかなかったので，一般的には
夫による専権的離婚であったと解されている。しかし，最近の研究では，庶
民における離婚は夫による専権的離婚ではなく，親類・仲人等をまじえての
協議（熟談）による離婚であったとされている（高木侃・三くだり半と縁切寺
〔2014〕）。

　明治時代になると，旧民法制定までの先例において，当初，裁判離婚，届
出離婚，地方行政官庁の許可によって認められる願出離婚等のいくつかの形
態の離婚が認められていた。しかし，1872年の皇国民法仮規則以降，民法
の諸草案が出される過程になると，一貫して裁判離婚と協議離婚の2つの制
度のみが取り上げられるようになった（新版注民(22)3頁〔岩志〕）。

　1872年に戸籍法（壬申戸籍）が施行されると，協議離婚と戸籍への届出と
が結びついた。「婚姻又ハ養子養女ノ取組若クハ其離婚離縁縦令相対熟談ノ
上タリトモ双方ノ戸籍ニ登記セサル内ハ其効ナキ者ト看做」（明治8年12月9

298　〔高橋〕

第4節　離婚　第1款　協議上の離婚　　　　　　　　　§763　Ⅲ

日太政官達209号）されることとなった（新版注民(22)43頁以下〔岩志〕）。また，民法制定過程における諸草案では，協議離婚の方法について，官吏または裁判官の面前において一定の方式を行うという案と，媒酌人ならびに親族等の押印した書面の届出で済ませるという案とが見られた。前者は国家が当事者を直接に規律する性格を有しているのに対し，後者は家共同体の統制に委ねている（熊野敏三の言によれば「一家ノ私事」という特徴があった（注民(21)74頁以下，76頁〔利谷信義〕）。1898年に公布された明治民法は，後者を制度化したものである（民旧808条以下）。その結果，協議離婚制度は，夫（夫家）による追い出し離婚に利用される結果を招いたと評価されている。

　その後，臨時法制審議会が1927年に発表した民法改正要綱においては，第1次的には家共同体の統制に委ねる協議離婚制度が採用されたが，同意が得られない場合には家事審判所の審判に代えることを認めるという，国家が個人を直接に規律する余地が残されており，前記2つの立場の折衷案であった（民法親族編中改正ノ要綱第15ノ1・第4ノ3）。この要綱をもとに起草された人事法案（仮称）（1939年7月整理）も同様の折衷的な案を採用していた（86条〜88条・56条）。

　第二次世界大戦後の家族法改正においても，協議離婚は家事審判所の確認を経るべきであるという議論が強かったが，起草委員は，手続を踏まない事実上の離婚が増えるのではないか等の理由から家事審判所の確認は要らないという案をまとめた。しかし，GHQの意向を受け，国会で議論されることになったが，最終的には衆議院の反対で採用されなかった（我妻栄編・戦後における民法改正の経過〔1956〕192頁）。この点をカバーするべく，詐欺または強迫による婚姻の取消規定の準用が導入された（民法改正要綱案〔昭21・8・19〕第14。臨時法制調査会第2回総会昭和21年8月22日中川善之助委員答弁。我妻編・前掲書258頁）。

　家族法改正によって家制度が廃止され，協議離婚は当事者の意思の合致による，個人主義的な制度に変わったものの，届出で済ませて裁判所の許可にかかわらせなかった点において，新民法は明治民法の離婚の私事的性格を踏襲したということができる（詳しくは，注民(21)78頁以下〔利谷〕）。

　離婚が真に対等な当事者の自由な合意によってなされたものであるかどうかを確認する手段がないため，不受理申出制度（→§765Ⅳ，§740Ⅵ）が利用

〔高橋〕　　299

§*763* Ⅳ・Ⅴ

される原因となっている。

Ⅳ 改革の議論

今日の協議離婚制度の改革に関する議論においては，司法による離婚意思の確認に焦点を当てた改革は重要性をもたないとされている。むしろ離婚の効果の実効性の確保，とりわけ子どもの措置の問題が重要性を増しており，その際，子どもの意思を尊重し，意見をできるだけ聴くことも求められている（詳しくは，緒方直人「協議離婚制度の改革」戸時694号〔2013〕39頁以下，金・前掲論文12頁以下）。民法766条が改正され（2011〔平成23〕年），面会交流や養育費の分担が明示されるとともに，子の監護について必要な事項を定めるに当たっては子の利益を最も優先して考慮しなければならない旨が明記されたことを受け，離婚後の養育費や面会交流の取決めを促進するために，離婚届に養育費や面会交流の分担につき取決めをしたかどうかを記載する欄が設けられた（2016年1月～3月期における取決め率は，養育費で約63%，面会交流で約64%である。法務省調べ）。また，自治体の取組みとしては，明石市が，2014年から「明石市こども養育支援ネットワーク」の運用を開始し，相談体制の充実化，参考書式（養育合意書・養育プラン・作成の手引き）の配布，関係機関との連携という3つの観点から支援を実施している例が知られている。このように子どもを保護しようという動きはすこしずつ始まっている。しかし，法的拘束力をもって当事者を保護しようという法改正はいまだなされていない。

Ⅴ 離婚意思

協議離婚が行われるためには，夫婦の離婚についての意思の合致が必要である。離婚意思とは，法律上の夫婦関係解消に向けられた意思のことをいうが，その内容については，仮装離婚をめぐって意見の対立が見られた。仮装離婚とは，夫婦としての実体（婚姻共同生活）を解消する意思がないにもかかわらず，離婚による法的効果を享受しようとして（例えば，夫の債権者の強制執行から逃れるため，離婚をしたことにして，財産分与として夫の財産の名義を妻に移す等）離婚届を出す行為のことである。

第4節　離婚　第1款　協議上の離婚　　　　　　　　§*763*　V

　学説では，離婚の実体（婚姻共同生活の解消）を重視する実体的（実質的）意思説（中川（善）278頁等。実体的意思説に立ちながらも，身分行為の種類等によって修正を試みる多元的類型説も唱えられている。深谷松男「身分行為に関する二，三の考察」金沢19巻1＝2号〔1976〕60頁）と，離婚届出をする意思の合致があれば足りるとする形式的意思説（谷口・日本親族法47頁等）とが対立していた。前者によれば仮装離婚は無効であり，後者によれば有効となる。近年では，①婚姻や養子縁組のような創設的身分行為には，その効果のうちの基本的部分を意欲する積極的意思（実質的意思）が必要であるが，離婚や離縁等の解消的身分行為には，すでになされている創設的身分行為の機能の一部を失うことを意欲する消極的意思（形式的意思）で足りるとする法的意思説（髙橋忠次郎・婚姻法における意思と事実の交錯〔1993〕129頁以下），②離婚について法定されている定型的な法律効果に向けられた意思が離婚意思であるとする説（法律的定型説）（中川高男「身分行為意思の一考察」家月17巻2号〔1965〕12頁，佐藤義彦「身分行為論管見」太田武男還暦・現代家族法の課題と展望〔1982〕29頁，前田陽一「いわゆる「仮装の『身分行為』」の効力に関する一考察」立教34号〔1990〕128頁等），③離婚意思とは離婚の法的効果を全面的に享受するという意思であるが，たとえ一部の効果のみを目的とした離婚届がなされた場合でも，事後的に離婚の法的効果を全面的に生ぜしめても当事者間に問題が生じないと評価される場合には，有効な離婚と認めてよいとする説（内田Ⅳ104頁，63頁）等が主張されている。

　判例は，仮装婚姻や仮装養子縁組の場合と異なり，仮装離婚の場合には，「法律上の婚姻関係を解消する意思の合致」があるので，離婚は有効となるという立場を採っている（妻が女戸主である夫婦が，夫を戸主にするために，共同生活を維持しつつ，協議離婚をしたのちに入夫婚姻をした事案についての最判昭38・11・28民集17巻11号1469頁，妻の収入を申告しなかったために夫が受けていた生活保護が不正受給になることを避け，さらに受給を続けるため，夫婦が共同生活を維持しつつ協議離婚の届出をした事案についての最判昭57・3・26判タ469号184頁）。ここにいわれる離婚意思は，実際上は届出意思と融合的に併存する場合が多いが，観念上は届出意思と区別される別個の意思であると説かれている（蕪山厳〔判解〕最判解昭38年343頁）。法律婚の解消という法的効果に着目する点で，法律的定型説に近いと評価するものも見られる（犬伏ほか77頁〔犬伏〕）。

〔高橋〕　　301

§*763* VI

第4編　第2章　婚　姻

VI　意思の不存在と協議離婚の無効

(1)　意思の不存在

婚姻や養子縁組には，届出はなされたが一方当事者に婚姻や縁組をする意思がないとき（当事者の一方の不知の間に第三者あるいは他方当事者が届出をなしたような場合），これを無効とする定めがある（742条・802条）。離婚の場合にはこれに相当する規定はないものの，判例・学説はこれを無効と解している（大判昭19・10・13民集23巻598頁，我妻136頁，中川(善)277頁）。

(2)　届出時に離婚意思が失われていた場合の協議離婚の効力

いったんは当事者に離婚意思はあったが，届出時に失われていた場合，協議離婚の効力はどうなるのであろうか。

通説的見解は，合意そのものについて届出という方式を必要とする民法の趣旨に鑑みて，届出という方式に従って離婚意思を表示してこれを合致させることによって離婚が成立すると解すべきであるという成立要件説を採っている（我妻129頁，41頁）。この説によれば，届出時に意思能力と離婚意思とを有していない場合，離婚は無効になる。これに対して，当事者の自由な合意によって離婚届書が作成された以上，届出の時点での意思の不存在を理由とする無効の主張は安易に認められず（鈴木18頁），届出は効力を発生させるための要件であると解する効力要件説（加藤一郎「身分行為と届出」穂積追悼531頁）が見られる。これによれば，届書作成時に離婚意思があればよく，届出時に意思能力あるいは離婚意思を失っていても離婚の効力に影響はないことになる。

判例において問題となったのは，届書作成後に一方が，(ア)翻意した場合，(イ)死亡した場合，(ウ)意思能力を喪失した場合，である。いずれも届出時には離婚意思の存在が認められず，本来ならば無効となるはずであるが，社会的妥当性から有効性が問題となる場合である。

(ア)　届書作成後の離婚意思の撤回（翻意）　　いったんは離婚に同意して届書を作成したが，後に翻意した場合，判例は成立要件説を採って，届出時に離婚意思のないことが明確であるから，相手方に対する翻意の表示がなくても届出は無効であるとする（最判昭34・8・7民集13巻10号1251頁。当事者の一方が市役所に対して，離婚届は承諾したものではないから受理しないでほしい旨を申し出た

302　〔高橋〕

第4節　離婚　第1款　協議上の離婚　　　　　　　　　　　　§*763*　Ⅵ

事案)。

　(イ)　**届書作成後に，当事者が死亡した場合**　　離婚の合意をして離婚届書
を作成した後に，当事者が死亡した場合については，離婚届書が①郵便また
は信書便によって発送された場合と，②役所へ直接提出された場合とに分け
て考えなければならない。

　①郵便または信書便によって離婚届書を発送した後に，当事者の一方が死
亡したときには，戸籍法47条によって，死亡時に届出があったものとみな
され，届書が受理される。これは，戦時中の出征軍人のための特別法に由来
する解決である。

　②生存配偶者あるいは第三者により離婚届書が提出された場合，成立要件
説によれば，離婚は無効となる（我妻129頁等）。効力要件説では，戸籍法47
条の要件を満たしていないことから，無効になることを認める説（加藤・前
掲論文532頁）がある一方で，同条の趣旨を拡大して有効と解する説（鈴木19
頁）等もある。

　(ウ)　**届書作成後に意思能力を喪失した場合**　　届書作成時には離婚意思が
あったものの，届出時には意思能力を喪失していた場合につき，直接の判例
は存在しない。旧法下の養子縁組に関する判例では，養子縁組の儀式を挙げ，
縁組の披露をし，同居した事実があったとしても，縁組の届出当日に意識不
明で言語すら発しえなかった場合には縁組意思がなく，縁組は有効でないと
判示された（大判昭7・2・16法律新報285号10頁）。しかし，婚姻に関する事案
で，今日の判例は，翻意するなど婚姻の意思を失う特段の事情がないかぎり，
届書の受理により，婚姻は有効に成立するとした（最判昭44・4・3民集23巻4
号709頁，最判昭45・4・21判時596号43頁，東京地判平11・2・25判タ1030号247
頁）。判例は，特段の事情がない限り，届書作成時の意思が受理時まで継続
していたと構成していることから，成立要件説に立っていると考えられてい
る。この判例を離婚に当てはめると，翻意するなど離婚の意思を失う特段の
事情がないかぎり，届書の受理により，離婚は有効ということになる（→
§742 Ⅱ(1)）。

(3)　届出時に合意を欠く協議離婚の追認

　一方当事者の知らぬ間に離婚届書が提出された場合（→(1)）であっても，
その後の調停において離婚を認めることを前提に離婚慰謝料を受ける合意を

〔高橋〕　303

§763 VII

第4編 第2章 婚姻

したときは，離婚を追認したことになるというのが判例の立場である（最判昭42・12・8家月20巻3号55頁）。しかし，なぜ無効な離婚が追認により有効とされるかについての理論的説明は明示されていない。他の身分行為の追認に関する判例では，無効な代諾養子縁組の追認に関する最高裁昭和27年10月3日判決（民集6巻9号753頁）が，無権代理に関する116条本文の趣旨を類推適用しており，また，届出時に一方配偶者の意思を欠いていた婚姻の追認を認めた最高裁昭和47年7月25日判決（民集26巻6号1263頁）は，116条本文を類推適用した最高裁昭和37年8月10日判決（民集16巻8号1700頁）を引用している（未確定無効の追完の法理によっていると解されている）。これらの理論を無効な協議離婚の追認に当てはめる場合には，いかなる事情のもとで追認ありとみるべきか，慎重な判断が必要であるという意見も見られる（川井健〔判批〕判評166号（判時682号）〔1972〕17頁）。すなわち，無効な婚姻の追認は，準婚を法律婚に高めるという意味を持つにとどまるが，無効な協議離婚の追認は継続した法律婚の解消の意味を持つので，よほど明確に追認の意思が示されることが必要であり，そうでなければ追い出し離婚を承認することになるという。

追認の効果は，離婚届出時に遡って有効になると考えられている（→§742 II(1)）。

VII 協議離婚無効の性質と主張方法

(1) 協議離婚無効の性質

協議離婚の無効の訴えについての規定は，人事訴訟法に置かれている（人訴2条1号）が，離婚無効の主張が，訴えによらなければならないのか，それとも，当然に無効であるのかについて，学説は分かれている。通説・判例は，たとえ無効確認の判決や審判がなくても当然無効であり，利害関係者は他の訴訟の前提問題として無効を主張することができるという当然無効説を採る（最判昭53・3・9家月31巻3号79頁，我妻138頁，54頁等）。この説によれば，離婚無効の訴えは無効確認の訴えとなる。これに対して，訴訟法学者の多数は，離婚無効を宣言する判決や審判がなければ，何人も離婚の無効を主張することはできないという形成無効説を採っている（兼子一・民事訴訟法体系〔増

第4節　離婚　第1款　協議上の離婚　　　　　§*763*　Ⅶ

訂版, 1965〕146頁, 三ケ月章・民事訴訟法〔1959〕53頁）。この説によれば, 離婚無効の訴えは形成の訴えとなる。

(2)　手　　続

いずれの立場をとるにしても, 協議離婚無効の訴えは人事に関する訴訟事件（人訴2条）であるから, 調停前置主義の適用を受け（家事257条）, 調停がまず申し立てられる。調停手続において合意が成立し, 無効の原因があることに争いがない等, 一定の要件を満たす場合には, 家庭裁判所は「合意に相当する審判」をすることができる（家事277条）（→離婚手続）。

(3)　訴えの当事者

協議離婚無効の訴えは, 当事者の一方が提起する場合には, 他の一方を被告とし（人訴12条1項）, 原告が死亡した場合は当然終了する（大阪高判昭59・8・21高民集37巻3号159頁。婚姻無効に関しては, 最判平元・10・13家月42巻2号159頁。北野俊光＝梶村太市編・家事・人訴事件の理論と実務〔2版, 2013〕715頁〔北野〕は, 婚姻無効確認の当事者に準じて考えることができるという）。当事者以外の者（法律上の利益を有する第三者。大判昭19・10・13民集23巻598頁）が提起する場合には, 当事者の双方を被告とし, その一方が死亡したときは, 他の一方を被告とする（人訴12条2項）。被告とすべき者が死亡し, 被告とすべき者がないときは, 検察官を被告とする（人訴12条3項）。

(4)　協議離婚無効と戸籍訂正

協議離婚の無効判決が確定すると, 対世効が生じる（人訴24条）。訴訟提起者は, 判決確定の日から1か月以内に, 判決の謄本を添付して, 戸籍の訂正を申請しなければならない（戸116条1項）。

確定判決による以外に, 家庭裁判所の許可（戸113条・114条）によっても, 協議離婚の無効を原因とする戸籍の訂正は可能であろうか。判例・学説は, 戸籍法114条につき, 利害関係人に異議がない場合に限りこれを認める（隠居の無効に関する大決大6・3・5民録23輯93頁）。戸籍実務は, 届書の誤記の場合に, 許可による訂正を認めている（昭26・2・10民甲209号回答）。

〔高橋〕　　305

§763 VIII・IX

第4編 第2章 婚 姻

VIII 協議離婚の予約

(1) 協議離婚の予約（将来における離婚の予約）

離婚の予約とは，将来，一定の期日または一定の条件成就のときに離婚の届出を行うという合意をいう（我妻130頁）。婚姻の成立前に，婚姻の後，条件成就等を条件として協議離婚をすることを約することもこれに含まれる（新版注民(22)16頁〔許末恵〕）。いずれの場合においても，離婚の予約は離婚の届出を強制する効力をもちえない。離婚意思は，無条件・無期限でなければならならないからである（我妻129頁）。離婚の予約の成立は，事実上の離婚状態を生ずる可能性もある。

(2) 離婚届出をする旨の調停条項

家庭裁判所の離婚調停において，離婚の合意はできたにもかかわらず，離婚調停成立を避け，調停調書に，一定の期日までに離婚の届出をすることに合意したという調停条項を記載することがある。これは，戸籍に離婚の方式が記載されることを嫌う等の理由からなされるものである。条項に従って離婚届が出されてはじめて離婚は成立する。しかし，調停離婚が成立していない以上，離婚届の提出を強制することはできない。

IX 事実上の離婚

事実上の離婚とは，婚姻の届出をした法律上の夫婦が，夫婦共同生活の実体が全く存在しなくなったにもかかわらず，離婚の届出をしていない状態のことをいう。事実上の離婚概念は，事実上の婚姻とされる内縁の裏返しの概念であり，外縁と呼ばれることもある（阿部徹「外縁の法律関係」奥田ほか編・民法学7・55頁）。事実上の離婚概念は，とくに重婚的内縁との相対的関係において意味を持つ（山畠正男「事実上の身分行為(2)」法セ322号〔1981〕113頁）。すなわち，夫婦の一方に生じた重婚的内縁配偶者と，事実上の離婚状態にある法律婚配偶者のいずれに婚姻の効果を認めるかという文脈において問題とされる。前者を保護することは，法律婚から法的な効果をなし崩し的に奪うことになり，法律婚の規範的価値や婚姻体系を否定することになると危惧されている（二宮周平・事実婚の現代的課題〔1990〕40頁，新版注民(22)39頁〔許末恵〕）。

306　〔高橋〕

第4節　離婚　第1款　協議上の離婚　　　　　　　　§*763*　IX

　事実上の離婚の概念については狭義と広義の2つの理解がある。狭義の概念は，離婚の合意をして別居している場合を指し（我妻134頁等），広義の概念は，明確な離婚の合意はないものの，客観的に破綻状態になっている場合をも含むもの（シンポジウム「内縁問題の現代的課題」ジュリ618号〔1976〕99頁〔明山和夫発言，中川淳発言〕等）である。狭義の事実上の離婚に当たるのは，届出の遅延の場合等である。これに対して，広義の事実上の離婚に当たるのは，一方による遺棄等の場合であるが，離婚については合意しているものの，離婚の諸条件について合意ができていない場合をも含める見解も見られる。離婚自体の合意はできているため，狭義の事実上の離婚に含めることもできるが，諸条件も含めての離婚総体に関する合意ができていないことから，広義の事実上の離婚に含めるものである（水野紀子「事実上の離婚」中川高男編・民法基本論集Ⅶ家族法〔1993〕104頁）。

　(1)　要　　件

　事実上の離婚が成立するためには，特別の方式は必要とされない。実質的要件は，①夫婦共同生活の実体がないことであるが，狭義の事実上の離婚を問題にする立場は，さらに，②両当事者に意思能力があり，離婚意思の合致があること，を挙げている（我妻134頁，中川(善)280頁，中川高男「事実上の離婚」家族法体系Ⅲ 105頁）。

　(2)　効　　果

　(ア)　学説　　狭義の事実上の離婚の効果について，学説には，①消極説と②積極説とが見られる。

　①消極説は，離婚の合意をしていても，それに基づいて離婚の届出を強制することができない以上，夫婦共同生活を廃止していても，届出がなされなければ，法律上いまだ離婚は存在しないというものである（谷口・日本親族法297頁）。これに対して，②積極説は，事実上の離婚状態は外部から確認することが難しいため，これに離婚と同様の効果を与えることは，婚姻の公示性，婚姻関係の画一を図るという要請に矛盾するが，夫婦共同生活の実体のない婚姻関係に婚姻から生じる効果を無条件に認めることにも問題があるため，両者の妥協として，一定程度，離婚と同様の効果を認めるというものである（我妻134頁）。具体的にいかなる効果を認めるかについては，一般に問題局面によって分けて考えられている。すなわち，(i)当事者間のみの効果（実質

〔高橋〕　307

§763 IX

第4編　第2章　婚姻

的夫婦関係に即した効果）であるか，(ii)第三者に対する関係における効果（婚姻届出のあることを前提とする効果）であるかによって区別する（我妻134頁，中川（善）280頁，シンポジウム「内縁問題の現代的課題」ジュリ618号〔1976〕99頁〔中川淳発言，明山和夫発言〕）。(i)当事者間のみの効果については，離婚と同様に扱う（必ずしもすべての効果につき包括的に消滅させることを意味するわけではない）が，(ii)第三者に対する関係における効果については，ケースに応じて考慮すべき点はあるものの，一般的には離婚と同様に扱うことはできないとされている（我妻134頁，中川（善）280頁）。

　以上の考察は，狭義の事実上の離婚を前提とした積極説に関するものである。広義の事実上の離婚を前提とする場合には，離婚意思の合致がない点で，多義的かつ多元的であるので，効果の認められる範囲は，離婚意思の合致がある狭義の事実上の離婚よりも個別的かつ相対的に限定されるべきであると考えられている（中川高男・前掲「事実上の離婚」106頁）。

　(イ)　判例　　判例は，効果によって扱いを異ならせている。①離婚に至らなければ消滅させないとするものに，婚姻費用分担義務がある。②狭義の事実上の離婚状態に至ったならば，婚姻の効果を消滅させたり，離婚と同様の効果を与えるものとして，嫡出推定や財産分与に関する裁判例が見られる。一方，③広義の事実上の離婚状態においても，婚姻の効果を消滅させたり，離婚と同様の効果を与える裁判例も多く見られる。それらは，遺族年金の受給権，同居義務，貞操義務，契約取消権，日常家事連帯債務，親権，監護権，面会交流権等に関するものである。以下，婚姻の効果ごとに判例の動向を見ていきたい。

　　(a)　婚姻費用分担義務　　婚姻費用分担義務は，夫婦が別居をしてはじめて意味を持ってくるものであるので，多数の下級審判例は広義の事実上の離婚状態では消滅させない。その理由とするところは，例えば，夫婦は別居状態にあっても婚姻関係に基づき婚姻費用分担義務を負っているから，その一方に別居の原因につき専らまたは主として責任があり，婚姻費用の分担を求めることが信義則上許されないような特段の事情がない限り，他方はその分担義務を免れない（大阪高決平26・8・27判タ1417号120頁），また，離婚訴訟が係属中であっても，正式に協議上の離婚もしくは裁判上の離婚に至らない限り，当事者は婚姻費用を分担しなければならない（大阪高決昭30・6・7家月

第4節　離婚　第1款　協議上の離婚　　　　　　§*763*　IX

7巻8号63頁，東京高決昭55・3・7判タ415号184頁，浦和地判昭57・2・19家月35巻5号117頁）などである。

　(b)　嫡出推定　　判例は，子の身分関係の法的安定を保持するために，嫡出推定の効果を消滅させるかどうかにつき慎重な判断をしている。すなわち，事実上の離婚をして以来夫婦の実態は失われ，たんに離婚の届出が遅れていたにとどまる場合（最判昭44・5・29民集23巻6号1064頁），あるいは，子の懐胎すべき時期に，すでに夫婦が事実上の離婚をして夫婦の実体が失われ，または遠隔地に居住して，夫婦間に性的関係をもつ機会がなかったことが明らかであるなどの事情が存在する場合（最判平26・7・17民集68巻6号547頁，最判平10・8・31家月51巻4号75頁，最判平12・3・14家月52巻9号85頁）にはじめて，妻が生んだ子は772条の推定を受けない嫡出子（推定の及ばない子）にあたるとした。一方，このような事情のない広義の事実上の離婚の事案に関しては，たとえ夫婦がその後離婚したとしても，嫡出推定は及ぶとされている（前掲最判平12・3・14）。

　(c)　財産分与　　広義の事実上の離婚の事案において，768条3項にいわゆる一切の事情に，離婚訴訟最終弁論期日の当事者の財産状態もふくまれる旨の最高裁判決（最判昭34・2・19民集13巻2号174頁）がある。最高裁は，広義の事実上の離婚状態では婚姻中の財産関係が継続するという考えであると思われるが，これに対しては，財産分与の清算の中核を実質的共有財産の清算と考えるかぎり，事実上の共同生活の廃止時の財産が分与の対象になるべしという批判がある（人見康子〔判批〕家族百選〔新版〕87頁）。

　(d)　遺族年金の受給権　　遺族年金の受給権に関しては，広義の事実上の離婚状態にあると判断された事案において，法律上の配偶者に社会保障法上の受給権を認めなかった事例が多く見られる。婚姻の効果を消滅させた判決としては，社会保障法上の受給権に関する事例が多く見られる。夫婦が互いに相手方の生活に一切容喙しないこと等を約した協約書を作成し，夫が妻に子の養育費と恩給を送金しつつ12年間別居していた事案において，①別居を繰り返していること，②経済的給付は離婚給付の性格を有していること，③婚姻生活を継続維持する意思を有していなかったことから，事実上の離婚状態を認定し，共済組合法により遺族給付を受けるべき配偶者に該当するのは，法律上の配偶者でなく重婚的内縁者であるとした最高裁昭和58年4月

〔高橋〕　309

§*763* IX   第4編　第2章　婚　姻

14日判決（民集37巻3号270頁），20年以上の長期にわたり別居を続け，その間，両者の間には反復，継続的な交渉はなく，婚姻関係修復の努力もされていなかった事案において，①長期間の別居，②反復，継続的な交渉がなかったこと，③一方が他方の生活費を負担することがなかったこと，④婚姻関係を修復する努力がなかったこと，⑤一時多額の金銭を送金したのは婚姻関係を清算しようとする趣旨も含まれていたこと等から，共済法に基づく遺族共済年金の支給を受けるべき配偶者に当たるのは，法律上の配偶者でなく重婚的内縁者であるとした最高裁平成17年4月21日判決（判タ1180号171頁）等がある。

　(e)　同居義務　　広義の事実上の離婚の事案に関して，同居を命じることが逆に人格を傷つけあう結果を招来することになるとして，同居義務の消滅を認めた裁判例が多数みられる（東京高決昭57・10・8判時1061号48頁，東京高決平13・4・6家月54巻3号66頁，大阪高決平21・8・13家月62巻1号97頁等）。

　(f)　貞操義務　　広義の事実上の離婚状態にある夫婦について，最高裁平成8年3月26日判決（民集50巻4号993頁）は，夫婦の一方が第三者と肉体関係をもったとしても，婚姻関係が既に破綻していたときは，特段の事情のない限り，第三者は不法行為責任を負わないと判示した。

　(g)　契約取消権　　広義の事実上の離婚の事案に関して，離婚後の生計に必要な建物の贈与を一方的に取り消されることは受贈者に回復しがたい損害を与えるとして贈与の取消しを認めなかった最高裁昭和33年3月6日判決（民集12巻3号414頁）や，夫婦仲の回復と妻の老後の慰安の資にあてるため夫が妻に山林を贈与した場合，破綻後にこれを取り消すことはできないとした最高裁昭和42年2月2日判決（民集21巻1号88頁）が見られる。

　(h)　日常家事連帯債務　　広義の事実上の離婚の事案に関して，別居し生計も別に立てている妻が本人として取引する行為には，連帯債務は生じないとする裁判例が多くみられる（大判昭11・12・26新聞4100号12頁，大阪高判昭49・10・29判時776号52頁，東京高判昭56・4・28判タ446号97頁。ただし，相手方〔保険会社〕が破綻の事実を知らずに保険金を夫婦の一方に支払ったことにつき，そのことに過失がないとして有効な弁済と認めた東京高判昭49・4・24金判417号17頁がある）。

　(i)　親権　　民法818条3項ただし書により，婚姻中は両親が共同して

第4節　離婚　第1款　協議上の離婚　　　　　　　§*763*　IX

親権を行使するが，一方が「親権を行うことができない」ときは他方が行う
ものとされている。裁判例では，広義の事実上の離婚状態が「親権を行うこ
とができない」ときに当たるとして，単独親権の行使を認めている（東京地
判昭37・7・17下民集13巻7号1434頁，高松高決昭49・6・26家月27巻5号121頁，
東京高決昭58・6・28判タ510号191頁等）。

　(j)　監護権　　別居中の子の監護に関する規定がないことから，離婚後
の子の監護に関する766条を類推適用する裁判例が多く見られる。すなわち，
両親が広義の事実上の離婚状態にあり，未成年者である子の監護養育をめぐ
って争いがある場合，子の福祉のために必要があると認められるときは，家
庭裁判所は766条等を類推適用して，子の監護に関して必要な事項（監護者
の指定や子の引渡し等）を定めることができるというものである（東京家八王子
支審平21・1・22家月61巻11号87頁，札幌家審平8・8・5家月49巻3号80頁，東京
家審平8・3・28家月49巻7号80頁，奈良家審平元・4・21家月41巻11号96頁等）。

　また，別居後単独で子の監護に当たっている当事者から他方の当事者に対
し，別居後離婚までの期間における子の監護費用の支払を求める旨の申立て
があった場合には，771条，766条1項が類推適用されるとする最高裁判決
がある（最判平9・4・10民集51巻4号1972頁，最判平19・3・30家月59巻7号120
頁）。

　(k)　面会交流権　　判例は，両親離婚後の親子の面会交流に関する766
条を，別居の場合に類推適用している。最高裁は，広義の事実上の離婚の事
案につき，婚姻関係が破綻して父母が別居状態にある場合であっても，子と
同居していない親が子と面会交流することは，子の監護の一内容であるとい
うことができ，別居状態にある父母の間で面会交流につき協議が調わないと
き，または協議をすることができないときは，家庭裁判所は，766条を類推
適用できることを認めた（最決平12・5・1民集54巻5号1607頁）。

〔高橋朋子〕

§*764* I・II　　　　　　　　　　　　　　　第4編　第2章　婚　姻

（婚姻の規定の準用）

第764条　第738条，第739条及び第747条の規定は，協議上の離婚
について準用する。

〔改正〕（810）

I　本条の趣旨

本条は，成年被後見人の婚姻に関する738条，婚姻の届出に関する739条，
詐欺または強迫による婚姻取消しに関する747条を協議離婚に準用するもの
である。

II　成年被後見人の協議離婚

成年被後見人が協議離婚を行うには，意思能力を回復している限り，成年
後見人の同意を要しない。準用される738条は，1999（平成11）年の成年後
見制度の改正にともなって改められたものであるが，以前の禁治産者制度に
おいても，同趣旨が定められていた。

成年被後見人が単独でした財産法上の法律行為は，意思能力を回復してい
る間になされても，取り消しうるものとされている（9条本文・120条1項）。
しかし，身分行為である離婚については，意思能力が回復しているときであ
れば，成年後見人の同意を要しないで単独でできると考えられている。成年
後見制度では本人の意思の尊重がうたわれていることから（858条），理念上，
意思能力の回復した成年被後見人が成年後見人の同意なく離婚できることは
当然のこととなる。

離婚届出は成年被後見人本人が行わなければならない（戸32条）。かつて
は，禁治産者が届出をする場合，意思能力が回復していることの証明は，離
婚の届出をする際に，意思能力を有する旨の医師等の診断書を添付すること
によってなされていた（1999〔平11〕年改正前戸32条2項）。禁治産宣告に関す
る事項については戸籍に記載されることによって公示されることになってい
たため，戸籍事務担当者が戸籍を通じて本人が禁治産者であるかどうかを確
認することができたからである。しかし，現行法では成年被後見人であるこ

312　〔高橋〕

第4節　離婚　第1款　協議上の離婚　　　　　　　　　　　　§*764*　Ⅲ

とは後見登記等ファイルに記録されることになっており（後見登記4条），戸籍事務担当者が戸籍を通じて本人が成年被後見人であるかどうかを確認することができなくなった。そこで，現行法では診断書の添付を求めないことになったというものである（平12・3・15民二600号通達）。

Ⅲ　協議離婚の届出

民法上協議離婚は実質的要件（763条・766条）と形式的要件とを満たすことによって成立する。この形式的要件とは離婚の届出を指す。協議離婚は，戸籍法の定めるところにより届け出ることによって，成立する。

(1)　届出の方式

離婚の届出は，当事者双方および成年の証人2人以上が，口頭または署名した書面でしなければならない（739条2項の準用。戸27条・29条・33条・37条・76条）。

(ア)　書面による離婚の届出の場合　　署名を代署に代えることができるかどうかにつき，学説と実務・判例には対立がある。通説によれば，当事者の意思確認の意味から自署が受理要件であり，代署は許されず，戸籍法施行規則62条が事由の記載を条件に代署を許したのは報告的届出に関してのみであり，離婚の届出のような創設的届出には適用されないとする（我妻133頁，42頁）。これに対して，判例は，創設的届出にも代署規定の適用を認めている（養子縁組につき，大判昭7・4・20新聞3400号4頁，大判昭9・5・4新聞3703号7頁。最判昭31・7・19民集10巻7号908頁は，第三者が本人の委託によって調印をすることも認めている）。届出の受理には代署の事由の記載が必要になる（戸則62条2項）が，判例によれば，かりに事由の記載がなくても，いったん受理されれば有効になるとしている（最判昭44・1・31家月21巻7号67頁）。戸籍実務は，当初，戸籍法施行規則62条の婚姻・離婚への適用を否定していたが，これを認める判例の流れを受けて，適用を認める扱いに変更した（昭14・10・9民甲1100号通牒）。さらに，代署が明らかであるが，代署事由が付記されていない届出についても受理を拒否できない扱いにしている（昭31・2・3民甲194号回答）。

学説においては，そもそも代署による離婚届書は受理すべきでないという

〔高橋〕　313

ことになるが，自署は受理要件にすぎないため，かりにいったん受理されれば，これを理由に離婚の効力は妨げられることはない（765条2項）。

（イ）**口頭による離婚の届出の場合**　口頭による届出の場合は，届出人本人が市役所・町村役場の窓口に出頭し，届書に記載すべき事項を陳述しなければならない（戸37条1項）。代理人による口頭での届出はできない（戸37条3項）。当事者および証人の1人が書面で，他の者は口頭で届け出るということは認められない（大5・6・7民465号回答）。

（ウ）**委託または郵送による離婚の届出の場合**　離婚の届出は創設的届出であり，当事者の離婚の意思を確認するためにも，本来，本人が出頭すべきものであろう（婚姻に関して，新版注民(21)286頁〔大原長和〕）。しかし，他人に委託して提出することも（明31・8・3民刑624号回答，明31・9・28民刑975号回答），郵送によることも（戸47条）認められている。

届出が離婚成立の要件であると考える場合（一(2)），離婚届の作成後に当事者の一方または双方が死亡したときには，その後届書が提出され，受理されたとしても，届出時には当事者が不存在であるため，離婚は成立しないことになる。また，離婚届の作成後に意識喪失状態に陥り，届出時に意思能力をなくしていた場合も同様に解されるべきであろう。しかし，婚姻，認知，養子縁組に関しては，このような場合にも，翻意したなど特段の事情がない限り，有効に成立するとしたものが存在する（最判昭44・4・3民集23巻4号709頁，最判昭54・3・30家月31巻7号54頁，最判昭45・11・24民集24巻12号1931頁）。離婚に関する判例は見当たらないが，同様に解される余地がある。

また，離婚届が郵送または信書便によって発送された場合には，特例として，本人の死亡後であっても受理しなければならないと定められている（戸47条1項）。その場合，死亡時に受理があったものとみなされる（戸47条2項）。

(2) 届出の法的性質

届出の法的性質をめぐって対立が見られる。本条が準用する739条が，届け出ることによって「その効力を生ずる」と定めるので，離婚は届出前にすでに成立していて，届出は効力を発生させるための要件であると解する効力要件説（加藤一郎「身分行為と届出」穂積追悼531頁）と，合意そのものについて届出という方式を必要とする民法の趣旨に鑑みれば，届出という方式に従って離婚意思を表示し，これを合致させることによって離婚が成立すると解す

第4節　離婚　第1款　協議上の離婚　　　　　　　　§764　IV

べきであるとする成立要件説とがある（我妻132頁, 41頁, 深谷松男「身分行為
に関する二, 三の考察」金沢19巻1＝2合併号〔1976〕38頁）。後者が通説的見解で
ある（→§739 III）。

IV　詐欺または強迫による協議離婚の取消し

(1)　前　史

　明治民法においては, 詐欺または強迫による婚姻取消しの規定は協議離婚
に準用されていなかった。それが準用されるようになったのは以下のような
経緯からである。すなわち, 第二次世界大戦後の家族法改正の際に, 意思確
認の制度が欠けている協議離婚が追い出し離婚に利用される恐れのあること
が危惧され, 協議離婚は家事審判所の確認を経るべきであるという議論が強
かった。起草委員は, 手続を踏まない事実上の離婚が増えるのではないか等
の理由から家事審判所の確認は要らないという案をまとめたが, GHQ の意
向を受け, 国会で議論されることになった。しかし, 最終的には衆議院の反
対で採用されなかった（我妻栄編・戦後における民法改正の経過〔1956〕192頁）。
この点をカバーするべく, 詐欺または強迫による婚姻の取消し規定の準用が
導入されたのである（民法改正要綱案〔昭21・8・19〕第140臨時法制調査会第2回
総会昭和21年8月22日中川善之助委員答弁。我妻編・前掲書258頁）。

(2)　詐欺または強迫の定義

　詐欺または強迫によって離婚の合意をした者は, その取消しを家庭裁判所
に請求することができる（747条の準用。人訴2条1号）。

　詐欺または強迫とは, 違法な手段によって, 婚姻当事者の一方または双方
を欺いて錯誤に陥れ, または威圧を与えて畏怖させ, 離婚の合意をさせるこ
とである（我妻65頁）。

　詐欺によって生じた錯誤は要素にかかわる重大なものである必要があるだ
ろうか。また, 強迫行為の違法性は相当強度でなければならないであろうか。
婚姻の場合には, 詐欺によって生じた錯誤がなかったら, あるいは, 強迫に
よって生じた畏怖の念がなかったら, 何人も婚姻を承諾しなかったであろう
と思われるような, いわゆる要素の錯誤であること, あるいは, 強度な違法
性があることが, 必要であるとされる（新版注民(21)329頁〔中尾英俊〕）。しか

〔高橋〕　315

§764 IV 第4編 第2章 婚姻

し，協議離婚の場合には，追い出し離婚等の不当な離婚の強要を回避することが目的であるため，むしろ広く取消しを認める方向がとられるべきではないかという見解が見られる（新版注民(22)72頁以下〔岩志和一郎〕）。

第三者による詐欺・強迫も含まれる。

(3) 取消権者と相手方

本条における取消しは，詐欺または強迫を受けた離婚当事者を保護するための私益的理由によるものであるので，取消権者は詐欺または強迫を受けた当事者に限られる。取消しの相手方は，第三者による詐欺または強迫の場合であっても，相手方配偶者である（人訴12条1項）。

(4) 取消しの効果

協議離婚の取消しの判決が確定するまで，離婚は有効とされる。これは，取消しの判決が形成判決であるためである。本条は，婚姻の取消しが将来に向かってのみ効力を生じるという748条を準用していないことから，協議離婚の取消しがあれば協議離婚は届出時に遡って無効になる。

(5) 取消権の消滅

当事者が詐欺を発見し，もしくは強迫を免れた後3か月を経過し，または追認をしたときは，取消権は消滅する（747条2項）。

(6) 民法総則との関係

民法総則における詐欺または強迫の規定（96条）を協議離婚に適用するかについては議論があり，通説・判例は，一般的に身分行為には民法総則の規定は適用されないとして，これを否定する（中川(善)34頁。大判大11・2・25民集1巻72頁）。これに対して，協議離婚もまた一種の法律行為であるから，民法総則中の法律行為に関する規定が一応は適用されるという考え方も存在する（鈴木22頁，55頁，平井宜雄「いわゆる『身分法』および『身分行為』の概念に関する一考察」四宮古稀・民法・信託法理論の展開〔1986〕268頁）（→§747 V）。

〔高橋朋子〕

第4節　離婚　第1款　協議上の離婚　　　　　　　　　　　§ *765* I・II

（離婚の届出の受理）

第765条①　離婚の届出は，その離婚が前条において準用する第739条第2項の規定及び第819条第1項の規定その他の法令の規定に違反しないことを認めた後でなければ，受理することができない。

②　離婚の届出が前項の規定に違反して受理されたときであっても，離婚は，そのためにその効力を妨げられない。

〔改正〕（811）

I　本条の趣旨

本条は協議離婚届の受理要件と，それに違反して受理された場合の効力について定めている。

II　協議離婚の届出の受理要件

協議離婚届の受理要件は，①739条2項に違反しないこと，②819条1項に違反しないこと，③その他の法令の規定に違反しないことである（本条1項）。

①の要件は，当事者双方および成年の証人2人以上が，署名した書面または口頭で，協議離婚の届出をしなければならないこと，②は，夫婦間に未成年の子がある場合には，協議によって夫婦の一方を親権者と定めなければならないこと，③は，戸籍法や戸籍法施行規則などに定められた要件を具備しなければならないことである（例えば，届出地に関する戸籍法25条，本人確認等に関する戸籍法27条の2，等）。

戸籍事務担当者は，離婚届出を受け付けたのち，遅滞なく本条に定める審査をしたうえで，受理しなければならない。審査の際，戸籍事務担当者には実質的審査権はなく，形式的審査権を行使するにすぎない。

虚偽の届出を防止するために，市役所・町村役場に届け出た者が本人であるかどうかの確認がなされており（戸27条の2第1項），本人が届け出たことが確認できない場合には，市町村長から，届出を受理したことを本人に通知すべきことが定められている（戸27条の2第2項）。

〔高橋〕　317

§765 III・IV　　　　　　　　　　　　　　　第4編　第2章　婚姻

III　本条に違反して受理された届出の効力

離婚届が本条1項に反して受理された場合，離婚は有効に成立し（本条2項），その後要件の不備が判明しても，効力が妨げられることはない（離婚届書に届出人の氏名が代署された場合に，戸籍法施行規則62条2項所定の事由の記載を欠いていても，届出が受理された以上，その離婚は有効に成立するとした最判昭44・1・31家月21巻7号67頁）（→§764 III(1)(ア)）。

IV　離婚届不受理申出制度

協議離婚制度が離婚を当事者の自由意思に委ねており，手続も簡便であるため，当事者が対等な立場で協議して離婚を決定できればよいが，そうでなければ追い出し離婚に利用される可能性がある。離婚届書作成後の翻意を確保するため，あるいは，追い出し離婚を予防するために，離婚届の不受理申出制度が存在する。

不受理申出の実務の嚆矢は，翻意による離婚届の不受理申出に対して不受理を認めた1952年7月9日の民事局長回答（昭27・7・9民甲1012号）によるものである。これは，離婚に同意した後に翻意しても，いったん離婚届が受理されて戸籍に記載されると，これを元に戻すのが容易でないことに対応したものである。1962年には，そもそも離婚意思がない者からの予防的不受理申出に拡張された（昭37・9・27民甲2716号回答）。また，不受理申出制度は，離婚のみならず，婚姻届・養子縁組届（1959年），その他の創設的届出（1964年）にも拡張された。手続としては，当初，不受理を認めるだけであったのが，1971年には，誤って受理されて戸籍に記載された場合の，市町村長の職権による戸籍訂正を認めた（昭46・2・16民甲568号回答）。不受理申出制度をめぐって次々に生じる問題を解決すべく，1976年1月23日に，法務省民二第900号民事局長通達「離婚届等不受理申出の取扱いについて（先例変更）」，法務省民二第901号民事局第二課長依命通知が出され，不受理申出制度が体系化された（田代有嗣監修＝高妻新著・体系・戸籍用語辞典〔改訂，2001〕246頁）。その後，2007（平成19）年には，戸籍法の中に明文化された（戸27条の2第3項・4項・5項）。

318　〔高橋〕

第4節　離婚　第1款　協議上の離婚　　　　　　　　　　　　§766

　相手方配偶者が離婚届等を提出する前に，届出不受理の申出（戸27条の2
第3項）をしておくと，相手方からなされた離婚届出等が受理されず（戸27
条の2第4項），市町村長から不受理申出書を提出した者に対して，届出があ
った旨の通知がなされる（戸27条の2第5項）という仕組みである。申出の有
効期間は，従来の実務では半年間とされていたが，2007（平成19）年改正に
より廃止された。

　なお，虚偽の届出により不実の記載がなされた場合，後にその記載につき
訂正がなされても訂正の痕跡は残る。これを避けるために，本人から戸籍の
再製を申し出ることが認められている（戸11条の2）。

〔高橋朋子〕

　　（離婚後の子の監護に関する事項の定め等）
　第766条①　父母が協議上の離婚をするときは，子の監護をすべき者，
　　父又は母と子との面会及びその他の交流，子の監護に要する費用の
　　分担その他の子の監護について必要な事項は，その協議で定める。
　　この場合においては，子の利益を最も優先して考慮しなければなら
　　ない。
　②　前項の協議が調わないとき，又は協議をすることができないとき
　　は，家庭裁判所が，同項の事項を定める。
　③　家庭裁判所は，必要があると認めるときは，前2項の規定による
　　定めを変更し，その他子の監護について相当な処分を命ずることが
　　できる。
　④　前3項の規定によっては，監護の範囲外では，父母の権利義務に
　　変更を生じない。
　　　〔改正〕〔812〕①＝昭23法260・平23法61改正　②＝平23法61新設　③＝
　　　　昭23法260改正，平23法61改正移動（②→③）　④＝平23法61改正
　　　　移動（③→④）

細　目　次

I　民法766条の趣旨・沿革・改正の意義　　　　1　本条の趣旨⋯⋯⋯⋯⋯⋯⋯⋯⋯⋯⋯320
　　⋯⋯⋯⋯⋯⋯⋯⋯⋯⋯⋯⋯⋯⋯⋯320　　2　本条の沿革⋯⋯⋯⋯⋯⋯⋯⋯⋯⋯⋯321

〔棚村〕　　319

§766　I　　　　　　　　　　　　　　　　　　第4編　第2章　婚姻

(1)　ボアソナード民法での離婚と子の
　　監護……………………………………321
(2)　明治民法での離婚と子の監護……321
(3)　大正要綱・人事法案での親権・監
　　護………………………………………322
(4)　戦後の民法改正と766条…………323
3　平成23年の民法改正の背景と経緯…324
(1)　平成23年民法の一部改正の経緯…324
(2)　766条の一部改正の目的・趣旨…325
4　平成23年の766条の改正の意義とそ
　の評価……………………………………327
(1)　766条の改正に対する批判や改正
　　後の運用への懸念……………………327
(2)　766条改正後の自治体やNPOな
　　どの活発な動き………………………329
Ⅱ　監護者の指定・変更および子の引渡し
…………………………………………………330
1　婚姻中の共同親権と離婚後の単独親
　権の原則…………………………………330
2　親権と監護権の分離・分属…………331
3　監護者指定と子の引渡しの関係……333
4　第三者への監護者の指定の可否……334
(1)　家裁実務の動向……………………334
(2)　近時の裁判例の動向………………335
(3)　学説の展開…………………………337
(4)　外国法での動向……………………339
5　親権者・監護者指定・変更の判断基
　準…………………………………………340
6　子の引渡し……………………………344
(1)　民事訴訟手続………………………344
(2)　家事審判手続（家事事件手続）……346
(3)　人身保護手続………………………348
(4)　子の引渡請求の判断基準…………350
Ⅲ　面会交流………………………………356
1　面会交流の実情調査と支援ニーズ……356

2　面会交流の意義と従来の議論…………357
3　面会交流と子の福祉……………………358
4　面会交流の権利性と面会交流原則的
　実施論への批判…………………………360
5　面会交流拒否基準と寛容性の原則……362
6　面会交流の実現方法……………………364
7　面会交流と養育費との関係……………369
Ⅳ　養育費（監護費用）……………………370
1　養育費（監護費用）の実情と問題点…370
(1)　養育費の受け取り率と低い取決め
　　額………………………………………370
(2)　養育費相談支援センターの調査結
　　果………………………………………370
2　養育費の請求の法的方法………………371
3　養育費の算定方法………………………372
(1)　簡易算定表の利用と算定表の修正
　　への動き………………………………372
(2)　収入の認定と稼働能力……………373
(3)　事情変更と養育費の減額・変更…373
(4)　生活保護受給金や子ども手当・特
　　別児童扶養手当等……………………374
4　養育費（監護費用）の請求をめぐる
　諸問題……………………………………375
(1)　養育費の請求と権利濫用・信義則
　　……………………………………………375
(2)　養育費の支払方法と養育費放棄の
　　合意の効力……………………………376
(3)　養子縁組と養育費…………………377
(4)　養育費支払義務の始期と終期……377
5　養育費の履行確保と今後の課題………378
(1)　養育費の確保のための制度………378
(2)　新たな制度と既存の制度の運用上
　　の工夫…………………………………379
(3)　養育費の決定・履行確保・面会交
　　流や子育て支援との関係……………381

I　民法766条の趣旨・沿革・改正の意義

1　本条の趣旨

　本条は，離婚後の子の監護に関する事項，子の監護者，面会交流，監護費
用（養育費）の分担等子の監護に関する問題について，父母による協議で定
めることを規定する。その際に子の利益を最優先の考慮事項と定めた（1項）。

320　〔棚村〕

第4節　離婚　第1款　協議上の離婚　　　　　　　　§766　Ⅰ

父母の間で協議が調わないとき，協議ができないときは，家庭裁判所が子の監護に関する処分事件として定めることになる（2項）。また，監護に関する定めを変更するなど，必要な処分を行うこともできる（3項，家事別表第二3項）。そして，前3項にあっては，監護の範囲外では，父母の権利義務に変更を生じないとして，父母の権利の尊重を謳った（4項）。本条は，平成23年の民法の一部改正により，これまで解釈運用で認められてきた面会交流，監護費用（養育費）の分担が条文上明記されるとともに，子の利益の最優先性についても規定が置かれた。本条では，具体的に，子の監護者の指定・変更，子の引渡し，面会交流，養育費が問題となっている。近時は，離婚後の共同監護，祖父母，里親，継親等の第三者の監護者指定等を認められるかが問われている。

2　本条の沿革

(1)　ボアソナード民法での離婚と子の監護

明治23（1890）年のいわゆる「ボアソナード民法（旧民法）」（人事編）では，第5章第3節「離婚ノ効力」として，90条において，「①離婚ノ後子ノ監護ハ夫ニ属ス但入夫及ヒ婿養子ニ付テハ婦ニ属ス」と定め，「②然レトモ裁判所ハ夫，婦，親族又ハ検事ノ請求ニ因リ子ノ利益ヲ慮リテ之ヲ他ノ一方又ハ第三者ノ監護ニ付スルコトヲ得」と規定していた。ボアソナード民法では，家にある父の絶対的な支配権としての親権はもちろん，離婚に伴う子の監護についても，父を優先し，家制度のもとで母に帰属する可能性を認めていた（許末恵「民法第766条の成立に関する一試論(上)」青法55巻3号〔2013〕9-11頁，同・親権と監護〔2016〕10-19頁に詳しい）。

(2)　明治民法での離婚と子の監護

明治31（1898）年の「明治民法」では，第3章第4節「離婚」の協議離婚のところで，812条において，「①協議上ノ離婚ヲ為シタル者カ其協議ヲ以テ子ノ監護ヲ為スベキ者ヲ定メサリシトキハ其監護ハ父ニ属ス」「②父カ離婚ニ因リテ婚家ヲ去リタル場合ニ於テハ子ノ監護ハ母ニ属ス」「③前2項ノ規定ハ監護ノ範囲外ニ於テ父母ノ権利義務ニ変更ヲ生スルコトナシ」と規定している。裁判上の離婚についても，812条の規定が準用され，但書で，「裁判所ハ子ノ利益ノ為メ其監護ニ付キ之ニ異ナリタル処分ヲ命スルコトヲ得」と規定した（民旧819条）（許・前掲論文7-11頁参照）。このように，明治民

〔棚村〕　321

§*766* I 第4編 第2章 婚姻

法は，家制度を基盤とした家父長制にもとづき，親権を家に在る父の絶対的権利（父権）として位置づけ，父が知れず，死亡したり，家を去り，親権行使ができないような場合に，はじめて家に在る母の権利を認める立場を採った。また，協議離婚においても，子の監護者等を定めないときは，父の監護を優先させ，父が離婚で家を去った場合のみ，母に監護が帰属するという考え方を採用した。明治民法は，家制度の存続や発展を維持するために，親権につき父を優先させ，例外的に父が家を去ったり，親権行使が困難な場合に，母の親権行使を認め，離婚により父が家を去った場合に，母の監護が認められるとした（民旧 877 条 2 項・812 条 2 項）（梅（明治 45 年度復刻版）〔1984〕205-208 頁，346-396 頁）。

(3) 大正要綱・人事法案での親権・監護

大正 8 (1919) 年 7 月に設置された臨時法制審議会は，明治民法の中の「我邦古来ノ淳風美俗」に反する規定の改正を目指して検討作業を開始したが，大正 14 (1925) 年 5 月に，「民法親族編中改正ノ要綱」を公表した（穂積重遠「民法改正要綱解説(1)」法協 46 巻 2 号〔1928〕179 頁）。大正要綱では，協議離婚の同意および子の監護についての第 15 ノ二で，「民法 812 条ノ規定ニ依ル監護者ヲ不適当ナリトスルトキハ家事審判所ニ於テ監護者ヲ定ルコトヲ得ルモノトスルコト」とし，離婚の原因および子の監護に関する第 16 ノ三で，「子ノ監護ニ付テハ『第一⑤ノ二』ニ準スルコト」とした。ここでは，明治民法 812 条での協議離婚で定めた監護者が不適当である場合に，家事審判所の関与を認め，裁判離婚においても同様の扱いとすることにした。

臨時法制審議会は，さらに検討作業を進め，昭和 16 (1941) 年 8 月，民法親族編第四次草案を整理し，昭和 18 (1943) 年 4 月に，「人事法案（仮称）」を作成した。離婚と子の監護に関する規定は，明治民法と同じように，90条で，父母が離婚したときは，子の監護は父に属すること，父が離婚により婚家を去ったときは子の監護は母に属すること，父母はその協議により前 2 項の規定にかかわらず子の監護者を定めることができると規定する。91 条は，子の利益のために必要があると認めるときは，家事審判所は，子の監護をなすべき者を定めまたはその監護につき相当な処分を命じることができると規定する。そして，92 条が削除されて，93 条は，前 2 条の規定は子の監護に関するものを除くほか父母の権利義務に影響を及ぼすことはないと規定

322 〔棚村〕

第4節　離婚　第1款　協議上の離婚　　　　　　　　　　　§*766*　I

する（許・前掲論文 43-44 頁参照）。

⑷　戦後の民法改正と 766 条

　昭和 22（1947）年 3 月に示された改正民法案では，812 条で，父母が協議
上の離婚をするときは，子の監護をする者その他監護につき必要な事項はそ
の協議をもってこれを定め，協議が調わないときは，家事審判所がこれを定
める，子の利益のために必要と認めるときは家事審判所はこの監護をする者
の変更その他監護につき相当な処分を命じることができる，前項の規定は監
護の範囲外において父母の権利義務に変更を生ずることはない，と規定する。
親権に関する 877 条では，成年に達せざる子につき父母の親権に服するとし，
親権は父母がともにあるときは，共同して行う，ただし，父母の一方が親権
を行うことができないときは，他方が行うと規定していた。878 条 1 項で，
父母が離婚したときは，親権は父が行うことを原則とし，妻の氏を称する婚
姻をしていたときは母が親権を行う，父または母が婚姻により氏を改めたと
きは，子に対する親権を失うなど，氏や親権・監護が複雑に絡み，しかも父
母の不平等が存続していて，きわめて不十分なものであった（許末恵「民法第
766 条の成立に関する一試論(中)」青法 55 巻 4 号〔2014〕148-150 頁参照）。

　当時の GHQ との厳しい折衝や批判もあって，日本国憲法の個人の尊厳や
両性の本質的平等の基本原理に照らして，昭和 22（1947）年 4 月の日本国憲
法の施行に伴う民法の応急措置法では，妻および母の無能力の削除，戸主や
家制度の廃止，婚姻中の父母の共同親権，父母の離婚や認知に際しての協議
での親権の決定，協議ができないときの裁判所の関与，子の利益に基づく親
権者の変更等を明示した（許末恵「民法第 766 条の成立に関する一試論(下)」青法
56 巻 3 号〔2014〕2-49 頁参照）。協議離婚での子の監護に関する改正民法の第 6
次案は，同年 5 月に，「①父母が協議上の離婚をするときは，子の監護をす
べき者その他監護について必要な事項は，その協議でこれを定める。協議が
調わないとき，又は協議をすることができないときは，家事審判所がこれを
定める。②子の利益のために必要があるときは，家事審判所は，子を監護す
べき者を変更し，その他子の監護に相当な処分を命ずることができる。③前
項 2 項の規定は，監護の範囲外では父母の権利義務に変更を生ずることがな
い」とした。この改正案が国会に提出され，10 月に衆議院で可決され，11
月に 764 条の修正案が参議院で可決されたものの，衆議院が同意せず，12

〔棚村〕　323

§*766* I 　　　　　　　　　　　　　　　　　第4編　第2章　婚姻

月には衆議院で再議決して提案通り成立した（許・前掲論文(下)96頁，114頁，許・前掲書249頁参照）。

3　平成23年の民法改正の背景と経緯

(1)　平成23年民法の一部改正の経緯

児童虐待やネグレクトなどの問題が深刻化し，平成12（2000）年には児童虐待防止法が成立し，児童虐待の定義が設けられたり，通告義務や立入調査等の規定が設けられた。また，平成16（2004）年には，虐待の定義の見直しや通告義務の拡大などの児童虐待防止法の改正，市町村の役割の明確化，強制入所措置の有期限化などの児童福祉法の改正が実現した。さらには，平成19（2007）年の裁判所の許可状による臨検・捜索制度，接近禁止命令などの児童虐待防止法の改正，平成20（2008）年の施設内虐待の防止やファミリーホームの創設などの児童福祉法の改正等の児童虐待防止制度の進展が見られた（飛澤知行「児童虐待防止のための親権制度の見直しについて──平成23年民法等一部改正」戸時689号〔2012〕9-12頁参照）。

平成21（2009）年6月から，法務省は「児童虐待防止のための親権制度研究会」を開催し，平成22（2010）年1月に，民法，児童福祉法および児童虐待防止法の全体を通じた論点を整理した報告書を取りまとめた。同年2月には，児童虐待の防止および児童の権利利益の擁護の観点からの親権制度の見直しの調査・審議が行われ，平成23（2011）年3月に，児童虐待の防止のための民法等の一部を改正する法律案が国会に提出されて，国会での審議を経たうえで，同年5月に，親権停止制度を新設し，未成年後見制度を見直すなどの民法の一部改正が成立した（飛澤・前掲論文14頁参照）。

ところで，面会交流や養育費（監護費用）に関する民法766条の改正の提案は，夫婦別姓選択制の導入等の婚姻制度・離婚制度の見直しについての民法の一部を改正する法律案要綱が平成8（1996）年2月に法制審議会で了承され，法務大臣に答申されていたところ，そのまま国会に提出されることなく，16年が経過していた（野村豊弘「平成8年改正要綱を読み直す」ジュリ1336号〔2007〕4頁）。この民法改正要綱では，「父母が協議上の離婚をするときは，子の監護をすべき者，父又は母と子との面会及び交流，子の監護に要する費用の分担その他の監護について必要な事項は，その協議でこれを定めるものとする。この場合においては，子の利益を最も優先して考慮しなければなら

第4節　離婚　第1款　協議上の離婚　　§*766*　I

ないものとする」(要綱第六の一1)と規定していた。この要綱案の規定は，離婚をする当事者間で往々にして，深刻な利害対立をもたらす，子との面会交流と養育費の分担の問題があり，これらの事項について，父母の協議により合理的な定めがなされ，それに従って誠実に履行されることが望ましいということで，面会交流と養育費について子の監護に必要な事項として明文化しようとしたものであった。また，子の利益の最優先性も，子の監護に関する指導理念であることを明確にするためのものであった(小池信行「『民法の一部を改正する法律案要綱』の概要」ひろば49巻6号〔1996〕12頁，法務省民事局参事官室「民法の一部を改正する法律案要綱案について」戸時457号〔1996〕5-6頁参照)。

　この提案が，平成22(2010)年12月の第10回法制審議会児童虐待防止関連親権制度部会での最後の審議において，協議離婚の際の子の監護に関する面会交流と養育費についての766条の改正も，1996年段階での審議を経た提案であり反対もなかったこと，激しい子の奪い合い等の防止という児童虐待防止とも全く無関係とは言えないことなどの発言があって(法制審議会児童虐待防止関連親権制度部会第10回会議議事録〔2010〕23-25頁の水野紀子委員，大村敦志委員発言参照)，結果的には法律案に盛り込まれることになった。この点については，国会審議でも，要綱案の答申から15年以上が経過し，状況も変化していることから，十分な議論もなく唐突に法案に含められたとの懸念もあったが，法務大臣も，条文に面会交流と養育費が明記されることで，当事者の取り決めを促し，副次的効果として，1人で子育てするリスク要因を考えると児童虐待防止にもなるのではないかと答弁している(第177回国会衆議院法務委員会議録第6号6頁〔平23・4・15〕，第177回国会衆議院法務委員会議録第8号2頁〔平23・4・26〕参照。植木祐子「児童虐待防止のための親権制度の見直し」立法と調査320号〔2011〕10-11頁参照)。

(2)　766条の一部改正の目的・趣旨

　離婚後の子の監護の問題，とくに非監護親の面会交流や養育費(監護費用)の分担の問題は，子どもの生活関係，人間関係，その健全な成長発達の面からも重要な問題であって，父母の間で適切な取り決めがなされて，円滑に実現されることが望ましい。しかしながら，後でも触れられるように，養育費の取り決めをしているのは母子世帯で4割にも満たず，離婚した父親から養育費の支払を現在も受けているのは，19.7%にとどまっていた。また，面会

〔棚村〕　325

§766　I

第4編　第2章　婚　姻

交流の取り決めをしているのは，母子世帯の 23.4%，父子世帯の 16.3% に
すぎず，離婚した親と現在も面会交流を行っているのは，母子世帯で 27.7%，
父子世帯で 37.4% にとどまっており，きわめて低調であった（厚生労働省
「平成 23 年度全国母子世帯等調査結果報告」〔平成 24 年 9 月〕参照）。さらに，離婚後，
経済状態が劣悪な状況の下で，一方の親が 1 人で子育てをしていることが児
童虐待のリスク要因として指摘されることもあり，面会交流や監護費用（養
育費）の分担の取り決めが適切に行われ，遵守されれば，児童虐待の防止に
もつながると期待される。面会交流や養育費の分担については，これまでも
766 条の「監護に必要な事項」に含まれると解され実務上も運用では認めら
れていたものの，明文の規定が置かれていないことから，協議上の離婚をす
る父母において明確な取り決めを欠くことが少なくなかった。そこで，今回
の民法の改正では，766 条 1 項に，「父母が協議上の離婚をするときは，そ
の監護すべき者，父又は母と子との面会及びその他の交流，子の監護に要す
る費用の分担その他子の監護について必要な事項は，その協議で定める」と
して，面会交流と子の監護に要する費用（養育費）の分担について明確に規
定を入れた。

　しかも，子の監護に関する事項は改正前から，子の利益の観点から定めな
ければならないことは指導理念として当然のこととして考えられてきたが，
面会交流や養育費の分担が当事者にとって深刻な利害対立を招きやすく，や
やもすると駆け引きや取引の材料ともされかねないこと，また，夫婦の感情
的な対立や葛藤から子の利益や子との福祉の視点が置き去りにされかねない
ことからも，「この場合においては，子の利益を最も優先して考慮しなけれ
ばならない」とされた（飛澤知行・一問一答平成 23 年民法等改正──児童虐待防止
に向けた親権制度の見直し〔2011〕10-11 頁参照）。

　面会交流は，離婚後の親子関係がどうあるべきかという問題とも密接に関
連しており，児童の権利に関する条約 9 条 3 項にもあるように，離れて暮ら
す親と子の定期的な接触や交流，親子の絆を維持することは，子の健全な成
長発達にも資することであると言ってよい。しかも，面会交流と養育費とは，
法的には別の問題とされるが，車の両輪のような関係にあり，父母の子に対
する共同養育責任・重要な義務として，子の精神的情緒的な生活を支え，経
済的物質的な生活を支える義務とも密接に関連していると言えよう。

326　〔棚村〕

第4節 離婚 第1款 協議上の離婚 §766 I

その意味で，面会交流や養育費の実現は，父母の離婚による悲しみや喪失感を和らげてくれ，経済的な安定や生活水準を維持し，子が父母から愛され，大切にされていることの証しともなるし，それにより深い安心感・自己肯定感をもつこともできる。また，子は，一番身近な父母をモデルとして自我を形成し，自分のアイデンティティーやルーツを知ることにもなる。一方の親との精神的経済的な関係を断たれると，子どもの健全な成長や発達，安定した生活は保障されない（名古屋調停協会・2012面会交流調停の手引〔2012〕2-3頁参照）。今回の改正の目的・趣旨は大人の問題と子の問題を切り離して，子の利益や子の福祉の観点から面会交流や養育費の問題について親の共同の養育責任としての明確な法的根拠を与え，合意形成を促進しようとすることだと言ってよい（棚村政行編著・面会交流と養育費の実務と展望〔2013〕5頁。若林昌子「面会交流事件裁判例の動向と課題」法論85巻2＝3号〔2012〕404頁以下，棚村政行「報告(1)面会交流の理論と実務『研究者の立場から』」戸時687号〔2012〕5頁以下参照）。

4 平成23年の766条の改正の意義とその評価

(1) 766条の改正に対する批判や改正後の運用への懸念

766条の改正をめぐっては，沿革的な理由からも，実際の紛争解決のためにも，離婚の際の監護という規定の位置づけではなく，親権の規定の中でより適切な立法が行われるべきだとの指摘があり（許末恵「民法第766条の位置」戸時705号〔2013〕29頁以下。同「児童虐待防止のための民法等の改正についての一考察」曹時65巻2号〔2013〕285-289頁参照。なお，許末恵「民法第766条の成立に関する一試論(上)(中)」青法55巻3号〔2013〕1頁以下，同55巻4号〔2014〕125頁以下では，旧民法の制定過程から成立過程までを詳細に検討しようとするものである。栗林佳代「親権の停止制度の導入と面会交流と養育費の分担の明文化」佐賀大学経済論集46巻1号〔2013〕6頁参照），当該指摘は中長期的に見れば理論的にも実際的にも妥当な方向性と言ってよい。また，面会交流の運用を含めて，今回の改正は，決して面会交流に権利性を認めたわけでもなく，この規定を根拠とする「面会交流原則的実施論」は，子や同居親に耐え難い苦痛や危険を与えるもので，これまでの家庭裁判所の実務に反するばかりでなく，理論的にも誤っているとする痛烈な批判も展開されている（梶村太市「親子の面会交流原則的実施論の課題と展望」判時2177号〔2013〕3頁以下，同「民法766条改正の今日的意義と面会交流原則的実施論の問題点」戸時692号〔2013〕18頁以下，同・裁判例からみた面会交流調

§766 I　　　　　　　　　　　　　　　　　第4編　第2章　婚　姻

停・審判の実務〔2013〕6頁以下参照）。児童虐待の防止や子の権利擁護の観点からの親権制度の見直しについても，面会交流や監護費用（養育費）の規定の明文化についても，結果的にもっと時間をかけて慎重な検討が可能であればよかったことは言うまでもない。

　しかしながら，児童虐待や面会交流・養育費の問題が日々重篤化・深刻化するなかで，限られた時間とそれに費やすことができるリソースに制約がある以上は，不十分ながらも，全く明文の規定を欠くよりは，一歩前進であるとの評価も可能である。指摘される問題点や課題についてはまずは今後の法整備や運用の改善に期待をかけるべきであろう。理想的には全面的な民法の見直しや大幅な改正が実現できるならば，もちろんそれにこしたことはない。しかし，家族を支える法制度は，平成8年の夫婦別姓選択制の導入や婚外子の相続分差別規定の撤廃等の夫婦・親子に関わる民法の改正案を例にとってみても，政治状況も含めて価値観の対立や利害対立が激しく，残念ながら立法作業が容易には進まないことも考慮せざるを得ない（棚村政行「民法766条の改正と意義」法時86巻8号〔2014〕53頁参照）。

　また，766条の改正はこれまで，基本的には，判例・実務・学説で認められてきたことを超えて，家庭裁判所実務や面会交流原則的実施論に根拠を与えたものではないとの批判も提示されている（梶村・前掲戸時692号24頁参照）。しかしながら，家庭裁判所実務は，これまでも個別事案ごとの事情を斟酌して具体的に妥当な結果や子の福祉の実現に最も配慮してきたと思われる。判例・実務も学説も，改正後の766条もその基本方針に変更はないことは言うまでもないが，子の福祉，子の利益に従って合意形成を積極的に促すとともに，父母に存する不安材料や懸念事項，円滑な交流の実現に対する障害の要因を丁寧かつ慎重に解消させながら調整の作業をするという立場を採ってきた。もちろん，改正後，一部で面会交流ありきとの拙速な調整や実施を強いる強引な調停審判も指摘されている。万一面会交流の規定の明文化を理由として，法的強制によって実現しようとしたり，合意によらず他律的に命じようとするのであれば，かえって父母の関係は悪化し，子どもは忠誠葛藤に悩み，板挟みになるばかりである。766条の改正は，これまで以上に面会交流や養育費の支払につき重要であることを再確認し，父母間での対立・葛藤がある場合でも，子どもの視点や子の利益の観点に立った事件処理の指針を示

328　〔棚村〕

第4節　離婚　第1款　協議上の離婚　　§766　I

すとともに，大人の勝ち負けや駆け引きの道具に使われないように，子ども
に視点を移そうという積極的な意義がある。この点につき，家庭裁判所実務
でも，学説でも異論があるとは思われない（細矢郁ほか「面会交流が争点となる
調停事件の実情及び審理の在り方——民法766条の改正を踏まえて」家月64巻7号
〔2012〕74頁以下，関根澄子「家庭裁判所における面会交流及び養育費をめぐる事件の実
際」棚村政行編著・面会交流と養育費の実務と展望〔2013〕36頁以下参照）。さらに，
面会交流は抽象的な権利すら存在しないとも批判するが（梶村・前掲戸時692
号24頁参照），夫婦の同居協力扶助の権利義務も，間接強制も許されず（大決
昭5・9・30民集9巻926頁），具体的な事情や内容は当事者の協議・調停・審判
などで形成されない限り，具体的な請求権に転化せず，妥当な調整や適正な
判断を求める手続的資格や抽象的相対的権利はあると考えられる。

(2)　766条改正後の自治体やNPOなどの活発な動き

　766条は15〜16年間も改正が進まず，もう少し時間をかけ，実務や理論
的な側面からも丁寧な議論がされるべきであったかもしれないが，少なくと
も子の利益や子の幸せのために民法の明文の規定が必要であったと言うこと
はできよう。面会交流や養育費では，何よりも協議離婚における合意形成の
支援や相談窓口の設置，取決めの実現や履行確保などフォローアップが重要
である。最近では，自治体でも，協議離婚での相談窓口や相談体制の充実，
参考書式やリーフレットの配布，法テラス，家庭問題情報センター（FPIC），
弁護士会，家庭裁判所，自治体の関係部署等の関係機関のネットワークとの
連携の強化など，実際の注目すべき取組みが開始されている（二宮周平「別
居・離婚後の親子の交流を支援する仕組みの追求——韓国・カナダ調査を参考に（3・完）」
戸時710号〔2014〕5頁，二宮周平＝渡辺惺之編著・離婚紛争の合意による解決と子の意
思の尊重〔2014〕355頁以下〔榊原富士子〕，二宮周平＝渡辺惺之編・子どもと離婚
〔2016〕81-84頁〔福市航介〕参照）。また，面会交流の支援団体なども，仙台，
広島，岡山，島根など全国各地で設立され，活発な活動を展開しはじめてい
る（二宮周平編・面会交流支援の方法と課題〔2017〕30-107頁に詳しい）。このように，
766条については，規定の位置や規定内容等にも全く問題がないわけではな
いが，子どもの幸せや最善の利益を最優先にした法の整備と社会的支援の充
実という視点からは一定の評価ができないものではない。むしろ法制度のみ
で問題の抜本的な解決がつくわけでなく，総合的支援を必要としている当事

〔棚村〕　　329

§766 Ⅱ   第4編　第2章　婚　姻

者に対して，身近なところで司法，行政，民間などの関係機関が役割分担を
図りながらどのように連携を図り，ネットワークを構築していくべきかが問
われているといえよう（棚村政行「当事者支援の実情と課題」家族〈社会と法〉29号
〔2013〕32頁参照。同「子ども養育支援ネットワークの形成に向けて」戸時726号
〔2015〕23頁以下，養育費相談支援センター編・養育費等をめぐる関係機関の役割と連携
について I〔2015〕1頁以下参照）。

Ⅱ　監護者の指定・変更および子の引渡し

1　婚姻中の共同親権と離婚後の単独親権の原則

　成年に達しない子は，父母の親権に服し（818条1項），婚姻中は，父母は
子の親権を共同して行う（818条3項本文）。明治民法は，家制度の下で，原則
として未成年の子の親権者として「家ニ在ル父」と定め，例外的に父が知れ
ないとき，死亡したり，去家したときに，母も親権者になれるとしていた
（民旧877条）。これに対して，戦後の民法改正では，親権における父母の平
等性を確保するため，婚姻中の父母の共同親権行使を原則化した。

　しかしながら，父母が協議上の離婚をするときは，その協議で父母の一方
を親権者と定めなければならないと規定した（819条1項）。離婚後の単独親
権の原則を採ったのは，離婚した父母は事実上生活を共にしないため，親権
の共同行使が困難であったり，不可能であることが多く，子の利益にもなら
ないからだと説明されてきた（我妻・解説107頁，中川編・註釈下36頁〔舟橋諄
一〕，新版注民(25)41頁〔山本正憲〕等参照）。

　もっとも，離婚後の単独親権の原則を批判し，子どもの幸福追求権を根拠
に，離婚後の共同親権の立法提案をする立場もあった（佐藤隆夫・離婚と子ど
もの人権〔1988〕84頁以下）。最近では，諸外国での動向に合わせて，離婚後の
共同養育責任，親権共同行使の原則を採用するべきであるとの立場も有力に
主張されている（許末恵「親権をめぐる法規制の課題と展望」家族〈社会と法〉24号
〔2008〕130-131頁，中田編138頁〔水野紀子〕，犬伏由子「親権・面会交流権の立法課
題」家族〈社会と法〉26号〔2010〕46-47頁，田中通裕「親権法の立法課題」法時83巻
12号〔2011〕27-29頁等）。これに対して，離婚後の共同親権について，子の福
祉の観点から慎重に検討すべきとの立場（窪田125頁），現在の離婚後の単独

330　　〔棚村〕

第4節　離婚　第1款　協議上の離婚　　　　　　　　　　　　§*766*　Ⅱ

親権制を維持しながら，共同化の選択肢をとれるような法改正の提案をする
立場がある（小川冨之「婚姻の解消と子どもの問題について」日本弁護士連合会両性の
平等に関する委員会編・離婚と子どもの幸せ〔2011〕218頁，小川富之「離婚後の親子の
交流と親権・監護・親責任」梶村太市＝長谷川京子編著・子ども中心の面会交流〔2015〕
107頁）も主張されている。

2　親権と監護権の分離・分属

　ところで，親権と監護権とはどのような関係にあるのか，また親権と監護
は分離することはできるのだろうか。離婚後，父母の間で親権と監護権を分
離分属させることができるかどうかについては争いがある。消極説は，親権
の本質は子の監護教育にあるから監護適任者を親権者に指定すべきで，親権
と監護権を明治民法のように分離させるべき必要性はないこと，父母の争い
を調整する手段として親権と監護権を分属することは子の利益にならないこ
と等を論拠とする（内田Ⅳ133頁等）。これに対して，積極説は，離婚に際し
ての父母の親権争いで，妥協的調整的措置として利用できること，離婚によ
る混乱の中で落ち着くまで便宜的暫定的に父母間で親権と監護権を分ける実
益があることを主張する（家事審判研究会編・判例家事審判法〔1975〕1310頁〔高
木積夫〕，荒木友雄「親権と監護の分離分属」ジュリ661号〔1978〕116頁，金田英一
「子の監護者の指定」岡垣学＝野田愛子編・講座・実務家事審判法2〔1988〕160-161頁，
窪田126頁は必要かつ適切な場合には認める）。

　しかしながら，近時は妥協的調整的手段として親権と監護権の分離を考え
るのではなく，離婚後も父母が子の養育に共同で関与し，離婚後の単独親権
の原則の弊害を是正する意味で，子の監護者制度を位置づけようとする積極
説も有力である。このような立場では，親権と監護権の分属により，父母双
方に子の養育についての共同責任を負担していることを自覚させ，子の福祉
の観点から，父母の監護養育責任と協力の必要性を強調することにより，離
婚後の共同監護の可能性を模索しようとすることになろう（石川稔・子ども法
の課題と展開〔2000〕256頁，棚村政行「離婚後の子の監護」石川稔ほか編・家族法改正
への課題〔1993〕237頁，若林昌子「親権者・監護者の判断基準と子の意見表明権」新家
族法実務大系Ⅱ386-387頁，二宮115頁。大村178頁は微妙な言い回しであるが子どもの
利益や選択の余地をあげ，否定はしない）。

　もっとも，父親が母親にたびたび暴力を振るい，母親も被害者意識を強め

〔棚村〕　　　331

§*766* II   第4編　第2章　婚姻

て，お互いの不信感は高まり，離婚するに至ったもので，子どもたちの不登校などの問題行動は，父親の母親に対する暴力を伴う家庭不和に大きく影響されたものと考えられ，未成年者の健全な人格形成のために父母の協力が十分可能な場合には，親権と監護権を父母で分属させることも適切な場合があると説示し，本件のように，父母の間で父親に親権・監護権を分属せることは適当であるとは認めがたい場合があるとして，長女（当時9歳）と長男（当時7歳）の親権者を父親に，また二女（4歳）の親権者を母親に指定した原審判を取り消して，3名の親権者として母親を指定し，父親を監護者に指定することは相当ではないと判断したケースもある（東京高決平5・9・6家月46巻12号45頁）。

　なお，離婚訴訟が係属中の夫婦において，それに先立って監護者の指定の審判を求めることができるのは，子の福祉の観点からして早急に監護者の指定をしなければならず，離婚訴訟の帰趨を待っていることができない場合に限られるとする裁判例もある（福岡高決平20・11・27判時2062号71頁）。また，父母の間で，長男が生まれてから双方で子育てに関わり，子との実質的な関わりを持ってきたところ，離婚後親権者となった母親が調停で定められた面会交流を子供自身が拒絶していると言って応じず，試行的面会交流の際も，母親のいないところでの父子の交流は順調であったにもかかわらず，母親が「ママ見てたよ」と子どもに言った途端，長男が調査官に暴力をふるうなどした場合に，母親のマイナスの評価と子の引き込みを認定し，親権者を父親，監護者を母とする親権と監護権の分属を認めた事例もある（福岡家審平26・12・4判時2260号92頁）。

　学説では，面会交流の確保と親権者変更との関係について，監護権は母親にあるため，面会交流への協力・介入・促進とはならない（梶村太市〔判批〕リマークス2014下65頁）とか，事態を改善させるどころか，面会交流の円滑な実施が困難で，かえって紛争を激化させないか疑問とする立場がある（田中通裕〔判批〕新・判例解説Watch 17号〔2015〕116頁）。これに対して，海外の共同養育を原則とする国々は，面会交流や共同養育への協力や相手方の親としての立場の尊重等を子の利益の一要素として考慮しており，日本においても，実力での子の連れ去り，面会交流の許容性，相手方の親としての立場の尊重など親権者・監護者としての適格性・相当性を判断する一要素とし，必要が

第4節　離婚　第1款　協議上の離婚　　　　　　　　　　　§766　II

あれば親権者を変更して，監護者としては一方を指定し，それでも交流や教育を妨害するような場合，最後の手段として，親権を停止したり，変更したりすることは認められてよいとする立場もある（山口亮子〔判批〕民事判例12号〔2015〕110頁，富永忠祐編・改訂版子の監護の法律実務〔2014〕245頁）。もっとも，このような強力な手段と共に，カウンセリングや親教育プログラムの受講などソフトな働きかけも必要であることは言うまでもない。

3　監護者指定と子の引渡しの関係

すでに述べたように，離婚の際に，父母は協議で未成年子の親権者を定めることになるが（819条1項），これとは別に，子の監護者，面会交流，監護費用（養育費）その他の監護に必要な事項を定めることができる（766条1項）。しかしながら，監護者指定が争われるのは，協議離婚の際だけではなく，婚姻中の夫婦が別居していて，子どもの監護が争われ子の引渡しを求めている場合（大阪家審昭49・2・20家月27巻1号100頁，東京高決昭49・6・19判時747号59頁，東京高決昭57・6・1家月35巻9号72頁，札幌家審平8・8・5家月49巻3号80頁等），事実上の単独監護を追認してもらう場合（神戸家尼崎支審昭49・3・19家月27巻1号116頁，奈良家審平元・4・21家月41巻11号96頁等），監護養育の妨害排除や意に反する居所指定権の行使を禁止したりすることを求める場合（東京家審昭49・3・1家月26巻9号80頁），子の連れ去りの現状回復や事実上の単独監護状態を解消して共同監護状態に戻したい場合（千葉家松戸支判平28・3・29判時2309号121頁の事案での父親から母親に対する監護者指定・子の引渡請求の事案），親権者の変更が求められてこれに伴い監護者が指定される場合（福岡家審平26・12・4判時2260号92頁），監護者の指定と子の引渡しが同時に求められる場合（福岡家審平26・3・14判タ1412号387頁）など，かなり多様な類型で利用がなされている。

766条は沿革的にも，明治民法での父親の絶対的な親権制度の下で，母が子を引き取って養育する場合の法的根拠を与えるという程度の意義しかなかったものを，戦後の民法改正においても，明確な位置づけを与えられないまま，旧来の制度がそのまま踏襲されてしまった（田中通裕・親権法の歴史と課題〔1993〕252頁参照）。婚姻中の父母の子の監護に関する条文が民法にないことからも，民法766条，家事事件手続法別表第二3項を類推適用して対処するか，それとも民法752条，家事事件手続法別表第二1項を類推適用して夫婦

〔棚村〕　　333

§766 II   第4編　第2章　婚姻

の協力扶助に関する審判事件として処理するかでも争いがある。もっとも，実際の監護者指定は，子の引渡しを同時に求めたり，単独監護を実現するため，事実上の共同監護を実現するため，離婚までの暫定的な監護状態を基礎づけるため，あるいは親権者の指定や変更に付随する調整手段として用いられるなど，きわめて多彩な利用が展開している（沼田幸雄「監護者指定とは何か」右近健男ほか編・家事事件の現況と課題〔2006〕88-106頁参照）。

4　第三者への監護者の指定の可否

(1)　家裁実務の動向

　これまでの家庭裁判所実務では，766条の文言である「父母が協議上の離婚をするときは」についても，別居中の共同親権者間での父母の監護紛争の解決のためにも，本条文および家事事件手続法別表第二3項（旧家審9条1項乙類4号）が類推適用されて家庭裁判所の調停・審判が認められてきた（例えば，最近のものでも，さいたま家川越支審平24・4・26判時2152号46頁は，別居中の父母につき監護者の指定および子の引渡しが命じられた事例）。日本では，離婚の際の子の監護に関する規定はあるが，共同親権行使中の婚姻中の夫婦の子の監護に関する紛争を適切に解決するための規定を欠くため，夫婦間の同居協力扶助義務の規定（752条）か，協議離婚の際の子の監護に関する処分事件の規定を類推適用するしかなく，家庭裁判所実務は，これを認め，最高裁も肯定する判断を下してきた（最決平12・5・1民集54巻5号1607頁は，別居中の父母の面会交流について類推適用して問題解決を図ることを認めている）。つまり，婚姻中の父母間の紛争について，適切な規定を欠いているから，申立てを認めないという扱いをしてこなかった。

　また，祖父母等の第三者からの766条の類推適用ないし準用による申立てについても，親の親権行使に著しく欠けるところがあり，親権者に親権行使をさせることが子の福祉を不当に阻害するような特段の事情がある場合（東京高判昭52・12・9家月30巻8号42頁），離婚に際して，親権者であった父親が死亡した後に，母親から親権者の変更が求められたケースで，実際に子を監護養育してきた父方祖父からの子の監護に関する処分の申立てに対してこれを認めた事例がある（大阪家審昭57・4・12家月35巻8号118頁）。このように，家庭裁判所実務としては，規定の欠缺や条文の不存在を理由に，家庭裁判所の審判・調停から外すことなく，子の福祉に沿った弾力的かつ妥当な解釈運

334　〔棚村〕

第4節　離婚　第1款　協議上の離婚 §*766*　II

用を図ってきた。

(2)　近時の裁判例の動向

　ところで，近時，3年7か月にわたり児童を事実上養育してきた里親らからの監護者指定の申立てを棄却した審判が公表されている。原審では，766条の趣旨を離婚による単独親権への移行による未成年者の監護状態の変動に対応するための規定ととらえ，実母からの引取請求により子の監護状態が変動する本件では，766条の趣旨を類推適用して解決を図る必要があるとして，事実上の監護者である申立人らの申立権を肯定した。そして，それぞれの当事者の状況を検討した上で，原則として親権者から未成年者を監護する第三者に対して未成年の引渡請求が行われた場合にはこれを認めるべきであるが，例外的に，未成年者の引渡しを認めることが未成年者の福祉に明らかに反するといった特段の事情がある場合には，未成年者の引渡しを拒絶し，未成年者を事実上監護する第三者を監護者として指定できると説示し，実母からの引渡請求を却下し，里親らを監護者として指定している（山形家審平12・3・10家月54巻5号139頁）。

　これに対して，抗告審である仙台高裁は，766条1項および家事審判法9条1項乙類4号（家事別表第二3項）の規定の構造からして，「家庭裁判所に対して子の監護者の指定の審判の申立てをすることができる者が協議の当事者である父又は母であることはいうまでもない」とし，このような協議のできない場合に「家庭裁判所は，いわば父母に代わって子の監護者を定める」ことが同条の趣旨であるとした上で，第三者である里親らに親権者以外の監護者の指定の申立権はないとして，里親らの申立てを却下した（仙台高決平12・6・22家月54巻5号125頁）。ただし，実母からの引渡請求自体は，行政処分としての児童相談所の一時保護処分を家庭裁判所で争うことはできないとの理由から棄却されている。

　また，両親が不仲で暴力を伴う争いを繰り返しているため祖母のもとに預けられた満11歳と10歳の姉妹について，父親の暴力行為や性的虐待の可能性があることを理由に祖母が監護者の指定を申し立てた事件で，福岡家庭裁判所久留米支部は，親権者が親権をその本来の趣旨に従って行使するのに著しく欠けるところがあり，親権者である父母にそのまま親権の行使をさせると子の福祉を不当に阻害する特段の事情があるとはまでは認められないと申

〔棚村〕　335

§*766* **II**　　　　　　　　　　　　　　　　　　　　　　　　第4編　第2章　婚　姻

立てを却下した。これに対して，祖母から主張されている保護の緊急性，保全の必要性があるとして即時抗告がなされた。福岡高裁は，父親の暴力や性的虐待の可能性が高く，親権行使が子の福祉を害する蓋然性があり，姉は一時保護された児童相談所から逃走して祖母のもとにかくまわれている状況にあり，早急な生活の安定を図るためにも祖母の監護に法的根拠を付与することが必要であるとして，姉については申立てを認めた（福岡高決平14・9・13家月55巻2号163頁）。

　さらに，未成年の子の母方祖母が子の虐待など実父母が監護に著しく欠けるところがあるとして，1年半にわたり同居し面倒をみてきた未成年者の監護者の指定を求めたケースで，金沢家裁七尾支部は，父母が子の監護権に関する合意を適切に成立させることができず子の福祉に著しく反する結果をもたらしている場合には，家庭裁判所の権限につき766条を，請求権者（申立人）の範囲につき834条をそれぞれ類推適用し，子の親族は子の監護に関する処分事件の申立権を有し，同申立てに基づいて，家庭裁判所は，家事事件手続法別表第二3項（旧家審9条1項乙類4号）により子の監護者を定めることができるものとして，また父母にそのまま親権を行使させると子の福祉を不当に阻害する特段の事情がある場合は，父母の意思に反しても父母でない者を監護者に指定できると説示したうえで，祖母を監護者に指定した（金沢家七尾支審平17・3・11家月57巻9号47頁）。

　また，2歳の頃に父母が離婚して，親権者となった母親が実家に近い所に転居し，母方祖父母のもとで預かっていたところ，金銭トラブルや付き合っている男性のことで母親と祖父母が感情的にも対立するようになり，母親から人身保護法による子の引渡し，祖父母から766条に基づく監護者の指定が求められたケースで，東京高裁は，未成年の子に父母があり，その一方が親権者として定められている場合に，未成年の子の父母以外の親族が自らを監護者として指定することを求めることは，家事審判法9条1項乙類4号（現家事別表第二3項）の定める審判事項には当たらないとし，祖父母からの監護者指定を認め親権者である母からの引渡し請求を却下した原審判（さいたま家裁）を取り消した（東京高決平20・1・30家月60巻8号59頁）。

　母親の死亡後長らく母方祖父母のもとで監護養育されてきた5歳の長男の引渡しを求めてきた父親を相手方として，母方祖父母から長男（孫）につい

336　〔棚村〕

第4節　離婚　第1款　協議上の離婚　　　　　　　　§*766* Ⅱ

ての766条の類推適用による監護者の指定の申立てを，同様の理由で却下した最近の審判例もある（横浜家川崎支審平27・12・4判例集未登載）。

　これらの下級審裁判例や家庭裁判所実務を見る限りでも，山形事件の仙台高裁，さいたま事件の東京高裁平成20年決定，横浜家川崎支部審判のみが祖父母等の申立資格を否定しているにすぎず，すべて一審の家庭裁判所レベルでは，妥当な紛争解決のニーズから，申立資格は認容している。

(3)　学説の展開

　学説では，親権者・監護者でない祖父母や里親，事実上の養親，継親など第三者からの監護者の指定や面会交流，子の引渡しなどは「その他監護について必要な事項」として子の監護に関する処分事件の申立権を有するかどうかでは積極説・消極説の対立があった。消極説が従来の多数説であって，766条の申立権者は，協議の当事者である父母であり，親権者・監護者から監護を委託され，または養子縁組を前提として子を預かり事実上の監護をしている第三者には申立権は存在しないと解している（注民(21)157頁〔神谷笑子〕，斎藤＝菊池編・注解338頁〔沼邊愛一〕，北野俊光「面接交渉権」村重慶一編・裁判実務大系25人事争訟法〔1995〕196頁等）。事実上の監護者にまで申立権を認めることは，本条の文言や立法趣旨を大きく離れすでに解釈論の限界を超えるものであり，親権者や監護者の権限に対する第三者からの不当な干渉ともなりかねないとする。

　これに対して，子の監護を第三者に委託したり指定することも許されるとする積極説も有力である（我妻142頁，沼辺愛一「親権者・監護者の指定・変更と子を事実上監護する第三者に対するこの引渡命令」東京家庭裁判所身分法研究会編・家事事件の研究(2)〔1973〕98頁等）。祖父母や里親など事実上の監護者も本条での申立権を有すると解する積極説も近時有力化してきた（梶村太市「子の引渡請求の裁判管轄と執行方法」司法研修所創立50周年記念特集号第2巻〔1998〕312頁以下，棚村政行「祖父母の監護権」判タ1100号〔2002〕149頁。岡部喜代子「監護者指定に関する最近の裁判例」慶応法学9号〔2008〕110頁も同旨）。これらの説は，事実上の監護者についても，本条は当事者の協議に代わる処分として，家庭裁判所に育ての親としての最適任者を選任したり，監護費用分担額を定めたり，面会交流義務を形成したり，子の引渡義務を形成したりする積極的な権限を付与した趣旨の規定であると解する。したがって，ここでは，子の監護者としての

〔棚村〕　　337

§766 II 　　　　　　　　　　　　　第4編　第2章　婚姻

適否ひいては子の利益の考慮が中心的な判断事項となり，権利の存否ではなく，家庭裁判所が「子の監護に関する処分」として審判すべき事項とするのがふさわしいと説く（梶村・前掲論文312頁以下，棚村・前掲論文149頁。なお，祖父母と孫の面会交流につき，親族的関係の再構築という観点から評価する立場もある〔大村276頁参照〕）。

　また，近時は，子の福祉の観点から第三者の監護者指定が必要な場合に834条と766条を類推適用して行うべしとする834条・766条重畳類推適用説が説かれ（田中通裕〔判批〕判タ1099号〔2002〕86-87頁），これを支持する立場もある（二宮周平〔判批〕判タ1284号〔2009〕153頁に詳しい）。この説は，親権者の意に反しても監護権を奪われるのは親権喪失制度と基盤を一にしており，児童虐待・放置など監護状態が劣悪な親権濫用型を念頭に置いて，監護者の申立資格に制限を置く必要はないと主張している（田中・前掲〔判批〕86-87頁）。

　いずれにしても，親権停止制度，喪失審判制度と並んで，祖父母等の第三者や親族が子の養育監護に関わるケースは増加しており，解釈論としても，子と実質的な関係を形成してきた第三者に申立資格を認め，子の福祉や利益になることを積極的に主張立証させて必要な範囲での監護権を取得させるべきであろう（棚村政行「未成年者らの監護者の指定を本案とする審判前の保全処分として，未成年者らの実の祖母を監護者と仮に定めることの可否」判タ1154号〔2004〕102頁）。

　とくに，前記東京高裁平成20年1月30日決定の採用する消極説については，その理由づけのレベルでも，未成年子の父母以外の親族が自らを監護者として指定することを求めることは，家事事件手続法別表第二3項の審判事項に当たらないというきわめて形式的文理的な解釈論を展開して祖父母の孫に対する監護者申立資格を否定したもので，多くの批判がある。例えば，父母に虐待や放置など何らかの監護者不適格事由があるような場合には，父母から子を引き離す法的手段が用意されなければならないこと（梶村太市「子の監護審判事件における第三者の当事者適格」判タ1281号〔2009〕146頁），子どもの安全な養育のためには，祖父母その他の第三者による監護が不可欠な事態もあり，子どもの福祉や利益保護の観点から，766条の監護者として第三者を指定することは可能であること（梶村・前掲論文146頁）。前記東京高裁決定も，

338　〔棚村〕

第4節　離婚　第1款　協議上の離婚　　　　　　　　　§766　II

全く同様の形式的な理由付けで監護者の指定を却下したことは先例にも反す
るし，子の福祉を実現すべき家庭裁判所実務の任務を放棄するに等しいと批
判する（梶村・前掲論文 146 頁。二宮・前掲〔判批〕157 頁参照）。

(4)　外国法での動向

　アメリカでは，子と一緒に暮らしていない親との面会交流はもちろんのこ
と，祖父母，継父母，兄弟姉妹など，子の最善の利益となる場合には，面会
交流を認める制定法を置く州が多い（See Jeff Atkinson, *Shifts in the Law Regarding
the Rights of Third Parties to Seek Visitation and Custody of Children*, 47 FAM. L. Q・2-8
〔2013〕）。そして，子の監護権についても，父母には一定の優先的な地位を認
めつつも，子の虐待・ネグレクト，親の不適格，監護親の死亡に伴い事実上
の親子関係を形成するなど特段の事情がある場合には，祖父母，継親等の事
実上の親代わりの役割を果たしてきた第三者にも，子の最善の利益になる限
りで，監護権を付与する州法や裁判例が増えている（*Id. at* 8-12.）。

　イギリスでも，1989 年の児童法（Children Act）で，親の親権（Parental
Rights）から親責任（Parental Responsibility）へと用語そのものが大きく変更さ
れ，2002 年養子及び児童法により，子どもの福祉が至高の考慮事項である
ことを再確認するとともに，継親，非婚の父など第三者への親責任の取得を
認めることがありうることになった（田巻帝子「イギリス」床谷文雄＝本山敦編・
親権法の比較研究〔2014〕13 頁）。これは，血縁上の親だけでなく，心理的社会
的親を重視する理念のあらわれである。当然に，父母に代わる祖父母なども
心理的親や社会的な親として，親責任を取得することがある。

　ドイツでも，1998 年の親子関係法改正法により，父母の離婚後の共同配
慮を原則化するとともに，2013 年改正法により，婚外子の父の配慮権の強
化を図り，子と父母双方の交流や共同の配慮が重視されるとともに，父母以
外で子と親密なつながりを持つ者との関係を維持することが子の利益のため
に重要と規定された（ド民 1626 条，床谷文雄「ドイツ」床谷＝本山編・前掲書 122-
124 頁参照）。父母以外で，子に対して事実上の養育責任を果たし社会的家族
関係を形成してきた祖父母，継親，兄弟姉妹，里親なども面会交流権を有す
るものとされた（ド民 1685 条）。

　フランスでも，2002 年の親権法改正により，分担委譲制度が導入され，
親権行使に第三者を関与させることを判決で認めるものであり，任意の場合

〔棚村〕　339

§766 II 第4編 第2章 婚姻

は親の同意が必要であり（フ民 377-1 条 2 項），児童虐待やネグレクトなどの場合には，子の福祉のために親の意に反しても強制委譲の措置がとられることもある（フ民 377 条 2 項，栗林佳代「フランス」床谷＝本山編・前掲書 195-196 頁）。

繰り返すことになるが，実務では，すでに，民法 766 条，家事事件手続法別表第二 3 項（旧家審 9 条 1 項乙類 4 号）の子の監護に関する処分事件につき，文理上は，協議離婚の際の規定であるにもかかわらず，別居中の父母間の面会交流に関する紛争，監護者指定，子の引渡し等でも，類推適用ないし準用して問題解決を図ることを肯定してきた（最決平 12・5・1 民集 54 巻 5 号 1607 頁は，別居中の父母の面会交流について類推適用して問題解決を図ることを認めている）。また，祖父母，叔父叔母等の第三者が子の監護者の指定を申し立てて，民法 766 条，家事事件手続法別表第二 3 項（旧家審 9 条 1 項乙類 4 号）が類推適用されて，監護者に指定されたケースもあった。例えば，親権者である実父が死亡後，母親が親権者変更を申し立て，他方，子を現実に監護養育してきた父方祖父母が子の監護者の指定を求めたケースで，母からの親権者変更も，父方祖父母からの監護者指定も，手続的には認めた上で，子の福祉の観点から家庭裁判所が後見的な立場で判断した（大阪家審昭 57・4・12 家月 35 巻 8 号 118 頁）。このほか，親権争いに付随して，現に子を監護している母方の兄（東京家審昭 42・6・15 家月 20 巻 1 号 92 頁），母方の姉（大阪家審昭 49・2・13 家月 26 巻 10 号 68 頁），親権者実父の死亡後，母親が親権者の変更を申し立て，現に子を監護養育し，後見人選任申立てをした父方祖父母が抗告したのに対して，母親を親権者として変更を認めるとしても，現に子を監護養育している父方祖父母を監護者に指定することが相当であると説示して，原審判を取り消して差し戻した裁判例もある（名古屋高金沢支決昭 58・7・1 判時 1096 号 77 頁）など，下級審裁判例での豊富な積み重ねがあり，この家裁実務を肯定する立場も圧倒的多数を占めている（下方元子「子の監護者の指定に関する諸問題について」家族〈社会と法〉22 号〔2006〕56 頁以下，梶村太市・裁判例からみた子の奪い合い紛争の調停裁判の実務〔2015〕324 頁参照）。

5 親権者・監護者指定・変更の判断基準

父母間に親権者の指定についての協議が調わず，調停が成立しないときは，家庭裁判所は子の利益・子の福祉の観点から父母および子に存する一切の事情を考慮して協議に代わる審判をし（819 条 5 項，家事別表第二 8 項参照），裁判

340 〔棚村〕

第4節　離婚　第1款　協議上の離婚　　　　　　　　　　§*766*　II

離婚に際しては，同様の観点から裁判所が父母の一方を親権者と指定することになる（819条2項，人訴32条3項）。このような親権者の決定とは別に，子の監護者を定めることもでき，父母間で協議が調わないときは，家庭裁判所が後見的に子の監護に関する処分として監護者の決定も行うことができる（766条2項，家事別表第二3項）。誰が親権者・監護者となるべきかについては，子の利益が基準となるが，具体的には，父母の事情として，監護能力（親族の援助や監護補助者も含む），監護の実績（継続性），主たる監護者，子に対する愛情，経済力（職業・収入・就労状況等），心身の健康状態，子と接する時間，保育環境，住居環境，教育環境，性格や生活態度，親としての適格性，暴力・虐待・ネグレクトの有無，監護開始方法の違法性，面会交流の許容性や相手方の親としての立場の尊重，子との情緒的結び付きなど子どもの監護養育に影響を及ぼす事情，また子の側の事情としては，子の年齢，性別，心身の状況，養育環境への適応状況，監護養育環境の安定性や継続性，子の意向・心情などが総合的に判断されることになる（二宮＝榊原191頁参照）。

　例えば，離婚訴訟係属中に，母親（妻）から父親（夫）に対して，2人の子どもに対する監護者の指定と子の引渡しが請求されたケースで，当時3歳の長男，2歳の長女の監護者につき，両者に監護者としての適性を欠く点がなく，有意な差があるわけでないため，現在の監護状況を変化させることがいたずらに監護の安定性を欠くことになるとして，母親優先の主張を斥け，継続性や監護養育環境の安定と現状の尊重の考え方に立って，父親を監護者として指定し，母親からの子らの引渡請求を却下した事例がある（①広島高決平19・1・22家月59巻8号39頁）。また，9歳の長男について，父から母親に対して監護者の指定と子の引渡しが求められたケースで，父母双方が監護者としての適格性を有しているが，子の生活基盤および心情の安定を図るという観点から監護者として母親を指定し父親からの子の引渡請求を却下した事例もある（②東京家審平22・5・25家月62巻12号87頁）。さらに，8歳の長男と6歳の二男につき，母親から父親に対して監護者指定と子の引渡しが求められたケースで，現在の父親の下での監護状態に問題がないとして母親からの請求を認めなかった抗告審を支持した事例もある（③最決平24・6・28判時2206号19頁）。

　別居中の夫婦の間で父親が面会交流の予定の9歳と5歳の未成年者らを連

〔棚村〕　341

§766 II　　　　　　　　　　　　　　　　　　第4編　第2章　婚姻

れ去る計画で，両親や親族の協力のもとに実力行使により無理やり子らを車に乗せて連れ去って監護しているケースで母からの監護者の指定および子の引渡しが求められたのに対し，双方に親権者としての適格性はあるものの，監護の継続性の視点から，子らが主たる養育者である母のもとで継続的に養育され安定していた事情があり，現在の状態は父の違法な未成年者の連れ去りにより作出されたものとして，監護開始の違法性を重視し，母親を監護者に指定した原審判を相当と認めた事例もある（④東京高決平24・6・6判時2152号44頁）。

　婚姻中の父母が不仲で，母は近くの自分の実家で寝泊まりし，父も勤務の関係で母とはほとんど時間を共にすることなく，お互いに8歳の長男と7歳の長女，15歳と16歳の継子（前妻との間の子）の監護養育を継続しているところ，母から父に対して子の監護者の指定の申立てがなされたケースで，母と父はほぼ同じ程度に子らの監護養育をしているということができ，「共同監護のような状態」であるといえること，父の監護養育に大きな問題があるとは認められずに，現在の強度監護の状態はそれなりに安定しており，いずれかを監護者に指定することは，未成年者らが触れ合える現状を壊しかねず，きょうだいは離れたくないという未成年者らの意向にも反して相当でないと申立てを却下した事例がある（⑤大阪家審平26・8・15判タ1418号394頁）。

　とくに，現に子らを監護する父に対して母親から3人の子の引渡しが求められたケースで，子らと母への精神的な結びつきや母への思慕の念の強さ，母の下で生活したい旨の意向のほか，父は自身の母に対する暴力を目撃した子らの心情に対する配慮に欠けており，父は審判期日で合意した月1回の面会交流の実施に対しても非協力的な態度に終始していること，面会交流に柔軟に対応する意向を示している母に監護させ，父母双方との交流ができる監護環境を整え，もって子らの情緒の安定，心身の健全な発達をはかることが望ましいと説示して，3人の子を母に引き渡すよう命じた事例がある（⑥東京高決平15・1・20家月56巻4号127頁）。また，別居中の夫婦間で，母が6歳，5歳，3歳子らを平穏かつ公然と監護下におき監護を継続してきたにもかかわらず，父が無断で保育園から子らを連れ去り違法に自らの監護下に置いたとして母から父に対して子らの引渡しを求めたケースで，子の福祉の観点から，父に引き続き子を監護させることで得られる利益と母に子らを監護させ

342　〔棚村〕

第4節　離婚　第1款　協議上の離婚　　　　　　　　　　　　§*766*　II

る場合に得られる利益とを比較し，前者が後者をある程度有意に上回ること
が積極的に認められない限り，法律や社会規範を無視する行為であり，監護
者としての適格性を疑わせる事情とも言い得るとして，母への子らの引渡し
請求を認容した事例もある（⑦仙台高秋田支決平17・6・2家月58巻4号71頁）。
さらには，別居中の父が7歳の子を監護する母に対して子の監護者の指定と
子の引渡しの保全処分を申し立てたケースで，未成年者がまだ7歳であり，
安定的に母子関係を形成することが重要である点からは，母子を分離するこ
とに問題はあるものの，母の従前の監護状況や現在の就業形態からすると，
子を十全に監護できる状態にあるとはいえないこと，母は父との面会交流に
反対の意思を有しており，かかる態度が子と父との交流を妨げる結果となっ
ており，未成年者の社会性を拡大し，男性性を取得するなど健全な発育に対
する不安定要素となっていることなどから，子の監護者を父と定めて，子の
引渡しを命じることが子の福祉にも適うと判断した事例もある（⑧東京家八王
子支審平21・1・22家月61巻11号87頁）。

　9歳の長女の親権者の指定をめぐって父母間で，激しい対立があり，監護
者の指定や子の引渡しをめぐって争いが繰り返されていた事案で，一審は，
無断で長女を連れ去り，5年10か月の間に6回しか面会交流が行われず，
月1回の面会交流を提案する母親より，年100回程度の頻回な面会交流と共
同養育計画の提案をする父親のほうが親権者にふさわしいとの判断を示した
ケースもある（⑨千葉家松戸支判平28・3・29判時2309号121頁）。これに対して，
二審の東京高裁は，親権者の指定にあたっては，面会交流についての親の意
向のみを重視すべきでなく，子の利益の観点から，これまでの監護の実績や
監護養育の現状，子どもの意向などを総合的に考慮して決定すべきだとして，
父親ではなく，母親を親権者に指定する判断を示し一審判決を覆した（⑩東
京高判平29・1・26判時2325号78頁）。なお，2017年7月に，最高裁は父親か
らの上告を不受理としたため，二審判決が確定した。

　①③は継続性や現状の尊重原則を重視し，②④は監護実績と主たる養育者
を優先させ，④は付随的に奪取行為の違法性を考慮している。⑤も現状の尊
重や継続性であるが，子の意向やきょうだい不分離の原則も配慮されている。
⑥は母子の情緒的結びつき，子の意向のほか，子らの心情への配慮の欠如，
面会交流への非協力的態度が子の引渡し請求で父側にマイナス評価の事情と

〔棚村〕　343

§766 Ⅱ   第4編　第2章　婚　姻

されている。⑦は違法な連れ去り，監護者としての適格性を疑わせるとマイナス評価されており，⑧も，母の監護能力に問題があり，父の面会交流に反対していることが考慮されて，父を監護者として母に引き渡すよう命じた事例であった。⑩は継続性・現状尊重原則，子の意向尊重を配慮したものである。

　このように，これまでの裁判例では，常に様々な考慮事項が総合的に判断され，優劣がないとき，主要な考慮事項が絞られて判断がなされていた。面会交流への非協力的な態度や拒否が親権者・監護者指定や子の引渡しで，考慮されたのは⑥⑧事例のみであった。これに対して，⑨判決は，はじめて親権者の決定において，監護の実績や継続性において勝る母親より，年100回程度という頻回な面会交流と共同養育計画の提案を父親を親権者にすることが子の利益となるとの判断をしたもので，これまでの家裁実務のあり方と比べ，かなり異例の考え方を採用したものと言えよう。なお，親権者・監護者の変更は，これまでの監護実績や現状が尊重され，重大な事情の変更があり，変更することが子の利益になる場合にしか認められない（766条3項・819条6項）。親権者の変更は，必ず家庭裁判所の調停・審判によらなければならないが，監護者の変更は，父母の協議でできるとする立場（新基本法コメ82頁〔許末恵〕）と，子の福祉の観点から調停・審判によるべきとする立場（二宮＝榊原208頁）がある。

6　子の引渡し

(1)　民事訴訟手続

　離婚前後に父母間で子の奪い合いになった場合に，その解決のため利用できる手続としては以下のように，民事訴訟手続，家事審判手続，人身保護手続がある。

　第1の方法が民事訴訟手続による子の引渡請求である。親権者は，親権（監護教育権，820条）に基づいて，その行使を妨害しないことを求め，親権に服する子を手元に不法にとどめる者に対し，子どもの引渡しを請求することができる。民事訴訟手続での子の引渡請求が認められるためには，①親権者の監護教育権（820条）が第三者によって違法に妨害されていること，②子の自由意思による居住でないこと，③引渡請求が親権の適正な行使であって濫用でないこと等が必要である。判例では子が15歳以上の場合はほぼ意思

344　〔棚村〕

第4節　離婚　第1款　協議上の離婚　　　　　　　　　　　　　§766　II

能力を認め，その自由な意思による居住を尊重しているが10歳未満では子の意思を重視しないこともありうる。後述するように，「意思能力」「自由意思」は，年齢や成熟度などで一律画一的に判断されるべきではない。結局は，親権者のもとで暮らすことが子の幸福，子の利益になるかどうかが個別具体的に慎重に判断されることになる（東京高判昭55・9・30判タ427号156頁）。しかしながら，民事訴訟手続による子の引渡請求は，非親権者から親権者に対する引渡請求や共同親権者間での子の引渡請求を認めることが困難であり，家庭裁判所のような調査官・医務室技官等の専門機構の活用もできないため，現在はあまり利用されていない。

　民事訴訟での親権に基づく子の引渡請求事件についても，民事保全法23条2項の「仮の地位を定める仮処分」として子の引渡し，親権行使妨害禁止を命じる断行仮処分を求めることができる（大阪高決昭52・3・11判時869号57頁等）。また，日本人の母とイタリア人の父との間に生まれた6歳の長男につき，母がガンの治療のために日本に帰国し，母の死亡後監護養育を継続している母方祖父に対し子の引渡しを求めたケースで，父親には監護能力が認められ，子が嫌がっている事情があるとしても，親権濫用には当たらず，親権者から非親権者に対する子の引渡請求が認められた事例もある（静岡地浜松支判平27・12・2判時2292号79頁）。

　子の引渡しを命じる判決について強制執行が認められるか，また認められるとしてもその執行方法は直接強制か間接強制か。後述のように，人格者たる子に対する強制執行は疑問であるとし，引渡命令よりも，親権・監護権者の親権の行使を妨害してはならないという判決によって，親権・監護権者の実力的連れ去りを認めるという一種の自力救済説，権利実現の実効性，実力での子の奪い合いの防止という理由から直接強制（民執169条）を認める直接強制説も有力であるが，これまでの多数説，裁判例は，子の引渡しについての強制執行を認め，間接強制（民執172条）の方法によるものとしてきた。動産（物）と幼児を同視することは，幼児の人格尊重の理念に反し，間接強制にとどめるべきとする。しかしながら，後述のように，繰り返される実力行使を予防するために直接強制を認めるべしとする直接強制説も有力になりつつある。もっとも，かりに直接強制を行うにしても，行為の対象は子という人格であり，その保護への過程である執行手続において，子の人間性を尊重

〔棚村〕　345

§766 II

第4編 第2章 婚姻

しなければならないため，子の年齢，発達段階，心身の状況に応じて子の健全な成長発達に資するように具体的な執行手続において慎重かつ適切な配慮が必要とされることは言うまでもない（石田文三監修・子どもの引渡しの法律と実務〔3訂版，2014〕97-98頁参照）。

(2) 家事審判手続（家事事件手続）

第2に，家事審判手続（人事訴訟手続も含む）での子の引渡請求の方法もある。

離婚の場合における子の監護者の指定・変更その他子の監護に関する処分（766条1項・2項・771条）は，家事事件手続法の別表第二3項の審判事件とされており，家庭裁判所が専属管轄権を有している。そして子の監護に関する処分に付随して，家庭裁判所は子の引渡しを命ずることができる（家事154条3項）。子の監護に関する処分についての審判を本案とする審判前の保全処分も可能である（家事157条1項3号）。保全処分の申立てには，本案認容の蓋然性と保全の必要性の疎明が求められる（家事106条2項）。また，同じく離婚の場合の親権者の指定・変更（819条5項・6項）に関する審判事件（家事別表第二8項）においても，家庭裁判所は子の引渡しを命ずる権限を持つ（家事171条）。さらに，親権喪失の審判を申し立て（834条，家事別表第一67項），親権者としての職務執行停止・代行者の選任を保全処分として申し立てる方法（家事174条・175条3項）等もとることができる。なお，離婚の訴えにおいて，裁判所は申立てにより子の監護者，親権者その他子の監護につき，必要な事項を定めることができ，その際子の引渡しを命ずることもできる（人訴32条1項・2項，東京地判昭55・8・5判タ425号135頁参照）。

共同親権者の一方の監護下にある未成年子を他方が違法に連れ去ったケースで，子の引渡しを求める審判前の保全処分においては，「未成年者の健康が著しく損なわれたり，必要な養育監護が施されなかったりするなど，未成年者の福祉に反し，親権行使の態様として容認することができない状態が見込まれる特段の事情がない限り」申立てを認めるべきとした裁判例がある（東京高決平20・12・18家月61巻7号59頁）。また，母が4歳の子を連れて実家に戻って別居したところ，父が連れ戻して監護を開始するに至ったため，母が監護者の指定と子の引渡しの本審判を申し立てるとともに保全処分も求めたケースで，原審が主たる養育者が母であり，父が面会交流後に子を返すこ

346 〔棚村〕

第4節　離婚　第1款　協議上の離婚　　　　　　　　　　　§*766*　II

とを拒み，子の連れ去りに等しいこと，子が幼く母の養育を必要としている
ことから，母への監護者指定と引渡しを命じた原審判を取り消して，保全の
必要性がないと申立てを却下したケースもある（東京高決平24・10・18判タ
1383号327頁）。仮の監護者の指定および子の引渡しを認めるためには，①監
護開始の事情（強制的な奪取等の違法性・悪質性の有無），②未成年者の生活環境
の悪化等の事情，③緊急性の存否があり，強制執行がなされてもやむを得な
い必要性が認められなければならないとされる（朝倉亮子＝小堀瑠生子「子の仮
の引渡しを求める審判前の保全事件における保全の必要性について」ケース研究328号
〔2017〕194頁参照）。

　ところで，家庭裁判所での審判・調停で子の引渡しが命じられた場合，ま
ずはじめに家事事件手続法の定める特別の履行確保制度（家事289条・290条）
を利用することが可能である。これは，家庭裁判所が，権利者の申出がある
ときに調停・審判で定められた義務の履行状況を調査し義務者に対してその
義務の履行を勧告するものである。しかし，当事者の自覚や任意の履行を促
すソフトで弾力的な効果を発揮することもあるが，履行確保制度はそれ以上
の強制力はもたず，確信的に履行しない当事者には実効性に欠ける面がある。

　そこで，つぎに，子の引渡しを命ずる家事審判，審判前の保全処分や家事
調停の強制執行（家事75条・268条1項）の問題ということになるが，すでに
述べた民事訴訟手続における判決・仮処分決定の場合と同様に，直接強制説
と間接強制説との鋭い対立がある。近時は，別居中の母から夫に対して5歳
と2歳の子の引渡しが命じられたケースで直接強制を認めたもの（東京家審
平8・3・28家月49巻7号80頁，東京家八王子支審平21・1・22家月61巻11号87頁），
別居中の母から父に対して7歳の子の引渡しを命じたケースで，直接強制は
相当でないとして，引き取りを妨害しない限度で申立てを認めたもの（札幌
家審平8・8・5家月49巻3号80頁）などが出されている。なお，7歳9か月の
子を夫に引き渡すよう直接強制を命じたが，執行官は児童の人格や情操面に
最大限配慮した執行方法をとるべきとしたケースもある（東京地立川支決平
21・4・28家月61巻11号80頁）。

　未成年者が相手方宅へ行くことを拒否し，相手方宅へ連れて行こうとした
際に未成年者が左下膝打撲傷を負い，激しく泣くなど抵抗したため，代理人
弁護士や執行官とも相談の上直接執行を断念した経緯があるようなケースで

〔棚村〕　347

§*766* Ⅱ   第4編　第2章　婚　姻

は，子の引渡しに対して不当な影響力を行使して妨害したとはいえず，間接
強制決定も認められないとしたケースもある（東京高決平23・3・23家月63巻
12号92頁）。

　しかしながら，いくら直接強制が認められるとしても，ある程度の判断能
力がある子が自由意思で執行を明確に拒絶したり，子が親にしがみついて離
れないとか，親が子を抱いて離さないような場合に，執行官が親や子を説得
したり納得させて履行させるのは格別，執行官が力づくで親子を引き離すよ
うな乱暴なことは決してしてはならない。とくに直接強制では，執行方法い
かんで子どもの心に回復しがたい傷やトラウマを与えてしまう危険性があり，
激しい抵抗や引渡しに著しい困難を伴う場合には，無理せず「執行不能」と
して処理しなければならない（石田・前掲書98頁，梶村・前掲書335頁参照）。子
の引渡しの強制執行についてはハーグ条約国内実施法（国際的な子の奪取の民
事上の側面に関する条約の実施に関する法律）において，子の福祉を最優先し，原
則として自宅での執行や深夜や早朝の執行も回避され，福祉や心理の専門家
の立会いを求める運用に変わった。その分執行不能ケースも増えたが，話し
合いによる解決も増加しているという。民事執行法の改正が法制審議会で審
議されており，子の引渡しに関する強制執行に関する規律の明確化に向けた
検討がなされている（民事執行手続に関する研究会編・民事執行手続に関する研究会
報告書〔2016〕79-96頁参照）。

(3)　人身保護手続

　第3に人身保護手続による子の引渡しの方法もある。

　(ア)　人身保護法は，憲法の基本的人権の保障の見地から，不当に人身の自
由を奪われている者に簡易・迅速な救済を与えることを目的として制定され
た（人保1条）。もちろん，これは英米のヘイビアス・コーパス（Habeas Cor-
pus）の制度を参考にして制定されているため，本来的には不当な逮捕・身
柄の拘束など刑事裁判における不当な拘束からの身柄の釈放という刑事手続
の適正化を予定していた救済手段であった。しかしながら，現在では，むし
ろ非刑事的拘束からの救済，とくに未成年の子の監護紛争の解決に用いられ，
人身保護事件の7，8割が子の引渡請求事件であるといわれる。

　(イ)　人身保護手続には，①救済の簡易迅速性（人保6条，人保規11条，人保
12条4項，人保規36条，人保21条・5条・15条），②解決の強力性（人保12条2

第4節　離婚　第1款　協議上の離婚　　　　　　　　　　§766　II

項・18条・10条，違反に対する刑罰による強力な制裁として人保26条），③被拘束者の手続的地位の強化（人保14条，人保規5条〔被拘束者の意思の尊重〕），④救済の補充性（人保規4条ただし書）などの顕著な特色があり，例外的応急的な救済手段としての性格が与えられている（最大決昭29・4・26民集8巻4号848頁）。

　(ウ)　人身保護手続の補充性の原則との関係で，子の監護紛争の解決方式としてこの手続を利用することの当否，また家事審判手続との関係が問題となっている。判例は，これまで，子の監護の問題も本来的には家事審判手続等で定められるべきものであるが，それまでの間暫定的に人身保護手続により，監護者を定めることができるとして，広範囲に人身保護手続による引渡しの利用を認めてきた。家事審判による子の引渡請求の場合，1980（昭和55）年の家事審判法および同規則の改正により，審判前の保全処分にも執行力が付与されることになった（旧家審15条の3，旧家審規52条の2）が，最高裁は，審判前の保全処分として子の引渡しの仮処分を申請することができても，一般的には人身保護法によるほど迅速かつ効果的に救済の目的を達することができないことが明らかだとして人身保護手続の利用を肯定した（最判昭59・3・29家月37巻2号141頁）。

　学説では，人身保護手続による子の引渡請求については，拘束開始手段が不穏当であるとか，実力奪取防止のため緊急的に必要であるという例外的場合にのみ認めるべきだとする消極説（山口純夫〔判批〕判タ551号〔1985〕293頁，井上薫「別居中の夫婦間で子の引渡しを求める人身保護請求の客観訴訟的再構成」判タ832号〔1994〕49頁，野田愛子〔判批〕判評426号（判時1494号）〔1994〕48頁，棚村政行〔判批〕平6重判解90頁等）も有力である。しかし，これまでは，子の引渡しに関する家庭裁判所での対応の現状は必ずしも十分なものでなく，人身保護手続の利用もやむを得ないとする積極説（島田充子「子の奪い合い紛争その1」講座・現代家族法III190頁，本沢巳代子〔判批〕リマークス1995上85頁，水野紀子〔判批〕民商113巻2号〔1995〕276頁以下）が多数を占めてきた。

　もっとも，最高裁は，最近の一連の判例により（最判平5・10・19民集47巻8号5099頁，最判平6・4・26民集48巻3号992頁，最判平6・11・8民集48巻7号1337頁等），人身保護手続の利用を制限して，家庭裁判所による子の福祉に配慮した迅速かつ適切な処理を重視する立場に転換をした。つまり，人身保護法に基づく迅速かつ強力な解決手段は，親の実力行使や児童虐待などの緊

§766 II

急的な事態から子どもを守り，家庭裁判所での調停・審判・訴訟といった本来的な処理手続での解決の実効性を担保したり，迅速処理を補完するために利用されるべきで，執行担保型，親権濫用型，実力奪取型など緊急的ケースでの例外的非常応急的救済手段として位置づけられつつある（棚村政行〔判批〕家族百選〔7版〕85頁，同〔判批〕民百選Ⅲ 91頁）。

なお，子の監護者の指定，子の引渡しの申立てを本案として，仮の監護者と子の引渡しを命ずる審判前の保全処分については，従前監護していた親権者のもとに戻すと未成年者の健康が著しく損なわれたり，必要な監護養育が施されなかったりするなど，未成年者の福祉に反し，親権行使の態様として容認することができない状態が見込まれるなど特段の事情がない限り，その申立てが認められるとして，父のもとで監護されていた 3 歳の子について保育園から連れ去った母に対して，結果的に自力救済を容認し，違法行為者に有利な地位を認めることになりかねないとして，原審判を変更して引渡しを命じたケースもある（東京高決平 20・12・18 家月 61 巻 7 号 59 頁）。家庭裁判所での審判前の保全処分において，人身保護法による子の引渡請求の場合の法的判断枠組みを考慮して申立ての当否を判断すべきかどうかで，見解が分かれている（金亮完〔判批〕速判解 6 号〔2010〕108 頁）。

(4) 子の引渡請求の判断基準

子の引渡しをめぐる紛争の最終的解決基準は，子の利益，子の福祉であることにとくに異論はない。しかしながら，判例は，具体的にどのようなファクターを重視して争いの対象となっている子どもの福祉や子の幸福を判断しているのだろうか。ここでは主として人身保護法による子どもの引渡請求に焦点を当てて検討をする（なお，山口亮子「子の奪い合い紛争事件における判断基準について」産大法学 45 巻 3＝4 号〔2012〕197 頁，211 頁以下では，①主たる養育者の要件，②継続性の要件，③寛容な親の要件，④子の意思の要件，⑤DV や虐待，実力奪取は否定の要件として挙げているのが参考になる）。

①親権者・監護権者優先の原則

親権者・監護権者から非親権者・非監護権者に対する子の引渡請求は，双方の監護の当否を比較して「請求者に子を引き渡すことが明らかにその幸福に反しないかぎり」「著しく不当なものと認められないかぎり」認められる（最判昭 47・7・25 家月 25 巻 4 号 40 頁，最判昭 53・4・7 家月 30 巻 10 号 27 頁，最判昭

第4節　離婚　第1款　協議上の離婚　　　　　　§*766*　II

47・9・26家月25巻4号42頁等）。親権・監護権が子どもの利益を考慮した上で
慎重に決定されていれば，それが優先的に考慮されるのは当然ともいえる。
しかし，離婚の際の親権者・監護者の決定自体が，離婚をめぐる父母の駆け
引きの道具とされたり，あまりにも熟慮することなく安易になされたために，
後で熾烈な子どもの取り合いに発展することも少なくない。また，世界の親
権監護法制は「親の権利」から「子どもの権利」，「子の最善の利益の尊重」
「チルドレンズ・ファースト」に向かっており，「親の権利」の有無という形
式的な法的資格ではなく，ストレートに子どもの健全な成長発達を促進し得
るのは誰かが問題とされつつある。したがって，離婚時に親権者を父親と定
めたが，その決定方法が著しく不穏当であり，母親からの親権者変更申立て
もあるようなケースで，非親権者である母親が子を連れ去り，親権者である
父からの人身保護請求が棄却された事例もある（大阪地判平4・7・24家月45巻
11号64頁）。また，離婚後の親権者である父親から，非親権者（後に家庭裁判
所で親権変更が認められた）である母親に対して，13歳の長男と8歳の二女の
人身保護法に基づく引渡請求がなされたケースで，13歳の子が拘束者のも
とにとどまると自由な意思を明確に表明している場合には「拘束」に当たら
ず，8歳の子の気持ちに反して引渡しをされると，「精神的に多大な負担を
受ける可能性」が高く，「監護の連続性と安定性」からも，請求者の監護下
に置くことは著しく不当だとして請求が棄却されたケースもある（大阪地判
平19・2・21判タ1251号339頁）。

　②母親優先の原則・主たる監護者・養育者優先の原則

　父母間の引渡紛争で子どもが小さい場合には，実母に遺棄・虐待・放置等
監護不適格とする事情がない限り，母親の膝下での養育を重視し，母親に監
護させようとする構成をとるケースが少なくない（最判昭43・7・4民集22巻7
号1441頁，最判昭46・12・21判時658号33頁，前掲最判昭53・6・29，東京地八王子
支判昭59・5・25判タ531号137頁，福岡地小倉支判昭60・7・25判時1179号101頁，
東京高判平元・1・25判時1305号82頁，京都地判平4・8・7家月45巻12号95頁等）。
確かに離婚後母親が親権者となって子を引き取っているケースは8割以上に
のぼり圧倒的多数を占めているのが現状である。

　しかしながら，離婚にからむ愛憎，生活不安，生計の維持のための就労等
で，かりに母親であっても十分な監護養育能力を欠く場合もありうるし，精

〔棚村〕　　351

§*766* Ⅱ

第4編　第2章　婚　姻

神的情緒的混乱が激しく，子との安定した関係を築いていない場合もないわけではない。父親でも積極的に子育てに参加し，子に対する強い関心と愛情を示し，きめ細やかな日常的な監護養育能力を備える者も昨今では決して少なくはない。このように見る限り，実母であるかどうかより，むしろ子との情緒的結び付きやこれまでの監護の実績，日常的監護能力，安定した平穏な生活環境の維持など監護養育関係の質や中身を問題とすべきであって，子を産んだということだけで父親より優先される扱いは不合理な性差別につながりかねず，見直されるべきであろう（最判平6・2・8家月47巻2号135頁参照）。

　③監護養育の継続性・現状尊重の原則

　ゴールドシュタイン教授らは，子の監護養育環境の安定性，継続性を重視して，一旦子どもが大人との間で落ち着いた状況を作り上げたなら，これをできるかぎり尊重して現状を動かすべきでないと説いた（*See* Goldstein, Freud & Solnit, Beyond the Best Interest of the Child〔1973〕）。これは「継続性のガイドライン」と呼ばれ，「子どもの時間的感覚」を尊重し，あまりに長期的な将来を見渡すのではなく，知識の限界からも比較的短期的な予測に基づいて，子のニーズおよび子との心理的親子関係を結ぶ者（psychlogical parent）との関係を継続的に維持することが子の監護紛争を解決する上できわめて重要だと説いたのである。そして，裁判所は，大人の間での余計な審理に貴重な時間を費やすべきではなく，養育環境の継続性・安定性，心理的親子関係を破壊しないようにすべきだとした。日本でも，「継続性のガイドライン」を重視する考え方は，かなりの影響力をもった（島津一郎「子の利益とはなにか(1)(2・完)──人身保護法による子の引渡請求」判評175号（判時709号）2頁以下，同178号（判時718号）2頁以下〔1973〕，同「子の監護をめぐる二つのハード・ケース」ジュリ602号〔1975〕114頁以下，梶村太市「別居中の夫婦間における幼児引渡をめぐる諸問題」家月28巻8号〔1976〕1頁以下，加藤永一「子の引渡と人身保護法の適用基準」法セ221号〔1974〕69頁等）。

　裁判例でも，別居中の夫婦間で，「幼児期における生活環境の連続性安定性の維持」が大切だとして，妻からの人身保護請求を棄却したケースもある（東京地判昭50・7・17判時801号49頁，東京地判昭53・8・24家月51巻7号84頁，大阪地判昭58・8・20判タ511号190頁，東京地判昭61・9・11判時1217号77頁等）。監護養育の現状，病気の治療等を考慮して安定した生育状態を尊重して，別居

352　〔棚村〕

第4節　離婚　第1款　協議上の離婚　　§*766*　II

中の母からの請求を認めなかったもの（神戸地判平3・3・27家月44巻10号78頁），同様に，現在の子の養育環境の維持継続を重視して請求を棄却した近時の裁判例もある（最判平11・5・25家月51巻10号118頁参照）。7歳の長女が日本での安定した生活を送っており，心身共に健全な生育を遂げていること，家庭裁判所調査官に子が日本での生活を続けたいと明確に述べていること，母親の下での監護養育を続けることが望ましいこと，遠く離れたアメリカでの生活は子に著しい精神的負担を負わせることが予想されることなどから，日本にいる母親に対するアメリカ在住の父からの人身保護法に基づく子の引渡請求が棄却された事例がある（大阪高決平22・2・18家月63巻1号99頁）。

　しかしながら，このような考え方に対しては，違法に作り上げられた現状維持に働き易く，親による実力行使を誘発しかねないという批判もある（例えば，石川稔「子の引渡請求について」争点I 222頁等）。これも，子の監護状況という重要な要素の1つとして「子の利益」の総合判断の中で考慮されるべきであろう。もっとも，双方の監護の実績，監護補助体制，提供できる養育環境，日常的な監護能力等の条件に優劣がつけられないような場合には，監護の連続性・継続性が尊重されることになろう。

　④子の意思と心情の配慮

　これまでの判例・実務では15歳以上の子どもの監護者に関する意思は，自己の境遇についての自主的判断力（意思能力）を備えているとして尊重しているが，10歳以下の子については，一緒に暮らす大人の影響を受け当てにならないとして無視されることが少なくなかった。しかしながら，子どもは誰と暮らすのが一番幸せか感じる能力はもっており，裁判所が長期的展望に立って，大人の側で判断した「幸せ」を押し付けるのは酷であり問題である（東京地判昭46・11・11判時651号84頁参照）。このケースでは，長年子の監護養育につき，両親から委託を受けてきた2人の叔母（父の姉）に対して，親権者である父母から人身保護法に基づき9歳6か月の子の引渡しが請求されたものであった。本件では，子が9歳6か月に達しており，頑として親元へ帰ることを拒絶し，叔母のもとにとどまりたいと切に希望していた事情があっても，東京地裁は「被拘束者の自由な意思によるもの」も認めず両親からの引渡請求を認容した。本判決は，さらに，父親の焦りからの子に対する暴力行為についても，「長らく第三者のもとで監護養育を受けた子と親権者

〔棚村〕　353

§766 II
第4編 第2章 婚姻

が新しく親子共同生活を開始して間もない初期の段階において多かれ少なかれ見られるものであり，……異常なものではない」と一蹴してしまった。しかし，幼い子の真摯な気持ちや小さな思いを踏みにじった判決は，再審請求により「被拘束者が現在このように思いつめている状態のままで請求者らの下に復帰してみても，その心身の健全な成長はおぼつかない」「被拘束者は，その自由な意思に基づいて，拘束者らのもとにとどまって」いるとして，覆されることになった（再審・東京地判昭48・6・14下民集24巻5～8号388頁）。

児童の権利に関する条約12条では，子どもの意見表明権を認めており，たとえ小さくとも子どもの意向やその心情は十分に尊重されなければならない。もっとも，子どもが小さい頃から嫌悪と畏怖の念を抱かざるを得ないように教え込まれた結果，歪んだ意思を形成した場合，自由な意思とはいえないとしたケースもある（最判昭61・7・18民集40巻5号991頁）。オウム真理教に子どもを連れて入信した母に対して，父から，14歳9か月，12歳8か月，8歳4か月の子の引渡しが求められたケースで，一番上の子については自由意思に基づくことを認めたものの，下2人の子については，自由意思に基づいてとどまっているとはいえない特段の事情があるとして，引渡請求を認めた（最判平2・12・6家月43巻6号18頁）。また，親権者である父が13歳，8歳ら4人の兄弟の引渡しを求めたのに対して，13歳の子は自由意思でとどまっており拘束に当たらず，8歳の子も1人だけ引き離されては兄弟の関係に禍根を残す可能性もあり，この生活環境を変更して悪影響を与えてはならないとして請求を棄却したケースもある（大阪地判平19・2・21判タ1251号339頁）。家事事件手続法65条でも，子どもの年齢・発達の程度に応じて，子どもの意向や心情に対して考慮しなければならないと規定されている。

⑤拘束開始方法の不当性・DV・虐待等の親としての適格性

人身保護法は不当な人身の拘束から迅速に自由を回復することを目的とするもので，偽計や実力での拘束の違法性が顕著な場合に釈放が認められている。そこで，離婚調停の進行過程での夫婦の合意で面会交流が設定されたところ，父親が実力で強引に弁護士事務所から子を奪ったケースで，かりに子が平穏に過ごしていても，調停手続での合意を実力で一方的に破棄し，調停手続に対する信頼を裏切ったもので法律上正当な手続によらない顕著な違法性があると，妻から，3歳の長男の引渡しが認められた（最判平11・4・26家

354　〔棚村〕

第4節　離婚　第1款　協議上の離婚　　　　　　　　　§*766*　II

月51巻10号109頁）。

　なお，調停委員等から事前の警告を受けていたにもかかわらず，用意周到な計画のもとで子どもの奪取行為を行ったことは，きわめて違法性の高い行為であり，子の監護者として奪取者を指定することは違法行為を追認することにもなるから，とくにそうしなければ子の福祉が害される特段の事情が認められる場合に限られるとして，奪取行為に及んだ父ではなく母を監護者に指定したケースもある（東京高決平17・6・28家月58巻4号105頁）。

　しかしながら，夫が別居中の妻との間の子を監護養育していたところ，妻と子との面会交流の合意が成立して，子を引き渡したところ，そのまま返さないために夫から人身保護請求がなされたケースで，妻が合意を破った点では最初の拘束開始手段に違法性があるものの，「幼児の居住環境の安定」のほうが重要であるとして，子を引き渡すことは子の幸福に反するおそれがあるとして夫からの請求を認めなかった裁判例もある（札幌地判平13・12・20 LEX/DB28071474）。

　⑥寛容性の原則（フレンドリー・ペアレント・ルール）

　フランスでも，「父母それぞれは，子との人格的な関係を維持し，子と他方の親との絆を尊重しなければならない」（フ民373-2条2項），ドイツでも，面会交流を促進し，「父母は，子と他方の親との関係を害し，または教育を妨げる行為はすべて行ってはならない」（ド民1684条）と規定している。また，カナダでも，子と他方の親との交流を促進し，親子の絆を尊重することの積極性・寛容性を重視することが子の最善の利益になると規定する（カナダ離婚法16条10項）。カルフォルニア州でも，頻繁で継続的な接触が州の公序であり（家族法典3020条），子の最善の利益を判断する際に，両方の親との接触や交流の態様や程度を考慮し（同3011条），併せてDVや児童虐待等についても考慮されるとする。

　例えば，親として相手方の存在を否定したり，性的虐待・暴力等の虚偽の主張をしてまで，親子関係を断絶させようとしたり，子どもの健全な成長発達を著しく損なうような親の行為は，子どもの利益に反する事情として重視される場合もある。例えば，事実婚関係にあった外国籍の母から，日本に居住している父に対して，5歳の長女の引渡しが求められたケースで，虚偽の主張をしてまで親子関係を断絶させようとする母親の態度は親権の適正な行

〔棚村〕　　355

§766 III

第4編 第2章 婚姻

使とは言えず，子の幸福の観点から著しく不当と請求が棄却された事例もある（神戸地判平24・7・31判時2214号90頁）。また，人身保護請求の事案ではないが，母親が父親の了解を得ることなく，長女を連れ出し，以来，5年10か月にわたり，6回しか面会交流に応じておらず，今日まで長女との生活を切望しながら果たせず，共同養育計画や年100回以上に及ぶ面会交流の実施を提案しているような場合には，長女が両親の愛情を受け健全に成長することを可能とするために，父親を親権者に指定し，現在子を監護する母親から父親への引渡しを命じたケースがある（千葉家松戸支判平28・3・29判時2309号121頁。本件事案は，東京高判平29・1・26判時2325号78頁において，これまでの母親が主たる監護者として監護を継続しており，監護養育の現状にも問題はなく，面会交流や共同養育の提案を重視すべきでなく，子の意向からも，母親を親権者とするのが相当だとして原判決を覆した。なお，本件では2017年7月12日，父親による最高裁での上告が認められず，二審判決が確定した）。

III 面会交流

1 面会交流の実情調査と支援ニーズ

法務省からの委託調査研究の一環で，平成22（2010）年12月から平成23（2011）年2月までで，家庭問題情報センター（FPIC）等の民間の面会交流支援や相談を受けている団体の協力を得て，186名の当事者からの回答が得られた。同居親，別居親がほぼ半数ずつであったが，同居親は90％以上が母親，別居親の84％が父親であった。母親が親権者の割合が7割，父親非親権者で，別居親が多かった。子どもは，1人か，多くても2人，親の年齢は30代，40代，子は1歳～9歳が9割で，6歳くらいまでが多かった。面会交流が一番問題になっているのが別居中の夫婦で6～7割，離婚の前後が3割で，離婚後の年数が経つと落ち着いてくる傾向があった。

面会交流が実施されているのが8割，頻度は月1回が最も多く，2か月に1回，月2回，年2～3回と続いていた。面会交流の場所については，自宅以外の公園，ファミリーレストラン，レジャー施設等が過半数と多く，宿泊なしの自宅11％，宿泊付き自宅も16％あり，合計27％にもなっていた。FPIC会議室，弁護士事務所で面会するケースもかなりあった。

356 〔棚村〕

第4節　離婚　第1款　協議上の離婚　　　　　　　§*766*　III

　面会交流が中止されたり，行われない理由として，非同居親では，「相手方の拒否」「面会に消極的」「面会についての意見対立」が多く，同居親側では，「相手方が面会に消極的」「子の意向や子の都合等」「モラルハラスメント」「DV」を挙げるものが多かった。「だいたい実現している」が76％に及んでいたが，実現していない理由として，同居親では「相手方に性格の偏りや攻撃性があり，子が怖がる」「激しい感情的対立」「接触が怖い」などが多かった。これに対して，非同居親側は，「祖父母等の介入」「激しい感情的対立」「養育態度・養育方針の相違」などが多かった。非同居親では「親権・面会交流のガイダンスがなかった」「相談窓口，相談機関がない」という声も多かった（棚村政行ほか・親子の面会交流を実現するための制度等に関する調査研究報告書〔2011〕49頁以下参照）。

　当事者アンケートの結果を見ても，弁護士や民間交流支援団体が面会交流の実現に果たす役割は大きく，当事者の期待も決して小さくはなかった。法制度としての共同親権，面会交流，子の利益の明確化の声についても強いものがあるが，他方で，DV・ストーカー対策等の懸念材料もあり，社会的支援としては，相談窓口の充実・経済支援，民間援助団体の充実の声が大きかった。このような当事者，現場で解決に当たる調査官，当事者を支える弁護士らの生の声をできるかぎり反映した法制度の整備と社会的支援制度の充実，法制度の運用の改善を心がけなければならない（棚村ほか・前掲書301-303頁参照）。

2　面会交流の意義と従来の議論

　別居中の非監護親ないし，離婚によって親権者または監護者とならなかった親が直接子と会ったり，文通をしたり，電話をかけたり，誕生日のプレゼントを渡すなど，親として子と定期的に接触したり交流をもったりすることを「面会交流」という。これまで民法では面会交流に関する明文の規定を欠いていたため，さまざまな議論が展開されてきた。離婚後親権者とならなかった実母が父親の再婚家庭で暮らす5歳の男の子に対する面会交流を求めたケースで，東京家庭裁判所がはじめて「親権もしくは監護権を有しない親は，未成熟子と面接ないし交渉する権利を有し，この権利は，未成熟子の福祉を害することがない限り，制限また奪われることはない」としてから（東京家審昭39・12・14家月17巻4号55頁），面会交流をめぐる論議は一段と活発化し

〔棚村〕　357

§*766* III

た。最高裁昭和59年7月6日決定（家月37巻5号35頁）により，少なくとも判例・実務では，面会交流は民法766条・家事事件手続法別表第二3項の子の監護に関する処分として，家庭裁判所がその具体的方法・場所・回数を子の福祉の観点から定めることができるとする取扱いがほぼ確立していた。

そして，別居状態にある婚姻中の父母の間で面会交流が問題となった場合にも，協議が調わないとき，協議することができないときは，家庭裁判所は，766条を類推適用して，旧家事審判法9条1項乙類4号（家事別表第二3項）により，面会交流について相当な処分をすることができるとの最高裁の判断も示されていた（最決平12・5・1民集54巻5号1607頁）。共同親権者相互の争いであり，子の福祉を第一にした自主的な協議に任せれば足り，家庭裁判所が具体的な内容を形成すべきでないという考え方もなくはなかった（高松高決平4・8・7判タ809号193頁）。しかし，多数説・審判例は，離婚前の別居中の父母間においても，面会交流や監護者をめぐって激しい対立がある場合には，家庭裁判所が後見的な立場から紛争に介入して，子の福祉や子の最善の利益を保護する必要があり，766条類推的適用説が有力であった（大阪高決平4・7・31家月45巻7号63頁，名古屋高決平9・1・29家月49巻6号64頁等）。

3 面会交流と子の福祉

面会交流については，離婚後の親子の交流の促進と子どもの健全な成長発達を保障する観点から，審判例でも，766条の子の監護に関する処分として，非監護親がその子と面接することを積極的に認めるものが多い（東京家審昭62・3・31家月39巻6号58頁，名古屋家審平2・5・31家月42巻12号51頁，名古屋高決平9・1・29家月49巻6号64頁は父母の対立反目が激しいという理由だけで面会交流が許されないわけではないとする，浦和家審平12・10・20家月53巻3号93頁，東京高決平19・11・7家月60巻11号83頁は母と子の面接交渉を3か月に1回の割合で命じた，大阪高決平21・1・16家月61巻11号70頁は面接交渉が制限されるのは，子の福祉を害する場合のみとする）。近年では，非監護親との面会交流が子の精神的な成長発達にとって望ましいことが認められ，面会交流をすることが子どもの福祉を害する事情がない限りは，原則として，父母に対立葛藤があるときでも認められ，具体的な面会交流の実施条件（回数，方法，場所，第三者の付き添い，引渡方法など）で配慮すればよいとしている（大阪高決平18・2・3家月58巻11号47頁，東京家審平18・7・31家月59巻3号73頁）。父親は日本に在留する外国人で

第4節　離婚　第1款　協議上の離婚　　　　　　　　　§766　III

あるが，日本人の母親を親権者と定めて協議離婚したが，子との面会交流を
求めたところ，直接の面会交流を認めず手紙のやり取りにとどめる審判を不
服として争ったケースで，子と非監護親との面会交流は，子が非監護親から
愛されていることを知る機会として重要であり，子の利益を図るために直接
の面会交流を認めたケースがある（大阪高決平21・1・16家月61巻11号70頁）。
面会交流は基本的に子の福祉のために実施するものであり，長期間非監護親
との面会交流が実現しなかったことから，未成年者の年齢や円満な面会交流
実施の可能性などを考慮して，頻度等を決定すべきで，これらの事情を考慮
し，面会交流の頻度や時間を段階的に増加させるとした原審判は相当とした
ケースもある（大阪高決平22・7・23家月63巻3号81頁）。非監護親と子との面
会交流は，基本的には子の健全育成に有益なものということができるから，
子の福祉を害するおそれがあるなど特段の事情がある場合を除き，原則的に
は認められるものと解され，モラルハラスメントの主張があるなど父母の対
立が激しいケースであるため，2か月に1回，第三者機関の立会いの下で面
会交流が命じられた事例もある（東京家審平25・3・28家月65巻7号190頁，東京
高決平25・6・25家月65巻7号183頁）。

　しかしながら，他方で，父母の対立や葛藤があまりにも激しく，子の情緒
面でのストレスが大きいなど，子の福祉にならないとして認められないケー
スも少なくなかった（大阪家審平5・12・22家月47巻4号45頁，長野家上田支審平
11・11・11家月52巻4号30頁，東京家審平13・6・5家月54巻1号79頁〔父母の不和，
未成年子のストレス〕，東京家審平14・10・31家月55巻5号165頁，横浜家審平14・
1・16家月54巻8号48頁，福岡高那覇支決平15・11・28家月56巻8号50頁〔養育へ
の介入，不適切な面会交流〕，さいたま家審平19・7・19家月60巻2号149頁，東京高決
平19・8・22家月60巻2号137頁〔複雑な忠誠心の葛藤，ストレス〕等）。父親による
母へのDVの目撃で10歳の子が面会を拒否しているケース（東京家審平20・
4・23 LEX/DB25463955）も，認められなかった。また，過去にDVの保護命令
が発令されており，監護親がPTSDを発症して，子どもも父の暴力や暴言
の不安が記憶に残っている場合には，直接の面会交流は相当ではなく，手紙
や写真の送付による間接的な交流にとどめるとしたケース（東京高決平27・
6・12判時2266号54頁），暴力・暴言がひどくDVの保護命令も発令され，そ
れが理由で離婚しているような場合には，長期の紛争状態で，相互不信が甚

〔棚村〕　　359

だしく，子どもも両親の抗争に巻き込まれて忠誠葛藤を起こしており，未成年者の心情の安定を害する恐れが高いと面会交流を認めなかったケース（仙台家審平27・8・7判時2273号111頁）もある。さらには，妻が夫以外の男性と関係をもち法律上の父と血縁上の父が2人いて，すでに監護者指定・子の引渡し・損害賠償請求・親子関係不存在確認請求などで争いが繰り返されており，家庭が崩壊して血縁上の父と平穏に暮らしている長女（5歳）との面会交流を法律上の父が母を相手方として求めたのに対して，当面は血縁上の父との関係を大切にし，法律上の父との面会交流を控えるのが子の利益になるとして，申立てを却下した事例もある（大阪家審平27・3・13家庭の法と裁判6号89頁）。

4　面会交流の権利性と面会交流原則的実施論への批判

　面会交流の法的性質や権利性をめぐっては判例・学説上種々の見解の対立がある。例えば，面会交流の法的性質に関しては，親という身分関係から当然に認められる自然権と解する自然権説，監護そのものでないが監護に関連する権利とみる監護関連権説，親権の一権能としての監護権の一部と解する監護権説，親として有する自然権であるとともに具体的には監護に関連する権利とみる説，親との交流をとおして精神的に成長発達することは子の権利であって面会交流権は子の権利とみるべきとする子の権利説，親の権利であるとともに子の権利でもあるとする両性説などが主張されている（学説の整理については，棚村政行「離婚と父母による面接交渉」判タ952号〔1997〕56頁以下，善元貞彦「面接交渉とその制限」右近健男ほか編・家事事件の現況と課題〔2006〕159-161頁，山口亮子「面接交渉の権利性と家族性」新家族法実務大系Ⅱ318頁以下，遠藤隆幸「面接交渉の執行について」中川淳傘寿・家族法の理論と実務〔2011〕400頁参照）。これに対して，上記のような面会交流権を法的に承認することは，かえって子の利益に反するとして権利性そのものを否定する消極説もある。この説は，監護親の意思に反して監護親との面会交流を認めることは，子に忠誠心の葛藤を起こし，心理的親子関係の安定にとっても有害であること，親が子に会いたいという心情は理解できるが，それは事実上の関係として当事者の協議にまつべきもので，法的権利として強制されるべきものではないこと等を論拠としている（梶村太市・家族法学と家庭裁判所〔2008〕215-230頁）。

　なお，民法改正要綱では，離婚の際の子の監護に必要な事項として「面会

第4節　離婚　第1款　協議上の離婚　　　　　　　　§ *766*　III

及び交流」を規定し，「子の利益」を最優先するとしている。平成23（2011）
年5月に，面会交流に関する766条の改正が成立した。そこで，平成23年
の民法の一部改正で，家裁実務は，子の虐待，子の連れ去り，DV，暴力，
ストーカーなど面会交流を禁止したり制限すべき事情がない限り，葛藤や拒
否など感情的な対立に伴う消極的な姿勢があっても，面会交流の阻害要因や
問題点を克服してできるかぎり非監護親と子の面会交流を図ろうとする傾向
が見られる（細矢郁ほか「面会交流が争点となる調停事件の実務及び審理の在り方」家
月64巻7号〔2012〕1頁以下，関根澄子「家庭裁判所における面会交流と養育費をめぐ
る事件の実務」棚村政行編著・面会交流と養育費の実務と展望〔2013〕36-47頁等参照）。
これについては，児童の権利に関する条約の基本理念の再確認やその適合性
などから，現行法制度の下での実務努力として支持する立場もある（若林昌
子「面会交流事件裁判例の動向と課題」法論85巻2＝3号〔2012〕406頁。なお，村上正
子ほか・手続からみた子の引渡し・面会交流〔2015〕101-106頁〔上原裕之〕は，留保付
で賛成する）。

　しかしながら，これを面会交流原則的実施論として，これによって子ども
の精神的安定が害され，DVや暴力の被害を受けている同居親や子どもが面
会交流や非同居親との関わりを強制され，その結果，子どもの虐待に近いダ
メージを受けていると批判する（梶村太市「子ども中心の面会交流論（原則的実施
論批判）──面会交流の実体法上・手続法上の諸問題」判時2260号〔2015〕4-10頁，長
谷川京子「子どもの監護と離別後別居親の関わり」判時2260号〔2015〕11-18頁，梶村
太市・裁判例からみた面会交流調停・審判の実務〔2013〕7頁以下，梶村太市＝長谷川京
子編著・子ども中心の面会交流〔2015〕1頁以下）。もちろん，実務はケースバイケ
ースで考えるべきであり，事案によっては，面会交流をさせることが困難で
あって，適切でないケースもありうる。しかし，児童の権利に関する条約の
9条にもあるように，親子の絆を確かめ継続的な接触や交流を維持する権利
は，子ども自身の権利である。子どもの権利が保障されず，大人の激しい争
いの中で傷つき，ないがしろにされ，対立の狭間で忠誠葛藤を起こしている
様子は悲しいものがある。このような子どもの利益や権利を守るために，裁
判所だけでなく，行政も民間機関も，弁護士なども総合的な支援をすべきで
あろう（棚村政行「面会交流の実情と課題」ケース研究316号〔2013〕86-134頁，片山
登志子＝村岡泰行編・代理人のための面会交流の実務〔2015〕82頁参照）。

〔棚村〕　361

5 面会交流拒否基準と寛容性の原則

　基本的には，面会交流が子の健全な育成に有益なものであると考えられるが，面会交流の許否基準は，最終的には子の福祉・子の利益を基準として，総合的に判断して決められる。766条の改正によって，面会交流についての明文の規定が挿入される前から，判例・実務では，子どもの心理状態，非監護親との面会交流に対する子の態度，子の監護状況，非監護親の子に対する態度や愛情，面会交流に対する姿勢，監護親の意向などを総合的に考慮した上で面会交流が子の福祉を反すると判断される場合でなければ面会交流をできるかぎり認めるとの立場がとられてきた。これを面会交流原則的実施論と評するかどうかは別にしても，家庭裁判所の従来の実務でも，具体的には，面会交流のプラス面（審判例は，非監護親の子に対する自然の情愛の尊重，非監護親と子との情緒的交流の維持，両親の愛情を受けることによって得られる人格の健全な育成と円満な発達などを挙げる）を積極的に評価し，原則的に面会交流は方法や条件等の設定で工夫をしつつできるかぎり認めるとの立場が採られてきた。したがって，家庭裁判所実務では，面会交流から生じるマイナス面（子の連れ去り，DV・暴力，虐待，父母間の紛争の激化による子の精神的動揺や緊張，情緒不安定からくる学業や生活態度面への悪影響，子の安定した生活環境の破壊など）についても重視して，未成年の子に対するマイナス面が明らかに大きいときには面会交流は認められないとか制約を受けることになると解されてきた（詳しくは，棚村政行「離婚と父母による面接交渉」判タ952号〔1997〕56頁以下参照）。

　面会交流に関する近時の事例で，未成年者の実母が離婚後親権者となった実父と養子縁組をした養母に対して面会交流を求めたのに対して，未成年者をめぐって親権者変更申立てなどが争われており保護環境が混乱するおそれがあるとして，年1回の写真および成績表の送付を命じたものがある（京都家審平18・3・31家月58巻11号62頁）。また，実母と未成年子の宿泊つきの面会交流が認められていたところ，実父が再婚しその相手方と養子縁組が結ばれたために，新しい家族関係を確立する途上にあることに鑑み，未成年者らの心情や精神的安定に悪影響を及ぼすおそれがあるとして，毎月1回の面会交流に変更したケースもある（大阪高決平18・2・3家月58巻11号47頁）。連れ子養子縁組がなされた場合に，すでに十分な交流実績のある実親と子との面会交流について宿泊付面会交流を否定したことには若干の疑問が残る。なお，

第4節　離婚　第1款　協議上の離婚　　　　　　　　　　　　§*766*　**III**

調停で定められた面会交流の条項を守らず，子を待ち伏せしたり連れまわし
たりして逮捕されるなど，ルールを遵守して節度ある面会交流が期待できな
い場合には，面会交流の全面禁止もやむを得ない（横浜家相模原支審平18・3・
9家月58巻11号71頁）。さらに，父母間の葛藤が激しいケースで，9歳と6歳
の子については，母の協力なしに面会交流の実現が困難であり，紛争が再燃
して子の福祉を害するおそれがあるが，12歳の子については父との面会の
可否について自立的に判断する能力を備えているので面会交流を認められる
としたースもある（東京家八王子支審平18・1・31家月58巻11号79頁）。面会交
流は，親子双方にとって，親子の最低限度の絆を維持する重要な権利であっ
て，子の利益に明らかに有害でない限り全面禁止や重大な制限は加えられる
べきでない。ただし，小学校4年生の未成年子が非監護親である父に会いた
いとしているが，父母の葛藤や対立が激しく，面会交流は，手紙のやりとり
を通じて間接的に実施し，父から年4回3か月ごとに手紙を書くことを命じ
たケースがある（さいたま家審平19・7・19家月60巻2号149頁）。しかし，親子
の面会交流や接触の重要性を考えると，子どもの意思を尊重して，もっと積
極的かつ直接的な交流の在り方を模索してもよいのではなかろうか。面会交
流は基本的には子どもの福祉のために実施するものであり，未成年者の年齢，
円滑な面会交流実施の可能性，長期間にわたって面会交流が実現していなか
ったこと（1年8か月），父親が子との面会交流をすることが不適切であると
いう事情も認められず，面会交流の頻度および面会時間を段階的に増加させ
た事例もある（前掲大阪高決平22・7・23）。

　なお，アメリカ，カナダ，オーストラリア，ドイツ，フランスなど欧米諸
国では，共同親権（Joint Custody），共同養育（Shared Parenting），共同親責任
（Joint Parental Responsibility）など離婚後も親が共同の養育責任をできる限り負
うという考え方が一般化してきた。これに伴い，相手方の親としての立場を
尊重して，子どもに悪口を言ったり面会交流を妨げるなどしてはならず，友
好的で寛容な親でなければならないとするフレンドリー・ペアレント原則，
寛容性の原則も重視されるようになってきた。そのために，日本でも，共同
親権，共同養育を推進すべきだとの積極的意見も強くなってきた（中田編119
頁以下〔水野紀子〕，犬伏由子「親権・面会交流権の立法課題」家族〈社会と法〉26号
〔2010〕35頁以下，田中通裕「親権法の立法課題」法時83巻12号〔2011〕24頁以下）。

〔棚村〕　363

§766 III
第4編　第2章　婚姻

そこで，最近は，これらの海外での動向に触発されて，主として面会交流が実現しない場合に，親権者の指定や変更に際して，共同養育の提案や面会交流の促進のために寛容性の原則が主張されることも多くなってきた。

最近，一審（千葉家裁松戸支部）が離婚を求める父母に対して，離婚を認めるとともに，子どもが両親からの愛情を受け健全に成長することを可能にするため，年100回程度の面会交流と共同養育計画を提案する父親に対して，別居してから5年以上になる長女の親権者として指定し，母親に子の引渡しを命じる判決が下された（千葉家松戸支判平28・3・29判時2309号121頁）。これに対して，母親から控訴され，二審（東京高裁）は，子の監護養育状況や父母との関係，監護能力や監護環境，子の意思などを総合的に考慮して親権者を決定すべきで，面会交流の意向のみを重視すべきでないとし，子の意向や面会交流に片道2時間半もかかること，転居・転校による環境の変化等から母親を親権者とし，面会交流の具体的内容は家裁で決めればよいと判示して，主たる養育者優先の原則を採用した（東京高判平29・1・26判時2325号78頁）。寛容性の原則も，アメリカ，オートラリア等でDVや暴力のケースについては，安心で安全な面会交流は難しく，修正を迫られている。もっとも，葛藤が高いケースでも第三者の立会いや関与の下での面会交流や交流の実績に応じた段階的な回数や時間，方法の設定で調整することは可能であろう。

6　面会交流の実現方法

面会交流についても，審判・調停で定められた条項を守らないときは，義務の履行状況を調査し，義務の履行について勧告し（家事289条），金銭の支払・財産上の給付を目的とするものであるときは，義務の履行を命じることができる（家事290条）。しかしながら，面会交流の不履行についての家庭裁判所による履行勧告の制度は，十分な目的を達していない場合が少なくない。そこで，調停や審判で面会交流が定められた場合，当該条項の不履行に対して強制執行は可能であろうか。強制執行を肯定する立場は，調停または審判で定める面会をさせない場合，家庭裁判所は申立てにより，決定で相当の期間を定めその期間内に履行しないときは，遅延期間に応じた賠償や金銭の支払を命ずることによって，間接強制（民執172条）をすることができると解する（斎藤秀夫＝菊池信男編・注解家事審判法〔1987〕341頁，高木積夫・判例家事審判法1巻〔改訂版，1975〕1403頁，古谷健二郎「間接強制が面接交渉事件に及ぼす影響につい

364　〔棚村〕

第4節　離婚　第1款　協議上の離婚　　　　　　　　　　　§766　Ⅲ

て」ケース研究292号〔2007〕176頁，釜元修＝沼田幸雄「面接交渉と強制執行」右近健男ほか編・家事事件の現況と課題〔2006〕178頁，岡部喜代子「養育費・面接交渉の強制執行」家族〈社会と法〉26号〔2010〕57頁等）。

　これに対しては，面会交流の任意性，自然債務・責任なき債務としての性質上，およそ間接強制も代替執行もできないとして，強制執行を否定する立場が有力であった（昭和56年7月17日大阪高裁管内家事審判官有志協議会・家月34巻9号〔1982〕213頁等）。この立場は，面会交流が監護親の反対を押し切って強制的に実現されても子の利益になることはありえないことを根拠とする。また，DVやストーカー被害，子の目撃による不安などを理由に，面会交流を原則的に実施する立場に強く反発する考え方もある（梶村太市・裁判例からみた面会交流調停・審判の実務〔2013〕3頁）。

　しかしながら，面会交流の性格や目的の特殊性を考慮するにしても，調停や審判で慎重な手続を経て決められたことが司法による強制的な実現の裏付けを全く持たないままでいいか，若干の疑問がある（水野紀子〔判批〕民商113巻2号〔1995〕284頁参照。必ずしも強制的解決が好ましいとはいえないが，法の無力が実力行使や自力救済を生まないか懸念する点には賛成する）。下級審では，例えば，「〔子らと〕月2回程度の面接をすることを許さなければならず，当事者は，その日時，場所，方法について事前に協議しなければならない」との確定判決主文につき間接強制を申し立てたケースで，主文の子との面会の部分が必ずしも強制執行の債務名義となるものではないとして，頻度，日時，具体的方法の特定は協議に委ねることも許されないわけではないとして抗告を棄却したものもある（東京高決平18・8・7 LEX/DB28131306）。これに対して，毎週1回，原則として土曜日または日曜日，10時間程度，父と長男（2歳）の面会交流を認めるとした調停条項に基づく間接強制を命じたことに問題はないとしたケースもある（大阪高決平19・6・7判タ1276号338頁）。また，別紙面会交流実施要領に基づき，未成年子を3か月に1回面会させ，不履行1回につき5万円支払うとする審判につき，間接強制が認められたケースもある（岡山家津山支決平20・9・18家月61巻7号69頁）。間接強制を認めるかどうかで，若干の判断が分かれていた。

　そこで，最高裁は，近時，母親が長女（7歳）の親権者となり子を監護しており，父親と月1回，第2土曜日に，時間，受渡しの方法など具体的に実

〔棚村〕　　365

§766 III 第4編 第2章 婚姻

施要領で面会交流を定めた審判に対して，長女が嫌がっているとして応じな
かったケースで，「監護親と……非監護親……との間で，非監護親と子との
面会交流について定める場合，子の利益が最も優先して考慮されるべきであ
り（民法766条1項参照），面会交流は，柔軟に対応することができる条項
に基づき，監護親と非監護親の協力の下で実施されることが望ましい」としつ
つも，「監護親に対し非監護親が子と面会交流をすることを許さなければ
ならないと命ずる審判において，面会交流の日時または頻度，各回の面会交
流時間の長さ，子の引渡しの方法等が具体的に定められているなど監護親が
すべき給付の特定に欠けるところがないといえる場合は，上記審判に基づき
監護親に対し間接強制決定をすることができると解するのが相当である」と
判示して，不履行1回当たり5万円の支払を命じる間接強制決定を支持した
（最決平25・3・28民集67巻3号864頁）。もっとも，最初は1時間程度にして，
様子を見ながら徐々に時間を伸ばすとか，具体的な日時場所等は双方協議し
て定めるという調停調書の記載は面会交流の大枠を定めているものの，具体
的内容は双方の協議で定めるとしており，給付としての特定性を欠くため間
接強制が認められないとされたり（最決平25・3・28判タ1391号128頁②），面
会交流の日時や毎回の時間の長さの定めはあるが，長男と二男の引渡しの方
法が定められていないなど給付が十分に特定されていないと間接強制が認め
られなかった事例（最決平25・3・28判タ1391号128頁①）もある。

　間接強制の金額としては，面会交流が実現しないことについては，母親の
拒否的な姿勢だけでなく，父親が子の年齢や親子関係を度外視した形式的な
主張，定期的経済給付の不履行，不必要な物品の着払いでの送付などの不適
切な言動も起因しており，交通費等の経済的損失を中心に不履行1回につき，
5万円の間接強制金の支払を命じた事例（岡山家津山支決平20・9・18家月61巻
7号69頁），面会交流につき監護親（父）が立ち会ったことが子の忠誠葛藤を
引き起こしたとして，面会交流の不履行1回につき8万円の支払を命じた事
例（東京高決平24・1・12家月64巻8号60頁），養育費10万円，薬剤師で年収
400万円あり，父親像のゆがみにより子らの反発も予想されることから，不
履行1回につき2万円とされた事例（京都家審平26・2・4判時2255号105頁）も
あるが，医師としての資力を考慮して20万円とした事例（大阪高決平14・1・
15家月56巻2号142頁）もある。

366　〔棚村〕

第4節　離婚　第1款　協議上の離婚　　　　　　　　　　§*766*　III

　面会交流の調停での合意に反して，面会交流が実現しない場合には，非監護親は監護親に対して面会交流をする法的利益の侵害を理由に慰謝料の請求をしたりすることもある。例えば，調停における面会交流の合意を正当な理由なく拒絶したとして，監護親に対して46万5000円の慰謝料（東京地判昭63・10・21家月41巻10号145頁），500万円の慰謝料（静岡地浜松支判平11・12・21判時1713号92頁），70万円の慰謝料の支払（横浜地判平21・7・8家月63巻3号95頁），調停で成立した月1回等の面会交流実施義務の一部不履行を認め，50万円の慰謝料の支払を命じた事例（東京地判平25・3・28 LEX/DB2551174）などもある。珍しいケースであるが，最近は，面会交流に関する協議方法をメールではなく，書面郵送に切り替えたことで面会交流を妨害されたとして慰謝料が命じられた事例（熊本地判平27・3・27判時2260号85頁）もあり，一審では母親の代理人が書面郵送で連絡する方法に切り替えたことで，誠実協議義務違反があり，20万円の慰謝料の支払が命じられたものの，感情的対立が激しく，不法行為となる誠実協議義務違反はなかったとして，一審判決を取り消して代理人の責任も否定したものもある（福岡高判平28・1・20判時2291号68頁）。代理人は，弁護士として間に入って調整することが多く，その代理人まで面会交流の実現に協力すべき法的義務が負わされるのかは，疑問がある。

　また，欧米諸国では，共同親権・共同子育ての原則を採る以上，面会交流や共同子育て，相手方の親としての存在を無視したり，否定する場合には，親としての適格性が疑われるし，面会交流を正当な理由なく妨害するような場合に，親権者としての適格性を欠くとして単独親権者になるなど，親権者の変更が認められる。日本でも，父親の長男との面会交流月1回，2泊を限度とする宿泊面会，8月，冬休み，春休み，ゴールデンウィーク等の長期休暇での宿泊付面会交流，第三者機関の利用，実施できないときの養育費免除の条項を定めていたが，母親が財産分与への不満から父方祖父との面会の申出も拒否し，2013年3月の1回目の試行的面会交流に際しても，母親が「ママ見てたよ」と声をかけたり，2回目からは一貫して父親との面会を拒絶し，性的虐待の主張までするに至ったケースで，面会交流を実現し，子を葛藤状態から解放するため，親権者を父親に変更することを命じ，養育費の免除については，不履行につき2万円の給付命令に変更し，毎月1回，3時

§766 III 　　　　　　　　　　　　　　　第4編　第2章　婚　姻

間を限度とする面会に変更した事例がある（福岡家審平26・12・4判時2260号92頁）。間接強制，損害賠償，再調停，履行勧告など，あらゆる努力をしつつも，どうにもならないやむを得ない場合には，親権者の変更の申立てなどの法的手段も採りうることになろう。

　しかしながら，問題となる事案は，就学前や小学校低学年くらいの子が多く，保育園や学校での課外活動，塾や習い事など，成長するに従い自立してスケジュールや生活のリズムも大きく変わり，あまりにも厳しい固定的な取り決めは，実現が困難になり，トラブルを生じやすくなることが少なくない。面会交流の内容が子どもの気持ちや希望を取り入れず，もともと大人の都合や駆け引きで定められてしまうことも少なくない。面会交流の回数・方法・条件等でかなり無理があり，離婚の駆け引きや妥協の産物として取り決められた面会交流では，実現が困難な内容が決められた事情もあって，これを強制的に実現させようとすることはかなり問題である。このような場合には，面会交流を強制しようとすると，ますます子の福祉や利益からほど遠い大人の争いがエスカレートするばかりで，子が両親の板挟みとなることも少なくない。

　非監護親としても，子の利益やスケジュールに合わせた無理のない面会交流を心掛け，場所，方法等の条件の緩和・変更で話し合いに応ずる必要があり，また，監護親としても，子が気持ちよく非監護親と交流できるような環境や雰囲気づくりに努力すべきであろう。面会交流が父母による子のための納得づくの合意で定められることが最も望ましいゆえんである。なお，葛藤の激しい別居中の父母間での子の面会交流につき，第三者機関の立会いを要すると定め，その費用を父母が2分の1ずつ負担すべきことを命じた審判例もある（東京高決平25・6・25家月65巻7号183頁）。このようにみると，面会交流はできるだけ，自分たちの合意により解決されることが望ましく，面会交流の意義や趣旨を十分に理解し，子どものためになる交流の方法や内容とするルール作りが大切であり，困難なケースでも，粘り強い再調停により，再調整を試みるとか，第三者機関の活用を検討するなど，子どもの心情や立場に配慮した工夫が必要であろう（二宮周平＝渡辺惺之編著・離婚紛争の合意による解決と子の意思の尊重〔2014〕2頁以下，片山登志子＝村岡泰行編・代理人のための面会交流の実務〔2015〕12頁以下，二宮周平＝渡辺惺之編・子どもと離婚〔2016〕307頁以下

368　〔棚村〕

第 4 節　離婚　第 1 款　協議上の離婚　　　　　　　§*766*　III

〔二宮周平〕参照）。

7　面会交流と養育費との関係

　養育費は，子の監護のために必要とされる費用であり，父母はその資産・収入等に基づき応分の負担を免れることはできない（766 条 1 項，家事別表第二 3 項）。現在では，養育費算定の客観化，合理化，簡便化が進められ，東京・大阪養育費等研究会での「簡易迅速な養育費等の算定」（判タ 1111 号〔2003〕285 頁以下）が案出され，実務上はこれが活用され定着している（東京高決平 15・8・15 家月 56 巻 5 号 113 頁等参照）。この簡易算定表は，統計的資料や公租公課・職業費・特別経費等の平均的な数値を基礎に，子の生活費を権利者・義務者の基礎収入の割合で案分して義務者が分担すべき養育費（監護費用）を算出する。もっとも，算定表が子どもの最低限度の生活水準を確保するものでないとか，離婚後のひとり親家庭の生活実態を十分に反映していないと，見直しを求める声は強くある。いずれにしても，面会交流は，子の精神的な支援であり，養育費は，子の経済的支援として，両者は車の両輪のような関係にあり，どちらも子の健全で充実した生活や成長発達のために不可欠の親としての共通の重い責任と言わなければならない。

　すでにみたように，離婚母子家庭では，前夫から養育費を受け取っていないというのが大半で，受け取っているのは 2 割にも満たない。家庭裁判所の調停・審判で養育費が取り決められた場合には，義務の履行を勧告する履行勧告や履行命令の制度がある（家事 289 条・290 条）。これは，権利者の申出により，調停や審判で定められた養育費が支払われているかどうかを，家庭裁判所が調査し履行を勧告したり，命令する制度である。履行命令に義務者が従わない場合には 10 万円以下の過料の制裁も科せられる。

　また，審判や調停での養育費の支払については，これを債務名義として強制執行も可能である（家事 75 条・268 条 1 項）。しかしながら，強制執行には時間や費用がかかり，わずかな金額の将来の養育費を取るには適していない。欧米諸国では，社会保障機関が養育費の立替払をして，義務者に後で取り立てるとか，給料から天引きする，養育費の不払の場合に刑事罰を科したり，運転免許証そのほかの免許を剝奪するなど実効的な履行確保の制度を設けている。わが国でも，この点の工夫が必要であろう。なお，平成 15 年の担保・執行法の改正により，少額の将来給付に対する差押え等が可能になった。

〔棚村〕　369

§766 IV

第4編 第2章 婚 姻

面会交流と養育費は，面会交流が円滑に実現していると，養育費の支払も良好であるという相関関係が認められるが，法的に面会交流と養育費との間に同時履行の関係や対価関係が認められるわけではない。そのような観点から，調停で合意された面会交流不履行の場合の養育費の免除条項については，不履行につき2万円の給付命令に変更した事例がある（前掲福岡家審平26・12・4）。

IV　養育費（監護費用）

1　養育費（監護費用）の実情と問題点

(1)　養育費の受け取り率と低い取決め額

5年ごとに行われる厚生労働省の全国母子世帯調査によると，2011年には，死別母子世帯は7.5%しかなく，離婚母子世帯が80.8%を占め，未婚母子世帯が7.8%で死別以外は9割以上を占めている。母子世帯の生活状況は苦しく，2011年の離婚母子世帯の平均就労年収は181万円と，父子世帯の平均就労年収360万円の5割程度という厳しい状況になっている。また，離別した夫から現在養育費を受け取っているのは19.7%にすぎず，取り決めをしている率も37.7%という低率であった。母親で正規雇用は4割程度で，6割は非正規・パート等という不安定な就業状況であった。

また，2015年に全国の家庭裁判所の子の監護事件の審判・調停で決まったもので，養育費の支払額月額は4万円以下が最も多く（36.2%），ついで2万円以下（34.6%），1万円（15.8%），6万円以下（7.7%）の順であった。8万円以下（1.9%），10万円以下（0.9%），10万円以上は1.8%ときわめて少なかった。また，養育費の一時金も，30万円以下が57.6%と最も多く，50万円以下9.2%，70万円以下3.6%，100万円以下4.6%，200万円以下6.1%，300万円を超えるは2.9%しかなかった（最高裁判所事務総局家庭局「司法統計年報平成27年家事編」〔2016〕58-59頁）。

(2)　養育費相談支援センターの調査結果

平成23（2011）年に養育費相談支援センターが行った調査結果からも，多くの相談者が養育費の取り決めはしたものの，十分な内容の精査はされておらず，半数弱は専門機関への相談を経ておらず，かりに，公正証書や調停調

第4節　離婚　第1款　協議上の離婚　　　　　　　　　§766　IV

書が作成されていても，不履行の割合は7割，8割ときわめて多かった。面会交流についても，取り決めがないものが約7割と多く，取り決めがある者は3割にとどまっていた。養育費相談支援センターも，パンフレット，ホームページ，市役所等で教えてもらったというものが多く，アメリカのロサンゼルスと比べても，離婚前，離婚後の専門家による相談支援体制が十分に整えられているということはできない（鶴岡健一「養育費相談支援センターにおける相談の概要」養育費相談支援センター・養育費確保の推進に関する制度的諸問題〔2012〕3-12頁）。

　欧米諸国や韓国などが力を入れているように，日本も，協議離婚，財産分与，養育費，婚姻費用分担，親権・監護，面会交流などの法的手続や問題，国や自治体の母子寡婦等福祉対策事業等の社会福祉や社会保障のプログラムについて，ワンストップサービスでの相談支援機関を一層拡充しなければならない。家庭問題情報センター（FPIC）は，成年後見，離婚，面会交流，養育費，非行など幅広く家族問題についての民間相談機関として活発な活動を展開している。しかしながら，元家庭裁判所調査官等を中心として，ボランティアスタッフの確保，財源や運営費用など経済的な基盤も厳しい状況で，養育費相談支援センターへの厚労省からの業務委託費も限られているため，継続的安定的なサービスができにくい事情にある。

2　養育費の請求の法的方法

　未成熟子の養育費の請求の方法としては，父母が婚姻中であれば，子を育てる親から他方に対する婚姻費用分担請求（760条，家事別表第二2項），夫婦間の協力扶助請求（752条，家事別表第二1項）という方法もある。しかし，離婚後父母の一方が親権者・監護者として養育する子の場合は，子の監護に必要な事項として非監護親に対して，監護費用の分担を求めることができる（766条，家事別表第二3項）。また，子自身から，親に対する扶養請求という方法も可能である（877条，家事別表第二10項）。平成8（1996）年の民法改正要綱は，766条1項に子の監護に必要な費用の分担を挿入し，親による養育費の負担を明確化しようという提案であったが，平成23（2011）年5月の民法の一部改正で，766条1項に子の監護費用（養育費）の規定が明文で置かれることになった。なお，離婚の訴えにおいて，子の監護にあたっていた者から他方に対して，子の監護費用の支払を求める申立てがあった場合には，民法

〔棚村〕　　371

§766 IV

771条，766条1項が類推適用されると解するのが相当であり（最判平9・4・10民集51巻4号1972頁参照），当該申立ては，人事訴訟法32条1項の子の監護に関する処分を求める申立てとして適法であるから，裁判所は，離婚訴訟を認容する際には，当該申立ての当否について審理判断しなければならないと判示した（最判平19・3・30家月59巻7号120頁）。過去の子の養育費について離婚と同時に解決することは，当事者の手続的な負担を軽減し，子の福祉の観点からも望ましいこと，子の養育費について，離婚前後で別々の手続に服させることは，当事者に二重の手続の追行をさせることにもなり，訴訟経済にも反することから，本判決は平成9年判決の立場を踏襲し，離婚訴訟と附帯する監護費用の申立てを認めたものである。

3 養育費の算定方法

(1) 簡易算定表の利用と算定表の修正への動き

子の養育費の算定方法としては，婚姻費用の場合と同じように，実費方式，標準生計費方式，生活保護基準方式，生活保護基準比率方式，労研方式などがあったが，各方式にも一長一短があり，養育費をめぐる算定方法でも争いがあった。しかし，欧米先進国では，父母所得の合計額に子どもの人数に対するパーセンテージを乗じた額を子の最低生活費として分担させるなど，簡易な養育費決定のガイドラインが広く利用され成果をあげてきていた。日本では，上記いずれの方法も計算方式が複雑で，素人にはわかりにくかった。現在では，養育費算定の客観化，合理化，簡便化が進められ，2003年から東京・大阪養育費等研究会での「簡易迅速な養育費等の算定」（判タ1111号〔2003〕285頁以下）が案出され，活用されている（東京高決平15・8・15家月56巻5号113頁参照）。しかしながら，この簡易算定表については，経費として60％も控除するなど，子どもの最低生活費すら確保できず，格差や貧困化が進む現状に適合していないとか，私立の保育園や学校の授業料等もカバーされておらず，現実の出費や負担とほど遠いなどの多くの批判がある（松嶋道夫「簡易算定方式の問題点とあるべき養育費・婚姻費用の算定」自由と正義64巻3号〔2013〕21-23頁，座談会「養育費・婚姻費用簡易算定方式の問題点と新たな算定方式」同14-19頁〔松嶋道夫発言，竹下博將発言〕）。そして，日弁連からは，新たな算定方式の提案もなされている（竹下博將「養育費・婚姻費用についての『修正された簡易算定方式』の提案」同28-37頁，2016年12月1日付朝日新聞夕刊（東京本社）10頁等

第4節　離婚　第1款　協議上の離婚　　　　　　　§*766*　**IV**

参照）。

(2)　収入の認定と稼働能力

17歳，13歳，10歳の未成年者ら子が母親のもとで養育されていて，父親が未成年者らに対する養育費の支払を免れるために勤務先を退職して無収入になった場合には，父親が潜在的な稼働能力を有することを前提として，勤務を続けていれば得べかりし収入に基づき養育費を算定することが相当であると説示して，父からの養育料免除申立てを却下した事例がある（福岡家審平18・1・18家月58巻8号80頁）。

子の監護に関する処分（養育費）事件として，調停・審判等により定められた養育費の額や支払方法について，重大な事情変更があって，もとの養育費額や支払方法等をそのまま維持することが不相当な場合には，880条を類推適用して事情変更による減額や免除の申立ては可能である（斎藤＝菊池編・注解366頁以下〔沼邊愛一〕）。

例えば，調停で養育費の支払義務を負担した父親の収入が会社の業績不振で著しく減少し，他方で，再婚後の生活費の確保が必要となっていることから，減額を認めたケース（山口家審平4・12・16家月46巻4号60頁），公正証書において簡易算定表の2倍以上の養育費が約定で定められたものの，約定時に父親が期待していた両親からの援助が受けられなかったことを理由として，算定表の1.5倍までの減額を認めたケースもある（東京家審平18・6・29家月59巻1号103頁）。

しかし，業績不振やリストラなどやむを得ない外在的な要因での減額や免除の申立てでなく，強制執行への対抗措置や養育費の取立てを回避するための不正な手段として選択された退職や無収入であったケースで，権利者が働くことができ，義務者も稼働可能であるのに，意図的にこれを怠っている場合には，潜在的な稼働能力に基づく資力・収入を認定することは許されよう（大阪高決平6・4・19家月47巻3号69頁）。養育費の支払を回避するための退職はもちろん，新たな就職先を探す努力の程度や内容等により，潜在的稼働能力を前提に収入を認定することも可能である。

(3)　事情変更と養育費の減額・変更

養育費の算定でも，前提となる生活指数が異なる場合には，外国での物価指数等を考慮して修正することがありうる。例えば，標準算定表（簡易算定

〔棚村〕　373

§766 IV

第4編 第2章 婚 姻

表）での生活費指数は，あくまでも日本国内で生活していることを前提とするものであり，夫および夫が扶養義務を負っている内縁の妻との間の子らはいずれもタイ王国に生活の本拠を置いているため，タイ王国の物価が日本に比べて格段に安く，同国では日本の半額程度で生活可能であることが推認されるから，夫および内縁の妻との間の子らの生活指数を日本での算定表の数値の2分の1に修正して婚姻費用を算定したケースがある（大阪高決平18・7・31家月59巻6号44頁）。

婚姻費用や監護費用（養育費）の分担額の減額は，分担の程度や方法について協議や審判等があった後，協議・審判の際に考慮され，その前提となった事情に変更があった場合に認められ（880条参照），協議・審判の際にすでに存在し，判明していた事情や当事者が当然に予想できた事情が現実化したような場合は含まれない。しかし，調停後妻ではない女性との間に出生した婚外子を認知した場合は，事情の変更が認められその生活指数を考慮して分担額を減額したケースがある（名古屋高決平28・2・19判タ1427号116頁）。

離婚調停後に元夫（父）が調停で定めた，未成年の長女および長男に対して1か月20万円ずつ20歳に達するまで養育費として支払う調停条項につき，元妻（母）を相手に減額を求めた事案があった。このケースでは，父母双方が再婚したものの，母は再婚相手とも離婚しており，相手方の未成年子らとも養子縁組をしていなかったことから扶養義務も負担せず，かえって，父は再婚相手の未成年子2名と養子縁組をし，再婚後に新たに子をもうけており，この事情は調停当時予想されなかった事情であって，それぞれの生活状況は大きく変化しており，事情変更を認め，父が負担すべき養育費について，母の職業および収入額，生活状況，それぞれの未成熟子の成育状況等を総合考慮して月17万円に減額を認めた（福岡高決平26・6・30判タ1410号100頁）。

(4) 生活保護受給金や子ども手当・特別児童扶養手当等

生活保護を受給して2人の子を監護している同居親（妻）が同じく生活保護を受給している別居親（夫）に対して，2人の未成年子の養育費を請求したケースで，東京家裁は子ども1人につき1か月1万円の養育費の支払を命じた（東京家判平24・3・22/2012WLJPCA03226004）。これに対して，別居親が控訴し，東京高裁も，養育費は親の子に対する生活保持義務であるから，生活保護を受給していても養育費の負担を免れないとして原審判断を支持して

374 〔棚村〕

第4節　離婚　第1款　協議上の離婚　　　§766　IV

別居親からの控訴を棄却した（東京高判平 24・8・29/2012WLJPCA08296001）。この判決について，別居親の生活保護費を通常の「収入」と同視すべきではなく，2 万円の支払を命じたのは国家の最低生活費保障の義務を無視した不当な判断だとの強い批判がある（本澤巳代子「扶養義務（877 条以下）との関係」法時 86 巻 8 号〔2014〕58 頁，増田幸弘「養育費と社会保障給付」同 64 頁，二宮＝榊原 269 頁参照）。

　特別児童扶養手当は，心身に重度の障害を有する者の福祉を増進するために，障害児を監護する父母に対して支給される（特別児童扶養手当等の支給に関する法律 1 条参照）。特別児童扶養手当は，所定の手続で支給を受けた者はその目的に従って費消する義務を負い，その者が保管費消できるとともに，他方に対してその引渡しや支払を当然に請求できるとは解されないから，婚姻費用として支払を求められない（東京高決平 21・4・21 家月 62 巻 6 号 69 頁）。また，児童手当（子ども手当）やひとり親家庭支援のために公的に支給される児童扶養手当についても，法律に基づき支給条件や支給額，支給対象者が定められており，公的扶助として実施されているものであって，父母の間で婚姻費用の分担や監護費用（養育費）の決定において考慮される必要もなく，他方に引渡しや支払が命じられるべきものではない。子ども手当なども，次世代を担う子どもたちの育ちを社会全体で支援する観点から支給されるもので，婚姻費用分担額に影響を与えないし，高校の授業料の無償化も，婚姻費用分担額を左右するものではない（福岡高那覇支決平 22・9・29 家月 63 巻 7 号 106 頁）。

4　養育費（監護費用）の請求をめぐる諸問題

(1)　養育費の請求と権利濫用・信義則

　夫婦の間で 3 人の子をもうけたが，そのうちの 1 人の子が他の男性との子であることを夫に妻が隠しており，離婚の際にその子の監護費用（養育費）を夫（法律上の父）に請求することができるか争われた最高裁の事案があった。原審は，民法 772 条の嫡出推定を受けるために，夫は嫡出否認の裁判を子の出生から 1 年以内に提起しなかったため，法律上の父子関係は争えないが，夫に真実を秘匿して親子関係を覆す機会を奪ったことは違法であり，100 万円の損害賠償請求は認めたものの，子の監護費用については請求を認めた。これに対して，最高裁は，妻（母）は，婚姻関係にあったにもかかわらず，

〔棚村〕　　375

夫（法律上の父）以外の男性と性関係をもち，そのため夫は子との自然的血縁
関係がないことを約7年にわたり気づかず，法的親子関係を否定する手段を
失ったこと，婚姻中は高額な生活費・養育費を受け取っており，離婚後も養
育費を負担させることは過大な負担を課すことになること，離婚に伴い相当
な財産分与を受け取っており，監護費用の分担をさせなくても，子の福祉に
反するとはいえないことなどから，母の父に対する子の監護費用の請求は，
民法1条3項の権利濫用として許されないと判示した（最判平23・3・18家月
63巻9号58頁）。

　本判決は，大人側の事情によって子どもの監護費用という子の固有の権利
の行使を制約するとともに，夫婦の問題と親子の問題を混同し，また，自然
的血縁の存否に過大な配慮をしたために，嫡出推定・嫡出否認制度の趣旨や
目的に反する結論を導いたもので，大いに疑問である。また，大人の問題は
不法行為や不当利得などの問題で処理することもやむを得ないが，その要
件・効果の判断にあたっては，くれぐれも，子どもが両親をもち，親によっ
て子が養育される権利を侵害しないように配慮しなければならない（幡野弘
樹〔判批〕判例セレクト2011〔I〕23頁，犬伏由子〔判批〕速判解10号95頁，棚村政
行〔判批〕リマークス2012下54頁，高橋朋子〔判批〕平23重判解86頁，常岡史子〔判
批〕民商145巻2号〔2011〕257頁，水野紀子〔判批〕民百選Ⅲ32頁等参照）。

(2) 養育費の支払方法と養育費放棄の合意の効力

　養育費（監護費用）は，各月ごとに養育費（監護費用）の支払請求権が発生
する定期金債権であり，当事者間での協議や調停・審判で，不履行の場合に
は期限の利益を失い全額を支払う旨の期限の利益喪失約款を付することはで
きない。例えば，養育費の支払を2か月以上遅滞した場合には，期限の利益
を喪失し将来にわたる養育費の全額を一括して直ちに支払う旨の公正証書に
ついて，養育費は定期金としての本質上，そもそも期限の利益喪失約定に親
しまないとして公正証書の条項の変更が命じられた事例もある（東京家審平
18・6・29家月59巻1号103頁）。

　もっとも，父母が6歳の子の親権者を母親と定めた協議離婚をし，未成年
子が成人に達するまで養育費として一括金1000万円を離婚時に支払い，将
来は相互に金銭上の請求をしないという清算条項を定めていたところ，後に
母親から父に対して，一括金を私立中学卒業までの学費や塾代で使い切っ

第4節　離婚　第1款　協議上の離婚　　　　　　　　　　§*766*　IV

として新たな養育費の請求をした事案がある。このケースでは，私立の中学高校に通わせ学習塾に通わせた場合には，養育費を使いつくすことは容易に予想できたことで，内容を変更すべき事情変更があったといえず，監護親には養育費を計画的に使用し養育にあたる義務があると説示して請求を認めなかった（東京高決平10・4・6家月50巻10号130頁）。

　父母の間で，子の養育費（監護費用）を請求しないなどの権利放棄の合意や請求権を免除する合意をしたとしても，子自身の扶養請求権に関するものであるため，子には効力は及ばない（881条）。養育費の請求権を放棄する合意は無効であり（名古屋家審昭47・3・9家月25巻4号59頁），当事者間では請求しない旨の合意は有効でも，子自身を法的に拘束せず，子からの扶養請求は認められる（宇都宮家審昭50・8・29家月28巻9号58頁，大阪高決昭54・6・18家月32巻3号94頁参照）。

(3)　養子縁組と養育費

　離婚後父母の一方が未成年者の親権者となり，その親権者となった親が再婚し，再婚相手と未成年者が養子縁組をした場合には，実親からの別居親に対する養育費（監護費用）の請求は可能であろうか。未成年者が養子縁組をした場合には第一次的には養親が直系血族としての子に対する扶養義務を負うことになるから，実親への養育費の請求が認められないとされたケースもある（神戸家姫路支審平12・9・4家月53巻2号151頁）。しかし，離婚の際の養育費の合意時には予想しあるいは前提としなかった事情があるとして，合意事項を修正し，生活保護基準方式を用いて，毎月30万円としていた養育費を，子ども1人当たり7万円で21万円，その終期を成人に達するまで，臨時の出費は養親の負担とした裁判例もある（東京家審平2・3・6家月42巻9号51頁）。

(4)　養育費支払義務の始期と終期

　養育費（監護費用）の請求（766条）にしろ，その前提としては親の子に対する扶養義務が存在し（877条1項），子に扶養の必要性（要扶養状態）があり，別居親に扶養の可能性（扶養能力）があれば，その時点から養育費（監護費用）の請求は可能である（二宮＝榊原271頁参照）。過去の養育費（監護費用）の支払を命じることもできるし，離婚の訴えにおいて，別居後単独で監護している当事者から他方に対して，別居後離婚までの間の監護費用の支払を求める申立てがあった場合には，771条，766条1項が類推適用される（前掲最判平

〔棚村〕　377

§766 IV

第4編 第2章 婚姻

19・3・30)。養育費支払請求については，実務上は，裁判所への調停・審判の申立て時（東京家審昭 45・12・24 家月 23 巻 7 号 59 頁，東京高決昭 58・4・28 家月 36 巻 6 号 42 頁），審判告知の時以降（大阪家岸和田支審昭 50・7・23 家月 28 巻 7 号 45 頁）などとする例が多い。

養育費支払義務の終期としては，子が成人に達するまで（20 歳）になるまでとする例が多いが（大阪高決昭 57・5・14 家月 35 巻 10 号 62 頁等），成年に達した後も「大学卒業する月まで」など，大学教育が一般化し，子の適性や能力，親の学歴・職業・資力等を考慮して，成人の未成熟子（経済的社会的に自立できない子）にも養育費や扶養料の支払を命じたケースもある（東京家審平 18・6・29 家月 59 巻 1 号 103 頁，大阪高決平 21・9・3 判例集未登載。東京高決平 22・7・30 家月 63 巻 2 号 145 頁は，成年である大学生の子に大学卒業が見込まれる月まで月 3 万円の支払を命じたケース）。

5　養育費の履行確保と今後の課題

(1)　養育費の確保のための制度

家庭裁判所の調停・審判で養育費が取り決められた場合には，義務の履行を勧告する履行勧告や履行命令の制度がある（家事 289 条以下）。これは，権利者の申出により，調停や審判で定められた養育費が支払われているかどうかを，家庭裁判所が調査し履行を勧告したり，命令する制度である（下夷美幸・養育費政策の源流——家庭裁判所における履行確保制度の制定過程〔2015〕7 頁）。履行命令に義務者が従わない場合には 10 万円以下の過料の制裁も科せられる（家事 290 条 5 項）。また，審判や調停での養育費の支払については，これを債務名義として強制執行も可能である（家事 75 条・268 条 1 項）。養育費の間接強制（民執 167 条の 15）として，月 5 万円の支払を命じる審判の不履行につき 1 日，1000 円の間接強制金の支払を命じたケース（広島家決平 19・11・22 家月 60 巻 4 号 92 頁），子供 1 人に月 1 万 5000 円，2 人で 3 万円で，不履行 1 日につき 5000 円の間接強制金の支払を命じたケース（横浜家決平 19・9・3 家月 60 巻 4 号 90 頁）などがある。

給与等の継続的給付に係る債権に対する差押えの効力は，差押えの後に受けるべき給付に及び（民執 151 条），養育費（監護費用）については，婚姻費用と同様に，その一部の不履行があるときは，期限未到来分についても，過去の不履行分の差押えと同時に差し押さえることができる（民執 151 条の 2）。こ

378　〔棚村〕

第4節　離婚　第1款　協議上の離婚　　　　　　　　　　　　§*766*　IV

れにより，1回の差押えで，毎月の給与等から，将来分の養育費についても
継続して取り立てることができる。また，養育費などの扶養義務に係る定期
金債権を請求債権として差し押さえる場合には，差押禁止債権の範囲が4分
の3ではなく（民執152条2項）ではなく，2分の1に縮小される（民執152条
3項）。

　しかしながら，強制執行には時間や費用がかかり，わずかな金額の将来の
養育費をとるには適していない。欧米諸国では，社会保障機関が養育費の立
替払をして，義務者に後で取り立てるとか，給料から天引きする，養育費の
不払の場合に刑事罰を科したり，運転免許証そのほかの免許を剥奪するなど
実効的な履行確保の制度を設けている。なお，平成15（2003）年の担保・執
行法の改正により，少額の将来給付に対する差押え等が可能になった。また，
2016年11月，法制審議会民事執行法部会では，強制執行を容易にするため
に，債権者が金融機関名を指定すれば，裁判所が本店に対して債務者の口座
の有無を照会し，支店などに債務者の口座があった場合に残高や支店名など
を回答するように義務付ける新制度の検討を行っている。

(2)　新たな制度と既存の制度の運用上の工夫

　すでに触れた養育費相談支援センターのアンケート調査結果（一 I (2)）で
は，相手方の所在不明・連絡不可で，入口のところで，養育費の確保や話し
合いが困難な実情が明らかになった。個人情報の保護やプライバシーの尊重
は大切であるが，相手方の転職・転居等による所在不明や連絡がとれないた
めに，かなりの人々が養育費をめぐる法的手続や交渉・協議をあきらめてい
る現状があると言わなければならない。子の連れ去りや面会交流・養育費の
確保のためにも，調停や公正証書で，事前に，住所や職場が変わった時には，
相手方に通知や連絡をさせるとか，相手方の所在確認のために，税務署，運
転免許センター，福祉事務所，社会保険事務所等の関係機関に，養育費支払
請求のためには住所確認や住所・連絡先の提供について，本人からの包括同
意をとって，家庭裁判所や厚労省の児童家庭局内に児童扶養支援部局（養育
費支援室（仮称））を設置するなどして，法令で，個人情報の第三者提供を可
能にする法的根拠を与えて，所在確認の措置をとる必要もあろう。できれば，
アメリカのような親の所在探索システムが構築されることが望ましい（棚村
政行「養育費をめぐる課題と展望」養育費相談支援センター・養育費確保の推進に関する

〔棚村〕　379

§766 IV

第4編　第2章　婚姻

制度的諸問題〔2012〕29-33頁参照）。現在の養育費相談支援センターは，民間機関であるために，親の所在・住所・職場・連絡先等の個人情報を収集し管理させることは，情報セキュリティー体制やスタッフの守秘義務などの関係でも，困難であろう。

　また，既存の家庭裁判所の調停・審判なども，家事事件手続法の施行により，より当事者が主体的積極的に関与して，手続的にも公正で透明性の高い運営がなされるものと期待される。しかしながら，国民一般に親しみやすく利用し易い法制度や法の運営の改善を積極的に推し進めるためには，もっと端的に利用者の意見や要望が反映されるような仕組みを設けることが必要であり，利用者の意見箱や目安箱のようなものも必要である。また，自らのサービスに対する自己点検・自己評価制度が家庭裁判所に設けられてもよいように思われる。さらには，家庭裁判所の履行勧告や履行命令の制度も，面会交流など人間関係調整的な問題にはなかなか効果が期待できないかもしれないが，金銭の支払等ではかなりの効果をあげている。この点でも，家庭裁判所の履行確保の制度の意義や活用について，もっと幅広く一般国民に周知するように広報啓発活動が活発になされてもよいであろう。すでに述べたように，強制執行の制度も，平成15年に担保・執行法の改正により，若干の改善はされつつも，欧米諸国のような，多様で効果的な履行確保手段を検討すべきである。今回のアンケート調査結果でも，相談内容の3割は強制執行であり，一般の人には手続や書類作成に困難が伴う。

　養育費の簡易算定表も，一応の目安としては十分に機能しており，養育費の決定のための簡易迅速な処理にある程度は貢献した。しかしながら，6割も経費の控除を認めているなど，子どもの生活水準や快適な暮らしを保障するものとは言い難い（松嶋道夫「子どもの養育費の算定基準，養育保障はいかにあるべきか」久留米大学法学64号174頁以下（2010年），千葉県弁護士会・シンポジウム2010あるべき養育費をめざして——子どもの未来のために〔2010〕2頁以下，日本弁護士連合会両性の平等に関する委員会・シンポジウム子ども中心の婚姻費用・養育費への転換——簡易算定表の仕組みと問題点を検証する〔2012〕1頁以下参照）。また，私立学校の学費等は考慮されておらず，高額な所得がある場合，住宅ローンや多額の負債の処理，塾や予備校などの近年の教育費用の上昇傾向など，必ずしも社会生活や家族生活の現状に適合していない部分も少なくなく，これらの点

380　〔棚村〕

第4節　離婚　第1款　協議上の離婚　　　　　　　§*766*　Ⅳ

は改めて見直される必要があろう。なお，2016年11月に，日本弁護士連合会は，受け取る側の生活実態に合わせて1.5倍に養育費等を増額する新算定方式を提案している（日本弁護士連合会両性の平等に関する委員会編・養育費・婚姻費用の新算定表マニュアル〔2017〕2頁以下参照）。

(3)　養育費の決定・履行確保・面会交流や子育て支援との関係

面会交流と養育費との密接な関連性と子どもの心の支援と生活の支援という意味でも，養育費相談支援センターと面会交流相談支援センターは統合し，離婚の合意形成援助，養育費履行確保支援，面会交流支援は，できるかぎりワンストップサービスで，タライ回しにならず，縦割りの行政を超えて，当事者の利便性と合理性の高い制度設計が行われるべきである。

履行確保の問題は，取り決められた少額の定期的給付が履行されないときに，どのようにして権利実現を図るべきかという点にある。給与からの天引制度は，アメリカ，カナダ，イギリス，オーストラリア，ドイツなど欧米諸国で広く実現されており，強制執行制度の不備を改善し，請求権の一部について履行期が到来していることを条件として，将来履行期の到来する部分についても，あらかじめ差押えや債務者の給与からの毎月一定額を控除して，直接債権者の銀行口座に送金させる方法である（下夷美幸・養育費政策にみる国家と家族——母子世帯の社会学〔2008〕159-160頁）。

給与からの天引制度は，転職や再就職が繰り返されたとき，自営業者等には利用できない点で問題がある。そこで，対応策としては，財産の開示制度を設け，再就職先や財産に関する情報を提供させる方法のほか，徴税機関などの公的機関が債権者に代わって取り立てる制度が適切であろう。公的機関のほうが債権者の情報を収集し易いし，扶養料と租税還付金を相殺するなど自営業者に対しても実効性ある対応ができるであろう（長谷部由起子「家事債務の履行確保」戸時428号〔1993〕53頁参照）。

また，養育費の取立ては当事者の資力に依存しているために，立替払としての社会保障を充実させ，児童扶養手当や生活保護の受給要件を緩和するとともに，別の基金を設けて，オーストラリア，フランスのように，債務者から10％程度の割増金を取ること，スウェーデンのように取立費用，利息などを取って財源にあてることも1つの方法といえよう（長谷部・前掲論文54頁参照）。

〔棚村〕　381

§766 IV   第4編 第2章 婚 姻

　もっとも，スウェーデンのような先払養育費（立替払養育費）制度には，監護権者の所得制限をするかどうかの問題がある。また，所得制限を廃止したスウェーデンでは，所得の高い監護権者に先払養育費を支給するのは，福祉財源の浪費だとの批判もある。また，一定額の養育費の保障は，当初から低額の養育費の取り決めがされないかとの批判もあって，スウェーデンも1996年に養育費援助法でこれを改めている（棚村政行編著・面会交流と養育費の実務と展望〔2013〕278-301頁〔下夷美幸〕では，アメリカ，イギリス，オーストラリア，スウェーデンの養育費制度の紹介がある）。

　給与からの天引制度に関しては，職場でのプライバシーの暴露，雇用関係の悪化を招かないかという不安があり，アメリカのように雇用主が被用者を不利に扱ってはならないという規定を置いたり，アメリカ，イギリス，オーストラリアのように，行政機関（児童扶養機関）への直接納付，送金を認めるという方策もあるのではなかろうか。

　また，行政機関の利用については，行政の過剰介入を防止し，公正を図るためにも裁判所の司法的関与と当事者の自己決定の尊重に配慮する必要があろう。行政機関の活用により扶養義務者の所得に応じて一定額の養育費を徴収して，監護権に社会保障給付と調整した上で支給するシステムをとった場合でも，養育費の自己決定の尊重，プライバシーの保障，裁判所への不服申立ての保障に配慮すべきであろう。また，当事者の監護形態と扶養義務の関係についても，養育費の算定基準や履行方法と関係でどう反映させるべきかを明らかにする必要がある。アメリカでは，親の子の養育に対する非金銭的な寄与を養育費分担額の決定においても積極的に評価し，共同監護，面会交流ほか養育参加への費用減額を積極的に考慮している。養育についての経済的責任と身上ケア責任を切り離す考え方が日本ではいまだに強い。これには，養育費と監護権・親権問題が取引材料とされないようにするメリットもあるが，実際には両者は密接に関連しており，ただ金銭問題だとして，いたずらに履行強制を強化したりするだけでは足りず，自発的な支払を促進するよう援助する必要があることについては，アメリカでも最近は強調されていた（棚村政行「養育費をめぐる課題と展望——アメリカの最近の動きから」養育費相談支援センター・養育費確保の推進に関する制度的諸問題〔2012〕38頁）。子の養育費が問題になるのは，離婚後だけでなく，別居による婚姻費用分担や認知された婚

382　〔棚村〕

第4節 離婚 第1款 協議上の離婚 §767

外子から父への養育費の請求という形もある。家族関係が多様化し，非婚化も進んでいるために，離婚の場合以外の母子支援施策と合わせて，離婚の場合以外についても対象とすべきかどうかも，是非検討しなければならない。

また，ドイツでも検討されているように，面会交流や共同親権・共同監護と養育費との相互の関係やリンクのさせ方も慎重に考慮する必要があろう。厳しい強制的取立てと履行確保だけで，親に子の養育費の支払の責任を果たさせることは実際には難しく，むしろ，子どもに対する親としての責任や責務の重大さを自覚させ，親子の絆や面会交流を支援し，両親の子育てへの積極的参加を強化し奨励する法制度や社会的支援制度の充実整備を図ることが必要である。なお，民法の改正法の施行後の平成24（2012）年4月から平成25（2013）年3月までの1年間で，離婚時に養育費の分担について合意しているのは56%，面会交流については55%にすぎなかった。平成27（2015）年の法務省の調査結果では，多少取り決め率は上昇したものの，養育費，面会交流の合意は62%であった。父母の面会交流や養育費の取り決めを促進するための超党派の議員立法を提案する動きもあるが，家族関係も多様化してきており，「子ども養育支援基本法（仮称）」のような子育てをするひとり親を含めて，国や自治体が面会交流や養育費などの取り決めや合意実現に支援を広げること，DV・虐待・暴力などへの特別な配慮をするなど安心で安全な子育て支援の取り組みにつなげる必要があろう（棚村政行「子ども養育支援ネットワークの形成に向けて」戸時726号〔2015〕23-31頁参照）。

〔棚村政行〕

（離婚による復氏等）

第767条① 婚姻によって氏を改めた夫又は妻は，協議上の離婚によって婚姻前の氏に復する。

② 前項の規定により婚姻前の氏に復した夫又は妻は，離婚の日から3箇月以内に戸籍法の定めるところにより届け出ることによって，離婚の際に称していた氏を称することができる。

〔対照〕 フ民264，ド民1355 V
〔改正〕 ②＝昭51法66新設

〔床谷〕

I 本条の趣旨

本条は，いわゆる「離婚復氏の原則」を規定する。夫婦は，婚姻の際に定めるところに従い，夫または妻の氏を称するが（750条），婚姻の際に氏を改めた妻または夫は，協議離婚をすることによって，当然に婚姻前の氏に復するという原則である。明治民法では，離婚により婚家を去り，実家に復籍することによって，実家の氏に復するという関係であったが，家制度の廃止に立脚する現行法では，氏が復する形に改められ，戸籍については復籍するか，または新戸籍を編製する方式に改められた。

本条が，離婚後の子の監護に関する事項について定める766条の次に置かれ，離婚による財産分与に関する768条を挟んで，離婚による復氏の際の祭祀財産所有権の承継に関する769条が置かれているのは，条文の配列としては奇妙である。明治民法では，離婚後の子の監護に関して，旧812条1項が，別段の定めがないときは，監護は父に属する旨を定め，父が離婚により去家したときは，子の監護は母に属する旨を同条2項で定めていたことを反映しているものと思われる（隠れた旧法の影響）。明治民法には，768条の財産分与規定は存在せず，769条の祭祀財産の承継に関する規定も，明治民法では家督相続と結びついていたことから，離婚に関する規定としてはなかった。この新しい2か条において離婚のより本質的な効果である財産分与の768条を先に規定したものであろう。本条と768条の順序を入れ替え，768条の後に，本条と769条を並べて置くのが整合的である。

本条2項は，婚姻によって，氏を改め，夫婦同氏で長年生活をしてきた者が，離婚後に，当然に婚姻前の氏に復することによって生じうる問題の解消を求める声に応えて，1976（昭和51）年に追加された規定であり，戸籍法上の届出をすることによって，離婚の際に称していた氏を称することができる旨を定めている。これを「婚氏続称制度」と呼ぶ。

本条の規定は，裁判離婚の場合（771条）および婚姻の取消しの場合（749条）に準用されている。

第4節　離婚　第1款　協議上の離婚　　　　　　　　§*767*　II

II　離婚復氏の原則

(1)　離婚によって復する氏

婚姻によって氏を改めた夫または妻は，離婚によって婚姻前の氏に復する。離婚復氏の原則は，婚姻時の夫婦同氏の原則が婚姻の社会的公示の意味を有するのに対して，離婚の社会的公示の意味を持つ。ここで「婚姻前の氏」というのは，婚姻の際に称していた氏を指す。夫の氏を称する婚姻をした妻が，婚姻中に養子となる縁組をしたときは，離婚後に称する氏は，婚姻前の氏ではなく，養親子同氏の原則の適用を受けることになり，養親の氏を称する（810条）。

復氏すべき婚姻前の氏が戸籍法107条1項によって変更されている場合は，民法上の氏に変更はないので，変更後の氏に復するとの戸籍先例がある（昭23・1・13民甲17号民事局長通達）。変更前の氏に復することを希望する者については，新戸籍編製の申出をすることが考えられる。

(2)　復 氏 復 籍

明治民法では，離婚によって去家し，復家し，復氏するという流れであったが，現行法では，離婚により復氏する者は，婚姻前の戸籍に入る。ただし，その戸籍がすでに除かれているとき，または新戸籍編製の申出をしたときは，新戸籍を編製する（戸19条1項）。復籍を原則としたことは，明治民法の復家復氏の観念を残存させるおそれがあり，離婚復氏する者につき，すべて新戸籍を編製する方式にすることが望ましい。

協議離婚の場合は，離婚により復氏する者が離婚の届出書において，新戸籍編製の意思を表示することができる。

裁判または調停による離婚の場合，離婚の届出（報告的届出）は原則として，離婚の訴えを提起した者（調停・審判の申立人）がすることになるが（戸77条・63条），届出人でない者（典型的には妻）が，当該届出によって復氏する場合に，同届書の「その他」欄に新戸籍を編製する旨を記載し署名押印して届け出た場合，またはその旨の申告書を添付して届出があった場合には，これに基づいて新戸籍を編製して差し支えないとされる（昭53・7・22民二4184号民事局長通達）。また，離婚の調停調書中に復氏者につき新戸籍編製をする旨および新本籍の記載があれば，これにより本条1項の申出があったものとして

〔床谷〕　385

§767 III

第4編 第2章 婚姻

新戸籍編製をして差し支えないとする先例がある（昭55・1・18民二680号民事局長通達）。

(3) 子の氏との関係

婚姻によって氏を改めた妻が，離婚復氏後に出産したときは，その子が前夫の子であるとの推定を受ける限り，離婚の際における父母の氏を称する（790条1項ただし書）。その子が母の氏への変更をするためには，家庭裁判所の許可を得なければならない（791条）。

(4) 配偶者が外国人であるとき

戸籍実務では，外国人との婚姻によって氏は変動しないと解することから，婚姻の解消の際にも，国際私法理論による準拠法に従って氏が定まるものとはしない。1984（昭和59）年の戸籍法改正によって，外国人配偶者の称する氏への変更の手続が設けられ（戸107条2項），その手続によって氏を変更していた者が，離婚，婚姻の取消し，または配偶者の死亡の日以後に氏を変更前のものに戻すことを希望するときは，3か月以内に戸籍法上の届出をすればよいものとされている（戸107条3項）。

III 婚氏続称制度

(1) 婚氏の続称

婚姻の際に氏を改めた者（2012〔平成24〕年人口動態統計において妻が96％）が離婚によって婚姻前の氏に復した場合，婚姻期間が長ければ長いほど，離婚後の社会生活（特に職業生活）で，復氏（氏の変更）が不利益をもたらすことがある。離婚原因は夫にありながら，離婚復氏の不利益を被るのは妻である場合には，心情的にも受け入れがたいものがあろう。また，婚姻から生まれた子は父母の婚姻中の氏を称している一方で，離婚後の子の親権者・監護者となる者が復氏する母であることが多くなり（1966〔昭和41〕年頃を境として母が親権者となることが多くなった），親権者と子の氏が異なることの不都合さが問題とされた。

母と子の氏を同じにするために，戸籍法107条1項による氏の変更の申立てが行われることもあったが，それには家庭裁判所の許可が必要であり，許可を得るには「やむを得ない事由」が必要であった。しかし，離婚した者に

386 〔床谷〕

第4節　離婚　第1款　協議上の離婚　　　§767　III

婚姻中の氏を継続使用させることは，婚姻が継続しているとの誤解を生じさ
せるおそれがあることから，これに反対する考えも強かった。そのため，婚
姻中の氏への変更が認められた事例では，数十年にわたりその氏を使用する
例が多く（東京家審昭34・6・15家月11巻8号119頁では36年），こうした氏の変
更はあくまで例外的であった。それでも，「一般の氏の変更と離婚復氏者の
婚姻中の氏への変更とを同一に扱うのは相当でない」とする高裁決定も登場
するに至っていた（東京高決昭49・10・16判時765号74頁）。

　1976（昭和51）年に追加された本条2項が定める婚氏続称制度は，こうし
た不利益を回避するために，離婚復氏者に対し，離婚の日から3か月以内に
限り，戸籍法上の届出をすることによって，離婚の際に称していた氏を称す
ることを許すものである。3か月の期間は諸般の事情を考慮して，婚氏続称
をするかどうか熟慮すべき期間という性質を持ち得ないではないが，立法担
当者によれば，熟慮期間として十分であるか否かを考慮して定められたもの
ではなく，離婚後の呼称秩序の早期安定を図ることが目的である（千種秀夫
「民法等の一部を改正する法律の解説(1)」曹時28巻9号〔1976〕51頁）。つまり，離
婚により婚姻前の氏に復した者がこの期間内に婚氏続称の手続をしなかった
場合は，その者の称する氏として一定の定着をみるので，その後の自由な氏
の変更は社会的な不利益をもたらすおそれがあるからである。現実には，ほ
とんどの場合に離婚の届出と同時に婚氏続称の届出がなされているものと思
われる。この制度は急速に普及し，定着している。離婚届出数に占める婚氏
続称届出の比率は，最初の1976（昭和51）年度は17%にとどまるが，10年
後には倍増し（1986〔昭和61〕年度は約35%），近年では40%を超えている
（2015〔平成27〕年度は離婚届出数229,074に対し続称届出93,499）。

(2)　婚氏続称の届出

　本条2項は，従前は，家庭裁判所の許可を得て，氏（呼称）を変更してい
た（戸107条1項）ものにつき，簡易な手段を講じたものであって，戸籍法
107条1項の特則であると解されている（戸107条1項の特則は戸77条の2とい
うことか）。そのため，婚氏を続称することは，戸籍実務上，民法上の氏の変
更ではなく，呼称上の氏の変更であると解されている（これに批判的な見解も
ある）。

　婚氏を称しようとする者は，離婚の年月日を届書に記載して，婚氏を称す

〔床谷〕　387

§767 IV
第4編　第2章　婚姻

る意思を届け出なければならない（戸77条の2）。この婚氏続称の届出をするに当たり，元配偶者の同意などは必要ではない。もっとも，現実的には，離婚し縁を切った者（妻）が婚姻中の氏を称し続けることを嫌う元配偶者（夫）およびその親族からの圧迫を受けて，続称の届出をためらったり，断念したりすることもある。

　この婚氏続称の届出があった場合において，その届出をした者を筆頭に記載した戸籍が編製されていないとき，またはその者を筆頭に記載した戸籍に在る者が他にあるときは，その届出をした者について，新戸籍を編製する（戸19条3項）。前者の場合は，戸籍筆頭者の氏と呼称が異なることになるからであり，復氏した氏と続称した氏の呼称が同じ場合であっても，同様の取扱いとなる。後者の場合については，例えば，離婚復氏した母が復する戸籍に子が同籍している場合において，母が婚氏続称届をする場合，婚氏続称者である母と同籍者である子において，氏の変更についての意思・利害が一致するとは限らないからである。ただし，戸籍実務上，その子は，母とは呼称（呼称上の氏）が異なるが，民法上の氏は同一であると解されているので，子の氏の変更に関する791条の規定によらず，単なる父母と同籍する旨の届出によって母の戸籍に入ることができる（昭51・11・4民二5351号民事局長通達）。

IV　離婚復氏から3か月経過後の婚氏への変更

(1)　戸籍法107条1項による氏の変更

　婚氏続称の届出に定められた3か月の期間が経過した後に，離婚復氏した者が婚氏への変更を希望する場合には，婚氏続称制度が創設される前と同様に，戸籍法上の氏の変更の手続によらなければならない。すなわち，「やむを得ない事由」があるとして家庭裁判所の許可を得なければならない（戸107条1項）。

(2)　家庭裁判所の許可

　「やむを得ない事由」の審査に当たり，家庭裁判所は，3か月を徒過した事情，現に離婚の際に称していた氏を称しているか，称する必要性があるか，復氏した氏の使用に関わる問題を氏の変更で便宜的に回避する目的があるなど氏の変更が恣意的なものでないか，などを検討する。3か月間経過後に，

第4節 離婚 第1款 協議上の離婚　　　　　　　　　　§767　V

父から母に親権者または監護者が変更され，子を引き取ることになった場合
など，婚氏を称することを必要とする事情の変更があったか否かも重要な考
慮すべき事情である。経過した期間の長さも問題となるであろうが，半年程
度の期間の経過であれば，変更を妨げる事情とはならないと考えて良いであ
ろう。

(3) やむを得ない事由の緩和

裁判例では，一般的な氏の変更の場合に比べて「やむを得ない事由」を緩
和して解釈すべきものと解されている。無効な協議離婚届を調停で追認した
ことから，届出時点に遡って離婚が成立し，その結果として，本条2項，戸
籍法77条の2の届出期間を徒過したことになったという特殊な事情の下で
はあるが，婚姻中の氏への変更につき，「やむを得ない事由」要件も，ある
程度は緩やかに解釈されて然るべきであるとして，申立ては認容されている
(札幌家審昭56・10・7家月35巻3号92頁)。また，離婚判決確定後，別れた夫の
要請で離婚届出を控えているうちに続称届の法定期間を徒過した事例におい
て，裁判所は，2か月余りを経過したにすぎず，その間婚氏で社会生活を営
んでいたので，同一性に関する識別について社会に混乱を生じさせるおそれ
はないこと，婚姻期間中すでに18年間以上も婚姻による氏を称してきたの
であり，教師として，また，2児の親権者として氏の継続使用をする実際上
の必要性が存することの諸事情が認められるのであって，やむを得ない事由
があるものとしている(東京高決平元・2・15家月41巻8号177頁)。

V　婚氏続称後の婚姻前の氏への変更

(1) 戸籍法107条1項による氏の変更

本条2項の規定により，いったん婚氏を続称しながら，再び，婚姻前の氏
への変更を希望する者がある。このような場合には，戸籍法107条1項によ
る家庭裁判所の許可を得て，変更することができるかどうかが問題となる。
その際の許可の要件となる「やむを得ない事由」の判断について，婚氏続称
の届出制度が導入された初期には，厳格に解するものもみられたが，その後，
これを緩和して解釈するものが一般的となっている。

〔床谷〕　　389

§767 V   第4編　第2章　婚　姻

(2)　厳格解釈事例

　続称制度は，期間制限がつけられているとはいえ，離婚復氏者の自由意思
による氏の変更を可能とするものであるから，その権利を行使した以上，再
度の変更を安易に許すことは，呼称秩序の安定を害するおそれがある。した
がってひとたび行った意思決定が変更されるには相応の事由がなければなら
ないと考えるものである。

　例えば，元夫が異議を唱えて復氏を迫るのが煩雑というだけでは認められ
ないとしたもの（福岡家直方支審昭51・10・6家月29巻4号147頁），子を引き取
るつもりで婚氏を続けることにしたが，子を引き取ることができなくなり，
婚氏を続ける意味がなくなったので婚姻前の氏に復したいという申立てにつ
き，いったん戸籍法77条の2の届出をして婚姻中の氏を称することにした
以上，さらにもとの旧姓に復することが当然に許されるものではなく，本件
の場合にはまだやむを得ない事由があるとはいえないとしたものがある（大
阪家審昭52・8・29家月30巻7号75頁）。

(3)　やむを得ない事由の緩和

　多くの裁判例（高裁決定）は，離婚の場合は復氏するのが原則であり，婚
氏統称は例外を認めるものと捉えて，日時の経過等によって婚氏が離婚後の
呼称として社会的に定着し，新たな呼称秩序が形成されたような場合を除き，
婚姻前と同一の氏への変更については，通常の氏の変更よりも「やむを得な
い事由」の解釈を緩和すべきものとしている（大阪高決昭52・12・21家月30巻
6号95頁）。ここでは，婚氏の統称期間が問題とされるが，職業上の都合等
から婚氏を統称して4年余，実家に戻り，生来の氏を通称として使用してい
る事案で，「やむを得ない事由」の判断にあたっては，それが婚姻前の氏へ
の変更である場合には，民法が離婚復氏を原則としていること（767条1項）
などに鑑み，一般の氏の変更の場合よりもある程度要件を緩和して解釈する
ことが許されるとしている（名古屋高決平7・1・31家月47巻12号41頁）。

　婚氏統称が5年程度であれば，婚氏が定着しているとは言えないが，現在
では，統称期間が10年を超える事例でもやむを得ない事由があると認めら
れるようになっている。例えば，離婚以来11年以上の日時の経過により，
婚氏がある程度社会生活上定着していることを否定することができないと述
べつつ，婚姻前の氏への変更を求める場合には，「やむを得ない事由」を厳

390　　〔床谷〕

第 4 節　離婚　第 1 款　協議上の離婚　　　　　§767　V

格に解する必要はなく，婚氏続称で日常生活上の不便・不自由を被っている
ことが認められるとして変更を認めた事例（大阪高決平 3・9・4 判時 1409 号 75
頁），続称期間が 15 年以上でも婚姻前の氏への変更を認めた事例（東京高決平
26・10・2 判タ 1419 号 177 頁）がある。

　養育する未成年者と氏を同じにしていたいという理由からの婚氏続称の場
合は，子が成年に達するまで長期間の，時には 20 年近くに及ぶ続称も考え
られる。他方で，子との共同生活のためだけではなく，自分の仕事のために
続称した場合など，子が独立した後も続称していたが，老境に入ってから生
来の氏に復したいという申立てもある。近時の裁判例では，生来の氏への変
更については，申立てが特に恣意的なものであるとか，社会的弊害を生じる
などの特段の事情のない限り，氏の変更を認める実情にある（東京高決平 15・
8・8 家月 56 巻 4 号 141 頁）。

　婚氏続称後に再婚するに当たり，婚姻前の氏への変更の申立てをすること
もある。再婚するならいったん実家に戻ってから嫁ぐべきという旧い考え方
の名残も見られるが，本人の意思によるものであれば，生来の氏への変更と
して認められる。他方，続称のまま再婚し，配偶者の氏に変更した者が，再
婚配偶者との離婚後または再婚配偶者の死亡後に初婚の前の氏への変更の申
立てをすることもある。夫死亡後，婚姻前の氏（前婚の続称）に復することを
希望せず，生来の氏で事実上生活し，子もその氏に変更することを希望して
いる事案で，裁判所は，婚姻によって氏を変えた者は離婚により原則として
婚姻前の氏に復し，婚姻中の氏の継続使用は例外的なものであること，配偶
者の死亡に伴い婚姻前の氏に復する場合において，その婚姻前の氏が前婚の
氏の継続使用であつた場合に，その氏に復することなく，前婚の前の生来の
氏に復帰することは，なんら氏に関する社会秩序を混乱させるものではない
ことを併せて考えてみると，氏の変更について「やむを得ない事由」がある
ものとしている（福岡高決昭 60・1・31 家月 37 巻 8 号 45 頁）。婚氏続称者が再婚
して，さらに離婚し復氏した後に生来の氏に変更する場合についても，同様
の判断が示されている（札幌高決昭 61・11・19 判タ 630 号 192 頁）。離婚復氏原則
論からすれば，生来の氏への変更は，基本的にやむを得ない事由に該当する
という程に緩和されている。

〔床谷〕　　391

§767 VI, §768　　　　　　　　　　　　第4編　第2章　婚姻

VI　続称する婚氏の性質

離婚復氏した者が婚氏を続称する届出をする場合（本条2項），あるいは，続称した婚氏から家庭裁判所の許可を得て，婚姻前の氏に復する場合（戸107条1項），その称する氏の変更は，「民法上の氏」の変更ではなく，単に氏の呼称を変えるものであり，これを「呼称上の氏」の変更と解するのが，戸籍実務に定着した考え方である。このような「呼称上の氏」なるものの形成と運用については，戸籍法107条1項による氏の変更に絡んで古くから学説には批判がある（新版注民(22)172頁以下〔泉久雄＝家永登〕，床谷文雄「民法上の氏と呼称上の氏」中川高男ほか編・民法基本論集第Ⅶ巻　家族法〔1993〕14頁，梶村太市「『民法上の氏』『呼称上の氏』考」戸籍法50周年記念論文集編纂委員会編・現行戸籍制度50年の歩みと展望〔1999〕957頁以下，新版注民(23)620頁以下〔梶村太市〕）。

〔床谷文雄〕

（財産分与）

第768条①　協議上の離婚をした者の一方は，相手方に対して財産の分与を請求することができる。

②　前項の規定による財産の分与について，当事者間に協議が調わないとき，又は協議をすることができないときは，当事者は，家庭裁判所に対して協議に代わる処分を請求することができる。ただし，離婚の時から2年を経過したときは，この限りでない。

③　前項の場合には，家庭裁判所は，当事者双方がその協力によって得た財産の額その他一切の事情を考慮して，分与をさせるべきかどうか並びに分与の額及び方法を定める。

〔対照〕　フ民270以下，ド民1569以下
〔改正〕　②③＝昭23法260改正

細　目　次

I　本条の趣旨と沿革 …………………………393	2　立法の経緯と法改正の動向……………395
1　財産分与制度の意義……………………393	(1)　現行法の成立前 ………………………395

392　〔犬伏〕

第4節　離婚　第1款　協議上の離婚　　　　　　§768　Ⅰ

　　(2)　財産分与制度の創設 ……………396
　　(3)　法改正の動向 ………………………397
Ⅱ　財産分与の法的性質・内容 ……………397
　1　清算的要素＝清算的財産分与 ………397
　2　扶養（補償）的要素＝扶養（補償）
　　的財産分与……………………………399
　3　慰謝料的要素＝慰謝料的財産分与……400
　4　離婚慰謝料と財産分与との関係………402
Ⅲ　財産分与の請求と決定方法 ……………404
　1　財産分与請求権の行使期間 …………404
　2　財産分与請求権と申立て ……………404
　3　財産開示の必要性……………………406
　4　分与義務者からの申立て ……………406
　5　財産分与の決定方式…………………407
Ⅳ　財産分与の具体的決定基準 ……………408
　1　清算的財産分与の決定………………408
　　(1)　清算的財産分与の対象財産の範囲
　　　および基準時 ………………………408
　　(2)　清算的財産分与の清算割合 ……415
　　(3)　清算的財産分与の方法 …………416
　2　過去の婚姻費用の清算………………417

　3　扶養（補償）的財産分与の決定………418
　　(1)　扶養（補償）的財産分与決定の考
　　　慮事由 ………………………………419
　　(2)　扶養（補償）的財産分与の具体的
　　　決定 …………………………………419
　4　離婚慰謝料の決定……………………421
　　(1)　離婚慰謝料（慰謝料的財産分与）…421
　　(2)　離婚慰謝料決定の考慮事由 ……422
Ⅴ　離婚時年金分割制度 ……………………423
Ⅵ　財産分与請求権と派生的問題 …………424
　1　財産分与と第三者……………………424
　　(1)　財産分与と詐害行為取消権 ……424
　　(2)　財産分与請求権の保全と債権者代
　　　位権 …………………………………427
　2　財産分与と相続………………………428
　　(1)　財産分与請求権の相続 …………429
　　(2)　財産分与義務の相続 ……………429
　3　財産分与と課税………………………430
　　(1)　財産分与と譲渡所得税 …………430
　　(2)　財産分与と不動産取得税 ………431

Ⅰ　本条の趣旨と沿革

1　財産分与制度の意義

　本条は，離婚の際の財産的効果，いわゆる離婚給付に関する規定として，協議離婚をした者の一方に他方に対する財産分与請求を認めたもので，裁判上の離婚および婚姻の取消しにも準用されている（771条・749条）。本条による財産分与制度は，1947（昭和22）年の民法改正（昭22法222）により新設され，創設当時からその立法経緯および制度趣旨について学問的注目を集めていた。

　しかし，本条は，財産分与請求権について，離婚以外の要件を明示せず（1項），財産分与の具体的決定は当事者の協議あるいは家庭裁判所の審判（家事別表第二4項）に委ね（2項），家庭裁判所が財産分与を決定する際の考慮事項として，「当事者双方がその協力によって得た財産の額その他一切の事情」を挙げるのみ（3項）であることから，財産分与の法的性質・内容および決定基準（要件）等が条文上明らかとはいえない。そこで，これらの点は学説による理論的解明と家裁実務の蓄積に委ねられてきたが，協議離婚が圧

〔犬伏〕　393

§768 I
第4編 第2章 婚姻

倒的多数である我が国において，当事者に対して，より明確な指針となるべく，本条に関する立法論的検討も必要となる。

離婚法は離婚原因・手続法と離婚効果法に分かれるが，前者に関して「有責主義から破綻主義へ」の流れや離婚の自由化が進み，より広く離婚が認められるようになることは，同時に，後者に関して，婚姻中の経済的協力関係が解消した後の，当事者双方の経済的安定・自立の確保を図る必要性が大きくなってくる。比較法的に見ても，離婚後の配偶者（特に妻）の生計維持を図るために，多くの国で離婚給付の規定が定められてきたが，婚姻中の財産関係を規律する夫婦財産制の規定内容との関連で，離婚給付の内容には2類型がみられる（新版注民(22)249頁以下〔犬伏由子〕）。第1の類型は，フランス法やドイツ法に見られるように，婚姻中に形成された夫婦財産の清算は，夫婦財産制（所得共通制，付加利得共通制等）の枠内で行い，これと別個独立して離婚給付に関する規定を置くものである。第2類型は，夫婦財産制に関して別産制を採用しているイギリス法のように，離婚給付の中で，婚姻中形成された夫婦財産の（裁判官の決定による）衡平な財産分配をも含めて規定するものである。日本法では，判例が法定財産制（762条）を別産制と解した（最大判昭36・9・6民集15巻8号2047頁）上で，財産分与には「夫婦が婚姻中に有していた実質上共同の財産」の清算分配が含まれる（最判昭46・7・23民集25巻5号805頁）とした点で，第2類型に属する（→前注(§§755-762)Ⅲ）。

なお，離婚慰謝料（損害賠償請求）については認めない国（イギリス法，ドイツ法）が多く，離婚が特に重大な結果をもたらす例外的な場合にのみ損害賠償請求を認めるフランス法（フ民266条）も，離婚給付とは別個に規定している。

国連の女性差別撤廃委員会は，女性差別撤廃条約16条に関する解釈指針として，2013年2月に一般勧告第29「婚姻，家族関係及びそれらの解消の経済的影響」を採択した（→前注(§§755-762)Ⅲ）。この中で，締約国に対して，有責主義的離婚原因と関連づけた離婚の財産的効果を改めるべきこと（パラグラフ40），形式的および実質的平等を達成するために，婚姻解消時の財産分配においては，夫婦財産への非金銭的貢献の評価，また，結果の平等を達成する方法として，解消後の配偶者扶養等の規定をおくよう強く勧告している（パラグラフ47）。したがって，女性差別撤廃条約の観点からも，離婚給付

第4節　離婚　第1款　協議上の離婚　**§768 I**

（夫婦財産の分配，離婚後扶養）規定は，有責性と関連づけられることなく，また，婚姻中の性別役割分担に起因した離婚後の経済的悪化をもたらすことがないように，実質的平等の実現を踏まえた内容とならなければならない。

2　立法の経緯と法改正の動向

(1)　現行法の成立前

1898（明治31）年に施行された明治民法親族編・相続編（明31・6・21法9）には，離婚給付に関する規定は含まれていなかったが，全く検討されてこなかったわけではなかった。

民法典編纂の過程では，幾度となく離婚給付規定の提案があったが，これらは，すべて実現には至らなかった。さらに，大正期から始まった明治民法親族編・相続編の改正作業においても，離婚給付規定を置くことが検討されたが，これもまた，戦争の激化により中断を余儀なくされ，最終的に，1947（昭和22）年民法改正による現行法の誕生において，財産分与制度の新設という形で実現を見たわけである（768条が規定されるに至る立法的沿革について，高野耕一・財産分与・家事調停の道〔1989〕3頁以下が詳細である。なお，新版注民(22)179頁以下〔犬伏〕参照。以下，概略のみを紹介する。）。

(ｱ)　明治民法制定前　　1888（明治21）年の身分法第1草案（人事編・獲得編第2部）では，法定財産制に所得共通制（1842条）が採用され（一前注（§§755-762）Ⅱ），さらに，裁判離婚の効果として，有責配偶者が無責配偶者に対し離婚後も婚姻中の地位を保障するべく養料給付義務を定めていた（147条）が，1890（明治23）年に制定された「旧民法」では離婚給付規定は存在しない（法定財産制は管理共通制となった）。この間の事情は必ずしも明らかではないが，先の離婚後の養料規定に対しては，主に離婚後他人となった者に対する扶養義務を課すべき理由はないとする反対意見が強かったことが影響したものと考えられる（新版注民(22)183頁〔犬伏〕）。

(ｲ)　明治民法の制定　　明治民法（1898〔明治31〕年）にも，離婚給付規定は存在しなかったが，当初の原案には，離婚後扶養義務を有責者に課す規定（829条1項）が含まれていた。この規定の趣旨について，起草者の一人である富井政章は，離婚後自活できないために酷い目に遭っても離婚せずに堪え忍ぶといったことは実に不都合であるためと説明していた。しかし，離婚扶養の権利性に関して3人の起草委員の間に見解の相違が存在したこと（梅謙

〔犬伏〕　395

次郎が，離婚後扶養は不法行為に基づく損害賠償請求権の一種と理解したのに対し，穂積陳重は，親族扶養に劣後する人情に基づく扶養義務とし，権利性の薄弱なものと位置づけた）が要因となって，明治民法から離婚給付の規定が消え去ることとなった。すなわち，親族扶養義務の審議において，離婚後扶養の順位が争われた際，離婚後扶養を親族扶養義務の最後に位置づける穂積陳重による修正案（扶養の順位〔957条〕に関する修正案）が可決された。これが引き金となり，梅謙次郎が劣後的になった離婚後扶養規定を残すより，損害賠償の一般規定に任せた方が良いとして離婚後扶養規定の削除案を提案し，これが可決された（法典調査会民法整理会議事速記録〔近代立法資料14〕433頁以下，新版注民(22)186頁〔犬伏〕）。結果，明治民法下では，判例が，有責原因により離婚に至ったことによる慰謝料請求を認めることによって不十分ながら無責配偶者の救済が図られた（夫による虐待・侮辱を理由に妻の慰謝料請求を認めた大判明41・3・26民録14輯340頁が嚆矢となった）。

　大正期には，1924（大正14）年に臨時法制審議会で決議された民法改正要綱において，「第17　離婚ニ因ル扶養義務」と題する規定が置かれ，有責性を前提とせずに，離婚後の生活困窮者に対する扶養義務が定められた。これに基づき起草された「人事法案（仮称）親族編」（1941〔昭和16〕年）では，離婚給付に関して「相当ノ生計ヲ維持スルニ足ルベキ」財産の分与を求めることができるとし，「当事者双方の資力」を分与決定の際の考慮事由に挙げる扶養的「財産分与」の規定（同法94条）がおかれた（高野・前掲書30頁以下）。

　(2)　財産分与制度の創設

　当初，本条は，人事法案とほぼ同様，離婚後扶養の性格を持つ財産分与規定であった。しかし，その後の委員会審議において，女性委員から，婚姻中取得財産を共有とすべしと主張があったこと，民法改正をめぐるGHQとの折衝の際，GHQ側から分与の基準として，夫婦の協力で得た財産を，半々に分けるという原則を明記するよう求められたことを契機として，清算的「財産分与」を中心とする現行768条の文言に改められることになった。ただし，次の国会審議の場面も含めて，起草者には財産分与の決定基準を明記すること，とりわけ2分の1という割合を示すことについては強い抵抗感が存在していた（高野・前掲書66頁，新版注民(22)190頁〔犬伏〕）。

　民法改正に関する国会審議の際にも，女性議員からは，762条の別産制の

第4節 離婚 第1款 協議上の離婚　　　　　　　　　　　　　　　§*768* Ⅱ

規定によれば，婚姻中の取得財産に対する夫婦の協力が評価されない点に関
する疑問が，繰り返し示されたが，奥野政府委員は，夫婦財産に関して問題
となるのは，夫婦わかれのときであるから，離婚の際の財産分与の規定が
「夫婦の財産は夫婦の協力によって築かれたものである」ことを前提として
いると説明した（→前注（§§755-762）Ⅱ）。さらに，768条の立法趣旨について，
参議院において奥野政府委員からは，夫婦の協力によって得た財産の分割，
離婚後の扶養料，さらには有責者への制裁的な意味での慰謝料といった内容
が含まれていると説明された（最高裁判所事務総局編「民法改正に関する国会関係
資料」家庭裁判資料34号〔1953〕487頁）。

(3)　法改正の動向

本条成立後まもなく，法制審議会では，財産分与の内容の明確化が議論さ
れたものの持ち越されていた。1996（平成8）年2月に法制審議会で決定さ
れた婚姻法・離婚法に関する「民法改正案要綱」（「民法の一部を改正する法律案
要綱案」ジュリ1084号〔1996〕126頁）では，768条の財産分与の内容について，
各要素を個別的に明記する方向は採られず，3項の財産分与の決定において，
「離婚後の当事者間の財産上の衡平を図る」という目的が掲げられたうえで，
考慮事情を具体化するにとどまった。ただし，3項には，当事者双方がその
協力により取得・維持した財産に対する各当事者の寄与度を原則として同等
と扱う，いわゆる「2分の1ルール」が含まれており，1996年「民法改正案
要綱」自体の実現を見ない中でも，家裁実務に大きな影響を与えている。

Ⅱ　財産分与の法的性質・内容

財産分与は複合的性質を有し，立法経緯に照らして，夫婦財産の清算およ
び離婚後の扶養が含まれている点は学説・判例上ほぼ一致しているが，離婚
慰謝料が含まれるかという点に関しては議論が残っている（本沢59頁）。

1　清算的要素＝清算的財産分与

婚姻中に「夫婦の協力により得た財産」（本条3項）を離婚の際に清算すべ
きとするものである。清算的財産分与は，財産分与の中核的要素であり，婚
姻中の夫婦が，経済的にも協力して婚姻共同生活を維持発展させてきたにも
かかわらず，その共通の成果を，法定夫婦財産制である別産制のルールに従

〔犬伏〕　397

§768 II　　　　　　　　　　　　　　　　　　　　第4編　第2章　婚姻

い，一方が独占することは，夫婦の平等・夫婦間の衡平に反することになるから，離婚の際にその分配を認めるものである。

　この点，判例も，夫婦間の実質的平等は，婚姻解消の際に，夫婦財産制の枠外で定められた財産分与請求権，あるいは，配偶者相続権の規定によって果たされるとした（最大判昭36・9・6民集15巻8号2047頁，→§762Ⅲ）。ただし，財産分与，あるいは，配偶者相続権が，直截的に婚姻中の協力による取得財産の清算制度と位置づけられているわけではなく，本条においても，婚姻中の法定別産制と清算的財産分与の理論的接合関係は明確とはいえない（犬伏由子「婚姻中取得財産の分配と夫婦財産制」法研88巻3号16頁〔2015〕）。

　この点，学説は，別産制による個人的財産帰属のルールにより，夫婦一方に帰属するとされた財産も，その取得に対する協力に基づいて，他方が潜在的持分を有する（中川（善）290頁），あるいは，夫婦財産制（762条）の解釈自体に基づいて，（夫婦間の対内関係では）夫婦の協力による取得財産は実質的共有財産である（我妻154頁）として，清算的財産分与との接合をはかる（実質的共有あるいは潜在的持分の清算を，清算的財産分与の根拠とすることに対しては批判もある〔鍛冶良堅「『婚姻中自己の名で得た財産』の意義」現代家族法大系Ⅱ56頁〕）。

　判例は，別産制を前提としつつ，清算的財産分与を「夫婦が婚姻中に有していた実質上共同の財産」の清算分配とし（最判昭46・7・23民集25巻5号805頁），さらに，実質的共同財産の清算分配は，当事者間の協議あるいは審判により具体化されるとして，財産分与請求権を形成権と捉えている（最判昭55・7・11民集34巻4号628頁，→Ⅲ2）。なお，審判では給付命令によって財産分与が具体化され，金銭だけではなく，現物分与も命じうる（家事154条2項4号）が，家裁実務は，清算的財産分与に関する現物分与の対象を，実質的共同財産に限定している（沼田幸雄「財産分与の対象と基準」新家族法実務大系Ⅰ486頁）。このような現物分与の捉え方は，清算的財産分与を実質的共有あるいは潜在的持分の清算とみる見解を前提としつつ，審判による権利関係の具体的形成という手続法を媒介に，法定別産制と清算的財産分与の接合をはかろうとするものと考えられる。今後の立法論としては，実体法上も，夫婦財産制と清算的財産分与の関係を明確にするために，清算の要素は財産分与から切り離し，夫婦財産制の枠内での清算と位置づける方向での検討が必要であろう（大村・読解84頁）。

　398　〔犬伏〕

第4節　離婚　第1款　協議上の離婚　　　　　　　§*768*　**II**

2　扶養（補償）的要素＝扶養（補償）的財産分与

　離婚後経済的自立困難な配偶者に対する離婚後扶養として，あるいは，婚姻生活に起因し，離婚後に生じる経済的不利益・不均衡を是正するための離婚後補償として，財産的給付を行うものである。婚姻生活の経済的側面は有償労働（職業労働）だけではなく，様々な無償労働（家事，育児などのケア労働，家計管理等）によっても支えられているが，性別役割分担によって，無償労働が妻の負担となっている場合には，離婚後，妻の経済的自立は困難となり，そのために，婚姻生活を忍従することになれば，離婚の自由を認めた意味がない。

　立法過程の当初から，扶養的離婚給付の必要性は肯定され，判例も財産分与の要素として挙げている（前掲最判昭46・7・23）。扶養から清算へと財産分与における比重が移っていく中でも，婚姻中に蓄積・維持された財産の清算的分与だけでは，離婚後の自立には十分ではないとして，本条の財産分与の第2の要素として，離婚後扶養が挙げられている。しかし，婚姻解消後にも夫婦間の扶養義務を認めることになる，離婚後扶養の根拠が問題とされてきた。近時は，新たに補償的要素として再構成がなされつつある。

　離婚後扶養の根拠については諸説が存在する（大津千明・離婚給付に関する実証的研究〔1990〕154頁，本沢265頁，新版注民(22)196頁〔犬伏〕）。一般に，離婚後扶養は，終生にわたる共同生活を目的とする婚姻が破綻し，離婚に至った場合でも，婚姻の事後的効果（余後効）として，生活に困窮するものに対して扶養する義務がある（我妻155頁），あるいは，近時の補償的財産分与の主張につながるものとして，婚姻中の性別役割分担の結果，夫婦の財産取得能力に差が生じ，離婚後自立困難となった者に対して，実質的平等や衡平の観点から，生活保障をすべき義務と考えられている（山本笑子「判例財産分与法（2・完）」民商35巻4号〔1957〕510頁）。これらの見解によれば，扶養的財産分与は，扶養義務の枠内で行われるべきで，清算的財産分与や，離婚慰謝料に対する補充的な給付と位置づけられていた。

　これに対し，補償的財産分与の主張は，補充性を否定し，清算的財産分与と並ぶ，独立した財産給付としての位置づけを与え，いまだ不十分とされる財産分与額の底上げを図ろうとするものである。補償の必要性は，婚姻共同生活に起因して，離婚時または離婚後に，夫婦の一方に経済的不利益が生じ

〔犬伏〕　399

§768 II

第4編　第2章　婚姻

ることに対する，夫婦間の平等・衡平の観点からの是正・調整に求められる（本沢272頁）。あるいは，離婚による経済的不利益については，婚姻中の性別役割分担により，所得能力が減少したことを挙げる見解もある（鈴木眞次・離婚給付の決定基準〔1992〕281頁）。

補償的財産分与の考え方は，いまだ必ずしも定着したとはいえないが，1996（平成8）年民法改正案要綱においても明示された「離婚後の当事者間の財産上の衡平」の観点や，2004（平成16）年の年金法改正による離婚時年金分割制度の導入の背景に照らせば，婚姻共同生活中に，夫婦の一方（特に妻）がより多く無償労働を負担したために，職業活動を十分に行えなかった結果生じる，経済的不利益の調整が必要となる。このような婚姻共同生活に起因する経済的不利益は，婚姻中の富の偏在だけではなく，所得獲得能力の格差として現れ，衡平の観点から，前者に関する清算的財産分与と，後者に関する補償的財産分与が要請される。

3　慰謝料的要素＝慰謝料的財産分与

相手方の有責行為により，「離婚をやむなくされた精神的苦痛」に対する損害賠償を，離婚慰謝料と呼び，判例・通説がこれを認めている。この離婚慰謝料については，その内容，さらには，財産分与に含まれるかに関して，活発に議論されてきた。

判例は，婚姻中の夫婦一方による，虐待・侮辱などの身体・自由・名誉など個別の違法行為による慰謝料とは別に，有責行為により「離婚をやむなくされた」ことによる離婚慰謝料が認められるとする（最判昭31・2・21民集10巻2号124頁，前掲最判昭46・7・23）。しかし，離婚慰謝料において，有責行為自体による精神的苦痛は考慮しないとする趣旨かは明らかではない。

学説は，離婚原因となった夫婦一方による個別の有責行為（暴力・虐待・不貞行為・悪意の遺棄など）による慰謝料（離婚原因慰謝料）と，離婚をやむなくされたこと自体による慰謝料（離婚自体慰謝料）とを区別し，多数説は，離婚慰謝料は後者の離婚自体慰謝料を指し，離婚原因慰謝料は離婚とは別個独立した不法行為に基づく損害賠償請求と捉えている（峻別説。岩志和一郎「家族関係と不法行為」藤岡康宏編・新・現代損害賠償法講座2〔1998〕155頁，潮見佳男・不法行為法I〔2版，2009〕225頁）。これに対して，離婚原因となった個別有責行為の発生から，離婚に至るまでの一連の経過を，全体として1個の不法行為と捉

400　〔犬伏〕

第4節　離婚　第1款　協議上の離婚　　　　　　　　　**§*768*　Ⅱ**

え，離婚慰謝料には，離婚原因慰謝料と離婚自体慰謝料が含まれるとする見解もある（一体説。大津・前掲書66頁）。

裁判実務においては，離婚慰謝料の請求に関して，離婚原因となる有責行為により婚姻が破綻し，離婚を余儀なくされたことを認定したうえで，離婚慰謝料として一体説に近い一括処理がなされている（大津・前掲書65頁，二宮＝榊原150頁。ただし，広島高判平19・4・17家月59巻11号162頁は，前訴で不貞行為に基づく慰謝料請求が認められた事案について，後訴における離婚慰謝料とは訴訟物が異なり，既判力は及ばないとした）。

さらに，離婚自体慰謝料とは何か，これを認めるべきかについても議論がある。離婚原因となった個別有責行為による慰謝料については，不法行為に基づく損害賠償と考えられており（ただし，不貞行為や悪意の遺棄といった夫婦間での義務違反，特に不貞行為をめぐっては，不法行為として慰謝料を認めるべきかについては議論があり，判例・多数説は肯定するが，近時は否定的な見解もある〔二宮56-57頁，窪田61頁以下〕），判例・学説は離婚自体慰謝料についても不法行為に基づくとしている。

また，多数説は，被侵害利益として，同居協力扶助等の権利義務によって守られている婚姻の永続性に対する期待や（勝本正晃「離婚に因る損害賠償」家族制度全集・法律Ⅱ215頁，我妻154頁），「配偶者としての地位」（潮見・前掲書225頁）をあげ，相手方の有責行為による離婚によってこれらが侵害され，精神的苦痛が生じるとする。このような見解が，結局，離婚を不法行為と捉えることになる点に対しては批判もある（川島武宜「離婚慰藉料と財産分与との関係」我妻栄還暦・損害賠償責任の研究上〔1957〕273頁は，離婚に至らしめたこと自体を不法行為として慰謝料を与える旧法下の法律構成は，財産分与制度が存在しなかったためにやむをえずとられていた法律構成にすぎず，離婚そのものを不法行為とすることは不適当とする）。

そもそも，離婚による精神的苦痛の内容が離婚後の生活の不安や安定的地位を失ったことによるものであれば，清算的・扶養（補償）的財産分与でカバーすべきであり，離婚慰謝料を認める必要はなく，次の財産分与との関係という議論も生じない（右近健男「離婚の際の財産分与請求と慰謝料」石田喜久夫ほか還暦・損害賠償法の課題と展望中巻〔1990〕427頁，本沢220頁，二宮104頁，成澤寛「財産分与の役割——扶養的補償的機能・調整機能」戸時737号〔2016〕25頁。なお，離

〔犬伏〕　　401

§768 Ⅱ
第4編 第2章 婚姻

婚を余儀なくされたことによる精神的苦痛というのも，当初の個別有責行為により離婚に至ったという場合の，損害の範囲の問題にすぎず，個別的有責行為についての慰謝料を認めれば足りるとする見解もある〔窪田 120-123 頁〕）。

4 離婚慰謝料と財産分与との関係

沿革的に見れば，本条が規定される以前は，離婚慰謝料が離婚による不利益救済の中核を担っており，本条が規定された後も，判例・通説が「離婚をやむなくされた」ことによる離婚慰謝料を認めてきた。そこで，離婚給付としての財産分与と離婚慰謝料との関係が，一時期盛んに論じられた。また，手続上も，不法行為に基づく離婚慰謝料と財産分与とは，別個独立に請求できるのかという問題が生じたが，議論は収束しつつある（新版注民(22)198 頁〔犬伏〕以下）。

学説は，財産分与の法的性質に関して，慰謝料的要素が含まれるとする包括説と，清算・扶養（補償）的要素のみであり，有責性を前提とする慰謝料は含まれないとする限定説に分かれている（大津・前掲書32 頁，本沢63 頁）。包括説は離婚慰謝料を肯定する前提の下で，これを財産分与請求権に包摂することにより，離婚後の財産的紛争解決の一回性にメリットを見いだしている。これに対し，限定説は，財産分与と慰謝料の手続上の違い（離婚慰謝料は不法行為に基づく訴訟事項，財産分与は審判事項）や，請求期間の違い（損害賠償請求であれば3 年の時効期間〔724 条〕，財産分与については2 年間の除斥期間），さらに，財産分与とは別に，不法行為による慰謝料請求を認めることによって，離婚給付額の底上げを図ることによるメリットを挙げている。ただし，財産分与と慰謝料が別個に主張されるような具体的事案について，財産分与手続による統一的解決をどの程度考慮するかは，包括説および限定説の内部でも見解が分かれる（新版注民(22)200-201 頁〔犬伏〕）が，判例により，以下のように判断されている。

判例は，まず，いまだ財産分与を得ていない場合に，離婚慰謝料のみを請求した事案で，これを認め（最判昭31・2・21民集10 巻2 号124 頁），その後，最高裁昭和46 年7 月23 日判決（民集25 巻5 号805 頁）において，すでに財産分与（その内容は，整理タンス一棹，水屋一個の引渡しを受けたにすぎなかったが）を得た妻が，その後，離婚慰謝料を請求した事案に関して，財産分与の法的性質を「婚姻中に有していた実質上共同の財産」の清算分配，および，離婚後

402 〔犬伏〕

第4節　離婚　第1款　協議上の離婚　　§*768*　II

扶養とし，有責性に基づく離婚慰謝料請求権を必ずしも含むものではないとした。ただし財産分与の決定の際に，「一切の事情」として離婚慰謝料を考慮することができるとした上で，先になされた財産分与に離婚慰謝料が含まれていないか，あるいは，その額および方法において，請求者の精神的苦痛を慰謝するには足りないときには，別個に不法行為を理由として，離婚による慰謝料を請求することができるとした。

　判例の立場によれば，離婚慰謝料請求と財産分与請求とは一応別個としつつ，財産分与において離婚慰謝料を含めて決定することも，別個独立した離婚慰謝料を請求することも認められることになるが，離婚慰謝料についての二重請求を認めるわけにはいかない。そこで，離婚訴訟に財産分与の附帯処分申立て（人訴32条1項）と離婚慰謝料の併合請求（人訴17条）の2本立て請求が行われた場合について，最高裁昭和53年2月21日判決（家月30巻9号74頁）は，2本立て請求を認めた上で，「その場合には裁判所は財産分与額を定めるにつき損害賠償の点をその要素として考慮することができなくなる」とした。

　現在の実務上，離婚訴訟では，離婚慰謝料は，財産分与とは別個の訴訟物として申し立てられることが通常であり，判決においても，それぞれ別個の請求に対する判断が行われるとされる（新田和憲「財産分与の調停・審判事件の実務」東京家事事件研究会編114頁。裁判所ウェブサイト（http://www.courts.go.jp/saiban/syosiki_zinzisosyou/syosiki_01_39/index.html）に掲載されている離婚訴訟の訴状の書式および記載例においても，財産分与と慰謝料は別個の請求となっている。なお，離婚調停（夫婦関係調整）申立書においても同様であるが，調停の場合は，必ずしも，申立ての趣旨にはこだわらず，離婚に伴う解決金といった名目で一定の金銭が支払われることがある）。また，離婚後の財産分与の審判（家事別表第二4項）・調停申立てに関しても，財産分与と離婚慰謝料は，別個の申立てとして扱われている（申立書記入例が裁判所ウェブサイト〔http://www.courts.go.jp/saiban/syosiki_kazityoutei/syosiki_01_26/index.html〕に掲載されている）。ただ，協議によって決まった財産分与に，離婚慰謝料が含まれていたかは，当事者の意思解釈によることになろう。

〔犬伏〕　403

III 財産分与の請求と決定方法

　わが国の離婚手続において協議離婚がほとんどを占め（2015年には離婚全体の87.6%），また，財産分与の決定も，まずは当事者の協議に委ねられているため，財産分与の実情は必ずしも明らかではない。裁判所の関与の下で行われる財産分与の決定に関しては，2015年度の司法統計年報・家事編によれば，調停離婚・審判離婚の場合に，財産分与の名目で取り決めがあったのは，全体の29.6%（総数26,648件のうちの7,875件）で，財産分与の総額を明らかにしうる6,435件のうち，400万円以下が約3分の2を占め（100万円以下が，約3分の1を占めていた），財産分与額についても必ずしも高額とはいえない。なお，2016年の離婚訴訟（第一審）において，附帯処分申立て（人訴32条1項）がなされた事件の中で，財産分与請求の申立て自体多くはない（36.4%，総計8,813件のうち3,206件である。最高裁判所・裁判の迅速化に係る検証に関する検討会「裁判の迅速化に係る検証に関する報告書（第7回）（平成29年7月21日公表）」120頁）。さらに，離婚後の財産分与の調停・審判申立件数および分与の決定数もさほど多くはない（2015年度の司法統計年報・家事編によれば，財産分与の調停・審判事件1,557件のうち，認容審判が148件，取り決めの調停成立が896件であり，総額が明らかな806件につき財産分与額が400万円以下であったのは68.2%と，離婚調停・審判の際の取り決め額とほとんど変わりがない）。

1 財産分与請求権の行使期間

　財産分与は，夫婦の一方から他方に対する請求に基づき，離婚の際，あるいは，離婚後2年以内（768条2項ただし書。2年の期間は除斥期間である——仙台家審平16・10・1家月57巻6号158頁）に，協議あるいは家庭裁判所の調停・審判（家事別表第二4項）により決定される。さらに，離婚訴訟において附帯処分として財産分与の申立てをすることができ（771条，人訴32条），離婚慰謝料も離婚請求の関連請求として併合することができる（人訴17条）。なお，附帯申立ては，控訴審の口頭弁論終結時まで，相手方の同意を得ずとも行うことができる（最判昭58・3・10家月36巻5号63頁，最判平16・6・3家月57巻1号123頁，二宮＝榊原92頁）。

2 財産分与請求権と申立て

　本条は，離婚による財産分与請求権を定めるのみで，具体的内容の決定を

第4節　離婚　第1款　協議上の離婚　　　　　　　　　§768　Ⅲ

当事者間の協議あるいは審判に委ねたため，財産分与請求権の権利性や成立
時期に関して議論があるが，主に次のような学説がある。①確認（実体権）
説　財産分与請求権は，離婚という事実と，3つの内容（清算・扶養・離婚慰
謝料）のいずれかを成立させる事実が存在することを要件として当然に生じ，
その具体的内容は，協議あるいは審判により定まる（我妻156頁），②内容形
成（形成権）説　離婚の成立により基本的抽象的財産分与請求権が生じるが，
現実的具体的財産分与請求権は，協議または審判によって（中川編・註釈上
〔1950〕263頁〔福島四郎〕，山木戸克己・家事審判法〔1958〕26頁），あるいは，財産
分与の意思が離婚者の一方から他方に対して表示されたとき（市川四郎「財産
分与請求」総判民(3)〔1957〕127頁）に生じるとする。

　判例（最判昭55・7・11民集34巻4号628頁）は，「財産分与請求権は，一個の
私権たる性格を有するものではあるが，協議あるいは審判等によつて具体的
内容が形成されるまでは，その範囲および内容が不確定・不明確である」と
して，②内容形成説に立っていると思われる。そこで，財産分与の中核を占
める清算的財産分与の審判申立てがあった場合も，実質的共有財産に対する
共有物分割請求と扱われるわけではなく，財産分与の具体的内容・方法の決
定は裁判官の裁量に委ねられ，給付命令により，金銭に限らず現物（不動産，
動産）での給付や利用権（賃借権など）の設定など，最も適切な方法を選ぶこ
とができるとされている（家事154条2項4号）。

　なお，離婚訴訟における財産分与の附帯処分申立ての際は，申立ての趣旨
および理由を記載し，証拠となるべき文書の写しで重要なものを添付しなけ
ればならないとされており（人訴規19条2項），不動産の分与を求める場合は，
申立理由にその旨を明示し，不動産の分与が相当である旨の理由を記載する
必要があるとされている（阿部潤「離婚訴訟の審理と運営」家月59巻12号〔2007〕
13頁）。ただし，離婚訴訟の附帯処分とされても財産分与が審判事項である
ことには変わりがないとして，判例・通説は当事者の申立ての拘束力を否定
する（梶村＝徳田編著595頁，604頁〔高田昌宏〕，山本克己〔判批〕民商105巻2号
〔1991〕215頁は，財産分与事件は，公益性の程度は高くなく，訴訟事件とほぼ同様に処
分権主義が妥当するとして反対説に立つ）。そこで，当事者が申し立てた額を超え
る財産分与を命じることもできるとする（最判平2・7・20民集44巻5号975頁
は，旧民事訴訟法385条〔現304条〕，同186条〔現246条〕の不利益変更禁止の原則の

〔犬伏〕　　405

§768 III
第4編　第2章　婚　姻

適用がないとした)。

3　財産開示の必要性

財産分与の決定は審判事項であり，事実の調査や証拠調べも職権で行うと
されている（職権調査主義。家事56条1項）。しかし，清算的財産分与の対象財
産や扶養（補償）的財産分与における当事者の収入・資力等について，裁判
所自らが把握することには限界があるから，当事者双方が自ら財産開示を行
う必要がある（家事56条2項。新田・前掲論文47頁，神野泰一「人事訴訟事件の審理
(完)」東京家事事件研究会編372頁，二宮＝榊原98頁）。ただし，情報開示の法的
義務や情報の真実性を担保する規定はない。比較法的には，夫婦財産の清算
や離婚給付の決定において，財産上の透明性をはかる義務や誠実義務を規定
する国があり，立法論として参考にすべきであろう。

例えば，フランス法では，離婚手続における補償給付（離婚給付）の決定
に際し，当事者には真実性宣言義務（フ民272条1項——真実に基づいた財産情報
の提供であることを誓約，違反の場合は刑事罰（文書偽造罪）等の制裁），また，離婚
手続において当事者には財産上の情報・書類の伝達義務（フ民259-3条1項）
が規定されている。ドイツ法においても，当事者に対して財産に関する報告
義務が規定されている（ド民1379条〔夫婦財産制に関する〕・1580条〔離婚扶養に関
する〕）。さらに，アメリカ・ニューヨーク州家族法（New York Domestic Relations
Law）236条B4において，財産開示義務（養育費や離婚後扶養が問題となる，すべ
ての離婚手続において）が定められている。

4　分与義務者からの申立て

清算的財産分与は，762条の別産制に基づいて，婚姻中夫婦一方に帰属す
ると扱われた実質的共同財産に対して他方が分与を請求し，扶養（補償）的
財産分与は，離婚後自立困難あるいは経済的不利益を受ける方の配偶者が請
求する。ただし，離婚調停などでも見られるように，分与義務者の側が，相
手方へ一定の財産分与を申し出ることによって，離婚合意が実現することも
ある。そこで，離婚を請求する分与義務者が，「相手方に財産分与する」と
の申立てを行うことを認めるべきかが問題となる。

この点，有責配偶者からの離婚請求に関する最高裁大法廷昭和62年9月
2日判決（民集41巻6号1423頁）において，角田・林両裁判官が補足意見とし
て，相手方配偶者の離婚後の経済的不利益を救済する必要性から，分与義務

406　〔犬伏〕

第4節　離婚　第1款　協議上の離婚　　　　　　　　　　§*768*　Ⅲ

者である有責配偶者からの財産分与の申立てを認め，離婚と同時解決すべき
と述べていた。その後の下級審裁判例には，補足意見と同様に，離婚請求者
である分与義務者からの財産分与の申立てに基づき，財産分与を命じたもの
（神戸地判平元・6・23判タ713号255頁）があるが，高裁レベルではこれに否定
的である（大阪高判平4・5・26判タ797号253頁，東京高判平6・10・13家月48巻6
号61頁）。

　学説は，分与義務者からの申立てに関して肯定説と否定説に分かれている
（犬伏由子〔判批〕法セ463号〔1993〕41頁，新版注民(22)207頁〔犬伏〕）。通説であ
る否定説は，財産分与の権利性を強調し，当事者主義的手続によるべ
きとする（野田愛子〔判批〕判評385号（判時1370号）〔1991〕46頁，神谷遊〔判批〕
判タ809号〔1993〕79頁，梶村＝徳田編著648頁〔若林昌子〕）のに対し，肯定説
（大津千明〔判批〕判タ945号170頁〔1997〕，中川淳〔判批〕リマークス7号〔1993〕69
頁）は，審判事項である財産分与について，裁判官の後見的関与を広く認め
る非訟事件性を重視し，紛争解決の1回性を図るべきとする点に違いがある。
同じく附帯処分事項である子に関する事項と比べれば，財産分与は公益性は
低く，当事者主義的手続になじむと考えられ，否定説が妥当であろう（ただ
し，清算対象財産が夫婦共有名義の不動産のみであるような場合などは，離婚当事者のい
ずれからの申立ても可能である〔東京家審平6・5・31家月47巻5号52頁は，相手方へ
の不動産共有持分の移転と申立人への金銭の支払を引替給付とした〕）。

5　財産分与の決定方式

　判例は，財産分与には清算・扶養（補償）だけではなく，慰謝料も含めて
決定することができるとしていることから，具体的な財産分与額・方法の決
定において，各要素についての判断過程をどの程度明確にすべきかという問
題がある。特に，財産分与と慰謝料の関係に関する前掲最高裁昭和46年7
月23日判決によれば，財産分与の決定における慰謝料の考慮の有無が，後
の慰謝料請求の可否を左右するため，財産分与の決定の際は，清算・扶養
（補償）的要素，さらには，慰謝料的要素につき，いずれを考慮したのか明示
する必要があるのみならず，要素毎に算定額を明示する必要も生じたと思わ
れるが（高木積夫・判例家事審判法〔1974〕（1-A）1432ノ9，なお，同書1444ノ1は，
共同財産の清算と離婚後の扶養では，要件事実を異にするので，格別にその計算基礎およ
び結論額を明示するのが妥当であるとする），この点，裁判例は一括型と個別型に

〔犬伏〕　407

§*768* Ⅳ　　　　　　　　　　　　　　　　　　　　第4編　第2章　婚　姻

分かれている。

　一括型は，清算的要素，扶養的要素，さらには，慰謝料的要素に関する諸事情を一括して認定し，総合的に判断して財産分与（額）を決定する方法であり（一括裁量〔総合算定〕方式），各要素を含むとしながらも，要素毎の個別的判断を行わないものがある（東京高判昭54・9・25判時944号55頁，東京家審昭50・1・31家月28巻4号96頁）。個別型は，各要素を挙げて個別の考慮事情を検討し，各要素毎に分与額を算定し，合算したものを財産分与額（現物給付の場合も含む）とする（個別合算方式。名古屋高決平18・5・31家月59巻2号134頁，東京地判平9・6・24判タ962号224頁）。個別合算方式における，各要素毎の算定と，財産分与の具体的方法は別であるから，各要素の算定額を合算して，例えば居住用不動産を妻に分与するといったことも可能であり，各要素毎に判断を示すことで，財産分与の決定過程を明確にしておく必要性は高い（大津・前掲書57頁参照）。近時の裁判例の傾向として，個別算定方式の定着が指摘されている（永谷典雄「清算的財産分与における清算割合の認定――民法改正要綱試案におけるいわゆる2分の1ルールを視野に入れて」家月48巻3号〔1996〕20頁注（33））。

Ⅳ　財産分与の具体的決定基準

1　清算的財産分与の決定

　判例は，清算的財産分与を「夫婦が婚姻中に有していた実質上共同の財産」を清算分配するものとしており（最判昭46・7・23民集25巻5号805頁），裁判実務は，この実質的共同財産を対象として行われる清算的財産分与を中心に，財産分与決定のプロセスを精緻化している（沼田幸雄「財産分与の対象と基準」新家族法実務大系Ⅰ484頁，山本拓「清算的財産分与に関する実務上の諸問題」家月62巻3号〔2010〕1頁，秋武＝岡編173頁〔松谷佳樹〕）。そこでは，財産分与による夫婦財産の清算とよばれるものは，概ね①清算対象財産の確定・評価，②清算割合（寄与度），および，これに基づく具体的取得分（額）の決定，③分与方法の決定と，給付命令の内容特定というプロセスにより行われる。

(1)　清算的財産分与の対象財産の範囲および基準時

　婚姻中の夫婦の協力による共同形成財産が清算の対象財産であり，婚姻前に取得していた財産や婚姻中の取得であっても，第三者から無償取得（相

第4節　離婚　第1款　協議上の離婚　　　　　　　　　　§*768*　IV

続・贈与等による取得）した財産は各配偶者の特有財産（個人財産）であり，清算対象財産とはならない。この清算対象財産（清算的財産分与額算定の基礎財産）の範囲を確定するために基準時が問題となる。清算的財産分与は，基準時に存在する財産を対象として行われるからであり，財産評価のための基準時（協議あるいは審判時となる）とは区別される。

　判例（最判昭34・2・19民集13巻2号174頁）は，離婚後扶養と清算的財産分与を含む総合算定方式の財産分与を認めた事案で，768条3項にいう「一切の事情とは当該訴訟の最終口頭弁論当時における当事者双方の財産状態の如きものも包含する趣旨と解するを相当とする」として，離婚時基準説に立ったとされている。本来，財産分与の判断の基準時は，各要素毎に考える必要があり，扶養的財産分与や離婚慰謝料については，離婚時の財産状況が判断の基準となる。これに対し，清算的財産分与は，夫婦の協力によって形成した財産を分与対象とするものであるから，夫婦の協力が終了する別居時を基準とすべきとする別居時説が主張され，現在の実務は概ね別居時説によっている（裁判所ウェブサイト〔http://www.courts.go.jp/tokyo-f/vcms_lf/Z01-1.pdf〕参照。裁判例として，広島高岡山支判平16・6・18判時1902号61頁，名古屋高判平21・5・28判時2069号50頁。横浜家審平13・12・26家月54巻7号64頁は，夫の退職金に対する妻の寄与は同居期間のみとした。ただし，東京地判平12・9・26判タ1053号215頁は，別居後の事情は一切の事情として考慮することができるとして裁判時説を採っている）。

　(ア)　婚姻中に夫婦の協力により取得した財産（夫婦の共同形成財産）　　婚姻中に取得した財産は，第三者から相続・贈与（大阪高決平23・2・14家月64巻1号80頁は，夫から妻に対する贈与財産を清算対象外とした）などにより無償取得した財産を除き，夫婦の協力により取得した財産として，清算の対象となる。婚姻中の有償取得財産であれば，所有名義が夫婦のいずれにあるかを問わず，また，取得・形成の経緯から特有性が明らかにならない限り清算の対象となる（民法762条2項の共有推定により，特有財産であることについての立証責任は特有財産であることを主張する者にあると解される〔神野泰一「人事訴訟事件の審理（完）」東京家事事件研究会編373頁）。したがって，偶然の利益取得（宝くじの当選金，競馬の賞金〔奈良家審平13・7・24家月54巻3号85頁〕，株式分割による株数の増加など）であっても，共同財産となる。ただし，例えば，婚姻中の特有不動産の売却代金による買い換え不動産のように特有財産の代償財産は特有財産のままであ

〔犬伏〕　409

§*768* IV
第4編 第2章 婚 姻

る。

　また，婚姻中の有償取得に特有財産（婚姻前の預貯金，特有財産の売却代金など）の一部が用いられた場合は，この部分には夫婦の協力は含まれないため，財産取得に対する協力・寄与が問題となりうる。そこで，裁判例にも，財産分与の算定において，清算対象財産の範囲の問題（東京家審平6・5・31家月47巻5号52頁）とするものと，清算割合（寄与度）の問題（東京高判平10・2・26家月50巻7号84頁）とするものとに分かれる。この点，清算対象財産の範囲（清算対象額）に関する寄与の問題と確定した清算対象財産全体に対する清算割合を決める際のいわゆる寄与度の問題は異なり（高木・前掲書(1-A)1434。区別に反対するものに，阿部潤「離婚訴訟の審理と運営」家月59巻12号〔2007〕29頁がある），財産取得に対する特有財産による寄与部分（割合）を清算対象財産から除外する方法がより簡明である（秋武＝岡編178-179頁〔松谷佳樹〕，二宮＝榊原103頁，前掲・裁判所ウェブサイト参照）。

　裁判例において，共同財産は，取得名義が夫婦共有になっている場合も（名義上の持分割合に必ずしも従わない。東京高判平8・12・25判タ965号226頁は，不動産について夫が10分の9，妻が10分の1の持分登記がなされていても全部財産分与の対象となるとした），夫あるいは妻のいずれかになっている場合も清算対象となり，また，財産の種類も問わない。

　対象財産としては，不動産（売却代金を含む），動産（宝石類──東京高判平7・4・27家月48巻4号24頁，ただし，名古屋家審平10・6・26判タ1009号241頁は，妻の宝石類を社会通念上の専用品として清算対象外とした），金銭（損害保険金について，大阪高決平17・6・9家月58巻5号67頁は，交通事故により身体障害者となった夫に対して支払われた損害保険金のうち，逸失利益額について婚姻中の期間〔離婚成立までの期間〕に対応する部分を清算の対象とした。生命保険の満期金については，東京高判昭57・2・16判時1041号73頁がある），預貯金（ただし，東京家審平6・5・31家月47巻5号52頁は，婚姻前から夫婦各自が芸術家として活動し，婚姻後も各自で収入，預貯金を管理し，個別家計で生活費を支出していた事案につき，各自名義の預貯金を清算対象から除外した。高松高判平9・3・27家月49巻10号79頁は，子ども名義の預金を子に対する贈与と認め，清算対象から除外した），株式（広島高岡山支判平16・6・18判時1902号61頁），ゴルフ会員権（東京地判平5・2・26判タ849号235頁，東京高判平7・4・27家月48巻4号24頁），借地権（前掲東京高判昭57・2・16，東京高判平8・12・25

410　〔犬伏〕

第4節　離婚　第1款　協議上の離婚　　　　　　　　　　　　§768　IV

判タ965号226頁は，いずれも借地権価格を清算対象額に含める）等の債権，さらには，事業用財産（松山地西条支判昭50・6・30判時808号93頁——プロパンガス販売業の夫婦の営業用財産および営業権〔得意先3000戸〕，東京高判昭54・9・25判時944号55頁——医薬品配置販売業の夫婦の得意先を記載してある懸場帳）等の種々の財産が含まれている。

　夫婦が協力して事業を営んでいる場合に，その事業が法人化され，資産や収益が法人に帰属し，法人名義となっている場合がある（山本拓・前掲論文7頁参照）。しかし，その実質が家族経営的個人事業に異ならない場合には，法人名義となっている財産についても，財産分与の対象とするものがある。（前掲広島高岡山支判平16・6・18は，夫婦を中心とする同族会社〔自動車販売会社および不動産管理会社〕の事案，東京地判平14・10・25/2002WLJPCA250009は，夫婦が出資して設立した有限会社〔自動車修理中古車販売の個人企業〕の事案。なお，札幌高決昭44・1・10家月21巻7号80頁は，夫婦と夫の両親が設立した有限会社〔当初は新聞販売店および毛糸店〕の事案で，有限会社の資産の5分の2〔160万円〕を，夫婦の共有財産として清算対象とした）。

　なお，夫のみが事業を営んでいる場合でも，婚姻中の事業収益や取得した営業財産は夫婦の共同財産となるが，夫の事業が法人化している場合は，法人保有資産を清算対象額に含めうるかが問題となる（夫が医師で医療法人を経営している事案で，福岡高判昭44・12・24判タ244号142頁は，同法人の資産収益関係も考慮に入れるとし，大阪高判平26・3・13判タ1411号177頁は，医療法人の純資産価額の7割を清算対象財産とした）。

　さらに，学説には，婚姻中の夫婦の協力あるいは役割分担により形成された無形財産（将来財産を取得しうる能力または地位），例えば職業能力や専門資格なども清算的財産分与の対象として考慮されるべきとするものがある（高木・前掲書（1-A）1440ノ6，大津・前掲書119頁，鈴木・前掲書235頁，本沢241頁）。ただし，その評価方法については様々な主張がある。なお，裁判例においては，直接専門資格を清算的財産分与とするものは見あたらない（名古屋高決平18・5・31家月59巻2号134頁は，大学教授の夫が，婚姻中に出版した著作物の離婚後の印税収入〔5年分〕を清算対象とした）。

　(イ)　相手方の特有財産の維持形成　　夫婦各自が婚姻前に取得した財産，婚姻中に相続・贈与により取得した財産は，各自の特有財産であり，清算対

〔犬伏〕　411

§768 IV

第4編 第2章 婚姻

象とはならない（高松高決昭63・10・28家月41巻1号115頁）。しかし，一方の特有財産の維持形成に他方の協力・貢献が存在する場合，例えば，婚姻前に夫が取得していた不動産についての住宅ローンの返済を，夫婦の収入により行っていた等の金銭的貢献がある場合などは，特有財産に対する協力に見合う部分（割合額）を清算対象とする必要がある（東京家判平23・4・26/2011WLJPCA04266001参照）。さらに，直接具体的な金銭的貢献をしていたとはいえない場合でも，一方の特有財産の価値の減少を他方配偶者が防止し，その維持に一定限度寄与したとして，その財産の一定割合額の分与を認める裁判例がある（京都地判平5・12・22判時1511号131頁，東京高判昭55・12・26判タ437号151頁，東京地判平15・4・11/2003WLJPCA04110008）。これらの事例は，離婚時に現存する財産の主要なものが夫の特有財産である場合に，夫の家業や特有財産の管理に対する妻の貢献を評価し，その一部を清算対象とするための努力の結果といえる。

（ウ）退職金・年金

（a）退職金は，長年勤務を続けてきた者が退職する際，勤務先の退職金支給規定に従って支払われるものであり（一般に，勤続期間，退職事由〔定年退職か自己都合退職か〕等に応じて支給額が決められる），支給方法としては，通常は一時金によるが，年金方式での支給も見られる（横浜地相模原支判平11・7・30判時1708号142頁参照）。退職金は，賃金の後払的性格をもつとするのが通説的見解であるから（賃金後払説。そのほか功労報償説，生活保障説等がある），その取得には夫婦の協力があるとして，退職金も清算対象財産とされる。ただし，退職金の取得に夫婦の協力が認められるのは婚姻期間（同居期間）に対応する部分のみであり，既払いの退職金について，婚姻期間に対応する額のみが清算対象となる（横浜家審平13・12・26家月54巻7号64頁）。

　将来支給される退職金を，清算対象に含むべきかについては議論がある。既払いの退職金と異なり，将来取得しうる退職金は，離婚の際の現存財産とはいえないが，これが財産分与の対象と認められないとすれば，離婚の時期によって財産分与額が大きく異なることとなり，退職金の支給があるまで，離婚を我慢しなければならないという不合理な事態も生じる。離婚の際には具体化していなくとも，一定の勤続期間がある以上，将来の退職時に退職金の支給を受けることができる資格はすでに生じており，これを財産分与の際

第4節　離婚　第1款　協議上の離婚　　　　　　　　　　　　§768　Ⅳ

に清算の対象とすることができ，退職の時期について，離婚の前後を問わず，したがって将来の退職金についても，婚姻期間（同居期間）相当分を清算の対象に含める必要がある（高木積夫「財産分与の対象となる財産の範囲」現代家族法大系Ⅱ 314 頁，二宮 97 頁）。

　裁判例も，支給の蓋然性が高い場合に，さらに近時は，定年退職がかなり先の場合も含めて一般的に，将来の退職金が分与対象財産に含まれることを認めつつ，具体的な金額の評価算入にあたって，その不確実性を考慮しているとの指摘もある（山本拓・前掲論文 9 頁）。ただし，将来の退職金について，支給自体の不確実性（会社の倒産・整理，労働者側の懲戒解雇などによる不支給の可能性）や支給額の未確定性（将来の昇級などにより支給額が変動すること，定年前退職や死亡などにより支給時期も不確定であることなどによる）をどのように考慮して退職金の評価算入を行うかは，具体的事案に応じて異なる。概ね，実務上，分与方法（離婚時の即時分与か，退職金の支給時の分与か）と算定方法（離婚時の任意退職額か，将来の退職金見込額か）の組み合わせにより 4 つに分かれる。(i) 離婚時に即時分与を認める場合。これは，退職金が離婚時の現存財産の中に含まれていないため，分与者側に支払能力がある場合に採りうる方法である。これにも 2 つあり，(i-1) 将来の退職金見込額を基準として分与を決定する場合（東京地判平 11・9・3 判タ 1014 号 239 頁は，6 年後の退職金見込額のうち婚姻期間相当分につき，中間利息を控除して現在額に引き直した額の 2 分の 1 について，妻への分与を命じた），(i-2) 離婚時に退職したと仮定し，算定した退職金額のうち，婚姻期間相当分を分与対象とする場合がある（公表裁判例には見られないが，最も多く利用されている方法とされる（二宮＝榊原 115 頁））。(ii)将来の退職金支給時を支払時期（あるいは支給条件）とする場合。これにも 2 つあり，(ii-1) 将来の退職金見込額を基準として分与を決定する場合（東京高判平 10・3・18 判時 1690 号 66 頁），(ii-2) 離婚時に退職したと仮定して算定した額を基準とする場合がある（東京高決平 10・3・13 家月 50 巻 11 号 81 頁，東京家審平 22・6・23 家月 63 巻 2 号 159 頁）。ただし，離婚時に任意に退職したと仮定して算定する額は，将来の退職金額と比べ少額となり，被分与者に不利益となることが指摘されている。そこで，この点を「一切の事情として」考慮し増額をはかったり（名古屋高判平 12・12・20 判タ 1095 号 233 頁），扶養的要素を考慮して増額を図るもの（広島高判平 19・4・17 家月 59 巻 11 号 162 頁）がある。被分与者とし

〔犬伏〕　413

§768 IV 第4編 第2章 婚姻

ては，離婚時の即時分与を望むであろうが，いずれの方法を採るかは事案の内容（退職までの期間，分与者の資力など）によって決めざるをえないであろう。近時の裁判例では（ii-2）を採るものが若干多く見られる。将来の退職金についての不確実性からくるリスクを分与者に負担させることは，酷な面があることから，妥当な方法とも言えるが，算定額が低くなることによる被分与者の不利益については，上記の裁判例に見られるように増額を図る工夫が必要だろう（なお，二宮＝榊原116頁参照）。

　(b)　年金についても，退職金と同様に，清算的財産分与の対象となるか問題となるが，公的年金のうち，基礎年金（国民年金）の上に，いわゆる2階建て部分（報酬比例年金）として存在する被用者年金（厚生年金，共済年金等を含む）に関しては，離婚時年金分割制度導入により解決を見た（後述）。しかし，これ以外の企業年金（厚生年金基金，確定拠出年金等），個人年金（私的年金）の扱いについては，問題が残る。年金は一定期間の掛け金（保険料）を積み上げていくことにより，支給を受けることができるものであり，退職金と同じように夫婦の共同財産という見方もできるが，年金の場合は定期金として支払われるため，離婚時以降に支払われる年金について，将来の退職金以上に，評価算入について裁判所の裁量の幅が大きいとされる（二宮＝榊原117頁）。個人年金に関しては，一般の保険契約と同じく，基準時における解約返戻金額を対象財産とすれば足りるとされている（山本拓・前掲論文12頁）。

　(エ)　債務　　本条は，財産分与に関する債務の扱いについて明示していないが，清算的財産分与が夫婦共同財産の公平な清算にあるのであれば，夫婦の協力により取得した積極財産だけではなく，消極財産（債務）も考慮する必要がある。そこで，婚姻中に各自が負担した債務の中で，共同の利益のために負担した債務，積極財産（住宅など）の形成に関連する債務（住宅ローン）や，婚姻生活維持のための債務（教育ローンなど）等については，積極財産から控除する必要がある（大津・前掲書120頁，右近健男「財産分与論の再出発にあたって」名城法学別冊本城還暦〔1989〕6頁，二宮＝榊原124頁）。

　近時の裁判例も，夫婦共同財産に積極財産と債務が存在する場合には，積極財産総額から，債務総額を控除した額を清算的財産分与額とするのが一般的である（松谷佳樹「財産分与と債務」松原＝道垣内編I 105頁。裁判例として，東京高判平10・2・26家月50巻7号84頁，名古屋家審平10・6・26判タ1009号241頁，東

414　〔犬伏〕

第4節　離婚　第1款　協議上の離婚　　　　　　　　§*768*　IV

京地判平 12・9・26 判タ 1053 号 215 頁。個別事情に応じて，オーバーローンの不動産に
つき，当該不動産の価値をゼロとして清算対象財産から除外する処理をした例外事案があ
る〔東京高決平 10・3・13 家月 50 巻 11 号 81 頁，名古屋高決平 18・5・31 家月 59 巻 2 号
134 頁〕）。このように，債務を積極財産から控除する算定方法は債務につい
ても夫婦が平等に責任を負うことになる（東京地判平 5・2・26 判タ 849 号 235 頁
は，妻の債務は個人的な投資の失敗によるものが大半であるとして，3 分の 1 のみを控除
対象とした）。問題は，債務が存在する場合に，分与額を決定した後の具体的
分与方法における債務の負担の問題であり，特に，債務総額が積極財産を上
回る場合（債務超過の場合）に，債務の負担を命じる財産分与を認めることが
できるか問題となる（→(3)）。

(2)　清算的財産分与の清算割合

　清算対象財産額が確定した後，具体的財産分与額を決定するために，清算
割合を決めなければならない。清算割合は夫婦共同財産の形成に対する寄与
の問題となるが，個々の財産についてではなく，清算対象財産全体に対する
分与割合として問題となるものである。なお，財産形成に対する寄与といっ
ても，財産法的意味での経済的寄与（金銭，現物，労務等の提供）に限られるも
のではなく，いわゆる夫婦としての協力・役割分担関係に対する評価の問題
である。夫婦の多様な協力や異なる役割の評価自体は困難な問題であるが，
1980（昭和55）年の相続法改正により，配偶者相続分が 2 分の 1 に引き上げ
られたこと，および，1996（平成 8）年民法改正案要綱において，いわゆる 2
分の 1 ルールが規定されたことから，清算割合について，原則として平等と
する方向に向かいつつある。

　裁判例では，端的に夫婦の寄与度を 2 分の 1 とするものが多くなっている
（名古屋高判平 12・12・20 判タ 1095 号 233 頁，大阪高決平 17・6・9 家月 58 巻 5 号 67 頁，
名古屋高決平 18・5・31 家月 59 巻 2 号 134 頁）。ただし，平等の観点から原則とし
て 2 分の 1 とすべきとしつつ，特別事情がある場合（婚姻前の夫による医師の資
格の取得）として，夫の寄与割合を 6 割とした事例（大阪高判平 26・3・13 判タ
1411 号 177 頁。大阪高判平 12・3・8 判時 1744 号 91 頁は夫の寄与を 7 割とする），妻が
職業活動による寄与に加え家事労働にも従事してきたことから，妻の寄与度
を 6 割とした事例（東京家審平 6・5・31 家月 47 巻 5 号 52 頁，東京家判平 23・4・
26/2011WLJPCA04266001）がある（最近の東京家裁の実務では，基本的には，特段の事

〔犬伏〕　　415

§*768* **IV**　　　　　　　　　　　　　　　第4編　第2章　婚　姻

情がない限り2分の1を原則としつつ，特段の事情を主張するものにそれを裏付ける資料などの提出を求める運用をしている〔東京家庭裁判所家事第6部編著・東京家庭裁判所における人事訴訟の審理の実情〔3版，2012〕28頁〕）。

　学説には，清算割合について平等説，平等推定説，寄与度説などが存在している（大津・前掲書130頁，鈴木・前掲書271頁，沼田・前掲論文494頁）。具体的寄与度を評価して清算割合を決定すべきとする寄与度説は実務家の支持が多く，専業主婦の寄与度を2分の1とすることへの抵抗感や，夫婦一方の特別な能力や専門的知識により，多額の資産が形成された場合についても平等とすることに対する疑問などから，具体的事情に応じた，裁判所の裁量的判断に委ねるべきとする。しかし，そもそも千差万別である夫婦各自の寄与度を判断すること自体極めて困難であり，直接的な財産取得に結びつかない無償労働（家事・育児・家庭管理など）による寄与や精神的協力を清算的財産分与において評価すべきとの要請は，夫婦平等の観点に立脚するものであるから，清算割合に関しても，夫婦各自の協力を法的には同等と評価すべきとする平等説が妥当であろう（本沢240頁，山下純司「離婚の効果」大村ほか編著128頁以下）。

(3)　清算的財産分与の方法

　清算割合に応じた具体的分与額が決まれば，最後に具体的分与方法を決定しなければならない（名古屋高判平12・12・20判タ1095号233頁は，一連の判断過程を詳細に判示している）。清算的財産分与の方法について，給付命令により金銭あるいは現物分与（共同形成財産を対象とした所有権の移転あるいは利用権の設定）も認められ（家事154条2項4号），清算対象財産の種類（不動産，動産，借地権，預貯金）・状況（ローン付き不動産，経営資産，占有状況など），名義の所在，夫婦の意向や，現物取得の必要性などを総合的に考慮して決定する（なお，扶養的要素や慰謝料的要素を合わせ考慮して，不動産を分与する場合もある）。例えば，分与者側に清算対象財産の名義がある場合は，金銭による支払が命じられることが多い。特に夫名義の不動産について，まだ住宅ローンが残存している場合は，夫が債務の履行を引き受け，妻に金銭による財産分与を行うことになろう。同様に夫婦共有名義となっている場合も，債務の支払能力を考慮して，妻の持ち分を夫に移転し，夫は金銭による支払を命じられることが多い（東京高判平10・2・26家月50巻7号84頁。ただし，妻に返済能力がある場合に，夫の共有持ち分を妻に分与した事案がある〔大阪家審昭62・7・17家月39巻11号135頁は，慰謝

416　〔犬伏〕

第4節　離婚　第1款　協議上の離婚　　　　　　　　　　§*768*　Ⅳ

料相当分も合わせ考慮した〕）。

　債務が積極財産を上回る債務超過の場合，財産分与において債務の負担を命じることができるかについて議論があるが，審判・判決において債務についての負担割合を定めても，債権者に対して効力を生じさせることはできず，あるいは，併存的債務引受または履行引受を命じても，結局は当事者間での将来の求償割合を決する以外の意味はないとして，否定的見解が一般的であり（渡邊雅道「財産分与の対象財産の範囲と判断の基準時」判タ1100号〔2002〕51頁，松谷・前掲論文117-120頁），債務超過の場合は清算対象財産はゼロと考えられる。

2　過去の婚姻費用の清算

　離婚に至るような破綻した夫婦間では，婚姻費用分担（760条）が行われていない場合も多い。そこで，離婚の際の財産分与に，過去の未払い分の婚姻費用も含め請求することができれば，紛争解決の一回性に資することにはなる。しかし，過去の未払い分も含め，婚姻費用分担請求は独立の審判事項（家事別表第二3項，最大決昭40・6・30民集19巻4号1114頁）であり，離婚訴訟の附帯処分事項に含まれず（人訴32条参照。なお，最判昭43・9・20民集22巻9号1938頁は，離婚訴訟において判決確定時までの婚姻費用の分担請求を行うことはできず，離婚訴訟とは別個に審判申立てをする必要があるとした），財産分与請求と手続上の相違があり，財産分与と慰謝料の関係と類似の問題がある。判例は，財産分与と過去の未払い婚姻費用の清算の関係について，「当事者双方の一切の事情」として，「裁判所は，当事者の一方が過当に負担した婚姻費用の清算のための給付をも含めて財産分与の額及び方法を定めることができる」とした（最判昭53・11・14民集32巻8号1529頁）。裁判例も，一般的に財産分与の決定において過去の婚姻費用の清算を認めており（東京高判昭61・1・29家月38巻9号83頁，東京地判平9・6・24判タ962号224頁，東京地判平12・9・26判タ1053号215頁），いわゆる「養育費・婚姻費用算定表」（東京・大阪養育費等研究会「養育費・婚姻費用の算定方式と算定表の提案」判タ1111号〔2003〕285頁）を参照して清算額を算出している（沼田・前掲論文501頁）。

　学説には，過去の未払い婚姻費用の償還は，夫婦の財産関係の清算の一局面として清算的財産分与として解決すべきとするものもある（大津・前掲書117頁，右近健男「財産分与論の再出発にあたって」名城法学別冊本城還暦記念〔1989〕

〔犬伏〕　　417

§*768* IV 第4編 第2章 婚姻

8頁）。しかし，過去の未払い婚姻費用の清算は，夫婦の協力により形成された財産の清算という意味での清算的財産分与とはいえず，夫婦間の一種の債権債務関係となる（東京家審昭 48・8・1 家月 26 巻 4 号 62 頁。なお，前掲東京地判平 12・9・26 は，財産分与の決定において夫が負担すべき過去の未払い婚姻費用の清算と同時に，夫の妻に対する債権の清算も行った）。紛争解決の一回性という当事者にとっての手続上の便宜のために，財産分与決定の「一切の事情」として，過去の婚姻費用の清算が認められたにすぎない（これに批判的な見解として，山下・前掲論文 109 頁）。

3 扶養（補償）的財産分与の決定

扶養的財産分与について，判例は，「離婚後における一方の当事者の生計の維持をはかることを目的」とするものとしている（最判昭 46・7・23 民集 25 巻 5 号 805 頁）。そこで，学説は，清算的財産分与，さらには，離婚慰謝料により生計を維持するに足りる財産を取得することができれば，扶養的財産分与は必要がないとして，扶養的財産分与の補充性を説いている（大津・前掲書 159 頁，我妻 155 頁）。

さらに，通説的見解は，扶養的財産分与を，一般親族扶養の枠内に位置づけるため，いわゆる生活扶助義務と同様に，扶養的財産分与の請求者，多くは妻が，要扶養状態にない場合（自己の収入および資産により最低生活を維持できる場合）や，相手方に余力がない場合には扶養的財産分与が認められない。裁判例においても扶養的財産分与が認められる事例は少ないとされる（大津・前掲書 162 頁，沼田・前掲論文 502 頁参照）。

他方，近時は離婚後の「扶養」に替えて，「補償」としての財産分与の考え方により，補償的財産分与に，清算的財産分与と並ぶ積極的役割を見いだす見解がある。補償的財産分与は，請求者側の生活困窮（要扶養状態）を必ずしも条件とするものではなく，離婚後の経済的不均衡の是正や，自活能力・所得能力の回復が目指されている（→II 2。鈴木・前掲書 287 頁，本沢 273 頁。なお，裁判例の中で，離婚後の経済的格差〔収入の格差〕を考慮して扶養的財産分与を認めたものとして，東京地判平 9・6・24 判タ 962 号 224 頁，離婚後自立するための職業訓練の期間について考慮するものとして，東京高判昭 46・9・23 高民集 24 巻 3 号 354 頁がある）。清算的財産分与は，婚姻中のストック財産を公平に分配するものであるが，離婚後の経済的自立のためには，補償的財産分与によってフローの財

418 〔犬伏〕

第4節　離婚　第1款　協議上の離婚　　　　　　　　§*768*　IV

産についても公平をはかる必要がある。

(1)　扶養（補償）的財産分与決定の考慮事由

扶養的財産分与は，一般的に「離婚後の生計維持」に求められるため，決定基準となる請求者（権利者）の要扶養状態と相手方（義務者）の扶養能力の判断にも，将来予測を含む種々の事情を考慮すべきとされている（我妻161頁，右近健男「離婚後の扶養について（一）」民商59巻5号〔1969〕771頁）。裁判例も，「婚姻における生活共同関係が解消されるにあたって，将来の生活に不安があり，困窮するおそれのある配偶者に対し，その社会経済的な自立等に配慮して，資力を有する他方配偶者は，生計の維持のための一定の援助ないし扶養をすべきであり，その具体的な内容及び程度は，当事者の資力，健康状態，就職の可能性等の事情を考慮して定めることになる」として（前掲名古屋高決平18・5・31），請求者側の要扶養性と相手方の扶養能力を要件としている。①請求者の要扶養性の判断については，財産状況が考慮され，相当の収入がある場合には要扶養性はないとされる（東京家審昭50・1・31家月28巻4号96頁。ただし，請求者に収入がある場合でも，相手方の収入との格差が大きいことを理由に扶養的財産分与を認める裁判例も存在する（前掲名古屋高決平18・5・31参照））。他方，請求者に現に収入がない場合は，将来の経済的自立（就職）の可能性が考慮され，高齢である場合，病気の場合，監護を必要とする子がいる場合は要扶養性が認められることが多い（二宮＝榊原128頁）。請求者に財産がある場合，あるいは，補充性を理由に，清算的財産分与および離婚慰謝料による財産取得を考慮して，要保護性を認めない事例が多い（東京地判平12・9・26判タ1053号215頁，東京高判平10・3・18判時1690号66頁）が，清算的財産分与あるいは離婚慰謝料と並んで，扶養的財産分与を認めるものもある（東京高判昭63・6・7判時1281号96頁，東京地判平9・6・24判タ962号224頁）。②義務者の扶養能力として，特有財産も含めた財産状況が考慮され，（清算的財産分与の対象となしえない場合）退職金や確定拠出年金も考慮される（名古屋高判平21・5・28判時2069号50頁）。相手方には交通事故による後遺障害が残っており，将来定職につくことが困難として，扶養的財産分与を認めないものもある（大阪高決平17・6・9家月58巻5号67頁）。

(2)　扶養（補償）的財産分与の具体的決定

扶養的財産分与の補充性が前提となれば，清算的財産分与あるいは慰謝料

〔犬伏〕　419

§768 IV
第4編 第2章 婚姻

の算定が先行するが，これらと比べると，扶養的財産分与の算定に明確な基準があるとはいえず，裁判官の裁量性が強い。具体的支払方法としては，金銭の一括払いを命じる場合が多いと指摘される（高木・前掲書 1587 頁，新田和憲「財産分与の調停・審判事件の実務」東京家事事件研究会編 114 頁）が，定期金での支払を命じる場合も見られる。また，扶養的財産分与の給付は原則として金銭により行うべきであるが，清算的財産分与と異なり，分与義務者の特有財産についても現物給付（家事 154 条 2 項 4 号）を行うことが可能である（宮崎家日南支審昭 44・3・13 家月 21 巻 9 号 87 頁は，離婚後の扶養のために夫の特有財産を子供の養育を行う妻に財産分与した。使用貸借〔東京高判昭 63・12・22 判時 1301 号 97 頁，名古屋高決平 18・5・31 家月 59 巻 2 号 134 頁〕や賃貸借〔前掲名古屋高判平 21・5・28〕の設定を認めたものがある）。

　扶養的財産分与が離婚後の扶養であることを前提とすれば，分与額算定のためには，扶養の程度と扶養の期間が重要とされる（大津・前掲書 176 頁，村重慶一「扶養的財産分与の算定基準」判タ 805 号〔1993〕29 頁）。扶養の程度については，「生計を維持できる程度」（通説は最低生活費とするが，標準生計費を目途とする見解もある）とされ，裁判例においても，一般的にその程度は高くない（東京高判昭 63・6・7 判時 1281 号 96 頁は，75 歳の妻に対する扶養的財産分与について，夫の厚生年金収入月額約 18 万円のみを考慮しても，夫が負担すべき婚姻費用分担額は 10 万円をやや下回る額となるとして，これを基礎に算定した〔月額 10 万円×10 年間〕。同様に，東京高判平元・11・22 家月 42 巻 3 号 80 頁でも，73 歳の妻について，月額 10 万円を基礎に，10 年間の生活費として分与額を算定した）。

　扶養の期間については，特に定期金払いとする際に問題となる。この点については，自活するために必要な期間とする見解が有力である（大津・前掲書 178 頁，本沢 274 頁，鈴木・前掲書 289 頁）。自活能力を得るために必要な期間としては，本人の能力や雇用状況を勘案し相当な所得活動を見つけることができるようになるまでの就職の見込み期間や，そのために職業教育（訓練）を受ける必要がある場合は必要な教育（訓練）期間となる。裁判例では一般的に 2，3 年間を考慮しているとされる（新田・前掲論文 39 頁。3 年間の定期金支払を命じた事例として，東京高判昭 47・11・30 判タ 291 号 329 頁，横浜地川崎支判昭 43・7・22 判タ 227 号 217 頁。なお，二宮＝榊原 130 頁参照）。ただし，妻に直ちに相当な所得活動を困難とする事情，例えば，監護を要する子を引き取っており，

420　〔犬伏〕

第4節　離婚　第1款　協議上の離婚　　　　　　　　　§*768* IV

保育所への入所困難，子の病気などがある場合や，高齢あるいは病気のために要保護性が強い場合は，そうした事情が考慮される（裁判例には，妻が高齢の場合について，死亡するまで〔東京地判平14・2・8/2002WLJPCA02080002，村重・前掲論文31頁〔3〕東京高決平4・6・5参照〕，あるいは，平均余命を考慮して10年間〔前掲東京高判昭63・6・7。東京高判平元・11・22家月42巻3号80頁もほぼ同様〕の支払を命じた事例がある）。

4　離婚慰謝料の決定

(1)　離婚慰謝料（慰謝料的財産分与）

　離婚慰謝料と財産分与の関係について，判例は，財産分与に離婚慰謝料を含め決定することも（最判昭46・7・23民集25巻5号805頁），また，財産分与と別個に請求することも（最判昭53・2・21家月30巻9号74頁）認めている（→II4）が，近時の離婚訴訟においては，財産分与とは別個の訴訟物として請求されるのが通常であり（秋武＝岡編172頁〔松谷佳樹〕，新田・前掲論文114頁），財産分与において慰謝料的要素を加味しないと，希望する現物給付（居住する不動産の移転など）が認められない場合のみ，慰謝料的要素として主張されることがある程度とされる（東京家庭裁判所家事第6部編著・前掲書28頁。千葉家松戸支判平25・10・8/2013WLJPCA10086001の事案では，代償金の支払を回避するために慰謝料的要素が主張された。なお，慰謝料的要素を考慮して不動産を分与した事例として，大阪家審昭50・1・31家月28巻3号88頁，大阪家審昭62・7・17家月39巻11号135頁，東京高判平8・12・25判タ965号226頁参照がある）。

　なお，離婚慰謝料（離婚をやむなくされた精神的苦痛による慰謝料）は離婚原因慰謝料（離婚原因となった個別有責行為による精神的苦痛による慰謝料）とは一応区別されるものの，裁判例においては一体的に判断されている（→II3）。判例・通説は，離婚による精神的苦痛の発生自体は認めているが，婚姻破綻による精神的苦痛は離婚原因慰謝料に含まれており（広島高判平19・4・17家月59巻11号162頁参照），それ以外に離婚によって無責配偶者が感じる苦痛や精神的不安定の中身ははっきりしない。学説では，社会的評価の低下，婚姻生活に対する期待感の侵害，将来の生活不安，子を手放すことによる心痛などが挙げられている（瀬川信久〔判批〕法協91巻1号〔1974〕177頁，大津・前掲書91頁）。しかし，将来の生活不安は財産分与によって解消すべきであり，それ以外の点を今日でも考慮すべきかには疑問が残る（右近健男・前掲「離婚の際の

〔犬伏〕　421

§768 Ⅳ
第4編 第2章 婚姻

財産分与請求と慰謝料」426頁）。

判例は，離婚について相手方の有責性が大きい場合には，婚姻破綻の事情により請求者側に精神的苦痛ありとし，離婚による精神的損害の内容について，特に触れてはいない（広島高岡山支判平16・6・18判時1902号61頁，横浜地判平9・4・14家月50巻7号90頁）。離婚慰謝料は，婚姻破綻の有責性がいずれにあるともいえない場合や，有責性が同程度に当事者双方に存在する場合は認められないことになる（東京地判平12・9・26判タ1053号215頁，大阪家審昭41・4・12家月18巻11号60頁。東京高判平23・9・29/2011WLJPCA09296004は，双方有責の事案で，離婚慰謝料を認めず，暴行行為についての個別慰謝料のみ20万円を認めた。二宮＝榊原158頁）。判例による離婚慰謝料の中身は，婚姻破綻による精神的苦痛が中心となっており，離婚自体慰謝料の独自性は少ない（東京高判昭51・10・29判タ350号309頁は，自ら離婚を望んだ妻について，離婚の結果生じる精神的苦痛は，離婚が認容されることにより十分慰謝されるとして，離婚慰謝料を否定した）。さらに，婚姻破綻による精神的苦痛は指摘されているように，有責性の有無にかかわらず生じるものであり，これを不法行為による慰謝料によって救済すべきかは，検討の余地があろう（二宮104頁）。

(2) 離婚慰謝料決定の考慮事由

離婚慰謝料の具体的算定については，慰謝料額の決定自体が裁判官の裁量に委ねられており，離婚慰謝料についても，算定の基準を明らかにするものは少ないが，考慮事由としては，有責行為の種類と態様，有責性の程度，婚姻期間や年齢，当事者双方の資力や社会的地位等が挙げられ（浦和地判昭59・9・19判タ545号263頁は，「離婚にいたる経緯，その原因，原，被告双方の資産，収入の程度，婚姻期間等諸般の事情」を考慮するとした），さらには，未成熟子の存在も考慮されている（神野泰一「離婚訴訟における離婚慰謝料の動向」ケース研究322号〔2015〕33頁，二宮＝榊原151頁）。東京家裁における離婚訴訟における離婚慰謝料の動向として，慰謝料請求がなされる事案は多いが，認容される事案は多くはなく（認容率37％），認容された事案の多くが不貞および暴力に関する事案であったとされている（平均認容額は，153万円。神野・前掲論文30-32頁）。

422　〔犬伏〕

V 離婚時年金分割制度

公的年金，特に，被用者年金は現役時代の収入から一定期間保険料を支払うことにより，老後の生活保障を図るものであるが，男女間の賃金格差や性別役割分担が存在するため，夫婦各自が受給しうる年金額には大きな格差が存在する。また，年金制度自体が，夫婦単位で老後の生活保障を図るべく制度設計されている（モデル年金，配偶者への加給年金，遺族年金等）ことから，離婚後の夫の年金は，夫の個人的な生活保障のみにあてられるべきとすると，妻の老後の生活基盤は脆弱なものとなる。そこで，学説により，年金を清算的あるいは扶養的財産分与の対象とすべきことが主張された（堀勝洋ほか編著・離婚時の年金分割と法〔2008〕67頁以下〔本沢巳代子〕，犬伏由子「法的・実務的課題の検討」「特集・離婚給付と年金分割」家族〈社会と法〉23号〔2007〕88頁参照）。裁判例については，公表された事例は多くはないが，財産分与において年金を考慮するものも存在した（仙台地判平13・3・22判時1829号119頁。判例の検討として，二宮周平「財産分与と年金分割──判例の整理と今後の動向」立命292号〔2003〕242頁がある）。しかし，財産分与において年金を考慮することは，夫婦間の解決に留まり（年金受給権は処分が禁止されている〔国年24条，厚年41条1項〕），分与を受けた妻自身の年金権自体に直接結びつけることができず，年金制度改正が必要とされていた。

2004年の年金法改正により，離婚時年金分割制度が創設され，2007年4月から合意分割制度（厚年78条の2）が，2008年4月から3号分割制度（厚年78条の14）が始まり，婚姻期間中に納付された保険料（標準報酬総額）について，一定の割合（按分割合）で分割することが認められた（二宮98頁，犬伏由子「年金合意分割の実情と按分割合の決定基準──裁判例の紹介を兼ねて」棚村＝小川編203頁）。3号分割制度は，2008年4月1日以降の第3号被保険者（被用者年金に加入している者（第2号被保険者）の被扶養配偶者＝いわゆる専業主婦）期間について，納付された保険料（標準報酬総額）を，被扶養配偶者の請求によって50％で分割する制度である。これに対し，合意分割制度は，2007年4月1日以降に離婚した夫婦の場合に，第2号被保険者である配偶者が納付した，全婚姻期間にわたる保険料（標準報酬総額）について，夫婦間で決定された割合（按分割合，上限は50％）で分割するものである。この按分割合の決定は，

§768 VI

財産分与と同様に離婚から2年間，夫婦の協議または審判によって決定することとされている（家事別表第二15項。なお，人訴32条1項により離婚訴訟の附帯処分事項となっている）。

合意分割の按分割合について，3号分割と異なり50%と決められているわけではなく，家庭裁判所は「当該対象期間における保険料納付に対する当事者の寄与の程度その他一切の事情を考慮して」決定することになる（厚年78条の2第2項）が，調停・審判で決定される按分割合はほとんど50%となっている（2015年度には，離婚調停・審判の場合の98.5%，離婚後の調停・審判の場合の96.2%が割合50%と決定されており，3号分割に関する共同負担認識の規定〔厚生78条の13参照〕が，合意分割においても前提とされていると思われる）。公表裁判例でも，50%とされた事例が多い（札幌高決平19・6・26家月59巻11号186頁は，婚姻期間中の保険料納付や掛け金の払込みに対する寄与の程度は，特段の事情がない限り，夫婦同等とした。東京家審平20・10・22家月61巻3号67頁は，婚姻30年〔別居期間13年〕の事例でも50%の割合を認めている）が，夫婦の寄与を同等とみるのが著しく不当である例外的事情があるとして，元夫からの申立てに対し，按分割合を30%とした事例がある（東京家審平25・10・1判時2218号69頁）。なお，当事者間の年金分割をしないという合意も，公序良俗に反する等の特別な事情のない限り，有効とされた（静岡家浜松支審平20・6・16家月61巻3号64頁）。公的年金に関する年金分割制度は，財産分与とは独立した制度であるが，扶養（補償）的財産分与の決定に際して，年金分割の結果による改定後の受給額が考慮されることにはなろう。

VI 財産分与請求権と派生的問題

1 財産分与と第三者

(1) 財産分与と詐害行為取消権

夫婦の一方，特に夫が債務超過に陥った場合に，協議離婚を行い，妻に対し財産分与を行う例がときに見られる（仮装離婚の無効，あるいは，通謀虚偽表示（94条1項）に基づく財産分与の無効が主張されることもある〔通謀虚偽表示として無効が認められた事案——東京地判平25・9・2/2013WLJPCA09028002〕）。これに対して，夫の債権者側が詐害行為を理由に財産分与の取消しを請求することがある

第4節　離婚　第1款　協議上の離婚　　　　　　　　　　　§768　VI

（424条）が，直ちに詐害行為と認められるわけではない（新版注民(22)234頁〔犬伏〕）。

　㋐　財産分与と詐害行為取消権の成否　　判例は，最高裁昭和58年12月19日判決（民集37巻10号1532頁。以下，昭和58年判決とする）により，財産分与の趣旨に照らし相当であれば，詐害性を否定する立場にほぼ確定している。本判決は，婚姻後始めたクリーニング業を後に妻に任せ，夫が他の事業で多額の負債を抱え倒産し，夫の不貞行為などを理由に協議離婚した夫婦が，慰謝料を含む財産分与としてクリーニング業を営むための基盤となる土地（建物は妻名義であり，財産分与の対象とはなっていない）を妻に分与した事案において，「分与者が負担する債務額及びそれが共同財産の形成にどの程度寄与しているかどうかも含めて財産分与の額及び方法を定めることができるものと解すべきであるから」，分与者が債務超過であるような場合でも，「相当な財産分与を受けることを妨げられない」とし，分与者がすでに債務超過の状態にあって，当該財産分与によって一般債権者に対する共同担保を減少させる結果になるとしても，財産分与が「民法768条3項の規定の趣旨に反して不相当に過大であり，財産分与に仮託してされた財産処分であると認めるに足りるような特段の事情のない限り」詐害行為取消権の対象とならないとした。

　学説の多数説は，財産分与は424条2項（非財産行為）には該当せず（星野英一・民法概論Ⅲ〔1978〕110頁），また，424条1項の要件の判断において，相当な財産分与である限り詐害行為とならないとする（相当性基準説。野村豊弘「財産分与請求権と詐害行為取消権」判タ747号〔1991〕143頁，中川淳「離婚に伴う財産分与と詐害行為の成否」昭59重判解96頁，大島俊之・債権者取消権の研究〔1986〕106頁）。したがって，当事者が合意により財産分与を行うことは本条に基づいて生じる法律上の義務の履行であり，分与額がこの義務の履行として認められる相当な限度を超えない限り，詐害行為とはならないと解される（塩崎勤〔判解〕最判解昭58年〔1988〕552頁）。

　㋑　財産分与の相当性　　判例・学説によれば，すでに行われた当該財産分与の合意内容を「相当性」という基準により再点検することによって，詐害行為の成否が判断される。昭和58年判決によれば，財産分与の相当性は財産分与制度の趣旨，すなわち，清算的要素・扶養（補償）的要素・慰謝料的要素としての財産分与の相当性が判断基準となる。

〔犬伏〕　425

§768 Ⅵ 　　　　　　　　　　　第4編　第2章　婚姻

①清算的財産分与については，清算対象財産（夫婦共同財産）と債務の関係が問題となるが（→Ⅳ1(1)(エ)），清算的財産分与額の算出に関しては，積極財産から夫婦の共同財産取得のために負担した債務（住宅ローンなど），あるいは，婚姻共同生活維持のために負担した債務を控除する扱いとなっており，これらの債務の控除後，残額がないとき（オーバーローンの場合など）に行われた清算的財産分与は詐害行為と判断されるが，残額の2分の1に対応する財産分与は相当とする裁判例が多い（大阪高判平16・10・15判時1886号52頁，東京地判平24・1・12/2012WLJPCA01128005。なお，鈴木眞次〔判批〕法協105巻9号〔1988〕1311頁，中川淳・前掲論文97頁参照）。

②扶養的財産分与については，その決定の際に，義務者側の資力（扶養能力）が考慮事由となるが，債務が存在するときの義務者の扶養能力をどのように判断するかは明確ではない。判例（最判平12・3・9民集54巻3号1013頁）は，不相当に過大で，財産分与に仮託してされた財産処分でない限り，詐害行為とはならないとしており，すでに扶養的財産分与として，一定の財産分与がなされている場合に，その相当額について，かつての配偶者の生活維持を一般債権者の保護に優先させることもやむを得ないであろう。

③離婚慰謝料については，財産分与に含めるか否か，また，離婚慰謝料自体を認めるかという議論は別として（→Ⅱ1・2），すでに離婚慰謝料の趣旨の財産分与が行われたとき，当該財産分与が詐害行為となるかについて，判例（最判平12・3・9民集54巻3号1013頁）は，法律上慰謝料を支払うべき義務が発生している以上，その相当額についての財産分与は，詐害行為とならないとする見解である。当事者が精神的苦痛を慰謝するために，あるいは生活保障の趣旨をも含めて離婚慰謝料の支払をしていたのであれば，相当額である限り詐害行為の対象とはならないとしてよいだろう（田山輝明・債権総論〔1993〕79頁，鈴木・前掲〔判批〕162頁，高部眞規子〔判解〕最判解平12年上〔2003〕257頁）。ただし，相当額としては，婚姻中に一般不法行為となるような有責行為（暴力や精神的虐待）が行われたのでもない限り，それほど高額とはならないであろう。

(ウ)　詐害行為取消権の対象となる財産分与の範囲　　判例・多数説の相当性基準説により，すでになされた財産分与が財産分与の趣旨に照らし不相当に過大であると判断された場合，どの範囲で財産分与が取り消されるかを明

らかにしたのが，前掲最高裁平成12年3月9日判決である。本件では，婚姻期間3年あまりの夫婦間で，協議離婚に際し，夫から妻に対し，再婚するまでの間生活補助として毎月10万円を支払うこと，および，離婚に伴う慰謝料として2000万円を支払うことが合意され，この合意について詐害行為取消しの対象範囲が問題となった事案である。本判決は，本件合意について，扶養的財産分与のうち不相当に過大な額，および，慰謝料として負担すべき額を超える額を算出した上で，その限度で合意を取り消すべきとした。したがって，すでになされた財産分与につき，各要素毎に判断された相当な範囲を超える部分について詐害行為として一部取消しが認められることになる（ただし，東京地判平16・10・25金判1230号22頁は，全部を取り消した）。財産分与の対象が金銭など可分のもの（対象物が複数個ある場合も含む）である場合は，分与を受けた者は，超過部分を返還すべきことになるが（福岡高判平2・2・27判タ731号189頁，東京地判平7・5・16判時1561号65頁），財産分与の対象物が不可分の場合は，価額による賠償となる（高部・前掲〔判解〕256頁，大阪高判平16・10・15判時1886号52頁。ただし，妻に対して分与された土地建物について2分の1の範囲で取り消したものがある〔福井地敦賀支判平14・1・11 LEX/DB28071166〕）。

(2) 財産分与請求権の保全と債権者代位権

(ア) 財産分与請求権の保全　婚姻中，夫婦別産制によれば，夫婦一方は自己が取得した財産の処分について，何ら制限を受けることはない（立法論としては，居住不動産の処分制限などが考えられる）。そのため，他方による財産分与請求を免れるために，分与義務者が財産隠匿を図ることも起こりうる。分与義務者が財産処分行為を行う前であれば，保全処分の方法，例えば，財産分与の審判申立ての際には審判前の保全処分（家事157条），また，離婚訴訟における財産分与の附帯処分については，人事訴訟における保全処分（仮差押え・処分禁止の仮処分）が認められている（人訴30条1項）（→離婚手続）。

(イ) 債権者代位権　分与義務者がすでに財産を第三者に処分し，隠匿を図っていた場合には，財産分与請求権を保全するために，債権者代位権（423条）を行使して，分与義務者への財産の取戻しを図ることが考えられる。しかし，その前提として，被保全債権としての財産分与請求権の権利性が議論となり，見解が分かれている（→Ⅲ2）。この点につき，判例（最判昭55・7・11民集34巻4号628頁）は，内容形成説に立ち（「財産分与請求権は，一個の私

§768 VI 第4編 第2章 婚姻

権たる性格を有するものではあるが，協議あるいは審判によって具体的内容が形成される」），協議あるいは審判等によって形成される前の財産分与請求権は，範囲および内容が不確定・不明確であるとの理由で，債権者代位権の行使を認めていない。

学説にも，判例と同様，内容形成説に立った上で，分与の蓋然性が極めて高い場合には，被保全債権としての適格性を認めてもよいとする見解（山口純夫〔判批〕法時53巻5号〔1981〕127頁），あるいは，確認説により，財産分与請求権は，離婚の事実，および，各要素（清算・扶養・慰謝料）の要件の存在により発生すると理解し，具体的内容が決定されていなくとも，すでに財産分与請求権は発生しており，保全の必要性があれば（必ずしも無資力要件を必要とせず），債権者代位権の行使は認められる（中井美雄〔判批〕昭55重判解ジュリ743号82頁）として，債権者代位権の行使を認める見解もある。これに対して，協議・審判前の財産分与請求権に被保全債権としての適格性を認めたとしても，具体的内容（金銭による分与か現物分与か，分与額はいくらかなど）が決定していない場合は，保全の必要性に関して，無資力要件が必要となるのか，どの範囲で代位行使を認めるかなど疑問が残るとの批判もある（大津千明〔判批〕家族百選〔4版〕47頁）。分与義務者の財産隠匿行為に対して，有効な対抗手段がないことを考えれば，客観的基準によって決定されるべき清算的財産分与の対象財産として，分与の蓋然性が高いにもかかわらず，隠匿が行われた場合は，保全の必要性を認め，債権者代位権の行使を認めてもよいのではなかろうか。

2 財産分与と相続

離婚後，協議あるいは審判によって財産分与の内容が具体的に決定される前に，一方配偶者が死亡した場合，財産分与請求権あるいは財産分与義務が相続の対象となるかが問題となる（新版注民(27)67頁〔右近健男〕。離婚調停中の死亡の事案では，東京高決平16・11・2家月57巻3号109頁が，財産分与請求権自体を否定）。財産分与と相続の問題に関しても，財産分与の各要素毎に検討する必要がある（なお，財産分与請求の中で3要素は渾然一体となっているとして，相続を肯定する見解もある〔内田Ⅳ363頁，床谷文雄＝犬伏由子編・現代相続法〔2010〕66頁〔吉田克己〕〕）。ただし，財産分与の相続性を直接扱う判例は見当たらない。

428　〔犬伏〕

第4節　離婚　第1款　協議上の離婚　　　　　　§*768*　VI

(1)　**財産分与請求権の相続**

離婚慰謝料については，慰謝料請求権一般についての相続性の問題として扱うことができ，判例は，慰謝料請求権について当然相続説に立つ（最大判昭42・11・1民集21巻9号2249頁。ただし，不貞行為に対する慰謝料請求権について，妻死亡後，子から夫〔子の父親〕に対する相続を理由とする慰謝料請求を否定したものがある〔京都地判平3・6・11判時1407号95頁〕）が，学説では，判例と同様に相続肯定説に立つものと否定説に立つものがあり，近時否定説が有力である（犬伏由子〔判批〕奥田昌道ほか編・判例講義民法Ⅱ債権〔2版，2014〕223頁）。したがって，離婚慰謝料自体を肯定するか否かの議論は別にして，離婚慰謝料の相続性については，慰謝料一般に関する相続性について，いずれの見解に立つかによって結論が異なる。

清算的財産分与および扶養的財産分与の相続性については，ここでも財産分与請求権の成立に関する見解の対立（→Ⅲ2）がかかわる。確認説の立場では，財産分与請求権が民法により当然発生する権利であり，夫婦共通財産の清算を内容とするものは相続の対象になるが，扶養を目的とするものは，権利者本人の死亡によって，将来のものは消滅し，相続の対象とはならないとする（我妻158頁，大津・前掲書201頁，中川淳「財産分与の相続性をめぐる一考察」立命34号〔1960〕42頁）。内容形成説の立場では，協議・審判前の抽象的財産分与請求権の相続性を否定するもの（注民(21)218頁〔島津一郎〕），肯定するもの（二宮＝榊原142頁）に分かれる。

(2)　**財産分与義務の相続**

財産分与義務の相続性についても，財産分与請求権と同様に考えられているが，扶養的財産分与に関しては，多数説は否定している（我妻158頁，新版注民(27)68頁〔右近〕）。扶養義務は，義務者の扶養能力（資力）を前提とするから，当然に扶養義務を相続するとするのは妥当でなく，また，権利者にとっても，複数の義務者に対して，分割された扶養請求権を行使しなければならないことになりメリットは必ずしも大きくない。ただし，下級審裁判例には，清算的財産分与および扶養的財産分与のいずれについても，相続対象性を認めたものがある（大分地判昭62・7・14判時1266号103頁は，請求の意思表示の有無にかかわらないとした。なお，内縁関係解消の場合について〔清算的〕財産分与義務の相続性を肯定したものには，大阪高決平23・11・15家月65巻4号40頁がある）。

〔犬伏〕　429

§*768* Ⅵ   第4編 第2章 婚 姻

3 財産分与と課税

本条により，財産分与がなされたとき，分与者側あるいは，被分与者側に課税上の問題が生じることがある（遠藤みち・両性の平等をめぐる家族法・税・社会保障〔2016〕48頁以下）。通常，財産分与の被分与者側に贈与税（相税9条）が課せられることはないが，分与財産の額が，婚姻中の夫婦の協力によって得た財産の額，その他一切の事情を考慮してもなお過当であると認められる場合における，その過当である部分，または，離婚を手段として贈与税や相続税の逋脱を図ると認められる場合は，贈与税が課税される（相続税法基本通達9-8）。

(1) 財産分与と譲渡所得税

本条によって，増加益（値上がり益）が生じるような財産，例えば不動産を分与した場合，分与者側への譲渡所得税（所税33条）の課税が議論となる。判例は，最高裁昭和50年5月27日判決（民集29巻5号641頁）が，調停離婚の際に夫が行った慰謝料および扶養的財産分与としての不動産（他に現金1450万円）の分与について，夫に譲渡所得税が課税された事案において，財産分与請求権は，「離婚の成立によつて発生し，実体的権利義務として存在するに至り，右当事者の協議等は，単にその内容を具体的に確定するものであるにすぎない」とした上で（この点，前掲最判昭55・7・11民集34巻4号628頁と見解が異なると思われる），当事者の協議によって財産分与の具体的内容が確定し，これに従い「財産分与として不動産等の資産を譲渡した場合，分与者は，これによつて，分与義務の消滅という経済的利益を享受したものというべきであ」り，譲渡所得税の課税処分は正当とした（同旨のものとして，最判昭53・2・16家月30巻8号38頁，最判平7・1・24税資208号3頁等がある。ただし，国税不服審判所裁決平6・3・30裁決事例集47巻138頁は，離婚の際に夫婦共有に属する不動産につき，共有物分割をしたにすぎないとして，譲渡所得税は生じないとした）。これを受けて出された通達（所得税法基本通達33-1の4）により，財産分与に関する譲渡所得税の課税が明確にされた。

学説は，清算的財産分与として不動産の分与が行われた場合については，被分与者側の潜在的持分の顕在化あるいは実質的共有財産の分割とみるべきで，資産の譲渡は存在しないとして批判的な見解が多い（遠藤・前掲論文224頁は，租税法学説の通説とする。金子宏・租税法〔22版，2017〕250頁，浅沼潤三郎〔判

430 〔犬伏〕

第4節　離婚　第1款　協議上の離婚　　　　　　　　　　　§*769*

批〕民商77巻2号〔1977〕288頁）。

　財産分与に対して譲渡所得を課税する租税実務の存在により，これを知ら
ずに妻に不動産を財産分与する合意をした夫が高額な譲渡所得の課税がある
ことを知っていればこのような合意をしなかったとして錯誤無効を主張する
事態も生じている（最判平元・9・14家月41巻11号75頁は，錯誤無効を認めなかっ
た原審は失当として，原審に差し戻した）。裁判所は夫婦各自の特有財産である不
動産の分与を命じることはなく，夫婦の共同財産を対象として分与するわけ
であるから，清算的財産分与としての不動産の分与は実質的な財産譲渡と捉
えるべきではないだろう（当事者間の合意によって財産分与がなされた場合，財産分
与の各要素毎に切り分けることは困難で，財産分与義務を「一つの債務」と扱って課税す
るしかないとの指摘もある（窪田559-561頁〔佐藤英明〕）。

(2)　財産分与と不動産取得税

　不動産の財産分与につき，被分与者側が対象不動産の登記を行う際に，不
動産取得税が課税されるか争われる場合がある。不動産取得税（地税73条の
2第1項）について，判例（最判昭48・11・16民集27巻10号1333頁）は資産の移
転に担税力を認め課税する一種の流通税と考えている（流通税説）。譲渡所得
税を財産分与にも課税する判例の見解に立てば，同じく資産移転があるとし
て不動産取得税の課税を認めるとの結論にいたるとも考えられるが，裁判例
（東京地判昭45・9・22行集21巻9号1143頁）は，財産分与による不動産の取得
は，同財産分与が，婚姻中の財産関係を清算する趣旨で夫婦の共有に属する
ものと推定される財産につきされたものであるかぎり，地方税法第73条の
2第1項にいう「不動産の取得」に当たらないが，離婚に対する慰謝または
将来の扶養を目的としてされたものである場合には，これに当たるとしてい
る。この裁判例によれば，不動産取得税に関しては，むしろ財産分与の実質
に従い，被分与者側に実質的資産移転はないと考えられている。

〔犬伏由子〕

　　（離婚による復氏の際の権利の承継）
　第769条①　婚姻によって氏を改めた夫又は妻が，第897条第1項の
　　権利を承継した後，協議上の離婚をしたときは，当事者その他の関

〔庄谷〕　　431

§769 I・II   第4編 第2章 婚姻

係人の協議で，その権利を承継すべき者を定めなければならない。

② 前項の協議が調わないとき，又は協議をすることができないとき
は，同項の権利を承継すべき者は，家庭裁判所がこれを定める。

〔改正〕 ②＝昭23法260改正

I　本条の趣旨

　本条は，離婚による復氏者が897条1項に定めるいわゆる祭祀財産所有権
を承継していたときは，当事者その他の関係人の協議で，その権利の承継者
を定める義務がある旨を規定している。祖先祭祀の主宰者が祖先と氏が異な
ることに反対する国民感情を考慮したものともいわれる。このように，本条
は，氏をめぐる国民感情から祭祀財産の帰属について生じうる紛争を処理す
るための規定であるが，個人の尊厳を理念とする戦後改正民法において，祭
祀財産承継者の変動を氏に結びつける規定を置く必要がどれほどあったかは
疑わしいとの批判がなされている（新判例コメ(11)122頁〔島津一郎〕）。

　本条の規定は，裁判上の離婚（771条），配偶者の死亡後の生存配偶者の復
氏・姻族関係終了の場合（751条2項），婚姻の取消し（749条），縁組の取消し
（808条2項）および離縁（817条）の場合に準用されている。

II　祭具等の承継者の指定

(1)　当事者その他の関係人の協議

　婚姻によって氏を改めた夫または妻が祭祀財産の所有権を承継した後に，
離婚復氏したときは，その財産を承継すべき者を当事者その他の関係人と協
議しなければならない。氏を改めた者がその配偶者の親から，その死亡の際
に，祭祀を主宰すべき者と被相続人から指定され，または協議等で定められ
た場合（897条）や，財産所有権を祭祀財産承継者であった配偶者から譲ら
れた場合に，離婚により復氏すること以上に，配偶者の祖先との親族関係が
終了することが問題となる。離婚復氏者が婚氏続称をした場合でも，本条1
項の協議をしなければならない。

　本条にいう「当事者」とは，離婚した配偶者のことである。「その他の関

432　〔庄谷〕

第4節　離婚　第1款　協議上の離婚　　　　　　　　　§769　II

係人」としては，その配偶者の親族が考えられる。本条は，離婚復氏者に対し祭祀財産承継者に関する協議の機会を設ける義務を課すものであるが，必ずしも，祭祀財産を他者に譲渡しなければならないわけではない。復氏した者が，そのまま祭祀財産を所有し，祭祀を主宰するということもあり得ないわけではない。

　権利を承継すべき者として選ばれるに当たっては，祀られる祖先との氏の異同は，現実的に重視はされるが，これが決定的・不可欠な要因ではない。離婚復氏した者が祭祀財産を所有し続け，祭祀を主宰している場合は，婚氏への氏の変更につき「やむを得ない事由」を認める1つの考慮事由となるであろう。

(2)　家庭裁判所の指定

　当事者その他の関係人の協議が調わないとき，または協議をすることができないときは，家庭裁判所に申立てをし，家庭裁判所が，権利の承継者を定める。家庭裁判所における祭祀財産承継者の指定については，897条の解説を参照されたい。

　承継者指定の審判（家事別表第二5項）については，所有者の住所地を管轄する家庭裁判所の管轄であること（家事150条6号），家庭裁判所は，当事者に対し，系譜，祭具および墳墓の引渡しを命ずることができること（家事154条4項），婚姻の当事者その他の利害関係人は審判に対して即時抗告をすることができること（家事156条6号），これについての調停が行われること（家事244条），調停に代わる審判の対象となること（家事284条）が定められている。

〔床谷文雄〕

〔庄谷〕　433

§770   第4編　第2章　婚　姻

第2款　裁判上の離婚

（裁判上の離婚）

第770条①　夫婦の一方は，次に掲げる場合に限り，離婚の訴えを提
　起することができる。

　一　配偶者に不貞な行為があったとき。

　二　配偶者から悪意で遺棄されたとき。

　三　配偶者の生死が3年以上明らかでないとき。

　四　配偶者が強度の精神病にかかり，回復の見込みがないとき。

　五　その他婚姻を継続し難い重大な事由があるとき。

②　裁判所は，前項第1号から第4号までに掲げる事由がある場合で
　あっても，一切の事情を考慮して婚姻の継続を相当と認めるときは，
　離婚の請求を棄却することができる。

　　〔対照〕　フ民 229-247-2，ド民 1564-1568

　　〔改正〕　〔813・814-818〕

細　目　次

Ⅰ　本条の意義 ……………………435
　(1)　本条の沿革 …………………435
　(2)　離婚法制の展開 ……………437
　(3)　本条の特徴 …………………438
　(4)　本条改正の動き ……………440
　(5)　外国法の動向 ………………442
Ⅱ　本条の構造 ……………………446
　(1)　離婚原因（本条1項）………446
　(2)　離婚請求棄却条項（本条2項）……449
Ⅲ　具体的離婚原因 ………………451
　(1)　不貞行為（本条1項1号）………451
　(2)　悪意の遺棄（本条1項2号）………455
　(3)　3年以上の生死不明（本条1項3

号）………………………………458
　(4)　回復の見込みのない強度の精神病
　　　（本条1項4号）……………460
Ⅳ　抽象的離婚原因（本条1項5号）……467
　(1)　意　義 ………………………467
　(2)　他の離婚原因との関係 ……470
　(3)　「婚姻を継続し難い重大な事由」
　　　該当性 ………………………470
Ⅴ　有責配偶者からの離婚請求 …477
　(1)　判例法理の生成 ……………477
　(2)　判例の変更 …………………479
　(3)　その後の判例の展開 ………481

434　〔神谷〕

第4節　離婚　第2款　裁判上の離婚　　　　　　　　　　　§*770*　I

I　本条の意義

(1)　本条の沿革

　本条は，裁判上の離婚原因を規定する。すなわち，夫婦間で離婚の合意が
できない場合でも，本条が定める離婚原因があるときは，夫婦の一方は，訴
えにより婚姻を解消することができる。

　わが国では古くから離婚慣行が存在した。もっとも，わが国の離婚制度は，
歴史的には明治期に入って大きな転換期を迎えたといわれる。明治期に至る
までのわが国の離婚慣行によると，古代律令制下の『棄妻』や『七出三不
去』に象徴されるように，離婚とは夫による「追出し離婚」を意味していた
（夫専権離婚慣行）。それが明治期に入り，太政官布告第162号（1873〔明治6〕
年5月15日）が登場し，そこでは，裁判所が離婚事件を扱うことを前提に，
夫のみならず，妻にも離婚訴権が認められたのである。すなわち，この太政
官布告は，夫婦間のやむを得ない事情から妻が離婚を望んでいるのに夫が承
諾しない場合，それは「人民自由ノ権理ヲ妨害スルモノ」ともなるから，妻
は裁判所に訴え出ることができるとした。

　その後，明治民法（1898〔明治31〕年）は，離婚制度として，協議離婚（民
旧808条以下）と裁判離婚（民旧813条以下）の2つの離婚形態を採用した。こ
れにより，法律上は，夫による妻の追出し離婚が不可能となり，裁判によら
ない限り，妻の同意なしには離婚できない体制になった（我妻127頁）。もっ
とも，協議離婚は，そもそも「家ノ内ノ不体裁ヲ外ニ現ハサズシテ協議ノ形
チデ婚姻ヲ」解消できるとの認識を背景としており（新版注民(22)3頁〔岩志和
一郎〕），しかも，その手続も戸籍の届出が要求されるだけであったから，実
際には夫や家長による嫁の「追出し離婚」の温床となっていた。この点は，
明治民法下の学説においても認識されており，離婚統計を引用し，全離婚件
数（昭和10年で48,528件）のうち大半は協議離婚であること（48,134件），残る
裁判離婚（394件）のうち大半が妻から提起したものであったこと（350件）
を指摘したうえで，これは決して「女権の拡張」を意味するのではなく，む
しろ「男子の権勢」が強いことの証拠と指摘されていた（穂積371頁）。原告
となるにせよ被告となるにせよ，裁判所で離婚を争うことは，とくに妻にと
って容易ではなかった状況を窺うことができる。

〔神谷〕　　435

§770 Ⅰ

第4編 第2章 婚姻

　明治民法は，その813条において10個の個別的・具体的離婚原因を制限列挙していた。すなわち，①配偶者の重婚（1号），②妻の姦通（2号），③夫の姦淫罪による処刑（3号），④配偶者の偽造，賄賂，猥褻，窃盗などによる軽罪以上の処刑またはその他の罪による重禁錮3年以上の処刑（4号），⑤配偶者による虐待または重大な侮辱（5号），⑥配偶者からの悪意の遺棄（6号），⑦配偶者の直系尊属による虐待または重大な侮辱（7号），⑧配偶者による自己の直系尊属に対する虐待または重大な侮辱（8号），⑨配偶者の3年以上の生死不分明（9号），⑩婿養子または家女と婚姻した養子の離縁（10号）である。なお，明治民法814条以下には，それぞれの離婚原因について，それが存在する場合でも離婚訴訟を提起することができない事由（「離婚訴訟不受理原因」ともいわれた）が規定された。例えば，上記①から④の場合に，配偶者の行為に同意していたとき（民旧814条1項），①から⑦の場合に，配偶者や直系尊属の行為を宥恕したとき（民旧同条2項），あるいは①から⑧の場合に，離婚原因たる事実を知った時から1年が経過した後，またはその事実が発生した時から10年が経過した後には（民旧816条），離婚の訴えは提起できないとされていた。

　明治民法に至って，実体法上，夫のみならず妻にも離婚訴権が与えられたことには歴史的な意義があったが，法定された離婚原因には，当時の家父長制的発想が反映されていたし，上記の②③に典型的に表れているように夫婦不平等であった。また，上記⑨⑩を除くと，配偶者の有責行為を具体的に列挙して離婚原因とし，これら以外の事由では裁判離婚は認められなかった。

　もっとも，こうした有責事由を中心とした具体的事由の制限列挙主義に対しては，明治民法の制定過程における起草委員会でも穂積陳重から反対意見が主張され，「共同生活ニ堪ヘザル不和」あるいは「同居ニ堪ヘザル夫婦間ノ不和」といった相対的で破綻主義的な離婚原因を加えるべきとの主張も展開されていた。その主張の背景には，具体的離婚原因が存在しないからといって，愛情を失った夫婦に婚姻の継続を強いることは適当ではないという考え方があり，「箇箇の場合の具体的適当」を実現するためには相対的離婚原因が必要と説かれた（この間の事情については，浦本寛雄・破綻主義離婚法の研究〔1993〕349頁以下参照）。その後，この議論は，臨時法制審議会に引き継がれ，1925（大正14）年の「民法親族編中改正ノ要綱」第16では，妻の不貞や夫の

436　〔神谷〕

第4節　離婚　第2款　裁判上の離婚　　　　　　　　　**§*770*** I

著しい不行跡といった5つの具体的離婚原因に加えて，相対的・抽象的離婚原因として「其他婚姻関係ヲ継続シ難キ重大ナル事情存スルトキ」を規定することが提案されていたし，さらに，5つの具体的離婚原因がある場合でも「総テノ関係ヲ総合シテ婚姻関係ノ継続ヲ相当ト認ムルトキハ離婚ヲ為サシメザルコトヲ得ルモノトスルコト」として離婚請求棄却条項の提案もされていた。この提案は，その後，司法省の民法改正調査委員会に引き継がれ，それが「人事法案」(1941〔昭和16〕年)につながっているが，戦後の民法改正に至るまで，法改正が実現することはなかった。しかし，ここに現行規定の原型を見いだすことができる。

(2)　離婚法制の展開

本条は，1947〔昭和22〕年の民法改正によって誕生した。これによって裁判上の離婚原因は大きく姿を変えることになった。もっとも，離婚法制としては，協議離婚も維持されたから，夫婦間で離婚の合意ができる場合に裁判所の関与しない協議離婚制度がある一方，合意ができない場合の裁判離婚制度が併存しており，二元的構造をとる点で，明治民法と変わりはない。

その後，家事審判法の制定(1947〔昭和22〕年)により，調停離婚と審判離婚(旧家審17条・18条・24条：現行家事244条・257条・284条)が加えられ，離婚をめぐる紛争に家庭裁判所が後見的に関与することとなった。また，離婚訴訟が係属した後に和解による離婚(和解離婚)が許されるかは，解釈上の問題とされていたが，人事訴訟法の制定(2003〔平成15〕年)により明文規定で認められることになった(人訴37条)。これらの調停離婚・審判離婚・和解離婚も裁判所が関与している点を強調すれば，裁判離婚と位置づけることも可能である(新版注民(22)262頁〔大塚正之〕)。もっとも，調停離婚や和解離婚は，夫婦の合意を基礎として成立するものであるし，審判離婚も，夫婦の一方から異議の申立てがあれば失効するという意味で，夫婦の意思に依存している。これに対して，本条に基づく判決離婚は，被告となった夫婦の一方の意思に反してでも離婚を認めるものであり，この点で，他の離婚の形態とは決定的に異なる(新基本法コメ95頁〔浦野由紀子〕)。判決離婚の件数は，毎年，全離婚件数の1%程度を占めるにすぎないが，どのような「離婚原因」を法定するかは離婚法の根幹をなす問題である。

〔神谷〕　　437

§770 I

第4編 第2章 婚姻

(3) 本条の特徴

(ア) 夫婦間平等の実現　1947（昭和22）年の民法改正は，個人の尊厳と両性の本質的平等（憲14条・24条）を家族法の分野でも実現することを目指していたから，裁判上の離婚原因についても，これらの理念に反する男女不平等規定や家制度に由来する規定は，本条から除かれることになった。すなわち，姦通にかかわる夫婦間不平等の規定（民旧813条2号・3号）や配偶者の直系尊属による虐待・重大な侮辱（同条7号），配偶者による自己の直系尊属に対する虐待・重大な侮辱（同条8号），婿養子または家女と婚姻した養子の離縁（同条10号）である。

(イ) 有責主義から破綻主義へ　前述(1)でも言及したとおり，明治民法813条は，10個の個別的・具体的離婚原因を制限的に列挙していた。しかも，その内容は，配偶者の3年以上の生死不明（同条9号）と婿養子または家女と婚姻した養子の離縁（同条10号）を除くと，相手方配偶者ないし相手方配偶者側の有責行為を離婚事由としていた。

これに対して，本条は，個別的・具体的離婚原因を4個に絞り，しかも，その内容は，2個の有責の離婚原因（配偶者の不貞〔1項1号〕，配偶者からの悪意の遺棄〔同項2号〕）と2個の無責の離婚原因（配偶者の3年以上の生死不明〔同項3号〕，強度の精神病〔同項4号〕）から構成されている。これに加えて，相対的・抽象的離婚原因として，「その他婚姻を継続し難い重大な事由」が規定された（同項5号）。また，本条2項は，1項1号から4号までの具体的離婚原因がある場合でも，「一切の事情を考慮して婚姻の継続を相当と認めるときは，離婚の請求を棄却することができる。」とし，離婚請求の裁量棄却条項が定められた。この条項により，1号から4号までの具体的離婚原因も相対化されている。

以上のような本条の構造を踏まえて，1号から4号までは，婚姻関係を破綻させるような具体的事由であって，5号の「婚姻を継続し難い重大な事由」の例示であると解するのが，通説的理解であり，したがって，本条は，破綻主義に立った例示列挙方式の規定と評される（新版注民(22)12頁〔岩志〕，350頁〔阿部徹〕）。

なお，2項の離婚請求棄却条項をどのように理解すべきかは重要な問題であるが，1号から4号までの具体的離婚原因がある場合でも，なお婚姻関係

438　〔神谷〕

第4節　離婚　第2款　裁判上の離婚　　　　　　　　　　　　§770　I

の回復が見込まれるときに（破綻には至っていないときに），離婚請求を棄却する根拠となる条項と解するならば，本条が全体として破綻主義に依拠するものと解することができる。

（ウ）裁量範囲の拡大　　明治民法の規定とは異なり，本条は，1項5号として抽象的離婚原因を規定し，2項において，具体的離婚原因を相対化する離婚請求の棄却条項を規定した。前述(イ)のとおり，本条は，破綻主義の立場にたつものと理解されている。もっとも，本条の文言自体から，「婚姻の破綻」が離婚原因であるとの趣旨を直接的に読み取ることはできないし，「破綻」の概念が定義されているわけでもない。その結果，本条の意味内容については解釈の余地が広く残されることになった（久保野恵美子「破綻主義離婚における破綻の意義と裁量棄却」新家族法実務大系 I 420頁）。とりわけ2つの場面，すなわち，離婚原因の存否をめぐる判断が必要となる場面と離婚請求を棄却すべきかの判断が必要となる場面で，裁判官の裁量の範囲が大きく拡大することになったのであり，この点も，本条の特徴として留意する必要がある（新版注民(22)349頁〔阿部〕）。

　まず問題となるのは，5号の「婚姻を継続し難い重大な事由」の解釈である。こうした抽象的離婚原因を規定する意義は，具体的離婚原因のみでは包摂しきれない事情も離婚原因に吸収できる，という点にある。すなわち，旧規定では離婚原因とされていた配偶者からの虐待や重大な侮辱，親族との間における虐待や重大な侮辱も5号の離婚原因となりえた。しかし，現行規定では，どういう場合に何が「婚姻を継続し難い重大な事由」にあたるかは，最終的に裁判官の評価・判断に委ねられることになった。

　これは，本条をめぐる破綻主義の理解についても，判例に大きく依存せざるを得ないことを意味している。例えば，有責配偶者からの離婚請求に関して，判例のリーディング・ケースといわれる最高裁昭和27年2月19日判決（民集6巻2号110頁）は，有責配偶者から離婚請求がなされても，それは，そもそも「婚姻を継続し難い重大な事由」には該当しないとの説示をしていたが，この判例を変更した最高裁大法廷昭和62年9月2日判決（民集41巻6号1423頁）は，「婚姻を継続し難い重大な事由」の存否と離婚請求が信義則に反するかどうかの判断を区別する考え方を打ち出し，当事者の有責性は以前ほどには絶対視されなくなっている。

〔神谷〕　439

§*770* I 　　　　　　　　　　　　　　　　第4編　第2章　婚　姻

　これと同様の状態は，本条2項の離婚請求棄却条項についても生じており，具体的離婚原因があるにもかかわらず，どのような場合に離婚請求が棄却されるかは，裁判官の裁量に委ねられている。このことから，本条項が濫用される危険性については，立法当初から指摘されていた。現にかつての裁判例には，被告の不貞行為を認めながら，原告に我慢と忍耐を求めて離婚請求を棄却する裁判例もあり（東京地判昭30・5・6下民集6巻5号896頁，千葉地判昭40・2・20判タ175号144頁），学説上は，本条項の適用は極めて慎重であるべきとの指摘が一般的であった（我妻170頁）。

　その後，本条2項の適用については，判例も慎重になっているが，改めて問題となったのは，いわゆる精神病離婚に関してである。最高裁昭和33年7月25日判決（民集12巻12号1823頁）は，被告が不治の精神病に罹患したことを理由に離婚訴訟が提起された事案において，「病者の今後の療養，生活等についてできるかぎりの具体的方途を講じ，ある程度において，前途に，その方途の見込のついた上でなければ，ただちに婚姻関係を廃絶することは不相当」として，2項により離婚請求を棄却した。この判決をめぐっては活発な議論が展開され，そこでは，破綻主義離婚法において，どのような場合に離婚請求が棄却されるべきかが問われることになった。

　裁判官の裁量判断の範囲が拡大したことは，事案に応じた柔軟かつ適切な対応が期待できるという意味で積極的に評価すべきところもある。しかし，どのような場合に離婚請求が認容され，あるいは棄却されるのか，当事者には予測困難な余地が生ずることにもなる。

(4)　本条改正の動き

　戦後の民法改正の後，1954（昭和29）年から法制審議会で，さらに民法改正の必要があるかの検証作業が始められ，その結果が，1955（昭和30）年および1959（昭和34）年に「法制審議会民法部会身分法小委員会における仮決定及び留保事項（その1）（その2）」として公表された。そこでは，改正に向けた仮決定事項として，本条2項の離婚請求棄却条項を削除すべき旨の提案がされている。これは，前述(3)(ウ)でも指摘した条項濫用の危険性を理由とする。他方，離婚原因の規定の仕方については，今後も検討を要する留保事項とされており，現行規定に準じて抽象的離婚原因の他に，例示として具体的離婚原因を定める方式と，抽象的離婚原因のみ定める方式など，複数の案

第4節　離婚　第2款　裁判上の離婚 **§770** I

が提示されていた。しかし，いずれも法案化には至っていない。

　その後，1991（平成3）年から，再び法制審議会において婚姻法および離婚法の見直し作業が始まり，1996（平成8）年に「民法の一部を改正する法律案要綱」が公表された。同要綱の第七は，裁判上の離婚について以下の改正提案をしている。

「一　夫婦の一方は，次に掲げる場合に限り，離婚の訴えを提起することができるものとする。ただし，(ア)又は(イ)に掲げる場合については，婚姻関係が回復の見込みがない破綻に至っていないときは，この限りでないものとする。

　(ア)　配偶者に不貞な行為があったとき。

　(イ)　配偶者から悪意で遺棄されたとき。

　(ウ)　配偶者の生死が3年以上明らかでないとき。

　(エ)　夫婦が5年以上継続して婚姻の本旨に反する別居をしているとき。

　(オ)　(ウ)，(エ)のほか，婚姻関係が破綻して回復の見込みがないとき。

　二　裁判所は，一の場合であっても，離婚が配偶者又は子に著しい生活の困窮又は耐え難い苦痛をもたらすときは，離婚の請求を棄却することができるものとする。(エ)又は(オ)の場合において，離婚の請求をしている者が配偶者に対する協力及び扶助を著しく怠っていることによりその請求が信義に反すると認められるときも同様とするものとする。」

　この提案は，有責配偶者からの離婚請求に関して，従来の判例を変更した前掲最高裁大法廷昭和62年9月2日判決（民集41巻6号1423頁）（以下「62年判決」という）を契機として，これを立法に反映するという性質を持っていた。提案の特徴を指摘しておきたい。

　まず第1は，破綻主義の立場を明確にしようとしたことである。具体的には，1項本文にただし書を挿入したこと，1項(エ)に「5年以上の別居」を離婚原因として規定したこと，1項(オ)の規定（抽象的離婚原因）を「婚姻関係が破綻して回復の見込みがないとき」と改めたことに表れている。要するに，現行の本条とは異なり，「婚姻関係が回復の見込みがない破綻」に至っているかどうかは，1項の枠内で判断されることになる。

　なお，「5年以上の別居」を具体的離婚原因に加えたことは，62年判決の影響といえるが，もともとわが国の離婚法にはなかった発想であり，特定期

〔神谷〕　441

間の別居を婚姻破綻の徴表として捉える外国法の影響を色濃く受けているものと思われる。ちなみに，この提案では，「強度の精神病」（本条1項4号）が具体的離婚原因から除かれている。これは，精神病者に対する差別感情の助長の恐れや精神病を正面から離婚原因とすることによる当事者のプライバシー侵害の恐れを理由としている。

この提案の第2の特徴は，破綻主義を制限すべき場合を明確にしたことにある。すなわち，現行の離婚請求の裁量棄却条項（本条2項）を全面的に改め，婚姻が破綻していても，離婚請求を棄却すべき場合を定めた。もっとも，その内容は大きく2つに分かれており，その性質も異なる。

まず，提案二の前段は，62年判決の趣旨を汲むものであり，外国法に見られる苛酷条項に相当するものである。婚姻関係が破綻していても，離婚が配偶者または子を苛酷な状態に置くことが予想されるとき，離婚請求は棄却されるべきとする。これに対して，提案二の後段は，審議の最終段階で挿入されたものであり，信義則条項ともいわれる。そこでは，一の(エ)または(オ)の離婚原因が主張される場合に限定して，原告配偶者が相手方に対する協力・扶助を著しく怠っていたときも，離婚請求を棄却できるとする。これは，62年判決の判決理由からは直接読み取ることのできない離婚請求の棄却事由であり，離婚訴訟に至るまでの当事者の行状を離婚の可否の判断に結び付ける点で，前段の苛酷条項とは異質のものである。破綻主義離婚法において，いかなる意味を持ちうるか，なお検証する必要があろう。

以上のような法律案要綱は，いまだに法案化されることなく現在に至っている。しかし，離婚法に関する限り，上記の提案は，現在の判例の到達点を示しているといえ，今後の離婚法を考える場合，立法論の軸になるものといえる（内田貴ほか「特別座談会・家族法の改正に向けて（上）」ジュリ1324号〔2006〕46頁，神谷遊「離婚原因と破綻主義」戸時694号〔2013〕50頁）。

(5) 外国法の動向

わが国においては，明治民法が，主として配偶者の有責行為を具体的離婚原因として規定し，その後，戦後の民法改正で登場した本条が抽象的離婚原因を規定したことで，本条は破綻主義にたつものと評価された。その後，現在に至るまで，本条の改正は行われていないが，判例上は，さらに破綻主義を徹底する方向で解釈論が展開されてきた。こうした有責主義から破綻主義

第 4 節　離婚　第 2 款　裁判上の離婚　　　　　　§ *770*　I

への変化は，1960 年代後半以降，外国法，とりわけ欧米の離婚法に顕著に
見られる潮流であり，わが国の判例・学説も，こうした外国法の動向に少な
からず影響を受けてきた（諸外国における一連の離婚法改革については，利谷信義ほ
か編・離婚の法社会学〔1988〕参照）。

　なお，欧米諸国の離婚法は，わが国にあるような協議離婚制度を持たない
のが一般である。すなわち，夫婦の間に離婚の合意がある場合でも離婚は裁
判によらなければならない。その意味で，欧米諸国における離婚原因規定の
改正は，わが国におけるよりもはるかに大きな社会的影響を持つことになる。

　欧米諸国の改正離婚法に共通した特徴といえるのは，夫婦の別居を婚姻破
綻の徴表と捉え，一定期間の別居をもって，回復の見込みのない破綻を認定
するという規定を導入したことである。これは客観的破綻主義ともいわれ，
当事者にとっては要証事実が明確となり，かつ夫婦の寝室の秘事を法廷で暴
露する必要がないことが利点として強調された。

　ヨーロッパにおける離婚法改革の先駆けとなったのは，1969 年のイギリ
ス離婚法であるが，そこでは，「同居に堪えない姦通」「同居を期待できない
行為」「2 年以上の遺棄」と並べて「離婚合意がある場合の 2 年以上の別居」
「5 年以上の別居」のいずれかが存在する場合は，婚姻破綻が認定される（田
中和夫「イギリス離婚法の沿革」独協法学 6 号〔1975〕35 頁）。また，1975 年のフラ
ンスの離婚法改正では，従来からあった有責離婚（フ民 242 条～246 条）に加
えて，破綻離婚（フ民 237 条～241 条）と同意離婚（フ民 230 条～236 条）が導入
され，破綻離婚の場合，6 年以上の別居が破綻認定の要件とされた。なお，
2004 年の離婚法改正により，この別居期間は 2 年に短縮されている（田中通
裕「注釈・フランス家族法(6)」法と政治 63 巻 2 号〔2012〕201 頁）。さらに，1976 年
のドイツの離婚法改正では，さらに徹底的に有責的離婚原因が排除され，婚
姻破綻を唯一の離婚原因と規定したうえで，夫婦の双方が離婚意思を有する
場合は，1 年の別居，そうでなくとも 3 年の別居があれば，婚姻破綻を認定
する（ド民 1565 条～1567 条）（D・シュヴァープ（鈴木禄弥訳）・ドイツ家族法〔1986〕
151 頁）。

　また，アメリカでは，1966 年のニュー・ヨーク州の離婚原因法の改正に
始まり，1985 年のサウス・ダコタ州の法改正をもって全州にわたって破綻
主義離婚法が成立している。規定の内容は様々であるが，多くの州では姦通

〔神谷〕　　443

§770 Ⅰ 第4編 第2章 婚姻

や遺棄，虐待といった有責的離婚原因に加え，1年から3年の別居，婚姻の破綻など無責の離婚原因が規定されている（棚村政行「現代アメリカ家族法」講座・現代家族法Ⅰ141頁）。

　他方，破綻主義離婚法の立法にあたっては，婚姻関係が破綻している場合，常に離婚を認めるとするか，それとも離婚請求を棄却できる余地を認めるべきかが大きな問題とされてきた。この点，いわゆる苛酷条項を設けて破綻主義に制限を加える立法例は少なくない。イギリスでは，1969年の離婚法改正の際，5年の別居を理由とする離婚の訴えについて，婚姻の解消が被告配偶者に重大な財産的またはその他の苛酷状態をもたらし，かつ婚姻の解消が一切の事情にかんがみて不当となる場合は，異議申立てができるとされた（三木妙子「イギリス離婚法における苛酷条項」家族〈社会と法〉8号〔1992〕18頁）。また，フランスの1975年改正法でも，離婚が被告配偶者および子に対して，その年齢および婚姻関係，子については財産的精神的効果を考慮して例外的に苛酷となる場合は，離婚請求を棄却できるとされた（犬伏由子「フランス離婚法における苛酷条項」家族〈社会と法〉9号〔1993〕26頁，大杉麻美・フランスの離婚制度〔2008〕18頁，27頁）。ドイツも同様であり，1976年改正法は，夫婦間の未成年子の利益のために婚姻の維持が特別な理由から例外的に必要とされる場合，または離婚が相手方配偶者にとって特別な理由から重大な苛酷となる場合は，離婚は認められないとしている（ド民1568条）（神谷遊「ドイツ離婚法における苛酷条項の生成」家族〈社会と法〉8号〔1992〕49頁）。

　もっとも，実際に苛酷条項が適用されるのは極めて例外的な事例に限られている。その理由は，各国とも破綻主義の導入と同時に，離婚給付の諸制度（離婚後の扶養や補償，あるいは年金分割など）も整備しており，被告配偶者の離婚後の生活保障には配慮されていること，夫婦が一定期間の別居を経ている場合は，離婚を認めても当事者の生活関係に大きな変化は生じないこと，離婚請求を棄却しても，婚姻が破綻している以上，それは離婚を一時的に猶予するものでしかないことにある。フランスにいたっては，2004年の離婚法改正で，苛酷条項自体を削除している。

　その後，さらに諸外国の離婚法には新たな改革の潮流が表れている。その一つは，離婚手続の簡素化ないし脱司法化の動きである。イギリスでは，1973年に「特別手続」が導入され，子のいない夫婦が2年の別居を経てい

444　〔神谷〕

第4節　離婚　第2款　裁判上の離婚　　　　　　　　　　　　§*770*　I

る場合に，夫婦に離婚の合意があるときは，法廷での審理を必要とせず，書面審理のみで離婚判決を得ることができることになった。この手続は，1977年以降，夫婦間に争いのないすべての離婚事件に拡大して適用されるようになった（川田昇「イギリスの離婚」利谷ほか編・前掲書163頁）。同様の改革はアメリカにおいても見られ，カリフォルニア州では，1978年に簡易離婚手続が設けられた。

　また，フランスでは，2016年の改正により，裁判官の関与なしに離婚することができる「相互同意離婚」が導入され，2017年1月から施行されている（フ民229-1条〜229-4条）。これは，夫婦に未成年の子がいない場合，または未成年の子が裁判官の審理を要求しない場合を対象としており，夫婦が離婚に合意しているときは，双方の弁護士の関与のもとで離婚の諸効果を含む事項について合意書を作成し，その合意書を公証人に寄託することで離婚の効力が生ずるとするものである（ジャック・コンブレ（小柳春一郎＝大島梨沙訳）「フランスの離婚手続と公証人」ノモス40号〔2017〕1頁参照）。裁判官が全く関与しない離婚制度の導入は，西欧離婚法において画期的な改革といえるが，当事者双方がそれぞれ弁護士を選任することを要し，さらに公証人が関与する点で，わが国の協議離婚制度とは大きく異なることに注意を要しよう。

　離婚法改革の新たな潮流として，いま一つ指摘できるのは，司法機関ないしその他の機関による当事者の合意形成に向けた支援の強化である。イギリスでは，1996年の離婚法改正（Family Law Act 1996）により，離婚手続がさらに簡素化される一方で，調停前置主義的な性質をもった「強制的な合意形成援助」が導入された。すなわち，裁判官による審理に先行して，当事者間での合意形成に向けた専門機関による援助を受ける仕組みである。当事者間で合意ができた場合でも，裁判官が最終的に当事者の合意をチェックし，判決によって事件を処理するという原則は維持されているが，新たな仕組みの導入は，まずもって当事者の合意を尊重するという方針に基づくものであった。その後，合意形成援助手続を強制的に受けさせる仕組みは実施されていないが，合意形成援助手続自体は広く活用されているという。また，2001年には特定の省庁からは独立した政府機関として「Children and Family Courts Advisory and Support Service」が創設され，そこに家事事件報告官（Child and family reporter）が置かれることになった。それ以降，裁判官は，離婚訴

〔神谷〕　445

§770 II 第4編 第2章 婚姻

訟の提起後も，子どもの処遇や離婚の取決めに関して当事者間で合意が形成
できるように家事事件報告官に調整を命じることができるようになった（南
方暁「イギリスの家事事件処理手続と担い手の構成」家族〈社会と法〉21号〔2005〕38
頁）。

　なお，当事者支援を厚くしようとする傾向は，他の諸国にも見られるとこ
ろであり，アメリカでも，離婚調停（divorce mediation）の普及が著しいとい
われており，離婚および離婚に伴う財産分割，アリモニー，子の養育などに
ついて当事者間で円満な合意ができるように支援することが目的とされてい
る（棚村・前掲「現代アメリカ家族法」講座・現代家族法 I ）157頁）。さらに，ド
イツにおいても，2009年の家事事件手続法改正を契機として，子のいる夫
婦の離婚事件を対象に，離婚訴訟の係属後も裁判官が少年局の職員やソーシ
ャルワーカー，心理学者などと協働し，当事者にメディエーションなどの裁
判外手続の利用を指示するなど，当事者間での合意形成支援の試みが実践さ
れるようになっている（佐々木健「ドイツにおける家事紛争の合意解決支援システ
ム」二宮周平＝渡辺惺之編・子どもと離婚〔2016〕96頁）。

　破綻主義を前提とした近時の離婚法改革の動向は，離婚に伴う効果も含め，
夫婦で合意ができる場合には，それを尊重して裁判所の負担軽減をはかる一
方，その合意形成については，司法機関だけではなく，それ以外の機関も取
り込んで支援する体制を構築しようとするものである。

II　本条の構造

(1)　離婚原因（本条1項）

(ア)　離婚原因相互の関係　　本条1項は，1号から4号に具体的離婚原因
を規定し，5号として，抽象的離婚原因を規定する。前述（一 I (3)(イ)）のとお
り，本条は破綻主義に依拠する規定と理解され，1号から4号までは，5号
の「婚姻を継続し難い重大な事由」の例示であると解されている。もっとも，
そこでいう「例示」の意義をめぐっては解釈の対立がある。

　第1の考え方（一元説）は，離婚原因は唯一「婚姻を継続し難い重大な事
由」（5号）と解する（中川（善）319頁，有地亨・家族法概論〔1990〕222頁）。すなわ
ち，不貞（1号）や悪意の遺棄（2号）は，まさに婚姻を継続し難い事由とな

446　〔神谷〕

第4節　離婚　第2款　裁判上の離婚　　　　　　　§770　II

るからこそ離婚原因とされているのだから，例えば，配偶者の不貞はあった
が婚姻は継続できる状態であれば，1号の離婚原因は認められないとする。
要するに，5号は1号から4号に被さって適用されるのであり，1号の離婚
原因が認められるためには，配偶者の不貞があるだけではなく，その結果，
婚姻の継続が難しくなっていること（婚姻が回復の見込みなく破綻していること）
が必要となる（もっとも，学説によりニュアンスの違いはあり，例えば新版注民(22)
355頁〔阿部徹〕は，具体的離婚原因が認められる場合は，よほどの事情がない限り，
「婚姻を継続し難い重大な事由」にも該当すると解すべきとする）。

　第2の考え方（多元説）は，1号から5号の離婚原因がそれぞれに独立した
別個の離婚原因と解する（我妻170頁，窪田100頁）。すなわち，1号から4号
までの具体的事由は，それ自体が「婚姻を継続し難い重大な事由」なのであ
って，5号では「その他（1号から4号以外の）婚姻を継続し難い重大な事由」
が問題となる（例えば，配偶者に対する虐待や重大な侮辱）。その結果，例えば，
配偶者の不貞が認められれば，1号による離婚が認められるべきことになり，
それ以上に婚姻の継続が難しくなっているかどうか（婚姻が回復の見込みなく破
綻しているかどうか）は関係がない。

　一元説は，本条1項を徹底した破綻主義の見地から把握しようとするもの
であるのに対し，多元説は，不貞や悪意の遺棄といった倫理的，規範的評価
をともなった具体的事由があるのに，さらに婚姻が回復の見込みなく破綻し
ているかどうかといった，それ自体極めて判断の難しい要件を加重する必要
はないとし，その意味で，1号および2号を有責主義的離婚原因と位置づけ
ることも排除しない。もっとも，多元説に立つとしても，1号〜4号につい
ては本条2項が適用されるから，例えば，配偶者の不貞はあったが婚姻は継
続できるというのであれば，本条2項により離婚請求が棄却される余地は残
る。その限りでは，いずれの説に立つとしても，実際上の離婚の可否の判断
に大きな差が出ることはない。むしろ問題となるのは，本条2項の適用範囲
をいかに画するか，である。

　(イ)　訴訟上の扱い（訴訟物）　　本条1項をめぐっては，前述の民法解釈上
の議論とは別に，訴訟法上も離婚訴訟の訴訟物に関する議論が展開されてい
る。すなわち，本条1項各号の離婚原因ごとに離婚請求権が成立するという
見解（旧訴訟物理論）がある一方，離婚請求権（離婚を求めることのできる地位）

〔神谷〕　447

§770 II　　　　　　　　　　　　　　　　　　　　第4編　第2章　婚　姻

は1つであって，本条1項各号の離婚原因はそれを基礎づける事由にすぎないとする見解（新訴訟物理論）が対立する。前者の見解によるならば，原告の主張する離婚原因のみが裁判所の審理の対象となるが，後者の見解によるならば，原告の主張には拘束されず，それ以外にも離婚を基礎づける離婚原因が認められるかが審理されることになる。

　この問題に関する最高裁昭和36年4月25日判決（民集15巻4号891頁）の事案は，原告が「回復の見込みのない強度の精神病」（本条1項4号）を主張して離婚を求めたものである。原審は，医師の鑑定を踏まえ，被告の精神病は回復の見込みがないとは判定し難いとして4号の離婚原因は否定したが，「婚姻を継続し難い重大な事由」は認められるとして5号により離婚請求を認容した。これに対して，最高裁は，「民法第770条1項4号所定の離婚原因が婚姻を継続し難い重大な事由のひとつであるからといって，右離婚原因を主張して離婚の訴えを提起した被上告人は，反対の事情のないかぎり同条項5号所定の離婚原因あることをも主張するものと解することは許されない。」として原判決を破棄して差し戻した。一般には，この判決をもって，判例は旧訴訟物理論をとったものと評されている。こうした訴訟物をめぐる議論と前述(ア)の民法解釈上の議論とは必ずしも重なるものではないが，訴訟物をめぐる判例は，前述(ア)の一元説の立場からは批判される一方（中川(善)324頁），多元説の立場からは肯定的に評価される（窪田103頁）。

　なお，人事訴訟法25条1項は，別訴の禁止を規定しているから，例えば本条1号の離婚原因を主張して提起された離婚の訴えが棄却された場合，5号を理由として再度の離婚訴訟を提起することはできない（失権的効果）。以上のような状況を背景として，実務では離婚請求をする場合，1号から4号までの具体的離婚原因のいずれかだけを主張するのではなく，5号も併せて主張されることが多く，それがない場合は，裁判官が釈明権を行使することも少なくない。

　なお，離婚請求が棄却され，その判決が確定しても，その後に生じた新たな事実に基づいて改めて訴訟提起をすることは可能である。有責配偶者からの離婚請求（5号事件）に関する事案であるが，前訴の離婚請求が棄却され，その判決確定後に改めて訴訟が提起されたところ，「前訴判決において認定された事情に，〔前訴の〕第2審口頭弁論終結後に生じた事情を加えた上で，

第4節　離婚　第2款　裁判上の離婚　　　　§**770**　**II**

総合的な判断をすべきである」として離婚請求を認容した裁判例がある（福岡高那覇支判平15・7・31判タ1162号245頁）。

さらに，離婚請求の本訴が提起された場合に被告から離婚請求の反訴が提起されることがある。この場合，従来は，本訴，反訴の離婚原因の有無をすべて検討して判断する裁判例が多いが（静岡地富士支判昭62・10・6判タ657号192頁，横浜地判平9・1・22判時1618号109頁，東京地判平12・9・26判タ1053号215頁など），離婚についての双方の意思は一致しているから婚姻を継続し難い重大な事由があるとして，離婚原因の詳細に立ち入って判断することをせず，本訴，反訴ともに認容するとした裁判例も見られる（横浜地判昭61・10・6判タ626号198頁，東京地判昭61・12・22判時1249号86頁など）。

(2)　**離婚請求棄却条項**（本条2項）

本条2項は，本条1項1号から4号までの具体的離婚原因がある場合でも，裁判所は「一切の事情を考慮して婚姻の継続を相当と認めるときは，離婚の請求を棄却することができる」と規定する。明治民法は，10個の具体的離婚原因を定めると同時に，それぞれについて，例えば，配偶者の姦通や虐待・重大な侮辱，悪意の遺棄を宥恕していた場合や，そうした事実を知った時から1年経過した後は離婚の訴えが提起できないと規定していた（→I(1)参照）。こうした離婚請求権の消滅事由の規定を削除することに代えて登場したのが本条2項であり，これにより本条1項1号から4号までの具体的離婚原因が相対化されている。

こうした本条2項の沿革を踏まえると，まず，本条の2項の適用場面として考えられるのは，①本条1項1号から4号の具体的離婚原因がある場合でも，なお婚姻が破綻していない場合であるが，これに加えて，②本条1項1号から4号の具体的離婚原因があり，婚姻の破綻も認められるが，婚姻の破綻とは別の事情を考慮して，離婚請求が棄却される場合も想定される。この②の場面は，破綻主義に制限を加えるかどうかの問題にかかわることになり，諸外国の立法例では，いわゆる苛酷条項によって対応されてきた（→I(5)）。ただし，わが国においては，②の場面も本条2項の適用対象に含まれるとすると，本条2項が本条1項1号から4号の具体的離婚原因についてのみ適用され，5号の抽象的離婚原因には適用されないことの説明ができない（新版注民(22)13頁〔岩志和一郎〕）。その意味では，体系的な整合性を欠いているこ

〔神谷〕　449

§770 II

第4編 第2章 婚姻

とになる。

いずれにしても，こうした本条2項の適用場面については，本条1項1号から4号までの具体的離婚原因と5号の抽象的離婚原因の関係をいかに考えるか（前記(1)(ア)の議論）によって差異が生ずる可能性がある。論者によって，様々なニュアンスの違いがあるから一概にはいえないが，極めて単純に，かつ形式的にあてはめるならば，一元説によると，婚姻破綻の認定は，本条1項の離婚原因の存否のレベルの判断に織り込まれるから，前記①の「1号から4号までの離婚原因はあるが，なお婚姻が破綻していない場合」というのは想定できないはずであり，本条2項の適用場面として想定できるのは，前記②「婚姻の破綻とは別の事情を考慮して，離婚請求が棄却される場合」に限定されることになろう。これに対して，多元説によると，具体的離婚原因の存在をどの程度重く評価するかにもよるが，前記①②の両場面で本条2項が適用される可能性は残る。

もっとも，本条2項の適用場面について，このような整理をしてみても，本条2項の文言からは，いずれの解釈も直接導き出すことはできない。本条2項は，裁判所が「一切の事情を考慮して婚姻の継続を相当と認めるとき」に離婚請求を棄却できると規定するのみで，すべてを裁判所の裁量に委ねている。そうしたことから，これまで本条2項を適用して離婚請求を棄却した裁判例においても，上記の①の場合に該当するとしたのか，②の場合に該当するとしたのか判決理由から明確に読み取れないものも少なくない。これが本条2項の根本的な問題であり，担当裁判官の主観的倫理観によって訴訟の行方が左右されかねないことから，いずれの学説も本条2項の適用は極めて慎重であるべきとしてきたし，立法論としては，削除論も根強い。

以上のような状況を背景として，裁判実務も本条2項の適用については極めて抑制的であり，適用事例は少ない。また，適用事例があるのは，本条1項1号「配偶者の不貞」と4号「回復の見込みのない強度の精神病」にかかわる事案についてのみであり，しかも1号による離婚請求については，主として前記①の場合に該当するかが問題となり，4号による離婚請求については，前記②の場合に該当するかが問題となるとみてよい。それぞれの該当箇所で改めて言及する。

450 〔神谷〕

III 具体的離婚原因

(1) 不貞行為（本条1項1号）

(ア) 意義　本条1項1号は，「配偶者に不貞な行為があったとき」を離婚原因として規定する。これは，婚姻の効果として夫婦間に貞操義務があることを前提として，その義務違反行為としての不貞行為を離婚原因とする趣旨である。もっとも，不貞行為という概念をどのように理解するかは，多分に社会的倫理観によって左右される面があり，必ずしも確定したものではない。不貞行為の典型例は姦通（配偶者以外の異性との性交）であるが，学説上は，婚姻破綻を惹起しているのであれば，姦通に限らず，性的信義誠実義務に違反する行為はすべて不貞行為に含まれるとする説（岩垂肇「配偶者の姦通・不貞行為」家族法大系III 139頁）がある一方，裁判所の裁量を最小限にとどめるべきとの考慮から，ここでいう不貞行為を姦通に限定し，それに至らない事実は5号の適用によるとする説（我妻171頁）が対立していた。

判例（最判昭48・11・15民集27巻10号1323頁）は，不貞行為とは「配偶者ある者が，自由な意思にもとづいて，配偶者以外の者と性的関係を結ぶことをいう」とし，被告配偶者の自由意思にもとづく姦通に限定している。現在では，通説も判例と同様の立場にたつ。

もっとも，不貞行為を姦通に限定するとしても，その回数や期間は問わないから，ごく短期間の一時的な関係であっても，不貞行為となる（新版注民(22)360頁〔阿部徹〕，新基本法コメ96頁〔浦野由紀子〕）。もとより，その場合には，事情によっては，本条2項により離婚請求が棄却される余地が残る。

なお，通説・判例は，不貞行為を限定して解釈することから，被告が争う場合には，原告において不貞行為を立証することは容易ではない。原告としては，間接証明を積み重ねるしかなく，不貞を推測させる手紙やメール，ホテルや食事などにかかわる領収書やクレジットカードの明細などを証拠として提示することになる。裁判例としては，夫が特定の女性と連れ立って頻繁に外出し，帰宅が遅くなることも稀ではなく，翌朝まで帰宅しなかった日もあったこと，二人の関係は友人の間でもかなり噂になっていたことなどの事情を認定し，「単なる友人の域を越えて性的関係ありと推認すべき」として不貞行為に該当するとした事例（横浜地判昭39・9・2下民集15巻9号2133頁），

§770 III

第4編 第2章 婚姻

妻がアパートの一室に鍵をかけて特定の男性と二人きりでおり，ドアをノックしてもすみやかに開けなかったことや，示談交渉の席で不倫関係を明確に否定せず，示談金の提案に対しても「考えてみる」といった態度であったことを総合して，妻について「通常の交際の範囲を越えた深い男女関係にあったと推認」して不貞行為を認めた事例（東京地判昭47・3・18判時677号83頁）がある。

(イ) 他の離婚原因との関係　前述のように，離婚原因としての不貞行為が限定的に解釈されているうえ，その立証が必ずしも容易ではないことから，実務上は，1号だけではなく5号の離婚原因も併せて主張されることが少なくない。裁判例としては，情交関係があったとまではいえないが，異性と度を越した親密な交際は認められるという事案（東京高判昭47・11・30判時688号60頁）で，5号により離婚が認められているほか，同性愛が問題となる事案（例えば名古屋地判昭47・2・29判時670号77頁）では，そもそも本号ではなく，5号により離婚請求がなされており，当事者間に正常な婚姻関係を取り戻すことは不可能として離婚が認められている（→IV(3)(キ)）。

(ウ) 「不貞行為」該当性　不貞行為は，まず被告配偶者にさえ自由意思が認められれば足りるから，被告配偶者が強姦をしたという場合も，不貞行為にあたる。前掲最高裁昭和48年11月15日判決は，夫がその友人と共謀して数人の女性を強姦して服役中という事案で，「この場合，相手方の自由な意思にもとづくものであるか否かは問わない」とし，不貞行為に該当するとして妻の離婚請求を認容した。これとは逆に，配偶者が強姦の被害者である場合は，不貞行為は認められないと解するのが一般的である。

なお，妻がやむなく売春をしたといった場合も，自由意思に基づくものとして，不貞行為に該当するかについては，議論の余地がある。最高裁昭和38年6月4日判決（家月15巻9号179頁）の事案は，夫が十分な生活費を渡さず，外泊も頻繁となったので，妻は長男を連れて実家に戻ったうえ，生活のために飲み屋，バーなどを転々としたが，なお収入が少ないために，異性と情交関係をもったり，街頭に立ったりして生活費を補っており，そのうち父不明の子も分娩することになったというものである。1審・2審は，妻の不貞行為を認めながら，その原因と責任の大部分は夫にあるとし，夫の請求を認めなかった。これに対して，最高裁は，妻には「まことに同情を禁じえな

第4節　離婚　第2款　裁判上の離婚　　　　　　　　　§770　III

いものがあり，」夫にも相当の責任があるとしながら，「およそ，妻の身分の
ある者が，収入をうるための手段として，夫の意思に反して他の異性と情交
関係を持ち，あまつさえ父親不明の子を分娩するがごときことの許されない
のはもちろん，」同様に「子供を抱えて生活苦にあえいでいる世の多くの女
性が，生活費をうるためにそれまでのことをすることが通常のことであり，
またやむをえないことであるとは，とうてい考えられない」として，原判決
を破棄して差し戻した。本判決について，学説上は様々な評価があり，離婚
原因としての不貞行為を有責主義的離婚原因と解釈したうえで，道徳的非難
を減殺するような事情があれば，少なくとも「不貞行為」を理由とする離婚
を認めるべきではないとする見解（内田Ⅳ115頁）があるのに対して，妻には
厳しい判決としつつ，「醜業」従事が生活のための唯一の手段ではないとし，
本判決に同調する見解（新版注民(22)361頁〔阿部〕）もある。

　他方，不貞行為の相手方が売春婦など性風俗にかかわる営業従事者である
場合，その不貞の相手方に対する慰謝料請求という場面では，不法行為責任
を否定する事例がみられる（東京地判平26・4・14判タ1411号312頁は，売春婦が
対価を得て妻のある顧客と性交渉を行った場合には，婚姻共同生活の平和を害するもので
はないから，妻が不快感や嫌悪感を抱いて精神的苦痛を受けたとしても，妻に対する関係
では不法行為を構成しないと説示する）。こうした裁判例については批判も強いが，
これとは別に，離婚原因としての不貞行為は，相手方の属性にはかかわりな
く成立すると解すべきであろう（二宮＝榊原45頁，新基本法コメ97頁〔浦野〕）。

　また，原告の承諾のもとに被告配偶者が不貞をしていた場合も，離婚原因
としての不貞行為に該当するかが問題となる。裁判例には，妻の承諾があっ
た場合，夫の不貞について「〔妻に対する〕裏切行為と目すべき背信性を阻却
する」として，「不貞行為」には該当しないとしたものがある（東京高判昭
37・2・26下民集13巻2号288頁，ただし，「婚姻を継続し難い重大な事由」があるとし
て，離婚自体は認めている）。本号を有責主義的に解釈するのであれば，前掲裁
判例のように，事前の承諾は不貞の義務違反性を減殺するといった考え方に
結び付くことになろうが，現に婚姻関係が破綻しているかどうかを重視する
とすれば，事前の承諾に特別な意味を持たせるべきではない。ちなみに，原
告が被告の不貞を事後に許していた（宥恕していた）場合は，本条2項の適用
により，離婚請求が棄却される余地がある。

〔神谷〕　453

§770 III

第4編 第2章 婚姻

(エ) **本条2項の適用**　不貞行為が認められる場合でも，婚姻が破綻しているとはいえない場合，または婚姻は破綻しているが，それとは別の事情から，婚姻の継続が相当と認められる場合には，本条2項による離婚請求の棄却が想定される。ただし，本号を一元説に立って解釈する場合（→II(2)），あるいは「不貞行為」の概念を広く解釈する場合（→(ア)）は，婚姻破綻を惹起している不貞行為が本号の「不貞行為」であるから，「不貞行為」が認められるのに婚姻は破綻していないという状態は想定できず，その限りで，本条2項の適用範囲も狭められることになる。もっとも，いずれの解釈によるにせよ，近時の裁判例で，本号による離婚請求について，本条2項を適用した事例は見当たらない。

　明治民法は，「妻の姦通」と「夫の姦淫罪による処刑」を離婚原因とする一方，これらを宥恕していた場合や，これらの事実を知った時から1年が経過した後，またはその事実が発生した時から10年が経過した後は，離婚の訴えは提起できないとしていた。このことから，現行法においても，不貞行為の宥恕がある場合や不貞行為から一定期間が経過している場合に，離婚請求を棄却すべきかが問題となる。しかし，明治民法が「宥恕」や「一定期間の経過」を離婚訴訟の不受理原因としていたのは，これらの事由により，被告の有責性が減殺されるとの発想によるものといえる。これに対して，現行法において問われるのは，婚姻生活の現状を評価の対象として，その回復が期待できるかどうかであるから，「宥恕」や「一定期間の経過」に絶対的な意味を持たせるべきではなく，それらは，せいぜい，婚姻が不治に破綻しているかどうかを判断する際の一事情にすぎないというべきであろう（新版注民(22)364頁〔阿部〕）。かつての裁判例には，原告の行動につき宥恕があったと認められるかが争点となった事例もあるが（東京高判昭34・7・7家月11巻10号90頁では，不貞関係を断絶する旨の被告の誓約書を原告が受領したことが宥恕にあたるかが争われたし，長野地判昭38・7・5下民集14巻7号1329頁では，原告が被告の婚外子と養子縁組をしたことが宥恕にあたるかが争点となった），それ自体は争点とする意味がないというべきであろう。

　なお，婚姻は破綻しているが，それとは別の事情から，婚姻の継続が相当と認められる場合にも，本条2項の適用が考えられる。もっとも，問題となるのは，それは具体的にどのような場合かである。かつての裁判例には，被

454　〔神谷〕

第 4 節　離婚　第 2 款　裁判上の離婚　　　　　　　　§770　III

告である夫の不貞行為の存在を認定しながら，原告の収入が少ないことを指
摘し，離婚をすると子 2 人を引き取って養育することもおぼつかない一方，
被告には相当の財産があるから生活上の不安は全くないなどと述べ，離婚請
求を棄却した事例がある（千葉地判昭 40・2・20 判タ 175 号 144 頁）。離婚を求め
ている原告にとっては，まったく不必要な配慮というべきであり，多くの学
説が強く批判する事例である。

　他方，度重なる不貞行為をしていた夫が不貞の相手方との間に子をもうけ，
その子に面会に行く途中で交通事故を起こし，重度の身体障害を負ったとい
う場合に，妻からの離婚請求に対し，夫が日常生活における介護が必要とし
て離婚請求の棄却を求めた事案で，夫の身体障害は夫の妻に対する一方的背
信行為に起因して生じたものであって，妻に生涯の介護を求めることは身勝
手として，本条 2 項の適用を認めなかった裁判例がある（大阪地判昭 62・11・
16 判タ 664 号 193 頁）。夫の身勝手さはおくとしても，一般的に介護の必要性
があるというだけで離婚請求を棄却することは妥当とは思われず，その意味
でこの判決の結論は支持すべきであろう。

　(2)　悪意の遺棄（本条 1 項 2 号）

　(ア)　意義　　本条 1 項は，1 号の「配偶者の不貞行為」と並ぶ有責的離婚
原因として「配偶者から悪意で遺棄されたとき」を規定する。ここでいう
「悪意」とは，単に法律用語としての事実の知・不知にかかわる意味ではな
く，婚姻共同生活の廃絶を企図し，またはこれを認容する態度をいう。その
点で，悪意は，社会的倫理的に非難に値するという意味を含んでいる。また，
「遺棄」とは，夫婦の同居・協力・扶助義務（752 条）に違反してこれらを履
行しないことと解されている。これら 3 つの義務は，いずれも婚姻の本質的
義務とされているから，理論的には，3 つの義務のすべてに違反があること
が要求されているわけではなく，いずれかに違反があればよい（中川淳・親族
法逐条解説〔1977〕168 頁）。したがって，例えば，夫が妻のもとを去って別居
し，他女と夫婦として生活しているという場合（同居義務違反），たとえ妻に
相当の生活費を渡していた（扶助義務違反はない）としても，「悪意の遺棄」に
あたる（戦前の判例であるが，大判明 33・11・6 民録 6 輯 10 巻 16 頁参照）。裁判上は，
「遺棄」という言葉の本来の意味からしても，同居義務違反もしくは同居義
務違反と同時に扶助義務違反が問われる事例が圧倒的に多い。

〔神谷〕　455

§770 III

第4編　第2章　婚姻

同居義務違反の具体的態様としては，夫婦の一方が相手方を置き去りにして帰宅しない場合はもちろん，相手方を自宅から追い出す場合，相手方に別居せざるをえないようにしむけるような場合も含まれる。そうした裁判例として，妻の不貞を疑った夫が，妻を家に入れず，実弟の居宅に住まわせたまま，その状況を2年近く放置していたという場合に，妻からの離婚請求を認めた事例がある（神戸地判昭26・2・15下民集2巻2号202頁）。

なお，本号の「遺棄」について，条文上一定期間の継続は要件とされていないが，遺棄（同居・協力・扶助義務違反）の状態はある程度の期間継続していることを要するとするのが通説である。とくに同居義務違反が問題となる事案では，遺棄を認定するには，少なくとも6か月以上の別居が必要との指摘もみられる（新判例コメ(11)204頁〔大津千明〕）。

また，協力義務違反については，同居義務違反や扶助義務違反がある場合に同時に認められるといえ，通常は一体として評価されることになる。実際にも，協力義務違反だけが本号の離婚請求で問われた事例は見あたらず，むしろそのような場合には，5号の「婚姻を継続し難い重大な事由」として主張される。

(イ)　他の離婚原因との関係　　離婚請求において本号と5号が同時に主張されることは多く，その意味で，本号と5号の関係はきわめて流動的といえる（新版注民(22)367頁〔阿部〕）。実質的に協力義務違反と評価できる事案として，妻の母と夫との不和・軋轢が生じているのに，妻はむしろ母への依存を強め，夫との円満な家庭生活を営む意欲にほとんど欠けていたことが破綻の原因の一半として，夫の離婚請求を認めた事例（名古屋高判昭58・12・27判タ519号246頁），妻が宗教活動にのめりこみ，家事や育児など家庭生活に大きな影響が出ているとして夫の離婚請求を認めた事例（名古屋地判昭63・4・18判タ682号212頁，大阪高判平2・12・14家月43巻11号73頁，広島地判平5・6・28判タ873号240頁），夫が収入が不安定でありながら交際と称して出歩き，家庭を顧みず，しかも婚姻当初から性交渉が極端に少なく，婚姻継続への努力がないなどとして，妻の離婚請求を認めた事例（福岡高判平5・3・18判タ827号270頁）などがあるが，いずれも5号による離婚請求であり，婚姻破綻を認定する事情とされている（→IV(3)(オ)(カ)(キ)）。

(ウ)　「悪意の遺棄」該当性　　「悪意」は主観的要件，「遺棄」は客観的要

456　〔神谷〕

第4節　離婚　第2款　裁判上の離婚　　　　　　　　　　§770　III

件であって，それぞれが別の要件といえるから，裁判例としても，それぞれについて審理をしたものがみられる。例えば，妻が夫との協議を十分にしないまま，自己のわがままから勝手に実家に帰ったという場合に，別居の事実を踏まえつつ，「結婚生活を廃絶する意思」までは認められないとして，「悪意の遺棄」にはあたらないとした事例（京都地判昭28・11・11下民集4巻11号1638頁，ただし，「婚姻を継続し難い重大な事由」はあるとして離婚請求は認容），妻が無断で外出し，そのまま1年あまり消息がつかめないという場合に，所在不明というだけでは婚姻共同生活の廃絶の企図まで推認できないとして「悪意の遺棄」にはあたらないとした事例（新潟地判昭36・4・24下民集12巻4号857頁，なお，本判決は「婚姻を継続し難い重大な事由」は具体的離婚原因に比肩しうる事由でなければならないとして5号による離婚請求も棄却している）がある。いずれも被告の別居の意図が必ずしも判然としないと判断された事例である。

　もっとも，多くの場合，被告の同居拒否や生活費の不払をもって「悪意」も推認されており，「悪意」と「遺棄」が別々に審理，判断されることは少ない。むしろ重要な争点となるのは，同居の拒否や生活費の不払に正当な理由があるかどうかである。正当な理由がある場合には，同居・協力・扶助義務違反にはならず，「悪意の遺棄」には該当しない。

　最高裁昭和39年9月17日判決（民集18巻7号1461頁）は，夫が妻と別居し生活費も支払っていないとして妻が離婚を求めた事案で，その根本原因は，妻が夫の意思に反して兄らを同居させ，兄と親密の度を加えて夫をないがしろにし，兄のためにひそかに夫の財産から多額を支出したことにあるとし，「上告人〔妻〕が被上告人〔夫〕との婚姻関係の破綻について主たる責を負うべきであり，被上告人よりの扶助を受けざるに至ったのも，上告人自らが招いたものと認むべき以上，上告人はもはや被上告人に対して扶助請求権を主張し得ざるに至ったものというべく，従って，被上告人が上告人を扶助しないことは，悪意の遺棄に該当しない」として妻の離婚請求を認めなかった（夫の離婚反訴は認容）。その他の裁判例においても，多くは，相手方の正当理由の存否，あるいは有責性の判断を踏まえて，悪意の遺棄の該当性が判断されている（離婚を認容したものとして，名古屋地判昭49・10・1判タ320号281頁，浦和地判昭60・11・29判タ596号73頁，仙台高判昭61・1・30判タ603号75頁など）。

　とくに夫婦が別居している事案では，別居がいずれかの有責行為に起因し

〔神谷〕　457

§*770* Ⅲ   第4編 第2章 婚 姻

ていることが多く，別居に関する有責性が同居拒否の正当事由と相関関係にあるのが一般的とされており（梶村＝徳田編著635頁〔若林昌子〕），悪意の遺棄に該当するかどうかの判断は，結局のところ，当事者双方の婚姻破綻についての有責性の判断とも重なることになる。

　(エ)　本条2項の適用　　悪意の遺棄が認められた場合でも，本条2項によって離婚請求は棄却される余地がある。もっとも，悪意の遺棄の判断には，相手方の義務違反（有責性）の判断が内在しているうえに，義務違反の状態がある程度の期間継続していることが求められるから，悪意の遺棄が認められる場合に，なお婚姻の継続が相当と認められることは通常想定できない。実際にも，本号による離婚請求が本条2項により棄却された裁判例はみられない。

　(3)　3年以上の生死不明（本条1項3号）

　(ア)　意義　　本条1項3号は，「配偶者の生死が3年以上明らかでないとき」を離婚原因としている。明治民法813条9号と同様の規定である。生死不明となったことについての相手方の過失（有責性）を問わないという意味で無責的離婚原因であるし，3年以上の生死不明という客観的状態が継続することで婚姻の破綻を認定することになるから，破綻主義的離婚原因といえる。

　生死不明とは，生存も死亡も証明できない状態をいう。前述のように生死不明になったことについての過失は問われないし，何が原因かも問題にならない。もっとも，生存が推定される場合は生死不明とはいえず，ある程度死亡の可能性もあることが必要とされ，したがって，単なる行方不明とは異なる（新判例コメ(11)213頁〔大津〕）。そこで，生死不明の認定にあたっては，単に所在不明という事実だけではなく，本人の年齢，性格，健康状態，所在不明に至るいきさつ，その後の配偶者や親族の対応などが総合的に考慮される（東京地判昭24・2・7判例総覧民事編3巻162頁）。また，以上に加えて，約7年間も被告の所在が不明となっている事案で，そうした長期間にわたる所在不明は，少なくとも被告が3年以上生死不明の状況にあることを推認せしめるとした事例がある（仙台地大河原支判昭38・8・29下民集14巻8号1672頁）。

　生死不明の状況は3年以上継続していることを要するが，その起算点は，最後の音信があった時など，本人の生存を推定させる最後の事実があった時

458　〔神谷〕

第 4 節　離婚　第 2 款　裁判上の離婚　　　　　　　　　　§*770*　III

点である。なお，生命の危険を推測させる特別な危難に遭遇した者について
は，民法 31 条の趣旨に倣って，危難が去った時が起算点となると解されて
いる（我妻 172 頁，新判例コメ(11)213 頁〔大津〕）。また，生死不明の状態は，口
頭弁論終結時に 3 年以上継続していればよい。3 年以上の生死不明があった
としても，すでに生存が明らかになっている場合は，本号による離婚は認め
られない。

　離婚手続上，本号による離婚については，相手方が生死不明である以上，
協議離婚は不可能であるし，調停前置主義（家事 257 条）も適用されない。離
婚訴訟にあたっては，訴状その他の書面は公示送達され，判決は被告欠席の
ままなされるが，裁判所には，原告の主張にのみ依拠するのではなく，被告
側の親族などを証人として調べるなど，離婚原因事実の確認が必要となる
（新判例コメ(11)213 頁〔大津〕）。

　もっとも，これまでの裁判例を見る限り，本号による離婚請求の事案の多
くは，終戦後の戦地からの未帰還者にかかわるものであり，最近の裁判例は
みられない。

　(イ)　他の離婚原因との関係　　なお，本号に該当すると思われる場合でも，
「悪意の遺棄」（2 号）を理由に離婚を認めた事例がある（いずれも外国籍の夫婦
の事案であるが，夫が約 5 年間にわたって消息不明という場合につき，名古屋地半田支判
昭 27・5・20 下民集 3 巻 5 号 676 頁，東京地判昭 30・4・15 下民集 6 巻 4 号 730 頁）。ま
た，本号の離婚原因事実が認められない場合でも，これに近似する状況があ
ったときは，「悪意の遺棄」（2 号）や「婚姻を継続し難い重大な事由」（5 号）
の有無を判断する際に考慮されることになる。夫が約 1 年半以上にわたって
妻への音信を絶ち生活費の送付等をせず，居所も明らかにしなかった事案で，
2 号を理由とする離婚請求を認めた裁判例（函館地判昭 31・7・24 不法下民昭 31
年度 472 頁）がある一方，夫が 1 年余り消息不明となっている事案で，2 号お
よび 5 号による離婚を否定する裁判例（前掲〔→(2)(イ)〕新潟地判昭 36・4・24）も
みられる。

　(ウ)　失踪宣告との関係　　配偶者の生死不明が 7 年以上継続している場合，
特別な危難に遭遇した後 1 年間生死が不明である場合は，その配偶者につき
失踪宣告の申立てをすることができる（30 条）。失踪宣告を受けた配偶者は，
死亡したものとみなされるから，これによって婚姻は解消することになる。

〔神谷〕　459

§770 III 第4編 第2章 婚姻

もっとも，失踪宣告を受けた配偶者が生存していることが判明すると，失踪宣告は取り消されることになり（32条），婚姻は復活することになる。この場合において，失踪宣告を受けた者の配偶者が再婚をしていたときは，重婚状態となることが考えられるが，後婚の当事者双方が善意である限り，32条1項ただし書によって前婚は復活せず，重婚状態にはならないと解するのが多数説である（我妻23頁など）。なお，1996（平成8）年の「民法の一部を改正する法律案要綱」では，その第八として，後婚の当事者の善意・悪意にかかわらず，前婚は復活しないものとする提案がなされていた。

これに対して，本号による離婚判決が確定した場合は，その後に配偶者の生存が判明しても離婚判決に影響が生じることはない。なお，本号による離婚判決が確定した後に，配偶者がすでにそれより前に死亡していたことが判明した場合は，離婚は無効となり，婚姻は配偶者の死亡時に解消することになる（鹿児島地判昭38・11・19下民集14巻11号2258頁，本件は，離婚判決後に戦時死亡宣告により夫が判決当時すでに死亡していたとみなされた事案である）。

　㈐　本条2項の適用　本号による離婚請求は，本条2項により棄却される余地はある。もっとも，配偶者の生死不明の状態が3年以上継続していることが前提であるから，それでも婚姻の継続が相当と認められることは，通常想定できない。

もっとも，初期の裁判例として，ソ連に抑留された元軍人である夫につき，3年以上にわたって消息がつかめないという場合に，「第3号の離婚原因に形式的には該当するけれども，……被告は何時無事に帰還しないとも限らない状態にあるものと考えるのを相当とする」とし，無事に帰還する公算があるのに離婚を求めるのは本条2項により許されないとした事例がある（横浜地小田原支判昭26・9・29下民集2巻9号1160頁）。帰還の公算があるというのであれば，そもそも本号の離婚原因事実は認められないというべきであろう。戦後処理にからむ特殊なケースとみるべき事案である（新版注民(22)369頁〔阿部〕）。この事例以外に，本条2項が適用された裁判例は見あたらない。

　(4)　回復の見込みのない強度の精神病（本条1項4号）

　㈎　意義　本条1項4号は，「配偶者が強度の精神病にかかり，回復の見込みがないとき」を離婚原因として規定する。配偶者が精神病に罹患することで夫婦としての共同関係を維持することができなくなった場合には，婚

第4節　離婚　第2款　裁判上の離婚　　　　　　　　　　　§*770*　**III**

姻は破綻したものといえ，他方配偶者にそうした婚姻の継続を強いることは
できないと考えられたためである。もっとも，精神病に罹患したことについ
て，病者自身には責任はないから，無責的離婚原因といえるし，客観的に婚
姻破綻を認定して離婚を認めるという意味で破綻主義的離婚原因とされる。

　わが国では，明治初年の行政上の手続（願出または届出）による離婚につい
て，精神病を理由とする離婚を認める指令・回答がみられた。その後，明治
民法の原案にも，こうした行政先例を踏まえて，離婚原因として「配偶者カ
婚姻中三年間心身ヲ喪失シ本心ニ復スル望ナキトキ」との規定が盛り込まれ
ていた。しかし，この規定は，法典調査会における論争の結果，明治民法の
規定からは削除されることになり，戦後の民法改正によって初めて明文化さ
れた（浦本寛雄・破綻主義離婚法の研究〔1993〕103頁以下参照）。いわゆる精神病
離婚の立法化は，離婚法が有責主義から破綻主義に移行したことを示す象徴
とも評することができる。

　ここでいう精神病とは，統合失調症，躁うつ病，偏執病，初老期精神病な
どの高度精神病を意味し，健康状態と高度精神病の中間にあるアルコール中
毒，麻薬中毒，ヒステリー，神経衰弱症などは含まれないと考えられている。
裁判例においては統合失調症の事例が多いが，医学上，「精神病」という概
念自体は多義的で，その内容は必ずしも確定していない。この点，裁判例に
おいては，精神病を厳格に解釈する傾向はあり，アルツハイマー病に罹患し
た妻に対する離婚請求について，その病気の性質等から本号に該当するかに
ついては疑問が残るとし，本号ではなく，5号に基づく離婚請求を認めた事
例がある（長野地判平2・9・17家月43巻6号34頁）。他方，学説は，病名は重要
ではなく，本人が正常な精神状態を失って夫婦としての協力義務を履行する
ことができず，日常生活に大きな支障を来すような症状を呈しているという
事実こそが重要とする（久貴113頁など）。

　本号でいう精神病は「強度の」ものでなければならない。強度といえるか
どうかは，専門医の医学的な判断を踏まえて，最終的には裁判官の法律的判
断による（我妻173頁など）。したがって，判断基準となるのは，夫婦として
の協力義務が十分に果たされない程度の精神障害かどうかである（泉久雄
「精神病離婚」家族法大系Ⅲ176頁）。これは，病者が成年後見開始の要件を備え
ているかどうかとも関係はなく，事理弁識能力を欠く常況（7条）にある必

〔神谷〕　　461

§770 III 第4編 第2章 婚姻

要はない（同旨の基準に従って「強度の精神病」を肯定した事例として，金沢地判昭36・5・10下民集12巻5号1104頁，長崎地判昭42・9・5家月21巻1号136頁，東京地判昭54・10・26家月32巻5号64頁，否定した事例として，東京地判昭59・2・24判時1135号61頁）。このことから逆に，成年被後見人であるからといって，当然に本号の離婚原因が成立するわけでもない（新版注民(22)370頁〔阿部〕）。

　また，本号にいう強度の精神病は「回復の見込みのない」ものでなければならない。回復の見込みがないとは，不治を意味する。これも，専門医の医学的な判断を踏まえて，最終的には裁判官の法律判断による。回復の見込みがないといえるかどうかは，病者が夫婦としての協力義務を果たしうる程度に回復する可能性があるかどうかによって判断される。具体的には，「かりに近い将来一応退院できるとしても，通常の社会人として復帰し，〔相手方・妻が〕一家の主婦としての任務にたえられる程度にまで回復できる見込みは極めて乏しい」として，回復の見込みのない精神病と認めたもの（最判昭45・11・24民集24巻12号1943頁），「不完全ながら単純な家庭生活を営む可能性」があるというだけでは不十分であり，相手方の精神病は「回復の見込みがない」としたもの（前掲東京地判昭54・10・26）がある。これに対して，たびたび統合失調症で入院しているという場合でも，その都度日常生活に支障がない程度に回復しているという事案では，回復の見込みのない精神病とはいえないとしたものがある（東京高判昭47・1・28判タ276号318頁）。

　(イ)　他の離婚原因との関係　　原告配偶者が本号だけではなく，5号に基づいても離婚を請求している限り（前掲〔→II(1)(イ)〕最判昭36・4・25民集15巻4号891頁参照），相手方配偶者の精神状態は，かりに本号にいう回復の見込みのない強度の精神病に該当しなくとも，「婚姻を継続し難い重大な事由」の有無を判断する際に考慮されることになる。

　5号による離婚を認めた裁判例として，妻が統合失調症に罹患しているものの，強度でもなく回復の見込みがないとも認められないとされたうえで，妻の粗暴で家庭的でない言動が主たる原因となって婚姻は破綻しているとされた事例（東京高判昭57・8・31判時1056号179頁），夫が躁うつ病のために再三入院を繰り返しているが，かなり回復している一方，その精神的な疾患に起因した荒んだ行状などが原因して，妻に幾度も暴行を加えるなど婚姻は破綻しているとされた事例（東京高判昭63・12・22判時1301号97頁）がある。この

462　〔神谷〕

第4節　離婚　第2款　裁判上の離婚　　　　　　　　　　§*770*　III

他，前述の妻がアルツハイマー病に罹患した事例（前掲長野地判平2・9・17），妻が脳腫瘍を患って心神喪失の常況（植物状態）にある事例（横浜地横須賀支判平5・12・21家月47巻1号140頁）があり，これらはいずれも，後述(ウ)の「具体的方途論」に配慮しながら，離婚請求を認めている（→IV(3)(ケ)）。

　他方，5号による離婚を認めなかった裁判例として，妻は中等度の統合失調症であり本号に該当しないとしたうえ，夫の負担は，そうした中等度の精神病の配偶者を抱える場合に通常負う負担の域を出ないとして，「婚姻を継続し難い重大な事由」を認めなかった事例（前掲東京地判昭59・2・24），妻が夫と別居した後にうつ病による抑うつ状態にあるという事案で，妻のうつ病が治癒し，あるいはその病状についての夫の理解が深まれば，婚姻関係の改善が期待できるとして，離婚請求を棄却した事例がある（名古屋高判平20・4・8家月61巻2号240頁。その他の棄却例として東京高判昭60・6・26判時1161号123頁）。

　(ウ)　本条2項の適用　　配偶者につき本号に該当するとされる場合に，他方配偶者が婚姻継続意思を確定的に失っているのであれば，婚姻は破綻しているといわざるをえない。したがって，本条2項により離婚請求を棄却するとすれば，婚姻が破綻していてもなお婚姻の継続が相当と認められるような事情がある場合である。ここで判例上登場したのがいわゆる「具体的方途論」である。

　最高裁昭和33年7月25日判決（民集12巻12号1823頁）は，「民法は単に夫婦の一方が不治の精神病にかかった一事をもって直ちに離婚の訴訟を理由ありとするものと解すべきではなく，たとえかかる場合においても，諸般の事情を考慮し，病者の今後の療養，生活等についてできるかぎりの具体的方途を講じ，ある程度において，前途に，その方途の見込のついた上でなければ，ただちに婚姻関係を廃絶することは不相当と認めて，離婚の請求は許さない法意であると解すべきである。」として，本条2項を適用し，離婚を認めた原審判決を破棄した。この判決は，実質的に本号による離婚請求について要件を加重したに等しいが，どこまで具体的方途を講じればよいのかは明確でなく，この点について下級審裁判例が集積されることになった（裁判例の整理については，犬伏由子〔判批〕民百選III 29頁，新基本法コメ101頁〔浦野〕など参照）。

〔神谷〕　463

§770 III

第4編　第2章　婚姻

　　具体的方途の内容として重視とされるのは，病者の離婚後の生活費・療養費などの確保と病者の看護体制（引受先）である。生活費・療養費の確保については，①相手方からの予備的な財産分与の申立てがある場合について，離婚判決と同時に，相手方が生活保護を受給できるまでの間，入院費・治療費と原告の資産状態を考慮した額につき扶養的財産分与を命じた事例（大阪地堺支判昭37・10・30家月15巻4号68頁），同様に，相手方の治療費・生活費相当額につき，相手方が死亡するまでの間，扶養的財産分与を命じた事例（札幌地判昭44・7・14判時578号74頁）がある。また，②相手方からの財産分与の申立てがない場合について，原告が離婚後も10年間の入院治療費を負担し，他に財産分与を提供する決意をしていることをもって離婚を認めた事例（千葉地判昭38・4・22判時351号38頁），原告の相手方の療養看護に対するこれまでの姿勢を勘案して，原告が「財産分与として出来る限りの負担をする用意がある」ことをもって離婚を認めた事例（大阪地判昭33・12・18下民集9巻12号2505頁，東京地判昭39・5・30下民集15巻5号1271頁）がある。

　　また，病者の離婚後の看護体制について，前述②の裁判例の中には，相手方の後見監督人でもある相手方の父が扶養と看護を引き受ける意向であることを斟酌しているもの（前掲大阪地判昭33・12・18），社会福祉的措置によって療養看護が継続され，原告の協力も得て適宜の措置が期待できることを指摘するもの（前掲東京地判昭39・5・30）がある。これらは財産分与についての原告の意向に加え，被告の療養看護にも目途がついたことも総合考慮したものといえる。この他，被告が離婚後も社会福祉施設において国の負担で入院加療を受けられる見込みがあり，原告も被告の今後の生活に尽力すべく決意しているとして離婚を認めた事例（前掲金沢地判昭36・5・10），原告が離婚後「被告を原告の養女として入籍し，被告の将来の療養および生活のために，」できる限りの措置を講ずる所存であることを指摘して離婚を認めた事例（前掲長崎地判昭42・9・5）がある。

　　こうした状況の中，最高裁昭和45年11月24日判決（民集24巻12号1943頁）は，最高裁として初めて本号による離婚を認めた。この判決も，具体的方途論を維持しているが，病者である妻の実家は療養費に事欠くような資産状態ではない一方，夫は生活に余裕がないにもかかわらず，これまで療養費を支払ってきていること，将来の療養費についても，控訴審段階で試みられ

第4節　離婚　第2款　裁判上の離婚　　　　　　　　§*770*　III

た和解において，「自己の資力で可能な範囲の支払をなす意思のあることを表明」していることをもって離婚を認容した。近時の裁判例で本号の離婚請求を扱った事例は見あたらないが，以上のような事例をみる限り，病者の離婚後の生活環境の整備に向けた和解が試みられつつ，それが功を奏しない場合でも，個別の事案に応じて当事者双方やその親族の生活状況を斟酌して判断されており，結果として「できるかぎりの具体的方途」は比較的緩やかに解釈され，運用されている。

　他方，学説は，具体的方途論を打ち出した前掲最高裁昭和33年判決を当初から強く批判するものが多く，その後も，具体的方途論には否定的な傾向にある。その批判の論拠は，①本条2項は，1項の具体的離婚原因がある場合でも，破綻の認定を緩和する事情があれば，離婚請求を認めないという消極的意味しかなく，具体的方途論を導くような積極的な意味はないこと，②判例によると，精神病離婚は，精神病配偶者に費用を支出しうるような経済力のある夫婦の特権になってしまうこと，③具体的方途が講じられる見込みがあるとしても，現行離婚法上は，これを強制する方法はなく，机上の方策に終わるおそれがあること，④判例によると，精神病離婚を導入して破綻主義の立場をとった民法の趣旨を無視することになること，⑤病者の離婚後の療養と生活は，財産分与，扶養，社会保障一般の問題として解決すべきで，2項に社会保障政策の代替的意味をもたせるべきでないことといった点にある（國府剛「精神病離婚をめぐる諸問題」新家族法実務大系I 448頁参照）。確かに最高裁昭和33年判決の「具体的方途論」は，その内容の抽象度が高く，精神病に罹患した配偶者の保護ばかりを強調すると，健康な配偶者に一生涯にわたる犠牲を強いることになりかねず，本号が空文化しかねない危険性をはらんでいる。そうした認識を背景にしてか，下級審裁判例の中にも，病者の今後の生活援助や医療援助は，元来，社会保障の問題であると説示するものもみられた（前掲大阪地堺支判昭37・10・30）。

　もっとも，精神病離婚が健康な配偶者の保護に奉仕するものであるとしても（泉久雄・前掲「精神病離婚」家族法大系III 173頁），精神病に起因して生活能力を失った配偶者について，離婚後の生活への配慮がまったくなされないままに離婚が認められることは許されない（床谷文雄〔判批〕法時63巻12号〔1991〕127頁）。また，精神病者をめぐる諸制度も大きく変容している（精神衛生法は

〔神谷〕　465

§770 III 第4編 第2章 婚 姻

精神保健福祉法に姿を変え，禁治産宣告・準禁治産宣告制度は成年後見制度へと変わり，さらに離婚の訴訟手続も家裁に移管された）。なお克服すべき課題は少なくないが，現状において具体的方途論のあるべき機能が改めて検証される必要があるように思われる（例えば，浦本寛雄「離婚事件の処理過程に現れる問題点」家族〈社会と法〉9号〔1993〕158頁，二宮80頁など参照）。

　㈡　手続の当事者　　離婚に関する家事調停の手続については，当事者に事理弁識能力（意思能力）がある限り，自ら申立てをし，または相手方となることができる（家事252条1項5号）。事理弁識能力を欠く場合には成年後見人の選任が必要となるが，成年後見人は，本人を代理して離婚の調停を成立させることはできない（同252条2項）。したがって，当事者が事理弁識能力を欠く常況にあるときは，いずれにしても離婚の調停を進めることはできず，訴訟に拠らざるを得ない（調停実務につき，鎌田千恵子「精神病者を当事者とする夫婦関係調整事件について」ケース研究192号〔1992〕47頁参照）。

　人事訴訟においても，当事者に事理弁識能力がある限り訴訟能力が認められる（人訴13条1項）。被告となるべき者が事理弁識能力に欠ける場合において，すでに成年後見が開始しているときは，成年後見人を被告とすることになる（人訴14条1項）。また，その場合に，成年後見人が原告となるときは，成年後見監督人が被告となる（同条2項）。

　問題は，精神病離婚の被告となるべき配偶者について成年後見が開始していない場合であり，特別代理人の選任（民訴35条）によるべきか，成年後見人の選任を待つべきかについては議論がある。この点，前掲最高裁昭和33年判決は，「先ず他方に対する禁治産の宣告〔後見開始の審判〕を申請し，その宣告を得て人訴4条〔現行人訴14条〕により禁治産者〔成年被後見人〕の後見監督人又は後見人を被告として訴を起すべきである。」とした。その理由は，離婚訴訟のような重大な身分訴訟について，その訴訟限りの特別代理人が本人を代理して訴訟遂行することはできず，後見人のような精神病者のための常置機関が，その職務上の地位に基づいて当事者として訴訟遂行の任にあたるべきというものである。

466　〔神谷〕

第 4 節　離婚　第 2 款　裁判上の離婚　　　　　　　　　　　　§*770*　Ⅳ

Ⅳ　抽象的離婚原因（本条 1 項 5 号）

(1)　意　　義

　本条 1 項 5 号は，いわゆる抽象的な離婚原因として，「婚姻を継続し難い重大な事由」を規定する。明治民法は，10 個の具体的離婚原因を列挙するのみであり，しかもそのほとんどは有責的な離婚原因であった。これに対して，現行法は，本号を中核的な受け皿として 4 個の具体的離婚原因を例示することとしたので，本号は，わが国離婚法が有責主義から破綻主義へと移行したことを象徴する規定と評価されている（→Ⅰ(3)(イ)）。

　「婚姻を継続し難い重大な事由」とは，本号の文言に即していうならば，1 号から 4 号の具体的離婚原因以外で，婚姻の継続を不可能とする事由ということができる。いずれにしても，本号による離婚請求があると，婚姻の継続が不可能となっているかどうか（婚姻がすでに破綻しているかどうか）が決定的な意味を持つことになるから，通説は，より端的に「婚姻を継続し難い重大な事由」とは「婚姻関係が破綻し，回復の見込みがない状態」とする（新版注民(22)375 頁〔阿部徹〕，新基本法コメ 101 頁〔浦野由紀子〕参照）。

　もっとも，「婚姻を継続し難い重大な事由」を単純に婚姻関係の破綻と定義してよいかには議論の余地もある。例えば，かつて通説とされていた消極的破綻主義（→Ⅴ(1)）の学説の中に，有責配偶者からの離婚請求を認めない論拠として，破綻主義の内容理解に言及するものがあった。すなわち，この見解は，破綻主義とは，被告の有責無責を問わないという理論であって，婚姻が破綻した以上，被告にその責めがあろうとなかろうと，他方配偶者に離婚請求を許すというのが破綻主義の眼目であるとしたうえで，原告が有責であるか無責であるかはそれとは別個の問題であるとする（中川(善)259 頁）。こうした見方を押し進めると，有責配偶者からの離婚請求を認めないことは，破綻主義離婚法にも内在する制約であって，有責配偶者からの離婚請求の場合は，たとえ婚姻が破綻していても，そもそも本号の「婚姻を継続し難い重大な事由」にはあたらないことになる。かつての判例は，最高裁昭和 27 年 2 月 19 判決（民集 6 巻 2 号 110 頁〈いわゆる「踏んだり蹴ったり判決」〉）以降，「有責配偶者からの離婚請求棄却の法理」を打ち出したが，請求棄却の根拠を必ずしも明らかにしなかったし（門口正人〔判解〕最判解昭 62 年〔1990〕549 頁），

〔神谷〕　　467

§770 IV

第4編　第2章　婚姻

裁判例の中には，有責配偶者からの離婚請求はそもそも「婚姻を継続し難い重大な事由」にはあたらないとも読めるものもみられた（福島四郎〔判批〕民商32巻5号〔1956〕638頁参照）。要するに，初期の判例・学説は，「婚姻を継続し難い重大な事由」はあくまでも相手方配偶者に存することを想定していたのであろう。その限りで，婚姻関係の破綻がすなわち本号所定の事由にあたるとの解釈が当然に導き出せるわけではない。

　その後，最高裁大法廷昭和62年9月2日判決（民集41巻6号1423頁）は，本号の解釈を整理して明確にするよう試みている。これによると，本号は，「夫婦が婚姻の目的である共同生活を達成しえなくなり，その回復の見込みがなくなった場合には，夫婦の一方は他方に対し訴えにより離婚を請求することができる旨を定めたものと解されるのであって，同号所定の事由……につき責任のある一方の当事者からの離婚請求を許容すべきではないという趣旨までを読みとることはできない。」とする一方，有責配偶者からの離婚請求については，別途その請求が信義則に反しないかどうかの判断を要すると判示した。要するに，本判決は，本号該当性の判断と離婚請求の信義則判断を区別したうえ，婚姻関係が破綻している場合は，ともかくも本号所定の事由に該当するとした。現在の通説とも一致する考え方といえよう。

　ちなみに，前掲最高裁大法廷昭和62年9月2日判決は，「婚姻の破綻」を定義しており，これによると，婚姻の破綻とは，夫婦の一方または双方が，永続的な精神的・肉体的結合を目的として共同生活を営む意思を確定的に喪失しており，かつ，夫婦としての共同生活の実体を欠いており，その回復の見込みが全くない状態を意味する。

　しかし，こうした通説・判例の理解を踏まえたとしても，さらに注意を要するのは，本号が，その文言上，直接的に「婚姻の破綻」を離婚原因としているわけではない点である。かりに通説・判例の理解の通りに，規定の文言上も「婚姻の破綻」が離婚原因とされているならば，夫婦としての共同生活が確定的に失われている状態が認定できればよいのであって，外国法制や1996（平成8）年の「民法の一部を改正する法律案要綱」（→I(4)）のように，一定期間の別居が認定できれば，それだけで婚姻の破綻を認定することも可能である。ところが，本条の構造はそのようにはなっていない。

　規定の文言に，より忠実に解釈すると，求められているのは，婚姻の継続

第4節　離婚　第2款　裁判上の離婚　　　　　　　　　　　§*770*　**IV**

を不可能とする「事由」であり，その結果，婚姻が確定的に破綻していることである。「事由」の存在が問題になる以上，わが国の裁判実務は，婚姻破綻の「原因」を探求する作業から解放されることがないのである。これが，離婚慰謝料を認める判例・通説とも相まって，わが国に独自の「破綻主義」を形成する契機になっているように思われる。

　以上を踏まえて，極めて概括的な要約を試みると，①被告配偶者に，暴行や虐待といった明らかな有責事由がある場合，そうした事由は，「不貞」（1号）や「悪意の遺棄」（2号）と同様，それだけで婚姻の破綻を強く推断させるものであるから，本号の離婚請求が認容される可能性は大きい。他方，②被告配偶者との性格の不一致や価値観の相違などは，直ちに婚姻の破綻を推断させるような事由ではないから，原告・被告双方の事情，被告の婚姻継続意思，別居の有無やその長さなど，さまざまな事情が取り上げられ，そうした事情の結果，婚姻が破綻しているかどうかが認定されることになる。また，③被告配偶者の疾病や障害など，被告の責任が問えない事由がある場合でも，その内容や程度によっては夫婦としての実体が失われているといえ，その限りで本号の離婚請求に理由があることになるが，場合によっては，婚姻破綻に関係のない事情も含めて考慮され，最終的に本号の該当性が否定されることもある。さらに④原告配偶者に有責事由（原告の「不貞」や「悪意の遺棄」）がある場合は，それ自体として婚姻の破綻を強く推断させることにはなるが，前記判例により，別途，離婚請求が信義則（1条）に反しないかどうかの判断が必要となる。

　なお，本号については，本条2項の離婚請求棄却条項が適用されない一方，本号の離婚原因の存否は，事実審の最終口頭弁論終結時までに明らかとなった事情を踏まえ，裁判官がその裁量によって判断することになる。前述のように，場合によっては，婚姻破綻とは関係のない事情，例えば当事者の年齢や健康状態，職業や収入などの事情，未成熟子の有無や年齢，子の意向，あるいは③の場合には，病者の離婚後の生活についても考慮されて，離婚判決を正当化する事由の有無が探られることになる。いわば実質的な信義則判断も本号の枠内で行われているといえ，その意味で，本号所定の事由は，婚姻の破綻そのものではなく，信義誠実の原則をはじめとする法的評価を含む概念と評されるし（利谷信義〔判批〕判評349号（判時1230号）〔1988〕36頁），ここ

〔神谷〕　469

§770 IV

第4編 第2章 婚姻

でいう「破綻」は規範的要件事実（評価的要件事実）といわれる（二宮＝榊原52頁）。

その結果，とくに上記の②や③の場合は，婚姻破綻の認定判断について，裁判官による違いが出てくることも避けられないし，実質的な信義則判断もなされるような事案では，本条2項の適用場面と同様，裁判官の個人的な価値観の押し付けが懸念されることになる（いわゆる熟年離婚と呼ばれる事案で，離婚を求めた妻に，夫と一緒に「何処を探しても見つからなかった青い鳥」を探すように求めて請求を棄却した判決がある。名古屋地岡崎支判平3・9・20判時1409号97頁）。

(2) 他の離婚原因との関係

前述のように，本条1項1号から4号までの具体的離婚原因は，一般に本号の例示と解されているが，判例は，旧訴訟物理論にたち，本号による離婚請求であるとの主張がない限り，裁判所が本号による離婚判決をすることはできないと解している（→Ⅱ(1)(イ)）。その結果，実務上は，具体的離婚原因のいずれかだけを主張するのではなく，本号も併せて主張されることが多いし，判決においても，具体的離婚原因の存在は否定される一方，本号該当性は肯定されて，離婚が認められる事例は少なくない。そうした具体的事例については，各関係個所を参照されたい（→Ⅲ(1)(イ)・(2)(イ)・(3)(イ)・(4)(イ)）。

(3) 「婚姻を継続し難い重大な事由」該当性

裁判実務において「婚姻を継続し難い重大な事由」の存否が争われる事例は極めて多く，その内容も多岐にわたる。以下では，その具体的事案を類型化したうえで，離婚の許否を判断する際の考慮事情を概括しておきたい。

(ア) 暴行・虐待　暴行・虐待は，それ自体重大な法益侵害行為であるから，被害を受けた配偶者が離婚を請求する場合には，基本的に婚姻は破綻していると評価できよう。公表裁判例も多く，繰り返して暴行が行われた場合はもちろん（最判昭30・11・24民集9巻12号1837頁，最判昭33・2・25家月10巻2号39頁など），夫がテーブルを傾け，妻に対しスリッパを投げつけるといった程度の暴力でも，夫にはそれまでも粗暴な言動があり，前述の暴力が原因となって妻が家を出て3年以上別居しているという場合に，そうした事情を加味して，妻の離婚請求を認容した事例があるほか（東京高判平8・7・30判時1577号92頁，ただし，原判決は離婚請求を棄却），被告である夫が妻に対してだけではなく，子に対しても暴力をふるっていたことが，被告の不貞と併せ考慮

第4節　離婚　第2款　裁判上の離婚　　　　　　　　　　§*770*　IV

されて離婚が認められた事例がある（広島高岡山支判平16・6・18判時1902号61頁）。

　これに対して，被告に暴行が認められる場合でも，離婚を認めなかった事例がある。すなわち，被告である妻が夫に傷害を負わせたという場合，それが夫の不貞行為に基因した偶発事であるというときには，夫の離婚請求を棄却した事例（横浜地判昭39・9・2下民集15巻9号2133頁），それまでに暴力を加えたことのなかった夫が妻を転倒させ，首を締めたりしたという場合に，それは子の結婚問題についての意見の対立，夫婦の宅地建物の権利済証を妻が持ち去ったことに基因するとして，別居が3年に及んでいても妻の請求を棄却した事例がある（東京高判昭53・3・29判時893号38頁）。問題となった暴行の程度にもよるであろうが，これらの棄却例は，原告配偶者に暴行を誘発する要因があったことを重視した事例である。

　なお，妻が夫の暴言暴力やモラルハラスメントにより全般性不安障害に陥り，婚姻が破綻したとして離婚請求をしたところ，そうした婚姻破綻の原因事実は認められず，夫に一方的な責任があることを認めるに足る証拠はないものの，別居期間が4年10か月に及んでいること，夫に関係修復に向けた具体的な働きかけがあったとは窺われないこと，妻の離婚意思が強固であることを指摘して，婚姻関係回復の見込みはないとして離婚を認めた事例がある（東京高判平28・5・25判タ1432号97頁，ただし，原判決は離婚請求を棄却していた）。破綻の原因よりも現状を重視する判決として注目に値する。

　（イ）　重大な侮辱　　重大な侮辱的・虐待的言動についても本号の該当性が認められる場合がある。被告である妻から夫に対する連日の侮蔑的言動，夫の恩師や夫の職場でした夫を中傷する発言などを考慮して夫の離婚請求を認めた事例（東京地判昭38・5・27判時349号54頁，横浜地判昭59・2・24判タ528号290頁，東京高判昭58・8・4判時1091号89頁，東京高判昭61・1・29家月38巻9号83頁）があるほか，被告となった妻が80歳に達した夫を軽んじる行為，夫の思い出の品を焼却処分するといった行為におよんでいたという事案で，別居が1年余りではあるが婚姻関係は修復困難として離婚を認めた事例がある（大阪高判平21・5・26家月62巻4号85頁）。

　（ウ）　不労・浪費・借財　　広く夫婦としての協力義務違反に該当する事由が被告配偶者にある場合も，本号該当性を肯定する事情となる。例えば，夫

〔神谷〕　471

が妻の収入を頼りに定職に就かずに怠惰な生活をしていた事例（東京高判昭54・3・27判タ384号155頁，東京高判昭59・5・30判タ532号249頁），浪費やギャンブル，それらによる借財がある事例（東京地判昭39・10・7判時402号59頁，浦和地判昭59・11・27判タ548号260頁，東京地判平12・9・26判タ1053号215頁）で離婚請求が認容されている。これに対して，夫が借財を繰り返し，その額も多額に上ることを理由に妻から離婚が求められたところ，借金以外に婚姻生活の支障となる事情は認められないとして請求を棄却した事例がある（仙台地判昭60・12・19判タ595号77頁）。

　㈋　犯罪行為　　犯罪行為は，配偶者に対するものである場合はともかく，そうでなければ，それ自体として直ちに婚姻破綻の原因となるわけではない。しかし，服役により家庭に特別な犠牲を強いたり，配偶者の名誉を侵害することもあり，従来から破綻認定の重要な事由と位置づけられてきた（釧路地帯広支判昭27・11・7下民集3巻11号1580頁，東京地判昭31・12・20下民集7巻12号3712頁，新潟地判昭42・8・30判時519号84頁，大阪高判昭44・9・11判時581号45頁）。

　㈌　宗教活動　　信仰も，信教の自由が保障されるべきである以上，それ自体は直ちに夫婦としての協力義務違反とされることはない。しかし，過度な宗教活動の結果，夫婦としての協力義務が果たせなくなる場合は，本号該当性が肯定される。公表裁判例をみる限り，宗教活動の内容や頻度（程度），家庭生活への影響，原告配偶者の宗教に対する拒否感情のほか，ほぼすべての事例で別居が開始していることから，その期間などが総合的に考慮されている。近時の認容例では，別居が5年以上の事案がほとんどである（東京高判平2・4・25判タ730号164頁，大阪高判平2・12・14家月43巻11号73頁，広島地判平5・6・28判タ873号240頁，東京地判平9・10・23判タ995号234頁。名古屋高判平10・3・11判時1725号144頁は，明確な別居があるわけではないが，相手方配偶者も離婚に応じる決意をした事案である）。

　これに対して，宗教活動が家庭生活に支障を来すほどのものではなく，相手方配偶者の婚姻継続意思が強く，別居期間も2年から4年程度の事案では，請求が棄却されている（名古屋地豊橋支判昭62・3・27判タ637号186頁，名古屋高判平3・11・27判タ789号219頁，東京地判平5・9・17判タ872号273頁）。

　㈍　親族との不和　　夫婦の一方と他方の親族との不和は，それ自体は夫

第4節　離婚　第2款　裁判上の離婚　　　　　　　　　§770　IV

婦の問題ではなく，婚姻の破綻を推断させる事由ともいえない。しかし，配偶者が親族との不和を解消する努力をせず，あるいは親族に加担するような場合は，夫婦としての協力義務違反といえ，本条該当性を判断する際の重要な考慮事情とされている。いわゆる舅・姑による嫁いびりの事案で，妻の離婚請求を認容した事例（名古屋地岡崎支判昭43・1・29判時515号74頁，盛岡地遠野支判昭52・1・26家月29巻7号67頁，名古屋地一宮支判昭53・5・26判時937号64頁），これとは逆に，夫が妻の実親と不和となり，夫からの離婚請求を認容した事例（山形地判昭45・11・10判時615号63頁，名古屋高判昭58・12・27判タ519号246頁）がある。

　また，夫の父が妻に度々わいせつ行為に及んでいた事案で，夫がこれを阻止しなかったことを理由に妻の離婚請求を認容した事例（最判昭33・1・23家月10巻1号11頁）がある（なお，東京高判昭47・10・30判時685号96頁は，類似の事案で，夫が離婚請求をしたところ，夫が調整に十分な努力をしていなかったとしても，夫のみを一方的に責めることはできず，妻の婚姻継続意思の真意性も疑われるとして離婚を認めている）。

　以上に対して，夫の親族と妻が不和となった事案で，関係修復の努力を怠った夫が離婚請求をする場合には，これを棄却する事例が多く（東京高判昭56・12・17判時1036号78頁，東京高判昭58・6・30判タ509号221頁，東京高判昭60・12・24判タ601号56頁），これらの事例では，相手方配偶者の婚姻継続意思や子の意向が重視されている。また，同様の事案で離婚請求をした夫を有責配偶者として，前掲最高裁大法廷昭和62年9月2日判決が示した三要件による信義則判断をして離婚を認めなかった事例がある（東京高判平元・5・11家月42巻6号25頁）。

　なお，夫の実家との関わり方をめぐって夫婦間で意見が対立し亀裂が深まったところ，夫から離婚請求がなされた事案で，すでに別居が5年になっていること，双方の確執が強く関係回復の兆しは全くみえないとして離婚を認めた事例がある（東京高判平6・10・13家月48巻6号61頁）。

　㈔　性生活の異常　　夫婦の性生活は婚姻関係の重要な要素であるから，これを阻害する要因があれば，本号該当性が肯定されることになる。夫の性交不能により，結婚後1年半にわたって性交渉がない一方で，夫は妻の体の一部に手を触れて漸く眠るのを常としていたという事案（最判昭37・2・6民集

〔神谷〕　　473

§*770* IV 第4編 第2章 婚 姻

16巻2号206頁），同様に夫の性交不能により結婚後3年半の間性交渉がもたれなかった事案（京都地判昭62・5・12判時1259号92頁）で，いずれも妻からの離婚請求が認容されている。

また，結婚後の2カ月にわたって夫から異常な性行為を求められた妻からの離婚請求を認めた事例（大阪地判昭35・6・23判時237号27頁），夫の同性愛への偏向ないし同性愛を原因として妻との亀裂が深まり，正常な婚姻関係の回復は不可能とされて妻からの離婚請求を認めた事例がある（神戸地姫路支判昭34・11・30下民集10巻11号2526頁，名古屋地判昭47・2・29判時670号77頁。ただし，前者は夫による「悪意の遺棄」を認定している）。

さらに，夫が3年半余りにわたって一方的に妻との性交渉を拒否し，その他の異常な性癖を示した事案（浦和地判昭60・9・10判タ614号104頁），夫が婚姻後に妻との性交渉を持つことが極端に少ない反面，ポルノビデオを見て自慰行為をするなど性生活の異常がみられるようになったという事案で（福岡高判平5・3・18判タ827号270頁），婚姻の破綻が認定され，妻からの離婚請求が認められている。

(ク) 性格の不一致・価値観の相違　　性格の不一致や価値観の相違は，それだけで直ちに婚姻の破綻原因となるわけではない。しかし，性格の不一致や価値観の相違から長期にわたって夫婦が意思の疎通を欠き，あるいは確執を生んで不信感が増幅され，やがて離婚訴訟に至るという事例は少なくない。そうした事例では，当事者の婚姻期間が20年前後あるいはそれ以上にわたる場合も多く，いわゆる熟年夫婦の離婚問題とも重なる。また，公表裁判例をみる限り，必ずしも夫婦のいずれかに一見明白な破綻原因があるというわけではないから，婚姻破綻の有無を判断するにあたっては，別居期間の長さ，原告配偶者の離婚の決意や相手方配偶者の婚姻継続意思の程度などが相関的に考慮されているほか，子の意向が斟酌されることもある。すなわち，夫婦の別居が5年を超える事案では，原告配偶者に強い離婚意思が認められると，離婚請求が認容される事例が多いが，別居期間がそれより短い場合には，事情によっては子の意向も斟酌しつつ，相手方配偶者に真摯な婚姻継続意思があるかが問われ，相手方に関係修復に向けた十分な努力がみられないときは，離婚が認められることになるのに対し，相手方配偶者が強く離婚を拒んでいるといった場合は，請求を棄却する事例もみられる。

第4節　離婚　第2款　裁判上の離婚　　　§*770*　Ⅳ

　認容事例として，「卑俗なものを嫌悪し，高い水準の知的生活を希望」する夫とそれへの関心が薄い妻との対立が高じ，口論の際には妻がヒステリー性発作を起こすまでになり，その後別居が10年余り（同居約5年）にわたる事案で，離婚を求めた夫には，妻に対する「憎しみに近い感情」があると指摘し，婚姻は完全に破綻しているとして離婚を認めた事例がある（東京高判昭54・6・21判タ395号63頁。その他の認容例として，甲府地判昭25・4・19下民集1巻4号564頁，福岡地判昭53・8・10判時937号73頁，水戸地判昭54・4・24判タ396号134頁，東京高判昭57・11・25判時1062号89頁，横浜地判昭59・7・30判タ541号230頁，東京地判昭59・10・17判時1154号107頁）。

　また，いわゆる会社人間であった夫が妻に対して自分と家庭を支えるように求めてきたところ，妻は，そうした生活について，不満，負担を感じるようになり，ついに離婚を求めたという事案で，第一審は，家庭内別居が7年，妻が自宅を出てから2年近くになると認定したうえ，この間，夫は離婚に反対の意向を表明するものの，関係修復への行動をとろうとしてこなかったとして，妻の離婚請求を認容した（横浜地相模原支判平11・7・30判時1708号142頁）。しかし，本件控訴審は，子らの意向も斟酌したうえで，夫には相応の社会的経験があり，良識に従った対応が期待できるから，和合のための努力が試みられるべきであるとして，妻の離婚請求を退けた（東京高判平13・1・18判タ1060号240頁）。結婚後の生活が40年に及ぶ事案であるだけに，婚姻破綻の判断が分かれたものと思われる（その他の棄却例として，札幌地判昭50・3・27判タ327号301頁，前掲名古屋地岡崎支判平3・9・20。なお，二宮周平〔判批〕判タ1076号〔2002〕92頁参照）。

　なお，夫婦の別居が約1年にすぎない場合でも，妻に夫の心情を深く傷つける言動があるなど，妻が有責と考えられる事案で，夫からの離婚を認めた事例（前掲大阪高判平21・5・26）がある一方，同じく夫から離婚を求めている事案で，婚姻破綻は夫の独善的かつ独断的行為に起因することが窺えるとして請求を退けた事例がある（最判昭38・6・7家月15巻8号55頁，同種の裁判例として，広島地判昭43・11・27判時548号90頁）。当事者の有責性が明白に評価できる場合には，それが判決の結論に影響を及ぼすことになる。

　ちなみに，性格ないし生活観の不一致から夫婦の確執が生じている事案で，双方から離婚の本訴・反訴が提起されている場合に，いずれの請求も認容し

〔神谷〕　475

§*770* IV 第4編 第2章 婚姻

た事例がある（東京高判昭 58・1・27 判時 1069 号 79 頁，前掲東京地判平 12・9・26）。

　(ケ)　疾病・障害　　夫婦の一方が疾病や事故により精神的障害あるいは身体的障害を負うことがある。もっとも，疾病・障害を負うこと自体について責任を問えるものではないし，むしろそうした場合にこそ，配偶者は夫婦としての協力義務を負うともいえる。しかし，その反面，夫婦だからというだけで配偶者に過度な犠牲を強いることも妥当ではない。

　妻がアルツハイマー病に罹患して寝たきりとなり，日常会話も困難となった事例（長野地判平 2・9・17 家月 43 巻 6 号 34 頁），妻が脳腫瘍となって心神喪失の常況に陥った事例（横浜地横須賀支判平 5・12・21 家月 47 巻 1 号 140 頁）では，夫が妻の治療や看護に誠意を尽くして努めてきたことを指摘し，さらに妻の将来の治療費や看護体制についても相当程度の見込みが確保されているとして，離婚請求を認容している。実質的には，精神病離婚をめぐって展開された具体的方途論を意識して，本号の枠組みの中で信義則判断が行われているといえる（精神的障害に関する他の裁判例については，→Ⅲ(4)(イ)）。

　他方，身体的障害に関しては，夫が飲酒酩酊のうえ自転車事故を起こし，日常の起居に必要な諸動作すべてに介助を要する状態となった事案で，夫の看護にあたった妻の疲労が重なり，加えて夫が退院後に毎日のように夫婦関係を求めてきたことから妻が嫌悪感を抱き，その後 6 年余りの別居が続いているという場合に，妻の婚姻継続意思は完全に喪失しているとして妻の離婚請求を認めた事例がある（東京高判昭 52・5・26 判時 857 号 77 頁）。また，不貞を重ねていた夫が事故により重傷を負い，社会復帰は困難な状態になったところ，妻はその看病で心身ともに疲労困ぱいの状態になり，以後約 2 年の別居を経ているという事案で，妻が離婚を求めたところ，夫が「介護を必要とする被告を放置して別居した」本件は，婚姻の継続を相当とすべき場合であると主張したのに対し，夫の身体障害は妻に対する一方的背信行為に起因して生じたもので，妻に生涯の介護を求めることは夫の身勝手であるとして離婚を認めた事例がある（大阪地判昭 62・11・16 判タ 664 号 193 頁。その他の認容事例として，高知地判昭 27・6・23 下民集 3 巻 6 号 879 頁，津地判昭 29・1・29 下民集 5 巻 1 号 80 頁）。これらの事例では，原告配偶者が強いられる犠牲と相手方配偶者の有責性が相関的に考慮されているといえる。

　これに対して，妻が難病に指定されている脊髄小脳変性症に罹患し，夫が

476　〔神谷〕

第4節　離婚　第2款　裁判上の離婚　　　　　　　　　　　　　　§770　Ⅴ

離婚を求めた事案では，夫婦間や親子間での精神的交流は可能で，かつ妻には婚姻継続意思がある一方，夫は，妻を入院させたものの，国の援助に頼るのみで，看病はおろか入院生活の援助もせずに放置し，将来にわたる誠意ある支援態勢も示していないとして，請求を棄却した事例がある（名古屋高判平3・5・30家月44巻11号71頁）。精神的障害の場合と同様，離婚を求める側の誠意ある行動も求められることになる。

　㈹　告訴・告発，訴訟提起等　　夫婦の一方に対して，他方が刑事告発をし，あるいは訴訟手続や強制執行手続を執ることがある。その場合に，それらが夫婦の一方にとって「婚姻を継続し難い重大な事由」にあたるかが問題となる。刑事告発や訴訟提起は，それ自体が直ちに違法の評価を受けるものではないが，相手方配偶者の婚姻継続意思の喪失あるいは完全な婚姻破綻の徴表と評価されて，離婚を認めた事例がある（最判昭27・6・27民集6巻6号602頁〔民旧813条5号の「重大ナル侮辱」にあたるとされた事例〕，最判平2・11・8家月43巻3号72頁，東京地判平4・6・26家月46巻1号142頁）。

　これに対して，夫が家事調停で定められた養育費の支払を滞ったところ，妻が約1年にわたって夫の給料債権を差し押さえた事案で，夫が本号による離婚請求をしたのに対し，「配偶者を意識的に困惑せしめることを目的とするとか，殊更に誹謗すること目的とするとか，その他社会的に非難せられるような理由でかかる行為に出でたものであるときの如き場合にはそのこと自体が直ちに右法条〔本号〕に定める事由に該当すると解する。」と判示したうえで，本件はこれに該当しないとして離婚請求を棄却した事例がある（東京地判昭34・11・30家月12巻3号113頁）。これは裁判実務の価値判断を代表する説示といえる（その他の棄却例として，前掲東京高判昭53・3・29）。

Ⅴ　有責配偶者からの離婚請求

(1)　判例法理の生成

　本条が破綻主義にたつものであり，本号が婚姻関係の破綻を離婚原因としているとしても，婚姻関係を自ら破綻させた配偶者（有責配偶者）からの離婚請求が許されるかは大きな問題である。戦後の民法改正にあたっては，この問題は必ずしも明確に意識されていなかったようであり，結果として後の運

〔神谷〕　477

用に託されることになった（浦本寛雄・破綻主義離婚法の研究〔1993〕393頁）。

　最高裁は，夫の不貞がきっかけとなって夫婦間で激しい口論や喧嘩が続き，やがて夫が家を出て，妻に対して離婚を請求したという事案で，「もしかかる請求が認められるならば，被上告人〔妻〕は全く俗にいう踏んだり蹴ったりである。法はかくの如き不徳義勝手気儘を許すものではない。」として，夫の請求を退けた（最判昭27・2・19民集6巻2号110頁）。この判決をリーディング・ケースとして，最高裁は，破綻につき有責な配偶者からの離婚請求を認めないとの判断を相次いで示し（最判昭29・11・5民集8巻11号2023頁，最判昭29・12・14民集8巻12号2143頁），いわゆる消極的破綻主義をとることを明らかにした。

　その後，最高裁は，裁判例を積み重ねて，消極的破綻主義の射程を明確にしていく。すなわち，①当事者双方の有責性を比較し，有責配偶者からの離婚請求であっても，被告がより有責である場合（最判昭30・11・24民集9巻12号1837頁など），あるいは同程度に有責である場合（最判昭31・12・11民集10巻12号1537頁など）は，請求を認容できるものとされ，また②有責事由と婚姻破綻との因果関係を強調して，婚姻破綻についてもっぱらまたは主として責任のある当事者からの離婚請求は許されないと説示されるようになり（最判昭38・6・4家月15巻9号179頁など），さらに原告の有責行為が婚姻破綻後になされた場合は，婚姻破綻との因果関係がないから，離婚請求を認容すべきものとされた（最判昭46・5・21民集25巻3号408頁）。

　学説の多数も，判例の打ち出した消極的破綻主義を支持し，有責配偶者からの離婚請求を認めると，夫からの追出し離婚を認める結果となり，反倫理的であること，離婚原因を法定する意味は，恣意的な離婚を防ぎ，無責配偶者を保護することにあること，有責配偶者からの離婚請求自体が，信義則に反して権利の濫用であることなどを主張していた。これに対して，婚姻が破綻している以上，当事者の有責・無責に関係なく離婚を認めるべきとする立場（いわゆる積極的破綻主義）も有力であり，形ばかりの婚姻の継続を法が強制することこそ，当事者の自由かつ自発的な結合であるべき婚姻の理念に反すること，無責配偶者の保護は離婚給付によってはかられるべきことなどが主張されていた（学説の対立については，新版注民(22)397頁〔阿部〕など参照）。

　その後も長らく消極的破綻主義は維持されたが，消極的破綻主義を貫徹す

第4節　離婚　第2款　裁判上の離婚　　　　　　　　　　　　§*770*　Ⅴ

ると，いったん有責配偶者と認定された場合，将来にわたり，その者からの
離婚請求が認められる余地はなくなり，その間に有責配偶者をめぐって新た
に形成された家族関係は法律の保護の埒外に置かれることになる。やがて下
級審裁判例の中に，夫婦の別居が優に20年を超えるような事案で，「有責の
烙印を決め手として」一律に離婚を拒絶すべきではないとし，あるいは「有
責性は，……客観的には風化しつつある」として，子の福祉が害されたり，
相手方配偶者が経済的苦境に放置される等の事情がなければ，離婚請求を認
容すべきとする事例が現れてきた（東京高判昭55・5・29判タ420号117頁，仙台
高判昭59・12・14判タ548号257頁，東京地判昭61・12・24判タ642号97頁）。

(2)　判例の変更

最高裁大法廷昭和62年9月2日判決（民集41巻6号1423頁）は，消極的破
綻主義に立っていた判例を変更した。事案は，不貞行為をした夫から妻に対
して離婚を請求したというものである。この不貞行為がきっかけとなって夫
婦仲が悪くなり，やがて夫は不貞の相手方と同棲を始め，離婚訴訟を提起し
たものの，有責配偶者からの離婚請求であるとして棄却された。しかし，こ
の判決の確定後も夫婦の別居は続き，35年を超えていた。本件の，第一審，
原審ともに従前の判例に従い，前訴判決と同様に夫の離婚請求を棄却したこ
とから，夫が上告した。

本判決は，まず，婚姻関係が破綻した場合には，本号による離婚請求をす
ることができるのであって，本号からは，有責配偶者からの離婚請求を許容
すべきではないとの趣旨までは読みとれないとする。しかし，離婚請求は，
正義・公平の観念，社会的倫理観に反するものであってはならないから，そ
の意味で，民法全体の指導理念である信義誠実の原則に反してはならないと
する（→Ⅳ(1)）。

そこで，(i)「当該請求が信義誠実の原則に照らして許されるものであるか
どうかを判断するに当たっては，有責配偶者の責任の態様・程度を考慮すべ
きであるが，相手方配偶者の婚姻継続についての意思及び請求者に対する感
情，離婚を認めた場合における相手方配偶者の精神的・社会的・経済的状態
及び夫婦間の子，殊に未成熟の子の監護・教育・福祉の状況，別居後に形成
された生活関係，例えば夫婦の一方又は双方が既に内縁関係を形成している
場合にはその相手方や子らの状況等が斟酌されなければならず」，さらには

〔神谷〕　479

「時の経過がこれらの諸事情に与える影響も考慮されなければならない」という。

　そのうえで，本判決は，(ii)「有責配偶者からされた離婚請求であっても，夫婦の別居が両当事者の年齢及び同居期間との対比において相当の長期間に及び，その間に未成熟子が存在しない場合には，相手方配偶者が離婚により精神的・社会的・経済的に極めて苛酷な状態におかれる等離婚請求を認容することが著しく社会正義に反するといえるような特段の事情の認められない限り，当該請求は，有責配偶者からの請求であるとの一事をもって許されないとすることはできないものと解するのが相当である。」とした。

　本判決は，婚姻関係が破綻していることを前提として，その場合には，当事者のいずれからでも本号による離婚請求ができることを原則として承認したうえで，例外的に，婚姻が破綻していても，離婚請求が信義則に反する場合には，離婚は許されないとした。それまでの消極的破綻主義であれば，「有責配偶者からの離婚請求」そのものが信義則に反すると理解されていたといえようから，その意味で，本判決は，信義則に反するかどうかの判断基準を単純な「有責性」から変更したことになる。

　もっとも，従来の判例がすべて意味を失ったわけではなく，消極的破綻主義の射程を明確にした前掲(1)の①や②の裁判例は判例変更の対象にはなっていない。したがって，本判決によると，それらの裁判例の考え方に従って，まず「有責配偶者からの離婚請求」か否かが判定され，これが肯定される場合に，その事案について新たな視点からの信義則判断が求められることになる。その判断基準は，まず上記の判旨(i)に総論的に言及され，続く判旨(ii)では，(i)の趣旨を3つの要件 ((ア)夫婦の相当長期間の別居，(イ)未成熟子の不存在，(ウ)相手方配偶者が精神的・社会的・経済的に苛酷な状態におかれるといった特段の事情の不存在) に集約して提言されている。

　判旨(ii)の判断枠組みは，要件(ア)と要件(イ)をともに満たすことを前提として，要件(ウ)も満たせば離婚請求を認容するが，(ウ)を満たさなければ請求を棄却するというものである (高橋朋子〔判批〕民百選Ⅲ 31頁)。訴訟法的には，被告から有責配偶者からの離婚請求であるとの主張があれば，原告が要件(ア)(イ)を主張立証し，これに対し，被告が要件(ウ)の特段の事情の存在を主張立証することになる (新判例コメ(11)280頁〔大津千明〕)。実質的に考慮するならば，夫婦

第4節 離婚 第2款 裁判上の離婚 §770 Ⅴ

の別居が長期になればなるほど（要件(ｱ)の充足），未成熟子の存在する可能性
は低くなるし（要件(ｲ)の充足），離婚によって相手方配偶者が殊更に苛酷な状
態におかれる可能性も低くなる（要件(ｳ)の充足）といえるが，逆に，夫婦の別
居がそれ程の長期ではない場合は，他の要件の比重も高まることになる。

(3) その後の判例の展開

前掲最高裁大法廷昭和62年9月2日判決（以下，62年判決という）以降，有
責配偶者からの離婚請求をめぐる裁判例の多くは，上記の判旨(ii)にいう三要
件の存否を軸に離婚の可否を審理している。もっとも，この三要件は絶対的
な判断基準とされているわけではなく，要件(ｱ)ないし(ｲ)を欠く事案について，
判旨(i)の総論的かつ総合的な判断枠組みに基づいて離婚請求を認容した裁判
例（後掲〔一-(ｱ)〕最判平2・11・8家月43巻3号72頁，後掲〔一-(ｲ)〕最判平6・2・8家
月46巻9号59頁など）もみられる。すなわち，現在までの裁判例を概観する
と，判旨(ii)によって三要件を軸に離婚の許否を判断することを基本としつつ，
判旨(i)によって総合的に判断して離婚を認めるものもあり，その意味で判例
は2つに類型化される（大村敦志〔判批〕法協111巻6号〔1994〕909頁，高橋・前
掲〔判批〕31頁，常岡史子〔判批〕リマークス2010上67頁，新基本法コメ105頁〔浦
野由紀子〕）。以下では，三要件を軸に裁判例をまとめておきたい。

(ｱ) 夫婦の相当長期間の別居 62年判決の判旨(ii)では，有責配偶者か
らの離婚請求棄却の法理を排斥する第一の要件として，事実審の口頭弁論終
結時までに夫婦が相当の長期間にわたって別居をしていることが求められて
いる。もっとも，ここで必要とされている別居期間は数量的に一律に提示さ
れているわけではなく，「両当事者の年齢及び同居期間との対比において」
相当の長期間であることとされている。このことから明らかなように，ここ
でいう別居期間は，単に婚姻破綻の徴表として評価されるのではなく，それ
までの婚姻生活の経緯を踏まえて，原告を「有責性を含む諸事情から解放す
るに足りる」ほどの状況となっているかどうか（時の経過による諸事情の変容）
の指標としての意味を持つ（門口正人〔判解〕最判解昭62年〔1990〕584頁）。

最高裁の公表裁判例をみる限り，別居30年（最判昭62・11・24家月40巻3
号27頁），別居22年（最判昭63・2・12家月40巻5号113頁），別居16年（最判昭
63・4・7家月40巻7号171頁）の事案では，両当事者の年齢や同居期間と「対
比するまでもなく」絶対的に長期と評価されている。しかし，別居期間がそ

〔神谷〕 481

れ以下となると，長期か否かの判断は相対的となり，同居期間はもとより，相手方配偶者の有責性も考慮され，別居約10年3か月（同居1年11か月）（最判昭63・12・8家月41巻3号145頁），別居9年8か月（同居17年2か月）（最判平5・11・2家月46巻9号40頁）で相当長期の別居と評価する事例がある一方，別居8年余（同居約22年）（最判平元・3・28家月41巻7号67頁）では相当の長期と評価せず，離婚請求を退けた事例もある。下級審の裁判例も，概ねこうした最高裁の裁判例に準拠しており（例えば認容例として，東京高判平3・7・16家月46巻9号44頁，東京高判平14・6・26家月55巻5号150頁，棄却例として，東京高判平元・4・26家月43巻3号78頁，福岡高判平16・8・26家月58巻1号91頁など），このことから，別居期間は10年程度が認容の目安とされているとも評される（二宮＝榊原68頁）。

　他方，最高裁平成2年11月8日判決（家月43巻3号72頁）は，夫婦の別居が約8年にとどまる事案で，有責配偶者である夫が別居中に妻や子の生活費を負担してきたこと，離婚に伴う財産関係の清算について具体的で相応の提案をしていること，妻が婚姻継続を希望するとしながら，夫名義の不動産に処分禁止の仮処分をしていること等を挙げ，62年判決の判旨(i)に依拠した総合的判断に基づいて，別居期間の経過に伴って当事者双方の諸事情が変容したことが窺われるとし，離婚請求を認めるべきとした。

　その後の下級審の裁判例の中には，別居約2年4か月で有責配偶者である夫から離婚請求があった事案で，妻も極端な清潔好きの傾向があり，それを夫に強要するなどしたことに破綻の責任の一端があるとして離婚を認めた事例（広島高判平15・11・12 LEX/DB28100474。ただし，その上告審である最判平16・11・18家月57巻5号40頁は，三要件の判断枠組みで離婚請求を退けた）があるほか，別居2年（同居7年）で有責配偶者である妻から離婚が求められた事案で，妻の責任の態様・程度，夫の婚姻継続意思および妻に対する感情，離婚を認めた場合における夫の精神的・社会的・経済的状態，2人の未成熟子の監護・教育・福祉の状況等を勘案して，本件離婚請求は信義則に反しないとした裁判例がある（東京高判平26・6・12判時2237号47頁）。

　(イ)　未成熟子の不存在　　62年判決の判旨(ii)では，有責配偶者からの離婚請求棄却の法理を排斥する第二の要件として，夫婦の間に未成熟子が存在しないことが挙げられている。これは，離婚によって子の家庭的・教育的・

第 4 節　離婚　第 2 款　裁判上の離婚　　　　　§*770*　V

精神的・経済的状況が根本的に悪くなり，子の福祉が害されるような特段の
事情がある場合には，離婚は許されない趣旨と解されている（門口・前掲〔判
解〕585 頁）。

　未成熟子とは，自然年齢によって一律に定められているわけではなく，親
の監護なしでは生活を保持できない子といった意味と解されている。実際に
は高校を卒業するくらいまでの未成年の子が想定されるが，すでに成年に達
しているものの重度の障害のある子を未成熟子と同視した裁判例もある（東
京高判平 19・2・27 判タ 1253 号 235 頁，高松高判平 22・11・26 判タ 1370 号 199 頁。い
ずれの裁判例も，子の介護が相手方配偶者（妻）の経済的苛酷あるいは精神的苛酷になる
として離婚請求を棄却している）。その他，一般に裁判例は，未成熟子が存在す
る場合には，62 年判決の判旨(ii)に従って，離婚請求を棄却している（東京高
判平 9・11・19 判タ 999 号 280 頁，前掲最判平 16・11・18，大阪家判平 18・8・30 判タ
1251 号 316 頁など）。

　もっとも，62 年判決の当初から，関係が破綻した両親のもとで子が育て
られることは，むしろ子の利益にはならないとして，この要件に批判的な見
解は少なくなく（新版注民(22)404 頁〔阿部〕），やがて裁判例においても，例外
的に 62 年判決の判旨(i)の趣旨を敷衍した総合的判断により，未成熟子がい
る場合でも，離婚請求を認めるものが現れ始めた。その嚆矢となったのが最
高裁平成 6 年 2 月 8 日判決（家月 46 巻 9 号 59 頁）であった。すなわち，4 人
の子のうち 1 人が高校 2 年生という事案で，有責配偶者である夫からの離婚
請求につき，この子も 3 歳の時から相手方（妻）の監護のもとにあり，やが
て高校を卒業する年齢に達すること，夫が生活費の送金をしてきた実績から
子の養育にも無関心であったわけではなく，離婚後の経済的給付も期待でき
ること等を指摘して，本件未成熟子の存在は離婚請求の妨げにならないとし
た。その後，12 歳と 9 歳の未成熟子がいる事案で，離婚をめぐる紛争その
ものが子供まで巻き込むほど深刻化しているとの認識で，離婚請求を認容し
た事例（福岡高那覇支判平 15・7・31 判タ 1162 号 245 頁），18 歳と 16 歳の未成熟
子がいる事案で，いずれも高校生になっており，離婚によって心情面での影
響を受ける可能性は低い等として離婚を認めた事例（大阪高判平 19・5・15 判タ
1251 号 312 頁〔前掲大阪家判平 18・8・30 の控訴審〕），6 歳と 4 歳の未成熟子がい
る事案で，有責配偶者であり原告である妻が子を監護する覚悟であり，養育

〔神谷〕　483

§*770* V　　　　　　　　　　　　　　　　　　第4編　第2章　婚　姻

監護の状況等にも特に問題がないとして離婚を認めた事例（前掲東京高判平26・6・12）がある。

　(ウ)　特段の事情の不存在　　62年判決の判旨(ⅱ)では，有責配偶者からの離婚請求棄却の法理を排斥する第三の要件として，相手方配偶者が離婚により精神的・社会的・経済的に苛酷な状態におかれるといった特段の事情が存在しないことが挙げられている。ここでいう特段の事情は，離婚によって生ずるものであることを要し，事実審の最終口頭弁論終結時までにあらわれた事情をもとに判断されるが，その主張立証責任は被告にある。

　この要件は，外国法，とくにドイツ離婚法の苛酷条項（一 I (5)）を念頭において挿入されたものと思われ，したがって，そもそも極めて例外的な場合に限って離婚請求を排斥すべきことが想定されていたようである（門口・前掲〔判解〕584頁）。このことは，62年判決自体が，「相手方配偶者が離婚により被る経済的不利益は，本来，離婚と同時又は離婚後において請求することが認められている財産分与又は慰藉料により解決されるべき」と説示していることからも明らかである。

　もっとも，わが国の場合，特段の事情の不存在という要件は，有責配偶者からの離婚請求の場合に限って，明示的に要求されることになったから，婚姻破綻についての原告配偶者の責任の態様や程度，判決に至るまでの原告の行動，婚姻費用などの支払状況，離婚給付の提案内容などの事情を斟酌して，特段の事情の存否が判断される傾向が強い。その意味で西欧法の苛酷条項とはかなり異なった機能を営むに至っている。裁判例の現状を見る限り，婚姻費用を誠実に支払ってきた実績があり，十分な離婚給付の提案をしているような有責配偶者には，有利な結論が導かれる可能性が大きくなる。どのような場合に特段の事情を認めるべきかについては見解が対立するところであろうし，個別の裁判例の妥当性についても評価が分かれることになるだろう。

　特段の事情を認めて離婚請求を棄却した近時の例としては，相手方である妻が夫から支払われる婚姻費用によってようやく生活できる状態であり，その職歴や年齢等に照らしても自立できる程度の職業に就ける見通しは立たず，夫から提案された離婚給付の内容も十分でないとして，離婚による妻の苛酷を認めた事例（前掲福岡高判平16・8・26），相手方である妻が子宮内膜症に罹患しており，就職も困難であるとして，精神的，経済的苛酷を認めた事例

484　〔神谷〕

第4節　離婚　第2款　裁判上の離婚　　　　　　　　　　　　　　§*771*　I

（前掲最判平16・11・18，同種の事案として仙台高判平25・12・26判タ1409号267頁），子らが病弱で高額の医療費が必要となる可能性があること，これを負担すべき相手方（妻）にはパート収入があるだけであること，他方，原告である夫は婚姻費用の支払を長期間滞納したこともあり，今後も養育費を確実に支払うとは限らないこと，提示された慰謝料額も低額であること等から，妻の精神的，経済的苛酷を認めた事例（大阪家判平18・8・30判タ1251号316頁。もっとも，控訴審である前掲大阪高判平19・5・15は，慰謝料等について成立した一部和解を考慮して，離婚請求は信義則に反しないとした），子に重度の障害があり，その子を養育している相手方（妻）は就業することもできないうえ，離婚した場合には現住居からの退去を余儀なくされる可能性があること，夫から提示された離婚給付の和解案が妻の希望条件に合致しなかったことから，離婚による妻の精神的・経済的困窮が予想されるとして離婚を認めなかった事例（前掲東京高判平19・2・27。同種の事案として前掲高松高判平22・11・26）などがある。

　なお，相手方配偶者の経済的苛酷や経済的困窮が離婚請求の帰趨に大きな影響をもつことになったから，原告である有責配偶者が相当程度の財産を分与する旨の提案をする場合もあり，これとの関連で，財産分与義務者からの財産分与の申立ても認めるべきかが問題となっている。この点については，771条の解説Ⅳを参照。

〔神谷　遊〕

　　（協議上の離婚の規定の準用）
　第771条　第766条から第769条までの規定は，裁判上の離婚について準用する。
　　　〔改正〕（819）

I　本条の意義

　裁判上の離婚は，判決の確定によって効力を生じ，その効力は第三者に対しても及ぶ（人訴24条1項）。これをもって婚姻は解消することになり，婚姻から生じる身分上・財産上の権利義務がすべて消滅する。

〔神谷〕　　485

§771 II　　　　　　　　　　　　　　　　　　第4編　第2章　婚　姻

　本条は，裁判上の離婚の効果に関する規定であって，協議離婚の効果に関する規定を裁判上の離婚にも準用している。すなわち，①「離婚後の子の監護に関する事項の定め等」(766条)，②「離婚による復氏等」(767条)，③「財産分与」(768条)，④「離婚による復氏の際の権利の承継」(769条)である。

　なお，未成年の子について，父母が共同して親権を行うことができるのは，父母の婚姻中に限られるから（818条3項本文），夫婦に未成年の子がある場合，離婚の際には，夫婦のいずれかを親権者と定める必要がある。協議離婚の場合には，夫婦が協議で定めなければならず（819条1項），それを定めていることが離婚届の受理要件とされている（765条1項）。これに対して，裁判離婚の場合は，離婚の裁判をする裁判所が職権によって親権者を定めなければならず（819条2項），離婚判決の主文に掲げることになる（人訴32条3項）。もっとも，子の利益のため必要があると認められるときは，家庭裁判所は，子の親族の請求によって，後に親権者を他の一方に変更することができる（819条6項）。

　ちなみに，現行法制上認められている離婚の方式として，協議離婚，裁判離婚の他に，調停離婚（家事244条），審判離婚（家事284条），認諾離婚（人訴37条1項），和解離婚（人訴37条1項）があるが，調停離婚にあっては当事者間の合意を調書に記載したとき（家事268条1項），審判離婚にあっては審判が確定したとき（家事287条），認諾離婚および和解離婚にあっては，認諾や和解を調書に記載したとき（人訴37条1項，民訴267条），これらは離婚の確定判決と同一の効力を有することになるから，これらの離婚についても，本条が準用されるものと解されている。

II　離婚後の子の監護に関する事項（766条の準用）

　766条1項によると，離婚後の子の監護に関する事項として，監護者の指定・変更，子との面会交流，子の監護に要する費用（養育費）の分担等を夫婦の協議で定めることができ，協議が調わないとき，または協議をすることができないときは，同条2項により，家庭裁判所が定めることとされている。本条により，この規定が裁判離婚の場合に準用されているから，離婚判決が

486　〔神谷〕

第4節　離婚　第2款　裁判上の離婚　　　　　　　　　　　　§*771*　II

確定した後に，当事者がこれらの事項を協議で定めることができ，あるいは家庭裁判所に調停または審判の申立てをすることができる（家事別表第二3項）。

　また，これらの事項は，本来審判事項であるが，関連する紛争の一回的解決を可能とするために，離婚の訴えに附帯して申立てをすることができる（人訴32条）。この申立てをうけて，裁判所は離婚判決の主文に，その判断を示すことになり，そこでは，子の引渡しや金銭の支払などを命じることもできる（人訴32条2項）。この場合，附帯処分についてのみ不服がある場合も，判決に対する不服である以上，不服申立方法は判決に対する控訴となる。

　なお，子の監護に関する事項のうち，子の監護に要する費用（養育費）とは，非監護親が監護者に対して支払うべき子の養育に必要な費用を意味するが，これについて附帯申立てができるかどうかについては，裁判例においても見解が分かれていた。否定説は，766条にいう子の監護に必要な事項とは，親権者とは別に監護者が指定された場合について，その監護者が子の監護をするのに必要な事項を指すとし，親権者となった父母の一方が負担する子の養育に関する費用は，ここでいう子の監護に関する事項には含まれないとした（東京高判昭58・10・27下民集34巻9～12号995頁）。これに対する肯定説は，親権者に指定された者は同時に監護者たる地位も有するとし，親権者となった父母の一方は，他方に対して766条により養育費の分担を請求することができ，かつ，これは離婚と同時に一定の措置が講じられて然るべきものであるから，離婚の訴えとともに養育費の附帯請求の申立てもできるとする（東京高判昭62・11・24家月40巻4号131頁）。その後，最高裁は，後者の見解に立つことを明らかにしたから（最判平元・12・11民集43巻12号1763頁〔前掲東京高判昭62・11・24の上告審〕），親権者とは別に監護者の指定があるかどうかにかかわらず，裁判所は，附帯処分として養育費の支払を命ずることができる。

　また，夫婦が別居した後，離婚が成立するまでの間の養育費についても離婚訴訟に附帯して申立てができるかについては，否定的な見解も少なくなかったが（例えば野田愛子＝安倍嘉人監修・改訂人事訴訟法概説〔2007〕209頁〔松原正明〕），判例は，こうした過去の養育費の支払請求についても，771条，766条1項を類推適用して附帯申立てをすることが許されるとする（最判平9・4・10民集51巻4号1972頁，最判平19・3・30家月59巻7号120頁）。ちなみに，別

〔神谷〕　　487

§*771* III・IV　　　　　　　　　　　　　　　第4編　第2章　婚　姻

居後離婚が成立するまでの子の養育費を含めた過去の婚姻費用の分担については，それ自体としては附帯処分事項として請求することはできないが（最判昭43・9・20民集22巻9号1938頁，最判昭44・2・20民集23巻2号399頁），財産分与を命じるにあたって，その額および方法を定める際に考慮することができるとするのが判例である（最判昭53・11・14民集32巻8号1529頁）。

III　離婚による復氏および婚氏続称（767条の準用）

本条により，767条が裁判上の離婚に準用される結果，婚姻によって氏を改めた夫または妻は，離婚判決の確定により，婚姻前の氏に復するが（同条1項），復氏した配偶者は，離婚判決の確定の日から3か月以内に届け出ることによって，離婚の際に称していた氏（婚氏）を称することができる（同条2項，戸77条の2）。

IV　財産分与（768条の準用）

本条により，768条が裁判上の離婚に準用されるから，離婚が成立すると，当事者の一方は，相手方に対して財産の分与を請求することができ（同条1項），その協議が調わないとき，または協議することができないときは，離婚判決が確定した日から2年以内に，家庭裁判所に財産分与の調停または審判を求めることができる（同条2項）。

また，財産分与は，子の監護に関する事項と同様，離婚との同時解決をはかるために，離婚の訴えに附帯して申し立てることができる（人訴32条）。もっとも，その申立ては非訟事件の申立てであることに変わりはないから，訴訟事件における請求の趣旨のように，分与を求める額や方法を特定する必要はなく，単に抽象的に財産分与の申立てをすれば足りる（最判昭41・7・15民集20巻6号1197頁）。また，かりに財産分与の額や方法を特定して申立てがなされた場合でも，裁判所はその申立てには拘束されることはなく，求められた額を上回る財産分与を命じることもできるし，下回る額を認容するときも，請求の一部棄却を要しない（松山地西条支判昭50・6・30判時808号93頁，仙台高判昭32・2・12下民集8巻2号272頁など）。

488　〔神谷〕

第4節　離婚　第2款　裁判上の離婚　　　　　　　　　　　§771　Ⅳ

　なお，離婚の訴えに対して，被告側が，離婚の反訴を提起することなく，離婚の訴えが認容される場合に備えて予備的に財産分与の申立てをすることは，実務においては広く承認されている（新判例コメ(11)298頁〔大津千明〕）。この他，附帯申立てをする時期については制限はなく，口頭弁論の終結時まではいつでも可能であるから，控訴審において新たに財産分与の附帯申立てをすることもできるし（札幌高判昭51・10・27家月29巻10号136頁），離婚請求について第一審で全部勝訴の判決を受けた当事者が，附帯控訴の方式により新たに財産分与の申立てをすることもできると解されている（最判昭58・3・10家月36巻5号63頁）。

　財産分与の附帯処分についてのみ不服がある場合も，不服申立方法は判決に対する控訴となるが，その場合，不利益変更禁止原則（民訴304条）は適用されないとするのが判例である（最判平2・7・20民集44巻5号975頁）。

　また，離婚訴訟において財産分与等の附帯処分も申し立てられている場合において，当該婚姻が判決によらないで終了したとき（離婚について訴訟上の和解が成立したときや協議離婚の届出により離婚訴訟が取り下げられたとき），その附帯処分にかかわる事項が婚姻の終了に際して定められていないときは，裁判所は，附帯処分について審理を続行し，裁判をしなければならない（人訴36条）。他方，離婚訴訟においては，訴えを提起した当事者が離婚請求を放棄することも可能であり（人訴37条1項），これによって訴訟は終了する。その場合に，財産分与等の附帯処分が申し立てられているときは，それが相手方からの予備的な申立てであっても当然に失効するというのが従来の判例の立場である（最判平6・2・10民集48巻2号388頁）。

　なお，財産分与の分与義務者から財産分与の附帯処分の申立てができるかは問題である。これについては，有責配偶者からの離婚請求を条件付きで認めた最高裁大法廷昭和62年9月2日判決（民集41巻6号1423頁）において，角田裁判官・林裁判官の補足意見において，その必要性と可能性が指摘された。同判決の法廷意見は，相手方配偶者の経済的不利益は，財産分与または慰謝料によって解決されるべきとする一方，有責配偶者からの離婚請求を認容する条件の一つとして，相手方配偶者が経済的に極めて苛酷な状態におかれるような特段の事情が存在しないことを挙げた。しかし，相手方配偶者が専ら離婚の可否を争い，予備的にですら財産分与の附帯処分の申立てをしよ

〔神谷〕　489

うとしない場合には，相手方配偶者をめぐる経済的問題を実質的には積み残したまま，離婚請求を棄却し，あるいは認容せざるをえないことになる。その意味で，原告である財産分与義務者からの附帯処分の申立てを認めることには大きな意義がある。もっとも，権利者が何らの申立てもしていないのに，義務者の申立てに基づいて財産分与の内容を定め，その履行を命ずることも問題であり，学説上も，裁判例上も，肯定・否定の2つの立場が対立している（裁判例の肯定例としては，神戸地判平元・6・23判タ713号255頁，否定例として大阪高判平4・5・26判タ797号253頁，東京高判平6・10・13家月48巻6号61頁など）。現行規定の解釈として，財産分与義務者の申立てを認めることには無理があるように思われる。

V　離婚による復氏の際の祭祀財産の承継者の決定（769条の準用）

本条によって769条が裁判上の離婚に準用されるから，婚姻によって氏を改めた夫または妻が祭祀財産を承継した後に，離婚判決が確定して復氏したときは，新たに祭祀財産の承継者を定めなければならない。これは，離婚訴訟に附帯して申し立てることはできないから，裁判上の離婚が成立した後に，当事者その他の関係人との協議で定め（769条1項），協議が調わないとき，または協議をすることができないときは，家庭裁判所の調停または審判で定める（同条2項，家事別表第二5項）。

〔神谷　遊〕

涉外離婚　I

涉 外 離 婚

I　離婚の国際裁判管轄

(1)　概　　説

日本民法上，離婚については，協議上の離婚（763条ないし769条）と裁判上の離婚（770条ないし771条）の2種類が認められている。このうち，協議上の離婚を日本ですることができるか否かについては，準拠法により決まるが，裁判上の離婚を日本ですることができるか否かについては，離婚事件の国際裁判管轄権の問題となる。以下ではまず，離婚の国際裁判管轄について概観する。

(2)　離婚の国際裁判管轄

この点，従前は法律上の明文規定がなく，最高裁大法廷昭和39年3月25日判決（民集18巻3号486頁）および最高裁平成8年6月24日判決（民集50巻7号1451頁）の2つの最高裁判決から導かれるルールを基準として，原則として被告住所地国に管轄を認め，例外的に原告住所地にも管轄を認めるとする立場が，通説的見解であった。このうち，どのような場合に原告住所地に管轄を認めるかについては，上述の最高裁判決でも見解が分かれていた。昭和39年判決では，①原告が被告に遺棄されたこと，②被告が行方不明であること，③その他これに準じた場合，の3つの例外が示されていた。これに対して，平成8年判決では原告が被告の住所地国に離婚請求訴訟を提起することにつき法律上または事実上の障害があるかどうかおよびその程度をも考慮すべきとの基準が示された。これら2つの判決の関係性についても諸説あり，平成8年最判は原告住所地管轄が認められる新たな条件を示したものとする見解，昭和39年判決は外国人同士の事件で，平成8年判決は一方が日本人である事件ということでそもそも事案が全く異なると考えるべきとする見解等に分かれていた（詳細は櫻田嘉章〔判批〕国際私法百選〔2版〕210-211頁参照）。

また，この点に関連して，子の親権者の指定や財産分与等，離婚事件に関して附帯処分が認められる事項があることを，国際裁判管轄上考慮すべきか

〔長田〕　491

否かが問題とされてきた。このうち，財産分与については離婚事件と同様の扱いをするとの見解でほぼ一致をみていた（司法研修所編・渉外家事・人事訴訟事件の審理に関する研究〔2010〕112頁）のに対して，親権者の指定については離婚事件の国際裁判管轄にしたがうとの見解（澤木敬郎〔判批〕ジュリ223号〔1961〕83頁）と，離婚事件と同時に申し立てられている場合でも子の住所地に国際裁判管轄を認めるべきとの見解（松原正明「渉外子の監護紛争の処理」岡垣学＝野田愛子編・講座実務家事審判法5渉外事件関係〔1990〕213頁）とに学説は分かれていた。

　このような状況の中で，現在国会審議中である「人事訴訟法等の一部を改正する法律案」（190国会閣法33）（以下，同法案の人事訴訟法改正法案を人訴法案，家事事件手続法改正法案を家事法案とする）においては，これらの点につき新たな国際裁判管轄の立法案を提示している。同法案によれば，離婚の訴えを含む「人事に関する訴え」の国際裁判管轄については，人訴法案3条の2に規定されることになる。

　同条は人事に関する訴えについて，当事者の一方に対して他方から申し立てるものと，当事者の双方に対して申し立てるものについてそれぞれ規律をおいている。離婚の訴えが該当することになる当事者の一方に対して申し立てられる事件については，①被告の現住所地（1号）あるいは死亡時の住所地（3号）が日本である場合，②当事者双方が日本国籍を有する場合（5号），③原告が日本に住所を有しており，かつ，最後の共通住所が日本である場合（6号），④原告が日本に住所を有しており，かつ，日本の裁判所が審理および裁判をすることが当事者間の衡平や適正かつ迅速な審理の実現の確保となる特別の事情があるとき（7号）のそれぞれの場合に日本の裁判所に国際裁判管轄が認められることとなる。

　また，離婚事件については，家事事件手続法で調停前置が定められているところ（家事244条・257条），家事法案3条の13によると，当事者は日本の裁判所に家事調停の申立てをすることができる旨合意をすることが認められ（1項3号・3項），この合意に基づき調停事件の管轄権が日本の裁判所に付与されることになるため（同条1項本文），実質的に離婚事件についての管轄合意が認められることとなったといえよう。ただし，この合意を有効にするためには，民事訴訟法3条の7第2項および第3項に定められる書面性の要件

第4節　離　婚　　　　　　　　　　　　　　　　　　　渉外離婚　**II**

の具備が求められる（家事法案3条の13第2項）。

さらに，訴えの併合による管轄についても新しい規律が設けられた。すなわち，人事訴訟に関する請求とその請求と同じ原因事実から生じた損害賠償請求との併合が認められ（人訴法案3条の3），離婚の訴えについて日本の裁判所に管轄が認められる場合，離婚そのものによる慰謝料請求のみならず，離婚に至る個別の不貞行為やDVなどに基づく損害賠償請求も日本であわせて審理できるようになった。また，上述したように，従前議論のあった，日本法上離婚の訴えの附帯処分とされる子の監護に関する処分（親権者指定も含む）についても管轄の併合が認められ（人訴法案3条の4），離婚事件について日本の裁判所に国際裁判管轄が生じる場合に管轄が認められることとなった。

さらに新しい国際裁判管轄規則では，上述した原因に基づいて日本に離婚事件の国際裁判管轄が認められる場合でも，日本で審理をすることが当事者間の衡平を害するか，適正かつ迅速な審理の実現を妨げることとなる特別の事情がある場合には訴えの一部または全部を却下することが認められている（人訴法案3条の5，家事法案3条の14）。特別の事情の有無を判断するに際して考慮されるべき要素として，事案の性質，応訴による被告・相手方の負担の程度，証拠の所在地，当該訴えにかかる身分関係の当事者間の成年に達しない子の利益などが列挙されている。

II　離婚の準拠法

(1)　概　　説

離婚の準拠法について，比較法的には，属地主義（離婚地法にもっぱらよらしめるもの。離婚につき管轄を有する場合に法廷地法を必ず適用することで同趣旨となる場合もある）と婚姻の効力の準拠法の適用ないしは準用を認めるものとに分かれる。これに対して，近時はEUでの離婚および法的別居に関する準拠法規則（ローマIII規則）のように，制限的な当事者自治（例えばローマIII規則では，合意時の夫婦の共通常居所地，過去の夫婦の共通常居所地でかつ夫婦の一方の合意時の常居所地，夫婦の一方の合意時の国籍国，法廷地から準拠法を選択できるとする）を認める法制がみられるようになっている。

法適用通則法27条は，離婚は婚姻関係の解消に関するから，その準拠法

〔長田〕　　493

は，婚姻関係に適用される準拠法と同じ決定方法によるのが適当として，婚姻の効力に関する法適用通則法 25 条を準用している。ここで法適用通則法 27 条ただし書が「ただし，夫婦の一方が日本に常居所を有する日本人であるときは，離婚は，日本法による。」と規定していることに注意が必要である。婚姻の形式的成立要件の法適用通則法 24 条 3 項と同じく，ここでも日本人条項が採用されている。ただし書は一見すると本文の定める準拠法すべてに優先して日本法が適用するかのように読める。しかし実際には，日本に常居所を有する日本人について外国法が夫婦の同一本国法や同一常居所地法になることはない。結果として日本法は第三段階の夫婦の密接関連法に対してのみ優先することになる。

　法適用通則法 27 条で定まる離婚の準拠法が，離婚の許否（現在でもフィリピンでは離婚が認められていない），離婚原因（破綻主義か有責主義かなど）について適用されることについては争いがない。以下準拠法適用に際して注意が必要な離婚の方法と方式，また離婚の準拠法の適用範囲に含まれるか否かについて議論がある点について概観する。

(2)　離婚の方法と方式

　国際的には，離婚の方法として日本で一般的な夫婦の合意によるもの（協議離婚）の他に，夫の単独行為によるもの（例えばイスラム法上のタラク），裁判所の判決などによるもの（裁判離婚）および裁判所以外の何らかの機関（教会，市長等）の宣言によるものなどがみられる。これら離婚の方法が，離婚準拠法により決定されることに争いはない。

　特に日本との関係で問題となるのは，準拠法となる外国法が裁判離婚のみを採用している場合に，日本で調停離婚または審判離婚をすることが認められるかという点である。この点，家庭裁判所の判例は一般的に肯定するものが多い（例えば司法研修所編・渉外家事・人事訴訟事件の審理に関する研究〔2010〕101 頁）。その理由として，調停離婚も審判離婚も家庭裁判所という裁判所の関与する離婚であり，広義の裁判離婚と考えられること，あるいは，「手続は法廷地法による」という国際私法の原則に従えば，調停前置主義を採用しているわが国でなされる離婚はすべてまず調停に付さなければならないため，といった点が指摘される。

　学説においては，この問題を離婚の準拠法の送致範囲の問題ととらえ，離

第4節　離　婚　　　　　　　　　　　　　　　　　　　　渉外離婚　**II**

婚の準拠法で指示されるのは何らかの国家機関の関与を必要とするという点のみであり，どの機関が関わるべきかについては，手続問題であるとして，日本でなされる離婚については，日本法の定める手続に従っていれば足りるとする説（道垣内・各論 30-31 頁）もあるが，日本の調停離婚も審判離婚も裁判所の関与はあるものの当事者の合意を基礎とする点では協議離婚の一種とみられるとして，いずれについても離婚準拠法上認められないとするのが従来の有力説（山田 447 頁）であった。これに対して，離婚準拠法が裁判離婚しか認めないことを，当事者に処分権が委ねられているかどうかの問題ととらえ，当事者の任意処分が許されていない事件について認められる家事事件手続法 277 条（旧家事審判法 23 条）に基づく審判は許されるとする説（海老沢美広「国際離婚法三題」久保岩太郎還暦・国際私法の基本問題〔1962〕329 頁，神前ほか 178 頁）や，準拠法上裁判離婚しか認めていないにも関わらず破綻主義を採用することにより，実質的に当事者の合意を尊重する法制度が存在していることに鑑み，このような場合には審判離婚は許されるとする見解も有力に唱えられている（横山 263 頁，溜池 467 頁，松岡博（高杉直補訂）・国際関係私法講義〔改題補訂版，2015〕206 頁）。さらに，近年では一律にこの問題を処理すべきではなく，個々の準拠法ごとにその内容を具体的に検討した上で解決すべきとの見解が有力になりつつある（中西康〔判批〕国際私法百選〔2 版〕125 頁，中西ほか 308 頁，注釈国際私法 II 53-54 頁〔青木〕）。

　裁判外の離婚が離婚準拠法により認められている場合には，その方式も問題となる。この場合，法適用通則法 34 条により，離婚の準拠法もしくは行為地法のいずれかの方式を満たしていることが求められる。

⑶　**離婚の効力**

　まず，離婚による婚姻関係の解消という効果について，離婚の準拠法の適用範囲となることに争いはない。しかし，婚姻関係の解消に伴い生じる財産給付や親子関係などの問題については個別の検討が必要となる。

　離婚の際の財産給付には，夫婦財産の清算や扶養料，慰謝料等が含まれるが，これらすべてが離婚の準拠法による訳ではない（夫婦財産の清算については，→渉外婚姻IV）。離婚当事者間の扶養の問題は，扶養義務の準拠法に関する法律 4 条 1 項により，「その離婚について適用された法律」による。慰謝料の準拠法については，離婚の準拠法によるとするのが通説である。ただし離婚

〔長田〕　495

渉外離婚 III   第4編 第2章 婚 姻

そのものに基づく慰謝料は離婚の準拠法，離婚に至らしめた原因行為につい
てはそれ自体独立の不法行為であるから法適用通則法17条によるとするの
が多数説（横山264頁。ただし，法適用通則法20条により婚姻の効力の準拠法と同一
の法に附従的連結される可能性が高いとする）とされたのに対し，両者共に離婚の
準拠法によるとする見解（溜池469頁，注釈国際私法II 60頁〔青木〕，松岡（高杉補
訂）・前掲書207頁）も近年は有力に主張されている。

　離婚に際して，親権や監護権の帰属が問題となることがある。この点につ
いては，親子関係の準拠法，すなわち法適用通則法32条により決定される
準拠法に従うとするのが通説である（溜池470頁，山田450頁）。その理由は，
子の福祉の観点から子を中心に準拠法が決められている法適用通則法32条
を親子関係の問題についてはできる限り適用しようとする趣旨にある。

　離婚した後に，婚姻前の氏に復するべきか否かなどの復氏の準拠法につい
ては，婚姻による氏の変動と同じく，離婚の効果の問題であるとするのが通
説的見解である。一方，婚姻による氏の変更について人格権の問題であるか
ら，夫婦各自の属人法によらしめるべきとする見解からは，氏を変更した当
事者の本国法によるべきと主張される。

III　外国離婚の効力

(1)　裁判以外の方法による離婚

　外国でなされた裁判以外の方法による離婚の効力が日本で問題となる場合，
法適用通則法27条に定める離婚の準拠法に従って有効に成立しており，か
つその方式が法適用通則法34条の定める準拠法により有効なものである場
合には，当該離婚は日本において効力を有する。

(2)　裁判による離婚

　外国で下された離婚判決等の承認については，外国判決の承認にかかる民
事訴訟法118条が準用ないし適用されるか否かが問題とされていた。民事訴
訟法118条によると，①外国裁判所の確定判決であること（柱書），②判決国
裁判所に国際裁判管轄があること（1号），③敗訴の被告に訴訟の開始を知ら
せる文書が送達されていたこと（2号），④判決手続や判決の内容が日本の公
序良俗に反しないこと（3号），⑤判決国と日本との間に相互の保証があるこ

496　〔長田〕

第4節　離　婚　　　　　　　　　　　　　　　　　　　　　　　渉外離婚　**III**

と（4号），が要件とされる。このうち1号の要件については，特に争いがある。1号について検討する際に基準とされるべきは，判決国法ではなく，承認国である日本の国際裁判管轄の基準であることについては，ほぼ異論がない。しかし，日本の裁判所が，ある事件について裁判をなすべきかという問題に適用されるべき基準（直接管轄）と，判決国裁判所が，当該事件につき裁判をなすべきであったかどうかを，承認国として問う際の基準（間接管轄）とが同じであるのか問題となる。この点，両者を同じ基準とすべきとする見解が通説であるが，財産関係事件については，両者の基準が異なることを認めたとされる最高裁平成26年4月24日判決（民集68巻4号329頁）があり，この判断が離婚事件についても妥当し得るか問題となろう。特に離婚判決に関しては従前から間接管轄の基準の方が広いと解釈すべきとする見解も有力（松岡（高杉補訂）・前掲書328-329頁など）であり，今後の議論が待たれる。また，離婚判決との関係では，従前は，国際的な身分関係の調和の要請から特に4号の相互の保証要件を不要とする見解も見られたが，現在では民事訴訟法118条の準用ないし適用を認めながら，4号のみを外すのは不自然であるなどの理由から全面適用するとの見解が有力である（松岡（高杉補訂）・前掲書334頁，なお，財産関係事件では相互の保証がないとされる中国との関係について，離婚判決はその例外となる余地があるようである）。

　これに対して，現在国会審議中の人訴法等の改正立法案においては，原則として民事訴訟法118条が準用されることとされている。

〔長田真里〕

第1節　実　子　　　　　　　　　　　　　　　　　前注（§§ 772-791）

第3章　親　　子

第1節　実　　子

前注（§§ 772-791〔実子〕）

細　目　次

I 実親子関係の成立 ……………………501
　(1) 母子関係 …………………………501
　(2) 父子関係における婚内子と婚外子
　　　の区別 ……………………………503
　(3) 嫡出子の定義 ……………………504
　(4) 推定の意味 ………………………505
　(5) 懐胎主義と分娩主義 ……………506
　(6) 血縁と法律上の親子関係の不一致
　　　…………………………………………507
II 実親子関係の否定 …………………508
　(1) 否定する理由と訴えの形式 ………508
　(2) 否定が制限される場合 …………508
　(3) 否定する権利を有する者 ………509
III 法改正の方向性 ……………………511

IV 実親子関係存否確認の訴え …………512
　(1) 訴えの意義と性質 ………………512
　(2) 他の実父子関係訴訟との関係 ……513
　(3) 訴訟物，確認の利益および当事者
　　　適格 ………………………………516
　(4) 要件事実と立証責任 ……………519
　(5) 判決の効力 ………………………520
　(6) 権利濫用法理による制限 ………522
V 親子鑑定 ……………………………524
　(1) 問題点 ……………………………524
　(2) 鑑定の強制 ………………………524
　(3) 鑑定拒否の場合の対応 …………526
　(4) 私的鑑定の証拠能力 ……………529

　現行制度では，法律上の親子関係は，生物学的な血縁に基づいて成立する
実子と，養育の意思または法律上の親子関係の設定を欲する意思に基づいて
成立する養子に分かれる。本節では，実子を扱う。
　子には，生物学的な血縁上の父母が存在する。しかし，父子関係について，
かつては血縁関係の証明が困難だったことから，法が父を定める仕組みを作

〔二宮〕　499

前注（§§772-791） 第4編 第3章 親 子

ってきた。婚姻による父性推定や父による父性の承認である。そして父性を争う権利は父＝夫に独占され，母や子が争うことを許さず，父性の確定が父に委ねられる一方，婚外子（嫡出でない子）については父子関係の成立を認めない時代もあった。分娩の事実によって血縁関係が明らかになる母子関係ですら，今でも母の氏名を明かさない匿名出産を認め，法律上の母子関係を作らせない立法例がある（→Ⅰ⑴）。法律上の親子関係の成立には，男女の生物学的な差異以上に，時代，社会の家族観・男女観が影響を与えている。

　比較法的に見ると，1990年代以降の親子関係に関する法改正は，法律上の父子関係の成立・否定に関して婚内子（嫡出子）と婚外子を統一的に規定し，婚外子の別扱いをできるだけ解消する方向にある。「父は婚姻が指し示す者である」というローマ法格言は，婚姻という社会的に承認され，安定した男女の性関係からのみ子を誕生させることによって，子の父性を確保することができたことを示していたが（床谷文雄「匿名出産とBabyklappen——生への権利と出自を知る権利」阪法53巻3＝4号〔2003〕797頁），父子関係の成立と婚姻を分離し，すべての子にとっての父子関係の必要性という視点から制度設計されるようになっている。例えば，フランス民法では，「親子関係が適法に確立されるすべての子は，その父母との関係において同一の権利及び同一の義務を有する。それらの者は，父母の各々の家族に入る」（フ民310条，2002年3月4日法による）とされており，現行の親子関係法は，「平等，真実，安定性の3つの柱」のもとに構築されている（田中通裕「注釈・フランス家族法(10)」法と政治64巻2号〔2013〕104頁）。

　他方，DNA鑑定技術の発展は，父子間の血縁の事実を客観的に証明することを可能にした。生殖補助医療技術の発展は，第三者から提供された卵子・胚による出産や代理懐胎を可能にした。生まれた子は，卵子・胚の提供者や代理懐胎を依頼した女性の遺伝子を受け継ぎ，分娩した女性との間には血縁関係はない。分娩の事実によって血縁関係が明らかであるという母子関係発生の根拠は失われた。

　こうした事情を踏まえると，法律上の実親子関係の成立と血縁関係の存在の分離がありうること，血縁の事実とは異なる法理による実親子関係の成立もありうること，しかし，成立した実親子関係を否定する場合には，血縁関係の不存在が主たる理由となること，その意味では，なお実親子関係の成否

500　〔二宮〕

第1節　実　子　　　　　　　　　　　　前注（§§ *772-791*）　I

と血縁関係の存否には関連性があるということになる（親子法のあり方については，「〔座談会〕親子法のあり方を求めて」法時 87 巻 11 号〔2015〕4 頁以下参照）。

　以下，各条文の注釈の前に，実親子関係成立の法理（→I）および否定の法理（→II），現在，議論されている法改正の方向性（→III），民法親族編に規定のない訴訟類型として実親子関係存否確認の訴え（→IV），これらの訴訟類型に共通する親子鑑定（→V）について検討する。

I　実親子関係の成立

⑴　母　子　関　係

　日本民法には，法律上の母子関係に関しては，婚外子につき「認知することができる」という規定（779 条）しかない。しかし，判例により，婚外子の母子関係は，分娩の事実によって当然に発生するとされ（最判昭 37・4・27 民集 16 巻 7 号 1247 頁。→§779 IV 3），学説は，このことは婚内子にも妥当するとして，この考え方を支持してきた（久貴 179 頁，有地 132 頁等）。比較法的に見ても，「子の母は子を出産した女性である」（ド民 1591 条）として分娩者＝母ルール（以下，分娩主義とする）を採用する立法例が多い。

　分娩主義をとる理由について，最高裁は，日本人夫婦が米国で実施した代理懐胎・出産の事案において，民法制定当時は懐胎し出産した女性は遺伝的にも例外なく出生した子とのつながりがあるという事情が存在し，その上で出産という客観的かつ外形上明らかな事実をとらえて母子関係の成立を認めることにしたこと，出産と同時に出生した子と子を出産した女性との間に母子関係を早期に一義的に確定させることが子の福祉にかなうことを挙げている（最決平 19・3・23 民集 61 巻 2 号 619 頁。→生殖補助医療 V 2⑵）。

　他方，フランス民法は今でも匿名出産を認める。親子関係は，母については，子の出生証書における母の表示により成立する（フ民 311 条の 25）。匿名出産の場合，出生証書に母が表示されないことから，この規定によれば，法律上の母子関係は成立しない。他方，母は子を認知することによって，法律上の母子関係を成立させることができる（フ民 316 条 1 項）。また子の側から母に対して親子関係の確立を目的とする訴訟（母子関係捜索の訴え）を起こすことができる（フ民 325 条）。しかし，出産の時に，母は，入院および身元の

〔二宮〕　　501

前注（§§ 772-791）Ⅰ 　　　　　　　　　　第4編　第3章　親　子

秘密が守られることを求めることができるので（フ民326条），子の側が，自分がその女性から生まれた子であることの証明ができない場合が生じうる。したがって，女性が匿名出産により出産の事実を隠すことが可能となる。ただし，匿名出産を希望する母に対して，匿名出産の効果や子の出自を知る権利の重要性などについて説明し，自己の判断で子の出生地その他の出産に関する情報および親に関する情報を残すことを求めるものとしており，母は自己のアイデンティティ情報を含めて残すこともでき，個人の出自情報へのアクセスのための支援機関として全国委員会が設けられ，必要な場合には，子との間を調整する役割も果たすものとされている（床谷文雄「匿名出産とBabyklappen──生への権利と出自を知る権利」阪法53巻3＝4号〔2003〕800頁）。

またドイツでは，「妊婦の葛藤状態の回避及び克服のための法律」が制定され（2013年8月28日，2014年5月1日施行），母が身元を明かさないで出産する「内密出産」を可能にした（渡辺富久子「ドイツに於ける秘密出産の制度化──匿名出産及び赤ちゃんポストの経験を踏まえて」外国の立法260号〔2014〕65頁以下）。事前に相談所において相談を受けること，匿名を放棄できるようにする方法または子との生活を可能にする方法など詳細な面談が提供される。こうした妊婦に対する支援を前提に，内密出産を希望する妊婦は，出産手続上の仮名，子のための一または複数の男女別の名を決め，相談所は子の出自に関する証明書を発行し，封印する。母の配慮権は停止され，親は行方不明として扱われ，養子縁組が成立し，実親との法律上の親子関係は消滅する。子は16歳に達すると，出自証明書を閲覧しまたは複写を要求する権利を有する。内密出産をする母の利益と子の権利のバランスをとるものである。

これらは，母の身元を明かさない出産を認める一方で，子の安定的な養育環境として養子縁組を活用し，子の出自を知る権利を一定の範囲で保障する仕組みである。

ところで生殖補助医療（第三者から提供された卵子や胚による出産，代理懐胎）を利用する場合，分娩の事実と血縁の事実は一致しない。しかし，提供卵子や胚によって女性が出産した場合には，分娩主義を採ることに異論はない。受胎から出産まで，提供を受けた女性が母胎で子を育て，出産し，その後もその子を育てるからである。これに対して，代理懐胎の場合には，子の養育責任を担う親の視点から，懐胎時において，裁判所が依頼者を実親として承認

502　〔二宮〕

第1節 実 子　　　　　　　　　　　　　　　　前注（§§ 772-791）I

する手続を認める立法例があるが（カリフォルニア州等），代理懐胎を禁止する
立法例では，代理懐胎で生まれた子の母子関係についても，分娩主義を維持
し，生まれた子と依頼者との法律上の親子関係については，養子制度の利用
で対応することが多い（→生殖補助医療II）。

(2) 父子関係における婚内子と婚外子の区別

日本民法は，子を「嫡出子」と「嫡出でない子」に区別し，「嫡出子」に
ついては，妻が婚姻中に懐胎した子を夫の子と推定する制度を（772条1項，
懐胎主義），「嫡出でない子」については，父が子を認知する制度を（779条）
採用した。認知については，子が胎児または成年に達している場合を除き
（782条・783条），父は子や母の承諾を要せず，自己の都合で一方的に認知を
することができる。父から任意の認知がない場合には，子の側から父に対し
て認知の訴え（強制認知）を提起しなければならず，出訴期間が父の死後3
年以内に制限されるため（787条），この期間経過後に父が判明しても，もは
や法律上の父子関係は認められないとされている。

他方，血縁の事実がない場合には，婚内子の場合には，嫡出否認の訴えに
より（774条），婚外子の場合には，認知無効の訴えにより（786条），法律上
の父子関係を否定することができる。嫡出否認の訴えの場合，出訴権者を夫
だけに限定し，出訴期間も子の出生を知って1年内に限定する（777条）こ
とから，夫が否認権を行使しないまま出訴期間を経過すると，もはや否認の
訴えを起こすことができず，親子関係が確定する。これに対して，認知の場
合，認知者自身も含めて利害関係のある者は，いつでも認知無効の訴えを起
こして父子関係を否定することができるため（最判平26・1・14民集68巻1号1
頁。→§786 IV 3 (1)(a)(iii)），父子関係は理論上は確定しないままとなる。

このように父子関係に関して，日本法は，①婚内子と婚外子の別扱い，②
嫡出否認および認知における夫・父の意思の優先という点に大きな特徴があ
る（分析につき，二宮周平「親子関係とジェンダー」講座・ジェンダーと法2巻〔2012〕
112頁）。

これに対して，ドイツ法は1997年の法改正により，父の要件として，婚
内子と婚外子を1つの規定で扱う。原則として，婚姻に基づく父性は，婚姻
中に出生した子に限定し，認知は父性の承認として位置づけられ，承認に当
たっては，母の承諾を要件とし，裁判認知は父性確認として，婚内子，婚外

〔二宮〕　503

前注（§§ 772-791）Ⅰ   第4編　第3章　親　子

子共通の制度とされた。婚外子の父の承認がない場合も，父性確認の訴訟で
父子関係を確認することができる。また父性否認も，従来の嫡出否認と認知
取消し（認知によって生じた父子関係の否認）を統一し，婚内子，婚外子共通の
制度とされ，かつ子と母の否認権が承認された。2004 年の法改正では，法
律上の父と子の間に社会的家族関係がない場合等には，生物学上の父にも否
認権を認めた（野沢紀雅「比較法的検討 — ドイツ」家族〈社会と法〉28 号〔2012〕
52 頁以下）。

　フランス法も 2005 年の法改正により，父子関係について婚内子・婚外子
の区別をなくし，法律の効果（婚姻中に懐胎され，または生まれた子は，夫を父と
するという父性推定），父による承認（認知），身分占有による父子関係の定立と
して，方法上の区別に整理され，父子関係を争う訴えについても，夫または
承認（認知）者が父でない証拠を提示することとして共通化された。婚外子
の父の承認がない場合も，親子関係の定立を目的とする訴えによって，裁判
上，父子関係を宣言することができる。父の承認には母の同意は不要だが，
父子関係を争う権利は，身分占有と証書が一致している場合には，子，その
父母の一方，真実の親と主張する者，身分占有と証書が一致していない場合
には，利害関係を有する者に認められるなど，権利者が拡大されるとともに，
婚内子・婚外子が統一的に扱われる（西希代子「比較法的検討 — フランス」家族
〈社会と法〉28 号〔2012〕67 頁以下）。

(3)　嫡出子の定義

　ドイツ，フランスを始め欧米諸国では，「嫡出」という概念は廃止されて
いる。これに対して，日本法は「嫡出子」「嫡出でない子」の区別がなお維
持されている。しかし，その定義規定は存在せず，親子関係の成立に関する
条文から導かれている。すなわち，民法 772 条 1 項は，妻が婚姻中に懐胎し
た子は，夫の子と推定するという父性推定の規定であるが，それとともに，
条文上，妻が婚姻中に懐胎した子を「嫡出子」とするという嫡出性を付与す
る規定にもなっている（774 条参照）。

　しかし，判例は，父が死亡した後の家督相続に関する事案で，父母の内縁
関係中に懐胎し婚姻後に出生した子について，父母の認知の手続を要せず，
出生と同時に当然に父母の嫡出子たる身分を有するものと解釈した（大連判
昭 15・1・23 民集 19 巻 54 頁）。戸籍実務においては，戸籍事務管掌者に実質的

504　〔二宮〕

第1節　実　子　　　　　　　　　　　　　前注（§§ *772-791*）　I

審査権がないため，当該子が内縁関係中に懐胎した子かどうかを確かめることができないことから，内縁関係の有無にかかわらず，婚姻後に出生した子を生来の嫡出子として扱うこととした（昭15・8・24民甲1087号民事局長回答）。しかし，婚姻中懐胎＝夫の子という推定を受けていないことから，母は夫の子として出生届をすることを義務づけられず，父のない子として出生届をすることもできる（昭26・6・27民甲1332号民事局長回答）。後日，父子関係を争う場合には，嫡出否認の訴えの適用を受けず，親子関係不存在確認の訴えによる。このような子を学説上，「推定を受けない嫡出子」という（→§772 Ⅲ）。この結果，「嫡出子」の定義は，婚姻中に妻が懐胎した子または婚姻後に妻が出産した子となった（なお養子縁組〔809条〕および準正〔789条〕によって嫡出子の身分を取得することがある）。

(4)　推定の意味

　民法772条1項は，妻が婚姻中に懐胎した子を夫の子と推定する。この推定を争うことができるのは，夫だけであり，子の出生を知った時から1年以内に，訴えという方法で行わなければならない（775条・777条）。法律上，「推定」というのは，事実がそれと異なることを主張する者に立証責任を課すというものであり，その証明方法は特に限定されていないのに対して，民法772条1項の推定を覆すことは，上述のように厳格に制限されていることから，推定以上のものであり，「夫の子である」とするのに等しいと捉える説もある（窪田166頁）。ドイツ法がこの立場である。

　かつて，父子関係も母子関係も実親子関係は血縁関係に基づいて生じるが，父子関係の場合は，事実によって証明することが困難であることから，妻が婚姻中に懐胎した子を夫の子と推定するという法律上の父子関係を推定する制度を設け（772条1項），他方で，懐胎時に父母が婚姻関係になかった子については，子を認知した者を子の法律上の父と推定するという制度を設けた（779条）と捉える説があった（於保不二雄・親子〔1950〕28頁，31頁。これを支持する説として，伊藤昌司「親子法学100年の誤解と躓きの石」西原道雄古稀・現代民事法学の理論（下）〔2002〕459頁以下，佐藤義彦ほか・民法Ⅴ〔4版，2012〕74頁〔佐藤義彦〕，二宮154頁など）。

　しかし，民法772条1項が「推定」以上の「夫を父とする」意味を持つとするならば，また判例・通説が認知を婚外父子関係の成立要件とすることと

〔二宮〕　505

前注（§§772-791）Ⅰ

第4編　第3章　親子

の対比において，772条も779条も推定としてではなく，法律上の親子関係の成立方式として位置づけることができる。そして772条と779条の適用がない場合には，ドイツ法，フランス法と同じく，裁判で直接，血縁の事実を証明して父性を確認すれば，裁判によって法律上の親子関係が成立すると解釈することが可能になり，死後認知の期間制限という婚外子の不利益を解消することもできる。

(5)　懐胎主義と分娩主義

母が婚姻している場合に，その夫を父とするルールは，多くの国に共通する。しかし，そのルールには，日本法のように，妻が婚姻中に懐胎した子を夫の子とする懐胎主義と，妻が婚姻中に出産した子を夫の子とする分娩主義の2つがある。

懐胎主義の場合には，日本法のように懐胎期間を推定する規定を設けることが多い。例えば，婚姻の成立の日から200日経過後または婚姻解消の日から300日以内に出生した子は，婚姻中に懐胎したものと推定する（772条2項）などである。一夫一婦制の下，夫・妻には貞操義務があり，婚姻中に懐胎した場合，夫の子である蓋然性が極めて高い。したがって，血縁と法律上の親子関係が一致する可能性も極めて高くなる。ただし，①懐胎が婚姻前である場合には，夫の子として扱われなくなるという問題（→(3)），②離婚後300日以内に子が出生した場合には，たとえ別居中に懐胎した子であっても，戸籍実務上は前夫の子ととして扱われるという問題（毎日新聞社会部・離婚後300日問題——無戸籍児を救え〔2008〕参照）が生じる。日本は，この問題について，法改正ではなく，判例によって対応してきた（→§772Ⅱ(3)(ウ)）。

これに対して，分娩主義の場合（例えば，「子の父は，以下の男性である。1号出生時に子の母と婚姻していた男性」〔ド民1592条1項〕等），上述の①の問題は生じない。また②についても，再婚後の出生であれば，問題は生じない。分娩主義は，離婚後，妻が再婚して出産した場合には，現夫の子である蓋然性が高いことによる。特に欧米の場合，離婚の要件として，一定の別居期間を課しているから，蓋然性はさらに高まる。ただし，夫の死亡による婚姻解消の場合には，夫の子である可能性も高いので，ドイツ民法のように，死亡解消について懐胎主義を残す（ド民1593条），あるいはフランス法のように懐胎主義と分娩主義を併存させる方法（フ民312条）がある。

506　〔二宮〕

第1節　実　子　　　　　　　　　前注（§§ 772-791）　Ⅰ

(6)　血縁と法律上の親子関係の不一致

　母子関係については，分娩主義を採ることから，提供型生殖補助医療を利用した場合以外は，血縁と法律上の親子関係は一致する。これに対して，父子関係については，日本法では，妻が婚姻中に懐胎したが，実は夫の子ではないという場合に，夫が出訴期間内に嫡出否認権を行使しなければ，法律上は夫が子の父である。また婚外子の場合，血縁上の父が存在するにもかかわらず，父の認知がなければ，法律上の親子関係は成立しない。実の子ではないのに認知をした場合，認知無効の訴えがなされなければ，法律上は認知者が父である。こうして父子関係については，血縁と法律上の親子関係が一致しない場合が生じる。

　血縁と法律上の親子関係が一致しない場合，夫が否認権を行使するか，認知者が無効の訴えを起こすかは，各自の判断に任されている。例えば，妻の不貞を知った夫が妻と合意の上で，子を自分たち夫婦の子として育てようと思って共同生活を継続する場合には，否認権の不行使により父子関係を確定させることができる。こうして子は法的保護者と親子共同生活を確保できることから，否認権の不行使には積極的な意義があることもある。

　その典型は，夫の同意を得て妻が第三者の提供精子によって懐胎・出産した場合である。妻が婚姻中に懐胎した子として，民法772条が適用され，戸籍事務管掌者には実質的審査権がないことから，夫の子＝嫡出子として出生届を受理する。夫が嫡出否認権を行使しないことにより，父子関係は確定し，第三者が介入し争うことができなくなる。第三者からの提供精子による懐胎に同意したことをもって，嫡出性の承認（776条）または信義則上，否認権の行使を認めないとして，父子関係の安定化を図る説もある（高橋ほか152頁〔床谷文雄〕）。こうして提供精子によって出生した子は，夫との間に自然血縁が存在しないにもかかわらず，夫の嫡出子＝実子として扱われる。性別の取扱いの変更を受けた性同一性障害者の事案について，判例は一方でそのような者に婚姻することを認めながら，他方で，その主要な効果である民法772条の適用を，妻との性的関係の結果もうけた子であり得ないことを理由に認めないとすることは相当でないとして，同条を適用し，夫の嫡出子として戸籍記載することを認めた（最決平25・12・10民集67巻9号1847頁）。生殖補助医療に関する法規定を設けていない状況の下，判例は養育環境の安定という子

〔二宮〕　　507

前注（§§ 772-791）Ⅱ　　　　　　　　第4編　第3章　親　子

の利益を優先する解決をしているといえる（→生殖補助医療Ⅳ2(2)）。

Ⅱ　実親子関係の否定

(1)　否定する理由と訴えの形式

　法律上の実親子関係を否定する理由は，血縁の不存在である。詐欺強迫による認知でも，血縁が存在する場合には，認知の取消しが認められていないことは（785条），その証左の1つである。

　母子関係を否定する場合は，親子関係不存在確認の訴え，婚内子の父子関係を否定する場合は，嫡出否認の訴え，推定を受けない嫡出子および推定の及ばない子の場合は，親子関係不存在確認の訴え，婚外子の場合は，認知無効の訴え，虚偽の嫡出子出生届がなされた場合は，親子関係不存在確認の訴えとなる（→Ⅳ(2)）。

(2)　否定が制限される場合

　血縁と法律上の親子関係の不一致は，法が予定しているところであり，血縁の不存在が明らかになれば，法律上の親子関係を否定することができるわけではない。子の養育環境の安定性を確保するために，否定することが制限される場合がある。

　嫡出否認の訴えの場合は，子の出生を知って1年という出訴期間の制限による。認知無効の訴え，親子関係不存在確認の訴えについては，具体的事情に応じて権利濫用の法理で訴えを棄却することが考えられる。虚偽の嫡出子出生届に関する事案で，判例は権利濫用法理を採用した（最判平18・7・7民集60巻6号2307頁）。また推定の及ばない子について，最高裁平成10年8月31日判決（家月51巻4号75頁）の意見（福田博裁判官）は，①嫡出推定が及ばない場合でも，父子関係の存否を争いうるのは，原則として戸籍上の父，子，母，それに新たな家庭を形成する可能性のある真実の父と主張する者に限定される，②これらの者についても，具体的な事情によっては，不存在確認の訴えが権利の濫用に当たることがある，③特に子の出生から長期間が経過し，安定した親子関係が事実上継続している場合には，戸籍上の父も子も不存在確認の訴えの提起は制限される，④それ以外の第三者については，たとえ身分上，財産上の利害関係が存する場合であっても，特段の事情のない限り，

508　〔二宮〕

第1節 実 子　　　　　　　　　　　　前注（§§ *772-791*）　II

不存在確認の訴えの提訴権者となりえないものと解する，とする。①で提訴
権者を限定し，②③で提訴権者でも親子関係を争えない場合をあげ，④で①
以外の提訴権者をさらに限定するという構成である。権利濫用法理や，提訴
権者の限定は，認知無効，推定を受けない嫡出子についても，適用の可能性
がある。

　他方，推定の及ばない子について，判例は，「夫と子との間に生物学上の
父子関係が認められないことが科学的証拠により明らかであり，かつ，夫と
妻が既に離婚して別居し，子が親権者である妻の下で監護されているという
事情があっても，子の身分関係の法的安定を保持する必要が当然になくなる
ものではないから，上記の事情が存在するからといって，同条による嫡出の
推定が及ばなくなるものとはいえず，親子関係不存在確認の訴えをもって当
該父子関係の存否を争うことはできないものと解するのが相当である」とし
て外観説を堅持したが（最判平26・7・17民集68巻6号547頁），2名の裁判官が
反対意見を述べており，これを支持する学説もある（→§772 IV(3)(e)）。

　(3)　否定する権利を有する者

　(ア)　嫡出否認権の厳格さの緩和　　日本民法は，嫡出否認権の行使を夫の
意思に委ねる。その結果，例えば，①婚姻継続中に妻の不貞が判明したため
夫婦が別居あるいは離婚し，妻は子の血縁上の父と同居あるいは再婚したが，
夫が子への愛着あるいは復讐心や嫌がらせのために否認権を行使しようとし
ない場合，②別居中に妻が出産し，夫がその事実を知ったが，無関心なまま
放置していた場合など，血縁に反する法律上の父子関係が確定する。それが
母や子の意思に反したり，現実の子の養育環境と一致しないことがあり，こ
のような場合には，法律上の父子関係を否定する道を開く必要がある。

　欧米諸国では，一定の条件の下に子や母に否認権を認める法改正をしてい
るが（小池泰「実親子関係成立のあり方に関する問題点」大村ほか編著 373-377 頁），
日本では，判例と家裁実務が解釈によって補った（→§772 IV）。判例は，妻
の懐胎期間内に，夫婦が事実上の離婚や遠隔地居住など夫婦間に性的関係を
持つ機会がなかったことが外観から明らかであるなどの事情がある場合には，
実質的に民法 772 条の推定を受けない子に当たるとして，親子関係不存在確
認の訴えによって父子関係の存否を争うことを認める（前掲最判平 26・7・17，
最判平 10・8・31 家月 51 巻 4 号 33 頁，前掲最判平 10・8・31 家月 51 巻 4 号 75 頁，最判

〔二宮〕　　509

前注（§§ 772-791）II　　　　　　　　　　　第4編　第3章　親　子

平12・3・14家月52巻9号85頁等）。家裁実務では，懐胎期間内に別居が始まっていなかった場合でも，調停前置主義の下（家事257条），家事調停において父と母との間で①父子関係の不存在と解消の合意および②合意に相当する審判（家事277条）をすることの合意がある場合には，親子関係不存在審判をすることがある（矢尾和子＝船所寛生「調停に代わる審判の活用と合意に相当する審判の運用の実情」曹時66巻12号〔2014〕50頁）。法律上の父も母も子が法律上の父の子ではないことを認識し，別居・離婚を経て，法律上の父は親としての義務を免れ，子は血縁上の父との間に法律上の親子関係を形成できるという当事者の利益調整のために，当事者の合意による現実的な解決を志向する。しかし，法律上の父が子へ愛着などから①に異議を述べた場合には，調停不成立となり，訴訟を提起すると，外観説が適用され，不存在確認請求は否定される。判例や実務による解決には限界がある。

　(イ)　不実認知をした者　　判例は，認知者は，民法786条に規定する利害関係人に当たり，自らした認知の無効を主張することができ，この理は，認知者が血縁上の父子関係がないことを知りながら認知をした場合にも異なるところはないとして，認知者からの無効主張を認めた（最判平26・1・14民集68巻1号1頁）。しかし，学説には，自分の子ではないことを知りながら，あえて認知する場合には，嫡出性の承認の場合と同様に，認知者自身は父子関係を否定すること，すなわち認知無効の訴えをすることができないとする説がある（→§786 IV 3）。ただし，嫡出推定の場合と同様に，認知者と子（法定代理人）が家事調停において父子関係の不存在を争わず，不存在確認の審判を受けることについて合意が成立した場合には，家庭裁判所は父子関係不存在確認の審判をすることができる（合意に相当する審判，家事277条）。

　(ウ)　認知無効の制限　　民法786条には，利害関係者の範囲や期間制限の規定がない。したがって，子の実母であり認知者の妻であるXが，認知の届出から52年後に，認知者の相続問題で，認知の無効を主張した事案で，子の側は権利濫用の抗弁をしたが，判例は，自然血縁のない者を認知しても当然無効であるということを前提に，権利濫用に当たらないとした原審を支持した（最判昭53・4・14家月30巻10号26頁）。婚内子の場合，嫡出否認期間の経過によって，誰も父子関係を争うことができなくなり，父子関係が安定する。婚外子の父子関係についても，こうした安定性は必要である。現行法

第1節　実子　　　　　　　　　　　前注（§§ 772-791）　III

の解釈として，権利濫用法理の適用や提訴権者の制限を検討する必要がある
（→IV(6)）。

III　法改正の方向性

　I・IIで指摘したような問題点を踏まえて，私的な研究会から，いくつか
の改正提案がなされている（民法改正委員会家族法作業部会「家族法改正——婚姻・
親子法を中心に」ジュリ 1384 号〔2009〕22 頁以下，「父子関係成立のあり方の検討——
嫡出推定・認知制度の見直し」家族〈社会と法〉28 号〔2012〕12 頁以下，家族法改正研
究会第 7 回シンポジウム「実親子関係について——基本的な考え方といくつかの提案」戸
時 719 号〔2014〕2 頁以下，「家族法改正——その課題と立法提案」家族〈社会と法〉33
号〔2017〕所収。なお 1959 年の法制審議会民法部会身分法小委員会仮決定・留保事項の
整理・分析については，二宮周平「立法提案——改正の方向性」家族〈社会と法〉28 号
〔2012〕80-82 頁）。

　実親子関係の成立に関する主要な論点は，①法律上の母子関係について分
娩した女性を母と規定すること，②法律上の父子関係について，推定の効力
が極めて強いことから，推定ではなく「父とする」と規定すること，③現行
法が婚内子と婚外子を分けて規定していることに対して，父子関係の成立方
法として 1 つの条文で規定し，婚外子を別扱いしないこと，④その上で，婚
内子の父子関係について，「婚姻中に妻が分娩した子は，夫を父とする」な
ど出生を中心に規定し，婚姻中の懐胎による父子関係の推定ないし成立につ
いては，婚姻の死亡解消など例外的な場合に限定すること，⑤父の恣意的な
認知を防ぐために，母または子の承諾を要件とすること，⑥DNA 鑑定技術
の進展を考慮し，死後認知の期間制限を廃止すること，⑦生殖補助医療を利
用した場合の親子関係について規律することなどである。

　実親子関係の否定に関する主要な論点は，①父子関係の否定に関して，婚
内子と婚外子を 1 つの条文で規定し，婚外子の別扱いをしないこと，②父子
関係を否定する権利を父，子，母に認めること（現行制度の嫡出否認権を妻と子
に拡大し，認知無効の訴えの利害関係人を制限することになる），③事実に反しても
子の養育環境が安定している場合には，子の利益を守る必要があるため，法
律上の親子関係を否定することのできる期間（出訴期間）を一定期間に制限

〔二宮〕　511

前注（§§772-791）IV　　　　　　　　　　　　　第4編　第3章　親子

すること，ただし，子にはアイデンティティの保障の視点から，成年到達後，一定期間，否定することを認めること，④出訴期間の起算点を出生の事実を知った時とするか，親子関係を否定すべき事実を認識した時とするか，⑤不実認知について認知者の無効主張を認めないこと，⑥生殖補助医療を利用した場合，出自を知る権利の観点から，子には法律上の親子関係を否定する機会を認めるかどうか，⑦嫡出否認や認知無効の効果について遡及効を認めるかどうかなどである。

　これらの背景には，①実親子関係について子の福祉の観点を重視し，子の養育環境を安定的に確保すること，②実親子関係に関して，できるだけ婚内子と婚外子を平等に処遇すること，③嫡出否認権を夫が独占し，父の意思で一方的に認知できたことに対して，嫡出否認権を妻や子に認めたり，認知について母または子の承諾を得るなど，できるだけ当事者の意思の対等性を確保することなどの価値判断がある。

〔二宮周平〕

IV　実親子関係存否確認の訴え

(1)　訴えの意義と性質

　実親子関係存否確認の訴えは，特定人間の法律上の実親子関係の存否を確認する訴訟であり，毎年300件前後が提起されている（裁判所ウェブサイトの「人事訴訟事件の概要」参照）。他の人事訴訟と同様に，いきなり訴えを提起することはできず，まず調停の申立をしなければならない（家事257条）。調停で当事者が合意しても，さらに合意に相当する審判が必要である（家事277条1項）（合意に相当する審判の詳細は→§775 III）。調停で合意が成立せず，または合意に相当する審判がなされないときに，実親子関係存否確認の訴えを提起することになる。親子関係「不存在」確認の審判は，1972（昭和47）年の3434件をピークにその後漸減し，2008（平成20）年以後は毎年900件程度である（司法統計年報および裁判所ウェブサイトの司法統計参照。そこには「不存在」確認審判の統計が記載されている）。

　実親子関係の存否に関する訴訟には，この訴訟の他にも，①嫡出否認の訴え（775条），②認知の訴え（787条），③認知の無効および取消しの訴え（785

第1節　実　子　　　　　　　　　　**前注（§§ 772-791）　IV**

条・786条），ならびに，④父を定めることを目的とする訴え（773条）があり（人訴2条），これらの訴訟はそれぞれ固有の目的を有し，それに従って原告適格や期間制限等が設定されている。実親子関係存否確認の訴えは，これらの訴訟の目的と抵触しない範囲でのみ，提起することが認められる（兼子一「親子関係の確認」家族制度全集・法律Ⅲ 227頁〔同・民事法研究第1巻〔1940〕所収353頁〕，松原正明編著・人事訴訟の実務〔2013〕462頁〔中田克之〕。一Ⅱ）。なお，母子関係の存否確認にはこのような制約は存在しない（母の認知は一§779Ⅳ）。

　この訴訟は，現在の法律状態を確認することを目的とし，新たな法律状態を形成するものではないから，その性質は確認の訴えである（村重慶一＝梶村太市編・人事訴訟の実務〔1987〕415頁〔山崎勉〕）。さらに，財産上の紛争の先決問題として実親子関係の存否を確定することも認められている（最判昭50・9・30家月28巻4号81頁。共有持分権不存在確認請求事件において，戸籍上の嫡出父子間に血縁がないことを認定して「父子関係の不存在を審理確定することは妨げない」旨を判示した）。

　なお，そもそも実親子関係の確認訴訟が許されるのか，許されるとしたら民事訴訟か人事訴訟か，さらには当事者死亡後の訴訟提起が可能か等の問題がこれまで議論されてきた。通説・判例は人事訴訟として許されると解し（大判昭9・1・23民集13巻47頁，最判昭25・12・28民集4巻13号701頁，兼子・前掲民事法研究第1巻343頁等），これを踏まえて2003（平成15）年の人事訴訟法は，親子関係存否確認訴訟を明文で認め（人訴2条2号。法務省民事局参事官室・人事訴訟手続法の見直し等に関する要綱中間試案の補足説明（別冊 NBL72号）〔2002〕18頁参照），さらに，人事訴訟一般につき当事者死亡後の被告適格をも明記するに至った（人訴12条3項）。従来の議論の詳細は，新版注民(23)110頁，121頁〔林屋礼二〕を参照。

(2)　他の実父子関係訴訟との関係

　(ア)　嫡出否認　　嫡出推定（772条）が及ぶ子に関しては，嫡出否認によってのみ父子関係を否定することができ，実父子関係不存在確認訴訟は許されない。これに対して，戸籍上は嫡出父子関係が存在することになっていても，嫡出推定が及ばない場合には，父子関係不存在確認訴訟が可能である。

　すなわち，次の場合には実父子関係不存在確認訴訟により父子関係を否定できる。①推定されない嫡出子（婚姻成立後200日前の出生子一§772Ⅲ），②推

〔前田〕　513

前注（§§772-791）　IV　　　　　　第4編　第3章　親　子

定の及ばない子（→§772 IV, §775 II(2)(イ)），および，③藁の上からの養子（虚偽
の嫡出子出生の届出）や新生児の取り違えの場合（→§772 II(2)(ア)）。なお，生殖
補助医療による出生子に関しては，夫の同意を得た通常のケースでは嫡出推
定が及ぶから実父子関係不存在確認訴訟は許されない（→§772 II(2)(イ)，生殖補
助医療II 1(1)）。（嫡出否認または父子関係不存在確認の請求が認容されたときに，血縁
の父との父子関係存在確認訴訟が可能か否かは，→(オ)(b)）。

　(イ)　認知の訴え　　婚外父子関係は「認知によってはじめて発生するもの
であるから，嫡出でない子は，認知によらないで父との間の親子関係の存在
確認の訴えを提起することができない」と解されている（最判平2・7・19家月
43巻4号33頁）。したがって，任意認知（779条）がないときは認知の訴え
（787条）によるしかない。ただし，認知を推定方法ととらえ，認知がなくて
も，直接，親子関係存在確認の訴えを提起できるとの説もある（二宮周平「認
知制度は誰のためにあるか――認知推定方法説の試み」立命310号〔2007〕330頁以下）。

　(ウ)　認知の無効・取消し　　認知者と認知された子との父子関係不存在確
認を求めることは認知の無効・取消しを求めることと同じであるとみたうえ
で，取消原因がある旨の主張は取消訴訟でのみ可能であり，また，認知無効
を形成無効と解する場合には（→§786 III），無効の主張が認知無効の手続で
のみ可能と解せられることは同様であるから，父子関係不存在確認訴訟を提
起することは許されないと解されている（松原編著・前掲書465頁〔中田〕）。こ
れに対して，認知無効を当然無効と解する立場では，父子関係不存在確認訴
訟が可能になる（→§786 III(2)）。なお，他人が勝手に認知を届け出た場合のよ
うな（届出）意思欠缺や意思無能力の場合には当然無効であり，父子関係不
存在確認訴訟が可能だと解しうる（→§786 II）。

　認知の無効・取消しの請求が認容された場合には，新たに父子関係を成立
させるためには（嫡出推定が及ぶ場合を除いて）認知が必要になるから，実父子
関係の存在確認訴訟は提起できない（→(イ)）。

　(エ)　父を定める訴え　　773条が適用される場面は，重複して嫡出推定が
生じるケースであるから（→§773 I(1)），父子関係不存在確認訴訟の余地はな
い。重複しなくとも前婚・後婚のいずれかにより嫡出推定が及ぶときは，や
はり確認訴訟の余地はないだろう（推定が及ぶ側の嫡出否認または父を定める訴
え）。父子関係不存在確認訴訟を提起できる可能性があるとすれば，例えば，

514　〔前田〕

第1節　実　子　　　　　　　　　　前注（§§ *772-791*）　IV

前婚は事実上の離婚であるため嫡出推定が及ばず，かつ，後婚成立後 200 日
前出生のため推定されない嫡出子になる場合等に限られるのではないか（さ
らに，→§773 II(1)参照）。

　(オ)　本訴訟の具体的場面　　以上を前提として，実父子関係存否確認訴訟
の具体的場面を想定すれば以下の通り。

　(a)　消極的確認

　(i)　戸籍上の婚内父子　　嫡出子としての届出が受理されているが嫡出
推定が及ばない場合，すなわち，①推定されない嫡出子，②推定の及ばない
子，および，③虚偽届出または新生児の取り違えによる戸籍上の嫡出親子関
係については，実親子関係不存在確認訴訟によって父子関係を否定すること
ができる（→(ア)）。なお，婚姻中懐胎・婚姻成立後 200 日以内出生の未熟児は
推定されない嫡出子であるとみる説があるが（石井敬二郎「親子関係存否確認の
訴における訴訟物」司法研修所創立十周年記念論文集（上・民事編）〔1957〕505 頁），婚
姻中懐胎の立証ができれば嫡出推定が及ぶと解すべきであるから（新版注民
(23) 160 頁〔高梨公之＝高梨俊一〕，→§772 II(3)(イ)(c)等），父子関係不存在確認訴訟
の対象には含まれない（過熟児につき，→(b)）。

　(ii)　認知無効　　意思欠缺・意思無能力による認知を当然無効と解する
場合，および，不実認知における当然無効説による場合には，父子関係の不
存在確認訴訟が許されることになる（→(ウ)）。ただし，いずれも認知の無効を
理由とする父子関係不存在だから，実質的には認知無効訴訟と変わらない。

　(b)　積極的確認　　棄児として市町村長による出生の届出がある場合
（戸 57 条 2 項），または就籍の届出がある場合には（戸 110 条），戸籍訂正の申
請（戸 59 条・116 条）のために，それもない無戸籍者の場合には血縁の父また
は母に出生の届出を求め（戸 52 条），または就籍のために（戸 111 条），あるい
は他の法律上の請求の前提として，認知の訴えまたは親子関係存在確認訴訟
を提起することが考えられる（判例は親子に関しては戸籍訂正自体に確認の利益を
認める。→(3)）。棄児等が父母婚姻中の懐胎子であれば，戸籍の記載がなくて
も嫡出推定は生じているが，その有無にかかわらず，親子関係存在確認訴訟
を提起することになる（父母を共同の被告とする必要はない。→(3)(イ)）。

　ただし，家裁の許可による戸籍訂正（戸 113 条・114 条）が認められれば，
これを目的とした確認訴訟を提起する必要はなくなる（神戸家姫路支審昭 37・

〔前田〕　515

前注（§§ 772-791） IV　　　　　　　　　　　　　　　　第4編　第3章　親　子

6・20 家月 14 巻 11 号 166 頁は，棄児として作成された戸籍の抹消を許可した）。→(5)。

　その他に実父子関係存在確認訴訟を想定できる場面は，嫡出否認または父子関係不存在確認の請求が認容された後に，血縁の父との間の親子関係存在確認を請求する場合がある。ただし，この場合にも婚外父子関係は認知によるから，確認訴訟は婚内子に限られる。そうであれば，虚偽届出または新生児の取り違えのケース（→(a)(i)③）に限られるだろう。血縁の父母の子としての嫡出推定が及んでいても親子関係存在確認訴訟によらざるを得ないことは，棄児等と同じである。

　また，婚姻中懐胎・婚姻解消後 300 日後出生の過熟児については，前記(a)の未熟児と同様に嫡出推定が及ぶと解すべきだが，嫡出子としての届出が受理されない戸籍実務を前提として（新版注民(23)162 頁，182 頁〔高梨（公）＝高梨（俊）〕），嫡出親子関係の存在確認訴訟の必要性を指摘する見解がある（民コメ(21)106 頁，140 頁〔梶村太市〕）。

　以上によれば，父子関係の積極的確認訴訟は，棄児や無戸籍者のような戸籍上の父子関係が存在しない場合，または，戸籍上の父子関係が否定された場合に，婚外父子関係であること（認知によるべきこと）が明確でないときに，提起されることになる。

　そもそも親子としての法律上の請求は確認訴訟を経なくてもできるから（最判昭 39・3・6 民集 18 巻 3 号 446 頁），親子関係存否確認訴訟は，扶養や相続等について複数の請求をする前提としてか，または，戸籍訂正を目的とする場合が多いと思われる。後者に関しては，戸籍訂正のために常に確定判決が必要かが問題になる（→(5)）。

(3)　**訴訟物，確認の利益および当事者適格**

　(ア)　訴訟物　　親子関係存否確認訴訟の訴訟物は，法的親子関係の存在または不存在であり，血縁の有無ではない（石井敬二郎「親子関係存否確認の訴における訴訟物」司法研修所創立十周年記念論文集（上・民事編）〔1957〕505 頁，松原編著・前掲書 463 頁〔中田克之〕等）。このことは，そもそも確認訴訟の訴訟物が原則として権利関係に限られ，事実関係の存否は確認訴訟の対象とはならないこと（新堂幸司・新民事訴訟法〔5 版，2011〕205 頁，伊藤眞・民事訴訟法〔5 版，2016〕163 頁，180 頁等）に対応している。

　(イ)　確認の利益と当事者適格

516　〔前田〕

第1節　実　子　　　　　　　　　　前注（§§ 772-791）　IV

(a)　当事者間の訴訟　　戸籍上の親子間での不存在確認訴訟および（自
称）血縁の親子間の存在確認訴訟においては，判例により戸籍訂正に確認の
利益が認められているから（最大判昭45・7・15民集24巻7号861頁等），実務上
は原告適格が肯定されている。戸籍訂正自体には確認の利益を認めない立場
であっても，当事者間では相続や扶養等の請求の前提として確認の利益は認
められるだろう（兼子・前掲民事法研究第1巻356頁）。そして，人事訴訟の対象
となる当事者の一方が原告になるときの被告は他方であるから（人訴12条1
項），親子関係訴訟では，親が原告のときの被告は子であり，子が原告のと
きの被告は親である。

「嫡出」親子関係存否確認訴訟につき，父母の一方のみを当事者とする訴
訟が許されるかが問題となり（特に父または母が死亡した場合），かつて大審院
は「父との関係では嫡出子だが母との関係では異なる」という法律関係は許
されないと考え（大判昭4・9・25民集8巻763頁，大判昭19・6・28民集23巻401
頁），父母双方が共同して原告または被告にならなければならないと解した
（一方が死亡した場合には訴訟提起できないと解する余地を生じさせた）。しかし戦後
の最高裁は，相続順位において嫡出子を優先させた家督相続が廃止された後
には，嫡出子であるか否かを父母合一に確定する必要性は失われた旨を判示
した原審を支持して，判例変更を宣言した（最判昭56・6・16民集35巻4号791
頁）。さらにその後，嫡出子と嫡出でない子との相続分の区別が民法改正（平
25法94）により解消された現在では，両者の民法上の地位の差異は氏（790
条）だけになっている（→§789 Ⅰ）。もはや「嫡出」親子関係存否確認訴訟の
意義は乏しいといえる。ただし，戸籍への影響を重視して，訴訟当事者にな
っていない父または母の手続保障の必要性を指摘する見解もある（新版注民
(23)119頁〔林屋〕参照）。

親または子が死亡した後は検察官を被告として訴訟を提起することができ
る（人訴12条3項）。ここに至る経緯を以下に簡略に記述する。かつて大審院
は，親子関係不存在確認訴訟に関する明文規定がないから検察官を被告とす
る訴訟は不可能であるという形式的理由により（大判昭10・7・16民集19巻
1278頁等多数），また学説は，当事者死亡後の親子関係は過去の法律関係（ま
たは血縁の事実）になることを理由に，確認訴訟は許されないと解していた
（兼子・前掲書360頁，石井・前掲論文519頁，我妻＝立石157頁等）。しかし，第二

〔前田〕　517

前注（§§ 772-791）Ⅳ　　　　　　　　　　　　第4編　第3章　親　子

次大戦後に戦没者の遺族手当（恩給）等との関係で死者に関する戸籍訂正を求める例が増加した社会的事情を背景として（村重慶一「親子関係存否確認事件の紛争処理手続」講座・現代家族法Ⅰ 159 頁），親または子が死亡しても生存している者の現在の法律関係に影響しうるとみる説（斎藤秀夫「身分関係不存在確認の訴」家族法大系Ⅰ 188 頁，北村良一「親子双方死亡後の親子関係不存在確認訴訟」ジュリ 180 号〔1959〕36 頁等），さらに親子双方が死亡した後でも現在の紛争の解決に影響しうる場合には確認の利益を認めるべきとする説が唱えられ（山木戸克己・人事訴訟手続法〔1958〕85 頁，石川明〔判批〕法研 32 巻 10 号〔1959〕82 頁，岡垣学「人事訴訟における検察官の地位」兼子仁還暦・裁判法の諸問題（中）〔1969〕（同・人事訴訟の研究〔1980〕92 頁所収）等），最高裁はこれらを支持して判例を変更し（前掲最大判昭 45・7・15），2003（平成 15）年の人事訴訟法はこれを踏まえて，他の人事訴訟と同じ内容で確認訴訟を規定するに至った。ただし，以上の議論では，戸籍訂正のために確定判決（戸 116 条）が必要であることを前提として，そこに確認の利益を求めてきたことに注意を要する。→(5)。

　なお，検察官は私人のプライバシーに踏み込んで事情を調査することが困難であるため十分な主張・立証ができない場合があることに配慮する必要がある（→§787 Ⅳ 3 ⑵，人訴規 16 条別表 10・11）。

　(b)　第三者が原告になる場合の被告適格および確認の利益　　訴訟の対象である身分関係の当事者以外の者が人事訴訟を提起する場合は，当該身分関係の当事者の双方を被告とし，その一方が死亡した後は他の一方を被告とし，双方が死亡した後は検察官を被告とする（人訴 12 条 2 項・3 項）。すなわち，第三者も確認の利益があれば親子関係存否確認訴訟を提起することができ（山木戸・前掲書 86 頁，松本博之・人事訴訟法〔3 版，2012〕401 頁等），その場合には，存否確認の対象である親子双方を被告とし，一方が死亡した後は他方を，双方が死亡した後は検察官を被告とする。

　(自称)血縁の親または子が戸籍上の親子の親子関係不存在確認訴訟を提起する場合も同様であるが，この場合には，その後の実親間の親子関係存在確認訴訟（これに基づく戸籍訂正），または，扶養や相続等の請求をする前提として確認の利益が認められるだろう（大判昭 13・11・26 新聞 4355 号 11 頁は，実母による戸籍上の親子に対する不存在確認訴訟に戸籍訂正による確認の利益を認めた）。ただし，明治民法下の家督相続争いにおいて，自称真正家督相続人（戸籍上

518　〔前田〕

第1節　実　子　　　　　　　　　　　　前注（§§ *772-791*）　IV

の次順位者等）による，戸籍上の家督相続人の親子関係不存在確認の利益を否
定した判例もあった（大判昭 13・5・23 新聞 4289 号 9 頁は，虚偽出生届に基づく家督
相続人の親子関係不存在確認につき，親族会により家督相続人に選定されたと称する者
〔真正家督相続人の長男〕の確認の利益を否定した。大判昭 13・7・26 新聞 4323 号 10 頁
は，虚偽嫡出子出生届の事案で，同時に係属中の家督相続回復請求で解決すべきことを理
由に，家督相続の次順位者による嫡出親子関係不存在の確認の利益を否定した）。

　これ以外の第三者には，紛争性のある直接的な身分上の利害関係が必要で
ある。財産上の問題，例えば，扶養義務者への求償権行使や不法行為加害者
に対する近親者の慰謝料請求（711 条）などは直接に訴訟の対象として，そ
の前提問題として親子関係の存否を主張すれば足りるから，確認を求める法
律上の利益があるとは言えないと解されている（兼子・前掲民事法研究第 1 巻
356 頁），山木戸・前掲書 86 頁，村重慶一＝梶村太市編・人事訴訟の実務〔1987〕418 頁
〔山崎勉〕，松本・前掲書 399 頁等）。ただし，戸籍訂正のために確定判決が必要
であることを前提に，戸籍訂正の必要性があれば確認の利益があると解され
ている（兼子・前掲民事法研究第 1 巻 355 頁，山木戸・前掲書 86 頁，松本・前掲書 399
頁，松原編著・前掲書 466 頁〔中田克之〕等）。戸籍訂正のために確定判決を要し
ないと見る戦後の有力説につき→(5)。

(4)　要件事実と立証責任

　(ア)　母子関係　　訴訟物（→(3)(ア)）である法的親子関係の原因となる事実
は分娩であるから，母子関係存否確認訴訟では分娩の事実の有無が主要事実
（要件事実）であり，原告が（事実上の）立証責任を負う（職権探知主義〔人訴 20
条〕との関係につき→§787 IV 4 (2)）。

　(イ)　父　子　関　係

　　(a)　消極的確認

　　(i)　戸籍上の婚内父子　　訴訟物は法的父子関係の不存在であり（→(3)
(ア)），前記（(2)(オ)(a)(i)①～③）の諸場合に該当することを前提とすれば，訴訟物
の原因となる事実（主要事実・要件事実）は，血縁の不存在であり，（事実上の）
立証責任は原告にある（職権探知主義〔人訴 20 条〕との関係は→§787 IV 4 (2)）。立
証方法は，父子関係を否定する他の人事訴訟，すなわち，嫡出否認や認知無
効において，血縁の不存在を立証すべき場面と同様である（→§775 II (5)，
§786 IV 1）。

〔前田〕　519

前注（§§772-791）　Ⅳ　　　　　　　　　　　　　第4編　第3章　親子

　(ii)　認知無効　　意思欠缺・意思無能力による認知を当然無効と解する場合，および，不実認知における当然無効説による場合には消極的確認訴訟が許されるが（→(2)(ウ)・(オ)(a)(ii)），いずれも認知の無効を理由とする不存在確認だから，実質的には認知無効訴訟と変わらない（→§786Ⅳ）。ここでの確認の利益の有無の判定には，認知無効訴訟の原告適格との整合性が求められるだろう。

　(b)　積極的確認　　棄児，無戸籍者等の場合，および，虚偽届出または新生児の取り違えのケースで戸籍上の父子関係が否定された場合に，積極的確認訴訟が提起されうると考えられるが（→(2)(オ)(b)），訴訟物である法的父子関係の原因となる事実（主要事実・要件事実）は，父子の血縁の存在であり，（事実上の）立証責任は原告にある（職権探知主義〔人訴20条〕との関係は→§787Ⅳ4(2)）。立証方法は，父子関係を肯定する他の人事訴訟，すなわち認知の訴えと同様である（→§787Ⅳ5）。

(5)　判決の効力

(ア)　一般的効力

　実親子関係存否確認訴訟の判決が確定すれば，その内容に従って，当該親子関係の存否が既判力をもって確定する（村重慶一＝梶村太市編・人事訴訟の実務〔新版, 1990〕425頁〔山崎勉〕，松原編著・前掲書471頁〔中田克之〕等）。すなわち，積極的確認の請求が認容された場合，または，消極的確認の請求が棄却された場合には，親子関係の存在が確定する。逆に，積極的確認の請求が棄却された場合，または，消極的確認の請求が認容された場合には，親子関係の不存在が確定する（松本・前掲書407頁）。そして，いずれの場合でも訴訟当事者以外の第三者にもその効力が及ぶ（人訴24条1項）。

(イ)　戸籍訂正との関係

　(a)　問題の所在　　戸籍の訂正は当事者の申請に基づくことを原則とする（ただし件数としては大多数が職権訂正〔戸24条〕である。法務省ウェブサイトにおける「戸籍統計・統計表」の年報参照）。そして，戸籍訂正の申請には，①家庭裁判所の許可を得てなされるものと（戸113条・114条），②確定判決を得てなされるものがあり（戸116条1項），両者の関係が議論されてきた（詳細は，新版注民(23)129頁〔林屋礼二〕参照）。ただし，嫡出否認，認知の訴え，認知の無効・取消し，または，父を定める訴えにより，実父子関係を確定すべき場合

520　　〔前田〕

第1節　実　子　　　　　　　　　前注（§§ 772-791）　IV

には，戸籍訂正に関しても確定判決を要することに異論はない。確定判決の
要否が問題となる場面は，これら以外による場合，すなわち実親子関係存否
確認訴訟が提起されうる場面である（→⑵）。

　（b）　従来の通説　　かつて明治民法における家制度の下では，家の登録
簿であった戸籍を訂正する手続には厳格性が求められた。その結果，戸籍訂
正には原則として確定判決を得る必要があり，裁判所（旧〔大正3年〕戸籍法
164条・165条）の許可によって訂正が可能な場合は，訂正すべき内容が戸籍
の記載自体から明白であるか，または，訂正事項が軽微であって親族・相続
法上の身分関係になんら影響を及ぼすおそれのないときに限ると解された
（大決大5・2・3民録22輯156頁，大決大5・4・19民録22輯774頁，大決大10・6・1
民録27輯1028頁等）。家制度を廃止した1947年改正後も，この解釈が実務上
は継続されていた（大阪高決昭23・4・21家月2巻2号11頁，仙台高決昭35・7・11
家月13巻6号149頁，名古屋高金沢支決昭60・12・5家月38巻4号101頁等）。戦後
の学説にも，戸籍記載の事実上の重要性を強調して，戸籍訂正に慎重な手続
（戸籍法116条の確定判決）を求める主張があった（鍛冶良堅「親子関係存否確認訴
訟の本質」法論36巻1号〔1962〕23頁，島津・入門209頁，中川良延「嫡出否認」谷口
知平＝加藤一郎編・新民法演習5〔1968〕102等）。

　（c）　戦後の有力説　　しかし，①戦没者の遺族手当（恩給）等との関係
で死者に関する戸籍訂正を求める例が増加したことを背景に，当事者死亡後
の親子関係存否確認訴訟の可否をめぐる実務が変遷する中で（→⑶㋑(b)），判
決によらない家裁の許可による戸籍訂正を認める場面が拡大され，これが当
事者死亡後の訴訟が認められた後にも維持された（阿川清道「戸籍訂正について
(2)」民事研修100号〔1965〕138頁）。さらに，②家制度廃止後の戸籍の位置づ
けの変化や，③戸籍法116条の確定判決には合意に相当する審判（家事277
条1項〔旧家審23条〕）も含まれること等が，（④人事訴訟を家裁へ移管した平成15
年の人訴法前には，家裁の本来的機能を用いるべきことも）指摘され，家裁の許可に
よる戸籍訂正を広く認めるべきことが主張されるようになった（村崎満「親子
関係不存在確認裁判と戸籍訂正2」戸籍54号〔1953〕12頁，注民(22のI)85頁〔林屋礼
二〕，青木義人＝大森政輔・全訂戸籍法〔1982〕457頁，村重慶一「親子関係存否確認事
件の紛争処理手続」講座・現代家族法Ⅲ〔1992〕153頁，梶村太市「親子関係の存否をめ
ぐる紛争と戸籍訂正方法」判タ1100号〔2002〕124頁等）。そして，これに沿う多数

〔前田〕　521

前注（§§ 772-791）Ⅳ　　　　　　　　　　　第 4 編　第 3 章　親　子

の審判が展開されるに至った（長崎家審平 4・7・2 家月 45 巻 3 号 65 頁，横浜家審平 13・6・11 家月 54 巻 12 号 69 頁等。梶村・前掲論文 124 頁は，同旨の審判例が「枚挙に暇がない」とみる。さらに，西野光子「戸籍法 113 条による戸籍訂正」判タ 1100 号〔2002〕280 頁，北野俊光＝梶村太市編・家事・人訴事件の理論と実務〔第 2 版，2013〕596 頁〔松井修〕等参照。ただし，高裁では従来の通説による裁判例が多いことが指摘されている。澤田省三〔判批〕戸籍 859 号〔2011〕27 頁）。これによれば，当事者間に紛争があって家裁の許可による訂正が認められない場合に，親子関係存否確認の確定判決を求めることになる（東京高決平 11・9・30 家月 52 巻 9 号 92 頁は，事件本人が反対していることを理由に戸籍法 113 条による戸籍訂正を許可しなかった）。戸籍実務は，許可審判があれば戸籍訂正に応じている。

　(d)　小括　虚偽の届出に基づく戸籍は許可審判（戸 113 条・114 条）で訂正できるが，推定されない嫡出子や推定の及ばない子に関しては戸籍法 116 条の確定判決が必要だとみる折衷的な見解もあった（小石寿夫「戸籍上の嫡出親子関係が真実に一致しない場合と戸籍訂正」曹時 9 巻 7 号〔1958〕13 頁）。推定されない嫡出子の地位や推定の及ばない子の範囲に関しては現在でもなお議論があること（→§772 Ⅲ，Ⅳ）を重視すれば，許可審判では足りないとみることに説得力があるともいえる。しかし，戸籍法 113 条の許可審判と戸籍法 116 条の合意に相当する審判（→(c)③）とで審理の実質に変わりがないのであれば（村崎満「親子関係不存在確認裁判と戸籍訂正 2」戸籍 54 号〔1953〕12 頁，新版注民(23)145 頁〔林屋礼二〕等），合意に相当する審判の既判力と対世効を（家事 281 条。→(ア)）戸籍訂正に重ねる必要性があるかが問題である。当事者申請主義をも考慮して，当事者があえて許可審判を求めた場合には，これに応じてよいのではないか。実親子関係存否確認の訴えの確認の利益に紛争性の存在を求めることは（→(3)(イ)(b)），有力説（→(c)）の立場に一致する。

　なお，昭和 40 年代には 113 条・114 条の戸籍訂正（4000 件弱）が 116 条の訂正（2000 件前後）の 2 倍近くあったが，前者が漸減して現在では後者を下回っている（平成 26 年度では 113 条・114 条の訂正が 1122 件，116 条の訂正が 1264 件である。法務省ウェブサイトにおける「戸籍統計・統計表」の年報参照）。

　(6)　権利濫用法理による制限

　虚偽嫡出子出生届による，いわゆる「藁の上からの養子」の問題で，近時の最高裁は，親子関係不存在確認請求を権利濫用法理で却けた（平成 18 年 7

第1節　実　子　　　　　　　　　　　　　　前注（§§ *772-791*）　**IV**

月 7 日の最高裁第二小法廷における 2 つの判決（民集 60 巻 6 号 2307 頁〔広島ケース〕および家月 59 巻 1 号 98 頁〔東京ケース〕）。

　それまでの学説では，親子関係不存在確認請求を却ける理由として，虚偽嫡出子出生届に養子縁組届の効力を認めるべきことを主張する説（中川善之助〔判批〕民商 5 巻 5 号〔1937〕1105 頁，我妻栄「無効な縁組届出の追認と転換」法協 71 巻 1 号〔1953〕28 頁，久留都茂子「虚偽の出生届と養子縁組」家族法大系IV 217 頁等多数。反対：来栖三郎〔判批〕判民昭和 27 年度〔1966〕230 頁，久貴忠彦〔判批〕民商 74 巻 1 号〔1976〕104 頁等），および，信義則または権利濫用で対処すべきと解する説があった（加藤永一〔判批〕法学 17 巻 4 号〔1953〕120 頁，谷口知平〔判批〕民商 28 巻 2 号〔1953〕88 頁，中川高男〔判批〕判評 199 号（判時 783 号）〔1975〕20 頁等）。判例はいずれも否定していたが，若干の下級審が，養子縁組の成立（大阪地判昭 45・6・15 家月 23 巻 8 号 60 頁，前橋地高崎支判昭 49・6・17 家月 27 巻 2 号 104 頁，大阪高判平 3・11・8 家月 45 巻 2 号 144 頁等），または，権利濫用を認めていた（京都地判昭 54・10・30 判時 960 号 92 頁，広島高判平 13・1・15 家月 54 巻 9 号 108 頁，東京高判平 14・1・16 家月 54 巻 11 号 37 頁等）。

　最高裁は，①50 年以上の親子としての生活実態があり，その間，当事者間で親子関係を否定する言動はなかったこと，②親子関係が否定された場合に子の側の精神的・経済的損害が大きいこと，③原告が不存在確認を請求する合理的な動機・事情がないこと，④親子関係の不存在が確定しない場合に著しい不利益を受ける者が原告を除いていないこと，⑤戸籍上の両親がすでに死亡しているから，養子縁組によりあらためて親子関係を成立させることはできないこと（広島ケース）等を判示して，権利濫用を否定した原審を破棄・差し戻した。その後さらに最高裁は，準拠法が韓国民法のケースで，同旨を判示して，権利濫用を否定した原審を破棄・差し戻した（最判平 20・3・18 判タ 1269 号 127 頁。差戻審は権利濫用を認めた）。

　その後の学説は概ね最高裁の見解を支持し（中川高男〔判批〕民商 136 巻 2 号〔2007〕75 頁，水野紀子〔判批〕平 18 重判解〔2007〕87 頁等），さらに，権利濫用法理の適用場面を実父子関係否定の他の場面へも拡大すべきこと，および，親子関係不存在確認訴訟を制限する立法の必要性を指摘する（二宮周平〔判批〕判タ 1241 号〔2007〕44 頁，水野紀子〔判批〕リマークス 2008 上 75 頁等。最高裁は認知無効訴訟についても権利濫用の可能性を認めた。最判平 26・1・14 民集 68 巻 1 号 1 頁，

〔前田〕　523

前注（§§ *772-791*）Ⅴ　　　　　　第 4 編　第 3 章　親　子

最判平 26・3・28 裁時 1601 号 1 頁。新生児の取り違えのケースで権利濫用を認めた下級審がある。東京高判平 22・9・6 判タ 1340 号 227 頁）。ただし，養子縁組の成立を認めるべきとの主張も根強い（門広乃里子〔判批〕速判解 1 号〔2007〕126 頁等）。

〔前田　泰〕

Ⅴ　親 子 鑑 定

(1)　問　題　点

実親子関係訴訟として，①法律上の親子関係の成立ないし存在確認を求める訴訟として，認知の訴え，実親子関係存在確認の訴え，②法律上の親子関係の否定ないし不存在確認を求める訴訟として，嫡出否認の訴え，認知無効の訴え，実親子関係不存在確認の訴えがある。出訴期間，出訴権者，嫡出推定排除の事実，確認の利益，権利濫用など訴訟に関わる要件の審査を経た上で，審理の対象となるのは，血縁関係の存否であり，親子鑑定が中心となる。今日，実務で用いられている親子鑑定は，DNA 鑑定である。

DNA 鑑定は，人の染色体の DNA（ディオキシリボ核酸）のうち，遺伝情報をもたないイントロン部分に変異が多いこと（DNA 多型）に着目し，その一致あるいは相違を検出する方法である（松本博之・人事訴訟法〔3 版，2012〕181 頁）。この技術の進展により，血縁関係の存否はほぼ 100％ の確率で証明することができるようになった（90 年代にすでに DNA 鑑定方法を親子関係訴訟に積極的に導入すべきことを主張した説として，松倉耕作・血統訴訟論〔1995〕，同・血統訴訟と真実志向〔1997〕がある）。DNA 鑑定の結果で①②の訴訟は決着する。そこで問題となるのは，親子鑑定を強制することができるか，当事者が鑑定を拒否した場合の対応，私的になされた鑑定の証拠能力である。

(2)　鑑定の強制

現行の民事訴訟法，人事訴訟法には，鑑定を直接，強制する規定がない。例えば，①認知の訴えでは，子が血縁関係の存在の証明責任を負い，②嫡出否認の訴えでは，夫が，③親子関係不存在確認の訴えでは，確認の利益のある原告が血縁関係の不存在の証明責任を負う。①では内縁関係中の懐胎など，②③では懐胎期間中の事実上離婚などの事実を証明できれば，血縁関係の存在（①），不存在（②③）が事実上推定されて，証明責任を被告に転換するこ

524　〔二宮〕

第1節 実 子　　　　　　　　　　　　　前注（§§ 772-791）　V

とができるが，そうでない場合には，鑑定が決め手となる。①では父とされる者が，②③では妻または子が鑑定に協力しなければ，血縁関係の存否を証明することができず，敗訴する結果となる（例えば，東京高判平7・1・30判時1551号73頁）。被告が鑑定を拒否しても，訴訟法上，制裁や不利益を受けることがないことから，事案の解明がないままに訴訟は終了する。

　これに対して，ドイツ民事訴訟法では，①血液型検査が血統の確認のために必要がある限りにおいて（検査の必要性），②その検査が科学的に認知された原理により事実関係の解明を約束し（解明可能性），③検査の方法および結果が被検査者に及ぼす効果を斟酌しても，なおその検査を被検査者に期待できる場合であって（受忍の期待可能性），かつ，④被検査者の健康を害しないこと（方法の相当性）の4つの要件を充たす場合には，直接強制を認める（同法372条a。春日偉知郎「親子関係訴訟における鑑定強制」家族〈社会と法〉13号〔1997〕118頁）。直接強制とは，正当な理由なく検査を繰り返し拒否した場合に，検査のための「強制引致」を命ずることができることである。

　韓国家事訴訟法では，家庭法院は，他の証拠調べによって心証を得ることができなかった場合には，被検査者の健康と人格の尊厳を害さない範囲内において，遺伝因子の検査またはその他適切と認められる方法による検査を受けることを命ずることができる（同法29条1項）。受検命令に違反した者に対しては，1000万ウォン以下の過料の制裁を科し，この制裁を受けた者が正当な事由なく再度の受検命令に違反したときは，30日の範囲内でその義務を履行するまで拘置所に監置することができる（同67条1項・2項。金亮完「韓国における嫡出否認および遺伝因子検査受検命令について」家族〈社会と法〉28号〔2012〕92頁）。

　他方，フランスでは，DNA解析は，裁判手続で裁判所の命じた証拠調べを実施する際にのみ実施することができ，その際には，関係者は解析の性質および目的について説明を受けた後に，書面により明示的な同意が与えられなければならない（フ民16条の11第2項）。フランス民事訴訟法11条1項は，当事者に証拠調べに協力すべき義務を定めており，DNA試料の採取を拒否する関係者の態度は，親子関係の蓋然性を推認させる，または父子関係の自白と解釈することができるとされており（豊田博昭「秘密に収集されたDNA鑑定の訴訟上の利用(5・完)」修道法学35巻2号〔2013〕607-608頁），間接的な鑑定強制

〔二宮〕　525

前注（§§ 772-791）　Ⅴ　　　　　　　　　第4編　第3章　親子

が可能である。

(3)　鑑定拒否の場合の対応

(ア)　不利益扱いの可能性　　現行人事訴訟法では，①本人不出頭の効果として尋問事項に関する相手方の主張を真実と認める規定（民訴 208 条），②当事者が文書提出命令に従わない場合には，当該文書の記載に関する相手方の主張を真実と認めるなどの規定（民訴 224 条）が適用されない（人訴 19 条）。真実の発見を重視する人事訴訟に相応しくないことから，真実擬制が排除されるため（松本・前掲書 183 頁等），鑑定を拒否した者に対して不利益な判断をし，これを通じて間接的に鑑定を強制することはできないとされている（春日・前掲論文 117 頁）。

そこで解釈論として，①証明妨害の法理や②事案解明義務の理論を活用することが考えられる。①は，証明責任を負っている当事者の証拠の収集・提出を故意またはこれと同視しうる程度の重大な過失によって妨げる行為を証明妨害として，立証を妨げられた当事者の主張について，裁判所が事実認定の上で，この者に有利な調整を図ることができることである。②は，証拠が相手方に偏在しているために，証明責任を負っている当事者の立証が客観的に期待できない状況があるときに，証拠を有する相手方に事案の解明に協力させることである（春日・前掲論文 119-120 頁）。②の事案解明への協力義務から，代替証拠がなく，証明が著しく困難な場合には，鑑定協力の拒否から不利な結論を導くことは可能とする説があるが（佐藤優希「親子関係事件におけるDNA 鑑定について(2・完)」東北学院法学 75 号〔2014〕115 頁），多数説は，自由心証主義の下で，証拠評価の際に斟酌される事情にあたるとする（松本・前掲書185 頁，春日・前掲論文 123 頁，豊田・前掲論文 616 頁等）。

下級審には，親子関係不存在確認訴訟において，鑑定への非協力が証明妨害であり，立証責任が転換されるべきであるとの主張に対して，「当事者の利害だけにとどまらない公益性のある身分関係訴訟においては，一方当事者の訴訟上の態度によって，立証上その者に不利益な判断をすることは許されない」として，鑑定拒否に対して不利益扱いをしないものがある（東京高判平 7・1・30 判時 1551 号 73 頁）。しかし，鑑定拒否があっても，他の間接事実から親子関係の存否を判断することは可能である。認知訴訟において，「鑑定に協力しないことをもって直ちに控訴人に不利な判断をするのは相当でない

第1節　実　子　　　　　　　　前注（§§ 772-791）　Ⅴ

としても，その非協力の理由いかんにかかわらず，鑑定結果がえられない以
上は，科学的裏付けなしに親子関係が存在すると推認することが不相当であ
るということはできない」として，他の間接事実から親子関係の存在を推認
するものがある（東京高判昭 57・6・30 家月 35 巻 10 号 63 頁）。

　さらに鑑定拒否自体が間接事実の 1 つとされることがある。妻の在留資格
の取得または維持の目的で法律上の婚姻関係が形成されたものと推認される
事案での親子関係不存在確認訴訟において，嫡出推定が排除される事実が証
明され，間接事実から父子関係は存在しないとの心証を得ているところ，東
京高裁は，「加えて，本件において，B〔妻〕は，当裁判所が採用した控訴人
〔嫡出子として戸籍記載されている者〕と D〔夫〕との間の父子関係の有無につい
ての DNA 鑑定につき，協力しない姿勢に終始したこと（当裁判所に顕著な
事実）は見逃すことができない。すなわち，B は，本件において，控訴人と
D との親子関係の有無が争点となっていることを認識しながら，DNA 鑑定
につき，合理的な理由を説明することなく，その実施につき協力しない姿勢
を堅持しているものであるところ，これも控訴人と D との間の親子関係の
不存在を推認し得る重要な間接事実というべきである」として，控訴人と
D との間に父子関係は存在しないと認めるのが相当であるとした（東京高判
平 22・1・20 判タ 1325 号 222 頁）。事案の特徴を超えて一般化すべきではないが，
それでも，鑑定拒否を「重要な」間接事実とする点で，不利益扱いに一歩踏
み込んだものと位置づけることは可能である。

　(イ)　鑑定実施の 2 類型　　　DNA 鑑定については，①認知の訴えのように，
法律上の親子関係を成立させる場合と，②嫡出否認の訴え，認知無効の訴え，
親子関係不存在確認の訴えのように，すでに成立している法律上の親子関係
を否定する場合とでは，実施に至る過程で取扱いが異なることを指摘する説
がある（新版注民(23)221 頁〔松倉耕作〕，高橋宏志＝高田裕成編・新しい人事訴訟法と
家庭裁判所実務（ジュリ臨増 1259 号）〔2003〕62 頁，二宮 177 頁等）。

　①では，血縁関係の存在の証明が対象であり，かつてのように被告男性と
母との間の性交の経緯や時期，その間の母と他男との性交の有無，出生した
子への男性の対応など間接事実を積み重ね，当事者のプライバシーを侵害し，
人間関係を悪化させるよりも，DNA 鑑定を実施して決着をつける方が，血
縁があることを根拠に親の子に対する責任を確立する観点からも，訴訟にか

〔二宮〕　　527

前注（§§ 772-791）Ⅴ　　　　　　　　　　　　　第4編　第3章　親　子

ける時間と費用の観点からも有益である。DNAにはさまざまな遺伝子情報
が含まれていることから，血縁関係の存否に関わる情報に限定し，裁判官が
事案解明への協力義務の視点から鑑定について当事者の同意を得る方向で説
得し，それでも同意が得られず，かつ，同意をしないことに正当な理由が見
出せない場合には，上記東京高裁平成22年1月20日判決のように鑑定拒否
を重要な間接事実として扱うことができるように思われる。

　しかし，②の場合には，出訴期間，利害関係の有無，嫡出推定排除事由な
ど，血縁関係の不存在の証明に入る前の訴訟要件の有無を審査しなければな
らない。DNA検査等の結果，生物学上の父子関係の不存在が明らかだった
としても，例えば，口頭弁論終結時に嫡出推定排除事由が認められず，親子
関係不存在確認請求が認められない場合には，DNA検査等の結果に含まれ
る重大なプライバシー情報が訴訟の場に提出され，家庭の平和が害されたと
いう結果のみが残されることになるからである（最判平26・7・17における山浦
補足意見〔民集68巻6号555頁〕）。

　また認知無効の訴えや親子関係不存在確認の訴えでは，法律上の親と子の
関係が安定的に継続していた場合には，訴えの提起が権利濫用になる可能性
があるので，この可能性についても審査し，濫用には当たらないと判断され
る場合に，初めてDNA鑑定の実施段階に入るようにすべきである。血縁の
有無は人にとって最も重要なプライバシーの1つであり，それを明らかにす
ることについては慎重でなければならず，また法律上の親子関係については，
血縁よりも子の養育環境の安定性の重視が必要な場合があり，親子関係を否
定するには，その必要性の判断も慎重になされるべきであるからである。こ
れら訴訟要件を備えることが確定し，鑑定に入る場合には，①の場合と同様
の手順で行い，鑑定拒否を重要な間接事実として扱うことになる。

　(ウ)　調停・審判における鑑定の実施　　人事訴訟事件は調停前置であるた
め，(イ)①②いずれの場合も，家事調停が開始する。多くの場合，調停におい
てDNA鑑定に双方が同意することが多い。同意があると，鑑定費用を保管
金として予納し，サンプル採取がなされる。採取は，当事者の希望日時と双
方同席での可否を聞いた上で実施される。サンプル採取後，業者から家庭裁
判所に鑑定書が届くと，家庭裁判所は期日までに当事者双方に鑑定書を送付
する。その後，あらかじめ希望した調停合意と審判の審問期日が開始する。

528　〔二宮〕

第1節　実　子　　　　　　　　　　　前注（§§ *772-791*）　Ｖ

家庭裁判所が嫡出否認，認知や親子関係不存在などに関して合意に相当する
審判（家事 277 条）をする。鑑定拒否の事案は，調停不成立となり，人事訴訟
が提起されると，前述のような経過をたどる。

　現在，家庭裁判所からの指示で鑑定を行う場合は，10 万円弱の費用がか
かるようである。そこでこの費用の分担が実務的には問題となる。当事者で
折半することが多いが（家事事件手続費用および調停手続費用の各自負担の原則〔家
事 28 条 1 項〕），認知の訴えなどでは，申立人は子（母の法定代理）であり，母
子世帯で経済的にゆとりがないことがある。こうした場合には，手続上の救
助を受けることが可能であり（家事 32 条 1 項），猶予された費用については，
相手方男性が任意認知をすれば，あえて認知の訴えを起こす必要もなく，し
たがって，鑑定費用を負担する必要もなかったのであるから，認知を認める
調停が成立したときに，相手方を説得して，鑑定費用を相手方が負担する定
めをし（家事 29 条 3 項），国庫が相手方から費用を取り立てることが考えられ
る。

(4)　私的鑑定の証拠能力

（ア）　問題点　　現在，日本で行われる親子鑑定は，裁判所からの指示によ
ることなく，当事者・関係者からの私的な依頼に基づいてなされることがあ
る。①最高裁平成 26 年 7 月 17 日判決（民集 68 巻 6 号 547 頁〔札幌ケース〕），②
最高裁平成 26 年 7 月 17 日判決（判タ 1406 号 67 頁②〔大阪ケース〕）では，母が
同居している男性と子の親子関係の存否について裁判外で DNA 鑑定を業者
に依頼し，男性が子の生物学上の父であるとの検査結果（その確率は 99.999998
％）を得て，これを証拠として家庭裁判所に提出している。①②とも親子関
係不存在確認の訴えを認めなかったが，前夫（①），夫（②）と子の間に生物
学的な父子関係が存在しないという重要なプライバシーが調停や訴訟の場で
明らかにされた。

　上記①の山浦補足意見は，DNA 鑑定が私的に実施されることについて，
先に DNA 検査という強力な証拠を得て，これを前面に出せば，訴訟の帰趨
が有利になるという当事者の意図に基づくものであることもあり，その事実
を過大に考慮することにも疑問があるとする（民集 68 巻 6 号 557 頁）。また金
築反対意見も DNA 検査の濫用的利用のおそれを指摘し，濫用防止等のため
に，立法ないし法解釈上一定の規制が必要であるとすれば，それはそれとし

〔二宮〕　　529

前注（§§ 772-791） V　　　　　　　　　　　　第4編　第3章　親　子

て検討すべきとする（同 562-563 頁）。調停委員会に，裁判外でなされた DNA
鑑定の結果が資料として提出された場合に，相手方が鑑定に同意していたか，
間違いなく子から採取したものかなどの確認や調査がなされているか疑問を
呈する説もある（春日偉知郎・民事証拠法論〔2009〕347 頁）。立法のない現状で，
濫用的利用に歯止めをかけることができるだろうか。

　(イ)　親子鑑定の自主規制とガイドライン　　現在，親子鑑定については，
鑑定医の学会による指針と経済産業省の事業者向けのガイドラインがある。
日本 DNA 多型学会による「DNA 鑑定についての指針」（2012 年 2 月 20 日）
の「2. 定義および一般的注意」の「2）一般的注意」では，「DNA 鑑定の結
果は，……民事の血縁鑑定であれば家族関係や検査対象者の人権などに影響
する可能性が高い。したがって，鑑定人に DNA 鑑定が依頼される際には，
適切な手続きをもって資料が提出される必要がある」とし，「DNA 鑑定は，
犯罪の捜査など法律手続きに基づく資料の他は，関係者の同意の下で実施さ
れるべきものである」とする。また「4. 血縁鑑定について」の「1）資料収
集」では，「生体から資料を採取する場合は，検査の内容や目的について資
料提供者に充分な説明を行い，文書でインフォームド・コンセントを得るな
どの，適切な手続きをとる。15 歳以下の未成年者に関しては，親権者等の
同意を文書で得てから実施する」とする（勝又義直・最新 DNA 鑑定〔2014〕274
頁，278 頁。同旨の自主規制として，日本法医学会による「親子鑑定についての指針
（1999 年 6 月 12 日）」がある〔勝又・前掲書 284 頁〕）

　他方，経済産業省による「経済産業分野のうち個人遺伝情報を用いた事業
分野における個人情報ガイドライン」（2004 年 12 月 17 日）では，「2—3）
DNA 鑑定及び親子鑑定における留意事項」として，「DNA 鑑定及び親子鑑
定においては，鑑定結果が及ぼす法的効果について，十分な法的知識・経験
を有する者が協力して情報を提供し，助言を行うこととする。親子鑑定にお
いては，個人や家族の福祉を重んじることが大切であり，以下の点に配慮す
ることとする。ⅰ 未成年者，とくに発言力の小さいことが多い乳幼児の福祉
には最大限の注意を払うこと。ⅱ 鑑定の効果が直接に及ぶ者，すなわち鑑定
された父母と子や試料の提供者等の間に鑑定実施について異論がないことに
留意すること」とする（勝又・前掲書 304 頁）。

　しかし，こうしたガイドラインに従わない業者もいる。また(ア)①②の事案

530　〔二宮〕

第1節　実　子　　　　　　　　　　　前注（§§ *772-791*）　**V**

では，子（母の法定代理），父とされる男性の同意に下に鑑定がなされており，上記の自主規制，ガイドラインに違反しない。このように裁判外での私的鑑定の実施と，それを証拠として裁判所に持ち出すことを防止することができない状況にある。そこで私的になされた DNA 鑑定について，証拠能力を認めないという解釈が可能かどうか検討する。

　(ｳ)　証拠能力の検討　　例えば，ドイツ民法は，父性否認の訴え（日本の嫡出否認と同種の訴え）の際には，「父性に反する事情及びその事情を知った時点」を示して申立てを行う必要があり，「客観的にみて嫡出性に疑念を抱かしめ，かつ，非嫡の出自がまったくの的はずれともいえないと思わせるに足る事情」（端緒的嫌疑）を具体的に主張しなければ，申立ては有理性がないとして棄却される。そこで私的な親子鑑定を利用し，消極的結果が出れば，それをもって端緒的嫌疑の根拠にしようとすることがある。連邦通常裁判所2005 年 1 月 12 日判決は，子ないし子の法定代理人たる母に無断で行った秘密の父性検査の結果を端緒的嫌疑の主張・立証に利用することはできないとした。情報に関する自己決定権（憲法上保護される一般的人格権）を侵害した違法な手段によって収集されたものであって，裁判で利用することはできないからである（野沢紀雅「比較法的検討——ドイツ」家族〈社会と法〉28 号〔2012〕58-59 頁。同判決を紹介，分析するものとして，春日・前掲書 321-353 頁，豊田博昭「秘密に収集された DNA 鑑定の訴訟法上の利用(1)」修道法学 30 巻 1 号〔2007〕89-108 頁等）。

　日本では，ドイツ法のいう「情報に関する自己決定権」について，「自己に関する情報をコントロールする権利（情報プライバシー権）」としたり（芦部信喜〔高橋和之補訂〕・憲法〔6 版，2015〕123 頁，野中俊彦ほか・憲法Ⅰ〔5 版，2012〕275 頁等），「自己の私的情報をみだりに収集・利用・伝達されない権利」（長谷部恭男・憲法〔6 版，2014〕149 頁）とする憲法学説があるが，同意のないDNA 鑑定を証拠として提出することについては，言及がない。また，民事訴訟法では，違法に収集された証拠方法については，証拠能力を否定する説もあるが（伊藤眞・民事訴訟法〔5 版，2016〕360 頁等），具体例として挙げられているのは，無断で会話を録取した録音テープ，盗聴された電話の録音テープなどである（松本博之＝上野泰男・民事訴訟法〔8 版，2015〕433-435 頁）。他方，著しく反社会的な手段を用いて行われた，人の精神的肉体的自由を拘束する等

〔二宮〕　　531

前注（§§ 772–791）Ⅴ　　　　　　　　第4編　第3章　親　子

の人格権侵害などによって得られた証拠方法とする説もある（川嶋四郎・民事訴訟法〔2013〕569-571頁）。しかし，いずれも，当事者の同意のないDNA鑑定については言及がない。

　しかし，DNA鑑定は父と子の血縁の有無を明らかにする鑑定方法なのであるから，当事者双方の同意なく実施するのは，プライバシー侵害であり，また自己に関する情報をコントロールする権利（情報に関する自己決定権）の侵害にあたることから，さらに(イ)で紹介した自主規制やガイドラインの手続に違背していることから，違法な証拠の収集として，証拠能力を否定することが考えられる（豊田博昭「秘密に収集されたDNA鑑定の訴訟法上の利用(5・完)」修道法学35巻2号〔2013〕642-644頁，春日・前掲書349頁，佐藤優希「親子関係事件におけるDNA鑑定について(2・完)」東北学院75号〔2014〕114頁等）。こうして得られたDNA鑑定に基づいて親子関係訴訟を申し立てることはできず，また手続の中で証拠として持ち出すことも認められない。

　なおここでいう当事者とは，認知の訴えの場合は，父とされる男性と子（母による法定代理。以下，同じ），嫡出否認の訴え，親子関係不存在確認の訴えの場合は，法律上の父と子である。したがって，(ア)①②では，父とされる男性と子の同意に下に鑑定がなされているが，訴えの審理の対象となる前夫（①），夫（②）の同意を得ていないのだから，やはり当事者の同意を得ていない鑑定として，違法収集証拠に該当することになる。

　私見では，たとえ当事者の同意があっても，裁判外でなされたDNA鑑定を裁判上利用してはならないと考える。家庭裁判所が，親子関係訴訟（調停・審判を含む）において鑑定の必要性を判断し，当事者の同意を得た後に，裁判所の指示に基づいてDNA鑑定を実施すべきである。経産省のガイドラインを有効的に実施できるのは，専門機関としての家庭裁判所に他ならないからである。

〔二宮周平〕

第1節　実　子　　　　　　　　　　　　　　　　　　　§*772*　Ⅰ

（嫡出の推定）

第772条①　妻が婚姻中に懐胎した子は，夫の子と推定する。

②　婚姻の成立の日から200日を経過した後又は婚姻の解消若しくは
　　取消しの日から300日以内に生まれた子は，婚姻中に懐胎したもの
　　と推定する。

　　　〔対照〕　フ民311・312，ド民1592・1593

　　　〔改正〕　（820）

細　目　次

Ⅰ　本条の趣旨（総論）………………533
　(1)　父性の推定と嫡出性の付与………533
　(2)　嫡出推定の効力とその「空洞化」…535
Ⅱ　本条の適用範囲………………538
　(1)　形式的適用範囲と実質的適用範囲
　　　………………538
　(2)　父性推定（1項）………………539
　(3)　懐胎期間の推定（2項）…………541
　(4)　戸籍の届出………………545
Ⅲ　嫡出子概念の拡大――「推定されない
　嫡出子」………………545
　(1)　問題の所在………………545

　(2)　判例の推移………………546
　(3)　学　説………………548
　(4)　嫡出性の根拠………………549
　(5)　戸籍の届出………………549
Ⅳ　嫡出推定の排除――「推定の及ばない
　子」………………550
　(1)　問題の所在………………550
　(2)　学説の現状………………551
　(3)　裁判例………………556
　(4)　戸籍の届出………………565
Ⅴ　立法論の動向………………565

Ⅰ　本条の趣旨（総論）

(1)　父性の推定と嫡出性の付与

　(ア)　父性の推定　　本条は，母の婚姻関係に基づく父子関係の推定（父性
推定）を規定している。1項では，いわゆる懐胎主義により（→前注(§§772-
791)Ⅰ(5)）妻が婚姻中に懐胎した子を夫の子と推定する。そして，婚姻中の
懐胎であることの証明は容易でないことから，2項において，婚姻関係の開
始後および終了後の一定期間中における出生をもって婚姻中の懐胎を推定す
る。つまり，本条は，2項の懐胎時期の推定を受けることにより1項に接続
されて夫の子であるとの父性推定を受けるという，二段階の推定の構造とな
っている。

　(イ)　嫡出性の付与　　本条には「嫡出」という文言は含まれていない。し
かし，774条が，「第772条の場合において」夫が嫡出否認をなしうること

〔野沢〕　533

§*772* I　　　　　　　　　　　　　　　　　　　第4編　第3章　親　子

を規定していることから，嫡出推定の規定と解されている。この解釈は本条の沿革によっても裏付けられる。すなわち，明治民法は，親族編第4章「親子」の第1節「実子」をさらに第1款「嫡出子」と第2款「庶子及ヒ私生子」（昭和17年法律7号により「嫡出ニ非サル子」に改められた）に区分し，第一款の冒頭に本条の規定を置いていた（820条）。起草者は「嫡出子」の款において嫡出子の要件を定めたと説明しており（法典調査会民法議事〔近代立法資料6〕488頁，百年IV 55頁〔阿部徹〕），この点からも，本条の趣旨が父性推定とそれに基づく嫡出性の付与にあるということができる。

　(ウ)　準正との関係　　嫡出子たる要件をより明確に規定しているのは準正に関する789条である。嫡出でない子（非嫡出子）として出生した子であっても，認知によって法的父子関係が形成された後に，その父と母が婚姻すれば嫡出子の身分を取得する（1項：婚姻準正）。また，非嫡出子を母の夫が認知した場合も同様である（2項：認知準正）。婚姻と認知の順序が異なるだけで，いずれの場合も，父母との間にそれぞれ法的な親子関係が存在し，かつ，当該の父母間に婚姻関係が存在するという三者関係が成立する。法的な母子関係は分娩によって発生することを前提とすれば，母の婚姻関係およびその夫との父子関係の同時存在が嫡出子たる要件ということができる。772条の場合には，母の婚姻に基づく夫の父性推定によって，この2つの要件が出生時から存在することになる。その意味で，本条による嫡出子は，789条による準正嫡出子と区別する意味で生来嫡出子と呼ばれる。すなわち，民法は，本条の生来嫡出子と789条の準正嫡出子の2種類の嫡出子概念を定めているということができる。実親子法の規定を前提とすればこのように理解することができる。

　(エ)　嫡出子概念の拡大――推定されない嫡出子（→III）　　民法の起草者は，婚姻より200日前に出生した子が仮に夫の子であったとしても嫡出子とはしないという見解であった（前田泰「日本における議論の整理」家族〈社会と法〉28号〔2012〕15頁）。こうした子は非嫡出子であり，789条の準正により嫡出子となりうると考えられていた（山畠正男「推定を受けない嫡出子に関する覚書(2)」判評196号（判時774号）〔1975〕127頁）。しかし，すでに戦前において，婚姻成立後200日以内に生まれた子は生来の嫡出子であるが，本条の推定は受けないという趣旨の判例が形成され，学説もこれを承認している。これにより

534　〔野沢〕

第1節　実　子　　　　　　　　　　　　　　　　　　　§772　I

「推定されない嫡出子」という範疇が認められるようになり，嫡出子の概念
は拡大された。すなわち，民法上出生時から当然にその身分を認められる生
来嫡出子は，本条の適用を受ける生来の嫡出子だけであったところ，789条
の適用により後天的に嫡出子身分を取得しうる非嫡出子の一部も生来嫡出子
として扱われることになる。両者の実際的相違は，前者の父子関係を否定す
るためには，774条以下の嫡出否認の手続によらなければならないが，後者
の父子関係は嫡出推定によるものではないから，嫡出否認による必要はない
という点にある。民法が本来予定している生来の嫡出子が拡大されているこ
とに着目すれば，この類型の子は「拡大生来嫡出子」と呼ぶこともできる
（唄＝鈴木35頁）。

　推定されない嫡出子の概念が確立されたことにより，婚姻成立後の出生子
に関しては，本条の適用を受ける子だけが生来の嫡出子であるという前提は
すでに崩れているといってよい。「嫡出推定に関する懐胎主義は事実上意味
を失い，嫡出推定に関しては出生主義を取ったと同様の結果となって」おり，
「婚姻前懐胎・婚姻成立後出生子をも嫡出子の範囲に加える限り，772条は
嫡出推定としての意味を失い，父性推定の一規定としてとらえることにな
る」（宮崎幹朗「嫡出推定規定の意義と問題点」有地編・諸問題264頁）という指摘も
なされているところである。

(2)　嫡出推定の効力とその「空洞化」

　(ｱ)　嫡出否認と推定の効力　　本条の推定は法律上の推定であり，これを
覆すためには嫡出否認の訴えにおいて反対の事実を証明しなければならない
（774条）。別訴の前提問題として推定を争うことはできないのであり，「それ
以外の方法において反証を挙げてこの推定を争うことは許されていない」
（最判昭29・1・21民集8巻1号87頁）。そして，その訴えには出訴権者と出訴期
間の制限が付されている。すなわち，出訴権者は原則として父と推定される
夫だけであり（774条，夫以外の否認権者については→§774 II），その夫も子の出
生を知ってから1年以内に訴えを提起しなければならない。また，出訴期間
内であっても，夫が嫡出であること承認したときは，もはや否認権を行使す
ることはできない（776条）。

　このように，本条の推定は，出訴権者と出訴期間が制約された嫡出否認の
訴えの手段によってのみ覆るという点で，特殊な法律上の推定である（民コ

〔野沢〕　535

§772 I 　　　　　　　　　　　　　　第4編　第3章　親　子

メ(21)56頁〔梶村太市〕)。本条1項の推定の効力については，2項の推定と同じく，経験則上の蓋然性に基づいた事実推定であるとする説（岡垣学「嫡出否認について(一)」判タ300号〔1974〕2頁，大沼洋一「嫡出否認の訴えと親子関係不存在確認請求訴訟」新家族法実務大系Ⅱ141頁以下など）と，法律上の父子関係を推定する権利推定であるとする説（福永有利「推定されない嫡出子」民法講座7巻192頁以下）がある。権利推定説は，嫡出の承認もしくは否認期間の徒過により嫡出否認権が消滅すれば，本条により推定される父子関係が法的な父子関係として確定し，また，嫡出否認の判決がなされた場合にも，それまで存在していた父子関係が否認判決の形成力によって遡及的に消滅する（→§775 Ⅱ(6)(ア)）という，否認制度の法的性質を重視するものである。推定の効果は，後述のようにむしろ擬制的であり，このことはすでに戦前において指摘されていた（薬師寺・法論下678頁）。

　(イ)　血縁と推定の不一致　　民法上唯一の否認権者である夫が子の出生を知ってから1年を経過すれば，あるいは1年以内に嫡出性を承認すれば，もはや推定された父子関係を争う余地はないことになる。子の出生を知って1年を経過してから（元）夫が提起した親子関係不存在の訴えは，不適法なものとして却下される（最判平10・8・31家月51巻4号33頁→Ⅳ(3)(ア)(c)）。嫡出否認権者が夫に限定されている理由は，家庭の平和の維持と夫婦間のプライバシー保護にあり（→§774 I(2)(ア)），出訴訴期間の制限の目的は身分関係の早期安定にある（→§777 I(2)）。本条の推定は，そのような目的をもつ嫡出否認の制度によって保護された強い効力を有するということができる。その結果，血縁上は母の夫の子でないとしても，否認の可能性が失われれば，夫との法的な父子関係はもはや誰からも争いえないものとして確定する。その限りでは，「親子関係が実質的に擬制されている」（南敏文「親子関係不存在確認について——家事実務から見て」戸時590号〔2005〕5頁）ことになり，推定ではなく「夫の子である」と規定するのと実質は同じことになる（窪田166頁，→前注(§§772-791)I(4)）。嫡出推定は，嫡出否認の制度と一体となって，推定された嫡出の父子関係を強固に保護するとともに，その一方で推定と異なる父子関係の法的主張を排斥する障害としての効力を発揮することになる。本条の推定が嫡出否認の制度と一体として機能することに着目すれば，それは「嫡出推定制度は，妻の産んだ子と夫との間に法的父子関係を設定し，それを覆す場合をご

第1節　実子　　　　　　　　　　　　　　　　　　　　　　§772　Ⅰ

く狭い範囲に限定することによって，子に法律上の父を与え，父子関係を早期に安定的に確立する法的技術であ」り，「母子関係と違って父子関係がわかりにくいという理由だけで設けられた制度ではない」（水野紀子〔判批〕平12重判解80頁）との理解につながる。ちなみに，最近の改正提案では「推定する」ではなく，端的に「父とする」という文言が用いられている（→Ⅴ）。

　(ウ)　推定の排除——推定の及ばない子（→Ⅳ）　　嫡出否認の訴えに付された厳格な制限は，血縁と法的親子関係の不一致を容認するものであるとしても，その不一致が当事者にとって受け入れがたい結果をもたらすことがある。夫にしてみれば，自身に否認権があるとはいえ，自己の子でないことを知らないまま，あるいは少なくともそうした疑念も持たないまま，子の出生を知ってから1年が経過すれば，もはやその子との親子関係を争うことはできない。親子としての法律効果（親権，扶養，相続など）を甘受しなければならない。一方，否認権が夫にしか認められていない結果，母や子が夫との父子関係を争うことはできない。母と子が血縁上の父と親子としての生活関係を築いており，認知による父子関係の形成（さらに血縁上の父と母の婚姻による準正）を望んでも，嫡出推定が障害となる。

　このような事態を回避しようとすれば，嫡出否認の訴えに付された人的（出訴権者）・時間的（出訴期間）制限を解釈によって緩和する方法がまず考えられる。しかし，そうした方法には解釈論としての限界があり，判例・学説は，嫡出推定の排除という法律構成によって問題に対処するようになった。つまり，形式上は772条の推定期間内に生まれた子であっても，一定の場合には推定が及ばないと解するのである。最高裁判所は，昭和44年5月29日判決（民集23巻6号1064頁→Ⅳ(3)(ア)(a)）において，妻が離婚後300日以内に出産した子から血縁上の父に対してなした認知請求を認容するにあたり，母が夫との協議離婚前2年半にわたって事実上の離婚状態にあったことから「実質的には民法772条の推定を受けない嫡出子」であり，実父に対する直接の認知請求の障害はないとしたのである。判例は「推定を受けない嫡出子」と表現しているが，学説では，婚姻成立後200日以内の出生子と区別するために，また，772条の推定が及ばないならば，戸籍の記載にかかわらず，実質は非嫡出子であることから「推定の及ばない子」という概念を用いることが多い。「表見嫡出子」という表現が用いられることもある（唄＝鈴木35頁な

〔野沢〕　537

§*772* Ⅱ 　　　　　　　　　　　　　　　　　　　第4編　第3章　親　子

ど）。

　㈏　**学説の対立**　　推定排除の効果は徹底している。嫡出否認の制限を受けることなく父子関係が争われることになるからである。まず，独立の否認の訴えによる必要はないから，子は血縁上の父に対する認知請求の訴えにおいて，前提問題として母の夫の子でないことを主張することができる。また，父子関係なきことを直接的に争う場合には，親子関係不存在確認の訴えが可能となる。したがって，確認の利益を有する者であれば原告適格が認められ，出訴権者の範囲は嫡出否認に比して相当に拡大される。親子関係の一方当事者である子自身，他方当事者である夫，さらには，子を認知しようとする血縁上の父（最判平7・7・14民集49巻7号2674頁──ただし傍論），その子の存在によって相続上の利益を害される者（最判平10・8・31家月51巻4号75頁）にまでも拡大されることになる。しかも，親子関係不存在確認の訴えであれば，期間制限はない。争われる父子関係が現実の生活を伴って相当長期に及んでいるような場合には，権利濫用として斥けられる可能性があるにすぎない（最判平18・7・7民集60巻6号2307頁）。

　推定排除はこのようなドラスティックな帰結をもたらすから，推定が及ばない事由，すなわち推定排除の要件の幅が拡大されれば，それだけ嫡出推定は「空洞化」（水野紀子「嫡出推定・否認制度の将来」ジュリ1059号〔1995〕115頁）し，「嫡出推定（＝否認）制度の自壊」（唄＝鈴木36頁）につながることなる。たしかに，本来，嫡出否認制度の改革や解釈による否認の厳格性緩和によって対処すべき問題であったところ，本条の推定の排除という解釈によったことが「嫡出否認制度ないしは法的親子関係決定の制度を混乱させ，あるいは不透明にしている面のあることは，否定しえない」（民コメ(21)319頁〔西原道雄〕）であろう。

Ⅱ　本条の適用範囲

⑴　形式的適用範囲と実質的適用範囲

　上述のように，現在の判例・学説は，形式的には本条の推定を受ける場合であっても，推定の排除（＝推定の及ばない子）を認めることで実質的な適用範囲を縮小させている。実質的適用範囲は推定排除の要件の広狭に応じて定

第1節　実　子　　　　　　　　　　　　　　　　　§772　**II**

まることになるが，まさにその要件をめぐって学説は分かれている。しかし，その議論は本条が形式的に適用されていることを前提とする。また，推定の排除が考えられるケースは限られており，本条が形式的に適用される父子関係は，ほとんど問題なくそのまま法的に確定するのである。そこで，その形式的な適用範囲がまず明らかにされなければならない。

(2)　**父性推定（1項）**

(ア)　婚姻中の懐胎　　夫婦は，通常，排他的な性関係を継続的に営むから，妻が婚姻中に懐胎した子の父は夫である蓋然性がきわめて高い。本条の推定はこの経験則に基づく（岡垣学「嫡出否認の訴えについて(一)」判タ300号〔1974〕2頁，鈴木93頁など）。妻が懐胎したことを要するから，妻でない女性が懐胎・出産した子が夫婦の子として戸籍上記載され，かつその夫婦に養育されたとしても，本条の推定は受けない。したがって，いわゆる藁の上からの養子（最判平18・7・7民集60巻6号2307頁など）や新生児の取り違えがあった場合（東京高判平22・9・6判タ1340号227頁）の親子関係を争うためには，嫡出否認の訴えではなく，（母子関係も含めて）親子関係不存在確認の訴えによることになる。

(イ)　人工生殖子　　本条は，女性が男性との性行為によって妊娠するという自然の生殖過程を前提としている。その性行為における相手方の選択に夫婦としての道徳規範が働いていることから，夫の子という推定が成り立つといえる。しかし，現在では，生殖補助医療により自然の生殖過程への人工的な介入が可能となっている。そこで，自然の生殖ではなく，人工的な生殖によって妻が出産した子についても本条が適用されるかどうかが問題となる。

(a)　配偶者間人工授精（AIH）　　人工授精とは，女性の子宮内に男性の精子を人工的に注入する人工生殖の技術であり，比較的早くから実施されている。その際，妻に対して夫の精子を用いて行う場合がAIH（Artificial Insemination with Husband's semen）と呼ばれている。AIHにあっては，婚姻中に妻が懐胎した夫の子であるから，本条の適用にあたって特段の問題は発生しない。つまり，通常の婚姻から生まれてきた子と同じように扱えばよいことになる（床谷文雄「人工生殖子の親子関係をめぐる解釈論と立法論」潮見佳男ほか編・民法学の軌跡と展望〔2002〕453頁）。これに関連して問題となるのは，死後生殖のケースである。最高裁平成18年9月4日判決（民集60巻7号2563頁）は，

〔野沢〕　539

§772 Ⅱ 第4編 第3章 親子

夫死亡後に元妻が夫の凍結保存精子を用いて懐胎・出産した子から検察官を被告としてなされた死後認知請求について，本来的には生命倫理や子の福祉，当事者および社会一般の意識等の多角的検討による立法が必要であり，「そのような立法がない以上，死後懐胎子と死亡した父との間の法律上の親子関係の形成は認められない」と判示している。事案は夫死亡後599日目の出生であったが，仮に300日以内の出生であったとすれば，亡夫の嫡出子としての出生届が受理される可能性はあるにしても，772条の適用はないことになろう（小池泰〔判批〕民百選Ⅲ 69頁。死後生殖について詳しくは，→生殖補助医療Ⅳ 1(3)）。

(b) 非配偶者間人工授精（AID）　夫以外の第三者（ドナー）の提供精子を用いる人工授精はAID（Artificial Insemination with Donor's semen）と呼ばれる。夫に無精子症等の不妊原因がある場合に実施されるから，これにより妻が懐胎した子の血縁上の父は精子提供者であって，夫ではない。そこで，AIDによる出生子であっても本条による推定を受けるかどうかが問題となる。多数説は，夫の同意がある場合には推定が及ぶと解しており，この場合における夫の同意は嫡出性の承認に当たる（776条類推）から，夫は否認権を失う（鈴木123頁），もしくは否認権の行使は信義則違反，権利濫用として許されないとする（詳しくは，→生殖補助医療Ⅳ 2(1)）。

(c) 体外受精子　現在，生殖補助医療の主流は体外受精となっているが，本条の適用に関しては，使用される精子の由来（AIH型かAID型か）に応じて上述のところが妥当する（床谷・前掲論文465頁以下参照）。

(ウ) 性別変更者の妻が婚姻中に懐胎した子　性同一性障害者の性別の取扱いの特例に関する法律3条1項により性別の取扱いの変更の審判を受けた者は，法的にも性別が変更されたものとして扱われる（同法4条1項）。この性別変更後は新たな性別により婚姻することができるから，女性であった者が男性に性別を変更した後は女性と婚姻することができる。そして，その夫婦が彼らの実子を望むときには，AIDによることが考えられる。この場合，妻が婚姻中に懐胎した子であっても，夫の血縁上の子でないことは明らかであり，本条の推定を受けるかどうかの問題を生ずる。この問題につき，最高裁平成25年12月10日決定（民集67巻9号1847頁）は，「特例法3条1項の規定に基づき男性への性別の取扱いの変更の審判を受けた者は，以後，法令

第1節 実 子 §772 Ⅱ

の規定の適用について男性とみなされるため，民法の規定に基づき夫として婚姻することができるのみならず，婚姻中にその妻が子を懐胎したときは，同法772条の規定により，当該子は当該夫の子と推定されるというべきである」と判示した。また，妻の非嫡出子として扱ってきた戸籍実務も変更され，性別変更者を夫とする嫡出子出生届が受理されるようになった（平26・1・27民一77号通達。本問題について詳しくは，→生殖補助医療Ⅳ2(2)）。

(3) 懐胎期間の推定（2項）

(ア) 推定の趣旨 婚姻中の懐胎であるかどうかの判定のためには，懐胎時が特定される必要があるが，その特定にも困難を伴う。論理的には，子の出生から母の胎内にあった期間（懐胎期間）を遡った時点に母の婚姻関係が存在すればよいということになる。しかし，懐胎期間には個体差がある。本項の規定は，懐胎期間は懐胎後200日から300日までの幅があるという明治民法制定当時の医学的知見に基づくものである（新版注民(23)157頁〔高梨公之＝高梨俊一〕など）。具体的には短期の200日を婚姻成立後の懐胎期間とし，長期の300日を婚姻関係終了後の懐胎期間に取り入れている。婚姻成立から200日経過後または婚姻関係終了後300日以内の出生が証明されれば，1項の父性推定に接続して夫の子，すなわち嫡出子たる推定がなされる。

この規定は認知訴訟において内縁から生まれた子にも類推適用されるが，事実上の父性推定に止まり，嫡出性の推定を受けることはない（最判昭29・1・21民集8巻1号87頁など，詳しくは→§787Ⅳ4(2)）。

(イ) 懐胎期間の計算

(a) 始期 婚姻は届出の受理によって成立し，通常は届出の受付日と受理日は一致するが，受理手続が遅れた場合には受付日に受理されたものと解されている（髙妻新（青木惺補訂）・最新体系・戸籍用語辞典〔2014〕233頁）。よって本項の「婚姻の成立の日」も婚姻届の受付日と解すべきである（新版注民(23)158頁〔高梨（公）＝高梨（俊）〕，新判例コメ(12)23頁〔深谷松男〕）。起算日について，通説は，初日不算入の原則（140条）にしたがい婚姻届のなされた日の翌日とする（新版注民(23)158頁〔高梨（公）＝高梨（俊）〕，民コメ(21)58頁〔梶村太市〕）。もっとも，婚姻成立の日における妻の懐胎可能性や，年齢計算の原則などを考慮して婚姻成立の日を起算日とする説（新判例コメ(12)23頁〔深谷〕，髙妻・前掲書257頁）も有力である。期間満了の日が200日目を含まない

〔野沢〕 541

§772 II
第4編 第3章 親子

ことは，規定の文言から明らかであろう。したがって，通説により初日不算入とする限りは，婚姻の成立の日（受付日）の翌日から起算して201日以後の出生子が本項の推定を受けると解される（松川98頁）。

(b) **終期**　300日が婚姻関係終了の日の翌日から起算されることについて争いはない。したがって，婚姻関係終了の日の翌日から起算して300日目までに出生した子が本項の推定を受ける。その終了の日は，終了の原因によって異なる。

婚姻の解消原因には，離婚と死亡がある。離婚成立の日も離婚の種別によって異なる。協議離婚の場合には，離婚の届出がなされた日（正確には受付日）である。調停離婚の場合には調停調書作成の日（家事268条），調停に代わる審判による離婚にあっては異議申立ての期間が経過した日，または異議申立てを却下する審判が確定した日（家事287条）である。認諾および和解による離婚（人訴37条）の場合にはその調書作成の日（民訴267条），判決離婚であれば判決確定の日である。

婚姻の死亡解消の場合には，夫の死亡の日が婚姻解消の日となる。夫について失踪宣告がなされたときは，普通失踪の場合であれば7年間の失踪期間（30条1項）の満了の時，特別失踪の場合には危難の去った時に死亡したものと見なされる（31条）。普通失踪の場合における死亡日の擬制は，それ以前における生死不明の期間が認定されるから，本条との関係では実益がないとの指摘がある（新版注民(23)159頁以下〔高梨（公）=高梨（俊）〕，民コメ(21)59頁〔梶村〕など）。少なくとも出生届との関係ではそのようにいえるであろう（昭39・2・6民事甲276号回答）。認定死亡（戸89条）の場合には認定された死亡の日によることになる。

婚姻の取消しは，人事訴訟の判決または合意に相当する審判によってなされる（→§743 IV）。したがって，取消しの判決が確定した日，または審判に対する異議申立ての期間が経過した日，または異議申立てを却下する審判が確定した日（家事281条）が取消しの日である。

(c) **1項の推定とのずれ**　懐胎期間が短い未熟児は，婚姻中に懐胎された子が婚姻後200日以内に出生することがある。逆に，懐胎期間が長い過熟児は，婚姻中に懐胎され，婚姻の解消または取消しから300日を超えて出生することがありうる。こうした場合には，婚姻中の懐胎を証明することに

542　〔野沢〕

第1節　実子　　　　　　　　　　　　　　　　　　§772　II

より1項の嫡出推定を受けることができる（新版注民(23)160頁以下〔高梨（公）＝高梨（俊）〕，判例民法Ⅸ195頁〔家永登〕）。

(ウ)　「300日問題」

　(a)　問題の所在　　本条の推定期間中に出生した子については，夫の子でないことが明らかな場合を別として（→Ⅳ(4)），原則として夫の嫡出子としての出生届しか受理されない。母の離婚後300日以内に出生した子についても同様であり，再婚の夫の子としての出生届も，母の非嫡出子としての出生届も受理されない。前夫の子でないことを明らかにしようとすれば，基本的には，前夫の子としての出生届をなした上で，嫡出否認または親子関係不存在確認の裁判を経て，戸籍の訂正をなすという一連の手続が求められる。しかし，それらの裁判手続では前夫との人的な接触の可能性があり，例えば夫のDVが原因で離婚したような場合には，それが大きな心理的障害となり，子の出生届がなされないままとなる。こうした「無戸籍児」が法的・社会的に様々な不利益を受ける事態が社会問題として認識されるようになり，本項の推定規定の妥当性そのものに疑問が投げかけられ，「300日問題」として議論されるようになった（→前注(§§772-791) I (5)。問題の発端と推移については，毎日新聞社会部・離婚後300日問題 無戸籍児を救え！〔2008〕。その法的な分析については，大村敦志「『300日問題』とは何か」ジュリ1342号〔2007〕2頁以下参照）。

　(b)　懐胎時期の証明による出生届　　法務省は，2007（平成19）年5月7日付けで民一1007号民事局長通達を発出し，離婚後の懐胎を証明する医師の証明書が添付されている場合には，一定の審査により「婚姻の解消又は取消し後に懐胎したと認める場合には，民法第772条の推定が及ばないものとして，婚姻の解消又は取消し時の夫を父としない出生の届出（嫡出でない子又は後婚の夫を父とする嫡出子としての出生の届出）を受理する」ことを認め，戸籍の身分事項に「民法第772条の推定が及ばない」と特記する扱いとした。

　この通達は，772条の1項と2項とを切り離し，2項の推定については裁判外で覆すことを認めるという考え方に立っている。たしかに，裁判手続によらずに出生届時における医師の証明書添付という簡易な手段により推定を排除できることは，母にとっては大きな負担軽減となる。しかし，母が再婚していない場合には，前夫の嫡出推定を否定して，父なき状態となることが

〔野沢〕　543

§*772* Ⅱ 第4編 第3章 親 子

常に子の利益となるとは限らないし，また，この証明で推定が排除されると
すれば，前夫の嫡出子として出生届がなされていても，夫や第三者からの親
子関係不存在確認請求が可能になるといった問題も残されている。より基本
的な問題として，こうした取扱いは2項の推定は嫡出否認によらずして覆す
ことができることを前提としており，相当期間の経過後に2項の推定が争わ
れて，結果的に1項の推定も覆すことができることにもなるという疑問も示
されている（以上につき，大村・読解136頁以下，窪田203頁，平田厚「『300日問題』
の混乱」みんけん616号〔2008〕8頁参照）。

　法務省民事局の調査によれば，家庭裁判所で問題となった離婚後300日以
内出生子の事案で離婚後の懐胎と認められるのは1割程度である（毎日新聞
社会部・前掲書201頁）。上記の通達によって事後の裁判手続を実際に回避でき
るケースは限られているといえよう。

　なお，733条2項の適用により再婚した女が前婚の解消または取消しの日
から300日以内に出生した子は，前婚の夫の嫡出推定が及ばないと解される
から，上記通達の記載例によることなく，後婚の嫡出子または嫡出でない子
としての戸籍記載がなされる（平28・6・7民一584号通達・記3，→§773 Ⅱ(1)）。

　　(c)　学説の主張　　学説では，婚姻成立後200日以内の出生子について
出生届の選択が認められていること（→Ⅲ(5)）との権衡や，出生の事情を知
悉する母に対する信頼を理由として，前婚継続中懐胎の場合を含めて母から
の非嫡出子出生届も認めるべきだとの見解が有力である（水野・前掲論文ジュ
リ1059号120頁，平田・前掲論文8頁）。これに加えて，母が現夫の子として嫡
出子出生届をなすことも認めるべきとの主張もある（二宮周平「『離婚後300日
以内出生子』問題その後」戸時623号〔2008〕15頁）。また，母の再婚後200日以
内の出生子については，後夫の推定されない嫡出子としての地位が前夫の子と
しての推定と重複すると見て，773条の類推により母から「父未定の子」
としての出生届（戸54条）をなすこと認め，最終的には父を定める訴え（773
条）によって解決するという方法も提案されている。この方法には，あくま
でも裁判手続によって嫡出子としての推定を覆す点に意義があるという（前
田陽一「民法772条をめぐる解釈論・立法論に関する2,3の問題──いわゆる300日問題
に関連して」判タ1301号〔2009〕64頁以下〔松原＝道垣内編Ⅰ201頁以下所収〕，→
§773 Ⅲ(3)）。

544　〔野沢〕

第1節　実　子　　　　　　　　　　　　　　　　　　§772　Ⅲ

　(d)　認知調停の利用　　最高裁判所は，そのウェブサイトにおいて，離婚後 300 日以内に出生した子の出生届の際に生ずる問題への対処として，前夫を相手方として親子関係不存在確認の調停を申し立てる方法，または，実の父を相手方として認知請求の調停を申し立てるという，「スタンダードな処理方法」を紹介している（松原正明「家庭裁判所における親子関係事件の実情及び問題点」家族〈社会と法〉28 号〔2012〕49 頁以下参照）。特に認知調停は，前夫を直接の相手方としない点で出生届の問題を抱える当事者にとって有益な方法といえる。しかし，前夫の関与を排除して手続を進めることには問題があり，かならずしも当事者の希望に適う解決策にはなっていない（→Ⅳ(3)(イ)(c)）。

　(4)　戸籍の届出

　本条の推定を受ける子は生来の嫡出子として扱われる。婚姻中に妻が懐胎した子は夫の子と推定されるから，その嫡出子としての出生届がなされなければならない（昭 23・5・22 民事甲 1089 号回答）。嫡出子出生の届出は父または母がこれをなし，子の出生前に父母が離婚した場合には，母がこれをしなければならない（戸 52 条 1 項）。嫡出子否認の訴えを提起した場合であっても，出生の届出はしなければならない（戸 53 条）。また，夫の子を懐胎しえない客観的な事情があるときでも，夫の子としての出生届をなすほかない（昭 23・6・12 民甲 755 号回答）。ただし，出生届の段階で推定が及ばないことが明らかであれば，別途の出生届が受理される（→Ⅳ(4)）。

Ⅲ　嫡出子概念の拡大——「推定されない嫡出子」

(1)　問題の所在

　(ア)　嫡出推定と婚姻慣行　　明治民法は旧民法の儀式婚主義を届出婚主義に変更したが，届出の必要性に対する一般の意識は必ずしも高いものではなく，婚姻届は遅れがちであり，また，家の跡継ぎの誕生が分かるまで婚姻の届出を控える慣行もあった（→前注(§§731-749) Ⅲ(1)）。そのため，婚姻の届出から 200 日以内に妻が夫の子を出産することも少なくなかった。「長子は戸籍面では婚姻の時から 200 日たたない中に生まれたことになって居るのが珍しからぬ現象であるから，それが一応は私生子だと云ふことになっては甚だ不都合」（穂積 423 頁以下）という状態であった。この場合，夫が認知をなす

〔野沢〕　545

§*772* III 第4編 第3章 親子

ことにより，子は準正嫡出子の身分を取得できる（789条2項）。しかし，死後認知の可能性が認められたのは1942年の改正以降であり（→§787 I 4），それ以前は，夫が認知しないまま死亡すれば準正もありえなかった。

現代では，未婚のまま親密な交際をなしていた男女が，女性の妊娠をきっかけとして正式の婚姻をなす例が少なくない。厚生労働省「平成22年度『出生に関する統計』の概況」（14頁，表5）によれば，2009年において嫡出第1子として出生した子のうち，結婚期間が妊娠期間よりも短いケースが25.3％を占めている。往時と理由は異なるとしても，夫婦としては夫の子と認識しているにもかかわらず法的には非嫡出子であるという点において，一般の意識と法制度の不一致を来すことになる。この不一致が「推定されない嫡出子」という概念を生み出すことになる。以下にその成立過程を述べる（詳細については，福永・前掲論文179頁以下参照）。

(2) **判例の推移**

(ア) 大審院判例　婚姻成立後200日以内に出生した子の法的地位とその根拠に関しては，当初，夫が否認しない限りは嫡出子であるとする判例（大判大8・10・8民録25輯1756頁）と，嫡出推定を受けることがない以上，非嫡出子（私生子）であって夫の認知があれば準正によって嫡出子となりうるとする判例（大判昭3・12・6新聞2957号6頁）があり，不統一が見られた。

こうした状況下で大審院民事連合部昭和15年1月23日判決（民集19巻54頁）は，父母の内縁中に懐胎され婚姻届の翌日に生まれたが，他人夫婦の嫡出子として届け出られた子の家督相続人たる法的地位が争われた事案において，次のよう判示して，内縁中に懐胎された子は，父の認知なくして当然に嫡出子であると判示した。

　　「凡ソ未タ婚姻ノ届出ヲ為ササルモ既ニ事実上ノ夫婦トシテ同棲シ所謂内縁関係ノ継続中ニ内縁ノ妻カ内縁ノ夫ニ因リテ懐胎シ而モ右内縁ノ夫妻カ適式ニ法律上ノ婚姻ヲ為シタル後ニ於テ出生シタル子ノ如キハ仮令婚姻ノ届出ト其ノ出生トノ間ニ民法第820条〔現772条〕所定ノ200日ノ期間ヲ存セサル場合ト雖モ之ヲ民法上私生子ヲ以テ目スヘキモノニアラスカクノ如キ子ハ特ニ父母ノ認知ノ手続ヲ要セスシテ出生ト同時ニ当然ニ父母ノ嫡出子タル身分ヲ有スルモノト解スルハ之ヲ民法中親子法ニ関スル規定全般ノ精神ヨリ推シテ当ヲ得タルモノト謂ハサルヘカラス」

第1節　実子　　　　　　　　　　　　　　　　　　　　§772　III

　この判旨では，生来の嫡出子とされる根拠が本条 2 項の「婚姻の成立の日」を内縁の成立の日に類推することによるのか否か，したがってその父子関係を争う手段も嫡出否認の訴でなければならないのか否かも明らかにされていない。

　この点を明らかにしたのが，8 か月後の大審院昭和 15 年 9 月 20 日判決（民集 19 巻 1596 頁）である。本件は，内縁成立から 200 日後（約 9 か月後），婚姻成立から 200 日以内（149 日後）に生まれた子（嫡出子として出生届がされた）に対して夫が提起した嫡出否認の訴えを，原審が親子関係不存在確認によるべきであるとして却下した事案である。大審院は，原告のなした嫡出否認の訴えが親子関係不存在確認の趣旨でありうる点の釈明が不十分であるとの理由で，原判決を破棄して差し戻したが，その前提として次のように述べている。

　「婚姻成立後 200 日以内ニ生レタル故ヲ以テ夫ノ子ト推定スルヲ得ス爲ニ其ノ子カ嫡出子タル身分ヲ有セサル場合ハ親子關係ノ存在セサルコトヲ主張シテ之カ確定ヲ求メムニハ親子関係不存在確認ノ訴ヲ提起スヘク嫡出子否認ノ訴ヲ提起スヘキモノニ非ス此ノコトハ民法第 820 條條第 822 条〔現 774 条〕第 825 条〔現 777 条〕等ノ規定ヲ彼此對照スルコトニ依リ容易ニ看取スルヲ得ヘシ而カモ民法第 820 条ニ婚姻ト云フハ適法ニ婚姻ノ届出ヲ了シタル場合ヲ指称シ事實上ノ婚姻ハ之ヲ除外スル趣旨ナルコト親族法中ノ婚姻ト云フ文字ノ用例ニ照シ立法ノ趣旨ニ鑑ミ疑ヲ容レス」

　この説示では，婚姻成立後 200 日以内の子は嫡出推定を受けないものであり，その父子関係を否定するには嫡出否認ではなく，親子関係不存在確認によるべきこと，事実上の婚姻は 772 条 2 項の婚姻に含まれないことが述べられているが，本判決の理由としては傍論に属するものであり，内縁の存在が本条の推定の根拠にならないことは，次の最高裁判決によって明らかにされる（平井宜雄〔判批〕法協 84 巻 1 号〔1967〕182 頁）。

　(イ)　最高裁判例　　最高裁昭和 41 年 2 月 15 日判決（民集 20 巻 2 号 202 頁）は，内縁に基づく嫡出推定という論理構成が，認知請求訴訟における抗弁として主張された事案である。母 A は前夫 B との婚姻後 200 日以内に子 X を出産したが，内縁開始からは 8 か月が経過していた。AB 夫婦は離婚し，X は A の非嫡出子として出生届がなされた。X は，自分の受胎可能期間中に

〔野沢〕　547

§772 Ⅲ

第4編 第3章 親 子

Aと情交関係のあったYに対して認知の請求をなした。1審，原審ともX
の認知請求を認容したことから，Yは上告をなし，Xは内縁成立の日から
200日を経過して生まれた子であるから，嫡出否認がなされない限り認知訴
訟は許されない等と主張した。本判決は，次のように述べてこの抗弁を排斥
している。

　「……民法772条2項にいう『婚姻成立の日』とは，婚姻の届出の日を指称
　すると解するのが相当であるから，AとBの婚姻届出の日から200日以内に
　出生したXは，同条により，Bの嫡出子としての推定を受ける者ではなく，
　たとえ，X出生の日が，AとBの挙式あるいは同棲開始の時から200日以後
　であっても，同条の類推適用はないものというべきである（大審院民事連合部
　昭和15年1月23日判決，民集19巻1号54頁，大審院昭和15年9月20日判
　決，民集19巻18号1596頁参照）。されば，XがBの嫡出子としての推定を
　受けるとの前提に立って，Bが法定の期間内に嫡出否認の訴を提起しなかった
　以上，右推定が確定し，Xの本件認知請求は許されないとするYの主張は理
　由がない」。

　本判決の調査官解説は，内縁関係を根拠に「推定される嫡出子」と解する
説の論拠が強力であることを認めながらも，「内縁成立の日が『婚姻成立の
日』と比べてはるかに明確性を欠き，嫡出推定の基礎を揺がす点」も本判決
が大審院判例を維持した理由であると説明している（蕪山厳〔判解〕最判解昭
41年〔1973〕51頁以下）。

　(3)　学　　説

　(ア)　内縁類推説　　内縁の準婚としての性質を重視し，772条の婚姻成立
の日に内縁成立の日を含むと解する説である（我妻216頁以下，中川(善)363頁
以下）。この説によれば，内縁の成立から200日を経過してから生まれた子
は推定される嫡出子であって，父子関係を争うには嫡出否認の訴えによらな
ければならない。他方，内縁成立から200日を経ずして，あるいは内縁関係
が先行せずに生まれた子は嫡出推定を受けないことになる。この場合の父子
関係を争う場合には，親子関係不存在確認によることになる（外岡茂十郎「推
定されない嫡出子」家族法大系Ⅳ10頁以下）。それゆえ，後者の類型は「単に婚姻
中であるという理由に基づいて嫡出子の取扱いをうけるもの」であり，「こ
れこそ772条の嫡出推定によらない嫡出子である」（中川(善)364頁）というこ

548　〔野沢〕

第1節　実　子　　　　　　　　　　　　　　　　　　§772　**III**

とになる。

　(イ)　内縁類推否定説　　これに対して，判例を支持して内縁への類推を否定する説が近時有力である。推定を受けることによる嫡出否認の制限が不合理な結果をもたらすこと，および内縁成立の客観的判定の困難さが，200日という時間的限界を明示する772条の拡張適用になじまないことが，その理由として挙げられている（深谷106頁，清水節・判例先例親族法II親子〔1995〕41頁。後半の問題を指摘するものとして，久貴167頁，太田264頁）。

　(4)　**嫡出性の根拠**

　婚姻成立後200日以内に生まれた子が嫡出子であることについて，民法からの説明はなされていない。その有力な試みである内縁への類推は，判例によって否定されている。判例は772条の推定はないが嫡出子であると述べるにとどまる。また，内縁への類推を肯定したとしても，内縁先行型でない場合には説明がつかない。「婚姻習俗の実情に鑑みての条理上の推定」（中川善之助・訂正増補民法大要下巻〔1963〕91頁）という説明が実質に即しているのであろうが，民法からの説明ではない。起草者の考え方に立ち返って準正嫡出子として位置づけようとしても，「省略された認知に対応する父子関係の成立の論理が抜け落ちたままなのである」（小池泰「実親子関係成立の在り方に関する問題点」大村ほか編著〔2012〕144頁）。つまり，推定されない嫡出子の概念は，民法上の根拠を明らかにすることなく形成され定着しており，実質的には婚姻中懐胎主義が一部出生主義にとって代わられているといってよい（一 I(1)(エ)）。ただし，それは否認の訴えによらずして父子関係が争える嫡出子であり，父子関係の不安定さの点では準正嫡出子と変わりがない（最判平26・1・14民集68巻1号1頁）。

　(5)　**戸籍の届出**

　戸籍実務では，上記(2)(ア)の大審院判決後，その趣旨に従うべき旨の通牒が示された（昭15・4・8民甲432号通牒）。そして，内縁中の懐胎の有無を出生届の段階で審査することはできないから，婚姻後の出生子は嫡出子としての出生届がなされれば，戸籍上は生来嫡出子として扱われることとなった（新版注民(23)181頁〔高梨公之＝高梨俊一〕，二宮周平「民法772条と戸籍のない子」戸時609号〔2007〕26頁）。さらに，母からなされる非嫡出子としての出生届もこれを受理して差し支えなく，後に夫が認知することもできるとの扱いとなった

　　　　　　　　　　　　　　　　　　　　　　　　　　〔野沢〕　　549

§772 IV

第4編 第3章 親子

（昭26・6・27民甲1332号回答）。ただし，この場合に夫のなす認知届の扱いは後に変更され，母の夫から認知の届出がなされたときは，これを認知届として受理することなく，子の戸籍を生来の嫡出子の記載に訂正する旨の申出書として扱われる（昭34・8・28民甲1827号通達）。なお，婚姻成立後19日で夫が死亡し，その後26日で出生した子は，772条2項の推定は受けないが嫡出子としての出生届があれば受理されるという先例がある（昭30・7・15民甲1487号回答）。

IV　嫡出推定の排除──「推定の及ばない子」

(1)　問題の所在

(ｱ)　嫡出否認の厳格さ　　この問題が嫡出否認の訴えに加えられた人的・時間的制約の厳格さに由来することはすでに述べた（→Ⅰ(2)(ｳ)）。その緩和が解釈論として困難であることから，「解釈論としては，嫡出否認の要件を緩和することではなく，嫡出の推定自体につき，一定の場合に例外を設けることとなる」（橘勝治「嫡出推定の排除に関する一考察」民月34巻1号〔1979〕17頁）のである。

(ｲ)　制限説と無制限説　　嫡出推定の排除という法律構成は，当然ながら本条の適用範囲を制限している。判例の採用する外観説もそれ以外の学説の多くもその点は共通しており，制限説として括ることができる。これに対して，そのような制限は認められないという無制限説が唱えられていた。「嫡出否認の制度の本来の趣旨からいえば，明らかに母の夫の子ではありえないという場合にこそ嫡出の否認ということが可能なのであって，……右の解釈〔外観説〕はまったく嫡出否認の現行制度の不合理を救済するための便宜的な解釈というほかはない」（平賀健太「親子関係と戸籍訂正」家族法大系Ⅰ285頁）という批判である。また，「〔嫡出否認の〕条文の法律効果を争うのに，直接その効果を否定する代わりにその適用を回避するというのは，随分政策的な強引な解釈論であって，他に例を見ない」，「法理解釈としては無制限説（気の毒な事態の解決力はないが）が一番素直なことは認めざるを得まい」（倉田卓次〔判批〕リマークス1997上125頁）との指摘もある。現在，無制限説を主張する論者は見受けられないが，制限説に対して向けられる上記の批判が理論的に

550　〔野沢〕

第1節 実 子　　　　　　　　　　　　　　　　　　　§772 IV

克服されているわけではない。

　この点については，法律解釈方法論の見地から，推定の排除は許容される「法律に反した裁判」の一場合であるとする見解がある。最高裁昭和44年5月29日判決（民集23巻6号1064頁〔一(3)(ア)〕）は，嫡出推定によって生ずる悲劇的な事態を減少させるために行った法律文言の訂正（縮小解釈）であり，772条2項の文言に「〈事実上協議離婚をしていた妻が生んだ子を除いて〉という訂正」を加えたものとして支持されてよいというのである（田村五郎「家族法における『法律に反した裁判』」法学新報104巻8＝9号〔1998〕465頁以下（495頁），同・親子の裁判 ここ30年〔1996〕2頁以下参照）。

(2)　学説の現状

　(ア)　外観説　　子の懐胎期間中における夫婦共同生活の欠如という外観的に明瞭な事実がある場合にのみ嫡出推定が及ばないものと解する説である。具体的には，夫が失踪宣告を受け，失踪中とされたとき，夫が出征中，在監中，外国滞在中，事実上の離婚が成立していたときなどが挙げられる。他方，夫の生殖不能，血液検査の結果として父子関係がありえないと証明されるときなどには推定は及ぶとする。前者の場合には，夫婦間の個人的交渉に立ち入ることなく夫の子を懐胎しえないことが明らかな場合であるのに対し，後者の事実は夫婦間の個人的事情の審査によってはじめて明らかとなることであるから，両者を区別することが家庭の平和の維持という制度趣旨に適するという理由による（我妻221頁。同旨として，青山・家族 I 152頁，島津・入門190頁以下）。判例もこの見解を採用している（一(3)(ア)）。さらに，明らかな人種差がある場合にも，夫の子でないことが外部的・客観的に明白であるとして推定が及ばないとする説（新版注民(23)174頁〔高梨公之＝高梨俊一〕）や，嫡出推定は夫婦間に肉体関係があった場合にのみ適用されるとの理解から，同居はあっても肉体関係がなかった場合や夫が性交不能であった場合には推定が及ばないとする説（佐藤義彦「嫡出推定の及ぶ範囲」同志社32巻3＝4号〔1980〕228頁）もある。これらの説は修正外観説とも呼ばれるが，夫婦のプライバシー保護に問題があるとの指摘がなされている（宮崎・前掲論文268頁以下）。

　外観説の帰結に対しては，夫婦としての接触がない場合には夫が自分の子でないことを認識しており，否認権行使を1年に限定されてよいにもかかわらず，夫が1年の提訴期間を徒過しても親子関係を争えるという特典を与え

〔野沢〕　　551

§772 Ⅳ 　　　　　　　　　　　　　　第4編　第3章　親　子

られ，その一方，外観ありとして第三者から親子関係が争われるときには，夫が真相を知りつつ子を嫡出子として遇することはできず，「家庭の平和を，第三者の犠牲に供することを強いられる」（川田昇「嫡出子の種類」中川高男編・民法基本論集Ⅶ〔1993〕153頁）との問題点が指摘されている。このことに関連して，外観説を支持しながら，夫が子を受容している場合には排除対象から除くとの留保を付する学説もある（水野紀子「わが国における嫡出推定制度の空洞化とその問題性——最近の二件の東京高裁判決が意味するもの」民研480号〔1997〕31頁）。

　(イ)　血縁説（実質説）　　外観説が認める場合に限らず，夫の性的不能や血液型の不一致など血縁関係の不存在が明らかな場合にも推定が及ばないとする説である（中川（善）364頁，泉196頁，田村・前掲書22頁）。嫡出推定が血縁関係の証明困難に対処する手段であるとすれば，血縁なきことが別に証明されるなら形式的な推定は排除されるべきことになる。現在のDNA鑑定の技術を用いれば，推定と血縁関係の不一致を容易に認識することができるのであり，血縁説は，結果的に嫡出否認の制度の否定につながる（新版注民(23)176頁〔高梨（公）＝高梨（俊）〕）。鑑定技術の進歩との関係では，それが民法の解釈にも反映されるべきであるとして血縁説を支持する見解（橘・前掲論文18頁，山口純夫〔判批〕判タ786〔1992〕81頁）が見られるが，他方，それとは逆に，民法が嫡出推定により血縁と一致しない父子関係の存在を認めたことの趣旨が没却されるとして，「DNA鑑定が可能となった現在では，この説の採用はなかなか難しい」（南・前掲論文19頁）という見方もある。また，親子関係不存在確認の訴えの適法性審理としての推定排除の審理と，請求の実体判断のための審理が全く重なり，推定排除が同時に請求認容の結論に直結し，実体判断をするための要件である訴訟要件がその機能を果たさなくなるという訴訟法上の問題も指摘されている（石原直樹「嫡出否認か親子関係不存在確認か」村重慶一編・裁判実務大系25人事争訟法〔1995〕363頁）。

　(ウ)　家庭破綻説（折衷説）　　家庭の平和（外観説）か真実主義（血縁説）かという二者択一的なとらえ方ではなく，両者をいかに調和させるべきかという観点に立ち，親子関係が争われる時点で夫婦が離婚や破綻的別居に至っている場合には，血縁上の父を法律上の父とすることができるとする見解である（松倉耕作〔判批〕法時45巻14号〔1973〕133頁以下）。血縁説に立ちながら，

552　〔野沢〕

第1節　実　子　　　　　　　　　　　　　　　　　　　§*772* IV

嫡出否認制度の趣旨に配慮する折衷的な解釈である。結論的にこれを支持する論者も少なくない（中川(高)190頁，川田・前掲論文154頁，宮崎・前掲論文274頁など）。たしかに，この説では夫婦と子の家庭生活が円満に営まれている中で第三者からの干渉を防ぐことが可能となる。しかし，実際の事案では夫婦の離婚や別居が伴うのが常態であることを考えれば，家庭の平和の尊重が生かされる場面は限定的といえる。そのため血縁説からは「この要件は実際的な存在意義，有用性は持ち得ないのではないか」（田村・前掲書19頁）との疑問を投げかけられ，外観説からは「限りなく血縁説に近い」（水野・前掲ジュリ1059号116頁ほか）と批判される。

なお，基本的にこの説を支持しつつ，嫡出否認制度の趣旨を生かして出訴権者と出訴期間等を限定する学説もある。父子間で争いのないまま父が死亡した後に相続人である第三者が親子関係不存在確認訴訟を提起することは許されず，親子関係不存在確認請求が許される場合でも特段の事情のない限り出訴期間は1年とすべきであり，さらに，嫡出否認の訴えができる場合にその訴えをせず，後になって婚姻関係の破綻を理由に親子関係不存在確認を提起することも許されないという（近江Ⅶ113頁以下）。

　(エ)　新家庭形成説（新・家庭破綻説）　　これは，家庭破綻説に修正を施し，「母・子と真実の父など新家庭が形成されていて，真実の父による認知の約束等があって，それを認めることが子の利益に合致するという特段の事情があり，かつ当事者の供述証拠等だけで父子関係の不存在が十分うかがえるという事情がある場合」に推定が排除されるという見解である（梶村太市「嫡出子否認の訴えと親子関係不存在確認の訴え――嫡出推定排除と科学的証拠に関する最近の東京高裁の2判決を素材として」判タ934号〔1997〕44頁〔同・家族法学と家庭裁判所〔2008〕289頁以下所収〕）。否認制度の主たる目的が，家庭の平和の維持と夫婦間の秘事の公開防止のほかに，父子関係の早期確定による子の養育確保にあり，その根本は子の利益保護にあると解することによる。血縁上の父が法的な父となりうる環境を重視しているといえる。

不存在確認による父不在の状態が回避され，血縁上の父が法的な父として確保される点は本説の長所といえるが，認知の約束が確実に履行される保障がないという制度的な限界はあろう（野沢紀雅「ドイツにおける父性否認訴訟の手続原則と『生物学上の父』の否認権」石川敏行ほか編・共演　ドイツ法と日本法〔2007〕

〔野沢〕　553

§ *772* Ⅳ 　　　　　　　　　　　　　　　　　第4編　第3章　親　子

309頁参照)。また，新家庭形成の事実は可変的であり，かつ評価的要素が多いとして，排除要件にはなじまないという否定的評価もある(後出最判平26・7・17民集68巻6号547頁における山浦裁判官の補足意見参照)。

　㈠　合意説　　親子関係不存在の確認をなすことについて当該夫婦と子の合意があれば，嫡出推定は排除されるという見解である(福永有利「嫡出推定と父子関係不存在確認」家族法・家事審判の諸問題(別冊判タ8号)〔1980〕252頁以下)。この合意がある場合には，家庭の平和の維持や夫婦間のプライバシー保護を問題にする必要はなく，早期に嫡出子であることを確定されることにより子が受ける利益も当事者の処分を否定すべきほどの重要性はないとの理由による。家庭裁判所における合意に相当する審判の手続で解決される事案が多いという実情(→§775Ⅲ⑵)に配慮した見解である。他の説と合わせて合意説を主張する論者が少なくない(梶村・前掲書307頁(新家庭形成説と合わせて)。水野紀子〔判批〕判評435号(判時1521号)〔1995〕212頁，床谷文雄〔判批〕リマークス2001上81頁，大沼・前掲論文151頁，以上外観説と合わせて)。

　この合意があれば父子関係不存在確認訴訟も許されると主張されるが，この合意が訴訟において成立することはまれであろうから，合意説が機能する場面は主として審判手続ということになろう。ただし，利害関係人の異議申立てによって合意に相当する審判が失効した場合(東京高決平18・10・13家月59巻3号69頁)には，訴訟において合意の効力が問題となろう(澤井真一「実父子関係の成立を巡る実務上の諸問題」判タ1301号〔2009〕56頁〔松原＝道垣内編Ⅰ185頁以下所収〕)。

　なお，審判手続における合意は訴訟手続と合意による審判手続のいずれを選択するかについての合意であるところ，合意説にいう合意は嫡出推定を排除する実体法上の効力を与えられているから，その根拠を手続法の規定(家事277条1項，旧家審23条1項)に求めることはできないという指摘がある(松原・前掲論文44頁以下)。この点に関しては，この審判を受ける合意の中に，嫡出否認制度が保護する法益を放棄する趣旨が含まれている(大沼・前掲論文164頁)，あるいは，この合意がある場合には類型的に父子関係がないことが多いから推定はできない(岡部喜代子「いわゆる推定の及ばない嫡出子の手続的側面」判タ1301号〔2009〕47頁〔松原＝道垣内編Ⅰ223頁以下所収〕)という説明もなされている。

554　〔野沢〕

第1節　実　子　　　　　　　　　　　　　　　　§*772*　Ⅳ

　さらに，合意に相当する審判における実体法的な判断基準としては，判例の外観説にほぼ沿った運用がなされているが，別居の事実等が認められない場合において，合意説ないしこれに近い扱いがされることもあるとの解説もみられる（矢尾和子＝船所寛生「調停に代わる審判の活用と合意に相当する審判の運用の実情」曹時66巻12号〔2014〕50頁（東京家事事件研究会編・家事事件・人事訴訟事件の実務——家事事件手続法の趣旨を踏まえて〔2015〕262頁以下所収））。

　(カ)　嫡出性承認拡張説　　776条の嫡出性承認はフランス法の身分占有のような父性推定の一要素であると解する立場から，同条の意義を広く解し，その承認があった場合には嫡出否認の問題とし，承認が認められないときに親子関係不存在確認によるべきとする見解である（伊藤昌司「実親子法解釈学への疑問」九大法政61巻3＝4号〔1995〕609頁以下，同〔判批〕判タ1039号〔2000〕74頁）。夫婦の関係よりも父子の関係に焦点を当て，子の出生から紛争時までの夫との全生活関係の評価から推定が裏付けられるかどうかを問題とする。その意味での承認があった場合には，777条が遡及的に適用され，夫は否認権を失うという目的論的解釈がなされる。現実に営まれた父子関係を「承認」の有無によって見極め，嫡出否認制度の枠内で保護しようとする考え方といえる。ただし，父性推定の効果が及ぶ場合に，子の側から親子関係を争う手立ては見出せないという。さらに，この見解は，婚姻前懐胎・婚姻後出子（推定されない嫡出子）の場合でも「承認」があれば夫の子としての推定が補強され，親子関係不存在確認の訴えの可能性が封じられると説く。子の否認権を認める等の改正がなされるまでという留保付きで，戸籍上の父からの不存在確認については本説により，子からの訴えについては，子の養育環境を確保できるという子の利益が明白である場合には，嫡出推定が及ばないとする見解も主張されている（二宮周平「子の福祉と嫡出推定——外観説の射程」戸時692号〔2013〕16頁）。

　(キ)　子からの請求を広く認める説　　これも，子と母に嫡出否認権を認める根本的な立法的解決がなされるまでとの前提で，子と母からの親子関係不存在確認請求は広く認めて血縁上の父との親子関係の確立を可能とするとともに，第三者による父子関係の否定はなるべく制限的に認めるようにすべきとする見解である（石井美智子「実親子関係法の再検討——近年の最高裁判決を通して」法論81巻2＝3号〔2009〕39頁）。

〔野沢〕　　555

§772 Ⅳ   第4編 第3章 親 子

⑶ 裁 判 例

⑺ **最高裁判所の判例**　　嫡出推定の排除要件について，最高裁判所は外観説の立場を堅持している。

(a)　**最高裁昭和44年5月29日判決**（民集23巻6号1064頁）　　本件は，子Xから実父とされるYに対する認知請求事件である。母Aは前夫Bと別居中に懐胎し，協議離婚から3か月以内にXを出産している（ただし出生日を繰り下げて母の非嫡出子として出生届がされていた）。本判決は，Xは前夫Bの推定を受ける嫡出子であり，認知の訴えは不適法であるとのYの抗弁を退けている。

> 「右事実関係のもとにおいては，Xは母AとBとの婚姻解消の日から300日以内に出生した子であるけれども，AとB間の夫婦関係は，右離婚の届出に先だち約2年半以前から事実上の離婚をして爾来夫婦の実態は失われ，たんに離婚の届出がおくれていたにとどまるというのであるから，Xは実質的には民法772条の推定を受けない嫡出子というべく，XはBからの嫡出否認を待つまでもなく，Yに対して認知の請求ができる旨の原審の判断は正当として是認できる」。

本判決は，外観説（我妻説）を採用した最高裁として最初の判例である（野田宏〔判解〕最判解昭44年〔1972〕293頁）。また，形式上772条の推定を受ける子が，直接に血縁上の父に認知の訴えをなしうるとしたという意味もある（浦野由紀子「『推定の及ばない子』をめぐって（上）」法教307号〔2006〕132頁ほか）。本件と類似の事案で同旨を述べるこの時期の判例として，最高裁昭和44年9月4日判決（判タ240号137頁）がある。

(b)　**最高裁平成10年8月31日判決**（家月51巻4号75頁）　　本件は，夫Aの出征中に妻Bが懐胎し，復員後に出生した子Yに対して，A死亡後にその養子Xから親子関係不存在確認請求がなされた事案である。YはAB夫婦の嫡出子として出生届がなされ，間もなくBと関係のあった男の養子とされており，それ以来AB夫婦とYは没交渉であった。本判決は，次のように述べて，Xからの請求を認容した原審判決を維持した。

> 「右一の事実によれば，A男は，応召した昭和18年10月13日から名古屋港に帰還した昭和21年5月28日の前日までの間，B女と性的関係を持つ機会がなかったことが明らかである。そして，右一の事実のほか，昭和21年当時

556　〔野沢〕

第 1 節　実　子　　　　　　　　　　　　　　　　　　§*772*　IV

における我が国の医療水準を考慮すると，当時，妊娠週数 26 週目に出生した
子が生存する可能性は極めて低かったものと判断される。そうすると，B 女が
Y を懐胎したのは昭和 21 年 5 月 28 日より前であると推認すべきところ，当時，
A 男は出征していまだ帰還していなかったのであるから，B 女が A 男の子を
懐胎することが不可能であったことは，明らかというべきである。したがって，
Y は実質的には民法 772 条の推定を受けない嫡出子であり，A 男の養子である
X が亡 A 男と Y との間の父子関係の存否を争うことが権利の濫用に当たると
認められるような特段の事情の存しない本件においては，X は，親子関係不存
在確認の訴えをもって，亡 A 男と Y との間の父子関係の存否を争うことがで
きるものと解するのが相当である」。

　本判決も外観説の判断枠組に依拠しているが，第三者（相続人）からの親
子関係不存在確認請求である点が特徴的である。本判決には，嫡出推定の及
ばない子に一般の親子関係不存在確認の訴えの理論をそのまま適用すること
はできないのであって，特段の事情のない限り第三者から請求の認容には慎
重であるべきだとの，福田博裁判官の意見が付されている（→前注（§§772-
791）II(2)）。

　(c)　最高裁平成 10 年 8 月 31 日判決（家月 51 巻 4 号 33 頁）　　本件は，X
男 A 女夫婦が別居を開始してから 9 か月余り後に出生した子 Y を被告とし
て，夫 X から提起された親子関係不存在確認の訴えである。別居中に，XA
は性交渉を持つ機会があり，また，婚姻費用分担と A の出産費用負担に関
する調停が成立している。XA は，本件の上告審係属中に離婚した。1 審は
訴えを却下し，原審も控訴を棄却したことから X より上告がなされた。本
判決は次のように述べて上告を棄却した。

　「Y は X と A との婚姻が成立した日から 200 日を経過した後に A が出産し
た子であるところ，右事実関係によれば，X は，Y の出生する 9 箇月余り前に
A と別居し，その以前から同人との間には性交渉がなかったものの，別居後 Y
の出生までの間に，A と性交渉の機会を有したほか，同人となお婚姻関係に
あることに基づいて婚姻費用の分担金や出産費用の支払に応ずる調停を成立さ
せたというのであって，X と A との間に婚姻の実態が存しないことが明らか
であったとまではいい難いから，Y は実質的に民法 772 条の推定を受けない嫡
出子に当たるとはいえないし，他に本件訴えの適法性を肯定すべき事情も認め

〔野沢〕　557

§772 Ⅳ 第4編 第3章 親 子

られない」。

本判決は，別居中に懐胎され，婚姻関係継続中に出生した子についても，基本的には昭和44年の判例(a)に従い，外観説を採ったものと考えられる（松倉耕作〔判批〕家族百選〔7版〕50頁）。

(d) **最高裁平成12年3月14日判決**（家月52巻9号85頁）　本件は，X男A女の婚姻成立より200日後に出生した子Yに対し，離婚後にXが親子関係不存在確認請求の訴えをなした事案である。Yが懐胎された当時に夫婦の別居等の外観的事実はない。一審裁判所が訴えを却下したところ，原審は次のように判示して訴えの適法性を認め，1審判決を破棄して差し戻した。

「民法上嫡出の推定を受ける子に対し，父がその嫡出性を否定するためには，同法の規定にのっとり嫡出否認の訴えによることを原則とするが，嫡出推定及び嫡出否認の制度の基盤である家族共同体の実体が失われ，身分関係の安定も有名無実となった場合には，同法777条所定の期間が経過した後においても，父は，父子間の自然的血縁関係の存在に疑問を抱くべき事実を知った後相当の期間内であれば，例外的に親子関係不存在確認の訴えを提起することができる」。

Yから上告がなされ，最高歳は，次のように判示して原判決を破棄し，Xの控訴を棄却し，一審判決を確定させた。

「民法772条により嫡出の推定を受ける子につき夫がその嫡出であることを否認するためには，専ら嫡出否認の訴えによるべきものとし，かつ，右訴えにつき一年の出訴期間を定めたことは，身分関係の法的安定を保持する上から十分な合理性を有するものということができる（……〔最判昭55・3・27家月32巻8号66頁〕参照）。そして，夫と妻の婚姻関係が終了してその家庭が崩壊しているとの事情があっても，子の身分関係の法的安定を保持する必要が当然になくなるものではないから，右の事情が存在することの一事をもって，嫡出否認の訴えを提起し得る期間の経過後に，親子関係不存在確認の訴えをもって夫と子との間の父子関係の存否を争うことはできないものと解するのが相当である。

もっとも，民法772条2項所定の期間内に妻が出産した子について，妻が右子を懐胎すべき時期に，既に夫婦が事実上の離婚をして夫婦の実態が失われ，又は遠隔地に居住して夫婦間に性的関係を持つ機会がなかったことが明らかであるなどの事情が存在する場合には，右子は実質的には民法772条の推定を受

558　〔野沢〕

第 1 節　実　子　　　　　　　　　　　　　　　　　　§772　IV

けない嫡出子に当たるということができるから，同法 774 条以下の規定にかか
わらず，夫は右子との父子関係の存否を争うことができると解するのが相当で
ある（……〔判例(a)・(b)〕参照）。しかしながら，本件においては，右のような
事情は認められず，他に本件訴えの適法性を肯定すべき事情も認められない」。

　本判決は，高等裁判所レベルでも家庭破綻説による裁判例が見られるよう
になっていた（例えば，東京高判平 6・3・28 高民集 47 巻 1 号 97 頁）状況下で外観
説を維持したものである（水野紀子〔判批〕平 12 重判解 80 頁）。判旨前段は家庭
破綻説を否定したとも解されるが，本事案では血縁関係なきことが客観的に
明らかにはなっていないことから，家庭破綻説を否定したという評価は難し
いとの見方もある（床谷・前掲〔判批〕81 頁）。

　(e)　最高裁平成 26 年 7 月 17 日判決（民集 68 巻 6 号 547 頁——以下「①事
件」という）　　本件は，離婚した母の夫に対して，子の側から親子関係不存
在確認請求がなされた事例である。A 女は，Y 男と婚姻関係にあったところ，
B 男と性的関係を持つようになった。Y は，A が出産した X が自己の子でな
いことを知りつつ，嫡出子としての出生届をなし，X を自己の子として監護
養育したが，AY 夫婦は X 出生の翌年に X の親権者を A と定めて協議離婚
をなした。A と X は，B と共に生活している。A は X の法定代理人として，
Y に対して親子関係不存在確認の訴えを提起した。X 側で私的に行った
DNA 鑑定の結果によれば，B が X の生物学上の父である確率は 99.999998
パーセントであるとされている。一審は X の請求を認容し，原審も次のよ
うに述べて，本件訴えの適法性を肯定し，Y の控訴を棄却した。

　「上記最高裁判例〔(a)〕が，嫡出推定の排除される場合を妻が夫の子を懐胎
する可能性がないことが外観上明白な場合にのみ限定する趣旨のものであると
解するのは相当ではない。すなわち，民法が婚姻関係にある両親から生まれた
子についてその親子関係を争うことについて厳格に制限しようとしたのは，家
庭内の秘密や平穏を保護するとともに，平穏な家庭で養育を受けるべき子の利
益が不当に害されることを防止することにあると解されるから，このような趣
旨が損なわれないような特段の事情が認められ，かつ，親子関係の不存在が客
観的に明らかな事案においては，嫡出推定の排除される場合を妻が夫の子を懐
胎する可能性がないことが外観上明白な場合に限定する必要はないと考えるべ
きである。これを本件についてみると，……Y と X との間の親子関係の不存

〔野沢〕　559

§772 IV

第4編 第3章 親　子

在は，科学的証拠により客観的かつ明白に証明できており，また，Xの母とY
はすでに離婚して別居しており，被控訴人は親権者である母の下で監護されて
いるなどの事情が認められるのであるから，本件においては嫡出推定は排除さ
れると解するのが相当であり，本件訴えは適法であるというべきである」。

しかし，最高裁は，以下のように判示して，原判決を破棄し，一審判決を
取り消し，Xの訴えを却下した。

「民法772条により嫡出の推定を受ける子につきその嫡出であることを否認
するためには，夫からの嫡出否認の訴えによるべきものとし，かつ，同訴えに
つき1年の出訴期間を定めたことは，身分関係の法的安定を保持する上から合
理性を有するものということができる（……〔最判昭55・3・27家月32巻8号
66頁および判例(d)〕参照）。そして，夫と子との間に生物学上の父子関係が認め
られないことが科学的証拠により明らかであり，かつ，夫と妻が既に離婚して
別居し，子が親権者である妻の下で監護されているという事情があっても，子
の身分関係の法的安定を保持する必要が当然になくなるものではないから，上
記の事情が存在するからといって，同条による嫡出の推定が及ばなくなるもの
とはいえず，親子関係不存在確認の訴えをもって当該父子関係の存否を争うこ
とはできないものと解するのが相当である。このように解すると，法律上の父
子関係が生物学上の父子関係と一致しない場合が生ずることになるが，同条及
び774条から778条までの規定はこのような不一致が生ずることをも容認して
いるものと解される」。これに続けて判決は，上掲(d)判決の判旨後段の外観説
の趣旨（「もっとも」以下）を繰り返している。

本判決には5名の裁判官中2名の補足意見と2名の反対意見が付されてい
る。金築誠志裁判官の反対意見は，本件で親子関係不存在確認の訴えが認め
られなければ，血縁関係が明らかで，かつ現実に生活を共にしている実父と
の法的親子関係を成立させられない結果となることを問題視し，このような
事案では，一般的，抽象的な法的安定性よりも，事案の解決の具体的妥当性
を優先させるべきであるとして，「科学的証拠により生物学上の父子関係が
否定された場合は，それだけで親子関係不存在確認の訴えを認めてよいとす
るものではなく，本件のように，夫婦関係が破綻して子の出生の秘密が露わ
になっており，かつ，生物学上の父との間で法律上の親子関係を確保できる
状況にあるという要件を満たす場合に，これを認めようとするものである」
との立場から，原判決の結論を支持している。白木勇裁判官の反対意見は，

560　〔野沢〕

第1節　実　子　　　　　　　　　　　　　　　　　　　　　　§*772*　Ⅳ

高度に発達した DNA 検査の技術によって判定可能となった血縁関係の存否
を戸籍上に反映させたいとする人情との調和という視点を加え，金築意見に
同調している。これに対して，山浦善樹裁判官の補足意見は，判例の考え方
では判断の対象となる事情が過去の時点に固定されているのに対し，家庭の
破綻は当事者が意図的に作出することもありうる事情であり，また新たな家
庭の形成に係る事実については評価的要素が多くかつ可変的であることから，
これらを要件とすることは「子の身分関係を不安定するなどの大きな問題が
あり，DNA 検査の結果を過大に重視している」と述べている。櫻井龍子裁
判官の補足意見は，「父子関係を速やかに確定することにより子の利益を図
るという嫡出推定の機能は，現段階でもその重要性が失われておらず，血縁
関係のない父子関係であっても，これを法律上の父子関係として覆さないこ
ととすることに一定の意義がある」とし，確実に判明する生物学上の親子関
係を重視していくことは，「解釈論の限界を踏み越えているのではないか」
と述べている。

　本判決を下した第一小法廷は，同日付けで類似の事案について同趣旨の判
決を言い渡している（平 25（受）233 号，判タ 1406 号 67 頁②―以下「②事件」とい
う）。本件も，①事件同様，子から母の夫に対する親子関係不存在確認の訴
えである。夫婦の離婚は成立していないが，妻からの離婚訴訟が係属中であ
る。母は子とともに血縁上の父（私的に実施された DNA 検査による父性肯定確率
は 99.99 パーセント）と同居し，子も血縁上の父を「お父さん」と呼んで順調
に成長している。また夫もその男が子の血縁上の父であること自体は争って
いない。原審は，本件においては子の福祉の観点から民法 772 条の推定が及
ばない特段の事情があるとして，請求を認容した 1 審判決を維持していた。
これに対して最高歳は，「子が，現時点において夫の下で監護されておらず，
妻及び生物学上の父の下で順調に成長しているという事情があっても」，子
の身分関係の法的安定を保持する必要性は否定できず，嫡出推定が及ばなく
なると解することはできないと判示している。それ以外は①事件判決同様，
従来の判例の立場が再確認されている。さらに，補足意見，反対意見もほぼ
同一の内容となっている。

　これらの最高裁判決は，まず，実父と子との血縁関係の不存在が DNA 鑑
定の結果という科学的証拠によって明白となっている場合でも，外観説によ

〔野沢〕　　561

§*772* Ⅳ   第4編　第3章　親　子

ることを明らかにしたものといえる（飛澤知行〔①事件判解〕曹時68巻7号
〔2016〕174頁）。加えて，これにより外観説の射程が再確認され，その例外が
認められないことが明らかとなったということもできる。また，子からの親
子関係不存在確認請求を否定したはじめての公表事例でもある（以上につき，
二宮周平〔判批〕平26重判解81頁）。さらに，子の身分関係の安定への配慮から，
血縁と推定の不一致が明白な場合でも推定は排除されないという点において，
血縁説を明確に否定している（飛澤・前掲〔判解〕174頁，木村敦子〔②事件判批〕
民百選Ⅲ56頁）。血縁説の否定は多数意見と反対意見のいずれにも共通してお
り，意見の相違は血縁主義の是非にあったのではない（窪田充見〔①事件判批〕
ジュリ1471号〔2014〕69頁，近藤ルミ子「親子関係不存在確認をめぐる実務上の問題
点」戸時725号〔2015〕29頁など）。むしろ，両意見の相違は，新家庭形成説
（新・家庭破綻説）が現行法の解釈論として採用しうるか否かにあったのであ
り，多数意見はこれを否定したのである（飛澤・前掲〔判解〕174頁，水野紀子
〔判批〕法教411号〔2014〕45頁）。

　これらの判決に対する賛否は分かれている。一方では，民法の予定してい
ない推定の及ばない子の範囲拡大によって嫡出子としての法的地位が容易に
覆される結果になることを問題視し，血縁上の父と法律関係を形成できなく
なるという反対意見の指摘に一定の説得力を認めながらも，結論的に多数意
見を支持する評価がある（窪田・前掲〔判批〕70頁以下）。また，DNA鑑定に
関するルールも確立していない段階で，その結果を過大に評価することに対
する疑問から判決の結論を支持するものもある（澤田省三〔②事件判批〕戸籍
905号〔2014〕16頁以下。水野〔前掲判批〕法教411号46頁もDNA鑑定の過大評価を
批判する）。他方，血縁上の父を法的父として持つことができるという，子の
利益が尊重されるべきであるとする反対論も少なくない（安達敏男＝吉川樹士
〔判批〕戸時715号〔2014〕42頁，村重慶一〔判批〕戸時716号〔2014〕75頁，松久和彦
〔判批〕月報司法書士514号〔2014〕82頁）。また，戸籍上の父が法的な父として
確定されることにより，親権者変更や面会交流の申立て，さらに将来的には
相続権をめぐる争いなども想定できるのであり，子がその成長過程のみなら
ず，成人後においても「かなり長期にわたって紛争の渦中におかれる可能性
がある」として，判決の具体的妥当性を疑問視する論評もある（近藤・前掲論
文32頁）。

第 1 節　実　子　　　　　　　　　　　　　　　　§*772*　IV

(イ)　家庭裁判所の審判　　本条の適用が問題となる親子関係不存在確認の
訴え，嫡出否認の訴えおよび認知の訴えは，いずれも合意に相当する審判に
よる処理が可能であり（家事 277 条，旧家審 23 条），事案の多くがこの審判によ
って処理されていることはよく知られている（→§775 III(2)）。そして，その手
続では，判例の射程を超えて，推定が排除されたことを前提とする親子関係
不存在確認の審判が行われているとの指摘がある（澤井・前掲論文 51 頁）。最
新の判例(e)もそのような実務を否定する趣旨までは含んでいない（飛澤・前
掲〔判解〕175 頁）。そこで以下に，家庭裁判所における合意に相当する審判の
事例を，申立ての趣旨ごとに分類して以下に簡単に整理する。

(a)　親子関係不存在確認　　外観説により申立てを認めた事例（岡山家
審昭 40・12・2 家月 18 巻 7 号 70 頁〔懐胎時期における長期別居〕）もあるが，公表事
例としては外観的事情のないケースが多い。それらにほぼ共通しているのは，
夫婦が既に離婚しており，当事者間に血縁関係のないことが科学的に認定さ
れていることである（札幌家審昭 61・9・22 家月 39 巻 3 号 57 頁〔血液型鑑定〕，東京
家審昭 58・6・10 家月 36 巻 8 号 120 頁〔夫の精管切断〕，東京家審昭 51・5・28 判タ 348
号 295 頁〔血液型鑑定〕）。これらは，個々の理由づけはともかく，家庭破綻説
によって説明できる事案である。また，加えて血縁上の父と同居している事
案（東京家審昭 52・3・5 家月 29 巻 10 号 154 頁）や母と婚姻した血縁上の父が認
知の意向を示している事案（東京家審昭 50・7・14 判タ 332 号 347 頁）もあり，こ
れらは新家庭形成説にも馴染むであろう。他方，子の出生から 19 年後に母
の元夫から子に対してなされた申立てを血液型鑑定の上で認めた事例もある
（神戸家伊丹支審平 2・1・18 家月 43 巻 1 号 133 頁）。本件は，子の成人にあたり戸
籍を正しておきたいという母の要請に応えて元夫が申立てをなしたという事
案である。夫婦関係が維持されている状態で，夫との明らかな人種差を理由
として子からの親子関係不存在確認の申立てを認めた事例もある（福岡家審
昭 44・12・11 家月 22 巻 6 号 93 頁）。本件には，妻が強姦されて妊娠・出産した
子を，児童養護施設を経て米国人の養子としていたところ，養親の帰国のた
め，子の査証を得るために戸籍の訂正が必要になったという事情がある。明
らかな人種差の存在を外観説の枠内に含める説もある（→(2)(ア)）が，懐胎時
における夫婦の同棲の不存在を重視する判例の外観説では対応できない事例
であろう。

〔野沢〕　　563

§772 Ⅳ 第4編 第3章 親子

(b) 嫡出否認　本来出訴権のない子からなされる嫡出否認の申立てであっても，相手方たる夫が同意すれば，その申立ては認められる。この場合777条の出訴期間の遵守が求められるが，審判例は，その起算時を夫が否認の原因を知ったとき（奈良家審平4・12・16家月46巻4号56頁），あるいは子が嫡出推定を受ける関係にあることを知ったとき（札幌家審昭41・8・30家月19巻3号80頁）と解している。しかし，子の出生を知った時を出訴期間の起算点とする判例・通説（→§777Ⅱ(2)）との整合性が問題となる。この点については，以下のような説明が可能とする見解がある（岡部・前掲論文47頁以下）。まず，子からの申立てを夫に対する否認権行使を促す申立てととらえることにより，当事者間における合意をもって夫が否認権を行使したと解することができ，そして，起算点を子の出生を知ったときと解しても，1年の出訴期間制限は子の地位の安定を目的とするから，子は合意によってその利益を放棄できる。その放棄の相当性については，家庭裁判所が判断することができる。さらに，嫡出否認では夫と子が当事者であって，第三者が当事者として関与することはない。これは，推定の排除については判例の外観説を前提としながら，嫡出否認の枠内において，調停手続であることを根拠として申立人と期間の制限を緩和しようとする考え方である。嫡出否認調停の実情については，離婚後に出生した子（法定代理人母）からの親子関係不存在確認の申立てが外観的事実の欠如により維持できない場合には，夫から嫡出否認の申立てをし直してもらうようにしており，その場合でも夫は子からの申立てによってはじめて出生の事実を知ったというケースが多い，という指摘もなされている（南・前掲論文6頁以下）。

(c) 認知　最高裁昭和44年5月29日判決（→(ア)(a)）により，嫡出推定が排除されれば血縁上の父に対する認知の訴えが適法とされている。したがって，認知の調停申立ても適法になしうる。家庭裁判所は，すでにそれ以前から，懐胎時に事実上の離婚状態となっていた事案で認知の申立てを認めていた（前橋家桐生支審昭38・7・1家月15巻10号142頁）。最近の認容例では，出生届未了の状態で，懐胎時における事実上の離婚に加え相手方（父）とのDNA鑑定をなした上で認知の審判をなしたものがある（大津家審平21・8・7/2009WLJPCA08076005，東京家審平21・3・24/2009WLJPCA03248001）。

このいわゆる認知調停は，「300日問題」への対処として最高裁判所が紹

第1節　実　子　　　　　　　　　　　　　　　　　　　　§772　V

介した方法でもある（→Ⅱ(3)(ウ)(d)）。ただし，認知の申立ての手続の中で，前
提問題として前夫との親子関係不存在を確認することになるため，可能な限
り，何らかの手段によって前夫を手続に関与させる必要があることが指摘さ
れている（近藤・前掲論文35頁以下，梶村・前掲書334頁，澤井・前掲論文53頁な
ど）。また，前夫の関与なしに父性を否定することを手続保障の観点から疑
問視し，前夫の関与から生じうる実際的問題は，「手続上の関与のさせ方に
配慮することで対処すべき」であるとの指摘もなされている（浦野由紀子「認
知訴訟と認知調停──いわゆる300日問題をめぐる法的問題」法時87巻11号〔2015〕62
頁）。

(4)　戸籍の届出

前夫の子として出生届がなされている場合において，親子関係不存在確認
の裁判（判決または審判）が確定したときには，戸籍法116条による戸籍訂正
の申請をしなければならない。出生届未了の子については，母が再婚してい
る場合には後夫の嫡出子としての出生届（昭40・9・22民甲2834号回答），再婚
していない場合には母の非嫡出子としての出生届（昭46・2・17民甲567号回
答）をなしうる。前夫との嫡出否認の裁判が確定した場合も同様である（昭
48・10・17民二7884号回答）。再婚の夫に対する認知の裁判が確定した場合に
は嫡出子としての出生届をなしうる（昭41・3・14民甲655号回答）。婚姻の解
消・取消し後に懐胎された子の出生届についてはすでに述べた（→Ⅱ(3)(ウ)(b)）。

夫との親子関係を否定する裁判がなされていない場合でも，夫の子であり
えないことが明らかである場合には，夫を父としない出生届が受理される。
夫の生死が3年以上不明であることを理由とする離婚判決が確定した後に妻
が再婚した場合において，離婚判決の確定より300日以内に出生した子につ
いて再婚の夫から嫡出子の出生届がなされれば受理される（昭2・10・11民
7271号回答など）。夫が失踪宣告を受けている場合において，失踪宣告により
死亡とみなされる日より約3年前に生まれた子について，母から非嫡出子出
生届がなされれば受理される（昭39・2・6民甲276号回答）。

V　立法論の動向

1925年の臨時法制審議会「民法親族編中改正ノ要綱」は本条の改正には

〔野沢〕　　565

§773　　　　　　　　　　　　　　　　　　　　　第4編　第3章　親　子

触れていないが，その後の改正作業では，推定されない嫡出子を嫡出推定に
取り込むことが検討されていた。すなわち，「人事法案（仮称）第1編親族
（昭和16年整理）」（日本立法資料全集別巻163）95条は，婚姻中懐胎子と婚姻前
懐胎・婚姻成立後出生子を嫡出子と定義した上で，本条2項と同じ推定規定
を置き，さらに，その推定期間中に夫の子を懐胎しえない事情がある場合に
は推定は適用されないとしていた（我妻226頁も参照）。また，法制審議会民
法部会身分法小委員会の「仮決定及び留保事項」（1959〔昭和34〕年）第19で
は，現行法どおりとする甲案に，婚姻中に生まれた子に推定を拡大する乙案
が併記されている。

　最近の立法論では，まず，出生主義と懐胎主義を段階的に適用する提案が
なされている。「民法改正委員会家族法作業部会」の改正案では，子の出生
時における母の夫を父とするとの原則 C-2 が定められ，それにより父が定
まらない場合には，懐胎時における母の夫を父とし，懐胎時期の推定規定も
置くものとしている C-3（窪田充見「実子法」中田編61頁以下）。また，「家族
法改正研究会」の親子関係法グループの改正案772b条では，出生時におけ
る夫を父と定め（1項）ながら，婚姻の死亡解消または取消しの日から300
日以内に出生した子は当該婚姻の夫をも父であると定め（2項），それらが抵
触する場合には1項の原則が優先的に適用されるものとする（3項）（二宮周平
「親子法」戸時750号〔2017〕5頁以下）。いずれの提案においても，推定の概念
を用いることなく，「父とする」という文言により，法的な父を定めるルー
ルであることが明らかにされている。

〔野沢紀雅〕

（父を定めることを目的とする訴え）
第773条　第733条第1項の規定に違反して再婚をした女が出産した
　場合において，前条の規定によりその子の父を定めることができな
　いときは，裁判所が，これを定める。

　　　〔対照〕　ド民1593
　　　〔改正〕　（821）

566　〔野沢〕

第1節　実　子　　　　　　　　　　　　　　　§*773*　I・II

I　本条の趣旨

(1)　嫡出推定の重複とその解消

本条は，733条の再婚禁止期間の規定に違反して再婚がなされた場合に生じうる嫡出推定の重複は，裁判所の判決（または審判）によって解消されるべきことを定めている。733条1項違反の再婚の届出が受理され，後婚の成立から200日を経過した後で，かつ，前婚の解消または取消しの日から300日以内に子が出生すると，772条による後夫の嫡出子としての推定と前夫の嫡出子としての推定が重複する。その場合に父を定めることを目的とする訴えにより，裁判所が父を定めることを規定したのが本条である。733条1項に違反した婚姻は取り消しうる（744条・746条）が，取消しの効果は遡及しない（748条）から，後婚の効果としての嫡出推定の効力は失われず，推定の重複が生ずる可能性がある。

(2)　出生届と子の身分

嫡出推定が重複し，裁判所が父を定めるべき場合の子の出生届は，原則として母が行い，父が未定である事由を届書に記載しなければならない（戸54条1項）。これは嫡出子としての出生届であるが，父が未定であるから，父欄は空欄とし，届書のその他欄に「出生子は母の前夫・後夫いずれの子としても推定を受けるので父未定である」との事由を記載する。この出生届の受理により，子は出生当時の母の戸籍に入籍され，父欄は空欄とされ，身分事項欄の出生事項中に「父未定」の旨が付記される（髙妻新（青木惺補訂）・最新体系・戸籍用語辞典〔2014〕271頁）。ただし，実際問題としては，後婚の戸籍記載から妻の前婚解消後300日以内の出生であるかどうかを知ることは困難であるから，後夫から自己の嫡出子としての出生届がなされれば，そのまま戸籍に記載され，問題が見過ごされたままになっている場合もないとはいえない（新版注民(23)185頁〔日野原昌〕，民コメ(21)276頁〔大森政輔〕）。

II　本条の適用範囲

(1)　733条1項違反の再婚

本条が適用されるのは，女が733条1項の規定に反して再婚をなし，かつ

〔野沢〕　567

§*773* **Ⅱ**   第4編　第3章　親　子

772条の嫡出推定の重複を生ずる期間中に子を出産した場合である。再婚の届出に添付される戸籍の謄本ないし抄本により，前婚の解消等の有無およびその時を確認することができるから，そのような再婚の届出が受理されることは通常はない。ただし，離婚後に転籍した場合に新たに編製される戸籍には，前婚とその離婚に関する事項は移記されないから，再婚であることが看過される可能性は否定できない（新判例コメ(12)45頁〔深谷松男〕，民コメ(21)252頁〔大森〕など）。

　再婚禁止規定に違反した再婚の届出が受理され，かつ，その女性が，推定が重複する期間内に実際に出産する例は極めて少ないと考えられる（最大判平27・12・16民集69巻8号2427頁における山浦善樹裁判官の反対意見参照）。また，100日は推定が重複しうる期間の最大値であって，前婚の解消または取消しから再婚までの期間が空けば，その分だけ推定の重複可能期間は短くなる。さらに，上述のように，戸籍上後婚の夫の子として扱われることが多いとすれば，父未定の子として出生届がなされ，本条が適用されるのは，重婚への類推適用の可能性（後述）を考えても希有なことと言わざるをえない（新版注民(23)184頁以下〔日野原〕）。

　推定が重複している場合には本条の訴えによるべきであり，各個の推定について嫡出否認の訴えをなすことはできない（注民(22のⅠ)134頁〔岡垣学〕，民コメ(21)345頁〔西原道雄〕，大江141頁）。ただし，個別的な否認も可能であるが，本条を適用した方が制度の趣旨に合致するという見解がある（新版注民(23)189頁〔日野原〕）。

　平成28年6月7日の「民法の一部を改正する法律」（平28法71号）により改正された733条は，再婚禁止期間を100日に短縮し（1項），さらに，女が前婚の解消または取消しの時に懐胎していなかった場合（2項1号），および前婚の解消または取消しの後に出産した場合（2項2号）には，100日が経過していなくとも再婚できるものとした（→§733 Ⅱ(1)）。これにより女が再婚した場合において，前婚の解消・取消しから300日以内に子を出産しても，その子が懐胎されたのは前婚の解消・取消しの後であるから，前夫の子としての推定は及ばないと解される（堂薗幹一郎『「民法の一部を改正する法律（再婚禁止期間の短縮等）」の概要」家庭の法と裁判8号〔2017〕18頁以下，平28・6・7民一584号通達・記3）。したがって，その出産が再婚の日から200日経過後であって

568　〔野沢〕

第1節 実 子 §*773* Ⅱ

も，嫡出推定が重複することはなく，本条の訴えの対象とはならないであろう。戸籍実務では，かなり以前から，前婚の夫の子を懐胎しえない事情が客観的に明らかである場合には，再婚禁止期間内における再婚の届出を受理している（→§733 Ⅱ(2)）。この場合にも，嫡出推定の重複が形式上は生じうるが，前婚の推定が及ばない事例であるから，親子関係不存在確認によることが可能であり，本条の訴えによる必要はないと解されている（新版注民(23)187頁〔日野原〕，民コン(21)254頁〔大森〕など）。

本条の規律を必要とする事態は重婚の場合にも発生しうる。通説は，その場合にも本条が類推適用されると解しており（新版注民(23)184頁〔日野原〕），その趣旨を述べる戸籍先例も存在する。すなわち，夫の戦死報告を受けて妻が再婚したところ，戦死報告が取り消され，さらに後夫が死亡した場合において，再婚から200日後，後夫の死亡後300日以内に妻が出産した子については，本条を準用して裁判所が父を定めるとするものである（昭26・1・23民事甲51号回答）。

(2) 推定されない嫡出子との関係

婚姻成立から200日以内の出生子は，認知なくして出生と同時に夫の嫡出子となり，嫡出子としての出生届も受理される。これらの子のうち，内縁が先行するケースで，内縁の成立から200日後に生まれた子は772条の類推適用により推定される嫡出子であるという学説がある（→§772 Ⅲ(3)(ア)）。この説によれば，前婚の解消または取消しの日から300日以内で，内縁成立の日から200日後の出生子についても772条の推定が重複することになり，本条の訴えが認められることなる（我妻218頁）。しかし，判例は772条2項の「婚姻の成立の日」に内縁成立の日は含まれないと解している（最判昭41・2・15民集20巻2号202頁）。したがって，この場合には嫡出推定の重複はなく，本条の適用はないと解される。

学説には，前婚の夫の子としての法律上の推定と，前婚解消後に開始した内縁による事実上の父性推定が重複する場合に，本条の類推適用を認めて父を定める訴えも可能と解するものがある（新版注民(23)191頁以下〔日野原〕，新判例コメ(12)46頁〔深谷〕）。さらに，いわゆる300日問題への対応の一方法として本条を活用する提案も見られるところである（→§772 Ⅱ(3)(ウ)(c)）。ただし，本条は法律上の推定が重複する場合に，それを解消するための規定であり，

§773 Ⅲ　　　　　　　　　　　　　　　　　　　　第4編　第3章　親子

法律上の推定と事実上の推定の重複の場合を適用の対象とするものではない
との有力な批判もある（民コメ(21)258頁〔大森〕）。なお，離婚後 300 日以内，
後婚成立から 200 日以内で内縁成立から 200 日後に出生した子について，父
を定める合意に相当する審判がなされた事案において，「当該審判の確定に
よって母と前夫との父子関係が否定されたものと解し，同審判に基づく戸籍
訂正申請があったときは，別途戸籍法 113 条の訂正許可の審判を得させるま
でもなく，これを受理して差し支えない」とする先例がある（昭 53・4・26 民
二 2473 号回答）。

Ⅲ　父を定めることを目的とする訴え

(1) 当　事　者

　本条の訴えの原告適格を有するのは，子，母，母の配偶者またはその前配
偶者である（人訴 43 条 1 項）。子または母が訴えを提起する場合には，母の配
偶者と前配偶者（その一方が死亡した後は，他の一方）を，母の配偶者が訴えを
提起する場合には，母の前配偶者を，母の前配偶者が訴えを提起する場合に
は，母の配偶者をそれぞれ被告とし，それらの者が死亡している場合には検
察官を被告とする（人訴 43 条 2 項）。なお，最後の場合には，死亡した方の配
偶者の相続人に訴訟係属の通知が必要となる（人訴 28 条）が，その配偶者の
妻で子またはその代襲者とともに相続したものは，その相続分に影響がない
ので，通知の対象から除かれている（人訴規別表 9 の項）。

(2) 訴えの法的性質と審理

　通説は，この訴えを形式的形成訴訟と解している（新版注民(23)197 頁〔日野
原〕，松本博之・人事訴訟法〔3 版，2012〕393 頁以下）。嫡出推定が重複している
ことが要件であるから，重複していた推定が嫡出否認や親子関係不存在確認に
よって否定されている場合には，この訴えはなしえない。この訴えには出訴
期間の制限はなく，嫡出否認権の喪失（776 条・777 条）の後であっても提起
することができる。訴えの性質上，嫡出推定が重複しているため判決で父を
定めるべき旨を主張すればよい。請求の趣旨において重複する父のいずれか
を特定する必要はない。また，特定したとしても，裁判所は請求の趣旨に拘
束されない（大江 138 頁，村重慶一＝梶村太市編・人事訴訟の実務〔1987〕378 頁）。

570　〔野沢〕

第1節　実　子　　　　　　　　　　　　　　　　　　　　　　§774　I

審理の結果双方とも父でないとの心証に至った場合について，多数説は請求を棄却すべきであるとする（新版注民(23)200頁〔日野原〕，大江139頁など）が，訴えを却下すべきであるとする説もある（村重＝梶村編・前掲書380頁。なお，学説の詳細については，新版注民(23)200頁〔日野原〕，松本・前掲書394頁参照）。

(3)　判決の効力と戸籍の訂正

　推定の重複する父のいずれか一方を父と定める判決が確定すると，その者が子の出生の時から父であったことが確定し，重複していた他方の推定は，子の出生に遡ってその効力を失う。訴えを提起した者は，戸籍法116条1項により戸籍の訂正を申請しなければならない（詳細は，新版注民(23)201頁〔日野原〕，松本・前掲書396頁参照）。

(4)　合意に相当する審判の手続

　本条の訴えは人事訴訟である（人訴2条2号）であるから，原則として調停前置主義（家事257条）の適用があり，合意に相当する審判（家事277条）が可能である。この審判は確定判決と同一の効力を有する（家事281条）。

〔野沢紀雅〕

（嫡出の否認）

第774条　第772条の場合において，夫は，子が嫡出であることを否認することができる。

〔対照〕　フ民332・333・334，ド民1600
〔改正〕　(822)

I　本条の趣旨

(1)　本条の意義

　本条は，772条の嫡出推定は嫡出否認によって否定されること，および，その否認権が夫にあることを規定している。

(2)　本条の立法趣旨

　(ア)　嫡出推定の否定手段の限定　　嫡出否認は厳格な要件を付された制度である。本条による出訴権者の限定に続いて，訴えによるべきとの方法の制

〔野沢〕　571

§774 I　　　　　　　　　　　　　　　　　　第4編　第3章　親子

限（775条），嫡出の承認（776条）および出訴期間の経過（777条）による否認権の消滅が規定されている。このように要件が厳格に定められた主な趣旨は，夫婦間の秘事（プライバシー）や家庭の平和を第三者の干渉から保護すること，および，父子関係の早期確定による身分関係の画一的安定を図ること，特に嫡出子たる地位を安定させ，未成熟子に対する父の保育関係を保護することにあると解されている（注民(22のⅠ)119頁〔岡垣学〕）。本条は，「第772条の場合において」との文言により，嫡出否認が嫡出推定を覆すための排他的な手段であることを規定している。逆に言えば，「第772条の場合」でなければ嫡出否認に付された厳格な要件の制約を受けることなく，父子関係の不存在を争うことができることになる。嫡出推定の排除要件をめぐって多様な学説が主張されているが，その多くは，本条の反対解釈によって嫡出否認を不要とする解釈論ということができる（→§772 Ⅰ(2)(ウ)・Ⅳ(1)(2)）。

　なお，判例（最判昭55・3・27家月32巻8号66頁）は，「民法772条により，嫡出の推定を受ける子につき夫がその嫡出子であることを否認するためにはどのような訴訟手続によるべきものとするかは，立法政策に属する事項であり，同法774条，775条，777条がこれにつき専ら嫡出否認の訴によるべきものとし，かつ，右訴につき1年の出訴期間を定めたことは，身分関係の法的安定を保持する上から十分な合理性をもつ制度であって，憲法13条に違反するものではなく，また，所論の憲法14条等違反の問題を生ずるものでもない」としている。

　(イ)　否認権者の限定　　本条は夫にのみ否認権を与えている。明治民法の起草者は，夫が直接の関係者であり，推定の当否を判断できるのは夫だけであると説明しているが，夫だけがそのような地位にあることの積極的説明はなされていない。母の姦通を証明することになるという弊害は指摘されたものの，子やその直系卑属からの否認を許すことが公平であろうとの説明もあり，特に子に否認権を認めない強い意図が起草者にあったわけではない（前田泰「日本における議論の整理」家族〈社会と法〉28号〔2012〕16頁，百年Ⅳ62頁以下〔阿部徹〕）。しかし，最終的に子の否認権は認められなかったし，子の父が誰であるかについて重大な利害を有し，また，推定の当否を夫よりも正確に判断できるはずの母は除外されている。有り体にいえば「父子関係は疑い出せばきりがないのであって，わが子であると信ずる以外にないところがあるの

572　〔野沢〕

第1節 実 子 §774 II

であるから，夫が信じている限りは，他者は口出しするなという考え」（新判例コメ(12)48頁〔深谷松男〕）である。嫡出の承認（776条）を含めて夫の意思だけが尊重される点は，父権思想の現れであるということができよう（二宮159頁）。

本条による否認権者の限定に対しては，かねてより強い批判がある。夫が，自分の体面維持など種々の思惑から，否認権をあえて行使しない場合，「妻や子が，子の真実の父からの認知を希望しても，その希望はいれられず，真の事実が夫の意思だけでゆがめられうるということは，父権的であるとのそしりを免れない」（我妻＝立石163頁），さらにはより端的に，父でない者を一生父とせざるを得ないことは「子の人格の尊厳という点から，絶対に排斥されねばならない」（中川編・註釈上317頁〔外岡茂十郎〕）といった批判が加えられてきたところである。

憲法との関係では，父子関係の一方当事者である子，および重大な利害関係者である妻に否認権を認めないことは，法の下の平等に反するという見解（二宮周平「夫のみの嫡出否認権と嫡出推定制度（2・完）──家族法における憲法的価値の実現──家族法改正と司法判断(5)」戸時744号〔2016〕10頁）がある。また，父子関係の確定は将来にわたる重大事であるから，子の否認権の否定は憲法13条の個人の尊重原則に抵触し，妻の否認権の否定は，夫婦同権を定める憲法24条2項，14条1項，民法2条，女性差別撤廃条約（「女子に対するあらゆる形態の差別の撤廃に関する条約」）16条に抵触するとの見解も述べられている（辻村みよ子・憲法と家族〔2016〕306頁）。

II 嫡出否認権の行使者（出訴権者）

(1) 夫

嫡出否認の訴え（775条）の出訴権者は，原則として，772条によって子の父と推定される夫だけである。

(2) 夫の成年後見人等

夫に成年後見開始の審判がなされている場合には，その成年後見人が否認権を行使することができる（人訴14条1項）。ただし，成年後見人が否認の訴えの相手方となる場合には，成年後見監督人が原告となりうる（同条2項）。

〔野沢〕 573

§774 III 第4編 第3章 親子

妻が成年後見人であり，妻が否認の訴えの被告となる場合（775条）がこれ
に該当する（大江141頁ほか）。

(3) 夫死亡の場合

(ア) 出生前・出訴前の死亡　夫が子の出生前に死亡したとき，または
777条の期間内に否認の訴えを提起することなく死亡したときは，その子の
ために相続権を害される者その他夫の3親等内の血族は，夫の死亡から1年
以内に否認の訴えを提起することができる（人訴41条1項）。この否認権は夫
の否認権の延長という性格をもつものであるから，夫が生前に嫡出の承認
（776条）をなしたことにより自身の否認権を喪失していた場合には，これら
の近親者に否認権が与えられることはない（注民(22のI)123頁〔岡垣学〕）。

(イ) 訴訟係属中の死亡　夫が否認の訴えを提起した後に死亡した場合に
は，上記(ア)により訴えをなしうる者は，夫の死亡の日から6か月以内に訴訟
手続を受け継ぐことができる（人訴41条2項前段）。否認権は一身専属的な権
利であって相続の対象となるものではないから，原告である夫が死亡すれば
訴訟は当然に終了することになり，その場合上記の出訴権者が自身の否認権
を行使しようとするならば，改めて否認の訴えを提起することになるはずの
ところ，訴訟経済と事案の迅速処理の観点から上記の者による受継を認めた
ものである（注民(22のI)124頁〔岡垣〕）。この場合における受継は義務ではな
い（人訴41条2項後段）。

(ウ) 調停係属中の死亡　調停前置主義（→§775 III(1)）により夫が嫡出否
認の調停を申し立てた後に死亡した場合には，上記(ア)により訴えをなしうる
者が夫の死亡の日から1年以内に訴えを提起したときは，夫がなした調停の
申立ての時に，その訴えの提起があったものとみなされる（家事283条）。

III　外国法の状況

フランス民法では，当初，原則として夫のみに否認権が認められていたが，
現行法では父子関係の推定の根拠により異なった規律がなされている。すな
わち，出生証書に合致する身分占有がある場合には，子，父，母または真実
の父と主張する者のみが父子関係を争う訴えを提起でき（フ民333条1項），
出生証書に合致する身分占有がない場合には，すべての利害関係人が争うこ

574　〔野沢〕

第1節 実 子　　　　　　　　　　　　　　　　　　　　　§774 IV

とでき（フ民 334 条），さらに，公知証書によって認定される父子関係は，すべの利害関係人が反対の事実を証明して争うことができる（フ民 335 条）。ただし，証書自体から引き出される徴表が親子関係を疑わしくさせる場合または強行法回避の場合には検察官も父子関係を争うことができる（フ民 336 条，フランス法の概要については，西希代子「比較法的検討——フランス」家族〈社会と法〉28 号〔2012〕67 頁以下，田中通裕「注釈・フランス家族法(12)」法と政治 64 巻 4 号〔2014〕279 頁以下参照）。

　ドイツ民法の制定当初の規定では，夫のみに嫡出否認権が認められていたが，現行法の父性否認は，夫，母，および真実の父と主張する者（生物学上の父）もなしうる（ド民 1600 条 1 項）。ただし，真実の父と主張する者は，その事実の疎明のために，子の懐胎期間中に子の母と性関係のあったことにつき，宣誓に代わる保証をしなければならず（同項 2 号），また争われる父子間に社会的家族の関係が存在するときは否認をなしえない（同条 2 項）。さらに，父母であっても，精子提供による人工受精に同意した者も否認をなしえない（同条 5 項，ドイツ法の概要については，野沢紀雅「比較法的検討——ドイツ」家族〈社会と法〉28 号〔2012〕52 頁以下参照）。

　なお，韓国民法 846 条は日本民法と同じく否認権者を原則として夫に限っていたが，2005 年の改正により否認権者は「夫婦の一方」とされ，妻にも否認権が認められたが，子の否認権は認められていない（金疇洙＝金相瑢・注釈大韓民国親族法〔2007〕448 頁以下参照）。

IV　立法論の動向

　本条による否認権者の限定に対してはかねてより強い批判が投げかけられてきたところであり，最近の立法提案では，子（および母）にも否認権が認められるものとしている（窪田充見「実子法」中田編 68 頁以下，二宮周平「親子法」戸時 750 号〔2017〕7 頁以下）。ただし，生殖補助医療に同意した夫の否認権は制限すべきものとされている（→§776 III）。

〔野沢紀雅〕

§775 Ⅰ・Ⅱ   第4編 第3章 親 子

（嫡出否認の訴え）

第775条　前条の規定による否認権は，子又は親権を行う母に対する
嫡出否認の訴えによって行う。親権を行う母がないときは，家庭裁
判所は，特別代理人を選任しなければならない。

〔対照〕　フ民332・333・334，ド民旧1600e（2008年改正により削除）

〔改正〕〔823〕　本条＝昭23法260改正

Ⅰ　本条の趣旨

　本条は，嫡出否認権は嫡出否認の訴えの方法によって行使されるべきこと，
およびその場合の相手方（被告適格）を定めている。なお，否認の訴えは本
来的には人事訴訟事項であり（人訴2条2号）人事訴訟の判決手続によるべき
であるが，実際には合意に相当する審判（家事277条）によって処理されてい
る例が多い（→Ⅲ(2)）。

Ⅱ　嫡出否認の訴え（人事訴訟）

(1)　訴えの目的・性質・訴訟物

　嫡出否認の訴えの目的は，嫡出推定を受ける子と父とされている者との間
に血縁関係が存在しないことにより，その推定を覆し，嫡出子たる身分を消
滅させる判決を求めることにある。通説は，この訴えの性質を形成の訴えと
解している。嫡出推定は否認の判決によってのみ覆すことができるのであり，
その判決の確定までは法律上は母の夫の嫡出子として扱われ，否認の判決は
それまでの嫡出子としての取扱いを遡及的に否定する効力を有するからであ
る（注民(22のⅠ)132頁〔岡垣学〕，松本博之・人事訴訟法〔3版，2012〕360頁など）。
訴訟物は774条の嫡出否認権である（抗弁権としての行使については，→§777Ⅱ
(3)）。

(2)　嫡出否認によるべき場合

　(ア)　嫡出推定によらない父子関係　　否認の訴えは772条の推定を争う手
段であるから，それ以外の原因によって表見的な嫡出父子関係が存在する場
合には，この訴えによることはできない。その意味では，嫡出推定が及んで

576　〔野沢〕

第1節　実　子　　　　　　　　　　　　　　　　　　　　§775　II

いることが訴訟要件である。例えば，いわゆる藁の上からの養子や新生児の
取り違えの場合には，戸籍上は嫡出子としての記載があっても，否認の訴え
によることはできない。親子関係不存在確認によるべきである。また，789
条の準正によって表見上嫡出子となっている場合や，さらには推定されない
嫡出子（→§772 III）は「妻が婚姻中に懐胎した子」（772条1項）ではないから，
その父子関係を争うには，嫡出否認の訴えではなく，認知無効や親子関係不
存在確認の訴えによらなければならない。

　(イ)　推定の及ばない子の場合　　形式上772条の推定を受ける子であって
も，一定の事由があるときはその推定が排除され，親子関係不存在確認の訴
えによって夫との父子関係を争うことができる（→§772 IV）。推定排除の事
由については多様な学説が主張されているが，判例はいわゆる外観説に立ち，
「妻が子を懐胎すべき時期に，既に夫婦が事実上の離婚をして夫婦の実態が
失われ，又は遠隔地に居住して，夫婦間に性的関係を持つ機会がなかったこ
とが明らかであるなどの事情が存在する場合」には，実質的には772条の推
定を受けることなく，親子関係不存在確認の訴えによって夫との父子関係を
争うことができるとしている（最判平26・7・17民集68巻6号547頁など）。この
ような事情の認められる事案において，夫が777条の出訴期間内に嫡出否認
の訴えを提起した場合，その訴えは適法といえるかという問題がある。

　嫡出否認の訴えは嫡出の推定を遡及的に消滅させる形成の訴えであるから，
推定が及んでいない場合には，そのままでは形成の対象を欠く不適法な訴え
として却下されると考えられる（福永有利「嫡出否認の訴と親子関係不存在確認の
訴」現代家族法大系 III 22頁，大江147頁など）。裁判例としても，夫の無精子症を
理由として嫡出否認の調停が申し立てられた事案において，家庭破綻説（折
衷説）により推定の排除を認めた上で，申立ての趣旨を親子関係不存在確認
に変更して合意に相当する審判をなした事例がある（津家四日市支審昭59・7・
18家月37巻5号63頁）。同様の立場から，受訴裁判所は釈明権を行使して適
当な請求の趣旨に変更させた上で，審理を続けることが望ましいとする見解
もある（注民(22のI)134頁〔岡垣〕，石原直樹「嫡出否認か親子関係不存在確認か」村
重慶一編・裁判実務大系25人事争訟法〔1995〕367頁）。

　しかし，772条の適用が形式的に認められる以上，嫡出否認によって父子
関係を否定する可能性を排除する必要はないとする見解が近時有力となって

〔野沢〕　577

§*775* Ⅱ   第4編 第3章 親 子

いる（窪田189頁）。親子関係不存在確認の訴えは，人事訴訟法2条2号が規定する嫡出否認，認知，認知無効，認知取消しの訴え以外の事由により法律上の父子関係の不存在を求めるものであり，それらの典型的類型に抵触しない限度でのみ認められるから，まずは否認の訴えによることが論理的であり，夫が出訴期間内に提起した訴えであれば，推定の排除の有無を審理することなく，直ちに実体審理に入ることができるという点で実際的でもあるという理由づけもなされているところである（梶村太市・家族法学と家庭裁判所〔2008〕315頁以下，ただし，親子関係不存在確認の訴えを排除するものではない）。

(3) **当事者適格**

(ア) 原告　　原則として772条により子の父と推定される母の夫に限られる（774条）。ただし，例外的に，他の者に原告適格が認められることがある（→§774 Ⅱ）。

(イ) 被告　　本条により，子自身または親権を行う母を被告とする。否認の訴えの出訴期間は短く設定されている（777条）から，子に行為能力も意思能力もないことが通常であり，子の親権者たる母が被告となる。母が親権者でないときは，本条後段により裁判所が特別代理人を選任し，その者を被告とする。

(4) **出訴期間　→§777**

(5) **審　理**

772条の嫡出推定は法律上の推定であり，これを争う原告は反対の事実，すなわち母の夫が血縁上の父でないことを証明しなければならない。証明責任は原告にある。審理において，母の夫が子の懐胎可能な時期に母と性関係を持たなかった事実の証明，もしくは子が夫の子でないことについて科学的な証拠（親子鑑定）による証明がなされれば，請求が認容される（以上につき詳細は，松本・前掲書365頁以下参照）。

(6) **判決の効力**

(ア) 請求認容の判決　　嫡出否認請求の認容判決の主文は，夫が原告であるときは「被告〔子〕が原告〔夫〕の嫡出子であることを否認する。」と表記される。この判決の確定により嫡出推定の効力は遡及的に消滅し，子は出生時に遡って夫の嫡出子たる身分を失い，母の非嫡出子であったことになる（形成的効力）。また，この確定判決は，当事者以外の者をも拘束する対世的

578　〔野沢〕

第1節　実　子　　　　　　　　　　　　　　　　　　　§775 II

効力を有する（人訴 24 条 1 項）。

　有力説は，認容判決の理由によって具体的効力を区別する。すなわち，婚
姻中の懐胎でないことを理由とする場合には，母の夫との父子関係までは否
定されていないから，後に，夫に対して認知請求することも，夫から任意の
認知をなすこともできるが，婚姻中の懐胎であるが，夫が父でないことを理
由とする場合には，夫に対する認知の訴えも，夫からの任意認知もなしえな
いというのである（中川編・註釈上 317 頁以下〔外岡茂十郎〕，注民（22 の I）140 頁
〔岡垣〕）。これに対しては，いくつかの批判がある。まず，父子関係の存否に
は触れずに婚姻前の懐胎であることのみを理由として否認の訴えを提起する
場合は稀であり，仮にそのことを理由として否認の判決が確定した後に夫の
認知により準正されうるとしても，婚姻成立後 200 日以内の出生子が嫡出子
として扱われることと権衡を失する（村重慶一＝梶村太市編・人事訴訟の実務
〔1987〕368 頁以下）。また，対世的効力をもって父子関係の不存在が確定する
ためにはその旨が判決主文で宣言されていることが望ましく，そのためには
親子関係不存在確認訴訟の併合を考えるべきであるとの指摘もなされている
（福永・前掲論文 25 頁）。さらに，嫡出否認と親子関係不存在確認は，いずれも
法律上の父子関係の否定であるとし，前者は 772 条の推定が及ぶ場合，後者
はそれが及ばない場合の訴えであり，いずれの判決もそれが確定すれば，親
子関係の不存在が確定する（梶村・前掲書 297 頁）と主張する見解もある。

　(イ)　請求棄却の判決　　嫡出否認の請求が棄却されれば，推定を受ける子
が夫の嫡出子であることが確定し，その判決は対世的効力を有する。

　(7)　戸籍の訂正

　嫡出否認の判決（または審判）が確定すると母の夫の嫡出子としての地位が
遡及的に否定されるから，すでに母の夫の嫡出子としての戸籍記載がなされ
ている場合には，訴えを提起した者は，判決確定の日から 1 か月以内に戸籍
の訂正を申請しなければならない（戸 116 条 1 項）。子の出生が父母の婚姻中
である場合には，父欄が削除され父母との続柄が変更される。子の出生が父
母の離婚後で母が復氏している場合には，父の戸籍に同様の訂正がなされ，
子は非嫡出子として母の氏を称するから，母の戸籍に入籍する（昭 24・7・6
民甲 1532 号回答）。父母離婚後の出生子について，出生届未了のまま嫡出否認
の判決が確定した場合には，母からの非嫡出子出生届または母の後夫の嫡出

〔野沢〕　579

子としての出生届をなしうる。その場合には出生事項に嫡出否認の裁判確定の旨が括弧書きで付記される（昭48・10・17民二7884号回答。戸籍関係についてより詳しくは，髙妻新（青木惺補訂）・最新体系・戸籍用語辞典〔2014〕265頁以下参照）。

Ⅲ　合意に相当する審判（家事調停）

(1)　制度の趣旨

　人事訴訟（人訴2条）の訴えを提起しようとする者は，まず家庭裁判所に家事調停の申立てをしなければならず，その申立てをすることなく訴えを提起した場合には，原則として，裁判所は，事件を家事調停に付さなければならない（家事257条）。その家事調停において当事者間に申立ての趣旨に従った合意が成立しても，実体法上当事者の合意によることのできる離婚と離縁以外は，当事者の任意処分が許されない事項である。そのような事項に関しては，家庭裁判所の事実の調査に基づいて当事者の合意が正当と認められれば当該合意に相当する審判がなされ（家事277条），その告知から2週間以内に適法な異議の申立てがなされないときは，当該審判は確定判決と同一の効力を有する（家事279条ないし281条）。本来的には人事訴訟によるべき事項であっても，当事者が人事訴訟によらないことについて合意し，かつ，申立ての原因事実について争いがない場合，つまり紛争性がない場合にも，改めて原則公開の人事訴訟手続によるべきとすることは，必ずしも適切とはいえない。そこでそのような場合に限って「事実の調査により実体的な真実に合致していることを確保しつつ，家庭内の秘密を保持する観点から非公開の手続により，簡易迅速に処理することを認め，もって手続経済に資するとともに，当事者の負担を軽減させる」（金子・逐条解説835頁以下）ことを趣旨とする制度である。これは旧家事審判法23条に規定されていた制度であり，家事事件手続法に引き継がれたものである。

　この制度は，一般に人事訴訟の簡易な代替手続と解されているが，調停手続における合意が審判の要件とされることから，調停手続の一部であるという側面もあわせ持っている。調停と審判のいずれの側面を重視するかによって，制度理解や個別問題の解釈に差異を生ずる（詳しくは，佐上善和・家事審判

第1節　実　子　　　　　　　　　　　　　　　　　§*775*　III

法〔2007〕440頁以下，斎藤秀夫＝菊池信男編・注解家事審判法〔改訂，1992〕772頁以下〔窪田もとむ〕参照）。以下においては，嫡出否認の申立てとの関連に限定して要点を整理する。

(2)　運用実態

　この審判は人事訴訟の代用手続ではあるものの，実際には人事訴訟による例は少なく，事案の多くがこの審判で処理されている。このような実態については以前から指摘されているところであり（例えば岡垣学「嫡出否認の訴えについて（一）」判タ300号〔1974〕8頁以下），「事実が明らかで当事者間に紛争がない場合の嫡出否認は，大部分が調停を経ての審判という形で行われ，嫡出否認の訴訟の提起という本来の形式が用いられることは，今日ではまれである」（民コメ(21)344頁〔西原道雄〕）。

(3)　審判の要件

　(ア)　訴訟要件の具備　　訴訟要件が具備されていなければならないことは，人事訴訟による場合と同様である（山木戸克己・家事審判法〔1958〕105頁）。嫡出否認の場合にも，その訴えの原告適格を有する者（原則として夫）から，被告適格を有する者（子または母）に対して申し立てることになる（金子・逐条解説836頁以下）。また，777条の出訴期間の遵守も要件となる。当事者適格の要件を厳格に適用すれば，子から夫に対する否認の申立ては不適法であり，その申立てに基づいてなされた審判も無効ということになる。しかし，実際の審判例には，人事訴訟の簡易化であるこの審判手続では「手続の厳格性を強く要求するべきではなく，民法および人事訴訟手続法の規定が確保しようとする種々の法的利益が一応実質上維持できる限り，これら〔原告適格要件〕に反するとしても同審判が無効となるものではない」として，子からなされた嫡出否認の申立てを認めるもの（札幌家審昭41・8・30家月19巻3号80頁）や，「子から父に対し申立があった場合でも，父がこれに応じてその旨の審判を受けることに合意するならば，合意に相当する審判をすることは差し支えない」（東京家審昭43・5・7家月20巻10号93頁）とするものがある。学説でもこのような判断を支持する見解が有力である（注民(22のⅠ)130頁〔岡垣〕，民コメ(21)295頁〔西原〕，小島武司〔判批〕家族百選〔3版〕83頁）。夫の合意をもって夫がその否認権を行使したものと解することができるとの見解もある（岡部喜代子「いわゆる推定の及ばない嫡出子の手続的側面」判タ1301号〔2009〕47頁〔松原＝

〔野沢〕　　581

§775 Ⅲ   第4編 第3章 親 子

道垣内編Ⅰ223頁以下所収〕）。

いま1つの訴訟要件である出訴期間については，その起算点の解釈により
これを充足する可能性がある（→§777Ⅱ⑵）。また，起算点の解釈によること
なく，子は自身の法的地位の安定という出訴期間要件による利益を本審判の
合意によって適法に放棄したと考える見解もある（岡部・前掲論文48頁，嫡出
否認の実務については，→§772Ⅳ⑶⑷⑸）。

（イ）当事者の合意等　家事事件手続法277条1項によれば，当事者間に
おいて，「申立ての趣旨のとおりの審判を受けることについて合意が成立し
ていること」（1号），および「申立てに係る無効若しくは取消しの原因又は
身分関係の形成若しくは存否の原因について争わないこと」（2号）という2
つの要件が充たされなければならない。1号の合意には，人事訴訟手続によ
らずに家事調停の手続によって事件を処理するという手続に関する合意と，
申立ての趣旨どおり法律効果の発生を承認するという趣旨が含まれている
（金子・逐条解説838頁，なお合意の性質をめぐる諸学説については，同書840頁以下，
佐上善和・前掲書448頁以下，斎藤＝菊池編・前掲書784頁以下〔窪田〕参照）。なお，
1号の合意については，当事者の真意を慎重に確認する必要があることから，
電話会議システム等の利用や書面による受諾によりこれを成立させることは
できない（同条2項，金子・逐条解説841頁）。

（ウ）事実の調査等　家庭裁判所は事実の調査をなし，上記1号の合意を
正当と認めるときに合意に相当する審判をすることができる（家事277条1項
柱書）。また，家事調停手続が調停委員会で行われているときは，その審判
に際して，当該委員会の委員の意見を聴取しなければならない（同条3項）。
なお，合意に相当する審判がなされた後は，相手方の同意がなければ申立て
の取下げはできない（家事278条）。

（4）異議の申立て

当事者および利害関係人は，審判の告知から2週間の不変期間内に異議の
申立てをすることができ（家事279条），異議の申立てを却下する審判に対し
ては即時抗告をなしうる（家事280条2項）。当事者の異議は，277条1項各号
の要件が存在しないことを理由とするものでなければならない（家事279条1
項ただし書，最決昭44・11・11民集23巻11号2015頁）。この申立てに理由がある
と認めるときは，家庭裁判所は審判を取り消さなければならない（家事280

条3項）。他方，利害関係人の異議には特段の理由は必要とされておらず，適法な異議があったときは，当該審判はその効力を失う（同条4項）。異議の申立てを却下する審判に対しては即時抗告をなしうる。ここにいう利害関係人とは，当該身分関係を訴訟物とする人事訴訟の当事者適格を有する者と一般に解されている（佐上・前掲書457頁，梶村太市「23条・24条審判の異議申立」現代家族法大系I 459頁）が，それよりは広く，法律上の利害関係を有する者を意味するが，単なる事実上の利害関係を有するにすぎない者は含まれないとする説もある（原田晃治「合意に相当する審判の制度」判タ747号〔1991〕521頁）。裁判例としては，「審判の効力によって，再び審判又は訴の方法によって同一事項を主張することができる自己の権利を阻害されるものをいう」と解し，嫡出否認の審判の審判理由中で実父とされた者は利害関係人に当たらないとして，その異議を却下した審判例（浦和家川越支審昭58・6・27家月36巻8号124頁）がある。その一方で，「当該審判を前提に一定の身分関係の変動が生じる蓋然性が現実化している者もこれに含まれる」と解し，戸籍上の父子間の親子関係不存在確認審判において高い確率で実父であると認定され，かつ現実に母から認知と養育費支払を求められている男からの異議申立てを認容した事例（東京高決平18・10・13家月59巻3号69頁）もある。

(5) 審判の効力

審判の告知から2週間以内に異議の申立てがないとき，または異議の申立てを却下する審判が確定したときは，合意に相当する審判は確定判決と同一の効力を有する（家事281条）。したがって，嫡出否認の審判は，出生時に遡及して嫡出子たる法的地位を消滅させる形成的効力を有し，対世的効力も認められる（戸籍の訂正に関しては，→II(7)）。

(6) 出訴期間との関係

家事調停が不成立となった場合や，合意に相当する審判がなされても利害関係人の異議により失効した場合に，なおも人事訴訟事項を争うときは，改めて訴えを提起しなければならない。しかし，その時点で当該訴訟の出訴期間が徒過していることがありうる。もし，そのことを理由として訴えが不適法とされるならば，原告当事者は大きな不利益を被り，また，調停前置主義の実効性も担保されない。特に，短い出訴期間の付された嫡出否認の訴えの場合には問題である。そこで，そのような事態に備えて，訴え提起の時を擬

§*775* Ⅳ 　　　　　　　　　　　　　　　　第4編　第3章　親　子

制する規定が置かれている。すなわち，調停不成立の通知を受けた日から2
週間以内に訴えを提起したときは，家事調停の申立ての時に訴えの提起があ
ったものとみなされ（家事272条3項），合意に相当する審判がなされても異
議申立てによって失効したときは，その旨の通知を受けた日から2週間以内
に訴えを提起したときは，同様に調停申立ての時に訴えの提起があったもの
とみなされる（家事280条5項）。

Ⅳ　立法論の動向

　嫡出否認の訴えは，出訴権者や出訴期間がきわめて限定的であることもあ
り，実際に利用されることは少ないし，また，この訴えで必要な立証を原告
がなしうるような場合のほとんどについては，推定の排除により親子関係不
存在確認の訴えをなしうるのであり，「今日では，嫡出否認制度の存在意義
はほぼまったく存在しないといってよい」（鈴木＝唄Ⅰ36頁）。こうした嫡出
推定・否認制度の空洞化は一般的な認識となっている（→§772Ⅰ(2)）。1959
年の法制審議会民法部会身分法小委員会の「仮決定及び留保事項」第20で
は，嫡出推定を覆すための特別の訴えの制度を必要としない案として「丙案
事実上の父子関係の存否によって決定する案」が選択肢として掲げられてい
た。
　しかし，そうした廃止論の主張は，最近では見られない。推定された父子
関係が血縁と一致しないことがあり得るとしても，夫の利益と子の法的地位
の安定を調和させる制度としての存在意義は肯定される（鈴木＝唄Ⅰ36頁，注
民(22のⅠ)131頁〔岡垣〕）。むしろ，出訴権者と出訴期間を緩和する方向での
改正が求められている。上述の仮決定・留保事項における「甲案」の選択肢
（「現行の嫡出否認の訴の提起権者の範囲を拡張し，提起期間に関する制限を緩和又は撤廃
する」）がそれである。最近の改正提案でも，「父子関係否認」（窪田充見「実子
法」中田編49頁以下）や「父子関係の否定」（二宮周平「親子法」戸時750号
〔2017〕7頁以下）と用語は変更されている（嫡出の父子関係と非嫡出のそれを区別
しないことによる）ものの，嫡出否認制度の機能は踏襲され，要件を緩和する
方向性が示されている（出訴権者につき→§774Ⅳ，出訴期間につき→§777Ⅳ）。
　なお，二宮・前掲論文9頁以下では，嫡出否認に代わる「父子関係否定」

584　〔野沢〕

第1節　実　子　　　　　　　　　　　　　　　　　　　　　　　§*776*　I

は将来に向かってのみ効力を生ずるものとしている（改正提案776条1項）。遡及効を認めないのは，裁判で否定されるまで継続した親子関係，親子としての共同生活を尊重する趣旨である。そのこととの関連において，父子関係否定の後になされる父の承認（認知）の効果は，すでに生じていた父子関係には影響を及ぼさないものとしている（同条2項）。

〔野沢紀雅〕

　　（嫡出の承認）
　第776条　夫は，子の出生後において，その嫡出であることを承認し
　　たときは，その否認権を失う。

　　　〔対照〕　ド民旧1598（1938年改正により廃止）
　　　〔改正〕　（824）

I　本条の趣旨

(1)　否認権の消滅事由

　本条は，出生後における夫による自己の嫡出子たること（嫡出性）の承認を，嫡出否認権の消滅事由として規定している。否認権は次条の出訴期間の経過によっても消滅するが，それ以前であっても，本条の承認をなすことによって夫の否認権が消滅する。

(2)　立　法　趣　旨

　夫は嫡出推定を受ける子との父子関係の存否についてよく知りうる地位にあり，その夫が自己の子として承認すれば，血縁上の親子関係の存在の可能性が高いこと。また，自己の子としての承認が子の監護や扶養の義務を引き受け，自己の相続人として扱う意思を推測させること。これらの点から，身分的秩序の早期確定と子の利益の保護の観点からみても，夫の否認権を残存させる理由がないため，その消滅の効果が認められると一般に説明されている（新版注民(23)226頁〔松倉耕作〕，民コメ(21)382頁〔西原道雄〕など）。

(3)　本条の適用

(ア)　直接適用　　嫡出の承認があった事実は，原告の嫡出否認の請求に対

〔野沢〕　585

§776 II　　　　　　　　　　　　　第4編　第3章　親　子

する被告の抗弁と位置づけられるから，請求原因事実である父子関係の不存在が証明された後に，本条の適用が問題となりうる（大江146頁）。したがって，本条が適用される前提として，まず，嫡出否認の訴えが適法になされている必要がある。しかし，その出訴期間は夫が子の出生を知ったときから1年間（777条）と比較的短く設定されており，その前提を欠くことが多いと考えられる。加えて，承認の有無の問題は，結局，否認権を消滅させるべきかどうかの問題に帰するのであり，否認の訴えの棄却が妥当な場合に，適宜，承認の存在を認定することになるから，証拠によって嫡出子でないことが明らかであるにもかかわらず，承認があったという理由で訴えを棄却することは穏当ではないとの見解がすでに戦前に存在しており（谷口・日本親族法331頁），現在でも同様の指摘がある（大江146頁）。いずれにしても，本条の適用によって嫡出否認の請求が棄却された裁判例は見られず，「現実にはほとんど空文に帰して」いる（民コメ(21)383頁〔西原〕）といってよい。

　(イ)　趣旨の類推　　本条の趣旨は上記(2)のように解されているが，本条の規範には，いったんなした承認と矛盾する言動は許されないという意味での禁反言の要素と，現実に営まれた社会的な親子関係を争えないものとする，フランス民法の身分占有に類似した要素も含まれていると考えられる。前者の要素に着目すれば，AID（非配偶者間人工授精）に同意した夫の否認権を否定する根拠として本条の趣旨を類推することが考えられる（→§772 II(2)(イ)(b)）。また，後者の要素は，父子の生活関係全体から子としての承認があったと評価されるときは親子関係不存在確認が許されないとする嫡出性承認拡張説の論拠ともされている（→§772 IV(2)(カ)）。

II　嫡出の承認

(1)　承認の要件

　(ア)　法的性質　　嫡出の承認は，夫が，嫡出の推定を受ける子が真に自己の嫡出子である旨を積極的に肯定し，または消極的に否認権を行使しないことを表明する意思表示である。その意思表示の瑕疵，錯誤の効果については若干の議論がある（民コメ(21)405頁以下〔西原〕，注民(22のI)150頁以下〔岡垣学〕参照）。

第1節 実 子 §*776* II

(イ) 承認をなしうる者 　嫡出の承認は774条の否認権を喪失させるもの
であって，同条により否認権を有する母の夫のみが承認をなしうる。夫に意
思能力さえあれば，制限行為能力者であっても単独で有効な承認をなしうる
のであり，また代理人による承認も認められない。人事訴訟法41条所定の
否認権者による承認については，これを否定的に解する説と，本条の類推適
用により承認をなした個々の者は否認権を喪失すると解する説がある（以上
につき，民コメ(21)386頁〔西原〕，注民(22のI)148頁〔岡垣〕参照）

(ウ) 承認の対象となる子 　夫の否認権を消滅させる制度であるから，
772条の嫡出推定が及んでいる子（→§775 II(2)）が承認の対象である。婚姻
前に懐胎され婚姻後に出生した推定されない嫡出子（→§772 III）の父子関係
は親子関係不存在確認によって争うべきであり，嫡出否認によるのではない
から本条による承認の抗弁は成立しないとした事例がある（名古屋控判昭16・
9・15新聞4740号9頁）。また，形式上は推定を受ける期間中に出生している
がその推定が排除される，推定の及ばない子に対する親子関係不存在確認請
求がなされた場合も，同様に承認の抗弁は成立しない。もっとも，信義則違
反ないしは権利濫用として請求が棄却されることがありうるのは別論である。

(エ) 承認の方法 　承認の方式等を定める規定はなく，承認は明示または
黙示の意思表示によってなしうる。夫が嫡出子としての出生届をなしても，
嫡出の承認にはならない。これは，旧法時代以来の戸籍先例であり（明32・
1・10民刑2289号回答），通説でもある。嫡出子出生届をなすことは，父の公
法上の義務であり，無戸籍の状態になることを避けるため，否認の訴えを提
起した場合でも，出生の届出をしなければならない（戸53条）とされている
からである（民コメ(21)392頁〔西原〕，注民(22のI)150頁〔岡垣〕）。これに対し
ては，母も嫡出子の出生届をなしうるようになった現在（戸52条1項）では，
この解釈には疑問があるとする見解がある（太田257頁）。また，自己の子で
ないことを知悉しながら嫡出子出生届をしたときは，否認権は失われるもの
と解すべきとする説もある（高橋ほか131頁）。これと同様の見解は，法典調
査会における富井政章の発言にも見られる（法典調査会民法議事〔近代立法資料
6〕522頁，岡垣学「嫡出否認の訴について(2)」判タ301号〔1974〕38頁参照）。

(2) 承認の効果

夫が子の嫡出性を有効に承認することにより，夫の否認権は消滅し，嫡出

〔野沢〕 　587

§776 III   第4編 第3章 親 子

推定は確定する。それ以後は，夫のみならず補充的な否認権者（人訴41条）
も，当該嫡出父子関係を争うことは許されない（民コメ(21)408頁〔西原〕，注民
(22のI)151頁〔岡垣〕）。

Ⅲ 立法論の動向

　嫡出の承認の制度は，嫡出否認による事実解明と身分関係の訂正の可能性
を全面的に封ずるものであるから，血縁関係と一致しない親子関係を確定さ
せる一因となる。また，嫡出父子関係の早期確定を容易にしようとした背景
には，夫（父）の意思尊重という，家制度的な配慮もあったのではないかと
の指摘もなされている（民コメ(21)408頁〔西原〕）。血縁と法的親子関係を可能
なかぎり一致させる血縁主義的な観点からも，また，母や子の人格尊重の観
点からも問題の多い制度である（注民(22のI)151頁〔岡垣〕）。

　すでに1925年の臨時法制審議会「民法親族編中改正ノ要綱」第18の1項
は，「嫡出子ノ否認権ハ承認ノ一事ニ因リテ之ヲ失フコトナキモノトスルコ
ト」との提案をなしていた。承認の概念がかなり曖昧であるだけでなく，承
認後に嫡出でないことを知っても否認ができないのはいかにも不当であると
いう説明がなされている（穂積重遠「民法改正要綱解説」法協46巻8号〔1928〕1391
頁）。その後の「人事法案（仮称）第1編親族（昭和16年整理）」（日本立法資
料全集別巻163）には，本条に相当する規定は置かれていない。戦後における
立法論としても，夫の一方的意思によってもたらされる虚偽の父子関係を子
に強いるものであるとして，「子の人格の尊厳」という立場から本条を批判
する見解（中川編・註釈上324頁〔外岡茂十郎〕），あるいは，鑑定技術の進歩し
た現状を踏まえて「真実主義を担保する」観点から将来的には削除すべきと
の主張が見られる（新版注民(23)227頁〔松倉〕）。

　しかし，最近の立法論では，本条に相当する規定の存置が提案されている。
「民法改正委員会家族法作業部会」の改正案 C-7 では，否認権者を子もしく
は親権を行う母に拡大した上で，夫についてのみ，承認により否認権を失う
こと，および第三者の提供精子による生殖補助医療（AID）に同意した夫に
は否認権を認めないこととされている（窪田充見「実子法」中田編68頁以下）。
また，「家族法改正研究会」の親子関係法グループの改正案774b条5項で

588　〔野沢〕

第1節　実　子　　　　　　　　　　　　　　　　　　　§777　Ⅰ

は，生殖補助医療に同意を与えた夫による父子関係否定（否認）を認めない
（二宮周平「親子法」戸時 750 号〔2017〕7 頁）。

〔野沢紀雅〕

　　（嫡出否認の訴えの出訴期間）
　第 777 条　嫡出否認の訴えは，夫が子の出生を知った時から 1 年以内
　　に提起しなければならない。
　　　　〔対照〕　フ民 321・333・334，ド民 1600b
　　　　〔改正〕　（825）

Ⅰ　本条の趣旨

⑴　本条の意義

　本条は，夫による嫡出否認の訴えの出訴期間を規定する。その期間は，後
述Ⅱのような解釈論上の争いはあるが，規定の文言上は，夫が子の出生を知
った時から 1 年間である。なお，夫が成年被後見人であるときは，後見開始
の審判の取消しがあった後，夫が子の出生を知った時から起算される（778
条）。夫の嫡出否認権の行使方法は訴えに限られる（775 条）から，この期間
の経過によって母の夫の嫡出否認権は消滅する。嫡出の承認（776 条）と並
ぶ否認権の消滅原因を定めた規定である。否認権の消滅は法律が期間の経過
に付与した法的効果であって，時効期間ではないため，更新や完成猶予の観
念を入れる余地がなく，裁判所は当事者の援用を待つまでもなく，職権で期
間内の訴えであるかどうかを調査し，判断しなければならない（注民（22 の
Ⅰ）153 頁〔岡垣学〕）。嫡出否認の訴えには調停前置主義（家事 257 条，→§775 Ⅲ）
の適用があるから，実質は調停の申立期間といってよい。その場合にも，裁
判所が期間内の申立てであるかどうかを調査し，判断しなければならない
（民コメ（21）446 頁〔西原道雄〕）。
　夫の成年後見人等が否認の訴えを提起する場合（→§774 Ⅱ⑵）には，後見
人等が子の出生の事実を知った時，後見人等となった者がその就任前にすで
に子の出生を知っていたときは，後見人等に就任した時から 1 年以内に訴え

〔野沢〕　589

§777 Ⅱ   第4編　第3章　親　子

を提起しなければならない（注民(22のⅠ)155頁〔岡垣〕，名古屋地岡崎支判昭29・4・9判時24号14頁）。なお，夫が死亡している場合の否認権者の出訴期間は，人事訴訟法等で定められている（→§774Ⅱ(3)）。

(2)　立法趣旨

　法典調査会ではもっと短くすべきとの意見も出たが，夫が遠国にいる場合なども勘案して，民法起草当時における最長の立法例によって1年としたと説明されている（百年Ⅳ64頁〔阿部徹〕）。この期間の経過によって否認権が消滅する根拠としては，①期間の経過により夫が子の嫡出性を黙示的に承認したと考えられること，②身分秩序が早期に安定し，それが子の利益に適うこと，および，③時間の経過によって証拠が散逸するおそれがあること，等が挙げられている。しかし，①の根拠に対しては，本条による否認権の消滅は，法定期間の経過という客観的事実に法律が与えた効果であって，夫の承認の効果ではないという批判があり，また③の根拠に対しては，父の生存中は期間制限がなく，父の死後も3年間は可能とされる認知の訴え（787条）との不整合が指摘され，また，鑑定技術の進歩を勘案すれば，期間制限の正当性の根拠としては薄弱であるという批判もなされている。結局，②の根拠が本条の主たる趣旨と解されるが，血縁と一致しない父子関係を早期に確定させることは，必ずしも子の利益につながるとは限らないという批判もある（以上につき，注民(22のⅠ)154頁〔岡垣〕，民コメ(21)424頁以下〔西原〕参照）。

　判例（最判昭55・3・27家月32巻8号66頁）は，本条による出訴期間の制限は「身分関係の法的安定を保持する上から十分な合理性をもつ」として，憲法13条，14条に違反するものではないとしている（→§774Ⅰ(2)(ア)）。

Ⅱ　出　訴　期　間

(1)　期間の計算

　本条の1年の期間計算は，民法の原則に従い初日を算入せず（140条），翌年の起算日に応当する日の前日に満了する（143条2項）。

(2)　起　算　点

　本条の文言および立法者意思によれば，出訴期間の起算点は妻が子を出産した事実を知った時であり，子の血縁関係に関する事情を知る必要はないこ

第1節　実　子　　　　　　　　　　　　　　　　　　　§777　Ⅱ

とになる（出生認識説）。これは戦前からの定説であり，現在も通説とされている（注民（22のⅠ）153頁〔岡垣〕，清水節・判例先例親族法Ⅱ──親子〔1995〕24頁など）。またその趣旨と解される大審院の裁判例もある（大判昭17・9・10法学12巻4号67頁──ただし，父子関係を争えない根拠として民旧825条〔現777条〕のほかに民旧824条〔現776条〕も挙げられている）。

　この出生認識説では，772条により推定された父子関係が早期に確定することになるが，他方において，血縁関係なき場合でも法的な父子関係を争えない結果となる。また，本条の期間が夫にとって熟慮期間としての意味を持つことを重視すれば，事情不知のまま否認権が消滅することには問題がある。このような批判的観点から，単なる出生の事実を知るだけではなく，その子が自己の子でないこと，すなわち否認すべき子の出生を知った時と解する説（否認原因覚知説）が有力に主張されている（民コメ（21）449頁〔西原〕，久貴171頁以下，新判例コメ（12）56頁〔深谷松男〕。裁判例として東京家審昭42・2・18家月19巻9号76頁）。さらに，否認原因を知らなかったことにつき夫に重過失なきことを加える裁判例もある（松江家審昭46・9・30家月24巻9号173頁，奈良家審昭53・5・19家月30巻11号62頁。内田Ⅳ173頁はこの判断基準を支持する）。この要件は，夫が善意である限りは何年後でも否認が可能になってしまうことに対する配慮と解される（百年Ⅳ94頁〔阿部〕）。他方，この説に対しては，「同条を解釈によって事実上改正するに等しく，立法論としては格別，現行法下では，解釈論の域を超えたもの」として否定的な裁判例も存在する（大阪地判昭58・12・26家月36巻11号145頁──ただし，予備的になされた親子関係不存在確認請求を家庭破綻説に依拠して認容している）。

　否認原因覚知説に対して解釈論の限界を超えるとの批判を加えながら，単に子の出生を知るだけではなく，出生日が嫡出推定を受ける関係にある事実を知った時とする見解がある（嫡出推定覚知説）。最低限度その点の認識がなければ，否認権の行使は期待しえないからである（注民（22のⅠ）153頁以下〔岡垣〕，沼辺愛一「嫡出推定の否認と除外」山畠正男＝泉久雄・演習民法（親族）〔1985〕159頁以下。裁判例として，札幌家審昭41・8・30家月19巻3号80頁──子からの否認申立事件である）。これに対して，否認原因覚知説からは，嫡出推定覚知説も法文から離れる点では大差がなく，両説を一括して理解し，否認権は夫が行使できるようになってから1年間行使しない場合には消滅すると解すること

〔野沢〕　591

§777 Ⅱ

第4編　第3章　親子

は，解釈論の枠内にあるとみてよいとする見解が述べられている（民コメ(21)449頁〔西原〕）。

(3) 抗弁としての期間制限

772条の推定を受ける期間内に妻が出産した子について，別夫婦の子として出生届をなした後に，当該の子から（元）夫に対して嫡出親子関係存在確認の請求がなされた場合にも，本条の期間制限が適用されるであろうか。772条2項の期間に被告の妻が原告を分娩したことが立証されれば，被告たる夫が提出する親子関係不存在の抗弁は嫡出否認権の行使にあたる可能性がある。そうであれば，子の出生を知った時から1年が経過していれば，否認権は消滅しているから，当該の抗弁は不適法として許されないことになる。判例（大判昭13・12・24民集17巻2533頁）は，協議離婚届の2日後に出生し，夫（被告）の父母の子として出生届がなされ，後に他の養子となった子から，28年後に夫に対してなされた親子関係存在確認請求の事案において，夫が子の出生を知ってから1年以内に嫡出否認の訴えを提起しなかった以上推定は確定しており，もはや嫡出子たることを否認することは許されないとしている。被告の上告理由によれば，原告は妻が実家に数か月逗留中に懐胎した子であり，世間体を慮って事実と異なる出生届をなしていたという事情がある。

この判例に対しては，いわゆる抗弁権の永久性の理論に依拠して，嫡出否認権が抗弁として行使される場合には本条の期間制限を受けないとする学説が有力である。嫡出否認の訴えが期間制限に服するのは，それが「現状変更」的な，つまり戸籍上の嫡出子を嫡出子でないとする効果を有するからであり，「現状維持」的な，つまり戸籍上嫡出子となっていない者をそのまま嫡出子でないとする場面では，期間制限は適用されないと解するのである（川島武宜〔判批〕法協57巻6号〔1939〕1150頁，この見解を支持するものとして，我妻222頁，岡垣学「嫡出否認の訴について(2)」判タ301号〔1974〕35頁などがある）。これに対して，嫡出否認の訴えを嫡出推定が戸籍上表示されている場合にのみそれを破る手段であると狭く解することは困難であり，また，この理論は結果的に虚偽の出生届に嫡出推定を排除する効果を与えることになるとの批判がある（清水・前掲書12頁以下）。さらに，上記判例のような事案では，「推定の及ばない子」の理論により夫の否認権を認めたのと同じ結論を導くこと

第1節　実子　　　　　　　　　　　　　　　　　　　　　　§777　III

ができるとの指摘もある（新基本法コメ136頁〔水野紀子〕，清水・前掲書17頁）。

III　外国法の状況

　フランス民法は，当初，夫の嫡出否認権の行使を子の出生から1か月以内に限って認めていたが，現行法の親子関係を争う訴えは，父子関係の推定の根拠により異なった規律がなされている（→§774 III）。すなわち，出生証書と身分占有が一致する場合における子，父，母および真実の父と主張する者の訴権は，身分占有の終了後または争われている親子関係の親の死亡後5年で時効にかかる（フ民333条1項）。ただし，その身分占有が5年以上継続している場合には，何人も（検察官を除く）親子関係を争うことができない（フ民333条2項）。また，出生証書と身分占有が一致しない場合にすべての利害関係人に認められる訴権（フ民334条）は，証書の成立の日から10年で時効にかかるが，子についてはその未成年中は時効が停止するため，成年到達（満18歳）後10年間は行使できる（フ民321条。フランス法の概要については，西希代子「比較法的検討──フランス」家族〈社会と法〉28号〔2012〕67頁以下，田中通裕「注釈・フランス家族法(11)」法と政治64巻3号〔2013〕401頁以下，「同(12)」法と政治64巻4号〔2014〕279頁以下参照）。

　ドイツ民法では，当初夫のみに認められた嫡出否認権は，子の出生を知った時から1年間と定められていたが，現行法の父性否認については，それぞれの否認権者（→§774 III）が，父性に反する事情を知ったときから2年とされている（ド民1600b条1項）。ただし，子は，成年に達した後2年間は否認の訴えをなすことができ（同条3項），さらに，父子関係の維持を要求できない事情を子が知ったときは，その時から2年間は訴えをなしうる（同条6項）。

　なお，韓国民法旧847条1項も親生否認（嫡出否認）の訴えの出訴期間を夫が子の出生を知ってから1年以内と規定していたところ，1997年3月27日の憲法裁判所決定は，否認すべき事情の知・不知に関係なく出生を知った日を起算点としていること，および否認期間が1年と極めて短く規定されていることは，父が血縁に反する父子関係を否認する機会を極端に制限するものとして違憲であると判示し，これを受けた2005年の民法改正により，起算点と期間が変更され，現在では，否認の事由があることを知った日から2

〔野沢〕　　593

§*777* Ⅳ   第4編　第3章　親　子

年とされている（金亮完「韓国における嫡出否認および遺伝子因子検査受検命令について」家族〈社会と法〉28号〔2012〕89頁以下）。

Ⅳ　立法論の動向

　本条の定める出訴期間の起算点と期間の長さについては，早くから，立法論的な批判がなされてきた。すでに1925年の臨時法制審議会「民法親族編中改正ノ要綱」第18の2項は，起算点について，否認の原因たる事実を知りたる時，または出生の時より起算すべきこと，行使期間について，現行法より延長すべきであるとしていた。その理由としては，子が嫡出でないことを知りつつ，あるいは少なくともそれを疑いつつ1年を経過した場合だけでなく，「知らぬは亭主ばかり」で1年を経過した場合にも絶対に否認の訴えを提起できないという「甚だ不都合な結果」となりうることが指摘され，否認原因を知った時と出生の時の両基準を併用すべきであると説明されている（穂積重遠「民法改正要綱解説」法協46巻8号〔1928〕1392頁）。その後の「人事法案（仮称）第1編親族（昭和16年整理）」（日本立法資料全集別巻163）では，1年の期間は延長されていないが，起算点が併用されている。すなわち，否認の原因を知った時から1年（97条2項），または出生の時より10年（98条ノ3）を経過したときは否認をなしえないと規定されている。1959年の法制審議会民法部会身分法小委員会の「仮決定及び留保事項」では，本条の改定は留保事項（第20）とされ，嫡出推定を覆すための特別の制度を必要とした場合の一案（甲案）として，否認権者の拡大に加え，「提起期間に関する制限を緩和又は撤廃すること」が示されていた。

　最近の立法論では，出訴権者ごとに異なった出訴期間が提案されている。すなわち「民法改正委員会家族法作業部会」の改正案 C-6 では，父とされる者の否認権は「子の出生及び父子関係を否定する事情を知った時から1年以内に否認の訴えを提起しなかったとき」，または「子の出生を知った時から3年を経過したとき」に消滅し（1項），子の否認権は「成年に達した後，父子関係を否定する事実を知ったときから1年以内に否認の訴えを提起しなかったとき」に消滅する（2項）。また，母その他の利害関係人の否認権は，「子の出生から3年を経過したとき」に消滅する（3項）（窪田充見「実子法」中

594　〔野沢〕

第1節　実　子　　　　　　　　　　　　　　　　　　　§778　I

田編 68 頁）。また,「家族法改正研究会」の親子関係法グループの改正案 774b
条では, 母または母の夫は「子の出生を知った時から 2 年以内に訴えを提起
しなければならない」（3 項）が, 子は「成年に達した後 2 年を経過するま
で」訴えを提起できる（6 項）とされている。（二宮周平「親子法」戸時 750 号
〔2017〕7 頁以下）。

〔野沢紀雅〕

第 778 条　夫が成年被後見人であるときは, 前条の期間は, 後見開始
　の審判の取消しがあった後夫が子の出生を知った時から起算する。

　　〔対照〕　ド民 1600b（4 項）
　　〔改正〕　〔826〕　本条＝平 11 法 149 改正

I　本条の趣旨

　本条は, 夫が成年被後見人であった場合について, 前条の出訴期間の起算
点の特則を定めている。夫が成年被後見人であっても, 意思能力が回復して
いる限りは, 自ら嫡出否認の訴えを提起できる（人訴 13 条）。この場合, 前
条の規定によれば, その夫が子の出生を知った時から 1 年以内に嫡出否認の
訴えを提起しなければ, 意思能力がその間持続している限りは, その否認権
は消滅する。夫の成年後見人等が嫡出否認の訴えを提起することは可能であ
るが, これも同様の期間制限に服し（→§774 II(2), §777 I(1)）, 後見人等が期
間内に訴えを提起する保障はない。このように, 夫が成年被後見人である場
合には否認権の適切な行使が必ずしも確保されないことに鑑みて, 出訴期間
の起算点を, 後見開始の審判の取消し後に夫が子の出生を知った時に繰り下
げたのである。立法技術上は, 777 条の第 2 項またはただし書とすることが
適当であったとの指摘がなされている（以上につき, 新版注民(23)249 頁以下〔松
倉耕作〕, 民コメ(21)471 頁以下〔西原道雄〕参照）。

〔野沢〕　　595

§778 II, §779　　　　　　　　　　　　　　　　第4編　第3章　親　子

II　本条の解釈

　本条により，夫自身の否認権の出訴期間の起算点は，行為能力の回復と子
の出生の認識の双方を満たす時点となる。つまり，この場合の出訴期間は，
夫が成年後見審判の取消審判の確定の時に子の出生をすでに知っていたとき
は取消審判確定の時から，取消審判確定の後に子の出生を知った場合には，
それを知った時から進行を開始することになる（新版注民(23)250頁〔松倉〕，民
コメ(21)472頁〔西原〕）。本条によって繰り延べられる夫の否認権は成年後見
人等の否認権の消滅の影響を受けないから，嫡出否認の訴えが提起される可
能性はかなりの長期にわたって残されることになる（新基本法コメ136頁〔水野
紀子〕）。

〔野沢紀雅〕

（認知）
第779条　嫡出でない子は，その父又は母がこれを認知することがで
きる。

　　　〔対照〕　フ民316，ド民1592

　　　〔改正〕　〔827〕

細　目　次

I　認知の意義 ……597	2　立法趣旨……602
II　本条の沿革 ……597	3　判例および先例……602
1　明治民法前……597	4　学　説……603
2　明治民法827条1項……599	5　派生問題……604
3　昭和17年改正……599	V　認知権（認知義務）の内容 ……604
4　昭和22年改正（現行法）……600	(1)　はじめに……604
III　統計でみる婚外子と認知……600	(2)　認知権の性質と行使の要件……604
IV　母の認知 ……601	VI　本条の強行法規性（認知権放棄契約の
1　はじめに……601	効力）……606

596　〔野沢〕

第1節　実　子　　　　　　　　　　　　　　　　　　§*779*　I・II

I　認知の意義

　本条の認知とは，婚姻外に生まれた子すなわち嫡出でない子を血縁上の父母が自己の子であると認めることにより，血縁上の親子を法律上の親子とする行為であり，任意認知と呼ばれる。これに対して，血縁上の父母が自らすすんで認知しない場合に，裁判所が子の側からの請求に基づき認知の効果を認める制度が裁判認知（787条。認知の訴え，または，強制認知とも呼ばれる）であり，認知にはこの2種類がある。

　認知一般の性質につき当初学説は，認知を法律行為論に位置づけることを目的として，認知は意思表示または単独行為であると解していた（奥田258頁，穂積454頁等。戦後も中川編・註釈上331頁〔谷口知平〕，末川128頁，川崎秀司「認知の無効・取消」家族法大系IV 64頁等）。旧定説といえるだろう。

　しかし，母の認知の問題（→IV）および死後認知をめぐる裁判認知の性質論において（→§787 II）意思主義的理解が後退し，また，民法総則（特に意思表示規定や行為能力規定）をいわゆる身分行為に適用しないことを主張する「身分行為論」が台頭してから後では，認知における血縁主義を貫徹しようとする観念通知説（近藤英吉・親族法講義要綱〔1938〕130頁，於保不二雄「認知に就て」論叢47巻2号〔1942〕218頁等。戦後も，久貴ほか178頁〔中川良延〕，浦本寛雄・家族法〔2003〕160頁等）を除いては，認知一般の性質論に言及しないようになった。

　なお血縁主義からは，認知は血縁を推定する方法にすぎないことも主張される（於保不二雄「親子」法律学体系法学理論編6〔1950〕31頁，佐藤義彦ほか・民法V〔1987〕63頁〔佐藤〕，北川89頁，二宮周平「認知制度は誰のためにあるのか」立命310号〔2006〕334頁等）。これに対して，近時，認知無効訴訟の原告適格をめぐり血縁主義に距離を置く見解が主張されている（→§786 IV 3(1)(a)(iv)）。

II　本条の沿革

1　明治民法前

　徳川時代までの法制度上は，配偶者のない者の単純な密通も犯罪であり，妻妾以外の者が父の知れない子を生むことはその原因である犯罪を告白する

§779 Ⅱ
第4編　第3章　親　子

に等しいことになるため，出生の際には父を仮装ないし擬制した（手塚豊「日本における親子と法律——明治民法施行以前」家族問題と家族法Ⅳ 138頁）。

　明治6年の太政官布告（1月18日第21号）によって初めて，「私生子」の語と（任意）認知の制度が生まれた（高柳真三「私生子の出現」国家学会50周年記念・国家学論集〔1937〕（同・明治前期家族法の新装〔1987〕219頁所収）。裁判認知は→§787Ⅰ）。「私生子」の語は昭和17年改正で廃止されるまで用いられることになる。布告の理由は「婦女ノ子ヲ生ムヤ動モスレハ男子ニシテ多金ヲ有スル者ニ押付ルノ積弊アルヲ以テ仏国ノ法ヲ斟酌シ右ノ布告成ル」と説明されており（元老院会議における箕作麟祥発言。手塚・前掲論文139頁），父の認知がない限り婚外子を「婦女」に引き受けさせることよりも，富裕な男子への引取りを強要する弊害を矯正することが目的であったと言われている（村上一博「明治6年太政官第21号布告と私生子認知請求」法論67巻2＝3号〔1995〕513頁）。

　旧民法人事編第一草案は，任意認知につき明治民法の原型（したがって現行法の原型）とも言える8か条の規定を有していた（裁判認知は→§787Ⅰ2）。すなわち，制限行為能力者自身が認知できること，母の承諾を得て胎児を認知できること，方式違反および人違いの認知が無効であること，利害関係人は認知が真実でないことを申し立てて「訟撃」できること，一度した認知を「廃滅」できないこと等の規定があった（175条ないし182条。石井良助編・明治文化資料叢書第3巻法律編上〔1959〕145頁以下）。これらは再調査案（130条ないし137条）および元老院提出案（143条ないし148条）には引き継がれたが，審査会案にないため，元老院で多くの規定が削除されたと考えられる（石井良助編・明治文化資料叢書第3巻法律編下〔1960〕210頁，275頁）。

　旧民法は「私生子」を「父ノ知レサル子」と定義したうえで（旧人96条），「私生子ハ父之ヲ認知スルニ因リテ庶子ト為ル」と規定した（旧人98条。これとは別に「父の届出による庶子」もあった。旧人95条）。嫡出子となるためには，庶子は父母の婚姻で足りたが私生子は父母の婚姻および父の認知を要した（旧人103条）。認知は父本人が行わなければならず（旧人99条），父以外の者からの認知請求を認めなかった。この点につき，第一草案の理由書は，認知が本人（父）の「随意」による「自認」だから，本人以外には認められない旨を説明している（石井編・前掲書上巻145頁）。

598　〔前田〕

第1節　実　子　　　　　　　　　　　　　　　　　　　　§*779*　II

2　明治民法827条1項

「私生子ハ其父又ハ母ニ於テ之ヲ認知スルコトヲ得」と規定された。旧民法と異なり明治民法には「私生子」の定義規定がなく，明治民法の起草者は前近代的な妾制度を廃止し，同時に，主に妾の子を意味した「庶子」の語も法律上は廃止する意図を有していた。その結果，起草者の立場では嫡出でないすべての子が私生子であり，私生子の中で認知された子と認知されていない子とで準正，相続等（民旧836条・970条等）いくつかの点で優劣がつけられることになっていた。ところが法典調査会の議論において，当時の慣行上庶子の語が定着していること，ならびに，皇族および華族の子が「私生子」になっては困ることを理由に「庶子」の復活を唱える見解が主張され多数になったため，起草者が本条を通過させるためにやむなく本条旧（昭和17年改正前の）2項（「父カ認知シタル私生子ハ之ヲ庶子トス」）の起草に渋々同意した（法典調査会民法議事〔近代立法資料6〕494-495頁，498-504頁，532-534頁および579頁）。これによって，明治民法の「私生子」は婚外子のうちで認知されていない者を意味することになった。

明治民法827条1項につき法典調査会の趣旨説明では，旧民法が規定しなかった「母の認知」を認めた理由だけが説明された（法典調査会民法議事〔近代立法資料6〕535頁）。すなわち，届出がないまたは虚偽である場合に母の知れない子が生じること，および，必ず母が私生子出生を届け出なければならないとすると子に非常に不利益なこと（捨て子，嬰児殺のことらしい。法典調査会民法議事〔近代立法資料6〕540頁における梅委員の発言および梅〔1912年復刻版〕256頁参照）が生じる可能性があることを理由に，これらの場合にはまず父が認知し，その後に母が認知すればよいと説明された（母の認知については→IV）。

3　昭和17年改正

明治民法の「私生子」の語が削除され，「嫡出ニ非サル子」に代えられた。すでに大正14年臨時法制審議会「民法親族編中改正ノ要綱」第19において「私生子ノ名称ハ之ヲ廃スルコト」とされていたのを，昭和17年にようやく実現したわけである。要綱案の理由は，戸籍に私生子と記載されることから生じる本人の不愉快不利益を軽減緩和することにあると言われている（穂積438頁）。

〔前田〕　　599

§*779* III　　　　　　　　　　　　　　第4編　第3章　親　子

4　昭和22年改正（現行法）

　任意認知の規定につき立法関与者は「『庶子』の名称を廃して『父が認知した子』と改め，他の改正から生ずる当然の小修正を加えただけ」であり，他は「すべて旧法と同一である」と解説する（我妻・解説79頁および81頁）。庶子の語を廃止する理由は「父権的家族制度が生んだ一夫多妻制に伴う名称であり……従ってその言葉自体，封建的な，当然廃止をまぬがれないものであった」と説明する（中川善之助・新民法の指標と立案経過の点描〔1949〕80頁）。「庶子」に関する明治民法起草者の提案が，この改正法でようやく実現した。

III　統計でみる婚外子と認知

　平成15年以後の統計を表に示した。婚外子出生数は2万2000人前後でほぼ一定しているが，出生総数が減少しているため，婚外子出生の割合は増加を続け，平成26年は2.28% に達している（暦年による厚労省の人口動態統計）。認知件数は届出の件数であり，1万5000件前後である（会計年度による法務省の戸籍統計）。これには裁判認知・審判認知を含むが，裁判と審判の件数を合

表：婚外子出生の割合と未認知子の割合

	出生総数 （暦年）	婚外子の 出生数 （暦年）	婚外子出 生の割合	認知件数 （会計年度）	未認知子 （推計）	未認知子 の割合 （推計）
平成15	1,123,610	21,634	1.93%	15,183	6,451	29.8%
16	1,110,721	22,156	1.99%	15,382	6,774	30.6%
17	1,062,530	21,533	2.03%	15,840	5,693	26.4%
18	1,092,674	23,025	2.11%	16,362	6,663	28.9%
19	1,089,818	22,170	2.03%	16,155	6,015	27.1%
20	1,091,156	22,972	2.11%	16,233	6,739	29.3%
21	1,070,035	22,860	2.14%	15,654	7,206	31.5%
22	1,071,304	22,986	2.15%	14,966	8,020	34.9%
23	1,050,806	23,354	2.22%	15,145	8,209	35.2%
24	1,037,231	23,138	2.23%	14,943	8,195	35.4%
25	1,029,816	22,790	2.21%	14,690	8,100	35.5%
26	1,003,539	22,851	2.28%	14,940	7,911	34.6%

第1節 実　子　　　　　　　　　　　　　§779 Ⅳ

図：婚外子出生の割合と未認知子の割合

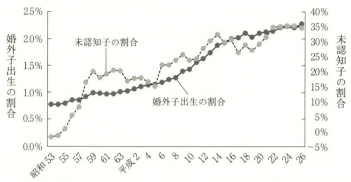

計しても1000件以下であるから（→§787Ⅳ1），ほとんどが任意認知である。届出件数が減少傾向にあるために未認知子の割合が増加して，近時は35％前後に達している。

　図には，婚外子の出生数と出生割合が増加した昭和53年以後の推移を示した。昭和53年の1万3164人：0.8％から，平成26年の2万2851人：2.28％へ上昇している。出生の数・割合と同じく，昭和53年以後に，未認知子の割合がゼロから35％前後にまで増加している（平成14年までは新版注民(23)297頁〔前田泰〕を，昭和53年より前の状況については加藤・図説117頁および吉田恒雄「わが国における非嫡出子割合とその背景」明星大学経済学研究紀要12号〔1980〕43頁を参照）。つまり，婚外子の約3分の1には法律上の父がいないとも解することができ，未認知子の法的地位がこれまで以上に重要になる（→§781Ⅲ）。ただし未認知子の数と割合については，出生した年に認知があるとは限らず，しかも統計の単位につき暦年と会計年度の違いを超越した比較によるため，正確な数値ではない。

Ⅳ　母の認知

1　はじめに

　本条を含めて認知の規定は，父または母が認知することを前提としている（779条・780条・783条2項・785条・787条・789条2項）。しかし，出生の届出に

§779 IV

第4編　第3章　親　子

は，出産に立ち会った医師，助産師等による出生証明書の添付が原則として
要求され（戸49条3項），そこには分娩者である母の氏名が明記される。血縁
の関係が必ずしも明確でない父子関係の成立には認知が必要であるが，母子
にまでこれを要求する必要があるか議論されてきた。以下に簡単に整理する
（詳細は，田村五郎「母の認知」家族法大系Ⅳ 32 頁，注民（22 のⅠ）199 頁〔木下明〕，新
版注民（23）396 頁〔利谷信義〕等参照）。

2　立法趣旨

旧民法は母の認知を規定しなかったが，明治民法は母が認知することを規
定した。母の認知に関する明治民法起草者の趣旨説明をまとめれば次の通り。
①無届けまたは虚偽届出の場合に母の知れない子が現れるから，母の認知が
必要になる。②母の知れている子でも常に私生子出生届を母に義務づければ
捨て子や嬰児殺を引き起こす恐れがあるから，まず父が認知し後に母が認知
できるようにした方がよい（この立法趣旨を批判する田村・前掲論文 44 頁参照）。
趣旨説明は以上であるが，起草者も母に認知の届出を要求したのではなく，
母による出生届に認知の効果を付することを予定していた（法典調査会民法議
事〔近代立法資料6〕543 頁）。昭和 22 年改正法は実質的修正なしに明治民法を
継承した。

3　判例および先例

戸籍実務は当初より現在に至るまで（田村・前掲論文 40 頁），また当初の下
級審も同様に，母子関係当然発生主義に立っていた（東京控判大 8・9・5 評論 8
巻民法 879 頁）。

しかし，大正 9 年の法曹界決議が認知必要説に立ち（注民（22 のⅠ）260 頁
〔利谷信義〕が引用する法曹記事 31 巻 41 頁），さらに大審院も母の認知を要求した
（大判大 10・12・9 民録 27 輯 2100 頁，大判大 12・3・9 民集 2 巻 143 頁）。その後に学
説の批判を受けて法曹界決議は母子関係当然発生説に変わったが，大審院は
基本的には見解を改めなかった。

戦後の最高裁は学説の批判に従い大審院の見解を改めて「母とその非嫡出
子との間の親子関係は，原則として，母の認知を俟たず，分娩の事実により
当然発生すると解するのが相当である」と判決した（最判昭 37・4・27 民集 16
巻 7 号 1247 頁）。後記折衷説に従った判決であると理解されているが（例えば
真船孝允〔判解〕最判解昭 37 年〔1973〕423 頁以下），「原則」からはずれる例外的

602　〔前田〕

第1節　実　子　　　　　　　　　　　　　　§779　IV

場合の内容についてはこの判決は何も語っておらず，その後も母の認知を要
する例外に関する判例は見当たらない。

　裁判認知に関しては，この判例変更により，母子については787条の手続
によらずとも親子関係確認訴訟によって法的親子関係が認められることにな
った（最判昭49・3・29家月26巻8号47頁は，実母死亡後には検察官相手に母子関係
確認訴訟を提起できるとした。当事者死亡後の検察官の被告適格は，平成15年の人事訴
訟法が人事訴訟一般について認めた。人訴12条3項）。確認訴訟であるから，子に
限らず確認の利益を有する者であれば死後認知のような期間制限を受けずに
訴訟を提起できるし（嫡出母子関係の事案であるが最大判昭45・7・15民集24巻7号
861頁は，20年以上前に戦死した子に対する母からの確認訴訟の可能性を認めた），さら
に，他の問題の前提としてでも母子関係を主張できることになる。なお，当
事者が確認訴訟ではなく，母に対する認知請求訴訟を提起してきた場合でも
裁判所はそのまま審理しているようである（東京高判昭62・7・30判時1246号
102頁。ただし請求棄却である。大阪地判昭58・6・27判タ503号172頁は，母に対する
認知請求事件において請求を認容したが「親子関係を確認する」と判決している）。

4　学　　説

　初期学説は立法趣旨を反映し（→II2），母の認知必要説に立った（例えば奥
田258頁，梅〔1912年復刻版〕256頁等）。しかしその後は，分娩の事実により母
子関係が発生するが捨て子等の例外的場合にだけ認知を要すると解する折衷
説（仁井田益太郎・改訂増補親族法相続法論〔1923〕221頁，和田于一・親子法論
〔1927〕65頁等），および，その例外に言及しない当然発生説（古山茂夫・親族法
註解〔1923〕247頁等）が登場し，両説を併せて既に戦前から認知不要説が多
数であった。戦後は，例外的場合にも認知は不要であることを明言する当然
発生説が増加して多数となったが（中川(善)381頁，我妻248頁，末川128頁等），
前記昭和37年最判後にも少数ながら折衷説がある（久貴179頁，床谷文雄「婚
外親子関係の成立」新家族法実務大系II179頁，185頁等）。各説の根拠等の詳細は，
新版注民(23)309頁〔前田〕参照。

　折衷説は，明文規定と現実との調和をはかりながら大審院（認知必要説）を
批判し続けるという歴史的意義を有していたが，諸学説が明文無視へ踏み込
み当然発生説が台頭したと同時に，折衷説のこの面における役割は終えたと
いえよう。ただし，分娩の事実を証明できない場合には，父母の平等の観点

〔前田〕　　603

§779 V　　　　　　　　　　　　　　　　　　第4編　第3章　親　子

から，常に確認訴訟を要求するのではなく，届出による母子関係の成立を認めることの是非が問題として残る（前田泰「婚外父子関係」戸時719号〔2014〕18頁）。

5　派　生　問　題

784条は認知の遡及効を認めるが，ただし第三者の権利を害することはできないと規定する。同条のただし書が問題になるのは実際には相続権に関してである（→§784Ⅱ・Ⅲ）。上記の経緯から婚外子も婚内子と同様に，法的母子関係は分娩の事実により生じることになったが，戸籍訂正や相続権を主張するためには実際には確認訴訟を提起する必要性があることが多い。その際に，訴訟で勝訴して相続人であることが明らかになった子につき，784条ただし書を適用または類推適用すべきかが問題になる（→§784Ⅲ(2)）。相続の問題だから910条の規定する「認知によって相続人になった者」との関係も同時に問題となる（新版注民(27)408頁〔川井健〕）。

V　認知権（認知義務）の内容

(1)　は じ め に

本条は「認知することができる」と規定しているため，認知が義務ではなく権利であるかの如く理解され，「認知権」の語が用いられるようになった。確かに，認知をするか否かは，取りあえずは，父の自由意思に委ねられていると見ることができるから，その限りでは，義務というより権利に近いと言えなくもない（ただし，明治民法の起草者が任意認知を親の義務と解していたことにつき→§780Ⅰ(2)）。そこで，権利性の議論を留保してこの用語法に従い，まず，一般的と思われる理解に沿って認知権の性質および認知権行使の要件を整理し記述する。なお，いずれも父の認知だけを対象とする（母の認知につき→Ⅳ。認知権の放棄につき→Ⅵ）。

(2)　認知権の性質と行使の要件

承諾を要する場合（782条・783条）を除き，認知という父の一方的な行為により法的父子関係が形成されるから認知権は形成権としても構成できるが，既に発生している父子関係の法的な確認にすぎないと解しても認知の遡及効が法定されているから（784条），結論に差異は生じない。認知権は時効や出

604　〔前田〕

第1節　実子　　　　　　　　　　　　　　　　　　　　　　　§779　V

訴期間の制限に服さず，子の年齢いかんにかかわらず認知できると解される。
また，認知は一身専属権であって婚外子の父だけが行使できる。譲渡性も相
続性もなく，債権者代位権（423条）の対象にもならない。

　他人の嫡出子になっている子を認知することはできない。嫡出推定（772
条）が及ぶ子は嫡出否認により（774条），いわゆる「推定されない嫡出子」
または「推定の及ばない子」については親子関係不存在確認訴訟により（→
§772 Ⅲ・Ⅳ）父子関係が否定され，さらに戸籍訂正（戸113条以下）を経なけ
れば認知の届出は受理されない。また，既に他男に認知されている子を認知
することもできない。この場合には認知の無効または取消しの裁判で勝訴し
て（→§785 Ⅱ，§786 Ⅳ）戸籍訂正を経なければ，認知の届出は受理されない。
これらの認知の届出が誤って受理されても無効であり（東京地判昭7・9・19法
律新報309号26頁），市町村長が職権で抹消できる（戸24条。大5・11・2民甲
1311号回答→§786 Ⅳ 2⑸。認知の訴えの原告適格につき→§787 Ⅳ 2⑴（ウ））。

　子が姦生子や乱倫子（近親子）でも認知の妨げにはならないか。明治民法
の起草者はこれらの認知を認める意図を有していた（法典調査会民法議事〔近代
立法資料6〕575頁）。旧法下の判例に，公序良俗に反する情交関係から生まれ
た子を認知することは公序良俗に反せず，むしろ当然であるとして，妻の連
れ子（旧法下の継子）との間に生まれた子の認知を正当と認めた例がある（大
判昭6・1・23新聞3227号14頁。反対：川島武宜＝金沢良雄「判例私生子法⑴」法時
11巻4号〔1939〕8頁）。戸籍先例は，自己の姉との間の子（明32・10・2民刑
1546号回答）や，自己の長女との間の子（昭5・6・5民611号回答）の認知を認
めている。

　成年子の認知には子の承諾が必要である（782条）。出生前の子（胎児）は母
の承諾を要件として，また，死亡した子は直系卑属の存在および成年に達し
た直系卑属の承諾を要件として認知できる（783条）。これらの承諾を欠く認
知の届出は受理されないが（戸38条1項），誤って受理された場合には，無効
か取り消しうるにとどまるかは説が分かれている（→§782 Ⅲ，§783 Ⅱ，§785
Ⅱ 2⑵および§786 Ⅳ 2⑷）。血縁に反する認知は無効であり，子その他利害関
係人から認知無効の請求が認められる（→§786 Ⅳ）。血縁上の父が一旦した
認知を取消しないし撤回できるかについては争いがある（→§785 Ⅰ）。

〔前田〕　605

§779 VI, §780 I 　　　　　　　　　　　　　第4編　第3章　親　子

VI　本条の強行法規性（認知権放棄契約の効力）

本条に反して，父が認知しないことを母子に約束（契約）した場合に，その契約は有効か。無効であれば本条の強行法規性が，有効であれば任意法規性が示されていることになる（椿寿夫編著・民法における強行法・任意法〔2015〕3頁参照）。子の側の「認知請求権の放棄」の問題は大いに論じられてきたが（→§787 III），父による「認知権の放棄」はあまり論じられていない。

強姦の被害者が妊娠し，認知しないことを約束した加害者が，出産後に認知を届け出た場合に，母子による認知無効訴訟において加害者の約束を考慮すべきかという，極めて例外的な場面を想定すれば，認知無効を認める理由の1つとして認知権の放棄契約の存在を挙げることが可能かもしれない。しかし，子の福祉を理由とすべきか，または権利濫用の問題とも考えられる（詳細は，新版注民(23)323頁〔前田〕参照）。このような例外的な場合を除いては，本条は強行法規とみるべきだろう。

〔前田　泰〕

（認知能力）

第780条　認知をするには，父又は母が未成年者又は成年被後見人であるときであっても，その法定代理人の同意を要しない。

　　〔対照〕　ド民 1596
　　〔改正〕　（828）　本条＝平 11 法 149 改正

I　本条の趣旨

(1)　本条の意義

本条は，父が未成年者（5条）または成年被後見人（9条）であっても，意思能力があれば，父の法定代理人の同意を得ずに，単独で任意認知ができることを規定する（母の認知については→§779 IV）。被保佐人（13条）と被補助人（17条）も，保佐人や補助人の同意を要しないことは当然である。

任意認知の要件として，認知者の認知意思および意思能力が当然のことと

第1節　実　子　　　　　　　　　　　　　　　　　§*780*　I

して要求されているが，これらを直接に定めた規定はなく，本条が両要件の
根拠規定ということになる（平成29年民法改正法3条の2には，「法律行為」に関す
る意思能力の規定が設けられている）。代理人による任意認知は許されないと解さ
れているから（定説），意思無能力者は認知できない。意思無能力者である父
と子との間の婚外父子関係を形成するためには，子が父の法定代理人を被告
として認知訴訟を提起するしか方法がない（裁判認知における意思能力の有無と
法定代理人の当事者適格については→§787 IV 2・3）。

(2)　本条の沿革と趣旨

旧民法人事編第一草案は本条とほぼ同旨の規定を有していたが，旧民法は
規定しなかった（詳細は，新版注民(23)329頁〔前田泰〕参照）。

本条とほぼ同旨を規定した明治民法（民旧828条）の起草者は，法典調査会
の趣旨説明において，本条を置く実質的理由を，「道徳上ノ大ヒナル義務ヲ
託ス親デアッテ匿シテ居ルト云フコトハ甚ダ宜クナイ」ので本条のように規
定すべきであると説明した（法典調査会民法議事〔近代立法資料6〕535頁。さらに
同581頁も参照）。すなわち，認知前にも「親」は「道徳上の義務」を負うか
ら「隠すことが良くない」ということが実質的な理由であると思われる。こ
こで言われる「認知前にも親が道徳上の義務を負う」ということの趣旨は明
瞭ではないが，血縁上の父母に「認知義務」があることを述べていると解せ
られる。「隠すことがよくない」ということは，親子関係を隠し家の恥を隠
したい法定代理人が制限行為能力者の認知を妨げることを避ける趣旨と解せ
られる（詳細は，新版注民(23)330頁〔前田〕参照）。以上から本条の立法趣旨は，
制限行為能力者であっても意思能力があれば認知義務を果たそうという本人
の意思で認知できるようにすることにあるといえる。

昭和17年，昭和22年および平成11年に，それぞれ若干の字句修正が施
されて本条に至った。

(3)　学　　説

初期の学説は法定代理人の同意なしに制限行為能力者が認知できる理由を
特に説明しなかったが，いわゆる身分行為論の提唱後は認知が形成的身分行
為であるから意思能力で足りると説明され（中川善之助・身分法の総則的課題
〔1941〕112頁および121頁，島津一郎・親族・相続法〔1980〕24頁，島津一郎編・判例
コンメンタール6・民法IV〔1978〕467頁〔岡垣学〕，久貴180頁，等多数），民法総則

〔前田〕　607

§780 II　　　　　　　　　　　　　　　　　　第4編　第3章　親　子

が身分行為に適用されない一例として本条が位置づけられた（身分行為理論と認知の問題につき，新版注民(23)331頁〔前田〕参照）。これとは異なる説明としては，父性の真実を知る者が本人以外にいないことが挙げられる（我妻＝立石176頁，鈴木＝唄I 19頁等）。

II　認知意思の内容と意思能力

認知意思の内容については詳細には論じられていないが，認知の定義につき，婚姻外に生れた子を「自己の子であると認める行為」という内容でほぼ一致しているため，認知意思には，親子関係（血縁）の認識およびこれに基づく届出の意思が必要であることになるだろう（山畠正男「認知」谷口知平＝加藤一郎編・新版民法演習5〔1981〕66頁は，血縁重視の観点から「認知意思はけっきょく形式的意思（届出意思）に帰着し，認知の実体的意思は存在しなくなる」とみる）。認知能力の程度も論じられてはいないが（裁判認知については→§787 IV 2(1)(イ)，前記の認知意思を有することができる精神状態ということになるものと思われる。

戸籍の届出一般に関して未成年者の「意思能力の有無は一概に年齢をもって定めることは適当ではなく，行う事柄を了知する程度に知能が発達しておれば，意思能力を有すると認めて差し支えない」とみられている（大5・4・19民481号回答，大7・5・11民613号回答，大14・10・30民9449号回答）。具体的には，一方において「15歳未満の筆頭者の転籍届は法定代理人から届け出る」旨の例（昭23・10・15民甲660号回答。平27・3・9民一308号通知は，この先例を参照して「戸籍実務上，15歳以上の者は意思能力を有するものとされている」と解したうえで，15歳未満者の縁氏称称の届出につき，意思能力の有無に関する個別の調査に基づいて受理・不受理を判断すべき旨を述べている。なお，島津一郎編・判例コンメンタール6・民法IV〔1978〕468頁〔岡垣学〕参照）があるが，しかし他方では，「15歳未満（13歳）の意思能力を有する者からした家督相続届及び転籍届はいずれも有効な届出」とする例（昭28・12・11民甲2372回答），さらには満10歳2か月の子の意思能力を認めて親権者による入籍の届出を無効と判示した下級審がある（東京控判昭15・9・30新聞4655号7頁）。任意認知に関する先例は見当たらないが，15歳未満の父が認知する例は稀であろう。

608　〔前田〕

第1節　実　子　　　　　　　　　　　　　　　　　　　　§*781*　I

　精神障害者に関しては，かつては，禁治産者につき戸籍法が理解能力を証
明する医師の診断書を届書に添付することを要求していたが（戸旧32条2項），
平成11年改正で削除された。精神障害者の意思能力は，認知後の無効訴訟
で判定されることになる（→§786Ⅳ2(2)）。

〔前田　泰〕

　　（認知の方式）
　第781条① 認知は，戸籍法の定めるところにより届け出ることによ
　　ってする。
　② 認知は，遺言によっても，することができる。
　　　　〔対照〕 1項につき，フ民316，ド民1597
　　　　〔改正〕 （829）

I　本条の趣旨

(1)　認知の届出

　旧民法人事編第一草案では「身分取扱人若クハ公証人」が作成した証書を
要件としたが（175条。石井良助編・明治文化資料叢書第3巻法律編上〔1959〕145頁），
旧民法では公正証書が削除されて「庶子ノ出生届」または認知の届出が要件
とされた（旧人99条）。

　明治民法の起草者（富井政章）は，法典調査会において本条と同旨の原案
の趣旨を，前に審議した婚姻（および縁組）の届出と同じである旨を説明した
にとどまる（法典調査会民法議事〔近代立法資料6〕542頁）。婚姻の届出は厳格な
要件として規定されたことが明らかであるが（739条の強行法規性につき，前田
泰「婚姻・親子関係成立規定の強行法性」椿寿夫編・民法における強行法・任意法
〔2015〕275頁参照），しかし認知に関しては，出生届が認知届を含むと考えら
れていたこと（法典調査会民法議事〔近代立法資料6〕542頁），および，遺言認知
を認めていることから，婚姻のような厳格な要式性を求めてはいなかったと
考えられる（詳細は，新版注民(23)337頁〔前田泰〕参照）。法典調査会では実質的
な議論のないまま原案が通過して明治民法に規定され（民旧829条1項），昭

〔前田〕　609

§781 II 　　　　　　　　　　　　　　　　第4編　第3章　親　子

和17年に字句の修正を受け，昭和22年改正では実質的修正を受けずに，現行法に至っている。

(2)　遺　言　認　知

旧民法人事編第一草案は，遺言認知を直接に認める規定を持たなかったが，認知の撤回を禁止する規定に間接的に遺言認知を認めるただし書が挿入されていた（新版注民(23)363頁〔前田〕参照）。しかしこれは旧民法に規定されなかった。明治民法の起草者は法典調査会において本条と同旨の原案の趣旨を，臨終に際して認知する場合には「此手続ヲ認メテ置カネバ甚ダ不便デアラウ」とだけ説明している（法典調査会民法議事〔近代立法資料6〕543頁）。法典調査会では議論なく原案が通過して明治民法に規定された（民旧829条2項）。昭和22年改正では実質的修正を受けなかった。

学説は，遺言認知を認める意義として以下を加える。すなわち，①生前は婚外子の存在を恥じて隠したが死に臨み自己の過失の結果を永遠に子に負担させることが良心に耐えかねて遺言する場合，および②生前は事実上の扶養により子の面倒を見ることができたが死後はそれができないために認知したくなる場合に，遺言認知を認める意義がある（梅〔1912年復刻版〕261頁ほか多数）。

Ⅱ　認知の方式

本条により任意認知には，認知者の生前に行う通常の認知と遺言認知との2種が認められる。生前認知は戸籍法上の届出により成立する。届出がない以上は，父が婚外子やその母に認知の意思を表明しても，また現実にわが子として養育しても法的親子関係は生じない（最判昭44・10・21民集23巻10号1834頁）。これらの事情は裁判認知で有力な証拠になるというにすぎない。これに対して遺言認知は，適法な遺言がなされ遺言者の死亡により遺言の効力が生じる（985条1項）と同時に，すなわち遺言執行者による届出の前に認知の効力が既に生じている（梅〔1912年復刻版〕262頁，穂積457頁等）。このため生前認知が創設的届出であるのに対して，遺言認知は報告的届出であると解されている（青木義人・戸籍法〔1951〕154頁，中川(善)385頁，我妻235頁等）。

610　〔前田〕

第1節　実　子　　　　　　　　　　　　　　　　　　　§*781*　III

III　認知の届出

(1)　認　知　届

　父が認知する場合には（母の認知は→§779 IV），届出書に一般の記載事項（戸
29条）のほか母の氏名・本籍も記載して届出しなければならない（戸60条）。
承諾権者の承諾（782条・783条）を欠く届出は受理されない（誤って受理された
場合につき→§785 II 2(2)）。認知しようとする子が戸籍上他人の子であれば戸
籍を訂正したうえでなければ認知届は受理されない。すなわち，他男の嫡出
推定を受ける子については嫡出否認の判決または審判が確定し（大判大5・
4・29民録22輯824頁，大7・7・4民1296号回答等），他男に認知された子につ
いてはその認知の無効・取消しの判決または審判が確定し（大5・11・2民1331
号回答），虚偽出生届によって他人の嫡出子になっている者については親子
関係不存在確認の判決または審判が確定することによって戸籍が訂正された
後でないと（昭24・10・7民甲2286号回答）認知届は受理されない（以上の先例
につき，青木・前掲書235頁，谷口知平・戸籍法〔3版，1986〕150頁等参照）。父母
婚姻後200日前出生子は（推定されない）嫡出子であるから（→§772）認知の
届出はできない（母が嫡出でない子として出生を届け出た後に父の認知届が提出され
たときは，嫡出子への戸籍訂正の申立てとして扱われる。昭34・8・28民甲1827号通
達）。子が特別養子になった後は認知できないことは言うまでもない（817条
の9）。
　婚姻や縁組と同様に，認知届書の作成および届出を第三者に委託すること
ができる（最判昭54・3・30家月31巻7号54頁）。委託後に認知者が意思無能力
になり認知届受理時に意識喪失していた場合にも，婚姻や縁組と同様に（最
判昭44・4・3民集23巻4号709頁および最判昭45・11・24民集24巻12号1931頁）そ
の受理前に翻意したなど特段の事情のない限り認知は有効に成立する（前掲
最判昭54・3・30）。さらに，届出当時に認知者が死亡していても認知届が受理
されれば有効であると判示する下級審判決が登場している（仙台高判昭55・
1・25家月33巻2号169頁。新版注民(23)344頁〔前田〕参照）。

(2)　出生の届出と認知

　(a)　嫡出子出生届　　認知準正（→§789 IV）により嫡出子になるべき者
につき父は嫡出子出生届をすることができ，これに認知の効力が認められる

〔前田〕　611

§781 III

第4編 第3章 親 子

（戸62条。母の認知につき→§779 IV）。

(b) 非嫡出子出生届　戸籍法上父は非嫡出子出生届の届出義務者ではないが（戸52条2項・3項），父による出生届が誤って受理された場合には認知届としての効力が認められている（最判昭53・2・24民集32巻1号110頁。詳細は，新版注民(23)341頁〔前田〕参照）。

(c) 虚偽嫡出子出生届　父が，妻以外の女との間に生まれた非嫡出子を，妻の生んだ嫡出子として届け出た場合，この虚偽嫡出子出生届に認知としての効力を認められるか。当初の判例（大判大15・10・11民集5巻703頁）および戸籍先例はこれを肯定していたが，昭和22年改正で庶子が廃止されたことに伴い（詳細は，新版注民(23)296頁，342頁〔前田〕参照），戸籍先例は虚偽嫡出子出生届に認知届の効力を認めない扱いに変更された（昭和25・10・12民甲2767号回答等。注民(22のI)213頁〔木下明〕参照）。学説の多数はこの先例変更に反対した（我妻＝立石178頁，中川(善)385頁等）。これに応えて戸籍先例は再度変更され，当初の実務に戻って虚偽嫡出子出生届に認知の効力があるものと扱われることになった（昭39・6・30民甲2240号回答等。田中加藤男「戸籍訂正に関する諸問題の研究」司法研究報告書16輯3号〔1967〕参照）。最高裁も，学説・実務を支持し大審院を踏襲して，認知届は認知者が当該子を自己の子であることを承認する意思の表示であり虚偽嫡出子出生届にもその旨の意思の表示が含まれているから，それが受理されたときは「認知届としての効力を有する」と判示した（前掲最判昭53・2・24）。ただし，血縁の父でない者の虚偽嫡出子出生届には認知の効力は認められていない（最判昭50・9・30家月28巻4号81頁）。

なお，未認知の非嫡出子を他人の嫡出子として虚偽の出生届を出し，戸籍上の親の代諾により（797条）血縁上の父と養子縁組した場合に，①まず養子縁組の効力が問題となり，②次に縁組が無効のときには養子縁組届が認知の効力を有するか否かが問題になった。大審院はこれを否定し（大判昭4・7・4民集8巻686頁），学説は虚偽出生届に認知の効力を認めた判例理論を縁組届の場合にも拡大すべしと主張していた（我妻栄「無効な縁組届出の追認と転換」法協71巻1号〔1953〕20頁，中川(善)385頁，川崎秀司「認知の無効・取消」家族法体系IV 67頁等）。しかし，前者（①）の問題，すなわち虚偽出生届による戸籍上の親の代諾による縁組につき，本人の追認よる有効化を最高裁が認めた

第1節　実　子　　　　　　　　　　　　　　　　　　§*781*　Ⅳ・Ⅴ

ため（最判昭27・10・3民集6巻9号753頁），後者（②）の問題を論じる必要性
がなくなった。

Ⅳ　遺言による認知

(1)　遺言認知の届出

　遺言認知の場合には，遺言執行者がその就職の日から10日以内に，認知
に関する遺言の謄本を添付して認知の届出をしなければならない（戸64条）。
遺言の方式に従った認知であるから，一般に遺言書の作成によって認知行為
は成立するが，効力は発生せず，遺言者の死亡のときに効力を生じる。遺言
執行者の届出は報告的届出と解されている（→Ⅱ）。遺言自体が無効であれば
認知の効力も生じないはずであるが，しかし，口授を欠くために無効な公正
証書遺言に基づいて遺言執行者が認知の届出をしたケースで，血縁と認知意
思の存在を前提に認知の効力を認めた下級審がある（仙台高判昭55・1・25家月
33巻2号169頁。新版注民(23)344頁〔前田〕参照）。届出済みであったことを重視
したか，または，認知の要式行為性を緩和したと見るべきか。

(2)　遺言認知の撤回

　認知の取消禁止（785条）と，遺言の撤回可能性（1022条・1026条）との関
係が問題となる。785条の立法経緯から（→§785Ⅰ1），撤回禁止の趣旨であ
るが，しかし遺言認知の撤回は認める意図があったことが明らかである。遺
言者死亡前の遺言認知は効力を生じていないから，撤回を認めても特に問題
はないであろう（中川編・註釈上337頁〔谷口〕，中川善之助編・註釈相続法(下)200
頁〔加藤永一〕）。

Ⅴ　未認知の子の法的地位

(1)　は じ め に

　平成26年に出生した婚外子は2万2851人いるが，平成26年度の認知の
届出件数は1万4940件にすぎない。両者の差は7911人（件）にもなり（婚
外子の34.6%），未認知の子が多数いることがうかがわれる（以上の点，および，
未認知子の数を厳密には推計できないことにつき，→§779Ⅲ）。

〔前田〕　613

§781　V

第4編　第3章　親　子

認知がない限り婚外子の法的父子関係は生じない（最判昭44・10・21民集23巻10号1834頁，最判昭54・6・21家月31巻11号84頁，最判平2・7・19家月43巻4号33頁等）。しかし，未認知の子にも「事実上の父」に対する法的効果が認められる場合がある（吉田恒雄「未認知の子の法的地位」早法58巻4号〔1983〕221頁。さらに，太田武男「未認知婚外子の法的地位」谷口知平追悼第1巻・家族法〔1992〕219頁も参照）。

(2)　損害賠償請求権

不法行為学説の多くは，内縁配偶者と並んで未認知の子についても711条の適用（または類推適用）を認める（注民(19)212頁〔植林弘〕，好美清光「慰謝料請求権者の範囲」坂井芳雄編・現代損害賠償法講座7〔1974〕234頁，四宮和夫・不法行為〔1985〕507頁，我妻栄＝有泉亨〔清水誠補訂〕・コンメンタール事務管理・不当利得・不法行為〔2版，1998〕199頁等）。711条が適用されない場合でも709条および710条により固有の慰謝料請求は可能と解するのが通説だといわれている（森島昭夫・不法行為法講義〔1987〕376頁）。

判例では，①大審院が，父死後の裁判認知を認めた昭和17年改正（→§787 I 4）の前に，内縁の妻の妊娠中に夫が事故死したケースで，子は事実上の父の収入により生計を維持しうる利益を喪失したとみて，709条で保護されるべき利益侵害を認めた（大判昭7・10・6民集11巻2023頁〔胎児の権利能力に関する阪神電鉄事件〕。ただし711条の適用は否定）。②戦後の下級審に，内縁子の死亡に対する711条の慰謝料を父に認めた判決がある（東京高判昭36・7・5高民集14巻5号309頁）。ここでは，子は未認知であったが出生後に父母が婚姻し，2歳で事故死した事案において，裁判所は特別な事情があったと見て「父子に準ずる地位」を認めた。③事実上の父に対する違法な退去強制令等の発布処分・執行につき，未認知の子に711条の慰謝料を認めた下級審がある（東京地判昭44・11・8行集20巻11号1324頁）。

(3)　扶　養　義　務

明治民法下で認知がなくても「父であるかも知れない者」に扶養義務を課す可能性を検討した学説（中川善之助「私生子法における父の観念」法学11巻3号〔1942〕1頁〔同・家族法研究の諸問題〔1969〕203頁所収〕），および，昭和22年改正後に，内縁子の場合または父である蓋然性が高い事由がある場合に，扶養義務を認める見解があった（渡瀬勲「非嫡出子に対する認知前の実父の扶養義務につ

第1節 実　子　　　　　　　　　　　　　　　　　　　　　§*782* I

いて」ジュリ 526 号〔1973〕129 頁）。

　いずれも下級審であるが，未認知の子に対する父の扶養義務を認めた以下の例がある。①明らかに血縁上の父子関係があると見て，認知前でも扶養義務の関係では父は子の扶養義務者だと認定した例（東京控判昭 9・5・11 新聞 3704 号 6 頁）。②裁判認知の請求を認容した判決に対して父が控訴している間に，母が子の扶養料を請求した審判において，鑑定結果等から血縁上の父子であることは明らかであり認知請求は認容されるべきだとみたうえで，出生時以降の親子関係があると認定して，父としての扶養義務を肯定した例（福岡家審昭 40・8・6 家月 18 巻 1 号 82 頁）。③裁判認知の請求と並行して子の側が事実上の父に扶養料を請求した審判において，同棲期間中の懐胎だから内縁の夫の子と推定され，これを覆す特段の事情もないと認めて，裁判認知をまたずとも，血縁が認められる以上は扶養義務があると解した例（東京家審昭 50・7・15 家月 28 巻 8 号 62 頁）。

(4)　婚姻費用分担額の算定

　重婚的内縁関係にある夫に対する，別居中の妻からの婚姻費用分担請求において，夫と同居する内縁妻の未認知子（2 人）が夫の子であることは明白であることを理由に，その養育費を考慮して分担額を算定した例がある（東京家審昭 44・8・20 家月 22 巻 5 号 65 頁）。

〔前田　泰〕

　　（成年の子の認知）
　第 782 条　成年の子は，その承諾がなければ，これを認知することができない。

　　　〔対照〕　ド民 1595・1596
　　　〔改正〕　（830）

I　本条の趣旨

(1)　立法趣旨

本条に該当する規定は旧民法の草案にも旧民法の規定にもなく，明治民法

§*782* Ⅰ 第4編 第3章 親 子

により初めて規定され，本条と同旨の規定が置かれた（民旧830条）。

法典調査会において起草者（富井政章）は規定の趣旨として，未成年子に対する監護・扶養の義務を懈怠して隠れていた者が，後に父としての権利を主張することは当然には許されない旨を説明した（法典調査会民法議事〔近代立法資料6〕546頁）。さらに議論の中で，20年以上も認知されずにいたため血縁の事実が全く不明瞭になった場合に自称父が一方的に認知してしまえば，その後に子が反対事実を主張して認知の効力を争っても立証責任の関係で子が敗訴せざるを得なくなるという現実的な不当性を予防する趣旨に関する発言をしている（法典調査会民法議事〔近代立法資料6〕551頁，552頁，558頁および559頁）。以上から立法趣旨は，扶養義務を懈怠した父が子に扶養を請求する問題と，不実認知の無効を主張する際の立証の問題にあったといえる（詳細は，新版注民(23)349頁〔前田泰〕参照）。

(2) 本条の趣旨に関する学説

初期学説の多くは，扶養の問題と併せて被認知者の名誉を立法趣旨として説明する。すなわち，私通に基づく出生の事実を公に確定すること自体が子の不名誉であると見たり（奥田262頁），「子ハ現在社会ニ於テ相当ノ地位ヲ占ムルニ車夫，馬丁等カ之ヲ認知」することは子の不利益であると解している（梅〔1912年復刻版〕262頁。子の名誉，地位等に言及する学説は，牧野293頁，古山茂夫・親族法注解〔1923〕250頁，和田于一・親子法論〔1927〕86頁等多数）。その後，子の「意思人格の尊重」と表現する学説が登場したが（穂積452頁，柚木177頁，中川編・註釈上337頁〔谷口知平〕，末川129頁，島津一郎編・判例コンメンタール6・民法Ⅳ〔1978〕427頁〔岡垣学〕等），一般的には，扶養義務懈怠を理由に認知者の恣意を許さない規定と説明する。立証問題を掲げる学説は見当たらない。

(3) 立 法 論

被認知者の承諾を求める要件として成年であることを要求することにつき，立法趣旨を意思人格の尊重に求める立場（→(2)）から，年齢を15歳に下げるべきであるという批判（穂積452頁，柚木177頁等），または，未成年者についても母の承諾を要件とすべきであるという批判（中川編・註釈上337頁〔谷口〕）が加えられている。近時には，子の意思を尊重すべきこと，血縁の父を受け入れるか否かの判断であること，同意拒否は撤回できること等の理由から，

第1節 実 子　　　　　　　　　　　　　　§782 II

12歳に下げる提案も登場している（二宮周平「父とは誰か」立命 249 号〔1996〕85頁，前田泰「婚外父子関係」戸時 719 号〔2014〕19 頁）。

II 承　　諾

(1) 承諾の方式

戸籍法は，本条のように承諾を要する場合の届出につき，承諾を証する書面を添付するか，または，届出書に承諾の旨を付記し署名押印しなければならないと定める（戸38条1項）。この承諾書または承諾の付記がなければ成年子の認知届は受理されないが，しかし，承諾書または承諾の付記のない成年子認知の届出を誤って受理した場合でも，承諾の存在が後に立証されれば認知は有効であると解されている（中川編・註釈上 338 頁〔谷口〕。大判大 12・7・23民集 2 巻 518 頁は，必要な親権者の同意書も同意の付記もないまま受理された未成年者の分家の届出につき同意の事実の存在を理由に有効と認めた）。成年者を遺言で認知する場合（781条2項）にも被認知者の承諾を要する。

(2) 承諾権者・承諾能力

承諾権者は成年の被認知者である。婚姻による成年擬制（753条）を受ける者も含まれる。

比較的初期の学説は，被認知者が意思無能力者である場合には，裁判認知との権衡を理由に被認知者の法定代理人が代わって承諾することを認めた（仁井田益太郎・改訂増補親族相続法論〔1923〕224 頁，古山・前掲書 250 頁，穂積 452頁，中川監修・註解 181 頁〔山崎邦彦〕等。柳川勝二・日本親族法要論〔1924〕281 頁は，成年の意思無能力者を認知することはできないと解する）。その後，被認知者が成年被後見人である場合につき，財産上の利害関係を判断する必要性を根拠として法定代理人の同意を要求する見解（中島玉吉・民法釈義巻之四〔1937〕514 頁），および，後見人の代諾を認める見解（我妻＝立石 180 頁）が出現し，さらに，成年被後見人の場合は法定代理人の同意を必要とし，意思無能力者の場合には代諾を認める見解も登場している（中川編・註釈上 338 頁〔谷口〕，我妻・判コメ 231 頁〔石川稔〕）。

認知に対する同意に関して被認知者に意思能力がある場合には，被認知者が成年被後見人（旧禁治産者）であるか否かにかかわらず，被認知者の意思を

〔前田〕　　617

§*782* III・IV, §*783*　　　　　　　　第4編　第3章　親　子

尊重すべきである。後見人がいてもその同意は不要であり，代わって承諾することを認めるべきではない。これに対して，被認知者が意思無能力である場合には，後見人が代わって承諾することを認めるべきである。成年後でも意思無能力の状態にある者には父の保護を必要とする場合が多いと推測でき，認知者が被認知者からの扶養・相続上の利益を目的としているか否かの判断を後見人に委ねてよいと考えられるからである（詳細は，新版注民(23)352頁〔前田〕参照）。

III　本条の承諾を欠く認知の効力

承諾がないのに誤って認知届が受理された場合，承諾書または承諾の付記が偽造された場合，承諾能力を欠いた場合，承諾意思の欠缺・瑕疵がある場合等につき，→§785 II 2 (2)，§786 IV 2 (4)。

IV　本条の承諾を得られない場合の父母

本条の承諾を得られないために認知できない父が，親子関係存在確認訴訟で父子関係の存在確認を請求することは認められるべきではない。これに対して母子関係は認知を要せずに分娩の事実によって生じるから（→§779 IV），成年の子が拒否しても，母は母子関係存在確認訴訟を提起することができる。子を捨てた母が自己の扶養を求めて法的母子関係の確認を請求してきた場合に，扶養義務の程度・内容の問題として解決するしかないのか，それとも法的親子関係の有無の問題に取り込めるのかが問題である（新版注民(23)353頁〔前田〕参照）。

〔前田　泰〕

　　　　（胎児又は死亡した子の認知）

　第783条①　父は，胎内に在る子でも，認知することができる。この

　　　場合においては，母の承諾を得なければならない。

　　②　父又は母は，死亡した子でも，その直系卑属があるときに限り，

第1節　実　子　　　　　　　　　　　　　　　　　　　　§*783* I

認知することができる。この場合において，その直系卑属が成年者
であるときは，その承諾を得なければならない。

　　　〔対照〕　ド民 1594 IV
　　　〔改正〕　(831)

I　胎児の認知

(1)　本条1項の趣旨

　本条1項とほぼ同旨である明治民法の規定（民旧831条1項）について，起
草者（富井政章）は，子の出生前に父が死亡する可能性のある場合に胎児認
知が必要であることを説明した。母の承諾については，胎児を認知するため
には母を明らかにする必要があり，母にとって迷惑な場合があること，およ
び，事実に反する可能性を考慮したことが説明された（法典調査会民法議事
〔近代立法資料6〕560頁。旧民法草案との関係等の詳細は，新版注民(23)353頁〔前田
泰〕参照）。

　国籍法2条1号により，外国人の母から生まれた子は，出生の時点で父が
日本国民であれば日本国籍を取得する。国籍法上は認知の遡及効（784条）
が否定されていたため，本条の立法趣旨とは別に，国籍取得のための胎児認
知の必要性が主張されたが，国籍取得要件のあり方の問題であり，国籍法3
条の改正で解決された（平20法88。平成20年6月4日の2つの最高裁大法廷判決
〔民集62巻6号1367頁および裁判集民228号101頁〕も参照。改正前の状況につき，二
宮周平「婚外子の法的地位」新家族法実務大系II 189頁参照）（認知の遡及効につき→
§784 III(3)。準正との関係につき→§789 I）。

(2)　母の承諾能力

　母が制限行為能力者であっても意思能力があれば法定代理人の同意を得ず
に母が単独で承諾することができ，母が意思無能力の場合には代理は許され
ないから父は胎児を認知できないと解されている（古山茂夫・親族法注解
〔1923〕251頁，穂積453頁，中川監修・註解182頁〔山崎邦彦〕，我妻＝立石182頁，中
川編・註釈上339頁〔谷口知平〕等）。意思能力の内容は，認知者と胎児との間の
血縁を判断できる能力であろう（認知能力につき→§780 II）。

〔前田〕　619

§*783* Ⅱ

第4編 第3章 親 子

(3) 胎児認知の方式および効果

胎児認知も通常の認知と同様に届出または遺言によっておこなう（781条）。胎児認知の届書には胎児認知をする旨，母の氏名および本籍を記載し，母の本籍地で届出なければならず（戸61条），この届出に母の承諾が必要になる。承諾の方式は前条の場合と同様である（→§782 Ⅱ(1)）。

なお，胎児認知の届出があっても直ちに戸籍に記載されるのではなく，受理した母の本籍地（市町村）で出生まで保管され（戸61条），出生届があると出生事項とともに戸籍に胎児認知の旨が記載される。胎児認知の届出後に父母が婚姻して子が生まれた場合には，嫡出子として出生が届出され，胎児認知は戸籍に記載されない（大6・3・19民370号回答）。死産のときも戸籍に記載されないが，届書は死産届（戸65条）とともに保存される。

(4) 本条1項は父に胎児を認知する権利のあることを規定しただけで，その義務あることを規定したものではない（東京地判明34・7・3新聞43号21頁）。したがって，母その他の者が父に対し胎児の認知を強要することは，法律上許されない（前橋地判年月日不明・新聞186号5頁（明治37・1・30），東京地判大2・4・11評論2民179頁）。すなわち，本条の認知は任意認知を意味する（注民（22のⅠ）220頁〔木下〕）（裁判認知につき→§787 Ⅳ2(1)(ア)）。

Ⅱ 死亡した子の認知

(1) 本条2項の趣旨

本条2項と同旨である明治民法の規定（民旧831条2項）に至る立法経緯から，その趣旨は，失踪，旅行，事故等の事情から認知が遅れた場合に必要となる子の死後の認知を可能にし，しかし認知者の利益を目的とした認知ではなく，子の卑属の利益になる認知を実現することにあるといえる（法典調査会民法議事〔近代立法資料6〕560頁，621頁。旧民法第一草案から法典調査会での修正案に至る詳細は，新版注民(23)356頁〔前田〕参照）。

(2) 成年者の承諾

被認知者に直系卑属があれば認知者が被認知者の相続人になる可能性がないから（889条），相続目当ての認知は生じないが，扶養につき782条におけるのと同じ問題（→§782 Ⅰ(1)(2)）が起きることが懸念されるため，被認知子

第1節　実　子　　　　　　　　　　　　　　　　　　　　§*784*　I

の直系卑属が成年に達した後の認知に対してはその直系卑属の承諾を要求する意味がある。この点，782条に対するのと同じ立法批判があり得よう（→§782 I(3)）。なお，被認知子に配偶者がある場合には認知者とこの配偶者との間に1親等直系姻族の関係が成立し，扶養義務が発生する可能性が生まれる。しかし配偶者はいつでも姻族関係を消滅させられるから（728条2項），不当な結果は生じないと言われている（中川編・註釈上340頁〔谷口〕）。

承諾能力は，前条の場合（→§782 II(2)）と同じと解されている（古山・前掲252頁，野上300頁，我妻＝立石182頁）。死亡した子に数人の直系卑属がいる場合には，未成年である直系卑属との関係では承諾を要せずに有効な認知が成立する。成年に達した直系卑属がいてその全部または一部が承諾をしていない場合には，承諾をしていない成年の直系卑属と認知者との関係は，必要な承諾を欠く認知の問題として処理されることになる（→§785 II 2(2)，§786 IV 2(4)）。これに対して，認知の対第三者効を理由に成年者全員の承諾を要件とする学説がある（床谷文雄「婚外親子関係の成立」新家族法実務大系II 171頁）。

(3)　死亡子認知の方式

通常の認知と同様に，戸籍上の届出または遺言により行うが（781条），死亡子認知の届書には一般記載事項（戸29条）のほか，認知される子の死亡の年月日，死亡子の直系卑属の氏名・年月日および本籍を記載しなければならない（戸60条）。

〔前田　泰〕

（認知の効力）

第784条　認知は，出生の時にさかのぼってその効力を生ずる。ただ
し，第三者が既に取得した権利を害することはできない。

〔改正〕　（832）

I　本条の趣旨

本条は，認知の遡及効とその制限を規定する。明治民法の起草者は，法典調査会において，本条本文と同旨の原案について，認知の遡及効を認めるこ

〔前田〕　　621

§784 II
第4編 第3章 親 子

とは当然であることを前提に、しかし法律行為は行為時に効力を生じることが原則だから、遡及効を認めるのであれば規定に書いた方が安全である旨を説明したにとどまる（法典調査会民法議事〔近代立法資料6〕543頁）。遡及効を当然視する基礎には血縁主義の理解があると考えられる。遡及効を制限するただし書は整理会で加えられ、その趣旨は、認知の遡及効に伴う相続上の問題を被認知子の不利益において解決することを妥当と認めたことにあった（法典調査会整理会議事速記録〔近代立法資料14〕436頁。詳細は、新版注民(23)358頁〔前田泰〕参照）。

II　認知の遡及効

(1)　適 用 範 囲

本条は明治民法832条と同旨の規定だが、家制度（特に庶子と家督相続）が廃止された結果、適用領域が狭くなった。また、779条から786条までは任意認知の規定だが、本条は裁判認知にも適用される。

(2)　認知の効力

認知の効力の内容を定めた規定はないが、認知者と被認知者との間に婚外父子関係を創設することであると解されている（中川(善)401頁、我妻234頁、久貴177頁、最判平2・7・19家月43巻4号33頁等多数。これに対する批判として、伊藤昌司「非嫡出父子関係と認知」山畠正男ほか古稀・民法学と比較法学の諸相I〔1996〕144頁参照）。具体的には、親権、扶養および相続が重要であり、子の氏にも影響する。さらに不法行為法上の効果として、被害者の父母としての慰謝料請求（711条）や、親子としての地位の侵害に対する損害賠償請求（709条・710条）等もある。なお、未認知の父子にも若干の法的効果が認められることがある（→§781 V）。

(3)　遡及効の意味

(ア)　親権　　明治民法では認知により当然に父が親権者となり（民旧877条）、かつ認知の遡及効により出生の時から父が親権者であったことになったが、現行法では父母の協議で父を親権者と定めた場合に限り父が親権者になる（819条4項）。監護についても同様である（788条）。したがって、現在では親権について認知の遡及効は意味がない。

第1節　実　子　　　　　　　　　　　　　　　　　　　§784　III

(イ)　扶養　　明治民法では父母が家を異にする場合に認知により父が先順位の扶養義務者になった（民旧956条）。認知の遡及効の結果，子の出生の時から父が先順位扶養義務者であったことになり，大審院は，父の認知前に母が扶養のため出捐した場合には母は父に不当利得の返還を請求できると判決した（大判大13・1・24民集3巻45頁。ただし学説は家にある者を優先する規定を批判していた。平野義太郎〔判批〕判民大正13年度33頁，中川・判例総評II21頁等）。

現行法は扶養義務者間の順位を定めずに（仙台高決昭37・6・15家月14巻11号103頁は婚外子を母が養子にしていても扶養の順位に先後はなく父と同順位であるとする），扶養の程度および方法と共に当事者の協議に委ね，協議が調わないときには家庭裁判所が定める（878条・879条）。認知の遡及効により父は子の出生の時から扶養義務者であったことになり，協議，審判等の結果父が負担すべきことになった扶養料を既に母が支払っていた場合には，母に償還すべきである（→§788 III）。

(ウ)　相続　　明治民法の家督相続につき認知の遡及効が複雑な問題を生じさせたが，現行法ではこの問題はない。被認知者は出生のときから認知者の相続人としての地位を取得していたことになる。認知者の死亡による相続では被認知者は子として第一順位の法定相続人になる。遡及効の問題は，死後認知の場合に本条ただし書の遡及効の制限との関係で生じる（→III(2)）。

(エ)　子の氏　　明治民法では氏は家の名称であり，かつ被認知者は父の家に入ったから，認知により子は生まれた時から父の氏を称していたことになった。現行法では氏は個人の呼称であり，婚外子は母の氏を称し（790条2項），認知後に子が希望する場合には家庭裁判所の許可を得て父の氏を称することができる（791条1項）。認知の遡及効は氏に関しては意味がない。

(オ)　小括　　現行法における認知の遡及効は，主に扶養につき意義を有し，相続に関してはただし書との関係で意味があり，親権および氏に関しては意味がない。

III　遡及効の制限

(1)　第三者の既得権

本条ただし書における「第三者」とは認知者と被認知者を除く者である

§784 III

第4編 第3章 親子

（910条により「他の共同相続人」は除外される→(2)）。「既に取得した権利」とは、被認知者出生の時から認知されるまでの間に、認知者と被認知者との親子関係が存在しないことを前提に取得した権利である。現行法において本条ただし書が意味をもつ場面は、事実上、相続に限られる（一Ⅱ）。なお、相続開始前の生前認知により被認知子が認知者の推定相続人となる結果、他の推定相続人の相続分が減少すること、または相続権を喪失することは問題にならない。これらの者が認知前に有していた権利は単なる期待権であって既得権ではないからである（通説）。

　なお、父が交通事故で死亡した4か月後に出生し、その10か月後に認知の訴えで勝訴した子について、慰謝料請求権（711条）を取得した時期は認知の時であると解して遡及効を否定した下級審がある（大阪地判平20・12・10判タ1298号125頁）。しかしこの判決は、資力がないことを要件として認知判決前に支給された生活保護受給金に関して、損害賠償請求権の取得により無資力要件を欠いていたことを理由とする返還請求（生活保護63条）に対して、認知の遡及効を否定することにより認知前の受給分の返還を免除したものである。認知制度は子の保護を目的とし、認知の遡及効も第三者の権利を害さない範囲で子の利益を図るものであるとすれば、子に不利となる遡及効を否定することはむしろ当然といえるかもしれない。

(2) 相続開始後の第三者の相続権

　被相続人（認知者）が死亡し相続が開始した後に遺言認知または死後認知の請求により新たに相続人（被認知者）が登場した場合、認知の遡及効により被認知者は当初より認知者の相続人であったことになるが、本条ただし書による制限を受けることになる。しかしこの場面では910条による解決が予定されているから、本条ただし書の適用は「他の共同相続人」以外の第三者の問題に限られ、「他の共同相続人」の範囲（→第19巻§910）によっては、結局適用される余地はほとんどなくなる（名古屋高判昭29・12・17高民集7巻12号1113頁は適用例）。また、最高裁は、分娩の事実により当然に発生する「母子関係が存在する場合には認知によつて形成される父子関係に関する民法784条但書きを類推適用すべきではな」いと判示している（最判昭54・3・23民集33巻2号294頁。詳細は、新版注民(23)361頁〔前田〕参照）。

624　〔前田〕

第1節　実　子　　　　　　　　　　　　　　　　　　　§*785*　I

(3)　国籍法上の制限

　国籍法上は認知の遡及効が否定されてきた（最判平9・10・17民集51巻9号3925頁，最判平14・11・22訟月50巻4号1325頁）。このため外国人の母から生まれた子は，日本国民である父が出生後に認知しても，国籍法2条1号による日本国籍の取得は認められていないが（→§783 I(1)），国籍法3条1項の改正（平20法88）により，届出により国籍を取得できるようになった。認知の遡及効には直接関係しない措置である。

〔前田　泰〕

　（認知の取消しの禁止）

　第785条　認知をした父又は母は，その認知を取り消すことができない。

　　　　〔対照〕　ド民1600
　　　　〔改正〕　（833）

I　本条の趣旨

1　立法趣旨

　本条と同旨の明治民法（民旧833条）の起草過程における議論から，立法趣旨は次のようにいえる。すなわち，本条の「取消し」は法律行為の取消しとは区別される撤回の意味であり，認知は（届出により効力が生じるから）撤回が許されないことは当然であり規定するまでもないが，遺言認知の撤回を認める旨のただし書を規定する必要性を考慮して，また他の解釈の余地をなくすよう念のために，ただし書のある原案を用意した。しかし，遺言者が死亡するまでは遺言が撤回可能であることは当然であるから，わざわざ規定する必要がないという理由でただし書が削除された。その結果，法的にはあまり意味のない本条の内容が残された（新版注民(23)363頁〔前田泰〕参照）。

2　学説の解釈

(1)　旧通説（撤回禁止説）

　昭和初期に至るまでほとんどの学説は，立法趣旨と同様に本条の「取消

〔前田〕　　625

§785 I

第4編　第3章　親子

し」は撤回であるとみたうえで，詐欺・強迫による認知は取り消しうると解した（奥田268頁，牧野298頁等。戦後も，青山164頁，鈴木＝唄I22頁等）。その根拠は，取消しと撤回との峻別，民法総則の無効・取消しに関する規定が認知にも適用されること，および認知者の真意確保の必要性にあった。

(2) **梅説（不実認知の「取消し」禁止説）**

梅は，本条（民旧833頁）の目的が不実認知を理由とする認知者の「取消し」を禁止することにあると解した（梅〔1912年復刻版〕267頁。梅説の内容につき，新版注民(23)365頁〔前田〕参照）。認知者の取消しを禁止する理由には，①良心に基づいて行った認知を，後で自己の利益のために認知者が取り消すことは「不徳義」である，②誤って認知した者は「自己ノ疎漏ノ結果」だから誰も咎めることができない，③子その他の利害関係人の利益はそれぞれの無効主張により守られる，以上を掲げる。

梅は詐欺・強迫による取消しに言及していないが，現通説（一(3)）前には民法総則の家族法への適用が疑問視されていなかったこと，および，明治民法の起草者の1人として立法趣旨（一1）を前提にしていたであろうことから，梅説は旧通説（一(1)）の内容をも含むと推測できる。本条が禁止した「取消し」の内容については梅説に従い，詐欺・強迫を理由とする認知の取消しを認める点では旧通説に従う立場も少なくない（牧野300頁，穂積458頁，松岡義正・特別民事訴訟論〔1918〕275-285頁，大森・人訴131頁，鈴木＝唄I22頁等）。また，本条の旧通説を支持し，かつ（本条を根拠にはしないが）786条につき反対事実の主張者から認知者を除外する見解は（奥田269頁および仁井田益太郎・改訂増補親族法相続法論〔1923〕230頁），旧通説と梅説の両者を支持することになる（「旧通説＋梅説」）。

(3) **現通説（取消禁止説）**

昭和初期に中川は，旧通説に反対して，本条は詐欺・強迫による取消しをも禁止した規定であると主張し，後の通説になった（我妻237頁，末川130頁等多数）。その根拠は，①本条が婚外子保護を目的とする規定である，②認知の意思，血縁の事実および認知届の3者があるかぎり法律上の親子関係は確定して動かないから民法総則の取消規定は認知に適用されない，③詐欺・強迫に基づく不実認知は当然無効であるから本条の問題ではなく786条の無効訴訟によるべき（以上，中川善之助・略説身分法学〔1930〕175頁および同「身分行為

626　〔前田〕

第1節　実　子　　　　　　　　　　　　　　　　　§785　I

の取消」法学10巻4号〔1941〕（同・身分法の総則的課題〔1941〕所収236頁）），なら
びに，④取消しを認めても血縁のある限り裁判認知が可能であるから本条を
生かして取消しを禁止した方がよい（谷口・日本親族法〔1935年復刻版〕344頁），
以上にある。

　人訴法2条（2003〔平成15〕年改正前の人訴27条）は認知の無効・取消訴訟の
存在を前提にしているが，その原因に関する立法者の意図は不明である（立
法経緯につき，岡垣学・人事訴訟手続法〔1981〕403頁参照）。多数説は，必要な承
諾を得ていない認知の届出が受理された場合に提起するのが人訴の取消訴訟
だと解する（→II 2⑵。中川（善）397頁は，この取消しをも認めず，認知の取消しは民
法上の根拠がないと主張する）。

⑷　於保説（父性擬制説）

　於保は，「親子関係は自然的血縁に基づく未成熟子哺育を本質とする」と
いう親子観を基礎として（於保不二雄・親子（近代家族法の基礎理論）〈法律学体系
第2部法学理論編81〉〔1950〕12頁，17頁，24頁等），婚内子と婚外子とは共に血
縁を基礎とする親子関係であるから同一に扱うべきこと（於保・前掲書25-37
頁），具体的には認知は嫡出推定および嫡出性の承認と同じ機能を有すると
解し，したがって親子関係の推定力と擬制力とが認知に与えられると主張す
る（於保・前掲書39頁および44頁）。本条との関係では，認知者が詐欺・強迫
等を理由に承認行為としての認知の効力を争うことは許されるが，反対事実
の主張を許せば承認により生じる否認権消滅の効果（擬制力）を無に帰せし
めるから認知が事実に反することの主張は許されないと解する（於保・前掲書
54頁）。しかも取消しは民法総則の取消規定ではなく縁組の取消規定を類推
適用すべきであると主張する（於保・前掲書55頁）。このように於保説は，根
拠はまったく異なるが，「旧通説＋梅説」（→⑵）と同じ結論に帰着する。

3　判　　例

　本条の解釈につき大審院は，認知者の妻が提起した認知無効確認請求を認
容した判決で，傍論ながら梅説を支持した（大判大11・3・27民集1巻137頁）。
また，認知者が子に対して提起した親子関係不存在確認請求事件において本
条（民旧833条）を根拠とし認知者の取消しは許されないと判示して請求を棄
却した（大判昭12・4・12法学6巻1105頁）。

　しかし，近時の最高裁は，786条を根拠に認知者の無効請求を認容し（最

〔前田〕　　627

§785 II

第4編 第3章 親 子

判平26・1・14民集68巻1号1頁，最判平26・3・28裁時1601号1頁），梅説（＝大審院）を採らないことを明らかにした（→§786 IV 3 (1)(a)(iii)。戦後の下級審の状況につき，新版注民(23)367頁〔前田〕参照）。

II 認知取消しの裁判

1 訴訟の性質，手続等

認知を取り消すためには裁判上の取消しが必要である。親子関係を判決または審判により遡及的に消滅させるのだから，認知取消しの裁判は形成訴訟である（山木戸克己・人事訴訟手続法〔1958〕79頁，加藤令造・人事訴訟手続法詳解〔1958〕182頁，中川編・註釈上346頁〔舟橋諄一〕等）。認知取消訴訟の訴訟物は認知取消請求権であるといわれている（村重慶一＝梶村太市編・人事訴訟の実務〔新版，1990〕400頁〔山崎勉〕）。その原因となる事実（主要事実，要件事実）は，取消原因の存在であり（→2），原告に（事実上の）立証責任がある（職権探知主義〔人訴20条〕との関係につき→§787 IV 4 (2)）。

他の人事訴訟と同様に，調停が前置され（家事257条），調停で合意しても合意に相当する審判が必要である（家事277条。詳細は→§775 III）。調停・審判の当事者適格は，検察官を除いて，各人事訴訟（ここでは認知取消訴訟）の当事者適格（→2）と同じと解されている（田中加藤男・戸籍訂正に関する諸問題の研究〔1967〕30頁，栗原平八郎「合意に相当する審判の現状と問題点」沼辺愛一ほか編・家事審判事件の研究 I〔1988〕192頁等）。

2 取消原因と当事者適格

(1) 詐欺・強迫

旧通説および梅説は，認知が詐欺・強迫によってなされた場合には取消しが許され，そのために人訴法2条が規定されたと解する。原告は詐欺・強迫を受けた認知者であり，被告は子，子の死後は検察官である（人訴12条）。ただし，現通説によれば，本条により詐欺・強迫による取消しは禁止される。（→I 2 (3)）

(2) 承 諾 違 反

成年者を認知する場合にはその成年者の承諾が，胎児認知では胎児の母の承諾が，そして死亡子認知の場合に被認知子の直系卑属が成年であるときに

628 〔前田〕

第1節 実 子　　　　　　　　　　　　　　　　　　　　　　　§*785* Ⅱ

はその直系卑属の承諾が，必要である（782条・783条）。この承諾を欠いた認
知届が誤って受理された場合（→§782 Ⅲ）の認知の効力については，説が分
かれている。

　要件違反を理由に無効説も唱えられたが（和田于一・親子法論〔1927〕108頁
等），承諾権者の利益保護と血縁主義との調和を理由に取消原因と解する説
が多数になった（野上304頁，我妻237頁，山木戸・前掲書79頁等）。これに対し
て，承諾がなくとも血縁ある限り認知は有効と解する説もある（中川（善）397
頁等。川崎秀司「認知の無効・取消」家族法大系Ⅳ73頁は，認知は有効だが承諾権者の
意思に反して扶養・相続等の請求はできないと主張する）。

　判例は見当たらないが，取消原因と解する場合には，原告は承諾権者（子，
母または死亡した子の直系卑属）である。被告は，子が原告のときは認知者，子
が原告でないときは認知者および子である。被告とすべき子が死亡した後は
認知者が，認知者も死亡していれば検察官が，被告である（人訴12条）。

(3)　他人の子の認知

　嫡出推定または認知により既に法律上の父のある子の認知届が誤って受理
された場合には，後の認知を無効と解することが簡便ではあるが（三田高三
郎・人事訴訟手続法解説〔1952〕610頁），前の父子関係が消滅する可能性もある
ので，後の認知を無効とはせずに取消原因となると解されている（山木戸・
前掲書80頁，中川編・註釈上346頁〔舟橋諄一〕）。ただし，根拠規定として重婚
規定（732条・744条）の類推適用の可否が検討課題になる。古い下級審およ
び戸籍実務は無効説に近い（東京地判昭7・9・19法律新報309号26頁，大15・
11・2民甲1331号回答）。

　取消しと解する場合の原告は，子，子の父母または前の認知者である。被
告は，子が原告のときは認知者（二重認知の場合は，後の認知者），子が原告で
ないときは，認知者および子である。被告とすべき者がないときは，検察官
を被告とする（人訴12条）。

(4)　不 実 認 知

　通説によれば不実認知は無効であり，取消原因ではない。取消説は現在で
は見当たらない（→§786 Ⅱ）。

3　判決（審判）の効力

　認知取消しの裁判における請求認容の判決（または審判）によって認知は遡

〔前田〕　629

§*786* I   第4編　第3章　親　子

及的に無効になる。勝訴した原告（または調停の申立人）は，判決（審判）確定
の日から1か月以内に，戸籍訂正を申請しなければならない（戸116条）。

〔前田　泰〕

（認知に対する反対の事実の主張）
第786条　子その他の利害関係人は，認知に対して反対の事実を主張
　することができる。

　　　〔対照〕　フ民332 II，ド民1600～1600c
　　　〔改正〕　（834）

I　本条の趣旨

　本条は，父の任意認知が血縁の事実に反する場合には，認知された子その
他の利害関係人がこれを理由に認知の無効を主張できることを規定する（母
の認知は→§779 IV）。裁判認知の無効・取消しは，判決の変更，上訴，再審等
の問題になる（最判昭28・6・26民集7巻6号787頁）。

　明治民法の起草者（富井政章）は，法典調査会における原案（本条とほぼ同
旨）の趣旨として，「反対の事実」とは認知者が親でないことであること，
「利害関係人」の例には認知者の相続人があること等を説明した（法典調査会
民法議事〔近代立法資料6〕581頁）。そして起草者は，議論の中で，嫡出否認の
ような期間制限（777条）を設けるべきだという意見に対して，不実認知の
場合には相続等の別の訴訟で先決問題として親子関係がないことを主張でき
るから期間制限は難しいという趣旨だと思われる発言をしている（新版注民
(23)372頁〔前田泰〕参照）。さらに，先決問題として主張・立証された内容が
訴訟当事者以外の者に対して効力を有するかを質問され，「相対効が原則だ
が訴訟法に譲る」旨を述べただけで答えなかった。利害関係人の範囲は，認
知者の債権者を例に議論されたが明確にされなかった。

　わずかな字句修正を受けて明治民法に規定され（民旧834条），その後は昭
和22年に字句の修正を受けだけで本条に至った。

630　〔前田〕

第1節 実 子　　　　　　　　　　　　　§786 II・III

II　血縁に反する認知の効力

　本条は不実認知の効力を規定していない。明治民法起草者は，不実認知は無効ではなく不成立であると解していた（法典調査会民法議事〔近代立法資料6〕581頁。旧民法第一草案理由書との関係につき，新判注民(23)371頁，372頁〔前田泰〕参照）。明治民法成立当時から現在に至るまで無効と不成立とは概念上必ずしも厳密に峻別されてきてはいない（於保不二雄・民法総則講義〔1951〕267頁）。ただし，いわゆる身分行為論は身分行為の不成立と無効とを区別したが，その意義は無効な身分行為の追認を認めることにあると考えられ，少なくとも不実認知を追認によって有効化する余地はないから，ここで不成立と無効の峻別を論じる必要はないと考える（新版注民(23)373頁〔前田〕）。

　梅説（およびその支持者）は，不実認知を取消原因と考えたうえで前条が不実認知の取消しを禁止したと解したが，しかし，現在の通説は不実認知を無効と解しており（→§785 I 2(2)(3)），形成無効か当然無効かが論じられている（→III）。ただし，不実認知以外の原因による無効（→IV 2），特に他人が勝手に認知を届け出た場合には認知の効力は生ぜず（当然無効），他の（届出）意思欠缺や意思無能力も同様に解せられていると考える（山木戸克己・人事訴訟手続法〔1958〕73頁，荒井九州雄「認知の無効と取消し」新家族法実務大系 II 211頁，松本博之・人事訴訟法〔3版，2012〕387頁）。

III　形成無効と当然無効

(1)　形成無効説（形成訴訟説）

　形成無効説は，不実認知を取り消しうべき行為ではなく無効であると解したうえで，認知無効の訴えを提起して請求認容の判決を得なければ無効を主張できないと解する（森本富士雄・親族法要論〔1929〕105頁，兼子一「親子関係の確認」家族制度全集・法律 III 215頁〔同・民事法研究第1巻〔1977〕350頁所収〕等）。

　形成無効説の根拠は必ずしも明かではないが，「苟も戸籍吏に認知の届出を為しそれが受理されると，何人と雖もこれを裁判によらないで無効であると主張することは許されない」（加藤令造・人事訴訟手続法詳解〔1958〕189頁。同旨，斎藤秀夫「身分関係不存在確認の訴」家族法大系 I 191頁）という記述からは，

〔前田〕　631

§786 IV

第4編　第3章　親　子

届出自体または届出を前提として行動する当事者および利害関係人の保護に実質的理由があると考えられる。また，「直接の当事者である父子が父子関係の存在を否定しようとしないのに，第三者が——しかも単なる財産的利害関係から——父子関係を云々しうるとすることは，適当でない」から無効訴訟確定までは有効な認知と扱うべきだと主張する見解がある（鈴木＝唄Ⅰ23頁。認知者の原告適格につき→Ⅳ3(1)）。ここでは認知当事者の意思および利益が重視されている（前田泰「任意認知と子の福祉」徳島大学社会科学研究6号〔1993〕27頁も参照）。

(2)　当然無効説（確認訴訟説）

当初より親子関係は生じないから認知無効の判決をまたずに他の訴訟での先決問題として主張できると解する。前条の現通説の立場に合致した見解である（仁井田益太郎・改訂増補親族法相続法論〔1923〕231頁，和田于一・親子法論〔1927〕112頁および133頁，我妻236頁等多数）。その根拠は主に認知における血縁主義にある。

(3)　判　　例

不実認知を取消原因と見る初期の判決を除けば，大正時代の下級審はむしろ当然無効説に立っていた（後記大判の1審，2審および東京控判大9・7・13新聞1816号15頁）。しかし大審院は形成無効説を支持し（大判大11・3・27民集1巻137頁），その後の下級審もこれに従っている（台湾高等法院昭15・5・11新聞4593号8頁，仙台高判昭55・1・25家月33巻2号169頁等）。ただし判決主文の表現では，戦後の下級審でも，「認知を無効とする」旨が多数ある中で，「認知が無効であることを確認する」旨を用いる判決・審判も少なくない（長崎地判昭32・9・25下民集8巻9号1745頁，東京家審昭57・6・24家月35巻9号117頁，大阪地判昭63・7・18判タ683号178頁，大阪高判平21・11・10家月62巻10号67頁等）。

Ⅳ　認知無効の裁判

1　はじめに

人事訴訟法2条および家事事件手続法277条は，「認知の無効」が人事訴訟および家事審判の対象になることを前提としているが，しかし無効原因，原告適格等につき，認知の取消しの場合と同様に（→§785 Ⅱ2），民法は規定

第1節　実　子　　　　　　　　　　　　　　　§*786*　Ⅳ

していない。本条が規定する不実認知は無効原因の典型と解されているため，
ここで認知無効の裁判についてまとめることにする。なお，他の人事訴訟と
同様に，調停・審判が前置される（家事257条・277条1項。詳細は→§775Ⅲ）。
その当事者適格が人事訴訟と同じと解されていることにつき→§785Ⅱ1。

　認知無効訴訟の訴訟物は，認知無効請求権であるといわれている（村重慶
一＝梶村太一編・人事訴訟の実務〔新版，1990〕396頁〔山崎勉〕）。その原因となる
事実（主要事実・要件事実）は，無効原因の存在であり（→2），原告に（事実上
の）立証責任がある（職権探知主義〔人訴20条〕との関係は→§787Ⅳ4(2)）。

2　無　効　原　因

(1)　血縁に反する場合

　血縁に反する場合には，認知は無効と解されている（→Ⅱ，§785Ⅰ2(3)）。

(2)　認知意思または意思能力がない場合

　認知者の認知意思および意思能力が認知の要件であることは疑われておら
ず（→§780Ⅰ），ほとんどの学説は，認知意思または意思能力がない認知を
無効と解している（我妻236頁，山畠正男「婚外親子関係(1)」法セ331号〔1982〕68
頁，鈴木112頁等）。第三者が勝手に届出をした認知が無効であることに疑い
はない。血縁があれば意思がなくとも有効と解する少数説もあるが（我妻＝
立石186頁，谷口知平・戸籍法〔3版，1986〕150頁，山木戸・前掲書74頁），そこで
も届出意思の存在が前提とされていると思われる（認知意思の内容および意思能
力の程度につき→§780Ⅱ）。

　最高裁は，届出意思のない認知は血縁があっても無効である旨を判示した
（最判昭52・2・14家月29巻9号78頁）。意思能力を否定して認知を無効と判定
した判決は見当たらないが，意思能力を要件とすることを前提として「血縁
上の親子関係にある父が，子を認知する意思を有し，かつ，他人に対し認知
の届出の委託をしていたときは，届出が受理された当時父が意識を失ってい
たとしても，その受理の前に翻意したなど特段の事情のない限り，右届出の
受理により認知は有効に成立する」と判決している（最判昭54・3・30家月31
巻7号54頁）。

(3)　届出がない場合

　届出のない認知（事実上の認知）には効力がない（未認知子の法的地位は→§781
Ⅴ）。現実には認知無効の問題は戸籍の記載をめぐる争いであるから，届出

〔前田〕　　633

§786 IV　　　　　　　　　　　　　　　　　　　　第4編　第3章　親　子

がない認知は戸籍に記載されず，したがって，無効訴訟の問題が生じない。実務的にはありえないはずであるが，届出がないにもかかわらず過誤により戸籍の記載がなされた場合には，戸籍訂正を求めるためには実務上認知無効の裁判を求める必要がある（青木義人・戸籍法〔1951〕237-238頁。認知届以外の届出の効力につき，→§781 Ⅲ(2)）。

(4)　**法定の承諾を欠く場合**

この場合も無効原因であると主張する見解，取消原因と解する見解，および，血縁がある限り有効と主張する見解がある（→§785 Ⅱ2(2)）。

(5)　**そ　の　他**

死亡した子に直系卑属がないにもかかわらず，認知の届出が受理された場合は（783条2項），無効だと解されている（昭30・5・11民甲908号。職権による戸籍訂正が認められている）。嫡出推定が及ぶ子や既に認知されている子の認知届が誤って受理された場合は（→§779 Ⅴ(2)），無効説（荒井・前掲論文211頁）と取消説（山木戸・前掲書74頁）があるが，戸籍実務は職権による戸籍訂正を認めている（昭29・9・25民甲1935号，昭和33・10・29民二509号。松原正明編著・人事訴訟の実務〔2013〕453頁〔吉田〕参照）。

3　本条による認知無効訴訟の当事者

(1)　**原　告　適　格**

子その他の利害関係人が原告である。「子」が被認知者であることに疑問はない。問題は利害関係人の範囲である。

(a)　**認知者**　　立法趣旨として認知者が利害関係人に含まれるかは不明である（前田泰〔判批〕民商150巻2号〔2014〕301頁）。

(i)　**否定説（旧通説）**　　初期学説の多くは，「子その他の利害関係人」という本条の文言を理由に，利害関係人には認知者が含まれないと解した（奥田269頁，仁井田・前掲書229頁，野上306頁等。利害関係人の例示で認知者に言及しない説明には，認知者を除外する意味が含まれる場合があると考える。牧野300頁，柳川勝二・日本親族法要論〔1924〕282頁等）。実質的理由としては軽率な認知を防止することが掲げられている（仁井田・前掲書231頁）。

これに対して梅は，785条（民旧833条）により認知者は不実認知の場合であっても認知の「取消」は許されないと主張した（→§785 Ⅰ2(2)）。大審院は梅説を支持し（→(iii)），穂積は梅説の内容を前提としたうえで，しかし立法論

634　　〔前田〕

第1節　実　子　　　　　　　　　　　　　　　　§786　IV

としては血縁主義の観点から再検討すべきだと主張した（穂積458頁）。

　（ii）　肯定説（現通説）　　大正期以後には，認知者の原告適格を肯定する学説が増加して通説化した。解釈論としては786条（民旧834条）の利害関係人に認知者が含まれると解するが，その実質的根拠は認知における血縁の重視にあると思われる（奥田262頁，和田・前掲書141頁，中川善之助・略説身分法学〔1930〕175頁，柚木179頁，末川131頁，我妻237頁等多数）。

　（iii）　判例　　戦前の判例と戦後の下級審の一部は認知者の原告適格を否定した。その根拠は，785条（民旧833条）が不実認知を理由とする認知者の「取消」を禁止していると解する例（梅説と同旨：大判大11・3・27民集1巻137頁，大判昭12・4・12法学6巻1105頁），または，785条と786条の両規定を併せた趣旨（大阪地判明42（月日不明）新聞596号14頁，長崎控判大8・5・6新聞1557号21頁）または785条の趣旨により786条の利害関係人に認知者が含まれないという解釈にある（金沢地判昭26・1・31下民集2巻1号105頁，東京高判昭63・8・31判タ694号161頁）。さらに，この解釈により，無責任な認知を防止し，認知により形成された法律関係を安定させる旨に言及する場合がある（大阪地判平21・3・27家月62巻10号83頁〔後掲大阪高判平21・11・10の原審〕）。

　これに対して戦後の判例は，原告適格をほぼ肯定している。その根拠は，786条の利害関係人に認知者が含まれるとする解釈であり，785条は不実認知の問題とは無関係と位置づけることと（名古屋地判昭40・2・26下民集16巻2号362頁，那覇家審昭48・11・20家月26巻5号100頁），そのような解釈を採用する実質的理由として認知に対する血縁主義の理解が示されることがある（大阪高判平21・11・10家月62巻10号67頁）。

　近時最高裁は，外国籍の女性との婚姻後に，連れ子の存在を知らされ，望まれる通りにその子を認知した者が，婚姻破綻後に，離婚請求とともに，血縁に反することを理由に認知無効を訴求した事案で，虚偽認知者による無効請求を認容した。その理由としては，①不実認知は無効である，②利害関係人からの無効主張が可能であるから，子の保護の観点からは認知者の無効主張を一律に制限する理由は乏しい，③必要があれば権利濫用による制限が可能である，④認知者による不実認知の無効主張を785条により制限することはできない，以上を述べて，認知者は本条の利害関係人にあたると解した。（最判平26・1・14民集68巻1号1頁。最判平26・3・28裁時1601号1頁も同旨）。

〔前田〕　　635

§786 IV

第4編　第3章　親　子

(iv)　近時の折衷的な見解　①認知意思を重視して認知者の原告適格を否定するが，ただし意思欠缺を理由とする（錯誤）無効の主張を認める見解（鈴木＝唄Ⅰ21頁，内田Ⅳ192頁。床谷文雄〔判批〕リマークス2011下73頁は，故意の不実認知につき鈴木＝唄説を支持する），②認知者の無効主張をも含む合意に相当する審判での解決の是認を前提として，訴訟では認知者の原告適格を否定した大審院（＝梅説）を支持する見解（水野紀子「認知無効について（2・完）」法学64巻2号〔2000〕19頁），③認知者の原告適格を肯定するが，認知者と子との父子としての交流がある場合には，認知者を含めたすべての者の認知無効の主張を否定する見解（二宮周平「親子関係否定の法理の解釈論的検討」立命316号〔2007〕187頁），④子の福祉を重視して認知者の原告適格を疑問視する見解（前田・前掲〔判批〕301頁）等がある。

(b)　認知当事者以外の利害関係人　明治民法の立法時に法典調査会で認知者の債権者を例に利害関係人の範囲が議論されたが明確にされなかった（一Ⅰ）。判例に登場した原告の例には，認知者の妻（大判大11・3・27民集1巻137頁，大判大14・9・18民集4巻635頁，最判昭28・6・26民集7巻6号787頁，最判昭53・4・14家月30巻10号26頁等。うち大判大正14年および最判昭和53年の原告は被認知者の母でもある），認知者の子（大判昭9・7・11民集13巻1361頁），認知者の妹（大判大15・12・20民集5巻869頁），ならびに被認知者の真実の父と称する者（東京控判昭5・6・27新聞3144号11頁および宮城控判昭9・11・15新聞3770号5頁）がある。いずれも原告適格は問題になっていない。

近時の下級審に，認知者の父母につき，認知によって被認知者に対して2親等の直系血族としての扶養義務が生じ（877条1項），さらに可能性は低くとも法定相続権にも影響が生じうることを理由に，原告適格を肯定した例がある（東京高判平26・12・24判タ1424号132頁）。

学説も認知者の原告適格を除いては特に議論していない。上記の判例の事案を例示するか，人訴法41条1項（夫死亡後の嫡出否認の訴え）を認知に類推適用して被認知者により相続権を害される者および認知者の3親等内の血族をこれに加える程度である（兼子一「親子関係の確認」家族制度全集・法律編Ⅲ215頁〔同・民事法研究第1巻〔1977〕350頁所収〕，川崎秀司「認知の無効・取消」家族法大系Ⅳ69頁，我妻239頁，鈴木＝唄Ⅰ23頁等）。認知無効の性質論における対立は原告適格には反映していない（確認訴訟説に立つ我妻＝立石186頁，我妻239頁，

第1節　実　子　　　　　　　　　　　　　　　　　　　　　　§787

我妻・判コメ239頁〔石川稔〕等は確認の利益を有する者と解するが具体的結論は他の見
解と同じである）。なお，訴訟中に原告が死亡した場合には訴訟は終了する
（人訴27条）。

　(2)　被　　　告

　被告は，子が原告の場合は認知者，認知者が原告の場合は子（認知者の原告
適格は→(1)(a)），第三者が原告の場合は認知者と子（共同被告。一方が死亡してい
たら生存している他方），被告となるべき者が死亡しているときは検察官である
（人訴12条）。平成15年の人訴法前の状況は，新版注民(23)380頁〔前田〕参
照。

4　判決または審判の効力

　認知無効の裁判における請求認容の判決または審判は，認知がはじめから
無効であったことを確定する（大判大11・3・27民集1巻137頁）。勝訴した原告
または申立人は，判決または審判確定の日から1か月以内に，判決または審
判の謄本を添えて，戸籍の訂正を申請しなければならない（戸116頁）。

〔前田　　泰〕

　　　（認知の訴え）
　**第787条　子，その直系卑属又はこれらの者の法定代理人は，認知の
　　訴えを提起することができる。ただし，父又は母の死亡の日から3
　　年を経過したときは，この限りでない。**

　　　〔対照〕　フ民327，ド民1600d・1600e
　　　〔改正〕　(835)

細　目　次

I　本条の趣旨と沿革 …………………638			III　本条の強行法規性 …………………642	
1　はじめに………………………638			1　認知請求権放棄契約の効力…………642	
2　旧民法………………………638			2　判　例………………………642	
3　明治民法………………………639			3　学　説………………………643	
4　昭和17年改正法………………640			(1)　無効説………………………643	
II　認知の訴えの性質………………640			(2)　条件付き有効説………………643	
1　判　例………………………640			(3)　権利濫用説………………………643	
2　学　説………………………641			4　強行法規性………………………644	

〔前田〕　　637

§787 I　　　　　　　　　　　　　　　　第4編　第3章　親　子

Ⅳ　手続・審理 ……………………644	4　訴訟物, 要件事実と立証責任………652
1　調停（審判）前置………………644	5　立証の方法 ……………………653
2　原　告 ………………………645	Ⅴ　期間制限 ………………………655
(1)　子 ……………………………645	1　父の生存中 ……………………655
(2)　直系卑属 ……………………648	2　死後認知 ………………………655
(3)　法定代理人 …………………649	(1)　解釈論 ………………………655
3　被　告 ………………………652	(2)　立法論 ………………………656
(1)　父 ……………………………652	Ⅵ　裁判認知の効果 ………………656
(2)　父死亡の場合 ………………652	

I　本条の趣旨と沿革

1　はじめに

　本条は, 婚外子の血縁の父が認知の届出をしない場合に, 子の側から裁判で法的父子関係を成立させることを認める規定である。

　江戸時代には妻妾以外から生まれた婚外子の存在は, 犯罪であった密通の証拠になるために隠された（手塚豊「明治民法施行以前」家族問題と家族法Ⅳ 138頁）。明治6年の太政官布告により婚外子の任意認知がはじめて認められたが（→§779 Ⅱ 1）, 認知の訴えは, 明治民法まで認められなかった。

2　旧　民　法

　旧民法は認知の訴えを規定しなかったが, その制定過程では, まず,「父の捜索」（認知の訴え）を禁止する規定が提案された（皇国民法仮規則人事編93条〔手塚・前掲論文150頁〕）。次いで, フランス法に倣って, 母の強姦等の例外的場合にだけ認知請求を認める規定が提案された（旧民法人事編第一草案183条。石井良助編・明治文化資料叢書第3巻法律編上〔1959〕150頁）。これらの法案は, 元老院提出案までは存在し（149条）, 審査会案以後は同旨の規定がないから（石井良助編・明治文化資料叢書第3巻法律編下〔1960〕276頁）, 元老院で削除されたと思われるが, その理由は不明である。結局, 父の捜索を禁止することも, その例外を認めることも, 旧民法には規定されなかった。

　なお, 母の捜索を許す規定が, 第一草案から元老院提出案まで存在しており,「母子関係は直接に証明できるからフランス法でも許されている」ことがその理由とされていたが（第一草案理由書184条）, やはり旧民法には規定されなかった。

638　〔前田〕

第1節　実　子　　　　　　　　　　　　　　　§787　I

3　明 治 民 法

明治民法が認知の訴えを初めて認め，「子，其直系卑属又ハ此等ノ者ノ法定代理人ハ父又ハ母ニ対シテ認知ヲ求ムルコトヲ得」と規定した（民旧835条）。当時のフランスやドイツが婚外子の側から法的父子関係を成立させる手続を認めていない状況であったにもかかわらず，明治民法が正面から認知の訴えを規定したことは特筆に値する（フランスとドイツの認知法の沿革に関する簡略な整理として，新版注民(23)301頁〔前田泰〕参照）。

明治民法の制定に際して起草者（富井政章）は，趣旨説明として，任意に認知しない父母には認知を求める必要があり，それでも認知しないときは裁判所が父母であることを認める必要がある旨を述べた（法典調査会民法議事〔近代立法資料6〕585頁）。

これに対して，次のような理由で反対が主張された（以下のカッコ内は委員名）。①父母は任意に認知するから，子の側からの請求を認める必要はない（横田國臣，穂積八束，長谷川喬，土方寧）。認知できない事情があるときでも，父母は他の手段で子を保護している（横田）。②規定がなくても，血縁通りの親子関係は認められる（横田，穂積）。③あえて規定を設ければ，訴訟または訴訟を種にした恐喝を誘発する恐れがある（横田，長谷川）。身分の高い人の隠し事を発くことは大きな迷惑になる（村田保）。言いがかりの訴訟に対して，父が否定するための証明が困難である（横田）。④認知しない父との法律関係を認めない方が，女性が身を慎むことにつながる（横田）。

起草者側は以下のように反論した。①世間体を気にしたり扶養義務を避けるために，認知しない父母は沢山いる（富井，梅謙次郎）。②規定がなければ，認知しない親との法的親子関係は認められない（富井，梅）。③訴訟に負ければ費用負担の制裁を受けるから乱訴の恐れはない。（後ろめたい覚えがあって）金を取られることは仕方ない（梅）。子の利益を考えるべき（富井，梅，田部芳）。親の不始末の責任を子に負わせることは，不道徳で（富井），文明国の恥辱であり，結局国の負担になる（梅）。自堕落な社会を容認することを前提にすることは情けない（高木豊三）。以上を主張して，裁決の結果，起草者の原案通りに決した（その後に字句修正が加えられた）。

以上の議論から立法趣旨をまとめれば，①父母が任意認知しない可能性を前提として，②子の利益のために子の側からの請求を認めた，といえる。

〔前田〕　639

§787 Ⅱ 第4編 第3章 親子

4 昭和17年改正法

「私生子」の語を「嫡出ニ非サル子」に改め，さらに，「認知ヲ求ムルコト
ヲ得」の表現を「認知ノ訴ヲ提起スルコトヲ得」と修正したうえで，ただし
書を加えることにより父母死後の認知訴訟をも認めるに至った（現行法と同内
容になった）。

改正の理由には，まず「私生子」を保護すべき法的かつ社会的必要性が挙
げられ，さらに，特に出征軍人軍属の子について父母の死後の認知請求の途
を拓く必要性が政府委員から説明された（第79回帝国議会貴族院・戦時ニ於ケル
領事官ノ裁判ノ特例ニ関スル法律案特別委員会議事速記録第1号1-2頁〔昭和17年1月
24日〕。国会図書館の帝国議会会議録検索システム参照〔http://teikokugikai-i.ndl.go.jp/〕）。
3年の期間制限につき，冒頭の趣旨説明では，長期間経過により「証拠ガ模
糊トナル」ことが掲げられた。ただし，後の質疑の中では，次の説明が加え
られた。すなわち，期間制限の標準について「確タル信念ハ実ハナイ」こと
が述べられ，また，5年という主張もあったが，これに対しては，①父母の
死後に長期間経過しても訴訟を起こさない者は「不真面目ナルモノ」であろ
うこと，および，②重大な身分関係だから法律で期間が決まれば関係者はそ
れに合わせて行動すると考えられることから，3年にしたと説明されている
（法典調査会民法議事〔近代立法資料6〕6頁）。昭和22年改正時には，内容的な修
正はなかった。

Ⅱ　認知の訴えの性質

認知の訴えは，①父の意思表示を求める給付訴訟，②父子関係を形成する
形成訴訟，③血縁により生じている父子関係を確認する確認訴訟のいずれで
あるか，議論されてきた（母の認知については→§779Ⅳ）。

1　判　例

昭和17年改正前に，大審院は，認知は意思表示だから生存者にのみ可能
であるとして死後認知の請求を棄却したが（大判大10・6・11民録27輯1144頁），
しかし他方では，意思無能力者に対する認知請求を認めていた（大判昭6・
11・17法学1号514頁および大判昭10・10・31民集14巻1805頁）。昭和17年改正
法が，死後認知を認め，さらに認知の訴えに関する明治民法の文言（「認知ヲ

640　〔前田〕

第1節　実　子　　　　　　　　　　　　　　　　§*787* **II**

求ムルコトヲ得」）を「認知ノ訴ヲ提起スルコトヲ得」に変更したため，父の意思表示に基礎を置く給付訴訟説はその基盤を失った。

最高裁は，昭和17年改正における文言の変更を昭和22年改正法がそのまま維持したこと，認知判決が対第三者効を有すること，および，判決が親子関係を創設することを理由に，「認知の訴は，現行法上これを形成の訴であると解するのを相当とする」と判示した（最判昭29・4・30民集8巻4号861頁。ただし先例価値につき争いがある。林良平〔判批〕家族百選〔新版・増補〕107頁および池田辰夫〔判批〕家族百選〔7版〕56頁参照）。

2　学　説

明治期の学説に既に死後認知を認めるべきであると主張する見解があった（注民（22の1）253頁〔利谷信義〕および山畠正男「婚外親子関係(3)」法セ333号〔1982〕126頁が紹介する岸本辰雄・民法講義（親族編完）〔1898〕469頁）。しかし一般には初期の学説は死後認知および認知訴訟の性質をあまり論じていない（例えば梅〔1912年復刻版〕255頁，268頁）。

その後昭和17年改正法までの学説は，認知訴訟につき親の意思表示を求める給付訴訟と解するものが多数であったようであり（仁井田益太郎・改訂増補親族法相続法論〔1923〕234頁，和田于一・親子法論〔1927〕169頁等），旧定説とさえ言われていた（我妻＝立石188頁）。これに対して中川は，前記**1**の大正10年大判を批判し（判民大正10年度302頁），昭和6年大判に賛成して意思主義からの解放を強く主張し（中川・判例総評Ⅰ171頁），これに賛成する見解が増加した（長沼宏有・親族法論〔1933〕185頁，外岡茂十郎〔判批〕民商3巻4号〔1936〕361頁等）。昭和17年改正後に給付訴訟説を主張する見解は見あたらない。

形成訴訟説は，①昭和17年改正法が死後認知を認めて規定の文言を変えたこと，②判決には対世効があること，③認知は法律上の親子関係を創設することを理由にする（中川編・註釈上351頁〔舟橋諄一〕，山木戸克己・人事訴訟手続法〔1958〕67頁，我妻234頁，中川（善）390頁，青山・家族Ⅰ167頁，新版注民(23)395頁〔利谷信義〕等）。学説の流れとしては，形成訴訟説で決着がついたと見られている（池田辰夫〔判批〕家族百選〔7版〕57頁）。

なお，確認訴訟説は，血縁主義を強調する於保不二雄・親子（法律学体系第2部法学理論編81）〔1950〕30頁の他は，理由としては昭和17年の改正を掲げるにとどまる（中川監修・注解191頁〔山崎〕，柚木180頁。形成訴訟説の池田・前掲

〔前田〕　641

§787 III 第4編 第3章 親 子

〔判批〕57頁は，確認訴訟説が親子関係存否確認訴訟と調和する点，および，扶養請求の先決問題として確定できる途を開く利点を指摘する）。

III 本条の強行法規性

1 認知請求権放棄契約の効力

父が，子または子の法定代理人である母に対価を与えて，認知請求権の放棄を約束（契約）させた場合に，その契約の効力が問題になる。本条の内容に反する契約が無効であれば本条は強行法規であり，逆に有効であれば任意法規ということになる（椿寿夫「民法の規定と異なる合意・特約の効力序説」椿編著・民法における強行法・任意法〔2015〕3頁以下参照）。

明治民法の起草者はこのような問題の発生を意図しておらず（法典調査会民法議事〔近代立法資料6〕585頁），初期学説も論じていなかった。大正期の下級審判決が登場してから学説が取り上げ始め（野上311頁。判例につき泉久雄〔判批〕専法32号〔1980〕80頁参照），昭和6年の大審院判決（大判昭6・11・13民集10巻1022頁）後に学説が議論を開始した（詳細は，新版注民(23)421頁〔利谷〕参照）。

2 判 例

判例は一貫して無効説に立つ。大審院昭和6年11月13日判決（民集10巻1022頁）では，大正5年に親権者である母に2500円を，大正15年に20歳になった子に4万円を渡して認知請求権を放棄させた事案において，①身分上の権利は原則として放棄が許されない，②認知請求権は婚外子から親子関係を確定させることにより子の利益を保護するためのものである，③放棄契約を有効とすれば，不遇な子が僅少な金銭で認知請求権を放棄せざるを得なくなる，④放棄が許されない以上，金銭を受領したうえでの認知請求も権利濫用にならない，以上を判示して，子の認知請求を認容した。

最高裁は，「認知請求権は，その身分法上の権利たる性質およびこれを認めた民法の法意に照らし，放棄することができない」とだけ判示して，昭和16年に子（7歳）が5000円相当の株券の交付を受けて認知請求権を放棄した旨の父の抗弁を却けた（最判昭37・4・10民集16巻4号693頁）。その後の下級審は，最判と同旨を述べ，さらに放棄できない以上は認知請求は権利濫用に

642 〔前田〕

第1節　実　子　　　　　　　　　　　　　　　　　　　§787　Ⅲ

ならない旨の判示を加えている（東京高判平 13・7・31 判タ 1136 号 222 頁，東京高
判平 26・10・1 1D1-Law.com 判例体系 28224053 等）。

3　学　説

学説には，無効説，条件付き有効説，権利濫用説がある（詳細は，新版注民
(23)323 頁〔前田〕参照）。

(1)　無　効　説

多数説はこのような契約は無効と解する。その理由は，①認知請求権の性
質が，身分権であり，義務を含み，親権・扶養・相続等の効果を含むこと
（於保不二雄「認知請求権の濫用」末川博古稀・権利の濫用下〔1962〕71 頁），②血縁主
義によるべきであり（木村健助〔判批〕法時 35 巻 2 号〔1963〕94 頁，前田正昭「認
知請求権の放棄について」同法 84 号〔1964〕91 頁，松倉耕作「認知請求権の放棄」判タ
747 号〔1991〕213 頁），子の情緒的利益（アイデンティティーの確立）を考慮すべ
きこと（島津一郎・親族・相続法〔1980〕116 頁），③子に不利な契約内容を強要
される恐れがあること（青山道夫「認知請求権の放棄」柚木馨ほか編・判例演習親
族・相続法〔1964〕122 頁），④母の法定代理権の範囲外であること（太田武男
〔判批〕民商 47 巻 5 号〔1963〕818 頁）等にある。この説は，子の利益は父子関
係の成立自体にあるという理解を含むと考える。

(2)　条件付き有効説

この説は，子を保護できる相当な対価を得た放棄契約は有効であると主張
する。その根拠は，①相当な対価を得ることは子の利益である（中川・日本親
族法 310 頁等多数），②父子の意思を重視すべき（谷口・日本親族法 27 頁），③扶
養の内容は当事者の協議によるし，遺留分の放棄は可能であるから，親族効
果を生じさせない合意も有効である等である（川島武宜＝金沢良雄「判例私生子
法(2)」法時 11 巻 5 号〔1939〕45 頁，山主政幸「認知請求権放棄の調停条項」日本法学
26 巻 5 号〔1960〕90 頁，加藤一郎「自然の親子と法律上の親子(上)」法教 30 号〔1983〕
68 頁等）。この説は，血縁の立証が困難であることを前提とするものが少な
くない。

(3)　権利濫用説

放棄契約は無効であるが，多額の対価を得ている等の事情があるときは認
知請求権の行使が権利濫用になると主張する（岩垂肇「身分権の濫用について」
民商 35 巻 2 号〔1957〕〔同・身分法の研究〔1974〕155 頁所収〕および日野原昌「認知請

〔前田〕　　643

§787 IV

第4編　第3章　親　子

求権の放棄」別冊判タ8号〔1980〕260頁）。

4　強行法規性

判例・多数説によれば，本条は強行法規である。そして，放棄契約を無効と解した場合には，契約の存在が認知訴訟の帰結には影響しない。子が得た対価は不当利得になるが，しかし不法原因給付となり返還請求できないと解しうるか（注民(22のⅠ)279頁〔利谷〕。谷口・親子法の研究116頁は反対），少なくとも，認知の遡及効を前提とした出生時以降の養育費の分担請求において考慮しうる（人見康子「認知」谷口知平＝加藤一郎編・新民法演習5〔1968〕109頁は，養育費として有効と主張する）。

逆に契約有効と解した場合にも，認知請求は契約の存在を理由としては棄却されず（合意は，この意味で裁判所を拘束しない），当事者間に債権の効力（債務不履行責任）が生じるにすぎないとも解しうる。その場合には無効説が不当利得の返還を認めるときとほぼ同じ帰結になる。強行法規性の内容・程度の問題といえようか。

Ⅳ　手続・審理

1　調停（審判）前置

他の人事訴訟と同様に，いきなり認知の訴えを提起することはできず，まず調停の申立をしなければならない（家事257条）。調停で当事者が合意しても，さらに合意に相当する審判が必要である（家事277条1項。詳細は→§775Ⅲ）。ただし，父が合意しているときは，審判によらずに，父の任意認知を申立人が確認してから申立てを取り下げる場合も少なくないことが推測されている（松原正明「家事事件における親子鑑定の実情」自由と正義44巻6号〔1993〕44頁）。調停で合意が成立せず，または合意に相当する審判がなされないときに，認知の訴えを提起することになる。

過去10年間の裁判認知の統計を図と表に示した。認知の訴えの件数は毎年200件台で微増傾向にある。これに対して認知の審判件数が平成21年の前後で顕著に増加している。取下げには任意認知が含まれると推測されるために掲げた。審判件数ほどではないが増加傾向にある（認知全体の統計は→§779Ⅲ）。

644　〔前田〕

第1節 実 子　　　　　　　　　　　　　　　§787 Ⅳ

表：認知の訴えの推移

	取下げ	審判	訴訟
平成16	262	191	226
17	300	236	221
18	268	186	213
19	286	212	221
20	325	281	215
21	366	447	225
22	355	506	261
23	338	526	252
24	405	503	272
25	409	468	259

取下げと審判は，会計年度の集計（司法統計による）。
訴訟は，暦年の集計（人事訴訟事件の概況による）。
いずれも裁判所ウェブサイトによる。

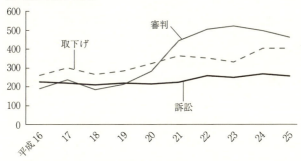

図：認知の訴えの推移

2 原　　告

認知の訴えを提起できる者は，子，その直系卑属またはこれらの者の法定代理人である（本条）。

(1) 子

(ア) 権利能力　　胎児は，任意認知を受けることはできるが（→§783 Ⅰ），認知の訴えの原告になることはできない（母が胎児を代理して提起することはできない。大判明32・1・12民録5輯1巻7頁，中川(善)388頁，我妻242頁等）。したが

〔前田〕　645

§787 Ⅳ

第4編 第3章 親 子

って，裁判で胎児と父との法律関係を成立させることはできない。任意認知との権衡を理由に，これに反対する学説があったが（川島＝金沢・前掲論文39頁。立法論として我妻242頁），昭和17年改正法により父死後の認知請求が認められた後は，子の出生まで待てない理由は小さくなった（出生前の遺産分割の問題〔→第19巻§910〕が残る。胎児の権利能力につき→第1巻§3，第16巻§721，第19巻§886，第20巻§965）。

訴訟の係属中に原告である子が死亡すれば，相続人等が受け継ぐ民事訴訟（民訴124条）とは異なり，人事訴訟は原則として終了する（人訴27条1項）。しかし，認知の訴えに関しては，他の人事訴訟とは異なり，子の卑属（またはその法定代理人）が新たな原告となりうる（→(2)）。そして，父死後の認知訴訟を3年の期間制限の直前に提起した子が死亡したときは，その卑属等が新たな訴訟を提起する前に期間制限にかかる可能性が生じる。このため，期間経過後も子の死後6か月以内は，子の卑属または法定代理人の訴訟受継が認められている（人訴42条2項）。

(イ) 意思能力・行為能力　　認知の訴えは，他の人事訴訟事件と同様に，意思能力があれば行為能力の制限（4条以下）を受けていても，単独で（法定代理人の同意なしで）提起することができる（人訴13条）。すなわち，行為能力は不要であるが，意思能力が必要である（大判昭3・2・22新聞2852号9頁，中川(善)388頁，山木戸克己・人事訴訟手続法〔1958〕98頁，兼子一・新修民事訴訟法体系〔増補版，1965〕115頁）。

人事訴訟における意思能力の有無は裁判所の職権調査事項であるが（山木戸・前掲書98頁，岡垣学・人事訴訟手続法〔1981〕106頁等），認知の訴えにおける意思能力の判定基準は明らかではない（任意認知における意思能力につき→§780Ⅱ）。一般的には，①まず，任意認知を含めた実親子関係として，血縁の認識を基準とすべきか，それとも，他の身分行為意思能力と同様に，認知の法的効果の認識・理解力をも必要とみるかが問題になる（星野英一〔判批〕法協86巻9号〔1969〕1092頁は「親子となることの利害得失」を踏まえた判断力を求める）。②次に，訴訟能力として，裁判の意義に対する認識・理解力が必要か否かが問題になりうる。

低年齢を原因とする意思無能力に関しては，代諾縁組（797条）や遺言能力（961条）の規定（さらに氏変更の791条3項）を根拠に，認知の訴えについて

646　〔前田〕

第1節　実　子　　　　　　　　　　　　　　　　　　　　§*787*　IV

も 15 歳を一応の標準と見る学説が少なくない（山木戸・前掲書 98 頁，沢井種雄
〔判批〕民商 60 巻 4 号〔1969〕588 頁，須永醇・家族百選〔新版・増補〕111 頁等。星
野・前掲〔判批〕1092 頁は 20 歳を主張）。しかし，仮にこれを前提にできるとし
ても，15 歳未満者の訴えを一律に不適法として却下することはできないか
ら，個別に判断せざるを得ない（於保不二雄「身分行為の法定代理」論叢 39 巻 1 号
〔1938〕66 頁，76 頁は，画一性を前提として 15 歳と解する）。

　精神上の障害を原因とする場合には，より一層，判定基準は不明瞭である。
成年被後見人が「事理弁識能力を欠く常況」と家裁に判定されていることは
（7 条），人事訴訟に関する意思無能力を意味しないから（人訴 13 条。高橋宏
志・重点講義民事訴訟法(上)〔2 版補訂，2013〕202 頁は反対。さらに，高田裕成「新人
事訴訟法における訴訟能力の規律」家月 56 巻 7 号〔2004〕1 頁も参照），訴訟提起の時
に，やはり個別に判断する必要がある。

　ただし，認知の訴えに関しては，子（または直系卑属）の意思能力の有無に
かかわらず法定代理人が訴訟を提起できると解されているから（→(3)(イ)），認
知訴訟では意思能力の有無は実際には争点になり難い。

　(ウ)　法律上の父を欠く子に限る

　　(a)　嫡出推定　　母の夫の子としての嫡出推定（772 条）が及ぶ場合に
は，その夫が嫡出否認をしない限り，認知の訴えを提起することはできない
（大判大 5・4・29 民録 22 輯 15 巻 824 頁）。これは出生の届出および戸籍記載の如
何を問わない。逆に嫡出推定が及ばない場合には，嫡出子としての届出があ
っても親子関係不存在確認訴訟を提起できるが，これを経なくとも，直接に
認知の訴えを提起することができる（最判昭 44・5・29 民集 23 巻 6 号 1064 頁，最
判昭 44・9・4 判タ 240 号 137 頁等）。すなわち，いわゆる「推定されない嫡出
子」（婚姻後 200 日前出生子）や「推定の及ばない子」（外観上，夫の子ではあり得
ない子）は，嫡出子として届出されていても，認知の訴えを提起することが
できる（以上の嫡出推定の及ぶ範囲については判例による。反対する学説も含めて詳細
は→§772 III・IV）。生殖補助医療に関して，夫の同意を得た AID により生ま
れた子には嫡出推定が及ぶと解されているから（→§772 II(2)(イ)(b)），認知の問
題にはならないだろう。何らかの理由で嫡出推定が及ばないと解される場合
には，精子提供者に認知を求めることができるかが問題となる（→生殖補助医
療IV）。

〔前田〕　　647

§787 Ⅳ 第4編 第3章 親 子

なお，嫡出推定には関係しない場合，例えばいわゆる「藁の上からの養子」のように虚偽出生届により他人夫婦の子として暮らしている場合にも同様に，子が認知の訴えを提起することができる（大判昭7・12・14民集11巻2323頁，大判昭9・4・28新聞3701号14頁，最判昭49・10・11家月27巻7号46頁等）。ただし，この場合に子が意思無能力であるときは，訴えを提起できる法定代理人が誰かが問題になる（新版注民(23)419頁〔利谷〕参照）。

婚外父子関係は認知により形成されるから，上記の場合に認知の訴えによらずに親子関係確認訴訟を提起しても不適法として却下される（最判平2・7・19家月43巻4号33頁。→前注(§772-791)Ⅳ(2)(ウ)）。これに対して認知の訴えの性質に関する確認訴訟説によれば，母子を含めて親子関係確認訴訟で一本化すべきことになる（→Ⅱ）。

(b) 認知　既に任意認知を受けている者は，その認知の無効または取消しの訴訟が確定してはじめて，認知の訴えを提起できると解する下級審判決があるが（東京地判昭39・9・12下民集15巻9号2377頁。昭和17年改正前には，東京地判昭7・9・19法律新報309号26頁，大阪控判昭11・6・26新聞4013号5頁がある），これに対しては，認知無効を当然無効と解する立場からの批判がある（我妻243頁。同旨，我妻・判コメ243頁〔石川稔〕，新版注民(23)412頁〔利谷〕。認知無効の性質につき→§786Ⅲ）。なお，認知無効訴訟と認知の訴えの併合を認める下級審がある（東京高判平13・7・31判タ1136号222頁）。

従前の認知の訴えが確定している場合は，再審により覆さない限り，新たな認知の訴えを提起することはできない。

(2) 直 系 卑 属

(ア)　意思能力を要し，行為能力を要しないことは，子と同様である（権利能力も当然に要する）。

(イ)　子が死亡した場合に限る　子の直系卑属が認知の訴えを提起できるのは，子が死亡した場合であるというのが明治民法起草者の説明であり（法典調査会民法議事〔近代立法資料6〕586頁〔富井政章〕），通説はその場合に限り認める（野上312頁，穂積462頁，我妻242頁，中川(善)387頁，東京地判昭5・5・21新聞3129号8頁）。その理由には，任意認知（783条2項）との権衡（我妻242頁）すなわち認知の効果が直系卑属に直接に及ぶ場合に限るべきこと，および，子が生存している場合には子の意思を尊重すべきこと（仁井田・改訂増補親族

648　〔前田〕

第1節　実　子　　　　　　　　　　　　　　　　　　　　　　　§*787*　Ⅳ

法相続法論〔1923〕233頁，高橋ほか141頁等）が掲げられている。これに対して
血縁主義的理解からの反対がある（薬師寺・法論下723頁。和田于一・親子法論
〔1927〕172頁，山木戸・前掲書69頁等も参照）。

(3)　法定代理人

(ア)　代理を認めた趣旨　　身分上の行為は本人の意思を尊重すべきだから，
明文規定がない限り法定代理人は代理して行うことができないと解されてき
た（梅謙次郎・民法要義巻之一〔1911年復刻版〕18頁，牧野354頁，鳩山秀夫・日本民
法総論(上)〔1930〕58頁，我妻栄・新訂民法総則〔1965〕65頁等）。そして，婚姻・
協議離婚，養子縁組・協議離縁および任意認知は，法定代理人によることが
認められていないから（15歳未満者の縁組・離縁〔797条・811条〕を除く），その
結果，意思無能力者はこれらの行為をすることができない（人事訴訟につき→
(エ)）。これに対して，本条は，子またはその直系卑属の法定代理人に認知の
訴えを提起することを認めた。

　明治民法の起草者は，本条に法定代理人を規定した趣旨を説明していない。
法典調査会では「親族の意向に従って法定代理人が訴えを提起するようにす
べきである」という趣旨の意見に対して，起草者が「法定代理人の判断で提
起できるようにすべき」という趣旨を答えたやりとりがあるにすぎない（法
典調査会民法議事〔近代立法資料6〕586頁）。学説も，法定代理人を規定した趣旨
を説明していないが（梅・前掲書269頁は「子または直系卑属の多くは未成年である
から，法定代理人がこれに代わって請求することを認めた」という趣旨を説明する），起
草者が任意認知につき子の出生後すぐに届出があることを想定していること
（出生届が認知届を含むと考えていたことにつき→§781 Ⅰ），および，本条の立法趣
旨が子の利益を確保することにあることを踏まえれば（→Ⅰ(3)），子自身が事
実上請求できない早い時期での訴えを認める必要性が，法定代理人を規定し
た理由であると考えられる。

(イ)　子の意思・意思能力との関係　　子に意思能力があれば本人が請求で
きるから法定代理人による必要はないと解する学説も少なくなかったが（野
上312頁，柳川勝二・日本親族法要論〔1924〕283頁，薬師寺・法論下734頁，谷口知平
「認知」谷口知平＝加藤一郎編・民法演習Ⅴ〔1959〕81頁等），しかし，判例・通説
は，①子の意思能力の有無に左右されれば「訴訟手続の明確と安定を害す
る」こと，②意思能力ある子の認知請求を法定代理人に認めても「子の利益

〔前田〕　649

§787 IV   第4編 第3章 親 子

を実質的に害することにはならない」こと等を理由に，子（またはその直系卑属）に意思能力があっても，法定代理人が認知の訴えを提起できると解している（大判明37・9・24民録10輯1152頁，最判昭43・8・27民集22巻8号1733頁，角田幸吉・日本親子法論〔1941〕279頁，我妻243頁，須永・家族百選〔新版・増補〕111頁等）。後者（②）に関しては，認知請求は原則として子の利益に適するといえるだろう。なお，前記昭和43年最判は，14歳9か月の子の法定代理人として母が提起した認知の訴えにおいて，前記①および②を判示して，請求を認容したものである。

　他方，子の意思に反する認知請求を認めるべきではないが，そのための根拠は必ずしも明らかではない（検討作業として沢井・前掲論文102頁参照）。下級審に，①親権の濫用を理由に訴えを却下した例（青森地弘前支判昭38・6・27家月16巻1号117頁。野田宏〔判解〕曹時20巻12号〔1968〕172頁参照），および，②認知訴訟係属中に子が成年に達した事案で任意認知における成年者の承諾要件（782条）を参照した例があり（東京控判大14・12・8新聞2532号9頁。ただし，子に意思能力があることを理由に法定代理人の原告適格を否定した），学説にも，前者（①）に注目するものや（我妻・判コメ245頁〔石川稔〕），後者（②）が参照した782条を認知請求の「解釈論」の根拠とすべきという主張があるが（内田Ⅳ200頁），本条の立法趣旨（→Ⅰ3）を踏まえれば，子の意思に反する請求が子の利益に反するときには，本条により法定代理人の原告適格が否定されると解すべきだろう。

　㈡　法定代理人の地位　　法定代理人は子またはその卑属を「代理して」認知の訴えを提起するのであり，法定代理を生じさせる身分（固有の地位）によって原告適格を認められるのではないと解されている（牧野354頁，仁井田・前掲書233頁，中川(善)388頁，三田高三郎・人事訴訟手続法解説〔1952〕188頁等。大判大8・12・8民録25輯2213頁，最判昭43・8・27民集22巻8号1733頁等）。例えば，子の母が未成年であれば，母の親権者（子の祖父母）が親権代行者としての法定代理人であるから（833条），認知の訴えの原告適格を有する（松原編著・人事訴訟の実務〔2013〕446頁〔中田克之〕等）。これに対して，身分上の行為に代理が許されないことを前提に，人訴法の後見人（→㈡）と同様に，職務上の当事者と解する説があり（兼子・前掲書115頁，岡垣学「人事訴訟における正当な当事者」新・実務民事訴訟講座8〔1981〕315頁），さらに，代理人であると同

650　〔前田〕

第1節　実　子　　　　　　　　　　　　　　　　　　§787　IV

時に職務担当になると見る折衷的な見解もある（山木戸・前掲書70頁。新堂幸司・新民事訴訟法〔5版, 2016〕158頁も参照）。

　㈐　人事訴訟法14条との関係　　人事訴訟法14条は, 成年後見人の原告適格（および被告適格）をすべての人事訴訟に認めている。その趣旨は, 旧人事訴訟手続法が, 裁判離婚, 裁判離縁および嫡出否認の各訴訟についてだけ, 後見人（または後見監督人）の原告適格（および被告適格）を認めていたが（4条・25条・28条）, しかし「人事訴訟の当事者の一方が成年被後見人であっても当該人事訴訟を提起し, 又は応訴することができるようにする必要は……これらの訴えに係る訴訟に限る理由はない」から,「範囲を人事訴訟全体に拡大して, 成年後見人が訴訟を追行することができる旨を明らかに」したと説明されている（小野瀬厚＝岡健太郎・新しい人事訴訟制度〔2004〕67頁）。

　本条の法定代理人は主に未成年者の場合が想定されているが（一㈎）, しかし「法定代理人」に成年後見人が含まれることに疑いはないから, 本条の法定代理人の地位に関する議論（一㈄）と人訴法14条との関係が問題になる。すなわち, 人訴法14条の後見人の地位に関しては,「身分上の行為に代理は許されない」という理解を前提として, 法定代理ではなく, 後見人としての職務担当により訴訟を遂行すると解されている（兼子・前掲書160頁, 三ケ月章・民事訴訟法〔1979〕186頁, 岡垣学・人事訴訟手続法〔1981〕116頁, 最判昭33・7・25民集12巻12号1823頁等。これらは旧人事訴訟手続法に関するが, 現行の人事訴訟法でも同様と解せられている。高橋宏ほか「研究会 人事訴訟法の基本構造」ジュリ1259号〔2003〕48頁〔高田裕成発言〕）。そこで, 後見人が認知の訴えを提起する場合に, 本条の法定代理か, 人訴法14条の後見人の職務担当かが問題となる。人訴法14条の後見人の地位を個別に検討すべきことが指摘されているが（高田・前掲家月56巻7号39頁）, 本条により認知の訴えに関しては成年後見人も法定代理と解しうるのかを検討する必要性が生じている。

　さらに本条には, 人事訴訟法成立後の意義として, 人事訴訟の中で認知の訴えについて成年後見人以外の法定代理人の原告適格を認めていることが付加される（804条・815条も参照）。この点から, 他の人事訴訟においても親権者や未成年後見人の当事者適格を認めるべきか等, 人訴法14条の存在意義を含めて,「身分行為」および人事訴訟を法定代理の観点から検討すべき必要性が生じている。

〔前田〕　651

§787 IV

第4編　第3章　親　子

3　被　告

(1)　父

被告は，父である（人訴42条1項。母の認知につき→§779 IV）。行為能力は不要だが意思能力が必要であること，および，成年後見人が被後見人に対する訴訟の被告となりうることは，原告の場合と同じである（人訴13条・14条）。

(2)　父死亡の場合

父の死後は検察官を被告として訴えを提起し（人訴42条1項），訴訟係属中に父が死亡した場合には検察官を被告として訴訟を追行する（同条2項）。検察官が被告になる場合には「事件を調停に付することが相当でない」と認められ（最判昭36・6・20家月13巻11号83頁），調停を経ずに訴えを提起することができる（家事257条2項ただし書）。

検察官は私人のプライバシーに踏み込んで事情を調査することが困難であるため十分な主張・立証ができない場合があることを配慮し（小野瀬ほか・前掲書68頁），裁判所が必要と認めれば，訴訟の結果により相続権を害される利害関係人（人訴15条），すなわち父の相続人（人訴規16条・別表6）を訴訟に参加させることができる。このため，検察官を被告とする訴状には，利害関係人に関する書類の添付が求められる（人訴規13条）。父の相続人は認知訴訟に補助参加することができ（民訴42条），参加すれば共同訴訟的補助参加人の地位を取得し（人訴15条3項・4項），当事者の訴訟追行に制約されずに独自の主張立証を尽くすことができる（高田裕成〔判批〕民百選Ⅲ 65頁）。人事訴訟の確定判決の効力が第三者にも及び（人訴24条），第三者は判決の効力を争うことができないことがこの制度の背景にある（→Ⅵ）。

なお，生殖補助医療に関し，最高裁は，凍結保存精子による父死後の懐胎・出生子から検察官に対する認知請求を認めなかった（最判平18・9・4民集60巻7号2563頁。詳細は→生殖補助医療IV 1 (2)）。

4　訴訟物，要件事実と立証責任

(1)　認知の訴えの訴訟物は「認知請求権」と呼ばれている形成権であり（山木戸・前掲書69頁，村重慶一＝梶村太一編・人事訴訟の実務〔新版，1990〕385頁等），「請求権」の原因となる事実（主要事実・要件事実）は父子の血縁関係の存在であるといわれている（松原正明編・人事訴訟の実務〔2013〕443頁〔中田克之〕。小山昇「認知請求訴訟における諸問題」民商44巻1号〔1961〕70頁も参照）。

652　〔前田〕

第1節 実 子　　　　　　　　　　　　　　　　　　§*787* IV

　(2)　人事訴訟法では全般的に職権探知主義が採用されたが（人訴20条。裁判所による事実の調査に関する規定は，婚姻関係訴訟の附帯処分〔子の監護，財産分与等〕に限られた〔人訴33条・34条〕），しかし，職権探知に対する謙抑的姿勢は旧人事訴訟手続法（14条・26条・31条2項）を踏襲したと説明されている（「研究会　人事訴訟法の基本構造」ジュリ1259号〔2003〕60頁〔小野瀬厚，阿部潤，木内道祥の各発言〕。畑瑞穂「人事訴訟における職権探知主義について」家月56巻3号〔2004〕45頁，52頁も参照）。訴訟の実際の一般的な運用としても，「第1次的には，当事者が主張・立証すべきことは，当事者の責任でこれを行うべき」であり，「裁判所の職権探知は例外的かつ補充的なものと位置づけられているにすぎない」から（東京家庭裁判所「資料　東京家庭裁判所における人事訴訟事件実務の運用について」ジュリ1301号〔2005〕42頁），「当事者は，主要事実（要件事実）について，事実上の主張責任（主張しない場合の危険負担）を負っている」と言われている（井上哲男「人事訴訟と要件事実」伊藤滋夫＝長秀之編・民事要件事実講座2〔2005〕83頁。松本博之・人事訴訟法〔3版，2012〕67頁は反対）。認知の訴えでは，この意味での立証責任が原告側にある（最判昭31・9・13民集10巻9号1135頁）。

　ただし，内縁中に懐胎した子は，772条の類推適用により内縁の夫の子であることが事実上推定されるから（最判昭29・1・21民集8巻1号87頁，最判昭42・12・22家月20巻3号60頁，最判昭44・11・27民集23巻11号2290頁，我妻245頁，高野竹三郎「嫡出性の否認」家族法大系IV 27頁等），原告が内縁中懐胎を立証できれば，被告に反証の立証責任が移る。なお，学説には，内縁の準婚的保護をさらに強調して，内縁中懐胎子は認知を要せずに内縁の夫との法的父子関係が生じると主張する少数説もある（中川編・註釈上305頁〔外岡茂十郎〕，木村健助〔判批〕関法4巻2号〔1954〕89頁，右近健男〔判批〕民商63巻1号〔1970〕153頁）。

　したがって，内縁中懐胎を立証できない場合には原告が血縁の存在を，逆に立証できた場合には被告が血縁の不存在を，立証する責任を負う。

5　立証の方法

　(1)　遺伝子鑑定が最も重要な立証方法であり，実務上も普及している。ただし，被告の同意を要件とする手続や遺伝子情報の管理に関する規制等が不備である現状が危惧されており（松川正毅「フランス法におけるDNA鑑定と親子法」ジュリ1099号〔1996〕55頁，同・医学の発展と親子法〔2008〕329頁，水野紀子

〔前田〕　　653

§787 IV

第4編 第3章 親 子

「生殖医療の発達と家族法の課題」ひろば52巻4号〔1999〕52頁，春日偉知郎・民事証拠法論〔2009〕347頁，佐藤優希「親子関係事件におけるDNA鑑定について(2)」東北学院75号〔2014〕114頁等)，この問題の位置づけを含めて，被告の協力が得られない場合の評価がさらに問題となる（松原編・前掲書423頁〔中田〕）。

「鑑定に協力しないことをもつて直ちに控訴人（被告）に不利な判断をするのは相当でないとしても，その非協力の理由いかんにかかわらず，鑑定結果がえられない以上は，科学的裏付けなしに親子関係が存在すると推認することが不相当であるということはできない」と判示して，認知請求を認容した下級審がある（東京高判昭57・6・30家月35巻10号63頁）。いわゆる「推定の及ばない子」（→§772 IV）に対する父子関係不存在確認請求につき，母が鑑定に協力しない態度を間接事実の1つとみて認容した判決もある（東京高判平22・1・20判タ1325号222頁）。ただし，鑑定強制はできず（春日偉知郎「父子関係訴訟における立証問題と鑑定強制について」ジュリ1099号〔1996〕76頁），相手方の主張を真実と擬制することも（民訴224条）人事訴訟ではできないから（人訴19条），被告の鑑定拒否は裁判官の自由心証の枠内での評価にとどまる（春日・前掲民事証拠法論307頁，316頁）。なお，嫡出推定・否認をめぐる紛争においては，外観説を維持する判例の立場では（→§772 IV(3)(ｱ)）遺伝子鑑定の利用自体が問題となりうるが，認知の訴えは，子の側が父子関係の形成を求める裁判であるため，同様の問題は生じにくい（詳細は，→前注(§§772-791) V）。

(2) 遺伝子鑑定が普及する前の認知訴訟では，間接的な立証方法による判断が重ねられてきた。従来の判例では，まず(i)主要な間接事実として，①子の母が懐胎可能期間中に父とされる者と性交渉をもったこと，および，②父とされる者と子との間に血液型の背馳がないことの両事実の立証があり，さらに(ii)間接事実として，①子の母が懐胎可能期間中に他の男と性交渉をもった事実が認められないこと（被告がこの事実を立証できないこと），または，②父とされる者が父親らしい言動をしていたこと等が認められる場合には，他に特段の事情がない限り，父子関係の存在を推認してきた（松原編・前掲書450頁〔中田〕。小山昇「認知請求訴訟における諸問題」民商44巻1号〔1961〕35頁，石川稔「判例における父子関係認定の論理」成蹊法学1号〔1969〕293頁，木下明「認知の訴えにおける父子関係の証明」現代家族法大系3 49頁，新版注民(23)464頁〔利谷〕等も参照）。遺伝子鑑定結果が得られない場合には，または，鑑定結果と併せて，

654 〔前田〕

第1節　実　子　　　　　　　　　　　　　　　　　§ *787*　V

これらの立証が求められる。

V　期 間 制 限

1　父の生存中

　父が生存している限り，認知の訴えに期間制限はない。最高裁昭和 46 年 3 月 19 日判決（判時 623 号 75 頁）は，子の出生後 57 年経過した事案で（父の死後 3 年以内），原告である子の年齢に制限はない旨を判示し権利濫用となる事情もないと認定して，認知請求を認容した原審を支持した（20 年経過の最判昭 32・6・21 民集 11 巻 6 号 1125 頁，25 年経過の最判昭 37・4・10 民集 16 巻 4 号 693 頁等も参照）。学説では，血縁の立証が困難であることを前提に立法論として考慮すべきことも主張された（我妻 244 頁。新版注民(23)426 頁〔利谷〕は支持）。

2　死後認知

　父の死亡後は 3 年の期間制限がある（本条ただし書。その趣旨は→ I 4）。この期間制限は憲法 13 条・14 条に違反するという主張に対して，最高裁大法廷は，身分関係に伴う法的安定性を保持するための制限であるから憲法 13 条に違反せず，認知の訴えを提起するすべての者に一律に課せられた制限であるから憲法 14 条にも違反しないと判示した（最大判昭 30・7・20 民集 9 巻 9 号 1122 頁）。これに対して，解釈論として制限の緩和が，立法論として廃止が，主張されている。

(1)　解　釈　論

　内縁準婚理論により，772 条の類推適用を受ける内縁子（→ IV 4）には，死後認知の期間制限を適用すべきでないことが，有力に主張された（我妻 244 頁，星野英一〔判批〕法協 89 巻 12 号〔1972〕1811 頁，於保不二雄〔判批〕家族百選〔新版〕99 頁，中川良延〔判批〕判タ 747 号〔1991〕202 頁等。さらに，認知不要説につき→ IV 4）。

　判例は内縁子へも死後認知の期間制限を適用するが（最判昭 44・11・27 民集 23 巻 11 号 2290 頁），しかし，父の「死亡の日から」という起算点につき，最高裁は「父の死亡が客観的に明らかになった時」にずらしうる可能性を認めた（最判昭 57・3・19 民集 36 巻 3 号 432 頁）。ただしこの判決は，内縁の夫の死後に，死亡を知らない妻が子を出産し，婚姻届と夫を父とする子の出生届を

〔前田〕　655

§787 VI
第4編 第3章 親子

出したため，認知の効力が生じて（戸62条）準正された後に（789条），夫の
親族と相談して協議離婚を届け出たところ，夫の死亡（死後3年1か月経過）
が確認されたため，婚姻，離婚および出生届が無効となり父子関係もなかっ
たことになったという特殊な事案であった。最高裁は上記を判示して，期間
経過を理由に認知請求を棄却した原審を破棄・差し戻した。

下級審には，中国残留孤児の事案で「訴提起が不可能である事情が解消し
たとき」，すなわち日中平和条約が締結されて日本に入国することができた
時から起算すると解した例（福岡高判昭60・7・2家月37巻10号67頁），父死亡
後18年経過のケースで子が父を特定しその死亡を知った時点を起算点とし
た例（京都地判平8・10・31判時1601号141頁）がある（いずれも認知請求認容）。

(2) 立 法 論

血縁主義の観点から期間制限の廃止が求められている（於保・前掲〔判批〕
99頁，松倉耕作・血統訴訟と真実志向〔1997〕161頁，二宮周平「認知制度は誰のために
あるのか」立命310号〔2006〕344頁）。これに対して，血縁の証明が困難である
ことを前提に，期間制限自体は不合理ではないと主張する学説があった（我
妻244頁）。近時では，子の側からの請求に期間制限を設ける必要性がないこ
とを主張する学説もある（二宮周平ほか「実親子関係について」戸時719号〔2014〕
22頁〔前田泰〕）。

Ⅵ 裁判認知の効果

認知の裁判（審判を含む）が確定すると，任意認知と同様に，子の出生の時
に遡って法律上の婚外父子関係が形成される（784条）。例えば，扶養の権利
義務，親権，相続権等が生ずる。父母が婚姻していれば，いわゆる認知準正
により嫡出子の身分を取得する（789条2項）。

認知の訴えを提起した者（または調停を申し立てた者）は，裁判が確定した日
から10日以内に裁判の謄本を添付して認知の届出をしなければならない
（戸63条1項）。訴えを提起した者が届出をしないときは，相手方が，認知の
裁判が確定した旨の届出をすることができる（同条2項）。

他の人事訴訟事件と同様に，確定判決の効力は第三者に対しても及ぶ（人
訴24条）。再審事由があれば訴訟の当事者は争うことができるが，第三者は

656　〔前田〕

第1節　実子　　　　　　　　　　　　　　　　　§*788*　I・II

裁判認知の効力を否定することはできない（最判平元・11・10民集43巻10号1085頁。高田裕成〔判批〕民百選III 65頁参照）。

〔前田　泰〕

（認知後の子の監護に関する事項の定め等）
第788条　第766条の規定は，父が認知する場合について準用する。

I　本条の趣旨・内容

血縁の父が認知した場合には，父母の協議により，協議が調わないときは家庭裁判所の審判により，父を親権者と定めることができるが（819条3項・4項），親権者の問題とは別に，子の監護の問題が生じうることは離婚の場合と同じであるから，協議離婚における子の監護の問題を規定する766条が認知に準用されることになった（立法の経緯は→II）。766条は，裁判離婚と婚姻の取消しにおいても準用されている（771条・749条）。

準用の結果，①父が認知する場合，子の監護をすべき者，父または母と子との面会その他の交流，子の監護に要する費用の分担その他の子の監護に必要な事項は，父母の協議で定める。この場合においては，子の利益を最も優先して考慮しなければならない。②この協議が調わないとき，または協議をすることができないときは，家庭裁判所が定める。③家庭裁判所は，必要があると認めるときは，前記①②による定めを変更し，その他子の監護について相当な処分を命ずることができる。④前記①～③によっては，監護の範囲外では，父母の権利義務に変更を生じない。以上の帰結が生じる（離婚の場合と重なる内容の詳細は，→§766）。

II　立法の経緯

本条は，明治民法には存在せず，昭和22年改正により新設された。

明治民法にも離婚の際の子の監護の規定はあったが（民旧812条），これを認知の場合に準用する規定がなかったのである。ところが，明治民法では，

〔前田〕　657

§788 Ⅲ 第4編 第3章 親 子

子の親権者は「家ニ在ル父」であり（民旧877条1項），父母の離婚は，母が家を去ることだから原則として子の親権に影響しなかった（詳細は→第18巻§818）。それでも問題が生じうる例外的な場合に備えて766条の原規定に該当する子の監護に関する規定が設けられていたのである（民旧812条。詳細は→§766）。これに対して認知に関しては，婚外子の親権者は「家ニ在ル母」であるが（民旧877条2項），その子を父が認知したときは，原則として子は「庶子」（民旧827条2項）として父の家に入り（民旧733条1項），認知者が「家ニ在ル父」として親権者となった（奥田266頁，谷口・日本親族法158頁）。すなわち，認知により親権者が母から父に交替するのだから，離婚よりも認知の方が子の監護に関して問題が生じる可能性が高かったはずである。しかし，この場面での子の監護に関する規定は設けられず，家制度の当然の帰結として明治民法下では問題にされなかったようである。

本条は昭和22年改正により新設されたが，立案の経緯は次の通り。①まず離婚に際しての子の監護に関する草案が作成され（幹事案・起草委員第1次案），②次の段階で認知の場合に離婚の場合と同内容の草案が登場し（起草委員第2次案以降の各草案），③さらに次の段階で，離婚の規定を認知に準用する現行法の案（沼津案・起草委員会）に至っている（我妻栄編・戦後における民法改正の経過〔1956〕218頁，226頁，231頁，236頁，319頁等参照）。すなわち，まず明治民法に規定が存在した離婚の場面で子の監護の問題が意識され，次に認知でも同様の問題が生じる可能性が認識され，本条が立案されたといえる。

Ⅲ 離婚の場合との違い

離婚の場合には，一般的には父母の共同親権による共同監護を受けてきた未成年子について，離婚後の単独親権への移行に伴い，父母の一方を親権者とし，さらに場合により子の監護について決定する必要性が生じる。これに対して認知の場合には，親権者である母の監護を受けている子の現状を，父の認知を契機として変更するか否か，変更する場合の内容を決定することになる。

具体的には，まず，任意認知をした父が，子の親権者となることを求め，さらに（または）子の監護者となること等を求める場合が想定される。この

第1節　実　子　　　　　　　　　　　　　　　§*789*

場合には，子の養育費の分担を含めて，子の利益の観点から望ましい監護の
あり方が模索されることになる（任意認知した父に対する養育費請求事件として，
浦和家川越支審平11・7・8家月51巻12号37頁がある）。面会交流の可否等の問題
は離婚の場合と同様であるが（→§766），母子が生活してきた事実を踏まえて
子の利益を判断する必要がある。

　次に，認知の訴えで勝訴した子の側が，父に養育費を求める場合が考えら
れる。大阪高裁平成16年5月19日決定（家月57巻8号86頁）は，認知審判
確定後の母から父に対する養育費分担請求につき，認知の遡及効（784条）
を理由に，認知時に1歳4か月であった子の出生時に遡って算定した分担額
の請求を認めた（監護費用の償還については，→§766，第18巻§878）。内縁の解消
に際して認知した父に母が養育費分担を請求した例には，京都家裁昭和58
年4月14日審判（家月36巻10号102頁），宇都宮家裁平成8年9月30日審判
（家月49巻3号87頁），東京高裁平成15年8月15日決定（家月56巻5号113頁）
等がある（常岡史子〔判批〕民商134巻2号〔2006〕285頁参照）。

　なお，監護が親権の一部であることを理由に，本条の父母の協議には行為
能力を要すると解されている（注民(22のI)336頁〔沼辺愛一〕）。父母が未成年
であっても離婚の場合には婚姻の成年擬制（753条）により行為能力の問題
は生じないが，認知の場合には，未成年である父母の親権者が本条の協議を
行うべきだと解されている（833条）。未成年者に親権者がないときは，後見
人を選任してその協議によるのではなく，「協議ができないとき」（766条・
788条）として家裁が決定すべきであろう。ただし，親権者に行為能力が求
められる理由はその代理権・財産管理権にあるのだから，親権者の変更を伴
わない身上監護の協議には意思能力で足り行為能力を要さないと解する余地
がある（我妻321頁は立法論として認める）。成年被後見人，被保佐人および被補
助人についても同様であるが，こちらは離婚の場合と共通の問題になる。

〔前田　泰〕

（準正）

**第789条①　父が認知した子は，その父母の婚姻によって嫡出子の身
　分を取得する。**

§789 I・II 　　　　　　　　　　　　　　　第4編　第3章　親　子

　② 　婚姻中父母が認知した子は，その認知の時から，嫡出子の身分を
　　取得する。
　③ 　前2項の規定は，子が既に死亡していた場合について準用する。

　　　〔改正〕（836）

I　本条の意義

　本条が規定する準正とは，嫡出でない子（以下，婚外子と呼ぶ）に，その父
（認知者）と母との婚姻を要件として，嫡出子（以下，婚内子と呼ぶ）の身分を
取得させることをいう（母の認知については→§779 IV）。本条1項は父の認知の
後に父母が婚姻する場合（婚姻準正）を規定し，2項は父母の婚姻後に父が認
知する場合（認知準正）を規定する。

　「準正」の制度は，父母の婚姻により婚外子を保護する方法で法律上の婚
姻を奨励する制度であり，ローマ法以来の歴史を有する。ただし，近時は婚
内子・婚外子の区別をなくす方向性が比較法的に顕著である（新版注民(23)
571頁〔岡垣学＝二宮周平〕）。わが国でも相続分の区別が廃止された結果（平25
法94），婚内子・婚外子の民法上の地位の差異は氏（790条）に限られている
（養子縁組の要件の区別〔795条・817条の3〕は，実質的な差異ではない）。両者の差
異が消滅すれば，準正は不要になる。なお，平成20年の国籍法改正（平20
法88）により，準正による国籍取得は認知による取得に変更された（国籍3条
1項。最大判平20・6・4民集62巻6号1367頁も参照）。

II　沿革と趣旨

1　旧 民 法

　わが国では，江戸期までは妾腹の庶子も正妻から生まれた嫡子に準じる地
位を与えられた（高柳真三「私生子の出現」国家学会編・国家学論集〔1937〕（同・明
治前期家族法の新装〔1987〕所収）221頁，手塚豊「明治民法施行以前」家族問題と家族
法IV〔1957〕132頁）。妻妾以外から（密通により）生まれた「私生子」は存在し
ない建前の下で，実際に生まれた子は父とその妻妾の子または親族の子と偽
装されたといわれている（高柳・前掲論文224頁，手塚・前掲論文138頁，村上一博

660　〔前田〕

第1節 実 子 §*789* Ⅱ

「明治六年太政官第二一号布告と私生子認知請求」法論 67 巻 2 = 3 号〔1995〕517 頁）。こ
のため，準正制度の必要性が乏しかったと考えられている（宮崎孝治郎「準正
制度の進化とその機能」日本大学法学会編・民法学の諸問題〔1962〕398 頁）。

　これに対してローマの婚姻法は当初から一夫一婦制であり，キリスト教の
影響が生じてからはさらに倫理的な厳格さがこれに加えられた（船田亨二・ロ
ーマ法四〔1971〕23 頁）。このため婚姻外に生まれた「私生子」は過酷な状況
に置かれ（島津一郎「私生子」家族問題と家族法Ⅳ 214 頁），これを救済する要請
も生じた。ローマ法の準正制度はキリスト教の影響下で現れたといわれてい
る（船田・前掲書 173 頁，宮崎・前掲論文 392 頁）。わが国では，明治に入り西洋
の法律思想を継受して，妻妾以外から生まれた「私生子」の存在を制度とし
て認めるとともに（手塚・前掲論文 131 頁），準正の制度によって，一夫一婦制
の法律婚の奨励と婚外子の保護が図られるようになった。

　旧民法人事編第一草案は，本条と実質的にほぼ同旨となる準正を認め
（186 条〜188 条），その理由として，①私通している男女を改心させて婚姻さ
せることは「社会の利益」であること，および，②子を愛さない親はいない
から準正を認めることにより子の父母は「醜行をやめて正道に復帰する」は
ずであることが掲げられた（石井良助編・明治文化資料叢書第 3 巻法律編上〔1959〕
153 頁）。これが再調査案 141 条〜143 条，元老院提出案 152 条〜154 条を経
て（石井良助編・明治文化資料叢書第 3 巻法律編下〔1960〕211 頁，277 頁），旧民法人
事編 103 条〜105 条に受け継がれた。

　しかし，旧民法の準正規定は，いわゆる法典論争における延期派の攻撃対
象になった。すなわち，伝統的な家制度の基礎である家督相続は婚内子が婚
外子に優先すべき（同順位では，まず男子優先，次に年長優先）であるのに，準正
を導入すれば，年長の準正された婚外子が婚内子に優先することになり，こ
れはわが国古来の醇風美俗に反すると，延期派が主張した。これに対して断
行派は，準正子は婚内子である旨等を主張したが，結局延期派が勝利した
（星野通・民法典論争史〔1949〕235 頁，古屋壮一「星野通編著『民法典論争資料集』（復
刻増補版）の現代的意義に関する一試論（2・完）」松山大学論集 25 巻 4 号〔2013〕2 頁）。

2 明 治 民 法

　起草者は法典調査会で，旧民法人事編の 103 条から 105 条までを合わせた
規定であると述べただけで，実質的な理由を説明していない（法典調査会民法

〔前田〕　661

§789 III・IV　　　　　　　　　　　　　　　第4編　第3章　親　子

議事〔近代立法資料6〕593頁。修正案理由書・博文館版109頁も同じ。2項で遡及効を
否定する趣旨は→IV2参照）。その後も実質的な修正を経ずに現行法に至ってい
るから，本条の立法趣旨としては，旧民法の趣旨（前記1の第一草案の趣旨①
②）が踏襲されたと見るべきだろう。

III　婚姻準正（本条1項）

(1)　要　　件

認知した父が母と婚姻することが要件である。2項のように「父母が認知
した子」としなかった理由は，昭和22年改正の際に庶子の語を廃止した事
情による。すなわち明治民法では，「庶子ハ其父母ノ婚姻ニ因リテ嫡出子タ
ル身分ヲ取得ス」と規定されていたが（民旧836条1項），庶子は「父カ認知
シタル私生子」であったから（民旧827条2項），本条の表現になった（母の認
知につき→§779 IV）。

(2)　効　　果

「嫡出子の身分を取得する」ことが効果である。認知時や出生時への遡及
効は，婚姻を要件とする制度趣旨を理由に否定されている（我妻253頁，太田
267頁，新版注民(23)584頁〔岡垣＝二宮〕等）。相続分の不平等の解消を理由に，
出生時に遡及すると解する学説があったが（中川(善)406頁），相続法の改正で
この問題は解決された（→I）。

IV　認知準正（本条2項）

1　要　　件

婚姻中の父母が子を認知することが要件である。母の認知は不要なので
（→§779 IV），実際には，夫が妻の子を認知することが要件になる。①まず母
が嫡出でない子として出生の届出をし，②次に父母が婚姻してから，③父が
認知する場合が典型的なケースである。

(1)　嫡出子出生届による認知準正

戸籍法62条は，「民法第789条第2項の規定によって嫡出子となるべき者
について，父母が嫡出子出生の届出をしたときは，その届出は，認知の届出

662　〔前田〕

第1節　実　子　　　　　　　　　　　　　　　　　　　　　　§*789*　Ⅳ

の効力を有する」と規定する。すなわち，婚姻前出生子（嫡出でない子）について婚姻後に出生の届出をする場合には，嫡出子としての届出が認められ，かつその届出に認知の効力が生じる。母の認知は不要であるから（→§779Ⅳ），父による嫡出子出生届により認知準正が生じる。そして，以上のことから逆に，戸籍法62条に該当する嫡出子出生の届出には，認知の要件具備が求められている。すなわち，届出人である父には意思能力が必要であり，法定代理は許されず，父以外はできない（嫡出でない子としてのみ可能）と解され（加藤令造＝岡垣学補訂・新版戸籍法逐条解説〔改訂2版，1981〕355頁，青木義人＝大森政輔・全訂戸籍法〔1982〕301頁），さらに，子が成年の場合にはその承諾を要するとも解されている（谷口知平・戸籍法〔3版，1986〕46頁）。

　これに対して，婚姻後の出生子は，婚姻成立後200日前の出生であっても，「推定されない嫡出子」であるから（→§772Ⅲ），準正によらない生来嫡出子である（議論の経緯につき，新版注民(23)581頁〔岡垣＝二宮〕参照）。

(2)　婚姻解消後の認知

　本条は「婚姻中の認知」を要件とするが，死亡または離婚により父母の婚姻が解消した後に父が認知した場合であっても，「婚姻後の認知」であれば準正制度の趣旨に合致するから，その効果を生じさせてよいと解されている（母の死後に父からの嫡出子出生届を認めた大正8・9・13民3685号回答，離婚後の準正を認めた大8・3・28民710号回答および昭24・8・30民甲1939号回答，谷口・日本親族法358頁，中川・日本親族法317頁，中川編・註釈上359頁〔舟橋諄一〕，我妻253頁，新版注民(23)581頁〔岡垣＝二宮〕等）。

2　効　　果

　認知準正により「嫡出子の身分を取得する」ことは婚姻準正と同じであるが，さらに，認知に先行する婚姻の時点への遡及効を認めるべきか議論されている。本条2項は「認知の時から」と表現して遡及効を否定している。

　明治民法の起草者（富井政章）は，法典調査会の議論の中で，この表現は「嫡出子ノ権利ヲ害シテハナラヌト云フ精神カラ来テ居ル」と説明した（法典調査会民法議事〔近代立法資料6〕593頁）。その趣旨は，①父母の婚姻後の出生子（嫡出子）がいる場合に，婚姻前に生まれた子（嫡出でない子）を認知したとき，および，②兄弟2人の婚外子がいる場合に，婚姻後に弟を先に認知し，後から兄を認知したとき，以上の2つの場面を想定して，先に嫡出子の地位

〔前田〕　　663

§789 V 　　　　　　　　　　　　　　　　　　第4編　第3章　親　子

を得た者（いずれも弟）の権利（家督相続の優先順位であると思われる）を守ること
を意味していた。弟が兄に優先することを問題にする発言に対して「ソンナ
コトハ極稀デアラウ」、「家族制度ヲ打崩スカラ嫡出子ノ権利ハ何処迄モ認メ
ナケレバナラヌ」と応じている。起草者のこの強い姿勢は，旧民法の準正制
度が延期派の攻撃対象となったことが影響していると思われる（→Ⅰ）。明治
民法下の学説は，規定の文言通りに遡及効を否定した（梅1912年復刻版270頁，
奥田275頁，穂積475頁，野上316頁等）。

　これに対して1947年改正後の学説は，①家督相続が廃止され，その順位
は問題にならなくなった，②認知の遡及効（784条）により婚姻の時に準正
の要件が具備したことになる（以上，中川編・註釈上361頁〔舟橋〕），③母の死
後に父の認知があったときや，父の死後に認知の訴えが認められたときに，
相続分で不利益を与えるべきではない（我妻253頁。ただし相続法の改正でこの問
題は解消された。→Ⅰ），④準正制度の趣旨は父母の婚姻により嫡出でない子を
なるべく嫡出化することにある（注民(22のⅠ)366頁〔岡垣学〕）等の理由で，
婚姻時への遡及効を認める（鈴木＝唄Ⅰ37頁，太田268頁，新版注民(23)585頁
〔岡垣＝二宮〕等。昭42・3・8民甲373号通達もこれを認める）。「認知の時から」の
文言は，「『認知があった場合には』というほどの意味に解する」こと（舟
橋・前掲361頁），または，「『認知によって』という趣旨に読み替える」こと
（我妻・判コメ260頁〔石川稔〕）が提案されている。1959年に法制審議会民法部
会身分法小委員会は，準正の遡及効を立法上の検討課題（留保事項）として
いる（法時31巻10号〔1959〕41頁参照）。

Ⅴ　死亡した子の準正（本条3項）

　①父に認知された婚外子の死後に父母が婚姻した場合には，婚姻準正の効
果が生じて，死亡した子は婚内子であったことになる。婚姻準正の遡及効は
否定されているが（→Ⅲ），子が死亡していた場合にはその死亡時に遡及する
ことになる。②父母が婚姻した後に，死亡した婚外子を父が認知した場合に
は（783条2項），認知準正の効果として死亡した子は婚内子であったことに
なる。近時の学説は認知準正の効果は婚姻時に遡及すると解するので（→Ⅳ
2），これに適合する帰結である。

664　〔前田〕

第1節　実　子　　　　　　　　　　　　　　　　　§ *789*　VI

　準正の効果が生じても死亡した子自身には無意味であるが，子の代襲相続
人に嫡出子としての相続分を確保することに意味があった（本条3項に該当す
る旧民法人事編104条は，死亡した子の卑属に準正の利益を生じさせる旨の内容であり，
明治民法の起草者は旧民法の規定を原案にした旨の趣旨を説明している（→Ⅱ2））。し
かし，相続法の改正によりこの意味は失われた。
　準正の民法上の意義は氏だけになったが（→Ⅰ），死亡した子が準正しても
その子の氏には影響がないと解されているため（昭35・12・16民二472号通知。
新版注民(23)590頁〔岡垣＝二宮〕参照），結局，本条3項の意義は失われたとい
うしかない。

VI　準正子の氏と戸籍

(1)　典　型　例

　準正前では，婚外子が母の氏を称し（790条2項），母と同一戸籍にいる（戸
18条2項）場合が多いと思われる。この場合に父母が父の氏を称する婚姻を
すると，母は父母の新戸籍または父の戸籍に入り（戸16条），子は前の戸籍
に残る。この状況では，婚姻前の父に認知されていたときは何時でも（婚姻
準正），未認知のときは父の認知後に（認知準正），子は届出により父母の氏を
称することができ（791条2項，戸98条），その場合には父母の戸籍に入る（戸
18条1項）。この手続は昭和62年改正で実現した。改正前の状況は新版注民
(23)586頁〔岡垣＝二宮〕参照（さらに，→§791）。

(2)　戸籍法62条の場合

　婚外子の父母が婚姻し，未認知の父が子を嫡出子として出生の届出をすれ
ば，認知の効果が生じ（戸62条），認知準正が生じる（→Ⅳ1(1)）。この場合
には，子は父母の氏を称し，父母の戸籍に入る（昭23・1・29民甲136号通達。
新版注民(23)586頁〔岡垣＝二宮〕参照）。

〔前田　泰〕

〔前田〕　　665

生殖補助医療　Ⅰ　　　　　　　　　　　　　　　　　　　第4編　第3章　親　子

生殖補助医療

細　目　次

Ⅰ　生殖補助医療の発達による多様な生殖
　　………………………………………666
Ⅱ　諸外国の状況 ………………………668
　1　イギリス………………………668
　2　フランス………………………671
　3　ドイツ…………………………673
　4　アメリカ………………………674
Ⅲ　日本の生殖補助医療法制 …………679
　1　生殖補助医療の規制…………679
　2　立法提案………………………681
　3　学界の議論……………………682
Ⅳ　生殖補助医療によって生まれた子の父
　　子関係 ………………………………683
　1　配偶者間生殖補助医療………683
　（1）婚姻関係にある場合 …………683
　（2）事実婚関係にある場合 ………684

　（3）死後生殖の場合 ………………685
　（4）精子が取り違えられた場合 …687
　2　非配偶者間生殖補助医療………688
　（1）婚姻関係にある場合 …………688
　（2）性別変更後の生殖補助医療 …690
　（3）事実婚の場合 …………………692
　（4）同性カップルの場合 …………693
　（5）精子提供者は父となるか …694
Ⅴ　生殖補助医療によって生まれた子の母
　　子関係 ………………………………695
　1　提供卵子体外受精………………695
　2　代理懐胎………………………696
　（1）提供卵子代理懐胎 ……………697
　（2）代理出産 ………………………697
Ⅵ　出自を知る権利 ……………………700
Ⅶ　国際的規制 …………………………701

Ⅰ　生殖補助医療の発達による多様な生殖

　今日，親子法を考えるに当たって，生殖補助医療は避けて通れない問題である。ここでは，人工授精と体外受精（胚移植も含めて，体外受精という）をあわせて生殖補助医療という。性交によらず，注射器のような器具を用いて，女性の子宮に精液を送り込む人工授精は，古くから行われていた。まず，夫の精子を用いる配偶者間人工授精（AIH＝Artificial Insemination with Husband's semen）が行われ，次いで，夫が無精子症等の場合に第三者の精子を用いる提供精子人工授精（AID＝Artificial Insemination with Donor's semen）が行われるようになった。わが国でも，1949（昭和24）年には，AIDによる第1号子が生まれている。AIDの場合，生まれた子の父は，夫か精子提供者かが問題

666　〔石井〕

第1節 実 子　　　　　　　　　　　　　　　　　　　生殖補助医療　Ⅰ

となる。

　生殖革命をもたらした体外受精は，卵子を卵巣から採取して体外で受精さ
せ，受精卵（胚）を培養したうえで子宮に戻す。1978（昭和53）年に世界初の
体外受精子がイギリスで誕生し，わが国でも，1983年に最初の体外受精子
が生まれている。2014年には，47,322人の体外受精子が生まれ，わが国で
生まれた子の約21人に1人が体外受精子であった。2014年までに累計
431,626人の体外受精子の出生が報告されている（「平成27年度倫理委員会 登
録・調査小委員会報告」日産婦誌68巻9号〔2016〕2077頁）。体外受精によって，
精子，卵子，胚と懐胎を自由に組み合わせることが可能となり，精子提供，
卵子提供，胚提供，代理母，代理出産等，多様な生殖が行われるようになっ
た（下記別表参照）。その結果，父ばかりではなく，誰が母かも問題となって
しまった。また，精子，卵子，胚の凍結保存が可能となり，本人の知らない

別表　生殖補助医療の種類と親子関係

	卵子由来者 （遺伝上の母）	精子由来者 （遺伝上の父）	懐胎者 （生みの母）	法律上の母	法律上の父
人工授精					
配偶者間人工授精（AIH）	妻	夫	妻	妻	夫
死後生殖	妻	亡夫	妻	妻	
非配偶者間人工授精（AID）	妻	提供者 M	妻	妻	夫
性別変更者（夫）	妻	提供者 M	妻	妻	夫（元女性）
体外受精					
配偶者間体外受精	妻	夫	妻	妻	夫
死後生殖	妻	亡夫	妻	妻	
提供精子体外受精	妻	提供者 M	妻	妻	夫
提供卵子体外受精	提供者 F	夫	妻	妻	夫
ミトコンドリア提供	妻・提供者 F	夫	妻	妻	夫
提供胚体外受精	提供者 F	提供者 M	妻	妻	夫
代理懐胎					
代理母	代理懐胎者	夫	代理懐胎者	代理懐胎者	代理懐胎者の夫
代理出産	妻	夫	代理懐胎者	代理懐胎者	代理懐胎者の夫
代理懐胎＋提供精子	妻	提供者 M	代理懐胎者	代理懐胎者	代理懐胎者の夫
代理懐胎＋提供卵子	提供者 F	夫	代理懐胎者	代理懐胎者	代理懐胎者の夫
代理懐胎＋提供胚	提供者 F	提供者 M	代理懐胎者	代理懐胎者	代理懐胎者の夫

　子どもを欲する夫と妻両者の同意の下に生殖補助医療が行われ，子が生まれた場合を想定する。
法律上の父・母は現在の判例等によるわが国の現行法の解釈による。
　提供者 M：精子提供者，提供者 F：卵子提供者
　＊代理懐胎の場合，代理懐胎者が未婚のとき，または代理懐胎者の夫が嫡出否認したとき，夫が
　　認知することによって夫が法律上父となることは可能である。また，特別養子縁組によって，
　　夫と妻が父母となることは可能である。

〔石井〕　　667

生殖補助医療　II　　　　　　　　　　　　　　第4編　第3章　親　子

間の生殖や死亡後の生殖等の問題も生じている。親子関係は，血縁，養育の事実，意思によるべきか。これは，昔から議論されてきた難しい問題であったが，問題はいっそう複雑になった。また，法律上の親が血縁上の親と異なる場合，子どもには血縁上の親を知ることができる出自を知る権利が保障されるべきであるという考えも広まっている。さらに，家族の多様化が親子関係にも影響を与えている。シングルで生殖補助医療により子をもつ例に加え，同性のカップルが生殖補助医療によって子をもうけ，両親として子育てする例も増えている。生殖補助医療の発達・普及は，新たな親子関係の問題を生じさせると同時に，あらためて，親子とは何か，法律上の親子関係の意味について考え直すことを求めている。

II　諸外国の状況

多様な生殖が可能となり，生殖に対する人為的介入がどこまで許されるのかが問題となった。そのため，生殖補助医療を法規制するとともに，生殖補助医療によって生まれた子の親子関係についても立法した国が多い。

1　イギリス

イギリスは，まず，1985年の代理出産取り決め法によって，営利目的による代理母の斡旋と広告を禁止した。次いで，1990年ヒトの受精及び胚研究に関する法律（Human Fertilisation and Embryology Act 1990）によって，生殖補助医療を包括的に規制し，ヒトの受精及び胚研究認可庁（Human Fertilisation and Embryology Authority）の監督の下で生殖補助医療が行われるようにするとともに，生殖補助医療によって生まれた子の親子関係についても定めた。母は，懐胎した女性と定めたけれども，親決定手続（Parental Order）という新たな裁判手続を設け，代理懐胎を依頼した婚姻関係にある夫婦は，どちらかの配偶子が用いられている場合には，代理懐胎によって生まれた子の父母となることを可能とした（三木妙子「イギリスにおける人工生殖をめぐる法的状況」唄孝一＝石川稔編・家族と医療〔1995〕354頁，同「イギリス」総合研究開発機構＝川井健編・生命倫理法案〔2005〕230頁）。その後，死後生殖や，出自を知る権利などの問題に対して規則を制定して対応していたが，社会の変化と技術の進歩にあわせ，2008年ヒトの受精及び胚研究に関する法律（Human Fertilisation and

668　〔石井〕

第1節　実　子　　　　　　　　　　　　　　　　　　生殖補助医療　**II**

Embryology Act 2008，以下「2008 年改正法」という）によって，全面改正し，生殖
補助医療によって生まれた子の親子関係に関する規定も新しくなった（石井
美智子「生殖補助医療によって生まれた子の親子関係──日英比較法研究」法論 84 巻
2 = 3 合併号〔2012〕25 頁）。

　生殖補助医療によって生まれた子の母は，「胚または精子と卵子を移植し
た結果，子どもを懐胎しているまたはしていた女性」とされる。

　提供精子による生殖補助医療によって生まれた子の父は，懐胎した女性が
婚姻していた場合，夫が提供精子による生殖補助医療に同意していなかった
ことが証明されない限り，夫が父とされる。精子提供者は父とされない。母
が婚姻していない場合は，合意による父（agreed fatherhood）という概念が導
入され，男性 M が女性 W に施術される生殖補助医療によって生まれる子の
父とされることに同意し，W も M が父とされることに同意した場合，その
男性 M が父とされる。ただし，合意による父とされる男性は，W と相互に
禁止された親等内の関係（prohibited degrees of relationship）にあってはならず，
禁止された親等内の関係とは，他方の親，祖父母，兄弟姉妹，叔母または叔
父であり，全血半血に関わらない。

　死後生殖の場合は，死後に生殖補助医療を行うことそして生まれた子の父
となることに同意していた男性を子の出生後 42 日以内に，生まれた子の出
生登録簿に父として記載することを母は選択できる。合意による父について
も同様に死後生殖によって生まれた子の出生登録簿に親として記載できる。

　親子関係の成立には，生殖補助医療に対する同意が重要である。ところが，
その同意書が適正に作成・保管されていないために，あらためて親子関係の
宣言判決を求める事件が 2015〜2017 年にかけて相次いだ（Re AD & others
HFEAct 2008〔2017〕EWHC1026（Fan））。

　2008 年改正法では何よりも，同性のカップルも生殖補助医療によって生
まれた子の両親となることを認めた点が大きい。当初は，同性カップルは，
シビルパートナーシップしか認められていなかったが，2013 年婚姻法によ
り，婚姻も認められるようになった。まず，女性同士のカップルの場合，出
産した母ともう 1 人の女性がともに親となることができる。女性は卵子を提
供したという理由だけでは，懐胎していないまたは懐胎しなかった子の親と
はされない。けれども，生殖補助医療を受けた女性が他の女性とシビルパー

〔石井〕　　669

生殖補助医療　Ⅱ　　　　　　　　　　　　第4編　第3章　親　子

トナーシップまたは婚姻関係にあった場合，他方パートナーが提供精子によ
る生殖補助医療に同意していなかったことが証明されない限り，他方パート
ナーが生まれた子の親とされる。同性カップルの場合も，前述の死亡した夫
と同様の条件を充たすときは，死後生殖によって生まれた子の出生登録簿に
死亡パートナーを，親として記載できる。シビルパートナーシップ関係にも
婚姻関係にもない場合も，合意による女親（agreed female parenthood）という
概念が導入され，同性カップルが両親となることができる。女性Pが女性
Wに施術される生殖補助医療によって生まれる子の親とされることに同意
し，WもPが親とされることに合意した場合，その女性Pが生殖補助医療
によって生まれた子の親となる。同意は，署名入りの文書で責任者に通知さ
れなければならない。合意による女親とされる女性は，Wと相互に禁止さ
れた親等内の関係（prohibited degrees of relationship）にあってはならない。胚
を移植する前に他方パートナーが死亡した場合，他方パートナーが死後に胚
を移植することそして生まれた子の親となることに同意していた女性を生ま
れた子の出生登録簿に親として記載することを母は子の出生後42日以内に
選択できる。合意による女親についても同様に死後生殖によって生まれた子
の出生登録簿に親として記載できる。

　男性同士のカップルの場合は代理懐胎を利用し，親決定手続によって，生
まれた子の両親となることが可能になった。2008年改正法は，婚姻した夫
婦に限らず，シビルパートナーシップの関係にある同性のカップルも，さら
に2人が持続的な家族関係にあるパートナーとして暮らしているカップルも，
どちらかの配偶子が用いられている場合には，親決定手続によって代理懐胎
で生まれた子の両親となることを認めた。

　裁判所が親決定を認めるためには，上記の要件に加えて，子の出生から6
か月以内に申し立てること，申立ての時点で依頼者たちが子を引き取って養
育していること，代理懐胎者が出産後6週間過ぎた後に同意していること，
合理的な費用を除いて金銭その他の利益の授受がないこと等，厳格な要件が
定められている。けれども，多額の金銭が支払われている場合や，子の出生
後6か月以上過ぎている場合，カップルが別居している場合，申立て後に夫
が死亡した場合，代理母が心変わりした場合，依頼者はイギリスに帰国した
が子どもはインドに残っている場合等，要件を充たしているか疑わしいケー

670　〔石井〕

第1節 実 子　　　　　　　　　　　　　　　　　　生殖補助医療　Ⅱ

スにおいても，裁判所は，子の福祉を考慮して，親決定を認めている。現在，問題となっているのは，シングルによる申立てが認められないことであると言われている。また，イギリス国内で認められない生殖補助医療を海外で行う例は少なくない。2017年には死亡した娘の凍結卵を代理懐胎のために海外に持ち出すことを認めた判決もある（中村恵「イギリスにおける代理懐胎をめぐる法的状況」上智法学60巻3＝4合併号〔2017〕11頁）。

　また，2016年2月には，ミトコンドリア提供を認める規則が制定された。その結果，子を望む夫婦の精子の遺伝子と卵子の核の遺伝子に加え，提供された卵子のミトコンドリアの遺伝子の3人の遺伝子を受け継ぐ子が生まれることになる。生まれた子は，遺伝上，2人の母をもつけれども，法律上は，提供を受けて懐胎出産した核の遺伝子の母が母となる（石井美智子「『デザイナー・ベビー』は許されるのか」清水誠追悼・日本社会と市民法学〔2013〕549頁）。

　出自を知る権利が保障されており，提供精子・卵子または胚による生殖補助医療によって生まれた子が提供者を特定できる情報を得ることができる。2008年改正法では，同じ提供者の精子等から生まれた血縁上の兄弟姉妹についても知ることが可能になった。

2　フランス

　フランスは，1994年にいわゆる生命倫理三法を制定し，生殖補助医療を規制するとともに，生まれた子の親子関係についても定めた（小門穂・フランスの生命倫理法〔2015〕）。生殖補助医療を受けられるのは，生きている男女のカップルに限られる。2004年改正で，「生きている」という要件が加えられ，死後生殖の禁止が明確になった。また，2011年の改正で，それまであった，「婚姻しているまたは，2年以上同居している」というカップルについての要件が削除された。2013年に同性婚が認められたけれども，同性カップルが生殖補助医療によって子をもつことは認められていない。

　生殖補助医療によって生まれた子の親子関係については，1994年に，民法中に特別な規定（第3款　生殖に対する医療補助）がおかれた（松川正毅・医学の発展と親子法〔2008〕，田中通裕「〈研究ノート〉注釈・フランス家族法(10)」法と政治64巻2号〔2013〕486頁）。提供精子・卵子・胚による生殖補助医療を受けるカップルは，事前に裁判官または公証人から，生まれる子の親子関係に関して知らされたうえで同意を与えなければならない。その同意によって，子がそ

〔石井〕　　671

生殖補助医療　II

第4編　第3章　親　子

の生殖補助医療によって生まれたのではないことまたは同意が失効したことが主張されない限り，親子関係の確立またはそれを争うすべての訴えが禁止される。同意は，生殖補助医療の実施前に，死亡，離婚もしくは別居の申請の提出または共同生活が消滅した場合には，効力を失う。また，書面により生殖補助医療の実施前に，その生殖補助医療を実施する医師に対して同意を撤回したときも，同意は失効する。その結果，婚姻しているカップルの場合は，生殖補助医療に同意した夫が父となる。婚姻していないカップルの場合は，生殖補助医療に同意した男性が認知することによって父となる。生殖補助医療に同意した男性は，認知しない場合でも母および子に対して責任を負うものとされ，2005年には，その父子関係が裁判上宣言されることになった。精子・卵子・胚の提供者は，生まれた子との間にいかなる親子関係も確立されえない。また，提供者に対しては，いかなる責任の訴えもなしえない。提供者は，匿名とされ，出自を知る権利は保障されていない。

　提供卵子体外受精は認められるが，代理懐胎は禁止され，代理懐胎契約は無効とされている（フ民16条の7・16条の9）。外国で代理懐胎によって子をもうけて連れ帰った場合も，子との親子関係は認められず，養子縁組も認められなかった（野村豊弘「フランスの判例における代理母と養子縁組」加藤一郎古稀・現代社会と民法学の動向（下）〔1992〕597頁）。ところが，欧州人権裁判所が2014年6月26日のメネソン事件において，そのようなフランスの対応を人権条約違反と判決した（EGMR 2014年6月26日判決，幡野弘樹「代理懐胎と親子関係」法時87巻11号〔2015〕24頁）。事件は，フランス人夫妻がアメリカのカリフォルニア州において夫の精子と提供卵子で代理懐胎によってもうけた子の出生証書の効力をめぐる争いである。夫妻は，子の懐胎中にカリフォルニア州の裁判所で夫妻を父母とする判決を得，子の出生後に夫妻を父母とする出生証書がカリフォルニア州法に基づいて作成された。しかし，その出生証書の民事身分登録簿への転記は，破毀院によって無効とされた。そこで夫妻が欧州人権裁判所に提訴したところ，遺伝上の父との父子関係を認めない点で，子の私生活の尊重に対する権利を侵害するとし，人権条約8条に違反すると宣言した。私生活の尊重は，人間としての同一性の確立を要請し，そこには，親子関係も含まれるとした。出生証書の民事身分登録簿への転記を無効とするのみならず，認知も養子縁組も身分占有も認めない点が問題とされた。フラ

672　〔石井〕

第1節 実 子　　　　　　　　　　　　　　　　　　生殖補助医療　**II**

ンス政府は上訴しなかった。その結果外国で代理懐胎によって子をもうけた場合も，血縁上の父はフランスにおいても父と認められる。

3　ド　イ　ツ

ドイツでは，生殖補助医療は1990年制定の胚保護法（Gesetz zum Schutz von Embryonen）によって厳格に規制されている（岩志和一郎「ドイツにおける人工生殖の法律問題」唄＝石川編・前掲書，床谷文雄「ドイツ」総合研究開発機構＝川井編・前掲書）。同法は卵子の由来する女性の妊娠を目的としない人工受精を刑罰をもって禁止しており，提供卵子体外受精も代理懐胎も認められない。生殖補助医療によって生まれた子の親子関係を定める特別な法律はない。けれども，1997年に母について一般的な定義規定を設け，分娩した女性を母と定めた（BGB 1591条）。また，2002年には，夫が提供精子人工授精に同意した場合は夫および子の母は父性を否定できないという規定（BGB 1600条5項）を置いた。

胚保護法は代理母に対する人工受精または胚移植を刑罰をもって禁止しており，代理母の斡旋は，養子縁組斡旋法（Gesetz über die Vermittlung der Annahme als Kind und über das Verbot der Vermittlung von Ersatzmüttern）によって刑罰をもって禁止されている。けれども，国内で認められない代理懐胎を海外に求めて，子どもを連れ帰るカップルも多く，カップルが代理懐胎で生まれた子の親として出生登録できるかが問題となった。特に，男性同士のカップルの場合には，一方は遺伝上の父であっても，そのパートナーがもう1人の親と認められるかが問題となる。2014年12月10日，連邦通常裁判所は，前述のフランスのメネソン事件に対する欧州人権裁判所の判決を受けて，登録パートナーシップ関係にあるドイツ人男性カップルがアメリカカリフォルニア州で，カップルの1人の精子と提供卵子による胚を代理母に移植して子をもうけた事件で，同性カップルを両親と認めた（連邦通常裁判所2014年12月10日決定，渡邉泰彦「同性の両親と子——ドイツ，オーストリア，スイスの状況（その4）」産大法学49巻4号〔2016〕954頁，896頁）。カップルは，カリフォルニア州裁判所でカップルを両親と認める判決を受け，カップルを父母とする出生証明書を得て帰国し，カップルを両親とする子の出生登録を申し立てたが，認められなかったため，出生登録を命ずるよう提訴した。下級審は請求を認めなかったのに対し，連邦通常裁判所は，カップルを両親と認めたカリフォル

〔石井〕　　673

生殖補助医療　**Ⅱ**　　　　　　　　　　　　　第4編　第3章　親　子

ニア州裁判所の判決は公序原則に反しないとして承認し，カップルを両親と
する出生登録を命じた。同性の両親も異性の両親同様に子の成長を助けるこ
とが可能であり，両者を区別することには十分な根拠はないという。この決
定によって，ドイツでは，欧州人権裁判所の判決を超えて，遺伝上の父が代
理懐胎で生まれた子の父と認められることに加えて，その父の同性のパート
ナーも親と認められることになった。

　また，ドイツでは性転換手術が性別変更の要件とされていないため，女性
から男性に性別変更した女性が精子提供を受けて懐胎出産するという事件も
起きている。当事者は，生まれた子の父として出生登録を求めたけれども，
ベルリン高等裁判所の 2014 年 10 月 30 日決定は，分娩した女性が母である
として，性別変更前の女性名で子の母として出生登録簿に記載するものとし
た（渡邉・前掲論文）。

4　アメリカ

　アメリカは，生殖補助医療の規制も生殖補助医療によって生まれた子の親
子関係についての法律も州によって異なる（石川稔＝中村恵「アメリカにおける
人工生殖をめぐる法的状況」唄＝石川編・前掲書 369 頁，棚村政行「アメリカ」総合研究
開発機構＝川井編・前掲書 205 頁，中村恵「アメリカ法における生殖補助医療規制と親子
関係法」法時 79 巻 1 号〔2007〕57 頁）。カリフォルニア州のように生殖補助医療
産業が盛んな州もあるけれども，ニューヨーク州のように代理母契約（Surro-
gate Parenting Contracts）は公序に反して無効とするとともに，代理懐胎契約
に関して金銭等を授受した者に対して民事罰を科す州もある（New York Do-
mestic Relations Law §§ 122, 123）。代理懐胎については，子の引渡しをめぐって
代理母と依頼者が最高裁まで争って，その問題性を示したニュージャージー
州のベビー M 事件が有名である（In the Matter of Baby M, 537 A2d1227（1988））。
代理出産を依頼した遺伝上の母と出産した代理懐胎母のどちらが母なのかが
問題となったジョンソン事件では，カリフォルニア州最高裁は，子をもうけ
ること，すなわち自分の子として育てる子の出生をもたらすことを意図した
（intend）女性が実母（natural mother）であるとの解釈を示し，依頼者を母とし
た（Johnson v. Calvert, 851 P.2d 776（1993））。その後，同州は，制定法で，代理
懐胎合意（Assisted Reproduction Agreement for Gestational Carriers）の要件を規定
するとともに，裁判所が，代理懐胎合意に基づいて，親となる意思を表明し

674　〔石井〕

第1節 実 子　　　　　　　　　　　　　　　　　　　生殖補助医療　II

た人を法律上の親と判決する手続を制定した（California Family Code §7962（f）
(2)）。また，提供配偶子生殖補助医療によって生まれた子についても，当該
生殖補助医療に同意した，親となる意思を表明した人（intended parent）が法
律上の親とされる。親となる意思を表明する書式も提示している（同法§
7613，§7613.5）。

　州法の統一化のために，統一親子法（Uniform Parentage Act）が作成されて
おり，生殖補助医療によって生まれた子の親子関係についても規定されてい
る。まず，1973年の統一親子法にはAID子の父に関する条文が置かれた。
夫の同意を得て，免許された医師によってAIDが行われた場合，夫がAID
の実父とされる。1988年には，生殖補助医療による多様な生殖が行われる
ようになったことから，生まれる子の保護のために，生殖補助医療によって
生まれた子の地位に関する統一法（Uniform Status of Children Under Assisted
Conception Act）が作成された。同法は，代理懐胎合意については，無効とす
る案と有効として裁判所の事前承認手続を定める案の2つの条文案を示し，
州の選択に委ねた。さらに，生殖補助医療によって生まれた子の親子関係に
関する規定は，2000年に新たに作成され，2002年に改訂された統一親子法
の7章に組み込まれた。代理懐胎に関する規定も8章に選択的なものとして
置かれた。代理懐胎については，養子のように，原則として親になろうとす
る者の家庭調査を要件とし，依頼者が代理懐胎によって生まれた子の親にな
るためには，代理懐胎合意の事前認証と子の出生後の親子関係確定のための
通知の2度の裁判手続を必要とする（中村恵「アメリカの新統一親子関係法」比較
法研究 64号〔2003〕112頁，織田有基子「生殖補助医療とアメリカ法の現状」国際私法
年報6号〔2004〕220頁，永水裕子「アメリカにおける生殖補助医療の規制」甲斐克則
編・生殖医療と医事法〔2014〕）。しかし，2002年統一親子法は，11州で採用さ
れたにとどまり，そのうち代理懐胎に関する8章を採用したのは，テキサス
とユタの2州にすぎなかった。11州中，デラウェア，イリノイ，メイン，
ワシントンの4州は，統一親子法8章によらずに，代理懐胎を認めていた。

　2015年には，連邦最高裁が同性婚を禁止する州法を違憲と判決した
（Obergefell v. Hodges, 135 S. Ct. 2584 (2015)）。そのため，親子関係について，同
性カップルの子と異性カップルの子とを異なって取り扱うことは，違憲とさ
れる可能性が出てきた。そこで，統一州法委員全国会議は，委員会を設けて，

〔石井〕　675

統一親子法改正の検討を始めた。課題は，同性カップルの親子関係，代理懐胎，子の出自を知る権利の3点とされた。検討の結果，統一親子法は，改正にとどまらず，改定されることになり，2017年統一親子法（Uniform Parentage Act〔2017〕）が新たに作成され，2017年7月の全国会議で承認された。同法は，7章の生殖補助医療，8章の代理懐胎に加えて，新たに9章に提供者の遺伝情報に関する規定を置き，子の出自を知る権利に対応した。8章は，2002年法同様［　］付で，選択可能としている。同法は，父と母を区別せず，親として統一的に規定する。生殖補助医療によって生まれた子の親子関係については，法律上親となる意思を表明した人が親となることを原則としている。

　同法は，生殖補助医療によって懐胎された子の親は，その子の親になる意思（intent）をもってその生殖補助医療に同意した個人とする（2017年統一親子法703条）。同意は，文書でなされるものとするけれども，文書がない場合でも，裁判所は同意を認定することができる（同法704条）。子の出生時に，生殖補助医療によってその子を出産した女性の配偶者である者は，原則として，その子の親であることを否定できない。ただし，その子の出生後2年以内に，訴訟手続を開始し，その子の出生前も後もその配偶者が生殖補助医療に同意していなかったことまたは同意を撤回したことを裁判所が認定した場合は，別である（同法705条）。生殖子の提供者は，生殖補助医療によって懐胎された子の親ではない（同法702条）。死後生殖については，死亡した者がその者の死後の生殖補助医療によって懐胎された子の親になることに文書で同意していた場合またはその者の死後の生殖補助医療によって懐胎された子の親となる意思が明確かつ説得的な証拠によって証明された場合に，その者の死から，［36］か月以前にその胚が子宮内にあり，［45］か月以前にその子が生まれたときに限り，死亡した者が死後生殖によって懐胎された子の親となる（同法708条）。

　同法は，代理母については，代理母自身の卵子を用いる遺伝的代理母（genetic surrogate）と代理母自身のではない卵子を用いる懐胎代理母（gestational surrogate）に分け，一般規定と各々の特別規定を置いた。いずれの代理母合意（surrogacy arrangement）も公証人または承認によって証明された署名付き文書でなされなければならない。代理母となる女性は，21歳以上で，少な

第1節　実　子　　　　　　　　　　　　　　　　　　生殖補助医療　**II**

くとも1人の子を出産していることが要件とされる。依頼者である，親となる意思を表明した人（intended parent）も21歳以上でなければならないけれども，カップルであることは要件とされていない。親となる意思を表明した人と代理母ともに，医師の鑑定と専門家による精神的鑑定を受けるものとし，各々別の弁護士によって代理されるものとする。2002年法と異なり，代理母合意の裁判所による事前認証は，遺伝的代理母合意についてのみ要件とされた（同法813条）。

　懐胎代理母の場合，合意に基づいて懐胎された子の出生または出産の時に，法の作用によって，親となる意思を表明した人がその子の親であるとする（同法809条）。懐胎代理母合意の当事者は，合意に基づいて懐胎された子の出生前または後に，親命令のための裁判手続を開始できる。裁判所は，親となる意思を表明した人がその子の親であると宣言し，親の権利と義務は子の出生後直ちに親となる意思を表明した人に排他的に帰属すると命じ，懐胎代理母とその配偶者はその子の親ではないと宣言するとともに，出生証明書に親となる意思を表明した人をその子の親と明示するように指示する（同法811条）。懐胎代理母合意は，強性執行できる。ただし，懐胎代理母が妊娠されられる，妊娠を中絶するもしくはしないまたは医療的措置に服するという規定の違反については，特定履行は利用できない（同法812条）。懐胎代理母合意の当事者は，胚移植の前はいつでも，他の当事者に文書で通知することによって，医療措置に対する同意を撤回し，合意を終了することができる（同法808条）。

　遺伝的代理母合意の場合，遺伝的代理母は，合意に基づいて生殖補助医療によって懐胎された子の出生後72時間までいつでも合意に対する同意を撤回できる。遺伝的代理母，懐胎代理母いずれの合意についても，詐欺の場合を除いて，代理母もその配偶者も，合意の終了に対する罰として，約定賠償を含めて，親となる意思を表明した人に対する責任を負わない（同法808条(c)・814条(c)）。遺伝的代理母合意を強行可能とするためには，裁判所の認証が必要である。認証手続は，生殖補助医療の前に開始されなければならない（同法813条）。遺伝的代理母が遺伝的代理母合意を終了する権利を行使しない限り，親となる意思を表明した人が，認証された合意に基づく生殖補助医療によって懐胎された子の親である。裁判所は，遺伝的代理母合意の認証命

〔石井〕　677

生殖補助医療　Ⅱ　　　　　　　　　　　　　　　第4編　第3章　親　子

令に基づいて，親となる意思を表明した人がその合意に基づいて懐胎された子の親であると宣言し，親の権利と義務は親となる意思を表明した人に排他的に帰属すると命ずるとともに，出生証明書に親となる意思を表明した人をその子の親として明示するよう指示する。また，必要な場合には，その子は親となる意思を表明した人または親となる意思を表明した人たちに引き渡されること等も命じる。また，遺伝的代理母（または適切な州の機関）は，合意に基づいて懐胎された子の出生後60日以内に，遺伝的代理母に子が生まれたことを裁判所に通知することができ，裁判所は，遺伝的代理母合意の認証命令に基づいて，親となる意思を表明した人がその子の親であり，その子に対して財政的に責任を負うと命ずる。しかし，遺伝的代理母が遺伝的代理母合意を撤回した場合は，その子の親は通常の親子関係法（同法1条〜6条）によって決定される（2017年統一親子法815条）。2017年統一親子法813条に基づいて認証されなかった遺伝的代理母合意は，強行できない。けれども，すべての当事者が合意した場合は，裁判所は，合意に基づく生殖補助医療が行われた後でそれによって懐胎された子の出生前に，遺伝的代理母合意を認証することができる。813条に基づいて認証されなかった遺伝的代理母合意に基づいて懐胎された子が出生し，遺伝的代理母が合意に対する同意を子の出生後72時間までに撤回しなかった場合は，遺伝的代理母は自動的にその子の親ではなく，裁判所は，親であるとの主張が競合した場合の判決に関する同法613条の諸要素および遺伝的代理母合意をしたときの当事者の意図を考慮して，子の最善の利益に基づいて，その子の親を判決しなければならないとする（同法816条）。

　同法は，死後生殖については，懐胎代理母合意，遺伝的代理母合意ともに，親となる意思を表明した人が生殖子または胚移植の前に死亡した場合は，親となる意思を表明した人は，原則として生まれた子の親ではないとする。けれども，合意で別の定めをし，かつ生殖子または胚移植が親となる意思を表明した人の死亡後36月を過ぎておらず，その子の出生が親となる意思を表明した人の死亡後45月を過ぎていないときは，親となることができる（同法810条・817条）。

　提供者の情報については，同法は，識別情報（Identifying information）と病歴（Medical history）とに分け，提供者に識別情報を開示するかどうかの選択

678　〔石井〕

第1節　実　子　　　　　　　　　　　　　　　　　　　　生殖補助医療　Ⅲ

権を与えている。識別情報とは，提供者の氏名，出生日および提供者の住
所・居所であり，病歴とは，提供者の現在の病気，過去の病気および提供者
の健康に関係する社会史と家族史をいう。免許された配偶子銀行または診療
所は，提供者の識別情報および病歴を収集して保管する（同法906条）。また，
公証人または1人以上の個人によって証明された，提供者の署名入り同一性
開示（identity disclosure）に関する宣言書を得るものとする。同宣言書は，提
供者の配偶子を用いた生殖補助医療によって懐胎された子が18歳に達した
ときに，その子の求めに応じて提供者の同一性を開示することに同意するか
否かを明らかにする文書である（同法904条）。診療所等は，子の要求に応じ
て，提供者が同一性開示に同意していない場合を除いて，提供者の識別情報
を提供するよう誠実に努めるものとする。提供者が同一性開示に同意してい
ない場合にも，識別できない病歴は提供するよう誠実に努めるものとする
（同法905条）。

　また，2017年統一親子法は，3人以上の親を認める規定を選択的に置いた。
裁判所は，2人より多い親を認めないことが子どもを害すると判断した場合
には，その子は2人より多い親をもつと判決することができる（同法613条
AlternativeB(c)）。カリフォルニア州は，同旨の規定を2017年1月から施行し，
2人しか親を認めないことが子を害すると裁判所が判断した場合には，3人
以上の親が認められる（California Family Code§7612(c)）。

Ⅲ　日本の生殖補助医療法制

1　生殖補助医療の規制

　わが国には，生殖補助医療を規制する法律も，生殖補助医療によって生ま
れた子の親子関係を特別に定める法律もない。生殖に関わる法律としては，
ヒトに関するクローン技術等の規制に関する法律が，既に生まれた人と遺伝
的に全く同じクローン人間をつくることを刑罰をもって禁止している。実務
においては，日本産科婦人科学会が，わが国最初の体外受精子が誕生した
1983年以来，問題毎に見解を示し，会告によって自主規制してきた（町野朔
ほか編・生殖医療と法〔2000〕）。生殖補助医療を実施する機関については，登録
制とし，実施の状況について報告を求め，年次報告書を出している（「生殖補

〔石井〕　　679

生殖補助医療　III

第4編　第3章　親　子

助医療実施医療機関の登録と報告に関する見解」2015年4月改定）。

　同学会は，夫婦に限って体外受精を受けることができるものとしている（「体外受精・胚移植」に関する見解」2014年6月）。当初は，婚姻した夫婦に限定していたけれども，2014年6月に見解を次のように改定し，事実婚夫婦にも体外受精の実施を認めるようになった。「被実施者は，挙児を強く希望する夫婦で，心身ともに妊娠・分娩・育児に耐え得る状態にあるものとする」（『『体外受精・胚移植／ヒト胚および卵子の凍結保存と移植に関する見解』における『婚姻』の削除について」2014年6月）。AIDについては，現在も，「被実施者は法的に婚姻している夫婦」とし，2006年の改定時には，「対象者が法律上の夫婦であることを確認するため，戸籍謄本を提出することが望ましい」という解説を付した（「提供精子を用いた人工授精に関する見解」2015年6月改定）。同見解は，精子提供者は匿名とする。

　同学会は，体外受精については，配偶者間に限ってきた。けれども，提供精子体外受精を行っている医師もおり，ある医師は，夫の実父（妻の義父）から精子提供を受ける提供精子体外受精も行っている。2016年までの20年間にそのような提供精子体外受精によって114組の夫婦から計173人の子どもが生まれているという。

　同学会は提供卵子による体外受精を認めていないけれども，生殖補助医療を行っている21の民間医療機関が創設した「日本生殖補助医療標準化機関（JISART）」は，2008年に独自のガイドラインを定め，提供卵子体外受精の実施を認めている。ガイドラインでは，被提供者については，戸籍によって法律上の夫婦であることを確認し，顔写真付きのパスポートや運転免許証などで確実な本人確認を行うことになっている。提供により生まれた子の親子関係については，「戸籍上，生まれてくる子が夫婦の子となること。ただし，民法上の法的親子関係の位置付けについては，いまだ立法上の手当てはなされていないこと」を被提供者に説明する。2017年6月末までに77件の卵子提供生殖補助医療が実施されて38人の子が出生したという実績が公表されている。さらに，2012年には，卵子バンク「卵子提供支援団体（OD-NET）」が設立され，2017年1月には，同団体を通して行われた匿名のボランティアからの卵子提供による第1号子が誕生している（日本経済新聞2017年3月23日付朝刊）。そのうえ，海外に提供卵子体外受精を求める夫婦も多く，近年は，

680　〔石井〕

第1節 実 子　　　　　　　　　　　　　　　　　　　　生殖補助医療　**III**

台湾に卵子提供を受けるケースが増えているという。2014〜2016年の3年間に少なくとも177人の日本人女性が卵子提供を受け，96人が妊娠し，110人の子どもが生まれているという（読売新聞2017年5月7日付朝刊）。逆に，海外で，卵子値供している日本人も少なくないという。

日本産科婦人科学会は，代理懐胎を認めていない（「代理懐胎に関する見解」2003年4月）。けれども，2001年には，会員医師が代理出産も行っていたことが明らかになった。同医師は，実母が娘のために娘夫婦の卵子と精子による胚を懐胎し，血縁的には自分の孫を出産する代理懐胎を勧めている。また，後述するように海外に代理懐胎を求める夫婦も多い。

2　立法提案

わが国においても，生殖補助医療を法律によって規制し，生まれる子の親子関係を明確に規定する立法の提案も，これまで幾度かなされている。まず，旧厚生省が1998年に設置した「生殖補助医療技術に関する専門委員会」は，2000年末に「精子・卵子・胚の提供等による生殖補助医療のあり方についての報告書」（以下，「専門委員会報告書」という）をまとめ，卵子・精子・胚の提供を認めるとともに，生まれた子の親子関係を定める法律の制定も含めて3年以内の法整備を求めた。同報告書を受けて，厚生科学審議会に設けられた生殖補助医療部会は，2003（平成15）年4月に「精子・卵子・胚の提供等による生殖補助医療制度の整備に関する報告書」（以下，「部会報告書」という）を出し，法務省が法制審議会に設けた生殖補助医療関連親子法制部会は，2003年7月に，以下のような内容の「精子・卵子・胚の提供等による生殖補助医療により出生した子の親子関係に関する民法の特例に関する要綱中間試案」（以下，「法務省案」という）を公表した。

・女性が自己以外の女性の卵子（その卵子に由来する胚を含む。）を用いた生殖補助医療により子を懐胎し，出産したときは，その出産した女性を子の母とする。

・妻が，夫の同意を得て，夫以外の男性の精子（その精子に由来する胚を含む。以下同じ。）を用いた生殖補助医療により子を懐胎したときは，その夫を子の父とする。

・制度枠組みの中で行われる生殖補助医療のために精子を提供した者は，その精子を用いた生殖補助医療により女性が懐胎した子を認知すること

〔石井〕　681

生殖補助医療　III

第4編　第3章　親　子

ができない。

・民法第787条の認知の訴えは、制度枠組みの中で行われる生殖補助医療のために精子を提供した者に対しては、提起することができない。

・自己の意に反してその精子が当該生殖補助医療に用いられた者についても、認知の訴えは提起することができない。

次いで、後述する代理懐胎に関する最高裁判決を受けて、法務大臣と厚生労働大臣が日本学術会議に諮問し、同会議の「生殖補助医療の在り方検討委員会」が2008年に対外報告「代理懐胎を中心とする生殖補助医療の課題」(以下、「学術会議報告書」という。同報告書については、西希代子「日本学術会議における検討」櫻田嘉章ほか・生殖補助医療と法(学術会議叢書19)〔2012〕11頁)を公表した。同報告書は、代理懐胎については、原則禁止とすることが望ましいとし、営利目的で行われる代理懐胎の場合には、施行医、斡旋者、依頼者を処罰するものとしたけれども、先天的に子宮をもたない女性および治療として子宮の摘出を受けた女性に対象を限定した、厳重な管理の下での代理懐胎の試行的実施(臨床試験)は考慮されてよいとした。そのうえで、母については分娩者とし、代理懐胎を依頼した夫婦と生まれた子については、養子縁組または特別養子縁組によって親子関係を定立するものとした。また、試行の場合も同じとし、外国に渡航して行われた場合についても、これに準ずるものとした。

いずれの提案も立法には結びつかないまま、事実が積み重ねられたため、議員立法の動きがあり、2015年6月には自民党のプロジェクトチームが生殖補助医療によって生まれた子の親子関係に関する民法の特例法案の骨子をまとめた(以下、「特例法案」という)。内容は、法務省案とほぼ同様であった。それを自民党の法務厚生合同部会が了承し、国会提出に向けて動き出すと伝えられたが、その後の動きは見られない(朝日新聞2015年6月26日付夕刊)。

3　学界の議論

生殖補助医療によって生まれた子の親子関係については、学界においても、繰り返し議論されてきた。まず、1956(昭和31)年には、私法学会において、AIDを行った慶應義塾大学の問題提起で、AIDの問題が論じられた(私法16号〔1956〕、人工授精の諸問題)けれども、親子法の問題を論ずる前に、AIDに対する拒否感が強く、議論は進まなかった。その後、体外受精が行われるよ

第 1 節 実 子   生殖補助医療　Ⅳ

うになり，外国で立法が進んだことを受け，わが国でも活発に議論されるよ
うになった。1991（平成 3）年には比較法学会の「人工生殖の比較法的検討」
（比較 53 号〔1991〕，唄＝石川編・前掲書），1998（平成 10）年の家族〈社会と法〉
学会において，シンポジウム「人工生殖と家族」（家族〈社会と法〉15 号
〔1999〕），2002（平成 14）年の私法学会でも，シンポジウム「生命科学の発展
と私法」（私法 65 号〔2003〕），2007 年のジェンダー法学会のシンポジウム「生
殖補助医療とジェンダー」（ジェンダーと法 5 号〔2007〕），2016 年の家族〈社会
と法〉学会において，シンポジウム「家族法改正」においても親子法改正の
中で取り上げた（二宮周平「家族法改正　Ⅰ親子法」戸時 750 号〔2017〕4 頁，家族
〈社会と法〉33 号〔2017〕）等である。弁護士会その他の立法提案等も多数ある
（日本弁護士連合会「生殖医療技術の利用に対する法的規制に関する提言」〔2000〕，生殖
医療と生命倫理（学術会議叢書 1）〔1999〕，総合研究開発機構＝川井健編・生命科学の発
展と法〔2001〕，「特集　生殖補助医療の規制と親子関係法」法時 79 巻 11 号〔2007〕1 頁
等）。しかし，いずれも立法につながることはなかった。

Ⅳ　生殖補助医療によって生まれた子の父子関係

1　配偶者間生殖補助医療

(1)　婚姻関係にある場合

　婚姻関係にある夫の精子による配偶者間生殖補助医療により生まれた子の
場合，血縁上の父である夫以外に父はあり得ず，父は誰かが問題になること
はないと考えられていた。ところが，夫が生殖補助医療に同意していなかっ
た場合，夫は，生まれた子の血縁上の父ではあっても，法律上は父ではない
として父子関係を否定できるかという問題が生じた。現実に，夫の精子と妻
の卵子によってつくられ，凍結保存されていた受精卵を，夫に無断で，妻が
自分の子宮に移植した場合に，血縁上の父である夫が，生まれた子との父子
関係を否定する事件が起きた。2017 年 1 月と 2 月に奈良と大阪の 2 つのケー
スが明らかになっている（毎日新聞 2017 年 1 月 4 日付朝刊，読売新聞 2017 年 2 月
21 日付朝刊）。奈良の事件においては，父子関係不存在確認とあわせて，妻に
対する損害賠償請求とともに夫の同意の確認を怠ったクリニックに対しても
損害賠償請求した。

〔石井〕　683

生殖補助医療　Ⅳ

第4編　第3章　親　子

　生殖補助医療の場合，自然生殖と異なり，本人の知らない間に自分の精子が生殖補助医療に用いられて子どもが生まれる可能性がある。上記の事件のような受精卵の無断移植ばかりではなく，そもそも，自己の精子による受精卵作成について夫の同意がなかった場合，生殖補助医療のためではなく，検査目的で採取された精子が生殖補助医療に用いられる可能性もある。そのような同意のない生殖補助医療の場合でも，血縁関係がある限り，父子関係を否定することはできないとすると，夫に酷な結果になるかもしれない。そのため，生殖補助医療によって生まれた子の場合，父子関係が認められるためには，当該生殖補助医療に夫が同意していたことを要件とすることも考えられる。少なくとも，用いられた精子が検査等のためではなく，生殖補助医療のために採取され保存されたものであることが必要であるという考えもある。しかし，夫の精子を用いた生殖補助医療に夫の同意がないときは，夫が父子関係を否定できるとした場合，生まれた子には，父はいないことになる。

　子が嫡出推定期間内に生まれている場合は嫡出否認できるかどうかが問題となる。民法は，夫にのみ嫡出否認権を認め，父子関係を夫の意思に関わらせている。けれども，それは，夫が血縁関係にない子との父子関係を否定できるようにすると同時に，血縁関係にない子をも夫の意思で夫の実子とすることを可とするもので，血縁関係にある子との父子関係を夫の意思で否定することを認めるものではないといえよう。生殖補助医療に同意していなかったという理由で，夫が血縁関係にある子を嫡出否認するのは難しそうである。次に，生殖補助医療に同意していなかったという理由で，嫡出推定を排除できるかどうかが問題となる。判例は，長期の別居等の夫の子ではあり得ない場合に限って，推定の及ばない子と認めている（→§772Ⅳ）。生殖補助医療に同意していなかったという理由だけで，嫡出推定が及ばないとすることは難しいのではないだろうか。実際には婚姻関係が破綻した後に問題となることが多い。生殖補助医療が長期の別居等の推定の及ばない子の要件に当てはまり，嫡出推定が排除されたとして，血縁関係にある子について父子関係を否定することは認められるだろうか。

(2)　事実婚関係にある場合

　前述したように，日本産科婦人科学会は事実婚カップルにも体外受精の実施を認めた（→Ⅲ1）。しかし，事実婚の場合には，血縁上の父であっても，

684　〔石井〕

第 1 節　実　子　　　　　　　　　　　　　　　　　　　　生殖補助医療　**IV**

「夫」を父とするためには，認知が必要である。通常は，「夫」が任意に認知するであろうけれども，子の出生までに事実婚関係が破綻した場合など，「夫」が任意に認知しないときは，子の側から認知の訴えを提起する必要がある。認知の訴えにおいては，「夫」との血縁関係に加えて，「夫」が生殖補助医療に同意していたことの証明も必要になるだろうか。その同意は単に生殖補助医療に対する同意にとどまらず，生まれた子の親になることの同意も含まれる必要があるだろうか。後述する死後生殖の認知の訴えにおいてではあるけれども，高松高裁は，生殖補助医療による懐胎，出生の場合は，父子関係が認められるには，当該懐胎に対する父の同意が必要であると判示している（高松高判平 16・7・16 家月 56 巻 11 号 41 頁。後掲最判平 18・9・4 の原審）。その理由としては，自然懐胎の場合，当該懐胎は，父の意思によるものと認められるが，男子が精子を保存した場合，男子の意思にかかわらず，当該精子を使用して懐胎し，出生した子全てが認知の対象となるとすると，当該精子を保存した男子としては，自分の意思が全く介在せずに，自己と法的親子関係の生じる可能性のある子が出生することを許容しなければならなくなる。このような事態は，自然懐胎の場合に比して，精子を保存した男子に予想外の重い責任を課すことになり，相当でないという。生殖補助医療によって生まれた子の場合，認知の訴えにおいて，何を証明する必要があるのか，立証責任の問題はまだ明らかではない。

(3)　**死後生殖の場合**

　夫の死後に凍結保存されていた夫の精子を用いて生殖補助医療がおこなわれた場合（死後生殖という）は，父子関係が問題となる。父母が婚姻関係にあった場合には，まず，嫡出子と認められるか否かが問題となる。夫の死後 300 日以内に生まれた場合は，夫の子であり，嫡出子と推定されるけれども，夫の死後 300 日を過ぎて生まれた場合は，嫡出推定されない。ただし，300 日以内に生まれた場合も，死後懐胎の事実が明らかになると，嫡出推定が及ぶか否かが問題となる可能性はある。嫡出子と認められない場合には，死後認知の訴えが認められるか否かが問題となる。死亡した血縁上の父を法律上の父として認められない場合，死後生殖子には法律上実父はいないことになる。けれども，たとえ死亡した夫を父とできたとしても，父死亡の時に胎児としても存在しなかった死後生殖子は，同時存在の原則によって，父の遺産を相

〔石井〕　685

生殖補助医療　IV　　　　　　　　　　　　　　　第4編　第3章　親　子

続することはできない。父の血族との親族関係が生じるだけである。親族関係が生じたとしても，代襲相続権が認められるか否かについては意見が分れる。

学説には，父子関係を否定するもの（水野紀子〔判批〕判タ1169号〔2005〕98頁，松川正毅〔判批〕判評572号（判時1861号）〔2004〕28頁，本山敦「講座家族法研究ノート(2)凍結保存精子による出生」司法書士384号〔2004〕40頁，澤田省三〔判批〕戸籍770号〔2005〕41頁，二宮周平「家族法と戸籍を考える(15)」戸時607号〔2006〕20頁等）が多いが，非嫡出子として認めるもの（新版注釈(23)416頁〔利谷信義〕，床谷文雄〔判批〕判タ1150号〔2004〕81頁等），さらに嫡出子として認めるものもある（家永登〔判批〕専法95号〔2005〕167頁等，学説については，西希代子「凍結精子による懐胎」法時87巻11号〔2015〕32頁）。死亡した夫との父子関係が認められるためには，生殖補助医療に対する一般的な同意ではなく，死後の生殖に対する同意によって生まれる子の親になる意思が明確に示されることが必要であろう。

死後生殖については，松山（松山地判平15・11・12家月56巻7号140頁〔請求棄却〕，高松高判平16・7・16家月56巻11号41頁〔認容〕，後掲最判平18・9・4〔破棄自判。請求棄却〕），東京（東京地判平17・9・29家月58巻5号104頁〔請求棄却〕，東京高判平18・2・1家月58巻8号74頁〔控訴棄却〕，最判平18・9・8判例集未登載〔上告棄却〕），大阪（大阪家判平17・4・20判例集未登載〔嫡出親子関係存在確認請求棄却，認知請求却下〕，大阪高判平17・12・15/2005WLJPCA12150015〔控訴棄却〕，最判平18・9・8判例集未登載〔上告棄却〕，村重慶一「死後生殖子の法的地位」判タ1207号〔2006〕32頁）の3件の死後認知の訴えが公表または紹介されている。

松山事件では，夫の希望により，放射線治療の前に凍結保存された精子を用いて，夫の死後に生殖補助医療で子をもうけた。嫡出子としての出生届は，受理されず，最高裁まで争ったが認められなかった。そこで，母が生まれた子を代理して死後認知の訴えを起こした。高松高裁は，以下のように判示し，父の同意を要件に加えて，認知を認めた。「人工受精の方法による懐胎の場合において，認知請求が認められるためには，認知を認めることを不相当とする特段の事情が存しない限り，子と事実上の父との間に自然血縁的な親子関係が存在することに加えて，事実上の父の当該懐胎についての同意が存することという要件を充足することが必要であり，かつ，それで十分である」。

686　　〔石井〕

第1節　実　子　　　　　　　　　　　　　　　　　　生殖補助医療　IV

　けれども，最高裁は，死後懐胎子と死亡した父との関係は，民法上の親子関係における基本的な法律関係が生ずる余地のないものであるから，「立法がない以上，死後懐胎子と死亡した父との間の法律上の親子関係の形成は認められない」と判示して，高裁判決を取り消した。死後懐胎子の父は親権者になり得る余地はなく，死後懐胎子が父から監護，養育，扶養を受けることはあり得ない，死後懐胎子は父の相続人になり得ず，父との関係で代襲相続人にもなり得ないという。そもそも死後認知の場合には，父からの監護，養育を受けることはあり得ないので，死後懐胎に特有の問題は，相続権の有無である。最高裁は，傍論ながら，死後懐胎子には，父の相続人になりえないだけではなく，父の代襲相続人にもなれないことを初めて判示した。

　死後懐胎子と死亡した父との「法律上の親子関係の形成に関する問題は，本来的には，死亡した者の保存精子を用いる人工生殖に関する生命倫理，生まれてくる子の福祉，親子関係や親族関係を形成されることになる関係者の意識，更にはこれらに関する社会一般の考え方等多角的な観点からの検討を行った上，親子関係を認めるか否か，認めるとした場合の要件や効果を定める立法によって解決されるべき問題である」とする（最判平18・9・4民集60巻7号2563頁）。

　前述したように，イギリスでは，死亡した男性が死後生殖に書面で同意していた場合には，死亡した男性を出生登録簿の父欄に記載することはできる。ただし，その他の親子関係の法的効果は認められない（石井美智子「新しい親子法」湯沢雍彦ほか編・人の法と医の倫理〔2004〕53頁，石井美智子「生殖補助医療によって生まれた子の親子関係」法論84巻2＝3合併号〔2012〕25頁）。わが国でも滝井繁男裁判官は上記最高裁判決の補足意見の中で，「子にとって戸籍の父欄が空欄のままであることの社会的不利益は決して小さくはないし，子が出自を知ることへの配慮も必要である」として，法律上の親子関係とは別に，民法の予定しない生殖補助医療によって生まれる子の置かれる状況にも配慮した戸籍法上の規定を整備することも望まれると述べている。

⑷　精子が取り違えられた場合

　配偶者間生殖補助医療を行っている過程で精子が取り違えられて，夫以外の精子によって子どもが生まれた場合，結果として提供精子による生殖補助医療であったことになる。この場合，夫は，夫の精子による生殖補助医療に

〔石井〕　687

生殖補助医療　Ⅳ　　　　　　　　　　　　　　　　　第4編　第3章　親　子

は同意していたけれども，提供精子生殖補助医療には同意していないので，
父子関係を否定できるかどうかが問題となる。生殖補助医療に同意している
ので，親子関係を否定できないという考え方もある（石井美智子「生殖補助医療
によって生まれた子の親子関係」家族〈社会と法〉33号〔2017〕）。嫡出推定期間内に
生まれている場合には，推定が及ぶと考えられる。けれども提供精子生殖補
助医療には同意していないとして，嫡出否認は認められる可能性がある。

2　非配偶者間生殖補助医療

(1)　婚姻関係にある場合

　夫以外の男性の提供精子による非配偶者間生殖補助医療によって生まれた
子の場合，父は，提供精子生殖補助医療に同意した夫か精子提供者か，誰が
父かが問題となる。血縁を重視するならば，精子提供者が父となるけれども，
父となる意思の全くない提供者を父とすることは，子の保護に欠け，適当で
はない。夫を父とするとした場合も，実子なのか養子なのか，嫡出子あるい
は非嫡出子か意見が分かれる。欧米諸国の多くは，立法によって問題を解決
し，提供精子による生殖補助医療に同意した男性を父とし，精子提供者は父
とならないものとしている。わが国においても，AID子第1号の誕生以降，
議論されてきた（小池隆一ほか編・人工授精の諸問題──その実態と法的側面〔1960〕，
岩志和一郎「AIDによって生まれてきた子の身分関係」判タ709号〔1999〕49頁，深谷
松男「人工生殖に関する家族法上の問題」家族〈社会と法〉15号〔1999〕131頁，澤田省
三「生殖補助医療（人工生殖）をめぐる親子法的課題覚書」戸籍714号5頁，715号1頁
〔2001〕，家永登「人工生殖によって生れた子と親子法──代理母・死後懐胎を契機にAID
を見直す」家永登＝上杉富之編・生殖革命と親・子──生殖技術と家族Ⅱ〔2008〕201-
239頁）。多くは，夫の同意を得て提供精子生殖補助医療が行われた場合，生
まれた子は夫の推定される嫡出子とみる。生殖補助医療に対する同意には，
単に施術に対する同意にとどまらず，生まれた子の親になる意思も含まれる
ものと考える。そのうえで，776条の嫡出承認を類推し，あるいは信義則ま
たは権利濫用の法理によって夫の否認権を否定する。それに対して，夫が不
妊であり，生まれた子が夫の子ではあり得ないので，推定の及ばない子とみ
る少数説もある。子の真実の親を知る権利を確保するためにも，推定が及ば
ないとした方がよいという意見もある。推定が及ばない子とした場合には，
子どもだけではなく，利害関係のある第三者もいつでも親子関係を否定でき

688　〔石井〕

第1節　実　子　　　　　　　　　　　　　　　　　生殖補助医療　**Ⅳ**

る可能性があるので，いかに第三者の権利を制限するかが問題となる。また，AID 子は，血縁関係がないにもかかわらず，夫の同意という意思によって，親子関係を作る点で，養子とみるものもある。しかし，特別養子の場合は家庭裁判所の審判，普通養子の場合でも養子縁組届が必要であり，養子と解釈するのは難しい。また，当事者は，実子として子をもつことを望んでおり，多くの場合，夫婦の嫡出子として出生届が出され，戸籍上は，夫が父となっている。

　前述したように，法務省案は，「妻が，夫の同意を得て，夫以外の男性の精子（その精子に由来する胚を含む。以下同じ。）を用いた生殖補助医療により子を懐胎したときは，その夫を子の父とする」との考えを示し，具体的な定め方については，「同意した夫を父とする」と直截的に規定する案と「同意した夫は嫡出否認できない」とする案があるとしている。

　日本産科婦人科学会は，前述した AID の施術を法律婚夫婦に限っている会告（提供精子を用いた人と授精に関する見解）の解説において，「夫婦の同意を確認することは，生まれてくる子どもの福祉を考える上で極めて重要である。そのため治療開始前に，本法により出生した子どもは夫婦の嫡出子と認めることを明記した同意書に，夫婦が同席の上で署名し，夫婦とも拇印を押すなど本人確認を行ったのちに治療を開始する」としている。しかし，その同意書の法的効力については明確ではない。

　AID 子の父が問題となった最初の公表判例は，平成 10 年の東京高裁決定である（東京高決平 10・9・16 家月 51 巻 3 号 165 頁）。父子関係を直接争った事件ではなく，離婚に際して父母が親権をめぐって争った事件であった。父を親権者とした原審に対して，母は，子は AID によって生まれたので「父」は親権者たり得ないと主張した。それに対して，東京高裁は，「夫の同意を得て人工授精が行われた場合には，人工授精子は嫡出推定の及ぶ嫡出子である」とし，母も「親子関係が存在しない旨の主張をすることは許されない」と判示した。けれども，同決定は，「人工授精子の親権者を定めるについては，未成年者が人工授精子であることを考慮する必要がある」，「夫と未成年者との間に自然的血縁関係がないことは否定することができない事実であり，このことが場合によっては子の福祉に何らかの影響を与えることがありうると考えられるからである」とも判示し，結論として母を親権者とした。

〔石井〕　　689

生殖補助医療　Ⅳ　　　　　　　　　　　　　　第4編　第3章　親　子

　後述するように，夫が性別変更した夫婦が提供精子生殖補助医療によって
子をもうけた事件において，最高裁は，夫婦の嫡出子としての出生届の受理
を命じた。提供精子による生殖補助医療について直截判示はしていないけれ
ども，夫が生殖不能の場合にも772条の嫡出推定が及ぶことを示し，結果と
して，最高裁は，提供精子生殖補助医療によって生まれた子について，夫の
子と推定されることを認めたことになり，提供精子生殖補助医療の場合も嫡
出推定が及ぶと判断される可能性は高いといえよう。ただし，そこには，嫡
出否認ができるかどうかの判断は示されていない。本来は，別問題である。
提供精子生殖補助医療に同意した夫は嫡出否認できない旨を明記する法律が
制定されるまでは，権利濫用法理によって制限されることになろう

　夫が提供精子生殖補助医療に同意していない場合には，夫は嫡出否認でき
るとした判決がある。不妊治療中の妻が夫に無断でAIDを行ったケースに
おいて，平成10年の大阪地裁判決（大阪地判平10・12・18家月51巻9号71頁）
は，夫はAIDには同意していなかったと判断し，夫のAID子に対する嫡出
否認の訴えを認めた。この事件では，嫡出否認が問題となったが，嫡出否認
できる期間を過ぎた後は，親子関係不存在確認訴訟によって父子関係を否定
できるかが問題となる。けれども，生殖補助医療の事件ではないが，平成
26年7月の最高裁判決（最判平26・7・17民集68巻6号547頁）は，DNA鑑定
によって血縁上の父子関係がないことが明らかな場合であっても，推定の及
ばない子とは認めず，親子関係不存在確認訴訟を認めなかった。また，性別
変更者の事件でも嫡出推定は及ぶとしており，嫡出否認できる期間を過ぎた
後に，親子関係不存在確認訴訟によって父子関係を否定することは難しそう
である。

　夫が父とならなかった場合，子どもは精子提供者に対して認知請求できる
かどうかの問題は，精子提供者との関係の項で後述する（→(5)）。

(2)　性別変更後の生殖補助医療

　平成15年に成立した「性同一性障害者の性別の取扱いの特例に関する法
律」（以下「特例法」という）に基づき，厳格な要件を充たした性同一性障害者
は，家裁の審判によって，民法その他の法令の規定の適用については，法律
に別段の定めがある場合を除いて，他の性別に変わったものとみなされる
（同法4条1項）。したがって，女性から性別変更した男性は，女性と婚姻する

690　　〔石井〕

第1節　実　子　　　　　　　　　　　　　　　　　　　　生殖補助医療　Ⅳ

ことができる。そのような夫婦が，自分たちの子どもをもつために，妻が提供精子による生殖補助医療を受け，出産するケースがある。その場合，性別変更によって女性から男性になった人が，父と認められるかが問題となった。元女性の夫に生殖能力はなく，生まれた子の遺伝上の父でないことは明らかである。そのうえ，性別変更した事実は，戸籍の身分事項欄に「平成15年法律111号3条による裁判確定日」と記載されることから，戸籍事務管掌者には明らかである。そのため，当初，法務省は，「民法第772条による嫡出推定を及ぼすことはできないので，性別の取扱いの変更の審判を受けた者の実子として法律上の父子関係があると認めることはできず，嫡出子であるとの出生届を受理することはできない」としていた。（法務省民事局民事第一課，平成23年2月18日付「『質問状──性同一性障害者夫婦への非配偶者間人工授精により生まれた子の親子関係について』に対する回答」）。そうした中，実子とすることはあきらめて特別養子縁組する者もあったが，裁判で争う者も出てきた。

　特例法により男性に性別変更したX₁は，妻X₂が婚姻中に懐胎出産した子Aを夫婦の嫡出子として出生届を提出したが，戸籍事務管掌者である新宿区長は，子Aの「父」の欄を空欄とし，妻X₂の長男と戸籍記載した。そこで，X₁は，子Aは民法772条による嫡出の推定を受けるから，Aの「父」の欄に「X₁」と記載すること等の戸籍訂正の許可を戸籍法113条に基づいて求めた。1審の東京家裁平成24年10月31日審判（金判1437号18頁）は申立てを却下し，2審の東京高裁平成24年12月26日決定（判タ1388号284頁）は抗告を棄却した。さらに，X₁は，第2子についても父子関係の確認を求める訴えを起こしたが，大阪家裁平成25年9月13日判決（LEX/DB25501809）は，請求を棄却した。

　それに対して，平成25年12月10日，最高裁（最決平25・12・10民集67巻9号1847頁）は，3対2で高裁決定を破棄し，原々審判を取り消して，筆頭者X₁の戸籍中，Aの「父」の欄に「X₁」と記載し，その出生の欄に「届出人父」と記載する旨の戸籍訂正を許可した。最高裁は，「特例法3条1項の規定に基づき男性への性別の取扱いの変更の審判を受けた者は，以後，法令の規定の適用について男性とみなされるため，民法の規定に基づき夫として婚姻することができるのみならず，婚姻中にその妻が子を懐胎したときは，同法772条の規定により，当該子は当該夫の子と推定される」と判示した。た

〔石井〕　691

生殖補助医療　IV

だし，寺田逸郎裁判官は，補足意見の中で，「子の立場に立てば親の意思に拘束されるいわれはない度合いが強いと考える余地はあろうから，法整備ができるまでの間は，民法774条の規定の想定外の関係であるとして，子に限って親子関係不存在確認請求をすることができるとする解釈もあり得なくはないように思われる」と述べている。それに対して，岡部喜代子裁判官は，反対意見の中で，「民法772条の推定は妻が夫によって懐胎する機会があることを根拠とするのであるから，その機会のないことが生物学上明らかであり，かつ，その事情が法令上明らかにされている者については推定の及ぶ根拠は存在しない」と述べた。ただし，「なお，本反対意見は，非配偶者間人工授精によって生まれた子……などにおける嫡出推定の可否については何ら触れるものではないこと」を付言している。また，大谷剛彦裁判官は反対意見において，「性別取扱いの変更を受けた夫の妻が夫以外の精子提供型の生殖補助医療により懐胎，出産した子について，法律上の父子関係を裁判上認めることは，現在の民法の上記解釈枠組みを一歩踏み出すことになり」，「本来的には立法により解決されるべき生殖補助医療による子とその父の法律上の親子関係の形成の問題に，その手当や制度整備もないまま踏み込むことになる」，「民法772条をめぐるさらなる議論と，また生殖補助医療についての法整備の進展に期待したい」と述べた。

　その後，法務省は，性別変更した男性を父とする出生届の受理を認めるとともに，すでに妻の非嫡出子として戸籍記載した子についても嫡出子に戸籍訂正することととし，父と特別養子縁組している場合には特別養子縁組事項を消除するものとした（平成26年1月27日付民一第77号民事局長通達，武見敬太郎ほか「性同一性障害により性別の取扱いの変更の審判を受けた夫と妻との婚姻中に出生した子に関する戸籍事務の取扱いについて（平成26年1月27日付け法務省民一第77号民事局長通達）の解説」戸時713号〔2014〕2頁）。

(3)　事実婚の場合

　事実婚夫婦が提供精子生殖補助医療によって子どもをもうけた場合，「夫」は認知して戸籍上父となることはできる。けれども，子どもの側のみならず，認知した「父」自身も，民法768条によって，その認知の無効を請求できる可能性がある。AIDの場合の事件ではないけれども，平成26年1月の最高裁判決（最判平26・1・14民集68巻1号1頁）は，血縁上の父子関係がないこと

第1節 実 子 　　　　　　　　　　　　　生殖補助医療　**Ⅳ**

を知りながら認知した父も，利害関係人として認知の無効を主張できるとした。ただし，権利濫用法理によって請求が認められない可能性はある。逆に，事実婚の「夫」の同意によって提供精子生殖補助医療を実施した後，事実婚を解消したために「夫」が任意に認知しない場合に，子どもの側から，提供精子生殖補助医療に対する同意を根拠に「夫」に対して，認知請求することができる否かは問題となる。生殖補助医療に対する同意には親となる意思が含まれており，親となる意思を表明した者は親としての責任を負うべきであるという考えもある。けれども，現行法は，認知は，血縁関係にある父を法律上の父とする手続と解されており，現行法の解釈としては，提供精子生殖補助医療に同意したことを根拠に認知請求が認められるかは，疑問である。

(4) 同性カップルの場合

　わが国では，同性婚は認められていない。登録パートナー制度は，一部の自治体が導入し始めているけれども，法的効果は認められていない。したがって，同性カップルの場合も，法律上は，シングルの女性または男性が生殖補助医療によって子をもうけたということになる。また，わが国の民法は，父と母を区別しており，同性カップルが両親となることは想定していない。

　男性同士のカップルの場合は，わが国では認められていないが，後述する代理懐胎によって子をもうけることになる。精子が用いられた1人は，血縁上の父であり，認知によって法律上の親子関係をつくり，実父となることができる。血縁上の父でないパートナーが親となるためには，普通養子縁組をすることになる。普通養子縁組の場合，実親子関係は切断されないので，血縁上の父でないパートナーも血縁上の父もともに親となることができる。けれども，子の氏は，血縁上の氏から養親である血縁上の父でないパートナーの氏に変更される。また，親権についても同様である。同性カップルが法律上両親として子育てすることは難しい。

　女性同士のカップルの場合は，精子の提供を受けて，カップルの1人が懐胎することになる。精子提供者が父となるかどうかについては，次の(5)で，また母子関係については，次のⅤで論じる。

　前述したドイツの事例のように，外国で両親と認められた同性カップルが日本でも両親と認められるかどうかが問題になる可能性はある。

〔石井〕　693

生殖補助医療　Ⅳ　　　　　　　　　　　　　　第4編　第3章　親　子

(5)　精子提供者は父となるか

　前述したように，夫が提供精子生殖補助医療に同意していなかったために
父とならなかった場合，女性同士の同性カップルが提供精子生殖補助医療に
よって子をもうけた場合，シングル女性が提供精子生殖補助医療によって子
をもうけた場合などには，精子提供者が父となり得るかが問題となる。また，
精子提供者が父とならないという約束で精子を提供した場合，その合意に法
的拘束力が認められるかどうかも問題となる。それらの場合，精子提供者が
父とならないとすれば，その子には法律上父がいないことになる。

　生殖補助医療によって生まれた子の親子関係について立法した国の多くは，
精子提供者は原則として父とならないと定めている。わが国の法務省案も，
制度枠組みの中で行われる生殖補助医療のために精子を提供した者について
は，認知することも認知の訴えを提起することもできないものとする。逆に，
制度の枠外で，精子提供が行われた場合には，精子提供者は任意に認知し，
生まれた子どもは認知の訴えを提起することができることになる。

　これまで，精子提供者は，匿名とされており，認知請求することは現実に
は難しく，知り合いから精子提供を受けた場合に問題となる。多くの場合，
父とならない約束で，精子を提供しており，突然，認知請求されて父として
の義務の履行を求められたり，認知されて平穏な家庭に介入されたりするこ
とには問題がある。また，精子提供者に対する認知請求を認めた場合には，
提供者が減少するという批判もある。けれども，現在は，何の法律もないの
で，現行法の解釈による。民法は，子が未成年の場合には子の承諾も母の承
諾も認知の要件としていないので，精子提供者は，届出するだけで自分の精
子によって生まれた子を自由に認知することができる。それに対して，子の
側で，精子提供者であることを理由にまたは親とならない約束を理由に，血
縁関係にある精子提供者の認知を無効とすることは難しいであろう。また，
父にはならないという約束があったとしても，精子提供者が子どもからの認
知請求を拒否することも難しそうである。自然生殖の場合ではあるけれども，
最高裁は，認知請求権の放棄は認められないとしている（最判平18・9・4民集
60巻7号2563頁）。精子提供者が父にならないことを約束した母に対して損害
賠償請求できるかどうかは，別の問題である。アメリカでは，知り合いから
精子提供を受け，医師によらず，DIYで人工授精した場合に，精子提供者

694　〔石井〕

第1節　実　子　　　　　　　　　　　　　　　　　生殖補助医療　Ⅴ

が父と主張した訴えが認められたケースがある（C. M. v. C. C., 377A. 2d 829 (1977)）。

Ⅴ　生殖補助医療によって生まれた子の母子関係

　わが国の民法には，嫡出子の母に関する規定はない。非嫡出子については，779条は母の認知を規定しているにもかかわらず，最高裁は，「母とその非嫡出子との間の親子関係は，原則として，母の認知を俟たず，分娩の事実により当然発生する」とした（最判昭37・4・27民集16巻7号1247頁）。出産した女性以外に実母はあり得なかったからである。ところが，体外受精によって，女性が遺伝的につながらない子を出産するという従来考えられないことが可能になって，誰が母かが問題となってしまった。母は，10か月近く懐胎し続けて出産した女性か，血縁上の母か。従来の分娩した人を母とする分娩者＝母ルールは，血縁上の母を法律上の母とするものでもあった。分娩者と血縁上の母が分かれた場合も，分娩者を母とするかが問題となる。分娩を母の基準とすることは，客観的な事実で，誰の目にも明らかであるとともに，子が生まれた時に母が定まるので子の福祉にかなうというよさがある。法務省案も，代理懐胎が禁止されることを前提としていることもあり，「女性が自己以外の女性の卵子（その卵子に由来する胚を含む。）を用いた生殖補助医療により子を懐胎し，出産したときは，その出産した女性を子の母とする」ものとしている。

1　提供卵子体外受精

　提供卵子体外受精によって生まれた子の場合，母は，10か月近く懐胎し続けて出産した女性か，遺伝的につながった卵子提供者かが問題となる。さらに，前述したように，ミトコンドリア提供が行われるようになると，遺伝上の母も核の遺伝子の母とミトコンドリアの遺伝子の母がいることになる。けれども，提供卵子体外受精の場合は，出産する女性が母として子育てすることを望んでいるので，従来通り，分娩した女性が母であるとしても問題は生じにくい。実際，出産した女性を母として出生届が出され，そのまま受理され，戸籍に記載されており，提供卵子体外受精の場合に母を巡って争われた事件は明らかになっていない。けれども，卵子提供者が，後に不妊になっ

〔石井〕　695

生殖補助医療　V   第4編　第3章　親　子

た等により，自分の血縁上の子の取戻しを欲することはあり得る。

　前述したように，わが国の場合，同性婚は認められていない。けれども，海外では，女性同士のカップルの場合，1人の卵子と提供精子を受精させてできた胚を他方の女性に移植して，懐胎・出産する例もある。この場合も，提供卵子生殖補助医療と同じ形になる。卵子提供者と懐胎・分娩者が事実上2人の母，両親として子育てすることになる。現在のところ法律婚は認められず法律上は分娩した女性が母となり，血縁上の母は養子縁組によらなければ母となることはできない。カップル継続中は問題は表面化しないけれども，カップルの破綻後に2人の「母」が子をめぐって争う事態が生じる可能性はある。女性同士のカップルが海外で生殖補助医療によって子をもつことは考えられる。

2　代 理 懐 胎

　代理懐胎には，大きく分けて，人工授精による代理母と体外受精によるものがある（前掲表参照）。分娩する人の卵子による代理母のケースでは，分娩した人が血縁上の母である。そのため，前述したように，アメリカでは，ベビーM事件という有名な子の引渡し拒否事件が起きた。その後，分娩する代理懐胎者の卵子を用いない代理懐胎が広く行われるようになったけれども，前述のように，遺伝的につながらない子の引渡しを拒否したジョンソン事件が起きている。代理出産のケースでは，依頼者である血縁上の母と分娩した代理懐胎女性のどちらが母であるかが問題となる。さらに，提供卵子代理懐胎のケースでは，子どもを養育する意思をもった依頼女性と血縁上の母である卵子提供者と分娩した代理懐胎女性のいずれが母であるかが問題となる。代理懐胎を認めている国では，依頼した人が親となることができる特別な手続を定めていることが多い。前述したように，イギリスでは，出産した女性を母としたうえで，依頼したカップルが親となることができる親決定手続を定めている。

　わが国には，代理懐胎を禁止する法律はない。けれども，日本産科婦人科学会は，代理懐胎を認めていない（代理懐胎に関する見解）。しかし，会告に反して代理懐胎のための生殖補助医療を行う医師もいる。また，海外に出かけて，代理懐胎で子をもうける人も少なくない。近年では中でもアジアの代理懐胎が禁止されていない国に行くケースが目立つ。代理出産の場合には，出

696　　〔石井〕

第1節 実 子　　　　　　　　　　　　　　　　　　　生殖補助医療　Ⅴ

産した女性ではなく，遺伝的につながった女性が母として子育てすることを
望んでいるにもかかわらず，従来の分娩者＝母ルールによれば，分娩しない
限り，法律上は母とは認められない。国内で代理懐胎が行われた場合には，
分娩者を母とする出生届が出されているようであるけれども，海外に行って
代理懐胎で子をもうけたケースでは，多くの場合，依頼した女性を母とする
出生届が出されているようである。そうした代理懐胎によってもうけた子を
自分たちの嫡出子として届け出た出生届が受理されず，最高裁まで争われた
事件が2件公表されている。

(1) 提供卵子代理懐胎

　わが国最初の代理懐胎に関する訴訟事件は，カリフォルニア州で提供卵子
を用いた代理懐胎により子をもうけたケースであった。提供卵子代理懐胎の
場合は，依頼者夫婦の妻は，分娩者でないばかりか血縁上の母でもない。そ
うしたケースでも，依頼者夫婦を父母とする外国の出生証明書を得て，自分
たちの嫡出子として出生届することは可能である。しかし，当該の事件では，
依頼者夫婦の妻が55歳であったために，代理懐胎が発覚して出生届が受理
されなかった。当時は，虚偽の出生届を防止するために，50歳以上の女性
を母とする出生届については，通達（昭36・9・5民甲2008号通達）によって，
市町村長は，その受否につき，管轄法務局，地方法務局またはその支局の長
の指示を求めたうえで処理する取扱いになっていた（その後，高齢出産が増えた
ことから，平成26年7月3日民一737号民事局長通達によって，母が50歳に達した後に
出生した子として届けられた出生届についても，その子が出生した施設が医療法1条の5
第1項に規定する病院であることが出生届に添付されている出生証明書によって確認する
ことができるときは，管轄法務局長等に照会をすることなく，受理して差し支えないもの
とされた）。夫婦は，出生届の不受理処分の取消しを求めたが，神戸家裁明石
支部は申立てを却下し（神戸家明石支審平16・8・12〔平16家119〕），大阪高裁は，
準拠法を日本法としたうえで，母子関係の有無は分娩の事実により決すると
して，抗告を棄却した（大阪高決平17・5・20判時1919号107頁）。最高裁も，平
成17年11月24日に特別抗告を棄却した（判例集未登載）。

(2) 代 理 出 産

　わが国で最も有名な代理懐胎の事件は，アメリカネバダ州で代理出産によ
って子をもうけたケースである。代理出産では，妻の卵子と夫の精子を受精

〔石井〕　697

生殖補助医療　Ⅴ　　　　　　　　　　　　　　　第4編　第3章　親　子

させてできた胚を代理懐胎者に移植して出産してもらう。代理出産の場合，依頼者夫婦は，遺伝上の父母であるとともに生まれた子を親として養育することを望んでいる。それに対して，代理懐胎者は，10か月近くの間懐胎し，分娩するけれども，出産後子を養育する意思はない。ネバダ州は，裁判所の事前承認なしに，一定の要件を満たす代理懐胎契約を認め，契約における依頼者夫婦（親となろうとする者）は法律上あらゆる点において実親（natural parent）とされる（ネバダ州修正法126.045条）。依頼者夫婦は，法律上婚姻した夫婦でなければならず，代理懐胎は，依頼者夫婦の精子と卵子を用いる生殖補助医療によるものとされている。そして代理懐胎契約には，(a)親子関係に関する規定，(b)事情が変更した場合の子どもの監護権の帰属に関する規定，(c)当事者それぞれの責任と義務に関する規定が含まれていなければならない。ただし，契約書に明記されている子どもの出産に関連した医療費および生活費以外に金銭あるいは価値あるものを代理母に支払うことまたは申し出ることは違法とされている。当該事件では，がんで子宮を摘出した女性が夫の精子と自分の卵子を体外受精してできた胚を米国女性に移植して双子をもうけた。ネバダ州裁判所の判決に基づいて，依頼者夫婦を父母とする出生証明書を得ていた。けれども，依頼者夫婦が，代理出産を公表していたために，依頼者夫婦を父母とする出生届が受理されなかった。東京高裁は，同夫妻を父母と認めるネバダ州地裁判決は，民事訴訟法118条の適用ないし類推適用により効力を有するとし，出生届の受理を命じた（東京高決平18・9・29判時1957号20頁）。「自然懐胎以外の方法による懐胎及び子の出生が想定されていなかったことをもって，人為的な操作による懐胎又は出生のすべてが，わが国の法秩序の中に受け容れられないとする理由にはならない……民法上，代理出産契約があるからといってその契約に基づき親子関係を確定することはないとしても，外国でなされた他の人為的な操作による懐胎又は出生について，外国の裁判所がした親子関係確定の裁判については，厳格な要件を踏まえた上であれば十分受け容れる余地はある」。「代理母を認めることが本件子らの福祉を害するおそれはなく，むしろ，本件子らの福祉にとっては，わが国において抗告人ら〔依頼者夫婦，筆者注〕を法律的な親と認めることを優先すべき状況となっており，抗告人らに養育されることがもっともその福祉に適う」，また，「現在，わが国では代理母契約について，明らかにこれを禁止す

698　　〔石井〕

第1節　実　子　　　　　　　　　　　　　　　　　　生殖補助医療　**V**

る規定は存しないし，わが国では代理懐胎を否定するだけの社会通念が確立
されているとまではいえない」という。

　しかし，最高裁は，高裁決定を破棄し，依頼者夫婦を父母とする出生届の
受理を認めなかった（最決平19・3・23民集61巻2号619頁）。日本民法は，「出
産という事実により当然に法的な母子関係が成立するものとしている」とし，
「子を懐胎し出産した女性とその子に係る卵子を提供した女性とが異なる場
合についても，」「現行民法の解釈としては，出生した子を懐胎し出産した女
性をその子の母と解さざるを得ず，その子を懐胎，出産していない女性との
間には，その女性が卵子を提供した場合であっても，母子関係の成立を認め
ることはできない」とした。そのうえで，ネバダ州地裁判決は，「我が国に
おける身分法秩序を定めた民法が実親子関係の成立を認めていない者の間に
その成立を認める内容のものであって，現在の我が国の身分法秩序の基本原
則ないし基本理念と相いれないものといわざるを得ず，民訴法118条3号に
いう公の秩序に反することになるので，我が国においてその効力を有しな
い」という。

　同時に，最高裁は，「代理出産については法制度としてどう取り扱うかが
改めて検討されるべき状況にある。この問題に関しては，医学的な観点から
の問題，関係者間に生ずることが予想される問題，生まれてくる子の福祉な
どの諸問題につき，遺伝的なつながりのある子を持ちたいとする真しな希望
及び他の女性に出産を依頼することについての社会一般の倫理的感情を踏ま
えて，医療法制，親子法制の両面にわたる検討が必要になると考えられ，立
法による速やかな対応が強く望まれる」と付言した。しかし，前述したよう
に，それを受けて，学術会議が提言をまとめたけれども，立法は進んでいな
い。

　古田・津野・今井裁判官は，補足意見の中で，「本件子らと相手方らとの
間に特別養子縁組を成立させる余地は十分にある」と述べた。その後，代理
出産の事例で，依頼者夫婦による特別養子縁組が認められている（神戸家姫
路支審平20・12・26家月61巻10号72頁），この事件は，国内で，実母が娘のた
めに娘夫婦の卵子と精子による胚を懐胎し，血縁的には自分の孫を出産した
ケースである。最高裁判決のケースでも，依頼者夫婦と子どもたちの間で，
特別養子縁組が認められたそうである。

〔石井〕　699

生殖補助医療　VI　　　　　　　　　　　　　　　　　第4編　第3章　親　子

　最高裁は，分娩者＝母ルールを明確にした。したがって，生殖補助医療の過程で卵子または胚がとり違えられ，意思に反して，自分の卵子によらない，遺伝的につながらない子を懐胎し，出産した場合でも，分娩した女性が母となる。現行民法には，母子関係の否認制度はない。胚が取り違えられた場合に，夫は嫡出否認できるとすれば，不平等な取扱いとなる。

VI　出自を知る権利

　児童の権利に関する条約の7条は「児童は，……できる限りその父母を知……る権利を有する」と定めている。提供精子や提供卵子を用いた生殖補助医療等によって生まれた子の場合，法律上の親が血縁上の親とは異なることがある。子の福祉のためには，法律上の親が明確に定まるだけでは十分ではない。子のアイデンティティ確立のためには，生物学的・血縁上の親について知ることができるように，出自を知る権利が保障される必要がある（二宮周平「子の出自を知る権利」櫻田嘉章ほか・生殖補助医療と法（学術会議叢書19）〔2012〕211頁，才村眞理・生殖補助医療で生まれた子どもの出自を知る権利〔2008〕，トビアス・ヘルムス（野沢紀雅＝遠藤隆幸訳）・生物学出自と親子法〔2002〕）。当初はどこの国でも，提供者は匿名とされていた。けれども，AIDで生まれた子どもたちが，血縁上の父である精子提供者について知りたいという声を挙げ始め，世界的なネットワークもつくられるようになった。わが国でも少しずつ運動が広がりを見せている（非配偶者間人工授精で生まれた人の自助グループ＝長沖暁子・AIDで生まれるということ――精子提供で生まれた子どもたちの声〔2014〕）。米国の精子バンクでは，精子提供者を明らかにした精子提供も行われている。出自を知る権利については，1984年にスウェーデンがいち早く人工授精子に保障した。フランスのように，匿名原則を堅持して，子の出自を知る権利を認めない国もあるけれども，イギリスをはじめとしてニュージーランド等の英連邦諸国のように提供者の個人を特定できる情報の開示を認める国が増えている（林かおり「海外における生殖補助医療法の現状」外国の立法243号〔2010〕99頁，日比野由利ほか・厚労省平成26年度児童福祉問題調査研究事業「諸外国の生殖補助医療における出自を知る権利の取扱に関する研究」報告書〔2015〕）。オーストラリアのヴィクトリア州は，早くに出自を知る権利を保障すると同時に，提供者

700　〔石井〕

第1節 実 子　　　　　　　　　　　　　　　　　生殖補助医療　VII

が生まれた子の情報を得ることも認めている（Assisted Reproductive Treatment Act 2008 S. 56(1)(d)，南貴子・人工授精におけるドナーの匿名廃止と家族〔2010〕）。わが国では，提供者は匿名とされ，子の出自を知る権利は保障されていない。かつては，提供者についての記録保存も確保されていなかった。AID によって生まれた子が施術した病院に提供者の情報の開示を求めたけれども，カルテの不存在を理由に断られたと報道されている。現在では，日本産科婦人科学会は，精子提供者の記録を保存するものとするけれども，精子提供者のプライバシー保護のため精子提供者は匿名とする（「非配偶者間人工授精に関する見解」）。それに対して，独自のガイドラインによって，提供卵子体外受精を認めている JISART は，出自を知る権利を認め，非配偶者間体外受精により生まれた子であって 15 歳以上の者は，精子または卵子の提供者に関する情報のうち，開示を受けたい情報について氏名，住所等提供者を特定できる内容を含めて，その開示を実施医療施設に対して請求することができるものとしている（「精子・卵子の提供による非配偶者間体外受精に関する JISART ガイドライン」）。前述の厚労省の部会報告書は，提供精子・卵子・胚による生殖補助医療により生まれた子または生まれたかもしれないと考えている者は，15 歳に達すると，精子・卵子・胚の提供者に関して氏名，住所等，提供者を特定できる内容を含めて開示請求できるものとし，そのための記録の長期保管と公的管理機関の設置を提言した。しかし，立法はされていない。また，知らされない権利をいう者もある（水野紀子「人工生殖子の家族法上の身分」産婦人科の世界 2000 春季増刊号〔2000〕180 頁）。まだ，子の出自を知る権利が確立されているとは言えない（小池泰「AID における子の出自を知る権利」法時 87 巻 11 号〔2015〕40 頁）。けれども，生まれる子の福祉を第一に考えるべき生殖補助医療においては，重要な課題である。

VII　国際的規制

　生殖補助医療の法規制は，国によって様々である。そのため，国内で禁止された生殖補助医療を求めて海外に出かけるものも多く，生殖ツーリズムが盛んである。前述の代理懐胎の判例の事件のように，当初はアメリカに出かける者が多かったけれども，近くて，費用が安いアジア諸国に出かける例が

〔石井〕　701

生殖補助医療　VII

第4編　第3章　親　子

増えている（日比野由利編著・グローバル化時代における生殖技術と家族形成〔2013〕，日比野由利・ルポ生殖ビジネス〔2015〕）。日本人男性がインドで代理懐胎により子をもうけたが，日本に連れ帰ることができず問題になったケースが報道された（伊藤弘子「インドにおける生殖補助医療規制をめぐる近年の動向(1)～(4)」戸時680号16頁，681号12頁，683号12頁，686号14頁〔2012〕）。インドで外国人のための代理出産が原則禁止されるとタイに出かける者が増えた。タイでは，日本人男性が代理懐胎によって十数人の子をもうけた事件が明らかになるなど予想外の事件も起きている。

　生殖補助医療によって生まれた子の親子関係についても国によって異なる。前述したように，わが国だけではなく，代理懐胎が禁止されている国で，国外で代理懐胎によってもうけた子の親子関係を認めるかどうかという問題が起き，欧州人権裁判所の判決も出ている。生殖補助医療においては，生まれる子の福祉を優先されなければならない。法の狭間に落ちて，生殖補助医療によって生まれた子が親のない状態に置かれるようなことがあってはならない。そのために，国際的な動きも見られる。ハーグ国際私法会議では，専門家グループのプロジェクトが調査，検討を進めている（the Experts' Group on the Parentage / Surrogacy Project，早川眞一郎「国際的な生殖補助医療と法」曹時67巻11号〔2015〕3159頁）。

　生殖補助医療技術は，急速に進展している。ミトコンドリア提供による子どもは，2016年にアメリカの医療者によってメキシコで生まれている。受精卵のゲノム編集も中国で行われており，わが国でも基礎研究は認める方向にある（生命倫理専門調査会「ヒト受精胚へのゲノム編集技術を用いる研究について（中間まとめ）」〔2016〕）。生まれる子の福祉のためにも生殖補助医療が安全に行われることを確保する必要があり，規制についても世界的な標準化が求められるところである。難しい課題ではあるけれども，生殖補助医療は，その結果，人が生まれることを頭に置き，生まれる子の福祉を第一に考えて，国際的ルール作りも進めていく必要がある。

　そのためには，わが国は，まず国内法を整備しなければならない。家族の役割の変化，家族の多様化を踏まえた立法が求められている。

〔石井美智子〕

第1節　実　子　　　　　　　　　　　　　　　　　　　§*790*　I

（子の氏）

第790条①　嫡出である子は，父母の氏を称する。ただし，子の出生
前に父母が離婚したときは，離婚の際における父母の氏を称する。

②　嫡出でない子は，母の氏を称する。

〔対照〕　ド民1616〜1617a

細　目　次

I　本条の趣旨 ……………703	V　父母が不明な子の氏 ……………713
(1)　沿　革 ……………703	VI　外国法における子の氏 ……………714
(2)　親子同氏の原則 ……………704	(1)　韓　国 ……………714
(3)　夫婦別氏制と子の氏 ……………705	(2)　中　国 ……………715
II　嫡出子の氏 ……………706	(3)　台　湾 ……………715
(1)　生来嫡出子の氏 ……………706	(4)　コモン・ロー諸国 ……………716
(2)　準正嫡出子の氏 ……………708	(5)　ドイツ ……………716
(3)　養子の氏 ……………709	(6)　オーストリア ……………717
III　嫡出でない子の氏 ……………710	(7)　スイス ……………717
(1)　原　則 ……………710	(8)　フランス ……………717
(2)　父の氏への変更 ……………711	(9)　イタリア ……………718
(3)　夫の嫡出子でないとされた子の場	(10)　オランダ ……………718
合 ……………711	(11)　スウェーデン ……………718
IV　父母の一方が外国人である場合 ……………712	(12)　スペイン ……………719
(1)　父母が婚姻している場合 ……………712	(13)　ポルトガル ……………719
(2)　父母が婚姻していない場合 ……………713	(14)　ブラジル ……………719

I　本条の趣旨

(1)　沿　革

　人は原則として出生の時より固有の氏名を取得し，その氏名をもってその
同一性を保持し戸籍等の公簿に登録され，その存在を社会に明らかにすべき
ものとされている（氏名による人の同定ないし識別特定機能）。明治民法では人を
特定の「家」に帰属させ，それを戸籍に反映させるという考え方に基づき，
「子ハ父ノ家ニ入ル」（民旧733条1項），「父ノ知レサル子ハ母ノ家ニ入ル」
（同条2項），「父母共ニ知レサル子ハ一家ヲ創立ス」（同条3項）と規定し，「戸
主及ヒ家族ハ其家ノ氏ヲ称ス」（民旧746条）ものとされたので，生まれた子
は，父（嫡出子の場合。母も同氏）または母（嫡出でない子〔明治民法では私生子〕
の場合）の属する家の戸籍に入籍し，父または母の家の一員として，その家

〔床谷〕　703

§ *790* I　　　　　　　　　　　　　　　　　　第4編　第3章　親　子

の氏を称することになり，間接的に父または母と同氏の関係にあった（親子
同籍同氏）。

　家制度を廃止した改正民法は本条を新設して，子は直接に父母（双方また
はその一方）の氏を称することを明定した（制定経過については，新版注民(23)591
頁以下〔梶村太市〕）。明治民法733条1項の規定は本条1項本文（嫡出子の氏）
に，明治民法733条2項の規定は本条2項（嫡出でない子の氏）に実質的な内
容は引き継がれ，同一の氏を称する夫婦および子を基準とする戸籍編製原理
（戸6条）と連動して，子は，明治民法の「家」ではなく，氏を基準として父
母または母の戸籍に入るという形で，親子同氏同籍の観念を残した。

　また，明治民法では，父が子の出生前に離婚（または離縁）によってその家
を去ったときは明治民法733条1項の規定は懐胎の始めに遡って適用する旨
を定めていたが（民旧734条1項），本条1項ただし書は，この内容を実質的
に受け継いでいる。

(2)　親子同氏の原則

　氏の取得につき多くの国に共通することは，子は，出生時において親の氏
（法制によっては親の称する氏〔複合氏の場合〕の一部）を取得するという親子同氏
の原則である。子が父母の双方または一方と氏を同じくすることは，出生時
は親と子が共同で生活するのが通常であることから，共同生活の便宜にも適
い，共通呼称による一体感・安心感の醸成が見込まれ，これは国民感情，社
会慣習にも合致するものである。

　本条は，子が嫡出子であるか嫡出でない子であるかにより，子の氏の規律
を異にする。現行法上，婚姻している父母は常に同氏で（750条），嫡出子は
その父母の氏を称し（本条1項），父母および子がすべて同氏となる。ただし，
嫡出子でも，出生時に父母が離婚しているときは父母の氏が異なることから，
離婚の際における父母の氏を称するものとしている。これに対して，父母が
婚姻していないときは，子は，母の氏を称するものとする（本条2項）。これ
は胎児認知がされている場合でも同じであり，父の氏に変更するためには家
庭裁判所の許可を得なければならない（791条）。

　子が称する氏は，民法上における父または母が称すべき氏であり，戸籍上
に父母が記載されていない場合でも同じである（無戸籍児あるいは無戸籍児の
子）。もっとも，子は，必ずしも，父または母自身の「民法上の氏」を呼称

704　〔床谷〕

第1節　実　子　　　　　　　　　　　　　　　　　　　§*790* I

とするわけではない。例えば，母が離婚後に婚氏を続称しているときは
（767条2項，戸77条の2），その続称（戸籍実務上，「民法上の氏」との対照で「呼称
上の氏」と呼ばれる）が子の称する氏となる。また，母が外国人配偶者の氏を
称している場合，子は，母の称している外国人配偶者の氏を称する。母が，
家庭裁判所の許可を得て（戸107条1項），外国人配偶者の氏と自己の氏を結
合させた氏（例えばハロルド甲野）を称している場合は，子は，その結合氏を
称することになる（→IV(1)）。

(3)　夫婦別氏制と子の氏

1996（平成8）年民法改正要綱が採用するなど立法論として有力に主張さ
れている選択的夫婦別氏制（→§750 III）を認める法改正が実現した場合には，
別氏を選択した夫婦の子の氏は，父または母のいずれかの氏となるものと考
えられる。同改正要綱では，別氏を選択する夫婦は，婚姻の際に，あらかじ
め夫婦の子（養子を含む）が称すべき氏を定めておき，この定めを第二子以降
にも適用すべきものとしている。これは出生時における兄弟姉妹の氏（呼称）
の同一性を担保するためである。出生の際に，子の氏を定める方式を採る場
合は，子の氏につき父母が合意することができない場合の受け皿となる規定
を置く必要がある。

諸外国では，夫婦が異なる氏を称することが広く認められているから（→
§750 IV），夫婦の間に生まれた子も，父の氏と母の氏（あるいはその一部）から
選択することに加えて，父母の氏を結合させること（結合氏）も認める立法
例が少なくない（→VI）。しかし，日本でも外国人との婚姻の場合に結合氏を
称する例が見られるものの（外国人の姓の部分はカタカナ表記），ハイフンや他の
接続語（記号）を用いて複数の氏を結合することに支障がない言語の外国の
氏と異なり，日本人の氏（通常は漢字一文字以上）を結合するかたちは，合併
会社の名称に例はあっても個人名としてはなじみがなく，結合前の氏を容易
に判別することができない場合も考えられ，結合氏の趣旨を実現することが
困難であると思われる。父と母の氏からそれぞれ一字を取って組み合わせる，
あるいは全く新しい氏を付けるなど，父母とは異なる氏を子が称することを
認めてもよいという意見も見られるが，親と子の氏を同一にすることに重要
な意義を認める考えが強いことから，このような父母双方と氏が異なる子の
氏とする方式は，わが国では認められ難いであろう。

〔床谷〕　705

§*790* Ⅱ   第4編　第3章　親　子

Ⅱ　嫡出子の氏

(1)　生来嫡出子の氏

(ア)　婚姻中の出生子　　父母が婚姻中に出生した子（嫡出子）は，出生時における父母の氏を称する（本条1項本文）。父母の氏を称することは出生による嫡出親子関係成立の法的効果であり，父母が同氏であることから子の氏は当然に定まる。父母の氏を称する子は，父母の戸籍に入籍される（戸18条1項）。これが夫婦・親子同氏同一戸籍の原則である（戸6条）。

(イ)　父母離婚後の出生子　　父母の離婚後（772条の定める嫡出推定の及ぶ期間内）に出生した子は，離婚の際における父母の氏を称し（本条1項ただし書），離婚の際における父母の戸籍に入る（昭23・8・9民甲2076号民事局長回答）。嫡出子であることを表象するために，いったんは父母の婚姻戸籍に入るという意味合いを持つが，戸籍編製の原則を貫徹させるためでもある。婚姻の際に夫の氏を称するものと定める夫婦が大半（最近の数値では96％程度）の現状では，離婚により母が除かれた後の父の戸籍に入ることになる。これは，母が離婚後に婚氏続称（767条2項）をしていた場合でも，同様である。

　離婚後に出生した子については，原則として母が親権者であり（819条3項），実際の監護も母が行う場合が多いことからすれば，母と子が戸籍を別にすることは不便なことが多いと思われる。離婚後も婚氏を続称する妻（母）が少なくないのは，妻が親権を行使する未成年の子との共同生活の便宜のためであることからすれば，呼称が同じでも，民法上の氏が異なるので別戸籍という戸籍実務の取扱いは，一般人には理解しにくいものである。現行の取扱いでは，子が離婚後の母の戸籍に入るには，子の氏の変更手続（791条）を取らなければならない。ここには制度設計上の問題があるとの批判がある（新基本法コメ149頁〔窪田充見〕）。

　なお，離婚後，子が出生する前に父が死亡している場合，父が再婚した配偶者の氏を称している場合，あるいは父が養子であり，離婚・離縁して実方戸籍に復籍している場合など，離婚の際の父母の戸籍に他に在籍するものがなく，除籍となっているときは，この戸籍を回復して，その戸籍に子を入籍させることになる（昭29・2・15民甲329号民事局長回答参照）。子が出生する前に父母が離婚したが，両者が子の出生前に再度婚姻した場合においても，父

706　〔床谷〕

第1節 実 子　　　　　　　　　　　　　　　　　§*790* II

母の離婚の際における戸籍と子の出生時の戸籍が異なるときは（例えば，母の氏を称する再婚をした場合），離婚の際における父母の戸籍に入る。そしてこの子が，父母の現戸籍に入るには，子の氏の変更・入籍届による。しかし，このように父母の旧戸籍と現戸籍の連続性が明らかな場合には，直接，現在の父母の戸籍に入籍させるべきであるという批判がある（清水節・判例先例親族法II〔1995〕173頁）。

　(ウ)　父の死亡後の出生子　　父の死亡から300日以内に出生した子は，嫡出子としての推定を受け（772条2項），父死亡の際における父母の氏を称する。本条では，父母の離婚後に子が出生した場合について規定されているが，父の死亡後に出生した子については，特に規定が置かれていない。父死亡後に母が復氏していない場合は，子は父母の氏を称し，父母の戸籍に入るという原則が妥当するし，母が復氏した後に出生した子の場合も，子は，本条1項ただし書に準じて，父死亡の際における父母の氏を称し，その戸籍に入るものと解されている（昭23・5・22民甲1087号民事局長回答，昭23・6・9民甲1496号民事局長回答，新判例コメ(12)154頁〔原田晃治〕）。これに対する立法論として，直接母の氏を称する途があってもよいとの指摘がある（中川(淳)239頁，清水・前掲書173頁）。

　(エ)　嫡出推定が重複する子　　母が再婚禁止期間の規定（733条）に違反して再婚した場合に，前婚の夫の子としても後婚の夫の子としても嫡出推定を受けるときは，父を定める裁判（773条，人訴2条2号）によって確定されるまでは，いずれの夫が父であるかが定まらない。この場合，出生の届出は母が行い，届書に，父が未定である事由を記載しなければならない（戸54条1項）。これにより，子は，母の戸籍（後婚の戸籍）に入籍する。したがって，子は，形式的には母の氏を称することになるが，実質的には称すべき氏が未定の状態である。

　仮に，父を定める裁判（判決または審判）によって，前婚の夫が子の父であることが明らかになれば，改めて子の出生の届出をするのではなく，戸籍法116条の戸籍訂正により，母の戸籍から消除し，出生の時から前婚の夫の嫡出子であったものとして戸籍を訂正する。この場合には，子は，出生の時から前婚の夫の氏を称しているものとされる。

　他方，後婚の夫の子と確定すれば，子は，出生時から後婚の氏を称してい

〔床谷〕　707

§790　Ⅱ　　　　　　　　　　　　　　第4編　第3章　親　子

ることになり，戸籍記載の相違する点のみを訂正する（大3・12・28・1962号
法務局長回答）。前婚，後婚のいずれも母の氏を称する婚姻の場合は，父がい
ずれであっても，子の氏は，母の氏であることに変わりがない。

　㈒　婚姻取消し後の出生子　　父母の婚姻が取り消された後，300日以内
に出生した子は，父母の嫡出子と推定される（772条）。婚姻の取消しの効力
は遡及しないことから（748条1項），父母の離婚後に出生した子と同様に，
子は，父母の婚姻取消しの際における父母の氏を称するものと解される（新
判例コメ(12)154頁〔原田〕）。

　(2)　準正嫡出子の氏

　父が認知した子は，父母の婚姻によって嫡出子の身分を取得し（789条1項。
婚姻準正），婚姻中に父母が認知した子は，認知の時から，嫡出子の身分を取
得する（同条2項。認知準正）。この準正によって嫡出子の身分を取得した子の
氏については，本条1項が適用されて当然に父母の氏を称するかどうかが問
題となる。本条1項本文では「嫡出である子は」とのみ規定するので，準正
嫡出子もこれに含まれるという解釈もありうる。他方，1項ただし書が離婚
後の出生子について規定しているところから，1項本文も出生による嫡出子
を前提とすると解することもできる。これについて，戸籍実務では取扱いが
二転した。

　当初の戸籍先例は，準正によって嫡出子の身分を取得しても，当然には氏
の変動は生じないとし，子の氏の変更手続によって，はじめて父母の氏を称
し，父母の戸籍に入るものとした（昭23・4・21民甲658号民事局長回答）。しか
し，母の氏を称し，母の戸籍に入っている子について，父母と同籍させるの
に，改めて子の氏の変更手続（791条，戸98条）を取らせることは，当事者に
無用の負担を強いることになり，国民感情にも合致しないこと，父母婚姻前
に出生した子につき，父母の婚姻届出後に嫡出子出生届がされた場合は，認
知の効力が認められ（戸62条），子は父母の氏を称し，直ちに父母の戸籍に
入るとされていること（昭23・1・29民甲136号民事局長通達）との均衡などか
ら，準正により嫡出子の身分を取得した子は，本条の規定により当然に父母
の氏を称すると解する説が有力に主張された（我妻252頁）。

　そこで，戸籍先例も，準正された子は当然に父母の氏を称するに至ったも
のと解し，直ちに父母の戸籍に入籍させる取扱いに変更された（昭35・12・

708　〔床谷〕

第1節　実　子　　　　　　　　　　　　　　　　§*790*　II

16民甲3091号民事局長通達）。これは，子が，いったん称していた父の氏をその意思に基づいて，母の氏に変更したという事情があっても変わらないと解されていた（和歌山家審昭43・2・19家月20巻11号182頁）。ただし，準正される子が婚姻または縁組などの身分行為によって氏を改めている場合は，離婚や離縁によって復氏しない限り，直ちに父母の氏には変更されず，戸籍法107条により氏を変更している場合も，同様である（先例につき，清水・前掲書180頁以下参照）。

　しかし，当然に氏が変更されることが，特に子が成年となった後に準正された場合などにおいて，必ずしも子の利益となるとはいえず，子の意思に合致しない場合もある。そのため，1987（昭和62）年改正により791条2項が新設され，準正嫡出子の氏の変更については家庭裁判所の許可を得る必要がなくなったことから，再び戸籍先例が改められ（昭62・10・1民二5000号民事局長通達），準正嫡出子は，当然には父母の氏を称するものではなく，父母の氏を称するには，戸籍法98条の入籍届によらなければならないものとされた（新版注民(23)586頁以下〔岡垣学＝二宮周平〕，602頁以下〔梶村太市〕参照）。こうした変遷は，氏の変更に対する本人の利益および意思の尊重の流れを示すものである。

(3)　養　子　の　氏

　本条は，実子について「親子同氏の原則」を定めるが，縁組により養親との間で新しく親子関係を形成する養子は，親子関係の形成の象徴として，養親の氏を称するものとされている（810条）。これを「養親子同氏の原則」という。

　この原則は，養子となる者が未成年者の場合だけではなく，成年の者が養子となるときにも適用がある。ただし，婚姻によって氏を改めた者については，婚姻の際に定めた氏を称すべき間は（婚姻継続中だけではなく，婚姻解消後も復氏しない限り），養親の氏への変更は潜在化し，夫婦として称する氏が優先する（810条ただし書）。他方，婚姻の際に氏を改めなかった夫または妻（つまり戸籍筆頭者）の場合は，配偶者とともに養子となる縁組をしたときでも，単独で養子となったときでも，夫婦は共に養親の氏を称することになる。

　養親子同氏の原則は，縁組の際に同氏となることをもって，縁組したことを社会的に公示する機能を有するが，特に未成年者との縁組の場合，共同生

〔床谷〕　709

§*790* Ⅲ 第4編 第3章 親 子

活の便宜のみならず，親子としての情緒の形成に資することも期待されている。もっとも，この原則は，実子の場合と同様に，養親または養子が縁組後に氏を変更することにより，養親と養子が氏を異にすることを妨げるものではない。

養子は，離縁によって縁組前の氏に復する（離縁復氏の原則）。ただし，配偶者とともに養子をした養親の一方のみと離縁をした場合は，この限りでない（816条）。このただし書は，養親夫婦が婚姻中のみならず，養親夫婦の離婚またはその一方の死亡後の離縁あるいは死後離縁の場合についても適用される（詳細は，→第18巻§810・§816）。

Ⅲ　嫡出でない子の氏

(1)　原　　　則

嫡出でない子は，母の氏を称する（本条2項）。本規定は，母子関係が分娩の事実によって当然に生ずることを前提とするものと解されている（注民(22のⅠ)380頁〔沼辺愛一〕，新版注民(23)605頁〔梶村太市〕）。民法では，嫡出でない子は，その父または母がこれを認知することができると規定されているが（779条），判例・通説により，母とその嫡出でない子との間の法的親子関係は，原則として，母の認知を俟たず，分娩の事実により当然発生するとされている（最判昭37・4・27民集16巻7号1247頁）ので，出生後，子が直ちに母の氏を取得することは，母子関係の発生における分娩主義と整合的である。もっとも，判例（最高裁判所）が分娩主義を承認する前に本規定は成立しているが，明治民法の時代から（779条と同内容の明治民法827条1項について），学説は母子関係については認知不要説が大勢を占め，戸籍実務上も立法当初から分娩者を当然に母とし（新版注民(23)308頁〔前田泰〕，→§779），母の家に入る（母の氏を称する）ものとしてきたので，本条制定時にも，この考え方が当然のものとされたものであろう。

他方，ある男性と子の間に血縁（遺伝的）関係が存在することがDNA鑑定等により明らかにされても，法律上の父子関係の成立のためには，認知の手続が必要である。父による胎児認知（783条1項）があれば，出生と同時に父子関係も成立するが，親子関係の存在がより確実な母の氏を称することは，

710　〔床谷〕

第1節　実　子　　　　　　　　　　　　　　　　　　§790　III

嫡出でない子の監護をする母の意思にも合致する。嫡出でない子の親権者は
原則として母であり，父が認知した場合でも，父母の協議で父を親権者と定
めたときに限り，父が行うものとなっているから（819条4項），子の養育環
境の面においても，母子同氏が適切であると考えられる。

　同氏親子同籍の原則から，母の氏を称することは，母の戸籍に入ることを
意味するが（戸18条2項），これは母子関係の安定にも資するものと考えられ
る。母が戸籍の筆頭者またはその配偶者以外の者であるときは，母について
新戸籍を編製し，その戸籍に子を入籍させる（戸17条）。

(2)　父の氏への変更

　出生時において子は母の氏を称し，母を親権者とするという状態は，その
後の事情の変化により変更しうる。父が認知した子に対する親権は，父母の
協議で，または家庭裁判所の審判で母から父に変更することができるが
（819条4項・5項・6項），子の氏については父母の協議で変更することはでき
ず，家庭裁判所の許可を得なければならない（791条）。この場合において，
親権の所在との関係や，父の配偶者らが反対しても父の氏への変更が認めら
れるかどうかが問題となる（→§791 IV(2)）。

(3)　夫の嫡出子でないとされた子の場合

　妻である女性が出産した子または離婚後300日以内に出生した子につき，
夫の嫡出子としての出生届がなされた後，嫡出否認の訴え，親子関係不存在
確認の訴えまたは実父に対する認知の裁判（あるいは合意に相当する審判〔家事
277条〕）により，夫の子でないことが確定した場合は，その子は，出生時に
遡って妻の嫡出でない子となり，あるいは嫡出でない子であることが確認さ
れるので，出生時における母の氏を称すべきことになる。この場合において
も，出生時に母が婚姻中であれば夫の氏を称しているため，子も同じ氏を称
し，母の夫の戸籍に残ることになる。子の出生前に母が離婚していたときは，
戸籍訂正の手続により（戸116条），出生時の母の戸籍に入ることになる。

　しかし，夫の嫡出子としての届出未済のまま，上記と同様に夫の子でない
ことが確定した場合においては，母が離婚・復氏（復籍または新戸籍編製）し
ていれば，子の氏の母の氏への変更許可を得て，母の嫡出でない子としての
出生届により，直ちに離婚後の母の戸籍に入ることができる（福岡家直方支審
昭49・2・8家月26巻10号66頁，福島家白河支審昭50・7・21家月28巻6号70頁，昭

〔床谷〕　711

§*790* IV 　　　　　　　　　　　　　　　　　　第4編　第3章　親　子

46・2・17民甲567号民事局長回答）。さらに，出生届出未済のまま前夫の子でな
いことが確定した子の実父と母が婚姻しているときは，後夫の嫡出子として
出生届をすることができ（父母婚姻前の出生子については戸62条の出生届，父母婚
姻後の出生子については生来嫡出子の出生届），子は，当該夫婦（父母）の氏を称し
て父母の戸籍に入籍する。なおこうした場合には，子の身分事項欄に，母の
前夫の嫡出子否認の裁判確定または親子関係不存在確認の裁判確定の旨が括
弧書きされる（昭48・10・17民二7884号民事局長回答。先例の変遷につき，清水節・
判例先例親族法II〔1995〕176頁以下，新版注民(23)598頁以下〔梶村〕参照）。

IV　父母の一方が外国人である場合

(1)　父母が婚姻している場合

　戸籍実務では，父母の一方が外国人であるときは，外国人は日本法上の氏
（民法上の氏）を有しないことから，当該外国人との関係では本条は適用され
ず，子は，日本人である父母の一方の氏を取得するものと解されている（外
国人である親の氏を取得するかどうかは，当該親の国の法律による）。これを前提とし
て，子が，その氏を外国人である父または母の称している氏に変更するため
の手続として，戸籍法107条4項が設けられており，同条1項を準用して
（子が戸籍筆頭者またはその配偶者であるときは1項の適用となる），家庭裁判所の許
可を得て，届出をすることによって氏を変更することができる。この場合，
戸籍筆頭者またはその配偶者でない子については，未成年者であっても，新
戸籍が編製される（戸20条の2第2項）。

　裁判所も，この戸籍実務の考え方を支持している。例えば，外国人である
父の姓を子の氏とする出生届をしたが，日本人である母の氏で受理され，そ
の旨の戸籍記載がなされたことから，区長の処分を不服とする申立てをした
事例において，裁判所は，外国人と日本人との夫婦間に出生した子は，氏制
度を採用する日本民法では，法制度を異にする外国人の父姓または母姓を当
然称することにはならず，子の出生届を受理した区長としては日本人である
母の戸籍に入籍させざるを得ず，このような法制度をもって直ちに不合理な
ものとはいえない，と判示している（東京家審平4・6・22家月45巻11号47頁）。

　母が戸籍法107条2項の手続により，その氏を外国人配偶者の称している

712　〔床谷〕

第1節　実　子　　　　　　　　　　　　　　　　　　　§*790*　V

氏に変更している場合（または婚姻解消後も変更前の氏に復していない場合），子は，母が称している外国人配偶者の氏を称することになる。母が氏を変更する前の生来の氏（民法上の氏）を称することはできない。母が戸籍法107条1項の規定により，外国人配偶者の氏と生来の氏を結合した形の氏に変更している場合も，子は，その結合氏（結合姓）を称することになり，母の生来の氏（民法上の氏）を称することはできない。

(2)　**父母が婚姻していない場合**

婚姻外で出生した子の母が日本人であるときは，出生により日本国籍を取得し（国籍2条1号），本条により母の氏を取得し，母を筆頭者とする戸籍に入る。日本人男性が外国人女性の胎児を認知したときは，子は，出生により日本国籍を取得し（国籍2条1号・2号），出生後に父が認知した場合は，法務大臣に届け出ることによって，日本国籍を取得することができるので（国籍3条），母の称する氏を民法上の氏として，子を筆頭者とする戸籍が編製される。そして，家庭裁判所の許可を得て（791条），父の氏を称する入籍の届出（戸98条）により，日本人父の氏への変更がなされる。

V　父母が不明な子の氏

熊本市内の某病院が実親による養育が困難な赤ちゃんを密かに受け入れるために設置した施設「こうのとりのゆりかご」に託された新生児のように，あるいは親から遺棄された子で，身元調査をしても親（親族関係）が判明しない場合は，父母の知れない子とされる（戸籍法57条以下では「棄児」と呼ばれるが，この呼称には批判がある。清水節・判例先例親族法II〔1995〕185頁）。このような場合，明治民法では，「父母共ニ知レサル子ハ一家ヲ創立ス」，とされていたが（民旧733条3項），家制度を廃止した新民法のもとでは，父母ともに不明な子について特に対応する規定はない。実体的には，身元不明の子も嫡出である子として父母の氏を称するか，嫡出でない子として母の氏を称するかのいずれかであるが，それが不明な状態である。しかし，身元が不明な子についても速やかに戸籍を編製する必要があることから，棄児発見の申出を受けた市区町村長が子の氏名を付け（発見時に氏名に関する記載があった場合など氏名が判明しているときはそれによる），本籍を定め，新戸籍を編製する（戸57条2

〔床谷〕　　713

§*790* Ⅵ   第4編　第3章　親　子

項・22条）。父母欄は空欄で，父母との続柄は「長男」または「長女」となる。

　子の母または父が後に判明した場合は，判明した身元に応じて，本条に従い，父母または母の氏を称して，その戸籍に入ることになる。父または母が棄児を引き取ったときは，1か月以内に出生の届出をし，かつ，戸籍の訂正を申請しなければならない（戸59条）。長期間経過後に身元が判明した（認知された）場合のように，棄児として付けられた氏が本人の氏として社会的に定着しているときは，判明した父または母の氏から，戸籍法107条1項によって，その定着している氏への呼称の変更を認める必要がある。

　なお，出生子について法律上の出生届出義務者がいることが明らかな場合には，その子を棄児として取り扱うべきではないとされている（清水・前掲書185頁，新版注民(23)607頁以下〔梶村太市〕）。例えば，病院で出産した母が出生届出をしていない子については（いわゆる生み逃げ），棄児としての処理をするのではなく，病院長から出生届出をさせ（戸56条），本籍および氏名は市町村長が適宜定めて新戸籍を編製すべきものとされている（昭39・5・4民甲1617号民事局長回答）。

Ⅵ　外国法における子の氏

　諸外国では，婚姻した夫婦が同じ氏を称するか，別氏とするか，あるいは双方の氏を結合した結合氏とするかが選択的に認められている法制が多く（→§750Ⅳ），父母が同氏であれば子もその氏を称するが，父母が別氏であれば，父の氏とする，父または母の氏から選択する，父母の氏の結合氏とする，父または母の氏あるいは結合氏から選択する，母の氏とする，と多様である。父母が婚姻している場合と婚姻していない場合とで，子の氏の決定につき差が生じないようにする傾向もみられる。子に対する親権（これに相当するもの）の帰属と子の氏が関係づけられる場合もある。以下では，英米欧アジア諸国における子の氏（姓）について概観する。

(1)　韓　国

　慣習的に婚姻後も夫婦の姓に変更はなく，2005年法改正で同姓同本禁婚制（韓国民法旧809条1項）が廃止された後も，夫婦は姓が異なるのが当然と

714　〔床谷〕

第1節　実　子　　　　　　　　　　　　　　　　　　　　§*790*　VI

考えられている。伝統的な父系主義の観念により，子は，原則として父の姓と本を継ぐものとされている（韓国民法781条1項本文）。しかし，2005年法改正により，父母が婚姻の届出をする際に，その協議で，子は母の姓と本を継ぐものとすることができることになった（同項ただし書）。男女（父母）同権の考え方によるものであるが，現実には，そのような協議が行われることはほとんどないようである。

父の知れない子は，母の姓と本を継ぐ（同条3項）。婚姻外の子が認知されたときは，子は，父母の協議により，従前の姓と本を引き続き使用することができる。父母が協議することができない場合，または協議が成立しなかった場合には，子は，法院の許可を得て，従前の姓と本を引き続き使用することができる（同条5項）。父の認知によって，子は父の姓を称する伝統的原則を維持しつつ，現実的な生活上の便宜や子の意思の尊重から，従前の母の姓を継続して使用する余地を認めたものである。父が外国人である場合も，子は，母の姓と本を継ぐことができる（同条2項）。父母共に，知れない子は，法院の許可を得て，姓と本を創設する（同条4項）。

(2)　中　　国

1950年婚姻法（11条）で，夫婦はそれぞれの姓を用いる権利があると定められ，1980年婚姻法（10条）および2001年婚姻法改正（14条）もこれを維持している。慣習的に夫婦は別姓であるが，夫婦で統一して夫の姓を使うことも，妻が夫の姓を自分の姓と結合すること（冠姓）も可能とされる（実際上はほとんどないようである）。

1950年婚姻法では，子の姓については規定がなく，父系家族主義の伝統により，子は父の姓を称するのが一般的であった。しかし，1980年婚姻法では，子は父の姓に従うことができるし，また母の姓に従うこともできると規定した（22条）。この時に採用されたいわゆる一人っ子政策（2015年末で終了）の影響もあり，母の姓を選ぶ子も徐々に現れてきたといわれる。2001年改正では，子は父または母の姓に従うものとされ，子の姓を定めるにあたっての父母の平等性が強化されている。もっとも，現在でもほとんどの子は父の姓を称するといわれる。

(3)　台　　湾

夫婦別姓が原則であり，子については，出生の登記の前に，父母の合意に

〔床谷〕　715

§790 Ⅵ   第4編 第3章 親 子

より，父の姓とするか母の姓とするかを定める。合意が成立しないときは，
戸政事務所において抽選して決定する（台湾民法1059条1項）。子が成年に達
するまでは，父母の合意で他方の姓に変更することができ（同条2項），成年
に達した後は，子の意思で他方の姓に変更することができる（同条3項）。こ
の変更はそれぞれ1回限りである（同条4項）。父母が離婚したとき，父母の
一方もしくは双方が死亡したとき，父母の一方もしくは双方が3年以上生死
不明であるとき，または父母の一方が子に対する保護教育義務を尽くさない
ときには，父母の一方または子の請求により，裁判所は，子の利益のため，
子の姓を変更することができる（同条5項）。養子も，養親の姓に従うか，元
の姓を維持するかの選択が可能である（同法1078条）。嫡出でない子は，原則
として母の姓に従うが，実父が認知したときは，父母の合意（未成年の間），
子の意思（成年者），または裁判所の宣告により，子の姓を変更することがで
きる（同法1059条の1）。

(4) コモン・ロー諸国

英国，米国，カナダ，オーストラリア，ニュージーランドなどでは，慣習
法的に，氏名について使用・変更の自由が認められ，個人は，自己の氏を自
由に変更することができ，詐害の意図がない限り，社会的にも公的な氏名と
して承認される。夫婦の子の氏は，出生登録時に父母が定める。父の氏とす
るのが一般的のようであるが，これに限定されるものではない。養子の場合
も同じである。婚外子の場合は，親権を有する者（母）が定める。英米法の
氏の柔軟性は，わが国とは全く対照的である。

(5) ド イ ツ

父母が同じ氏（婚氏）を称している場合，子は，父母と同じ氏を取得する
（ド民1616条）。父母が婚姻前の氏をそれぞれ称している場合において，父母
による共同配慮（共同親権）が行われているときは，子は，父母の定める氏
を取得する。定められた子の氏は，夫婦の次の子にも適用される（ド民1617
条1項）。子の氏について出生後1か月以内に父母が合意できないときは，家
庭裁判所により，氏を決定する権限が父母の一方に与えられる。裁判所が定
めた期限内に決定がないときは，子は，決定権限を付与された親の氏を取得
する（同条2項）。

父母が異なる氏を称し，かつ，単独配慮（単独親権）となっているときは，

第1節　実　子　　　　　　　　　　　　　　　　　§790　VI

子は，その配慮権者の氏を取得する（ド民 1617a 条）。ドイツ法では婚姻外の
出生の場合も共同配慮が可能であるが，一定の要件を満たさなければ母の単
独配慮であり（ド民 1626a 条），出生時は原則としてこれに該当すると考えら
れるので，子は，母の氏を称することになる。

　(6)　オーストリア

　2013 年法改正により，夫婦は，同氏（他方は旧氏と結合が可能），別氏，結合
氏からの選択が可能となった。夫婦の子の氏は，出生時に定めるものとされ
ているが，夫婦が共通の家族名を定めている場合は，それが子の氏となる
（オーストリア民法 155 条 1 項）。父母別氏の場合は，父母は，子の出生登録時に，
父の氏，母の氏または父母双方の氏の複合氏（2 個までの氏をハイフンで結合）
から子の氏を定めることができる（同条 2 項）。ただし，父母が子の氏を定め
ないときは，母の氏となる（同条 3 項）。旧 139 条 3 項では最終的には父の氏
であったことからすれば大きな転換である。婚外子は母の氏を称することが
民法の当初からの原則である（同法旧 165 条）が，婚姻から出生した子につい
ても最終的に母の氏とすることで，婚姻外で出生した子との法的差別を取り
除くねらいもある。

　2013 年改正前の旧法では，夫婦同氏が原則（合意がないときは夫の氏）であ
り，子は父母の氏を称するので，兄弟姉妹は同じ氏となったが，現行法では，
兄弟姉妹で異なる氏も可能である。

　(7)　ス　イ　ス

　2011 年法（2013 年 1 月 1 日施行）により婚姻後もそれぞれの氏を保持するの
が原則となり，この場合は，子の氏を婚姻の際に定めるものとされ（ス民
160 条 3 項），夫または妻の氏（出生氏）から選ぶが（ス民 270 条 1 項），生後 1 年
以内であれば，他方の氏に変更することができる（同条 2 項）。婚外子の氏は，
2011 年法では，母の氏とされていた。その後，2013 年改正（2014 年 7 月 1 日
施行）により，父母の一方が親権（配慮権）者であるときは，その者の氏，共
同親権のときは父母の氏のいずれかを選ぶものとし，出生後に共同親権とな
ったときは，1 年以内に，他方の氏に変更をすることができ，父母のいずれ
もが親権者でないときは，母の氏となる（ス民 270a 条）。

　(8)　フ　ラ　ン　ス

　フランス法系の国では，慣習法的に，夫婦の子は父の氏を承継するのが当

〔床谷〕　717

§*790* VI　　　　　　　　　　　　　　　　　　　　　　　　　第4編　第3章　親　子

然とされていたが，近時は両性の平等の理念が強まり，こうした伝統的考え方は後退している。フランスでも，子の氏，養子の氏などについて明文規定が設けられている（2002年法，2003年法，2013年法）。両親との親子関係が同時に成立しているときは（夫婦の子は通常これに該当する），子の氏は，父の氏だけではなく，母の氏あるいは結合氏とすることも可能である（フ民311条の21）。ただし，父母が子の氏について共同で身分吏に申述しないときは，夫の氏を取得する。もっとも，2013年改正により，父母が子の氏について一致しない旨を身分吏に申述すれば，子は，父母の氏の結合氏（アルファベット順）となるものとされている。同じ父母の兄弟姉妹は，同じ氏を称する。完全養子は，実子と同様に氏を決定することができる（フ民357条）。単純養子は，養子の氏と養親の氏を結合する。その際，養子が成年であれば，養子の同意が必要となっている（フ民363条）。

(9)　イ タ リ ア

夫婦の子は，慣習法上，父の氏を称するとされてきた。他方，婚外子は最初に親子関係が成立した親の氏を取得し，父母同時のときは父の氏となる（イタリア民法262条）。未成年養子は嫡出子と同じであるが（未成年養子法27条），成年養子は養親の氏に自己の氏を付加することができる（イタリア民法299条）。こうした子の氏における父の優先については，欧州人権条約（8条・14条）に違反するとの判断がなされ（欧州人権裁判所2014年1月7日），改正作業が行われている。2014年法案では，嫡出子も婚外子も，父の氏，母の氏，結合氏（順序につき合意がなければアルファベット順）から選択可能とされている。

(10)　オ ラ ン ダ

夫婦の子の氏については，出生登録時に，父母が父または母の氏のいずれかから選択するが，選択の意思表示がなければ（合意がなければ）父の氏となる。同性婚の場合は，子の氏の選択がなければ，出産した母の氏となる。第二子以降も同じ氏となる。父母が婚姻していない場合において，父母共に親子関係が成立しているときは，父母の合意で父の氏とすることができるが，合意がないときは，母の氏を保持する。

(11)　スウェーデン

父母が別氏の場合，子の氏は，出生から3か月以内に出生届をする際に，父の氏とするか，母の氏とするかを決定する。その間に決定がないときは，

718　〔床谷〕

第1節　実　子　　　　　　　　　　　　　　　　　　　　　§*791*

母の氏とする。また，上の子が親権に服している場合は，下の子も同じ氏とする。養子も実子と同様であるが，裁判所の養子決定で，従前の氏を保持することもできる。

(12)　スペイン

子の氏は，父および母の氏（通常はそれ自体が父方，母方からの複合氏である）から，それぞれ1つ（はじめの氏〔通常は父方の氏〕）を取って並べるかたちである（スペイン民法109条）。順序は合意による。次の子も同じ氏とする。

(13)　ポルトガル

父母は，子の氏として，父の氏と母の氏を付与する。通常それ自体が母方氏と父方氏の複合氏なので，その全部またはそれぞれの一部を取ることになる（個人で4つまでの氏の連結が可能とされる）。法律上は，父方と母方の優劣はなく，順序も定められていない。兄弟姉妹の間の氏の統一は必要とはされていない。

(14)　ブラジル

慣習法上，子の氏は，一般的には，母の氏と父の氏を並べる形であるが（父母の氏自体が複合氏なのでその後の方の氏〔通常父方の氏〕を組み合わせることが多いようである），順序は逆でもよいとされる。父母の氏を全部並べることも，母の氏のみ，父の氏のみ，父母双方の母方の氏を並べる，母の母方の氏と父の父方の氏を並べる，あるいはその逆なども可能とはされている。婚姻外の子は，母の氏を称するが，父が認知すれば，父の氏を付加する。

〔床谷文雄〕

（子の氏の変更）

第791条①　子が父又は母と氏を異にする場合には，子は，家庭裁判所の許可を得て，戸籍法の定めるところにより届け出ることによって，その父又は母の氏を称することができる。

②　父又は母が氏を改めたことにより子が父母と氏を異にする場合には，子は，父母の婚姻中に限り，前項の許可を得ないで，戸籍法の定めるところにより届け出ることによって，その父母の氏を称することができる。

〔床谷〕　　719

§791 I　　　　　　　　　　　　　　　　　　　　　　　第4編　第3章　親　子

③　子が15歳未満であるときは，その法定代理人が，これに代わって，前2項の行為をすることができる。

④　前3項の規定により氏を改めた未成年の子は，成年に達した時から1年以内に戸籍法の定めるところにより届け出ることによって，従前の氏に復することができる。

　〔対照〕　ド民 1617b・1617c

　〔改正〕　①＝昭23法260・昭62法101改正　②＝昭62法101新設　③＝昭62法101改正移動（②→③）　④＝昭62法101改正移動（③→④）

細　目　次

I　本条の趣旨 ……………………………720	（4）　外国人の子の氏の変更 …………726
（1）　氏の変更 ………………………720	III　家庭裁判所の許可を要しない場合 ……727
（2）　氏の変更の意義 ………………721	IV　家庭裁判所の許可 …………………728
（3）　戸籍法による氏の変更 ………722	（1）　管轄・申立権者等 ……………728
II　子の氏の変更 ………………………723	（2）　氏の変更の許可基準 …………728
（1）　子が父または母と氏を異にする場	V　氏の変更の届出 ……………………732
合 …………………………………723	VI　子の成年後の復氏（本条4項）………732
（2）　死亡した父母の氏への変更 ………725	（1）　復氏の要件 ……………………732
（3）　養子の氏の変更 ………………725	（2）　復氏の届出と入籍 ……………733

I　本条の趣旨

(1)　氏　の　変　更

　明治の初期に，政府は，すべての民に氏を付けさせるとともに，人民の掌握のために，呼称秩序を維持する必要から，個人の氏の自由な変更を禁止した（一序説）。他方で，明治民法では，氏はその者の所属する「家」の呼称（家名）であったから，個人の所属する家が変動することにより，本人の意思にかかわらず氏が変更されることがあった。1947（昭和22）年改正民法は家制度を廃止したため，家の変動に伴い氏が変更されるということもなくなった。しかし，従前の氏に関する実態（呼称秩序）を維持するため，改正民法は，婚姻による夫または妻の氏の変更（750条），出生時に子が父母または母の氏を取得する旨の規定（790条），縁組による養子の氏の変更の規定（810条）を設けるとともに，いったん定まった氏が，事後に一定の事由により変

720　〔床谷〕

第1節　実　子　　　　　　　　　　　　　　　　　　§791　I

更される場合を新たに規定した。

　本条は，子が父または母と氏を異にする場合に，子の氏を父または母の氏に変更することを認めた規定である。1項では，原則として，子の氏を変更するためには家庭裁判所の許可が必要であること，2項では，その例外として，父または母の氏の変更により子が婚姻中の父母と氏を異にする場合には家庭裁判所の許可が不要であること（1987〔昭和62〕年改正による追加），3項では，15歳未満の子については法定代理人が代わって行うこと，4項では，氏を変更した後に成年に達した子は，1年間は従前の氏に復する自由があること，を規定している。本条は，790条が規定する「親子同氏の原則」を，氏の変更という形で実現しようとするものである。子の氏の変更の許可は，家庭裁判所の取り扱う事件の中でも件数が多く，しかもそのほとんどが認容されている（2015〔平成27〕年の新受件数は169,365件で，既済168,913件のうち認容168,483件〔99.75%〕，却下45件，取下げ284件）。

　なお，氏の変更には，婚姻（750条），離婚（767条1項），養子縁組（810条），離縁（816条1項）など一定の身分行為の効力として当事者の氏が変更される場合と，子の氏の父または母の氏への変更（本条），配偶者の死亡後の生存配偶者の復氏（751条1項），離婚後の婚氏続称（767条2項），離縁後の縁氏続称（816条2項）など当事者の意思に基づいて，一定の手続を経ることで氏が変更される場合がある。前者の身分の変動に伴うものを，他の「氏の変更」と区別して，「氏の変動」と呼ぶことがある。

(2)　氏の変更の意義

　本条は，子が父または母と氏を異にする場合に，その父または母の氏への変更を認める。790条の規定によって定まった子の氏が，父母の一方の氏と生来的に異なる場合や，父母や子の婚姻や養子縁組その他の身分行為によって，子と父母の一方の氏とが異なることとなった場合，とりわけ共同生活を営む親子間で氏が異なることによって生じうる社会的不利益を免れるために，また親子であれば当然に氏を同じにしたいという国民感情に配慮して子の氏の変更を認めるものである。その際，父母その他の関係者の感情も考慮して利害調整をするため，家庭裁判所の裁量により氏の変更の可否を決定するものとした。

　本条で問題となる氏の異同は，戸籍実務上いわゆる「民法上の氏」の異同

〔床谷〕　721

§*791* I   第4編　第3章　親　子

であると解されている。親と子の呼称（呼び名）が同じでも民法上の氏が異なれば本条が適用され，呼称が異なっても民法上の氏が同じであれば本条は適用されないというものである。この戸籍実務は氏の異同と戸籍の異同を関連づけるものであるが，民法上の氏の同一性を基準とする戸籍編製は複雑に構築されており，戸籍実務家以外の者（一般市民）には理解が困難であるという学説からの批判がある（→§767 Ⅵ）。

(3)　戸籍法による氏の変更

　本条が定める子の氏の変更とは別に，戸籍法によって，一般的な氏の変更が認められている。1914（大正3）年戸籍法153条では，「氏名変更ノ届出ハ許可ノ日ヨリ10日内ニ之ヲ為スコトヲ要ス」としていたが，1898（明治31）年戸籍法164条と同様に，氏の復旧のみが許されるものと解されていた（谷口知平・戸籍法〔3版，1986〕267頁）。現行戸籍法では，氏が珍奇・難読であること，あるいは戸籍上の氏とは異なる通称を永年使用し社会的に定着していることなど「やむを得ない事由」がある場合には，家庭裁判所の許可を得て届出をすることで，氏の変更が許される（戸107条1項）。

　戸籍法上の氏の変更は，基本的には，民法が規定する身分行為とは関係しない行政法的な呼称（戸籍登録名）の変更手続として設けられている。戸籍実務では，これを「呼称上の氏」の変更と呼び，民法上の氏の変更ではなく，単に呼称が変更されるものと解され，通常は戸籍の移動を伴わず，戸籍の氏名欄の氏の記載を変更するものである。離婚復氏後の婚氏の続称制度（767条2項）が1976（昭和51）年に創設されるまでは，婚氏の続称を実現する手段として，この戸籍法上の氏の変更が広く利用されていた。婚氏続称制度の創設後は，続称した婚氏からの婚姻前の氏への変更のための許可を求める申立てが増加している（→§767 Ⅴ）。

　1984（昭和59）年には，国際婚姻・離婚・親子関係の増加という社会変化を考慮して，関係者の呼称上の便宜を図るために，外国人配偶者の称する氏への変更（戸107条2項），外国人との婚姻の解消に際しての外国人配偶者の称していた氏からの復氏（同条3項），外国人である父または母の称する氏への変更（同条4項）を認める規定が設けられ，1987（昭和62）年には，離縁の際に称していた氏を称するための届出（縁氏続称）制度が民法に導入された（816条2項）。これらの氏の変更は，婚氏続称と同様に，「呼称上の氏」の変

722　〔床谷〕

第1節　実　子　　　　　　　　　　　　　　　　　　　　　§791　II

更と理解されている。もっとも，これらは身分行為の直接の効果ではないもの，身分行為または身分関係の発生・消滅を契機とする氏の変更である点で，身分行為に伴う氏の変更（氏の変動）の諸場合に類似し，一般的な戸籍法上の氏の変更とは異なる特徴を有する。これらの氏の変更により，本人について新戸籍が編製される（戸19条3項・20条の2）。

II　子の氏の変更

(1)　子が父または母と氏を異にする場合

(ア)　父母の婚姻解消による復氏　　離婚により父母の一方が婚姻前の氏に復した場合が，子が父または母と氏を異にする典型例である。例えば，父（甲野太郎）と母（甲野梅子）が離婚して，母が婚姻前の氏（乙川）に復した場合において，母が子（甲野一郎）の親権者となるとき，母と子の氏が異なることは，特に子が幼少期であれば，保育所・幼稚園・学校等の社会生活上さまざまな不利益を生じさせるおそれがある。この場合，一郎の甲野という氏を母の乙川に変更することで母子の氏を同じにすることができる。母が婚氏「甲野」を続称する届出をした場合も（戸77条の2），呼称上は母子共に「甲野」であるが，民法上の氏は異なるという戸籍実務の理解によれば，本条の「子の氏の変更」手続の対象となる。そして，一郎の氏が父と同じ甲野から母の続称する甲野に変更することが認められた場合，一郎は，父の戸籍から除かれて，母の戸籍に入籍する（戸98条1項）。父母の婚姻が取り消された場合も，同様である。父母の一方が死亡し，他方が生存配偶者として復氏した場合も（751条1項），子と氏を異にすることになる。

(イ)　父または母の婚姻・縁組　　父または母が婚姻し，配偶者の氏を称した場合も，子と親の氏が異なることになる。特に，母が未成年の子を連れて婚姻し，夫の氏を称した場合，親権者である母と子の氏が異なると社会生活上の様々な不便，不利益を受ける恐れがあるため，子の氏の変更が問題となる。もっとも，このような場合には，母の夫が子を養子とすることにより（連れ子養子），子が養父の氏と同じ氏を称する（810条）ことで，母とも同じ氏になるのが一般的であろう。

父または母が養子となり，養親の氏を称することになった場合，子は，父

〔床谷〕　　723

§791 II

第4編 第3章 親子

または母の養親とは親族関係を有さず（727条），氏も変わらないので，父または母と氏を異にする。逆に，養子であった父または母（配偶者がいないとき，または父母がその者の氏を称する婚姻をしているとき）が離縁復氏した場合も，養子の子は父または母に随伴して氏が変更されるということはないので，氏を異にすることになる。

(ウ) 嫡出でない子の氏　　明治民法では，子は父の家に入り（民旧733条1項），父と同じ家の氏を称するが，嫡出でない子が戸主の同意がないために父の家に入ることができないときは，母の家に入るものとされていた（旧735条）。家制度を廃止した現行法では，嫡出でない子は原則として母の氏を称し（790条2項），父と氏を異にする。父の認知があっても，子の氏は当然には変更されず，嫡出でない子が母の氏から父の氏へ変更しようとする場合は，本条の規定によることになる。その際の判断基準をめぐっては意見が分かれるが，これについては後述する（→IV(2)(ウ)）。また，その氏を認知した父の氏に変更した者に子がある場合，子は，氏を変更した父または母と氏を異にすることになる。

　嫡出でない子の母と子を認知した父が夫の氏を称する婚姻をした場合，子は準正嫡出子となるが，子の氏は当然には変更されないものと解され（→§790 II(2)），父母と氏を異にする。しかし，この場合には，家庭裁判所の許可を得ないで，父母の氏に変更することができるものとされている（→III）。

　婚姻中の女性が出産した子につき，嫡出否認の訴え，親子関係不存在確認の訴えまたは実父に対する認知の裁判（合意に相当する審判も可能。家事277条）により，夫の子でないことが確定したときは，母の嫡出でない子として，出生時の母の氏を称することになる。このような場合に，母の夫を筆頭者とする戸籍に入れないために出生の届出をしないまま，子の氏の変更を申し立てることが行われている。例えば，母が夫と長期別居中に他男との間にもうけた子につき，出生届未済のままに15年がすぎた後に，実父に対する認知の裁判が確定している場合に，子の氏の母の氏への変更を認めて，直接離婚後の母の戸籍に（いわば中間省略により）入籍させても身分法上の真実主義に反しないのはもちろん，戸籍法上も何らの不都合が生じないからとして，母の氏への変更を認めた後，母から出生届に「母の氏を称する入籍届出」と付記して嫡出でない子の出生届を認めるのが相当であるとした事例がある（福岡

724　〔床谷〕

第1節　実　子　　　　　　　　　　　　　　　　　§*791*　II

家直方支審昭49・2・8家月26巻10号66頁）。また，離婚後300日以内に出生した子につき，出生届未了のままに母の前夫との間に親子関係が存在しないことを確定させ，かつ，母が子の実父と再婚（夫の氏を称する）した後に，母と実父の嫡出子として出生届をした場合（戸62条）は，父母の氏を称することになる。

(2)　死亡した父母の氏への変更

本条は，現実に生活を共にする親子間においては，互いに同一の氏を称したいという国民感情を基礎とするものであり，既に父母が死亡し，共同生活の実のない場合に氏の変更を認める必要はないことから，多数説は，死亡した親と同氏にするための改氏は許されないものとしている（我妻313頁，注民(22のI) 390頁以下〔沼辺愛一〕，清水節・判例先例親族法II〔1995〕228頁，大阪高決昭49・11・15家月27巻12号56頁）。先例も，たとえ死亡した父または母の氏を称する旨の許可審判があっても，入籍届は受理しない取扱いとなっている（昭23・7・1民甲1676号民事局長回答，昭23・12・9民甲3780号民事局長回答）。

これに対して，死亡した父母の氏への変更を認めた審判例も散見され（神戸家審昭36・2・21家月13巻5号152頁，横浜家川崎支審昭43・12・16家月21巻4号158頁），学説にも，本条は特に父母の生存中に限り申立てができるとする制限を設けていないことなどから，一概に否定する理由はなく，死亡した父母の氏への変更も認められてもよいとする見解がある（新判例コメ(12)165頁〔原田晃治〕，新版注民(23)633頁〔梶村太市〕）。また，現実に生活を共にする親子の間で同一の氏を称することを認めるというのが本条の立法趣旨であるというが，そうした「立法趣旨」が明確に反映されるような形で規定が設けられているのか，検討の余地が残されているとの指摘がある（新基本法コメ152頁〔窪田充見〕）。

(3)　養子の氏の変更

(ア)　養親が氏を変更したとき　　養子は，養親の氏を称する（810条）が（→§790 II(3)，詳細は→第18巻§810），養親の氏が変更されたときに，実子の場合と同じく氏の変更の問題が生ずる。共同養親が離婚し，養親の一方が復氏した場合，養子は，家庭裁判所の許可を得て，復氏した養親の氏に変更することができる。その後，当該養親のみと離縁した場合は，縁組前の氏に復するのが1987（昭和62）年改正前の戸籍先例となっていたが，現行法では民法

〔床谷〕　725

§791 II　　　　　　　　　　　　　　　　　　　　第4編　第3章　親　子

816条1項ただし書により，養親の他の一方の氏に復することとなる（→第18巻§816）。

　(イ)　実親の氏への変更　　養子縁組により養親の氏を称することが，必ずしも養子の意思に沿い，その利益となるとは限らない。縁組による氏の変更を任意化することは立法論としては考慮に値するが，現行法では，成年養子の場合も，養子は，養親の氏を称しなければならない（810条）。そして，養子縁組が継続する間は，養子の氏を，本条の適用により実親の氏に変更することは，縁組制度の要請に反することから，これを認める必要はないと解されている（我妻313頁，ほか通説。清水・前掲書235頁）。先例も同様であり，たとえ家庭裁判所が許可を与えても，入籍届は受理されない（昭26・1・23民甲20号民事局長回答）。

　しかしながら，連れ子養子の場合には異なる取扱いがなされている。戸籍先例も当初は否定していたが，後に変更され，養父と実母の離婚後に復氏した実母の氏を称する旨の許可審判があったときは，離婚復籍した養母の氏を称することの許可があった場合の取扱いに準じ，養父との離縁前でも，実母の氏を称しその戸籍に入籍する届出は受理される（昭26・9・4民甲1787号民事局長通達）。連れ子養子の場合，実親と養親の共同親権となるものと解され（818条3項），離婚する場合も，養子縁組を継続したまま実親が親権者になることが認められているのに類した取扱いである。

　なお，養子が「やむを得ない事由」を要件とする家庭裁判所の許可を得て，その氏の呼称を変更すること（戸107条1項）はありうるとしても，例えば，永年使用を根拠として，実親の氏に変更することは，認められないであろう。

(4)　外国人の子の氏の変更

　父または母が外国人である場合，子は日本人である父母の一方の氏を称するものと解されている（→§790Ⅳ）。この場合において，子がその氏を外国人である父または母の称する氏に変更しようとするときは，本条の規定によってではなく，戸籍法上の氏の変更手続（戸107条4項・1項）による。すなわち，氏の変更に関する家庭裁判所の許可を得て，氏を変更する旨の届出（戸籍法107条4項による氏の変更届）をしたときは，子について新戸籍が編製される（戸20条の2第2項）。戸籍実務でいう「呼称上の氏」の変更であり，「民法上の氏」は母の氏であることに変わりはないと考えられている。母も外国

726　〔床谷〕

第1節　実　子　　　　　　　　　　　　　　§*791*　**Ⅲ**

人の夫（子の父）の称する氏を称する手続を取った場合，同籍していれば，一緒に氏が変更される。

Ⅲ　家庭裁判所の許可を要しない場合

父または母が氏を改めたことにより子が父母と氏を異にする場合に，子の氏を父母の氏に変更するには，父母の婚姻中に限り，家庭裁判所の許可は不要である（本条2項）。子が父母の氏を称するには，戸籍法98条の入籍届をすれば良い。例えば，父母が共同で養子となり，その氏が養親の氏に変更された場合には，養子夫婦の子の氏を養子となった父母の氏に変更することは，父母の意思にも合致し，子の利益のためにも望ましいと解されることから，あえて家庭裁判所の審査を経る必要がないものと考えられたものである。父母が婚姻中であれば，現行法上は父母同氏であるため，父母の間での利害対立もないと考えられる。もっとも，氏の変更が子自身の意思に反する場合も考えられるので，子からの届出による氏の変更の方式を維持している。

嫡出でない子の母と子を認知した父が夫の氏を称する婚姻をして準正が生じた場合についても，準正嫡出子は，当然には父母の氏を称するものではなく，父母の氏を称するには，入籍届によるものとされた（→§790Ⅱ⑵）。

また，呼称が異なるが，民法上の氏を同じくする父または母の戸籍への入籍届が認められる場合がある。例えば，父または母が離婚（または離縁）後に婚氏（縁氏）続称の届出（戸77条の2〔73条の2〕）をしている場合，婚姻（縁組）前の戸籍に同籍していた子は，父または母と民法上の氏が同じであることから，家庭裁判所の許可を要することなく，父または母と同籍する入籍届をすることができ，それにより呼称は父または母と同じものに変更される。父または母が，外国人配偶者の称している氏に変更する届出（戸107条2項）あるいは外国人との離婚による氏の変更届（同条3項）をしたことにより新戸籍が編製された後，氏変更前の戸籍に在籍している子が同籍を希望する場合も，同様に入籍届が認められる（昭59・11・1民二5500号民事局長通達）。

〔床谷〕　727

§*791* Ⅳ   第4編　第3章　親　子

Ⅳ　家庭裁判所の許可

(1)　管轄・申立権者等

　子の氏の変更についての許可の審判事件（家事別表第一60項）は，子（父または母を同じくする数人の子についての子の氏の変更についての許可の申立てに係るものにあっては，そのうちの1人）の住所地を管轄する家庭裁判所の管轄に属する（家事160条1項）。

　子が15歳以上の場合は，自ら氏の変更の許可を求める申立てをすることができる（本条1項，家事160条2項）。ただし，15歳以上でも，意思能力を欠く場合には，親権者や未成年後見人などの法定代理人が代わって行うことができる（大阪家審昭55・6・13家月32巻9号52頁，新判例コメ(12)181頁〔原田晃治〕，新版注民(23)636頁〔梶村太市〕）。子が15歳未満であるときは，法定代理人が子に代わって氏変更の手続を行う（本条3項）。親権者が子の氏を自己の氏に変更しようとする場合でも利益相反行為（826条）には該当せず，特別代理人の選任は不要である（新判例コメ(12)182頁〔原田〕，新版注民(23)635頁〔梶村〕）。離婚の際に親権者とは別に子を監護すべき者が定められている場合，子の監護者から氏の変更の申立てをすることができるとした審判例もあるが（釧路家北見支審昭54・3・28家月31巻9号34頁），一般的には否定されている（東京高決平18・9・11家月59巻4号122頁は，許可審判の申立ては監護者が代理することができるとしても，父母の氏を称する入籍届は法定代理人に限られるとした。これの批判として，判例民法Ⅸ300頁〔家永登〕）。

　家庭裁判所の審理にあたっては，氏の変更の申立てが申立人の真意に基づくかどうか，父母と子の氏（民法上の氏）が異なるかどうか，変更を許可すべき理由があるかどうか，について，審問や調査官調査で聴取して審理しなければならない（新判例コメ(12)182頁〔原田〕）。申立てを認容する（氏の変更を許可する）審判に対しては，不服申立てをすることはできない。他方，申立てを却下する審判に対し，申立人は，即時抗告をすることができる（家事160条3項）。

(2)　氏の変更の許可基準

　子の氏の変更につき家庭裁判所の許可を要件としたのは，氏の恣意的な変更を防止するとともに，子の氏の変更をめぐる父母間などの利害の対立を調

728　〔床谷〕

第1節　実　子　　　　　　　　　　　　　　　　　　　§*791*　Ⅳ

整するためである。戸籍法上の一般的な氏の変更については，「やむを得な
い事由」があることが要件となっているが（戸107条1項），本条の子の氏の
変更を許可すべき基準については特段の規定がなく，家庭裁判所の裁量に任
されている。本条は，子が父母の一方または双方と氏が異なる状態を解消し，
親子同氏とすることが実際の生活上も便利であり，国民感情にも合致すると
いうことから設けられている規定であるから，親権者からの氏の変更の申立
てが子の利益のためではなく，もっぱら父母（親権者または子と氏を同一にしよ
うとする父母）の利益のためであり，氏の変更が子の意思（真意）や客観的利
益（子の福祉）に明らかに反すると思われる場合を除き，基本的には認容さ
れるべきものとなろう。以下では，氏の変更の可否につき実務上特に問題と
なる場合を挙げる。

　⑺　親権の所在と子の氏の変更　　子が未成年者の場合，子は親権者であ
る母と共同生活をしているのが一般的である。共同生活をする親権者と子が
氏（呼称）を同じくするために，父母の離婚後，子の氏を父の氏（父母の婚姻
中の氏）から復氏した親権者母の氏に変更することには問題はない。もっと
も，子の年齢によっては氏の変更をいやがる場合も少なくないので，母が婚
氏続称（767条2項）することで対処することが多いであろう（同呼称で親子別
籍となることは厭わない）。

　他方，親権者ではない親の氏への変更の申立ては，子の福祉に適うかどう
かが問題となる。このような事態は離婚後にも生じうるが，嫡出でない子の
場合に多いであろう。審判例にも，嫡出でない子の氏変更に消極的な事情と
して，父の妻子の反対とともに（これについては→⑼），親権者であり同居者
である母と子が氏を異にすることは子の福祉に沿わないと指摘するものがあ
る（山口家審昭63・12・5家月41巻7号106頁）。もっとも，父と母子が内縁（事
実婚）関係にある場合には，単独親権制を採る現行法の下で，母が親権者で
ありながら父の氏に変更することで，子と父母双方との結びつきを担保しよ
うとすることもあろう。内縁の父は子と共同生活をし，事実上の監護者でも
あるから，親権者ではない父の氏への変更も子の福祉に反するものとはいえ
ない。近時の裁判例では，父に法律婚家族がない場合ではあったが，「第一
子同様，親権者を父とすることなく，氏の変更が許可されても，親権者は将
来にわたり母のままであると認められる。しかしながら，氏の変更は，親と

〔床谷〕　729

§791 IV
第4編 第3章 親 子

共同生活を営む子の社会生活上の必要性から認められるものであり，両親の
うち親権者をいずれにするかとは直接の関連性を有せず，親権者が母のまま
であることは，非嫡出子が，その氏を，共同生活を営む父の氏に変更するこ
とを妨げる事由とはなり得ない」と判示している（札幌高決平20・1・11家月
60巻12号42頁）。

父が親権者ではあるが子と同居していない場合には，氏が異なることが親
権の行使を著しく妨げるような場合を除き，父の氏への変更を認めるべきで
はなかろう（むしろ親権者変更を考えるべき）。

(イ)　成年の子の氏の変更　　本条には特に制限が置かれていないので，子
が成年の場合にも，子の氏の変更は認められるものと解されている（戦後初
期の消極説について，新版注民(23)630頁〔梶村〕，立法論的批判として，新基本法コメ
152頁〔窪田充見〕）。

子が婚姻している場合は，婚姻の際に自己の氏を夫婦の氏とした者（戸籍
筆頭者）のみが子の氏変更許可の申立てをすることができる。子の氏が変更
されると，夫婦同氏の原則（750条）により配偶者の氏も同じく変更される
が，申立てをするに当たり，配偶者の同意は必要ではない。配偶者の意思は，
家庭裁判所の審理の際に考慮すべき事情とされる（家庭裁判所の許可が不要な場
合は，氏の変更の届出は配偶者とともにする。→V）。婚姻の際に氏を改めた者は，
婚姻の際に定めた氏を称すべきものとされるので，子の氏変更許可の申立て
をすることはできない。

(ウ)　嫡出でない子の父の氏への変更　　嫡出でない子の氏を母の氏から認
知した父の氏に変更するための許可を求める申立ては，子の氏変更許可申立
て事案で最も多く，関係者の利害対立から氏変更の可否が問題となってきた。
母の氏から父の氏に変更されると，子は，母の戸籍から出て，父の戸籍に入
るため（戸18条2項），特に父に妻や嫡出子がいる場合には，妻子が，夫
（父）の婚外関係が戸籍上で明らかにされ，「戸籍が汚れる」という戸籍感情
もあって，嫡出子の就職や結婚の妨げなどの社会的不利益・心理的影響を理
由として，嫡出でない子の氏の変更に強く反対することになる。このような
事案は，1960年代から80年代にかけて数多く公表されてきたが（当時の戸籍
公開の原則の在り方や，社会における戸籍の利用の仕方にも原因があったと思われる），
家庭裁判所（および抗告審）の判断は，変更を認めるものと否定するものが相

730　〔床谷〕

第1節 実 子　　　　　　　　　　　　　　　　　　　　　　　§791 IV

半ばする（清水節・判例先例親族法Ⅱ〔1995〕210頁以下）。1980年代半ばまで（昭和期）の裁判例については旧注釈に整理されているが（注民(22のⅠ)401頁以下〔沼辺愛一〕, 新版注民(23)646頁以下〔梶村〕）, 子の福祉重視型, 嫡出家族の意思尊重型が対立していたところ, 1975（昭和50）年頃からは, 子の利益と嫡出家族の不利益（感情・意向）とを総合的に判断し具体的妥当性を追求する傾向にあると評されている（新版注民(23)649頁〔梶村〕）。

　その後の公表事例は多くはないが, なお結論は分かれている（否定例として大阪高決昭62・12・3家月40巻6号39頁, 前掲山口家審昭63・12・5, 高松高決平5・11・10判タ863号268頁, 肯定例として東京高決平2・5・11東高民時報41巻5〜8号28頁, 大阪高決平9・4・25家月49巻9号116頁, 前掲札幌高決平20・1・11, 札幌高決平23・1・28家月64巻4号46頁）。多くは重婚的内縁の事案であるが, 子がまだ幼い間は社会生活上の不利益も少ないとして氏の変更に慎重である一方, 父と婚姻家庭との別居が長期にわたり破綻が決定的なときは氏の変更に積極的である（前掲大阪高決平9・4・25）。法定相続分の平等化（最大決平25・9・4民集67巻6号1320頁, 平成25年民法改正）など最近の嫡出でない子に対する差別の撤廃の動きも, 子の氏変更を認める方向に作用するであろう。

　この問題は同氏夫婦親子の「同籍」という戸籍編製の在り方にかかわるものであり（新基本法コメ153頁〔窪田〕）, 個人単位の身分登録制に変更されれば解決される。当面, この戸籍制度の基本が変わらないとしても, 父の氏に変更した嫡出でない子については, 新戸籍を編製する方法での解決も考えられる（床谷文雄「氏と戸籍」谷口知平追悼第1巻・家族法〔1992〕30頁）。

　(エ)　家名継承・祭祀承継のための氏の変更　　戦後間もない時期には, 家名継承を目的とする子の氏の変更許可申立てが少なくなかったであろうが, 裁判所は, これは因習的感情によるもので, 家制度を廃止した民法の精神に反するとして消極的であった（静岡家富士支審昭50・9・2家月28巻8号55頁ほか。学説もこれが従来の多数説〔清水・前掲書237頁〕）。しかし, 近時は, 高齢となった親（母）と同居しての面倒見, 介護, 墓の承継のための母方の氏の承継といった理由で成人した子からの申立てがなされることもある。家名承継が目的に含まれるとしても, 一律に排除すべきものではないとする見解が有力である（新判例コメ(12)164頁〔原田〕, 清水・前掲書237頁, 新版注民(23)633頁・644頁〔梶村〕, 新基本法コメ152頁〔窪田〕）。成人した子の申立てで, 配偶者や子の意

〔床谷〕　731

§791　V・VI　　　　　　　　　　　　　　　第4編　第3章　親　子

向にも反しないものであれば，認められてもよいであろう。

　祭祀承継にかかわる子の氏の変更も一概に否定されるものではないとする
見解が有力であるが，既に親が死亡している場合には，多数説はこれを否定
している（→Ⅱ(2)）。

V　氏の変更の届出

　家庭裁判所の許可審判によって，子の氏の変更の効果が生じるものではな
い。子の氏の変更は，戸籍への届出によって成立する要式行為であり，父ま
たは母の氏を称しようとする者は，家庭裁判所の許可書の謄本を添付して
（戸38条2項），その父または母の氏名および本籍を届書に記載して，その旨
を届け出なければならない（戸98条1項）。また，本条2項の規定によって父
母の氏を称しようとする者に配偶者がある場合には，配偶者とともに届け出
なければならない（戸98条2項）。この氏の変更の届出（「父または母の氏を称す
る入籍の届出」と呼ばれる）により，子は，その称する氏の父または母の戸籍に
入る。

VI　子の成年後の復氏（本条4項）

(1)　復氏の要件

　本条の規定により，未成年の間に父または母の氏に変更した子は，成年に
達した時から1年以内に限り，戸籍法上の届出により，従前の氏に復するこ
とができる（本条4項）。未成年の間の氏の変更が本人の申立てによるか，法
定代理人が申立てをしたかは問わない。法定代理人の申立ての場合は，本人
の意思に沿わない場合もありうるし，本人の申立てでも，未成年の間の判断
は必ずしも十分な思慮に基づくものとは限らないし，成年に達した時の事情
の変更も考えられるので，社会生活が拡大する時期に再考の機会を与えたも
のである。子が従前の氏に復しようとする場合に，その氏を称していた父ま
たは母が死亡しているときであっても，氏の変更を妨げられない。

　未成年の間に父または母の氏に変更した後，婚姻して配偶者の氏を称して
いる場合，離婚後に婚氏続称している場合，あるいは養子縁組によって養親

732　〔床谷〕

第1節　実　子　　　　　　　　　　　　　　　　　　　　§*791*　Ⅵ

の氏を称している場合など，他の原因により，氏がさらに変更されているときは，本項による従前の氏への復氏はできない。未成年の間に離婚復氏した場合または離縁復氏した場合は，本項の適用がある。

(2)　復氏の届出と入籍

　未成年で改氏した者が成年に達した後に復氏するときは，本条1項から3項までの規定によって氏を改めた年月日を記載して，その旨を届け出なければならない（戸99条1項）。この届出（従前の氏に復する入籍届）により復氏した者は，氏変更前の戸籍に入る。ただし，その戸籍が既に除かれているとき，または新戸籍編製の申出をしたときは，新戸籍を編製する（戸19条2項・1項）。

　成年後の復氏者に配偶者がある場合には，配偶者とともに届け出なければならない（戸99条2項）。この場合は，その夫婦について新戸籍を編製する（戸20条）。

〔床谷文雄〕

〔床谷〕　　733

渉外親子関係　I

第4編　第3章　親　子

渉外親子関係

細　目　次

Ⅰ　渉外親子関係事件の国際裁判管轄権 …734
  1　従来の学説と裁判例……………………734
  2　「人事訴訟法等の一部を改正する法律
    案」における親子関係事件の国際裁判
    管轄権………………………………………736
Ⅱ　渉外親子関係の成立の準拠法 …………738
  1　総　説……………………………………738
  2　実質的成立要件…………………………738
    (1)　実親子関係…………………………738
    (2)　養親子関係…………………………745
  3　形式的成立要件（方式）………………749
    (1)　単位法律関係………………………749
    (2)　連結政策 …………………………750
Ⅲ　親子間の法律関係（親子関係の効力）
  の準拠法，および親子関係の効力に関連
  するその他の問題 ………………………750
  1　親子間の法律関係（親子関係の効力）
    の準拠法…………………………………750

    (1)　単位法律関係 ……………………750
    (2)　連結政策 …………………………751
  2　子の氏……………………………………752
  3　扶　養…………………………………753
    (1)　「扶養義務の準拠法に関する法律」
      とは ……………………………………753
    (2)　単位法律関係………………………753
    (3)　連結政策 …………………………754
  4　国境を越える子の奪い合い……………754
    (1)　ハーグ子奪取条約と国内実施法…754
    (2)　その他の子の返還等の方法 ………757
Ⅳ　渉外親子関係に関する外国裁判の承
  認・執行 …………………………………758
  1　従来の学説と裁判例……………………758
  2　外国で成立した養子縁組の承認………761
  3　「人事訴訟法等の一部を改正する法律
    案」における渉外親子関係事件の外国
    裁判の承認執行………………………761

Ⅰ　渉外親子関係事件の国際裁判管轄権

1　従来の学説と裁判例

　渉外親子関係事件（本稿では，法律関係を構成する諸要素〔当事者の国籍や，住所，常居所等〕が複数の国に関係する親子事件を言うものとする）の訴訟およびそれ以外の裁判（審判，調停等）における国際裁判管轄権についても，渉外婚姻・離婚等と同じく，現在のところ明文規定は存在しない（なお，人事に関する訴えにつき民訴法の国際裁判管轄規定の適用がないことについては，人訴29条1項参照）。その上，渉外親子関係事件の場合は，渉外離婚とは異なり，その国際裁判管轄権について判断した最高裁判決もない。

　学説は概ね，当事者間の公平，裁判の適正・迅速の理念により条理に従って決定するという渉外離婚に関する国際裁判管轄権の判例（→渉外離婚Ⅰ(2)）に準じ，基本的には被告住所地主義に立ちつつ，その例外を認めるべき具体

734　〔織田〕

第1節　実　子　　　　　　　　　　　　　　　　　　　　渉外親子関係　Ⅰ

的場面について議論を重ねてきた。すなわち，親子関係事件のうちでも人事
訴訟事件（人訴2条2号・3号参照。例えば，嫡出否認，認知，親子関係存否確認，離
縁の訴え等の親子関係の成否に関わる訴え。これらは家事調停前置を原則とする。家事
257条）については，被告の応訴の負担を考慮し，原則として被告の住所地
国に管轄権を認める（山田528頁，渡辺惺之「渉外実親子関係の国際裁判管轄と準拠
法」新家族法実務大系Ⅱ639頁以下）。他方，親子関係に関する家事手続事件のう
ち，養子縁組（成立）事件等のように争訟性が低く裁判所が後見的立場から
介入する類型である親子関係家事事件（家事別表第一参照）については，当事
者いずれかの住所地を基準とする見解が比較的多く見られ（渉外養子縁組一般
につき司法研修所編・渉外養子縁組に関する研究──審判例の分析を中心に〔1999〕5頁，
養子縁組許可事件につき大谷美紀子「渉外養子縁組の国際裁判管轄権と準拠法」新家族法
実務大系Ⅱ663頁），争訟性が極めて強いとされる子の監護に関する処分に関
する事案（例えば，親権〔監護権〕者決定やその変更，面会交流，監護費用の分担。家
事別表第二参照。これらも家事調停前置主義に立つ。家事257条）については，子の
利益（福祉）を重視して，子の住所地（または常居所地）をも考慮すべきである
との見解（特に，親権〔監護権〕者決定についてはその傾向が強い。松原正明「渉外的
子の監護紛争の処理」岡垣学＝野田愛子編・実務家事審判法5〔1990〕225頁，山田530
頁，櫻田典子「渉外子の監護事件の国際裁判管轄と準拠法」新家族法実務大系Ⅱ682頁，
横山377頁等参照）が広く支持されてきた。ここでいう子の利益（福祉）とは，
子について十分な調査を行った上で適切な判断を下すことを意味する。また，
外国に居住する子を日本の裁判に参加させることが実質的に過重な負担を子
に強いることとなる場合には，日本に管轄権を認めることについて慎重であ
るべきであろう。親権者指定等が離婚事件と同時に申し立てられた場合につ
いては，これを離婚に付随する問題と捉えて離婚の国際裁判管轄権に拠らせ
る見解，子の福祉の観点から子の住所地（常居所地）国に管轄権を認める見
解，およびその折衷的見解等が主張され，意見の一致を見ていない（例えば，
松原・前掲論文227頁，櫻田684頁，澤木＝道垣内318-319頁，中西ほか347頁。→渉外
離婚Ⅰ(2)）。なお，渉外親子関係事件において当事者の国籍を管轄原因として
認めることにつき，学説は一般に消極的である（山田528頁，松原・前掲論文
227頁，渡辺・前掲論文649頁，櫻田・前掲論文684頁等）。

　近年の裁判例のうち，親子関係存在確認訴訟において被告（相手方）住所

〔織田〕　735

地主義を採るもの（大阪高判平26・5・9判時2231号53頁）や，親権（監護権）者指定・変更事件において子の住所地ないし常居所地を基準としたもの（東京高決平20・9・16家月61巻11号63頁，前橋家審平21・5・13家月62巻1号111頁，横浜家小田原支審平22・1・12家月63巻1号140頁。ただし，子の住所（または常居所）「のみ」が日本にあることを理由に日本に管轄を認めた事案は存在しない），養子縁組許可事件において養子の住所地を基準としたもの（宇都宮家審平19・7・20家月59巻12号106頁）等は，学説とほぼ同様の結論を示している。しかし，被告（相手方）住所地を原則としつつ，子の住所地・常居所地も考慮すべきとしたもの（例えば，親権者指定事案につき東京高決平17・11・24家月58巻11号40頁，面接交渉申立事案につき東京家審平20・5・7家月60巻12号71頁），さらには，当事者双方の住所地（または常居所地）を基準としたものも散見され（養子縁組申立事案につき東京家審平15・3・25 LEX/DB28082167，青森家十和田支審平20・3・28家月60巻12号63頁，名古屋家豊橋支審平26・7・17判タ1420号396頁。親権者変更事案につき東京家審平22・7・15家月63巻5号58頁，子の養育費請求事案につき，大阪家審平26・9・19判タ1417号395頁，嫡出否認事案につき大津家審平12・1・17家月52巻7号101頁，認知無効事案につき広島家審平22・10・21民集68巻1号19頁），必ずしも統一的な管轄権ルールが示されているとは言えない。また，夫婦および未成年者の住所が日本にあり，離婚，親権者指定，養育費支払が求められた事案において，離婚を認容し，その「附帯処分」として親権者指定および養育費支払の判断を行った例がある（東京高判平26・6・12判時2237号47頁，ただし離婚の国際裁判管轄権についての判示はない）。なお，国籍を管轄権の有無に関する直接の判断基準として用いた判例は見当たらない（「常居所」については，→渉外婚姻I(2)を参照）。

2 「人事訴訟法等の一部を改正する法律案」における親子関係事件の国際裁判管轄権

人事訴訟および家事事件の国際裁判管轄権については，現在，国会において「人事訴訟法等の一部を改正する法律案」（http://www.shugiin.go.jp/internet/itdb_gian.nsf/html/gian/honbun/g19005033.htm）（190国会閣法33号）が審議されている（以下，同法案の人事訴訟法改正法案を人訴法案，家事事件手続法改正法案を家事法案とする）。そのうち，人事訴訟事件については統一的な管轄権規定が設けられ，人事に関する訴えの一般的な管轄ルール（人訴法案3条の2）の他，関連請求

736　〔織田〕

第1節 実 子　　　　　　　　　　　　　　　　　　涉外親子関係　I

の併合による管轄権（人訴法案3条の3），子の監護に関する処分についての裁判に係る事件等の管轄権（人訴法案3条の4），特別の事情による訴えの却下（人訴法案3条の5）等の規定が新設される見込みである。

　身分関係の当事者の一方に対する訴えにおいて当該当事者（被告）の住所が日本国内にあれば日本に国際裁判管轄権を認める被告住所地主義（人訴法案3条の2第1号）と，身分関係の当事者の双方が日本国籍を有する場合にも日本に管轄権を認めるとするルール（同条5号）とを同列に置く新規定は，これまでの実務とは大きく異なる方向性を示すものと解される。また，当事者間の衡平，裁判の適正・迅速の実現を確保する「特別の事情」があれば管轄権を認めるとした規定（同条7号）は，管轄原因に関する柔軟な検討を可能とし，ひいては緊急管轄に途を開くものとも言えよう。さらに，日本の裁判所が婚姻の取消しまたは離婚の訴えについて管轄権を有するときは，子の監護者の指定その他の子の監護に関する処分（現行人訴32条1項）および親権者指定（同条3項）についても管轄権を有するとした（人訴法案3条の4）ことは，この点に関するこれまでの議論に一応の終止符を打つものとして注目される。なお，本法の管轄権規定によれば日本が管轄権を有する場合であってもなお諸事情を考慮して訴えを却下できるとする特別の事情による訴えの却下を認める規定（人訴法案3条の5）が，「特別の事情」の有無の考慮要素として，事案の性質，応訴による被告の負担の程度，証拠の所在地の他，「当該訴えに係る身分関係の当事者間の成年に達しない子の利益」を特に挙げている点は興味深い。

　他方，家事事件については各事件類型ごとに管轄権規定が置かれ，親子事件関連では，①嫡出否認の訴えの特別代理人の選任の審判事件（家事法案3条の4），②養子縁組をするについての許可の審判事件等（家事法案3条の5），③死後離縁をするについての許可の審判事件（家事法案3条の6），④特別養子縁組の離縁の審判事件（家事法案3条の7），⑤親権に関する審判事件等（家事法案3条の8），⑥養子の離縁後に未成年後見人となるべき者の選任の審判事件等（家事法案3条の9），⑦夫婦，親子その他の親族関係から生ずる扶養の義務に関する審判事件（家事法案3条の10），以上7つの類型について比較的詳細な規定が設けられている。これらのうち，例えば，②については養親となるべき者または養子となるべき者の住所が，⑤については子の住所が，⑦につ

〔織田〕　737

渉外親子関係　Ⅱ　　　　　　　　　　　　　　第4編　第3章　親　子

いては扶養義務者であって申立人でない者または扶養権利者の住所地が，それぞれ管轄の基準とされている。また，③，④，⑥については，部分的ないし選択的にではあるが，当事者の国籍が管轄原因として認められている。さらに，家事調停事件についても管轄規定が置かれ（家事法案3条の13），そこでは合意管轄も選択肢の一つとされている（同条1項3号）。そして，審判事件および調停事件についても「特別の事情」による申立ての却下が認められており（家事法案3条の14），ここでも「未成年者である子の利益」が考慮要素として挙げられている。なお，人訟法案，家事法案を通じて，「常居所」の語は用いられていない。

Ⅱ　渉外親子関係の成立の準拠法

1　総　説

現行法適用通則法（平成19年1月1日施行）における親子関係法制は，平成元年改正の法例を（現代語化されたことを除いて）そのまま受け継いだものである。したがって，法適用通則法における親子関係は，法例におけると同じく，嫡出である子の親子関係（以下，嫡出親子関係），嫡出でない子の親子関係（以下，非嫡出親子関係），準正，養親子関係の4種類に分けられる。そして，各親子関係の実質的成立要件の準拠法については法適用通則法28条ないし31条が，また，親子関係の形式的成立要件（方式）の準拠法については法適用通則法34条が，それぞれ定めている。

2　実質的成立要件

(1)　実親子関係

(ア)　嫡出親子関係

(a)　単位法律関係　　法適用通則法28条は，法律上婚姻関係にある男女（夫婦）の間に生まれた子が嫡出子となるか否かを判断する準拠法を定める規定である。本条は，どのような条件の下で子を嫡出子とするかという嫡出推定の問題を扱う。また，誤想婚や善意無効婚（婚姻の成立要件を欠き無効または取り消された婚姻）から生まれた子を嫡出子とみなす実質法を有する国もあることに鑑み，本条の「夫婦」にはそのような無効婚の当事者も含まれ，無効婚から出生した子の嫡出性の準拠法についても本条で判断すべきと解さ

738　〔織田〕

第1節　実　子　　　　　　　　　　　　　　　　　渉外親子関係　**II**

れている（溜池 493 頁，澤木 = 道垣内 118 頁）。

　法適用通則法 28 条は嫡出否認については触れていない。しかし，嫡出否認は嫡出推定を反証によって覆すものであり，逆に，嫡出推定が覆されないことにより嫡出親子関係の成立が確定するのであるから，両者は，いわば表裏の関係に立つものと言い得る（南敏文・改正法例の解説〔1992〕104 頁）。ゆえに，判例・学説とも，本条には嫡出否認の問題（嫡出否認の許容性，否認権者，否認権行使期間，嫡出否認の方法等）も含まれると解している（溜池 493 頁，山田 478 頁等。水戸家審平 10・1・12 家月 50 巻 7 号 100 頁）。

　(b)　連結政策　　夫婦を一体として考える嫡出親子関係の性質から，夫婦の一方とのみ親子関係が成立することは避けなければならない。法適用通則法 28 条 1 項が，通常の国際私法の規定の仕方，すなわち「○○（単位法律関係）は，○○（連結点）の法による」という形をとらず，「……となるべきときは，その子は，嫡出である子とする」という実質法的な表現をとっているのは，嫡出親子関係は夫婦とその間の子との関係であり，夫婦を一体として捉えて準拠法を定めるということをわかりやすくするためである（南・前掲書 108 頁，注釈国際私法 II 74 頁〔佐野寛〕）。また，本項の「夫婦の一方の本国法で子の出生の当時におけるもの」という文言は，「子の出生の当時の夫婦」ではなく「子の出生の当時の本国法」を問題としていることを明確にする趣旨である（注釈国際私法 II 75 頁〔佐野〕。なお，「本国法」等準拠法の基本的な概念については，→渉外婚姻 I を参照）。

　本項は，夫婦の一方の本国法上嫡出子となる場合には，他方の本国法上は嫡出子とならないときであっても夫婦の嫡出子となることを認める選択的連結を採用している。そして，「夫婦の一方」の本国法を準拠法とすることにより両性平等が図られている。また，選択的連結により子が嫡出子となる可能性が広がり，（実質的な）子の利益に適うものと解される。このことから逆に，夫婦の本国法の双方によって嫡出とされているときは，双方の本国法により嫡出性が否認される場合でなければ嫡出性は否認されないものと解される（南・前掲書 111 頁，山田 479 頁，溜池 492 頁，澤木 = 道垣内 119 頁，前掲水戸家審平 10・1・12）。しかし，嫡出親子関係の成立を常に認めることが，必ずしも（実質的な）子の利益に適うわけではないとの理由から，嫡出否認の場面でも選択的連結を認めるべきであるとの見解も主張されている（横山 269 頁，271 頁）。

〔織田〕　739

渉外親子関係　II　　　　　　　　　　　　第4編　第3章　親　子

　本項は準拠法を夫婦の一方の本国法によらしめているため，選択的連結の場面において狭義の反致（法適用41条〔「当事者の本国法によるべき場合において，その国の法に従えば日本法によるべきときは，日本法による。ただし，第25条（第26条第1項及び第27条において準用する場合を含む。）又は第32条の規定により当事者の本国法によるべき場合は，この限りでない」〕）の成立を認めるべきか否かが問題となる。例えば，外国人父と日本人母の夫婦から生まれて日本に常居所を有する子について，外国人父の本国法が嫡出性の問題を子の常居所地法に委ねている場合に反致の成立を認めるならば，結局，子の嫡出性については日本法のみが準拠法として適用されることになり，嫡出親子関係の成立をできるだけ広く認めようとして選択的連結を採用した趣旨が損なわれることになる。そこで，選択的連結の趣旨を重視して反致を否定する見解（木棚照一ほか・国際私法概論〔5版，2007〕59頁〔松岡博〕）や，子の実質的な利益保護の観点から，実親子関係の成立については本国法の指定をその国の実質法への指定と解し，指定されたすべての実質法によって当該法律関係の成立が否定される場合にのみ，例外的に反致を肯定すべきであるとの見解が主張される（横山75頁）。しかし，多数説は，身分関係における法的安定性の観点から，また，反致の適用除外規定である41条ただし書に28条が含まれていないことから反致の成立を肯定する（注釈国際私法II 76頁〔佐野〕，渡辺・前掲論文651頁）。

　（c）　生殖補助医療における嫡出親子関係の準拠法　　生殖補助医療と親子関係の成立の問題は，現段階では結論を見い出し得ていない最も難しい問題の一つである。生殖補助医療にもいくつかの類型があるが，例えば，甲国法は出産（分娩）者を母と解し，乙国法は出産依頼者を母とする場合に，甲国人AB夫婦と乙国人CD夫婦との間で，ABの体外受精卵をDの胎内で成長させDに出産してもらう旨の代理懐胎契約を締結し，その結果子Eが出生したとする。この場合，法適用通則法28条は親の本国を連結点としているため，甲国法によればEはCD夫婦の嫡出子となり，乙国法によればEはAB夫婦の嫡出子となるという事態も生じ得る。そうなると，国際私法上は，これを適応問題（単位法律関係ごとに指定される準拠法間に体系的なずれが存在することによって不適切な結果が生ずる場合の問題）として処理せざるを得ない。もっとも，上記のような例が仮に日本で問題になった場合，出産者を母と解すること（最判昭37・4・27民集16巻7号1247頁）を日本の公序と捉えるならば，

740　〔織田〕

第1節　実　子　　　　　　　　　　　　　　　　　渉外親子関係　**II**

出産者たる D を母とすることが日本の公序に適うと解され，依頼者を母と
する乙国法の適用結果は，公序則（法適用 42 条）により排斥されることにな
ろう（澤木＝道垣内 119-120 頁。注釈国際私法 II 80 頁以下〔佐野〕，佐藤やよひ「『代理
母』により誕生した子の母子関係の準拠法の決定について」国際私法年報 6 号 241
〔2004〕頁以下も参照）。

　なお，日本人男性の冷凍精子と外国人女性の卵子との受精卵を別の外国人
女性の体内に着床させることによって生まれた子と，当該日本人男性の妻と
の実母子関係の存否につき，法例 17 条（現・法適用 28 条）および法例 18 条
（現・法適用 29 条）を段階的に適用してこれを否定した裁判例（大阪高決平 17・
5・20 判時 1919 号 107 頁）は代理懐胎契約自体を無効と解している（本件につき，
奥田安弘・国際家族法〔2015〕255 頁以下参照。なお，生殖補助医療に関する外国裁判の
承認については，→IV 1）。

　(イ)　非嫡出親子関係

　　(a)　単位法律関係　　法適用通則法 29 条は，嫡出親子関係と区別して，
「嫡出でない子の親子関係の成立」という単位法律関係を設けている。本条
には，事実主義（親子関係を前提とする具体的な権利の主張段階において個別的に血
縁関係を証明してゆく）か認知主義（婚姻関係にある男女から生まれた子とそうでない
子とを区別し，後者については一定の方式を具備した認知によって親子関係を認める）か，
認知の成立要件（認知の許否，認知能力，認知についての母等の承諾，遺言認知や死
後認知の許否，死後認知の出訴期間等），認知の直接的効果（効力）（認知によって子
はいかなる身分を取得するか，その身分の取得は遡及効を有するか，認知の撤回の可否等。
南・前掲書 123 頁，木棚ほか・前掲書 231 頁〔木棚〕，櫻田 310 頁）等の問題が含まれ
る。本条においては「父・母」の語が用いられているが，本条で決まる準拠
法によって初めて非嫡出親子関係の成否が決まるのであるから，「父となる
べき者」「母となるべき者」の意味に解すべきである。

　法適用通則法上，28 条により定まる準拠法によって嫡出親子関係が成立
しない場合に，29 条による準拠法が適用されて非嫡出親子関係の存在が判
断されるという条文の適用順序があるとされる（最判平 12・1・27 民集 54 巻 1
号 1 頁参照）。この点との関連で，28 条による準拠法が嫡出・非嫡出の区別を
しない法である場合については議論がある。28 条の文言を忠実に解し，準
拠法上嫡出制度がない場合には 28 条の「嫡出となるべきとき」には該当せ

〔織田〕　741

渉外親子関係　II　　　　　　　　　　　　　　第4編　第3章　親　子

ず嫡出親子関係の成立が否定されるため，29条によるとの見解がある（澤木＝道垣内121頁，注釈国際私法II 89頁〔佐野〕）。これに対し，28条と29条の適用は父母が婚姻しているか否かで区別すべきであり，28条は夫婦間の子の法的親子関係の成立を広く認める趣旨の規定であると解する立場からは，準拠法が嫡出制度を持たない場合も父母が婚姻しているならば28条が適用されることになる（神前ほか190-191頁〔神前〕）。

　(b)　連結政策　　非嫡出親子関係において子の両親たるべき者は，嫡出親子関係の場合とは異なり，夫婦共同体を構成していないため，父子関係，母子関係はそれぞれ別個に判断される。

　法適用通則法29条1項前段は，事実主義か認知主義かを問わず適用され，子の出生時に非嫡出親子関係が成立したか否かは，子の出生時における，父子関係については父の本国法，母子関係については母の本国法により定まる。これに加え，2項前段は，認知による非嫡出親子関係の成立に関して，認知者（父子関係については父，母子関係については母）の認知時の本国法，または認知時の子の本国法によることもできると規定する。このような選択的連結が採用されているのは，認知は出生後すぐ行われる場合もあれば長期間経過後に行われる場合もあるため，その時点で相応しい準拠法を適用することが適切であるとの考慮とともに，子の利益の考慮から認知の成立を容易にしようとする意図に基づくものである（澤木＝道垣内122頁）。亡父の本国法である韓国法上は認知無効請求の出訴期間を徒過しているものの，子本人の本国法たる日本法によれば徒過していない場合には，認知無効を争い得る（最判平3・9・13民集45巻7号1151頁）。胎児認知の場合は，「子の本国法」を「母の本国法」と読み替えて29条1項後段および2項を適用する（南・前掲書127頁，なお，平元・10・2民二3900号通達〔基本通達〕第4の1(3)）。

　2項の「認知の当時」に関し，遺言認知についてはこれを遺言の効力が発生する時点と解し，法適用通則法37条1項により定まる遺言準拠法によらしめる見解が多数説である（注釈国際私法II 97頁〔佐野〕）。

　29条1項前段および2項前段も「本国法による」場面であり，かつ選択的連結を採用しているため，選択的連結における反致の問題が生じる（一(ア)(b)。なお，新版注民(23)514-515頁〔奥田安弘〕）。

　(c)　セーフガード条項　　法適用通則法29条1項後段および2項後段

第1節　実子　　　　　　　　　　　　　　　　　　　渉外親子関係　**Ⅱ**

は，一般にセーフガード条項と呼ばれている。認知による親子関係の成立については，実質法上，成年に達した子の同意を要求する（民782条参照）等，子の利益保護を図るための規定が設けられている場合がある。この点を考慮して，認知の当時の子の本国法が，その子または第三者の承諾または同意を認知の要件としているときは，たとえ父または母の本国法上にはそのような保護規定がなくても，その要件をも備えなければならないとし（法適用29条1項後段），この規定は2項でも準用される。本セーフガード条項を，子の利益を保護する趣旨であると同時に，関係者の利害を調整する機能も有すると捉える見解もある。これによれば，例えば，胎児認知における母の承諾（民783条1項後段）は子の保護要件ではなく母の利益を保護するものであるが，関係者の利害調整機能および条文の文理解釈から，本条項に該当することになる（南・前掲書127頁）。

　セーフガード条項もまた子の「本国法による」場面であることから，反致規定の適用が問題となり得る。多数説は，法適用通則法41条ただし書の適用除外に本項が含まれていないにもかかわらず，子の本国の実質法上与えられている保護を確保するというセーフガード条項の趣旨やその規定の仕方を理由に，反致規定の適用を否定している（注釈国際私法Ⅱ99頁〔佐野〕）。戸籍実務も，この場合には反致を認めていない（基本通達第4の1⑵）。

　(ウ)　準　　正

　(a)　単位法律関係　　準正とは，非嫡出子が嫡出子たる地位を得ることである。各国の実質法によれば，子が出生し，その子について認知が行われた後に父母が婚姻すること（婚姻準正）や，子が出生し，父母の婚姻した後にその子を認知すること（認知準正）が準正の原因とされている（民789条参照）。法適用通則法30条の単位法律関係には，このような準正の許否，遡及効の有無，準正を成立させるために公的機関の宣言を必要とするか，子の死亡後の準正が認められるか等の問題が含まれる。なお，準正は独立の法律行為ではないため，方式（一Ⅱ3）は問題とならない（櫻田313頁）。

　(b)　連結政策　　法適用通則法30条1項は，「準正の要件である事実が完成した当時」の父，母，子のいずれかの本国法を準拠法とする選択的連結を採用している。これもまた，嫡出親子関係の成立が子の利益に資するとの前提に立つものである。本項も，同法28条1項と同様，実質法的な規定の

〔織田〕　743

渉外親子関係　Ⅱ　　　　　　　　　　　　第4編　第3章　親　子

仕方になっているが，これは選択的連結を分かりやすくするための立法技術的な理由に基づくものである（南・前掲書133頁）。なお，本項においても，選択的連結と反致の問題が生じ得る（→(ア)(b)）。

外国人母の本国法が事実主義を採用し，かつ，父母の婚姻により準正が成立する法制を採っている場合，日本人父と外国人母との間に生まれ認知されていない子は，父母の婚姻により準正が認められて嫡出子となるか。この場合，法律上の父子関係が存在しないのに準正が成立するとの解釈は適当ではなく，「準正の要件たる事実」がいまだ完成していないものとして，準正は成立しないと解される（南・前掲書134頁，中西ほか330頁）。

(c)　日本国籍取得との関係　　平成20年以前の日本の国籍法3条1項は，認知のみによる日本国籍の取得を認めず「準正」を要求していたが，最高裁平成20年6月4日大法廷判決（民集62巻6号1367頁）は，同項を憲法14条1項違反とした上で，同項の準正以外の要件が満たされるときは日本国籍を取得することを認めた。これに基づき，同法3条を父母の婚姻を要求しない現在の条文に改め，かつ，虚偽の認知の届出をした者に対する罰則規定（同法20条）を新設した改正国籍法（平20法88）が，平成21年1月1日より施行されている。

なお，国籍法上の「父」「母」等は，国籍法所属国の国際私法による準拠法に基づき決定される（江川英文ほか・国籍法〔3版，1997〕30頁，木棚照一・逐条註解国籍法〔2003〕113頁）。また，日本国籍取得の場面においては，国籍の浮動性防止の要請から認知の遡及効が認められないことに留意すべきである（最判平14・11・22訟月50巻4号1325頁）。

(エ)　親子関係存否確認　　真実の親子関係が存在しないにもかかわらず，戸籍等の公簿では親子とされているため，親子関係の存否確認訴訟によってこれを訂正しようとする場合，そのような存否確認は親子関係が存在しないという事実の確認にすぎず，準拠法の問題を生じる余地はないとした古い裁判例がある（東京地判昭和28年(タ)第219号（判決日不明）判タ42号48頁）。しかし，親子関係の存否確認の訴えは，単に親子関係の存否という事実の確認にとどまらず，生理的な親子関係の存否の事実に基づき，それに法を適用して法律上の親子関係の存否を確認するものであるから，当該親子関係が渉外関係であるときは，国際私法を適用して準拠法を決定する必要がある（溜池良

744　〔織田〕

第 1 節　実　子　　　　　　　　　　　　　　　　　　　　渉外親子関係　**II**

夫・国際家族法研究〔1985〕259 頁，注釈国際私法 II 77 頁〔佐野〕）。

　親子関係存否確認における準拠法決定が問題となる事案のうち，親子関係の「不存在」の確認を求める事案については，いかなる意味においても実親子関係のないことを確認する必要があるとして，法適用通則法 28 条，29 条を段階的または同時的に適用すべきとするのが近時の多数説である（溜池 502 頁，注釈国際私法 II 79 頁〔佐野〕）。

　他方，親子関係の「存在」確認事案については確認が求められている親子関係の成立準拠法によるが，いずれの親子関係も成立する余地があり得る場合には，まず，嫡出親子関係の準拠法によって嫡出親子関係の成否を決定し，これが否定された場合に初めて非嫡出親子関係の成否が判断されるべきである（中西ほか 332 頁。韓国法上の継母子関係・嫡母庶子関係の成否に関する最判平 12・1・27 民集 54 巻 1 号 1 頁は，まず嫡出親子関係の成否を検討し，嫡出親子関係が否定された場合には嫡出以外の親子関係の成否を検討すべきとする。他に，親子関係存在確認請求事件として大阪高判平 26・5・9 判時 2231 号 53 頁）。

(2)　養親子関係

(ア)　養子縁組の成立

　(a)　総説　　各国の養子縁組に対する考え方や法制度は実に様々である。養子縁組の目的を家系維持ないし老親の世話と捉える国もあれば，恵まれない子の幸福と解する国もあり，さらには宗教上の理由から養子縁組を禁止している国もある。養子縁組を認める場合でも，養子縁組の成立を当事者間の合意によらしめる契約型養子縁組や，裁判所その他の公的機関の関与によって行う決定型養子縁組等の相違がある。また，実方の血族との親族関係を断絶する断絶型養子縁組と，養子縁組が成立しても実方の血族との親族関係が存続する非断絶型養子縁組がある。その他，養子の年齢，養親子間の年齢差，夫婦共同養子，成年養子の禁止などについても各国間で様々な差異が見られる。国際養子縁組の場面では，一般に，途上国の子が先進国の親との間で養子縁組を行うケースが多いとされ，法適用通則法の養子縁組に関する規定もその点に考慮している。

　なお，ハーグ国際私法会議が 1993 年に採択した「国際的な養子縁組に関する子の保護および協力に関する条約」（*Convention of 29 May 1993 on Protection of Children and Co-operation in Respect of Intercountry Adoption*）は，子の最善の利益を図

〔織田〕　745

り，子の誘拐，売買，取引防止のための締約国間の協力体制の構築，条約に従った養子縁組につき締約国間での相互承認等を目的とするものである。同条約の締約国は 98 か国にのぼる（2016 年 9 月現在）が，日本はまだ批准していない。

　(b)　単位法律関係　　法適用通則法 31 条 1 項前段には，養子縁組の可否，養親または養子になるための年齢および年齢差，法定代理人の代諾，公的機関の許可の要否等の養子縁組の実質的成立要件の問題が含まれる（中華人民共和国法上の事実上の養子縁組を認めたものとして神戸地判平 10・3・30 判タ 1007号 280 頁，特別養子縁組の成否につき千葉家審平 11・4・14 家月 51 巻 11 号 102 頁，養子縁組を認めないイスラム法の適用を公序により排除して養子縁組を認めた事例として宇都宮家審平 19・7・20 家月 59 巻 12 号 106 頁）。また，本項前段の文言が「養子縁組の成立は」ではなく「養子縁組は」となっていることから，養子が嫡出子と同一の身分を取得するか否か，その取得時期はいつか，養子と養親の血族との間に親族関係が発生するか等の養子縁組の直接的効果（効力）の問題も，ここに含まれると解される（溜池 510-511 頁，南・前掲書 138 頁）。

　養子縁組の成立にあたり，準拠法によっては要求される官庁や裁判所など公的機関の許可その他の処分や養子決定手続が本項の適用範囲に含まれるかについては見解が分かれている。例えば，養子縁組の準拠法が決定型養子縁組制度を採用している場合は，準拠法上の養子決定を日本の特別養子の成立審判によって「代行」できるとする見解がある（カナダのブリティッシュ・コロンビア州法上の養子縁組の成立につき，高松家審平 6・1・13 家月 47 巻 12 号 47 頁。なお，基本通達第 5 の 2(1)）。これに対し，このような手続問題は養子縁組の準拠法の問題ではなく，法廷地である日本の手続法の問題として考えるべきであり（「手続は法廷地法による」の原則），日本の手続法上，養子縁組の成立に利用可能な家庭裁判所の手続を，許される限度で準拠法の趣旨に沿いつつ行うべきとする見解も有力である（澤木＝道垣内 126 頁，中西ほか 338 頁参照）。

　(c)　連結政策　　本項前段は，養子縁組当時の養親となるべき者の本国法によると規定する。これは，養親子の生活は養親を中心として営まれるのが通常であるため養親となるべき者を基準とし，かつ，法適用通則法の本国法重視の姿勢に従って養親の本国法を連結点としたものである。

　夫婦共同養子縁組の場合，養父・養母の本国法が異なるときは，養父，養

第1節　実　子　　　　　　　　　　　　　　　　　涉外親子関係　**II**

母のそれぞれにつき養子縁組の可否を判断するのが通説とされる（盛岡家審平3・12・16家月44巻9号89頁）。しかし，例えば，養親夫婦ABのうち，Aの本国法が共同養子縁組を強制しており，Bの本国法が養子縁組を禁じている場合は，実質法上の制約により，結論として養子縁組は不可能となる。ただし，Aの本国法が共同養子縁組を強制していても，Bの本国法が単独養子縁組を認めている場合には，Bについては単独養子縁組が成立するものと解される（溜池510頁）。

　本項前段は「本国法による」としているため，ここでも反致（法適用41条本文）の成否を検討する必要が生ずる。なお，米国人を養親とする養子縁組の準拠法を「隠れた反致」により日本法とした判例がある（米国の多くの州では養子縁組等一定の問題については準拠法決定規則を持たず，当事者の住所地〔ドミサイル〕に裁判管轄権を認め，かつその法廷地法を適用する。このような扱いは，あたかも裁判管轄規則の中に準拠法決定規則が隠れていて反致が生ずるように見えることから，隠れた反致と呼ばれる。近年の例としては，青森家十和田支審平20・3・28家月60巻12号63頁）。

　　(d)　セーフガード条項　　養子縁組の成立（および直接的効果）につき，法適用通則法31条1項前段に従い養親となるべき者の本国法にのみよらせるならば子の保護に欠けることもあり得るため，同項後段は，養子となるべき者の本国法のうちの子の保護要件をも備えることを要求している。29条1項後段や同条2項後段と同様，これもまたセーフガード条項と呼ばれる。29条1項および2項後段のセーフガード条項に規定される内容に加え，本条項ではさらに「公的機関の許可その他の処分」が加えられている。この「公的機関の許可」の範囲をどのように考えるかは，本セーフガード条項の趣旨の捉え方にかかっている。仮に，子の保護の観点から，公的機関の関与を広く認めることが本条項の趣旨に適うと解するならば，養子の本国法が決定型養子縁組制度を採っている場合に日本の家庭裁判所が行う決定や命令もまたこれに含まれることになる（前掲盛岡家審平3・12・16等）。これに対し，本条項の趣旨をより厳密に，養子または第三者が当該養子縁組に関与する権利を保護することであると解し，「公的機関の許可」から養子縁組成立自体の当否を判断する公的機関の関与を除外し，養子等の承諾・同意に代わるものに限定する見解もある（横山283頁）。

〔織田〕　　747

渉外親子関係　**II**　　　　　　　　　　　　　　第4編　第3章　親　子

　セーフガード条項にいう「第三者」の範囲に関しては，日本人の養親がフィリピン人未成年子と養子縁組を行う事案において，フィリピン法において養親に10歳以上の嫡出子があるときにはその同意を得ることが養子縁組の要件とされている場合，その嫡出子はここでいう「第三者」であり，その同意を得る必要があるとした判例がある（水戸家土浦支審平11・2・15家月51巻7号93頁）。しかし，養親側の親族には養子の本国法の適用に関する予見可能性はないことや，養子縁組の時点を基準時とする本条項は，養子縁組によって養子との間に新たに関係ができる者の利益保護を念頭に置いていないこと等から，「第三者」を養子縁組までに養子と法律関係のある者に限定すべきであるとの見解（注釈国際私法II 116頁〔植松真生〕）も有力に主張されている。

　本条項は，養子となるべき者を未成年者に限定していないため，成年養子にも適用されると解される。さらに，文言上，同条項の目的が養子となるべき者の保護に限定されていないとして，成年養子の場合は，関係者の利害調整を主たる目的と解する見解がある（南・前掲書150頁参照）。

　本セーフガード条項についても反致が問題になる。現在の多数説である反致否定説は，本条項は養子の本国の実質法が定める規定の遵守が特に必要であり（横山73頁），仮に反致を認めるとセーフガード条項を設けた趣旨が没却されること，より一般的には，同規定の文言が牴触法的ではないこと，セーフガード条項は他の規定とは発想法が異なる制度であって他の規定との整合性をさほど問題にする必要がないこと等も理由とする（南・前掲書208頁。なお，外国で成立した養子縁組の承認については，→IV 2）。

　⑷　実方の血族との親族関係の終了　　養子と実方の血族との親族関係の終了については，終了させられる親族関係（例えば，嫡出親子関係）の準拠法によることも理論的には可能であろう。しかし，そうすると，例えば，法適用通則法31条1項で定まる準拠法が断絶型養子縁組制度を採っていても，断絶型養子縁組制度を持たない国の法律が嫡出親子関係の準拠法となる場合には，その断絶養子縁組の趣旨が損なわれるおそれも生じる。断絶型養子縁組は実親との関係を断絶するという重大な結果を生じさせることから厳格な成立要件が定められ，実親と養子の親子関係まで含めて制度設計されており，これらすべてについて同一の準拠法を適用しなければ，準拠法上の断絶型養子縁組制度の趣旨の実現は難しい（中西ほか343頁）。そこで，31条2項は，

748　〔織田〕

第1節　実　子　　　　　　　　　　　　　　　　涉外親子関係　**II**

養子と実方の血族との親族関係の終了の問題を，同条1項で定まる準拠法，すなわち，縁組当時の養親となるべき者の本国法によらせている。

（ウ）　離縁　　法適用通則法31条2項は，離縁（離縁の許否，要件，直接的効果等）についても，養子縁組当時の養親となるべき者の本国法によらせている。離婚においては現時点の連結点が用いられているのに対して，離縁では過去の連結点が用いられることに留意すべきである。この規定により，例えば，いったん断絶型養子縁組として成立したものは，その成立を認めた準拠法の定める離縁の要件を具備しない限り，離縁できないことになる。実質法上，一般に，断絶型養子縁組では実方の血族との親族関係が終了しているため離縁は厳しく制限されているのに対し，非断絶型養子縁組では比較的緩やかな要件で離縁を認めている。このように養子縁組制度は成立と解消が密接に関係するものとして設計されていることから，成立から離縁まですべて同一の準拠法によることが望ましいと考えられたのである（中西ほか343頁）。

3　形式的成立要件（方式）

(1)　単位法律関係

法適用通則法34条は，同法25条から33条までに規定する親族関係についての法律行為の方式を対象としている。しかし，方式は形式的「成立」要件であって「効力」の問題ではない。法適用通則法25条（婚姻の効力〔＝婚姻の身分的効力〕），26条（夫婦財産制〔＝婚姻の財産的効力〕），32条（親子間の法律関係〔＝親子関係の効力〕）の単位法律関係には，方式が問題となるような法律行為はそもそも存在せず，準正（法適用30条）もまた独立の法律行為ではないから，方式は考えられない。したがって，涉外親子関係について言えば，34条は，任意認知（法適用29条），裁判によらない養子縁組（法適用31条1項），協議離縁（法適用31条2項）という法律行為の方式に関する準拠法を定める条文ということになる。嫡出子出生届に認知の効力が認められるかにつき，これを方式の問題と解して行為地法たる日本法を適用したもの（東京高判平2・2・27家月42巻12号31頁）があるが，この点については批判も存する（奥田・前掲書241頁）。なお，在外日本人間の養子縁組の方式については民法801条に規定がある（詳細については，新版注民(24)324頁以下〔櫻田嘉章〕等参照。一第18巻§801）。

〔織田〕　749

渉外親子関係 III

第4編 第3章 親子

(2) 連結政策

法適用通則法34条1項は，方式が身分的法律行為の「成立」の問題の一側面であることから，実質的成立要件の準拠法として定められている法によることが相応しいとして，当該法律行為の実質的成立要件の準拠法を方式の準拠法としている。同条2項は，方式要件を具備するためにわざわざ他国に出向いて法律行為を行わなければならないという事態を回避するため，方式の準拠法として行為地法も認めている（「場所は行為を支配する」の原則）。1項と2項は選択的連結の関係に立つ。なお，外国から日本へ認知届（養子縁組届，離婚届等も同じ）が送付された場合の「行為地」について，多数説はこれを外国（送付地）と解するが，このような届出はどこで受信され公にされるかこそが重要であるとして，到達地である日本を行為地と捉える見解も主張されている（新版注民(22)420頁〔澤木敬郎＝道垣内正人〕）。

III 親子間の法律関係（親子関係の効力）の準拠法，および親子関係の効力に関連するその他の問題

1 親子間の法律関係（親子関係の効力）の準拠法

(1) 単位法律関係

法適用通則法32条は，親子間の法律関係，言い換えれば，親子関係の効力の準拠法を規定する。嫡出親子関係，非嫡出親子関係，準正，養親子関係等，親子関係の成立の準拠法については4つの単位法律関係が存在するのに対し，親子関係の効力の準拠法についての規定は法適用通則法32条のみである。これは，いったん親子関係が成立した後は，すべての親子関係を牴触法上等しく扱う趣旨である（溜池514頁）。

法適用通則法32条は，具体的には，親権・監護権の帰属，面会交流権の存否やその内容，居所指定権，懲戒権，職業許可権，財産管理権（大阪高決平16・5・12家月56巻10号56頁）等の問題を扱う。このうち，離婚の際の親権（監護権）の帰属については，かつてはこれを離婚の問題と性質決定する見解も見られたが，この問題は子に対して誰が法的責任を負うかという親子間の問題であり，また，離婚に関する法適用通則法27条により準用される25条が夫婦にのみ着目した連結政策を採用しているのに対して，32条は子に配

750 〔織田〕

第1節　実　子　　　　　　　　　　　　　　　　　渉外親子関係　Ⅲ

慮した連結政策を採っているため子の福祉に適うと解されることから，親権の準拠法によらせるのが適切であり，現在では，判例・戸籍実務・学説とも一致して32条によっている（新版注民(22)428頁〔澤木敬郎＝道垣内正人〕，注釈国際私法Ⅱ137頁〔河野俊行〕。一渉外離婚Ⅱ(3)）。

　さらに，後見（法適用35条1項）との関係も問題になり得る。後見の準拠法は被後見人の本国法によるとされているため，例えば，親権の準拠法が子の常居所地法である場合，被後見人たる子の本国法との間で齟齬を来すこともあり得るからである。その場合，基本的には後見の補充性を認め，法適用通則法32条によって定まる親権準拠法の適用を優先すべきであると解される（注釈国際私法Ⅱ142頁〔河野〕，溜池528頁）。

　なお，親権（監護権）は親が未成年の子に対して行使するものであるから，子が未成年かどうかが問題となる。この点については，別途，法適用通則法4条により導かれる準拠法に基づき判断すべきである（澤木＝道垣内130頁）。

(2)　連　結　政　策

　法適用通則法32条は，父または母の本国法と子の本国法とが同一であれば子の本国法により，これらの同一本国法がない場合には子の常居所地法によるという段階的連結を採用している。子の本国法を第1順位としている理由としては，親権の一内容である法定代理権について強く要請される確実性，法的明確性，および恣意による変更の困難性を確保するには常居所地法より本国法が適していること，親権と密接に関係する後見について法適用通則法35条1項が被後見人の本国法主義を採用していることと平仄が合うこと，日本と交流の多い韓国・中国・東南アジアの多くの国々はいずれも本国法主義を採っており，これらの国との国際私法の調和も考慮する必要があること等が挙げられている（南・前掲書158頁）。

　本国法が同一であること，すなわち同一本国法の意味については注意が必要である。例えば，子が甲国籍と乙国籍を有し，父が甲国籍と丙国籍を有する場合には，法適用通則法38条1項本文に基づき子と父のそれぞれについて本国法を定め，子の本国法も父の本国法も甲国法となるときに初めて，甲国法が同一本国法とされる。

　法適用通則法32条もその第1順位においては「本国法によ」っているが，法適用通則法41条ただし書により同条の適用範囲から除外されているため，

〔織田〕　751

渉外親子関係　Ⅲ　　　　　　　　　　　　　　　　　　　　　第4編　第3章　親　子

反致の成否を検討する必要は生じない。

2　子　の　氏

　各国法の氏（姓）に関する考え方には大きな隔たりがある。したがって，氏の変更についてどの国の法に基づくべきかという問題が生じ得るが，日本の国際私法上，氏の準拠法に関する明文規定は存在しない。もっとも，氏の変更が問題となる場面のうち，本人の意思に基づく氏の変更については，本人の属人法によらせることで学説は一致している（注釈国際私法Ⅱ180頁〔北澤安紀〕）。しかし，身分変動に伴って生じる氏の変更，例えば認知や養子縁組による子の氏の変更の問題について，これを親子関係の効力の問題と考えるか（山田562頁，櫻田324頁。この場合，子の氏の問題は法適用通則法32条に含まれる），氏は身分変動とは別に人格権の問題であるとして子の本国法によらせる（溜池516頁，534-536頁）か，氏はもはや公法上の問題であるとして戸籍法体系の問題と解するか（澤木＝道垣内152頁，奥田安弘・国際家族法〔2015〕414頁），見解は大きく3つに分かれている（この他に，法的確実性および人の同一性の確定を重視して子の本国法の適用を主張する見解〔横山108頁，289頁〕，氏の人格的側面を考慮して当事者の本国法によることを原則としつつも，当事者に準拠法選択を認めて身分関係の効力準拠法によることも可能とする見解〔木棚照一ほか・国際私法概論〔5版，2007〕250頁〔木棚〕〕等が主張されている）。氏の多重的機能性（氏が家族法的側面，人格権的側面，公法的側面を有していること）がこのような議論の対立を招いているとの指摘がある（注釈国際私法Ⅱ173頁〔北澤〕，横山107頁）。

　氏名公法理論以外のいずれの説についても大きな壁として立ちはだかるのは，戸籍実務との乖離である。このことが渉外親子関係において明らかになる例の一つに養子の氏がある。親子関係効力説，あるいは人格権説のいずれかに立ち，子の氏の準拠法が日本法となる場合には，養子は養親の氏を称することになりそうである（民810条本文）。しかし，戸籍実務においては，日本人養子の氏は変更せず，ただ戸籍法107条4項により氏の変更の許可の審判を得て，それを届け出ることによってのみ養親の氏を称し得るものとされ，国際私法上の氏の変動が戸籍に必ずしも反映しない仕組みとなっている（溜池517頁，佐藤やよひ＝道垣内正人編・渉外戸籍法リステイトメント〔2007〕324頁〔北澤安紀〕）。実体法上の氏を反映すべき戸籍が国際私法的な処理を行わないことに対する強い批判があり（例えば，石黒113頁以下），また，比較法的理由か

752　〔織田〕

第1節 実 子　　　　　　　　　　　　　　　　　　渉外親子関係　III

ら氏の私権としての性質を払拭することに慎重な見解もある（中西ほか359頁）が，戸籍実務は一貫して従前の取扱いのままである。このような戸籍実務の根底には，日本の氏制度は日本人に特有なものであって外国人の姓とは異なるという思想が横たわっている。各国の氏（姓）は自国民についての識別符号であり，個人の特定という公法的要請と強く関係している。氏名公法理論はこうした戸籍実務を前提とするものである。

3　扶　養

(1)　「扶養義務の準拠法に関する法律」とは

渉外親子関係に基づく扶養は，親子間の法律関係（親子関係の効力）（法適用32条）の問題と捉えることもできよう。しかし，日本は，1977年に「子に対する扶養義務の準拠法に関するハーグ条約」(1956)（子扶養条約）を，1986年に「扶養義務の準拠法に関するハーグ条約」(1973)（一般扶養条約）を批准し，かつ，一般扶養条約の批准に伴い，これを国内法化した「扶養義務の準拠法に関する法律」（昭61法84）を制定しており，渉外親子関係に基づく扶養の準拠法に関する問題はもっぱら同法によることとされている。

扶養義務の準拠法に関しては，その後，「扶養義務の準拠法に関する議定書」（*Protocol of 23 November 2007 on the Law Applicable to Maintenance Obligations*）が，2007年にハーグ国際私法会議で採択され，2013年に発効した（2014年10月現在の締約国数は28。日本は未批准）。これは，子扶養条約および一般扶養条約を修正し，扶養義務の準拠法を決定するための新たなルールを定めるものである。したがって，将来，日本がこの議定書を批准した場合，本法の大改正が要求されることとなろう（注釈国際私法II 409頁〔早川眞一郎〕）。

(2)　単位法律関係

本法の単位法律関係には，親族扶養，すなわち，「夫婦，親子その他の親族関係から生ずる扶養の義務」（扶養準拠法1条），「扶養権利者のためにその者の扶養を受ける権利を行使することができる者の範囲及びその行使をすることができる期間」（扶養準拠法6条）等の問題が含まれる。扶養義務の前提としての親子関係の存否については，別途，親子関係の成立や離縁の準拠法による。同様に，扶養権利者の成年年齢については行為能力の準拠法による（東京高決平18・10・30判時1965号70頁は，扶養権利者がいつ成年に達したかは，先決問題として，法例3条〔現・法適用4条〕が指定する準拠法によって判断すると判示し

〔織田〕　753

渉外親子関係　III

た）。

(3)　連　結　政　策

　本法は，離婚した夫婦間の扶養義務（扶養準拠法4条）以外の扶養については，次のような「補正的連結」（原則的準拠法によれば一定の権利または効果が認められない場合，別の準拠法によるとする準拠法の定め方。溜池520頁）により準拠法を定める。まず，扶養義務は扶養権利者（扶養請求者）の常居所地法により（扶養準拠法2条1項本文），それによればその者が扶養を受けることができないときは当事者の共通本国法による（同項ただし書）。ここでいう「扶養を受けることができない」とは，法律上扶養義務が存在しないことを意味する。共通本国法の決定は，同一本国法の決定とは異なり，法適用通則法38条1項を経由する必要はなく，例えば，扶養権利者Aが甲国籍と乙国籍，扶養義務者Bが甲国籍と丙国籍を有している場合，その共通本国法は甲国法となる。次に，これらの準拠法によって扶養権利者が扶養を受けることができないときは，扶養義務は日本の法律による（同2条2項）。これは，扶養権利者を保護し，扶養が与えられる機会をなるべく広く認めようとする趣旨である（注釈国際私法Ⅱ395頁〔早川〕）。他方，あまり近くない親族の間では扶養権利者の保護にばかり傾斜するのは適当ではないとの考慮から，扶養義務者とされる者に，自己に有利な準拠法の適用を主張する機会が与えられている（同3条1項前段）（溜池521頁，注釈国際私法Ⅱ396頁〔早川〕）。

4　国境を越える子の奪い合い

(1)　ハーグ子奪取条約と国内実施法

　国際結婚の増加は，他方で国際離婚の契機も多く生み出した。そして，夫婦関係が破綻し，夫婦が異なる国で生活する事案が増えるにつれて，父母の一方により子が国境を越えて連れ去られるケースもまた目立つようになった。しかし，とりわけ成長期にある子をそれまで過ごした環境から切り離すことは，子の言語獲得，教育，精神面等に深刻な影響を与えることが強く懸念され，また，親の一方による連れ去りは他方の親による奪い返しを誘発し，子にさらなる悪影響を与えかねない。そこで，1980年，ハーグ国際私法会議は「国際的な子の奪取の民事上の側面に関する条約」（*Convention of 25 October 1980 on the Civil Aspects of International Child Abduction*）を採択し，国境を越えて連れ去られた子を元の常居所に迅速に返還し，また監護権を持たない親と子の面

第1節 実　子　　　　　　　　　　　　　　　　　渉外親子関係　**III**

会交流を実現するための国際的協力体制を構築した。この条約は，ハーグ国際私法会議加盟国であると否とを問わず世界中から広く支持され，国際的ルールとして定着していった（2016 年 7 月現在の本条約の締約国は 95 か国）。その後，日本においても国際結婚およびその破綻が増加するにつれて，日本への，あるいは日本からの子の連れ去り事案が発生する等，諸外国との間で子の連れ去り等をめぐる問題が表面化するようになり，本条約への参加を迫る声が国の内外から強まった。このような状況を受けて日本は本条約を批准し，平成26（2014）年 4 月 1 日に発効した。同時に，国内実施法である「国際的な子の奪取の民事上の側面に関する条約の実施に関する法律」（平 25 法 48）が施行された。

　本条約の最大の目的は「子の利益」を図ることにある（条約前文）。本条約にいう「子」は 16 歳未満の者を指す（条約 4 条第 2 文）。国境を越えた子の不法な連れ去りまたは留置があった場合には，原則として子が連れ去りまたは留置前に居住していた国（常居所地国，ただし本条約の締約国に限る）に迅速に返還することが子の利益に資するという考え方を前提としている。ここでの不法な連れ去りまたは留置とは，子の常居所地法（国際私法も含まれる）に基づき監護権を有する者の監護権を侵害する連れ去り（または留置）をいう（条約 3 条）。本条約における監護権は，子に対する日常的な世話や教育，居所の決定など，子の身上監護に関する権限を意味し，日本民法上の身上監護権（民820 条参照）に近い。一般に，日本民法上の親権者は本条約上の監護権者に該当すると考えられている（金子修編集代表・一問一答 国際的な子の連れ去りへの制度的対応──ハーグ条約及び関連法規の解説〔2015〕28 頁）。子に対する監護権の所在については子の常居所地で判断すべきであるとの前提に立つ本条約は，連れ去り（または留置）先で監護権の所在について判断することを禁じている（条約 16 条・19 条）。日本人夫婦の間での子の返還請求であっても，それが国境を越えるものであれば，本条約の適用範囲に含まれることは言うまでもない。なお，本条約は，これ以外の手段を排除するものではない（条約 29 条）。

　実施法は，中央当局（外務大臣。子奪取 3 条）による援助として，①外国返還援助（日本→外国。子奪取 4 条ないし 10 条），②日本国返還援助（外国→日本。子奪取 11 条ないし 15 条），③日本国面会交流援助（日本に所在する子との面会交流。子奪取 16 条ないし 20 条），④外国面会交流援助（外国に所在する子との面会交流。

〔織田〕　755

子奪取21条ないし25条），司法手続として，⑤子の返還手続（日本→外国。子奪取26条以下）を定めている。日本に所在する子との面会交流を求める場合の司法手続規定が置かれていないのは，本条約の「接触の権利」と民法766条の「面会及びその他の交流」が同義と解され，現行の家事事件手続法の下で処理し得ると考えられたためである（金子編集代表・前掲書294頁）。面会交流の機会の保障は，子の成長にとって重要なことであり，また，監護権を持たない親による子の連れ去りの危険を減らすものとして，本条約においても重視されている。

　海外居住の親の一方が他方の監護権を侵害して子を日本へ連れてきた場合，子の元の常居所地国に残された親が採り得る手段にはいろいろあろうが，本実施法が定めているものは，①日本の中央当局に対する子の常居所地国への返還援助申請（子奪取4条），②日本の家庭裁判所への子の返還申立て（子奪取26条）である。このうち，①については，所定の要件（子奪取7条参照）が満たされている場合に，中央当局が「外国返還援助の決定」を行い，返還に必要な措置を講ずる（子奪取6条）。②の場合，返還申立事件の管轄裁判所は，東京家庭裁判所および大阪家庭裁判所の2庁に限られるが（子奪取32条1項），所定の要件（子奪取27条参照）が満たされている場合，裁判所は子の返還命令を下すことになる。

　ただし，子の返還拒否事由の存在が認められるときは，子の返還を命じることができない（子奪取28条1項）。返還拒否事由のうち，特に問題となり得るのは，同項4号の「常居所地国に子を返還することによって，子の心身に害悪を及ぼすことその他子を耐え難い状況に置くこととなる重大な危険があること」の意味である。この判断に必要な考慮要素として同条2項は3つの事情を例示する。その2号（「相手方及び子が常居所地国に入国した場合に相手方が申立人から子に心理的外傷を与えることとなる暴力等を受けるおそれの有無」）は，配偶者の一方から他方に対する暴力（DVの場合等）は，たとえ子本人に対する直接の暴力ではなくとも，子に対して心理的な外傷を与える危険があるとの考えに基づくものである。

　実施法は，子の返還手続に実効性を持たせるために様々な規定を置いている。例えば，子の返還申立事件の係属中に子が国外へ連れ出されることを防ぐため，家庭裁判所は，当事者の申立てにより，他方当事者に対し子の出国

第1節 実 子　　　　　　　　　　　　　　　　　　　渉外親子関係　**III**

禁止を命ずることができ（子奪取122条1項），のみならず，子名義の旅券を外務大臣へ提出させることも可能としている（同条2項）。また，返還命令の実効性を担保するため，子の返還につき間接強制を前置した上で（子奪取136条），代替執行の手続につき詳細な規定を置いている（子奪取137条ないし143条）。

　なお，法務省および外務省は，各ウェブサイト上において，各年度ごとの本条約の実施状況を公表している。それによれば，本条約および実施法は，徐々にではあるが，わが国においても着実に成果を挙げ始めている。

　(2)　その他の子の返還等の方法

　上記ハーグ条約は，締約国内のそれまでの子の返還や面会交流の実施体制の変更を要求するものではないため，従来の子の返還請求手続をこれまで通り使用することは可能である。例えば，人身保護手続，民事訴訟（執行）手続，家事事件手続（子の監護に関する処分の審判事件〔家事150条4号・151条2号・154条3項〕，親権者の指定または変更の審判における引渡し〔家事171条〕）である。ここでは，人身保護手続による国境を越える子の引渡しについて簡単に触れておきたい。

　人身保護法に基づく子の返還（引渡し）請求は，国内事案では，早くも最高裁判所昭和24年1月18日判決（民集3巻1号10頁〔夫婦間の子の引渡し〕）に見られ，その他日本国内における引渡請求事案でありながら請求者が外国人である等渉外性を持つ事案も散見されるが（例えば，最大判昭33・5・28民集12巻8号1224頁。本判決は，幼児引渡請求においても人身保護規則4条の制約が適用されると判示した），外国からの子の返還請求事案としては，アメリカ居住の妻が日本居住の夫に対し共同親権に服する子の引渡しを請求した事案においてこれを認容した事案（最判昭53・6・29家月30巻11号50頁〔第1審大阪地判昭53・3・8家月30巻11号52頁〕）がおそらく最初の公表事例と思われる（梶村太市・裁判例からみた「子の奪い合い」紛争の調停・裁判の実務〔2015〕301頁も参照）。また，婚姻関係が破綻し別居中のイタリア人妻から日本人夫およびその両親に対し，13歳男児と7歳女児の引渡しを人身保護法に基づき求めた事案において，男児については自らの意思で拘束者らの監護に服しているから拘束しているとはいえず，女児については，拘束に至る経緯，被拘束者の生活状況，請求者および拘束者らの事情を考慮すれば，拘束者らによる被拘束者の拘束は違

〔織田〕　757

渉外親子関係　Ⅳ　　　　　　　　　　　　　　　　第4編　第3章　親　子

法性を欠くと判示したものがある（最判昭60・2・26家月37巻6号25頁）。その後，最高裁は，人身保護法に基づく国内の子の引渡請求事案に関して2つの基準を示している（「夫婦間での幼児の引渡請求において，人身保護規則4条にいう『顕著な違法性』ありというためには，拘束者による監護・拘束が子の幸福に反することが明白であることを要する」〔最判平5・10・19民集47巻8号5099頁〕，「監護権者が非監護権者（拘束者）に対して子の引渡しを請求する場合には，被拘束者を監護権者の下に置くことが拘束者の下に置くことに比べて子の幸福の観点から著しく不当でない限り，非監護権者による拘束は権限なしにされていることが顕著である場合に該当する」〔最判平6・11・8民集48巻7号1337頁〕）。これらの基準は渉外事案においても機能しており，最高裁平成22年8月4日決定（家月63巻1号97頁。第1審大阪高決平22・2・18家月63巻1号99頁）や，神戸地裁平成24年7月31日判決（判時2214号90頁）は，いずれも最高裁平成6年判決基準に基づいている。なお，平成24年の神戸地裁判決以後，人身保護法に基づく国境を越える子の引渡請求事案は報告されていない。

Ⅳ　渉外親子関係に関する外国裁判の承認・執行

1　従来の学説と裁判例

　渉外親子関係における外国裁判の承認・執行について，現在のところ，明文規定は置かれていないため，条理に基づいて判断される（なお，Ⅳでは，国際的な子の奪取のハーグ条約に係る問題は除外する）。親子関係に関する外国裁判のうち，訴訟によるものについては，外国離婚判決と同様（→渉外離婚Ⅲ(2)），外国判決の承認に関する民事訴訟法118条（および民執24条）の全面適用（準用）を認める見解が多数説とされる（木棚照一ほか・国際私法概論〔5版，2007〕346頁〔渡辺惺之〕）。他方，親子関係に関する外国非訟裁判については若干問題がある。かつては，裁判所の後見的役割と実体法とが不可分に結びついていることを理由に，日本の国際私法が指定する準拠法に従って外国裁判が行われることを要件とする見解が有力であったが，このような準拠法要件を課すことは外国裁判の承認を困難にし，跛行的身分関係の発生防止という要請を妨げかねないため，これを不要と解するのが現在の通説である（ただし養子縁組については除く）。その上で，親子関係に関する外国非訟裁判につき，民

758　〔織田〕

第1節　実子　　　　　　　　　　　　　　　　　　　　　　渉外親子関係　IV

訴法118条の一部のみを準用するか，それとも全面的に準用（適用）するか
が問題とされる（なお，非訟事件手続法は民訴118条および民執24条を準用していな
い）。間接管轄（裁判を行った外国裁判所が日本から見て適切な国際裁判管轄を有して
いたこと）を要求する同条1号と，公序に関する同条3号が準用（適用）され
ることには異論がない。送達に関する同条2号要件について，相手方のない
非訟裁判においては「敗訴の被告」が観念されないこと，あるいは，非訟事
件が通常は争訟性の弱い事件類型であることから，被告の防御の機会を保障
する2号要件は不要とする見解がある。相互の保証に関する同条4号要件に
ついても，親子関係裁判の多くは同号が念頭に置く強制執行を必要としない
こと，同号の適用（準用）は跛行的親子関係を生じさせるおそれがあること，
同号は政策的性格を強く有するものであること等からこれを不要とする主張
がある（木棚ほか・前掲書355頁〔渡辺〕）。これらに対し，民訴法118条の一部
のみを除外するのは解釈論としては不自然であること，跛行的法律関係の回
避の必要性は財産関係事件にも当てはまること等を理由として，民訴法118
条を全面適用すべきとの見解も主張される（なお，河野俊行〔判批〕国際私法百
選〔2版〕233頁）。また，非訟事件にも争訟性の強いものと争訟性の弱いもの
とがあり，非訟と訴訟との区別は国によっても異なること等から，118条の
適用不適用をまとめて論ずるのではなく，各事件ごとの争訟性の程度を勘案
すべきであるとの見解（中西ほか348頁）も有力に主張されている。さらに，
同条1号要件の適用については，外国離婚判決の承認（→渉外離婚III(2)）と同
様，間接管轄の基準を直接管轄と一致させるべきか，それとも跛行的身分関
係の回避の観点から間接管轄の基準をより緩やかに解すべきかという問題も
生じよう。

　外国親子関係裁判の承認に関する裁判例には，子を請求者の監護に付する
旨の外国裁判所による緊急的暫定的命令は民訴法200条〔現118条〕柱書の
「確定」判決にあたらないとしたもの（最判昭60・2・26家月37巻6号25頁），
子の養育費支払を命じた外国判決の間接管轄につき，被告住所地原則に立ち
つつも，当事者間の公平，裁判の適正・迅速の理念に照らし，判決国でもあ
る原告の住所地国に管轄を認めたもの（東京高判平10・2・26判タ1017号273頁），
民訴法118条2号に関しては，外国裁判所からの子の引渡命令に翻訳文の添
付を要求したもの（東京地八王子支判平9・12・8判タ976号235頁）や，外国離婚

〔織田〕　　759

渉外親子関係　Ⅳ

第4編　第3章　親　子

訴訟の裁判期日の呼出しを受けて弁護士を訴訟代理人として選任して出廷させ，かつ答弁書および反訴状を提出した場合には，外国訴訟に応訴していると認められるから同号の要件を満たしているとしたもの（大阪高決平22・2・18家月63巻1号99頁），養育費支払等に関する外国判決が，扶養義務者である被告の欠席の際に，さらに期日が定められることなく言い渡しがなされたとの一事をもって，手続的公序（民訴200条〔現118条〕3号）に反するとは言えないとしたもの（前掲東京高判平10・2・26），原告への子の引渡しおよび養育費の支払等を命じた外国判決について，基準時をわが国裁判所の承認時と解した上で，子を外国へ返還することは子の生育状況等に鑑み子の福祉にとって有害であると判断し，当該外国判決の執行は実体的公序（民訴200条〔現118条〕3号）の要件を欠くと判示したもの（東京高判平5・11・15高民集46巻3号98頁），さらに，民訴法118条4号所定の「相互の保証があること」とは，判決国における外国判決の承認の条件が日本における条件と実質的に同等であれば足りるとした上で，当該外国の判決承認の要件（有効な管轄権を有する外国裁判所によるものであること，国際礼譲の諸原則に則ったものであること，子の基本的人権を侵害しないこと）は，相互の保証の要件（民訴118条4号）を満たすと判示したもの（前掲大阪高決平22・2・18）等が見られる。

　なお，生殖補助医療を認める外国裁判を日本でどのように扱うべきかは，議論の分かれる非常に難しい問題である。この点につき，最高裁判所は，日本人夫婦（相手方）の精子と卵子を用いた受精卵を移植された外国居住の女性が懐胎出産した子らについて，区（抗告人）に対し相手方らを父母とする出生届の受理を命ずるよう相手方らが申し立てた事案において，相手方らが血縁上および法律上の子らの実父母であることを確認するとともに，関係機関に相手方らを子らの父母とする出生証明書を準備し発行すること等を命じた外国（筆者注：米国ネバダ州）裁判は，わが国における身分法秩序を定めた民法が実親子関係の成立を認めていない者の間にその成立を認める内容のものであり，現在のわが国の身分法秩序の基本原則ないし理念（つまり，懐胎・出産女性を子の母とすること）と相容れず，民訴法118条3号にいう公の秩序に反するとした上で，日本人夫婦と子らとの嫡出親子関係の準拠法を法適用通則法28条1項により日本法とし，日本民法の解釈上，両者の間に嫡出親子関係は認められないと判示した（許可抗告審：最決平19・3・23民集61巻2

760　　〔織田〕

第1節　実　子　　　　　　　　　　　　　　　　　　　渉外親子関係　**IV**

号 619 頁。生殖補助医療の準拠法に関する問題については，→ II 2 (1)(ア)(c)）。

2　外国で成立した養子縁組の承認

日本の戸籍実務は，外国裁判所が決定した養子縁組については準拠法要件を課し，法適用通則法 31 条 1 項が指定する準拠法上の要件を満たす場合に限り日本での効力を認める，いわゆる準拠法アプローチを原則とする（基本通達第 5 の 2(2)）。その理由として，各国における養子縁組の法制度は様々に異なり，わが国の法選択規則による準拠法以外の法による場合には，わが国の法秩序に反する養子縁組が成立するおそれがあること，養子決定の裁判は非訟事件として争訟性がなく，裁判所の関与は後見的なものであること（佐藤やよひ＝道垣内正人編「渉外戸籍リステイトメント」〔2007〕141 頁〔佐藤〕，松岡編 216 頁〔岡野祐子〕），日本人が関わる養子縁組が外国で成立した場合には，日本において報告届出をしなければならないが，戸籍事務管掌者には形式的権限しかなく，承認要件の充足の有無の判断ができないこと（中西ほか 349 頁）等が挙げられている（外国で成立した養子縁組の報告的届出につき，奥田安弘・国際家族法〔2015〕316-319 頁）。しかし，養子縁組のみを他の渉外親子関係事件から区別する理由がなお不明確であり，多数説はこれを批判している（松岡編 332 頁〔北坂尚洋〕）。

3　「人事訴訟法等の一部を改正する法律案」における渉外親子関係事件の外国裁判の承認執行

渉外親子関係事件の外国裁判の承認執行につき，現在，国会で審議中の本法律案によれば，「外国裁判所の家事事件についての確定した裁判（これに準ずる公的機関の判断を含む。）については，その性質に反しない限り，民事訴訟法第 118 条の規定を準用する」との規定（家事法案 79 条の 2）が新設され，これを受けて，民事執行法 22 条 6 号，24 条各項についても，各条文に「家事事件における裁判」を明示的に含める形での改正が加えられる予定である。この結果，渉外親子関係事件の外国裁判は，訴訟非訟を問わず，財産関係事件の外国判決とほぼ同様の承認執行手続が執られることとなろう。ただし，その場合でも，「これに準ずる公的機関の判断」や「その性質に反しない限り」等の解釈，あるいは間接管轄の基準の捉え方等，今後検討すべき問題は多く残されている。

〔織田有基子〕

〔織田〕　761

事 項 索 引

1-9, A-Z

1990年ヒトの受精及び胚研究に関する法律
（イギリス）……………………………668
2008年ヒトの受精及び胚研究に関する法律
（イギリス）……………………………668
2017年統一親子法（アメリカ）………676
300日問題 ………………………543, 564
ADR …………………………………280
AID（非配偶者間人工授精）…540, 586, 588, 666
AIH（配偶者間人工授精）………539, 666
DNA鑑定 ………524, 559, 561, 562, 653
DVの保護命令 ………………………359

あ 行

明らかな人種差 ………………551, 563
有地亨………………………………17
家制度 ………………………………7
　――の廃止 ………………………9
異議の申立て ………………………582
意思能力
　――の喪失 ………………………303
　（認知）……………………………608
慰謝料的要素 ………………………400
慰謝料の請求 ………………………367
遺　贈………………………………96
遺族年金 ……………………………101
　――の受給権 …………………91, 309
一夫一婦制 ……………72, 110, 111
一方的要件（婚姻の実質的成立要件）………269
違法収集証拠 ………………………532
姻　族………………………………45
姻族関係終了届 ……………………59
姻族関係の終了 ……………………57
氏
　――に関する議論 ………………12
　――の法的性格 …………………167
　外国法における夫婦の―― ……178
　呼称上の―― ………………392, 722
　準正嫡出子の―― ………………708
　嫡出子の―― ……………………706

嫡出でない子の―― ………710, 724
夫婦の―― …………………………165
民法上の―― ………………392, 721
明治民法上の―― …………………6
養子の―― …………………………709
氏の変更 ………………………388, 720
　――の許可基準 …………………728
　――の届出 ………………………732
　外国人の子の―― ………………726
　養子の―― ………………………725
　（やむを得ない事由）……………388
訴えの変更 …………………………289
縁切寺 ………………………………298
エンゲルス …………………………2
欧州人権裁判所 ……………………122
親決定手続（Parental Order）（イギリス）
　…………………………………668
親子関係存否訴訟 …………………742
親子関係不存在確認 ………………563
　――の訴え ………………509, 538
親子間の法律関係の準拠法 ………750
親子同氏の原則 ……………………704

か 行

外　縁………………………………306
外国裁判の承認・執行 ……………758
外国人配偶者の氏への変更 ………170
外国滞在 ……………………………551
外国判決の承認 ……………………496
懐胎期間の推定 ……………………541
懐胎時期の証明 ……………………543
懐胎時期の推定 ……………………533
懐胎主義 ………503, 506, 533, 566
確定判決と同一の効力 ……………583
確認の利益 …………………………517
隠れた反致 …………………………747
苛酷条項 ………………442, 444, 484
家事事件手続における子の意思の尊重………36
家事審判 ……………………………32
仮装離婚 ……………………………300
家　族

事 項 索 引

―― の機能 …………………………2
―― の団体的把握 …………………13
私有財産制度と ―― …………………2
家族法改正研究会 ……566, 588, 595
家族法改正の方向性 …………………23
家庭裁判所 …………………………31
―― の許可 ……388, 713, 722, 727
―― の履行勧告 …………………380
家庭裁判所調査官 …………………32
―― による事実の調査 ……283, 294
家庭の平和 ……………………536, 572
家庭の民主化 ………………………10
仮の地位を定める仮処分 …………345
川島武宜 ……………………………16
簡易算定表 …………………………369
監護権 ………………………………311
監護者
―― 指定 …………………………333
事実上の ―― ……………………337
主たる ―― …………341, 343, 351
第三者の ―― 指定 ………………338
監護の実績（継続性）………341, 343
監護費用　→養育費
監護養育の継続性・現状尊重の原則 …352
慣習的儀式婚主義 …………………82
間接強制 …………………345, 365
―― の金額 ………………………366
姦　通 ………………………………451
鑑　定
―― 強制 ……………………524, 654
―― 拒否 …………………………526
―― 実施の 2 類型 ………………527
親子 ―― の自主規制とガイドライン ……530
私的 ―― の証拠能力 ……………529
審判における ―― の実施 ………528
調停における ―― の実施 ………528
寛容性の原則（フレンドリー・ペアレント・
ルール）………………………355, 362
管理共通制 ………………217, 258
起算点 ………………………………590
棄　児 ………………………………713
逆縁婚 ………………………………122
狭義の反致 …………………………740
協議優先規定の問題性 ……………11

協議離婚 ………………………71, 296
―― 制度 …………………………71
―― 無効の訴え …………………305
―― 無効の性質 …………………304
強迫による ―― の取消し ………315
詐欺による ―― の取消し ………315
成年被後見人の ―― ……………312
無効な ―― の追認 ………………304
強制執行 ……………………………365
きょうだい不分離の原則 …………343
共通財産制 …………………………221
共同親責任 …………………………363
共同監護状態 ………………………333
共同親権 ………………………363, 383
―― ・共同子育ての原則 …………367
共同養育 ……………………………363
―― 計画 …………………………364
共有財産の分割請求 ………………235
共有推定 ……………………………258
虚偽の嫡出子出生届 ………………508
居住権 ………………………………100
近親婚禁止 …………………………118
近代市民社会の法原理 ………………2
近代的婚姻法制度 …………………65
具体的方途論 ………………………463
繰り延べ共通制 ……………………223
形式的形成訴訟 ……………………570
形式的審査権 ………………………136
形式的成立要件 ……………………738
形式的要件 …………………………313
継親子 ………………………………44
形成的効力 ………………579, 583
形成の訴え …………………………576
形成無効 ……………………………631
血液型の不一致 ……………………552
血縁主義 ……………………………588
血縁上の父 …………………………538
血　族 ………………………………44
憲法 24 条 1 項 ……………………70
権利推定 ……………………………536
権利濫用法理 ………………508, 522
合意による父（agreed fatherhood）（イギリ
ス）………………………………669
合意離婚制度 ………………297, 298

事項索引

公益的取消し ……………148, 149, 155
工場法施行令 …………………………86
こうのとりのゆりかご ………………713
抗弁権の永久性 ………………………592
国際裁判管轄 ……………………491, 734
国際的な子の奪取の民事上の側面に関する条
　約 …………………………………754
国際的な子の奪取の民事上の側面に関する条
　約の実施に関する法律 …………348, 755
国際的な養子縁組に関する子の保護および協
　力に関する条約 …………………745
国連女性差別撤廃委員会…………………20
　——の一般勧告…………99, 108, 220, 394
戸　主 ……………………………………7
　——の同意………………………………85
戸　籍 …………………………………25
　——に関する議論 ……………………13
　——の訂正………………………27, 520
　——の編製 ……………………………25
戸籍規則に関する元老院会議 …………4
戸籍制度改革の課題…………………………30
戸籍謄抄本の交付 ………………………28
戸籍謄抄本の不正取得者に対する制裁………29
国境を越える子の奪い合い …………754
後得財産分配参加制 …………………222
子ども手当 ……………………………374
子ども養育支援基本法（仮称）…………383
子の意向・心情 ………………………341
　——の配慮 ……………………………353
子の氏 ……………………………703, 752
　——の変更 ………………………719, 723
　外国法における—— ………………714
子の監護 ………………………………320
　——に関する処分事件 ……………321
　認知後の—— …………………………657
子の健全な成長発達の保障 …………358
子の自由意思による居住 ……………344
子の奪取行為の違法性 ………………343
婚　姻
　——件数 ………………………………105
　——の解消（損害賠償）………………103
　——の形式的要件 …………………132
　——の実質的要件 …………………132
　——の自由 …………………69, 126, 130

　——の性中立化…………………………73
　——の脱特権化………………………69
　——の追認 ……………………………143
　——の無効 ……………………………140
　同性間の—— ………………………73, 74
婚姻意思………………………………90, 140
　——の欠缺 ……………………………140
　——の不存在 …………………………142
　（形式的意思説）……………………141
　（実体的〔実質的〕意思説）………141
　（法的意思説）………………………141
　（法律的定型説）……………………141
婚姻最低年齢 …………………………105
婚姻障害 ……………………56, 149, 162
　——事由 ………………………………91
婚姻制度等に関する民法改正要綱試案
　（1994）……………………………19, 108
婚姻成立の方式 ………………………67
婚姻中の父母の共同親権行使 …………330
婚姻適齢 ………………………………105
　成年年齢と—— ……………………109
婚姻届の欠缺 …………………………145
婚姻の届出 ……………………………132
　——の受理要件 ……………………135
　——の方式 …………………………133
　——の法的性質 ……………………134
　——の法的性質（効力要件説）………134
　——の法的性質（成立要件説）………134
　委託による—— ……………………134
　口頭による—— ……………………134
　書面による—— ……………………133
　郵送による—— ……………………134
婚姻の取消し …………………………147
　——の効力 …………………………157
　強迫による—— ……………………155
　詐欺による—— ……………………155
　不適法な—— ………………………149
婚姻の破綻 ……………………………468
　——の認定 …………………………450
婚姻非解消主義 ………………………297
婚姻費用 ………………………………238
　——の内容 …………………………242
　——の分担方法 ……………………243
　——分担額の決定……………………245

765

事 項 索 引

―― 分担義務 ……………………… 200, 308
―― 分担請求 …………………………… 243
―― 分担と夫婦間扶養（扶助）義務との関
　係 ………………………………………… 240
―― 分担の程度 ………………………… 244
過去の ―― の清算 ………………… 417
過去の ―― 分担請求 ……………… 247
婚姻法の類推適用 …………………… 94
婚姻無効の訴え ……………………… 146
婚姻予約有効判決 …………………… 87
婚姻を継続し難い重大な事由 …… 467
婚外関係の多様化 …………………… 88
婚外子差別 ………………… 18, 21, 68
婚外子出生の割合 …………………… 600
婚外子の続柄 ………………………… 27
婚氏続称 …………………… 166, 488
婚氏続称制度 ………………………… 386
婚 約 …………………………………… 101
―― の解消 …………………………… 102
―― の解消（正当な理由）………… 103
―― の成立 …………………………… 101

さ 行

在外日本人間の婚姻 ……………… 138
　（挙行地法による場合）………… 138
　（本国法による場合）…………… 139
在 監 ………………………………… 551
債権者代位権 ………………………… 427
再婚禁止期間 ……………… 113, 567
―― 内にした婚姻の取消し ……… 152
―― の適用除外例 ………………… 115
―― の廃止案 ……………………… 117
―― の免除 ………………………… 114
女性のみの ―― ………………… 21
財産開示 ……………………………… 406
財産分与 …………………… 309, 488
―― 義務の相続 …………………… 429
―― 請求権の権利性 ……………… 404
―― 請求権の相続 ………………… 429
―― 請求権の保全 ………………… 427
―― 制度 …………………………… 393
―― と詐害行為取消権 …………… 424
―― と譲渡所得税 ………………… 430
―― と不動産所得税 ……………… 431

―― の決定方式 …………………… 407
―― の附帯処分申立て …………… 405
―― の類推適用 …………………… 97
慰謝料的 ―― ……………………… 400
祭祀財産所有権の承継…… 96, 186, 432, 490
裁判所の許可状による臨検・捜索制度 …… 324
裁判認知の統計 …………………… 644
裁判離婚制度 ……………………… 297
債務名義 …………………………… 365
先払養育費（立替払養育費）制度 …… 382
サクラメント ……………………… 66
参与員 ……………………………… 39
事案解明義務 ……………………… 526
私益的取消し …………………… 148, 155
識別情報（Identifying information）…… 678
死後懐胎子 ………………………… 540
事故死の損害賠償 ………………… 100
死後生殖 ………………… 670, 685
死後認知 ………………… 655, 685
事実婚 ……………………………… 88
―― 主義 …………………………… 3
事実主義 …………………………… 741
事実上の推定 ……………………… 570
事実上の単独監護 ………………… 333
事実上の離婚 …………… 306, 551
狭義の ―― ……………………… 307
広義の ―― ……………………… 307
事実推定 …………………………… 536
事実の先行性 ……………………… 144
事実の調査 …………… 282, 293, 582
自 署 ……………………………… 313
事情変更による増額・減額請求 …… 246
事前登録型本人通知制度…………… 29
実方の血族との親族関係の終了 …… 748
実質的審査権 ……………………… 136
実質的成立要件 …………………… 738
実親子関係存否確認の訴え ……… 512
失 踪 ……………………………… 551
失踪宣告 ………………… 542, 565
―― の取消し ……………………… 110
実体的真実主義 …………………… 38
児童虐待防止法 …………………… 324
児童の権利に関する条約（子どもの権利条
　約）………………………………… 326

766

事 項 索 引

死亡した父母の氏への変更 ……………725
市民名簿…………………………………13
遮断的な効力 …………………536, 537
重　婚 ………………………………569
　　―― 関係の解消方法 ………………112
　　―― 罪 ………………………………111
　　―― 的内縁 ……………………………306
自由心証主義 ……………………………526
収入の認定と稼働能力 …………………373
主張責任 …………………………………653
出生主義 …………………………………566
出生認識説 ………………………………591
出自を知る権利 …………………………700
出　征 ………………………551, 556
出訴期間 ……………………582, 589
　　―― の起算点 ……………564, 595
順縁婚 ……………………………………122
準　正 ……………534, 537, 660, 738
　　婚姻―― ………………………………662
　　認知―― ………………………………662
常居所地 …………………………………267
証拠調べ …………………………………282
証拠能力 …………………………………532
承諾の方式 ………………………………617
承認の抗弁 ………………………………587
証明妨害 …………………………………526
初婚年齢 …………………………………105
女性差別撤廃条約…………23, 108, 117, 573
職権探知主義…………………………38, 653
所得（後得財産）共通制 ………………221
所得参与制 ………………………………222
自力救済説 ………………………………345
親　系 ……………………………………46
親　権 ……………………………………311
　　―― と監護権の分離・分属 ………331
親権者 ……………………………………330
　　―― ・監護権者優先の原則 ………350
　　―― の決定 …………………………486
人工授精 …………………………………666
人事訴訟…………………………………38
人事訴訟法 ………………………………146
人事訴訟法等の一部を改正する法律 ………736
人事法案（仮称）…………322, 566, 588, 594
壬申戸籍……………………………………4

人身保護手続 ……………………348, 757
人身保護法 ………………………………348
親　族 ……………………………………41
　　―― 関係の重複………………………46
　　―― 間の扶け合い……………………62
　　―― の範囲……………………………41
人的不統一法国 …………………………267
親　等 ……………………………………51
　　―― の計算………………………50, 52
審　判
　　合意に相当する――
　　……………35, 146, 148, 510, 554, 563, 579
　　調停に代わる―― ……………………35
推定の意味 ………………………………505
推定の及ばない子
　　……………508, 509, 513, 537, 550, 577, 592
推定の排除 ………………………………537
生活パートナーシップ法…………………75
生活保護受給金 …………………………374
生活保持義務 ……………………199, 241
性交不能 …………………………………551
清算的財産分与 …………………………397
　　―― の決定 …………………………408
　　―― の清算割合 ……………………415
　　―― の対象財産 ……………………408
　　―― の方法 …………………………416
清算的要素 ………………………………397
精子提供 …………………………………667
精子提供者 ………………………………694
生死不明 …………………………………458
　　―― と失踪宣告との関係 …………459
生殖ツーリズム …………………………701
生殖不能 …………………………………551
生殖補助医療……………77, 502, 588, 666, 740
　　―― によって生まれた子の父子関係 ……683
　　―― によって生まれた子の母子関係 ……695
　　―― の種類と親子関係 ……………667
　　性別変更後の―― ……………………690
　　配偶者間―― …………………………683
　　非配偶者間―― ………………………688
生殖補助医療技術に関する専門委員会 ……681
生殖補助医療実施医療機関の登録と報告に関
　する見解 ………………………………679
生殖補助医療の在り方検討委員会 ………682

767

事項索引

精子・卵子・胚の提供等による生殖補助医療
　制度の整備に関する報告書 ……………681
精子・卵子・胚の提供等による生殖補助医療
　により出生した子の親子関係に関する民法
　の特例に関する要綱中間試案 …………681
精子・卵子・胚の提供等による生殖補助医療
　のあり方についての報告書 ……………681
生存配偶者の復氏 …………………………183
性的不能 ……………………………………552
性同一性障害者の性別の取扱いの特例に関す
　る法律 ………………………26, 540, 690
成年擬制 ……………………………………207
成年後見監督人 ……………………………573
成年後見人 …………………………573, 595
成年後の復氏 ………………………………732
成年年齢 ……………………………………162
　── の引下げ ……………………………108
成年被後見人 ………………………………595
　── の婚姻 ………………………………131
性別変更者 …………………………………540
性別役割分業 ………………………14, 23, 68
生命倫理三法（フランス）………………671
セーフガード条項 …………………………747
選択的夫婦別氏制度 ………………19, 172
総合的支援（面会交流）…………………329
相対的効果説（内縁の成立）………………93
双方的要件 …………………………………269
贈　与 ………………………………………96
訴訟物 ………………………………288, 516
尊　属 ………………………………………47
　直系 ── …………………………………47

た　行

体外受精 ……………………………………667
対外報告「代理懐胎を中心とする生殖補助医
　療の課題」」…………………………682
待婚期間　→再婚禁止期間
退職金 ………………………………………412
　将来支給される ── ……………………412
対世的効力 …………………………579, 583
代替執行 ……………………………………365
代理懐胎 ……………………………502, 696
　── 合意 …………………………………674
　提供卵子 ── ……………………………697

代理出産 ……………………………667, 697
代理出産取り決め法（イギリス）………668
代理母 ………………………………………667
　遺伝的 ──（genetic surrogate）………676
　懐胎 ──（gestational surrogate）………677
男女共同参画基本計画 ……………………20
地域的不統一法国 …………………………267
父未定 ………………………………………567
　── の子 …………………………………544
父を定める訴え ……………514, 544, 566
嫡出親子関係 ………………………………738
　── 存否確認訴訟 ………………………517
嫡出子
　── 概念の拡大 …………………………545
　── の定義 ………………………………504
　拡大生来 ── ……………………………535
　準正 ── …………………534, 546, 549
　推定されない ──
　　………………505, 513, 534, 545, 555, 569
　生来 ── …………………………………534
　表見 ── …………………………………538
嫡出推定 ……………………309, 376, 534
　── 覚知説 ………………………………591
　── の空洞化 ……………………………538
　── の重複 ………………………………567
嫡出推定の排除 ……………537, 550, 577
　（外観説）…………551, 556, 558, 561
　（家庭破綻説〔折衷説〕）………552, 559, 577
　（血縁説〔実質説〕）………………552, 562
　（合意説）………………………………554
　（子からの請求を広く認める説）………555
　（修正外観説）…………………………551
　（新家庭形成説〔新・家庭破綻説〕）
　　………………………………553, 562, 563
　（制限説）………………………………550
　（嫡出性承認拡張説）……………555, 586
　（無制限説）……………………………550
嫡出性の付与 ………………………………533
嫡出の承認 …………………………574, 585
嫡出否認 ……………………513, 564, 571
　── 権 ……………………………509, 576
　── 制度 …………………………………376
嫡出否認の訴え ……………503, 535, 576
　── の出訴権者 …………………………573

768

事 項 索 引

（出訴期間） ……………………………503
（出訴権者） ……………………………503
忠孝の倫理 …………………………………7
調停事項……………………………………35
調停前置主義 ……146, 148, 287, 574, 583, 589
調停調書の効力 …………………………284
調停の成立 ………………………………283
調停離婚 …………………………………281
直接強制 …………………………………345
直系姻族関係にある内縁者 ……………123
直系姻族間の婚姻禁止 …………………122
直系血族間の婚姻禁止 …………………118
追認権 ……………………………………152
通称使用 …………………………………177
── の権利 ……………………………174
提供精子を用いた人工授精に関する見解 …680
提供卵子体外受精 ………………………695
貞操義務 …………………………202, 310, 451
貞操の二重基準 ……………………………8
手続代理人（子どもの）…………………37
転 籍 …………………………………26, 27
天引制度 …………………………………381
統一親子法（Uniform Parentage Act）（アメ
リカ）……………………………………675
同居義務 …………………………………310
同居請求 …………………………………193
同時解決の保障 …………………………292
当事者尋問等の公開停止 …………………39
当事者適格 ………………………………581
同性カップル …………………………90, 693
当然無効 …………………………………631
登録パートナー制度………………74, 271, 693
特別児童扶養手当 ………………………374
特別代理人 ………………………………578
特別の事情（管轄〔人事訴訟法〕）……737
匿名出産 …………………………………501
特有財産 …………………………………258
届 出 ………………………………………26
── 主義 …………………………7, 83
創設的── …………………………26, 133
報告的── …………………………26, 133
届出婚主義 ………………………81, 84, 133
届出受理手続 ……………………………135

な 行

内 縁
── 準婚理論 …………………………87
── の効果 ……………………………94
── の成立 ……………………………90
── 問題 ……………………………84, 85
── 類推説（嫡出推定）……………548
── 類推否定説（嫡出推定）………549
近親婚的── …………………………91
死亡による ── の解消………………96
重婚的── ……………………………92
不当な ── 関係………………………95
内密出産 …………………………………502
中川善之助 …………………………12, 15
日常家事債務 …………………………250, 310
日常家事代理権 …………………………250
日常家事の範囲 …………………………252
── 外の行為 …………………………256
日本国憲法の施行に伴う民法の応急的措置に
関する法律 ………………………………9
日本産科婦人科学会 ……………………679
任意認知 …………………………………514
認諾離婚 …………………………………291
認 知 …………………………………564, 597
── 届 …………………………………611
── に対する反対の事実の主張 ……630
── の方式 ……………………………610
── の無効 ……………………………514
── の無効原因 ………………………633
遺言── …………………………610, 613
死亡した子の ── ……………………620
成年の子の ── ………………………615
胎児の ── ……………………………619
任意── …………………………………597
母の ── ………………………………601
不実── …………………………………631
認知意思 …………………………………608
認知義務 …………………………………604
認知権 ……………………………………604
── の放棄 ……………………………606
認知主義 …………………………………741
認知請求権放棄契約 ……………………642
認知調停 ……………………………545, 564

事 項 索 引

認知の訴え …………………514, 637
　——と法定代理 …………………649
　——における意思能力の判断基準 ………646
　——の期間制限 …………………655
　——の性質 …………………640
認知能力 …………………606
認知の遡及効 …………………622
　——の制限 …………………623
認知の取消し …………………514
　——の禁止 …………………625
　——の裁判 …………………628
認知無効訴訟の当事者 …………………634
認知無効の裁判 …………………632
認定死亡 …………………111
沼正也 …………………16
年　金 …………………412, 414
年金分割　→離婚時年金分割制度

は 行

配偶者 …………………45
配偶者間人工授精　→AIH
配偶者選択の自由 …………………126
唄孝一 …………………15
胚提供 …………………667
胚保護法（ドイツ）…………………673
破綻主義 …………………438
　客観的—— …………………443
　消極的—— …………………467, 478
　積極的—— …………………478
パックス …………………75
パートナーシップ宣誓書の受領証…………74
パートナーシップ登録 …………………74
パートナーシップに関する証明書…………74
母親優先の原則 …………………351
判決の効力 …………………290
反　訴 …………………289
被告住所地主義 …………………734, 737
卑　属 …………………47
　直系—— …………………47
非嫡出親子関係 …………………738
否認原因覚知説 …………………591
否認権の消滅 …………………585, 589
否認権の不行使 …………………507
非配偶者間人工授精　→AID

表見代理 …………………256
平等原則 …………………76
病歴（Medical history）…………………678
夫　婦
　——間の契約の取消権 …………………210
　——間のプライバシー保護 ……536, 551, 572
　——の協力義務 …………………197
　——の居住権 …………………195
　——の同居義務 …………………193
　——の扶助義務 …………………199
夫婦財産契約 …………………215, 223
　——登記 …………………229
　——登記手続 …………………230
　——登記による対抗力 …………………231
　——の自由 …………………228
夫婦財産制 …………………215
　——の不可変更性の原則 …………………233
夫婦同氏強制制度 …………………22
夫婦同氏の原則 …………………165, 168
付加利得共通制 …………………222
復氏届 …………………185
複合財産制 …………………222
不実認知 …………………510
不受理申出制度 …………………137
扶助義務と扶養義務 …………………199
父性の推定 …………………539, 533
附帯処分 …………………39, 491, 487, 488
　——等の審理・裁判 …………………292
不貞行為 …………………451
不貞の相手方に対する慰謝料請求 …………204
不適齢婚 …………………151
　——の取消し …………………107, 151
父　母
　——死後の認知訴訟 …………………640
　——の一方の同意 …………………128
　——の婚姻同意権 …………………127
　——の対立・葛藤 …………………359
　——の同意のない未成年者の婚姻 …………129
　同意権者としての—— …………………127
扶　養 …………………753
　——の二元論 …………………240
扶養義務の準拠法に関する法律 …………753
扶養（補償）的財産分与 …………………399
　——の決定 …………………418

770

事 項 索 引

扶養（補償）的要素 ……………………399
分　籍 …………………………………25
分娩主義 …………………………501, 506
分与義務者からの申立て ………………406
平民苗字必唱令 ………………………6
別　居 …………………………………481
別産制 ……………………………222, 258
別表第一事項 ……………………………33
別表第二事項 ……………………………34
ボアソナード民法 ……………………321
包括共通財産 …………………………221
傍系血族間の婚姻禁止 …………………120
法制審議会答申「民法の一部を改正する法律
　案要綱」（1996年2月）
　………19, 24, 108, 324, 360, 441
法制審議会民法部会身分法小委員会仮決定，
　留保事項（1955）………14, 43, 566, 584, 594
法定血族関係……………………………52
法定財産制 ………………………215, 258
法定推定家督相続人 ……………………85
法の適用に関する通則法 ………………738
法律婚主義 ……………………………80, 133
法律上の推定 ……………………569, 578
法律に反した裁判 ………………………551
本国法 …………………………………266
本　籍 …………………………………25

ま 行

三下り半 ………………………………298
未成熟子 ………………………………482
未成年女性の出産 ………………………106
ミトコンドリア提供 …………………671
未認知の子の法的地位 …………………613
未認知の子の割合 ………………………601
身分事項欄………………………………26
身分占有 …………………………586, 593
身分登記簿 ………………………………4
苗字公称の自由 …………………………5
民事婚………………………………66, 133
　——主義 ………………………………80
民事執行法 ……………………………348
民法解釈の基準…………………………10
民法改正委員会家族法作業部会 …566, 588, 594
民法親族編中改正ノ要綱……8, 42, 565, 588, 594

無精子症 ………………………………577
明治民法 …………………………6, 7, 321
メネソン事件 …………………………672
面会交流 ………………………………383
　——拒否基準 …………………………362
　——権 …………………………………311
　——原則的実施論 ………327, 328, 360
　——と養育費 …………………………369
　——の許容性 …………………………332
　宿泊付—— ……………………………362

や 行

結　納 …………………………………104
有責主義 ………………………………438
有責配偶者からの離婚請求 ……………477
有責配偶者からの離婚請求棄却の法理 ……467
養育者優先の原則 ………………………351
養育費 ……………………………370, 487
　——・婚姻費用算定表 …………………245
　——支払義務の始期 …………………377
　——支払義務の終期 …………………377
　——相談支援センター ………370, 380
　——の算定表の修正 …………………372
　——の算定方法 ………………………372
　——の支払 ……………………………325
　——の支払方法 ………………………376
　——の請求と権利濫用・信義則 ……375
　——の履行確保 ………………………378
　——放棄の合意の効力 ………………376
　共同監護と—— ………………………383
　事情変更と——の減額・変更 ………373
　未成熟子の——の請求の方法 ………371
　養子縁組と—— ………………………377
要件事実 ………………………………519
養子縁組 ………………………………77
養子縁組斡旋法（ドイツ）……………673
養親子関係 ……………………………738
養親子等の間の婚姻禁止 ………………124
養親族関係………………………………52
　——の終了 ……………………………57
　——の発生……………………………55

ら 行

ライフスタイルの自己決定権……………89

771

事 項 索 引

卵子提供 ……………………667
離　縁………………………61, 749
　　——による親族関係の終了……60
履行確保制度 ………………347
履行勧告 ……………………38
　　——の制度 ………………364
履行の確保 …………………285
履行命令 ……………………380
離　婚
　　——慰謝料の決定 ………421
　　——給付 …………………393
　　——後の親子の交流の促進 …358
　　——後の単独親権の原則 …330
　　——後扶養 ………………396
　　——時年金分割制度 ……101, 423
　　——届不受理申出制度 …318
　　——による復氏 …………431, 488
　　——の予約 ………………306
　　追い出し—— …299, 304, 315, 318
　　事実上の——状態………92
　　審判—— …………………285, 437
　　精神病—— ………………440, 461
　　相対的—— ………………437
　　調停—— …………………437
　　和解—— …………………437
離婚意思 ……………………300
　　——の撤回 ………………302
　　（形式的意思説）…………301

（効力要件説）………………302
（実体的〔実質的〕意思説）………301
（成立要件説）………………302
（法的意思説）………………301
（法律的定型説）……………301
離婚原因 ……………………446
　　相対的—— ………………436
　　具体的—— ………………446, 451
　　抽象的—— ………………467
離婚請求棄却条項 …437, 438, 449
離婚訴訟の訴訟物 …………447
離婚の届出
　　——の法的性質 …………314
　　委託による—— …………314
　　口頭による—— …………314
　　書面による—— …………313
　　郵送による—— …………314
離婚復氏 ……………………166, 384
離婚母子家庭 ………………369
良妻賢母 ……………………8
臨時法制審議会（1925）……42, 565, 588, 594
連帯責任の免除 ……………257

わ 行

和解離婚 ……………………290
我妻栄 ………………………10, 12, 15
藁の上からの養子 …………539

判 例 索 引

明　治

大判明 32・1・12 民録 5・1・7 ……………645
大判明 33・11・6 民録 6・10・16 …………455
大判明 33・11・17 民録 6・10・82 ……107, 150
東京地判明 34・7・3 新聞 43・21 …………620
大刑判明 36・10・1 刑集 9・1425 …………204
前橋地判（判決日不明）新聞 186・5（明 37・
　1・30）…………………………………620
大判明 37・9・24 民録 10・1152 …………650
大判明 41・3・26 民録 14・340 ……………396
大阪地判明 42（判決日不明）新聞 596・14
　………………………………………………635

大　正

東京地判大 2・4・11 評論 2 民 179 ………620
大判大 3・12・25 民録 20・1178 …………214
大連判大 4・1・26 民録 21・49 ……………87
大決大 5・2・3 民録 22・156 ………………521
大判大 5・3・24 民録 22・370 ……………127
大決大 5・4・19 民録 22・774 ……………521
大判大 5・4・29 民録 22・824 …………611, 647
大決大 6・3・5 民録 23・93 ………147, 305
大判大 8・4・23 民録 25・693 ……………91
長崎控判大 8・5・6 新聞 1557・21 ………635
大判大 8・6・11 民録 25・1010 ……………91
東京控判大 8・9・5 評論 8 民法 879 ………602
大判大 8・10・8 民録 25・1756 ……………546
大判大 8・12・8 民録 25・2213 ……………650
大判大 9・5・28 民録 26・773 ……………102
東京控判大 9・7・13 新聞 1816・15 ………632
大決大 10・6・1 民録 27・1028 ……………521
大判大 10・6・11 民集 27・1144 …………640
大判大 10・12・9 民録 27・2100 …………602
大判大 11・2・25 民集 1・72 ………157, 316
大判大 11・3・27 民集 1・137
　…………………627, 632, 635, 636, 637
大判大 12・3・9 民集 2・143 ………………602
大判大 12・7・23 民集 2・518 ……………617
大判大 13・1・24 民集 3・45 ………………623
大判大 14・9・18 民集 4・635 ……………636
東京控判大 14・12・8 新聞 2532・9 ………650

大決大 15・7・20 刑集 5・318 ……………203
大判大 15・10・11 民集 5・703 …………612
大判大 15・12・20 民集 5・869 …………636

昭和元〜21 年

大判昭 3・2・22 新聞 2852・9 ……………646
大判昭 3・11・24 新聞 2938・9 …………104
大判昭 3・12・6 新聞 2957・6 ……………546
大判昭 4・7・4 民集 8・686 ………………612
大判昭 4・9・25 民集 8・763 ……………517
東京地判昭 5・5・21 新聞 3129・8 ………649
東京控判昭 5・6・27 新聞 3144・11 ………636
大決昭 5・9・30 民集 9・926 ……188, 189, 329
大判昭 6・1・23 新聞 3227・14 …………605
大判昭 6・11・13 民集 10・1022 …642, 642
大判昭 6・11・17 法学 1・514 ……………640
大判昭 6・11・27 新聞 3345・15 …………91
大判昭 7・2・16 法律新報 285・10 ……144, 303
大判昭 7・4・20 新聞 3400・4 ……133, 313
大判昭 7・5・11 民集 11・1062 …………54, 119
東京地判昭 7・9・19 法律新報 309・26
　……………………………………605, 629, 648
大判昭 7・10・6 民集 11・2023 …………614
大判昭 7・10・13 法学 2・703 ……………213
大判昭 7・12・14 民集 11・2323 …………648
大判昭 9・1・23 民集 13・47 ……………513
大判昭 9・4・28 新聞 3701・14 …………648
大判昭 9・5・4 新聞 3703・7 ………133, 313
東京控判昭 9・5・11 新聞 3704・6 ………615
大判昭 9・7・11 民集 13・1361 …………636
宮城控判昭 9・11・15 新聞 3770・5 ………636
大判昭 10・7・16 民集 19・1278 …………517
大判昭 10・10・31 民集 14・1805 …………640
大阪控判昭 11・6・26 新聞 4013・5 ………648
大判昭 11・12・26 新聞 4100・12 …………310
大判昭 12・4・12 法学 6・1105 ……627, 635
大判昭 13・5・23 新聞 4289・9 …………519
大判昭 13・7・26 新聞 4323・10 …………519
大判昭 13・11・26 新聞 4355・11 …………518
大判昭 13・12・24 民集 17・2533 …………592
大連判昭 15・1・23 民集 19・54 …504, 546, 548

773

判例索引

台湾高等法院昭 15・5・11 新聞 4593・8 …632
大判昭 15・9・20 民集 19・1596 ………546, 548
東京控判昭 15・9・30 新聞 4655・7 ………608
大判昭 16・7・29 民集 20・1019 …………136
名古屋控判昭 16・9・15 新聞 4740・9 ……587
大判昭 17・7・21 新聞 4787・15 …………111
大判昭 17・9・10 法学 12・4・67 …………591
大判昭 19・6・28 民集 23・401 ……………517
大判昭 19・10・5 民集 23・579 ……………213
大判昭 19・10・13 民集 23・598 ……302, 305

昭和 22～30 年
大阪高決昭 23・4・21 家月 2・2・11 ………521
最判昭 24・1・18 民集 3・1・10 ……………757
東京地判昭 24・2・7 判例総覧民事編 3・162
　　……………………………………………458
大阪高決昭 24・10・29 家月 2・2・15 ……96
甲府地判昭 25・4・19 下民集 1・4・564 …475
最判昭 25・12・28 民集 4・13・701 ………513
金沢地判昭 26・1・31 下民集 2・1・105 …635
神戸地判昭 26・2・15 下民集 2・2・202 …456
横浜地小田原支判昭 26・9・29 下民集 2・9・
　　1160 ……………………………………460
最判昭 27・2・19 民集 6・2・110
　　………………………………439, 467, 478
名古屋地半田支判昭 27・5・20 下民集 3・5・
　　676……………………………………459
高知地判昭 27・6・23 下民集 3・6・879 …476
最判昭 27・6・27 民集 6・6・602 …………477
最判昭 27・10・3 民集 6・9・753
　　………………………………145, 304, 613
最判昭 27・10・21 民集 6・9・849 …………102
釧路地帯広判昭 27・11・7 下民集 3・11・
　　1580 ……………………………………472
東京地判昭 28（判決日不明）判タ 42・48…744
最判昭 28・6・26 民集 7・6・787 ……630, 636
京都地判昭 28・11・11 下民集 4・11・1638
　　……………………………………………457
最判昭 29・1・21 民集 8・1・87 …535, 541, 653
津地判昭 29・1・29 下民集 5・1・80 ………476
名古屋地岡崎支判昭 29・4・9 判時 24・14
　　……………………………………………590
最大決昭 29・4・26 民集 8・4・848 ………349
最判昭 29・4・30 民集 8・4・861 …………641

宮崎地都城支判昭 29・8・4 下民集 5・8・
　　1241 ……………………………………110
最判昭 29・11・5 民集 8・11・2023 ………478
最判昭 29・12・14 民集 8・12・2143 ………478
名古屋高判昭 29・12・17 高民集 7・12・
　　1113 ……………………………………624
東京地判昭 30・4・15 下民集 6・4・730 …459
東京地判昭 30・5・6 下民集 6・5・896 …440
大阪高決昭 30・6・7 家月 7・8・63 ………308
最大判昭 30・7・20 民集 9・9・1122 ………655
最判昭 30・11・24 民集 9・12・1837 …470, 478

昭和 31～40 年
最判昭 31・2・21 民集 10・2・124
　　………………………………203, 400, 402
最判昭 31・7・19 民集 10・7・908
　　………………………………133, 145, 313
函館地判昭 31・7・24 不法下民昭 31 年度
　　472………………………………………459
東京家審昭 31・7・25 家月 9・10・38 ………96
最判昭 31・9・13 民集 10・9・1135 ………653
東京地判昭 31・10・16 下民集 7・10・2913
　　……………………………………………113
最判昭 31・12・11 民集 10・12・1537 ……478
東京地判昭 31・12・20 下民集 7・12・3712
　　……………………………………………472
仙台高判昭 32・2・12 下民集 8・2・272 …488
最判昭 32・6・21 民集 11・6・1125 ………655
前橋家審昭 32・7・17 家月 10・1・28 ……194
長崎地判昭 32・9・25 下民集 8・9・1745 …632
最判昭 33・1・23 家月 10・1・11 …………473
最判昭 33・2・25 家月 10・2・39 …………470
最判昭 33・3・6 民集 12・3・414 ……213, 310
最判昭 33・4・11 民集 12・5・789 ……88, 95
最大判昭 33・5・28 民集 12・8・1224 ……757
最判昭 33・7・25 民集 12・12・1823
　　………………………………440, 463, 651
大阪地判昭 33・12・18 下民集 9・12・2505
　　……………………………………………464
松江家西郷支審昭 34・1・16 家月 11・4・
　　117………………………………………135
最判昭 34・2・19 民集 13・2・174 …309, 409
東京家審昭 34・6・15 家月 11・8・119
　　………………………………………173, 387

判 例 索 引

最判昭 34・7・3 民集 13・7・905 ………146
東京高判昭 34・7・7 家月 11・10・90 ……454
最判昭 34・7・14 民集 13・7・1023 …263, 264
最判昭 34・8・7 民集 13・10・1251 ………302
最判昭 34・11・26 民集 13・12・1562 ……204
東京地判昭 34・11・30 家月 12・3・113 …477
神戸地姫路支判昭 34・11・30 下民集 10・
　11・2526 ………………………………474
東京家審昭 35・1・18 家月 12・5・153 ……242
大阪地判昭 35・6・23 判時 237・27 ………474
仙台高決昭 35・7・11 家月 13・6・149 ……521
東京地判昭 35・8・6 LEX/DB27450720 …264
神戸家審昭 36・2・21 家月 13・5・152 ……725
新潟地判昭 36・4・24 下民集 12・4・857
　………………………………………457, 459
最判昭 36・4・25 民集 15・4・891
　…………………………………288, 448, 462
金沢地判昭 36・5・10 下民集 12・5・1104
　………………………………………462, 464
最判昭 36・6・20 家月 13・11・83 …………652
東京高判昭 36・7・5 高民集 14・5・309 …614
最大判昭 36・9・6 民集 15・8・2047
　……………………260, 262, 394, 398
大阪地判昭 36・9・19 行集 12・9・1801 …101
福岡高決昭 36・10・4 家月 14・3・114 ……136
東京地判昭 36・12・20 下民集 12・12・3067
　………………………………………………112
最判昭 37・2・6 民集 16・2・206 …………473
東京高判昭 37・2・26 下民集 13・2・288 …453
最判昭 37・4・10 民集 16・4・693 ……642, 655
最判昭 37・4・27 民集 16・7・1247
　…………………119, 501, 602, 695, 710, 740
仙台高決昭 37・6・15 家月 14・11・103 …623
神戸家姫路支審昭 37・6・20 家月 14・11・
　166………………………………………515
東京地判昭 37・7・17 下民集 13・7・1434
　………………………………………………311
最判昭 37・8・10 民集 16・8・1700 …145, 304
名古屋高決昭 37・10・3 家月 15・3・121 …158
大阪地堺支判昭 37・10・30 家月 15・4・68
　………………………………………464, 465
最判昭 38・2・1 民集 17・1・160 …………102
千葉地判昭 38・4・22 判時 351・38 ………464
東京地判昭 38・5・27 判時 349・54 ………471

最判昭 38・6・4 家月 15・9・179 ……452, 478
最判昭 38・6・7 家月 15・8・55 ……………475
広島高決昭 38・6・19 家月 15・10・130 …96
青森地弘前支判昭 38・6・27 家月 16・1・
　117……………………………………650
前橋家桐生支審昭 38・7・1 家月 15・10・
　142……………………………………564
長野地判昭 38・7・5 下民集 14・7・1329 …454
仙台地大河原支判昭 38・8・29 下民集 14・
　8・1672 ……………………………458
最判昭 38・9・5 民集 17・8・942 …………95
名古屋高決昭 38・11・9 高民集 16・8・664
　………………………………………………168
鹿児島地判昭 38・11・19 下民集 14・11・
　2258 ……………………………………460
最判昭 38・11・28 民集 17・11・1469 ……301
最判昭 39・3・6 民集 18・3・446 …………516
最大判昭 39・3・25 民集 18・3・486 ……491
最判昭 39・5・26 民集 18・4・667 ………97
東京地判昭 39・5・30 下民集 15・5・1271
　………………………………………………464
横浜地判昭 39・9・2 下民集 15・9・2133
　………………………………………451, 471
最判昭 39・9・4 民集 18・7・1395 ………104
東京地判昭 39・9・12 下民集 15・9・2377
　………………………………………………648
最判昭 39・9・17 民集 18・7・1461 ………457
福岡高判昭 39・9・17 家月 17・1・79 ……235
東京地判昭 39・10・7 判時 402・59 ………472
最判昭 39・10・13 民集 18・8・1578 ………100
東京家審昭 39・12・14 家月 17・4・55 ……357
千葉地判昭 40・2・20 判タ 175・144 …440, 455
名古屋地判昭 40・2・26 下民集 16・2・362
　………………………………………………635
最大決昭 40・6・30 民集 19・4・1089 …33, 189
最大決昭 40・6・30 民集 19・4・1114
　………………………………………243, 247, 417
東京高決昭 40・7・16 家月 17・12・121 …194
福岡家審昭 40・8・6 家月 18・1・82 ………615
岡山家審昭 40・12・2 家月 18・7・70 ……563

昭和 41～50 年

最判昭 41・2・15 民集 20・2・202 ……546, 569
最大決昭 41・3・2 民集 20・3・360 …………33

判 例 索 引

大阪家審昭 41・4・12 家月 18・11・60 ……… 422
最判昭 41・7・15 民集 20・6・1197 ……… 488
札幌家審昭 41・8・30 家月 19・3・80
　　　　　　　　　　　　　……… 564, 581, 591
東京地判昭 41・12・20 労民集 17・6・1407
　　　　　　　　　　　　　　　　　　……… 71
最判昭 42・2・2 民集 21・1・88 ……… 213, 310
東京家審昭 42・2・18 家月 19・9・76 ……… 591
最判昭 42・2・21 民集 21・1・155 ……… 100
大阪高決昭 42・4・14 家月 19・9・47
　　　　　　　　　　　　　　　……… 201, 241
東京家審昭 42・6・15 家月 20・1・92 ……… 340
大阪高決昭 42・7・10 家月 20・1・84 ……… 201
新潟地判昭 42・8・30 判時 519・84 ……… 472
長崎地判昭 42・9・5 家月 21・1・136
　　　　　　　　　　　　　　　……… 462, 464
最大判昭 42・11・1 民集 21・9・2249 ……… 429
最判昭 42・12・8 家月 20・3・55 ……… 304
最判昭 42・12・22 家月 20・3・60 ……… 653
名古屋地岡崎支判昭 43・1・29 判時 515・74
　　　　　　　　　　　　　　　　　……… 473
東京家審昭 43・5・7 家月 20・10・93 ……… 581
福岡高決昭 43・6・14 家月 21・5・56
　　　　　　　　　　　　　　　……… 201, 241
最判昭 43・7・4 民集 22・7・1441 ……… 351
横浜地川崎支判昭 43・7・22 判タ 227・217
　　　　　　　　　　　　　　　　　……… 420
最判昭 43・8・27 民集 22・8・1733 ……… 650
最判昭 43・9・20 民集 22・9・1938
　　　　　　　　　　　……… 243, 417, 488
高松高決昭 43・11・5 家月 21・2・168 ……… 190
広島地判昭 43・11・27 判時 548・90 ……… 475
東京地判昭 43・12・10 判時 544・3 ……… 92
横浜家川崎支審昭 43・12・16 家月 21・4・
　158 ……… 725
札幌高決昭 44・1・10 家月 21・7・80 ……… 411
最判昭 44・1・31 家月 21・7・67
　　　　　　　　　　　……… 133, 313, 318
最判昭 44・2・20 民集 23・2・399 ……… 488
宮崎家日南支審昭 44・3・13 家月 21・9・87
　　　　　　　　　　　　　　　　　……… 420
最判昭 44・4・3 民集 23・4・709
　　　　　　　　……… 134, 144, 303, 314, 611
大阪高決昭 44・5・23 家月 22・2・45 ……… 241

最判昭 44・5・29 民集 23・6・1064
　　　　……… 309, 537, 551, 556, 564, 647
札幌地判昭 44・7・14 判時 578・74 ……… 464
東京家審昭 44・8・20 家月 22・5・65 ……… 615
最判昭 44・9・4 判タ 240・137 ……… 556, 647
大阪高判昭 44・9・11 判時 581・45 ……… 472
最判昭 44・9・26 民集 23・9・1727 ……… 96
最判昭 44・10・21 民集 23・10・1834
　　　　　　　　　　　　　　　……… 610, 614
最判昭 44・10・31 民集 23・10・1894 ……… 142
東京地判昭 44・11・8 行集 20・11・1324 ……… 614
最決昭 44・11・11 民集 23・11・2015 ……… 582
最判昭 44・11・27 民集 23・11・2290
　　　　　　　　　　　　　　　……… 653, 655
福岡家審昭 44・12・11 家月 22・6・93 ……… 563
最判昭 44・12・18 民集 23・12・2476
　　　　　　　　　　　　　　　……… 251, 257
福岡高判昭 44・12・24 判タ 244・142 ……… 411
最判昭 45・4・21 判時 596・43 ……… 144, 303
大阪地判昭 45・6・15 家月 23・8・60 ……… 523
最大判昭 45・7・15 民集 24・7・861
　　　　　　　　　　　　　……… 517, 518, 603
東京地判昭 45・9・8 判時 618・73 ……… 195
東京地判昭 45・9・22 行集 21・9・1143 ……… 431
山形地判昭 45・11・10 判時 615・63 ……… 473
最判昭 45・11・24 民集 24・12・1931
　　　　　　　　　　　　　　　……… 314, 611
最判昭 45・11・24 民集 24・12・1943
　　　　　　　　　　　　　　　……… 462, 464
東京家審昭 45・12・24 家月 23・7・59 ……… 378
東京高判昭 46・2・26 判時 623・79 ……… 97
最判昭 46・3・19 判時 623・75 ……… 655
最判昭 46・5・21 民集 25・3・408 ……… 478
最判昭 46・7・23 民集 25・5・805
　……… 394, 398, 399, 400, 402, 407, 408, 418, 421
東京高判昭 46・9・23 高民集 24・3・354 ……… 418
松江家審昭 46・9・30 家月 24・9・173 ……… 591
東京地判昭 46・11・11 判時 651・84 ……… 353
最判昭 46・12・21 判時 658・33 ……… 351
東京高判昭 47・1・28 判タ 276・318 ……… 462
名古屋地判昭 47・2・29 判時 670・77
　　　　　　　　　　　　　　　……… 452, 474
名古屋家審昭 47・3・9 家月 25・4・59 ……… 377
東京地判昭 47・3・18 判時 677・83 ……… 452

判 例 索 引

最判昭 47・7・25 民集 26・6・1263 …145, 304
最判昭 47・7・25 家月 25・4・40 …………350
東京家審昭 47・9・14 家月 25・11・98 ……244
東京地判昭 47・9・21 判時 693・51 ………195
最判昭 47・9・26 家月 25・4・42 …………350
東京高判昭 47・10・30 判時 685・96 ………473
東京高判昭 47・11・30 判タ 291・329
　　　　………………………………420, 452
最大判昭 48・4・4 刑集 27・3・265 …………50
大阪高判昭 48・4・10 判時 710・61 ………264
東京地判昭 48・6・14 下民集 24・5〜8・388
　　　　………………………………………354
東京家審昭 48・8・1 家月 26・4・62 ………418
最判昭 48・11・15 民集 27・10・1323
　　　　………………………………451, 452
最判昭 48・11・16 民集 27・10・1333 ……431
那覇家審昭 48・11・20 家月 26・5・100 …635
東京家審昭 48・11・24 家月 26・6・33 ……113
福岡家直方支審昭 49・2・8 家月 26・10・66
　　　　………………………………711, 724
大阪家審昭 49・2・13 家月 26・10・68 ……340
大阪家審昭 49・2・20 家月 27・1・100 ……333
東京家審昭 49・3・1 家月 26・9・80 ………333
神戸家尼崎支審昭 49・3・19 家月 27・1・
　116………………………………………333
最判昭 49・3・29 家月 26・8・47 …………603
東京高判昭 49・4・24 金判 417・17 ………310
前橋地高崎支判昭 49・6・17 家月 27・2・
　104………………………………………523
東京高決昭 49・6・19 判時 747・59 ………333
高松高決昭 49・6・26 家月 27・5・121 ……311
名古屋地判昭 49・10・1 判タ 320・281 ……457
最判昭 49・10・11 家月 27・7・46 …………648
東京高決昭 49・10・16 判時 765・74 ………387
大阪高判昭 49・10・29 判時 776・52 ………310
大阪高決昭 49・11・15 家月 27・12・56 …725
大阪家審昭 50・1・31 家月 28・3・88 ……421
東京家審昭 50・1・31 家月 28・4・96
　　　　………………………………408, 419
東京地判昭 50・2・18 判時 796・67 ………264
新潟家高田支審昭 50・2・21 家月 28・7・63
　　　　………………………………………111
札幌地判昭 50・3・27 判タ 327・301 ………475
最判昭 50・5・27 民集 29・5・641 …………430

札幌高決昭 50・6・30 判タ 328・282
　　　　…………………………201, 241, 244
松山地西条支判昭 50・6・30 判時 808・93
　　　　………………………………411, 488
東京家審昭 50・7・14 判タ 332・347 ………563
東京家審昭 50・7・15 家月 28・8・62 ………615
東京地判昭 50・7・17 判時 801・49 ………352
福島家白河支審昭 50・7・21 家月 28・6・70
　　　　………………………………………711
大阪家岸和田支審昭 50・7・23 家月 28・7・
　45………………………………………378
宇都宮家審昭 50・8・29 家月 28・9・58 …377
静岡家富士支審昭 50・9・2 家月 28・8・55
　　　　………………………………………731
最判昭 50・9・30 家月 28・4・81 ……513, 612
名古屋地判昭 50・10・31 判タ 334・333 …198

昭和51〜60年

水戸地判昭 51・2・25 判タ 342・250 ………264
東京家審昭 51・5・28 判タ 348・295 ………563
大阪高判昭 51・9・7 家月 29・11・83 ……126
武蔵野簡判昭 51・9・17 判時 852・105 ……254
福岡家直方支審昭 51・10・6 家月 29・4・
　147………………………………………390
札幌高判昭 51・10・27 家月 29・10・136 …489
東京高判昭 51・10・29 判タ 350・309 ……422
札幌高決昭 51・11・12 家月 29・5・65
　　　　………………………………190, 194
盛岡地遠野支判昭 52・1・26 家月 29・7・67
　　　　………………………………………473
最判昭 52・2・14 家月 29・9・78 …………633
東京家審昭 52・3・5 家月 29・10・154 ……563
大阪高決昭 52・3・11 判時 869・57 ………345
横浜地判昭 52・3・24 判時 867・87 ………265
東京高判昭 52・5・26 判時 857・77 ………476
大阪家審昭 52・8・29 家月 30・7・75 ……390
東京高判昭 52・10・26 判タ 366・224 ……264
東京高判昭 52・12・9 家月 30・8・42 ……334
大阪高決昭 52・12・21 家月 30・6・95 ……390
最判昭 53・2・16 家月 30・8・38 …………430
最判昭 53・2・21 家月 30・9・74 ……403, 421
最判昭 53・2・24 民集 32・1・110 …………612
大阪地判昭 53・3・8 家月 30・11・52 ……757
最判昭 53・3・9 家月 31・3・79 …………304

777

判 例 索 引

東京高判昭53・3・29判時893・38 …471, 477
最判昭53・4・7家月30・10・27 …………350
最判昭53・4・14家月30・10・26 ……510, 636
奈良家審昭53・5・19家月30・11・62 …591
名古屋地一宮支判昭53・5・26判時937・64
　　　　　　　　　　　　　　　…………473
最判昭53・6・29家月30・11・50 ……351, 757
福岡地判昭53・8・10判時937・73 ………475
東京地判昭53・8・24家月31・7・84 ………352
最判昭53・11・14民集32・8・1529
　　　　　　　　　　…………248, 293, 417, 488
最判昭54・3・23民集33・2・294 ………624
東京高判昭54・3・27判タ384・155 ………472
釧路家北見支審昭54・3・28家月31・9・34
　　　　　　　　　　　　　　　…………728
最判昭54・3・30民集33・2・303 ………204
最判昭54・3・30家月31・7・54
　　　　　　　　　　　…………314, 611, 633
水戸地判昭54・4・24判タ396・134 ………475
大阪高決昭54・6・18家月32・3・94 ………377
最判昭54・6・21家月31・11・84 …………614
東京高判昭54・6・21判タ395・63 ………475
東京高判昭54・9・25判時944・55 …408, 411
東京地判昭54・10・26家月32・5・64 ………462
京都地判昭54・10・30判時960・92 ………523
仙台高判昭55・1・25家月33・2・169
　　　　　　　　　　　…………611, 613, 632
東京高決昭55・3・7判タ415・184 ………308
最判昭55・3・27家月32・8・66
　　　　　　　　　…………558, 560, 572, 590
大阪高決昭55・4・3家月32・7・56 …59, 186
東京高判昭55・5・29判タ420・117 ………479
大阪家審昭55・6・13家月32・9・52 ……728
東京高判昭55・6・26判タ424・97 ………255
最判昭55・7・11民集34・4・628
　　　　　　　　…………98, 398, 405, 427, 430
東京地判昭55・8・5判タ425・135 ………346
東京高判昭55・9・30判タ427・156 ………345
名古屋地判昭55・11・11判時1015・107 …257
甲府地判昭55・12・23判時1023・107 ……198
東京高判昭55・12・26判タ437・151 ……412
札幌高判昭56・2・25判タ452・156 ………101
東京高判昭56・4・28判タ446・97 ………310
最判昭56・6・16民集35・4・791 …………517

札幌家審昭56・10・7家月35・3・92 ……389
東京高判昭56・12・17判時1036・78 ……473
高松高判昭56・12・22金法997・42 ……255
東京高判昭57・2・16判時1041・73 ……410
浦和地判昭57・2・19家月35・5・117 ……308
最判昭57・3・19民集36・3・432 ……655
最判昭57・3・26判タ469・184 …………301
大阪家審昭57・4・12家月35・8・118
　　　　　　　　　　　　　…………334, 340
東京高判昭57・4・27判時1047・84 ……104
大阪高決昭57・5・14家月35・10・62 ……378
東京高決昭57・6・1家月35・9・72 ……333
徳島地判昭57・6・21判時1065・170 ……104
東京家審昭57・6・24家月35・9・117 ……632
東京高判昭57・6・30家月35・10・63
　　　　　　　　　　　　　…………527, 654
東京高判昭57・8・31判時1056・179 ……462
岐阜家審昭57・9・14家月36・4・78 ………90
最判昭57・9・28民集36・8・1642 ……112
東京高決昭57・10・8判時1061・48 ……310
東京高判昭57・11・25判時1062・89 ……475
大阪高決昭57・11・30家月36・1・139 ……99
横浜地判昭57・12・22判タ492・109 ……255
東京高判昭58・1・27判時1069・79 ……476
大阪地判昭58・3・8判タ494・167 ……104
最判昭58・3・10家月36・5・63 …404, 489
大阪家審昭58・3・23家月36・6・51 …97, 100
最判昭58・4・14民集37・3・270 ……93, 309
京都家審昭58・4・14家月36・10・102 …659
東京高決昭58・4・28家月36・6・42 ……378
東京家審昭58・6・10家月36・8・120 ……563
名古屋高判昭58・6・15判タ508・112 ……99
大阪地判昭58・6・27判タ503・172 ………603
浦和家川越支審昭58・6・27家月36・8・
124…………583
東京高決昭58・6・28判タ510・191 ………311
東京高判昭58・6・30判タ509・221 ………473
名古屋高金沢支決昭58・7・1判時1096・77
　　　　　　　　　　　　　　　…………340
東京高判昭58・8・4判時1091・89 ……471
大阪地判昭58・8・20判タ511・190 ………352
東京高判昭58・10・27下民集34・9〜12・
995…………487
札幌地判昭58・12・5判タ523・181 ………254

判 例 索 引

最判昭 58・12・19 民集 37・10・1532 ……424
大阪地判昭 58・12・26 家月 36・11・145 …591
名古屋高判昭 58・12・27 判タ 519・246
　　　　　　　　　　　　　　　　　……456, 473
東京地判昭 59・1・30 行集 35・1・39 ………91
東京地判昭 59・2・24 判時 1135・61 …462, 463
横浜地判昭 59・2・24 判タ 528・290 ………471
最判昭 59・3・29 家月 37・2・141 ………349
東京地八王子支判昭 59・5・25 判タ 531・
　187………………………………………351
東京高判昭 59・5・30 判タ 532・249 ………472
最決昭 59・7・6 家月 37・5・35 …………358
東京地判昭 59・7・12 判タ 542・243 ………265
津家四日市支審昭 59・7・18 家月 37・5・63
　　　　　　　　　　　　　　　　　　……577
横浜地判昭 59・7・30 判タ 541・230 ………475
大阪高判昭 59・8・21 高民集 37・3・159 …305
浦和地判昭 59・9・19 判タ 545・263 ………422
東京地判昭 59・10・17 判時 1154・107 ……475
浦和地判昭 59・11・27 判タ 548・260 ………472
仙台高判昭 59・12・14 判タ 548・257 ………479
福岡高決昭 60・1・31 家月 37・8・45 ………391
最判昭 60・2・14 訟月 31・9・2204 ……91, 123
最判昭 60・2・26 家月 37・6・25 ……758, 759
東京高判昭 60・6・26 判時 1161・123 ……463
福岡高判昭 60・7・2 家月 37・10・67 ……656
福岡地小倉支判昭 60・7・25 判時 1179・101
　　　　　　　　　　　　　　　　　　……351
浦和地判昭 60・9・10 判タ 614・104 ………474
浦和地判昭 60・11・29 判タ 596・73 ………457
名古屋高金沢支決昭 60・12・5 家月 38・4・
　101………………………………………521
仙台地判昭 60・12・19 判タ 595・77 ………472
東京高判昭 60・12・24 判タ 601・56 ………473

昭和 61〜63 年
東京高判昭 61・1・29 家月 38・9・83
　　　　　　　　　　　　　　　　……417, 471
仙台高判昭 61・1・30 判タ 603・75 ………457
門司簡判昭 61・3・28 判タ 612・57 ………255
最判昭 61・7・14 判タ 606・30 …………191
最判昭 61・7・18 民集 40・5・991 ………354
大阪簡判昭 61・8・26 判タ 626・173 ………255
東京地判昭 61・9・11 判時 1217・77 ………352

札幌家審昭 61・9・22 家月 39・3・57 ……563
横浜地判昭 61・10・6 判タ 626・198 ………449
札幌高決昭 61・11・19 判タ 630・192 ……391
東京地判昭 61・12・11 判時 1253・80 ……195
東京地判昭 61・12・22 判時 1249・86 ……449
東京地判昭 61・12・24 判タ 642・97 ………479
東京地判昭 62・2・24 判タ 650・191 ………195
東京地判昭 62・3・25 判タ 646・161 ………93
名古屋地豊橋支判昭 62・3・27 判タ 637・
　186………………………………………472
和歌山家妙寺支審昭 62・3・30 家月 39・10・
　94 ………………………………………248
東京家審昭 62・3・31 家月 39・6・58 ……358
京都地判昭 62・5・12 判時 1259・92 ………474
徳島地判昭 62・6・23 判タ 653・156 ………196
大分地判昭 62・7・14 判時 1266・103 ……429
大阪家審昭 62・7・17 家月 39・11・135
　　　　　　　　　　　　　　　　……416, 421
東京高判昭 62・7・30 判時 1246・102 ……603
最大判昭 62・9・2 民集 41・6・1423
　　　　　　……406, 439, 441, 468, 479, 489
新潟地判昭 62・9・2 判タ 658・205 ………112
静岡地富士支判昭 62・10・6 判タ 657・192
　　　　　　　　　　　　　　　　　　……449
東京高判昭 62・10・8 家月 40・3・45 ……186
大阪地判昭 62・11・16 判タ 664・193
　　　　　　　　　　　　　　　　……455, 476
大阪高決昭 62・11・19 家月 40・4・115 …194
最判昭 62・11・24 家月 40・3・27 …………481
東京高判昭 62・11・24 家月 40・4・131 …487
大阪高決昭 62・12・3 家月 40・6・39 ……731
最判昭 63・2・12 家月 40・5・113 …………481
最判昭 63・2・16 民集 42・2・27 ………22, 168
東京地判昭 63・3・28 判時 1275・46 ………93
最判昭 63・4・7 家月 40・7・171 …………481
名古屋地判昭 63・4・18 判タ 682・212 ……456
東京地判昭 63・5・16 判時 1281・87 ………232
東京高判昭 63・6・7 判時 1281・96
　　　　　　　　　　　　　　……419, 420, 421
大阪地判昭 63・7・18 判タ 683・178 ………632
東京高判昭 63・8・31 判タ 694・161 ………635
東京地判昭 63・10・21 家月 41・10・145 …367
高松高決昭 63・10・28 家月 41・1・115 …412
東京地判昭 63・11・14 判時 1318・78 ………97

779

判 例 索 引

山口家審昭 63・12・5 家月 41・7・106
　　　　　　　　　　　　　　　　729, 731
最判昭 63・12・8 家月 41・3・145 ………482
東京高判昭 63・12・22 判時 1301・97
　　　　　　　　　　　　　　　　420, 462

平成元〜10 年

東京高判平元・1・25 判時 1305・82 ………351
東京高決平元・2・15 家月 41・8・177 ………389
最判平元・3・28 家月 41・7・67………482
奈良家審平元・4・21 家月 41・11・96
　　　　　　　　　　　　　　　　311, 333
東京高判平元・4・26 家月 43・3・78………482
東京高判平元・5・11 家月 42・6・25………473
東京地判平元・6・13 判時 1347・58 ………195
神戸地判平元・6・23 判タ 713・255 …407, 490
岐阜家審平元・6・23 家月 41・9・116 ………173
大阪家審平元・7・31 家月 42・7・45 ………99
浦和地川越支判平元・9・13 判時 1348・124
　　　　　　　　　　　　　　　　242, 265
最判平元・9・14 家月 41・11・75 …………431
最判平元・10・13 家月 42・2・159……146, 305
最判平元・11・10 民集 43・10・1085………657
東京高判平元・11・22 家月 42・3・80
　　　　　　　　　　　　　　　　420, 421
大阪高決平元・11・30 判タ 732・263………198
最判平元・12・11 民集 43・12・1763………487
神戸家伊丹支審平 2・1・18 家月 43・1・133
　　　　　　　　　　　　　　　　　　563
東京高判平 2・2・27 家月 42・12・31 …749
福岡高判平 2・2・27 判タ 731・189 ………427
東京家審平 2・3・6 家月 42・9・51 ………377
東京高判平 2・4・25 判タ 730・164 ………472
仙台高決平 2・5・11 家月 42・10・63 ………28
東京高決平 2・5・11 東高民時報 41・5〜8・
　28 ……………………………………731
名古屋家審平 2・5・31 家月 42・12・51 …358
東京家審平 2・6・20 家月 42・12・56 ……171
最判平 2・7・19 家月 43・4・33
　　　　　　　　　　　514, 614, 622, 648
最判平 2・7・20 民集 44・5・975 ……405, 489
長野地判平 2・9・17 家月 43・6・34
　　　　　　　　　　　　　461, 463, 476
最判平 2・11・8 家月 43・3・72 …477, 481, 482

最判平 2・12・6 家月 43・6・18 …………354
東京高判平 2・12・12 税資 181・867 ………232
大阪高判平 2・12・14 家月 43・11・73
　　　　　　　　　　　　198, 456, 472
札幌高決平 3・2・25 家月 43 巻 12 号 65 …201
東京地判平 3・3・6 判タ 768・224 ………196
神戸地判平 3・3・27 家月 44・10・78 ……353
東京高判平 3・4・16 判タ 768・218 …121, 160
名古屋高判平 3・5・30 家月 44・11・71 …477
京都地判平 3・6・11 判時 1407・95 ………429
東京高判平 3・7・16 家月 46・9・44 ………482
大阪地判平 3・8・29 家月 44・12・95 …91, 94
大阪高決平 3・9・4 判時 1409・75 …………391
最判平 3・9・13 民集 45・7・1151 ………742
名古屋地岡崎支判平 3・9・20 判時 1409・97
　　　　　　　　　　　　　　　470, 475
大阪高判平 3・11・8 家月 45・2・144 ……523
名古屋高判平 3・11・27 判タ 789・219 ……472
最判平 3・12・3 税資 187・231 …………232
盛岡家審平 3・12・16 家月 44・9・89 ……747
東京地判平 4・1・31 判タ 793・223 ………99
大阪高判平 4・5・26 判タ 797・253 …407, 490
東京家審平 4・6・22 家月 45・11・47 ……712
東京地判平 4・6・26 家月 46・1・142 ……477
長崎家審平 4・7・2 家月 45・3・65 ……522
大阪地判平 4・7・24 家月 45・11・64 ……351
大阪高決平 4・7・31 家月 45・7・63 ……358
高松高決平 4・8・7 判タ 809・193 ……358
京都地判平 4・8・7 家月 45・12・95 ……351
東京地判平 4・8・26 家月 45・12・102 ……264
仙台高判平 4・9・11 判タ 813・257 ………97
奈良家審平 4・12・16 家月 46・4・56 ……564
山口家審平 4・12・16 家月 46・4・60 ……373
東京地判平 5・2・26 判タ 849・235 …410, 415
福岡高判平 5・3・18 判タ 827・270 …456, 474
東京地判平 5・3・31 判タ 857・248 ………103
東京高決平 5・6・23 家月 45・6・104 ………19
広島地判平 5・6・28 判タ 873・240 …456, 472
東京高決平 5・9・6 家月 46・12・45 ……332
東京地判平 5・9・17 判タ 872・273 ………472
最判平 5・10・19 民集 47・8・5099 …349, 758
最判平 5・11・2 家月 46・9・40 …………482
高松高決平 5・11・10 判タ 863・268 ………731
東京高判平 5・11・15 高民集 46・3・98 …760

判 例 索 引

東京地判平 5・11・19 判タ 835・58 ………174
横浜地横須賀支判平 5・12・21 家月 47・1・
　140………………………………463, 476
京都地判平 5・12・22 判時 1511・131 ……412
大阪家審平 5・12・22 家月 47・4・45 ……359
高松家審平 6・1・13 家月 47・12・47 ……746
最判平 6・1・20 家月 47・1・122 …………205
東京地判平 6・1・28 判タ 873・180 …………95
最判平 6・2・8 家月 46・9・59 ……481, 483
最判平 6・2・8 家月 47・2・135 …………352
最判平 6・2・10 民集 48・2・388 …………489
東京高判平 6・3・28 高民集 47・1・97……559
国税不服審判所裁決平 6・3・30 裁決事例集
　47・138………………………………430
大阪高決平 6・4・19 家月 47・3・69 ………373
高松高判平 6・4・19 判タ 854・261 ………213
最判平 6・4・26 民集 48・3・992 …………349
東京家審平 6・5・31 家月 47・5・52
　………………………………407, 410, 415
東京高判平 6・10・13 家月 48・6・61
　………………………………407, 473, 490
最判平 6・11・8 民集 48・7・1337 ……349, 758
最判平 6・11・24 判タ 867・165 ……………204
最判平 7・1・24 税資 208・3 ………………430
東京高判平 7・1・30 判時 1551・73 …525, 526
名古屋高決平 7・1・31 家月 47・12・41 …390
最判平 7・3・24 判タ 875・68 ………………101
東京高判平 7・4・27 家月 48・4・24 ………410
東京地判平 7・5・16 判時 1561・65 ………427
最判平 7・7・14 民集 49・7・2674 …………538
東京地判平 7・10・19 判タ 915・90 …………93
最判平 8・3・26 民集 50・4・993 ……205, 310
東京家審平 8・3・28 家月 49・7・80 …311, 347
浦和家越谷支審平 8・6・7 家月 49・1・138
　……………………………………………28
最判平 8・6・24 民集 50・7・1451 …………491
東京高判平 8・7・30 判時 1577・92 ………470
札幌家審平 8・8・5 家月 49・3・80
　………………………………311, 333, 347
宇都宮家審平 8・9・30 家月 49・3・87 ……659
京都地判平 8・10・31 判時 1601・141 ……656
東京高判平 8・12・25 判タ 965・226 …410, 421
横浜地判平 9・1・22 判タ 626・198 ………449
名古屋高決平 9・1・29 家月 49・6・64 ……358

高松高判平 9・3・27 家月 49・10・79 ……410
最判平 9・4・10 民集 51・4・1972
　………………………………311, 372, 487
横浜地判平 9・4・14 家月 50・7・90 ………422
大阪高決平 9・4・25 家月 49・9・116 ……731
東京地判平 9・6・24 判タ 962・224
　………………………408, 417, 418, 419
札幌地決平 9・7・23 労判 723・62 …………191
東京高決平 9・9・29 判時 1633・90 ………194
最判平 9・10・17 民集 51・9・3925 ………625
東京地判平 9・10・23 判タ 995・234 ………472
東京地判平 9・10・31 判タ 1008・230
　………………………………………158, 160
東京高判平 9・11・19 判タ 999・280 ………483
東京地八王子支判平 9・12・8 判タ 976・235
　…………………………………………759
水戸家審平 10・1・12 家月 50・7・100 ……739
最判平 10・2・26 民集 52・1・255 …………100
東京高判平 10・2・26 家月 50・7・84
　………………………………410, 414, 416
東京高判平 10・2・26 判タ 1017・273
　…………………………………759, 760
名古屋高判平 10・3・11 判時 1725・144 …472
東京高決平 10・3・13 家月 50・11・81
　………………………………………413, 415
東京高判平 10・3・18 判時 1690・66 …413, 419
神戸地判平 10・3・30 判タ 1007・280 ……746
東京高決平 10・4・6 家月 50・10・130 ……377
名古屋家審平 10・6・26 判タ 1009・241
　………………………………………410, 414
最判平 10・8・31 家月 51・4・33
　………………………………509, 536, 557
最判平 10・8・31 家月 51・4・75
　………………………309, 508, 509, 538, 556
東京高決平 10・9・16 家月 51・3・165 ……689
札幌家審平 10・11・18 家月 51・5・57 ……194
東京地判平 10・12・2 判タ 1030・257 ……255
大阪地判平 10・12・18 家月 51・9・71 ……690

平成 11〜20 年

水戸家土浦支審平 11・2・15 家月 51・7・93
　…………………………………………748
東京地判平 11・2・25 判タ 1030・247
　………………………………………144, 303

判例索引

高松高決平 11・3・12 判タ 1019・227 ………90
千葉家審平 11・4・14 家月 51・11・102 …746
最判平 11・4・26 家月 51・10・109 ………354
最判平 11・5・25 家月 51・10・118 ………353
浦和家川越支審平 11・7・8 家月 51・12・37
　　……………………………………………659
横浜地相模原支判平 11・7・30 判時 1708・
　142………………………………412, 475
東京地判平 11・9・3 判タ 1014・239 ………413
最判平 11・9・17 労判 768・16 …………191
東京高決平 11・9・30 家月 52・9・92 ……522
長野家上田支審平 11・11・11 家月 52・4・
　30 ………………………………………359
静岡地浜松支判平 11・12・21 判時 1713・92
　　……………………………………………367
大津家審平 12・1・17 家月 52・7・101 …736
最判平 12・1・27 民集 54・1・1 ………741, 745
大阪高判平 12・3・8 判時 1744・91 ………415
最判平 12・3・9 民集 54・3・1013 …………426
最決平 12・3・10 民集 54・3・1040 …………98
山形家審平 12・3・10 家月 54・5・139 …335
最判平 12・3・14 家月 52・9・85
　　………………………………309, 509, 558
最決平 12・5・1 民集 54・5・1607
　　………………………………311, 334, 340, 358
東京高決平 12・5・22 家月 52・12・67 ……194
仙台高決平 12・6・22 家月 54・5・125 …335
神戸家姫路支審平 12・9・4 家月 53・2・151
　　……………………………………………377
東京地判平 12・9・26 判タ 1053・215
　　……409, 414, 417, 418, 419, 422, 449, 472, 476
八女簡判平 12・10・12 判タ 1073・192 ……255
浦和家審平 12・10・20 家月 53・3・93 …358
東京高判平 12・11・30 判タ 1107・232 ……73
名古屋高判平 12・12・20 判タ 1095・233
　　…………………………………413, 415, 416
広島高判平 13・1・15 家月 54・9・108 ……523
東京高判平 13・1・18 判タ 1060・240 ……75
仙台地判平 13・3・22 判時 1829・119 ……423
東京高決平 13・4・6 家月 54・3・66
　　………………………………194, 195, 310
東京家審平 13・6・5 家月 54・1・79 ……359
横浜家審平 13・6・11 家月 54・12・69 ……522
奈良家審平 13・7・24 家月 54・3・85 ……409

東京高判平 13・7・31 判タ 1136・222
　　…………………………………………643, 648
札幌地判平 13・12・20 LEX/DB28071474 …355
横浜家審平 13・12・26 家月 54・7・64
　　…………………………………………409, 412
福井地敦賀支判平 14・1・11
　LEX/DB28071166 …………………………427
大阪高決平 14・1・15 家月 56・2・142 ……366
東京高判平 14・1・16 家月 54・11・37 …523
横浜家審平 14・1・16 家月 54・8・48 ……359
東京地判平 14・2・8/2002WLJPCA02080002
　　……………………………………………421
東京高判平 14・6・26 家月 55・5・150 ……482
福岡高決平 14・9・13 家月 55・2・163 …336
東京地判平 14・10・25/2002WLJPCA250009
　　……………………………………………411
東京家審平 14・10・31 家月 55・5・165 …359
最判平 14・11・22 訟月 50・4・1325 …625, 744
東京高判平 15・1・20 家月 56・4・127 ……342
東京家審平 15・3・25 LEX/DB28082167 …736
東京地判平 15・4・11/2003WLJPCA04110008
　　……………………………………………412
福岡高那覇支判平 15・7・31 判タ 1162・245
　　…………………………………………449, 483
東京高決平 15・8・8 家月 56・4・141 ……391
東京高決平 15・8・15 家月 56・5・113
　　…………………………………368, 372, 659
広島高判平 15・11・12 LEX/DB28100474 …482
松山地判平 15・11・12 家月 56・7・140 …686
福岡高那覇支決平 15・11・28 家月 56・8・
　50 ………………………………………359
大阪高決平 16・5・12 家月 56・10・56 ……750
大阪高決平 16・5・19 家月 57・8・86 …659
最判平 16・6・3 家月 57・1・123 …………404
広島高岡山支判平 16・6・18 判時 1902・61
　　……………………………409, 410, 411, 422, 471
高松高判平 16・7・16 家月 56・11・41
　　…………………………………………685, 686
神戸家明石支審平 16・8・12 判例集未登載
　〔平 16 家 119〕……………………………697
福岡高判平 16・8・26 家月 58・1・91
　　…………………………………………482, 484
仙台家審平 16・10・1 家月 57・6・158 ……404
大阪高判平 16・10・15 判時 1886・52

判 例 索 引

……………………………426, 427
東京地判平 16・10・25 金判 1230・22 ……427
東京高決平 16・11・2 家月 57・3・109 ……428
最判平 16・11・18 家月 57・5・40
……………………482, 483, 485
最判平 16・11・18 判タ 1169・144 …………91
大阪高決平 17・1・14 家月 57・6・154 ……194
金沢家七尾支審平 17・3・11 家月 57・9・47
…………………………………336
福岡高宮崎支決平 17・3・15 家月 58・3・98
…………………………………244
大阪家判平 17・4・20 判例集未登載 ………686
最判平 17・4・21 判タ 1180・171 ………92, 310
大阪高決平 17・5・20 判時 1919・107
……………………………697, 741
仙台高秋田支決平 17・6・2 家月 58・4・71
…………………………………343
大阪高決平 17・6・9 家月 58・5・67
……………………410, 415, 419
東京高判平 17・6・22 判タ 1202・280 ……205
東京高決平 17・6・28 家月 58・4・105 ……355
旭川家決平 17・9・27 家月 58・2・172 ……247
東京地判平 17・9・29 家月 58・5・104 ……686
東京高決平 17・11・24 家月 58・11・40 …736
大阪高判平 17・12・15 判例集未登載………686
東京家八王子支審平 18・1・31 家月 58・11・
79 …………………………………363
東京高判平 18・2・1 家月 58・8・74 ………686
大阪高決平 18・2・3 家月 58・11・47
……………………………358, 362
横浜家相模原支審平 18・3・9 家月 58・11・
71 …………………………………363
京都家審平 18・3・31 家月 58・11・62 ……362
東京高判平 18・4・13 判時 1934・42 ………111
大阪高判平 18・4・14 労判 915・60 ………191
最決平 18・4・26 家月 58・9・31 …………245
名古屋高決平 18・5・31 家月 59・2・134
……………408, 411, 415, 419, 420
東京家審平 18・6・29 家月 59・1・103
……………………373, 376, 378
最判平 18・7・7 民集 60・6・2307
……………508, 523, 538, 539
最判平 18・7・7 家月 59・1・98 ……………523
大阪高決平 18・7・31 家月 59・6・44 ……374

東京家審平 18・7・31 家月 59・3・73 ……358
東京高決平 18・8・7 LEX/DB28131306 ……365
大阪家判平 18・8・30 判タ 1251・316 ……483
最判平 18・9・4 民集 60・7・2563
……………………539, 652, 687, 694
最判平 18・9・8 判例集未登載………………686
東京高決平 18・9・11 家月 59・4・122 ……728
東京高決平 18・9・29 判時 1957・20 ……698
東京高決平 18・10・13 家月 59・3・69
……………………………554, 583
東京高決平 18・10・30 判時 1965・70 ……753
名古屋地判平 18・11・16 判タ 1272・79 ……93
横浜家川崎支決平 19・1・10 家月 60・4・82
…………………………………247
広島高決平 19・1・22 家月 59・8・39 ……341
大阪地判平 19・2・21 判タ 1251・339
……………………………351, 354
東京高判平 19・2・27 判タ 1253・235
……………………………483, 485
最判平 19・3・8 民集 61・2・518 ………92, 120
最決平 19・3・23 民集 61・2・619
……………………501, 699, 760
最判平 19・3・30 家月 59・7・120
……………………311, 372, 377, 487
広島高判平 19・4・17 家月 59・11・162
……………………204, 401, 413, 421
最判平 19・4・24 判タ 1240・118 …………94
大阪高判平 19・5・15 判タ 1251・312
……………………………483, 485
大阪高決平 19・6・7 判タ 1276・338 ………365
札幌高決平 19・6・26 家月 59・11・186 …424
東京高判平 19・7・11 判時 1991・67 ………92
さいたま家審平 19・7・19 家月 60・2・149
……………………………359, 363
宇都宮家審平 19・7・20 家月 59・12・106
……………………………736, 746
東京高決平 19・8・22 家月 60・2・137 ……359
横浜家決平 19・9・3 家月 60・4・90 ………378
東京高決平 19・11・7 家月 60・11・83 ……358
広島家決平 19・11・22 家月 60・4・92 ……378
札幌高決平 20・1・11 家月 60・12・42
……………………………730, 731
東京高決平 20・1・30 家月 60・8・59
……………………………336, 338

783

判 例 索 引

最決平 20・2・18 刑集 62・2・37 ……………50
国税不服審判所裁決平 20・2・19 裁決事例集
　75・779 ………………………………264
東京地判平 20・2・29 判時 2013・61 ………94
最判平 20・3・18 判タ 1269・127 …………523
青森家十和田支審平 20・3・28 家月 60・12・
　63 …………………………………736, 747
名古屋高判平 20・4・8 家月 61・2・240 …463
東京家審平 20・4・23 LEX/DB25463955 …359
東京家審平 20・5・7 家月 60・12・71 …736
最大判平 20・6・4 民集 62・6・1367
　………………………18, 619, 660, 744
最大判平 20・6・4 裁判集民 228・101 …619
静岡家浜松支審平 20・6・16 家月 61・3・64
　………………………………………424
東京家審平 20・7・31 家月 61・2・257
　………………………………201, 244
東京高決平 20・9・16 家月 61・11・63 ……736
岡山家津山支決平 20・9・18 家月 61・7・69
　………………………………365, 366
大阪高決平 20・10・8 家月 61・4・98 …245
東京家審平 20・10・22 家月 61・3・67 …424
福岡高決平 20・11・27 判時 2062・71 …332
大阪地判平 20・12・10 判タ 1298・125 …624
東京高決平 20・12・18 家月 61・7・59
　………………………………346, 350
神戸家姫路支審平 20・12・26 家月 61・10・
　72 ………………………………………699

平成 21〜29 年
大阪高決平 21・1・16 家月 61・11・70
　………………………………358, 359
東京家八王子支審平 21・1・22 家月 61・11・
　87 …………………………311, 343, 347
東京地判平 21・1・30 判例集未登載…………92
東京地判平 21・2・27 税務関係行政・民事
　判決集平成 21 年 1 月〜12 月順号 21-8 …264
東京家審平 21・3・24/2009WLJPCA03248001
　………………………………………564
大阪地判平 21・3・27 家月 62・10・83 ……635
名古屋高決平 21・4・14 家月 62・5・70 ……28
東京高決平 21・4・21 家月 62・6・69 …375
東京地立川支決平 21・4・28 家月 61・11・
　80 ………………………………………347

前橋家審平 21・5・13 家月 62・1・111 ……736
大阪高判平 21・5・26 家月 62・4・85
　………………………………471, 475
名古屋高判平 21・5・28 判時 2069・50
　………………………409, 419, 420
横浜地判平 21・7・8 家月 63・3・95 ………367
大津家審平 21・8・7/2009WLJPCA08076005
　………………………………………564
大阪高決平 21・8・13 家月 62・1・97
　………………………………194, 310
大阪高決平 21・9・3 判例集未登載…………378
大阪高判平 21・11・10 家月 62・10・67
　………………………………632, 635
横浜家小田原支審平 22・1・12 家月 63・1・
　140………………………………………736
東京高判平 22・1・20 判タ 1325・222
　………………………527, 528, 654
大阪高決平 22・2・18 家月 63・1・99
　………………………353, 758, 760
大阪高決平 22・3・3 家月 62・11・96 ……246
東京家審平 22・5・25 家月 62・12・87 ……341
東京家審平 22・6・23 家月 63・2・159 ……413
東京家審平 22・7・15 家月 63・5・58 …736
大阪高決平 22・7・23 家月 63・3・81
　………………………………359, 363
東京高決平 22・7・30 家月 63・2・145 …378
最決平 22・8・4 家月 63・1・97 ……758
東京高判平 22・9・6 判タ 1340・227 …524, 539
東京地判平 22・9・27/2010WLJPCA09278014
　………………………………………264
福岡高那覇支決平 22・9・29 家月 63・7・
　106………………………………………375
大阪高判平 22・10・21 判時 2108・72 …100
広島家審平 22・10・21 民集 68・1・19 ……736
福岡高決平 22・10・25 家月 63・8・64 ……170
札幌高判平 22・11・5 判タ 1349・170 …254
東京家審平 22・11・24 家月 63・10・59
　………………………………243, 246
高松高判平 22・11・26 判タ 1370・199
　………………………………483, 485
札幌高決平 23・1・28 家月 64・4・46 ……731
大阪高決平 23・2・14 家月 64・1・80 …409
名古屋地判平 23・2・25 判時 2118・66 ……100
最判平 23・3・18 家月 63・9・58 ………376

判 例 索 引

東京高決平 23・3・23 家月 63・12・92 ……348
東京家判平 23・4・26/2011WLJPCA04266001
　……………………………………412, 415
広島地判平 23・9・6 LEX/DB25472601 ……104
東京高判平 23・9・29/2011WLJPCA09296004
　………………………………………………422
大阪高決平 23・11・15 家月 65・4・40
　……………………………………………98, 429
東京高決平 24・1・12 家月 64・8・60 ……366
東京地判平 24・1・12/2012WLJPCA01128005
　………………………………………………426
東京地判平 24・3・22 LEX/DB25512203 …205
東京家判平 24・3・22/2012WLJPCA03226004
　………………………………………………374
さいたま家川越支審平 24・4・26 判時 2152・
　46 …………………………………………334
東京地判平 24・6・5 LEX/DB25494837 …103
東京高決平 24・6・6 判時 2152・44 ………342
最決平 24・6・28 判時 2206・19 …………341
神戸地判平 24・7・31 判時 2214・90 …356, 758
東京高判平 24・8・29/2012WLJPCA08296001
　………………………………………………375
最決平 24・10・9 刑集 66・10・981 …………50
東京高決平 24・10・18 判タ 1383・327 ……347
東京地判平 24・10・19
　2012WLJPCA10198009 …………………255
東京家審平 24・10・31 金判 1437・18 ……691
東京高決平 24・12・26 判タ 1388・284 ……691
大津地判平 25・2・20 LEX/DB25500414 …103
最決平 25・3・28 民集 67・3・864 …………366
最決平 25・3・28 判タ 1391・128 ① ………366
最決平 25・3・28 判タ 1391・128 ② ………366
東京地判平 25・3・28 LEX/DB25511741 …367
東京家審平 25・3・28 家月 65・7・190 ……359
東京地判平 25・6・7 LEX/DB25513375
　……………………………………………103, 104
東京高決平 25・6・25 家月 65・7・183
　……………………………………………359, 368
東京地判平 25・9・2/2013WLJPCA09028002
　………………………………………………424
最大決平 25・9・4 民集 67・6・1320 …21, 731
大阪家判平 25・9・13 LEX/DB25501809 …691
最判平 25・9・26 民集 67・6・1384 ……21, 27
東京家審平 25・10・1 判時 2218・69 ……424

千葉家松戸支判平 25・10・8
　2013WLJPCA10086001 …………………421
東京高判平 25・10・18 東高刑時報 64・1～
　12・202 ……………………………………50
最決平 25・12・10 民集 67・9・1847
　……………………………………23, 507, 540, 691
仙台高判平 25・12・26 判タ 1409・267 ……485
最判平 26・1・14 民集 68・1・1
　…………503, 510, 523, 549, 627, 635, 692
京都家審平 26・2・4 判時 2255・105 ………366
東京高決平 26・2・13 金法 1997・118 ……247
大阪高判平 26・3・13 判タ 1411・177
　……………………………………………411, 415
福岡家審平 26・3・14 判タ 1412・387 ……333
最判平 26・3・28 裁時 1601・1 …523, 628, 635
東京地判平 26・3・27 LEX/DB25518928 …103
東京地判平 26・3・28 LEX/DB25518965 …103
東京地判平 26・4・14 判タ 1411・312
　……………………………………………203, 453
最判平 26・4・24 民集 68・4・329 …………497
名古屋高判平 26・4・24 判時 2223・25 ……191
大阪高判平 26・5・9 判時 2231・53 …736, 745
東京地判平 26・5・14 LEX/DB25519760 …104
東京地判平 26・6・12 判時 2237・47
　……………………………………482, 484, 736
福岡高決平 26・6・30 判タ 1410・100 ……374
最判平 26・7・17 民集 68・6・547
　…………309, 509, 528, 529, 554, 559, 577, 690
最判平 26・7・17 判タ 1406・67 ② ……529, 561
名古屋家豊橋支審平 26・7・17 判タ 1420・
　396 …………………………………………736
大阪家審平 26・7・18 判タ 1416・385
　……………………………………………242, 245
大阪家審平 26・8・15 判タ 1418・394 ……342
大阪高決平 26・8・27 判タ 1417・120 ……308
大阪家審平 26・9・19 判タ 1417・395 ……736
東京高判平 26・10・1 D1-Law.com 判例体系
　28224053 …………………………………643
東京高判平 26・10・2 判タ 1419・177 ……391
東京高決平 26・11・26 判タ 1415・177 ……246
福岡家審平 26・12・4 判時 2260・92
　……………………………332, 333, 368, 370
東京高判平 26・12・24 判タ 1424・132 ……636
大阪家審平 27・3・13 家庭の法と裁判 6・89

785

判 例 索 引

······················360
熊本地判平 27・3・27 判時 2260・85 ········367
東京高決平 27・6・12 判時 2266・54 ········359
東京家審平 27・6・17 判タ 1424・346 ···246
東京家審平 27・6・26 判時 2274・100
······················242, 246
東京地判平 27・7・27 LEX/DB25530917 ···203
仙台家審平 27・8・7 判時 2273・111 ········360
東京家審平 27・8・13 判タ 1431・248
······················246, 248
静岡地浜松支判平 27・12・2 判時 2292・79
······················345
横浜家川崎支審平 27・12・4 判例集未登載
······················337
最大判平 27・12・16 民集 69・8・2427

······················22, 568
最大判平 27・12・16 民集 69・8・2586
······················22, 169, 171
東京地判平 27・12・24 LEX/DB25532290 ···203
福岡高判平 28・1・20 判時 2291・68 ········367
名古屋高決平 28・2・19 判タ 1427・116
······················246, 374
最判平 28・3・1 民集 70・3・681 ··········192
大阪高決平 28・3・17 判タ 1433・126 ·····244
千葉家松戸支判平 28・3・29 判時 2309・121
······················333, 343, 356, 364
東京高判平 28・5・25 判タ 1432・97 ········471
東京地判平 28・10・11 判時 2329・60 ······177
東京高判平 29・1・26 判時 2325・78
······················343, 356, 364

新注釈民法(17) 親　族(1)
New Commentary on the Civil Code of Japan Vol. 17

平成 29 年 10 月 20 日　初版第 1 刷発行

編　者	二　宮　周　平
発 行 者	江　草　貞　治
発 行 所	東京都千代田区神田神保町 2-17 株式会社　有　斐　閣 電話(03)6629-8203〔編集〕 　　(03)3265-6811〔営業〕 郵便番号 101-0051 http://www.yuhikaku.co.jp/
印　　刷	株式会社　精　興　社
製　　本	牧製本印刷株式会社

© 2017, Shuhei NINOMIYA. Printed in Japan
落丁・乱丁本はお取替えいたします。
★定価はケースに表示してあります。
ISBN 978-4-641-01752-8

JCOPY　本書の無断複写(コピー)は、著作権法上での例外を除き、禁じられています。複写される場合は、そのつど事前に、(社)出版者著作権管理機構(電話03-3513-6969, FAX03-3513-6979, e-mail:info@jcopy.or.jp)の許諾を得てください。

有斐閣コンメンタール　　　　　　　　◎＝既刊　＊＝近刊

新 注 釈 民 法　全20巻
編集代表　大村敦志　道垣内弘人　山本敬三

＊　第 1 巻　総 則 1　　1条〜89条　　　　　　　　　　　　　　　　山野目章夫編
　　　　　　　　　　　　通則・人・法人・物

　　第 2 巻　総 則 2　　90条〜98条の2　　　　　　　　　　　　　山本敬三編
　　　　　　　　　　　　法律行為(1)

　　第 3 巻　総 則 3　　99条〜174条　法律行為(2)・期間　　　　佐久間　毅編
　　　　　　　　　　　　の計算・時効

　　第 4 巻　物 権 1　　175条〜179条　　　　　　　　　　　　　松岡久和編
　　　　　　　　　　　　物権総則

　　第 5 巻　物 権 2　　180条〜294条　　　　　　　　　　　　　小粥太郎編
　　　　　　　　　　　　占有権・所有権・用益物権

＊　第 6 巻　物 権 3　　295条〜372条　留置権・先取特権　　　道垣内弘人編
　　　　　　　　　　　　・質権・抵当権(1)

＊　第 7 巻　物 権 4　　373条〜398条の22　　　　　　　　　　　森田　修編
　　　　　　　　　　　　抵当権(2)・非典型担保

　　第 8 巻　債 権 1　　399条〜422条の2　　　　　　　　　　　　磯村　保編
　　　　　　　　　　　　債権の目的・債権の効力(1)

　　第 9 巻　債 権 2　　423条〜465条の10　債権の効力　　　　沖野眞已編
　　　　　　　　　　　　(2)・多数当事者の債権及び債務

　　第 10 巻　債 権 3　　466条〜520条の20　債権の譲渡　　　　山田誠一編
　　　　　　　　　　　　・債務の引受け・債権の消滅・他

　　第 11 巻　債 権 4　　521条〜548条の4　　　　　　　　　　　渡辺達徳編
　　　　　　　　　　　　契約総則

　　第 12 巻　債 権 5　　549条〜586条　　　　　　　　　　　　　池田清治編
　　　　　　　　　　　　贈与・売買・交換

　　第 13 巻　債 権 6　　587条〜622条の2　消費貸借・使　　　森田宏樹編
　　　　　　　　　　　　用貸借・賃貸借・借地借家法

　　第 14 巻　債 権 7　　623条〜696条　雇用・請負・委任・　　山本　豊編
　　　　　　　　　　　　寄託・組合・終身定期金・和解

◎　第 15 巻　債 権 8　　697条〜711条　事務管理・不当利　　窪田充見編
　　　　　　　　　　　　得・不法行為(1)

＊　第 16 巻　債 権 9　　712条〜724条の2　　　　　　　　　　　大塚　直編
　　　　　　　　　　　　不法行為(2)

◎ 第17巻　親　族 1　725条〜791条　　　　　　　二 宮 周 平編
　　　　　　　　　　　総則・婚姻・親子(1)

＊ 第18巻　親　族 2　792条〜881条　親子(2)・親権・　大 村 敦 志編
　　　　　　　　　　　後見・保佐及び補助・扶養

　 第19巻　相　続 1　882条〜959条　総則・相続人・相　潮 見 佳 男編
　　　　　　　　　　　続の効力・他

　 第20巻　相　続 2　960条〜1044条　　　　　　　　　水 野 紀 子編
　　　　　　　　　　　遺言・遺留分